1964	1966	1968	1970	1972	1974	1976	1978					1988
124.5	128.1	132.0	137.1	144.1	150.1	156.2	161.9	167.7	172.3	176.4	180.6	184.6
73.1	75.8	78.7	82.8	87.0	91.9	96.2	102.3	106.9	110.2	113.5	117.8	121.7
58.7	59.2	59.6	60.4	60.4	61.3	61.6	63.2	63.8	64.0	64.4	65.3	65.9
81.0	80.4	80.1	79.7	78.9	78.7	77.5	77.9	77.4	76.6	76.4	76.3	76.2
38.7	40.3	41.6	43.3	43.9	45.7	47.3	50.0	51.5	52.6	53.6	55.3	56.6
58.2	58.7	59.3	60.2	60.4	61.4	61.8	63.3	64.1	64.3	64.6	65.5	66.2
na	na	na	na	59.9	59.8	59.0	61.5	61.0	61.0	62.2	63.3	63.8
69.3	72.9	75.9	78.7	82.2	86.8	88.8	96.0	99.3	99.5	105.0	109.6	115.0
3.8	2.9	2.8	4.1	4.9	5.2	7.4	6.2	7.6	10.7	8.5	8.2	6.7
5.2	3.8	3.6	4.9	5.6	5.6	7.7	6.1	7.1	9.7	7.5	7.0	5.5
4.6	3.2	2.9	4.4	5.0	4.9	7.1	5.3	6.9	9.9	7.4	6.9	5.5
6.2	4.8	4.8	5.9	6.6	6.7	8.6	7.2	7.4	9.4	7.6	7.1	5.6
4.6	3.4	3.2	4.5	5.1	5.0	7.0	5.2	6.3	8.6	6.5	6.0	4.7
na	na	na	na	10.4	10.5	14.0	12.8	14.3	18.9	15.9	14.5	11.7
16.2	12.8	12.7	15.3	16.2	16.0	19.0	16.4	17.8	23.2	18.9	18.3	15.3
2.53	2.73	3.02	3.40	3.90	4.43	5.06	5.88	6.85	7.87	8.49	8.93	9.44
38.5	38.5	37.7	37	36.9	36.4	36.1	35.8	35.2	34.7	35.1	34.7	34.6
313	323	325	323	342	326	319	321	291	282	289	285	279
na	0.8%	1.1%	−1.4%	4.4%	−4.5%	1.4%	−0.2%	−5.8%	−1.5%	0.6%	0.1%	21.1%
1.25	1.25	1.60	1.60	1.60	2.00	2.30	2.65	3.10	3.35	3.35	3.35	3.35
3.3	4.1	3.5	2.0	3.3	−1.7	3.3	1.2	−0.1	−0.8	2.8	2.8	1.5
2.4	3.8	3.5	1.7	3.0	−1.5	2.1	1.3	−0.4	1.2	0.2	3.8	1.6
0.4	2.5	4.2	5.4	2.9	11.2	4.5	7.2	10.8	8.2	1.6	2.7	3.7
16.8	17.9	18.9	21.2	21.7	22.8	22.7	22.8	22.4	19.8	17.3	17.0	17.0
28.0	27.1	26.9	26.1	25.5	24.9	23.9	22.6	22.2	20.7	18.4	17.1	16.2
246	321	392	381	250	424	231	219	187	96	62	69	40
0.11	0.10	0.20	0.29	0.09	0.16	0.12	0.11	0.09	0.04	0.04	0.05	0.02
61.6	62.3	63.8	66.4	65.3	66.4	65.8	65.9	67.7	67.3	64.9	66.1	65.3

| 제11판 |

현대노동경제학

Contemporary Labor Economics, 11th Edition

Original : Contemporary Labor Economics, 11th Edition © 2016
          By Campbell R. McConnell, Stanley L. Brue, David Macpherson
          ISBN 978-1-25-929060-2

This authorized Korean translation edition is jointly published by McGraw-Hill Education Korea, Ltd. and Sigma Press. This edition is authorized for sale in the Republic of Korea.

This book is exclusively distributed by Sigma Press.

When ordering this title, please use ISBN 9791162260159

Printed in Korea

| 제11판 |

현대노동경제학

Campbell R. McConnell, Stanley L. Brue, David A. Macpherson 지음
김중렬, 김윤배 옮김

∑ 시그마프레스

현대 노동경제학 제11판

발행일 | 2018년 2월 20일 1쇄 발행

지은이 | Campbell R. McConnell, Stanley L. Brue, David A. Macpherson
옮긴이 | 김중렬, 김윤배
발행인 | 강학경
발행처 | ㈜시그마프레스
디자인 | 송현주
편 집 | 문수진

등록번호 | 제10-2642호
주소 | 서울특별시 영등포구 양평로 22길 21 선유도코오롱디지털타워 A401~403호
전자우편 | sigma@spress.co.kr
홈페이지 | http://www.sigmapress.co.kr
전화 | (02)323-4845, (02)2062-5184~8
팩스 | (02)323-4197

ISBN | 979-11-6226-015-9

* 책값은 뒤표지에 있습니다.
* 이 도서의 국립중앙도서관 출판예정도서목록(CIP)은 서지정보유통지원시스템 홈페이지(http://seoji.nl.go.kr)와 국가자료공동목록시스템(http://www.nl.go.kr/kolisnet)에서 이용하실 수 있습니다.(CIP제어번호 : CIP2018002851)

역자 서문

노동경제학 교과서로서 이 책의 특징과 장점은 다음과 같다.

경제학의 기초 지식을 가진 사람이면 누구나 이해하기 쉽도록 노동경제 현상에 대한 이론을 서술하고 있다. 연구 대상인 노동경제 현상의 과거와 현재의 상황을 그래프 및 도표로 제시하고 본문의 서술과 효과적으로 조화시켰다. 이런 방식의 설명은 독자들로 하여금 교과서의 내용을 쉽게 이해할 수 있게 할 것이다.

노동경제학의 주제에 대한 설명과 분석을 노동에 대한 제도적·법적·역사적·사회학적 맥락과 연관 지음으로써 교과서의 현실 적합성을 높였다. 이런 점은 독자들이 노동경제학이라는 학문을 현실과 동떨어진 것이 아닌, 우리가 일상적으로 접하는 생활 속의 주제를 다루는 학문임을 생생하게 느끼게 할 것이다. 예를 들면 신규 대졸자 취업, 최저임금, 비정규직, 노동조합, 공공부문, 임금격차 등의 문제에 접근함에 있어 경제이론적 분석을 기본으로 하면서 그 태동 배경과 현실을 여러 차원에서 다루고 있다.

다루는 주제별로 실제 현실에서 나타나는 사례와 일화를 소개하고 필요한 곳에는 국제 비교를 제시하여 주제에 대한 이해를 높이고 있음과 아울러, 우리의 현실에 대한 고민과 성찰의 계기를 마련하고 있는 점 또한 특별한 장점이다.

역자들은 번역에 있어 다음과 같은 점에 유의하였다.

직역의 어색함을 피했음은 물론이며, 그렇다고 의미 전달을 핑계로 한 과감한 의역으로 내용을 생략하거나 취지에서 벗어나는 오류를 범하지 않고자 각별히 노력하였다. 원서의 문장이나 단어 하나까지, 나아가 그림과 도표의 내용도 독자에게 전달하려는 의미를 정확하게 옮겼다.

용어의 채택에 있어서 최대한 우리나라 독자들에게 친숙한, 말하자면 우리의 제도와 법령에서 사용하는 용어를 쓰고자 고심했다. 우리의 노동 제도는 창설 당시 미국과 일본의 것을 참고한 것이 많고, 후에 발전하면서 우리 고유의 것들이 추가됨으로써 영어로 저술된 서적의 번역은 각별한 주의가 요구된다. 우리들은 그동안의 노동경제학 연구와 영어저술 번역 및 노동행정 실무 경험에 입각하여 가장 적절한 용어를 찾아 사용하였다. 이 점은 독자들의 내용 이해에 큰 도움이 될 것으로 생각한다.

2018년 2월

김중렬 · 김윤배

저자 서문

제11판의 특징

시장에서 검증된 교재를 저술하는 작업의 한 가지 이점은 수정의 기회를 갖는다는 것이다. 낡은 것을 삭제하고 새로운 것을 추가하며, 누락과 실수를 바로잡고, 오해의 소지가 있거나 모호한 부분은 다시 쓰며, 보다 관련 있는 사례를 소개하고, 최근의 데이터를 인용하며, 책의 조직 구조를 업그레이드하고, 교수 학습 방법을 향상시키는 것이다. 간단히 말하자면, 용인된 아이디어의 체계를 확장하고 개선하는 것이다. 이번에 출간하는 새로운 현대노동경제학(Contemporary Labor Economics) 제11판을 접하는 독자들은 저자들이 이런 기회를 충분히 활용하였다는 것에 동의할 것이다.

새로운 주제와 확대된 논의

새롭게 수정하고 확대한 내용이 제11판에 스며 있다. 중요한 변화를 소개하면 다음과 같다.

- 경제 추세 : 제11판은 최근의 경제 추세와 관련된 많은 논의를 포함하고 있다. 예를 들어 이 제11판은 경제활동 참가의 감소(제3장), 젊은 성인들 사이 성 임금갭의 감소(제14장), 그리고 생산성과 보수 사이의 갭 증가(제17장)에 관한 새로운 근로의 세계(World of Work) 박스를 포함한다. 제11판은 또한 노동공급의 변화(제2장)와 생산성 성장의 둔화(제17장)에 대한 새로운 논의가 포함되어 있다. 제11판은 또한 교재 전체에 걸쳐 데이터를 업데이트하였다.
- 공공정책 이슈 : 제11판은 의료개혁, 노동조합, 직종면허, 오염, 교사 정년보장, 공공부문 보수, 최저임금, 그리고 차별을 포함하는 공공정책 이슈들에 대한 많은 새로운 논의를 포함하고 있다.

새로운 '근로의 세계(World of Work)' 박스

제11판에는 15개의 '근로의 세계(World of Work)' 박스가 새롭게 추가되어 있다. 제11판에 추가된 새로운 제목들은 다음과 같다 — 공해와 관련된 근로시간, 플로리다 주 바닷가재 어부의 노동공급, 경제활동 참가율은 왜 하락했을까?, 고등학교에서 무엇을 했는지가 문제가 된다, 의료개혁이 비자발적인 파트타임 근로를 증가시켰는가?, 교사 정년보장의 종료?, 아이들을 누가 돌보며 그리고 그것이 중요한가?, 대학 운동선수들은 노동조합에 가입할 것인가?, 노동조합 조합원 자격의 비용, 해변, 햇살, 그리고 공공부문 보수, 최저임금이 음주운전을 증가시키는가?, 누가 치아 미백을 할 수 있는가?, 밀레니얼 사이의 성 임금갭, 사직을 생각하십니까? 보스는 알고 있습니다, 생산성과 보수 사이의 갭 증가이다.

학습목표

각 장의 첫 부분에 장 내의 각 제목에 대한 학습목표가 제공된다.

특징

제11판에는 같은 분야의 다른 책들과 구별되는 많은 특징들이 있다.

내용

주제의 영역에서, 제6장과 다른 곳에서의 배분적 효율성에 대한 강조는 유일무이하며 또한 바람직하다. 효율성에 대한 강조는 학생들에게 노동시장이 어떻게 기능하는지에 대해 사회가 어떤 이해관계를 갖고 있는지 실감하게 한다. 제7장은 주인-대리인 문제와 '인사(人事)에 대한 새로운 경제학'에 관한 문헌들을 한 장에서 집중적으로 함께 다루고 있다. 임금구조에 관한 제8장은 임금격차와 헤도닉 임금 이론의 단순화된 설명을 철저하고 체계적으로 다루고 있어서 여러 강의자로부터 일관되게 호평을 받고 있다. 제10~13장에 실려 있는 노동조합과 정부가 노동시장에 미치는 영향에 대한 종합적인 분석 또한 이 책을 돋보이게 만들고 있다.

　　제14장은 노동시장 차별과 차별금지정책에 대한 광범위한 분석을 다루고 있다. 제15장은 기업 내와 밖에서의 일자리탐색에 대해 논의한다. 제16장은 소득분배와 빈곤 문제에 대한 보통의 논의가 아니라 개인 근로소득의 분배에 거의 전적으로 그 초점을 국한시키고 있다. 이러한 접근법이 **노동경제**에 관한 교재에 더 적절하다고 믿는다. 노동생산성이라는 결정적으로 중요한 주제는 다른 책들에서는 대체로 무시되거나 단편적인 형태로 취급하고 있다. 제17장에서 그것에 관하여 광범위하게 논의함으로써 이 주제를 업그레이드했다. 제18장은 저량-유량 시각을 통해 고용과 실업을 살펴보며, 총수요와 총공급 모형을 사용하여 자연실업과 경기순환실업을 대조하여 검토한다. 마지막으로 부록은 독자들이 노동경제학 분야에 대한 이해도를 넓히고 심화하는 데 사용할 수 있는 정보 원천에 대하여 종합적으로 검토한 내용을 실었다.

구성과 표현

이 책은 장과 장뿐만 아니라 각 장 내에서 주제의 논리적 구성에 크게 역점을 두고 있다. 주제를 미시에서 거시로, 단순 이론에서 현실세계의 복잡한 문제로, 그리고 분석에서 정책으로 논리적으로 전개하고자 하였다. 마찬가지로, 각 장 내에서 주제의 최적 배열을 찾는 데 상당한 시간을 소비하였다. 장의 하부제목은 자유롭게 선정하였다. 이는 학생들이 구성의 구조와 주제 흐름의 방향을 항상 알아야 하기 때문이다.

노동경제학의 많은 핵심 주제들은 대부분의 학생들에게 지적 도전의식을 불러일으킬 것이다. 이 책은 서툴거나 에두르는 설명으로 독자들이 이해하는 바를 손상하지 않으려고 노력하였다. 그 목적은 학생들과 효과적으로 소통하는 것이다. 표현이 분명하고 직접적이며 깔끔하도록 노력하였다. 경제학에 제한된 훈련을 받은 전형적인 학생들이 쉽게 접근할 수 있도록 하자는 것이 이 책의 목표다.

교수법상의 특징

이 책은 강의자들이 학생들의 이해에 크게 도움이 된다고 생각하는 다양한 교수법을 포함하고 있다. 첫째, 각 장의 서론은 장의 목표를 서술하며, 많은 경우 장을 그 앞의 장 또는 앞으로 다룰 장과 연결한다. 이외에도 장의 각 주요한 제목의 학습목표가 제공된다. 둘째, 매 장 끝의 요약은 각 장의 간결한 요점별 요약정리를 제공한다. 셋째, 핵심 용어와 개념을 각 장의 끝에 실었으며, 이러한 용어와 개념 및 기타 용어들에 대한 종합적인 용어사전이 책 끝 부분에 실려 있다. 넷째, 충분한 연습문제들을 각 장의 끝에 수록하였다. 제약 없는 논의를 위한 질문들부터 학생들이 기본적인 분석개념에 대한 자신의 이해도를 테스트하도록 하는 수치와 관련된 문제들까지 다양하다. 다섯째, 각 장은 1~2개의 인터넷 연습과 학생들이 이용가능한 가장 최신의 데이터를 얻는 데는 물론 자료에 대한 이해도를 높이는 데 도움이 되는 링크를 포함하고 있다. 여섯째, 학생들과 강의자 모두에게 가치가 있는 관련 역사적 통계가 교재의 맨 끝에 포함되어 있다. 일곱째, 장 내의 '잠깐만! 확인합시다' 요약과 '여러분의 차례입니다' 질문들은 학생들이 핵심 요점을 파악하고 시험공부를 하는 데 도움이 될 것이다. 나아가 이전에 언급한 바와 같이, 책의 부록은 관심이 있는 독자들이 책에 실려 있는 통계자료들을 업데이트하고, 강의 이후 학습 과정을 계속할 수 있는 방법을 열거하고 논의한다. 마지막으로 제11판에는 66개의 '근로의 세계'가 포함되어 있다.

요약 차례

차례

제5장

노동수요

부록 : 장기 노동수요의 등량-등비용 분석

제6장

임금 결정과 노동의 배분

제7장

대안적인 보수체계와 노동 효율성

제17장
노동생산성 : 임금, 물가, 그리고 고용

제18장
고용과 실업

부록
노동경제학의 정보 원천

노동경제학 : 과목 소개 및 개요

1

이 장을 공부하고 나면:

1. 노동경제학이 특별한 탐구 분야로 정당성을 갖는 이유를 설명할 수 있다.
2. 경제학적 시각이 노동시장의 분석에 어떻게 적용될 수 있는지 서술할 수 있다.
3. 노동경제학의 주제를 '미시경제학'에 속하는 것과 '거시경제학'에 속하는 것으로 나누어 식별할 수 있다.
4. 노동경제학을 이해함으로써 얻게 되는 여러 이점을 서술할 수 있다.

경제학의 핵심 문제는 경제학의 전문 분야 또는 하부 영역 모두에 퍼져 있다. 경제학의 핵심 문제란 생산적인 자원은 상대적으로 희소하거나 제한적이라는 것이다. 소비자, 기업 그리고 정부 부서의 재화와 서비스에 대한 요구, 즉 사회의 물질적 욕구는 우리의 생산 능력을 초과한다. 즉 우리의 경제체제는 개인들과 기관들이 갖고 싶어 하는 모든 재화와 서비스를 제공할 수는 없다. 물질의 절대적 풍요는 불가능한 것이므로, 사회는 어떤 재화와 서비스를 누가, 어떻게 생산하고, 수취해야 하는지 선택해야 한다. 경제학은 그러한 선택이 어떻게 합리적으로 그리고 효율적으로 이루어질 수 있는지를 알려주는 규칙 또는 원리의 발견에 관심을 갖는다. 자원은 희소하고 욕구는 거의 무한하기 때문에, 그 욕구를 최대로 달성하기 위해 사회는 그 자원을 가능한 한 효율적으로 관리할 필요가 있다. 물론 노동도 사회의 희소한 생산적 자원의 하나며 이 책은 노동의 효율적 사용 문제에 그 초점을 맞추고 있다. 노동경제학(labor economics)은 노동시장의 조직, 기능, 결과에 대하여 연구하는 학문으로, 구체적으로는 장래 그리고 현재 노동시장 참가자의 의사결정과 고용 및 노동이라는 자원에 대한 대가 지급에 관련된 공공정책을 다룬다.

학문으로서의 노동경제학

전적으로 노동에만 관심을 갖는 경제학의 전문 분야가 어떻게 정당화될 수 있을까? 무엇이 노동경제학을 탐구 분야로서 중요성을 갖게 만들까? 이러한 질문에 대해 몇 가지 대답이 있을 수 있다.

사회경제적 이슈

첫째, 노동경제학이 중요하다는 증거는 우리 주위에 널려 있다. 단순히 신문의 머리기사 제목을 보기로 하자. "상원에서 최저임금의 인상을 요구하다", "제너럴모터스가 근로자를 해고하다", "노동생산성이 급등하다", "트럭운송노조 임금 인상에 성공하다", "임금 불균등이 확대되다", "고용 확대 없는 경기회복", "자유무역협정, 고용에 득이 되나 해가 되나?", "작업장 안전이 향상되다", "성차별로 고발되다", "배우자 없이 아이를 키우는 근로자 증가", "불법 이주지속되다", "경영진의 높은 보수에 의문이 제기되다", "외국으로 빠져나가는 일자리".

더욱이 노동경제학은 지난 수십 년간 발생한 서비스산업에서의 급속한 고용 증가, 여성 근로자 수의 급증, 노동조합 가입률의 급격한 하락, 최근 미국으로의 이주 증가, 노동시장 세계화의 확대 등 주요 사회경제적 추세의 원인과 결과를 이해하는 데 도움이 된다.

수량적 중요성

노동경제학이 중요한 두 번째 이유는 수량적인 것이다. 미국 소득의 약 65%는 임금 및 급여로 근로자에 돌아간다. 역설적으로 자본주의 국가에서 소득의 대부분은 자본가의 소득(이윤, 지대, 이자)이 아니라 임금으로 수령된다! 미국에서 대다수 가계의 주요 소득원천은 노동서비스 제공으로부터 비롯된다. 수치로 볼 때 노동은 매우 중요한 경제적 자원이다.

독특한 특성

마지막으로 노동서비스가 '구매'되고 '판매'되는 시장은 독립적인 연구를 필요로 하는 특별한 특성 및 특이한 점을 갖고 있다. 노동시장에서의 거래는 생산물시장에서의 거래와는 매우 다르다. 유명한 영국 경제학자인 마셜(Alfred Marshall)은 이를 다음과 같이 간결하게 서술하였다.

> 벽돌 판매자에게는 자신이 판매하는 벽돌이 궁전을 짓는 데 사용되든 하수도를 건설하는 데 사용되든 아무런 문제가 되지 않는다. 그러나 어려운 일을 수행하려 하는 노동의 판매자인 노동자에게는 일이 이루어지는 장소가 건강에 좋고 쾌적한 곳인지, 동료들이 함께 일할 만한 사람들인지가 중요한 문제가 된다.[1]

더 최근의 관찰자는 노동시장의 거래를 다음과 같이 설명했다.

> 노동시장은 다채롭고 복잡한 장소다. 근로자가 일자리를 가질 때 그는 임금을 벌 것을 기대하지만, 그는 또한 임금 증가율, 부가급여, 위험의 정도, 퇴직관행, 연금, 승진 및 일시해고 규칙, 선임권, 고충처리 제도에도 관심을 가질 것이다. 이에 대한 대가로 근로자는 일정 시간을 포기해야 하며 자신의 숙련을 개선하고, 다른 근로자들을 훈련시키며, 노력과 아이디어를 제공하고 자신의 시간이 어떻게 쓰이는지의 문제를 위임할 것도 요청받는다.[2]

노동시장의 복잡성은 공급과 수요 개념이 노동시장에 적용될 때는 상당히 수정되고 전환되

---

[1]   Alfred Marshall, *Principles of Economics*, 8th ed. (London: Macmillan and Co., Limited, 1938), p. 566.

[2]   H. Lorne Carmichael, "Self-Enforcing Contracts, Shirking, and Life Cycle Incentives," *Journal of Economic Perspectives*, Fall 1989, p. 65.

어야 한다는 것을 뜻한다. 공급 측면에서 근로자가 사용자에게 '임대'하는 노동서비스는 근로자와 분리될 수 없다. 근로자가 노동서비스를 일자리에 넘기는 데 일주일에 40여 시간을 사용해야 하기 때문에, 일자리의 비금전적 측면은 매우 중요하다. 보수 이외에도 근로자는 일자리의 보건 및 안전, 근로강도, 고용의 안정성, 훈련 및 승진 기회에 관심을 갖는다. 이러한 비금전적 특성은 현금 보수만큼 중요할 수 있다. 실제로 근로자의 사회적 지위, 자부심, 자립은 노동시장에서 일을 할 수 있는지에 좌우된다. 따라서 근로자의 노동공급 결정은 생산물시장에 적용되는 공급 개념보다 더 복잡하다.

마찬가지로 생산물에 대한 수요는 생산물이 제공하는 만족 또는 효용을 기초로 하는 반면, 노동은 재화와 서비스를 창출하는 데 있어서의 노동의 기여, 즉 노동생산성 때문에 수요된다. 특정 노동에 대한 수요는 그 노동이 생산하는 생산물에 대한 수요로부터 파생된다. 자동차에 대한 수요가 존재하기 때문에 사회는 자동차를 생산하는 근로자에 대한 수요를 갖는다. 회계서비스에 가치를 부여하기 때문에 회계사에 대한 수요가 존재한다. 따라서 노동에 대한 수요는 간접적인 또는 '파생' 수요이다.

노동시장을 이해한다는 것은 노동공급과 수요의 특별한 특성을 이해하는 것을 전제로 한다는 것을 강조할 필요가 있다. 노동조합과 단체교섭, 최저임금, 직업면허, 차별 같은 독특한 제도에 대한 고려사항들은 모두 노동시장의 기능에 영향을 미치며, 따라서 특별히 주목할 필요가 있다.

노동경제학의 '신·구'

노동경제학은 오랫동안 중요한 연구 분야로 인식되었다. 그러나 노동경제학의 내용 또는 주제는 지난 수십 년 동안 크게 변화했다. 도서관에 가서 30년 또는 35년 전에 발간된 노동경제학 교재를 살펴보면 매우 서술적이고 또 역사학적이라는 것을 알 수 있을 것이다. 노동경제학의 주안점은 노동운동의 역사, 노동법 및 중요한 법원 판례에 대한 설명, 노동조합의 제도적인 구조, 단체협약의 범위와 구성에 주어져 있었다. 한마디로 노동경제학에 대한 '과거'의 연구는 서술적으로 역사적인 발전, 사실, 제도, 법적인 고려사항을 강조하는 것이었다. 노동시장이 복잡해서 경제적 분석이 통하지 않는 것처럼 보였던 것이 이러한 접근법이 생긴 주요 이유일 수 있다. 노동시장과 실업 문제가 어느 정도 주목을 받은 것은 틀림없지만, 거기에 대한 분석은 전형적으로 최소한의 수준에 머물렀으며 깊이가 없었다.

최근 수십 년 동안 이러한 상황은 크게 변했다. 경제학자들은 노동시장과 노동 문제를 연구하는 데 있어 분석상의 중요한 돌파구를 마련하였다. 그 결과 경제 분석이 역사학적, 제도적, 법적 연구나 사건기술적인 자료를 대체하게 되었다. 노동경제학은 점차로 응용미시와 응용거시 이론이 되었다. 이 책은 '새로운' 노동경제학과 관련된 기법과 이해에 초점을 맞추고 있다. 그렇다고 해서 노동경제학의 모든 서술적인 측면을 무시한 것은 아니다. 앞에서 지적한 바와 같이 노동시장의 독특한 제도적 특징은 노동에 전념하는 경제학의 전문 영역으로서 노동경제학에 정당성을 부여하게 되는 부분 중 하나이다. 그러나 이 책이 취한 접근방법의 초점은 경제적 추론을 노동시장과 노동 문제에 적용하는 데 있다.

경제적 시각

현대노동경제학은 노동시장 참가자들의 행태와 노동시장 활동의 경제적 결과를 분석하고 예측하기 위해 선택 이론을 사용한다. 현대노동경제학은 다음과 같은 질문에 답하려 한다. 어떤 사람들은 일하기로 결정하는 반면, 다른 사람들은 그렇게 하지 않는 이유는 무엇인가? 미래의 노동시장 참가자 가운데 일부가 대학에 진학하기 위해 경제활동인구로 진입하는 것을 연기하는 이유는 무엇인가? 어떤 사용자들은 근로자를 거의 고용하지 않는 대신 많은 자본을 사용하는 반면, 다른 사용자들은 자본을 거의 사용함 없이 많은 근로자들을 고용하는 이유는 무엇인가? 경기침체기간 동안 기업이 일부 근로자들만을 일시해고하고 다른 근로자들은 보유하는 이유는 무엇인가? 노동경제학자들은 또한 노동시장에서 이루어진 다음과 같은 선택의 **결과**를 검토한다. 어떤 근로자들은 시간당 9달러를 버는 반면, 다른 근로자들은 시간당 20달러 또는 50달러의 보수를 지급받는 이유는 무엇인가? 지난 수십 년 동안 기록적인 숫자의 여성이 경제활동인구가 된 이유는 무엇인가? 해외로부터의 이주는 내국인 근로자들의 임금에 어떤 영향을 미치는가?

요컨대 현대노동경제학은 왜 선택이 이루어지며, 그러한 선택은 어떻게 특정 결과를 만들어내는가 등 선택의 문제에 초점을 맞출 것이다. 따라서 이러한 **경제적 시각**(economic perspective)의 기저를 이루는 세 가지 암묵적인 가정을 아는 것이 중요하다.

상대적 희소성

토지, 노동, 자본, 기업가적 자산은 많은 개별적 그리고 집단적 사회의 욕구에 비해 희소하거나 제한적이라는 것을 잘 알고 있다. 이러한 상대적 희소성은 사회로 하여금 노동 및 기타 자원들이 어떻게 그리고 무슨 목적으로 배분되어야 하는지를 선택해야만 하도록 만든다. 마찬가지로 개개인들은 시간과 사용할 수 있는 소득의 상대적 희소성에 직면한다. 예컨대 개개인들은 일자리, 가정에서의 근로, 그리고 여가에 시간을 각각 어떻게 배분할지를 선택해야 한다. 그들은 더 높은 미래 임금소득을 기대하기 위해서 얼마만큼의 현재소득(재화와 서비스)을 포기해야 하는지를 선택해야 한다. 그들은 어떤 재화와 서비스를 구입할 것인지, 따라서 결과적으로 어떤 재화와 서비스의 구입을 포기할 것인지 결정해야만 한다. 시간, 개인소득, 사회적 자원의 상대적 희소성은 경제적 시각의 기초적 요인이다.

목적의식이 있는 행태

상대적 희소성이 우리로 하여금 원하는 모든 것을 갖지 못하게 하기 때문에 여러 대안을 선택하도록 강요받게 된다. 모든 선택의 경우에, 말하자면 더 오랜 시간을 일하기 위해 또는 국가 서비스 프로그램을 제도적으로 도입하기 위해서는 무엇인가를 얻게 되고 또 나머지 무엇인가를 잃게 된다. 이렇게 잃게 된 희생—포기한 여가, 포기한 민간부문 산출량—은 **기회비용**이다.

경제적 시각은 사람들이 비용을 편익과 비교한다고 가정한다. 근로자는 추가 근로시간으로부터 얻는 추가 효용(소득)을 잃어버린 여가의 가치와 비교할 것이다. 기업은 채용 근로자로부터의 추가 수입을 추가 임금비용 등과 비교할 것이다. 따라서 현대노동경제학은 노동시장 행태에서 그리고 노동시장 기구에서 목적 또는 합리성을 찾는다. 상대적 희소성이 필연적으로 선택이 이루어지도록 만들 때 경제적 시각은 이러한 선택이 혼돈 상태인 사회에서 임의적이라기보다는 목적을 가지고 이루어질 것임을 가정한다.

그러나 노동시장 참가자들이 합리적으로 행동한다고 해서 그들이 항상 의도했던 목적을 달성한다는 것은 아니다. 정보가 불완전하거나 또는 불완전하게 처리되기도 하고, 예상하지 못한 일이 발생하기도 하며, 다른 사람들에 의해 이루어진 선택이 우리 자신의 선택에 따른 결과에 긍정적으로 또는 부정적으로 영향을 미치기도 한다. 하지만, 사후에 생각해볼 때는 '형편없는' 선택이었던 것으로 여겨지는 것마저도 순이득의 기대하에 선택한 것이었다고 가정하는 것이다.

적응

상대적 희소성이 사람들로 하여금 선택을 강요하기 때문에, 그리고 선택은 목적의식을 갖고 이루어지기 때문에 노동시장 참가자들은 인지된 비용과 편익의 변화에 반응한다. 일부 근로자들은 자신들이 받는 임금이 변화할 때 일하고자 하는 시간을 조정할 것이다. 훈련비용이 증가하거나 특수기술을 이미 보유한 사람들에게 지급되는 임금이 하락할 때 그 특수기술을 습득하기로 결정할 사람들은 줄어들 것이다. 자신들의 생산물에 대한 수요가 변화할 때 기업은 채용수준을 조정할 것이다. 일부 근로자들은 임금수준이 낮은 지역으로부터 노동수요, 따라서 임금의 상당한 증가를 경험하고 있는 지역으로 이주할 것이다. 경기가 침체하거나 노동조합에 가입한 근로자들의 실업이 높은 수준일 때 노동조합 관계자들은 자신들의 임금 인상 요구를 낮출 것이다. 다시 말하면 경제적 시각은 근로자, 사용자, 기타 노동시장 참가자들이 기대비용 및 기대이득의 변화에 반응하여 자신들의 행태를 **적응**하고 조정하거나 **변경**한다고 가정한다. 현대노동경제학은 이러한 반응을 가려내고, 예상 유형을 발견함으로써 경제에 대한 이해도를 증진시킨다.

경제적 시각의 세 가지 가정(욕구 대비 자원의 희소성, 편익과 비용의 비교에 기초한 목적의식이 있는 행태, 그리고 변화하는 여건에의 행태의 적응)은 이 책의 나머지 부분에 나타나는 모든 것의 기본이 된다.

1.1
잠깐만 확인합시다.

• 노동경제학은 노동시장의 조직, 기능, 결과, 미래 및 현재 노동시장 참가자들의 결정, 노동 자원의 고용과 대가의 지급에 관련된 공공정책 등을 검토한다.
• 새로운 노동경제학은 자원은 욕구에 비해 희소하고, 개인들은 비용과 편익을 비교함으로써 선택을 하며, 사람들은 인센티브와 디스인센티브에 반응한다고 가정하는 경제적 시각을 채택한다.

여러분의 차례입니다

다음의 두 서술 중 어느 것이 경제적 시각을 더 잘 반영하고 있을까? "65세는 오랫동안 관습적인 은퇴 연령이었기 때문에, 미국에서 대부분의 근로자들은 연금이 없더라도 65세에 은퇴한다." "65세에 사적연금과 완전한 사회보장급여를 받을 자격이 생기기 때문에, 미국에서 대부분의 근로자들은 65세에 은퇴한다."(정답은 책의 맨 뒷부분에 수록되어 있음)

1.1
근로의 세계

1.1 근로의 세계　노벨상 수상자 베커

시카고대학교의 게리 베커(Gary Becker)가 1992년 노벨경제학상 수상자로 지명되었을 때 의외라고 생각하는 경제학자는 거의 없었다. 최근의 어떤 경제학자보다 베커는 경제 분석의 외연을 확장하였다.

베커의 이론은 개인 또는 가계는 자신들의 효용을 극대화하기 위해 목적의식이 있는 선택을 하며 이러한 선택은 인센티브에 크게 좌우된다고 상정한다. 이러한 시각을 전통적으로 비경제학적이라고 여겨졌던 인간 행태의 측면에 적용한 것이 그의 주된 공헌이다.

베커의 결혼에 대한 이론이 이를 분명히 보여준다. 그의 주장에 의하면 사람들은 일자리를 찾거나 어떤 제품을 구입할지를 결정할 때처럼 결혼 상대자를 찾는다. 부부는 결혼 전에 상대에 대한 완전한 정보를 얻지는 못한다. 어떤 시점에 결혼을 보류하는 것으로부터의 편익인 추가 정보를 얻는 비용이 추가 정보로부터의 추가 편익을 초과한다. 그러나 결혼 후 여러 달 또는 여러 해 동안 사람들은 배우자의 성격과 속성에 대한 추가 정보를 알게 된다. 몇몇 경우 이러한 새로운 정보가 배우자를 덜 호의적인 위치에 놓이도록 하여, 애초 만남의 바람직함을 끝내도록 하고 결국 이혼에 이르게 한다.

베커는 가계를 효용을 제공하는 '상품'을 생산하는 데 있어 그 시간을 노동시장 근로, 가계생산, 가계소비 사이에 분배하는 작은 공장으로 간주한다(제3장 참조). 가계는 시간집약적 '내구재'인 자녀의 '가격'이 상승함에 따라 더 적은 자녀를 갖는다. 이 '가격'의 주요 구성요인은 자녀를 갖고 보살피는 것과 관련된 포기한 근로소득이다.

베커의 인적자본 이론(제4장 참조)은 교육과 훈련에 대한 투자 결정은 기업이 물적자본을 구입하는 결정과 유사하다고 간주한다. 이 접근법을 범죄에 적용하여, 베커는 범죄자들은 범죄와 정상적인 노동시장 근로 사이에서 합리적으로 선택한다고 결론을 내리고 있다. 또한 범죄자들은 범죄자가 아닌 사람들이 하는 것과 똑같이 비용과 편익의 변화에 반응한다. 베커는 노동시장 차별(제14장 참조)을 차별을 하는 사람들이 기꺼이 지불할 용의가 있는 선호 또는 '기호'로 분석한다.

베커가 사회학, 인류학, 인구통계학, 법학의 전통적인 영역을 침범했기 때문에 그는 (지지자와 반대자 모두에 의해) '지적인 제국주의자'라 불렸다. 그러나 서머스(Lawrence Summers)가 말한 바와 같이, 베커가 "한 세기 전에는 생각조차 하지 못한 맥락에서 경제적 추론의 폭, 범위, 힘을 보여줌으로써 경제학의 미래에 엄청난 영향을 미쳤다"*는 것은 의심할 여지가 없다.

* "An Economist for the Common," *BusinessWeek*, October 26, 1992에 인용된 Lawrence Summers의 말. 베커의 공헌에 대한 더 상세한 검토는 Stanley L. Brue and Randy R. Grant, *The Evolution of Economic Thought*, 8th ed. (Mason OH: Thomson-South-Western, 2013)을 참조하라.

개요

특정 주제에 대한 자세한 내용을 살펴보기 전에, 이 책에서 우리가 공부할 영역을 간략하게 정리해보기로 하자. 이러한 개요는 두 가지 밀접하게 관련된 이유 때문에 유익할 수 있다. 첫째, 개요는 방향 감각을 잡도록 한다. 좀 더 구체적으로 말하면 개요는 각 장을 구성하는 주제 나열의 기초가 되는 논리를 드러내 보인다. 둘째, 개요는 어떤 특정 장의 주제가 다른 장들과 어떻게 관련되는지를 보여준다.[3]

그림 1.1은 개요를 설명하는 데 도움이 된다. 그림의 왼쪽부터 오른쪽으로 살펴보면, 노동경제학의 대부분은 '미시경제학'과 '거시경제학'이라는 제목하에 큰 무리 없이 분류될 수 있다는 것을 알 수 있다. **미시경제학**(microeconomics)은 개별 경제단위의 의사결정과 특정 시장의 기능에 관심을 갖는다. 반면 **거시경제학**(macroeconomics)은 경제 전체 또는 경제를 구성하는 기본적인 총계치에 관심이 있다. 오슈코시(Oshkosh)라는 도시의 목수 또는 오코보지(Okoboji)라는 도시의 판매원 같은 특정 노동시장에서의 임금 및 고용수준 결정은 분명히 미시경제 문제이다. 이와는 달리 실질임금의 평균수준, 고용 및 실업의 총계치, 전반적인 물가수준은 거시경제

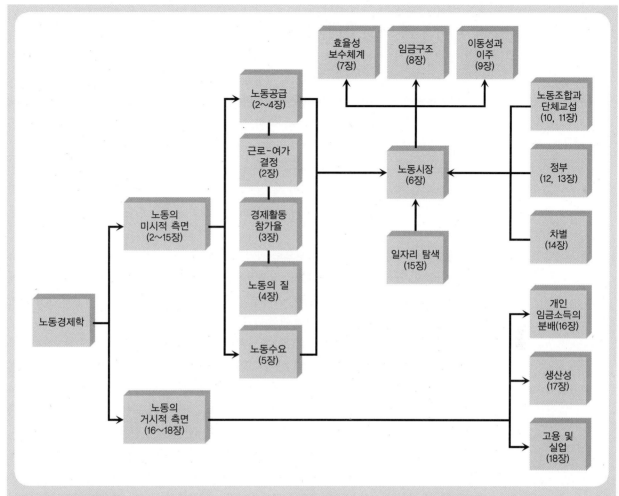

그림 1.1 노동경제학 개요

이 그림은 이 책의 장들이 어떻게 미시경제학과 거시경제학 주제로 나뉘는지를 보여준다. 미시경제학은 노동공급과 노동수요의 결정요인과 공급과 수요가 상호작용하여 여러 노동시장에서 어떻게 임금과 고용을 결정하는지에 초점을 맞춘다. 이러한 노동시장에서 보수의 유형과 구성이 결정되며, 임금구조도 마찬가지로 정해진다. 임금 차이의 일부는 지속되며, 나머지는 노동의 이동성과 이주에 의해 완화된다. 노동조합, 정부 그리고 차별은 모두 노동공급 또는 노동수요를 통해 노동시장에 영향을 미친다. 거시경제학은 노동시장의 총체적인 측면, 특히 임금소득의 분배, 노동생산성, 그리고 전반적인 고용수준에 중점을 둔다.

학의 이슈이다. 몇몇 주제는 미시경제학과 거시경제학의 성격을 모두 갖기 때문에, 개별 장의 주제는 때로는 경제학의 양 측면 모두와 관련이 있다. 그러나 제2장부터 제15장까지는 '주로 미시적'인 주제를 다룬다고 말할 수 있다. 마찬가지로 제16장부터 제18장까지는 '주로 거시적'인 주제를 다룬다.

그림 1.1은 미시경제학은 개별시장의 작용에 초점을 맞춘다는 것을 다시 강조한다. 제2장부터 제6장까지의 목표는 노동공급과 노동수요의 기초가 되는 개념들을 발전시키고 이를 하나로

---

[3] 이 책은 대부분의 강의자가 한 학기에 다루기로 할 내용보다 더 많은 경제학의 주제를 망라하고 있다. 또한 각 장과 주제들은 여러 방법으로 논리적인 순서를 매길 수 있다는 것을 유의하라.

묶는 것이다. 구체적으로 말하면, 제2장에서는 노동공급의 단순 이론을 검토한다. 여기서는 어떤 사람이 경제활동에 참가할지를 결정하는, 그리고 만약 참여한다면 그 사람이 일하고자 하는 시간 수를 결정하는 기본 요소를 분석한다. 또한 여러 보수 체계와 소득보장프로그램이 노동서비스를 공급하는 개인의 의사결정에 어떤 영향을 미칠 수 있는지도 고려된다.

제3장에서는 인구, 여러 인구통계학적 그룹의 경제활동 참가율, 근로시간 같은 공급되는 노동 총량의 주요 결정요인들을 고려한다. 특히 가계의 관점에서 본 노동공급을 검토하고, 기혼 여성 경제활동 참가율의 급속한 증가 원인을 살펴본다.

제4장은 질적인 차원을 노동공급에 도입한다. 만약 훈련을 받았다면 근로자들은 생산성이 더 높은 노력을 제공할 수 있다. 따라서 제4장에서는 인적자본, 즉 교육과 훈련에 대한 투자 결정을 검토하고, 여러 사람들이 각각 다른 정도로 인적자본 투자를 하는 것이 왜 합리적인지를 설명한다.

제5장에서는 노동시장의 수요 측면으로 넘어간다. 여기서는 단기 노동수요곡선을 체계적으로 도출하고 이 곡선이 자신의 생산물을 경쟁적으로 판매하는 기업과 그렇지 않은 기업 사이에서 어떻게 변하는지를 설명한다. 장기 노동수요곡선의 개념과 수요의 임금탄력성의 개념 또한 검토될 것이다. 그 뒤 수요와 탄력성의 여러 간단한 적용 사례가 뒤를 잇게 된다.

제6장은 노동공급과 노동수요를 결합하여 균형임금과 균형고용수준이 어떻게 결정되는지를 설명한다. 기본적인 완전경쟁모형부터 상대적으로 복잡한 쌍방독점 그리고 '거미집' 모형까지 다수의 시장 모형이 제시된다. 희소한 자원을 신중히 사용해야 하는 중요성 때문에, 제6장의 주안점은 노동이 배분되는 효율성에 주어진다. 사회적으로 바람직한 또는 '적절한' 노동량이 특정 노동시장에 고용되었나? 만약 그렇지 않다면 사회에 대한 효율성 손실은 무엇인가?

제7장부터 제9장에는 노동시장이 기능하는 조건과 그 결과에 대한 제6장에서의 논의를 정교화하고 수정하는 중요한 내용이 실려 있다. 제6장에서 근로자 보수는 시간당 10달러와 같은 보통 사람들이 인정하는 시간당 임금으로 다루어진다. 제7장에서 근로자 보수는 건강보험, 유급휴가, 병가, 연금의 분담 등 여러 가지 부가급여와도 또한 관계가 있다는 것을 알아본다. 여러 상이한 보수패키지가 서로 다른 근로자들에게 관심을 끌게 되는 이유를 논의한다. 더 중요한 것은 제7장이 근로자의 효율성과 생산성을 증진하기 위해 보수체계가 어떻게 설계될 수 있는지를 설명한다는 것이다.

제8장에서는 임금구조라는 복잡한 주제와 부딪힐 것이다. 여러 근로자들이 서로 다른 임금을 받는 이유는 무엇인가? 임금 차이의 근원이 근로조건 및 일자리가 요구하는 기술수준의 상이함, 인적자본과 일자리 선호도에서의 차이, 그리고 노동 이동성과 일자리정보 흐름의 불완전성과 같은 요소들로 거슬러 갈 수 있다는 것을 알게 된다.

제9장은 사용자 사이, 직종 사이, 그리고 지역 사이의 노동의 이동이 경제적 효율성에 어떻게 기여할 수 있는지를 설명하면서 노동시장의 정교화를 계속한다. 이러한 노동 이동은 인적자본에 대한 투자로 분석되며 여러 다양한 예상 밖의 경제적 결과를 갖게 된다.

그림 1.1이 보여준 것처럼 제10장부터 제15장까지는 임금이 어떻게 결정되고 노동시장이 어떻게 작동하는지에 넓고 깊은 영향을 미치는 여러 다양한 현실 세계의 고려사항들에 초점을 맞

춘다. 구체적으로 이 장들에서는 노동조합, 정부 그리고 차별이 어떻게 노동시장에 영향을 미치는지를 검토한다. 제10장과 제11장은 노동조합과 단체교섭에 관심을 갖는다. 제10장에서는 노동조합 조합원들의 인구통계학적 특성을 파악하고, 노동운동의 규모와 제도적 구조를 논의하며, 임금협상 과정과 파업활동의 모형들을 제시한다. 제11장은 노동조합과 단체교섭이 노동시장의 작동에 미치는 효과에 대해 다룬다. 논의는 노동조합이 임금, 효율성 및 생산성, 기업의 수익성, 임금소득의 분배에 미치는 영향에 초점을 맞추고 있다.

제12장과 제13장의 주제는 정부가 노동시장에 영향을 미치는 직접적이고도 감지하기 힘든 방식에 관한 내용이다. 제12장은 정부를 노동의 직접적인 사용자로 간주하고, 정부의 재정 기능이 노동시장에 어떻게 영향을 미치는지를 살핀다. 구체적으로 정부의 지출과 조세가 어떻게 임금과 고용에 변화를 가져오는지 밝힐 것이다. 제13장은 정부의 입법 및 규제 기능이 노동시장에 미치는 영향에 관심을 둘 것이다. 예를 들어 최저임금법과 근로자의 보건과 안전에 관한 규제의 함의는 무엇인가?

노동조합과 정부 이외에도 차별이라는 '관행(institution)'이 노동시장에 크게 영향을 미친다. 따라서 제14장은 인종 및 성별 보수 차이의 현실과 관련 수치를 제시하고, 인종 및 성 차별에 대한 여러 모형을 소개하며, 관찰되는 성 및 인종 간 임금 차이의 얼마만큼이 차별의 결과인지를 논의한다. 이 장은 또한 차별금지 정책 및 이슈에 대하여 상세히 검토한다.

일자리탐색 행태는 실업, 경제적 효율성과 같은 이슈에 중요한 시사점을 갖는다. 제15장은 기업 외부는 물론 기업 내에서의 일자리탐색에 대하여 다룬다.

그다음 세 장은 주로 노동시장의 거시경제적 측면과 결과를 다룬다. 개인별 임금소득 분배는 제16장의 주제이다. 전반적인 임금소득 분배를 설명하고 관찰되는 불균등도를 측정하는 여러 방법을 논의한다. 그 뒤 임금소득의 유형에 대한 설명을 제시하고, 임금소득 분배 내에서의 이동성의 정도와 임금소득 불균등 심화라는 최근 추세와 같은 관련 주제들을 논의한다.

제17장에서는 실질임금의 평균수준, 따라서 생활수준이 그것과 밀접하게 관련된다는 중요한 이유 때문에 생산성을 고려한다. 생산성 증가에 기여하는 요소들과 함께 경기변동의 기간 동안 발생하는 생산성의 체계적 변화 또한 검토한다. 생산성 변화와 가격수준 및 고용수준과의 관계도 또한 설명된다.

제18장은 실업 문제를 다룬다. 무엇보다도 마찰적, 구조적, 경기적 실업이 구별될 것이다. 직종 및 인구통계학적 그룹별 실업 분포가 고려되며, 실업을 줄이기 위해 고안된 여러 다양한 공공정책 또한 검토한다.

이 책의 부록에는 그림 1.1의 개요에 나타나지 않은 내용이 실려 있지만, 노동경제학의 미래 발전에 대해 알고 그 영역의 연구를 계속하는 것은 중요한 일이다. 부록에는 노동 관련 통계의 원천, 노동경제학 문헌정보, 기술적 및 비기술적 학술지, 노사관계, 단체교섭, 노동법과 밀접하게 관련된 영역의 책과 함께 노동경제학의 고급 교재가 열거되어 있다. 노동경제학의 학기말 리포트 또는 과제를 수행하는 학생들은 시작할 때 이 부록을 읽기를 원할 것이다. 부록 표 1은 흥미를 끌 수 있는 학기 말 리포트의 여러 잠재적 주제를 수록하고 있다.

1.2
근로의 세계

1.2 근로의 세계 — 복권 당첨자들 : 누가 사직할까?

사람들이 일하는 데는 많은 이유가 있지만, 금전적인 보상이 보통 으뜸가는 인센티브이다. 실제로 보상(compensation)이라는 단어는 근로자들이 일을 할 경우 포기한 여가와 관련된 효용 손실에 대한 배상 또는 보증을 필요로 한다는 것을 의미한다.

비록 우리 대부분이 자신의 일을 좋아한다고 공언하지만, 경제학적 시각에 따르면 매년 상당한 금액의 비노동소득이 보장된다면 우리 중 많은 사람은 일자리를 사직하게 된다. 매우 쉽게 이야기하면 비노동소득은 일하고자 하는 인센티브를 줄인다. 비노동소득의 금액이 크면 클수록 사람들이 일자리를 사직할 가능성은 더 커진다.

워싱턴 주의 복권 당첨자들을 대상으로 한 시애틀 타임스(Seattle Times)의 설문조사는 이러한 전망을 지지하고 있다. 설문조사 대상이었던 복권 당첨자의 3/4은 자신들이 당첨되었을 당시 고용되어 있었다.

아래 그래프에서 '적은 액수'의 상금을 받은 당첨자들은 계속해서 일하는 경향이 있었음을 확인하라. 100만 달러 미만의 상금을 받은

당첨자 중 단지 7%만 사직했다. 100만 달러의 당첨 상금은 세금으로 매년 1만 달러가 유보되어 20년 동안 매년 4만 달러씩 지급된다는 점을 유념하라. 반대로 큰 액수의 당첨금을 받은 당첨자들은 사직할 가능성이 훨씬 더 컸다. 400만 달러 이상을 받은 당첨자들의 77%가 사직을 선택했다. 아래 표로부터 당첨금 액수가 크면 클수록 경제활동인구에서 이탈하고자 하는 근로자들의 비율이 더 컸음을 주목하라.*

자료 : Jack Broom, "Lotto Winners — Unlike Fantasy, Most Jackpot Winners Don't Say, 'Take This Job and Shove it,'" *Seattle Times*, 1999.

* 복권 당첨자들에 대한 더 광범위한 설문조사 또한 이러한 일반화를 지지한다. Guido W. Imbens, Donald B. Rubin, and Bruce Sacerdote, "Estimating the Effects of Unearned Income on Labor Supply, Earnings, Savings, and Consumption: Evidence from a Survey of Lottery Players," *American Economic Review*, September 2001, pp. 778-94를 참조하라.

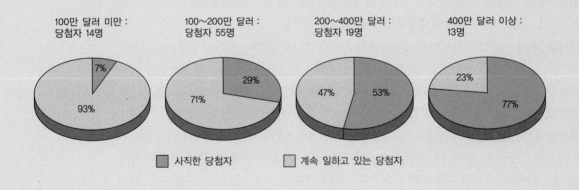

100만 달러 미만 : 당첨자 14명	100~200만 달러 : 당첨자 55명	200~400만 달러 : 당첨자 19명	400만 달러 이상 : 13명
7% / 93%	29% / 71%	47% / 53%	23% / 77%

■ 사직한 당첨자   □ 계속 일하고 있는 당첨자

보상

노동경제학을 공부함으로써 얻을 수 있는 편익은 무엇인가? 기본적으로 노동경제학을 이해함으로써 얻게 되는 보상은 개인적 그리고 사회적 양 측면일 수 있다. 노동경제학은 노동시장과 관련하여 개인이나 기업이 의사결정을 하는 데 있어 유용한 정보와 분석틀을 제공한다. 또한 이 영역을 완전히 이해하게 되면 노동시장 이슈와 정책에 관해 정보를 많이 획득한 시민 내지는 투표권자가 될 수 있을 것이다.

개인적 관점

개인 차원의 논의를 하자면, 이 책을 읽는 거의 대다수 사람들은 이미 노동시장에 참여했던 적이 있을 것이다. 여러분은 파트타임 일자리에서, 가족의 농장에서, 또는 아마도 학교 관련 인턴으로 여름방학에 일한 적이 있을 것이다! 여러분 대부분은 노동시장으로부터 미래소득의 상당 부분을 받을 것이다. 따라서 이 책에서 다루어지는 많은 내용은 여러분과 즉각적으로 관련이 된다. 단지 몇 개만 나열하자면, 일자리탐색, 실업, 이주, 차별, 노동조합, 노동생산성 같은 주제들은 새로운 의미와 관련성을 띨 것이다. 예를 들어 만약 여러분이 공립학교 교사 또는 주 정부의 근로자가 된다면, 노동조합에 가입함으로써 여러분은 급여와 부가급여에서 개인적으로 무슨 이득을 기대할 수 있을까? 대학 교육은 얼마만큼 더 높은 임금소득을 가져다줄까? 즉 고등고육에 대한 투자로부터 얼마만큼의 수익률을 기대할 수 있을까? 대학 교육을 받은 근로자들이 속한 노동시장의 특이한 점은 무엇일까? 만약 여러분이 여성이거나 소수집단에 속한다면, 차별은 여러분이 특정 직종에 진입하는 데, 그리고 여러분의 임금소득에 어떤 영향을 미칠 수 있을까? 마찬가지로 여러분 중 일부는 인사와 노사관계에 책임을 맡는 경영자가 될 것이다. 노동경제학을 이해함으로써 얻게 되는 지적 토대 및 분석적 시각은 채용, 해고, 승진, 훈련, 그리고 근로자에 대한 보상에 관한 경영상의 합리적 의사결정을 하는 데 도움이 될 것이다.

사회적 관점

사회적 관점에서 볼 때, 노동경제학의 지식은 사람들이 더 많은 정보를 가진 시민 및 더 유식한 투표권자가 되는 데 도움을 준다. 여기서의 이슈는 그 범위와 영향에 있어 폭이 넓다. 노동조합 결성과 가입은 장려되어야 하는가, 아니면 제한되어야 하는가? 노동조합은 평균적으로 우리 사회에 긍정적 요인인가, 아니면 부정적 요인인가? 정부는 경영진, 운동선수, 연예인의 급여에 상한선을 두어야만 하는가? 조세구조 변화—예를 들어 더 누진적인 연방소득세—는 일하고자 하는 인센티브에 어떤 영향을 미치는가? 정부는 미국 일자리의 해외지사 또는 자회사로의 아웃소싱에 제약을 가해야만 하는가? 미국의 해외로부터의 이주에 관한 정책은 완화되어야 하는가, 아니면 더 제약적이 되어야 하는가? 선진산업국들은 개발도상국들로 하여금 최저임금을 인상하고, 근로조건을 개선하며, 기타 노동기준을 준수하도록 국제무역협정을 사용해야 하는가? 공식교육 및 직업교육에 더 많은 공적 지원을 해야 하는가? 사용자들이 10대 근로자들에게 법적 최저임금보다 더 낮은 수준의 임금을 지급하는 것이 바람직한가? 이러한 질문들에 대한 상세하고 단정적인 답변은 보장될 수 없지만, 노동경제학에 대한 이해는 이러한 그리고 유사한 이슈들에 관한 의견을 형성하는 데 도움이 되는 소중한 통찰력을 여러분에게 제공할 것이다.

요약

1. 노동과 기타 생산적인 자원의 상대적인 희소성은 사회가 그러한 자원을 효율적으로 사용하려는 인센티브를 제공한다.

2. 노동경제학의 중요성은 (a) 현재의 사회경제적 이슈와 문제, (b) 자원으로서의 노동이 수량적으로 의미가 크다는 점, 그리고 (c) 노동공급과 노동수요의 독특한 특성에 반영되어 있다.

3. 과거 20년 동안 노동경제학 분야는 경제 분석에 더 중점을 두었던 반면 역사적, 제도적, 법적 측면은 이전에 비해 중요도가 감소했다.

4. 경제적 시각은 (a) 노동과 기타 자원은 상대적으로 희소하고, (b) 개인들과 기관들은 합리적 또는 목적의식이 있는 의사결정을 하며, (c) 경제 환경의 변화에 비추어 의사결정은 변경되거나 적응된다고 가정한다.

5. 이 책은 그림 1.1에 개요가 서술된 바와 같이 일련의 적절한 미시경제학과 거시경제학 주제들을 검토한다.

6. 노동경제학의 내용과 분석틀을 이해하면 더 똑똑한 개인적·사회적 의사결정에 기여하게 된다.

용어 및 개념

거시경제학(macroeconomics)

경제적 시각(economic perspective)

노동경제학(labor economics)

미시경제학(microeconomics)

주 : 이 책의 맨 뒷부분에 용어해설이 마련되어 있다.

질문 및 연구 제안

1. 경제학이 선택의 과학인 이유는 무엇인가? 노동시장의 근로자와 사용자가 직면하는 몇 종류의 선택에 대해 설명하라. 미시경제학과 거시경제학을 구별하라.

2. 2014년에 1억 5,590만 명의 근로자가 미국의 노동력이었는데, 이 중 960만 명이 실업자였다. 이러한 사실에 비추어볼 때, 경제학자들은 어떻게 노동이 희소한 자원이라고 말할 수 있을까?

3. 다음의 각 서술이 미시경제학에 관련되는지 또는 거시경제학에 관련되는지 지적하라.

   a. 2014년 미국의 실업률은 6.2%였다.

   b. 슬리피 아이(Sleepy Eye) 곡물창고의 근로자들은 시간당 10달러를 지급받는다.

   c. 미국 근로자 전체의 생산성은 지난 10년 동안 매년 2% 넘게 증가했다.

   d. 2014년 간호조무사의 명목임금은 2% 증가했다.

   e. 인디애나주 바우저에 있는 알포(Alpo) 애견사료 공장은 지난 달 15명의 근로자를 일시해고했다.

4. 생산물시장과 관련된 공급과 수요 개념이 노동시장에 적용될 때 수정되어야 하는 이유는 무엇인가?

5. 경제 자원으로서 노동의 상대적 중요성은 무엇인가?

6. '신·구' 노동경제학을 간략히 비교하라.

7. 경제적 시각의 주요 특징 또는 가정은 무엇인가?

8. 다음의 각 제안에 관한 여러분의 입장을 간략히 서술하고 정당화하라.

   a. 만약 하는 일이 동등하다면, 여성과 소수집단은 백인 남성과 똑같은 임금을 지급받아야 한다.

   b. 미국은 해외로부터의 이주가 이루어지는 국경선을 전면 폐쇄해야 한다.

c. 연방정부는 1978년의 험프리-호킨스(Humphrey-Hawkins)법에서 정한 4%의 실업률을 달성하기 위한 조치를 취해야 한다.

d. 근로자가 노동조합에 가입하기를 거부한다는 이유로 일자리를 잃어서는 안 된다는 것을 명시한 일명 노동권법(right-to-work law)은 폐지되어야 한다.

e. 근로자의 건강 및 안전기준 조건은 정부의 규제가 아니라 노동시장에 의해 결정되어야 한다.

9. 노동경제학 공부는 여러분에게 어떤 편익을 가져다주겠는가?

인터넷 연습

이코노미스트 잡지

이코노미스트 잡지의 웹사이트(http://www.economist.com)를 방문하여 노동경제학 이슈를 다루는 엔트리를 찾아 인용하라. 이 책의 몇 장에서 해당 이슈가 논의되는가?

인터넷 링크

노벨 사이버 박물관(Nobel e-Museum) 웹사이트는 노벨 경제학상 수상자에 관한 정보를 제공한다(http://www.nobelprize.org/nobel_prizes/economic-sciences/).

오픈 디렉토리 프로젝트(Open Directory Project) 웹사이트는 노동경제학과 관련된 다양한 링크를 제공한다(http://dmoz.org/Science/Social_Sciences/Economics/Labor_Economics).

개별 노동공급 이론

이 장을 공부하고 나면:

1. 소득-여가 기본 모형을 사용하여 개인의 소득 및 여가의 최적 조합을 결정할 수 있다.
2. 근로-여가 기본 모형을 적용하고 확대할 수 있다.

노동공급에 있어 인간이란 호기심이 많고 다양한 무리이다. 애덤스는 본업 이외에 부업을 하고 있는 반면, 앤더슨은 보수가 줄어드는데도 불구하고 자신의 유일한 일자리에 결근을 자주 한다. 대학생인 브라운은 학교에 재학 중인데도 풀타임으로 일을 하고, 룸메이트인 베일리는 파트타임으로 일을 하며, 같은 과 친구인 브링크만은 전혀 일을 하지 않는다. 콘웨이는 자녀를 키우기 위해 일자리를 그만둔 반면, 코헨은 자녀를 가졌지만 작업장에서 풀타임으로 계속하여 일한다. 다우니는 조기은퇴의 기회를 신속히 잡았지만, 웡은 나이 때문에 더 이상 일할 수 없을 때까지 일할 계획을 갖고 있다. 에번스는 초과근로를 환영하지만, 에버트는 주어진 옵션에 따라 일상적으로 초과근로를 거부한다. 플레밍은 자신의 임금이 상승할 때 더 오랜 시간을 일하지만, 헤르난데스는 자신의 근로시간을 단축한다.

이러한 다양한 노동공급 결정은 어떻게 이루어지는가? 노동시장에서 일하는 개인들은 일하는 시간의 양을 어떻게 결정하는가? 이 장의 주요 목표는 이러한 질문들에 대답하는 데 도움이 될 개별 노동공급의 기본 이론을 개발하고 적용하는 것이다.

근로-여가의 결정 : 기본 모형

일정 교육수준과 경제활동 경험, 따라서 일정한 기술수준을 가진 개인을 생각해보자. 고정된 일정한 시간을 사용할 수 있는 그 개인은 그 시간을 근로(노동시장 활동)와 여가(비노동시장 활동) 사이에 어떻게 배분해야 할지 결정해야 한다. 현재의 맥락에서 근로는 보수가 지급되는 일자리에 투입되는 시간이다. 여가라는 용어는 여기서 개인이 보수를 받지 않는 모든 종류의 활

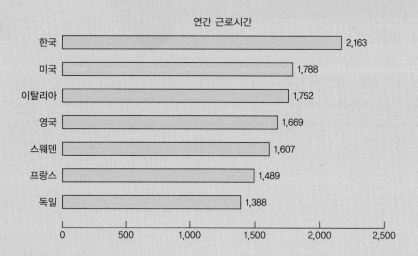

2.1 국제 시각   **근로자 1인당 연간 근로시간**

연평균 근로시간은 국가별로 상당히 다르다. 예를 들어 평균적인 한국 근로자는 평균적인 독일 근로자보다 매년 775시간을 더 일한다.

연간 근로시간

한국	2,163
미국	1,788
이탈리아	1,752
영국	1,669
스웨덴	1,607
프랑스	1,489
독일	1,388

자료 : Organization for Economic Cooperation and Development, *Employment Outlook*, July 2014, Table K.

2.1
국제 시각

동을 포함하는 넓은 의미로 사용된다. 가계 내에서의 근로와 소비, 교육, 통근, 휴식, 휴양 등에 사용하는 시간이 모두 여가에 포함된다.

개인의 시간을 근로와 여가 사이에 최적으로 배분하는 결정을 하기 위해서는 두 가지 세트의 정보가 필요하다. 첫째, 개인의 근로-여가 선호에 관한 주관적이고 심리적인 정보가 요구된다. 이 정보는 무차별곡선에 나타난다. 둘째, 예산제약에 반영되는 객관적인 시장정보가 필요하다.

무차별곡선

근로-여가 결정에 적용될 때, **무차별곡선**(indifference curve)은 어떤 일정 수준의 효용 또는 만족을 개인에게 발생시키는 실질소득과 여가시간의 여러 조합을 보여준다. 그림 2.1의 곡선 I_1을 예로 들어 보자. 1일 소득을 수직축에 표시하고, 여가 또는 비노동시장 활동 시간을 수평축의 왼쪽부터 오른쪽으로 표시하고 있음을 유의하라. 두 번째 수평축은 매일 고정된 24시간을 사용할 수 있는 상황에서 오른쪽부터 왼쪽으로 근로시간을 측정할 수 있음을 보여준다. 무차별곡선의 정의에 따르면, I_1 상의 어떤 점이라도 그 표시되는 소득과 여가의 각 조합은 동일한 만족을 제공한다. 즉 곡선 위의 각 점은 개인에게 동일한 수준의 효용을 제공한다.

무차별곡선은 여러 독특한 특성을 갖는다.

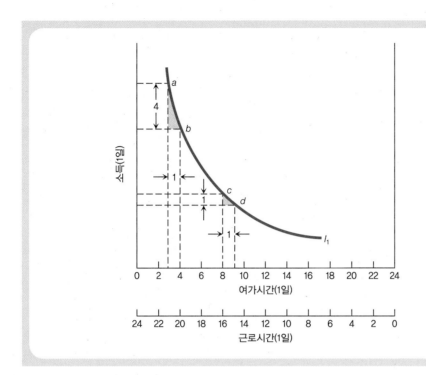

그림 2.1 소득-여가 무차별곡선
무차별곡선은 어떤 일정 수준의 총효용을 산출하는 소득(재화)과 여가의 여러 조합을 보여준다. 총효용이 불변인 채로 유지되기 위해서는 더 많은 여가와 관련된 추가 효용이 더 적은 소득에 의해 상쇄되어야 하기 때문에 무차별곡선은 우하향한다. 곡선이 볼록한 모양인 것은 여가의 소득에 대한 한계대체율이 체감한다는 것을 반영한다.

부(−)의 기울기

여가와 근로로부터의 실질소득이 모두 효용 또는 만족의 원천이기 때문에 무차별곡선은 우하향하는 기울기를 갖는다. 곡선을 따라 남동쪽으로 이동할 때, 총효용이 일정하게 유지되려면 더 많은 여가를 얻기 위해서는 실질소득의 일정 금액 또는 재화와 서비스의 일정 양이 포기되어야만 한다. 달리 표현하면, 개인이 한 재화(여가)를 더 얻게 됨에 따라 똑같은 수준의 효용을 유지하기 위해서는 다른 재화(실질소득)의 일부가 포기되어야 하기 때문에 무차별곡선은 우하향한다.

원점에 대해 볼록함

우하향하는 곡선은 오목, 볼록, 또는 직선일 수 있다. 그림 2.1에서 무차별곡선이 원점에 대해 **볼록**(안쪽으로 굽은)하다는 것을 지적했다. 달리 이야기하면 곡선을 따라 남동쪽으로 이동함에 따라 곡선 기울기의 절댓값이 체감한다는 것이다.

무차별곡선이 원점에 대해 볼록한 이유는 무엇일까? 이 특성을 직관적으로 설명한 뒤에 더 기술적으로 살펴보기로 하자. 두 가지 설명 모두 두 가지 고려사항에 뿌리를 두고 있다. 첫째, 곡선의 기울기는 개인이 여가를 소득과 또는 소득을 여가와 기꺼이 대체하고자 하는 마음을 반영한다. 둘째, 개인이 소득을 여가로 또는 여가를 소득으로 기꺼이 대체하고자 하는 마음은 애초에 보유한 여가와 소득의 크기에 따라 변한다.

무차별곡선의 볼록성은 사람들은 어떤 재화(이 경우 소득)라도 점점 희소해지면 그 재화를 점점 더 포기하려 하지 않는다는 아이디어를 반영한다. 상대적으로 많은 금액의 소득과 매우 적은 여가를 갖는 무차별곡선의 *ab* 범위를 고려하기로 하자. 여기서는 희소한 여가의 추가 단위, 예를 들어 1시간과 교환하기 위해 풍부한 소득 중 상대적으로 많은 금액(4단위)을 포기할 용의가 있게 된다. 추가되는 여가 1시간으로부터의 추가 효용은 소득을 4단위 더 적게 갖는 것으로부터의 효용 손실을 완전히 상쇄한다. 그러나 곡선을 따라 *cd* 범위로 이동함에 따라 소득이 이제는 상대적으로 더 희소해지고 여가는 더 풍부해졌다는 점에서 상황이 달라진다. 이제 여가의 추가 1시간을 희소해진 소득의 단지 적은 금액(1단위)으로 교환할 용의가 있게 된다. 더 많은 여가를 얻음에 따라, 추가로 더 많은 단위의 여가를 얻기 위해 포기할 용의가 있는 소득 금액은 점점 더 작아진다. 따라서 무차별곡선은 점점 더 수평에 가까운 형태가 된다. 정의에 따라 남동쪽으로 이동하면서 편평하게 뻗어 나가는 곡선은 원점에 볼록한 형태이다.

더 기술적인 용어로 설명하자면, 무차별곡선의 기울기는 **여가의 소득에 대한 한계대체율**(marginal rate of substitution of leisure for income, MRS *L*, *Y*)로 측정된다. MRS *L*, *Y*는 어떤 개인이 여가를 1단위(시간) 더 얻는 것을 보상하기 위해 포기해야만 하는 소득 금액이다. 그림 2.1에 보이는 무차별곡선의 기울기가 부(−)이긴 하지만, MRS *L*, *Y*는 절댓값으로 생각하는 것이 편리하다. 절댓값으로 표시할 경우 무차별곡선 상의 북서쪽 또는 윗부분에서 MRS *L*, *Y*는 커진다. 즉 무차별곡선의 기울기가 가파르게 된다. 이는 그림 2.1의 *a*점에서 I_1에 대한 접선을 연필로 그려보면 확인할 수 있다. 연필로 그린 선의 기울기는 *a*점에서의 I_1의 기울기를 보여준다. 가파른 기울기, 즉 높은 MRS *L*, *Y*를 확인하라. 개인이 많은 소득과 적은 여가를 갖고 있기 때문에 이처럼 높은 MRS *L*, *Y*가 나타난다. 한계적으로 주관적인 소득의 상대적 가치평가는 낮고, 한계적으로 주관적인 여가의 상대적인 가치평가는 높은 수준이다. 따라서 추가 1단위의 여가를 얻기 위해 소득의 많은 단위(4단위)를 포기할 용의가 있게 된다.

무차별곡선을 따라 남동쪽으로 이동함에 있어 각 점마다 소득과 여가의 크기는 변하며, 결과적으로 개인은 더 적은 소득과 더 많은 여가를 갖게 된다. 따라서 상대적으로 더 풍부해진 여가는 한계적으로 더 적은 가치를 갖게 되고, 점점 희소해진 소득은 한계적으로 더 큰 가치를 갖는다. 이는 그림 2.1의 *d*점에서 I_1에 접하는 직선을 연필로 그려 넣고, *a*점에서의 접선의 기울기와 비교함으로써 알 수 있다. (*d*점에서의) 기울기는 *a*점에서의 곡선의 기울기보다 더 작다. 기본적인 요점은 무차별곡선의 기울기인 MRS *L*, *Y*는 곡선을 따라 아래쪽으로 이동함에 따라 작아진다는 것이다. 곡선을 따라 남동쪽으로 이동함에 따라 그 기울기 또는 MRS *L*, *Y*가 감소하는 어떤 곡선이라도 정의에 따르면 원점에 볼록하게 된다.

무차별지도

그림 2.2에 보이는 바와 같은 무차별곡선의 전체 무리 또는 필드인 무차별지도를 고려하는 것은 유용한 일이다. 마치 지형도의 각 등고선이 상이한 고도를 나타내는 것처럼, 각 곡선은 서로 다른 수준의 총효용을 반영한다. 그림 2.2는 잠재적으로 무한한 수의 무차별곡선 중 단 3개의 무차별곡선을 보여주고 있다. 모든 가능한 소득과 여가의 조합이 몇몇 무차별곡선 위에 놓여 있다. 원점으로부터 멀리 떨어진 곡선은 더 높은 수준의 효용을 나타낸다. 이는 원점으로부터

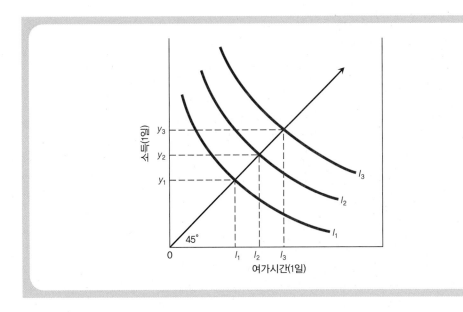

그림 2.2 소득과 여가의 무차별지도

무차별지도는 많은 무차별곡선으로 구성된다. 북동쪽으로 갈수록 각 무차별곡선은 더 높은 수준의 총효용을 반영한다.

45도의 대각선을 그리고 연속되는 각 곡선과의 교차점이 소득과 여가 모두 더 큰 크기를 나타낸다는 것을 주목함으로써 입증될 수 있다. $y_2 l_2$ 조합이 소득과 여가 모두 더 큰 크기를 보여주기 때문에 소득과 여가의 $y_2 l_2$ 조합이 $y_1 l_1$ 조합보다 더 선호된다. 마찬가지로 $y_3 l_3$ 조합이 $y_2 l_2$ 등보다 더 큰 총효용을 수반한다.[1] 도달할 수 있는 가장 높은 무차별곡선 상의 위치를 달성함으로써 개인이 총효용을 극대화한다는 것은 명백하다.

상이한 근로-여가 선호

특정 재화와 서비스에 대한 소비자들의 취향이 크게 다른 것과 같이 근로와 여가에 대한 개개인의 선호도 차이가 난다. 근로와 여가에 대한 상대적인 바람직함의 상이한 선호가 개인 무차별곡선의 형태에 반영된다. 그림 2.3(a)에 여가에 낮은 가치를 부여하고 근로(소득)에 높은 가치를 부여하는 '일벌레(workaholic)'의 무차별곡선이 그려져 있다. 일벌레의 무차별곡선은 상대적으로 수평에 가까운데, 이는 일벌레는 상대적으로 작은 소득 증가를 위해 1시간의 여가를 기꺼이 포기한다는 것을 나타냄을 주목하라. 그림 2.3(b)는 여가에 높은 가치를 두고 근로(소득)에 낮은 가치를 두는 '여가를 사랑하는 사람'의 무차별곡선을 보여준다. 이 개인의 무차별곡선은 가파르다는 것을 주목하라. 이는 여가 1시간을 희생하기 위해 소득의 상대적으로 큰 증가가 실현되어야만 한다는 것을 의미한다. 각각의 경우에 무차별곡선은 원점에 대해 볼록하지만, MRS L, Y의 체감률은 일벌레의 경우보다 여가를 사랑하는 사람의 경우에 훨씬 더 크다.

차이가 나는 이유는 무엇일까? 첫째, 개성에 뿌리를 둔 순수하게 취향 또는 선호의 문제일 수 있다. 둘째 그리고 관련된 사항은 개개인의 직종이 다르다는 것이다. 그림 2.3(a)의 편평한 곡

---

[1] 무차별곡선은 교차할 수 없다. 어떤 한 곡선 상의 모든 점은 똑같은 크기의 효용을 반영하는 반면, 그 곡선의 위(아래)에 있는 어떤 한 점은 더 높은(낮은) 수준의 효용을 나타낸다. 만약 두 무차별곡선이 교차한다면 효용 수준은 교차점에서 똑같게 된다. 그러나 모든 다른 점들에서 효용수준은 달라진다. 무차별곡선의 정의에 따라 이는 논리적으로 불가능하다.

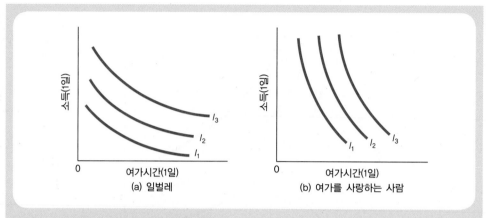

그림 2.3 근로(소득)와 여가에 대한 상이한 선호도

어떤 사람의 무차별곡선 형태는 그 사람의 근로(소득)와 여가에 대한 상대적 선호도에 좌우된다. (a)에는 소득의 단지 조그만 증가를 위해 1시간의 여가를 포기할 용의가 있는 '일벌레'가 그려져 있다. 이와 비교할 때 (b)에 보이는 '여가를 사랑하는 사람'은 1시간의 여가 또는 비노동시장 시간을 희생하기 위해 소득의 대폭적인 증가를 필요로 한다.

선은 예를 들어 화가, 도예가 또는 음악가 같은 창의적이고 도전의식을 북돋는 직종을 가진 사람과 관련이 있다. 그러한 일은 비효용을 거의 수반하지 않으며, 따라서 예술가로 하여금 1시간의 여가를 희생하도록 유도하는 데 단지 조그만 소득의 증가만이 요구된다. 반대로 광산 또는 조립라인의 쾌적하지 못한 일자리는 가파른 무차별곡선을 끌어낼 수 있다. 그러한 일은 상당한 비효용과 관련되며, 1시간의 여가를 포기하도록 하기 위해서는 큰 폭의 소득 증가가 요구된다. 마지막으로 개개인의 개별적 환경이 그가 노동시장 근로와 여가를 상대적으로 평가하는 데 영향을 미칠 수 있다. 예를 들어 2~3명의 취학 전 어린이를 둔 젊은 엄마 또는 대학생은 '여가'(비노동시장 시간)가 육아 또는 공부를 위해 소중하기 때문에 상대적으로 가파른 무차별곡선을 갖는다. 마찬가지로 호세는 기혼자로 상당한 재정적인 책임을 갖고 있다. 결과적으로 그는 소득을 위해 여가를 포기할 상당한 용의가 있으며, 그의 무차별곡선은 상대적으로 편평하다. 반면에 존은 독신이며, 재정적 책임이 덜 절실하다. 그는 소득을 위해 여가를 포기할 용의가 그리 크지 않으며, 따라서 그의 무차별곡선은 상대적으로 가파르다. 요약하면, 개성, 고려 대상인 근로의 종류, 그리고 개인 환경이 그 사람의 무차별곡선 형태에 영향을 미칠 수 있다.

예산제약

도달할 수 있는 가장 높은 무차별곡선 상의 위치를 달성함으로써 개인이 효용을 극대화한다는 주장은 곡선의 선택에 제약이 따른다는 것을 의미한다. 구체적으로 말하면 개인은 이용할 수 있는 화폐소득 금액에 의해 제약을 받는다는 것이다. 당분간 개인의 화폐소득의 유일한 원천이 근로라고 가정하자. 달리 말하면 개인은 비노동소득과 찾아 쓸 저축이 없으며, 자금을 빌릴 가능성도 없다고 가정하자는 것이다. 또한 개인이 근로시간을 변경함으로써 자신의 노동서비스에 지급되는 시간당 임금을 바꿀 수 없다는 의미에서 이 개인이 노동시장에서 직면하는 임금은

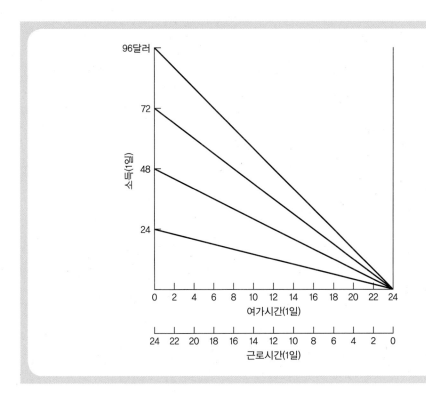

그림 2.4 예산제약선
예산제약(선)은 임금에 따라 각각 그려질 수 있다. 임금이 각 예산선의 기울기를 결정한다. 구체적으로 말하면 예산선은 임금이 증가함에 따라 오른쪽 원점으로부터 시계방향으로 펼쳐진다.

결정되어 있다고 가정하자.[2] 따라서 주어진 임금수준에서 근로자가 실현할 수 있는 또는 획득할 수 있는 소득(재화)과 여가의 모든 다양한 조합을 보여주는 **예산(임금)제약**[budget (wage) constraint]선을 그릴 수 있다. 만약 현행 시간당 임금이 1달러라면 그림 2.4의 수평 여가축 상의 24시간으로부터 수직 소득축 상의 24달러까지 예산선을 그릴 수 있다. 1달러의 임금이 주어졌을 때 극단적으로 개인은 (1) 24시간의 여가와 무소득 또는 (2) 24달러의 소득과 무여가를 얻을 수 있다. 이 두 점을 연결하는 직선이 8달러의 소득과 16시간의 여가, 12달러의 소득과 12시간의 여가 등 도달할 수 있는 모든 다른 옵션을 보여준다. 이 예산선 기울기의 절댓값이 1달러의 시간당 임금을 반영하는 1이라는 것을 주목하라. 선을 따라 북서쪽으로 이동하는 데 있어, 각 1달러의 소득을 얻기 위해 1시간의 여가가 희생되어야 한다. 이는 시간당 임금이 1달러이기 때문에 나타나는 현상이다.

마찬가지로 만약 시간당 임금이 2달러라면 이에 해당하는 예산선은 24시간의 여가와 48달러의 실질소득을 연결하는 직선이다. 이 선의 기울기는 2인데, 이는 마찬가지로 시간당 2달러의 임금을 반영한다. 임금이 3달러와 4달러인 경우의 예산선도 또한 그림 2.4에 나타나 있다. 임금이 상승함에 따라 예산선은 오른쪽 원점으로부터 시계방향으로 펼쳐진다는 것을 확인하자. 각 경우에 예산선의 기울기인 임금은 소득과 여가 사이의 객관적인 또는 시장 교환율을 반영한다. 만약 임금이 1달러라면 개인은 (일함으로써) 1시간의 여가를 교환하여 1달러 가치의 소득을 획

---

[2] 이 가정은 선형 예산제약선을 사용하기 위해 필요하다.

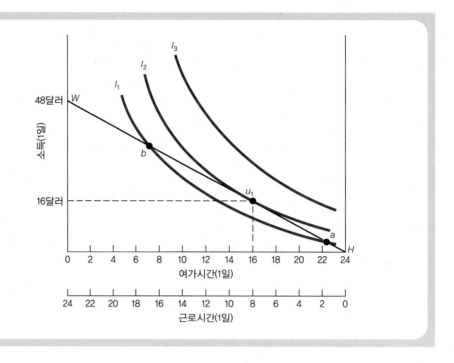

그림 2.5 효용극대화 : 여가와 소득 간의 최적 선택

근로자의 최적 또는 효용극대화 여가와 소득 조합은 예산제약선이 도달할 수 있는 가장 높은 무차별곡선 I_2와 접하는 u_1점이다.

득한다. 만약 임금이 2달러라면 1시간의 여가가 노동시장에서 2달러의 소득과 교환될 수 있다 등이다.[3]

효용극대화

개인의 최적 또는 효용극대화 위치는 무차별곡선에 내재되어 있는 주관적인 선호도와 각 예산선에 포함되어 있는 객관적인 시장정보를 한데 묶음으로써 결정될 수 있다. 이는 시간당 임금이 2달러라고 가정한 그림 2.5에 그려져 있다.

무차별곡선이 원점으로부터 멀리 떨어질수록 개인의 총효용은 더 커진다는 것을 상기하라. 따라서 개인은 가능한 가장 높은 무차별곡선을 얻음으로써 총효용을 극대화할 것이다. 시간당 2달러의 임금이 주어졌을 때, 이에 따라 그려지는 HW 예산제약선 밖의 북동쪽에서는 여가-소득 조합이 달성될 수 없다. 이 주어진 예산제약이 개인으로 하여금 예산선이 무차별곡선 I_2와 간신히 접촉하는(접하는) u_1점에서 도달할 수 있는 가장 높은 수준의 효용을 실현하도록 허용한다. 여러 무차별곡선의 모든 도달할 수 있는 위치 중에서 u_1점이 분명히 원점으로부터 가장 멀리 떨어진 곡선 상에 있으며, 따라서 달성할 수 있는 가장 높은 수준의 총효용을 가리킨다. 개인이 8시간 일하기로 선택함으로써 하루 16달러의 소득을 벌며 16시간의 여가를 즐길 것임을 관찰할 수 있다.

이 최적점에서 개인과 시장이 한계적으로 여가와 소득의 상대적인 가치에 대해 동의하고 있

---

[3] 식 형태로 표현하면 예산선은 $Y = WH$이며, 여기서 Y = 소득, W = 임금, H = 근로시간 수이다. 따라서 $Y = W(24 - L) = 24W - WL$이다. 단, L = 여가시간이며 예산선의 기울기는 $-W$이다.

다는 것을 인식하는 것이 중요하다. u_1에서 무차별곡선 I_2의 기울기와 예산선의 기울기가 같다. 개인의 선호는 노동시장의 객관적인 정보가 요구하는 것과 정확히 똑같은 교환율로 개인이 소득을 여가로 대체할 주관적인 용의가 있다는 것이다. **최적 근로-여가 위치**(optimal work-leisure position)는 MRS L, Y(무차별곡선의 기울기)가 임금(예산선의 기울기)과 같은 곳에서 달성된다. 정의상 이 기울기들은 오로지 접점에서만 동일하다.

a점과 b점이 최적이 아닌 이유를 간략히 고려함으로써 최적 근로-여가 위치를 이해하고 있는지를 분명히 할 수 있다. 무차별곡선 I_1이 예산선보다 더 가파르다는 것, 또는 좀 더 기술적으로 MRS L, Y가 임금보다 더 크다는 것을 주목할 수 있는 b점에서 시작하기로 하자. 예를 들어 MRS L, Y는 4인 반면, 임금은 2달러이다. 이는 무엇을 뜻하는가? 이것은 여가의 추가 1시간이 이 개인에게는 4달러의 가치가 있는데, 이 개인은 추가 여가 1시간을 얻기 위해 단지 2달러의 소득을 희생할 것임을 알려준다. 4달러 가치의 무엇인가를 단지 2달러 가치의 무엇인가의 비용으로 얻는다는 것은 분명히 이익이 되는 교환이다. 따라서 여가를 (더 적은 시간을 일함으로써) 소득과 '거래'하는 것은 그에게 도움이 될 것이다. 이러한 거래는 실제로 그를 예산선 HW를 따라 아래로 이동시키며 연속하여 더 높은 무차별곡선 위에 위치하게 한다. u_1점에서 모든 그러한 거래는 고갈되며, 이 개인과 시장은 한계적으로 근로(소득)와 여가의 가치에 대해 동의한다. 앞에서 지적한 바와 같이, u_1에서 MRS L, Y와 임금이 동일하다. 이 점에서 개인과 시장은 여가의 한계시간이 2달러의 가치가 있다고 동의한다. 나중에 b점에서 개인은 더 적은 시간을 일함으로써, 즉 더 많은 여가와 더 적은 소득을 갖는 u_1과 같은 점으로 이동함으로써 자신의 총효용을 증가시킬 수 있다는 점에서 '과잉고용되었다'고 느낀다는 점을 살필 것이다.

a점에서 상황은 정반대이다. 여기서 무차별곡선 I_1의 기울기는 예산선보다 더 작다. 달리 표현하면 MRS L, Y가 시간당 임금보다 더 작다. 설명을 위해 시간당 임금이 2달러이고 MRS L, Y는 단지 1달러라고 하자. 이는 1시간의 여가가 한계적으로 단지 1달러의 가치가 있지만, 개인은 1시간의 여가를 희생함으로써 2달러 가치의 소득을 얻을 수 있다는 것을 나타낸다. 1달러 가치의 무엇인가를 포기함으로써 2달러 가치의 무엇인가를 얻는다는 것은 명백히 도움이 되는 거래다. (더 많은 시간을 일함으로써) 여가를 소득으로 교환하는 데 있어, 개인은 HW 예산선을 따라 더 높은 무차별곡선 상의 선호되는 위치로 올라간다. 다시 한 번 모든 그러한 도움이 되는 여가의 소득으로의 교환은 u_1점에 도달할 때 완결된다. 왜냐하면 u_1점에서 MRS L, Y와 임금이 같기 때문이다. u_1에서 한계적으로 여가와 소득이 똑같은 가치를 갖는다. a점에서 개인은 '과소고용되었다'고 느끼게 된다. 그는 더 많은 시간을 일함으로써, 즉 적은 여가와 더 많은 소득을 갖는 u_1과 같은 점으로 이동함으로써 자신의 총효용을 증가시킬 수 있다.

🐾 2.1
잠깐만 확인합시다.

- 소득-여가 무차별곡선은 동일한 총효용을 제공하는 소득과 여가의 모든 조합을 나타내며, 그 기울기는 한계대체율(MRS)이라 불린다.
- 무차별지도에서 북동쪽에 위치한 무차별곡선일수록 더 높은 수준의 총효용을 나타낸다.
- 소득-여가 예산선은 근로자가 특정 시간당 임금으로 달성할 수 있는 소득과 여가의 모든 조합을 보여준다.
- 효용을 극대화하는 소득과 여가의 조합은 예산선과 도달할 수 있는 가장 높은 무차별곡선 사이의 접점에서 발생하는데, 거기에서 MRS L, Y(무차별곡선의 기울기)는 임금(예산선의 기울기)과 동일하다.

여러분의 차례입니다

특정한 소득과 여가의 조합에서 예산선의 기울기가 예산선과 교차하는 무차별곡선의 기울기보다 더 가파르다고 가정하자. 근로자는 근로시간을 어떻게 조정해야 하는가? (정답은 책의 맨 뒷부분에 수록되어 있음)

시간당 임금의 변화 : 소득 및 대체효과

임금이 변함에 따라 개인은 더 오랜 시간 일할 선택을 할까? 혹은 더 짧은 시간 일할 선택을 할까? 상황에 따라 달라진다. 그림 2.6(a)는 그림 2.5의 u_1 효용극대화 위치를 재현하고 있지만, 4개의 예산선을 더 추가해서 각 예산선과 관련된 해당 최적 위치를 보여준다. 예산선을 W_1으로부터 W_2로 이동시키는 임금 인상의 경우, 최적 위치는 u_1으로부터 u_2로 이동한다는 것을 관찰할 수 있다. 수평축 위에서 개인이 더 적은 여가시간과 더 많은 근로시간을 선택한다는 것을 알 수 있다. 마찬가지로 예산선을 W_2로부터 W_3로 이동시키는 임금 인상도 또한 u_3에서 u_2의 경우보다 더 많은 근로시간과 더 적은 여가시간을 수반한다. 그러나 W_3로부터 W_4로의 예산선의 이동에 의해 반영되는 더 이상의 임금 인상은 이전 최적점 u_3에서보다 더 적은 근로와 더 많은 여가와 관련된 u_4에서 최적점을 만들어낸다. 마찬가지로 W_4로부터 W_5로 변화된 예산선으로 표현된 임금 인상은 u_5에서 더 많은 근로시간의 감소를 가져온다.

이러한 분석은 임금이 상승함에 따라 근로시간은 일정 기간 동안 증가할 수 있지만, 어떤 시점을 넘어서면 더 이상의 임금 인상은 공급되는 노동시간을 감소시킬 수 있다는 것을 시사한다. 실제로 그림 2.6(a)의 5개 최적 위치와 관련된 근로시간-임금 조합을 수직축 위에 임금, 수평축 위에 왼쪽에서 오른쪽으로 공급되는 노동시간을 측정하는 전통적 축들을 가진 그림 2.6(b)에 보이는 것과 같은 도표로 옮길 수 있다. 그렇게 하는 데 있어 이 개인의 노동공급곡선은 당분간 앞쪽으로 상승하지만 그 뒤 뒤쪽으로 굽어진다는 것을 알 수 있다. 이 곡선은 앞쪽으로 상승하는 부분이 기대되거나 당연한 것으로 여겨지는 **후방굴절 노동공급곡선**(backward-bending labor supply curve)으로 알려져 있다. 우리는 경제 내에서 각 개인의 개별 노동공급곡선을 마음속에 그려볼 수 있다. 그러나 근로와 여가에 대한 각 개인의 선호도는 각자 독특하며, 따라서 곡선의 정확한 위치, 형태, 그리고 뒤쪽으로 굽어지는 점은 사람마다 다르다는 것을 명심하라.

왜 후방굴절 노동공급곡선은 현실적 가능성이 될 수 있을까? 이는 소득 및 대체효과로 설명될 수 있다. 임금이 변할 때 이 두 효과는 개인의 효용극대화 위치를 바꾸는 경향이 있다.

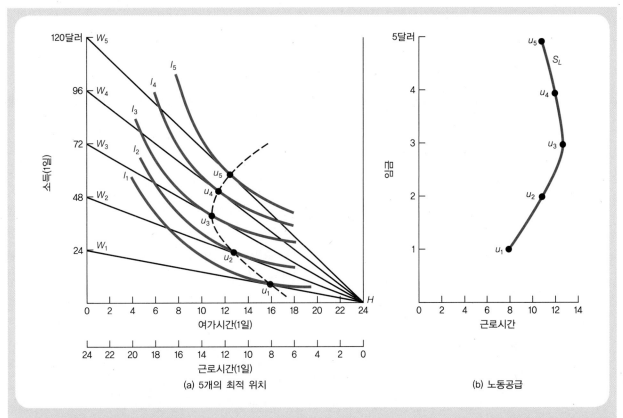

그림 2.6 후방굴절 노동공급곡선의 도출

(a)에서 더 높은 임금은 그 무차별곡선과의 접점이 일련의 효용극대화 위치를 찾아내는 일련의 점점 더 가파른 예산선이라는 결과를 가져온다. u_1으로부터 u_2, 그리고 u_3로의 이동은 일정 기간 동안 더 높은 임금은 더 오랜 근로시간과 관련된다는 것을 보여주는 반면, u_3로부터 u_4, 그리고 u_5로의 이동은 계속되는 더 높은 임금이 더 적은 근로시간을 수반한다는 것을 알려준다. 전반적인 결과는 (b)에 보이는 것과 같은 후방굴절 노동공급곡선이다.

소득효과

소득효과(income effect)는 임금을 불변인 채로 유지할 때 소득의 변화로부터 비롯되는 바람직한 근로시간의 변화를 지칭한다.[4] 임금 인상의 소득효과는 마치 여가의 가격(임금)이 변하지 않은 것처럼 하고 근로시간당 잠재 소득의 증가로부터 전적으로 비롯되는 근로시간의 증가를 격려시킴으로써 찾을 수 있음을 발견할 것이다. 임금 인상은 주어진 근로시간으로부터 더 많은 화폐소득을 얻을 수 있다는 것을 의미한다. 개인은 새 TV, 영화 관람권 등의 재화와 서비스를 사기 위해 이 증가된 소득의 일부를 사용할 것으로 기대된다. 그러나 여가가 소득이 증가함에 따라 더 많은 양이 소비되는 재화인 정상재라는 합리적인 가정을 채택하면, 개인의 증가된 소득 중 일부는 여가를 '구매'하는 데 사용될 수 있을 것이라고 기대할 수 있다. 소비자들은 재화로부터만이 아니라 재화와 비시장시간(여가)의 조합으로부터 효용을 도출한다. 영화 관람권은 그것을 즐길 시간이 있을 때에만 만족을 산출한다. 개인은 여가 또는 비시장시간을 어떻게 구입할까? 유일한 방

---

[4] 수학적으로 표현하면 소득효과 $= \Delta H/\Delta Y \,|\, \overline{W} < 0$, 여기서 $H =$ 근로시간, $Y =$ 소득, 그리고 $\overline{W} =$ 불변인 임금이다.

법은 일하는 시간을 줄이는 것, 즉 더 적은 시간 일하는 것이다. 이는 임금이 상승할 때, 그리고 여가가 정상재일 때 소득효과는 바람직한 근로시간 수의 감소를 의미한다.

대체효과

대체효과(substitution effect)는 소득을 불변인 채로 유지할 때 임금의 변화로부터 비롯되는 바람직한 근로시간의 변화를 나타낸다.[5] 시간당 임금이 인상되면 바람직한 근로시간이 증가한다는 것은 자명하다. 임금이 인상될 때 여가의 상대가격은 변한다. 구체적으로 말하면 임금의 인상은 여가의 '가격' 또는 기회비용을 증가시킨다. 더 높은 임금 때문에 이제는 소비되는 여가(일하지 않은) 각 1시간을 위해 더 많은 소득(재화)이 포기되어야만 한다. 경제적 선택의 기본 이론은 개인은 그것이 상대적으로 더 비싸졌을 때 어떠한 정상재라도 더 적게 구입할 것임을 뜻한다. 간략히 말하면 더 높은 여가가격은 개인으로 하여금 더 적은 여가를 소비하도록 또는 다른 말로 표현하면 더 오래 일하도록 유도한다. 대체효과는 임금이 상승하고 여가가 더 비싸지면 여가를 근로로 대체하는 것이 분별 있는 일이라는 것을 단순히 알려준다. 임금 인상의 경우, 대체효과는 사람들이 더 많은 시간 일하기를 원하게 만든다.[6]

순효과

임금 인상이 개인이 일하기를 원하는 시간 수에 미치는 전반적인 효과는 이러한 두 효과의 상대적인 크기에 좌우된다. 경제 이론은 결과를 예측하지 못한다. 만약 대체효과가 소득효과를 압도한다면, 임금이 인상될 때 개인은 더 많은 시간을 일하기로 선택할 것이다. 대체효과의 우세는 그림 2.6(a)의 u_1으로부터 u_2, 그리고 u_3로의 이동과 그림 2.6(b)에서 노동공급곡선의 우상향하는 부분에 반영되어 있다. 만약 소득효과가 대체효과보다 더 크다면, 임금 인상은 개인으로 하여금 더 적은 시간을 일하도록 유도할 것이다. 그림 2.6(a)에서 u_3로부터 u_4, 그리고 u_5로의 이동과 그림 2.6(b) 노동공급곡선의 후방굴절 부분은 이 경우와 관련된다.

표 2.1은 임금이 인상될 때 대체효과와 소득효과의 상대적인 크기가 바람직한 근로시간에 영향을 미친다는 시사점에 대한 앞서의 논의를 유용하게 요약하고 이를 임금 인하의 경우로도 확대하고 있다. 1, 2a, 그리고 3열은 방금 끝낸 논의를 요약하고 있다. 2a열로부터 앞서의 논의가 임금 인상에 관하여 정리되어 있다는 것을 주목하라. 1, 2b, 그리고 3열은 만약 임금 하락을 가정하면 대체효과와 소득효과가 근로시간에 미치는 영향이 반대가 된다는 것을 보여주기 때문에 중요하다. 임금 하락과 관련된 소득효과는 바람직한 근로시간이 증가한다는 것이다. 즉 임금의 하락은 주어진 일정한 근로시간으로부터의 개인의 소득을 감소시킬 것이며, 우리는 개인이 여가를 덜 구입하고, 따라서 더 많은 시간을 일하도록 선택할 것을 기대할 수 있다. 마찬가

---

[5] 수학적으로 표현하면 대체효과 $= \Delta H/\Delta W \mid \overline{Y} > 0$, 여기서, $H =$ 근로시간, $W =$ 임금, 그리고 $\overline{Y} =$ 불변인 소득이다.

[6] 대체효과를 달리 표현하는 방법은 임금이 오를 때 이제는 1달러 가치의 재화를 얻기 위해 더 적은 양의 근로시간이 소요되기 때문에 더 높은 임금은 '소득의 가격'을 낮춘다고 말하는 것이다. 임금이 시간당 2달러일 때 1달러 소득의 '가격'은 1/2근로시간이다. 그러나 만약 임금이 시간당 4달러로 인상된다면 1달러 소득의 '가격'은 1/4근로시간으로 감소한다. 소득이 더 싸졌기 때문에 더 많은 소득을 구입하는 것이 의미가 있는 일이다. 이러한 구입은 더 많은 시간을 일하고 더 적은 여가를 취함으로써 이루어진다. 다음의 고전적인 논문을 참고하라 — Lionel Robbins, "On the Elasticity of Demand for Income in Terms of Effort," *Economica*, June 1930, pp. 123-29.

표 2.1 임금 변화와 근로시간 : 대체효과와 소득효과

(1) 효과의 크기	(2) 근로시간에 미치는 영향		(3) 노동공급곡선의 기울기
	(a) 임금 인상	(b) 임금 하락	
대체효과가 소득효과를 초과함	증가	감소	정(+)
소득효과가 대체효과와 동일함	불변	불변	수직
소득효과가 대체효과를 초과함	감소	증가	부(−)

지로 임금 하락에 관하여 대체효과는 근로시간의 감소에 스스로를 입증한다. 임금 하락은 여가를 더 저렴하게 만들어 개인으로 하여금 여가를 더 많이 소비하도록 유도한다. 다시 한 번 최종 결과는 두 효과의 상대적인 강도에 좌우된다. 이를 완전히 이해했다는 것을 확실히 하기 위해 표 2.1을 주의 깊게 살펴보라.

그래프를 이용한 소득효과와 대체효과에 대한 설명

그림 2.7은 임금 인상과 관련된 특정 개인의 소득효과와 대체효과를 분리하는 방법을 보여주고 있다. 대체효과는 임금 인상이 소득과 여가의 상대가격을 바꾸기 때문에 전적으로 나타나는 바람직한 근로시간의 변화를 반영한다는 것을 기억하라. 따라서 대체효과를 분리하기 위해서는 임금 인상에 의해 창출되는 소득효과를 통제해야만 한다. 또한 소득효과는 더 높은 임금이 주어진 일정한 어떤 근로시간으로부터도 더 큰 총소득을 의미하기 때문에 전적으로 발생하는 근로시간의 변화를 가리킨다는 것을 상기하라. 소득효과를 그리는 데 있어 소득과 여가의 상대가격, 다른 말로 표현하면 시간당 임금을 불변인 채로 유지해야 한다.

그림 2.7을 보자. 시간당 임금이 상승하여 예산선을 HW_1으로부터 HW_2로 이동시킴에 따라, 그에 따른 효용극대화 위치 I_1 위의 u_1으로부터 I_2 위의 u_2로의 이동은 소득효과와 대체효과가 결합된 결과이다. HW_1과 평행하고 u'_2에서 I_2와 접하는 예산선 nW'을 그림으로써 소득효과를 분리한다. 수직거리 Hn은 개인으로 하여금 u_2에서만큼 u'_2에서 정확하게 똑같이 만족하도록 만드는 데(즉 똑같은 총효용을 얻는 데) 요구되는 비노동소득 금액을 나타낸다. 그러나 비노동소득으로 개인을 I_1곡선으로부터 I_2곡선으로 이동시킴으로써 임금(즉 여가와 재화의 상대가격)은 불변인 채로 남겨졌다.[7] 여기에 대체효과는 관련이 없다. 따라서 u_1으로부터 u'_2로의 이동은 소득효과를 측정 또는 분리시킨다. 앞에서 지적한 바와 같이 이 효과는 임금 인상 그리고 따라서 소득 증가의 유리한 관점에서 분석할 때 더 적은 근로시간이라는 결과를 가져온다. 구체적으로 말하면 소득효과는 $h_1 h'_2$만큼 더 적은 시간을 일하기를 원하는 개인이라는 결과를 가져온다.

대체효과는 다음과 같이 분리한다. 대체효과는 소득과 여가의 상대가격인 예산선의 기울기가 가정된 임금 인상에 의해 바뀌기 때문에 전적으로 발생한다. 그 비교는 개인 복지수준의 변

---

[7] HW_1과 nW'의 기울기가 동일하다는 것에 유의하라. 즉 두 선은 평행한데, 이는 두 예산선에 내재된 임금이 똑같다는 것을 의미한다.

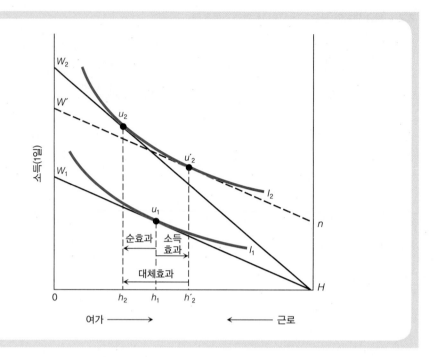

그림 2.7 임금 인상의 소득 효과와 대체효과

여가가 정상재라 가정하면 임금 인상과 관련된 소득효과는 항상 근로시간을 감소시킬 것이다. 여기서 소득효과는 $h_1 h'_2$만큼의 근로시간 감소로 보인다. 임금의 증가로 비롯되는 대체효과는 근로시간의 증가에 스스로를 입증한다. $h'_2 h_2$시간만큼의 근로시간 증가는 대체효과를 보여준다. 이 경우 대체효과가 소득효과보다 더 크며, 근로자는 더 높은 임금으로 인해 $h_1 h_2$만큼의 추가시간을 더 일하기로 선택한다.

화를 수반하지 않기 때문에, 대체효과를 분리하기 위해서는 동일한 무차별곡선 I_2와 관련된 예산선 nW'과 HW_2에 관심을 가져야 한다. 예산선 nW'은 (또한 HW_1에도 내재되었지만) 원래의 임금을 반영하는 반면, HW_2는 새롭게 더 높아진 임금을 보여준다. 무차별곡선 I_2 위의 u'_2로부터 u_2로의 이동이 대체효과이다. 대체효과는 전적으로 여가와 재화의 상대가격 변화 또는 구체적으로 말하면 재화가 더 저렴해졌고 여가는 더 비싸졌다는 사실의 결과이다. 이러한 상대가격의 변화가 여가의 근로(재화)로의 대체를 유도한다는 것이 놀라운 일은 아니다. 임금 인상의 경우 근로시간은 증가한다(대체효과). 이 경우 개인은 $h'_2 h_2$만큼 더 많은 시간을 일하기를 원한다.

개인이 실제로 두 구별된 단계를 거쳐 새로운 최적 위치로 '이동'하는 것이 아니라 오히려 u_1으로부터 u_2로 직접 간다는 것을 명심하라. 화폐소득을 증가시키고 또한 여가의 상대가격을 증가시킴으로써 임금 인상이 근로자에게 영향을 미치는 두 가지 상반된 방식이 존재한다는 것을 강조하기 위해 개념적으로 소득효과와 대체효과를 분리하였다. 두 효과 모두 작용하지만, 한 효과가 다른 효과를 압도할 수 있다.[8]

그림 2.7에서 소득효과와 대체효과는 보트 타기 비교로 간주될 수 있다. 보트가 바다에 떠 있다고 가정하자. 파도가 보트를 동쪽으로 이동시키는 반면, 바람은 보트를 서쪽으로 향하게 한다고 생각하자. 두 힘이 모두 나타나지만 보트가 실제로 동쪽으로 또는 서쪽으로 이동할지는 이 힘 중 어느 힘이 더 강력한지에 달려있다. 임금 변화의 소득효과와 대체효과의 경우 또한 마

---

[8] 대체효과를 도출할 때 효용을 불변인 채로 유지하는 소득효과와 대체효과의 힉스(Hicks)의 분리를 제시했다. 대안적인 접근법은 대체효과를 계산할 때 소득수준을 불변인 채로 유지하는 슬러츠키(Slutsky)의 분리이다. 임금 변화가 노동공급에 미치는 궁극적인 영향에 있어서 단지 중급 단계에서는 분리 방법의 차이가 문제가 되지 않는다.

찬가지이다.

요약하면, 이 경우 소득효과는 u_1으로부터 u'_2로, 즉 Hh_1으로부터 Hh'_2근로시간으로 오른쪽으로의 수평이동으로 나타난다. 대체효과는 u'_2로부터 u_2로, 즉 Hh'_2로부터 Hh_2근로시간으로 왼쪽으로의 수평이동에 의해 보인다. 이 경우 대체효과(증가된 근로시간)가 소득효과(감소된 근로시간)보다 더 크다. 순효과는 Hh_1으로부터 Hh_2로 근로시간의 증가이다. 즉 더 높은 임금 하에서 개인은 h_1h_2만큼의 추가시간을 더 일하기를 원한다. 이 개인은 분명히 자신의 노동공급 곡선의 우상향하는 부분 위에 있다. 즉 임금과 바람직한 근로시간은 직접적으로 관련된다.

여러분이 소득효과가 대체효과보다 더 큼으로써 노동공급곡선을 후방굴절 시키는 경우를 그래프로 그리고 설명하는 것은 가치 있는 연습이 될 것이다. 이 장 맨 뒤 질문 및 연구 제안 2번과 3번도 또한 관련이 된다.

후방굴절 노동공급곡선의 논리

그림 2.6으로부터 임금 인상은 처음에 더 많은 시간을 일하고자 하는 바람과 관련된다는 것을 기억하라. 구체적으로 말하면 예산선을 W_1으로부터 W_3까지 이동시키는 임금 인상의 경우, 대체효과의 절댓값이 소득효과의 절댓값보다 더 커서 노공공급곡선의 우상향하는 부분을 만들어 내고 있음이 틀림없다. 그러나 예산선을 W_3로부터 W_5까지 이동시키는 임금의 더 이상의 인상은 더 적은 시간을 일하는 선택과 관련이 있다. 이 임금 인상의 경우 소득효과가 대체효과보다 더 크며, 노동공급곡선의 후방굴절 부분을 산출한다.

이러한 반전의 논리는 무엇일까? 여기에 대한 답은 u_1과 u_2점들이 여가의 크기가 소득(재화)의 크기에 비해 큰 무차별곡선 상의 위치에 있다는 것이다. 즉 u_1과 u_2가 개인이 소득 또는 재화의 추가 단위를 위해 상당한 크기의 여가를 포기할 용의가 있기 때문에 MRS L, Y가 작은 무차별곡선의 상대적으로 편평한 부분에 놓여 있다는 것이다. 이는 대체효과가 소득효과를 압도할 정도로 크다는 것을 의미한다. 개인의 노동공급곡선은 우상향한다. 즉 더 높은 임금은 더 많은 근로시간을 유도한다. 그러나 u_3, u_4, u_5점은 노동시장에서 많은 여가가 소득과 교환된 이후에야 도달된다. 이러한 점들에서는 개인이 상대적으로 많은 소득과 상대적으로 적은 여가를 갖고 있다. 이는 무차별곡선의 상대적인 가파름에 반영된다. 달리 표현하면, MRS L, Y가 크다는 것인데, 이는 개인이 소득의 추가 단위를 위해 단지 적은 크기의 여가만을 포기할 용의가 있다는 것을 가리킨다. 이것은 대체효과가 작고, 이 경우 소득효과에 의해 압도된다는 것을 의미한다. 결과적으로 개인의 노동공급곡선은 후방굴절하게 된다. 즉 임금 인상이 더 적은 근로시간과 관련된다.

실증 증거

실증연구들은 노동공급곡선에 대해 무엇을 밝히고 있을까? 남성과 여성 사이의 증거는 극명할 정도로 상이하다. 구체적으로 말하면 대부분의 연구는 남성 노동공급은 임금 변화에 꽤 무딘 반면 여성 노동공급은 임금 변화에 더 반응한다는 것을 알려준다. 최근 연구의 설문조사에서 맥셀란드와 목(McCelland and Mok)은 남성과 독신 여성 임금의 10% 증가가 노동공급량을 1%

변화시킨다고 보고하였다.[9] 그러나 기혼여성의 이에 해당하는 수치는 4%였다.[10] 분명히 남자의 경우 임금이 인상될 때 대체효과가 소득효과를 압도하는 정도가 매우 미미하다. 여성의 경우 대체효과가 소득효과를 상당히 압도하는 것 같다.

임금 변화에 대한 남성과 여성 노동공급 반응에 있어서의 명백한 차이를 어떻게 설명할 수 있을까? 해답은 기존에 존재하는 남녀 간 시간배분의 차이에 전적으로 달려 있다는 것이다. 한창 나이 성인 남성의 대부분(거의 90%)은 풀타임으로 일한다. 더욱이 평균적인 남성은 상대적으로 집안일을 거의 하지 않는다. 따라서 임금 상승에 따른 증가된 근로시간은 순수한 여가, 즉 비생산적인 활동 또는 휴양과 휴식을 희생함으로써 이루어져야만 한다. 명백히 순수한 여가와 노동시장 근로는 상당한 정도로 대체가 불가능하다. 결과는 남성의 경우 작은 대체효과와 거의 수직에 가까운 노동공급곡선이다. 이와 비교하면 여성의 노동시장 참가율은 남성의 그것보다 상당히 더 작다. 즉 많은 여성은 파트타임으로 일하며, 가정 내에서의 근로에 주요 책임을 지고 있다. 지나친 단순화의 위험을 무릅쓰면 이는 남성은 자신들의 시간을 기본적으로 두 가지 방법(시장 근로와 순수한 여가)으로 사용하는 반면 여성은 자신들의 시간을 세 가지 방법(시장 근로, 가정에서의 근로, 순수한 여가)으로 사용하고 있다는 것을 의미한다. 많은 기혼여성의 경우 가정에서의 근로와 노동시장에서의 근로는 상당한 정도로 대체가 가능하다. 즉 집안일은 스스로 그것을 수행하거나 또는 노동시장에서 일하고 획득한 근로소득의 일부를 청소와 육아 도우미를 채용하고 조리준비가 된 음식을 구입하는 데 사용함으로써 완수될 수 있다. 따라서 임금이 상승할 때 많은 여성들은 가정에서의 근로를 노동시장 근로로 대체한다. 그들은 경제활동인구에 진입하고, 파트타임 일자리를 풀타임 일자리로 바꾸거나 또는 풀타임 일자리에서의 근로시간을 증가시킨다.[11] 달리 표현하면 기혼여성의 경우 우상향하는 노동공급곡선을 의미하는 강력한 대체효과가 발생한다.

2.1
근로의 세계

기혼여성의 임금에 대한 민감한 정도는 시간이 지남에 따라 감소되는 것처럼 보이며, 그들의 임금에 대한 반응성은 점점 남성들의 그것과 비슷하게 되고 있다는 것을 주목할 만하다. 블라우와 칸(Blau and Kahn)은 임금 변화에 대한 기혼여성들의 반응성이 1980~2000년 사이 1/2로 감소했음을 보고했다.[12] 그들은 이러한 발견은 여성들이 노동시장에 더 크게 중요성을 두게 되고, 남성과 여성이 가정과 시장에서의 책임을 더 균등하게 나눈 결과라 주장한다. 비숍, 하임, 미할리(Bishop, Heim, and Mihaly)는 1979~2003년 사이에 독신여성의 임금에 대한 민감한 정도가 크게 감소했음을 보고했다. 그들은 감소의 일부는 1996년의 복지개혁법에 도입된 수급자

[9] Robert McCelland and Shannon Mok, "A Review of Recent Research on Labor Supply Elasticities," *Congressional Budget Office Working Paper 2012-12*, October 2012의 중간점(midpoint) 범위를 기준으로 함.

[10] 노동공급 탄력성에 대한 다른 설문조사는 Michael P. Keane, "Labor Supply and Taxes: A Survey," *Journal of Economic Literature*, December 2011, pp. 961-1075를 참조하라.

[11] 노동공급에 있어서 성 차이의 대부분은 그 근로에 의해 공급되는 근로시간의 차이로부터가 아니라 남성과 여성 사이의 경제활동 참가율의 차이로부터 비롯된다. James J. Heckman, "What Has Been Learned about Labor Supply in the Past Twenty Years?" *American Economic Review*, May 1993, pp. 116-21을 참조하라.

[12] Francine D. Blau and Lawrence M. Kahn, "Changes in the Labor Supply of Married Women: 1980-2000," *Journal of Labor Economics*, July 2007, pp. 393-438. 비슷한 결과는 Bradley T. Heim, "The Incredible Shrinking Elasticities: Married Female Labor Supply, 1978-2002," *Journal of Human Resources 42*, No. 4(2007), pp. 881-918을 참조하라.

2.1 근로의 세계 　 공해와 관련된 근로시간*

공해는 경제에 많은 효과를 미친다. 예를 들어 관광업을 감소시키고, 재산 가치를 낮추며, 상업적 어업과 오락산업에 해가 된다. 공해가 경제에 영향을 미치는 또 다른 방식은 근로시간에 미치는 그 효과를 통해서이다.

공해는 이론적으로 노동공급에 모호한 효과를 미친다. 한편으로 공해가 심할수록 근로자들은 아프거나 결근할 가능성이 더 클 것이기 때문에 근로시간은 감소하는 경향이 있다. 반면에 높은 수준의 공해는 근로시간을 감소시키지 않을지도 모른다. 공해가 건강에 미치는 효과는 근로를 방해할 만큼 크지 않을 수 있다. 또한 개인들이 더 나빠진 건강 때문에 여가를 더 적게 즐긴다면 그들은 더 많은 시간을 일할지도 모르거나 또는 더 많은 건강 관련 재화를 소비한다. 마지막으로 건강과 관련한 생산성 하락으로 임금이 하락할 수 있고, 이는 대체효과가 소득효과보다 크면 근로시간을 줄이게 될 수 있다.

한나와 올리바(Rema Hanna and Paulina Oliva)는 1991년 3월 멕시코시티 소재 대규모 정유공장의 폐쇄가 미친 효과를 분석함으로써 공해가 근로시간에 미치는 영향을 검토했다. 이산화황의 수준에 의해 측정되는 공해는 폐쇄 후 정유공장 반경 5킬로미터 내 인근의 경우 19.7% 감소하였다. 결과적으로 정유공장 가까이 살고 있었던 개인들은 공장으로부터 멀리 떨어져 살고 있었던 사람들에 비해 자신들의 주간 평균근로시간을 1.3시간(또는 3.5%) 증가시켰다. 근로시간의 수준은 물론 근로시간의 분포도 또한 영향을 받았다. 폐쇄에 의해 영향을 받은 인근 주민들은 1주일당 40시간을 넘게 일할 확률의 6%포인트 증가와 1주당 10시간 더 넘게 일할 확률의 약 2.5%포인트의 증가를 경험했다.

* Rema Hanna and Paulina Oliva, "The Effect of Pollution on Labor Supply: Evidence from a Natural Experiment in Mexico City," *Journal of Public Economics*, February 2015, pp. 68-79를 기초로 함.

격요건 때문이라고 지적하였다.[13]

탄력성 및 노동공급의 변화

지금까지 임금 변화가 개인으로 하여금 근로시간 공급량을 변경하도록 하는 방향을 논의했다. 암묵적으로 논의는 개별 노동공급의 임금탄력성에 초점을 맞추었다. 더 정확히 말하면 **노동공급의 임금탄력성**(wage elasticity of labor supply)은 다음과 같이 정의된다.

$$E_s = \frac{\text{노동공급량의 변화율}}{\text{임금의 변화율}} \qquad (2.1)$$

개별 노동공급곡선의 특정 범위에 걸쳐 식 (2.1)에 주어진 탄력성계수는 0(완전비탄력적), 무한대(완전탄력적), 1 미만(상대적으로 비탄력적), 1 초과(상대적으로 탄력적) 또는 부(−)(후방 굴절)일 수 있다. 탄력성은 임금 변화에 의해 발생하는 소득효과와 대체효과의 상대적인 강도에 좌우될 것이다. 그러나 [그림 2.6(b)에서와 같이] 이러한 기존 개별 노동공급곡선을 따라서의 이동을 전체 공급곡선의 이동과 혼동해서는 안 된다. 노동공급의 증가 또는 감소와 같은 이러한 이동은 지금까지는 불변으로 유지했던 두 가지 요소 중 하나의 변화에 반응하여 발생한다. 첫째, 비노동소득의 변화가 개별 노동공급곡선을 이동시킬 수 있다. 큰 유산을 받거나, 복권에 당첨되거나, 연금을 받을 자격을 얻거나, 또는 생활보호(welfare)급여를 받게 된다는 것은 개인의

---

[13] Kelly Bishop, Bradley Heim, and Kata Mihaly, "Single Women's Labor Supply Elasticities: Trends and Policy Implications," *Industrial and Labor Relations Review*, October 2009, pp. 146-168.

노동공급곡선을 왼쪽으로 이동시킬 수 있다. 즉 노동공급의 감소를 가져온다. 또는 역으로 배우자의 일시해고 또는 배당소득의 상당한 하락은 노동공급의 증가(오른쪽으로의 이동)를 발생시킬 수 있다.

둘째, 개인 무차별지도의 변화, 즉 근로–여가 선호도의 변화는 노동공급곡선을 이동시킬 수 있다. 근로조건의 개선, 보육시설의 이용가능성, 또는 엄청난 진료비는 노동공급을 증가시키는 방식으로 개인의 무차별지도를 변화시킬 수 있다. 반대 방향으로의 작용, 여가를 필요로 하는 생산물의 구입, 또는 문화적으로 받아들일 수 있는 은퇴연령에의 도달은 개인의 무차별지도를 바꿀 수 있으며, 그 결과 노동공급은 감소한다. 노동공급곡선을 이동시키는 요소들에 대한 더 자세한 논의는 제6장에 실려 있다.

요약하면 다음과 같다. 그림 2.6이 시사하는 바와 같이, 근로–여가 선호와 비노동소득이 주어졌을 때 임금 변화는 개별 노동공급곡선의 위치를 추적하거나 찾아낸다. 어떠한 특정 임금 변화의 경우라도 이 곡선의 탄력성, 즉 임금 변화에 대해 개인이 일하고자 원하는 시간의 민감한 정도는 소득효과와 대체효과의 상대적인 크기에 좌우된다. 이와는 대조적으로 근로–여가 선호 또는 비노동소득의 변화는 개인 노동공급곡선의 위치를 이동시킨다.

🐧 2.2
잠깐만 확인합시다.

- 임금 변화는 (a) 그 하나만을 고려할 때 임금이 변화함에 따라 그 반대 방향으로 근로자의 바람직한 근로시간을 변화시키는 소득효과와 (b) 그 하나만을 고려할 때 임금이 변화함에 따라 같은 방향으로 근로자의 바람직한 근로시간을 변화시키는 대체효과라는 두 가지 동시적인 효과를 발생시킨다.
- 전형적인 개인의 노동공급곡선은 임금이 상승함에 따라 대체효과가 소득효과를 압도하게 되면 우선 정(+)의 기울기를 갖다가, 임금이 계속 상승하여 소득효과가 대체효과를 압도하게 되면 궁극적으로 부(−)의 기울기를 갖게 된다 (후방으로 굴절한다).
- 공급의 임금탄력성은 노동공급량의 변화율을 임금 변화율로 나눈 것이다.

여러분의 차례입니다

개인의 임금이 감소하고 소득효과가 대체효과를 압도한다고 가정하자. 바람직한 근로시간에 미치는 영향은 무엇인가? 개인 노동공급곡선의 어느 부분에 해당되는가? (정답은 책의 맨 뒷부분에 수록되어 있음)

모형의 적용과 확대

지금까지 설명한 기본 모형으로 근로–여가 결정 논리의 기본 윤곽, 개인의 후방굴절 노동공급곡선, 개별 노동공급의 변화를 이해할 수 있었다. 이제 목표는 기본 근로–여가 모형을 확대하고, 장식하며, 적용하는 것이다. 구체적으로 말하면 근로–여가 모형으로 경제활동에 참가하지 않는 이유를 설명하고, 표준적인 1주 노동시간이 어떻게 일부 근로자들로 하여금 과잉 또는 과소고용되었다고 느끼도록 만드는지를 설명하며, 여러 보수 체계와 소득보장프로그램들이 근로 인센티브에 미치는 영향을 비교하는 데 여가–근로 모형이 어떻게 유용한지를 살펴보자.

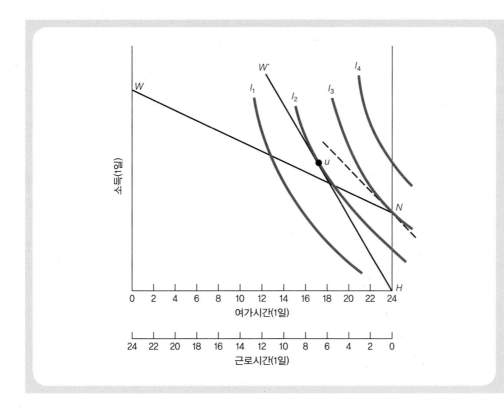

**그림 2.8 경제활동 비참가 :
대학생의 경우**

(가파른 무차별곡선에 반영된) 비근로시간에 대한 주관적으로 높은 평가, 비노동소득(HN)의 이용가능성, 낮은 근로소득 능력(NW가 상대적으로 편평함)은 모두 경제활동에 참가하지 않는 데 도움이 되는 요소들이다.

비참가자와 유보임금

그림 2.8은 비참가자, 즉 경제활동인구에 남아 있지 않기로 결정한 개인의 경우를 보여준다. 그림 2.8에서 다음의 특성을 주목하라. 첫째, 개인의 무차별곡선이 가파른데, 이는 여가(비시장시간)가 소득에 비해 매우 높게 가치를 부여받고 있다는 것을 가리킨다. 소득에 대한 여가의 한계대체율이 높은데, 이는 개인이 여가 또는 비시장시간을 위해 소득을 포기할 용의가 꽤 있음을 의미한다. 이는 말하자면 대학에 다니는 데 시간과 노력을 바치는 것이 중요하다고 여기는 20세의 선호를 반영한다. 둘째, HN만큼의 비노동소득을 이용할 수 있다는 것에 유의하라. (당분간 HNW 이외의 모든 다른 예산선을 무시하라.) 아마 이 비노동소득은 부모의 노동소득으로부터 젊은 학생에게로의 가계 내 이전의 형태를 취할 것이다. 마지막으로 NW 예산선의 상대적인 편평함은 이 개인이 노동시장에서 벌 수 있는 임금이 상대적으로 낮은 수준이라는 것을 가리킨다. 예를 들어 학생은 그다지 대단하지 않은 기술을 가졌고, 노동시장 경험이 거의 없거나 전혀 없어, 아직은 일함으로써 높은 임금을 받을 수 없다.

　그림 2.8의 최적 위치는 그림 2.5에서 사용한 똑같은 원리를 기초로 하고 있다. 즉 예산선 HNW가 주어졌을 때 어떤 사람이 도달할 수 있는 가장 높은 무차별곡선 상의 위치를 선택하라는 것이다. 이 경우 가장 높은 수준의 효용은 N점에서 달성된다. 여기서 예산선 HNW는 I_3와 접촉한다. 이 점에서 개인은 노동시장에 참가하고 있지 않다. 즉 이 사람의 모든 시간은 비시장활동에 충당된다. 기술적으로 설명하면 그래프 축 내의 모든 점에서 개인의 무차별곡선들이 예

산선보다 더 가파른 기울기를 가졌기 때문이다. 달리 표현하면 그래프 내의 모든 점에서 개인이 시장이 부여하는 것보다 한계적으로 여가(비시장시간)에 더 높게 가치를 부여하고 있다. 그림 2.5와 달리 N점에서의 최적 결과는 접점의 위치(tangency position)가 아니라 오히려 '모서리' 해(corner solution)라는 점을 주목하라. N점에서 임금은 MRS L, Y보다 낮은 수준인데, 이는 개인이 시장이 부여하는 것보다 더 높게 비시장시간에 가치를 부여하고 있다는 것을 의미한다. 그러나 이 개인은 노동시장 참가자가 아니므로 더 이상 여가를 근로로 대체하는 것은 불가능하다.

노동시장에서의 낮은 근로소득 획득어력과 비노동소득 이용가능성의 중요성은 그림 2.8의 원래의 예산선 HNW를 HuW'으로 대체하면 이해될 수 있다. 이 새로운 예산선은 비노동소득을 0으로 감소시키고 또한 노동시장에서 훨씬 더 높은 임금을 얻을 수 있다고 가정하고 있다. 예를 들어 학생이 높은 임금으로 즉각적인 고용기회를 갖는 매우 숙련된 컴퓨터 프로그래머라고 가정하자. 아니면 요점을 더욱더 생생하게 만들기 위해, 학생이 NBA(미국프로농구)에서 찾는 최고의 대학농구선수라고 가정하자. 이러한 새로운 조건 아래 개인은 경제활동에 참가하는 것을 선호하게 된다는 것을 알 수 있다. 최적 위치는 이제 개인이 하루에 여섯 또는 일곱 시간을 일하기를 원할 u에서 달성될 것이다.

그림 2.8은 또한 왜 일부 개인들은 경제활동에 참가하고 다른 사람들은 그러지 않는지를 이해하는 데 있어 유용한 유보임금의 개념을 소개하고 있다. 쉬운 말로 이야기하면 **유보임금** (reservation wage)은 그 수준에서는 개인이 일하지 않기로 선택하는 가장 높은 임금, 또는 만약 원한다면 개인이 일하기로 선택하게 되는 가장 낮은 임금이다. 그림 2.8에서처럼 비노동소득이 HN일 때, 유보임금은 근로시간이 0일 때의 무차별곡선 I_3의 기울기와 동일한 점선으로 표시된 예산선에 암시된 시장임금이다. 이 특정 임금에서 근로의 가치와 비시장시간(여가)의 가치가 동일하다. 만약 시장임금이 유보임금보다 낮은 수준이면 개인은 분명히 비참가자가 되기로 선택할 것이다. 예산선 HNW의 NW 부분에 내재된 상대적으로 낮은 시장임금은 경제활동에 참가하지 않으려는 이러한 결정을 보여준다. 기술적이지 않은 용어로 말하면 N점에서 이 개인에 대한 비시장시간의 가치는 근로의 가치를 능가하며, 따라서 이 개인의 복지수준은 일함으로써 감소하게 된다. 반대로 만약 시장임금이 유보임금보다 높은 수준이면 개인은 노동시장 참가자가 되도록 설득되게 된다. 이는 N점으로부터 I_4상의 어느 점과 접하는 더 가파른 예산선을 그림으로써 입증할 수 있다. 이러한 더 가파른 예산선(더 높은 시장임금)을 놓고 보면, N점에서 근로의 가치가 비시장시간의 가치보다 더 크게 되고 개인의 경제적 복지가 일함으로써 높아지게 된다는 것을 발견하게 된다.

그림 2.9는 경제활동에 참가하지 않게 되는 또 다른 일상적인 사례를 보여준다. 여기서 연세 드신 근로자들이 처음에 무차별곡선 I_1 위 최적 위치 u에서 하루 약 9시간을 일하며 경제활동에 참가하고 있다고 가정한다. 이제 근로자가 65세에 도달하여 만약 근로로부터 완전히 은퇴한다면 HN만큼의 사적 또는 공적연금을 이용할 수 있게 된다고 가정하자. 다른 말로 표현하면 선택은 예산선 HW와 이와 관련된 u에서의 최적 위치 또는 예산선 NN'과 N점에서의 모서리해 사이 둘 중의 하나다. N이 더 높은 무차별곡선 I_2와 관련이 있기 때문에 N이 u보다 더 선호된다

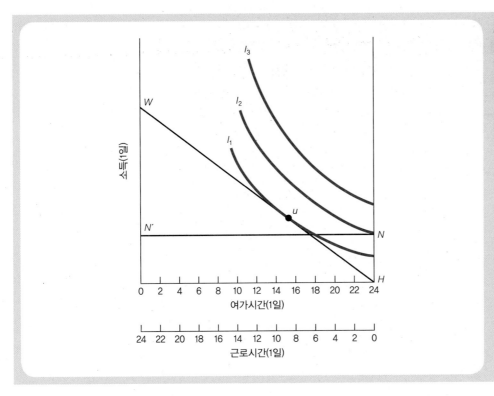

그림 2.9 경제활동 비참가 : 연금과 연세 드신 분들의 경우
임금이 예산선 *HW*를 산출하는 연세 드신 근로자는 *u*에서 경제활동 참가자가 될 것이다. 그러나 *HN*만큼의 연금이 예컨대 65세에 이용가능하게 되면 이 개인은 *N*점에서 비참가자가 되는 것을 선호할 것이다.

는 것을 알게 된다. 이 경우 예를 들어 사회보장급여(Social Security benefits) 같은 연금의 이용가능성은 개인으로 하여금 비참가자가 되도록 유도한다. 달리 서술하면 연금의 이용가능성은 개인의 노동공급곡선[그림 2.6(b)]을 왼쪽으로 이동시켜 그 결과 시장임금수준에서는 노동이 공급되지 않는다. 비참가자가 되기 위한 결정이 화폐소득의 감소를 수반하지만 이를 보상하고도 남을 만큼의 여가의 증가가 있다는 것을 주목하라. 비록 소득이 감소하지만 개인은 *u*에서보다 *N*에서 복지수준이 더 나아진다.

실증연구는 그림 2.8과 2.9에서의 논의로부터 발생하는 여러 일반화가 사실임을 확인시켜 주고 있다. 첫째, 다른 조건이 일정하다면 풀타임 대학 재학은 경제활동 참가를 늦추게 한다. 이는 유치원에 다니는 자녀를 돌보고자 하는 개인의 바람과 같은 상황에도 또한 해당된다. 달리 말하면 비시장시간(대학 재학, 육아)에 더 큰 한계효용을 부여하는 사람들은 경제활동 비참가자가 될 가능성이 더 크다. 둘째, 다른 조건이 일정하다면 부모, 배우자, 사회보장급여, 사적연금, 생활보호제도, 기타 원천으로부터 개인이 이용가능한 비노동소득이 더 크면 클수록 경제활동 참가자가 될 가능성은 더 작아진다. 마지막으로 다른 조건이 동일하다면, 일하지 않는 기회비용이 크면 클수록 정말로 경제활동 참가자가 될 가능성은 더 커진다.[14]

2.2
근로의 세계

---

[14] 여러 연구가 이러한 결론들이 사실임을 보여준다. 예를 들어 상해보험이 경제활동 참가 결정에 미치는 영향에 대한 논의는 Eric French and Jae Song, "The Effect of Disability Insurance Receipt on Labor Supply," *American Economic Journal: Economic Policy*, May 2014, pp. 291-337을 참조하라. 육아비용이 경제활동 참가 결정에 미치는 효과에 대한 분석은 Erdal Tekin, "Child Care Subsidies, Wages, and Employment of Single Mothers," *Journal of Human Resources*, Spring 2007, pp. 453-87을 참조하라. 세금

2.2 근로의 세계 | 카네기의 추론

1891년 잘 알려진 자선가이자 US 스틸(U.S. Steel)의 부호인 카네기(Andrew Carnegie)는 "자신의 자녀들에게 막대한 부를 남겨주는 부모는 일반적으로 자녀의 재능과 에너지를 죽이고 그들로 하여금 덜 생산적인 삶을 살도록 유혹에 빠뜨린다"고 주장했다. 근로-여가 모형의 말을 빌리면 카네기는 많은 유산은 상당한 크기의 순수한 소득효과를 갖고 있다는 뜻을 비치고 있었다. 만약 여가가 정상재라면 이 효과는 일부 근로자들로 하여금 자신의 근로시간을 줄이도록 하거나 경제활동인구로부터 이탈하도록 할 가능성을 유발할 수 있음을 알고 있다. 그래프로 이야기하면 유산은 개인이 직면하는 임금선을 위쪽으로 평행이동 시킨다. 그 결과는 최적 근로시간의 감소일 것이다.

1992년에 홀츠-이킨, 줄화이안, 로젠(Holtz-Eakin, Joulfaian, and Rosen)은 유산을 받은 4,300명의 3년간 소득신고서 데이터를 조사했다. 그들의 발견은 카네기의 추론을 일반적으로 지지한다. 예를 들어 150,000달러 넘게 유산을 받은 독신자는 25,000달러의 유산을 받은 독신자보다 경제활동인구에서 이탈할 가능성이 약 4배 더 크다. 구체적으로 말하면 25,000달러 미만의 유산을 받은 사람들 중 4.6%가 경제활동인구로부터 퇴장했고, 25,000~150,000달러 사이의 유산을 받은 사람들의 10%가 떠났으며, 150,000달러 이상의 유산을 상속한 사람들의 18.2%가 자신의 일을 그만두었다.

또한 그 구성원들이 계속해서 일했던 많은 유산을 받은 가족의 경우 더 적은 유산을 받은 가족들과 비교할 때 노동소득의 증가가 둔화되었다. 이는 유산을 받은 사람들이 계속해서 일할 때조차도 많은

유산을 받게 되면 근로시간 또는 노력의 공급을 줄일 수 있음을 시사한다.

이 연구의 다른 두 가지 발견은 흥미를 끈다. 첫째, 많은 유산을 받았던 일하지 않는 사람들은 더 적은 유산을 받은 사람들보다 유산을 받은 이후의 수년 동안 경제활동인구에 진입할 가능성이 낮았다. 둘째, 많은 유산을 받았던 사람들은 유산을 받기 바로 직전의 수년 동안 일하고 있었을 가능성이 더 낮았다. 아마도 많은 유산을 *기대하고 있었던* 사람들은 일하고자 하는 인센티브가 더 작았을 것이다. 대안적인 설명은 많은 유산을 기대하는 사람들은 죽음을 앞둔 부모의 어려운 형편을 돌보기 위해 자신의 일자리를 사직할 더 넉넉한 여유가 있다는 것이다.

유산을 받은 사람들이 경제활동 참가를 줄이긴 하지만, 그들은 자녀들이 더 높은 무차별곡선에 도달하는 것이, 즉 더 큰 총효용을 달성하는 것이 가능하도록 한다. 더욱이 추가적으로 '여가'를 취하는 사람들은 여가를 자원 봉사와 교육적인 일 같은 사회적으로 도움이 되는 활동에 사용할 수 있다. 요점은 단순히 그것이 복권의 당첨으로부터인지, 연금으로부터인지, 가계 내 이전으로부터인지, 또는 유산으로부터인지와 관계없이 비노동소득은 노동공급 행태를 이해하는 데 있어 중요한 요소라는 것이다.

자료 : Douglas Holtz-Eakin, David Joulfaian, and Harvey S. Rosen, "The Carnegie Conjecture: Some Empirical Evidence," *Quarterly Journal of Economics*, May 1993, pp.413-36. 또한 Jeffrey R. Brown, Courtney C. Coile, and Scott J. Weisbrenner, "The Effect of Inheritance Receipt on Retirement," *Review of Economics and Statistics*, May 2010, pp. 425-34를 참조하라.

표준 1일 근로시간

2.3
근로의 세계

이제까지의 논의는 근로자들이 자신들이 일하는 시간을 각자 스스로 결정할 수 있는 것으로 암묵적으로 가정했다. 하지만 현실은 일반적으로 그렇지 않다. 미국에서는 8시간(주당 40시간)의 표준 1일 근로시간이 발달해 왔다. 이는 부분적으로 주당 40시간을 넘는 근로시간의 경우 사용자들에게 임금을 1.5배 지급하도록 의무를 지우는 연방법 때문이다. 나아가 그 기술이 재화 또는 부품의 연속적인 생산 공정과 관련되는 산업은 1일 근로시간을 8시간 3교대로 나눌 수 있다.

효과에 대한 설문조사는 Michael P. Keane, "Labor supply and Taxes: A Survey," *Journal of Economic Literature*, December 2011, pp. 961-1075를 참조하라.

2.3 근로의 세계   플로리다 주 바닷가재 어부의 노동공급*

대부분의 근로자들은 그들의 사용자에 의해 전형적으로 하루에 8시간인 고정 시간을 일하도록 요구된다. 이러한 제약은 경제학자들이 개인들이 자신들이 원하는 근로시간을 자유롭게 선택할 수 있다는 가정에 기초한 노동공급곡선을 추정하는 것을 더 어렵게 만든다. 그 결과 연구자들은 최근 근로자들이 근로시간을 설정하는 데 자유로운 일자리에 관심을 집중시켰다. 그러한 한 가지 직종이 플로리다 주 바닷가재 어부다.

플로리다 주 바닷가재 어부는 자신들의 근로시간을 정하는 데 엄청난 융통성을 갖고 있다. 어부들은 바닷가재 시즌에 자신들이 좋아하는 만큼의 날짜 동안 바닷가재를 잡을 수 있다. 어부는 햇빛이 있는 시간 내에서 자신 원하는 만큼의 많은 또는 적은 시간을 일할 수 있다.

다섯 번의 어업 시즌에 걸쳐 거의 1,000명의 바닷가재 어부들에 관한 매일매일의 데이터를 사용하여, 새포드(Tess Safford)는 평균적인 어부가 바닷가재를 잡을 수 있는 날이 300일이 넘고, 시간의 약 20%에 그렇게 한다고 보고했다. 평균적인 어부는 하루 8시간보다 약간 적게 일하며 약 150달러의 시간당 임금소득을 얻는다.

바닷가재 어부는 시간당 임금이 더 높아질 때 자신의 노동공급을 증가시키게 된다고 예상할 수 있다. 새포드는 그러한 추론을 뒷받침하는 증거를 발견하고 있다. 바닷가재 어부들은 바닷가재가 더 풍부하고 따라서 근로소득이 더 높은 시즌 초에 일할 가능성이 더 크다. 그들은 또한 바닷가재를 잡기가 더 쉬운 초하룻날 가까이에 일할 가능성이 더 크다.

바닷가재 어부 노동공급 민감성의 대부분은 하루 근로시간보다는 오히려 참가에 대한 의사결정으로부터 나온다. 새포드는 10% 더 높은 시간당 임금이 참여확률을 13~14% 증가시킨다는 것을 발견했다. 그러나 시간당 임금의 똑같은 10% 증가는 근로시간을 단지 0.7% 증가시켰다.

* Tess M. Safford, "What Do Fishermen Tell Us That Taxi Drivers Don't? An Empirical Examination of Labor Supply," *Journal of Labor Economics*, July 2015, pp. 683-710을 기초로 함.

과잉고용

근로자가 그림 2.10에 그려진 바와 같이 HD시간만큼의 표준 1일 근로시간에 직면할 때 무슨 일이 발생할까? 먼저 그래프의 오른쪽 아래 부분에 보이는 굵은 선으로 표시된 스미스의 무차별곡선을 살펴보자. 스미스의 최적 위치는 그가 하루에 단지 Hh_S시간을 일하기를 선호하는 u_S이다. 그러나 이는 상황과 관련 있는 선택이 아니다. 오히려 그는 HD시간을 일하거나 아니면 전혀 일하지 않을 수 있는 것이다. 즉 주어진 상황과 관련 있는 선택은 P에서 표준 1일 근로시간을 일하거나 N에서 참가하지 않는 것 둘 중 하나이다. 어찌해야 할까? 이 경우 표준 1일 근로시간을 일하는 것이 I_{S1}과 비교할 때 더 높은 무차별곡선 I_{S2}를 수반하기 때문에 표준 1일 근로시간을 일하는 것이 선호된다. 다시 한 번 이는 접점 위치가 아니라는 것에 유의하라. P에서 I_{S2}의 기울기는 예산선 NW의 기울기보다 더 크다. 소득에 대한 여가의 한계대체율이 임금을 초과하는데, 이는 근로자가 시장보다 한계적으로 여가에 더 높게 가치를 부여하는 것을 의미한다. 분명히 스미스는 u_S에서 하루에 더 많은 여가와 더 적은 근로를 통해 더 나아지게 된다.

간단하게 말하자면, 그림 2.10의 P점에서 스미스는 **과잉고용**(overemployment)되었다고 느낄 것이다. 여가를 더 즐기지 못하도록 하는 표준 1일 근로시간에 직면할 때 스미스는 합당한 사유 없는 잦은 결근을 통해 보상받으려고 할 수 있다. 즉 그는 다소 습관적으로 매주 하루 정도의 일을 거를 수 있다. 실제로, 결근율—전체 풀타임 근로자 가운데 주중 결근하는 비율—은 2014년의 경우 2.9%였다. 그해 결근으로 인한 근로손실시간은 통상 총근로시간의 1.5%였다.

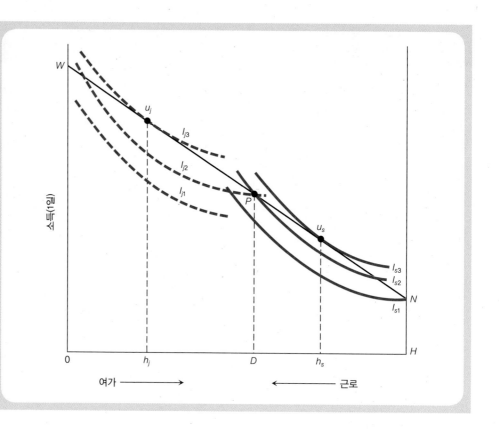

그림 2.10 과잉고용과 과소고용

*HD*만큼의 표준 1일 근로시간에 직면할 때 스미스(굵은 선으로 표시된 무차별곡선)는 과잉고용되었다고 느끼는 반면, 존스(점선으로 표시된 무차별곡선)는 과소고용되었다고 느낄 것이다.

이러한 결근하는 근로자 중 많은 사람들이 무급(無給) 결근하고 있다. 또한 그림 2.10에 묘사된 과잉고용된 근로자는 상대적으로 높은 이직률을 가질 수 있다. 근로자는 자주 '일자리 사이'에 있음으로써 더 많은 여가를 얻는다. 물론 파트타임 고용가능성은 지금 논의에서 일부러 배제했는데, 파트타임 고용은 이런 과잉고용된 근로자들에게 매력적일 것이다.

과소고용

그림 2.10의 왼쪽 위 부분에 그려진 점선의 무차별곡선은 **과소고용**(underemployment)된 근로자인 존스의 입장을 보여준다. 존스는 *HD*시간만큼의 짧은 표준 1일 근로시간과 비교할 때 자신이 Hh_j시간만큼의 긴 1일 근로시간을 일하게 되는 u_j에 있기를 선호하게 된다. 다시 한 번 P는 접점의 위치가 아니라는 것을 유의하라. P에서 존스의 무차별곡선 I_{j2}의 기울기는 예산선의 기울기보다 더 작다. 존스의 소득에 대한 여가의 한계대체율이 임금보다 더 작다. 간단하게 말하자면 한계적으로 존스는 시장보다 여가에 덜 높게 가치를 부여하고 있다. 이는 존스가 P에서 과소고용되었다고 느낄 것임을 의미한다. 존스는 부업을 하든지 또는 두 번째 일자리를 잡음으로써 더 많은 근로와 더 적은 여가에 대한 자신의 바람을 실현시킬 수 있다. 그림 2.10을 사용해서 비록 임금이 첫 번째 일자리에 지급되는 것보다 작더라도 존스는 부업에 종사할 용의가 있을 것이라는 것을 나타내 보일 수 있어야 한다. 실제로 2014년에 모든 근로자의 약 4.9%인 약 720만 명 정도의 근로자들이 복수의 일자리를 보유했다.

설문조사 데이터는 근로자의 대다수가 자신들이 일하는 시간 수에 만족하고 있다는 것을 시사한다. 2001년에 노동통계국은 약 30,000명을 설문조사했는데, 2/3가 자신들은 비례적으로 더 높은 임금소득으로 더 많은 시간 또는 더 낮은 임금소득으로 더 적은 시간을 일하는 것보다는 오히려 현재 보수율로 현재의 시간 수를 일하는 것을 선호한다고 응답하였다. 단지 7%만 임금소득의 비례적인 감소와 함께 더 짧은 시간을 선호한다고 응답하였다. 설문조사 대상 근로자의 약 1/4은 임금소득의 증가와 함께 더 많은 시간을 일하기를 원했다. 놀랄 것도 없이 이 후자 그룹은 젊은 근로자들과 저임금 소득자들이 대다수를 차지하고 있다.[15]

할증임금 및 기본급

근로자는 근로시간 수와 관계없이 똑같은 임금을 받고 있다고 보통 간주하지만 이는 항상 그렇지는 않다. 실제로 1938년의 공정노동기준법(Fair Labor Standards Act of 1938)은 법에 의해 보호를 받는 근로자들은 1주일에 40시간을 초과하는 근로시간에 대해 할증임금(premium pay), 구체적으로는 1.5배의 임금을 지급받아야 된다고 명시하고 있다. 이 할증임금 조항이 근로-여가 결정에 무슨 영향을 미칠까? 그리고 할증임금은 동일한 근로시간으로부터 똑같은 하루 또는 주간 소득을 제공하는 동등 액수를 지급하는 기본급(straight time)임금과 어떻게 비교될까? 예를 들어 어떤 산업에서 1일 10시간 근무(1주일 50시간 근무)가 흔해졌다고 가정하자. 처음 8시간의 근로에는 시간당 6달러를 지급하고 추가 2시간의 초과근로에는 시간당 9달러를 지급하거나 또는 10시간의 근로 각각 시간당 6.6달러를 지급하는 것은 근로인센티브에 대해 어떤 차이를 만들까? 두 보수지급계획 모두 똑같은 1일 66달러의 소득을 산출하므로 아무런 차이가 없다고 결론 내리기 쉽다. 그러나 그림 2.11의 도움을 받으면 지급내역이 상이함에 따라 차이가 나타난다는 것을 알 수 있다.

그림 2.11에서 근로자가 처음에 HW가 무차별곡선 I_1과 접하는 u_1점에 있다고 가정하자. u_1에서 개인은 표준 1일 근로시간이 되리라 간주하는 Hh_1시간을 일하기로 선택한다. 이제 사용자가 할증임금으로 추가 초과근로시간을 제안한다고 가정하자. 이는 HW의 u_1W부분을 의미 없게 만들고, 예산제약은 이제 Hu_1P가 된다. 최적 위치는 더 높은 무차별곡선 I_2 상의 u_2로 이동하고 근로자는 h_1h_2만큼의 추가시간을 더 일하기로 선택하게 될 것이다. 하루 임금소득은 u_2h_2가 될 것이다.

이제 동등 액수를 지급하는 기본급임금, 즉 Hh_2만큼의 근로시간에 u_2h_2라는 똑같은 하루 소득을 산출하는 표준 시간당 임금이라는 대안을 고려해보자. u_2를 통해 새로운 예산선 HW'을 그림으로써 동등 액수를 지급하는 기본급임금을 보일 수 있다. 예산선 Hu_1P와 HW' 모두 Hh_2만큼의 근로시간에 u_2h_2만큼의 똑같은 화폐소득을 산출할 것이다. 중요한 요점은 HW'에 직면하면 근로자는 u_2로부터 Hh_2보다 더 적은 시간을 일하는 u_3라는 새로운 최적 위치로 이동하길 원할 것이라는 점이다. 달리 말하면 u_2에서 무차별곡선 I_2는 HW'을 위로부터 교차한다. 즉

[15] Lonnie Golden and Tesfayi Gebreselassie, "Overemployment Mismatches: The Preference for Fewer Work Hours," *Monthly Labor Review*, April 2007, pp. 18-37. 근로자 설문조사 응답들이 시간제약의 정도를 과장하고 있다는 증거는 William R. Johnson, "Fixed Costs ad Hours Constraints," *Journal of Human Resources*, Winter 2011, pp. 775-799를 참조하라.

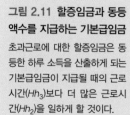

그림 2.11 할증임금과 동등 액수를 지급하는 기본급임금
초과근로에 대한 할증임금은 동등한 하루 소득을 산출하게 되는 기본급임금이 지급될 때의 근로시간(Hh_3)보다 더 많은 근로시간(Hh_2)을 일하게 할 것이다.

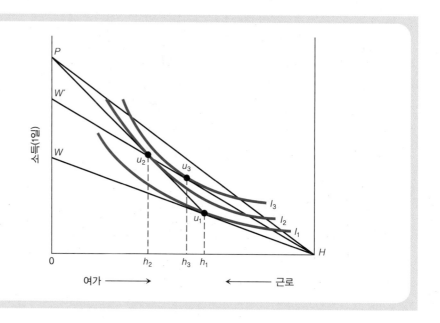

MRS L, Y가 임금보다 크다. 이는 근로자가 시장보다 한계적으로 여가에 더 높은 주관적인 가치를 부여하고, 따라서 u_2는 기본급 보수지급 방식하에서 더 이상 최적 위치가 아니라는 것을 의미한다. 이 근로자는 기본급 보수지급계획에 따라 Hh_2시간을 일할 때 과잉고용되었다고 느낄 것이다(그림 2.10을 상기하라).

결론은 다음과 같다. 초과근로에 대한 할증임금은 초과근로 할증임금을 지급받는 개인에 의해 실제로 선택된 시간과 똑같은 근로시간에 똑같은 소득을 산출하는 기본급임금보다 더 많은 근로시간을 일하게 만든다. 차이가 나는 이유는 무엇일까? 할증임금은 오로지 Hh_1을 초과하는 근로시간에만 적용되기 때문에 할증임금의 사용은 상대적으로 작은 소득효과를 가질 것이다. 이와 비교해보면 동등 액수를 지급하는 기본급임금은 모든 근로시간에 적용되기 때문에 기본급임금의 사용은 훨씬 큰 소득효과를 가질 것이다.[16] 그림 2.11은 본질적으로 생산물시장의 가격차별에 해당하는 노동시장의 유사 사례다. 일부 생산물의 판매자들은 산출물의 상이한 수량에 상이한 가격을 부과함으로써 더 많은 수입을 얻을 수 있다. 현재의 분석에서 사용자는 상이한 근로시간에 상이한 임금을 지급함으로써 주어진 경비로 더 많은 크기의 노동을 얻을 수 있다는 것을 관찰할 수 있다.[17]

---

[16] 그림 2.11은 동등 액수를 지급하는 기본급임금의 경우 대체효과가 소득효과를 압도하도록 그려졌으며, 따라서 개인은 자신의 노동공급곡선의 우상향하는 부분 위에 놓여 있다. 이것이 u_3가 u_1보다 더 많은 근로시간을 수반하는 이유이다. 그러한 결과는 필연적이지는 않다. 그래프는 u_3가 u_1의 오른쪽에 위치하도록 그려질 수 있는데, 이 경우 기본적인 결론은 더욱 더 명백하게 된다.

[17] Kenneth E. Boulding, *Economic Analysis*, vol. 1, 4th ed. (New York: Harper and Row, 1966), p. 616. 결론은 오로지 사용자가 추가 근로자들을 채용하지 못하도록 제약될 때 성립한다.

- 가파른 무차별곡선, 비노동소득의 이용가능성, 낮은 근로소득 능력은 모두 경제활동 비참가에 기여한다.
- 유보임금은 받아들일 수 있는 가장 낮은 임금이다. 이 임금 미만에서는 개인은 경제활동에 참가하지 않는 결정을 내리게 된다.
- 표준 1일 8시간 근무는 자신의 무차별지도와 근로소득 능력에 따라 일부 근로자들은 추가 근로시간을 원하도록 하고(과소고용) 다른 근로자들은 더 적은 시간을 일하기를 원하도록(과잉고용) 한다.
- 초과근로에 대한 할증임금은 동등한 하루 소득을 산출하는 기본급임금보다 추가적인 근로시간을 위한 더 큰 인센티브를 제공한다.

2.3 잠깐만 확인합시다.

여러분의 차례입니다

시간당 보수를 포함하는 다른 측면에서는 동일한 두 가지 일자리 사이에서 선택을 한다고 가정하자. 한 일자리에서는 사용자들이 매주 근로시간을 설정하고, 다른 일자리에서는 근로자 스스로 근로시간을 선택한다고 한다. 어떤 일자리를 선호하게 되는가? 그 이유는 무엇인가? (*정답*은 책의 맨 뒷부분에 수록되어 있음)

소득보장프로그램

미국은 모든 가족과 개인들에게 어떤 최소 수준의 소득을 제공하는 것이 그 목적인, 그리고 또한 생활보호 또는 공공부조 프로그램이란 별명이 붙기도 하는 다양한 **소득보장프로그램**(income maintenance program)을 갖고 있다.[18] 이 프로그램들은 저소득층 생활보조(Supplemental Security Income), 빈곤가구 한시지원(Temporary Assistance for Needy Families), 저소득층 식비보조(food stamps), 저소득층 의료보조(Medicaid)를 포함한다. 이 절의 목적은 그러한 프로그램들이 근로인센티브에 미칠 수 있는 효과를 검토하는 것이다.

세 가지 기본적인 특성

상세한 내용은 크게 다르지만 소득보장프로그램들은 세 가지 기본적인 특성을 갖고 있다.

1. **소득보장 또는 기본급여**(income guarantee or basic benefit), B 이는 아무런 근로소득도 받지 못한다는 것을 조건으로 개인 또는 가족이 지급받게 되는 공공보조금 액수이다.[19]

2. **급여 삭감률**(benefit reduction rate), t 이는 근로소득이 증가함에 따라 가족의 기본급여가 감소되는 비율을 지칭한다. 예를 들어 만약 t가 0.5라면 가족의 기본급여는 벌어들인 임금소득 매 1달러당 0.5달러가 감소될 것이다. 이는 급여 삭감 조항이 고려될 때 만약 시장임금이 5달러라면 가족의 순임금은 단지 2.5달러가 될 것이라는 것을 의미한다. 중요한 요점은 급여 삭감률

---

[18] 소득보장프로그램들을 여러 사회보험프로그램과 혼동해서는 안 된다. 소득보장프로그램들은 다소간의 영구장애를 가졌거나 또는 부양아동을 가진 가족과 개인을 돕기 위해 마련되었다. 이 프로그램들은 일반 조세수입으로부터 재정 지원되며 공적구제금으로 간주된다. 도움을 받을 자격을 얻기 위해서는 경제적 필요성을 입증해야만 한다. 이와 대조적으로 [고령유족보험(Old Age and Survivors Insurance)과 실업수당(unemployment compensation) 같은] 사회보험프로그램은 은퇴 또는 일시적인 실업 때문에 잃어버린 소득의 일부분을 대체하기 위해 만들어졌다. 사회보험프로그램은 특정 목적으로 배정된 급여세(payroll tax)에 의해 재정 지원되며 급여는 이전 재정 기여의 결과로 얻게 된 권리로 간주된다. 자산조사 결과에 따라 지급되는 다양한 이전프로그램에 대한 논의는 Robert A. Moffitt (ed.), *Means-tested Transfer Programs in the United States*(Chicago, IL: University of Chicago Press, 2003)를 참조하라.

[19] 말하자면 이자 또는 배당금의 형태로 받는 비임금소득이 없다고 가정함으로써 단순화하자.

이 근로로부터의 개인의 순이득을 감소시킨다는 것이다. 소득세가 소득보장프로그램에 해당하지 않는 개인의 근로소득에 미치는 것과 같은 똑같은 영향을 t가 소득보장프로그램에 참여하는 개인의 순소득에 미치기 때문에 경제학자들은 종종 급여 삭감률을 '암묵적 세율'로 지칭한다.

3. **손익분기 소득수준**(break-even level of income), Y_b 기본급여와 급여 삭감률을 알면 손익분기 소득(break-even income)을 계산할 수 있다. 이는 개인 또는 가족이 수령한 실제 보조금 지급액이 0이 되는 근로소득수준이다. 즉 개인이 소득보장프로그램으로부터 이탈되는 근로소득수준이다. 곧 알게 되겠지만 손익분기 소득은 기본급여의 크기와 급여 삭감률에 좌우된다.

실례

간단한 수치에 의한 설명이 이 개념들을 서로 연관시키는 데 도움이 될 수 있다. 개인이 수령하는 **실제 보조금 지급액**(actual subsidy payment) S는 다음의 공식에 의해 결정될 수 있다.

$$S = B - tY \tag{2.2}$$

여기서, B = 기본급여
t = 급여 삭감률
Y = 근로소득수준

따라서 예를 들어 만약 B가 2,000달러, t는 0.5, 그리고 Y는 2,000달러라면 실제 보조금 지급액은 1,000달러가 될 것이다.

$$1,000달러 = 2,000달러 - 0.5(2,000달러)$$

나아가 손익분기 소득수준은 쉽게 계산될 수 있다. 식 (2.2)를 다시 보면 근로소득 Y가 B/t와 같을 때 S가 0에, 즉 손익분기 소득에 도달할 것이다.[20] 위의 수치 예에서 B는 2,000달러이고 t는 0.5이기 때문에 손익분기 소득수준 B/t는 2,000달러/0.5 또는 4,000달러이다. 이는 식 (2.2)에 해당 숫자를 대입함으로써 증명된다.

$$0달러 = 2,000달러 - 0.5(4,000달러)$$

소득보장프로그램이 근로인센티브에 미치는 영향을 검토하기 위해 그림 2.12에 이 개념들을 포함시키기로 하자. 예산선 HW는 소득보장프로그램이 없을 경우 개인이 직면하는 예산제약을 보여준다. 결과적으로 최적 위치는 u_1이다. 단순화를 위해 임금이 시간당 1달러이고 개인은 1주일에 40시간을 일하기로 선택한다고 가정하자. 1년에 50주 근무를 통해 근로소득은 왼쪽 수직축에 보이는 바와 같이 2,000달러가 될 것이다.

이제 방금 설명한 특성을 가진 소득보장프로그램이 실행되었다고 가정하자. 이 프로그램의

---

[20] 대수는 간단하다. 식 (2.2)에서 $S=0$으로 설정함으로써 $0 = B - tY$를 얻을 수 있다. 따라서 $tY = B$ 그리고 $Y = B/t$이다.

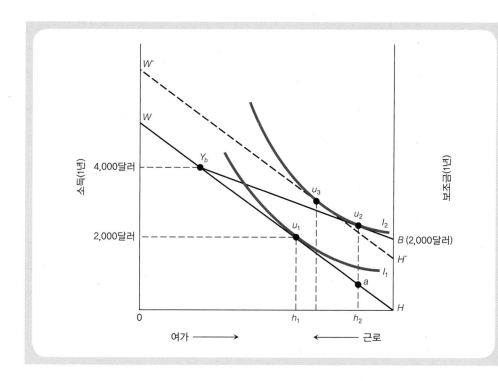

그림 2.12 소득보장과 근로 인센티브

기본급여와 급여 삭감률 모두를 포함하는 소득보장프로그램은 HW로부터 HBY_bW로 예산제약을 변경시킨다. 이러한 변경은 효용극대화 위치를 u_1으로부터 u_2로 이동시키며 근로시간을 감소시킨다.

영향은 예산제약을 HW로부터 HBY_bW로 변경시키는 것이다. 오른쪽 수직축 상의 HB는 기본급여다. 즉 HB는 개인이 근로소득이 없을 때 받게 되는 소득보조금 액수이다. 새로운 예산제약의 BY_b부분은 급여 삭감의 영향을 반영한다. 구체적으로 말하면 BY_b부분의 기울기는 순임금, 즉 급여 삭감률에 의해 감소된 시장임금으로 측정된다. 따라서 HW 기울기의 절댓값은 (1달러 임금을 반영하는) 1인 반면, BY_b의 기울기는 (0.5달러의 순임금을 반영하는) 단지 0.5이다.[21] HW와 BY_b 사이의 수직거리는 수령한 실제 보조금인 S와 같다. Y_b점에서 개인의 근로소득이 충분히 커서 (이 경우 4,000달러) 그 결과 0.5 급여 삭감률의 적용은 실제 보조금 지급액 S를 0이 되도록 하기 때문에[식 (2.2) 참조], Y_b점은 손익분기 소득수준을 나타낸다.

그림 2.12에서 새로운 최적 위치는 HBY_bW가 무차별곡선 I_2와 접하는 u_2이다. 개인의 총화폐소득은 (h_1u_1으로부터 h_2u_2로) 증가했지만, 근로소득과 근로시간 수는 모두 (h_1u_1으로부터 h_2a와 Hh_1으로부터 Hh_2로 각각) 감소했다. 임금 인상에 관한 앞서의 분석에서(그림 2.7), 근로시간에 대한 순효과(근로인센티브)는 소득효과(근로시간의 감소)와 대체효과(근로시간의 증가)의 상대적인 크기에 좌우된다는 것을 발견했다. 현재의 경우 소득효과와 대체효과는 모두 근로시간을 감소시킨다. 근로시간을 감소시키는 소득효과의 경향은 놀라운 일이 아니다. 소득보장프로그램은 화폐소득을 증가시킨다. 여가가 정상재라 가정하면 그 소득 중 일부는 여가에 '사용될' 것이며, 따라서 더 적은 시간을 일할 것이다. 그러나 신기하게도 대체효과 또한 근로시간을 감소시

---

[21] 지적한 바와 같이 BY_b의 기울기는 임금 w에 $(1-t)$를 곱한 순임금 wn을 반영한다. 즉 $w_n = (1-t)w$이다. 우리의 예에서 BY_b의 기울기는 $0.5 = (1-0.5)$이다. 만약 급여 삭감률이 0.25라면 순임금과 BY_b의 기울기는 $0.75 = (1-0.25)$가 된다. 만약 급여 삭감률이 1.0이라면 BY_b는 수평선이 된다.

킨다. 급여 삭감률의 존재가 순임금을 감소시키며, BY_b를 HW보다 더 편평하게 만든다. 기본급여가 총화폐소득을 증가시키지만, 급여 삭감의 특성은 임금의 효과적인 감소가 존재한다는 것을 의미한다. 여가가 이제는 더 저렴해졌으며, 즉 1시간 일하지 않음으로써 1달러가 아니라 단지 0.5달러를 희생하면 되기 때문에, 따라서 여가가 근로에 대체되었다.

앞서의 소득효과와 대체효과의 그래프를 통한 분리를 상기하면(그림 2.7), HW와 평행하고 u_3에서 I_2에 접하는 점선으로 표시된 $H'W'$를 그릴 수 있다. u_1과 u_3 사이의 수평거리가 소득효과이고 u_3와 u_2 사이의 수평거리가 대체효과이다. 두 효과 모두 근로의 공급량을 감소시킨다는 것을 관찰할 수 있다.

논란

여러 소득보장프로그램들은 오랫동안 논란에 휩싸였다. 이는 부분적으로 정책입안자들 사이의 근본적인 이념의 차이에서 비롯된다. 그러나 이는 또한 일반적으로 받아들여지고 있는 소득보장프로그램들의 목표가 서로 충돌하고, 적절한 또는 최적의 상호교환(trade-offs)에 대해 의견이 다르기 쉽다는 사실을 반영한다. 특히 소득보장프로그램들은 (1) 가난한 사람들을 효과적으로 빈곤으로부터 벗어나게 하고, (2) 일하고자 하는 인센티브를 유지하며, (3) 합리적인 비용으로 목표 1과 2를 달성해야만 한다는 데 일반적으로 동의가 이루어지고 있다.

그림 2.12는 이러한 목표 사이의 상충관계를 설명하는 데 유용한 판단의 기준이 된다. 소득보장프로그램의 시행은 모두 근로에 대해 부정적인 소득효과와 대체효과를 촉발한다. 나아가 기본급여를 인상시킴으로써, 즉 그림 2.12에서 BY_b선을 위쪽으로 이동시킴으로써 빈곤을 제거하는 데 있어 프로그램의 유효성을 향상시킬 수 있다. 그러나 이는 분명히 프로그램이 더욱 비용이 들도록 만든다. 한편으로 더 커진 기본급여는 Y_b점을 HW선 상의 북서쪽으로 재배치시키고, 또 다른 가족이 추가적으로 보조금을 받을 자격이 생기도록 만든다. 다른 한편으로 기본급여가 더 커지면 이미 소득보장프로그램의 대상이었던 사람들이 각각 더 많은 보조금 지급액을 수령할 것이다. 목표 1이 목표 3과 상충된다.

마지막으로 기본급여가 주어졌을 때 일하고자 하는 인센티브를 보존하기 위해 급여 삭감률을 낮추고자 (BY_b선의 기울기를 증가시키고자) 원할 수 있다. 급여 삭감률의 감소는 순임금을 증가시킴으로써 여가의 가격을 신장시키고 여가의 근로로의 대체를 유도한다. 더 높아진 순임금은 또한 현재 경제활동인구가 아닌 개인들을 경제활동 참가자가 되도록 유도할 수 있다(그림 2.8을 참조하라). 그러나 결과적으로 나타나는 BY_b선의 기울기 증가는 Y_b점을 HW를 따라 북서쪽으로 연장시킴으로써 더 많은 가족들이 보조금을 받을 자격이 생기게 만들고, 따라서 프로그램의 비용을 증가시킨다. BY_b선의 기울기 증가는 또한 주어진 어떤 시간을 일하더라도 수령하게 되는 실제 보조금을 증가시킴으로써 비용을 증가시킨다. 목표 2가 목표 3과 상충된다.[22]

권리로서의 생활보호의 종료

1996년 8월에 클린턴 대통령은 미국 복지제도를 근본적으로 바꿨던 개인책임과 근로기회 조정법(Personal Responsibility and Work Opportunity Reconciliation Act, PRWORA)에 서명했다.

그 이전의 수년 동안 복지제도는 생활보호 수혜자들의 의존성을 부추긴다고 비난을 받았음은 물론 그 내재된 근로 디스인센티브로 인해 비판을 받았다. 복지개혁은 이 인지된 결점들을 여러 방식으로 고치고 복지에 대한 더 많은 통제권을 주정부에 넘기려 시도했다.

법의 주요 목표는 생활보호를 받는 사람들에게 근로로 복귀하기 전에 과도기적인 기간을 만드는 것이다. 법은 기존 아동부양가족지원금(Aid to Families with Dependent Children, AFDC) 프로그램을 빈곤가구 한시지원(Temporary Assistance for Needy Families, TANF) 프로그램으로 대체했다. AFDC와 대조적으로 TANF는 거의 예외 없이 복지 수혜자가 2년간의 지원을 받은 후 일하도록 요구한다.[23] 복지 수혜자들은 고용 상태에 있거나, 직업훈련에 참여하거나 공동체서비스를 수행함으로써 근로요구조항을 충족시킬 수 있다. 이 법은 또한 현금 생활보호 지급액을 일생에 최대 5년 동안만 받을 수 있도록 의무화하고 있다(주정부들이 그 수령자의 최대 20%까지를 예외로 할 수 있긴 하다).[24] 이 법은 또한 일자리 시장에 진입하는 가족에게 육아와 건강보험을 제공한다. 마지막으로 공적 부조의 대다수 유형은 해외로부터의 이주자에게는 5년 동안 또는 그들이 시민권자가 될 때까지 합법적으로 이주하였더라도 인정되지 않는다.

PRWORA는 또한 부모로서의 책임을 권장하기 위해 노력한다. 여기에는 자녀지원지급액의 징수를 강제하는 데 도움이 되는 조항이 포함된다. 10대 임신을 억제하기 위하여 10대 임신부가 보조를 받기 위해서는 결혼하지 않은 미성년자 부모는 성인과 함께 살아야 하고 또 학교에 다닐 것을 요구하였다.

그림 2.13이 보여주는 바와 같이 복지개혁이 입법화된 이래 생활보호를 받는 가족 수는 크게 감소했다. 1996년에는 460만 가족이 생활보호를 받고 있었으나 2008년에는 이 수치가 65% 감소해 160만 가족으로 하락했다.

이러한 수혜 가족 수의 극적인 감소를 설명하는 여러 요인이 있다. 첫째, 1990년대의 경기 호황이 복지 수혜자들이 직면하는 노동시장 여건을 개선시켰다. 실업률이 10년에 걸쳐 하락했으며, 미숙련 근로자의 인플레이션이 조정된 임금도 증가했다. 월리스와 블랭크(Wallace and Blank)는 강한 경제가 수혜 가족 수 감소의 약 1/5을 설명할 수 있음을 발견했다.[25] 둘째, 1990년대 초 일하는 저소득 가족들에게 조세보조금을 제공하는 근로장려세제(EITC)의 상당한 확대가 복지 수령자가 노동시장에 진입할 인센티브를 증가시켰고 따라서 수령자의 수를 감소시켰다.[26] 셋째, 급여의 횟수 제한, 복지급여의 감소, 육아의 확대, 직업훈련프로그램의 변경 같은

---

[22] 실제로 급여 삭감률의 인하가 근로인센티브에 미치는 효과는 위에서의 논의가 시사하는 것보다 더 복잡하다. 한편으로 급여 삭감률의 하락은 현재 급여를 받고 있는 사람들의 부(−)의 소득효과와 대체효과를 감소시킬 것이며, 따라서 이 그룹의 근로시간은 증가할 것이다. 반면에 더 낮아진 급여 삭감률은 원래 급여를 수령하지 않았던 가족에게 추가적으로 프로그램의 급여를 확대시킬 것이다. 결과적으로 나타나는 소득효과와 대체효과는 모두 이 그룹에는 부정적이며, 그들로 하여금 더 적은 시간을 일하도록 만들 것이다. 근로인센티브에 미치는 전반적인 영향은 각 그룹의 평균적인 반응과 그 상대적인 크기에 좌우된다. Gary Burtless, "The Economist's Lament: Public Assistance in America," *Journal of Economic Perspectives*, Winter 1990, pp. 68–70을 참조하라.

[23] TANF와 AFDC 사이의 차이에 대한 개요는 Rebecca M. Blank and David T. Ellwood, "The Clinton Legacy for America's Poor," in Jeffrey A. Frankel and Peter R. Orszag (eds.), *American Economic Policy in the 1990s* (Cambridge, MA: MIT Press, 2002)를 참조하라.

[24] 주정부들은 스스로 선택한다면 더 엄격한 제한을 부과하도록 허용되었다.

[25] Geoffrey Wallace and Rebecca M. Blank, "What Goes Up Must Come Down? Explaining the Recent Changes in Public Assistance Caseloads," in Sheldon Danziger (ed.), *Economic Conditions and Welfare Reform* (Kalamazoo, MI: Upjohn Institute, 1999).

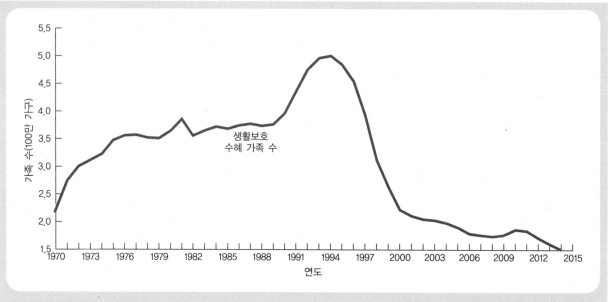

그림 2.13 생활보호 수혜 가족 수

1970~1994년 사이 아동부양가족지원금(AFDC) 프로그램하 생활보호 수혜 가족 수는 확대되었다. 1996년 빈곤가구 한시지원(TANF) 프로그램의 입법화 이후 생활보호 수혜 가족 수는 대략 70% 하락했다.

2.4
근로의 세계

정책 변화는 생활보호 수혜자 수 감소의 상당 부분을 설명하는 것처럼 보인다. 각 요소의 중요성은 아직까지는 정확하게 확인되지 않았다.[27] 빈곤율 감소의 성공 여부를 포함하여 복지개혁의 장기적인 효과는 평가되지 않은 채로 남아 있다.[28]

---

[26] 한 연구는 EITC의 확대가 복지 수령자 숫자를 줄이는 데 있어 가장 중요한 요소라고 시사하고 있다. Bruce D. Meyer and Dan T. Rosenbaum, "Welfare, the Earned Income Tax Credit, and the Labor Supply of Single Mothers," *Quarterly Journal of Economics*, August 2001, pp. 1063-133을 참조하라. EITC의 큰 효과를 보여주는 또 다른 연구는 David T Ellwood, "The Impact of the Earned Income Tax Credit and Social Policy Reforms on Work, Marriage, and Living Arrangements," *National Tax Journal*, December 2000, pp. 1063-105를 참조하라.

[27] 초창기 복지개혁의 영향에 관한 증거에 대한 개요는 Rebecca M, Blank, "Evaluating Welfare Reform in the United States," *Journal of Economic Literature*, December 2002, pp. 1105-66을 참조하라. 또한 Jeffrey Grogger and Lynn A. Karoly, *Welfare Reform: Effects of a Decade of Change* (Cambridge, MA: Harvard University Press, 2005)도 참조하라.

[28] 장기 결과에 관한 몇몇 추측은 David T. Ellwood, "Anti-Poverty Policy for Families in the Next Century: From Welfare to Work —and Worries," *Journal of Economic Perspectives*, Winter 2000, pp. 187-206을 참조하라. 생활보호 수혜자 수의 감소는 저소득층 생활보조 같은 다른 공적부조 프로그램들의 수혜자 수를 증가시켰음을 주목하는 것은 중요한 일이다. Lucie Schmidt and Purvi Sevak, "AFDC, SSI, and Welfare Reform Aggressiveness: Caseload Reductions versus Caseload Shifting," *Journal of Human Resources*, Summer 2004, pp. 792-812를 참조하라.

2.4 근로의 세계 | 근로장려세제가 노동공급에 미치는 영향

1975년에 시작된 이래 근로장려세제(EITC)는 급속하게 성장했으며, 이제는 미국에서 가장 큰 빈곤퇴치 프로그램이 되었다. 현재 2,700만 명이 넘는 사람들이 프로그램에 참여하고 있다. EITC에의 지출은 빈곤가구 한시지원(TANF)과 저소득층 식비보조에의 지출을 합한 액수와 거의 비슷하다.

EITC는 그들의 소득세 납부액을 줄여주는 세액공제를 제공함으로써 일하는 저소득 가족의 임금을 보충한다. 만약 세액공제가 소득세 부과액보다 더 크다면, 가족은 차액을 수표로 받는다. 세액공제는 최고액에 도달할 때까지 번 액수는 물론 가족의 자녀와 성인 수에 따라 증가한다. 예를 들어 2015년 13,870달러를 버는 두 자녀를 가진 결혼한 부부의 최대 세액공제는 5,548달러였다. EITC는 가족의 소득수준이 증가함에 따라 단계적으로 없어진다. 2015년에는 소득이 53,267달러 미만의 가족만 프로그램에 참여할 수 있었다.

EITC는 노동공급에 두 가지 효과를 미친다. 첫째, 오로지 고용된 사람들만 프로그램에 참여할 수 있기 때문에 경제활동 참가율은 높아진다. 둘째, EITC는 고용된 사람들의 근로시간에는 불확실한 효과를 미친다. 세액공제액 최고 수준 아래에서 EITC는 임금 인상과 동등하며, 세액공제의 최고 수준을 넘어 세액공제가 단계적으로 없어지는 범위에서는 임금 인하로 작용한다. 임금 변화는 근로시간에 반대 방향으로 작용하는 소득효과와 대체효과를 갖기 때문에 현재 일하고 있는 사람들의 노동공급에 미치는 효과는 이론적으로 결정될 수 없다.

EITC의 노동공급효과에 대한 많은 연구들이 있다. 하츠와 숄츠(Hotz and Scholz)는 EITC는 특히 배우자가 없는 부모의 경제활동 참가율을 증가시킨다고 결론을 내렸다. 실제로 또 다른 연구는 EITC가 1984~1996년 사이 남편 없이 자녀를 키우는 엄마들의 경제활동 참가율 증가의 거의 2/3를 설명할 수 있음을 발견했다. 또한 프로그램이 현재 일하고 있는 사람들의 근로시간을 약간 줄이긴 하지만, 일단 EITC의 경제활동 참가 후 근로시간을 증가시키는 효과를 고려하면 근로시간에 대한 전반적인 영향은 정(+)이다.

자료 : V. Joseph Hotz and John Karl Scholz, "The Earned Income Tax Credit," in Robert A. Moffitt (ed.), *Means-Tested Transfer Programs in the United States* (Chicago, IL: University of Chicago Press, 2003).

요약

1. 근로-여가 선택 모형에서 무차별곡선은 개인에게 주어진 수준의 효용을 산출할 소득과 여가의 여러 조합을 보여준다. 무차별곡선은 원점에 대해 볼록한데, 이는 소득에 대한 여가의 한계대체율이 체감하는 것을 반영한다. 원점에서 멀리 떨어진 무차별곡선이 더 높은 수준의 효용을 나타낸다.

2. 예산(임금)제약선은 주어진 임금에서 얻을 수 있는 소득과 여가의 여러 조합을 보여준다. 예산선 기울기의 절댓값은 임금을 반영한다.

3. 개인은 자신이 도달할 수 있는 가장 높은 무차별곡선 위에 위치하는 점을 선택함으로써 최적 또는 효용극대화를 달성한다.

4. 임금의 변화와 개인의 최적 위치의 예상된 변화의 관찰은 후방굴절 개별 노동공급곡선의 가능성을 시사한다.

5. 임금 변화가 근로시간에 미치는 영향은 소득효과와 대체효과의 상대적인 크기에 좌우된다. 소득효과는 임금 변화에 의해 발생하는 소득 변화 때문에 전적으로 발생하는 바람직한 근로시간 총변화의 일부분으로 측정된다. 대체효과는 소득수준 또는 효용을 불변인 채로 유지할 때 임금 변화 때문에 전적으로 발생하는 바람직한 근로시간 총변화의 일부분이다.

6. 실증 증거는 여성은 남성보다 자신들의 노동공급 결정에 있어 임금 변화에 상당한 정도 더 민감하다는 것을 시사한다.

7. 주어진 임금 변화에 대한 노동공급량의 민감성은 노동공급의 탄력성에 의해 측정된다. 이는 노동공급량의

변화율을 임금 변화율로 나눈 값으로 계산된다. 이와는 대조적으로 비노동소득 또는 근로-여가 선호도의 변화는 개별 노동공급곡선의 위치를 바꾼다.

8. 경제활동 비참가자, 즉 노동시장 근로를 하지 않기로 선택한 사람의 경우는 근로-여가 모형의 오른쪽 수직축 위의 모서리해로 나타난다.

9. 유보임금은 개인이 일하기로 결정하게 되는 가장 낮은 임금이나.

10. 근로자는 표준 1일 근로시간에 따르도록 강제될 때 과잉고용되거나 과소고용될 수 있다. 근로자는 표준 1일 근로시간의 경우 자신의 소득에 대한 여가의 한계대체율이 임금보다 더 클(작을) 때 과잉고용(과소고용)된다.

11. 초과근로에 대한 1.5배 임금 지급과 같은 할증임금 제도는 똑같은 근로시간의 경우 동등한 소득을 산출하게 되는 기본급임금보다 근로인센티브에 더 긍정적인 효과를 갖는다.

12. 대부분의 소득보장프로그램은 그로부터 손익분기 소득수준이 계산될 수 있는 기본급여와 급여 삭감률을 수반한다. (a) 기본급여는 오로지 소득효과만을 발생시키고 (b) 급여 삭감률은 순임금을 낮추기 때문에 소득효과와 대체효과는 모두 바람직한 근로시간의 하락에 기여한다.

13. 복지는 더 이상 권리가 아니고, 오히려 임시 부조프로그램이다. 1996~2014년 사이 복지 수혜자의 수가 약 70% 감소했다.

용어 및 개념

과소고용(underemployed)

과잉고용(overemployed)

급여 삭감률(benefit reduction rate)

노동공급의 임금탄력성(wage elasticity of labor supply)

대체효과(substitution effect)

무차별곡선(indifference curve)

빈곤가구 한시지원(Temporary Assistance for Needy Families, TANF)

소득보장 또는 기본급여(income guarantee or basic benefit)

소득보장프로그램(income maintenance program)

소득효과(income effect)

손익분기 소득수준(break-even level of income)

실제 보조금 지급액(actual subsidy payment)

여가의 소득에 대한 한계대체율(marginal rate of substitution of leisure for income)

예산(임금)제약선[budget(wage) constraint line]

유보임금(reservation wage)

최적 근로-여가 위치(optimal work-leisure position)

후방굴절 노동공급곡선(backward-bending labor supply curve)

질문 및 연구 제안

1. 근로-여가 모형의 (a) 무차별곡선과 (b) 예산선에 무슨 정보가 체화되었을까? 왜 무차별곡선은 (a) 우하향하고, (b) 원점에 대해 볼록할까? 무차별지도와 예산선을 그리고 근로자의 최적 위치를 표시하라.

2. 다음 각 경우에 명시된 상황이 근로자가 더 많이 또는 더 적게 일하기를 원하도록 만드는지를 나타내라.

   a. 임금이 상승하고 대체효과가 소득효과보다 더 크다.

   b. 임금이 하락하고 소득효과가 대체효과보다 더 크다.

   c. 임금이 하락하고 대체효과가 소득효과보다 더 크다.

   d. 임금이 상승하고 소득효과가 대체효과보다 더 크다.

3. 그림 2.5와 비슷한 그래프를 사용해서 임금이 하락하기 전과 후의 개인의 여가-소득 선택을 보여라. 소득효과와 대체효과를 분리하고, 각기 근로시간을 증가시키는지 또는 감소시키는지를 표시하라. 두 효과를 사용하여 임금 하락이 근로시간에 미치는 전반적인 영향을 설명하라. 이 근로자는 노동공급곡선의 우상향하는 부분에 있는가, 아니면 후방굴절 부분에 있는가?

4. 레이건 행정부(1981~1988)의 '공급중시(supply-side)' 경제학은 소득세 삭감은 근로인센티브를 자극하게 되고 그럼으로써 경제성장을 촉진한다고 추정했다. 근로-여가 그래프를 사용해서 이러한 결과를 입증하라. 이러한 결과는 소득효과와 대체효과의 상대적인 크기에 관해 무엇을 가정하는가? 다음 서술을 설명하라. "공급중시 조세 삭감과 관련된 근로인센티브의 예상된 증가는 실제로 남성보다는 여성에게 더 관련이 있을지 모른다."

5. 로렌에게 그녀의 사용자로부터 두 가지 옵션이 주어졌다고 가정하자. 첫째 옵션 : 그녀는 자신의 근로시간을 스스로 선택할 수 있고 다음 그래프에 보이는 예산선 HW_1이 의미하는 상대적으로 낮은 임금을 지급받을 것이다. 둘째 옵션 : 그녀는 정확히 HR시간만큼 일할 수 있고 예산선 HW_2가 의미하는 상대적으로 높은 임금을 지급받을 것이다. 어떤 옵션을 그녀는 선택하겠는가? 여러분의 답변을 정당화하라.

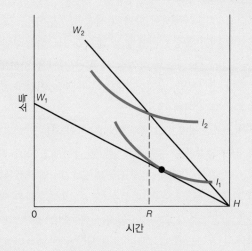

6. 비노동소득을 포함하는 근로-여가 그래프를 사용하여 하루 8시간 일함으로써 효용을 극대화하는 개인을 나타내라. 이제 (a) 정액세(근로소득의 모든 수준에서 절대 금액이 똑같은 세금)와 (b) 근로소득에 대한 30%의 비례세가 부과될 때의 노동공급효과를 비교하라. 각 경우에 근로시간은 증가하겠는가 아니면 감소하겠는가? 이러한 결과를 경제 내의 모든 개인에게 일반화할 수 있는가?

7. 어떤 일련의 상황들이 개인이 경제활동에 참가하지 않는 선택을 하도록 만드는 경향이 있는가? 한편으로 (a) 교육, (b) 취학 전 자녀의 존재, (c) 배우자의 소득수준, (d) 인종, (e) 가계의 위치(도시 또는 농촌), 다른 한편으로 기혼여성이 경제활동 참가자가 될 확률을 기초로 어떤 일반화가 만들어질 수 있는가?

8. 유보임금이란 무엇인가? "다른 조건이 일정하다면, 더 많은 액수의 비노동소득이 실현됨에 따라 개인의 유보임금은 상승한다." 여러분은 이 말에 동의하는가? 설명하라. 그림 2.8의 무차별곡선들을 다시 그리고 비시장 시간의 가치를 낮추는(높이는) 어떤 것이라도 경제활동 참가 확률을 증가(감소)시킨다는 것을 입증하라.

9. 그림 2.10을 사용하여 스미스는 존스보다 여가에 더 강력한 '취향'을 가졌고 근로에는 더 약한 '취향'을 가졌음을 입증하라. 스미스의 무차별곡선을 다시 그리고,

그가 표준 1주일 근로시간 HD를 일하느니 차라리 경제활동 비참가자가 되는 경우를 보여라.

10. 그림 2.11을 사용하여 다음의 진술을 설명하라. "초과근로에 대한 할증임금이 동등 액수를 지급하는 기본급 임금보다 근로자들로 하여금 더 많은 시간을 일하도록 유도할 것이지만, 후자가 더 높은 수준의 건강과 행복을 수반할 것이다."

11. 만약 소득보장프로그램이 3,000달러의 기본급여와 0.3의 급여 삭감률을 수반하고 있다면, 1년에 2,000달러를 버는 가족이 수령하는 보조금의 크기는 얼마겠는가? 이 가족의 총소득은 얼마겠는가? 이 프로그램은 얼마만큼의 손익분기 소득수준을 암시하는가?

12. 아래의 그래프에서 WH는 노동시장 근로로부터 나타나는 예산선이다. 예산선 HBW', HBYW, HBW에 각각 내포된 소득보장프로그램의 특성을 묘사하라. 개인의 근로-여가 선호도가 주어졌을 때 어떤 프로그램이 가장 강력한 근로 디스인센티브를 수반할까? 그 이유는 무엇인가? 어떤 프로그램이 가장 약한 근로 디스인센티브를 수반하는가? 그 이유는 무엇인가? "기본급여가 높으면 높을수록 그리고 급여 삭감률이 더 높으면 높을수록 근로인센티브는 더 약해진다." 이 말에 동의하는가?

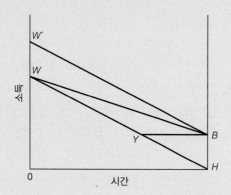

13. 미국에서 장애를 가진 근로자들에 대한 지급금은 평균적으로 그들의 이전 근로소득의 약 절반을 대체한다. 스웨덴과 네덜란드 등 몇몇 다른 나라에서는 장애가 있는 근로자들이 자신들 평균 근로소득의 70~90%만

큼을 수령한다. 또한 장애급여를 수령하는 근로자들의 비율이 후자의 두 나라에서보다 미국에서 훨씬 더 낮다는 것도 관찰된다. 이러한 발견들은 근로-여가 모형과 일관성을 갖는가? 설명하라.

14. 의회가 수혜자가 급여의 감소 없이 자신들이 원하는 만큼 버는 것을 허용하도록 사회보장법을 바꿨다고 가정하자. 근로-여가 그래프를 사용하여 노동공급에 예상되는 효과를 보여라.

15. 저소득 가족을 돕는 한 가지 방법은 최저임금을 인상하는 것이다. 대안은 비노동소득인 직접보조금을 제공하는 것이다. 이 두 가지 옵션이 근로인센티브에 미치는 영향을 비교하라.

16. 다음의 진술을 평가하라.
    a. "사용자는 표준임금 방식으로부터 정해진 최저시간을 초과하는 시간에 대해 초과임금을 지급하는 할증임금 방식으로 바꿈으로써 근로자의 결근을 감소시킬 수 있다."
    b. "과소고용되었다고 느끼는 근로자는 첫 번째 일자리에 지급되는 것보다 다소 낮은 임금이 지급되더라도 두 번째 일자리에서 일을 할 것이다."
    c. "시간당 임금이 주어졌을 때 개인은 사용자가 아니라 근로자가 근로시간 수를 선택하는 일자리를 언제나 더 선호할 것이다."
    d. "만약 근로-여가 그래프 내의 모든 점에서 개인의 무차별곡선이 예산제약선보다 더 편평하다면 그 개인은 비참가자가 되기로 선택할 것이다."
    e. "어떤 주어진 임금 인상의 경우라도 소득효과는 현재 거의 일하지 않거나 전혀 일하지 않는 사람의 경우보다 현재 많은 시간을 일하고 있는 개인들의 경우 더 크다."

17. 스티브는 25세이고, MBA 학위를 가졌으나, 현재 일하지 않고 있다. 그 대신 그는 자신의 부자 가족으로부터 받는 매주 2,000달러를 사용하면서 쾌적한 스키 지역에 거주하고 있다. 그러나 스티브가 영구적인 게으름뱅이가 되는 것을 우려하여 가족은 지급을 종료했다. 결과적으로 스티브는 40시간의 근로에 1주일에 1,000달

러를 지급하는 일자리를 갖기로 선택했다. 소득-여가 선택 그래프를 그려서 자신의 부모가 의사결정을 내리기 전과 후의 스티브의 상황을 나타내 보여라. 근로시간, 총주간소득, 스티브의 총효용에 대한 결과를 간략히 요약하라.

인터넷 연습

생활보호 수혜 가족 수에 어떤 일이 발생했을까?

아동 및 가족 관리청(Administration for Children and Families)의 미국 생활보호 수혜 가족 수(U.S. Welfare Caseloads) 통계 웹사이트(http://www.acf.hhs.gov/programs/ofa/programs/tanf/data-reports)를 방문하여, 가장 최근 수혜 가족 수 수치와 관련된 링크를 클릭하라.

1996~2008년 사이에 빈곤가구 한시지원(TANF) 프로그램에 참여했던 가족 수의 변화율은 얼마였는가? 이러한 변화에 대한 가능한 설명은 무엇인가?

2008년에 빈곤가구 한시지원(TANF) 프로그램에 참여했던 가족 수는 얼마였는가? 가장 최근 연도에 보이는 수치는 얼마인가? 이 기간 동안 변화율은 얼마인가? 여러분이 거주하는 주의 해당 수치는 얼마인가?

인터넷 링크

미국 보건복지부 내 가족지원실(Office of Family Assistance in the U.S. Department of Health and Human Services)은 빈곤가구 한시지원(TANF) 프로그램에 대한 자세한 정보를 발간한다(www.acf.hhs.gov/programs/ofa).

빈곤연구소(Institute for Research on Poverty) 웹사이트는 빈곤과 관련된 이슈에 관한 학술연구, 연구 요약, 정책 설명서를 제공한다(http://www.irp.wisc.edu).

인구, 경제활동 참가율, 그리고 근로시간

3

이 장을 공부하고 나면:

1. 인구와 경제활동인구의 추세를 설명할 수 있다.
2. 시간배분에 대한 베커의 모형을 설명할 수 있다.
3. 경제활동 참가율을 계산할 수 있다.
4. 인구통계학적 그룹 사이의 수년에 걸친 경제활동 참가율의 변화와 그 원인을 설명할 수 있다.
5. 경기변동 기간 동안 '부가근로자 효과'와 '실망근로자 효과'가 어떻게 경제활동 참가율에 영향을 미치는지를 설명할 수 있다.
6. 20세기 초 주간 근로시간이 감소한 이유와 제2차 세계대전 이래 주간 근로시간이 상대적으로 안정적인 이유를 열거할 수 있다.

"**시**대는 변하니까(The times they are a changin').[1] 경제활동인구에 약 7,600만 명을 추가했던 1946~1964년 기간 동안의 베이비붐이 목전의 미래에 경제활동인구의 훨씬 적은 증가를 의미할 '출생률의 급락(baby bust)'으로 바뀌었다. 지난 10년 동안 해외로부터의 이주가 미국 인구에 900만 명 넘게 추가되었다. 아프리카계 미국인과 히스패닉 같은 사회적으로 혜택을 받지 못한 집단들이 미국 경제활동인구의 점점 더 큰 비율을 구성하고 있다. 맞벌이 가족은 1940년에 모든 가족의 9%였는데, 오늘날에는 35%가 되었다.

우리 삶의 혼잡스러움은 교육, 시장 근로, 가계활동, 그리고 여가를 곡예하듯 함에 따라 크게 증가했다. 이혼이 앞서의 기간에서보다 훨씬 더 일상적이 되고 있다. 홀보듬엄마가 키우는 자녀가 있는 가계의 비율이 1970년의 12%로부터 오늘날 27%로 2배 이상이 되었다. 1950년 이래 여성들은 점점 더 많은 수가 경제활동인구에 참가했으며, 그동안에 나이 든 생산가능 남성의 경제활동 참가율은 감소했다. 주간 근로시간은 20세기의 전반부에 20% 감소했지만, 그 이후 상대적으로 불변인 채로 남아 있다.

---

[1] Bob Dylan lyrics.

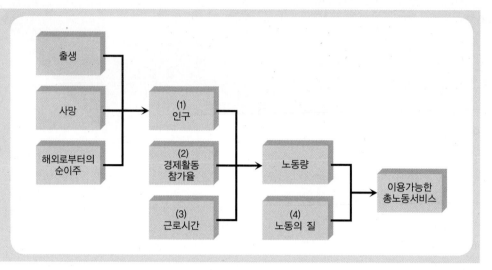

그림 3.1 이용가능한 총노동서비스의 결정 요인

경제의 이용가능한 노동서비스의 총수량은 인구 규모, 경제활동 참가율, 주간 근로시간과 연간 근로시간의 길이, 그리고 경제활동인구의 질에 좌우된다.

이러한 사실들은 모두 이전 장에서보다 여기서 더 광범위하게 검토될 노동공급과 관련된다. 경제 전반으로 보면, 노동공급이라는 개념은 많은 차원을 갖고 있다. 그림 3.1이 가리키는 바와 같이 사회가 이용가능한 노동서비스의 총계는 결국 (1) 출생, 사망, 그리고 해외로부터의 순이주에 좌우되는 인구의 규모와 인구통계학적 구성, (2) 경제활동 참가율, 즉 실제로 일하거나 일을 찾는 생산가능인구의 비율, (3) 1주 또는 1년의 근로시간 수, 그리고 (4) 경제활동인구의 질에 좌우된다. 이 장에서는 이러한 노동공급 측면 중 인구, 경제활동 참가율, 그리고 근로시간 세 가지에 대하여 논의한다. 노동의 질에 대해서는 제4장에서 분석될 것이다.

인구 기반

광범위하게 일반화한다면 국가의 경제활동인구 규모는 인구 규모와 노동시장에 참여하는 그 인구 비율에 좌우된다. 그림 3.2는 1950~2014년 기간 동안의 미국 인구와 경제활동인구의 성장을 그리고 있다. 그림 3.1을 상기하면, 인구는 부분적으로 자연증가, 즉 사망을 초과하는 출생과 해외로부터의 순이주의 결과 성장한다. 사망률이 덜 변동하기(시간이 지남에 따라 천천히 감소하기) 때문에 미국 인구 성장 변동의 대부분은 출생률과 해외로부터의 순이주의 변화가 원인이었다. 예를 들어 1946~1964년 기간 동안의 베이비붐은 미국 인구에 거의 7,600만 명을 추가했는데, 이들은 약 20년 후 엄청나게 많은 숫자로 경제활동인구에 진입했다. 출생률은 베이비붐 이후 크게 감소했으며, 이러한 감소는 최근 수년 동안 약간 더 낮아진 인구 성장이라는 결과를 가져왔다. 그러나 미국 인구는 계속 확대되고 있다. (제9장에서 상세하게 살펴볼) 해외로부터의 이주 또한 주로 미국 이주정책 변화의 결과 시간이 지남에 따라 변동했다. 최근 몇 년 동안 해외로부터의 이주는 인구 성장의 20~25%만큼을 설명하고 있다.

3.1
근로의 세계

이러한 인구 증가의 배경을 염두에 두고 이제 경제활동 참가율을 설명하는 경제 이론을 살펴보기로 하자.

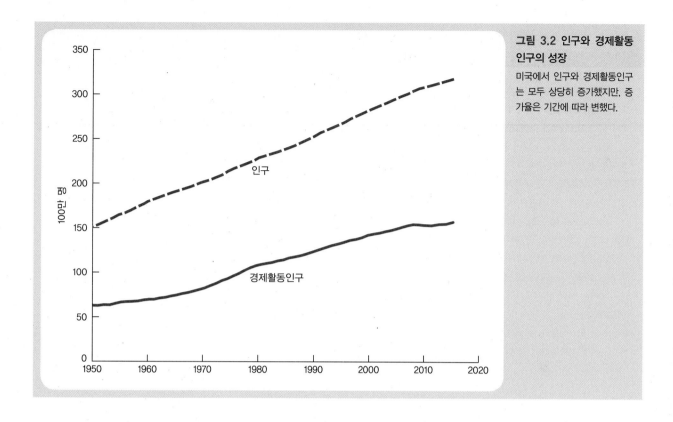

베커 모형 : 시간의 배분

제2장에서 개인이 노동시장 근로와 여가 사이에 선택을 하는 모형을 소개했다. 이 모형이 근로-여가 결정과 수많은 시사점을 이해하는 데 있어 유용하다는 것이 입증되는 동안, 모형은 베커(Becker, 근로의 세계 1.1 참조)와 다른 사람들에 의해 일반화되고 확대되었다.[2] 이 일반화된 **시간배분 모형**(model of the allocation of time)이 지금 다루고자 하는 주요 주제인 경제활동 참가율을 이해하는 데 있어 특히 유용하다.

두 가지 근본적인 변화

기본적인 근로-여가 선택 모형은 두 가지 근본적인 방법으로 확대될 수 있다.

가계의 관점

첫 번째 변화는 개인보다 오히려 가계를 기본적인 의사결정 단위로 간주하는 것이 흔히 더 유용한 정보를 준다는 것이다. 대부분의 사람들은 가계의 구성원이며, 그들이 자신의 시간을 어떻게 사용하는지에 대한 결정은 다른 가계 구성원들의 결정에 의해 크게 영향을 받는다. 의사결정은 상호 연관되어 있다. 예를 들어 자신이 노동시장 근로를 찾아야만 하는지에 대한 아내의

---

[2] 획기적인 논문은 Gary Becker, "A Theory of the Allocation of Time," *Economic Journal*, September 1965, pp. 493–517이다.

3.1 근로의 세계   변화하는 미국의 모습

2014년에 미국 인구조사국은 미국 인구의 장기 성장을 이전보다 더 적게 추정한 수정된 인구예측을 발표했다. 보고서는 또한 이전보다 인구 구성이 훨씬 더 다양해질 것이라고 예측하고 있다. 미국 인구는 2015년의 3억 2,100만 명으로부터 2050년까지 3억 9,800만 명으로 증가할 것으로 예측된다. 2050년의 이러한 새로운 예측치는 이전 예측보다 2,200만 명 감소한 것이다.

인구 구성은 2015년과 비교할 때 2050년에 어떻게 다르게 될까? 아래의 도표에 보이는 바와 같이 2050년의 인구는 훨씬 더 다양하다. 아시아인, 히스패닉, 아프리카계 미국인, 기타 비백인 집단이 2050년 인구를 절반 넘게 차지할 것이다.

인구 성장은 다음의 수십 년 동안 두 가지 주요 요소 때문에 둔화될 것이다. 첫째, 인구조사국은 현재 이전의 추정치인 1,712,000명으로부터 줄어든 1,364,000명의 이주자들이 매년 도착할 것으로 추정하고 있다. 둘째, 출생자 수도 국가 출산율 감소 때문에 1년에 5,001,000명으로부터 1년에 4,218,000명으로 줄어들 것으로 기대된다.

만약 인구조사국의 예측이 정확하다면 두 가지 요소들은 경제활동인구에 여러 중요한 시사점을 갖는다. 첫째, 예측된 경제활동인구 증가율의 둔화는 노동력 부족으로 이어진다. 둘째, 해외로부터의 이주 감소와 출산율 저하는 현재 진행 중인 인구 노령화를 가속화할 것이다. 이는 예를 들어 사회보장급여 납부자 대비 급여 수령자의 비율을 한때 예측헷딘 깃보다 더 빠르게 증가시킬 깃이다. 셋째, 점점 증가하는 인종적으로 다양한 젊은이가 양질의 일자리를 준비하도록 하기 위해 교육과 훈련이 새롭게 중요해질 것이다. 마지막으로 소유자, 관리자, 그리고 근로자가 점점 비백인이 됨에 따라 직장의 모습도 완전히 바뀔 것이다. 미국이 현재의 높은 노동생산성과 생활수준을 유지하려면 인종 및 민족 간의 차이에 대한 더 큰 아량이 절대로 필요할 것이다.

자료 : U.S. Census Bureau, *U.S. Population Projection: 2014-2060*, December 2014.

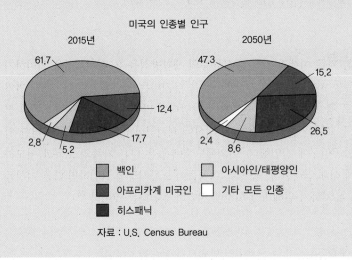

미국의 인종별 인구

2015년
61.7
12.4
17.7
5.2
2.8

2050년
47.3
15.2
26.5
8.6
2.4

범례	
■ 백인	□ 아시아인/태평양인
■ 아프리카계 미국인	□ 기타 모든 인종
■ 히스패닉	

자료 : U.S. Census Bureau

결정은 그녀의 남편이 현재 고용되어 있는지에 좌우될 수 있으며, 또 그 반대도 성립한다.

다양한 시간 사용

가계의 시간배분에 대한 베커의 모형에서 근로-여가의 전통적인 이분법은 시간 사용의 더 복잡한 분류법에 의해 대체된다. 베커의 관찰처럼, 가계는 효용을 산출하는 '상품(commodity)'을 생산하고 있는 경제 단위로 간주될 수 있다. 이러한 효용을 산출하는 상품들은 재화(재화와 서비스)를 시간과 결합함으로써 가계에 의해 생산된다. 더 일반적으로 말하면 가계는 이용가능한 시간을 적어도 세 가지 기본적인 방법으로 사용할 수 있다. (1) 시간은 재화와 서비스를 구입하기 위해 필요한 화폐소득을 얻기 위해 노동시장에서 판매될 수 있다(노동시장시간), (2) 시간은 가계생산에 사용될 수 있다(가계생산시간), (3) 시간은 재화와 서비스의 실제 소비에 사용될 수 있다(소비시간).

따라서 전형적인 가계의 경우 끼니(식사)라 부르는 상품은 노동시장시간의 제공을 통해 획득한 어떤 재화(슈퍼마켓에서 구입한 식품)를 가계생산시간(이 식품을 음식으로 조리하기 위해 걸리는 시간)과 소비시간과 결합함으로써 생산된다. 가계가 이용가능한 시간의 총량이 제한되어 있기 때문에 시간 사용의 대안은 서로 경쟁한다. 예를 들어 다른 조건이 일정하다면 배우자 모두 노동시장 근로를 하는 가족은 배우자 중 한 명이 일하지 않는 가족보다 가계생산과 소비에 이용가능한 시간이 더 짧을 것이다.

상품의 특성

상품은 가계가 일반적으로 시간을 어떻게 배분하는지와 특별히 노동시장 참가 결정을 어떻게 하는지에 대한 어떤 논의에서도 상당히 중요한 두 가지 특성을 갖는다. 첫째, 일부 상품은 상대적으로 시간집약적인 반면, 다른 것들은 상대적으로 재화집약적이다. **시간집약적 상품**(time-intensive commodity)은 많은 양의 시간과 적은 양의 재화로 구성된다. 해변에서 석양 바라보기 또는 해먹에서의 낮잠 자기와 같은 '순수' 여가활동이 그런 예이다.[3] **재화집약적 상품**(goods-intensive commodity)은 많은 양의 재화와 약간의 시간을 필요로 하는데, 패스트푸드 식당에서의 식사가 그런 예이다. 이러한 구분의 한 가지 시사점은 (만약 임금이 인상되면) 노동시장에서의 시간이 더 가치가 있게 됨에 따라 가계는 더 많은 시간을 노동시장 근로에 사용하기 위하여 시간집약적인 상품을 희생하여 재화집약적인 상품을 구입한다는 것이다.

상품의 두 번째 특성은 제한된 범위 내에서 시간과 재화는 보통 상품을 생산하는 데 있어 대체가 가능하다는 것이다. 따라서 특정 상품은 많은 시간과 적은 양의 재화로 또는 그 반대로 가계에 의해 생산될 수 있다. 극단적인 예를 하나 들면, 가계는 집에서 재배해서 집에서 준비한 식품을 갖고 끼니(식사)를 생산할 수 있다. 다른 극단적인 예를 들면, 가계는 음식점에서 끼니(식사)를 구입할 수 있다. 전자는 매우 시간집약적인 상품이고, 후자는 재화집약적인 상품이다.

가계의 선택

베커 모형에서 가계는 스스로 효용극대화를 시도하기 때문에 답해야 할 많은 질문을 갖고 있다. 첫째, 가계는 무슨 상품들을 소비하기를 원할까? 둘째, 가계는 이러한 상품들을 어떻게 생산하기를 원할까? 즉 어느 정도까지 상품들이 가정에서의 생산이 아니라 노동시장 근로를 통해서 제공되어야 할까? 셋째, 가족의 개별 구성원들은 노동시장 근로, 가계생산, 소비, 그리고 기타 가능한 용도 사이에 어떻게 그들의 시간을 배분해야만 할까?

---

[3] 베커 모형에서 여가는 요구되는 재화의 양이 0인 시간의 쾌적한 소비 그 자체로 간주될 수 있다.

세 번째 질문은 지금 다루고 있는 주제와 관련이 깊다.[4] 각 가계 구성원이 자신의 시간을 어떻게 배분해야만 하는지를 결정하는 데 사용되는 일반 원리는 비교우위의 원리이다. 비교우위의 원리에 의하면 개인은 가장 큰 상대적 효율성, 또는 가장 적은 기회비용을 갖고 수행할 수 있는 생산적인 노력에 특화해야 한다. 이용가능한 시간을 배분하는 데 있어 가계는 상품을 생산하는 데 수행될 필요가 있는 여러 시장 및 비시장 활동 모두에서 각 가족 구성원의 생산성을 비교해야 한다. 기본 규칙은 어떤 사람이 다른 가족 구성원들과 비교할 때 어떤 활동에서 더 생산적이거나 능숙할수록 그 활동에 더 많은 시간을 사용해야 한다는 것이다. 일반적으로 가족 구성원들은 연령, 성, 교육수준, 그리고 이전 노동시장 및 비노동시장 경험 측면에서 상이한 득성을 갖고 있기 때문에, 어떤 주어진 시점에서, 시장과 비시장 활동으로부터 상품(효용)을 생산하는 데 있어 상대적인 효율성이 서로 크게 다르다. 명백히 아내는 육아에 생물학적으로 결정된 비교우위를 갖고 있다. 또한 사회화(사회에 의한 역할 정의)를 통하거나 선호 때문에, 아니면 양자 모두에 의해 많은 여성들은 가계생산의 다른 측면, 즉 청소, 음식 준비, 자녀 보살핌 같은 가사활동에서 비교우위를 발전시키고 있다. 나아가 여성들이 종종 노동시장에서 차별을 당하고 있음을 시사하는 증거를 제14장에서 찾아볼 것이다. 그러한 차별 때문에 그리고 (교육, 일자리 훈련, 그리고 노동시장 경험 같은) 다른 조건이 동일하다고 가정하면, 남편들은 아내들에 비해 동일한 시간 동안의 노동시장 근로로부터 더 많은 소득, 즉 더 많은 재화를 얻을 수 있다. 역사적으로 볼 때 많은 가계의 경우, 비교우위의 원리는 남편은 많은 시간을 노동시장 근로에 충당하도록 하는 반면, 그 아내는 가정 내에서 비시장 근로에 종사하도록 유도한다. 마찬가지로 제4장에서 어린이들은 교육을 얻는 데 비교우위를 갖고 있다는 것을 살펴볼 것이다. 교육은 인적자본에 대한 투자이며, 다른 조건이 동일하다면 그러한 투자에 대한 수익률은 교육이 종료된 후 노동시장에 머무르는 시간의 길이에 직접적으로 비례한다.[5]

소득효과와 대체효과 재고

더 일반적인 틀 안에서 소득효과와 대체효과를 다시 검토해보면 베커 모형을 이해하는 데 도움이 될 것이다.

베커 소득효과

임금이 인상되었다고 가정하자. 소득효과에 의하면 가계는 이제 동일한 시장 근로시간으로부터

---

[4] 두 번째 질문은 이어지는 인구의 여러 하위집합의 경제활동 참가율 논의에서 다루어질 것이다. 첫 번째 질문에 관해서는, 베커의 모형에서 소비자 행태가 시간의 경제적 가치를 설명하기 위해 수정되어야만 한다는 것을 주목하면서, 상품에 대한 가계의 선호는 주어졌다고 가정할 것이다. 더 정확히 말하면 각 재화에 쓰인 마지막 달러의 한계효용이 똑같을 때 가계는 재화(a, b, …, n)의 효용극대화 조합을 구매하고 있을 것이다. 대수적으로 서술하면, $MUa/Pa = MUb/Pb = \cdots MUn/Pn$일 때 효용이 극대화된다(단, MU는 한계효용, P는 생산물 가격). 베커는 사용될 적절한 가격은 각 재화의 단순히 시장가격이 아니라 '완전가격'이라고 주장한다. 즉 재화의 시장가격에 그 소비에서 사용된 시간의 시장가치를 더한 가격이라는 것이다. 따라서 만약 재화 a가 가격이 8달러인 2시간짜리 음악회이고 여러분의 시간이 노동시장에서 시간당 10달러의 가치가 있다면, 음악회의 완전가격은 28달러＝8달러＋(2 × 10달러)이다. 시간의 가치를 고려하면 매우 시간집약적인 재화의 완전가격은 상대적으로 상승할 것이고 덜 시간집약적인 재화의 가격은 상대적으로 하락할 것인데, 이렇게 되면 오로지 시장가격만 사용될 때와는 상이한 효용극대화 재화조합이 만들어질 것이다.

[5] 가계 내 특화의 불리한 점에 대한 흥미로운 논의는 Francine D. Blau, Marianne A. Ferber, and Anne E. Winkler, *The Economics of Women, Men, and Work*, 7th ed. (Englewood Cliffs, NJ: Prentice-Hall, 2014), chapter 3을 참조하라.

더 많은 임금을 수령하여 더 많은 소득을 실현하고 따라서 대부분 재화의 소비가 증가한다.[6] 그러나 추가 재화의 소비는 더 많은 시간을 필요로 한다. 효용을 산출하는 상품을 생산하기 위해서는 재화가 시간과 결합되어야만 한다는 것을 기억하라. 따라서 소비시간이 증가함에 따라 근로시간은 감소하는 경향이 있을 것이다. 이처럼, 이유는 다르지만 소득효과는 제2장의 단순한 모형에서와 마찬가지로 근로시간을 감소시킨다.

베커 대체효과

또한 더 복잡한 대체효과도 존재한다. 더 높아진 시장임금은 노동시장에서뿐만 아니라 가계 내에서 일어나는 생산 및 소비 활동 모두에서도 시간은 더 가치가 있다는 것을 의미한다. 한편으로 가계는 임금이 증가함에 따라 상품의 **생산**에 있어서 시간을 재화로 대체할 것이다. 이는 가계가 덜 시간집약적인 방법으로 상품을 생산할 것임을 의미한다. 예를 들어 가족은 패스트푸드 식당을 더 자주 애용하고 따라서 가정 내에서의 음식 준비에 시간을 덜 사용할 수 있다. 반면 소비에 관해서 임금이 인상됨에 따라 가계는 시간집약적 상품으로부터 재화집약적 상품으로 이동하면서 자신이 소비하는 상품의 배합을 바꿀 것이다. 휴가와 골프 같은 시간집약적 활동은 라켓볼 또는 미술품 구입으로 바뀔 수 있다. 그렇지 않으면 자동차 운전이 아니라 비행기로 휴양지에 감으로써 시카고 시민은 콜로라도에서의 1주일 스키 타기를 덜 시간집약적으로 만들 수 있다. 상품의 생산과 소비 모두에서의 이러한 조정은 노동시장에서의 유급 근로에 시간을 더 사용할 수 있게 해주며, 따라서 단순한 모형에서와 마찬가지로 이 더 복잡한 대체효과는 임금이 증가할 때 근로시간을 증가시킨다.

앞서의 단순한 모형에서와 같이 소득효과와 대체효과가 노동시장 근로시간에 미치는 순영향은 그 상대적인 규모에 따라 정(+) 또는 부(−)일 수 있다. 그러나 베커 모형이 우월하다고 일컬어지는 까닭은 그의 모형이 시간 사용에 대한 더 종합적이고 현실적인 설명을 내포하고 있다는 점 때문이다. 제2장에서의 단순한 모형의 협의의 해석이 의미하는 바와 같이 사람들은 조립 라인과 해먹 사이에 자신의 시간을 단순히 나누지는 않는다. 앞에서 언급한 바와 같이 베커 모형은 이제 우리가 다룰 주제인 경제활동 참가율의 이해를 위한 유용한 도구이다.

- 총노동공급의 바탕이 되는 인구 기반은 출생률, 사망률, 해외로부터의 순이주율에 좌우된다.
- 시간배분에 대한 베커 모형은 가계를 효용을 산출하는 상품을 얻기 위해 자신의 시간을 근로, 가계생산, 가계 소비에 어떻게 최선으로 배분하는지를 결정하는 경제 단위로 간주한다.
- 베커 소득효과에서 임금의 상승은 소득을 증가시킴으로써 가계가 더 많은 재화를 구매하도록 허용한다. 이러한 재화들은 소비하기 위해 더 많은 시간을 필요로 하기 때문에 근로시간은 감소한다.
- 베커 대체효과에서 임금의 상승은 가계가 (a) 상품의 생산에 있어 시간을 재화로 대체하고, (b) 소비에서 시간집약적인 상품을 재화집약적인 상품으로 대체하기 때문에 근로시간을 증가시킨다.

3.1
잠깐만 확인합시다.

---

[6] 물론 예외는 소득이 증가함에 따라 구입이 감소하는 **열등재(inferior goods)**이다.

여러분의 차례입니다

일반적으로 여성들의 교육수준과 실질임금은 지난 수십 년에 걸쳐 크게 증가했다. 또한 여성들은 작업장에 점점 더 참여하고 있는 중이다. 이러한 사실들이 베커 소득효과와 대체효과의 상대적 강도에 대해 무엇을 의미하는가? (정답은 책의 맨 뒷부분에 수록되어 있음)

경제활동 참가율 : 정의와 측정

경제활동 참가율은 실제 경제활동인구를 잠재 경제활동인구 또는 때때로 '노동가능인구'라 불리는 것과 비교함으로써 결정된다.

미국에서 잠재 **경제활동인구**(potential labor force) 또는 노동가능인구는 전체 인구에서 (1) 16세 미만 젊은이와 (2) 자활 능력이 결여된 사람을 뺀 것으로 고려된다. 16세 미만 어린이는 학교 교육과 연소근로자 노동법(child labor law)이 그들 대부분을 경제활동인구에서 배제한다는 가정하에 제외된다.[7] 나아가 자활 능력이 결여된, 즉 처벌기관, 정신병원, 양로원 등에 있는 인구의 일부분도 또한 노동시장 활동에 이용가능하지 않다.[8] 실제 **경제활동인구**(actual labor force)는 (1) 취업자이거나 아니면 (2) 미취업자지만 적극적으로 일자리를 찾는 사람들로 구성된다.[9] 따라서 **경제활동 참가율**(labor force participation rate, LFPR)은 백분율의 형태로 다음과 같이 표시된다.

$$\text{LFPR} = \frac{\text{실제 경제활동인구}}{\text{잠재 경제활동인구}} \times 100 \tag{3.1}$$

또는

$$\text{LFPR} = \frac{\text{경제활동인구 가운데 기관에 수용되지 않은 16세 이상의 인구}}{\text{기관에 수용되지 않은 인구}} \times 100 \tag{3.2}$$

예를 들어 2015년 8월의 경제활동 참가율은 다음과 같다.

$$\frac{157,065,000}{251,096,000} \times 100 = 62.6\%$$

경제활동 참가율은 기혼여성, 아프리카계 미국인, 10대 여성 등과 같은 인구의 여러 하위집단의 경우에도 비슷하게 결정될 수 있다.

---

[7] 경제활동인구의 공식적인 정의로부터는 제외되지만 16세 미만의 많은 사람들이 노동시장활동에 종사하고 있다.

[8] 1983년 이래 미국에 주둔하는 모든 군인은 경제활동인구의 구성원으로 고려되고 있는데, 군 입대가 자발적인 결정이며 따라서 노동시장의 실행가능한 대안을 나타낸다는 것이 그 이유다. 1983년 이전에는 군대 구성원들은 경제활동인구의 일부로 간주되지 않았다. 노동통계국은 이제 총경제활동인구와 민간경제활동인구 모두에 대한 데이터를 보고한다.

[9] 더 정확한 정의는 제18장에서 소개될 것이다. 모든 파트타임 근로자들은 경제활동인구에 포함된다는 것을 유의하라.

경제활동 참가율의 장기 추세

이제 그림 3.3에서 보이는 바와 같은 미국에서의 경제활동 참가율의 장기 추세를 살펴보기로 하자. 일부는 경제변수인 반면 다른 것들은 제도적, 법적 또는 사고방식의 성격인 경제활동 참가율에 영향을 미치는 요소들은 다양하고 복잡하다는 것에 주의해야만 한다. 따라서 베커 모형이 경제활동 참가율의 많은 중요한 변화를 설명하는 데 유용하지만, 작용하는 모든 요인을 완전히 이해하도록 한다고 현실적으로 기대할 수는 없다.

그림 3.3은 총경제활동 참가율이 제2차 세계대전 이래 점차 위쪽으로 이동했다는 것을 나타낸다. 1950년에 노동가능인구의 약 60%가 경제활동 참가자였다. 이 수치는 대부분의 증가가 1970년대와 1980년대에 발생하면서 2014년까지 약 63%까지 증가했다. 그림 3.3에서 남성의 경제활동 참가율이 계속 감소하였음도 관찰된다. 구체적으로 말하면 남성의 경제활동 참가율은 1950년의 약 86%로부터 2014년에 대체로 69%까지 감소했다. 최근까지 여성 경제활동 참가율의 동시적인 증가가 이 감소를 상쇄하고도 남았다. 여성 경제활동 참가율은 1950년의 약 34%에서 2014년에 약 57%까지 증가했다. 요약하면 남성과 여성의 경제활동 참가율은 수렴하는 경향을 보이고 있다. 이러한 추세의 기저를 이루는 원인이 되는 주요 요소들을 이해하는 것이 중요하다.

나이 든 남성 경제활동 참가율의 반등

그림 3.4는 연령그룹별 남성 경제활동 참가율을 보여준다. 여기서의 메시지는 나이 든 남성들의 경제활동 참가율이 현저하게 변했다는 것이다. 65세 이상 남성의 경제활동 참가율이

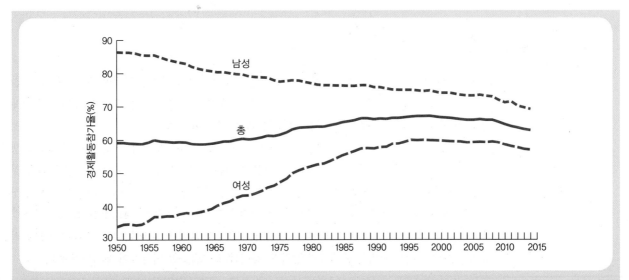

그림 3.3 총, 남성, 여성의 경제활동 참가율
총 또는 집계적 경제활동 참가율은 시간이 지남에 따라 서서히 위쪽으로 이동했다. 이는 감소하는 남성 참가율을 상쇄하고도 남을 만큼 급속히 증가한 여성 참가율의 순결과이다.

3.2 근로의 세계   더 많은 대학생들이 고용되고 있다*

대학생은 과거에 비해 현재 일하고, 또 더 많은 시간을 일할 가능성이 훨씬 더 높다. 이러한 변화는 2년 또는 4년제 대학에 등록한 18~22세 풀타임 학생 사이에 가장 현저했다. 1970~2000년 사이에 이 학생들의 노동공급은 주당 6시간에서 11시간으로 증가했다. 2000년에 절반을 조금 넘는 학생들이 일했고, 평균적인 학생은 주당 22시간을 일했다. 노동공급은 2000년 이후 증가를 멈췄으며, 2009년에 주당 8시간으로 크게 감소했다.

스콧-클레이턴(Judith Scott-Clayton)은 이 변화에 대해 세 가지 가능한 설명을 제안했다. 첫째, 등록금 수준이 과거 40년에 걸쳐 상당히 증가했다. 학생들은 신용이 제한되어 있을 수 있으며, 따라서 더 높아진 등록금을 납부하기 위해 일한다. 둘째, 대학생의 구성이 대학에 다니면서 일할 가능성이 더 큰 사람들로 변화했을 가능성이 있다. 셋째, 경제적 조건이 대학생들이 고용될 가능성에 아마도 영향을 미쳤을 것이다. 예를 들어 만약 실업률이 더 높다면 대학생들은 일할 가능성이 더 적을 것이다.

연구에 따르면, 대학생 노동공급 변화의 배경이 되는 요소들이 시간이 지남에 따라 바뀌었다. 1970~1982년 사이 근로시간 증가의 단지 약 1/5만이 일할 가능성이 더 큰 사람들로의 학생 구성의 변화에 기인한 것이었다. 등록금 비용과 경제적 조건의 변화는 노동공급 증가를 아무것도 설명하지 않는 것처럼 보인다. 그러나 이 기간 동안 연방정부의 일-학습 프로그램(Work-Study Program)의 확대가 노동공급 증가의 많은 부분을 설명하는 것처럼 보인다. 1982~1993년에는 학생 구성 변화와 경기변동이 대학생 노동공급의 증가를 완전히 설명할 수 있다.

1993년 이래 신용제약이 더 중심적인 역할을 한 것처럼 보인다. 학생 구성의 변동과 경기변동은 1993~2005년 사이 증가의 단지 40%와 2005년 이후 감소의 60%를 설명한다. 1993~2005년 사이에 등록금이 크게 올랐고 학자보조금(student aid)이 실질적으로 감소했는데, 이는 이 기간 동안 노동공급 증가를 설명하는 데 도움이 된다. 2005년 이래 학자보조금 조정 이후 실질 등록금이 인하되었는데, 이는 관찰된 고용률 감소와 일관성을 갖는다.

2009년 노동공급의 대폭적인 감소는 그 해 어려웠던 경제적 상황에 기인한 것처럼 보인다. 따라서 대학생들은 실업률이 하락함에 따라 그들의 근로시간을 늘리는 것 같다. 신용 제약은 고용률의 최근 변화를 설명하는 상당한 요소였다. 결과적으로 학자보조금이 등록금보다 더 빠른 속도로 계속 증가하는지가 미래의 대학생 노동공급에 중요한 역할을 담당할 가능성이 있다.

* Judith Scott-Clayton, "What Explains Trends in Labor Supply Among U.S. Undergraduates," *National Tax Journal*, March 2012, pp. 181-210을 기초로 함.

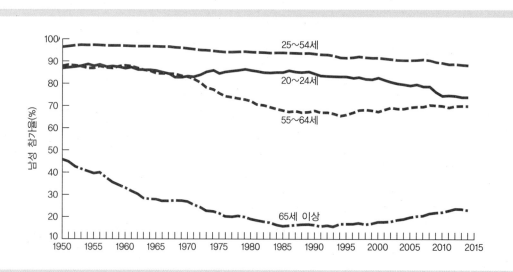

그림 3.4 남성의 연령그룹별 경제활동 참가율
20~24세와 25~54세 연령그룹의 남성 경제활동 참가율은 꽤 불변인 채로 남아 있는 반면, 나이 든 남성들의 참가율은 크게 하락한 뒤 다시 증가했다.

3.3 근로의 세계 경제활동 참가율은 왜 하락했을까?*

미국 경제정책 입안자들의 중요한 의문은 2007년의 66%로부터 2014년 말의 63%로 경제활동 참가율이 하락한 이면의 이유다. 인구의 노령화와 베이비붐 세대의 은퇴가 확실히 경제활동 참가의 감소에 기여했다. 그러나 2007~2009년 기간 동안의 대침체(Great Recession) 또한 개인들로 하여금 줄어든 그들의 일자리 전망 때문에 경제활동인구로부터 이탈하도록 함으로써 역할을 담당했을 것 같다. 만약 경제활동 참가율 감소의 대부분이 경기순환적 요소에 기인한다면, 정책 입안자들은 노동시장을 압박해서 그 결과 개인들이 노동시장에 재진입하도록 권장할 조치를 취하길 원할 수 있다. 만약 경제활동 참가율의 하락이 주로 인구의 노령화 또는 더 높아진 학교의 등록률 같은 구조적 요소들에 기인한다면, 그러한 경기순환 대응적 조치는 그렇게 바람직하지는 않게 된다.

아론슨(Stephanie Aaronson)과 기타 여러 연방준비제도의 연구자들은 2007~2014년 사이에 경제활동 참가율이 하락한 원인을 조사했다. 그들은 경기순환적 요소들은 경제활동 참가율 2.8% 포인트 하락의 단지 0.25~1%포인트만을 설명할 수 있다는 결론을 내리고 있다. 경제활동 참가율 하락의 나머지 부분은 구조적 이유 때문이다. 인구의 노령화가 단독으로 하락의 거의 절반을 설명할 수 있다. 또 다른 중요한 요소는 젊은이들의 경제활동 참가율 하락인데, 이는 교육에 대한 수익 증가와 저숙련 일자리에 대한 경쟁이 격화된 때문일 가능성이 크다.

연구자들은 앞으로의 10년 동안 경제활동 참가율은 계속 하락할 것이라고 예견한다. 그들은 2014~2024년 사이 경제활동 참가율이 다시 2.25%포인트만큼 하락할 것이라고 예측한다. 예견된 감소의 큰 부분은 베이비붐 세대의 은퇴 때문이다.

* Stephanie Aaronson, Tomaz Cajner, Bruce Fallick, Felix Galbis-Reig, Christopher Smith, and William Wascher, "Labor Force Participation: Recent Developments and Future Prospects," *Fall 2014 Brookings Papers on Economic Activity*, forthcoming을 기초로 함.

1950~1980년대 중반 사이 크게 감소했지만 그 이후 증가했음을 알 수 있다.[10] 또한 55~64세까지 남성의 1950~1990년대 초 사이의 큰 감소와 그 이후의 조그만 증가도 관찰된다.

이러한 변화를 설명하기 위해 다양한 요소가 제시되었다. 여기에는 (1) 실질임금과 실질근로소득의 증가, (2) 공적 및 사적연금의 이용가능성 변화, (3) 장애급여에의 접근성 증가, (4) 높아진 교육수준, (5) 나이 든 아내들의 경제활동 참가율 증가가 포함된다.

실질임금과 실질근로소득의 증가

경제성장에 따라 실질임금과 실질근로소득이 증가하였다. 예를 들어 1인당 실질국내총생산은 1950년 이래 약 3배로 증가했다. 실질소득의 증가는 소득효과와 대체효과 모두를 수반한다는 것을 알고 있다. 나이 든 남성들의 경우 소득효과가 대체효과를 압도하며, 결과적으로 많은 사람들이 은퇴의 형태로 더 많은 여가를 선택했다. 많은 경우 나이 든 남성들의 건강 악화 또한 그들의 여가에 대한 선호를 증가시킴으로써 또는 제2장의 용어로 이야기하면 그들의 무차별곡선을 더 가파르게 만듦으로써 은퇴를 유도했을 수 있다.[11] 더 단순한 말로 이야기하면 시간이 지남에 따라 사회가 더 풍요해져 실질임금과 실질근로소득의 장기적인 증가가 더 많은 근로자

---

[10] 경제적 인센티브들로 65세에서 은퇴가 급증하는 것을 완전히 설명할 수는 없다. Robin L. Lumsdaine, James H. Stock, and David A. Wise, "Why Are Retirement Rates So High at Age 65? in David A. Wise (ed.), *Advances in the Economics of Aging* (Chicago, IL: University of Chicago Press, 1996)을 참조하라.

[11] 건강 상태가 20세기 초에 나이 든 남성들의 경제활동 참가 결정에 더 중요한 역할을 담당했다. Dora L. Costa, "Health and Labor Force Participation of Older Men, 1900-1991," *Journal of Economic History*, March 1996, pp. 62-89를 참조하라.

들로 하여금 더 이른 나이에 은퇴하도록 충분한 부를 축적하도록 허용했다. 1950년 이래 최종 은퇴의 평균연령이 남성과 여성 모두 5~7년 짧아졌다.[12]

사회보장급여와 사적연금

나이 든 남성의 경제활동 참가율 하락을 설명하는 또 다른 요소는 사회보장급여와 사적연금의 이용가능성이다. 1935년에 확립된 사회보장급여 프로그램은 현재 장애 또는 질병의 경우에 소득을 지원하는 것 이외에도 나이 든 근로자들과 그들의 유족들에게 퇴직급여를 제공하고 있다. 사회보장 퇴직급여는 그 범위와 점점 후해진 수준 모두의 확대를 통해 많은 수의 나이 든 남성 근로자들로 하여금 경제활동인구로부터 물러나도록 유도했던 비노동소득의 중요한 원천을 제공한다는 특징을 갖고 있다. 최근 수년 동안 사회보장급여는 실질임금보다 더 빨리 증가해 왔는데 이는 은퇴의 상대적인 매력을 향상시킨다. 나아가 65세 이전의 퇴직급여는 상당한 급여 삭감률—즉 근로소득에 대한 암묵적 세금—의 제약을 받는데, 이는 나이 든 근로자들이 경제활동인구로부터 이탈하도록 하는 인센티브를 더욱 높인다.[13] 따라서 사회보장급여와 관련된 소득효과와 대체효과 모두 근로 디스인센티브를 발생시킨다.

연방법이 강제적인 퇴직을 금지하고 있지만 사적연금의 이용가능성은 조기은퇴의 유인책이었다. 1950년에는 경제활동인구의 단지 16%만이 사적연금 계획의 보호를 받았는데, 2010년에는 모든 근로자의 43%가 보호를 받게 되었다. 55~64세 연령그룹의 경제활동 참가율 하락은 의심할 여지없이 많은 연금계획이 정해진 근무 기간—말하자면 20년 또는 30년—을 채우면 완전 또는 부분 급여를 받는 퇴직을 허용하고 있음을 반영한다.

이폴리토(Ippolito)[14]의 연구는 1970~1986년의 기간 동안 55~64세까지의 남성 경제활동 참가율 하락의 대체로 절반은 (1) 퇴직급여를 약 50% 인상시킨 사회보장제도의 변화, (2) 조기퇴직을 권장했던 사적연금 규칙의 변화라는 두 가지 요소에 기인한다는 것을 시사하고 있다.

그러나 블라우와 굿스타인(Blau and Goodstein)은 퇴직연령을 증가시키고 정상적인 퇴직연령을 넘긴 퇴직에 대한 급여를 증가시켰던 사회보장급여 규칙의 변화는 1988~1992년과 2001~2005년 사이 55~69세까지의 남성 참가율 증가의 1/4에서 1/2을 설명한다는 것을 발견했다.[15]

---

[12] Murray Gendell, "Older Workers: Increasing Their Labor Force Participation and Hours of Work," *Monthly Labor Review*, January 2008, pp. 41-54.

[13] 2000년 이전에는 급여 삭감이 65~69세까지의 근로자들에게도 적용되었다. 이 암묵적 세금이 노동공급에 미치는 영향에 대한 분석은 Steven J. Haider and David S. Loughran, "The Effect of the Social Security Earnings Test on Male Labor Supply: New Evidence from Survey and Administrative Data," *Journal of Human Resources*, Winter 2008, pp. 57-87을 참조하라.

[14] Richard A. Ippolito, "Toward Explaining Earlier Retirement after 1970," *Industrial and Labor Relations Review*, July 1990, pp. 556-69. 그러나 공공정책의 관점에서 볼 때 사회보장급여를 감소시킴으로써 조기은퇴의 증가를 뒤바꾸는 것은 어려울 수 있다. Alan B. Krueger and Jorn-Steffen Pischke, "The Effect of Social Security on Labor Supply: A Cohort Analysis of the Notch Generation," *Journal of Labor Economics*, October 1992, pp. 412-37을 참조하라.

[15] David M. Blau and Ryan M. Goodstein, "Can Social Security Explain Trends in Labor Force Participation of Older Men in the United States?" *Journal of Human Resources*, Spring 2010, pp. 328-63.

장애급여

증거는 또한 사회보장급여 프로그램의 장애와 관련된 구성요소가 점차로 후해졌고, 저임금 근로자가 고임금 근로자보다 상대적으로 더 많은 급여를 받는다는 의미에서 누진적이라는 것을 시사하고 있다. 결과적으로 저임금 근로자들은 노동시장참가의 대안으로서 장애급여를 받고자 하는 경향이 더 크다.[16] 아프리카계 미국인 근로자들이 일반적으로 저임금 근로자이기 때문에, 이러한 고려사항은 나이 든 백인 근로자들과 비교할 때 나이 든 아프리카계 미국인 경제활동 참가율의 더 큰 하락을 설명할 수 있다.[17]

교육수준의 증가

나이 든 남성 경제활동 참가율의 최근 증가를 설명하는 데 도움이 되는 또 다른 요소는 높아진 교육수준이다. 교육을 많이 받은 사람들은 임금이 높고, 교육을 적게 받은 사람들보다 힘이 덜 드는 일을 하기 때문에 더 높은 경제활동 참가율을 갖는다. 고등학교 중퇴자인 나이 든 근로자들의 비율은 감소했던 반면, 대학 졸업장을 가진 비율은 증가했다. 블라우와 굿스타인은 1988~1992년과 2001~2005년 사이 55~69세까지의 남성 경제활동 참가율 증가의 거의 1/5은 해당 기간 동안의 교육수준 증가 때문이었음을 발견하고 있다.[18]

나이 든 아내들의 경제활동 참가율 증가

나이 든 남성 경제활동 참가율의 최근 증가를 설명할 수 있는 다섯 번째 그리고 마지막 요소를 살펴보자. 셜리(Tammy Schirle)는 나이 든 기혼남성 경제활동 참가율의 최근 증가에서 아내의 역할을 조사했다.[19] 그녀는 나이 든 기혼 여성들의 경제활동 참가 결정이 그들 남편의 경제활동 참가율에 두 가지 방식으로 영향을 미친다고 주장한다. 한편으로 일하는 아내로 인한 더 큰 가족소득은 남편이 일할 기회를 감소시키는 소득효과를 발생시킨다. 다른 한편으로 부부는 특히 나이가 들었을 때 여가시간을 함께 보내기를 원할 수 있다. 남편들은 만약 아내들이 일을 하고 있다면, 자신들의 여가시간을 즐기지 않을 수 있으며, 따라서 일하는 것을 선호한다. 만약 함께 즐기는 여가효과가 소득효과를 압도한다면, 높아진 나이 든 기혼여성들의 경제활동 참가율이 나이 든 기혼남성들의 참가율을 증가시킬 것을 기대할 수 있다. 이는 바로 셜리가 발견했던 것이다. 1994~2005년까지의 데이터를 검토한 후, 그녀는 55~64세까지의 기혼남성 경제활동 참가율 증가의 25%는 그들 아내들의 참가율 증가 때문이라고 보았다.

---

[16] 1990년대의 기간 동안 장애급여를 받는 개인들의 경제활동 참가율은 만약 아무도 급여를 받지 않았더라면 기껏해야 20%포인트 더 높았을 것이다. Susan Chen and Wilbert van der Klaauw, "The Work Disincentive Effects of the Disability Insurance Program in the 1990s," *Journal of Econometrics*, February 2008, pp. 757-84를 참조하라.

[17] Donald O. Parsons, "Racial Trends in Male Labor Force Participation," *American Economic Review*, December 1980, pp. 911-200을 참조하라.

[18] Blau and Goodstein, op. cit. 높아진 교육수준이 1994~2005년 사이 55~64세까지의 기혼남성 참가율 증가의 1/3을 설명할 수 있다는 증거는 Tammy Schirle, "Why Have the Labor Force Participation Rates of Older Men Increased since the Mid-1990s?" *Journal of Labor Economics*, October 2008, pp. 549-94를 참조하라.

[19] Ibid.

높아진 여성의 경제활동 참가율

그림 3.5는 연령그룹별 여성의 경제활동 참가율을 나타낸다. 모든 여성 연령그룹의 참가율이 최근에는 지체되고 있지만 그래프에 그려진 64년 동안 증가했다. 특히 현저한 두 젊은 연령그룹의 증가를 관찰할 수 있다.

그림 3.5에 보이는 여성 참가율 증가의 대부분은 기혼여성들에 의해 설명되었다. 예를 들어 경제활동인구 여성의 총숫자는 1950~2014년의 기간 동안 대략 5,500만 명 증가했다. 이 총증가 중 약 2/3는 기혼여성이었다. 어떤 의미에서 이는 놀랄 만한 현상이다. 가계의 관점으로 보면, 기혼남성의 일반적으로 증가된 실질임금과 실질소득의 결과로서, 제2차 세계대전 이래 기혼여성들의 참가율이 하락했을 것이라고 기대할 수 있다. 그리고 정말로 횡단면 (특정한 시점) 연구들은 기혼여성들의 참가율이 실제로 자신들의 남편 소득과 반대로 변동한다는 것을 나타낸다. 제2장에서의 분석은 다음과 같은 이유를 제안한다. 만약 여가가 정상재라면 가계는 그 소득이 증가함에 따라 더 많은 여가를 구입할 것이다. 역사적으로 볼 때 이러한 여가의 구입은 노동시장에서 아내의 경제활동 비참가의 형태로 나타났을 것이다. 그림 2.8로 설명하면, 남편의 소득이 증가함에 따라 확대된 가계 내 소득이전이 아내에게 이용가능하며, 그 결과 나타나는 소득효과는 아내를 비참가자가 되도록 유도한다. 이러한 추론은 저소득 가족의 아내는 경제적 필요성 때문에 노동시장에서 일할 가능성이 있다는 것을 시사한다. 그러나 남편의 소득이 증가함에 따라 더 많은 가족들이 아내로 하여금 가정에서 상품을 생산하도록 하는 사치를 즐길 것이다.

이러한 추론은 기혼여성의 참가율이 실제로 시간이 지남에 따라 증가했다는 증거와 어떻게 조화를 이룰 수 있을까? 대답은 부분적으로 횡단면 연구들이 시간의 차원을 갖고 있지 않으며,

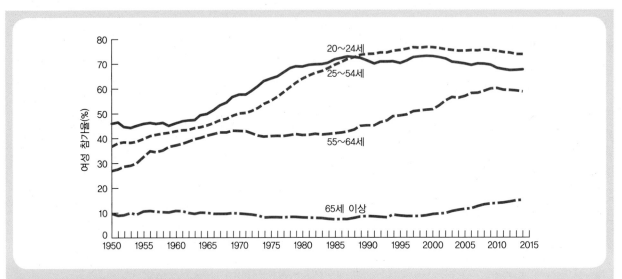

그림 3.5 여성의 연령그룹별 경제활동 참가율
65세 이상 그룹을 제외하고 모든 여성들의 참가율은 과거 61년에 걸쳐 증가했다. 가장 큰 증가는 20~24세와 25~54세 연령그룹의 젊은 여성들에게 나타났다.

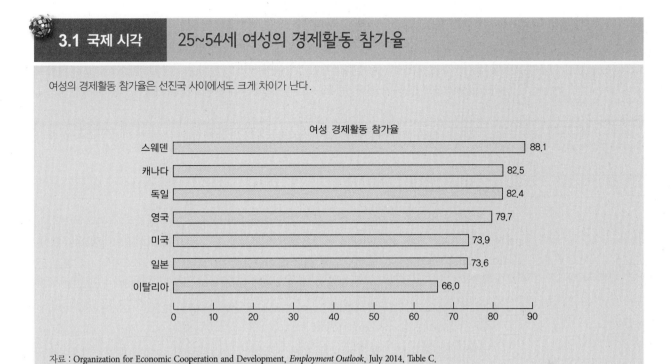

3.1 국제 시각

25~54세 여성의 경제활동 참가율

여성의 경제활동 참가율은 선진국 사이에서도 크게 차이가 난다.

여성 경제활동 참가율

스웨덴	88.1
캐나다	82.5
독일	82.4
영국	79.7
미국	73.9
일본	73.6
이탈리아	66.0

자료 : Organization for Economic Cooperation and Development, *Employment Outlook*, July 2014, Table C.

따라서 아내의 경제활동인구에의 참여 결정에 영향을 미칠 수 있는 남편의 소득 이외의 어떤 변수들을 무시하거나 아니면 불변으로 고정시키고 있다는 사실에 있다. 즉 남편의 증가한 소득 이외의 많은 변수들이 시간이 지남에 따라 기혼여성의 참가율에 영향을 미쳐 왔다. 이러한 다른 요소들은 여성이 노동시장에 진입하도록 너무 강력하게 영향을 미쳐 왔기 때문에, 일반적으로 증가한 남편 소득의 노동시장 근로에 대한 부정적인 효과를 압도했다. 또한 지난 20년의 기간 동안 많은 남편들의 실질임금 증가는 둔화되었거나 심지어 중단되었다.

경제학자들은 여성 경제활동 참가율의 급속한 증가의 여러 가능한 이유를 제시해 왔다.[20]

여성 실질임금의 증가

여성들이 노동시장에서 벌 수 있는 실질임금은 장기적으로 증가했다. 이는 여성들이 교육을 통해 더 많은 숙련을 얻은 주요 결과이다. 이미 지적한 바와 같이 베커 모형의 틀 내에서 더 높은 임금은 소득효과와 대체효과 모두를 발생시킨다. 소득효과는 근로시간을 감소시키는 반면, 가정 내에서 생산 및 소비활동 모두와 관련된 대체효과는 근로시간을 증가시키는 경향이 있다. 상품의 생산에 있어 재화가 시간에 대체될 것이며 또한 가계의 소비재 상품 혼합에 있어 재화집약적인 상품이 시간집약적인 상품에 대체될 것이다. 두 가지 조정 모두 가계 활동으로부터 아

---

[20] James P. Smith and Michael P. Ward, "Time Series Growth in the Female Labor Force," *Journal of Labor Economics*, Supplement, January 1985, pp. S59-90; Barbara Bergmann, *The Economic Emergence of Women* (New York: Basic Books, 1986), chaps. 2-3; Claudia Goldin, *Understanding the Gender Gap* (New York: Oxford University Press, 1990); Francine D. Blau, "Trends in the Well-Being of American Women, 1970-1995," *Journal of Economic Literature*, March 1998, pp. 112-65를 참조하라.

내의 시간을 자유롭게 하고, 그 결과 아내는 노동시장에서 더 많은 시간을 사용할 수 있다. 아마도 많은 여성의 경우 대체효과가 소득효과를 압도했을 것이고, 이는 그들의 경제활동 참가율을 증가시켰을 것이다. 그 규모가 기혼여성들이 이미 노동시장 근로에 충당하고 있는 시간의 양과 직접적으로 비례하여 변하기 때문에, 기혼여성들의 소득효과는 작을 수 있다. 극단적으로 현재 노동시장 근로에 참여하고 있지 않은 기혼여성들의 경우 임금 상승의 소득효과는 0이다. 오로지 개인이 현재 노동시장에 근로시간을 제공하고 있어야, 임금 인상은 개인의 소득을 증가시킨다.

선호와 사고방식의 변화

여성 경제활동 참가율 증가는 또한 노동시장 근로에 우호적이 된 여성 선호의 근본적인 변화가 원인일 수 있다. 첫째, 1960년대의 여성운동이 노동시장 참여 쪽으로 여성들의 경력목표를 바꿨을 수 있다. 마찬가지로 동일노동에 대한 동일임금을 명시하고 '남성 일자리'를 더 접근 가능하게 만들었던 1960년대의 차별금지 입법 또한 가정에서의 근로와 비교할 때 노동시장 근로를 더 매력적으로 만들었을 것이다. 나아가 여성에 대한 더 많은 교육은 임금에 대한 긍정적인 영향 이외에도 노동시장 경력에 대한 그들의 기호 또는 선호를 높였을 것이다. 더 일반적으로 말하면 근로에 대한 사회의 태도가 크게 변화했다. 1920년대와 1930년대에는 기혼여성들이 가정 밖에서 일하는 것에 대해 일반적인 거부감이 있었다. 만약 아내가 '강제적'으로 일자리를 갖는다면, 그 남편은 사회적 지위를 상실하고 '가족도 부양하지 못하는 시원찮은 사람(poor provider)'으로 간주되었다. 그러나 제2차 세계대전 이후에 사고방식이 반전하였다. 즉 기혼여성의 경제활동 참가가 이제는 널리 용납될 뿐만 아니라 장려된다.

그림 2.8을 참조하면 한편으로 더 높은 임금이 그리고 다른 한편으로 선호의 변화가 어떻게 각각 여성 경제활동 참가율에 영향을 미치는지를 구별하는 데 도움이 된다. 더 높은 임금은 예산선의 기울기를 크게 하고, 이는 선호가 주어졌을 때 경제활동 참가를 장려한다. 마찬가지로 임금이 주어졌을 때 시장 근로에 우호적으로 선호가 변하면 무차별곡선은 더 편평해지며, 이 또한 경제활동 참가에 도움이 된다.

가계생산성의 증가

시간이 지남에 따라 더 많은 그리고 기술적으로 더 우월한 자본재를 기업이 사용하는 것은 근로시간의 생산성을 증가시키고, 따라서 실질임금을 증가시키는 데 중요한 요소였다. 더 많은 양의 향상된 기계설비는 근로자로 하여금 1단위 산출물을 더 짧은 시간에 생산하도록 허용한다. 마찬가지로 더 많은 그리고 더 나은 자본재를 가계가 사용할 수 있게 된 것은 가계로 하여금 가정 내에서 생산과 소비 모두를 완수하는 데 필요한 시간의 양을 감소시켰다. 예를 들어 슈퍼마켓과 가정 냉장고 및 냉동고의 이용가능성은 식료품 쇼핑에 충당하는 시간의 양을 크게 감소시킨다. 슈퍼마켓은 필요한 것을 한 곳에서 다 살 수 있도록 허용하며, 냉장고와 냉동고는 1주일에 필요한 쇼핑 횟수를 더 줄인다. 마찬가지로 전자레인지, 진공청소기, 자동 세탁기와 건조기, 그리고 식기세척기는 음식 준비 및 가사와 관련된 시간의 양을 줄였다. 패스트푸드 식당은 가정에서의 음식 준비라는 시간집약적인 활동을 면하게 한다. 직접적이고 편리한 교통편을 제공함으로써 승용차는 음악회, 영화, 또는 스포츠에 참여하는 데 필요한 시간을 감소시켰다. 베커의 모형으로 이야기하면, 그러한 가계 자본재의 이용가능성이 높아짐에 따라 가정에서의 생산성이 증가하여 가계생산과 가계소비 시간을 절약하게 하고 많은 여성들을 노동시장에서 파트타임 및 풀타임 근로에 종사하도록 허용하였다.[21] 또한 육아시설의 이용가능성 증가는 가정 근로로부터 노동시장 근로로 기혼여성들의 이행을 촉진하였다.

출생률의 하락

자녀(특히 취학 전 자녀)의 존재는 아내의 낮은 경제활동 참가율과 관련이 있다. 육아는 많은 아내들을 경제활동인구로부터 이탈하게 하는 매우 시간집약적인 가계생산활동이다. 베이비시터, 어린이집, 남편, 그리고 육아시설은 자녀를 돌보는 데 있어 아내를 대체할 수 있지만, 관련된 지출과 기회비용은 종종 그와 같은 대체를 좌절시킨다. 시간이 지남에 따라 생활방식의 변화와 함께 산아제한 기술의 광범위한 이용가능성 및 사용은 출생률을 감소시켰고 또한 자녀가 태어나는 시간 범위를 단축시켰다. 베이비붐의 최절정기인 1957년에는 한 명의 여성이 평생 약 3.8명을 출산했던 반면, 현재 그 수치는 단지 1.9로 하락했다. 자녀 수가 적어지면 관련된 가사 책임은 줄어들고 기혼여성들은 노동시장 근로에 시간을 늘릴 수 있다. 더욱이 자녀가 태어나는 시간 범위의 압축은 많은 여성들이 육아를 위해 경제활동인구에서 이탈하는 시간의 양을 줄이고, 따라서 그들이 노동시장 경력을 추구하는 데 더 도움이 된다.

두 가지 중요한 사항이 추가되어야 할 것이다. 첫째, 더 높은 임금은 더 낮은 출생률과 관련이 있다. 노동시장에서 상대적으로 높은 임금을 받을 수 있는 교육을 더 많이 받은 여성들은 임금이 낮은 교육을 적게 받은 여성들보다 더 적은 수의 자녀를 갖는 경향이 있다. 베커 모형은 이러한 관계에 대한 한 가지 설명을 제공한다. 육아는 매우 시간집약적인 활동이며, 따라서 자녀의 기회비용, 즉 노동시장에 있지 않음으로써 희생하게 되는 소득은 교육을 적게 받은 여성들에 비해 교육을 더 많이 받은 사람들이 더 크다.

둘째, 최근에는 어린 자녀의 존재가 과거보다 노동시장 참여에 방해가 덜 된다는 것이다. 실제로 경제활동 참가의 가장 큰 증가는 매우 어린 자녀를 가진 아내들에게서 나타났다. 1970년의 단지 30%와 비교할 때, 2013년에는 취학 전 자녀를 가진 아내들의 62%가 경제활동에 참가했다. 현재 절반을 넘는 모든 엄마들이 가장 어린 자녀가 2살이 되기 이전에 직장에 복귀한다.

3.4
근로의 세계

이혼율의 증가

높아진 이혼율로 증명되는 결혼의 불안정성은 의심할 바 없이 많은 여성들에게 노동시장과의 유대를 확립하고 유지하고자 하는 동기를 부여했다. 이혼율은 1970년대와 1980년대에 급속히 증가했으며, 그 이후 약간 하락했지만, 앞서의 기간보다 훨씬 높은 수준에 머물러 있다. 상당한 이혼 수당, 또는 자녀양육비를 이전 남편으로부터 받는 여성이 상대적으로 거의 없기 때문에, 이혼이 여성에게 미치는 경제적 영향은 재앙에 가까운 경우가 흔하다. 선택할 수 있는 것이라곤

---

[21] 가정에서의 생산성 증가의 자세한 논의는 Bergmann, op. cit., chap. 12를 참조하라.

빈곤, 생활보호 지원, 또는 노동시장 근로이다. 간단히 말해서, 결혼을 숙고하고 있는 여성들은 말할 나위도 없고 점점 더 많은 기혼여성들이 자칫 이혼으로 직면할지도 모를 재정적인 긴급사태로부터 스스로를 보호하는 수단으로 경제활동인구에 참가할 수 있다. 그림 2.8로 설명하면 이혼한 여성들은 자신들이 상당히 적은 비노동소득을 갖고 있음을 깨닫게 되고, 이러한 감소는 노동시장 근로에 유인책이 된다.

유의할 점이 있다. 출생률, 이혼율, 그리고 경제활동 참가율 사이의 인과관계는 복잡하고 확실하지가 않다. 예를 들어 더 효율적이고 덜 비용이 드는 산아제한 기술은 의심할 여지없이 경제활동 참가를 장려한다. 반면에 노동시장 경력을 추구하겠다는 여성의 처음의 선택은 더 적은 수의 자녀를 갖겠다는 결정을 조기에 내릴 수 있다. 마찬가지로 육아는 결혼이 종료되면 더 어렵기 때문에 이혼 가능성의 증가는 출생률 저하 경향의 원인이 될 수 있다. 반대로 자녀가 거의 없거나 전혀 없으면 이혼이 덜 괴롭고 비용이 덜 들게 된다.[22]

일자리 접근성의 확대

성 차별의 감소 이외에도 다양한 다른 요인들이 여성들이 일자리에 더욱 접근가능하도록 만들었다. 첫째, 제2차 세계대전 이래 사무직과 비서직, 소매영업, 교직, 간호직과 같은 전통적으로 '여성들의 일자리'였던 고용의 종류에 절대적으로 그리고 상대적으로 모두 큰 확대가 있었다. 둘째, 농장 및 농촌지역으로부터 여성들의 일자리가 더 풍부하고 지역적으로 접근이 더 가능한 도시지역으로 인구의 장기적인 이동이 있었다. 셋째, 파트타임 일자리의 이용가능성이 증가했다. 이러한 발전은 여성들이 노동시장의 고용을 집안일을 돌보는 것과 조화시키는 것을 더 쉽게 만들었다.

생활수준을 유지하려는 시도

지난 20년 동안 남성 근로소득의 증가는 그 이전의 수십 년과 비교할 때 매우 정체되었다. 실제로 일부 남성 근로자들—특히 저임금 근로자들과 수입에 의해 피해를 입은 산업의 근로자들—의 경우 실질 주간 근로소득은 10년 또는 심지어 20년 전보다 오늘날 더 낮다. 많은 가계들은 부부 모두가 일함으로써 이러한 현실에 적응해 왔다. 즉 그들은 (절대적으로 정의된 또는 다른 가계 대비 상대적으로) 가족의 생활수준을 유지하기 위해 가계생산시간을 노동시장시간으로 대체했던 것이다.[23]

이러한 견해에 따르면 최근의 여성 경제활동 참가율 증가의 일부분은 가계의 수지를 맞추고자 하는 가족의 바람 때문에 필요한 것이었다. 가계수지를 맞춘다는 것이 어떤 경우에는 의식주 해결이라는 물질적 생활의 기본을 충족한다는 것을 의미하기도 하고, 어떤 경우에는 편한

---

[22] 더 깊은 논의는 Blau, Ferber, and Winkler, op. cit., pp. 300-303을 참조하라. 협의이혼으로부터 일방이혼을 허용하는 법으로의 전환효과에 대한 분석은 Raquel Fernandez and Joyce Wong, "Unilateral Divorce, the Decreasing Gender Gap, and Married Women's Labor Force Participation," *American Economic Review*, May 2014, pp. 342-347을 참조하라.

[23] 기혼여성들이 남편 임금의 하락에 반응하여 근로 노력을 증가시키고 있다는 가설에 대해 약간의 의문이 던져졌다. Chinhui Juhn and Kevin M. Murphy, "Wage Inequality and Family Labor Supply," *Journal of Labor Economics*, January 1997, pp. 72-97을 참조하라.

3.4 근로의 세계 | 피임약의 힘

1960년 대중에게 피임약이 보급되었다. 피임약 덕분에 여성들은 거의 확실하게 임신을 예방할 수 있게 되었다. 피임약의 보급에 따라 여성들은 자신들의 경력과 육아를 이전보다 훨씬 더 계획적으로 할 수 있게 되었고, 사회는 엄청난 변화를 겪었다.

피임약은 결혼 여부에 따라 다른 정도로 채택되었다. 기혼여성들은 산아제한 방법으로 즉시 피임약을 선택하였다. 5년 내에 피임법을 사용한 30세 미만 기혼여성의 41%가 피임약을 사용하게 되었다. 그러나 법 및 사회적 요소 때문에 미혼 독신여성들에게는 더 천천히 채택되었다. 1969년에는 9개 주를 제외한 모든 주에서 피임약의 법적 허용 연령은 21세였다. 1969~1974년 사이에 거의 모든 주에서 법적 허용 연령이 하락했다. 그리하여 1976년이 되어서는 피임법을 사용하는 18세와 19세 모든 독신여성의 거의 3/4이 피임약 사용을 시도했다.

골딘과 카츠(Goldin and Katz)는 이러한 주 사이의 피임약 법적 허용 시기 차이를 활용하여, 허용 시기가 초혼 연령과 전문직에서의 여성 비율에 미치는 영향을 조사했다. 그들의 분석에 의하면 1970~1990년 사이 전문직에서의 여성 비율 증가의 약 1/3

은 피임약의 사용으로 설명된다. 피임약의 미성년자에게의 법적 허용은 1950년대 초반에 태어난 여성과 비교할 때 1940년대에 태어난 여성 집단 사이의 23세 이전 결혼 비율 8.7%포인트 하락의 24~37%를 설명할 수 있다.

베일리(Bailey)도 또한 피임약의 법적 허용 시기에 있어서의 주(州) 간 차이를 이용하여 피임약이 여성 노동공급에 미치는 효과를 조사했다. 그녀의 연구 결과는 피임약에의 조기 접촉기회는 1970년과 1990년 사이 경제활동 참가율의 20%포인트 증가 중 3%포인트를 설명할 수 있음을 보여준다. 조기 접촉기회는 또한 같은 기간 동안 평균적으로 450시간 증가한 16~30세 여성들의 연간 추가근로 시간 중 67시간을 설명할 수 있다.

자료 : Claudia Goldin and Lawrence F. Katz, "The Power of the Pill: Oral Contraceptives and Women's Career and Marriage Decisions," *Journal of Political Economy*, August 2002, pp. 730-70; and Martha J. Bailey, "More Power of the Pill: The Impact of Contraceptive Freedom on Women's Life Cycle Labor Supply," *Quarterly Journal of Economics*, February 2006, pp. 289-320.

집, 고급 자동차, 가전제품, 가족 여행과 같은 중상류층의 생활방식을 유지하는 것을 의미하기도 한다. 수준의 높고 낮음을 떠나 가족은 그 생활수준을 유지하는 방법을 찾는다. 만약 과거 20년 동안 기록적인 숫자로 경제활동인구에 진입하지 않았다면 많은 가계들은 실질소득의 절대적 또는 상대적 하락으로 고통을 받았을 것이다. 의심할 여지없이 많은 아내들은 이러한 일이 발생하지 않도록 경제활동인구에 진입했다. 이외에도 부부들은 다른 가족의 소득과 비교하면서 자신들 가족의 소득에 대해 염려한다. 즉 일부 여성들이 노동시장에 진입하면 다른 여성들도 상대적 가계소득수준을 유지하기 위해 노동시장에 진입하게 된다는 것이다.[24]

상대적 중요성

훅스(Fuchs)는 여성 경제활동 참가율 증가에 기여했을 수 있는 여러 요소를 분석하면서 요소들 사이의 상대적 중요성을 알아보려고 하였다.[25] 그는 차별금지 입법과 여성운동 같은 요소는 그 시기가 어긋난다는 이유로 중시하지 않았다. 즉 여성 경제활동 참가율의 증가는 여성운동과 차별금지 입법의 통과(제14장 참조)보다 시기적으로 앞섰다는 것이다. 그것은 또한 지난 20년 동안 많은 남편들이 경험했던 실질근로소득의 정체보다도 먼저 나타난 현상이다. 여성 참가율의

---

[24] 이러한 가설과 일관된 몇몇 증거는 David Neumark and Andrew Postlewaite, "Relative Income Concerns and the Rise in Married Women's Employment," *Journal of Public Economics*, October 1998, pp. 157-83을 참조하라.

[25] Victor R. Fuchs, *How We Live* (Cambridge: Harvard University Press, 1983), pp. 127-33.

3.2 국제 시각 **주일 수로 표시된 법정 최장 육아휴직기간**

법적으로 기업이 부모들에게 의무적으로 허용해야 하는 육아휴직기간은 나라에 따라 크게 다르다.

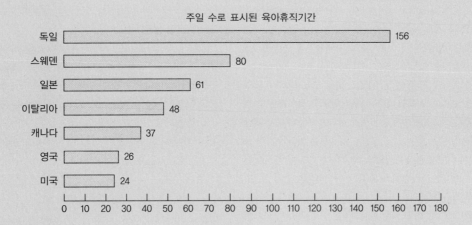

주일 수로 표시된 육아휴직기간

나라	주일 수
독일	156
스웨덴	80
일본	61
이탈리아	48
캐나다	37
영국	26
미국	24

자료 : International Labor Organization, *Maternity and Paternity at Work*: *Law and Practice Across the World* (Geneva: Switzerland, 2014). 데이터는 2013년 수치임. 어머니와 아버지의 휴가가 합해졌음.

증가를 시간절약적인 가계 재화의 이용가능성 및 그와 관련된 혁신의 탓으로 돌리는 것은 인과 관계가 불확실하다는 문제가 있다. 세탁기, 냉동고, 패스트푸드 식당, 그리고 슈퍼마켓 같은 혁신들이 출현했다고 해서 기혼여성들이 해방되어 노동시장 근로에 종사할 수 있게 되었을까? 아니면 이러한 혁신들은 여성들이 다른 이유 때문에 경제활동인구에 진입하려 결정할 때 발생한 필요에 대한 반응이 아니었을까? 훅스는 미국에서 그것들의 보급은 원인 요소가 아니라 시간 가치의 상승과 여성 참가율 증가의 결과들이라고 믿고 있다.

더 나아가 훅스는 서비스산업에서의 실질임금 증가와 '여성 일자리' 확대가 여성 참가율 증가의 가장 중요한 이유라고 보고 있다. 출산 억제도 또한 중요한 것처럼 보이지만 또다시 인과 관계는 규명하기 어렵다. 여성이 먼저 경제활동 참가를 결정하고, 이러한 결정의 결과로서 더 적은 수의 자녀를 갖기로 선택할까? 아니면 더 작은 가족을 갖기로 한 결정이 경제활동인구에 진입하려는 결정보다 선행할까? 훅스는 또한 이혼 가능성의 증가가 여성들의 노동시장 참가를 강요한다고 주장한다. 스미스와 워드(Smith and Ward)의 연구도 훅스와 상당히 일치하는데, 그들은 실질임금의 상승이 직접적으로(근로 인센티브를 창출함으로써), 그리고 간접적으로 (출산율을 낮추도록 유도함으로써) 제2차 세계대전 후 나타난 여성 경제활동인구 증가의 거의 60%를 설명한다는 결론을 내리고 있다.[26]

3.5
근로의 세계

3.2
국제 시각

---

[26] Smith and Ward, op. cit., pp. S59-90.

3.5 근로의 세계 — 왜 뉴욕에서는 적은 수의 여성들이 일하는 반면, 미니애폴리스에서는 많은 여성들이 일할까?*

대도시라도 지역에 따라 기혼여성의 노동공급에 큰 차이가 있다는 사실은 거의 주목을 받지 못하고 있다. 예를 들어 2000년에 고등학교를 졸업한 25~55세까지의 비히스패닉 기혼여성들이 미니애폴리스에서는 79%가 고용되었지만, 뉴욕에서는 단지 52%만이 고용되었다. 이는 이 그룹 여성들의 노동공급이 뉴욕보다는 미니애폴리스에서 더 낮았던 1940년의 상황과 크게 대조가 된다. 따라서 미니애폴리스의 현재의 높은 고용률은 뉴욕보다 미니애폴리스에서의 노동공급의 훨씬 더 빠른 증가의 결과이다.

블랙, 콜레스니코바, 테일러(Dan A. Black, Natalia Kolesnikova, and Lowell J. Taylor)는 큰 순서로 50개의 대도시지역 데이터를 사용하여 기혼여성들의 노동공급에 있어서의 도시 사이의 차이를 조사했다. 그들은 통근시간이 기혼여성, 특히 어린 자녀가 있는 기혼여성들의 경제활동 참가 결정에 있어 중요한 역할을 한다고 주장한다. 결혼한 부부의 경우, 더 긴 통근시간은 부부 모두에게 근로의 고정비용을 증가시킬 것이다. 이러한 변화는 한 명(전형적으로 아내)이 경제활동인구에서 이탈하게 만들고 다른 한 명(전형적으로 남편)이 근로시간을 증가시키도록 유도할 수 있다.

증거는 그들의 가설과 일관성이 있다. 통근시간은 대도시지역마다 크게 다르다. 2000년의 일평균은 기혼남성의 경우 54분, 그리고 기혼여성의 경우 47분이었다. 기혼여성들의 통근시간은 짧으면 데이턴(Dayton)의 38분부터 길면 뉴욕의 63분까지 다양했다.

그들의 연구 결과는 통근은 기혼여성들의 노동공급에 있어서의 도시 사이의 차이 중 큰 부분을 설명할 수 있다는 것을 알려준다. 그들은 통근시간이 1분 증가할 때마다 고졸 백인 비히스패닉 기혼여성들의 경제활동 참가율을 0.3%포인트 낮춘다는 것을 발견했다. 따라서 통근시간이 가장 긴 도시와 가장 짧은 도시 사이의 경제활동 참가율 차이의 약 1/3은 통근시간으로 설명할 수 있다. 이외에도 그들은 1980~2000년 사이 통근시간이 가장 크게 증가한 도시에서 기혼여성의 노동공급 증가가 가장 작았다는 사실을 발견했다.

* Dan A. Black, Natalia Kolesnikova, and Lowell J. Taylor, "What Do So Few Women Work in New York (And So Many in Minneapolis)? Labor Supply of Married Women Across U.S. Cities," *Journal of Urban Economics*, January 2014, pp. 59–71을 기초로 함.

여성 노동공급의 속도 정체?

여성들의 노동공급은 1980년대에 크게 증가했다. 1979~1991년 사이 25~54세 기혼여성의 경우 연간 근로시간은 276시간 증가했다.[27] 독신인 여성의 경우 해당 수치는 118시간이었다. 다음의 10년에는 여성 노동공급의 더 작은 증가가 나타났다. 2000년대에 25~54세 기혼 및 독신여성 모두의 노동공급은 감소했다. 1999~2009년 사이 연간 근로시간은 기혼여성과 독신여성의 경우 각각 13시간과 101시간 감소했다. 기혼여성 사이에서 감소는 대졸자 및 18세 미만의 자녀를 갖지 않은 사람들에게 더 컸었다.

마쿠노비치(Diane Macunovich)는 2000년대 중년 여성 노동공급의 이러한 변화를 조사했다. 대학을 졸업한 여성들의 경우 근로시간 52시간 감소의 1/2은 자녀 수의 증가 때문이었음을 발견하고 있다.[28] 다른 그룹 여성들의 경우 노동공급 변화 중 경제적 또는 인구통계학적 요소에 원인이 있다고 할 부분이 거의 없거나 전혀 없다는 것을 발견하고 있다. 그녀는 중년여성 노동공급의 최근 변화는 노동시장과 가정에서 보내는 시간에 대한 사고방식 변화의 결과일 수 있다고 추측한다.

---

[27] 이 수치와 다음 통계량의 원천은 Diane J. Macunovich, "Reversals in the Patterns of Women's Labor supply in the United States, 1977–2009," *Monthly Labor Review*, November 2010, pp. 16–36이다.

[28] 이 수치와 다음 통계량의 원천은 Diane J. Macunovich, "Reversals in the Patterns of Women's Labor supply in the United states, 1977–2009," *Monthly Labor Review*, November 2010, pp. 16–36이다.

블라우와 칸(Francine Blau and Lawrence Kahn)은 다른 선진공업국과 비교할 때 미국에서 여성 경제활동 참가율이 하락하고 있다는 것을 발견하고 있다.[29] 1990년에 25~54세 여성의 경제활동 참가율은 22개 경제선진국 중 6위였다. 2010년 그 수치는 22개 나라 중 17위로 떨어졌다. 그들의 분석은 미국 여성 경제활동 참가율의 상대적인 하락 중 상당 부분은 다른 나라에서의 육아휴직 프로그램과 파트타임 근로 선택권 같은 가족친화적 정책의 확대 때문이라고 지적한다.

인종 간 차이

성별 차이는 인종별 경제활동 참가율에 영향을 미친다.

여성

아프리카계 미국인 여성과 백인 여성의 경제활동 참가율은 거의 똑같다. 그러나 이러한 상황이 항상 성립하는 것은 아니다. 과거에 아프리카계 미국인 여성의 참가율은 백인 여성의 참가율을 넘어섰다. 예를 들어 1950년대 중반 아프리카계 미국인 여성과 백인 여성 참가율 사이의 차이는 12~15%포인트였다. (이전 절에서 논의된) 여성의 참가율 증가가 백인 여성들에 집중되었기 때문에 갭은 좁혀졌다. 오래전부터 높았던 아프리카계 미국인 여성의 참가율에는 상대적으로 거의 변화가 발생하지 않았다.

경제활동 참가에 있어 인종 간 차이의 감소가 아프리카계 미국인 소득의 백인 소득에 대한 비율이 과거 20여 년 동안 오직 약간만 증가한 이유를 설명하는 결정적으로 중요한 요소일 수 있다. 차별금지 입법과 소수집단을 향한 깨우친 사고방식의 결과일 수 있는 아프리카계 미국인 가족의 소득 증가는 상대적으로 많은 숫자의 백인 기혼여성의 경제활동 참가에 의해 대부분 상쇄되었을 수 있다.[30]

남성

1950년대 이래 아프리카계 미국인 남성과 백인 남성의 참가율 사이에 갭이 점점 커졌다. 예를 들어 1955년에 두 그룹 모두의 참가율은 대략 85%였다. 그러나 2000년에는 아프리카계 미국인 남성의 단지 69%와 비교할 때 백인 남성의 참가율은 75%였다. 갭은 1990년대 중반 이래 약 6~7%에서 안정화되었다.

아프리카계 미국인 남성의 참가율이 상당히 더 낮은 이유는 무엇일까? 이 질문에 대해서는 의견일치가 이루어지지 않고 있지만, 여러 가설들이 제시되었다. 첫째, '수요 측면' 가설은 차이는 상대적으로 낮은 임금과 열악한 노동시장 기회에 주된 원인이 있다고 지적한다. 아프리카계 미국인 남성들은 백인 남성들보다 평균 교육수준이 낮다. 또한 평균적으로 (테스트 점수에

---

[29] Francine D. Blau and Lawrence M. Kahn, "Female Labor Supply: Why Is the U.S. Falling Behind?" *American Economic Review*, May 2013, pp. 251-256.

[30] 이 절에서는 노동시장에서의 여성 고용의 증가를 설명하는 요소들에 초점을 맞췄다. 여성 경제활동 참가율이 결혼, 출산, 이혼, 그리고 가족 구성원들의 일반적인 복지에 미치는 효과에 대한 흥미로운 논의는 Blau, Ferber, and Winkler, op. cit., chaps. 13-14를 참조하라.

의해 측정되는 바와 같이) 교육의 질도 백인 남성들보다 낮다. 이러한 수요 측면의 견해에 의하면 더 열악한 교육, 더 낮은 임금, 덜 바람직한 일자리, 그리고 '마지막으로 채용되고 첫 번째로 해고되는' 경향에 내재된 차별은 왜 일부 아프리카계 미국인 남성들이 경제활동인구 밖에 머물러 있는지를 설명한다. 일자리들이 아프리카계 미국인 인구가 집중되어 있는 도시의 중앙으로부터 외곽으로 이동했기 때문에 아프리카계 미국인 근로자들과 고용기회 사이에 공간적인 불일치 또한 존재할 수 있다.[31]

두 번째 견해는 노동시장의 공급 측면의 설명인데, 아프리카계 미국인들의 노동시장 활동이 그다지 적극적이지 않다고 지적한다. 웰치(Welch)[32]는 아프리카계 미국인들을 위한 비노동시장 기회가 개선되었으며, 이는 그들에게 노동시장 근로보다 더 매력적인 대안이 되고 있다고 주장했다. 그러한 비노동시장 기회는 무엇일까? 하나는 사회보장급여 또는 공적 부조의 수령이다. 실제로 제2장에서 공적 소득보장프로그램의 이용가능성 증가 및 복지급여 증가가 모든 인종의 급여 수령자들을 경제활동인구로부터 이탈하도록 조장한다는 것을 알아보았다(특히 그림 2.9를 참조하라). 아프리카계 미국인들이 우리 사회의 가장 낮은 소득그룹에 편중되어 있기 때문에 아프리카계 미국인들의 참가율이 백인의 참가율보다 더 작을 것이라고 예측할 수 있다. 웰치는 1980년에 20~24세 아프리카계 미국인 남성의 30%를 넘는 수와 35~44세 아프리카계 미국인 남성의 거의 22%가 사회보장급여 또는 공적 부조를 수령하거나, 아니면 사회보장급여 또는 공적 부조를 수령하는 누군가와 함께 살았다는 것을 주목한다. 비교할 만한 백인 남성들의 해당 수치는 각각 단지 13%와 10%였다. 웰치는 또한 많은 아프리카계 미국인 남성들이 불법행위를 노동시장 근로보다 더 매력적으로 생각하는 건 아닌지 고민하였다. 그는 젊은 아프리카계 미국인 남성들이 감옥에 있을 가능성이 백인들보다 6~7배 더 크다는 것을 지적하고 있다. 1980년에 20~24세 아프리카계 미국인들의 약 4.6%가 투옥되었는데 백인은 단지 0.7%였다. 1980년 이래 특히 아프리카계 미국인 남성의 투옥이 증가했다. 1999년에는 백인 남성의 3%, 아프리카계 미국인 남성의 20%가 자신들의 30대 초반 언젠가에 감옥에 들어간 적이 있었다.[33]

셋째, 건강 상태의 차이가 나이 든 아프리카계 미국인 남성과 백인 남성의 상이한 참가율에 역할을 담당했을 수 있다. 바운드, 쇼엔봄, 바이드만(Bound, Schoenbaum, Waidmann)은 연령, 교육, 인종 간 건강 상태의 차이가 51~61세의 백인에 대한 아프리카계 미국인 참가율 차이의 44%를 설명할 수 있다고 결론짓고 있다.[34] 이러한 건강 차이가 부분적으로 아프리카계 미국인 남성들이 육체적으로 더 힘든 그리고 스트레스가 더 많은 일자리를 보유한 결과일 수 있다는 증거가 존재한다.

---

[31] 공간적인 불일치 가설의 개요는 Laurent Gobillon, Harris Selod, and Yves Zenou, "The Mechanisms of Spatial Mismatch," *Urban Studies*, November 2007, pp. 2401-427을 참조하라.

[32] Finis Welch, "The Employment of Black Men," *Journal of Labor Economics*, January 1990, pp. S26-74.

[33] Becky Pettit and Bruce Western, "Mass Imprisonment and the Life Course: Race and Class Inequality in U.S. Incarceration," *American Sociological Review*, April 2004, pp. 151-69. 아프리카계 미국인 남성들의 많은 투옥이 출생률을 낮추고, 젊은 아프리카계 미국인 여성들의 학교 등록률과 조기 고용률을 증가시켰음을 알려주는 증거는 Stéphane Mechoulan, "The External Effects of Black-Male Incarceration on Black Females," *Journal of Labor Economics*, January 2011, pp. 1-35를 참조하라.

[34] John Bound, Michael Schoenbaum, and Timothy Waidmann, "Race and Education Differences in Disability Status and Labor Force Attachment in the Health and Retirement Survey," *Journal of Human Resources*, Suppl. 1995, pp. S227-67.

마지막으로 아프리카계 미국인 기혼남성의 상대적으로 더 낮은 참가율은 앞에서 지적한 아프리카계 미국인 아내들의 상대적으로 높은 참가율을 반영할 수도 있다. 베커 모형으로 설명하면, 아프리카계 미국인 여성들은 아프리카계 미국인 남성들보다 노동시장에서 차별을 덜 초래할 수 있으며, 이는 상대적으로 더 많은 아프리카계 미국인 여성들과 상대적으로 더 적은 아프리카계 미국인 남성들이 노동시장 근로에 참가하는 것을 합리적인 것으로 만들고 있다.

경제활동 참가율의 경기순환적 변화

이제까지의 논의는 경제활동 참가율의 장기에 걸친 변화에 집중하였다. 이제 경기순환적 변화 또한 발생한다는 것을 인식해야 한다. 경기변동이 한 배우자는 노동시장 근로에 종사하고 다른 배우자는 가정 내 생산활동을 수행하는 가족에 미치는 영향을 살펴보기로 하자. 경기침체가 발생하여 고용된 배우자가 자신의 일자리를 잃었다고 가정하자. 전반적인 참가율에 미치는 순효과는 부가근로자 효과와 실망근로자 효과의 크기에 좌우된다.

부가근로자 효과

부가근로자 효과(added-worker effect)는 가족 중 생계비를 버는 가장이 일자리를 잃을 때, 다른 가족 구성원들이 가족소득 감소를 상쇄하기 위한 고용을 찾을 것이라는 희망을 갖고 일시적으로 경제활동인구에 진입할 것이라는 아이디어이다. 관련된 논리는 제2장의 소득효과를 연상시킨다. 구체적으로 말하면 한 배우자의 근로소득이 다른 배우자의 관점에서는 비노동소득으로 간주될 수 있다는 것이다. 앞의 실례에서 고용되지 않은 가족 구성원은 고용된 배우자 근로소득의 일정 부분을 가계 내 이전의 형태로 받는다. 가정에서 일하는 사람의 시각으로 보면 이러한 이전은 비노동소득이다. 그림 2.8로 설명하면 배우자의 일자리 손실은 오른쪽 수직축 위에 표시되는 비노동소득을 감소시킬 것이다. 다른 조건이 동일하다면, 비노동(이전)소득의 감소는 개인으로 하여금 경제활동 참가자가 되도록 하는 경향이 있다. 이것이 부가근로자 효과의 기저를 이루는 논리이다.[35]

실망근로자 효과

실망근로자 효과(discouraged-worker effect)는 반대 방향으로 작용한다. 실망근로자 효과는 경기침체의 기간 동안 일부 실업 상태의 근로자(예를 들어 앞의 예에서 실업자가 된 배우자)들이 받아들일 만한 임금의 일자리를 찾는 것에 대해 너무 비관적이 되어 일자리를 적극적으로 찾는 것을 중지함으로써 일시적으로 비참가자가 된다는 것을 시사한다. 이러한 현상은 대체효과로 설명될 수 있다. 경기침체는 일반적으로 실업 상태의 근로자와 새롭게 일자리를 찾는 사람들이 구할 수 있는 실질임금의 감소를 수반하는데, 이는 소득의 가격을 증가시키고(즉 1달러짜리 재

---

[35] 부가근로자 효과에 대한 검토는 J. Melvin Stephens, "Worker Displacement and the Added-Worker Effect," *Journal of Labor Economics*, July 2002, pp. 504-37을 참조하라. 2007-2009년 경기침체 시의 부가근로자 효과에 대한 검토는 Martha A. Starr, "Gender, Added-Worker effects, and the 2007-2009 recession: Looking Within the Household," *Review of Economics of the Household*, June 2014, pp. 209-235를 참조하라.

화를 얻기 위하여 지출해야 하는 근로시간의 양을 증가시키고) 여가의 가격을 감소시킨다. 이 것은 일부 근로자들로 하여금 일자리탐색을 여가(비참가)로 대체하도록 한다. 다른 조건이 일 정하다면 임금의 감소는 일부 개인들이 벌 수 있는 임금을 더 낮아지도록 하기 때문에 그들로 하여금 경제활동인구로부터 이탈하도록 만든다. 대체효과는 근로자가 획득할 수 있는 임금의 하락은 노동시장 근로에 종사할 인센티브를 감소시킬 것을 시사한다는 것을 기억하라.[36]

경제활동인구의 경기동행적 변화

이러한 두 효과는 경제활동 참가율과 규모에 반대 방향으로 영향을 미친다. 경기하강 기간 동 안 부가근로자 효과는 참가율과 경제활동인구의 크기를 증가시키고 실망근로자 효과는 감소 시킨다. 어느 효과가 압도적일까? 경기순환의 기간에 참가율에 무슨 일이 실제로 발생할까? 실 증연구는 일반적으로 실망노동자 효과가 압도적이라는 것을 알려주는데, 이는 총경제활동 참 가율이 실업률과 반대로 변한다는 사실에 의해 입증된다. 실업률이 증가할 때 참가율은 하락하 며, 그 반대도 성립한다.

왜 실망근로자 효과가 명백히 부가근로자 효과보다 더 클까? 왜 경제활동인구 규모는 경기동 행적 형태로 변할까? 사회적 통념은 실망근로자 효과는 부가근로자 효과보다 훨씬 많은 가계에 적용된다는 것이다. 예를 들어 국가의 실업률이 말하자면 5%로부터 8%로 증가한다면 현재 추 가 실업자를 구성원으로 보유한 모든 가족의 오로지 3% 정도만 부가근로자 효과의 대상이 될 것이다. 반면에 실업률의 증가와 실질임금의 하락으로 입증되는 악화된 노동시장 조건은 모든 가계의 실제 및 잠재 경제활동 참가자를 실망시킬 수 있다. 따라서 경제가 경기침체 국면으로 진입하게 됨에 따라 학교에 계속 다닐지 또는 그만두고 일자리를 찾을지를 결정하는 젊은 사람 들은 임금이 덜 매력적이고 일자리를 찾기가 더 어렵다는 것을 알게 될 것이다. 그들 중 많은 사 람들이 경제활동인구에 참가하기보다는 학교에 머물기로 결정할 것이다.

경제활동인구 규모의 경기동행적 변화는 또 일부 사람들의 경제활동 참가의 시기 선택으로 설명된다. 예를 들어 많은 기혼여성들은 성인 시기의 말하자면 오직 1/2만을 노동시장 근로에 종사할 계획을 갖고 있다는 의미에서 한계적으로 경제활동인구에 속해 있다. 그들 시간의 나머 지 1/2은 가계생산에 쓰일 것이다. 이러한 계획된 시간의 전반적인 배분계획을 갖고 있는 여성 들이 일자리를 찾기 쉽고 실질임금이 상대적으로 높은 번영의 시기에 경제활동인구에 참가하 고, 반대로 실업률이 높고 받을 수 있는 임금이 낮을 때 비참가자가 되는 것은 아주 합리적인 일이다.[37]

경제활동인구 규모의 경기동행적 변화는 단순한 학술적 흥미 이상의 의미를 갖는다. 그러한 변화는 공식적인 실업률의 크기에 상당한 영향을 미치며, 따라서 거시경제정책에 간접적인 관 련을 갖고 있다(제18장 참조). 실망근로자 효과가 부가근로자 효과를 명백히 압도한다는 것은

[36] 실망노동자 효과에 대한 평가는 Yolanda K. Kodrzycki, "Discouraged and Other Marginally Attached Workers: Evidence on Their Role in the Labor Market," *New England Economic Review*, May/June 2000, pp. 35-40을 참조하라. 또한 Luca Benati, "Some Empirical Evidence on the Discouraged Worker' Effect," *Economic Letters*, March 2001, pp. 387-95를 참조하라.

[37] Jacob Mincer, "Labor-Force Participation and Unemployment: A Review of Recent Evidence," in R. A. Gordon and M. S. Gordon (eds.), *Prosperity and Unemployment* (New York: John Wiley & Sons, Inc., 1966), pp. 73-112를 참조하라.

경기침체의 기간 동안에는 경제활동인구가 줄어들고(또는 적어도 정상적인 비율 미만으로 증가하고), 발표되는 공식적인 실업률이 실업을 과소평가하게 된다. 경기호황의 기간 동안에는 실망근로자 효과는 '고무된 근로자(encouraged-worker)' 효과가 되고 부가근로자 효과는 '제외된 근로자(subtracted-worker)' 효과가 된다. 전자가 후자를 압도하며, 결과적으로 경제활동인구는 확대된다. 이는 경기 확장 시기에는 통상적인 경우보다 경제활동인구가 더 크다는 의미인데, 이는 그렇지 않은 경우에 비하여 공식적인 실업률을 높게 만든다. 요약하면 경제활동 참가율의 경기순환적 변화는 공식적인 실업률이 경기하강의 기간 동안에는 실업을 과소평가하고 경기상승의 기간 동안에는 실업을 과대평가하도록 만든다.

⚗️ 3.2
잠깐만 확인합시다.

- 경제활동 참가율(LFPR)은 취업 상태거나 또는 공식적으로 실업 상태인 잠재적 경제활동인구의 비율을 측정한다.
- LFPR의 두 가지 현저한 장기 추세는 나이 든 남성의 참가율이 하락하고 생산가능 여성의 참가율이 상승한다는 것이다.
- 아프리카계 미국인 여성의 LFPR은 백인 여성의 참가율을 일관되게 넘어섰다. 반면 아프리카계 미국인 남성의 참가율은 백인 남성의 참가율 훨씬 아래로 하락했다.
- 전반적 LFPR은 경제가 쇠퇴함에 따라 감소하고, 경제가 확대됨에 따라 증가하는데, 이는 실망근로자 효과(고무된 근로자 효과)가 부가근로자 효과(제외된 근로자 효과)보다 더 크다는 것을 의미한다.

여러분의 차례입니다

가상의 어떤 나라가 1억의 총인구를 갖고 있는데, 그중 700만이 실업 상태에 있고(그러나 적극적으로 일을 찾고 있고), 1,500만이 16세 미만이거나 기관에 수용되어 있으며, 2,500만은 노동가능인구지만 경제활동인구에 속하지 않고, 5,300만은 취업 상태에 있다고 가정하자. LFPR은 얼마인가? (정답은 책의 맨 뒷부분에 수록되어 있음)

근로시간 : 두 가지 추세

그림 3.1에서 경제의 노동공급량 총량은 경제활동 참가자의 숫자뿐만 아니라 평균적으로 그 참가자들에 의한 주당 근로시간 및 연간 근로시간 수에 좌우된다는 것을 관찰하라. 따라서 이제 시간이 지남에 따라 근로시간에 무슨 일이 일어났는지 살펴보자.

　그림 3.6은 주당 평균 근로시간 장기적 변화의 개요를 보여주고 있다. 그림은 미국 제조업 생산직 근로자들의 주당 근로시간의 10년 평균을 보여준다. 두 가지 중요한 관찰이 명백하다. 첫째, 1910년부터 제2차 세계대전까지 근로시간은 계속 감소했다. 1910~1919년의 기간으로부터 1940~1949년의 기간에 걸쳐 주당 평균 근로시간은 거의 16%[(49.4 − 41.5)/49.4] 감소했다.[38] 둘째, 주당 평균 근로시간은 1940년대 이래 거의 변하지 않았다. 이러한 추세에 대하여 보편적으로 받아들여지는 설명은 존재하지 않지만, 흥미롭고 그럴듯한 이론들이 제시되어 왔다.

---

[38] 1930년대의 더 짧은 시간은 주로 대공황으로 설명할 수 있다. 즉 주당 근로시간이 짧아지는 경향이 확산되어 갈수록 근로자에 대한 노동수요가 더 적어졌던 것이다.

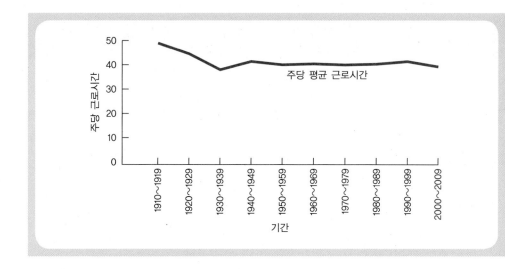

그림 3.6 주당 평균 근로시간

1910∼1940년 사이에 주당 평균 근로시간은 감소하였다. 그 뒤 주당 평균 근로시간은 거의 변하지 않았다.

자료 : John Brack and Keith Cowling, "Advertising and Labour Supply: Workweek and Workyear in U.S. Manufacturing Industries 1919-1976," *Kyklos*, no. 2 (1983), pp. 285-303. 1970∼2009년 기간 동안의 주당 근로시간 데이터는 *Employment and Earnings*로부터 인용되었다.

1900∼1940년 주당 근로시간의 감소

주당 근로시간의 제2차 세계대전 이전의 하락은 제2장에서 설명된 기본적인 근로-여가 모형으로 설명될 수 있다. 본질적인 주장은 주당 근로시간의 감소는 단순히 역사상의 실질임금과 실질근로소득의 증가에 대한 공급 측의 반응이라는 것이다. 더 정확하게 말하면 (1) 근로자의 소득-여가 선호, (2) 비임금 소득, 그리고 (3) 여가가 정상재라는 가정이 주어졌을 때 시간이 지남에 따른 임금의 인상은 만약 소득효과가 대체효과를 초과한다면 개인이 일하고자 원하는 시간 수를 감소시킬 것이다. 그리고 실제로 상당한 양의 실증 증거는 임금 인상이 근로시간에 미치는 순효과는 부(−)라는 것을 시사한다.

제2차 세계대전 이후 주당 근로시간의 안정화

그러나 제2차 세계대전 이후 변하지 않고 있는 주당 근로시간의 안정화는 어떻게 설명할까? 실질임금은 계속 증가했지만 대체효과가 소득효과를 어쨌든 상쇄했거나, 아니면 최근 수십 년 동안 아마도 몇몇 추가적인 요소의 작용으로 임금 상승을 상쇄하여 주당 근로시간이 감소되었을 것이다.[39]

3.6
근로의 세계

니스너(Kniesner)는 교육수준이 제2차 세계대전 이래 주당 근로시간의 안정화에 중요한 역할을 담당했다고 주장한다.[40] 그는 노동공급은 교육과 정(+)의 관계에 있다고 가설을 세운다. 나아가 그는 교육수준의 증가는 전쟁 이전의 기간보다 전쟁 이후의 기간에 훨씬 더 컸다는 것을 주목한다. 즉 학교 교육 이수연수 중앙값의 증가 정도를 비교하면, 1910∼1940년의 기간 동

---

[39] 과거 50년 동안 주당 평균 근로시간은 거의 변하지 않았지만, 노동인구의 인구통계학적 구성은 크게 변했다. 이 점에 관한 더 많은 내용은 Ellen R. McGrattan and Richard Rogerson, "Changes in Hours Worked since 1950," *Quarterly Review* (Federal Reserve Bank of Minneapolis), Winter 1998, pp. 2-19를 참조하라.

[40] Thomas J. Kniesner, "The Full-Time Workweek in the United States, 1900-1970," *Industrial and Labor Relations Review*, October 1976, pp. 3-5. 또한 Ethel B. Jones, "Comment," and Kniesner, "Reply," *Industrial and Labor Relations Review*, April 1980, pp. 379-89를 참조하라.

3.6 근로의 세계 — 시간 스트레스

많은 근로자들이 자신들이 원하는 활동을 할 시간의 결핍, 즉 시간 스트레스를 겪고 있다. 적어도 한 명의 배우자가 일하는 미국의 결혼한 부부 중 남성의 44%와 여성의 55%는 항상 또는 자주 시간 스트레스를 받는다고 한다. 다른 나라의 많은 결혼한 부부들도 시간 스트레스를 받는다. 호주 사람들도 미국인들과 비슷한 양의 시간 스트레스를 받고 있고, 독일인의 약 1/3이 시간 스트레스를 받고 있으며, 한국인의 70%가 자신들이 시간 스트레스로 고통 받고 있다고 한다.

이 4개국 데이터를 사용해서 해머메쉬와 이(Hamermesh and Lee)는 결혼한 부부들에게 시간 스트레스를 야기하는 요소들을 조사했다. 놀랄 것 없이 시장 근로 또는 가계생산에 충당하는 시간의 증가가 시간 스트레스를 심화한다. 시장과 가계에서의 근로시간을 불변으로 유지하면서, 그들은 근로소득의 증가가 더 큰 시간 스트레스로 이어진다는 것을 발견했다. 그들은 사람들이 더 높아진 소득으로 구입할 수 있는 재화를 소비할 충분한 시간을 갖지 못하기 때문에 스스로 힘든 시기에 놓여 있다고 느낀다고 주장한다. 이는 높은 소득을 가진 사람들이 더 적게 번다면 행복하게 된다는 것을 의미하지는 않는다. 그들이 자신들의 효용을 극대화하고 있다고 가정되지만, 그들은 자신들이 직면하는 시간제한에 대해 불만족스럽다. 이러한 가정과 일관되게, 더 높은 소득을 가진 개인들은 더 낮은 소득을 가진 사람들보다 일반적으로 자신들의 소득과 삶을 더 만족스러워한다는 것을 나타낸다.

또한 가계생산과 관련된 몇몇 흥미로운 유형이 이 데이터에 나타났다. 가계생산을 위한 근로는 동등한 양의 시장 근로보다 더 적은 시간 스트레스를 발생시키는 것처럼 보인다. 가계생산의 효율성 증가는 시간 스트레스 정도를 감소시킴에 틀림없다. 그러한 추측과 일관되게 적당 또는 열악으로부터 적어도 양호로의 건강 상태의 향상은 적어도 1주일에 10시간 일할 때 발생하는 시장 근로와 동일한 만큼의 시간 스트레스를 감소시켰다.

자료 : Daniel S. Hamermesh and Jungmin Lee, "Stressed Out on Four Continents: Time Crunch or Yuppie Kvetch?" *Review of Economics and Statistics*, May 2007, pp. 374-83.

안은 단지 6%였는데 1940~1970년 기간 동안은 34% 증가하였다. 니스너는 교육수준의 이러한 차이가 그림 3.6에 입증된 두 가지 추세를 설명한다고 주장한다.

더 많은 교육은 왜 근로시간을 증가시키거나 유지시키게 할까? 첫째, 선호의 변화가 관련될 수 있다. 교육은 노동시장에서 근로소득 능력을 향상시키는 수단이다. 따라서 더 많은 기간의 교육을 획득하려는 결정은 노동시장 근로에 대하여 더 강력하게 몰입하도록 변화를 가져올 수 있다. 둘째, 더 많은 교육을 받은 근로자들은 일반적으로 더 쾌적한 일자리, 즉 육체적으로 덜 힘들고, 덜 구조화되어 있으며, 더 도전적인 일자리를 얻는다. 다른 조건이 일정하다면, 그러한 일자리 특성은 근로자들로 하여금 주당 근로시간을 감소시킬 용의를 줄어들게 만든다. 마지막으로 더 많은 교육을 받은 노동인구는 주당 근로시간 하락에 대한 사용자들의 저항을 증가시킬 수 있다. 그 이유는 교육을 덜 받은 근로자들과 비교할 때 더 많은 교육을 받은 근로자들을 모집하고 재직기간 동안 훈련시키는 데 더 많은 고정비용이 수반되기 때문이다. 더 짧은 주당 근로시간은 근로자 1시간당 이러한 고정비용을 증가시킬 것이며, 따라서 같은 노동량이더라도 전체적인 시간당 비용을 증가시킬 것이다. 채용되는 노동력의 교육수준이 높아짐에 따라 더 짧은 주당 근로시간에 대한 사용자들의 저항은 강화되었다.[41]

주당 근로시간의 안정화에 대해 교육수준의 변화 이외에도 세 가지 설명이 추가로 제시되었

---

[41] 주당 근로시간의 단축에 대한 사용자 저항은 전쟁 이후의 기간 동안 발생한 부가급여의 증가에 의해 강화되었을 수 있다(제7장 참조). 근로자 생명보험과 건강보험 같은 급여를 위한 사용자 지출도 또한 근로자 1인당 기준으로 계산되어 지출되는 고정비용이며, 모집 및 훈련비용에서처럼 짧아진 주당 근로시간은 더 높아진 시간당 노동비용을 수반하게 된다.

다. 첫째, 1938년의 공정노동기준법(Fair Labor Standards Act of 1938, FLSA)은 주당 40시간을 초과하는 모든 근로시간에 대해 할증임금을 지급하도록 의무화하였다. 이 법 때문에 주당 근로시간의 길이가 줄었을 뿐만 아니라 주당 평균 근로시간이 40시간에 표준화되는 경향이 나타났다.[42] 둘째, 제2차 세계대전의 시작 이래 한계소득세율의 인상이 순(세후)임금의 더 작은 증가로 이어졌다. 따라서 부(−)의 공급, 또는 근로시간 반응은 이전의 수십 년에서보다 전쟁 이후 시대에 훨씬 더 작았다. 마지막으로 광고가 제2차 세계대전 이래 양적으로 그리고 효과 면에서 폭발적으로 증가하였다. 이는 재화와 서비스에 대한 근로자들의 욕구를 증가시켰으며, 따라서 그들로 하여금 그렇지 않았을 경우보다 더 오랜 시간 일하도록 유도했을 수 있다.

---

[42] FLSA가 초과근로시간에 거의 영향을 미치지 못했다는 것을 시사하는 반대 증거는 Stephen J. Trejo, "Does the Statutory Overtime Premium Discourage Long Workweeks?" *Industrial and Labor Relations Review*, April 2003, pp. 530–51을 참조하라.

요약

1. 노동공급의 총량은 인구 규모, 경제활동 참가율, 그리고 주간 및 연간 근로시간 수에 좌우된다.

2. 베커의 시간배분 모형으로 경제활동 참가율을 조사하고 설명하는 것은 유익한 일이다. 이 모형은 가계를 재화와 시간을 결합함으로써 효용을 산출하는 상품을 생산하는 시각으로 본다. 이러한 맥락에서 가계 구성원들은 그들의 시간을 비교우위에 기초하여 노동시장 근로, 가계생산, 그리고 소비에 배분한다.

3. 경제활동 참가율은 잠재 또는 노동가능인구 대비 실제 경제활동인구의 비율이다.

4. 제2차 세계대전 이후의 기간 동안 총경제활동 참가율은 1950년의 약 59%로부터 2014년의 약 63%로 증가했다. 이는 기본적으로 남성의 참가율 감소를 상쇄하고도 남았던 여성(특히 기혼여성) 경제활동 참가율 증가의 결과이다.

5. 나이 든 남성의 경제활동 참가율은 하락했다가 최근 수년 동안 반등했다. 변화는 (1) 실질임금과 실질근로소득의 증가, (2) 공적 및 사적연금의 이용가능성, (3) 장애급여에의 접근성 증가, (4) 교육수준의 증가, (5) 나이 든 아내들의 경제활동 참가율 증가 결과로 보인다.

6. 여성의 경제활동 참가율 증가는 (a) 여성의 상대임금 상승, (b) 노동시장 근로에 대한 여성의 선호 증가, (c) 가계 내에서의 생산성 증가, (d) 출생률의 하락, (e) 결혼의 불안정성 증가, (f) 일자리에 대한 접근성 증가, (g) 가족 생활수준을 유지하려는 시도가 원인이 되었다. 2000년대에 여성의 노동공급은 증가가 중단되었다.

7. 오늘날 아프리카계 미국인 여성과 백인 여성의 경제활동 참가율은 거의 똑같다. 과거에 아프리카계 미국인 여성의 참가율은 백인 여성의 참가율을 능가했다.

8. 아프리카계 미국인 남성의 참가율은 시간이 지남에 따라 감소했으며, 현재 백인 남성 참가율보다 6~7%포인트 더 낮다. 몇몇 분석가들은 아프리카계 미국인의 더 낮은 참가율을 설명하는 데 있어 노동시장 차별, 열등한 교육 기회, 그리고 일자리에 지리적으로 가까이 하기 어려움 같은 수요 측면의 요소들을 강조한다. 다른 분석가들은 공적 부조의 이용가능성과 불법적인 활동 같은 공급 측면의 요소들에 초점을 맞춘다.

9. 경제활동 참가율의 경기순환적 변화는 부가근로자 효

과와 실망근로자 효과의 순영향을 반영한다. 부가근로 자 효과는 가족의 생계비를 버는 가장이 자신의 일자 리를 잃을 때 다른 가족 구성원들이 가족의 소득을 유 지하기 위해 노동시장 참가자가 될 것이라는 것을 시 사한다. 실망근로자 효과는 경기침체의 기간 동안 일 부 실업 상태의 근로자들이 재고용에 대한 자신들의 전망에 대해 비관적이 되며, 따라서 경제활동인구로부 터 이탈할 것임을 알려준다. 대부분의 실증연구들은 실망근로자 효과가 압도적이며, 그 결과 총경제활동

참가율은 실업률과 반대로 변한다는 것을 시사한다.

10. 주당 평균 근로시간과 연간 평균 근로시간은 1910~ 1940년의 기간 동안 감소했지만, 제2차 세계대전 이래 둘 모두 꽤 안정적이었다. 과거의 주당 근로시간과 연 간 근로시간 감소는 실질임금이 역사적으로 증가함에 따라 소득효과가 대체효과를 압도했다는 것으로 설명 되었다. 제2차 세계대전 이후의 주당 근로시간과 연간 근로시간의 안정은 다른 요소들과 더불어 교육수준의 증가가 그 원인이었다.

용어 및 개념

경제활동 참가율(labor force participation rate)

베커의 시간배분 모형(Becker's model of the allocation of time)

부가근로자 효과 및 실망근로자 효과(added-worker effect and discouraged-worker effect)

시간집약적 및 재화집약적 상품(time-intensive and

goods-intensive commodities)

잠재 및 실제 경제활동인구(potential and actual labor forces)

1938년의 공정노동기준법(Fair Labor Standards Act of 1938)

질문 및 연구 제안

1. 총노동공급의 주요 구성요인을 간략히 논하라.

2. 시간배분의 베커 모형은 단순한 근로-여가 선택 모형 과 구체적으로 어떻게 다른가? 두 모형 각각에서 소득 효과와 대체효과의 기능을 비교하라. 두 효과는 두 모 형에서 노동시장 근로에 똑같은 영향을 미치는가?

3. 2014년에 미국은 3억 1,900만의 인구를 갖고 있었는데, 그중 7,100만은 16세 미만이거나 기관에 수용되어 있 었다. 대략 1억 5,600만 명의 사람들이 고용되었거나, 실업 상태에 있었지만 적극적으로 일을 찾고 있었다. 2014년의 경제활동 참가율은 얼마였는가?

4. 제2차 세계대전 이후의 기간 동안 총경제활동 참가율 에 무슨 일이 발생했는가? 남성 및 여성의 경제활동 참 가율은 어땠는가?

5. 어떤 요인들이 나이 든 남성의 경제활동 참가율 하락

을 설명하는가?

6. 어떤 요인들이 기혼여성들의 참가율 상승을 설명하는 가? (예를 들어 그림 2.8과 비슷한) 근로-여가 그래프 를 사용하여, 어떻게 이러한 요인들 각각이 개별적으로 여성들의 무차별곡선 또는 예산선을 변화시키고 경제 활동 참가를 더 가능하도록 만드는지 설명하라.

7. (a) 백인 및 아프리카계 미국인 여성, 그리고 (b) 백인 및 아프리카계 미국인 남성의 경제활동 참가율을 비교 하라. 각 경우 차이가 있다면 설명하라.

8. "차별을 개선하기 위한 법과 다양한 공공정책에도 불 구하고 백인 가족의 소득에 대한 아프리카계 미국인 가족의 소득 비율은 과거 20년 또는 30년 동안 매우 천 천히 증가했다. 따라서 정부 프로그램은 인종차별을 완화하는 데 실패했다고 결론을 내릴 수 있다." 이 주

장을 비판적으로 논하라.

9. 근로-여가 그래프를 사용하여 (a) 만약 아프리카계 미국인들이 백인들에 비해 열등한 노동시장 기회를 갖고 있고, (b) 비노동소득이 말하자면 장애급여의 형태로 이용가능하다면, 아프리카계 미국인들과 백인들의 근로-여가 선호(무차별곡선)가 동일함에도 불구하고 아프리카계 미국인들이 더 낮은 경제활동 참가율을 보일 것임을 나타내보라.

10. "미국에서의 실증 증거에 의하면 경제활동 참가는 실업과 직접적으로 연관되어 변한다." 이 말에 동의하는가? 실망근로자 효과와 부가근로자 효과를 사용하여 설명하라.

11. "부가근로자 효과는 소득효과를 사용하여 설명될 수 있는 반면, 실망근로자 효과는 대체효과를 기초로 한다." 이 말에 동의하는가?

12. 과거 100년 동안 주당 근로시간 및 연간 근로시간의 길이에 무슨 일이 발생했는가? 중요한 추세가 있다면 설명하라.

13. 다음 그래프는 제2장에서 제시된 기본적인 근로-여가 선택 모형을 다시 보여주고 있다. 이 그래프를 사용하여 여러분 분석의 기저를 이루는 가정을 명시적으로 만들고, 제2차 세계대전 이전 기간에 발생한 주당 근로시간의 감소를 설명하라. 이 장에서 여러 학자들에 의해 제2차 세계대전 이후의 시기에 나타난 주당 근로시간의 안정성은 (a) 근로소득에 대한 더 높아진 세금, (b) 더 많은 교육의 획득, (c) 광고 같은 고려사항들에 기인했다는 것을 지적했다. 그래프의 무차별곡선 또는 예산선을 변경시켜, 이러한 세 가지 요소 각각이 세전 실질임금의 증가에도 불구하고 어떻게 상대적으로 안정적인 주당 근로시간에 기여할 수 있었는지를 나타내라.

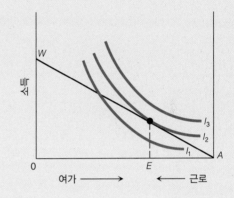

인터넷 연습

경제활동인구에 누가 더 많이 참여하고 있을까? 누가 덜 참여하고 있을까?

노동통계국의 현행인구조사 웹사이트(http://www.bls.gov/cps/cpsdbtabs.htm)를 방문해서 '월간고용상황 보도자료 시리즈의 역사상 데이터(Historical Data for Series in the Monthly Employment Situation News Release)'를 선택하고 민간 경제활동 참가율(LFPR)과 민간 고용-인구 비율(EPR)에 대한 정보를 찾아보라.

1. 1950년 1월과 보이는 가장 최근 달의 남성과 여성의 LFPR은 얼마였는가? 이 기간에 걸쳐 어떤 참가율이 증가했는가? 어떤 참가율이 감소했는가? 이러한 변화에 대한 가능한 몇 가지 설명은 무엇인가?

2. 이러한 두 가지 추세가 1950년부터 현재까지의 전반적인 경제활동 참가율에 미친 결합된 효과는 무엇이었는가? (여러분의 답안에 1950년 1월과 보이는 가장 최근 달의 구체적인 전체적 LFPR을 제시하라.)

3. 1955년 1월과 보이는 가장 최근 달의 백인 여성과 아프리카계 미국인 여성의 LFPR은 얼마였는가? 기간의 처음과 마지막에 이러한 참가율의 차이는 얼마였는가? 이러한 변화에 대한 가능한 몇 가지 설명은 무엇인가?

4. 보이는 가장 최근 달의 전반적인 민간 고용-인구 비율은 얼마였는가? 왜 전반적 EPR은 전반적 LFPR보다 더 낮은가? (이 문제에 대한 도움은 이 책의 용어설명에 나와 있는 정의를 사용하라.)

인터넷 링크

노동통계국 웹사이트는 경제활동 참가와 근로시간에 대한 많은 상세한 통계를 제공한다(www.bls.gov).

노동의 질 : 인적자본에 대한 투자

4

이 장을 공부하고 나면:

1. 인적자본 투자의 의미를 설명할 수 있다.
2. 인적자본 모형을 사용해서 인적자본 투자 결정을 분석할 수 있다.
3. 인적자본의 공급과 수요를 사용하여 근로소득의 불균등 분배를 설명할 수 있다.
4. 일반훈련 및 특수훈련과 그것들이 인적자본 투자 결정, 임금, 그리고 근로자 보유에 미치는 효과를 설명할 수 있다.
5. 인적자본 모형을 비판적으로 평가할 수 있다.

최근 뉴스에 교육과 훈련이 많이 등장한다. 오늘날의 도전은 급속하게 나타나는 글로벌 시장에서 효과적으로 경쟁할 수 있느냐 하는 문제이다. 상대적인 생활수준을 유지하기 위해서는 노동인구의 교육과 숙련수준을 업그레이드해야 한다는 데 전문가들은 동의하고 있다. 그들은 또한 글로벌 기술혁신과 생산물 경쟁의 동태적인 측면이 많은 일자리를 덜 안전하게 만들었다는 데도 동의한다. 지속적인 교육, 훈련, 그리고 재훈련이 노동인구의 완전고용에 결정적으로 중요할 것이다.

제2장과 제3장에서는 노동시장에 참가할지 그리고 어느 정도 참가할지에 대한 결정을 주로 살펴보았다. 거기서는 근로-여가 결정과 여러 참가율이 강조되었다. 이 장에서는 노동공급의 양적 측면으로부터 질적 측면으로 관심을 돌릴 것이다. 근로자들은 상이한 수준의 교육수준과 숙련을 노동시장에 가져간다. 그들은 또한 상당히 다른 양의 현장실무훈련(on-the-job-training)을 획득한다. 더 많은 교육과 더 좋은 훈련을 받은 개인은 더 적은 교육과 훈련을 받은 개인보다 더 많은 양의 유용한 생산적 노력을 공급할 능력을 갖고 있다.

노동의 질(생산성)을 증가시키는 어떤 활동도 인적자본에 대한 투자로 간주될 수 있다. 인적자본 투자는 공식교육과 현장실무훈련뿐만 아니라 건강, 이주, 일자리탐색, 그리고 취학 전 어린이의 육아에 관한 지출을 포함한다. 근로자들은 자신의 육체적 또는 정신적 건강을 향상시킴으로써 또한 자신들의 생산성이 상대적으로 낮은 장소나 일자리로부터 높은 장소나 일자리로 이동함으로써 더 생산적이 될 수 있다. 인적자본 이론은 제9장에서 다루게 될 노동의 이주를 분석하기 위해 사용되는 핵심 개념이다.

인적자본에 대한 투자 : 개념과 데이터

기업이 실물자본에 투자할 때, 기업은 일정 기간에 걸쳐 순이윤 흐름을 향상시키리라 기대되는 어떤 자산을 획득하고 있는 것이다. 예를 들어 회사는 10년의 예상된 유용한 수명이 다할 때까지 산출량, 따라서 판매수입을 증가시키기 위하여 새로운 기계류를 구입할 수 있다. 투자의 독특한 특성은 향상된 미래 수입 또는 수익에 의해 이러한 비용이 보상되는 것 이상이 될 것이라는 의도하에 현재 지출 또는 비용이 발생한다는 것이다. 인적자본에 대한 투자도 유사하게 이루어진다. 개인(또는 개인의 부모 또는 전체 사회)이 교육 또는 훈련에 현재 지출을 할 때, 개인의 지식과 숙련, 따라서 미래 근로소득이 향상될 것으로 기대된다.[1] 중요한 요점은 자본 설비에 대한 지출이 실물자본에 대한 투자로 이해될 수 있는 것과 같이 교육과 훈련에 대한 지출도 **인적자본에 대한 투자**(investment in human capital)라는 유익한 것으로 취급될 수 있다는 것이다.

관련 데이터는 세 가지 사항을 드러내 보인다. 첫째, 교육과 훈련에 대한 지출은 엄청나다. 2013~2014학년도에 미국인들은 1조 1,940억 달러를 초등, 중·고등, 대학 교육에 지출했다. 이 외에도 급여의 약 2%가 매년 사용자들에 의해 현장실무훈련에 지출된다.

둘째, 경제활동인구의 교육수준은 지난 20년에 걸쳐 크게 증가했다. 예를 들어 1992년에 25세 이상 민간 경제활동인구의 13%가 고등학교 미만, 26%가 대학교 4년 이상을 마쳤다. 2014년에는 각각 8%와 37%였다.

셋째, 교육에 대한 투자는 더 커진 근로소득의 흐름이라는 결과를 가져온다. 이러한 경향은 교육수준별 남성 근로자들의 평생근로소득 유형을 보여주는 그림 4.1의 **연령-근로소득곡선**(age-earnings profiles)에 반영된다. 더 많은 교육을 받은 근로자들의 평균 근로소득이 더 적게 교육을 받은 근로자들의 그것을 능가한다는 것을 관찰하라. 또한 더 많은 교육을 받은 근로자들의 근로소득곡선은 더 적게 교육을 받은 근로자들의 그것보다 더 빨리 상승한다. 더 많은 교육을 받은 근로자와 더 적게 교육을 받은 근로자의 근로소득 차이는 주된 근로소득 획득 기간 동안 더 확대되는 경향이 있다.

보이지는 않지만 여성들의 연령-근로소득곡선도 전반적으로 그림 4.1의 곡선들과 비슷한 특징을 보여주는데, 남성들의 곡선들보다 상당히 밑에 놓여 있다. 근로소득의 이러한 성별 차이는 제14장에서 자세히 논의한다.[2]

---

[1] 나중에 지적하는 바와 같이 교육에 대한 투자로부터의 성과는 더 쾌적한 일자리를 얻는 것 또는 문학과 미술에 대한 더 훌륭한 감상 같이 비화폐적 형태도 취할 수 있다.

[2] 연령-근로소득곡선이 궁극적으로 하락한다는 사실은 약간 신중하게 해석되어야 한다. 나이 든 근로자들의 소득 하락을 육체적 활력과 정신적 조심성의 감소, 교육과 숙련의 노후화, 또는 더 짧은 시간을 일하고자 하는 결정의 탓으로 돌리기 쉽지만, 대체로 데이터의 성격 때문일 수도 있다. 특히 이러한 데이터는 그들의 일생을 통해 특정 개인들의 근로소득을 추적하지 않는다. 오히려 이러한 횡단면 데이터는 어떤 특정 연도에 상이한 연령의 개인들의 근로소득을 보여준다. 시간에 따른 특정 개인들의 근로소득을 추적하

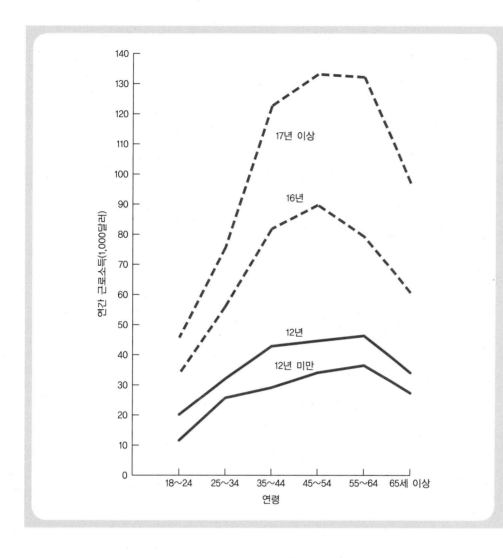

그림 4.1 교육 이수 연수에 따른 연령-근로소득곡선

연령-근로소득곡선(이 경우 2013년의 남성)은 더 많은 교육을 받은 근로자들은 똑같은 연령그룹의 더 적게 교육을 받은 근로자들보다 더 높은 평균 연간 근로소득을 얻는다는 의미에서 교육은 '대가를 지급한다'는 것을 알려준다.

자료 : U.S. Census Bureau, Personal Income Tables, Tables, P28_2013으로부터 도출함.

인적자본 모형

대학 교육에의 투자 결정을 분석하기 위해 단순 모형을 소개하기로 하자. 고등학교를 막 졸업하고 대학 진학 여부를 결정하고 있다고 가정하자. 순수하게 경제적인 관점으로 볼 때 합리적인 결정은 관련 비용과 편익의 비교를 수반할 것이다. 대학 교육의 구입에 발생하는 화폐비용은 일반적으로 두 가지 형태이다. 한편으로 수업료, 수수료, 그리고 책과 문구류에 대한 지출의 형태로 직접 또는 현금비용이 존재한다. 대학에 다니든지 아니면 노동시장에 진입하든지와 관계없이 음식과 잠자리는 필요하기 때문에 숙소와 식사를 위한 지출은 직접비용의 일부로 포함되

는 종단면 데이터(longitudinal data) 근로소득은 은퇴까지 계속 증가한다는 것을 알려준다. 그림 4.1에서 연령-근로소득곡선의 하락하는 부분은 미국 경제가 성장해 왔고, 따라서 각각 뒤이은 세대가 이전 세대보다 더 많이 벌었기 때문에 발생할 수도 있다. 따라서 평균적인 45세 대학 교육을 받은 근로자가 65세 대학 교육을 받은 근로자보다, 연령-근로소득곡선에 보이는 바와 같이, 더 높은 근로소득을 갖는 것은 단순히 그가 더 최근 세대의 구성원이기 때문이다.

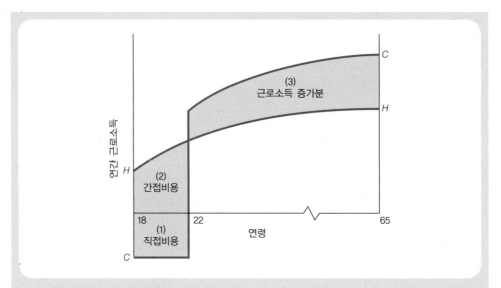

그림 4.2 대학 교육 유무에 따른 연령-근로소득곡선

만약 개인이 18세에 고등학교를 졸업한 후 노동시장에 진입하기로 결정한다면, 그가 대학에 갔을 때의 *CC*곡선과 비교할 때 연령-근로소득곡선은 *HH*가 될 것이다. 대학 재학은 직접비용(수업료, 수수료, 책)과 간접비용(포기한 근로소득) 모두를 수반한다. 그러나 22세에 노동시장에 진입하자마자 대졸자는 자신의 평생 근로기간 전체에 걸쳐 더 높은 수준의 연간 근로소득을 향유할 것이다. 대학 교육에 투자하는 것이 경제적으로 합리적인지를 결정하기 위해 뒤에서부터 현재(18세)까지의 비용과 편익을 할인함으로써 그 순현재가치를 찾아야 한다.

4.1
국제 시각

지 않는다. 다른 한편으로 대학에 가는 간접 또는 기회비용은 고등학교를 마친 후 노동시장에 진입하지 않음으로써 포기한 근로소득이다. 예를 들어 추정치들은 적어도 공립대학의 경우 간접비용이 총비용의 60~70%만큼을 설명하는 것을 시사한다. 대학 교육에의 투자로부터의 경제적 편익은 그림 4.1에서 알 수 있는 바와 같이 더 커진 미래 근로소득의 흐름이다.

인적자본 투자 결정의 이러한 개념은 그림 4.2에 그래프로 그려져 있다. *HH*곡선은 대학에 진학하지 않기로 결정하고, 오히려 18세에 고등학교를 마치자마자 즉각 노동시장에 진입할 때의 근로소득곡선을 나타낸다. *CC*곡선은 노동시장에 진입하기 전에 4년제 대학 학사학위 취득을 시도하기로 결정할 때의 비용-근로소득곡선이다. 수평축 아래의 구역 1은 대학에 다닐 때 발생하는 직접 또는 현금비용[부(−)의 소득]을 나타낸다. 구역 2는 간접 또는 기회비용을 반영한다. 즉 대학에 다니는 동안 포기한 소득이다. 구역 1과 구역 2의 합은 대학 교육의 총비용(총투자)을 보여준다. 22~65세에 걸친 *CC*와 *HH*곡선의 차이인 구역 3은 학사학위를 얻음으로써 실현할 근로소득의 총증가분을 보여준다. 그것은 단지 고등학교 졸업장을 갖고 벌어들였을 금액과 비교할 때 대학 졸업자로서 평생 근로기간 전체에 걸쳐 얼마만큼의 추가 소득을 얻을 것인지를 보여준다. 이 경우의 평생 근로기간은 22~65세까지의 43년에 걸쳐 계속될 것으로 상정되었다.

4.1 국제 시각　각국의 대학 졸업자

주요 선진공업국에서 학사학위를 가진 25~64세 성인의 비율은 이탈리아의 15%로부터 미국의 32%까지의 범위를 갖는다.

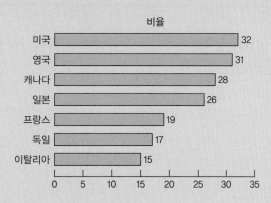

자료 : Organization for Economic Cooperation and Development, *Education at a Glance, 2014*, Table A1.1a (Paris: OECD, 2014). 데이터는 2012년 수치임.

할인과 순현재가치

합리적인 결정을 내리기 위해 비용(구역 1과 2)을 편익(구역 3)과 비교해야만 한다. 그러나 이 때 문제가 발생한다. 대학 교육에의 투자와 관련된 비용과 편익은 상이한 시점에 발생한다. 상이한 시점에 지출되고 수령된 돈은 상이한 가치를 갖고 있기 때문에 이는 중요하다. 대학 교육과 관련된 비용과 편익의 비교가 의미 있으려면 공통된 어느 시점, 예컨대 현재 시점에서 비교가 행해져야 한다. 18세 젊은이의 한창 시점에서 결정하고자 하는 것은 대학 교육의 현재 및 미래 비용과 편익의 순현재할인가치 또는 단순히 **순현재가치(net present value)**이다.

시간선호

오늘 벌어들인(또는 지출한) 돈의 가치가 1년 또는 2년 또는 3년 후에 상이한 가치를 갖는 이유는 무엇인가? 즉각적인 대답은 돈의 차입 또는 '임대'에 정(+)의 이자가 지급되기 때문이라는 것이다. 그러나 이는 추가적인 질문을 제기한다. 즉 화폐의 사용에 왜 이자가 지급되는가? 대답은 **시간선호(time preference)**라는 개념에 놓여 있다. 선택이 주어졌을 때 대부분의 사람들은 내일 하고 싶은 대로 한다는 약속보다 오늘 하고 싶은 대로 하는 즐거움을 선호한다는 아이디어이다. 대부분의 사람들에게 미래는 불확실하고 예측불허이기 때문에 현재가 미래보다 실재하는 것처럼 보이고 따라서 더 가치가 있기 때문에 미래의 소비보다 현재의 소비를 선호한다. 요약하면 시간선호는 사람들이 참을성이 없으며 미래의 재화보다 현재의 동일한 재화를 주관적으로 선호한다는 아이디어이다. 당연한 결과로서 개인은 현재의 소비를 연기하기 위해 또는 달리 이야기하면 자신의 소득 중 일부를 절약하기 위해 이자에 의해 보상되어야 한다. 만약 누군가 오늘 100달러 가치의 재화를 1년 후 110달러 가치의 재화와 동일시하면 그의 시간선호율은 10%라고 말할 수 있다. 그 사람은 100달러 가치의 현재소비를 포기하기 위한 유인책으로서 10달러 또는 10%를 지급받아야만 한다.

현재가치 공식

현재소비에 대한 선호는 정(+)의 이자율 지급을 필요하게 만들기 때문에 1년 후 받는 1달러는 오늘 얻은 1달러보다 가치가 낮다. 오늘 받은 1달러는 어떤 정(+)의 이자율로 대출되거나 또는 투자될 수 있으며, 따라서 1년 후의 1달러보다 더 가치가 있을 수 있다. 이자율이 10%라면 오늘 1달러를 빌려주고 1년의 마지막 날에 1.1달러를 받을 수 있다. 1.1달러는 원래의 1달러에 0.1달러의 이자를 더한 것으로 구성된다. 이는 대수적으로 다음과 같이 보일 수 있다.

$$V_p(1+i) = V_1 \tag{4.1}$$

여기서, V_p = 현재가치(예를 들면 오늘의 1달러)
V_1 = 1년 후 (1달러의) 가치
i = 이자율

$(1+i)$항은 원래의 또는 현재가치(1달러) 플러스 이자를 받는다는 것을 나타낸다. 실례의 숫자를 대체하면 다음과 같다.

$$1달러(1.1) = 1.1달러$$

이러한 공식화는 10%의 이자율이 주어졌을 때 다음 해에 받는 1.1달러는 오늘 수중에 있는 1달러와 동등하다는 것을 말해준다.

식 (4.1)은 오늘 갖고 있는 1달러의 미래가치를 결정하는 것에 초점을 맞추고 있다. 앞에서 얘기한 것처럼, 우리의 목표는 미래에 발생할 지출과 수취하게 될 수입의 현재의(오늘의) 가치를 결정하는 것이다. 원래의 질문을 다시 함으로써 여기에 도달할 수 있다. 오늘 얻은 1달러가 1년 후 얼마만큼의 가치가 있을지를 묻는 대신 1년 후 받는 1.1달러가 오늘 얼마만큼의 가치가 있게 되는지를 묻기로 하자. 일반적인 용어로 대답은 식 (4.1)을 V_p에 대해 풂으로써 찾아진다. 따라서

$$V_p = \frac{V_1}{(1+i)} \tag{4.2}$$

식 (4.2)는 1년 기간의 할인공식(discount formula)이다. 실례의 숫자를 넣으면 다음과 같다.

$$\$1.00 = \frac{\$1.10}{1.10}$$

즉 만약 이자율이 10%라면 1년 후 받는 1.1달러는 오늘 단지 1달러의 가치가 있다.

그림 4.2에서 비용과 편익이 모두 여러 연도에 걸쳐 발생되는 것을 관찰하면, 할인공식 (4.2)는 다음과 같이 확대될 수 있다.

$$V_p = E_0 + \frac{E_1}{(1 + i)^1} + \frac{E_2}{(1 + i)^2} + \frac{E_3}{(1 + i)^3} + \cdots + \frac{E_n}{(1 + i)^n} \tag{4.3}$$

여기서 E 수치는 근로소득 증가분의 흐름을 나타낸다(E_0는 즉각 받는 모든 추가소득, E_1은 다음 해 받는 추가소득, E_2는 2년 후 받는 근로소득의 증가분 등). n은 근로소득 흐름의 지속기간, 또는 다시 말하면 개인의 예상 평생 근로기간, 그리고 i는 이자율이다.[3] 즉시 발생한 근로소득 증가분(또는 비용) E_0는 할인될 필요가 없음을 관찰하라. 그러나 다음 해 또는 따라서 1년 후 받은 근로소득 E_1은 1년 할인되어야만 한다. 나아가 3번째 항의 분모는 제곱, 4번째는 세제곱 등이 되었음을 주목하라. 그 현재가치를 결정하기 위해 E_2와 E_3의 수치는 각각 2년과 3년 할인되어야만 하기 때문에 이렇게 되는 것이다. E_2(2년 후 받게 될 근로소득 증가분)를 $(1+i)$로 나누면 첫 번째 해에 경과한 시간 동안 그 근로소득의 가치를 할인하게 된다. 그러나 첫 번째와 두 번째 해 사이의 시간은 가치를 더욱 감소시키기 때문에 그 현재가치를 알기 위해 그 수치는 다시 한 번 $(1+i)$로 나눠져야만 한다.

18세에 경제활동인구에 진입하는 고등학교 졸업자를 위한 공식을 다시 서술하면 다음과 같다.

$$V_p = E_{18} + \frac{E_{19}}{(1 + i)} + \frac{E_{20}}{(1 + i)^2} + \frac{E_{21}}{(1 + i)^3} + \cdots + \frac{E_{64}}{(1 + i)^{46}} \tag{4.4}$$

이는 더 간략하게 다음과 같이 표현된다.

$$V_p = \sum_{n-18}^{64} \frac{E_n}{(1 + i)^{n-18}} \tag{4.5}$$

이러한 공식 표시는 65세에 도달하여 퇴직하기까지, 즉 18세부터 그 이후인 64세까지의 평생 근로기간에 걸쳐 할인된 근로소득 증가분 합(Σ)의 현재가치(V_p)를 계산하고 있음을 말해준다. n이 64세이기 때문에 $n - 18$이라는 표기는 46(= 64 − 18)년의 평생 근로기간에 걸친 미래 근로소득을 할인하고 있다는 것을 가리킨다.

그림 4.2는 대학 교육에의 투자 결정은 비용과 편익(향상된 근로소득) 모두를 수반한다는 것을 상기시킨다. 둘 모두 식 (4.3) 또는 (4.4)에 어떻게 설명될 수 있는가? 대답은 비용을 부(−)의 근로소득으로 취급한다는 것이다. 따라서 개인이 대학에 재학 중인 4년 동안의 '근로소득 (E_0, E_1, E_2, E_3)'은 4년 동안의 매해 발생한 직접 및 간접비용의 부(−)의 합이 될 것이다. 퇴직하기까지 계속되는 매년의 근로소득 증가분은 정(+)이 될 것이다. 따라서 이 두 식에서 대학 교

---

[3] 어떤 이자율이 적정한지를 결정하는 골치 아픈 문제는 비껴가고 있다. 사용되는 이자율의 작은 차이가 현재가치 계산에 엄청난 영향을 미칠 수 있다.

육의 순현재가치를 실제로 계산하고 있는 것이다.

결정 규칙 : $V_p > 0$

이 계산을 기초로 한 적절한 투자 기준 또는 결정 규칙은 만약 그 순현재가치가 0보다 크다면 개인은 투자를 해야 한다는 것이다. 정(+)의 수치는 편익의 현재할인가치가 비용의 현재할인가치를 능가하며, 이것이 사실일 때, 즉 편익이 비용을 능가할 때 투자 결정은 경제적으로 합리적이라는 것을 말해준다. 만약 순현재가치가 부(−)라면 비용이 편익을 능가하고, 투자는 경제적으로 정당화되지 않는다.

실례

이 시점에서 간단한 예를 들면 도움이 될 수 있다. 고등학교를 졸업한 후 칼슨은 1년짜리 데이터처리 집중 교육에 등록할 것을 고려하고 있다. 교육의 직접비용은 1,000달러이고 기회비용은 5,000달러이다. 교육을 마치면 바로 콤퓨텍스(Computex Corporation)에 취업을 약속받았다. 거액의 유산을 받을 것이 기대되기 때문에 그는 3년만 일한 뒤 경제활동인구로부터 영구히 은퇴할 계획을 갖고 있다. 데이터처리 교육으로 그가 예측하는 근로소득 증가분은 일할 의사가 있는 3년 동안 2,500달러, 3,000달러, 그리고 3,500달러이다. 이 시점의 관련된 이자율은 10%이다. 데이터처리 교육에의 등록 결정은 합리적인가? 수치들을 식 (4.3)에 대입하면 다음과 같은 식을 도출할 수 있다.

$$V_p = E_0 + \frac{E_1}{(1+i)} + \frac{E_2}{(1+i)^2} + \frac{E_3}{(1+i)^3}$$

$$V_p = -\$6{,}000 + \frac{\$2{,}500}{(1.10)} + \frac{\$3{,}000}{(1.10)^2} + \frac{\$3{,}500}{(1.10)^3}$$

$$V_p = -\$6{,}000 + \$2{,}273 + \$2{,}479 + \$2{,}630$$

$$V_p = \$1{,}382$$

위 공식은 편익(근로소득 증가분)의 합의 현재가치가 7,382달러(= 2,273달러 + 2,479달러 + 2,630달러)이며, 비용의 현재가치 6,000달러를 1,382달러만큼 능가한다는 것을 보여준다. 이러한 정(+)의 순현재가치는 칼슨이 인적자본에 이런 투자를 하는 것이 경제적으로 합리적이라는 것을 가리킨다.

내부수익률

투자 결정을 하는 또 다른 대안은 고려하고 있는 투자에 대해 **내부수익률**(internal rate of return) r을 계산하고 이를 이자율 i와 비교하는 것이다. 정의상 내부수익률은 인적자본 투자의 순현재가치가 0이 되도록 하는 할인율이다.

공식

순현재가치가 정(+)인지 또는 부(−)인지를 계산하기 위해 식 (4.3)의 이자율 i를 사용하는 대신 어떤 특별한 할인율 r이 미래의 비용과 편익의 현재가치를 같도록 하여 그 결과 순현재가치가 0이 되도록 하는지를 결정할 수 있다. 식 (4.3)을 다음과 같이 수정해야 한다.

$$V_p = E_0 + \frac{E_1}{(1+r)} + \frac{E_2}{(1+r)^2} + \cdots + \frac{E_n}{(1+r)^n} = 0 \tag{4.6}$$

식 (4.3)에서와 같이 V_p에 대해 푸는 대신 E 수치가 주어졌을 때 V_p가 0이라고 가정하고 r에 대해 풀 수 있다. 잠깐만 생각해보면 r은 인적자본 투자를 재정적으로 지원하고 여전히 손익분기를 이루기 위해 대출한 자금에 지급할 수 있는 최대 이자율을 가리킨다는 것이 분명해진다.

결정규칙 : $r = i$

이 접근법에 적절한 투자 기준 또는 결정규칙은 내부수익률 r을 이자율 i와 비교하는 것과 관련된다. 만약 r이 시장 i를 능가한다면 수익성이 있는 투자이며 따라서 집행되어야만 한다. 예를 들어 10%의 이자율로 자금을 빌려 15%의 수익을 올릴 수 있는 투자를 한다면, 그렇게 하는 것이 이윤을 발생하도록 한다. 그러나 만약 r이 i보다 작다면 수익성이 없는 투자이며 따라서 집행해서는 안 된다. 만약 10%의 이자율로 돈을 차입하는데 고려하고 있는 투자가 단지 5%의 수익만을 산출한다면 투자는 수익성이 없다. 곧 살펴보는 바와 같이 인적자본에 대한 투자는 수확체감의 제약을 받으며, 따라서 학교 교육의 햇수가 증가함에 따라 r은 일반적으로 감소한다(그림 4.4를 미리 보라). 이 경우 i가 주어졌을 때 $r = i$가 될 때까지 모든 인적자본 투자 기회에 투자하면 이윤이 발생할 것이다.

일반화와 시사점

인적자본 모형의 설명력은 상당하다. 여기서 잠시 그림 4.2와 식 (4.3) 및 (4.6)에 제시된 기본 모형으로부터 도출되는 여러 일반화를 고려하기로 하자.

소득 흐름의 시간길이

다른 조건이 일정하다면 투자 후 근로소득 증가분의 흐름이 길면 길수록 인적자본 투자의 순현재가치가 정(+)이 될 가능성이 더 크다. 달리 표현하면 근로소득 흐름이 길면 길수록 내부수익률은 더 높아진다. 단순히 투자 종료 후 평생 근로기간, 따라서 정(+)의 근로소득 증가분의 더 적은 연도 수가 남아 있을 것이기 때문에 인생의 후반에 이루어진 인적자본 투자는 더 낮은 순현재가치 (그리고 더 낮은 r)을 가질 것이다. 이러한 일반화는 왜 대학에 진학하는 사람들이 젊은이들이고[4] 왜 젊은 사람들이 나이 든 사람들보다 이주(지리적 이동에의 투자)할 가능성이 더 큰지를 설명

---

[4] 아마도 투자 관점에서는 합리적이지 않지만 나이 든 사람들이 학교를 다시 다니려고 하는 결정은 소비(효용) 기준 면에서는 정당화될 수 있다.

하는 데 도움이 된다. 그것은 또한 여성과 남성 사이에 전통적으로 존재했던 근로소득 격차의 일부분을 설명한다. 많은 경우 여성의 경제활동 참가는 연속적이지 않았다. 즉 많은 여성들은 공식 학교 교육 종료 후 수년 동안 일하며, 그 뒤 결혼하여 자녀를 낳고 기르는 시간 동안 경제활동인구 밖에 머문다. 그들은 그 뒤 제일 어린 자녀가 학교에 다니기 시작한 이후 언젠가에 경제활동인구에 재진입한다. 식 (4.3)과 (4.6)에서 이는 단축된 근로소득 흐름을 의미한다. 이것은 순현재가치 또는 내부수익률을 낮춤으로써 이러한 여성들이 자기 스스로의 인적자본에 투자할 경제적 인센티브를 위축시킨다. 나아가 그들의 연속적이지 못한 경제활동 참가는 사용자들로 하여금 그들에 대한 현장실무훈련을 꺼리게 한다.

비용

다른 조건이 일정하다면 인적자본 투자비용이 낮으면 낮을수록 더 많은 수의 사람들이 자신들의 투자가 수익성이 있다는 것을 알게 될 것이다. 만약 대학 진학의 직접 또는 간접비용이 감소한다면 등록률이 높아질 것이라고 기대할 수 있다. 예를 들어 정부가 학자금을 보장하면 대출자들의 위험이 제거되어, 대학에 다니기 위해 빌리는 자금에 대한 이자율이 더 낮아진다. 대학 교육의 사적 직접비용을 감소시킴으로써[5] 그러한 대출금에 대한 지급보증은 대학등록자 수를 증가시킨다.[6] 더 낮아진 직접 또는 간접비용은 대학 교육의 순현재가치를 증가시키며, 이전에 교육에의 투자가 수익성이 없다고 생각했던 사람들에게 교육 투자가 수익성이 있도록 만든다.[7]

4.1
근로의 세계

　나이 든 사람들은 인적자본에 투자할 가능성이 더 적다는 과거의 일반화와 결부하여 매우 미묘한 점이 있다. 연령-근로소득곡선(그림 4.1)은 근로소득은 연령과 함께 증가한다는 것을 보여준다. 따라서 나이 든 근로자들의 경우 대학에 다니는 기회비용이 더 클 것이다. 그리고 다른 조건이 일정하다면 인적자본 투자와 관련된 순현재가치와 내부수익률은 더 낮을 것이다. 다시 말하면 나이 든 사람들이 대학 교육에 투자할 가능성이 더 적은 두 가지 이유가 있다. (1) 그들에게는 미래 근로소득 흐름이 계속될 시간이 상대적으로 짧다. 그리고 (2) 대학에 다니는 기회비용은 더 클 것이다.

근로소득 격차

근로소득 증가분이 계속되는 시간뿐만 아니라 그 격차의 크기도 인적자본 투자 결정에 있어서 결정적으로 중요하다. 일반화하면 다른 조건이 일정하다면 대학-고등학교 근로소득 격차가 크면 클수록 대학 교육에 투자할 사람 수는 더 많아질 것이다. 실증 증거는 이러한 일반화를 확인해준다. 프리먼(Freeman)은 1970년에 대졸자들의 노동시장은 공급부족에서 공급과잉으로 변했다고 주장

---

[5] 물론 공짜 점심은 없다. 납세자(사회 전체)들은 대출금 보증과 관련된 비용을 지불한다. 그러나 (사회적과 반대되는) 사적 시각에서 대학 교육의 비용을 계산하는 데 있어 대출금 지급보증은 개별 등록자의 비용을 감소시키며 대학 교육과 관련된 사적 순현재가치를 증가시킨다.

[6] 공적 보조금은 특히 저소득 학생과 2년제 대학(community college)에 다니는 사람들의 경우 더 큰 등록 효과를 갖는 것처럼 보인다. Thomas J. Kane and Cecilia Elena Rouse, "The Community College: Educating Students at the Margin between College and Work," *Journal of Economic Perspectives*, Winter 1999, pp. 63–84를 참조하라.

[7] 대학비용과 다른 요소들이 대학 선택에 미치는 영향을 검토한 일련의 논문들은 Caroline M. Hoxby (ed.), *College Choices: The Economics of What to Go, When to Go, and How to Pay for It* (Chicago, IL: University of Chicago Press, 2004)을 참조하라.

4.1 근로의 세계　경기침체와 대학 등록률

경기침체는 대학생 숫자를 증가시키는가 아니면 감소시키는가? 이론적으로는 해답이 불분명한데, 그 이유는 경기하강은 대학 등록률에 상충하는 효과를 발생시키기 때문이다.

대학 교육 비용을 지급할 능력과 관련된 세 가지 요소가 경기침체의 기간 동안 대학생 숫자를 감소시키는 경향이 있다. 첫째, 경기하강 때는 일반적으로 대학비용을 대는 데 보탤 파트타임 일자리가 감소한다. 둘째, 대학 교육에 필요한 돈을 빌릴 부모의 능력이 (아마도 소득과 자산가치의 감소 때문에) 감소한다. 마지막으로 경기침체의 기간 동안 금융지원을 위한 정부와 민간 지출이 감소할 수 있다.

그에 반해서 경기침체는 고등학교 졸업자의 근로소득을 감소시키거나 아니면 일자리를 얻을 확률을 낮추기 때문에 대학에 다니는 비용을 낮추는 경향이 있다. 결과적으로 대학에 다니는 기회비용은 하락하고, 따라서 등록률은 증가할 것이다.

실증 증거는 경기침체의 기간 동안 대학 등록률이 크게 증가하는 경향이 있기 때문에 경기침체 기간의 대학 기회비용의 감소가 대학 비용 지급 능력의 감소를 압도한다는 것을 보여준다. 델라스와 사켈라리스(Dellas and Sakellaris)는 실업률의 1% 증가가 18~22세의 대학 등록률을 0.8%포인트 증가시킨다는 것을 발견하고 있다. 그들의 모형은 경기침체의 어느 시기에는 40만 명이 넘는 대학생을 추가시켰을 수 있음을 알려주고 있다. 남성과 여성은 경기침체에 상이하게 반응하는 것처럼 보이지는 않는다. 그러나 비백인의 대학 등록률은 경기하강에 대해 백인보다 덜 민감하다.

자료 : Harris Dellas and Plutarchos Sakellaris, "On the Cyclicality of Schooling: Theory and Evidence," *Oxford Economic Papers*, January 2003, pp. 148–72. 2007~2009년 경기침체의 효과에 대한 분석은 Bridget Terry Long, "The Financial Crisis and College Enrollment: How Have Students and Their Families Responded," in Jeffrey Brown and Caroline Hoxby (eds.), *How the Financial Crisis and Great Recession Affected Higher Education* (Chicago: University of Chicago Press, forthcoming)을 참조하라.

했다. 그런 변화를 확실하게 보이는 것은 대학 교육과 관련된 근로소득 증가가 크게 감소했다는 것이다.[8] 결과적으로 대학에 등록 중인 젊은 사람들의 비율이 1970년대 초 크게 하락했다. 1980년대에 대학 졸업자들의 근로소득 이점은 반등했다. 제와 양(Ge and Yang)은 1980~1996년 기간 동안에 걸쳐 발생했던 대학 진학률의 큰 증가는 대학 프리미엄의 증가 때문이었다고 한다.[9]

실증 데이터

여러 실증 연구들이 모든 교육수준의 인적자본 투자수익을 추정했다. 여기에서는 대학 교육 투자에 관한 사적 수익률을 보여주는 연구에 집중하기로 한다.

수익률 연구

매우 일반적으로 말하면 대부분의 수익률 연구들은 대략 10~15%의 수익률을 추정했다.[10] 예를 들어 베커(Becker)는 자신의 고전적 연구에서 1939년, 1949년, 그리고 1958년의 내부수익률을 각각 14.5, 13.0, 그리고 14.8%로 추정했다.[11] 프리먼의 추정에 의하면 사적 수익률이

4.2
근로의 세계

---

[8]　Richard B. Freeman, *The Overeducated American* (New York: Academic Press, 1976).

[9]　Suqin Ge and Fang Yang, "Accounting for the Gender Gap in College Attainment," *Economic Inquiry*, January 2013, pp. 478–499.

[10]　최근 연구에 대한 설문조사는 George Psacharopoulos and Harry Anthony Patrinos, "Returns to Investment in Education: A Further Update," *Education Economics*, August 2004, pp. 111–34; and Claudio E. Montenegro and Harry Anthony Patrinos, "Comparable Estimates of Returns to Schooling Around the World," World Bank Policy Research Working Paper 7020, September 2014를 참조하라.

[11]　Gary Becker, *Human Capital*, 2nd ed. (New York: National Bureau of Economic Research, 1975).

4.2 국제 시각 　**대학 교육의 연간수익률**

남성 대학 교육의 매년 사적 수익률은 스웨덴의 7.4%로부터 미국의 15.4%의 범위를 보이고 있다.

수익률

미국	15.4
영국	14.3
독일	13.4
프랑스	11.4
캐나다	10.2
호주	9.0
일본	7.4
스웨덴	7.4

자료 : Organization for Economic Cooperation and Development, *Education at a Glance, 2014*, Table A7.3a. 모든 데이터는 2009년 수치인 호주를 제외하고 2010년 남성의 수치임.

1959~1974년의 기간에 걸쳐 8.5%로부터 11.0%까지 다양하다.[12] 해당 기간의 사회적 수익률은 7.5%로부터 11.1%까지의 범위로 추정되었다. 카드(Card)는 1976년에 10%의 수익률을 발견했다.[13] 케인과 라우즈(Kane and Rouse)는 1986년의 고등교육에 대한 9%의 수익률을 보고하고 있다.[14] 더 최근의 연구에서 헤크먼, 로크너, 토드(Heckman, Lochner, and Todd)는 2000년 백인 남성의 사적 수익률이 14%라고 보고하였다.[15]

대학 임금프리미엄

독자들은 아마 최근 수십 년 동안의 대학 임금프리미엄의 추세에 특별한 관심이 있을지도 모르겠다. **대학 임금프리미엄**(college wage premium)은 고졸자의 근로소득에 대한 대졸자의 근로소득 비율로 정의된다. 그림 4.3은 남성과 여성의 1973~2014년 기간에 걸친 이러한 임금프리미엄을 보여준다. 데이터는 정확히 고졸 근로자와 대졸 근로자를 비교한 것이다. 1973년의 비율은 여성

---

[12] Richard B. Freeman, "Overinvestment in College Training?" *Journal of Human Resources*, Summer 1975, p. 296.

[13] David Card, "Using Geographic Variation in College Proximity to Estimate the Return to Schooling," in Louis N. Christofides, E. Kenneth Grant, and Robert Swindisky (eds), *Labour Market Behavior: Essays in Honour of John Vanderkamp* (Toronto: University of Toronto Press, 1995).

[14] Thomas J. Kane and Cecilia Rouse, "Labor Market Returns to Two- and Four-Year Colleges," *American Economic Review*, June 1995, pp. 600-13.

[15] James J. Heckman, Lance J. Lochner, and Petra E. Todd, "Earnings Functions and Rates of Return," *Journal of Human Capital*, Spring 2008, pp. 1-31. 그들의 내부수익률 추정치는 인구통계학적 그룹 사이와 추정기법 사이에 차이가 난다.

4.2 근로의 세계   고졸학력인증서의 가치는 무엇인가?

검정고시(equivalency exam)를 통해 고등학교 졸업장을 따는 것의 인기는 지난 40년에 걸쳐 급등했다. 1960년에는 고등학교 졸업장의 단지 2%가 검정고시를 통해 주어졌다. 2013년에는 14%가 검정고시를 통해 수여되었다.

고졸학력인증(General Education Development, GED) 프로그램은 시험을 통해 고졸자와 동등한 자격을 달성하는 주요 방법이다. 프로그램의 내용은 중퇴자가 쓰기, 일반사회, 읽기, 그리고 수학 분야에 대한 7시간 30분 동안의 시험을 통과해야 하는 것이다. 시험은 개인이 고졸자의 지식과 숙련을 갖고 있다는 것을 증명한다.

헤크먼과 라폰테인(Heckman and LaFontaine)은 GED 획득의 경제적 편익을 조사했다. 그들은 중등과정 이후의 학교 교육을 받지 않는 사람들의 경우 GED를 획득하는 것의 직접적인 편익은 거의 없거나 전혀 없다는 것을 발견했다. GED를 획득한 사람들의 근로소득은 고등학교 중퇴자의 근로소득보다는 컸지만, 이 차이는 전적으로 GED를 획득한 사람들의 더 높은 능력에 기인한 것이다. 이러한 패턴은 남성과 여성, 나이 든 사람과 더 최근의 연령층, 그리고 내국인 근로자와 이주민 근로자 사이에 차이가 없었다.

GED로부터의 경제적 편익의 주요 경로는 중등과정 이후의 교육에 대한 더 원활한 접근을 통한 것이다. 그러나 GED 합격자 중 이후의 교육을 이수하고자 하는 사람은 상대적으로 거의 없었다. 오직 40%만이 대학에 진학한다. 나아가 GED 합격자 가운데 오직 3%만이 4년제 대학 학위과정을 마치며, 5%가 2년제 대학에서 전문학사를 취득한다.

헤크먼과 라폰테인은 교실에서의 학습에 손쉬운 지름길은 없다고 결론을 내리고 있다.

자료 : James J. Heckman and Paul A. LaFontaine, "Bias-Corrected Estimates of GED Returns," *Journal of Labor Economics*, July 2006, pp. 661-700; National Center for Education Statistics, *Digest of Educational Statistics, 2013* (http://www.nces.ed); and GED Testing Service, *2013 Annual Statistical Report on the GED Test* (http://www.gedtestingservice.com). GED에 관한 연구의 요약은 James J. Heckman and John Eric Humphries, and Nicholas S. Mader, "The GED," in Eric A. Hanushek, Stephen J. Machin, and Ludger Woessmann (eds.), *Handbook of the Economics of Education*, Volume 3 (Amsterdam : North-Holland, 2011), pp. 423-484를 참조하라.

의 경우 1.48, 남성의 경우 1.38이었는데, 이는 똑같은 성별 고졸자보다 대졸 여성은 48%, 남성은 38% 더 많이 벌었음을 의미한다. 1970년대 기간 동안 프리미엄은 여성들의 경우 다소 하락했으며, 남성들의 경우는 약간 하락했다. 그러나 1970년대 후반 이래 여성과 남성의 임금프리미엄은 크게 증가해, 여성의 경우 36%로부터 76%로, 남성의 경우 34%로부터 82%로 커졌다. 연구 결과들은 임금프리미엄의 가장 급속한 증가는 1년에서 5년까지의 경험을 가진 젊은 대졸자들에게 나타났음을 밝혔다.[16]

대학 임금프리미엄 변화에 대한 설명은 노동공급과 수요에 초점을 맞춘다. 1970년대의 프리미엄 감소는 대졸자들에 대한 수요의 상대적인 정체와 함께 대졸 베이비붐 세대의 대폭적인 유입의 결과였다는 데 일반적으로 동의가 이루어지고 있다. 1980년대에 왜 대학 프리미엄이 급증했는지에 대해서는 의견일치가 덜 이루어지고 있다. 머피와 웰치(Murphy and Welch)[17]는 임금프리미엄의 급속한 증가를 대학에서 훈련된 근로자들에 대한 수요의 엄청난 증가를 이용하여 설명한다. 특히 국내산업의 구조 변화(예를 들어 고기술산업으로의 고용 이동)와 생산기술의 변화(예를 들어 컴퓨터의 도움을 받는 기술의 사용 증가)는 대학에서 훈련을 받은 근로자들에 대한 수요를 크게 증가시켰을 수 있다.[18] 대학에서 교육받은 노동력의 상대적으로 둔화된 증가

---

[16] Kevin Murphy and Finis Welch, "Wage Premium for College Graduates: Recent Growth and Possible Explanations," *Educational Researcher*, May 1989, pp. 17-26.

[17] Ibid., pp. 13-26.

[18] Steven G. Allen, "Technology and the Wage Structure," *Journal of Labor Economics*, April 2001, pp. 440-83을 참조하라.

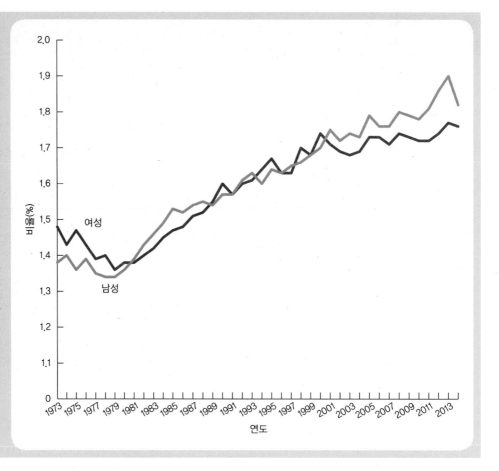

그림 4.3 대학 임금프리미엄의 최근 추세

대학 임금프리미엄(고졸자의 근로소득에 대한 대졸자의 근로소득 비율)은 시간이 지남에 따라 크게 변했다. 여성의 프리미엄은 1970년대에 중간 정도로 적절하게 감소했다. 남성의 프리미엄은 1974년부터 1979년까지 서서히 하락했다. 1979년 이후에는 남성과 여성의 프리미엄 모두 크게 증가했다. 대학 프리미엄의 변화는 일반적으로 대졸 및 고졸 근로자의 공급과 수요의 변화로 설명된다.

자료 : 1973~1978 *May Current Population Survey*와 1979~2014년 사이 월간 *Outgoing Rotation Group Current Population Survey* 파일로부터 저자가 계산함.

와 함께 이러한 수요가 대학 프리미엄을 크게 증가시켰다.

머피-웰치(Murphy-Welch)의 해석이 일반적으로 받아들여지기는 하지만, 일부 경제학자들은 점점 많은 수의 대졸자들이 전통적으로 대졸자를 필요로 하지 않던 직종에서 일하고 있다는 것을 지적했다. 이러한 사실은 공급 대비 대졸자들에 대한 수요가 증가했다는 아이디어와 모순되는 것처럼 보인다. 헤커(Hecker)[19]는 대학 임금프리미엄의 증가는 대학 교육을 받은 근로자들에 대한 수요 증가가 아니라 고졸자, 특히 남성에 대한 수요 감소의 결과라고 주장한다. 이러한 견해에 의하면 고졸자들의 임금 하락이 대학 임금프리미엄을 증가시켰다는 것이다.

고츠쵸크와 한센(Gottschalk and Hansen)은 대졸자들의 더 많은 비율이 오로지 고졸자를 필요로 하는 일자리를 잡고 있다는 것에 동의하지 않는다.[20] 그들은 설문조사 응답자의 인식이 아

---

[19] Daniel E. Hecker, "Reconciling Conflicting Data on Jobs for College Graduates," *Monthly Labor Review*, July 1992, pp. 3-21.

[20] Peter Gottschalk and Michael Hansen, "Is the Proportion of College Workers in Noncollege Jobs Increasing?" *Journal of Labor Economics*, April 2003, pp. 449-71. 과잉교육 문헌에 대한 최근 개요는 Edwin Leuven and Hessel Oosterbeek, "Overeducation and Mismatch in the Labor Market," in Eric A. Hanushek, Stephen Machin, and Ludger Woessmann (eds.), *Handbook of the Economics of Education*, Volume 4, (Amsterdam, Holland : Elsevier, 2011), pp. 283-326을 참조하라. 또한 Paul Beaudry, David A. Green, and Benjamin M. Sand, "The Great Reversal in the Demand for Skill and Cognitive Tasks," in Alexandre Mas and David Card (eds.), *The Labor Market in the Aftermath of the Great Recession* (Chicago : University of Chicago Press, forthcoming)을 참조

니라 '대졸자의 일자리가 아닌 일자리'에 대해 엄격한 정의가 사용될 때 헤커의 주장은 성립되지 않는다는 것을 보고하고 있다. 실제로 그들은 1980년대 중반과 1990년대 중반 사이에 대학 임금프리미엄이 증가함에 따라 '대졸자의 일자리가 아닌 일자리'에 취업한 대졸자의 비율이 감소했다는 것을 발견하고 있다.

주의사항

그러나 모든 그러한 실증 데이터는 약간 주의 깊게 해석되어야만 한다. 첫째, 미래를 정확하게 예측할 방법이 없다는 것이다. 경제학자들은 신규 대졸자의 미래 근로소득을 정확하게 추정할 수 없다. 인적자본 투자에 대한 수익률 또는 대학 임금프리미엄을 계산하기 위한 조사연구에 사용되는 데이터는 역사상의 데이터다. 역사상의 데이터는 뒤로 1970년만큼 멀리, 아니면 심지어 더 일찍 교육을 받았던 과거 대졸자들의 연령-근로소득곡선을 나타낸다. 2013년에 노동시장에서 대졸자가 전형적인 고졸자보다 평균적으로 연간 26,780달러를 더 받았다는 관찰은 이 차이가 지속될 것이라는 것을 보장하지 않는다. 2020년에 가면 그 수치가 확대될 수도 있고 축소될 수도 있다.

또한 근로소득 증가분이 대학 교육에의 투자 결정에 영향을 미치는 반면, 대학 교육에의 투자 결정도 근로소득 증가분에 영향을 미친다. 만약 고졸자 대비 대졸자의 큰 근로소득 격차가 가까운 과거의 일이라면 더 많은 신규 고졸자들이 대학 교육에 투자할 것이다. 그러나 이러한 투자는 고졸자 대비 대졸자의 공급을 증가시킬 것이고, 그렇게 되면 미래 근로소득 격차 또는 대학 임금프리미엄은 감소할 것이다. 가까운 과거의 높은 수익률이 미래 수익률의 감소에 기여하는 것이다.

둘째, 인적자본연구에 사용된 역사상의 데이터는 **평균(중앙값)** 근로소득의 형태인데, 평균 주위에서 교육수준별 근로소득의 분포는 넓다. 연구가 대학 교육의 평균 수익률이 10%라고 계산했더라도 어떤 사람은 30% 또는 50%를 벌 수 있는 반면, 다른 사람들의 경우 수익이 부(−)일 수도 있다. 상당한 비율의 오로지 고등학교 교육만 받은 사람들이 대졸자들의 중앙값 소득보다 더 많이 벌고 있다. 그리고 일부 대졸자들은 고졸자들의 중앙값 소득보다 더 적게 번다.

셋째, 이제까지의 논의는 학교 교육의 질이 아니라 양에 초점을 맞췄다. 오로지 관련된 요소는 학생들이 학교에서 보내고 있는 햇수였다고 암묵적으로 가정했다. 그러나 학교 교육의 질은 학교 교육에 대한 수익률에 영향을 미칠 것이다. 예를 들어 더 질이 높은 교사들, 더 나은 교실 자원, 그리고 학생들의 더 집중된 공부는 학교 교육에 대한 수익률을 틀림없이 증가시킬 것이다.

학교 교육에의 투입물이 어떻게 수익률에 영향을 미치는지에 관한 몇 가지 증거가 존재한다.[21] 카드와 크루거(Card and Krueger)는 교사들의 더 높은 급여와 더 낮은 학생-교사 비율은 학교 교육에 대한 수익을 증가시킨다는 것을 알려준다.[22] 그들은 또한 아프리카계 미국인들 사이의 학교 교육 질의 상대적인 향상이 1960~1980년 사이 아프리카계 미국인 남성과 백인 남성

4.3
근로의 세계

4.3
국제 시각

하라.

[21] 설문조사는 Eric A. Hanushek, "School Resources," in Eric A. Hanushek and Finis Welch (eds.), *Handbook of the Economics of Education*, Volume 2, (Amsterdam, Holland: Elsevier, 2006), pp. 866-907을 참조하라.

4.3 근로의 세계 고등교육 : 올바르게 선택하기

아래의 표는 2014년 대학 졸업자들의 전공별 연봉을 보여준다. 어떤 전공을 선택하는지가 근로소득에 영향을 미치는 것은 분명하다. 이 데이터를 보면 다른 결정들이 대학 졸업자의 근로소득에 영향을 미치는지 의문이 생긴다. 예를 들어 어느 대학 또는 대학교에 다니는지가 문제가 되는가?

데일과 크루거는 1976년과 1989년에 27개 대학 또는 대학교로부터 입학을 허가받았거나 거부당했던 개인들의 평생 근로소득을 조사함으로써 이 문제와 관련 질문들에 해명한다.* 이 연구의 혁신적인 특징은 연구자들이 (1) 더 선별적인 대학의 입학허가를 받았지만 덜 선별적인 대학에 다니기로 결정했던 사람들의 근로소득을 (2) 실제로 더 선별적인 대학에 다녔던 사람들의 근로소득과 비교할 수 있었던 것이다. 이러한 기법은 그들로 하여금 대학의 질이 근로소득에 미치는 효과에 대한 이전의 연구들을 괴롭혔던 능력 문제를 통제할 수 있도록 한다. 즉 앞서의 연구들은 엘리트 대학에 다녔던 학생들이 더 높은 근로소득을 얻었던 이유가 자신들이 선별적인 대학에 다녔기 때문이었는지, 아니면 그들이 똑똑하고 야심이 있어서였는지 구별하지 못했다.

연구 결과는 입학한 신입생의 평균 SAT 점수로 측정한 더 선별적인 대학에 다니는 것에 대가가 지급되지 *않는다*는 것을 알려준다.

예를 들어 프린스턴대학교와 같은 매우 선별적인 학교에 다녔던 학생들은 펜실베이니아주립대학교 같은 덜 선별적인 학교에 다녔던 학생들보다 더 많이 벌지 못했다. 이러한 발견의 예외는 소수집단과 교육을 별로 받지 못한 부모를 둔 학생들은 매우 선별적인 학교에 다닌 것으로부터 편익을 얻는 경향이 있다는 것이다. 이는 이러한 학생들이 자신들이 그렇지 않으면 얻을 수 없는 연줄을 갖게 된 결과일 수 있다.

그러나 근로소득은 학생이 지원했지만 재학하지 않았던 학교의 평균 SAT 점수에 정(+)의 관계를 갖고 있다. 예는 USC와 UCLA의 영화학교에 지원했지만 두 학교 모두에서 거부당했던, 유명한 영화 제작자 겸 감독 스필버그(Steven Spielberg)이다. 그는 대신 캘리포니아주립대학교 롱비치 캠퍼스(Cal State Long Beach)에 다녔다. 이는 열심히 일하고자 하는 야심과 의욕이 자신이 다닐 학교의 선택보다 더 중요한 근로소득의 결정요인이라는 것을 시사한다.

* Stacy Dale and Alan B. Krueger, "Estimating the Return to College Selectivity over the Career Using Administrative Earning Data," *Journal of Human Resources*, Spring 2014, pp. 323–358.

2014년 신규 대학 졸업자의 초봉 추정치

전공학위	초봉 추정치	전공학위	초봉 추정치
컴퓨터공학	67,500달러	회계학	55,600달러
화학공학	67,300달러	간호	55,300달러
경영정보시스템	65,000달러	통신	52,300달러
기계공학	63,700달러	수학(통계학 포함)	50,500달러
전기/전자공학	63,700달러	광고	47,100달러
토목공학	60,000달러	화학	46,300달러
재무	59,500달러	외국어	46,100달러
경제학	58,900달러	정치학/정부	43,500달러
경영학/경영관리	58,200달러	언론학	42,400달러
마케팅/마케팅관리	57,500달러	중등교육	41,300달러
영어학	40,100달러	사회사업	37,100달러
초등교육	39,700달러	심리학	36,900달러
역사학	39,400달러	사회학	36,800달러
범죄학	38,800달러	시각공연예술	35,600달러

자료 : National Association of Colleges and Employers, September 2014 *Salary Survey* (Bethlehem, PA: National Association of Colleges and Employers, 2014).

4.3 국제 시각 　학교 교육의 질

표준화된 테스트 점수를 기초로 한 학교 교육의 질은 각국 사이에 큰 차이가 난다.

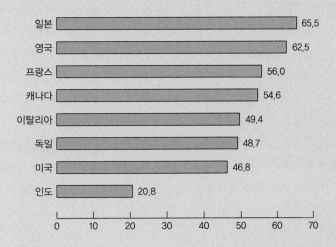

자료 : Eric A. Hanushek and Dennis D. Kimko, "Schooling, Labor Force Quality, and Economic Growth," *American Economic Review*, December 2000, pp. 1184-1208. 점수는 39개국의 세계 평균이 50과 같아지도록 만들기 위해 정규화되었다.

임금 격차 감소의 20%를 설명한다는 것을 발견하고 있다.[23] 그러나 헤크먼, 레인-파라, 그리고 토드(Heckman, Layne-Farrar, and Todd)는 학교 교육 투입물의 수익에 대한 영향은 카드와 크루거가 추정한 것만큼 대단하지는 않다고 결론 내리고 있다.[24]

스트레이어(Strayer)는 학교 질이 근로소득에 영향을 미치는 방법을 조사했다. 그는 더 높은 학교 질은 학생이 4년제 또는 2년제 대학 중 하나에 다닐 확률을 증가시킨다고 발표하고 있다. 이러한 대학 진학률의 증가는 이어 미래 근로소득을 증가시킨다. 학교의 질이 근로소득에 미치는 직접효과의 증거는 약하다고 한다.[25]

---

[22] David Card and Alan B. Krueger, "Does School Quality Matter? Returns to Education and the Characteristics of Public Schools in the United States," *Journal of Political Economy*, February 1992, pp. 1-40.

[23] David Card and Alan B. Krueger, "School Quality and Black/White Relative Earnings: A Direct Assessment," *Quarterly Journal of Economics*, February 1992, pp. 151-200을 참조하라.

[24] James J. Heckman, Anne Layne-Farrar, and Petra Todd, "Does Measured School Quality Really Matter? An Examination of the Earnings-Quality Relationship," in Gary Burtless (ed.), *Does Money Matter? The Effect of School Resources on Student Achievement and Adult Success* (Washington, DC: Brookings Institution, 1996). 비슷한 결론은 Iida Hakkinen, Tanja Kirjavainen, and Roope Uusitalo, "School Resources and Student Achievement Revisited: New Evidence from Panel Data," *Economics of Education Review*, June 2003, pp. 329-35를 참조하라.

[25] Wayne Strayer, "The Returns to School Quality: College Choice and Earnings," *Journal of Labor Economics*, July 2002, pp. 475-503.

사적 시각과 사회적 시각

이제까지 인적자본 투자 결정을 개인 또는 **사적 시각**(private perspective)으로 살펴보았다. 즉 편익과 비용을 인적자본 투자를 숙고하고 있는 개인의 관점에서 살펴보았다. 투자 결정은 또한 공공 또는 **사회적 시각**(social perspective)에서 살펴볼 수 있다. 시각을 바꾸어도 식 (4.3)과 (4.6)을 계속 사용할 수 있다. 그러나 비용과 편익의 개념을 바꾸어야만 한다. 사적 접근법은 오로지 개인에게 귀속되는 비용과 편익만을 포함한다. 그러나 사회적 시각에서는 관련된 비용과 편익의 범위가 확대되어야 한다. 특히 사적 시각은 보조금이 그저 개인에 의해 지급되지 않기 때문에 비용을 계산하는 데 있어 교육에 대한 어떤 공적 보조금이라도 제외된다. 마찬가지로 편익(근로소득의 증가분)은 개인의 관점에서 본다면 세후를 기준으로 계산되어야 한다. 사회적 관점에서 비용은 교육에 대한 어떤 공적 보조금이라도 포함해야 하며, 편익은 세전 근로소득의 증가분으로 나타나야만 한다. 아마도 정부가 세금으로 가져가는 근로소득 증가분의 일부분은 사회 전체에 도움이 되는 공공 재화와 서비스를 재정 지원하기 위해 사용될 것이다.

나아가 대부분의 경제학자들은 교육은 엄청난 **외부 또는 사회적 편익**을 수반한다고 믿고 있다. 즉 편익은 교육을 획득하는 개인 이외의 관계자들에게도 귀속된다는 것이다. 사회적 시각에서는 이러한 편익은 인적자본 투자에 대한 수익률을 추정하는 데 분명히 포함되어야 한다. 무엇이 이러한 사회적 편익인가? 첫째, 더 많은 교육을 받은 근로자들의 실업률이 교육을 적게 받은 근로자들보다 더 낮다는 것은 잘 알려진 사실이다. 교육을 제대로 받지 못한 근로자들은 실업률이 높아 더 빈번하게 실업보상과 복지급여를 수령하며, 또한 상대적으로 매력적인 소득 원천의 대안으로 범죄를 찾아낼지도 모른다. 이는 세금으로 조성된 예산을 사회복지프로그램, 범죄 예방, 그리고 법 집행을 위해 더 적게 지출하는 대신 교육에 더 투자함으로써 더 많은 편익을 볼 수 있음을 의미한다. 둘째, 정치적 참여, 그리고 아마도 정치적 결정의 질이 문자해독 능력의 개선 및 교육과 함께 향상될 수 있다. 더 많은 교육은 정치 과정이 대체로 사회의 편익에 더 효과적으로 기여하게 된다는 것을 의미할 수 있다. 셋째, 세대 간의 편익이 존재할 수 있다. 즉 더 나은 교육을 받은 부모의 자녀들은 더 바람직한 가정환경에서 성장하고 더 나은 보살핌, 지도, 그리고 비공식적인 취학 전 교육을 받을 수 있다. 넷째, 고급 교육을 받은 사람들의 연구를 통한 발견은 크고 광범위하게 확산되는 편익을 사회에 가져다줄 수 있다. 소크(Jonas Salk)의 효과적이고 경제적인 소아마비 백신 발견이 실례이다.[26]

인적자본 투자에 대한 사적 수익률과 사회적 수익률 사이의 차이 구별은 왜 중요한 의미가 있는가? 첫째, 사적 시각과 사회적 시각의 차이가 잠재적인 중요성을 갖는 이유는 인적자본과 실물자본의 수익률이 한계적으로 똑같아지도록 경제의 총투자지출이 배분되어야 경제적 효율성이 달성되기 때문이다. 만약 인적자본에 대한 수익률이 말하자면 12%인 반면 실물자본에 대한 수익률은 오직 8%가 되도록 주어진 투자지출액이 현재 배분되고 있다면, 실물자본으로부터

---

[26] 교육의 사회적 및 비시장 편익에 대한 더 자세한 논의는 Fabian Lange and Robert Topel, "The Social Value of Education and Human Capital," in Eric A. Hanushek and Finis Welch (eds.), *Handbook of the Economics of Education*, Volume 1, (Amsterdam, Holland: Elsevier, 2006), pp. 459-509; and Lochner Lance, "Nonproduction Benefits of Education: Crime, Health, and Good Citizenship," in Eric A. Hanushek, Stephen Machin and Ludger Woessmann (eds.), *Handbook of the Economics of Education*, Volume 4, (Amsterdam, Holland: Elsevier, 2011), pp. 183-282를 참조하라.

인적자본으로 투자를 이동시킴으로써 사회는 이득을 보게 된다. 이러한 비교에 있어서 사적이 아니라 사회적 수익률을 사용하는 것이 옳다. 따라서 인적자본에 대한 **사적 수익률**이 실물자본에 대한 수익률과 같다는 것을 발견한다면, 투자 자원이 인적자본과 실물자본 사이에 효율적으로 나뉘고 있다고 결론을 내리는 것이 반드시 옳은 것은 아니다. 만약 **사회적 수익률**이 사적 수익률보다 더 높다면(낮다면), 자원은 인적자본 투자에 과소배분(과대배분)되었을 것이다. 우연하게도 사회적 수익률에 대한 대부분의 연구에서는 사적 수익률을 추정하는 연구들에서 발견된 비율과 상당히 유사한 수익률을 산출하고 있다.

　사적 시각과 사회적 시각 사이의 구별이 중요한 두 번째 이유는 정책과 관련이 있다. 교육과 관련된 사회적 또는 외부 편익은 공적 자금에 의한 교육 보조 정당성의 근거가 된다. 배분상의 효율성을 도모하기 위해 이러한 교육에 대한 공공보조금의 크기는 관련된 사회적 편익의 크기를 기준으로 결정되어야 한다.

- 인적자본은 교육, 현장실무훈련, 건강, 그리고 생산성을 향상시키는 다른 요소들에 대한 사전 투자의 축적으로 구성된다.
- 인적자본 투자 수익을 계산하는 순현재가치 방법은 투자를 통한 순근로소득을 그 현재가치로 할인하기 위해 시장 이자율을 사용한다. 만약 순현재가치가 정(+)이면 투자를 집행해야 한다.
- 내부수익률 방법은 미래 근로소득의 현재가치와 투자비용을 같게 만드는 유일한 할인율을 발견한다. 만약 이 내부수익률이 차입의 이자비용을 초과하면 투자는 집행되어야 한다.
- 교육에 대한 투자의 사적 수익률은 대략 10~15%이며, 계속 증가하고 있는 것처럼 보인다. 사회적 수익률도 비슷할 것으로 생각된다.

4.1

잠깐만 확인합시다.

여러분의 차례입니다

교육투자의 현재가치가 매우 높은 정(+)의 수치라고 가정하자. 차입의 이자비용 대비 투자의 내부수익률에 대해 무엇을 추론할 수 있는가? (정답은 책의 맨 뒷부분에 수록되어 있음)

인적자본 투자와 근로소득의 분배

왜 사람들은 자신들이 획득하는 인적자본의 양을 크게 달리 하는가? 왜 응우옌은 고등학교 중퇴자, 브룩스는 고등학교 졸업자, 그리고 하산은 박사인가? 이유는 많고 복잡하지만, 인적자본에 대한 수요와 공급의 단순 모형을 제시함으로써 이 질문과 관련된 가치 있는 통찰력을 얻을 수 있다. 동시에 근로소득이 매우 불균등하게 분배되는 이유에 대해서도 이해하게 될 것이다.

수익률 체감

그림 4.4에 특정 개인의 연이은 교육 연수의 한계 내부수익률(추가 교육으로부터의 추가 수익)이 그려져 있는데, 단순화를 위해 수익률이 지속적으로 하락한다고 가정하고 있다. 실제로는 학생이 졸업하는 대학의 4년째의 수익률은 3년째보다 더 높은 한계수익을 산출할 수 있다. 그

러나 일반적으로 더 많은 투자가 이루어짐에 따라 수익률은 하락한다고 가정하는 것이 합리적이다. 왜 이러한 수익률은 체감하는가? 대답은 본질적으로 두 가지이다. 한편으로 인적자본(교육)에 대한 투자는 수확체감 법칙의 제약을 받는다. 다른 한편으로는 추가 교육이 이루어짐에 따라 수반되는 편익은 감소하고 관련되는 비용은 증가하므로 내부수익률은 하락한다.

수확체감

교육에 대한 투자는 수확체감 법칙의 제약을 받는다. 교육 또는 학교 교육에 의해 생산되는 추가적인 지식과 숙련은 학교 교육의 양이 증가함에 따라 점점 작아진다. 이는 학교 교육 각 추가 햇수로부터의 근로소득 증가분이 체감하며, 따라서 수익률도 체감할 것임을 의미한다. 개인을 어떤 산출량을 생산하기 위해 고정된 자원을 가변적인 투입물과 결합시키는 기업과 유사한 것으로 생각하라. 개인은 노동시장 숙련이라는 산출물을 만들기 위해 어떤 육체 및 정신적 특성을 교육 또는 학교 교육이라는 투입물과 결합시킨다. IQ, 운동 협응(motor coordination) 등과 같은 개인의 육체 및 정신적 특성은 본질적으로 유전자와 가정환경에 의해 결정되는 고정된 자원이다. 이러한 고정된 자원에 학교 교육 형태의 가변적인 투입물이 더해진다. 일정한 고정된 투입물에 가변적인 투입물이 더해지는 다른 모든 상황에서와 같이 생산되는 인적자본(개인이 획득하는 새로운 지식과 숙련)의 결과적 증가분은 궁극적으로 감소한다. 그리고 수확체감은 연이은 인적자본 투자의 수익률 또한 체감할 것임을 의미한다.

편익의 감소와 비용의 증가

추가 교육이 획득됨에 따라 내부수익률이 하락하는 두 번째 이유에 대해서는 이미 간단히 언급했다. 연이은 학교 교육 햇수의 경우 비용은 증가하고 편익은 감소하는 경향이 있다. 본질적으로 고정된 정신적 및 육체적 특성을 가진 것 이외에도 개인은 또한 고정된 양의 시간을 보유한다. 즉 유한한 평생 근로기간을 갖고 있다. 결과적으로 교육에의 투자 기간이 길면 길수록, 그 투자로부터의 소득 증가분이라는 편익을 실현하기 위한 기간은 더 적어지며, 따라서 수익률도

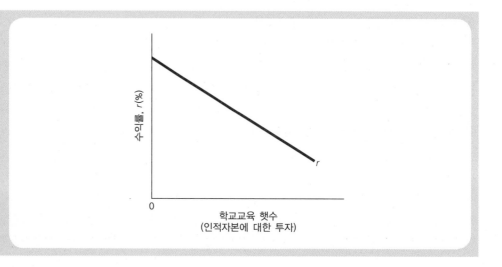

그림 4.4 연이은 학교 교육 햇수로부터의 수익률

연이은 학교 교육 햇수에 대한 투자로부터의 수익률은 (1) 그러한 투자가 수확체감 법칙의 대상이고, (2) 더 많은 교육을 얻음에 따라 비용은 증가하고 편익은 감소하기 때문에 체감한다.

더 낮아진다. 연이은 학교 교육 햇수의 비용은 증가하는 경향이 있기 때문에 수익률은 또한 감소한다. 한편으로 더 많은 교육이 획득됨에 따라 시간의 기회비용은 증가한다. 즉 학교에서 보내는 햇수는 오로지 고등학교 졸업장만을 가진 경우보다 학사학위 소지자의 경우 더 큰 기회비용을 갖는다. 마찬가지로 학교 교육의 사적 직접비용은 증가한다. 공공보조금 덕분에 초등학교 및 중·고등학교 교육은 근본적으로 무상으로 행해지지만, 대학과 대학원 비용의 상당 부분은 개별 학생이 부담한다. 연구 결과들은 학교 교육의 양이 증가함에 따라 학교 교육에 대한 수익률이 체감하는 것을 확인해준다.

수요, 공급, 그리고 균형

왜 그림 4.5에 r로 표시된 곡선을 **인적자본에 대한 수요곡선**(demand for human capital curve) (D_{hc})으로 식별했는가? 이러한 식별은 투자는 $r > i$이면 수익성이 있고 $r < i$이면 수익성이 없다고 말하는 이전에 논의된 결정 규칙을 적용한 결과이다. 그림 4.5의 맥락에서 한계수익률이 이자율과 같아질 때까지, 또는 요약하면 $r = i$일 때까지 인적자본 또는 학교 교육에 투자하는 것은 수익성이 있다. 따라서 그림 4.5에서 개인은 교육적인 목적으로 자금을 차입하는 데 있어 '가격순응자'이며, 화폐자본의 필요한 양은 주어진 이자율로 대출될 수 있다고 가정된다. 말하자면 i_2에 그려진 수평선은 이 이자율에서 개인은 완전탄력적인 **투자자금의 공급**(supply of investment funds) S_2에 직면한다는 것을 알려준다. $r = i$ 규칙은 e_2가 가장 수익성이 높고 투자할 만한 학교 교육 햇수라는 것을 가르쳐준다. 마찬가지로 만약 시장이자율이 i_3로 더 높아진다면 $r = i$ 규칙의 적용은 오로지 e_3만큼 학교 교육 햇수를 수익성이 있는 것으로 만들게 된다. 만약 시장이자율이 i_1으로 더 낮아진다면 e_1만큼 학교 교육 햇수에 투자하는 것이 수익성이 있게 된다. 가능한 이자율 또는 화폐자본가격을 선택하여 한계수익률곡선에 적용함으로써 투자의 금융상 가격(여러 가능한 이자율)을 수직축에, 또한 해당 인적자본 수요량을 수평축에 표시하

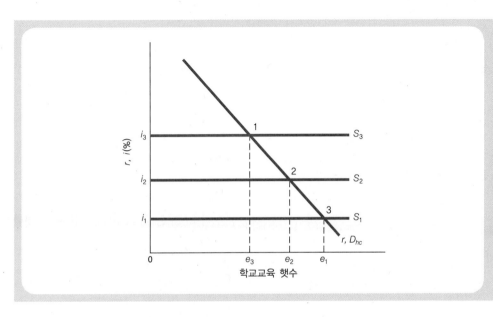

그림 4.5 인적자본에 대한 수요곡선의 도출

$r = i$ 규칙의 적용은 한계내부수익률곡선은 또한 인적자본에 대한 수요곡선이라는 것을 알려준다. 균형점(1, 2, 3) 각각은 투자의 금융상 가격(i)을 수직축에, 그리고 인적자본의 수요량을 수평축에 나타낸다. 가격과 수요량에 대한 이러한 정보는 인적자본에 대한 수요곡선을 구성한다.

는 여러 균형점(1, 2, 3)을 찾게 된다. 가격과 수요량에 대한 그러한 정보가 들어 있는 어떤 곡선이라도 정의에 따르면 수요곡선 — 이 경우는 인적자본 또는 학교 교육에 대한 수요곡선이다.

인적자본 투자의 차이

그림 4.5의 수요와 공급곡선은 왜 상이한 사람들이 상이한 크기의 인적자본에 투자하는지, 그리고 따라서 상당히 상이한 근로소득을 실현하는지를 설명할 수 있다. 세 가지 고려사항, 즉 (1) 능력 차이, (2) 숙련과 지식을 향상된 근로소득으로 전환시키는 역량에 관한 차별 때문에 생기는 불확실성의 정도 차이, (3) 인적자본 투자를 위한 차입자금에 접근하는데 있어서의 차이가 강조된다. 처음의 두 가지 요소는 인적자본 시장의 수요 측면을 통해서 작용하고, 세 번째는 공급 측면을 통해 작용한다.

능력 차이

근로의 세계

그림 4.6은 애덤스와 보웬 각자의 두 상이한 인적자본에 대한 수요곡선 D_A와 D_B, 그리고 공통 공급곡선을 포함한다. 공통 공급곡선은 학교 교육에의 투자를 위한 화폐자본은 똑같은 조건으로 애덤스와 보웬에게 이용가능하다는 것을 보여준다. 핵심 질문은 왜 보웬의 인적자본에 대한 수요곡선(D_B)이 애덤스의 수요곡선(D_A) 오른쪽에 놓여 있는지다. 대답은 동일하게 주어진 학교 교육이라는 투입물이라도 보웬이 노동시장 생산성과 근로소득 능력의 더 큰 증가로 전환할 수 있는 더 훌륭한 능력(더 나은 정신 및 육체적 장점과 아마도 더 큰 동기부여와 자기수양)을 갖고 있다는 것일 수 있다. 즉 보웬이 학교 교육 각 햇수마다 향상된 근로소득을 얻는 데 애덤스보다 더 능력이 있다는 것이다. 다시 말하면 보웬은 애덤스보다 노동시장에서 유용한 교육으로부터 더 많은 것을 얻는 능력을 갖고 있다. 따라서 학교 교육 각 햇수에 대한 수익률이 더 높으며, 따라서 보웬의 인적자본에 대한 수요곡선은 오른쪽으로 더 멀리 떨어져 있다. 이자율과 완전탄력적인 금융자본의 공급이 주어졌을 때 이는 보웬이 e_B년간의 학교 교육에 투자할 것인 반면 애덤스는 오지 e_A년만을 투자하기로 선택할 것임을 의미한다.[27]

더 능력이 있는 사람들이 그렇지 않은 사람들보다 더 많은 교육을 받는 것이 합리적이기 때문에 근로소득 격차가 심화된다는 것을 주목하라. 똑같은 학교 교육의 양이 주어졌을 때 타고난 능력이 더 크기 때문에 보웬이 애덤스보다 더 많이 벌 것이라고 기대할 수 있게 된다.

차별 : 근로소득의 불확실성

이제 애덤스와 보웬이 능력 면에서 똑같다고 가정하자. 그러나 애덤스는 아프리카계 미국인 또는 여성이며, 따라서 노동시장에서 교육을 통해 획득한 더 높은 생산성을 판매하는 데 차별적인 장애물에 마주칠 가능성이 더 크다고 가정하자. 다시 말해서 애덤스는 교육을 통해 얻은 노동시장 숙련을 근로소득 증가분으로 전환할 가능성을 감소시키는 여러 형태의 차별에 직면할

---

[27] 몇 가지 증거는 자신들이 능력이 결여되었기 때문이 아니라 주로 자신들이 더 높은 할인율을 갖고 있기 때문에(아마도 그들은 더 가난한 가족의 일원이거나 아니면 교육에 대해 불쾌감을 갖고 있다), 교육을 적게 받은 사람들은 더 적은 교육을 획득하게 된다는 것을 알려준다. David Card, "Earnings, Schooling, and Ability Revisited," *Research in Labor Economics* 16 (1995), pp. 23-48을 참조하라.

4.4 근로의 세계 고등학교에서 무엇을 했는지가 중요하다*

고등학교 학생들은 종종 그들의 교사들로부터 고등학교에서의 성과가 자신들의 미래에 영향을 미칠 것이라는 이야기를 듣는다. 분명히 고등학교 성적은 학생이 대학 입학 허가를 받는 데 영향을 미친다. 그러나 고등학교 성적의 효과는 대학 입학 결정을 넘어 당연히 연장된다.

프렌치, 호머, 포포비치, 로빈스(Michael French, Jenny Homer, Ioana Popovicic, and Philip Robins)는 고등학교 학업 성과가 미래 교육수준과 성인이 되어서의 근로소득에 어떻게 영향을 미치는지를 조사하고 있다. 그들의 연구는 24세에서 34세까지의, 따라서 고등학교를 나온 지 평균적으로 약 10년이 된 10,000명이 넘는 사람들에 관한 데이터를 사용한다. 그들 분석의 중요한 장점은 분석이 덜 믿을 수 있는 스스로 보고한 성적이 아니라 고등학교 성적표로부터의 데이터를 사용하고 있다는 것이다.

고등학교 성적은 미래 교육수준과 근로소득에 강하게 영향을 미친다. 고등학교 평점(GPA)의 1점 증가는 남성과 여성 모두의 대학을 졸업할 확률을 21%로부터 42%로 2배로 만든다. 이러한 추정치는 가족 규모, 학교의 특성, 타고난 능력, 동기부여, 그리고 부모의 교육수준 같은 미래 교육수준에 영향을 미칠 수 있는 다른 요소들을 통제한 것이다. 더 높은 고등학교 평점을 가진 사람들은 또한 대학원 학위를 마칠 가능성이 더 컸다. 마찬가지로 고등학교 평점(GPA)의 1점 증가는 남성의 경우 12%, 여성의 경우 14% 연간 근로소득을 각각 증가시킨다.

아프리카계 미국인과 히스패닉계 남성들은 똑같은 고등학교 성과와 배경 특성을 가진 백인보다 더 많은 교육을 받는다. 한 가지 가능한 설명은 소수집단 남성들이 그들의 백인 상대자들보다 더 많은 동기를 부여받는다는 것이다.

* Michael T. French, Jenny F. Homer, Ioana Popovicic, and Philip Robins, "What You Do in High School Matters: High School GPA, Educational Attainment, and Labor Market Earnings as a Young Adult," *Eastern Economic Journal*, forthcoming.

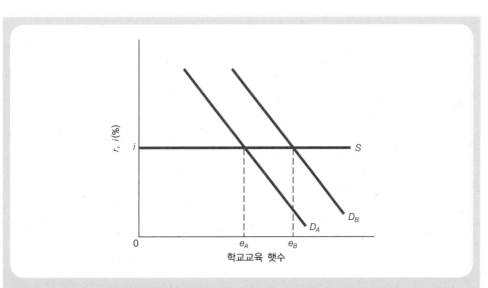

그림 4.6 능력, 차별, 그리고 인적자본 투자

만약 보웬이 애덤스보다 학교 교육을 노동시장 생산성과 근로소득의 증가로 전환하는 더 큰 능력을 가졌다면 보웬의 인적자본에 대한 수요곡선(D_B)은 애덤스의 수요곡선(D_A)보다 오른쪽으로 더 멀리 놓일 것이다. 이자율이 주어졌을 때 보웬이 애덤스보다 더 많은 교육에 투자하는 것이 합리적일 것이다. 마찬가지로 만약 애덤스와 보웬이 똑같은 능력을 가졌지만 차별이 애덤스가 추가 교육으로부터 얻을 수 있는 소득 증가분의 크기를 줄인다면 애덤스가 보웬보다 더 적은 교육에 투자하는 것이 합리적일 것이다.

수 있다. 식 (4.3)과 (4.6)에서 차별은 똑같은 교육 양으로부터 아프리카계 미국인 (여성) 애덤스에게 나타나는 근로소득 흐름이 백인 (남성) 보웬에게 귀속되는 근로소득 흐름보다 더 적게 될 가능성을 발생시킨다. 이는 교육의 각 수준에 대한 수익률이 보웬보다 애덤스의 경우 더 낮다는 것을 의미한다. 그림 4.6에서 애덤스의 인적자본에 대한 수요는 보웬보다 더 작다. 교육을 재정 지원하는 자금에의 접근이 똑같이 주어졌을 때(그림 4.6의 iS곡선), 보웬은 애덤스보다 더 많은 인적자본에 투자하는 것이 합리적이라는 것을 또다시 알 것이다. 임금과 근로소득을 감소시키는 차별은 차별을 받는 사람들의 인적자본에 투자하고자 하는 인센티브를 감소시키는 비뚤어진 영향을 또다시 갖게 된다.

4.5
근로의 세계

자금에의 접근

이제 마지막 고려사항이다. 그림 4.7은 애덤스와 보웬의 인적자본에 대한 수요곡선이 똑같지만, 보웬이 애덤스보다 더 좋은 조건으로 화폐자본을 획득할 수 있는 상황을 나타낸다. 왜 차이가 나는가? 보웬은 담보물로 금융자산 또는 실물자산을 제공할 수 있는 입장에 있는, 따라서 더 낮은 이자율을 얻을 수 있는 더 부유한 가족의 일원일 수 있다. 이러한 조건 아래에서 보웬이 애덤스보다 더 많은 학교 교육 햇수에 투자하는 것은 합리적이다.[28]

상호작용

기본 요점은 능력, 차별의 영향, 그리고 금융자원에의 다양한 접근에 있어서의 차이가 여러 개인들이 상이한 양의 교육을 얻는 것이 합리적이라는 것을 알게 되는 모든 이유라는 것이다. 그림 4.1의 연령-근로소득곡선에서 보이는 바와 같이 교육수준에서의 이러한 차이들이 근로소득 분배의 불균등을 만들어내는 데 있어 중요하다는 것을 주목해야 한다. 실제로 교육의 불균등을 설명하는 요소들이 상호작용하여 앞에서의 논의가 시사하는 것보다 더 큰 근로소득의 불균등을 창출할 수 있다. 예를 들어 차별은 아프리카계 미국인들과 여성들의 교육에 대한 수요를 감소시키는 인적자본 시장의 수요 측면에 영향을 미칠 뿐만 아니라 공급 측면에 관해서도 또한 나타날 수 있다. 만약 자금을 빌려주는 사람이 차별이 아프리카계 미국인 또는 여성이 자신이 훈련을 받고 있는 직종에서 일자리를 얻을 수 있는 가능성을 줄일 것이라고 판단한다면, 그는 더 높은 이자율을 부과함으로써 이와 같은 더 큰 위험을 보충할 것이다. 이는 아프리카계 미국인과 여성들의 투자자금 공급곡선을 그림 4.7에서와 같이 위쪽으로 이동시켜, 획득되는 교육의 양을 더욱 감소시킬 것이다. 마찬가지로 더 큰 능력을 갖고 있는 개인들은 또한 더 낮은 금융비

---

[28] 더 설명하기 힘든 요소인 개인의 시간선호 또한 인적자본 투자에 영향을 미친다. 예를 들어 커트는 미래의 편익을 위해 현재의 소비를 상대적으로 희생하려 하지 않는다는 점에서 매우 현재지향적(present-oriented)이다. 식 (4.3)으로 이야기하면 커트는 실제로 근로소득의 미래 흐름을 할인하는 데 더 높은 이자율을 사용하게 된다. 다른 조건이 일정하다면 이는 인적자본 투자의 현재가치를 감소시키고, 인적자본 투자를 집행할 가능성을 줄이게 된다. 반대로 벨은 미래의 편익을 위해 현재의 소비를 꽤 포기할 용의가 있다는 점에서 매우 미래지향적(future-oriented)이다. 그녀는 식 (4.3)에서 근로소득의 미래 흐름을 할인하는 데 낮은 이자율을 사용하게 되어, 인적자본 투자의 현재가치를 증가시키는 경향을 갖게 되고 인적자본 투자를 집행할 가능성을 높인다. 시간선호라는 개념은 능력과 자금에의 접근에 관해 꽤 동질적인 개인들이 왜 상당히 다른 인적자본의 양을 획득하는지를 설명하는 데 도움이 된다. 이 문제는 제8장에서 더 고려될 것이다. 더 많은 교육을 받은 개인들이 더 미래지향적이라는 것을 보여주는 분석은 John T. Warner and Saul Pleeter, "The Personal Discount Rate: Evidence from Military Downsizing Programs," *American Economic Review*, March 2001, pp. 33-53을 참조하라.

4.5 근로의 세계   대학 성 차이의 역전

1960년에는 대학을 졸업하는 남성 1명당 0.63명의 여성 졸업자가 있었다. 이 비율은 시간이 지남에 따라 꾸준히 증가했다. 현재는 남성보다 더 많은 여성이 대학을 졸업한다. 2013년에는 대학을 졸업하는 남성 1명당 1.34명의 여성이 졸업했다.

1950년대 말부터 1970년대 초까지 많은 여성 학생들은 교직과 같은 전통적인 여성 직종을 추구하기 위해 대학에 다녔으며, 제한된 기간 동안만 경제활동인구에 머무르려 생각했다. 1960년대 말과 1970년대 초를 시작으로 젊은 여성들의 직장생활에 대한 기대가 변하기 시작했다. 즉 그들은 노동시장에 훨씬 더 많이 근무하게 될 것을 기대했다. 여성운동, 산아제한(근로의 세계 3.5 참조), 성 차별 감소, 그리고 이전 세대 여성 대졸자들의 경제활동 참가율 증가를 포함한 많은 요소가 이러한 변화에 역할을 담당했다.

그들의 미래 근로에 대한 기대가 증가한 결과, 고등학교 여학생은 다른 방식으로 대학을 준비하기 시작했다. 그들은 더 많은 수학 및 과학 과목을 수강하기 시작했다. 1972년에 고등학교 남학생은 여학생들보다 24% 더 많은 수학 과목과 20% 더 많은 과학 과목을 수강했다. 1992년에는 수학 및 과학 과목 등록에 있어 고등학교 남학생과 여학생 사이의 비율이 사실상 같아졌다. 고등학교 여학생들은 또한 남학생들과 비교할 때의 자신들의 수행평가 점수를 증가시켰다. 실제로 1992년에 고등학교 여학생들은 수학과 읽기의 복합 수행평가 점수에서 우위를 점하였다. 골딘, 카츠, 쿠지엠코(Goldin, Katz, and Kuziemko)는 남학생 대비 여학생들의 수행평가 점수 증가는 물론 수학과 과학 과목을 수강하는 고등학교 여학생들의 비율 증가가 1970~1990년대 사이 대학 졸업자의 남성 대비 여성 비율 증가의 37%에서 63%까지를 설명할 수 있음을 발견하고 있다.

왜 여성이 동등함을 지나 대학생의 다수가 되었을까? 골딘, 카츠, 쿠지엠코는 비인지적(noncognitive) 요소들이 중요한 역할을 담당했을 수 있다고 주장한다. 특히 남학생들은 여학생보다 더 많은 행동상의 문제를 갖고 있다. 남학생들은 여학생보다 주의력결핍 과잉행동장애(ADHD)로 고통 받을 확률이 2~3배나 된다. 남학생들은 여학생보다 범죄행위에 연루되고, 학교에서 정학을 받거나, 특별한 교육프로그램에 있을 가능성이 훨씬 더 크다.

자료 : Claudia Goldin, Lawrence Katz, and Ilyana Kuziemko, "The Homecoming of American College Women: The Reversal of the College Gender Gap," *Journal of Economic Perspectives*, Fall 2006, pp. 133-56; and National Center for Education Statistics (http://nces.ed.gov).

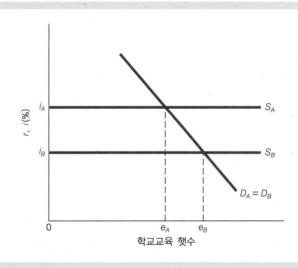

그림 4.7 자금에의 접근과 인적자본 투자

만약 보웬이 애덤스보다 더 좋은 조건으로 금융자원에 접근할 수 있다면 보웬이 더 많은 양의 교육에 투자하는 것이 합리적일 것이다.

용을 경험할 수 있다. 더 큰 능력은 단지 그의 유전적인 유산으로부터뿐만 아니라 그의 가정환경의 질로부터 생겨날 수 있다. 고소득 가족의 일원으로 태어날 만큼의 행운을 가진 어린이는 더 많은 그리고 더 나은 취학 전 교육을 향유하고, 더 큰 동기부여와 자기훈련을 경험하며, 일반적인 교육에 더 높은 가치를 부여할 수 있다. 이러한 고려사항들은 이 어린이가 교육을 받아들이고 자신의 노동시장 생산성과 근로소득을 증가시킬 더 큰 능력을 가질 수 있다는 것을 의미한다. 고소득 가족의 일원으로 태어난다는 것은 또한 좋은 조건으로 교육을 재정 지원할 더 큰 능력을 갖고 있음을 의미하기도 한다.[29]

여기서의 언급은 여러 개인들이 획득하는 인적자본의 양과 그 결과 나타나는 근로소득 분배를 결정하는 데 공공정책이 또한 중요한 역할을 담당할 수 있다는 것을 정확하게 의미한다. 예를 들어 차별금지정책이 효과가 있었던 범위 내에서는 교육에 대한 개별수요곡선의 차이가 줄어들었고, 근로소득 불균등 또한 감소했다. 학생의 능력을 기초로 한 장학금 제도는 가장 강력한 인적자본에 대한 수요곡선을 갖고 있는 학생들로 하여금 또한 가장 강력한 자금에의 접근성을 갖게 한다는 것을 의미하는데, 이는 결합되어 인적자본과 근로소득 분배의 불균등을 증가시키게 된다. 반대로 필요한 수요를 기초로 한 장학금 제도 또는 사회적으로 혜택을 받지 못한 또는 소수집단 가족의 자녀들을 대상으로 하는 교육 프로그램들은 인적자본과 근로소득 분포의 불균등을 감소시키게 된다.

자본시장의 불완전성

자본시장은 인적자본이 아니라 실물자본에의 투자를 유리하도록 만드는 어떤 편향 또는 불완전성을 포함하고 있을 수 있다. 그러한 편향은 **자본시장 불완전성**(capital market imperfection)이라 불린다. 구체적으로 말하면 자금이 실질자본 또는 내구소비재의 구입과 비교할 때 인적자본 투자를 위해 즉각적으로 이용가능하지 않거나 덜 유리한 조건으로만 접근할 수 있다는 것이다. 아마도 그 주요 이유는 인적자본은 차입자에게 내재되어 있고, 따라서 대출금에 대한 담보물로 이용가능하지 않기 때문이다. 만약 어떤 사람이 주택담보대출 또는 자동차대출에 대해 체납하면 대출자가 재소유하여 손실을 회복하기 위해 판매할 수 있는 유형자산이 존재한다. 그러나 노예 제도와 노예 계약 문서를 거부하는 나라에서는 차입자가 교육자금 대출을 상환하지 않을 때 대출자가 압수할 지정된 자산이 존재하지 않는다. 이는 대출자에 대한 위험을 증가시키고 부과하는 이자율에 위험할증을 포함시킬 것을 촉발한다. 나아가 다른 조건이 일정할 때 나이 든 사람들보다 젊은 사람들이 인적자본 투자를 하는 것이 더 합리적이다. 그러나 젊은 사람들은 자신들로 하여금 합리적인 조건으로 차입할 수 있도록 하는 확립된 신용 또는 담보자산을 갖고 있을 가능성이 더 적다. 마지막으로 인적자본 투자에 대한 수익의 차이도 크다. 대졸자들이 **평균적으로** 고졸자보다 상당히 더 벌지만 평균적인 고졸자보다 더 적게 벌고 있는 대졸자들도 많다. 이러한 수익의 불확실성은 인적자본 대출금에 부과되는 위험할증을 부풀릴 수 있다.[30]

[29] 부모가 자녀들의 근로소득에 어떻게 영향을 미치는지에 대한 흥미로운 논의는 Paul Taubman, *Income Distribution and Redistribution* (Reading, MA: Addison-Wesley Publishing Company, 1978), chap. 5를 참조하라.

[30] 자본시장 불완전성에 대한 더 깊은 논의는 Lester Thurow, *Investment in Human Capital* (Belmont, CA: Wadsworth Publishing

교육자금 대출을 위한 자본시장의 상대적인 부적합성은 하나 또는 두 가지 중요한 결과를 가져온다. 첫째, 방금 지적한 문제와 불확실성 때문에 금융기관들은 인적자본 투자를 위한 대출을 하지 않을 수 있다. 이는 개인들이 집행할 수 있는 인적자본 투자량이 자신 또는 가족의 소득과 부에 좌우될 것임을 의미한다. 따라서 잘 나가는 가족은 상대적으로 덜 고통스러운 자신의 저축액을 줄이는 방법으로 자녀들의 대학 교육을 재정 지원할 수 있다. 그러나 가난한 가족은 저축할 수 없으며, 따라서 대학 교육의 재정 지원은 아마도 생활수준의 심각한 하락을 의미할 것이다.[31] 이러한 환경은 악순환을 영속화할 수 있다. 인적자본(교육)을 거의 갖고 있지 않은 개인과 가족은 가난할 수 있다. 또 가난하기 때문에 추가적인 인적자본의 획득을 재정 지원하는 것이 극도로 힘들게 된다.

자본시장 불완전성은 두 번째 중요한 시사점을 갖는다. 만약 실물자본과 인적자본 투자 사이에 평형 또는 균형을 달성하는 것이 사회적으로 이득이 된다면 정부는 인적자본 대출금을 보조하거나 제공함으로써 불완전성을 상쇄해야만 할 것이다. 이상적으로 말하면 실물자본과 인적자본 투자 사이의 균형은 인적자본에 쓰인 마지막 달러가 실물자본에 지출한 마지막 달러만큼 국내 산출량에 똑같은 액수를 기여할 때 달성된다. 그러나 학자금 대출에 부과되는 더 높은 이자율은 인적자본에 대한 지출을 제약할 것이며, 그 결과 국가의 산출량에 대한 인적자원의 마지막 단위의 상대적인 기여는 실물자본 마지막 단위의 기여를 초과할 것이다. 이는 투자자원이 인적자본에 과소배분되고 있다는 것을 의미한다. 정부가 학자금 대출을 촉진하기 위해 대출보증과 금융자원을 제공하는 이유는 부분적으로는 이러한 논리 때문이다.

4.2
잠깐만 확인합시다.

- 인적자본의 연이은 단위에의 투자수익률은 하락한다. 즉 더 많은 투자가 발생함에 따라 기회비용은 증가하고 한계편익은 감소하기 때문에 투자수요곡선은 우하향한다.
- 인적자본 투자의 최적 수준은 한계수익률 r이 이자율 i(투자의 가격)와 같을 때 발생한다.
- 더 큰 능력을 가지고 있는 사람들이 그렇지 않은 다른 사람들보다 더 많은 교육을 얻는 것이 합리적이다. 반대로 노동시장에서 차별을 당하는 사람들은 인적자본에 투자할 인센티브가 더 작다.
- 더 좋은 이자율 조건으로 투자를 위한 금융자금에 더 쉽게 접근할 수 있는 사람들은 다른 사람들보다 합리적으로 교육에 더 많이 투자할 것이다.
- 자본시장의 불완전성은 투자가 인적자본이 아니라 실물자본에 편향되도록 할 수 있다.

여러분의 차례입니다

균형에서 공식교육으로부터 근로소득을 얻어낼 더 큰 능력을 가진 사람들과 더 작은 능력을 가진 사람들의 한계수익률 r은 동일하다(그림 4.6을 참조하라). 그렇다면 왜 더 큰 능력을 가진 사람들이 더 많은 공식교육을 얻는가? (정답은 책의 맨 뒷부분에 수록되어 있음)

Company, 1970), pp. 77-83을 참조하라.

[31] 단순히 그 가족들이 기회비용을 감당할 여유가 없을 수 있다는 이유 때문에 심지어 상대적으로 낮은 수업료와 납부금의 특징을 갖고 있는 공립대학과 대학교들도 저소득 가족의 학생들을 더 적게 유치할 수 있다(그림 4.2를 참조하라). 매우 가난한 가족은 아들 또는 딸이 고등학교를 졸업하자마자 즉각적으로 노동시장에 진입함으로써 벌 수 있는 소득을 포기할 수 없을지도 모른다. 연방 학자금 대출 프로그램이 최근 수년 동안 이 문제를 완화했다. 가족 재정이 대학 등록에 미치는 영향에 대한 분석은 Bhashkar Mazumder, "Family Resources and College Enrollment," *Economic Perspectives* (Federal Reserve Bank of Chicago), 4th Quarter 2003, pp. 30-41을 참조하라.

현장실무훈련

근로자들이 소유하고 있으며 사용가능한 노동시장 숙련 중 많은 부분은 공식 학교 교육이 아니라 **현장실무훈련**(on-the-job training)을 통해서 획득된다. 그러한 훈련은 어느 정도는 공식적일 수 있다. 즉 근로자들은 구조화된 훈련프로그램(structured trainee program) 또는 도제프로그램(apprenticeship program)을 이수할 수 있다. 반면에 현장실무훈련은 흔히 매우 비공식적이며, 따라서 측정하거나 심지어 알아내기가 어렵다. 경험이 적은 근로자들은 종종 '경험학습(learning by doing)'에 관여한다. 즉 그들은 단순히 더 숙련이 높은 근로자들을 관찰하고, 그들이 아프거나 또는 휴가 중일 때 그들의 일을 대신 봐주며, 또는 휴식시간 동안 비공식적인 대화에 관여함으로써 새로운 숙련을 획득한다.

비용과 편익

공식교육 같이 현장실무훈련은 현재의 희생과 미래의 편익을 수반한다. 따라서 그것은 인적자본 투자이며 순현재가치와 내부수익률 틀[식 (4.3)과 (4.6)]을 통해 분석될 수 있다. 현장실무훈련을 제공할지를 결정하는 데 있어 기업은 훈련에 의해 발생하는 예상추가수입을 그것을 제공하는 비용과 비교 검토한다. 만약 훈련투자의 순현재가치가 정(+)이면 기업은 투자할 것이고, 그것이 부(−)이면 투자하지 않을 것이다. 달리 말하면 만약 투자의 내부수익률이 차입의 이자비용을 초과한다면 기업은 투자할 것이다.

　사용자들의 경우 훈련의 제공은 훈련기간 동안의 근로자 산출량의 감소와 같은 간접비용과 함께 교실에서의 설명 또는 근로자 개인지도 증가와 같은 직접비용을 수반할 수 있다. 근로자들은 훈련기간 동안 더 낮은 임금이라는 비용을 받아들여야만 할지 모른다. 기업에 대한 잠재적인 편익은 훈련을 받은 노동자들이 더 생산적이 되고, 따라서 기업의 총수입에 더 큰 기여를 할 것이라는 것이다. 마찬가지로 훈련을 받은 근로자들은 자신들의 향상된 생산성 때문에 더 높은 임금을 기대할 수 있다.

일반훈련과 특수훈련

관련된 비용과 편익이 근로자와 사용자 사이에 어떻게 배분되는지를 이해하기 위해 현장실무훈련의 두 가지 극과 극의 형태를 구별해야만 한다. 한 극단적 예인 **일반훈련**(general training)은 모든 기업과 산업에서 똑같이 사용할 수 있는 숙련 또는 특성을 창출하는 것을 지칭한다. 달리 말하면 일반훈련은 모든 기업으로 향하는 근로자들의 생산성을 향상시킨다. 다른 극단적인 예인 **특수훈련**(specific training)은 그 훈련을 제공한 특정 기업에서만 사용될 수 있는 훈련이다. 특수훈련은 그 훈련을 제공하는 기업에서만 근로자의 생산성을 증가시킨다. 실제는 대부분의 현장실무훈련이 일반훈련과 특수훈련 요소들을 모두 포함하며, 따라서 단적인 사례를 제시하기는 어렵다. 그럼에도 불구하고 상당한 기간 동안 과업에 집중하고, 일에 규칙적으로 또한 시간을 지켜 모습을 드러내며, 읽고, 단순한 수학적 처리를 수행하며, 그리고 지시를 따르는 능력 모두는 일반훈련을 구성한다고 조심스럽게 말할 수 있다. 마찬가지로 컴퓨터를 이용한 문서작성, 목수일,

또는 회계기술을 습득하는 것은 일반훈련으로 간주할 수 있다. 그 대신에 기업의 생산물에 독특한 조립절차를 수행하는 능력은 특수훈련의 전형적인 예가 된다. 자사 제품에 대한 무료 전화문의에 응대하는 요원을 교육시키는 것은 특수훈련의 또 다른 예이다.

일반훈련과 특수훈련의 구별은 적어도 두 가지 이유 때문에 중요하다. 첫째, 근로자와 사용자 가운데 누가 현장실무훈련의 대가를 지급할 가능성이 더 큰지를 설명하는 데 도움이 된다. 둘째, 사용자들이 왜 자신의 훈련을 받은 근로자들을 확실하게 보유하기를 간절히 바라는지 이해하는 데 유용하다.

훈련비용의 배분

근로자 또는 기업 가운데 어느 쪽이 현장실무훈련의 대가를 지불할지 분석하는 것은 약간 복잡하다. 순수한 경우를 살펴보는 것으로 시작하여, 그 뒤 현실 세계의 관찰 내용을 설명하기 위해 분석을 수정하기로 하자. 각각 시장은 완전경쟁 상태이고, 근로자들은 완전히 이동이 자유롭다는 가정을 기초로 하고 있는 두 가지 광범위한 일반화로 시작하기로 한다. 첫째, 근로자는 훈련 기간 동안 더 낮은 임금을 받음으로써 일반훈련의 대가를 지불할 것이다. 둘째, 기업이 특수훈련의 비용을 부담해야만 한다.

일반훈련은 이전할 수 있는 숙련과 특정 상황에 대한 이해 능력을 근로자에게 제공한다. 즉 숙련과 이해 능력은 더 높은 임금에 다른 기업에 판매될 수 있다. 만약 사용자가 비용을 부담한다면, 근로자는 훈련 후 기업에의 취업 상태에서 이탈할 수 있고 그렇게 하면 훈련투자에서 발생한 모든 수익(편익)을 사용자로부터 탈취할 수 있다. 그렇게 되지 않으려면 훈련 후의 기간 동안에 사용자는 근로자의 더 높아진 생산성에 상응하는 임금을 지급해야 할 것인데, 이는 사용자에게 귀속될 훈련투자에서 발생한 모든 가능한 수익을 제거한다. 따라서 만약 일반 현장실무훈련이 실시된다면, 그 소요비용은 훈련 기간 동안 삭감된 임금의 형태로 근로자에 의해 지급된다.

반면에 특수기술은 근로자에 의해 이전이 가능하지 않거나 판매될 수 없다. 따라서 근로자는 그런 훈련의 대가를 지급하지 않을 것이다. 만약 근로자가 특수훈련의 기간 종료 시점에 해고되거나 일시해고된다면, 근로자는 노동시장에서 판매할 가치가 있는 어떤 것도 얻지 못한 것이 된다. 비용은 사용자가 부담한다. 이는 전형적으로 사용자가 훈련기간 동안 기업의 수입에 대한 근로자의 기여를 초과하는 임금을 지급할 것임을 의미한다. 그림 4.8은 이러한 일반화를 자세히 설명하는 데 유용하다.

일반훈련

그림 4.8(a)는 일반훈련의 경우를 나타낸다. 여기서 W_u와 MRP_u는 훈련받지 않은 근로자의 경우 임금과 한계수입생산이 어떻게 될 것인지를 알려준다. **한계수입생산(marginal revenue product)**은 주어진 근로자의 고용과 관련된 기업 총수입의 증가이다.[32] 추가 근로자의 고용은 기업의 총산출량, 따라서 그 수입을 증가시킬 것이다. 그 수입에의 이러한 추가분이 MRP이다.

---

[32] 이 개념은 제5장에서 더 자세히 논의될 것이다.

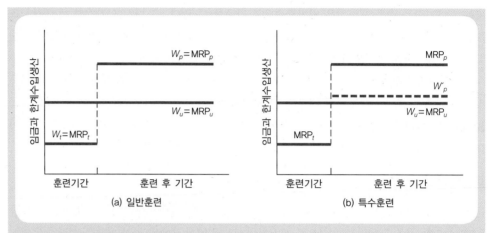

그림 4.8 임금과 일반훈련 및 특수훈련의 한계수입생산

(a) *일반훈련*. 일반훈련은 다른 기업과 산업에 팔 수 있기 때문에($W_p = \text{MRP}_p$) 근로자들은 보통 때는 기업이 제공하는 그런 훈련의 대가를 지급해야만 한다. 이러한 지급은 훈련 기간 동안 삭감된 임금($W_t < W_u$)의 형태로 이루어진다. 가능한 예외는 기업이 법정 최저임금에 직면하고 자격을 갖춘 노동력을 갖기 위해 보완적인 기본교육을 제공할 필요가 있을 때이다. 기업은 자신이 훈련기간 동안 W_t보다 높은 수준의 임금을 지급하고 훈련 후의 기간 동안 W_p보다 약간 낮은 수준의 임금을 지급함으로써 자신의 투자를 되찾을 수 있다고 결론을 내릴 수 있다. 높은 일자리탐색 및 이동 비용에 직면하고 있는 근로자들은 W_p를 지급하고 있는 일자리로 떠나지 않을 수도 있다. (b) *특수훈련*. 특수훈련은 다른 기업들로 이전되지 않는다. 따라서 사용자는 그런 훈련의 대가를 지급해야만 한다. 훈련기간 동안 사용자는 근로자의 한계수입생산을 초과하는 임금($W_u > \text{MRP}_t$)을 지급한다. 훈련 후 기간 동안 근로자의 한계수입생산이 자신의 임금을 초과할 것이기 때문에($\text{MRP}_p > W_u$) 사용자는 특수훈련에 대한 수익을 수령한다. 특수훈련에 대한 사용자의 수익이 훈련 후 근속 기간의 길이에 직결되어 변하기 때문에, 사용자는 근로자의 이직을 줄이기 위해 완전경쟁 상태의 임금보다 높은 수준의 임금(W_u와 비교할 때 W'_p)을 자발적으로 지급할 수 있다.

자료 : John T. Addison and W. Stanley Siebert, *The Market for Labor: An Analytical Treatment* (Santa Monica, CA: Goodyear Publishing Company, 1979), p. 114로부터 수정.

그림 4.8(a)에서 훈련기간 동안 임금과 한계수입생산은 W_t와 MRP_t로 나타나는 반면, W_p와 MRP_p는 훈련 후 임금과 한계수입생산이다. 훈련기간 동안 근로자가 생산으로부터 학습으로 시간을 전용하기 때문에 MRP_t는 훈련받지 않는 근로자의 경우보다 낮다. 훈련이 일반훈련이기 때문에 더 높아진 훈련 후 한계수입생산(MRP_p)은 모든 기업들과 관련이 있다는 것을 강조하는 것이 중요하다. 따라서 완전경쟁기업들은 MRP_p와 같아질 때까지 이 훈련받은 근로자의 임금을 올릴 것이다. 사용자가 보통 때는 일반훈련의 비용을 지급할 용의가 없는 것은 정확히 이 이유, 즉 '훈련 후 임금'이 경쟁으로 인하여 '훈련 후 한계수입생산'과 동일한 수준으로 상승할 수밖에 없기 때문이다. 사용자는 근로자의 한계수입생산보다 낮은 임금을 지급함으로써 자신의 훈련투자에 대한 수익을 얻을 기회가 없다. 편익이 더 높은 임금의 형태로 훈련받은 근로자에게 전적으로 귀속되는데 왜 사용자가 일반훈련비용을 부담해야만 하는가? 반복해서 말하자면 근로자는 훈련기간 동안 훈련받지 않는 근로자의 임금보다 낮은 임금(W_u와 비교할 때 W_t)을 받아들임으로써 일반훈련비용을 지급한다. 덧붙여 말하자면, 경쟁이 근로자의 임금을 훈련 후 더 높아진 한계수입생산(MRP_p)과 같아지도록 상승시킴으로써 사용자에 대한 수익 발생을 불가능하게 한다는 사실이 왜 일반교육이 전형적으로 일자리 현장에서가 아니라 학교에서 이루어지는

지를 설명한다.

특수훈련

그림 4.8(b)는 특수훈련과 관련된다. 다시 한 번 W_u와 MRP_u는 훈련받지 않는 근로자의 임금과 한계수입생산이고, MRP_t와 MRP_u는 각각 특수훈련의 기간 동안과 특수훈련 후 한계수입생산을 나타낸다. 그림 4.8(a)와 대조적으로 훈련기간 후의 한계수입생산은 오로지 이 기업에만 적용된다. 근로자는 이 기업에서의 생산성을 증가시킬 특수훈련을 습득했다. 그러나 정의상 특수훈련은 다른 기업들로 이전되지 않거나 또는 다른 기업들에 유용하지 않다. 특수훈련이 이전되지 않기 때문에, 즉 특수훈련은 자신의 서비스에 대한 노동시장 경쟁의 결과 근로자가 더 높은 임금을 얻도록 허용하지 않을 것이기 때문에 근로자는 그러한 훈련비용을 지급하기를 거부하고 훈련기간 동안에 더 낮은 임금을 받아들이지 않을 것이다. 훈련기간 동안 임금은 W_u에 머물 것인데 이는 사용자가 근로자의 한계수입생산(MRP_t)을 초과하는 임금을 지급함으로써 훈련비용을 부담해야만 한다는 것을 의미함을 주목하라. 그러나 특수훈련은 이전되지 않기 때문에, 즉 특수훈련은 다른 기업들에 대한 근로자의 한계수입생산을 증가시키지 않기 때문에 사용자는 훈련 후 기간 동안에 W_u 위로 임금을 인상시킬 필요가 없다. 따라서 사용자의 관점에서 보면 훈련은 훈련기간 동안에 비용의 흐름(W_u는 MRP_t를 초과한다)을 부과하며, 이어 훈련 후 기간 동안에 편익의 흐름 또는 증가된 수입(MRP_p는 W_u를 초과한다)이 뒤따른다. 식 (4.3)에 보이는 바와 같이 만약 이러한 흐름의 순현재가치가 정(+)이라면 기업은 그 근로자들을 위해 특수훈련을 실시하는 것이 수익성이 있다는 것을 알 것이다. 실제로 독자들은 의심할 여지없이 그림 4.8(b)가 그림 4.2를 닮았다는 것을 알아챘을 것이다.

4.4
국제 시각

수정

일반훈련과 특수훈련에 대한 이제까지의 논의는 몇 가지 중요한 방식으로 수정할 가치가 있다. 첫째, 다시 한 번 일반훈련을 보기로 하자[그림 4.8(a)]. 최근 들어 일부 기업들은 초등 및 중등 교육의 질 저하를 보충하기 위해 신규 근로자들에게 학력 부족을 보충하는 읽기, 쓰기, 그리고 수학 같은 일반훈련을 제공하기 시작했다. 이러한 기업들은 스스로 충분한 수의 자격을 갖춘 근로자들을 확보하기 위해 이러한 일반훈련을 제공하지 않을 수 없었다. 보통 이러한 기업들은 그림 4.8이 시사하는 바와 같이 훈련기간 동안 임금을 삭감한다. 그러나 법정 최저임금이 이러한 전략을 불가능하게 하는 경우가 있다. 따라서 일부 기업들은 훈련비용의 일부를 자신이 지불해야 할지 모른다.

　그림 4.8(a)에서 최저임금이 일반훈련을 제공하고 있는 일부 기업들로 하여금 훈련기간 동안 W_t보다 더 많이 지급하도록 강요할 수 있다는 것을 시사했다. 이러한 기업들이 일반훈련비용을 회수하는 것이 어떻게 가능할까? 만약 근로자들이 훈련을 마친 후에 W_p보다 더 낮은 임금을 지급받는다면 그들은 자신들의 서비스를 어딘가 다른 곳으로 가져가지 않을까? 여기에 대한 대답은 현실 사회에서 근로자들은 이동이 완전히 자유롭지 않다는 것이다. 즉 일자리를 바꾸고 지리적으로 이전하는 데는 비용이 든다. 따라서 이러한 기업들은 훈련 후 기간의 일부 또는 전부

4.4 국제 시각   사용자가 제공하는 교육과 훈련을 받는 근로자 비율

사용자가 제공하는 직무 관련 교육과 훈련을 받은 근로자의 비율은 아일랜드의 12%로부터 노르웨이의 46%까지 다양하다.

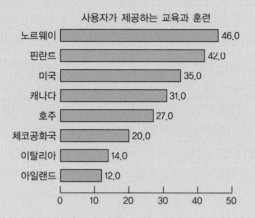

사용자가 제공하는 교육과 훈련

국가	비율
노르웨이	46.0
핀란드	42.0
미국	35.0
캐나다	31.0
호주	27.0
체코공화국	20.0
이탈리아	14.0
아일랜드	12.0

자료 : Organization for Economic Cooperation and Development, *Employment Outlook*, July 2003, Table 5.1. 통계는 1990년대 중반부터 말까지의 25~64세 근로자들의 표본을 기초로 함.

의 기간 동안 근로자의 한계생산성보다 낮은 임금의 지급을 통해 일반훈련에 대한 투자를 회수할 수 있다. 일자리를 바꿈으로써 근로자가 얻을 수 있는 추가 임금은 일자리탐색 및 이전 비용을 충당하기에 충분하지 않을 수 있다.

그림 4.8(b)에 대한 앞서의 논의도 또한 수정할 필요가 있다. 훈련 후 기간 동안에 사용자는 각 근로자의 기업 총수입에 대한 기여(MRP_p)보다 더 낮은 임금(W_u)을 지급함으로써 특수훈련으로부터의 수익을 실현한다는 것을 관찰했다. 이러한 차이로부터 도출되는 수입 또는 이윤 총액은 근로자가 기업에 고용된 채로 남아 있는 기간에 직결되어 변한다. 요컨대 사용자는 특수훈련을 받은 근로자들의 이직 또는 사직률을 낮추는 데 금전적인 이해관계를 갖고 있다. 사용자는 근로자가 어딘가 다른 곳에서 얻을 수 있는 것보다 다소 높은 임금, 예를 들어 W_u가 아니라 W'_p를 자발적으로 지급함으로써 이를 달성할 수 있다. 달리 표현하면 훈련 후 기간 동안의 임금은 특수훈련으로부터의 이익을 사용자와 근로자 사이에 나눌 수 있도록 설정될 가능성이 있다. 특수훈련은 노동을 가변요소로부터 생산의 준고정요소로 바꾸는 여러 고려사항 중 하나다.[33]

마지막으로 언급하고자 한다. 평균적으로 공식교육을 가장 많이 받은 사람이 또한 더 많은 현장실무 특수훈련을 받는다. 이는 놀랄 일이 아니다. 말하자면 대학 학위를 취득함으로써 자신의 훈련가능성을 보여준 사람은 오직 고등학교 졸업장만을 가진 누군가보다 사용자에 의해

---

[33] 고전적인 연구는 Walter Oi, "Labor as a Quasi-Fixed Factor," *Journal of Political Economy*, December 1962, pp. 538-55이다.

특수 현장실무훈련에 선발될 가능성이 더 크다. 그 이유는? 그러한 사람은 낮은 비용으로 훈련을 받을 수 있기 때문이다. 실제로 그림 4.8(b)는 근로자가 훈련을 단기간에 이수할 수 있을 때 현장실무훈련은 사용자에게 더 높은 수익을 가져다줄 것임을 의미한다. 대학 학위는 훈련의 내용을 짧은 시간에 흡수할 수 있다는 능력의 증거이다. 더 많은 공식교육을 받은 사람들이 평균적으로 더 많은 현장실무훈련을 받는다는 사실은 더 많은 교육을 받은 근로자들의 연령-근로소득곡선이 왜 교육을 적게 받은 근로자들의 연령-근로소득곡선보다 더 빨리 증가하는지를 설명하는 데 도움이 된다(그림 4.1을 참조하라).

4.3
잠깐만 확인합시다.

- 일반훈련은 다른 기업들에게 판매될 수 있기 때문에 근로자들은 보통 훈련기간 동안 삭감된 보수를 통해 일반훈련에 대한 대가를 지급해야만 한다.
- 특수훈련은 다른 기업들로 이전되지 않는다. 따라서 사용자는 보통 특수훈련에 대한 대가를 지급해야만 하고, 후에 이 근로자들에게 그들의 MRP보다 낮은 임금을 지급함으로써 훈련비용을 회수한다.
- 법정 최저임금에 직면할 때 자격을 갖춘 근로자들을 필요로 하는 일부 기업들은 일반훈련의 비용을 지급하고 훈련 후 기간 동안 근로자들에게 그들의 MRP보다 낮은 임금을 지급함으로써 자신들의 비용을 회수할 수 있다. 높은 일자리탐색 및 이전 비용 때문에, 많은 근로자들은 다른 어딘가에서 더 많이 벌 수 있을 수 있음에도 불구하고 현재의 일자리에 머물 것이다.
- 사용자의 특수훈련에 대한 수익은 훈련 후 기간의 길이에 직결되어 변한다. 따라서 사용자는 근로자의 이직을 감소시키기 위해 완전경쟁 시의 임금보다 높은 수준의 임금을 지급하고 자신의 투자에 대한 수익을 증가시킬 수 있다.

여러분의 차례입니다

여러분이 졸업 후 일하지 않는 시간에 MBA학위를 따기 위해 학교 다니기를 희망하는 근로자에게 수업료 전액을 지급하겠다고 제의하는 사용자의 일자리를 얻었다고 가정하자. 사용자는 여러분에게 MBA학위를 딴 후 기업을 위해 계속 일할 것을 요구하지 않는다고 한다. 이는 어떤 형태의 훈련인가? 누가 실제로 훈련의 대가를 지급한다고 생각하는가? (정답은 책의 맨 뒷부분에 수록되어 있음)

실증 증거

1995년에 50명 이상의 근로자를 사용하는 사업체 근로자들의 70%가 전년도에 자신들의 일자리 숙련을 향상시키기 위한 공식훈련에 참여하고 있음을 보고했다. 대학 교육을 받은 근로자들의 거의 90%가 훈련을 받았던 반면, 고등학교 졸업 이하의 학력을 가진 근로자들은 60%가 훈련을 받았다. 똑같은 비율의 백인과 아프리카계 미국인 근로자들이 일하면서 훈련을 받았다. 1995년에 남성의 2/3가 훈련을 받았던 반면, 여성의 73%가 훈련에 참가했다.[34]

훈련에 관한 새로운 연구에 변화무쌍함이 있었다.[35] 아래에 몇 가지 최근의 조사 결과들을 소개한다.

---

[34] Harley Frazis, Maury Gittleman, Michael Horrigan, and Mary Joyce, "Results from the 1995 Survey of Employer-Provided Training," *Monthly Labor Review*, June 1998, pp. 3-13.

[35] 훈련의 효과에 관한 최근 연구의 설문조사는 Harley J. Frazis and James R. Spletzer, "Worker Training: What We've Learned from the NLSY79," *Monthly Labor Review*, February 2005, pp. 48-58을 참조하라.

- 노동조합 근로자들은 비노동조합 근로자들보다 훈련을 받을 가능성이 더 크다.[36]
- 정(+)의 생산성 효과가 일반훈련에서는 발견되었지만 특수훈련에서는 발견되지 않았다.[37]
- 사용자가 제공하는 훈련에의 참가가능성은 소기업보다 대기업에서 더 컸다.[38]
- 대부분의 훈련은 성격상 특수훈련이 아니라 일반훈련인 것처럼 보인다.[39]
- 현장실무훈련의 축적은 근로자의 실질임금을 인상시킨다. 현재 사용자와의 매년의 훈련은 젊은 근로자들의 근로소득을 13% 증가시킨다.[40]
- 71개 연구에 대한 분석에 의하면 현장실무훈련 각 과정은 근로소득을 2.6% 증가시킨다.[41]
- 훈련의 1% 증가는 약 0.6%의 생산성 증가 및 약 0.3%의 시간당 임금의 인상과 관련이 있다.[42]
- 공식훈련은 고용기간을 연장시킨다.[43]
- 현장실무훈련 양의 성별 차이는 성별 임금 차이에서 단지 작은 역할만을 담당한다.[44]

인적자본 이론에 대한 비판

인적자본 모형과 그 적용에 대해 많은 비판이 이루어졌다. 여기서 논의되는 처음의 두 가지 비판은 측정 문제와 관련이 있으며, 교육투자에 대한 수익률 추정치가 편의될 가능성이 있다는 것을 시사한다. 다른 두 가지 비판 또한 인적자본 투자에 대한 수익률을 측정하는 데 있어서 시사점을 갖고 있지만, 인적자본 투자의 개념 또는 이론 자체에 도전하고 있다는 점에서 더 심오하다.

투자 또는 소비?

인적자본 투자에 대한 수익률 측정에 대한 한 가지 비판은 그와 같은 경비의 일부는 실제로는

[36] Christian Dustmann and Uta Schönberg, "Training and Union Wages," *Review of Economics and Statistics*, May 2009, pp. 363-76.

[37] Alan Barrett and Philip J. O'Connell, "Does Training Generally Work? The Returns to In-Company Training," *Industrial and Labor Relations Review*, April 2001, pp. 647-62.

[38] Dan A. Black, Brett J. Noel, and Zheng Wang, "On-the-Job Training, Establishment Size, and Firm Size: Evidence for Economies of Scale in the Production of Human Capital," *Southern Economic Journal*, July 1999, pp. 82-100.

[39] Mark A. Loewenstein and James R. Spletzer, "General and Specific Training: Evidence and Implications," *Journal of Human Resources*, Fall 1999, pp. 710-33.

[40] Daniel Parent, "Wages and Mobility: The Impact of Employer-Provided Training," *Journal of Labor Economics*, April 1999, pp. 298-317.

[41] Carla Haelermans and Lex Borghans, "Wage Effects of On-the-Job Training: A Meta-Analysis," *British Journal of Industrial Relations*, September 2012, pp. 502-528.

[42] Lorraine Dearden, Howard Reed, and John Van Reenen, "The Impact of Training on Productivity and Wages: Evidence from British Panel Data," *Oxford Bulletin of Economics and Statistics* 4 (2006), pp. 397-421.

[43] Adam Grossberg, "The Effect of Formal Training on Employment Duration," *Industrial Relations*, October 2000, pp. 578-99. 또한 Federico Garcia, Jeremy Arkes, and Robert Trost, "Does Employer-Financed General Training Pay? Evidence from the U.S. Navy," *Economics of Education Review*, February 2002, pp. 19-27을 참조하라.

[44] Paul Sicilian and Adam J. Grossberg, "Investment in Human Capital and Gender Wage Differences: Evidence from the NLSY," *Applied Economics* 33, no. 4 (March 2001), pp. 463-71.

소비지출이기 때문에 교육에 대한 모든 지출을 투자로 간주하는 것은 옳지 않다는 것이다. 예를 들어 대학에 진학하려는 결정은 노동생산성의 예상되는 증가와 근로소득 상승보다는 더 광범위하고 복잡한 고려사항을 기초로 이루어진다. 대학 교육에 대한 개인의 지출액 중 상당한 부분은 즉각적으로 또는 장기간에 걸쳐 소비편익을 산출한다.[45] 셰익스피어, 도자기, 음악 감상 등 강좌에의 지출은 개인의 흥미, 취향, 그리고 활동의 범위를 넓힘으로써 즉각적인 또한 장기간에 걸친 소비편익을 산출한다. 물론 19세기 영문학 강의는 소비편익을 산출할 뿐만 아니라 구두 및 쓰기 표현 능력을 향상시키는 것이 사실이다. 그리고 이러한 능력은 노동시장에서 가치를 갖는다. 즉 그것은 생산성과 근로소득을 증가시킨다. 그러나 문제는 문학 강좌를 위한 지출 중 얼마만큼이 투자이고 어떤 부분이 소비인지를 결정하는 적당한 방법이 없다는 것이다. 주요 요점은 교육지출의 소비구성요인을 무시함으로써 그리고 **모든 그러한 경비를 투자로 간주**함으로써 실증 연구자들은 교육투자수익률을 과소평가한다는 것이다. 달리 말하면 투자비용을 과대평가함으로써 교육투자의 수익을 과소평가하고 있다.

비임금 편익

내부수익률을 계산하는 데 있어 대부분의 연구자들은 단순히 고졸자와 대졸자 근로소득의 차이만을 비교한다. 그러나 고졸자와 대졸자의 일자리는 다른 여러 측면에서 상이하다. 첫째, 대졸자들이 얻는 일자리와 관련된 부가급여는 절대적으로 또한 근로소득 대비 고졸자들이 받는 부가급여보다 더 넉넉하다. 부가급여를 무시함으로써 실증연구들은 대학 교육에 대한 수익률을 과소평가한다. 둘째, 대졸자들이 얻는 일자리는 고졸자들의 일자리보다 일반적으로 더 쾌적하고 흥미롭다. 이는 근로소득 증가분을 기초로 한 수익률 계산이 대학 교육으로부터 발생하는 총편익을 과소평가하고 있다는 것을 의미한다.

능력 문제

능력 문제 또는 **선별가설**이라 이름 붙여진 다른 두 가지 비판은 인적자본 투자의 개념 자체에 의문을 제기한다. 먼저 **능력 문제**(ability problem)를 고려하기로 하자.

평균 소득이 교육수준에 직결되어 변한다는 것은 널리 인식되고 있다. 그러나 두 변수 사이에 강력하고 명백한 인과관계가 존재한다는 것은 잘 받아들여지지 않는다. 인적자본 이론에 대한 비판자들은 관찰되는 소득격차가 전적으로 또는 심지어 주로 추가 교육의 결과라는 것에 의문을 제기한다. 문제를 다소 다르게 말하면 '다른 조건이 일정하다'는 가정이 그림 4.2의 단순 모형과 그로부터 도출된 결론의 기저를 이룬다는 것이다. 인적자본 이론에 대한 비판자들은 실제로 다른 조건이 일정할 가능성이 없다고 주장한다. 더 많은 가족의 부와 더 나은 일자리 관련 연줄은 말할 나위도 없고 더 많은 정보, 더 많은 자기 수양, 그리고 더 큰 동기부여를 갖고 있는 사람들이 대학에 갈 가능성이 더 크다는 것은 널리 인정되고 있다. 대졸자들이 대학에서 획득

---

[45] 대학 교육의 소비가치 추정치는 Pedro Carniero, Karsten T. Hansen, and James J. Heckman, "Estimating Distributions of Treatment Effects with an Application to the Returns to Schooling and Measurement of the Effect of Uncertainty on College Choice," *International Economic Review*, May 2003, pp. 361–422를 참조하라.

한 모든 지식과 이해 능력을 어찌어찌해서 잊어버린다고 해도, 이들이 대학에 가지 않기로 결정했던 사람들보다 더 큰 소득을 벌 것이라는 것은 여전히 예상할 수 있다. 따라서 대졸자들이 고졸자들보다 더 많은 소득을 벌더라도, 그 근로소득 증가분의 상당한 부분은 대학 교육에 대한 투자의 결과로까지 추적될 수는 없다고 주장할 수 있다. 달리 말하면 더 큰 능력을 가진 사람들이 노동시장에서 잘하는 경향이 있다는 것이다. 즉 그들이 대학에 다니기도 했다는 사실은 그들의 성공에 어느 정도 부수적인 것이었다는 얘기다. "교육이 소득과 상관관계를 갖는 유일한 이유는 교육에서의 성공에 필요한 능력, 동기부여, 그리고 개인 습관의 조합이 우연히도 생산적인 근로자가 되는 데 필요한 것과 똑같은 조합이라는 것이다."[46] 이러한 비판은 만약 대학 졸업자들이 향유하는 근로소득 증가분의 상당한 부분이 그들의 학교 교육이 아니라 그들의 능력에 기인하는 것이라면 대학 교육에의 투자에 대한 수익률 추정치는 과대평가될 것이라는 것을 의미한다.

이 비판의 타당성을 받아들이면서 많은 연구자들은 근로소득 증가분의 얼마만큼이 능력과 같은 개인적 특성의 차이가 아니라 인적자본 투자로부터 도출되는지를 결정하려 시도했다. 예를 들어 일란성 쌍둥이에 대한 연구는 능력 편의가 학교 교육에 대한 수익률 측정치에 작은 역할을 담당한다고 결론을 내리고 있다.[47] 그러나 최근의 연구는 능력 차이의 효과는 시간이 지남에 따라 증가해 왔으며, 대학 임금프리미엄 증가의 상당한 부분을 설명한다는 것을 발견하고 있다.[48]

또한 교육과 근로소득 사이의 인과관계가 공공정책에 중요한 시사점을 갖고 있다는 것도 관찰해볼 만하다. 만약 교육이 더 높은 근로소득의 유일한 또는 주요 원인이라는 인적자본 이론가들의 주장이 옳다면, 사회가 빈곤을 줄이고 소득 불균등의 정도를 줄이기로 선택할 때 저소득 근로자들에게 더 많은 교육과 훈련을 제공하는 것은 의미가 있다. 반면에 만약 더 높은 소득이 교육이나 훈련과 무관하게 주로 능력에 의해 생긴 것이라면, 저소득 그룹의 교육과 훈련에 대한 지출을 증가시키는 정책은 그들의 소득 증가나 소득 불균등 완화에 제한적인 성공만을 거둘 수 있다.

선별가설(신호가설)

선별가설(screening hypothesis, 신호가설이라고도 함)은 능력 문제와 밀접하게 관련되어 있다. 이 가설은 교육이 주로 학생들의 노동시장 생산성을 바꿈으로써가 아니라 그들의 일자리 배치, 따라서 그들의 근로소득을 결정하는 것과 같은 방식으로 학생들의 등급을 나누고 꼬리표를 붙임으로써 근로소득에 영향을 미친다고 한다.[49] 선별가설은 사용자들이 교육적 성취 표시(예를

[46] Alice M. Rivlin, "Income Distribution—Can Economics Help?" *American Economic Review*, May 1975, p. 10.

[47] Orley Ashenfelter and Alan Krueger, "Estimates of the Economic Returns to Schooling from a New Sample of Twins," *American Economic Review*, December 1994, pp. 1157-73. 능력의 직접적인 척도를 사용한 비슷한 결과는 McKinley Blackburn and David Neumark, "Omitted-Ability Bias and the Increase in the Return to Schooling," *Journal of Labor Economics*, July 1993, pp. 521-44 를 참조하라.

[48] Baris Kaymak, "Ability Bias and the Rising Education Premium in the United States: A Cohort-Based Analysis," *Journal of Human Capital*, Fall 2009, pp. 224-67.

[49] Michael Spence, "Job Market Signaling," *Quarterly Journal of Economics*, August 1973, pp. 355-74. 선별 문헌에 대한 조사는

들어 대학 학위의 소지)를 누가 생산성이 좋을 가능성이 있는 근로자인지를 확인하는 저렴한 수단으로 사용한다고 주장한다. 따라서 대학 학위 또는 기타 자격증은 훈련가능성이 높고 역량이 훌륭하다는 신호가 되고, 고품질의 훈련과 승진 기회가 보장되는 상위 레벨의 고임금 일자리에의 입장권이 된다. 교육을 적게 받은 사람들은 업무를 수행할 능력이 없어서가 아니라 단지 그런 자리로 접근하도록 해주는 대학 학위를 갖고 있지 않다는 이유로 배제된다. 대학 졸업자들이 향유하는 소득 증가분은 더 생산적인 것에 대한 보상이 아니라 자격증을 가진 것에 대한 대가일 따름이다.

사적인 관점에서 보면 선별은 내부수익률에 아무런 효과를 미치지 못함이 틀림없다. 어떤 사람이 대학에서 획득한 지식과 숙련 때문에 높은 임금을 지급하는 위치에 받아들여지든 아니면 그가 필요한 자격증(대학 학위)을 보유하기 때문에 높은 임금을 지급하는 위치에 받아들여지든 대학에 다녔다는 것이 전형적으로 더 높은 근로소득이라는 결과를 가져온다는 사실은 그대로 남아 있다. 그러나 사회적 관점에서 보면 선별가설이, 만약 타당하다면, 매우 중요하다. 미국에서는 초등, 중등, 고등교육에 연간 7,450억 달러(2002년)를 지출하고 있는데, 만약 그런 지출이 그저 어떤 근로자가 지적 능력, 동기부여, 그리고 자기 수양 측면에서 평균 이상이라는 신호를 사용자들에게 보내는 용도에 지나지 않는다면, 그런 엄청난 지출에 의문을 제기하는 것은 당연한 일이다. 대학 졸업자의 근로소득 증가분이 선별(신호)로부터 기인하는 한 대학 교육에의 투자에 대한 사회적 수익률은 과대평가될 것이다.

인적자본 견해가 시사하듯이 더 많은 교육을 받은 근로자들이 받는 더 높은 근로소득의 얼마 정도까지가 (교육이 증가시킨) 근로자들의 생산성 때문인가? 마찬가지로 그러한 개인들이 받는 더 높은 근로소득의 얼마 정도까지가 (학교 교육은 단지 더 생산적인 근로자들에게 표시를 하는 것이라고 알려주는) 선별가설에 기인하는가? 학교 교육은 숙련을 생산하는가 아니면 단지 이미 존재하고 있는 숙련을 확인하는가? 실증 증거는 혼재되어 있다. 예를 들어 차테르지(Chatterji)와 동료들의 연구는 교육이 근로소득에 미치는 효과의 30% 정도까지 선별의 결과일 수 있다는 것을 시사한다.[50]

반면에 알톤지와 피에레트(Altonji and Pierret), 울핀(Wolpin), 그리고 와이즈(Wise)의 연구들은 선별의 중요성에 의문을 제기한다. 알톤지와 피에레트는 신호 보내기는 오로지 기업들이 신규 근로자들의 생산성에 대한 좋은 정보가 없고 시간이 지남에 따라 천천히 배우는 범위에서만 학교 교육에 대한 수익의 중요한 일부분일 가능성이 있다고 주장한다.[51] 그들은 기업들이 교

Andrew Weiss, "Human Capital vs. Signaling Explanations of Wages," *Journal of Economic Perspectives*, Fall 1996, pp. 133-54를 참조하라.

[50] Monojit Chatterji, Paul T. Seaman, and Larry D. Singell, Jr., "A Test of the Signaling Hypothesis," *Oxford Economic Papers*, April 2003, pp. 191-215. 신호가설에 대한 더 강력한 지지는 Harley Frazis, "Humam Capital, Signaling, and the Pattern of Returns to Education," *Oxford Economic Papers*, April 2002, pp. 298-320을 참조하라.

[51] Joseph G. Altonji and Charles R. Pierret, "Employer Learning and the Signaling Value of Education," in I. Ohashi and T. Tachibanaki (eds.) *Internal Labor Markets, Incentives, and Employment* (New York: MacMillan Publishing, 1998). 보수 증가를 설명하는 데 개별 생산성이 사용자 학습보다 더 중요하다는 연구는 Lisa B. Kahn and Fabian Lange, "Employer Learning, Productivity, and the Earnings Distribution: Evidence from Performance Measures," *Review of Economic Studies*, October 2014, pp. 1575-1613을 참조하라.

육을 기초로 하여 젊은 근로자들을 선별하지만 사용자들은 근로자 생산성에 대해 빠르게 알게 된다는 증거를 발견하고 있다. 알톤지와 피에레트의 계산은 학교 교육에 대한 수익의 선별 구성요인은 아마도 교육과 관련된 임금 차이의 오로지 작은 부분뿐이라는 것을 시사한다. 울핀은 만약 교육이 선별도구라면 일자리 획득 과정에서 선별된 근로자들은 선별되지 않는 근로자들보다 더 많은 학교 교육을 구입할 경향이 있을 것이라고 추론했다. 그는 임금근로자들은 선별되는 반면 자영근로자들은 그렇지 않다는 것에 주목한다. 따라서 만약 학교 교육이 선별도구라면 임금근로자들은 자영근로자보다 더 많은 학교 교육을 구입하는 경향이 있을 것이다. 그러나 그는 실제로 두 그룹의 근로자들이 대체로 똑같은 양의 교육을 획득한다는 것을 발견했는데, 울핀은 이를 학교 교육과 근로소득 사이의 정(+)의 관계에 대한 '선별 해석에 반대되는 증거'로 간주한다.[52] 마찬가지로 와이즈는 만약 교육이 인적자본 이론이 제안하는 것과 같이 근로자 생산성에 영향을 미친다면, 상이한 질의 대학 학위와 대학에 다닐 때의 학생의 성과가 급여의 격차에 반영되어야만 한다고 주장했다. 즉 만약 인적자본 이론이 옳다면 높은 질의 기관으로부터 학사 학위를 받은 근로자들과 더 높은 평점을 달성했던 근로자들은 더 생산적임에 틀림없으며, 따라서 더 높은 급여를 받는다는 것이다. 포드자동차회사에 고용된 약 1,300명의 대학 졸업자들의 데이터를 조사한 후 와이즈는 '학업성취를 측정하기 위해 보통 사용되는 척도[기관의 질과 평점]와 급여 증가율 사이의 일관된 정(+)의 관계'를 발견했다. 와이즈는 '대학 교육은 생산적 능력에 대한 신호일 뿐만 아니라 실제로 이 능력을 향상시킨다'라고 결론을 내리고 있다.[53]

4.6
근로의 세계

요점 정리

인적자본 이론이 흥미로운 사실을 드러내 보이는 많은 실증연구에 대한 중요한 통찰력과 초석의 기초가 되었음은 의심할 여지가 없다. 그러나 능력 문제와 선별가설이 시사하는 것 같이 인적자본 이론이 보편적으로 받아들여지지는 않으며, 그것을 받아들이는 일부 사람들도 오직 조건부로만 그렇게 한다. 교육과 근로소득 사이의 정(+)의 관계에 대해 거의 보편적인 합의가 있음에도 불구하고 이 관계의 이유들과 관련하여 불일치가 존재한다. 실증 테스트는 더 많은 교육과 훈련을 받은 사람들이 더 높은 근로소득을 갖는다는 것이 먼저 결정되고, 그 뒤 추가 교육과 훈련이 근로자 생산성을 증가시킴으로써 향상된 근로소득을 발생시킨다는 것이 추론된다는 점에서 보통 간접적이다. 그러나 쟁점은 여전히 남아 있다. 교육이 개인의 생산성을 증가시키는가? 아니면 단순히 더 많은 교육을 획득한 사람들이 더 능력이 있고 더 동기를 부여받기 때문에 더 많이 버는가? 학위는 단순히 생산적인 근로자들을 확인할 뿐인가?[54]

대부분의 경제학자들은 교육과 훈련이 직접 생산성과 근로소득을 증가시킨다고 믿으면서,

---

[52] Kenneth Wolpin, "Education and Screening," *American Economic Review*, December 1977, pp. 949-58.

[53] David A. Wise, "Academic Achievement and Job Performance," *American Economic Review*, June 1975, pp. 350-66. 능력 또는 선별이 아니라 교육 그 자체가 두 개발도상국(케냐와 탄자니아)에서 근로소득을 향상시킨다는 증거는 M. Boissiere, J. B. Knight, and R. H. Sabot, "Earnings, Schooling, and Cognitive Skills," *American Economic Review*, December 1985, pp. 1016-30을 참조하라.

[54] 인적자본 이론에 대한 비판의 탁월한 설명은 Bobbie McCrackin, "Education's Contribution to Productivity and Economic Growth," *Economic Review* (Federal Reserve Bank of Atlanta), November 1984, pp. 8-23; and Gian Singh Sahota, "Theories of Personal Income Distribution: A Survey," *Journal of Economic Literature*, March 1978, pp. 11-19를 참조하라.

4.6 근로의 세계　　대학에는 돈 이상의 것이 있는가?*

과거 수십 년에 걸쳐 많은 연구자들이 대학 학위의 개인들에 대한 경제적 편익을 조사했다. 최근 들어 대학 교육의 비경제적 편익에 더 많은 관심이 모아지고 있다. 대학 졸업자들은 여러 가지 이유 때문에 교육을 적게 받은 자신들의 상대자들보다 더 나은 건강상태를 갖고 있을 수 있다. 첫째, 추가 지식 때문에 대졸자들은 더 나은 음식, 더 잦은 안전벨트 사용, 더 많은 운동, 더 적은 흡연, 그리고 더 적은 약물남용을 통해 더 건강한 생활방식을 가질 수 있다. 둘째, 건강보험 가입률이 대졸자들 사이에 더 높으며, 따라서 건강관리에 더 나은 접근이 이루어진다. 셋째, 대졸자들은 더 안전한 환경에서 거주하고 일한다.

증거는 대졸자들이 교육을 적게 받은 사람들보다 더 건강하다는 것이다. 대졸자들은 더 낮은 흡연율 같은 더 건강한 행태를 갖고 있다. 2010년에 25~64세 연령의 성인들 사이에서 고졸자의 27%가 여전히 담배를 피웠던 반면, 대졸자의 단지 8%만 흡연자였다. 건강의 결과에 관해서 대졸자들은 자신들이 불량한 건강 상태라는 것을 보고할 가능성이 더 적었으며, 더 낮은 장애율을 가졌다. 이외에도 그들은 더 낮은 사망률을 가졌다. 25세에 대졸자들은 고등학교 미만의 교육을 받은 사람보다 9년 더 사는 것을 기대할 수 있다.

마지막으로 더 많은 교육을 받은 개인들은 교육을 적게 받은 사람들보다 더 행복하다. 예를 들어 대졸자들은 결혼할 가능성이 더 크며, 더 안정적인 결혼을 유지한다. 그들은 또한 더 넓은 사회적 네트워크를 형성하며, 좋은 근로조건을 가진 더 흥미로운 일자리를 갖는다. 이외에도 대졸자들은 더 높은 소득수준을 갖는다. 대졸자들은 교육을 적게 받은 사람들보다 삶에 대해 더 큰 만족을 표현하고 있다. 27개국의 25~64세까지의 사람들 데이터는 대학 교육을 받은 사람들은 고졸 이하의 졸업장을 받은 사람들보다 삶에 대해 만족할 가능성이 18%포인트 더 크다는 것을 알려준다. 만족에 있어서의 이러한 차이의 약 10%포인트는 연령, 성, 그리고 소득을 조정한 후에도 그대로 남아 있다.

* Organization for Economic Cooperation and Development, *Education at a Glance, 2011* (Paris: OECD, 2011), Table A11.3; National Center for Health Statistics, *Health, United States, 2011: With Special Feature on Socioeconomic Status and Health*, (Hyattsville, MD: National Center for Health Statistics, 2012); and Lochner Lance, "Nonproduction Benefits fof Education: Crime, Health, and Good Citizenship," in Eric A. Hanushek, Stephen Machin, and Ludger Woessmann (eds.), *Handbook of the Economics of Education*, Volume 4, (Amsterdam, Holland: Elsevier, 2011), pp. 183-282를 기초로 함.

인적자본 이론에 대한 여러 비판을 거부한다. 그러나 그들은 또한 교육과 훈련에의 모든 투자가 정(+)의 순현재가치를 갖는 것은 아니라는 것을 인정한다. 즉 일부 투자는 형편없는 투자이며, 급속히 체감하는 수익률을 갖는 투자도 있다. 따라서 인적자본 이론을 무비판적으로 공공정책의 기초로 활용하면 안 된다. 예를 들어 경제성장을 확대하기 위한 인적자본에 대한 대규모 정부 투자는, 그 자체만 집행되어서는 실망스러운 결과를 초래할 수 있다. 그러한 정책은 신기술을 발전시키는 대안적인 정책 및 실물자본에의 투자와 균형을 맞출 필요가 있다.

요약

1. 노동시장에서 개인의 생산성과 미래 근로소득을 증가시키는 교육과 훈련에 대한 지출은 인적자본 투자 결정으로 간주될 수 있다.

2. 대학 교육에의 투자 결정은 직접(현금)비용과 간접비용(포기한 근로소득) 모두를 수반한다. 편익은 미래 근로소득 증가분의 형태를 취한다.

3. 인적자본 투자와 관련된 편익과 비용을 비교하는 두 가지 기본적인 방법이 있다. 순현재가치 접근법은 비용과 편익의 현재가치를 비교하기 위해 할인공식을 사용한다. 만약 순현재가치가 정(+)이면 투자하는 것이 합리적이다. 내부수익률은 투자의 순현재가치가 0이 되는 할인율이다. 만약 내부수익률이 이자율을 초과하면 투자하는 것이 합리적이다.

4. 대부분의 실증연구들은 대학 교육에의 투자에 대한 수익률이 10%에서 15%까지의 범위에 있다는 것을 시사한다.

5. 비율로 표시한 대졸자와 고졸자의 근로소득 격차인 대학 임금프리미엄은 1979년 이후 크게 증가하면서 시간이 지남에 따라 상당히 변했다. 대졸자와 고졸자의 공급과 수요의 변화가 대학 임금프리미엄의 변화를 설명하기 위해 사용될 수 있다.

6. 사적 시각에서 보면 인적자본 투자결정은 교육에 대한 공적 보조금을 제외하고, 세후 근로소득을 고려하며, 교육과 관련된 모든 사회적 또는 외부 편익을 무시한다. 사회적 시각은 공적 보조금과 외부 편익을 포함하며, 세전 근로소득을 고려한다.

7. 인적자본에 대한 수요곡선과 투자자금의 공급곡선은 결합되어 왜 여러 사람들이 상이한 양의 인적자본에 투자하는지를 설명할 수 있다. 능력 차이, 차별, 그리고 금융자원에의 다양한 접근성 모두 개인들 사이의 교육과 근로소득의 차이를 설명하는 데 도움이 된다.

8. 화폐시장은 실물자본에 대한 투자의 경우보다 덜 유리한 조건으로 인적자본 투자에 자금을 제공할지 모르는데, 이는 인적자본 투자에 대한 공적 보조금 지급에 일정 부분 정당성을 제공한다.

9. 일반훈련과 특수훈련을 구별하는 것은 유용한 일이다. 일반훈련은 모든 기업과 산업에 유용한 근로자 숙련을 만들어낸다. 특수훈련은 그 훈련을 제공하는 특정 기업에서만 유용하다. 경쟁적인 시장이 주어졌을 때 근로자들은 일반적으로 훈련 기간 동안 더 낮은 임금을 받아들임으로써 기업이 제공하는 일반훈련의 대가를 지급할 것이다. 기업이 법정 최저임금을 지급해야만 하는 곳에서 예외가 발생할 수 있다. 사용자들은 특수훈련의 대가를 지급한다. 훈련받은 근로자들을 보유하려 시도하면서 사용자들은 특수훈련의 결과로 인한 총수입의 증가를 근로자들과 나눌 수 있다.

10. 인적자본 이론에 대한 비판은 다음과 같은 내용을 포함한다. (a) 교육지출액의 일부는 투자가 아니라 소비라는 것을 인식하지 못함으로써 실증 연구들은 교육에 대한 수익률을 과소평가한다. (b) 대졸자들의 일자리는 고졸자들의 일자리보다 더 쾌적하고 더 나은 부가급여를 수반한다는 것을 고려하지 않음으로써 실증 연구들은 대학 교육에 대한 수익률을 과소평가한다. (c) 대졸자들의 근로소득 증가가 그들의 더 뛰어난 능력 덕분이고 학교 교육 때문이 아닌 한 대학 교육에 대한 수익률은 과대평가될 것이다. (d) 만약 대졸자들 근로소득 증가분의 일부가 선별에 기인한다면, 대학 교육에 대한 사회적 수익률은 과대평가될 것이다.

용어 및 개념

내부수익률(internal rate of return)

능력 문제(ability problem)

대학 임금프리미엄(college wage premium)

사적 및 사회적 시각(private and social perspectives)

선별가설(screening hypothesis)

순현재가치(net present value)

시간선호(time preference)

연령-근로소득곡선(age-earnings profile)

인적자본에 대한 수요곡선(demand for human capital curve)

인적자본에 대한 투자(investment in human capital)

일반훈련 대 특수훈련(general training versus specific training)

자본시장 불완전성(capital market imperfection)

투자자금의 공급(supply of investment funds)

한계수입생산(marginal revenue product)

할인공식(discount formula)

현장실무훈련(on-the-job training)

질문 및 연구 제안

1. 교육프로그램을 집행하기 위한 결정이 투자로 간주되어야 하는 이유는 무엇인가? 사적 시각에서 보면 어떤 비용과 편익이 대학 교육을 획득하는 것과 관련이 되는가? 사회적 시각으로 볼 때 무엇이 비용과 편익인가? 합리적인 인적자본 투자 결정에 있어서 왜 비용과 편익의 현재가치를 결정하는 것이 필요한지를 설명하라.

2. 무엇이 인적자본 투자에 대한 내부수익률인가? 내부수익률이 주어졌을 때 무엇이 적당한 투자 결정기준인가? 이를 현재가치 접근법과 관련된 결정기준과 비교하라.

3. 플로이드는 현재 1년에 18,000달러를 지급하는 일자리에서 일하고 있다. 그는 책값과 수업료로 1,000달러의 비용이 드는 1년짜리 자동차 정비공 과정을 숙고하고 있다. 과정 종료 후 3년간 매년 자신의 소득이 23,000달러로 증가할 것이라고 추정하고 있다. 그 3년의 종료 시점에 콜로라도주 볼더시의 공동체로 은퇴할 계획이다. 현행 이자율은 10%이다. 플로이드가 과정에 등록하는 것은 경제적으로 합리적인 일인가?

4. 다음의 진술 각각에 대해 논평하라.

   a. '전통적인' 여성의 근로 생애주기를 전제한다면 여성이 남성보다 더 적은 인적자본에 투자하는 것이 합리적일 수 있다.

   b. 나이 든 근로자들은 젊은 근로자들보다 지리적 이동을 덜 한다.

   c. 경기침체는 대학 등록을 자극하는 경향이 있다.

   d. (은퇴 연도의 기간 동안 근로소득이 어떤 수준을 초과할 때 급여를 감소시키는) 사회보장급여 삭감률의 단점 중 하나는 급여 삭감률이 투자를 인적자본으로부터 채권과 주식으로 편향시키는 것이다.

   e. 그림 4.1의 연령-근로소득곡선은 분명히 더 많은 교육을 받은 사람들이 더 적게 교육을 받은 사람들보다 더 많이 번다는 것을 알려준다. 따라서 교육에 대한 개인적인 지출은 항상 좋은 투자이다.

5. 무엇이 대학 임금프리미엄인가? 왜 프리미엄이 (a) 1970년대에 하락했으며, (b) 1980년대 이래 증가했는지를 설명할 수 있는가?

6. 최근에 고등학교를 졸업한 사람이 대학 교육에 대한 수익률이 15%로 추정되었다는 내용을 잡지에서 읽었다고 가정하자. 그가 대학에 진학할지 결정함에 있어 이런 내용의 정보를 사용하는 데 대하여 어떤 조언을 하겠는가?

7. 왜 인적자본 투자로부터의 내부수익률은 수확체감의

제약을 받는가? '교육에 대한 수익률 체감 곡선'을 '인적자본에 대한 수요곡선'으로 식별하도록 하는 근거를 설명하라. 인적자본에 대한 수요곡선을 '투자자금의 공급곡선'과 결합하여 왜 여러 개인들이 상이한 양의 인적자본에 투자하는 것이 합리적인지를 설명하라. 개인별 소득 분배에 대한 여러분 대답의 시사점은 무엇인가? 여러분은 미국의 교육제도가 근로소득 분배의 균등화에 다소나마 기여한다고 생각하는가? 설명하라. 근로소득 분배의 불균등을 감소시키기를 원한다면 어떤 정책 권고를 하겠는가?

8. 자금 이용에 있어서 왜 실물자본 투자의 경우보다 인적자본 투자의 경우 덜 좋은 조건일까? 여러분의 판단에 있어 이러한 차이가 대학생에 대한 말하자면 정부의 학자금 보증의 형태로 이루어지는 공적 보조를 정당화하는가? 교육과 관련된 외부편익은 무엇인가? 이러한 편익이 교육에 대한 공적 보조를 정당화한다고 느끼는가? 학생들이 점점 더 높은 교육수준으로 진전함에 따라 공적 보조는 체감해야만 한다는 주장의 근거를 제시할 수 있는가?

9. (a) 학생의 능력을 기초로 한 대학 장학금과 (b) 학생의 필요를 기초로 한 대학 장학금이 각각 근로소득의 분배에 미칠 수 있는 기대효과를 서술하라.

10. 일반훈련과 특수 현장실무훈련을 구별하라. 누가 보통 일반훈련의 대가를 지급하는가? 특수훈련은? 왜 차이가 나타나는가? 이러한 일반화에 어떤 예외가 있는가? 설명하라.

11. 다음 그래프가 보여주는 바와 같이 '능력'(여기서는 IQ 점수로 측정됨)의 분포는 정규분포이거나 또는 종 모양이지만, 근로소득의 분배는 오른쪽으로 편향되어 있다. 인적자본 이론을 사용해서 이러한 두 분포를 조화시킬 수 있는가?

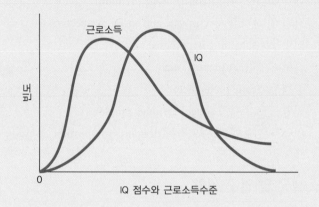

IQ 점수와 근로소득수준

12. 데이터는 여성의 연령-근로소득곡선은 남성의 곡선보다 상당히 낮은 수준이며 편평하다는 것을 보여준다. 이러한 차이를 설명할 수 있는가?

13. 다음 각각의 대학 교육에 대한 수익률 추정치의 시사점을 제시하라 — (a) 선별가설, (b) 대학에 대한 개인지출의 일정 부분은 투자가 아니라 소비로 고려되어야만 할 가능성, (c) 대학에 가는 사람들이 대학에 가지 않는 사람들보다 일반적으로 더 능력이 있다는 사실, (d) 대졸자들이 얻은 일자리들이 고졸자들의 일자리보다 일반적으로 더 큰 부가급여를 수반한다는 사실. 능력 문제와 선별가설은 교육을 향한 공공정책에 어떤 시사점들을 갖고 있는가?

인터넷 연습

대학 학위의 가치는 무엇인가?

인구조사국 웹사이트의 교육수준에 관한 웹페이지(www.census.gov/hhes/socdemo/education/data/cps/historical/index.html)를 방문해서 교육수준별 근로자들의 근로소득에 대한 정보를 찾아라.

1975년 고졸자와 대졸자의 연간 근로소득은 얼마였는가? 보이는 가장 최근 연도의 경우는? 1975년에 고졸자들의 근로소득에 대한 대졸자들의 근로소득 비율은 얼마였는가? 가장 최근 연도에는? 비율은 이 기간 동안 증가했는가 아니면 감소했는가? 어떤 요소들이 이러한 변화를 설명하는 데 도움이 될 것인가?

인터넷 링크

미국교육통계센터(National Center for Education Statistics) 웹사이트는 미국의 초등, 중등, 그리고 대학 교육에 대한 광범위한 통계를 갖고 있다(http://nces.ed.gov). 미국 교육부 웹사이트는 미국 교육제도에 대한 정보를 제공한다(www.ed.gov).

노동수요

5

이 장을 공부하고 나면:

1. 파생수요인 노동수요의 효과를 설명할 수 있다.

2. 기업의 단기 생산함수가 노동수요곡선을 도출하기 위해 어떻게 사용될 수 있는지를 설명할 수 있다.

3. 완전경쟁 및 불완전경쟁 생산물시장에서 운영되는 기업의 노동수요곡선을 대조할 수 있다.

4. 단기와 장기 노동수요 사이의 차이를 논의할 수 있다.

5. 개별 기업 수요로부터 시장노동수요곡선을 도출하고 왜 그것이 시장의 모든 기업의 노동수요곡선을 단순히 합한 것보다 더 비탄력적인지를 설명할 수 있다.

6. 노동수요탄력성의 결정요인을 확인하고 논의할 수 있다.

7. 노동수요의 결정요인을 확인하고 설명할 수 있다.

8. 노동수요의 개념들을 현실 세계 응용과 관련시킬 수 있다.

앞의 세 장은 노동공급을 검토했다. 이번 장에서는 노동시장의 수요 측면으로 관심을 돌린다. 왜 마이크로소프트, 마이크론, 그리고 모토로라는 자신들의 특별한 노동서비스를 기꺼이 공급할 용의가 있는 사람들을 고용하기를 원할까? 마텔의 노동수요는 자신이 생산하는 장난감에 대한 수요 증가에 의해 어떻게 영향을 받는가? 무슨 요소들이 메이시스와 맥도날드의 노동수요를 변화시키는가? 왜 특별한 유형의 노동에 대한 임금이 변할 때 몬산토는 머크보다 그 고용수준을 더 많이 조정할 수 있는가?

이러한 그리고 관련된 질문들에 대한 대답들은 노동수요에 대한 논의의 동기를 부여한다. 그 뒤 제6장에서 노동수요와 노동공급에 대한 이해를 결합시켜 임금이 어떻게 결정되는지를 설명할 것이다.

5.1
국제 시각

파생노동수요

시작하면서, 노동수요 또는 다른 어떤 생산자원에 대한 수요는 **파생수요**(derived demand)라는 것을 주목해야 한다. 이는 노동수요는 노동이 생산 또는 공급하기 위해 도움을 주고 있는 생산물 또는 서비스에 대한 수요에 좌우되거나 아니면 수요로부터 도출된다는 것을 의미한다. 제조업의 예를 들면, 노동은 자동차, TV, 또는 빵 같은 생산물의 생산에 기여하기 위하여 수요된다. 따라서 자동차에 대한 수요 감소는 자동차 근로자들에 대한 수요를 감소시킬 것이다. 서비스 부문에서는 소비자들에게 직접 편익을 제공하기 때문에 기업들에 의해 노동이 수요된다. 예를 들어 육아서비스에 대한 수요 증가는 육아 근로자들에 대한 파생수요를 증가시킬 것이다.

노동수요가 파생수요라는 사실은 어떤 특별한 유형의 노동에 대한 수요의 강도가 (1) 그 노동이 어떤 생산물 또는 서비스를 창출하기 위해 도움을 주는 데 있어 얼마나 생산적인지, 그리고 (2) 그 생산물이나 서비스의 시장가치에 좌우될 것임을 의미한다. 만약 A유형의 노동이 생산물 X를 세상에 나오게 하는 데 있어 매우 생산적이라면, 그리고 만약 생산물 X가 사회에서 높은 가치를 부여받는다면 A유형의 노동에 대한 강력한 수요가 존재할 것이다. 반대로 사회에 대한 가치가 크지 않은 재화 또는 서비스를 생산하는 데 있어 상대적으로 생산적이지 못한 어떤 종류의 노동에 대한 수요는 약할 것이다.

이러한 관찰은 논의의 방식을 알려준다. 노동수요의 즉각적인 결정요인들은 노동의 한계생

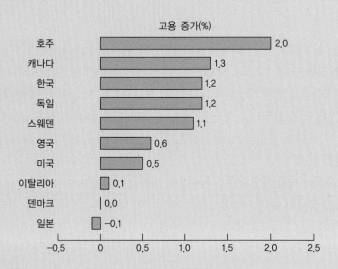

5.1 국제 시각   총고용의 비율로서 연간 순고용의 변화

미국은 2003~2013년 사이에 상대적으로 낮은 고용 증가율을 경험했다.

고용 증가(%)

호주	2.0
캐나다	1.3
한국	1.2
독일	1.2
스웨덴	1.1
영국	0.6
미국	0.5
이탈리아	0.1
덴마크	0.0
일본	−0.1

자료 : Organization for Economic Cooperation and Development (www.oecd.org)

산성과 그 산출물의 가치(가격)라는 것을 알게 될 것이다. 전형적인 기업의 단기 생산함수를 검토하는 것으로 시작하고, 그 뒤 생산물가격의 역할을 소개하기로 하자. 논의는 특별한 재화를 생산하는 기업 차원에서 이루어질 것이지만 개발된 개념들은 서비스를 생산하기 위하여 근로자를 채용하는 기업에도 똑같이 적용된다.

기업의 단기 생산함수

생산함수(production function)는 자원의 양(투입물)과 상응하는 생산 결과물(산출물) 사이의 관계이다. 생산 과정은 단지 두 가지 투입물 노동 L과 자본 K를 수반한다고 가정할 것이다. 더 단순화하기 위해 한 가지 유형의 노동이 고용된다고, 또는 달리 말하면 기업이 동질적인 노동이라는 투입물을 채용하고 있다고 가정하기로 하자. 나아가 처음에 적어도 하나의 자원이 고정되어 있는 기간인 단기에 운영되는 것처럼 기업을 검토하기로 한다. 이 경우 고정되어 있는 자원은 공장, 기계류, 그리고 기타 설비 같은 기업의 자본 보유량이다. 식 (5.1)에 보이는 것 같이

$$TP_{SR} = f(L, \overline{K}) \tag{5.1}$$

기업의 단기 총생산(TP_{SR})은 가변투입물 L(노동)과 고정투입물 K(자본)의 함수이다.

총생산, 한계생산, 평균생산

고정된 공장에 노동투입물이 연이어 더해짐에 따라 총생산(산출량)은 어떻게 될까? 대답은 그림 5.1에 나타나 있다. 그림 5.1(a)는 단기 생산함수 또는 총생산(TP)곡선을 보여주고 그림 5.1(b)는 상응하는 노동의 한계생산(MP)곡선과 노동의 평균생산(AP)곡선을 보여준다.

　단기에 (a)에 보이는 **총생산**(total product, TP)은 가변자원(노동)과 고정된 자본의 양의 각 조합에 의해 생산된 총산출량이다. 노동의 **한계생산**(marginal product, MP)은 노동을 한 단위 추가하는 것과 관련된 총생산의 변화이다. 그것은 TP의 절대 변화이며 어떤 점에서든 TP곡선에 접하는 선을 그린 뒤 그 선의 기울기를 결정함으로써 알아낼 수 있다. 예를 들어 TP곡선 위의 Z점에 접하도록 그려진 mm'선을 주목하라. mm'의 기울기는 0인데, 이것이 아래의 그래프에서 MP곡선 위의 z점에 보이는 것과 같은 한계생산 MP이다. 노동의 **평균생산**(average product, AP)은 총생산을 노동단위 수로 나눈 것이다. 기하학적으로 그것은 원점으로부터 TP곡선 위의 어떤 특별한 점까지 또는 특별한 점을 스쳐 그려진 직선의 기울기로 측정된다. 예를 들어 원점으로부터 TP 위의 Y점을 스쳐 뻗쳐진 $0a$선을 관찰하라. $0a$의 기울기($\Delta TP/\Delta L$)는 TP와 노동투입물 L의 이런 특별한 조합과 관련된 AP를 알려준다. 예를 들어 만약 TP가 Y점에서 20이고 L은 4라면 AP는 5($=20/4$)가 된다. 이것이 원점으로부터 측정된 것과 같이 수직 증가($=20$)를 수평 거리($=4$)로 나눈 $0a$선의 기울기 값이다. 만약 노동 단위가 근로자들이 아니라 노동시간이라고 가정한다면 이 기울기는 근로자의 시간당 산출량을 측정한다.

그림 5.1 기업의 단기 생산 함수

고정된 양의 자본에 노동이 더 해짐에 따라 총생산은 (a)에 보이는 바와 같이 결국 체감하는 양만큼 증가하고, 최대에 도달하며, 그 뒤 감소할 것이다. (b)에서 한계생산은 노동의 추가 투입 각각과 관련된 총생산의 변화를 반영한다. 한계생산과 평균생산 사이의 관계는 AP가 그 최대치인 곳에서 MP가 AP와 교차하는 그런 관계이다. 단계 II에서 MP곡선의 *yz* 부분은 단기 노동수요곡선의 근거이다.

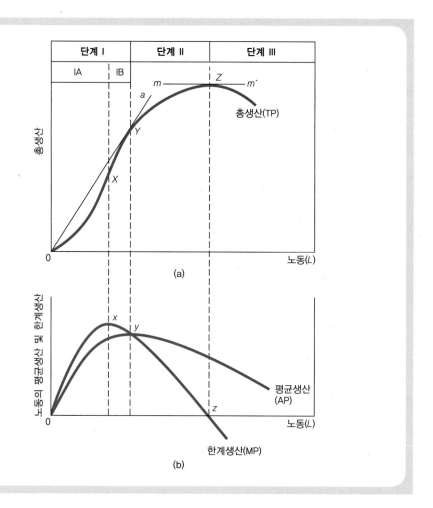

생산단계

총생산, 한계생산, 그리고 평균생산 사이의 관계는 중요하다. 이러한 관계를 보여주고 또한 나중에 기업이 그렇게 하기로 결정한다면 자신이 운영할 영역을 격리하기 위해 총생산곡선(TP)을 세 단계로 나눴으며, 또한 단계 I을 두 부분으로 다시 나눴다. TP곡선의 0X 부분에 걸쳐 또는 달리 말하면 단계 I의 IA 부분 내에서 총생산곡선은 증가하는 비율로 증가하고 있다. 다음 그래프에서 관찰되는 바와 같이 이는 MP(=ΔTP/ΔL)가 필연적으로 증가하고 있다는 것을 의미한다. 예를 들어 처음 3명의 근로자와 관련된 TP가 각각 3, 8, 15라고 가정하자. 상응하는 MP는 3(= 3 − 0), 5(= 8 − 3), 그리고 7(= 15 − 8)이 된다. 또한 다음의 그래프로부터 MP가 평균생산(AP)을 초과하기 때문에 AP도 역시 증가하고 있다는 것을 주목하라. 이는 산술적으로 필연적인 일이다. 즉 어떤 총합의 평균보다 더 큰 수가 그 총합에 더해질 때는 언제나 평균은 증가해야만 한다. 현재의 맥락에서 한계생산은 총생산에 추가된 것인 반면 평균생산은 총생산의 평균이다. 따라서 MP가 AP를 초과하면 AP는 증가해야만 한다.[1]

다음에 그림 5.1(a)에서 생산함수의 *XY* 부분 또는 단계 IB를 관찰하라. 총생산곡선은 이제 더 많은 근로자들이 채용됨에 따라 TP는 여전히 증가하고 있지만 감소하는 비율로 증가하며, 따라서 MP[그림 (b)]는 하락하고 있다. 아래 그래프에서 MP가 *x*점에서 그 최대에 도달했고 이 점은 생산함수 위의 *X*점에 해당한다는 것을 주목하라. 그러나 *X*점과 *x*를 넘어 MP는 감소한다. 그러나 MP가 이제 감소하고 있지만 여전히 AP보다는 크며, 따라서 AP는 계속해서 증가한다는 것을 알 수 있다. 마지막으로 단계 I의 IB 범위 끝은 AP가 그 최대치에 있고 막 MP와 같아지는 점(*y*점)에 의해 표시된다는 것을 관찰하라. AP가 TP곡선 위의 *Y*점에서 최대라는 사실은 0*a*선에 의해 확인된다. 기억하겠지만 AP값인 0*a*선의 기울기는 원점과 TP곡선 위의 특정한 점 사이에 그려진 다른 어떤 직선의 기울기보다 더 크다.

나중에 생산영역으로 지칭되는 단계 II에서 총생산은 체감하는 비율로 계속 증가한다. 결과적으로 MP는 계속 감소한다. 그러나 이제 MP가 결국 AP보다 더 작기 때문에 AP 또한 감소한다. 또다시 간단한 산수는 총합의 현재 평균보다 더 작은 수(MP)가 그 총합(TP)에 더해지면 평균(AP)은 반드시 감소한다는 것을 알려준다.

단계 II와 단계 III 사이를 나누는 선에서 TP는 그 최대점 *Z*에 도달하고 MP는 0이 되는데(*z*점), 이는 이 점을 넘어서 추가되는 근로자들은 총생산을 감소시킨다는 것을 알려준다. 단계 III에서 TP는 감소하고, 따라서 MP는 부(−)가 되며, MP가 부(−)라는 것이 AP를 계속해서 감소하도록 만든다.

한계수익체감의 법칙

왜 TP, MP, AP는 그림 5.1에 보이는 방식으로 움직일까? MP의 변화는 TP와 AP의 변화와 관계가 있다는 것을 명심하면서 한계생산에 초점을 맞추기로 하자. 왜 MP는 증가하고, 그 뒤 감소하며, 궁극적으로 부(−)가 될까? 그것은 더 많은 노동이 채용됨에 따라 노동의 질이 하락하기 때문은 아니다. 모든 근로자들은 동일하다고 가정했다는 것을 기억하라. 오히려 이유는 더 많은 근로자들이 고용됨에 따라 고정된 자본이 처음에는 점점 더 생산적으로 사용되지만, 궁극적으로 점점 더 많은 부담을 지게 되기 때문이다. 고정된 양의 기계류와 설비를 소유한 기업을 상상하라. 기업이 처음에 근로자들을 채용할 때는 기계류와 설비를 더 잘 사용할 수 있기 때문에 각 근로자는 이전의 근로자보다 산출량에 더 많이 기여할 것이다. 각 근로자가 업무에 특화할 수 있고, 더 이상 한 일자리의 작업으로부터 다른 일자리의 작업으로 빨리 이동할 필요가 없기 때문에 시간이 절약될 것이다. 신규 근로자가 하루의 작업 동안 자본설비가 더 집중적으로 사용되도록 만들기 때문에 연속해서 산출량의 더 큰 증가가 발생할 것이다. 따라서 당분간 추가 근로자들이 보태는 생산물(즉 한계 생산물)은 증가할 것이다.

한계생산의 이러한 증가는 무한정 실현될 수 없다. 여전히 더 많은 노동이 고정된 기계류와 설비에 더해짐에 따라 **한계수익체감의 법칙**(law of diminishing marginal returns)이 작용할 것이다. 이 법칙은 고정된 양의 자원(자본)에 가변자원(노동)의 연이은 단위가 더해짐에 따라 어떤 시점을 넘

---

[1] 가장 최근(한계) 학기에 현재의 평균보다 더 높은 점수를 받음으로써 누적 평점을 올릴 수 있다.

표 5.1 생산함수의 변수 : 요약 보고

		총생산, TP_L	한계생산, MP_L	평균생산, AP_L
단계 I	IA	증가하는 비율로 증가	증가하며 AP보다 더 큼	증가
	IB	감소하는 비율로 증가	감소하지만 AP보다 더 큼	증가
단계 II		감소하는 비율로 증가	감소하며 AP보다 더 작음	감소
단계 III		감소	부(−)이며 AP보다 더 작음	감소

생산영역 ⎰

어서면 가변자원의 각 추가 단위에 기인하는 한계생산은 감소한다는 것이다. 어떤 시점을 넘어서면 고정된 자본 대비 노동이 너무 풍부해져서 추가 근로자들은 이전 근로자가 했던 만큼 산출량에 많은 것을 보탤 수 없을 것이다. 예를 들어 추가되는 근로자들은 기계를 사용하기 위해 줄을 서서 기다려야만 할 수 있다. 극단적으로 지속적인 노동의 추가는 공장을 너무 혼잡하게 해서 더 이상 노동의 한계생산은 부(−)가 될 것이고, 총생산을 감소시킬 것이다(단계 III).

생산영역

그림 5.1에서 논의된 TP, MP, AP의 특성은 표 5.1에 요약되어 있다. 이 표를 검토하는 데 있어 생산함수의 단계 II는 **생산영역**(zone of production)으로 지정되었다는 것을 유의하라. 이유를 알기 위해 그림 5.1에서 단계 II의 왼쪽 경계는 그 평균생산으로 측정된 노동의 효율성이 최대가 되는 곳이라는 것을 확고히 하기로 하자. 마찬가지로 오른쪽 경계는 고정된 자원 자본의 효율성이 최대화되는 곳이다. 먼저 TP 위의 Y점과 AP와 MP 위의 y에서 노동 1단위당 총생산은 그 최대 수준이다. 이는 AP는 TP/L이기 때문에 원점으로부터 TP 위의 어떤 점까지 그려질 수 있는 가장 가파른 선인 0a선과 AP곡선 모두에 의해 보여진다. 다음에 TP 위의 Z점과 MP 위의 z에서 총생산은 그 최대 수준에 있음을 주목하라. 자본(K)이 고정되어 있기 때문에 이는 K의 평균생산도 또한 최대 수준에 있다는 것을 의미한다. 즉 자본 1단위당 총생산은 다른 어떤 점에서보다도 단계 II의 오른쪽 경계에서 더 크다. 여기서의 일반화는 만약 기업이 운영하기로 선택한다면 기업은 노동의 변화가 노동 또는 자본 둘 중 하나의 효율성을 증가시키는 데 기여하는 산출량 수준에서 생산하기를 원할 것이라는 것이다.[2]

이는 단계 I이나 단계 III에서는 성립하지 않는다. 단계 I에서 노동의 추가는 노동의 효율성과 자본의 효율성 모두를 증가시킨다. 노동의 효율성 증가는 증가하는 AP곡선에 의해 쉽게 알 수 있다. 자본이 고정되어 있고 TP가 증가함으로써 자본의 평균생산(=TP/K)을 증가시키기 때문에 자본의 효율성 증가는 사실이다. 따라서 기업은 적어도 단계 II의 왼쪽 경계까지 이동하기를 바랄 것이다.

---

[2] 이러한 일반화는 오로지 완전경쟁기업에만 적용된다. 독점 같은 불완전경쟁기업의 경우는 오로지 단계 III만 필연적으로 이윤극대화가 이루어지지 않는 영역이다. 이윤을 극대화하는 데 있어 독점기업은 단계 I의 어떤 점까지 산출량, 따라서 고용을 제한할 수 있다.

단계 III는 어떨까? 그림 5.1(a)와 (b)의 검토는 노동의 추가는 노동과 자본 모두의 효율성을 감소시킨다는 것을 보여준다. 노동의 평균생산이 감소하고 있다는 것을 유의하라. 또한 전보다 더 작은 총생산이 존재하기 때문에 TP/*K* 비율도 감소한다. 달리 말하면 고용을 감소시킴으로써 노동 및 자본의 효율성과 그 총생산을 추가시킬 수 있기 때문에 기업은 단계 III에서는 조업을 중단할 것이다.

결론은? 이윤극대화 또는 손실극소화를 추구하는 기업은 그림 5.1(b)의 *yz* 부분에 의해 표시되는 한계생산곡선에 직면할 것이다. 이 MP곡선이 기업의 단기 노동수요곡선의 근본적인 기초이다.

단기 노동수요 : 완전경쟁 판매자

그림 5.1(b)의 *yz* 부분이 어떻게 노동수요와 관련되는지를 살펴보기 위해 다음으로는 (1) 그 그림의 TP와 MP 정보를 표를 통해 가상적인 수로 바꾸고, (2) 산출량으로부터의 분석을 화폐조건으로 전환하기로 하자. 사용자들은 무엇보다 먼저 산출량 조건이 아니라 수입과 비용을 사용하여 얼마나 많은 근로자들을 채용할지 결정한다.

표 5.2를 보자. 1열에서 3열은 단순히 생산영역 내에서의 관계에 대한 수적 실례로, 평균생산을 제외하고 총생산과 한계생산을 보여준다. 단순화하기 위해 오로지 한계생산성 체감이 작용하는 노동 투입의 범위만을 포함시키고 있다. 파생수요로서의 노동수요에 대한 앞서의 논의를 상기하면서 4열은 생산되는 생산물의 가격을 보여준다는 것을 주목하라. 더 많은 산출량이 생산되어 판매됨에 따라 이 2달러 가격이 하락하지 않는다는 사실은 기업이 그 산출물을 완전경쟁 시장에서 판매하고 있다는 것을 알려준다. 전문적 용어로는 기업의 생산물 수요곡선이 완전 탄력적이라는 것이다. 즉 기업은 '가격순응자(price taker)'이다. 예를 들어 이 기업은 곡물 또는 신선한 생선 같은 표준화된 생산물을 판매하고 있을 수 있다.

2열을 4열과 곱하면 5열의 총수입(때로는 총수입생산으로 불린다)을 구할 수 있다. 이러한 총수입 데이터로부터 추가노동 각 단위 고용의 결과로 나타나는 총수입의 증가(변화)인 **한계수입생산**(marginal revenue product, MRP)을 쉽게 계산할 수 있다. 이 수치들은 6열에 보인다. 1열과 6열에 보이는 MRP 표는 1열과 3열에 보이는 MP 표에 정확히 비례한다. 이 경우 가격이 2달러이기 때문에 MRP는 MP의 2배만큼 크다.

1열과 6열의 MRP 표는 기업의 **단기 노동수요곡선**(short-run labor demand curve)을 구성한다. 이 주장을 정당화하고 설명하기 위해서는 먼저 고용할 근로자 수를 결정하는 데 있어 이윤극대화를 추구하는 기업이 적용할 규칙을 이해해야 한다. **이윤극대화를 추구하는 사용자는 각 연이은 근로자가 기업의 총비용보다 총수입에 더 많은 것을 추가하는 한 근로자들을 채용해야만 한다.** 연이은 노동의 각 단위가 총수입에 추가하는 액수는 MRP에 의해 측정된다는 것을 방금 언급했다. 근로자가 총비용에 추가시키는 액수는 노동 1단위 추가 고용의 결과로 나타나는 총임금비용의 변화로 정의되는 **한계임금비용**(marginal wage cost, MWC)으로 측정된다. 따라서 이윤극대화를 추구하는 기업은 MRP = MWC인 점까지 노동단위를 채용해야만 한다고 말함으로써 규칙을 줄여 쓸 수 있다.[3] 만약 어떤 고용수준에서 MRP가 MWC를 초과하면 더 많은 노동을 고용하는

표 5.2 노동수요 : 완전경쟁 생산물시장에서 판매하는 기업(가상 데이터)

(1) 노동단위, L	(2) TP	(3) MP	(4) 생산물가격, P	(5) 총수입, TR	(6) MRP (ΔTR/ΔL)	(7) VMP (MP×P)
4	15		2달러	30달러		
5	27	12	2	54	24달러	24달러
6	36	9	2	72	18	18
7	42	6	2	84	12	12
8	45	3	2	90	6	6
9	46	1	2	92	2	2

것이 이윤을 증가시킬 것이다. 만약 어떤 고용수준에서 MWC가 MRP를 초과하면 기업은 더 적은 노동을 채용함으로써 그 이윤을 증가시킬 것이다.

이제 표 5.2와 관련된 사용자가 순수하게 경쟁적인 조건하에서 노동을 채용하고 있다고 가정하자. 이는 기업이 총노동공급의 무시할 정도로 아주 적은 부분만을 고용하고, 따라서 임금에 감지할 만한 영향력을 가하지 못한다는 점에서 '임금순응자'라는 것을 의미한다. 생선을 청결히 하는 사람들을 채용하고 있는 생선처리 기업이라고 하자. 시장임금은 사용자에게 '주어졌는데' 이는 채용되는 추가 노동 각 단위마다 총임금비용(임금청구서)이 노동단위당 임금 W만큼 증가한다는 것이다. 달리 말하면 노동단위당 임금과 한계임금비용이 동일하다. 따라서 경쟁적으로 채용하는 기업의 MRP = MWC 규칙을 수정해서 그것을 MRP = W 규칙으로 다시 서술할 수 있다. 노동의 완전경쟁 사용자인 이윤극대화를 추구하는 기업은 한계수입생산 MRP가 임금 W와 같아지는 점까지 노동단위들을 고용해야 한다.

이제 앞서의 주장을 입증하기 위해 MRP = W 규칙을 적용할 수 있다. 생산영역으로부터의 MRP 데이터로부터 직접 도출된 1열과 6열에 보이는 MRP 표는 기업의 단기 노동수요곡선이다. 이 점을 입증하기 위해 1열과 6열로부터의 MRP 데이터가 그림 5.2에 그려져 있다. 이 표와 그림은 이 기업이 경쟁적으로 결정된 여러 독립된 임금에서 수요하게 되는 노동량을 알려준다. 우선 임금이 24달러보다 극미액이 적은 23.99달러라고 가정하자. 이 기업은 이러한 노동단위를 채용함으로써 이윤을 추가시키지도 또는 손실을 줄이지도 않기 때문에 5단위의 노동을 고용하기로 결정할 것이다. 그러나 이 기업은 그들 각각 MRP < W이기 때문에 6번째, 7번째, 그리고 더 이상 단위를 고용하지는 않을 것이다.

다음으로 임금이 11.99달러로 감소했다고 가정하자. MRP = W 규칙은 기업은 이제 또한 여섯 번째와 일곱 번째 노동단위를 채용할 것임을 알려준다. 만약 임금이 더, 말하자면 1.99달러로 하락한다면 기업은 9단위의 노동을 고용할 것이다. 그렇다면 MRP곡선 위의 각 점은 기업이 가능한 각 임금에서 수요할 노동량을 알려주기 때문에 그림 5.2에서 MRP곡선은 기업의 단기 노동수요곡선이라고 결론을 내릴 수 있다. 임금과 노동수요량에 관한 이러한 정보를 내재하는 어떤

---

[3] 이 규칙의 근거는 생산물시장에서 이윤극대화 산출량을 식별하는 한계수입이 한계비용과 같다(MR = MC)라는 규칙의 경우와 똑같다. 차이는 MRP = MWC 규칙은 노동이라는 투입물에 관한 것인 반면, MR = MC 규칙은 생산물이라는 산출물에 관한 것이다.

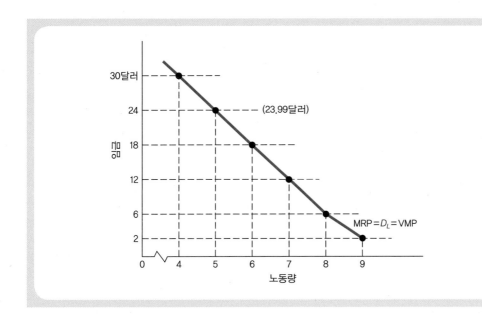

곡선이라도 정의상 기업의 노동수요곡선이다.

　요점 한 가지를 더 설명해야 할 필요가 있다. 즉 생산물시장에 완전경쟁이 성립하는 곳에서는 기업의 한계수입생산 또는 노동수요곡선은 또한 **한계생산물가치**(value of marginal product, VMP)곡선이라는 것이다. 한계생산물가치는 추가 노동단위가 고용될 때 사회에 귀속되는 달러로 표시한 추가 산출물이다. 표 5.2에서 1열과 7열은 앞의 예에서의 VMP 표를 보여준다. VMP는 한계생산 MP(3열)에 생산물가격(4열)을 곱함으로써 결정된다. 이 경우 한계생산물가치 VMP는 기업이 1단위의 노동을 추가할 때 기업에 귀속되는 추가 수입인 MRP(6열)와 동일하다는 것을 관찰할 수 있다. 이러한 이유 때문에 그림 5.2의 노동수요곡선을 MRP는 물론 VMP라고 이름을 붙일 수 있다.

　생산물시장에서 완전경쟁이 성립할 때 VMP와 MRP가 동일하다는 것의 기저를 이루는 논리는 무엇인가? 가격순응자이기 때문에 경쟁기업은 시장가격(＝2달러)으로 자기가 원하는 만큼의 산출물 단위를 판매할 수 있다. 추가 생산물 각 단위의 판매는 기업의 총수입에 생산물가격(＝2달러)을 추가한다. 따라서 판매자의 한계수입(MR)은 불변이며, 생산물가격과 동일하다. 이러한 상황에서 추가 노동단위를 고용하는 것으로부터의 기업에 대한 추가 수입(＝MR × MP)은 그 노동단위에 의해 기여된 추가 산출량의 사회적 가치(＝P × MP)와 동일하다.

단기 노동수요 : 불완전경쟁 판매자

대부분의 기업들은 순수하게 경쟁적인 시장에서 자신들의 생산물을 판매하지 않는다. 오히려 그들은 불완전경쟁조건하에서 판매한다. 즉 기업들은 독점, 과점, 또는 독점적 경쟁의 판매자이다. 시장에서 결정된 가격을 받아들이도록 강요당하는 것이 아니라 그 가격을 설정할 수 있을 때 기업은 어떤 독점력을 갖는다.

순수경쟁으로부터 불완전경쟁으로 생산물시장 조건에 대한 가정의 변화는 중요한 방식으로 앞서의 분석을 바꾼다. 생산물의 유일함 또는 차별화 때문에 불완전경쟁 판매자의 생산물 수요곡선은 완전탄력적이 아니라 우하향한다. 이는 기업은 연이은 각 근로자에 의해 기여된 산출물을 팔기 위해서는 그 가격을 낮춰야만 한다는 것을 의미한다. 나아가 가격차별에 관여할 수 없다고 가정하기 때문에 기업은 생산된 마지막 단위뿐만 아니라 그렇지 않다면 더 높은 가격을 받았을 모든 다른 단위들에 대한 가격을 낮춰야만 한다. 따라서 산출물 추가 단위 판매는 완전경쟁에서 했던 것처럼 기업의 한계수입에 그 완전한 가격을 추가하지 않는다. 불완전경쟁 판매자의 한계수입을 얻기 위해서는 마지막 단위로부터 얻은 새로운 수입으로부터 다른 단위들에 대한 잠재적 수입손실을 빼야만 한다. 한계수입이 생산물가격보다 더 작기 때문에 불완전경쟁 판매자의 한계수입생산(= MR × MP)은 완전경쟁 판매자의 한계수입(= P × MP)보다 더 작다. 추가 근로자들의 추가 산출물을 판매함에 따라 완전경쟁기업은 한계수입의 감소로 고통을 받지 않는다는 것을 상기하라.

따라서 순수하게 경쟁적인 판매자의 MRP 또는 노동수요곡선은 더 많은 노동단위가 고용됨에 따라 한계생산이 체감한다는 한 가지 이유 때문에 감소한다. 그러나 불완전경쟁 판매자의 MRP 또는 노동수요곡선은 더 많은 노동단위가 고용됨에 따라 한계생산이 감소하고 또한 산출량이 증가함에 따라 생산물가격이 하락한다는 두 가지 이유 때문에 감소한다. 표 5.3은 이 두 번째 고려사항을 감안한 것이다. 1열에서 3열까지의 생산 데이터는 표 5.2에서와 정확히 똑같지만, 4열에서 연이은 각 근로자의 한계생산을 판매하기 위해서는 생산물가격이 하락해야만 한다는 것을 인식할 수 있다.

산출물의 증가에 각각 수반되는 더 낮은 가격은 각 추가 근로자에 의해 생산된 산출물뿐만 아니라 그렇지 않다면 더 높은 가격에 판매되었을 이전의 모든 단위에도 적용된다는 것을 다시 강조한다. 예를 들어 다섯 번째 근로자의 한계생산은 12단위이고, 이 12단위는 각각 2.4달러 또는 전체에 28.8달러에 판매될 수 있다. 이는 노동의 한계생산물가치(VMP), 즉 사회의 시각에서 본 추가된 산출물의 가치(7열)이다. 그러나 다섯 번째 근로자의 MRP는 단지 25.8달러이다. 왜 3달러의 차이가 발생할까? 다섯 번째 근로자와 관련된 12단위를 팔기 위해 기업은 각각 2.6달러에 팔릴 수 있었던, 이전 근로자들에 의해 생산된 15단위 각 단위마다 0.2달러의 가격 삭감을 받아들여야만 한다. 따라서 다섯 번째 근로자의 MRP는 단지 25.8달러[= 28.8달러 − (15 × 0.2달러)]이다. 마찬가지로 여섯 번째 근로자의 MRP는 단지 14.4달러이다. 생산된 9단위는 시장에서 각각 2.2달러의 가치가 있고, 따라서 그것들의 VMP는 19.8달러지만 이전 근로자들에 의해 생산된 27단위에 대한 0.2달러 가격 삭감을 고려할 때 근로자는 기업의 총수입에 19.8달러를 추가하지 못한다. 구체적으로 말하면 여섯 번째 근로자의 MRP는 14.4달러[= 19.8달러 − (27 × 0.2달러)]이다. 표 5.3의 6열에 있는 다른 MRP 수치도 비슷하게 설명된다. 6열과 7열의 비교는 각 고용수준에서 VMP(구매자들에 대한 추가 생산물의 가치)가 MRP(기업에 대한 추가 수입)를 초과한다는 것을 드러내 보인다. 이러한 차이의 효율성 관점에서의 시사점은 제6장에서 검토될 것이다.

표 5.3 노동수요 : 불완전경쟁 생산물시장에서 판매하는 기업(가상적인 데이터임)

(1) 노동단위, L	(2) TP	(3) MP	(4) 생산물가격, P	(5) 총수입, TR	(6) MRP (ΔTR/ΔL)	(7) VMP (MP$\times P$)
4	15		2.60달러	39.00달러		
5	27	12	2.40	64.80	25.80달러	28.80달러
6	36	9	2.20	79.20	14.40	19.80
7	42	6	2.10	88.20	9.00	12.60
8	45	3	2.00	90.00	1.80	6.00
9	46	1	1.90	87.40	−2.60	1.90

순수하게 경쟁적인 판매자의 경우에서와 같이 MRP = W 규칙의 MRP곡선에의 적용은 MRP 곡선은 기업의 노동수요곡선이라는 결론을 산출할 것이다. 그러나 그림 5.3에 불완전경쟁 판매 자의 MRP 또는 노동수요곡선 D_L을 그리고, 그것을 그림 5.2의 수요곡선과 비교함으로써 중요 한 일반화를 시각적으로 지지할 수 있다. 즉 다른 조건이 일정하다면 불완전경쟁 판매자의 노동수요 곡선은 순수하게 경쟁적인 판매자의 노동수요곡선보다 덜 탄력적이다. 독점력을 보유한 기업이 순수 하게 경쟁적인 판매자보다 임금 변화에 덜 민감하다는 것은 놀랄 일이 아니다. 임금이 하락함 에 따라 불완전경쟁 판매자가 더 적은 수의 근로자를 추가하는 경향은 단순히 생산물시장에서 기업이 산출량을 제한하는 것이 노동시장에 반영되는 것이다. 다른 조건이 일정하다면 독점력 을 보유한 판매자는 순수하게 경쟁적인 산업에서보다 더 적은 산출량을 생산하는 것이 이윤을

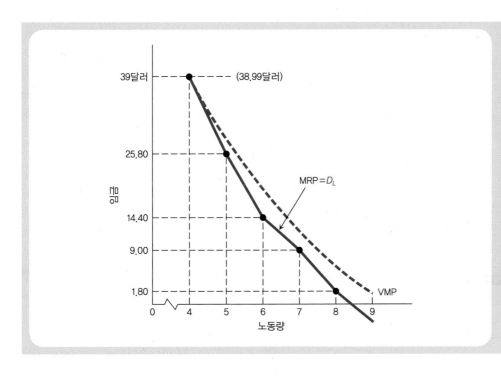

그림 5.3 불완전경쟁 판매 자의 노동수요곡선

생산물시장에서 불완전경쟁하 에 더 많은 노동단위가 고용됨에 따라 한계생산이 체감하고 또한 더 많은 산출량이 생산됨에 따 라 기업은 모든 산출물단위에 대한 생산물가격을 하락시켜야 하기 때문에 기업의 수요곡선은 우하향할 것이다. 또한 불완전 경쟁자의 MRP($=$ MR $\times$ MP)는 첫 번째 단위를 넘어선 모든 고 용수준에서 VMP($=P\times$ MP)보 다 더 작다.

극대화한다는 것을 알 것이다. 이러한 더 적은 산출량을 생산하는 데 있어 독점력을 가진 판매자는 더 적은 근로자들을 고용할 것이다.

마지막으로 그림 5.3에 역시 그려진 VMP 그래프는 기업의 $D_L = $ MRP곡선보다 오른쪽에 놓여 있음을 주목하라. 이는 시각적으로 이전의 결론을 묘사하고 있다. 즉 추가 노동단위의 채용으로부터 불완전경쟁 판매자에게 귀속되는 한계수입은 추가 노동단위가 생산하는 데 도움을 준 추가 산출량의 시장가치보다 더 작다는 것이다[(MRP = MR × MP) < (VMP = P × MP)].

🦅 5.1
잠깐만 확인합시다.

- 노동에 대한 수요는 노동이 생산하는 데 도움이 된 생산물 또는 서비스에 대한 수요로부터 도출된다.
- 고정된 양의 자본에 노동이 더해짐에 따라 노동의 총생산은 처음에 증가하는 비율로 증가하다가, 그 뒤 체감하는 비율로 증가하며, 그러고 난 뒤 감소한다. 이는 노동의 한계생산이 처음에 증가하고, 그 뒤 감소하며, 결국 부(−)가 된다는 것을 의미한다.
- 완전경쟁기업은 $W = $ MRP인 곳까지 근로자들을 채용할 것이기 때문에 MRP곡선은 기업의 노동수요곡선이다.
- 불완전경쟁 판매자는 더 많은 산출량이 생산됨에 따라 모든 산출물 단위에 대한 생산물가격을 낮춰야만 하기 때문에(MR < P), 그 노동수요곡선은 완전경쟁 판매자의 경우만큼 강력하지 않을 것이다.

여러분의 차례입니다

노동이 유일한 가변투입물이고 추가 노동단위가 총산출량을 65단위로부터 73단위로 증가시킨다고 가정하라. 만약 생산물이 완전경쟁시장에서 단위당 4달러에 판매된다면 이 추가 노동의 MRP는 얼마인가? 만약 기업이 독점이고 73단위 모두를 팔기 위해서 그 가격을 낮춰야만 한다면 MRP는 이 액수보다 더 크게 될까 아니면 더 작게 될까? (정답은 책의 맨 뒷부분에 수록되어 있음)

장기 노동수요[4]

지금까지 노동이 가변투입물이고 자본의 양은 고정되어 있다고 상정하고, 기업의 단기 생산함수[식 (5.1)]와 노동에 대한 수요를 도출하고 논의했다. 이제 노동과 자본이 모두 가변요소임을 알 수 있는 식 (5.2)에 보이는 장기 생산함수로 넘어가기로 하자. 다시 한 번 L과 K가 오로지 두 가지 투입물이고 노동은 동질적이라고 가정한다.

$$\text{TP}_{LR} = f(L, K) \tag{5.2}$$

장기 노동수요(long-run demand for labor)는 노동과 자본 모두 가변적일 때 각 가능한 임금에서 기업들이 고용할 노동량을 알려주는 표 또는 곡선이다. 임금 변화는 단기 산출량효과와 장기 대체효과를 발생시키고, 이 두 효과는 함께 기업의 최적 고용수준을 바꾸기 때문에 장기 노동수요곡선은 감소한다.

---

[4] 이 장의 부록에 상급 과정에서 장기 노동수요곡선을 도출하는 방식이 소개되어 있다. 부록과 뒤를 이은 논의에서 임금 변화의 장기 '이윤극대화 효과'는 무시된다. 단순화하기 위해 단기 산출량효과와 장기 대체효과에 초점을 맞출 것이다.

산출량효과

그것은 노동수요와 관련이 있는데 **산출량효과**(output effect)[규모효과(scale effect)라고도 불림]는 전적으로 임금 변화가 사용자의 생산비용에 미치는 효과의 결과 나타나는 고용 변화이다. 이 효과는 단기에 나타나며, 그림 5.4에 설명되고 있다. 정상적인 환경에서 임금의 하락은 MC_1으로부터 MC_2까지와 같이 기업의 한계비용곡선을 아래로 이동시킨다. 즉 기업은 이전보다 더 낮은 비용으로 산출량의 어떤 추가단위라도 생산할 수 있다. 기업의 한계수입(MR) 대비 감소된 한계비용(MC_2)은 Q_1에서 Q_2단위까지 각 단위의 경우 한계수입이 이제는 한계비용을 초과한다는 것을 의미한다. MR = MC 이윤극대화 규칙을 고수하면서, 기업은 이제 그 산출량을 Q_1으로부터 Q_2로 증가시키는 것이 이윤을 극대화한다는 것을 알 것이다. 이를 완수하기 위해 기업은 그 노동의 고용을 확대하기를 원할 것이다.

대체효과

그것은 장기 노동수요와 관련이 있는데 **대체효과**(substitution effect)는 산출량이 고정되어 있을 때 전적으로 노동의 상대가격 변화의 결과 나타나는 고용 변화이다. 단기에 자본은 고정되어 있고, 따라서 노동과 자본 사이의 생산에 있어서의 대체는 발생할 수 없다. 그러나 장기에 기업은 생산 과정에서 어떤 유형의 자본을 상대적으로 덜 비싼 노동으로 대체함으로써 임금 하락에 반응할 수 있다. 달리 말하면 장기 노동수요는 단기 수요곡선보다 더 탄력적일 것이다.

5.1
근로의 세계

결합효과

그림 5.5에서 장기 노동수요곡선 D_{LR}을 그리기 위해 이러한 아이디어들을 이용했다. 우선 기업이 단기 노동수요곡선 D_{SR}에 직면하고, 또한 애초의 균형임금과 균형노동량은 a점에 보이는 바와 같이 W_1과 Q라고 가정하자. 이제 임금이 W_1으로부터 W_2로 하락하여 고용을 b점의 Q_1으로 증가시키는 산출량효과라는 결과를 가져왔다고 가정하자. 그러나 장기적으로 자본이 가변적이

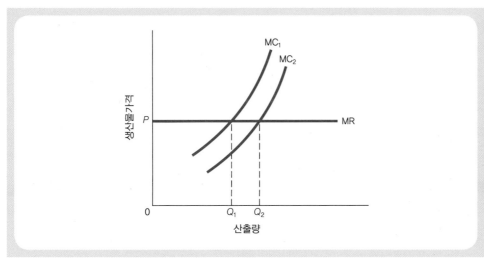

그림 5.4 임금 하락의 산출량효과

다른 모든 것이 동일하다면 임금의 하락은 (MC_1으로부터 MC_2로) 한계비용을 감소시키고 이윤극대화(MR = MC) 산출량 수준을 (Q_1으로부터 Q_2로) 증가시킬 것이다. 추가 산출량을 생산하기 위해 기업은 더 많은 노동을 고용하길 원할 것이다.

5.1 근로의 세계   의료개혁이 비자발적인 파트타임 근로를 증가시켰는가?*

2010년에 제정된 환자보호 및 부담적정 보험법(Patient Protection and Affordable Care Act, PPACA)은 50명 이상의 근로자를 고용한 기업들을 대상으로 2014년부터 풀타임 근로자들에 대한 건강보험 제공을 의무화하고 위반하면 벌금을 부과하도록 했다. 후에 시행이 기업 규모에 따라 2015년 또는 2016년까지 연기되었지만, 사용자들은 일찍이 2012년부터 PPACA와 관련된 비용을 조정하였다.

기업들이 벌금을 피하는 방법은 건강보험을 풀타임 근로자들에게 제공하는 것이다. 그러나 건강보험혜택 제공은 비용이 들며, 사용자들은 근로자의 분담을 요구하거나 임금을 삭감함으로써 비용을 근로자들에게 전가할 인센티브를 갖는다. 이런 접근법은 저임금 근로자들에게 효과가 별로 없었는데, 그 이유는 법이 저임금 근로자들의 건강보험비용 분담액에 제한을 두었고, 최저임금 때문에 임금 삭감이라는 방법을 통하여 비용을 전가하는 것이 불가능했기 때문이었다. 따라서 사용자들은 특히 저임금 근로자들의 보험혜택 요구를 피하기 위해 다른 방법을 찾아야 했다. 벌금과 보험혜택 제공비용을 회피하기 위한 한 가지 방법은 근로자들을 풀타임에서 파트타임(1주일에 30시간 미만 근무)으로 바꾸는 것이었다. 파트타임 근로자들에게는 보험혜택을 제공하지 않더라도 벌금이 부과되지 않는다.

이븐과 맥퍼슨(Even and Macpherson)은 이 법이 비자발적으로 파트타임으로 전환된 근로자 비율에 미친 영향을 검토하였다. 그들은 영향을 받은 근로자들을 100명 이상의 근로자들을 보유한 기업에서 사용자가 제공하는 건강보험 없이 1주일에 30시간 이상을 일했던 사람들로 정의했다. 그들은 어느 한 직종에서 이 법에 영향을 받은 사람들의 비중이 증가했음에 따라 신규 채용된 파트타임은 물론 비자발적으로 파트타임으로 전환된 근로자들의 비중도 또한 2010년 이후 증가했다고 보고하고 있다. 그들의 추정치들은 2014년에 약 100만 명의 추가 근로자들이 이 법 때문에 풀타임 대신 비자발적으로 파트타임으로 고용되었음을 알려준다. 그들이 대학 학위를 갖고 있지 않았기 때문에, 이 추가 비자발적 파트타임 근로자들의 85%를 넘는 사람들이 저임금 근로자들이었다.

* William E. Even and David A. Macpherson, "The Affordable Care Act and the Growth of Involuntary Part-Time Employment," IZA Discussion Paper 9324, September 2015.

그림 5.5 장기 노동수요곡선

W_1으로부터 W_2로의 임금 하락은 Q로부터 Q_1으로 단기 균형 노동량을 증가시킨다(산출량효과). 그러나 장기적으로 기업은 또한 자본을 노동으로 대체하여 Q_1Q_2의 대체효과라는 결과를 가져온다. 따라서 장기 노동수요곡선은 두 효과로부터의 결과이며, a와 c같은 점들을 연결함으로써 발견된다.

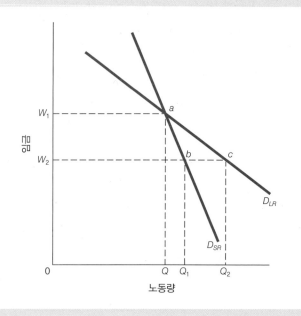

고, 따라서 노동고용량을 c점의 Q_2로 더 증가시키는 대체효과 또한 발생한다. 단기 조정은 a로부터 b지만 추가적인 장기 조정은 b로부터 c까지이다. 장기 조정점 a와 c는 장기 노동수요곡선의 위치를 결정한다. 그림 5.5에서 관찰되는 바와 같이 장기 노동수요곡선 D_{LR}은 단기 노동수요곡선보다 더 탄력적이다.

기타 요소

기타 여러 요소가 기업의 장기 노동수요곡선을 단기 노동수요곡선보다 더 탄력적으로 만드는 경향이 있다. 특히 세 가지 요소를 언급할 가치가 있다.

생산물수요

노동수요탄력성의 결정요인에 관한 논의에서 곧 설명할 것이지만, 생산물수요는 단기보다 장기에 더 탄력적이므로 노동수요를 장기간에 걸쳐 더 탄력적으로 만든다. 다른 조건이 일정하다면 소비자들이 생산물가격 변화에 더 크게 반응하면 할수록 임금 변화에 대한 기업의 고용 반응도 더 커진다.

노동-자본 상호작용

'정상'이라고 서술된 생산조건 아래서 한 요소의 수량 변화는 다른 요소의 한계생산을 똑같은 방향으로 변화시킨다. 이 아이디어는 노동수요에 다음과 같이 관계된다. 다시 한 번 특별한 유형의 노동에 대한 임금이 하락하여 단기적으로 노동수요량을 증가시켰다고 가정하자. 이러한 노동량 자체의 증가는 장기 조정 과정에 중요하게 된다. 즉 그것은 한계생산을 증가시키고 따라서 자본의 MRP를 증가시킨다. 노동의 MRP가 기업의 단기 노동수요인 것과 마찬가지로 자본의 MRP도 기업의 단기 자본수요이다(노동은 불변임). 자본의 가격이 주어졌을 때 따라서 더 많은 자본이 고용될 것으로 기대하게 되는데, 이는 이어서 노동의 한계생산과 노동수요를 증가시킬 것이다. 따라서 임금 하락의 결과로 나타나는 장기 고용 반응은 단기 반응보다 더 클 것이다.

기술

장기적으로 단기 생산함수를 구성할 때 불변이라고 암묵적으로 가정되었던 기술은 장기적으로 상대 요소 가격들의 주요, 영구적인 변동에 반응하여 변화하리라 기대될 수 있다. 투자자들과 기업가들은 상대적으로 더 높은 가격의 투입물들에 대한 필요를 줄이는 신기술의 발견과 실행에 자신들의 엄청난 노력을 쏟아붓는다. 자본의 가격 대비 노동의 가격이 하락할 때 이러한 노력들은 자본의 사용을 최소화하고 노동의 사용을 증가시키는 기술을 향해 돌려진다. 따라서 임금 하락에 대한 장기 반응은 단기 반응보다 더 크다.

　여기 한 가지 중요한 점이 있다. 우하향하는 장기 노동수요곡선에 대한 논의는 전적으로 임금 하락의 맥락에서만 이루어졌다. 임금 상승의 단기 및 장기 효과를 분석함으로써 노동수요는 단기보다 장기에 더 탄력적이라는 결론을 분명하게 이해하기 바란다.

5.2
근로의 세계

시장노동수요

MRP곡선은 기업 생산영역의 MP곡선으로부터 도출되며, 기업의 단기 노동수요곡선이라는 것을 이제 입증했다. 또한 기업의 장기 노동수요는 단기 노동수요보다 더 탄력적이라는 것도 확고히 했다. 다음에는 **시장노동수요**(market demand for labor)로 관심을 돌리기로 하자. 언뜻 생각하기에는 특별한 유형의 총 또는 시장노동수요는 그 종류의 노동을 고용하는 모든 기업의 노동수요곡선을 단순히 합함(그래프에서 수평적으로)으로써 결정될 수 있다고 추론할 수 있다. 따라서 만약 표 5.2에 그려진 기업과 동일한 노동수요곡선을 가진 기업들이 말하자면 200개가 있다면, 여러 임금수준에서의 노동수요량에 단순히 200을 곱함으로써 시장수요곡선을 결정하게 된다. 그러나 이러한 단순한 과정은 중요한 집계 문제(aggregation problem)를 무시하고 있다. 개별 기업의 관점에서 불변으로 올바르게 간주했던 (생산물가격 같은) 어떤 크기가 전체 시장의 관점에서 보면 가변으로 취급되어야 하기 때문에 문제가 발생한다.

　설명을 위해 각각 앞에서 그림 5.2에 보이는 것과 동일한 노동수요곡선을 가진 말하자면 200개의 경쟁기업이 존재한다고 가정하자. 또한 이 기업들은 모두 상호 경쟁하에 판매하고 있는 주어진 생산물을 생산하고 있다고 가정하자. 개별 기업의 시각으로 보면 임금이 하락할 때 더 많은 노동의 사용은 생산물 시장공급의 무시할 정도로 아주 적은 증가라는 결과를 가져올 것이고, 따라서 생산물가격에는 아무런 변화를 주지 못할 것이다. 그러나 모든 기업이 더 낮은 임금을 경험하고 더 많은 근로자들을 채용하고 자신들의 산출량을 증가시킴으로써 반응하기 때문에 생산물 공급의 상당한 증가가 있을 것이다. 앞의 표 5.2에서 보였던 바와 같이 생산물가격은 각 기업의 노동수요곡선의 결정요인이기 때문에 이 점은 결정적으로 중요하다. 구체적으로 말하면 낮아진 생산물가격은 MRP를 감소시키고 각 기업의 노동수요곡선을 왼쪽으로 이동시킬 것이다. 이는 시장노동수요는 실제로 각 기업의 노동수요곡선을 단순히 합함으로써 산출되는 것보다 덜 **탄력적**이라는 것을 의미한다.[5]

　그림 5.6을 보자. 왼쪽의 (a) 그래프는 200개 기업 중 하나의 노동수요곡선을 보여주고 오른쪽의 (b) 그래프는 시장노동수요를 보여준다. 개별 기업은 처음에 임금이 W_1이고 고용이 Q_1인 c점에서 균형상태에 있다. 노동수요곡선 D_{L1}은 표 5.2의 4열에 보이는 바와 같이 2달러의 생산물가격을 기초로 한다. 만약 임금이 W_2로 하락한다면 다른 조건이 일정할 때 기업은 이제 Q'_2의 근로자들을 채용하게 되는 e'의 새로운 균형으로 이동하는 것이 이윤을 극대화한다는 것을 알게 된다. 그러나 다른 조건이 일정하다는 가정은 똑같은 생산물을 생산하기 위해 이런 종류의 노동을 채용하고 있는 많은 기업들의 맥락에서는 성립하지 않는다. 낮아진 임금은 모든 기업들이 더 많은 노동을 채용하도록 유도한다. 이런 노동 증가는 산출량 또는 생산물 공급을 증가시켜 생산물가격을 하락하게 한다. 이렇게 낮아진 임금 — 말하자면 원래의 2달러와 비교할 때 1.6달러 — 은 각 기업의 노동수요곡선에 피드백되어 그림 5.6(a)에서 D_{L1}으로부터 D_{L2}로의 이

---

[5] 만약 모든 사용자들이 자신들 나름의 뚜렷한 생산물이 있어서 생산물시장에서 독점자들이라면 이러한 결론은 성립하지 않는다. 그림 5.3에 대한 논의에서 지적된 바와 같이 독점자의 노동수요곡선은 이미 산출량 증가에 수반되는 생산물가격의 하락을 포함하고 있다. 따라서 시장노동수요곡선을 얻기 위해 독점자들의 노동수요곡선을 합할 수 있다.

5.2 근로의 세계 | 왜 제조업 고용은 감소했는가?

최근 들어 미국 제조업 고용의 극적인 감소에 대해 우려가 커지고 있다. 2014년에 근로자들의 9%가 제조업에 고용되었는데, 이는 1950년의 31%로부터 하락한 것이었다. 제조업 근로자들의 수는 1980년의 1,870만 명으로부터 2014년에는 1,220만 명으로 감소했다.

제조업 고용의 감소에는 네 가지 이유가 있다. 첫째, 다른 선진국들은 물론 미국에서 소비자 지출이 제조업 재화로부터 이동했다. 2014년에 미국 소비자 지출의 33%가 재화에 이루어졌다. 1979년과 1950년의 해당 수치는 53%와 67%였다. 이러한 이동의 배경이 되는 그럴싸한 이유는 가계로 하여금 이전에 가정에서 이루어진 일을 구입된 서비스로 대체하도록 만들었던 기혼여성의 실질임금 및 경제활동 참가의 증가이다.

둘째, 미국 제조업 기업들이 글로벌 시장에서 경쟁력을 유지하기 위해 더 많은 그리고 더 높은 질의 자본설비에 투자를 해 오고 있는 중이다. 이러한 투자는 그들로 하여금 자신들의 산출량을 증가시킴과 동시에 더 적은 근로자들을 사용하도록 했다. 1979년 이래 제조업 근로자들의 생산성은 연 3.2%의 비율로 증가해 왔는데, 이는 전반적인 비농업 노동생산성의 연 1.9% 증가보다 훨씬 더 큰 것이다.

셋째, 국제무역의 확대는 미국에서 생산되는 재화의 구성을 변화시켰다. 각 나라들이 다른 나라들 대비 자신들이 더 효율적으로 생산할 수 있는 재화에 특화할 때 무역으로부터의 이득이 발생한다. 미국은 다른 나라들보다 상대적으로 더 많은 자본과 숙련된 근로자들을 사용하여 생산되는 재화에 특화했다. 그 결과 노동집약적이고 숙련이 낮은 근로자들을 사용하는 의류 제조 같은 산업에서 고용이 감소했다.

마지막으로 미국 제조업은 수요의 단기 변동에 대처하기 위해 점점 정규직 근로자를 채용하기보다 임시인력파견회사(temporary help agency)의 근로자들을 공급받아 사용해 왔다. 이러한 임시 근로자들은 제조업이 아닌 서비스업 근로자로 계산된다. 또한 제조업 기업들은 청소와 급여처리 같은 지원기능을 제공하는 서비스 회사를 활용해 왔다.

자료 : Congressional Budget Office, "What Accounts for the Decline in Manufacturing Employment?" Economic and Budget Issue Brief, February 18, 2004; and Congressional Budget Office, "Factors Underlying the Decline in Manufacturing Employment Since 2000" Economic and Budget Issue Brief, December 23, 2008. 최신 통계는 http://www.bls.gov와 http://www.bea.gov로부터 구함.

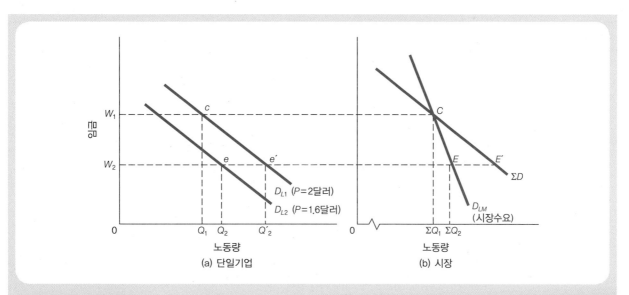

그림 5.6 시장노동수요곡선
시장노동수요곡선은 개별 사용자들의 노동수요곡선을 단순히 수평적으로 합한 것보다 덜 탄력적이다. 낮아진 임금이 모든 기업으로 하여금 더 많은 노동을 채용하고 더 많은 산출량을 생산하도록 유도하는데, 이는 생산물 공급을 증가시킨다. 결과적으로 나타나는 생산물가격의 하락은 기업의 노동수요곡선을 왼쪽으로 이동시킨다. 결과적으로 총고용은 그림 (b)에서 C로부터 E'이 아니라 C로부터 E로 증가한다.

동에 의해 보이는 바와 같이 그 곡선들을 왼쪽으로 이동시킨다. 실제로 그 뒤 각 기업은 새로운 낮아진 가격을 사용하여 자신의 MRP 또는 노동수요를 다시 계산한다. 따라서 각 기업은 임금 W_2로 Q'_2가 아닌 단지 Q_2의 근로자들을 채용함으로써 e점에서 균형을 달성한다. 따라서 그림 5.6(b)의 시장노동수요곡선은 200개 모든 기업들의 노동수요곡선의 단순한 수평적 합인 CE' 곡선이 아니다. 오히려 그것은 D_{L1} 위의 임금 W_1에서의 Q_1과 같은 모든 수량의 수평적 합과 그림 5.6(b)에서 점들 CE를 가로지르는 '가격 조정된' 시장수요곡선 위에 놓인 임금 W_2에서의 Q_2와 같은 모든 수량의 합이다. 거기에서 보이는 바와 같이 올바르게 가격이 조정된 시장수요곡선 CE는 올바르지 않은 '단순 합' CE'곡선보다 덜 탄력적이다.

5.2
잠깐만 확인합시다.

- 장기적으로 산출량효과와 대체효과가 모두 존재하기 때문에 장기 노동수요곡선은 단기 노동수요곡선보다 더 탄력적이다. 단기적으로는 오로지 산출량효과만 발생한다.
- 임금 변화의 산출량효과는 사용자의 생산비용 변화의 결과로 나타나는 고용 변화이다. 대체효과는 자본의 가격 대비 노동의 가격 변화에 의해 발생하는 고용 변화이다.
- 시장노동수요곡선은 개별 사용자들의 노동수요곡선을 단순히 합한 것보다 덜 탄력적이다. 모든 기업으로 하여금 더 많은 노동을 채용하고 더 많은 산출량을 생산하도록 유도함으로써 더 낮아진 임금은 생산물 공급을 증가시키고, 생산물가격을 감소시키며, 각 기업의 MRP를 낮춘다.

여러분의 차례입니다

5.3
근로의 세계

2009년에 미국자동차노조연맹(United Automobile Workers)은 미국 자동차산업의 임금을 삭감했다. 산출량효과와 대체효과를 참고하여 이렇게 낮아진 임금이 2010년 이래 제너럴모터스, 포드, 그리고 크라이슬러가 경험했던 자동차산업 고용의 반등에 어떻게 기여했는지를 설명하라. (정답은 책의 맨 뒷부분에 수록되어 있음)

노동수요의 탄력성

장기 노동수요곡선이 단기 노동수요곡선보다 더 탄력적이고, 시장노동수요는 개별 기업 노동수요곡선의 단순 합에 의해 도출되는 곡선보다 덜 탄력적이라고 결론을 내렸다. 이러한 탄력성에 대한 언급은 대답되지 않은 중요한 질문을 제기한다. 무엇이 임금 변화에 대한 고용의 민감성(sensitivity)을 결정하는가? 즉 무엇이 **노동수요의 탄력성**(elasticity of labor demand)을 결정하는가? 이 주제를 더 자세하게 검토하기로 하자.

탄력성계수

임금 변화에 대한 노동수요량의 민감성은 식 (5.3)에 보이는 바와 같이 **임금탄력성계수**(wage elasticity coefficient) E_d에 의해 측정된다.

$$E_d = \frac{\text{노동수요량 변화율(\%)}}{\text{임금 변화율(\%)}}$$

(5.3)

5.3 근로의 세계　　비교우위와 노동수요

국제무역에 적용되는 바와 같이 비교우위의 원리는 각 재화가 더 낮은 기회비용을 가진 나라들에 의해 생산될 때 총산출량은 최대가 된다는 것이다. 예를 들어 미국에서 1단위의 비옷을 생산하기 위해 15단위의 화학물질이 희생되어야만 하는 반면, 한국에서는 비옷 각 단위를 위해 10단위의 화학물질이 희생되어야만 한다고 가정하자. 그러면 한국에서 비옷 1단위의 기회비용(= 10단위의 화학물질)은 미국에서의 기회비용(= 15단위의 화학물질)보다 더 낮다. 따라서 한국은 비옷에 특화해야만 한다. 마찬가지로 미국은 한국(= 1/10 비옷)보다 더 낮은 기회비용(= 1/15 비옷)을 가졌기 때문에 화학물질 생산에 특화해야만 한다.

이러한 특화와 무역이 미국과 한국의 노동수요에 어떤 영향을 미칠 것인가? 매우 명백하게 화학물질 생산에 고용된 근로자들에 대한 수요는 미국에서 증가할 것이고, 비옷을 생산하는 근로자들에 대한 수요는 감소할 것이다. 정반대의 결과가 한국에서 발생할 것이다. 국제무역은 노동수요에 있어서 긍정적인 이동과 부정적인 이동 모두를 가져오기 때문에 각 나라에서 총노동수요에 미치는 영향은 불확실하다. 그러나 특화가 두 나라에서 이용가능한 총산출량을 증가시킬 것이라는 것은 분명하다. 특화는 비교우위를 가진 상대적으로 효율적인 산업의 확대를 촉진하며 간접적으로 상대적으로 비효율적인

산업의 축소를 일으킨다. 이는 특화가 노동을 포함하는 자원을 더 생산적인 사용처를 향해 이동하게 하는 것을 의미한다. 만약 각 나라에서 총근로자 수가 불변인 채로 남아 있다면 각 근로자는 평균적으로 더 많은 산출량을 구매할 수 있을 것이다. 즉 임금이 상승하거나 아니면 재화의 가격이 하락하여, 그 결과 실질근로소득(= 명목근로소득/물가수준)은 증가할 것이다.

두 나라 사이의 임금 차이가 아니라 비교우위가 국제무역을 촉진한다는 것에 주목하는 것이 중요하다. 한국의 낮은 임금이 그 나라에게 특별한 무역이득을 주는 것은 *아니다*. 높은 미국의 임금이 미국을 재화의 순수입국이 되는 좋지 않은 상황에 처하도록 하는 것은 *아니다*. 비록 한국의 낮은 임금이 한국으로 하여금 달러로 계산할 때 화학물질을 미국보다 더 저렴하게 생산하도록 허용하고 있지만, 한국은 비옷에 특화하고 미국으로부터 화학물질을 구매함으로써 여전히 이득을 보게 된다. 무역이 미국으로 하여금 자신이 비옷을 생산하기 위해 국내자원을 사용해야만 할 때보다 더 낮은 진정한 비용(포기한 화학물질)으로 비옷을 갖도록 하는 것과 마찬가지로, 그렇게 함으로써 한국은 화학물질을 얻는 자신의 진정한 비용(포기한 비옷)을 감소시킬 수 있다.

임금과 노동수요량이 역의 관계에 있기 때문에 탄력성 계수는 항상 부(−)일 것이다. 관례상 마이너스(−)가 취해지는 것으로 이해되고 따라서 무시된다. 또한 비율 계산은 '가역성(reversibility)' 문제를 보여준다는 것을 알아야만 한다. 예를 들어 5달러로부터 10달러로의 임금 인상은 100% 증가인 반면, 10달러로부터 5달러로의 임금 인하는 단지 50%의 감소다. 따라서 경제학자들은 임금탄력성을 계산할 때 두 임금의 **평균**과 두 수요량의 **평균**을 대표값(base)으로 사용한다. 앞의 예를 사용하면 10달러로부터 5달러로의 임금 변화와 5달러로부터 10달러로의 임금 변화는 각각 67% 변화{= 5/[(10달러 + 5달러)/2]}로 고려된다.

임금탄력성을 계산할 때 평균 기법을 포함시키는 식은 중앙값 공식(midpoints formula)으로 알려져 있으며 식 (5.4)에 나타나 있다.

$$E_d = \frac{\text{수요량 변화}}{\text{수요량의 합}/2} \div \frac{\text{임금 변화}}{\text{임금의 합}/2} \tag{5.4}$$

만약 주어진 임금의 변화율이 더 큰 노동수요량의 변화율이라는 결과를 가져온다면, 사용자들이 임금 변화에 꽤 민감하다는 의미에서 수요는 탄력적이다. 이 경우 탄력성계수의 절댓값은 1보다 클 것이다. 반대로 주어진 임금의 변화율이 더 작은 노동수요량의 변화율을 가져올 때 수

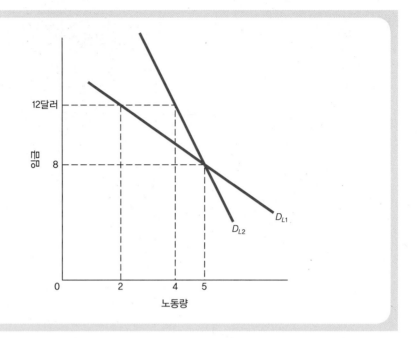

그림 5.7 총임금규칙

만약 임금 변화가 총임금 $(W \times Q)$을 반대 방향으로 변화하도록 만든다면, 노동수요는 탄력적이다. 이는 임금이 8달러로부터 12달러로 증가할 때 총임금이 40달러(=8달러 × 5)로부터 24달러(=12달러 × 2)로 감소한 D_{L1}의 8달러부터 12달러 부분을 따라서의 경우다. 그러나 노동수요 D_{L2}의 경우 이와 똑같은 임금 인상은 총임금을 40달러로부터 48달러(=12달러 × 4)로 증가하도록 만든다. 이 두 번째 상황은 수요가 비탄력적일 때 임금과 총임금은 같은 방향으로 변화한다는 일반화를 지지한다.

요는 비탄력적이다. 이 경우 E_d는 1보다 작을 것인데, 이는 사용자들이 임금 변화에 상대적으로 민감하지 않다는 것을 알려준다. 마지막으로 주어진 임금의 변화율이 똑같은 노동수요량의 변화율을 가져온다면 수요는 단위탄력적인데, 이는 계수가 1이라는 것을 의미한다.

총임금규칙

생산물가격이 변할 때 총수입이 어떻게 되는지를 관찰함으로써 수요의 가격탄력성을 결정할 수 있다는 경제학원론의 내용을 상기할 것이다. **총임금규칙**(total wage bill rules)이라 불리는 비슷한 규칙이 수요의 임금탄력성을 측정하기 위해 사용된다.

두 별도의 노동수요곡선 D_{L1}과 D_{L2}를 보여주는 그림 5.7을 살펴보자. 처음에 임금이 8달러이고 기업이 5단위의 노동을 채용하고 있다고 가정하자. 이 경우 $W \times Q$로 정의되는 총임금은 40달러(=8달러 × 5)이다. 이 액수는 또한 우연히 5명의 근로자들에 의해 간주되는 총임금소득(total wage income)이기도 하다. 이제 임금이 12달러로 인상되었다고 가정하자. 이러한 인상은 총임금에 두 가지 상반된 효과를 미친다. 더 높은 임금은 총임금을 증가시키지만, 고용의 감소는 총임금을 감소시킨다. D_{L1}의 경우 기업은 5단위로부터 2단위로 고용된 노동량을 줄임으로써 4달러 더 높아진 임금에 반응한다. 임금 인상은 총임금을 8달러(=4달러 × 2) 증가시키는 반면, 고용의 감소는 총임금을 24달러(=8달러 × 3) 감소시킨다. 순효과는 총임금이 40달러(=8달러 × 5)로부터 24달러(=12달러 × 2)로 16달러 감소하는 것이다. 노동수요가 탄력적일 때 임금 변화는 총임금을 반대 방향으로 이동하도록 만든다.

반면에 노동수요곡선 D_{L2}의 경우 4달러 더 높아진 임금은 총임금에 고용의 1단위 감소가 빼는 것(8달러 × 1 = 8달러)보다 더 많이 추가(4달러 × 4 = 16달러)시킴으로써 총임금이 40달러

(= 8달러 × 5)로부터 48달러(= 12달러 × 4)로 증가하도록 만든다. 노동수요가 비탄력적일 때 임금 변화는 총임금을 같은 방향으로 이동하도록 만든다. 마지막으로 노동수요가 단위탄력적(= 1)인 곳에서는 임금 변화는 총임금을 변하지 않도록 한다.

그림 5.7에서 D_{L1}과 D_{L2}의 적절한 부분에 대한 탄력성계수를 계산하기 위해 중앙값 공식[식 (5.4)]을 사용함으로써 총임금 테스트 결과를 확인할 수 있다. 8달러에서 12달러로의 임금 변화는 40% 증가{= 4달러/[(8달러 + 12달러)/2]}인 반면, D_{L1}으로부터 수량의 3단위 변화는 86% 감소{= 4/[(5 + 2)/2]}라는 것을 알게 된다. 수량의 비율 감소가 임금의 비율 증가를 초과하기 때문에 노동수요는 탄력적이다(임금이 증가함에 따라 총임금은 감소한다). D_{L2}의 경우 임금의 똑같은 40% 증가는 오로지 22%의 고용감소{= 1/[(5 + 4)/2]}를 발생시킨다. 따라서 수요는 비탄력적이다(임금이 증가함에 따라 총임금은 증가한다).

탄력성의 결정요인

무엇이 시장노동수요의 탄력성을 결정하는가? 이론적인 일반화는 아래와 같다.[6]

생산물수요의 탄력성

노동수요는 파생수요이기 때문에 노동의 산출물에 대한 수요의 탄력성이 노동수요의 탄력성에 영향을 미칠 것이다. 다른 조건이 일정하다면 생산물수요의 가격탄력성이 더 크면 클수록 노동수요의 탄력성은 더 크다. 왜 이런지 아는 것은 간단하다. 만약 임금이 하락하면 생산물을 생산하는 비용은 감소할 것이다. 이는 생산물가격을 하락시키고 수요량을 증가시킨다. 만약 생산물수요의 가격탄력성이 크다면 생산물수요량의 증가가 클 것이고, 따라서 그 추가 산출량을 생산하기 위해 노동량의 더 큰 증가를 필요하게 만들 것이다. 이는 탄력적인 노동수요를 의미한다. 그러나 만약 생산물수요가 비탄력적이라면 생산물수요량의 증가가 작을 것이고, 노동수요량의 증가도 마찬가지일 것이다. 이는 노동수요가 비탄력적이라는 것을 시사한다.

이러한 일반화는 두 가지 주목할 만한 시사점을 갖는다. 첫째, 다른 조건이 일정하다면 생산물시장에서 개별 기업이 보유하는 독점력이 더 크면 클수록 그 노동수요는 덜 탄력적일 것이다. 이는 이전에 논의했던 그림 5.2와 5.3에 의해 확인된다. 그림 5.2에서 기업은 그 생산물을 완전경쟁시장에서 판매하고 있는데, 이는 기업이 완전탄력적인 생산물수요곡선에 직면하고 있는 가격순응자라는 것을 의미한다는 것을 상기하라. 결과적으로 나타나는 노동수요곡선은 전적으로 수확체감 때문에 우하향한다. 이 곡선을 그림 5.3에 보이는 불완전경쟁 판매자의 곡선과 비교하라. 한계수입이 가격보다 작다는 것(표 5.3)에 의해 증명되는 바와 같이 이 기업의 생산물수요곡선은 덜 탄력적이다. 따라서 그림 5.3의 노동수요곡선도 역시 덜 탄력적이다. 즉 노동수요곡선은 한계생산성 체감 때문뿐만 아니라 완전탄력적이지 못한 생산물수요 때문에 우하향하는데, 이는 산출량이 증가함에 따라 생산물가격이 하락한다는 것을 의미한다.

---

[6] 이러한 일반화는 1890년 마샬(Alfred Marshall)에 의해 그의 경제학원리(*Principles of Economics*) (London: Macmillan Publishing Company, 1890)에서 개발되었으며, 힉스(John R. Hicks)에 의해 그의 임금이론(*The Theory of Wages*), 2nd ed. (New York: St. Martin's Press, 1966), pp. 241-47에서 개선되었다. 이런 이유 때문에 그러한 일반화는 종종 '힉스-마샬의 파생수요 법칙'으로 지칭된다.

두 번째 시사점은 노동수요는 단기보다는 장기에 더 탄력적일 것이라는 점이다. 생산물수요의 가격탄력성이 장기에 더 크기 때문에 임금탄력성도 장기에 더 커지는 경향이 있다. 소비자들은 종종 습관의 동물이며 가격의 변화에 대응해서 오로지 천천히 자신들의 구매 행태를 변화시킨다. 커피를 마시는 사람들은 커피 가격이 오를 때 자신들의 소비를 즉각 줄이지 않을 수 있다. 그러나 충분한 시간이 주어질 때 일부는 차(茶)에 대한 기호를 가질 수 있다. 여기서 작용하는 또 다른 요소는 몇몇 생산물은 주로 값비싼 내구재와 함께 사용된다는 것이다. 예를 들어 전기료가 인상될 때 전기화로와 가정용 기기를 갖고 있는 사람들은 자신들의 전기 소비를 크게 줄임으로써 반응하지 않는다. 그러나 시간이 길게 흐르면 전기수요의 탄력성, 그리고 그 산업의 근로자들에 대한 파생수요의 탄력성은 더 크게 된다. 사람들은 궁극적으로 자신들의 전기화로와 온수기를 천연가스, 태양에너지, 목재, 또는 심지어 석탄을 사용하는 기구로 대체한다.

총비용에 대한 노동비용의 비율

일반적으로 다른 조건이 일정하다면 총생산비용에서 노동이 차지하는 비율이 크면 클수록 노동수요의 탄력성은 더 커질 것이다.[7] 여기서 근거는 간단명료하다. 다음 두 경우를 비교하라. 경우 1 : 만약 노동비용이 유일한 생산비용이라면, 즉 만약 총비용에 대한 노동비용의 비율이 100%라면 임금의 20% 인상은 단위비용을 20% 증가시키게 된다. 생산물수요가 주어졌을 때 이렇게 큰 비용 증가는 궁극적으로 생산물가격의 상당한 증가, 산출량 판매의 상당한 감소, 그리고 따라서 노동 고용의 큰 감소를 초래하게 된다. 경우 2 : 만약 노동비용이 총비용의 오로지 10%라면 임금의 똑같은 20% 인상은 총단위비용을 단지 2% 증가시키게 된다. 경우 1과 같은 똑같은 생산물수요를 가정할 때 이렇게 상대적으로 작은 비용 증가는 고용의 더 완만한 감소를 발생시킬 것이다. 경우 1이 경우 2보다 더 탄력적인 노동수요를 의미한다. 똑같은 20% 임금 인상이 경우 2에서보다 경우 1에서 더 큰 비율의 고용 감소를 초래했다.

교육, 임시근로자, 그리고 빌딩 유지보수 같은 서비스산업은 노동비용이 기업의 총비용에서 큰 비율을 차지하는 상황의 전형적인 예가 된다. 이러한 산업에서 임금 인상은 큰 비용 인상으로 옮겨져서 상대적으로 탄력적인 노동수요곡선이라는 결과를 가져온다. 반대로 전력생산과 양조 같은 매우 자본집약적인 산업은 노동비용이 총비용 대비 작은 시장의 예이다. 이 산업에서 노동수요곡선은 상대적으로 비탄력적이다.

다른 투입물과의 대체가능성

다른 조건이 일정하다면 다른 투입물의 노동에 대한 대체가능성이 더 크면 클수록 노동수요의 탄력성은 더 커질 것이다. 만약 자본과 같이 기술이 노동을 쉽게 대체할 수 있는 그러한 것이라면 임금의 작은 증가는 사용되는 기계류 양의 상당한 증가와 고용되는 노동량의 큰 감소를 초래할 것이다. 반대로 임금의 작은 하락은 자본의 노동으로의 큰 대체를 유도할 것이다. 이 경우 노동수요는 탄력적이 될 경향이 있을 것이다. 다른 경우 기술은 어떤 양의 노동이 생산 과정에 거의 없

---

[7] 기술적 주석 : 이 명제는 생산물수요의 탄력성이 자본과 노동 사이의 대체탄력성보다 더 크다는 것을 가정하고 있다. Hicks, op. cit., pp. 241-47을 참조하라.

어서는 안 되도록 영향을 줄 수 있다. 즉 노동의 자본으로의 대체가 매우 제한된다. 극단적으로 생산 과정은 고정 비율과 관련될 수 있다. 예를 들어 더도 아니고 덜도 아닌 두 명의 비행기 조종사가 민항기를 띄우기 위해 요구될 수 있다. 이 경우 임금 변화는 고용되는 조종사 수에 단기적인 효과를 거의 미치지 못할 것이며, 이는 비탄력적인 노동수요를 의미한다.

이전에 논의했던 소비재가 서로 대체되는 과정에서와 마찬가지로 시간이 투입물 대체 과정에 중요한 역할을 담당한다는 것은 주목할 가치가 있다. 임금이 변화한 이래 시간 경과의 기간이 더 길면 길수록 노동수요곡선은 더 탄력적이 된다. 예를 들어 기업의 트럭기사들은 즉각적인 고용 감소를 거의 또는 전혀 경험하지 않으면서 상당한 임금 인상을 얻을 수 있다. 그러나 시간이 지나면서 기업의 트럭들이 노후되거나 대체됨에 따라 회사는 더 큰 트럭을 구입함으로써 똑같은 총생산량을 상당히 적은 수의 기사로 운반할 수 있다. 그렇지 않으면 기업의 트럭들이 감가상각됨에 따라 회사는 운반을 위해 전혀 다른 운송수단으로 바꿀 수도 있다.

다른 투입물의 공급탄력성

노동수요탄력성의 네 번째 결정요인은 세 번째 결정요인의 연장이다. 일반화는 다른 조건이 일정하다면 다른 투입물의 공급탄력성이 더 크면 클수록 노동수요의 탄력성은 더 크다는 것이다. 세 번째 일반화를 논의하는 데 있어 자본과 같은 비노동 투입물의 가격들이 그것들에 대한 수요의 변화에 의해 영향을 받지 않는 것으로 암묵적으로 가정했다. 그러나 이는 현실적이지 않을 수 있다.

설명하기 위해 다시 한 번 임금 인상이 기업으로 하여금 노동을 자본으로 대체하도록 촉발한다고 가정하자. 자본에 대한 수요의 이러한 증가는 오로지 자본의 공급이 완전탄력적인 특별한 경우에만 자본의 가격을 불변인 채로 남겨 놓을 것이다. 그러나 자본의 공급곡선이 우상향하여, 그 결과 수요 증가는 그 가격을 증가시키게 된다고 가정하기로 하자. 나아가 자본의 공급이 덜 탄력적일수록 수요의 주어진 어떤 증가에 반응하는 자본가격의 상승은 더 클 것이다. 자본가격의 상승은 노동의 자본으로의 대체를 지연하거나 완화하고, 노동수요의 탄력성을 감소시킬 것이기 때문에 결과적으로 나타나는 자본가격의 어떤 증가라도 중요하다. 더 구체적으로 말하면 만약 자본공급이 비탄력적이라면 자본수요의 주어진 증가는 자본가격의 큰 증가를 발생시키고, 대체 과정을 크게 지연시킬 것이다. 이는 노동수요가 비탄력적일 것임을 의미한다. 반대로 만약 자본공급이 매우 탄력적이라면 똑같은 자본수요의 증가는 자본가격의 오로지 작은 증가만 가져오고, 대체 과정을 오로지 약간 지연시킬 것이다. 이는 노동수요가 탄력적일 것임을 시사한다.

임금탄력성 추정치

해머메시(Hamermesh)는 100개가 넘는 노동수요에 대한 연구를 요약하고 비교하여 미국에서 전반적 장기 노동수요의 탄력성은 1.0이라고 결론을 내렸다.[8] 이러한 계수는 단위탄력적 노동수요곡선을 의미하는데, 이는 임금이 매 10% 변화하는 경우 고용은 반대 방향으로 10% 변화한

---

[8] Daniel S. Hamermesh, *Labor Demand* (Princeton, NJ: Princeton University Press, 1993), chap 3.

다는 것을 의미한다. 해머메시는 장기 탄력성 반응의 약 2/3가 산출량효과의 형태를 취하고 있고, 나머지 1/3이 대체효과로 구성되어 있다고 결론을 내리고 있다. 통계 디자인과 불완전한 데이터가 이 영역의 연구를 어렵게 만들고 있지만, 다른 연구들은 일반적으로 해머메시의 추정치를 지지한다.

연구들은 또한 노동수요의 탄력성은 산업, 노동의 유형, 그리고 직종 그룹에 따라 크게 다르다는 것을 보여준다. 예를 들어 클라크와 프리먼(Clark and Freeman)은 모든 미국 제조업의 임금탄력성은 약 1이라고 추정한다.[9] 아쉔펠터와 에른버그(Ashenfelter and Ehrenberg)는 공교육의 임금탄력성은 1.06이라는 것을 알아내고 있다.[10] 다른 연구들은 노동수요의 탄력성은 성인들의 경우보다 10대의 경우가 더 크고, 비생산직 근로자들보다 생산직 근로자들의 경우 더 크며, 고숙련 근로자들의 경우보다 저숙련 근로자들의 경우 더 크고, 내구재산업에서보다 비내구재산업에서 더 크다는 것을 보여준다.

임금탄력성의 중요성

그러한 노동수요의 탄력성 추정치는 어떤 현실적인 중요성이 있는가? 대답은 탄력성 추정치가 시사하는 임금-고용 상충관계(trade-off)의 크기에 의해 민간부문의 정책 및 공공정책이 크게 영향을 받을 수 있기 때문이라는 것이다.

사적 영역에서 노동조합의 협상전략은 그 근로자들의 노동수요탄력성에 의해 영향을 받을 수 있다. (노동수요가 비탄력적인) 항공우주산업 고숙련 엔지니어들의 노동조합은 (노동수요가 탄력적인) 음식점 근로자들의 노동조합보다 더 높은 임금을 위해 더 공격적으로 협상하리라는 것을 기대할 수 있다. 이유는? 주어진 임금 인상 비율은 저숙련 음식점 근로자들의 경우보다 고숙련 엔지니어들의 경우 더 작은 고용 감소를 발생시킬 것이라는 점이다.

마찬가지로 노동조합은 치열한 수입경쟁에 의해 위태롭게 된 일자리를 유지하는 데 필요하다고 알려진 임금 삭감에 동의하기 전에 그 사용자들의 임금탄력성에 대해 무엇인가 알기를 원할 것이다. 사용자의 노동수요가 더 탄력적이면 탄력적일수록 노동조합이 임금 양보에 동의할 가능성은 더 커진다. 탄력적인 노동수요 조건에서는 임금 삭감이 수요가 비탄력적일 때보다 일자리 유지에 더 효과적일 것이다.

정부 정책의 유효성과 영향은 흔히 노동수요의 탄력성에 좌우된다. 예를 들어 최저임금 인상의 결과는 변화에 의해 영향을 받는 근로자들에 대한 수요의 탄력성에 좌우될 것이다. 마찬가지로 사회적으로 혜택을 받지 못한 근로자들을 채용하는 사용자들에 대한 임금 보조금을 제공하는 프로그램의 유효성은 저숙련 노동을 고용하는 산업의 노동수요탄력성에 좌우될 것이다. 노동수요가 더 탄력적이면 탄력적일수록 임금 보조금의 결과로 나타나는 고용 증가가 더 커질 것이다.

---

[9] Kim B. Clark and Richard B. Freeman, "How Elastic Is the Demand for Labor?" *Review of Economics and Statistics*, November 1980, pp. 509-20.

[10] Orley Ashenfelter and Ronald G. Ehrenberg, "The Demand for Labor in the Public Sector," in Daniel Hamermesh (ed.), *Labor in the Public and Nonprofit Sectors* (Princeton, NJ: Princeton University Press, 1975), p. 71.

노동수요의 결정요인

탄력성의 개념이 의미하는 노동수요곡선상의 이동은 노동수요의 증가 또는 감소와는 분명하게 구별된다. 노동수요의 증가 또는 감소는 노동수요곡선의 오른쪽 아니면 왼쪽으로의 이동을 의미한다. 어떤 요소들이 그와 같은 이동을 발생시키는가? 주요 **노동수요의 결정요인** (determinants of labor demand)은 생산물수요, 생산성, 사용자 수, 그리고 다른 자원의 가격이다.

생산물수요

특별한 유형의 노동이 생산하고 있는 생산물에 대한 수요의 변화는 다른 조건이 일정하다면 노동수요곡선을 같은 방향으로 이동시킬 것이다. 예를 들어 표 5.2와 그림 5.2에서 생산물수요가 증가하여 생산물가격이 2달러로부터 3달러로 인상되었다고 가정하자. 만약 새로운 MRP 데이터를 그림 5.2 위에 그래프로 그리면 노동수요곡선이 오른쪽으로 이동했다는 것을 관찰하게 된다. 생산물에 대한 수요 감소는 마찬가지로 노동수요곡선을 왼쪽으로 이동시키게 된다.

생산성

생산물가격을 완전히 상쇄하는 변화를 발생시키지 않는다고 가정하면, 노동의 한계생산(MP)의 변화는 노동수요곡선을 같은 방향으로 이동시킬 것이다. 다시 한 번 표 5.2와 그림 5.2로 되돌아가자. 기술이 향상되어 전체 생산함수(표 5.2에서 1열에 대한 2열의 관계)가 위쪽으로 이동했다고 가정하자. 더 구체적으로 고정된 자본과 결합되어 각 근로자에 의해 생산되는 총생산이 2배가 되었다고 가정하자. 분명히 3열의 MP와 결과적으로 6열의 MRP는 증가하게 된다. 만약 새로운 MRP 데이터가 그림 5.2에 그려진다면 노동수요가 오른쪽으로 이동했다는 것을 관찰하게 된다. 반대로 생산성의 하락은 노동수요곡선을 왼쪽으로 이동시키게 된다.

사용자 수

'가격 조정된' 개별 사용자들의 노동수요곡선을 수평적으로 합함으로써 그림 5.6의 시장노동수요를 찾아냈다는 것을 상기하라. 다른 기업들에 의한 고용 변화가 없다고 가정한다면 특별한 유형의 노동을 고용하고 있는 기업 수의 변화는 노동수요를 같은 방향으로 이동시킬 것이다. 그림 5.6으로 설명하면 추가 기업이 근로자들을 채용하기 위해 이 노동시장에 진입한다면 D_{LR}은 오른쪽으로 이동할 것이다. 만약 기업들이 떠난다면 다른 조건이 일정할 때 그것은 왼쪽으로 이동할 것이다.

다른 자원의 가격

자본, 토지, 그리고 원재료 같은 다른 투입물가격의 변화는 노동수요곡선을 이동시킬 수 있다. 이 아이디어를 설명하기 위해 전적으로 자본가격의 변화에 초점을 맞추기로 하자. 보통 노동과 자본은 생산에 있어 대체관계에 있는데, 이는 동일한 양의 산출물이 많은 자본과 적은 노동 또는 많은 노동과 적은 자본으로 생산될 수 있다는 것을 의미한다. 이제 자본가격이 하락한다고 가정하자. 우리가 할 일은 이 가격 하락이 노동수요에 미치는 영향을 결정하는 것이다.

조대체요소[11]

만약 노동과 자본이 **조대체요소(gross substitutes)**라면 자본가격의 하락은 노동수요를 감소시킬 것이다. 조대체요소는 하나의 가격이 변화할 때 다른 것에 대한 수요가 같은 방향으로 변화하는 투입물이다. 이는 여기서 대체효과가 산출량효과보다 더 크다는 것을 올바르게 의미한다. 자본가격의 하락은 산출량을 생산하는 한계비용을 낮추는데, 이는 홀로 산출량의 확대와 노동수요의 증가(산출량효과)라는 결과를 가져오게 된다. 그러나 낮아진 가격의 자본은 노동과 대체되는데, 이는 홀로 노동수요를 감소(대체효과)시키게 된다. 노동과 자본이 조대체요소인 곳에서는 이 후자의 대체효과가 산출량효과를 압도하며, 노동수요는 감소한다. 예를 들어 불법 침입에 대비해 기업이 사용하는 보안설비의 가격 하락은 야간경비원에 대한 수요를 감소시켰다.

조보완요소

반면에 만약 노동과 자본이 **조보완요소(gross complements)**라면 자본가격의 하락은 노동수요를 증가시킬 것이다. 조보완요소는 하나의 가격이 변화할 때 다른 것에 대한 수요가 반대 방향으로 변화하는 투입물이다. 자본가격 하락의 이 경우에서 산출량효과가 대체효과보다 더 크며, 노동수요는 증가한다. 다시 진술하면 자본가격의 하락은 생산비용을 감소시키고 판매를 크게 증가시켜, 결과적으로 나타나는 노동수요의 증가는 생산 과정에서 발생하는 노동의 자본으로의 대체를 압도한다. 노동과 자본이 조보완요소일 때 자본가격의 하락(상승)은 노동수요를 증가(감소)시킨다. 예를 들어 지난 30년에 걸친 컴퓨터 가격의 하락은 컴퓨터 프로그래머에 대한 수요를 증가시켰다.

이제까지는 생산에 있어서 노동과 자본이 대체관계라는 것을 가정했다. 노동과 자본이 생산 과정에서 대체가 되지 않는 극단적인 경우에 자본가격의 변화가 노동수요에 미치는 영향에 대하여 어떤 결론을 내릴 수 있을까? 대신에 노동과 자본이 생산에 있어 순수 보완관계라고 가정하자. 이는 산출량을 생산하는 데 있어 노동과 자본이 서로 정비례해서 사용된다는 것을 의미한다. 예로는 크레인 기사와 크레인을 들 수 있다. 즉 더 많은 크레인은 1 : 1 기준으로 더 많은 기사를 필요로 한다. 이 경우 자본가격의 하락은 분명하게 노동수요를 증가시킬 것이다. 대체효과가 존재하지 않기 때문에 생산에 있어 순수 보완관계는 항상 조보완요소이다. 낮아진 자본가격은 기업의 한계비용을 감소시키고 기업으로 하여금 그 산출량을 증가시키도록 하는데, 이는 그 노동수요를 북돋는다.

다음의 일반화를 기억하라. (1) 생산에 있어 노동과 대체관계에 있는 자원가격의 변화는 자원이 각각 조대체요소 또는 조보완요소인지에 따라 노동수요를 같은 방향 또는 반대 방향으로 변화시킬 수 있다. (2) 생산에 있어 순수 보완관계인(노동과 고정된 비율로 사용되는) 자원가격의 변화는 노동수요를 반

---

[11] 이 논의에서 대체요소(substitute)와 보완요소(complement)의 수식어로서 조(gross)라는 용어는 고급경제학에서 사용되는 용어와 관련이 있다. 여기서 사용되는 바와 같이 대체효과와 산출량효과를 모두 아우르기 때문에 개념들은 조(gross)이다. 반면에 소위 순대체요소(net substitute)와 순보완요소(net complement)는 산출량효과를 불변으로 유지하면서 오로지 대체효과에만 초점을 맞춘다.

대 방향으로 변화시킬 것이다. 즉 그것은 항상 조보완요소일 것이다.

5.3

잠깐만 확인합시다.

- 임금탄력성은 임금 변화에 대한 노동수요량의 민감도를 측정한다. 그것은 노동수요량의 변화율을 가격의 변화율로 나눈 것이다.
- 임금 변화가 총임금($W \times Q$)을 반대 방향으로 이동하도록 만들 때 노동수요는 탄력적이다. 총임금이 불변인 채로 남아 있을 때 노동수요는 단위탄력적이다. 그리고 총임금이 같은 방향으로 이동할 때 노동수요는 비탄력적이다.
- 임금탄력성의 주요 결정요인은 (a) 생산물수요의 탄력성, (b) 총비용에 대한 노동비용의 비율, (c) 다른 투입물과의 대체가능성, (d) 다른 투입물의 공급탄력성이다.
- 노동수요곡선을 이동시키는 요소에는 (a) 생산물수요의 변화, (b) 노동생산성의 변화, (c) 사용자 수의 변화, (d) 다른 투입물가격의 변화가 포함된다.

5.2
국제 시각

5.3
국제 시각

여러분의 차례입니다

임금 대비 자본가격이 하락하고, 결과적으로 노동수요가 증가한다고 가정하자. 이 투입물들은 조대체요소인가, 아니면 조보완요소인가? 산출량효과와 대체효과의 상대적인 강도에 대해 여러분은 무엇을 유추할 수 있는가? (정답은 책의 맨 뒷부분에 수록되어 있음)

5.4
근로의 세계

5.2 국제 시각 **총고용에서 자영업이 차지하는 비율**

미국에서 자영업자인 근로자의 비율은 주요 공업선진국 중 가장 낮다.

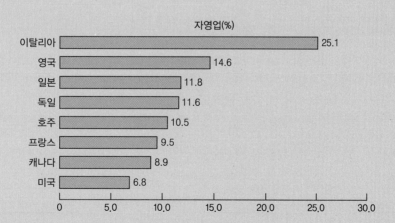

자료 : Organization for Economic Cooperation and Development, *OECD Factbook 2014: Economic, Environmental, and Social Statistics*. 모든 데이터는 2011년 수치인 프랑스를 제외하고 2012년 수치임.

5.3 국제 시각   총고용에서 임시고용이 차지하는 비율

미국은 다른 나라 대비 기간제 고용계약이 이루어지는 일자리의 고용 비율이 낮다.

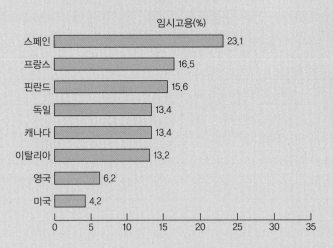

자료 : Organization for Economic Cooperation and Development (www.oecd.org). 데이터는 2005년 수치인 미국을 제외하고 2012년 수치임.

5.4 근로의 세계   미국 우체국 근로자들의 급속한 소멸*

미국 우체국(U.S. Postal Service)에 고용된 근로자 수는 지난 10년 동안 상당히 감소했으며, 다음 10년 동안 심지어 더욱 감소할 것으로 예상된다. 2000~2012년 사이에 우체국 근로자 수는 901,000명에서 611,000명으로 감소했다. 2022년에는 우체국 고용이 442,000명으로 감축될 것으로 전망된다. 2012~2022년 사이 우체국은 연방정부 고용 감소의 2/5를 차지할 것으로 예측된다.

우체국 서비스에 대한 수요 감소 때문에 우체국의 고용은 감소하고 있다. 이메일과 온라인 지급청구서의 사용이 증가하고 있으며, 잡지의 유통이 감소하고 있다. 2000~2010년 사이에 미국 우체국에서 처리된 우편물 건수는 2,080억 건에서 1,710억 건으로 감소했다. 2020년에는 우편물 수량이 1,270억 개로 감소할 것으로 예측된다.

2002~2022년의 기간에 걸쳐 우체국의 직종 구성도 상당히 변할 것이다. 기술적인 개선이 근로자 생산성을 증가시키고 그러한 근

로자들에 대한 필요가 크게 줄 것으로 예상됨에 따라 우체국 고용에서 우편물을 처리하는 직원의 비중은 31%에서 21%로 감소할 것으로 전망된다. 우편물 수량이 감소하더라도 우편집배원은 우편물을 배달하기 위해 여전히 필요할 것이므로 그들의 고용수준은 그다지 크게 감소하지 않을 것이다. 결과적으로 우체국 고용에서 우편집배원의 비중은 41%에서 49%로 증가할 것으로 예측된다.

* Richard Henderson, "Industry Employment and Output Projections to 2022," *Monthly Labor Review*, December 2013, http://www.bls.gov/opub/mlr/2013/article/pdf/industry-employment-and-output-projections-to-2022.pdf; Emily Richards and Dave Terkanian, "Occupational Employment Projections to 2022," *Monthly Labor Review*, December 2013, http://www.bls.gov/opub/mlr/2013/article/pdf/occupational-employment-projections-to-2022.pdf; U.S. General Accountability Office, "Mail Trends Highlight Need to Fundamentally Change Business Model," GAO-12-159SP Report, October 14, 2011; http://www.bls.gov.cew를 기초로 함.

현실 세계 적용

노동수요와 노동수요의 탄력성 개념들은 다음의 예에서 보는 바와 같이 현실 세계에서 대단한 중요성을 갖고 있다.

섬유 및 의류 산업

1973년 미국에는 240만 명의 섬유 및 의류 근로자들이 있었으나 2012년까지 이 수치는 383,000 명으로 감소했다. 2022년까지 137,000명의 근로자들이 추가로 일자리를 잃을 것으로 예상된다. 여러 요소들이 이 부문 일자리의 극적인 감소를 설명하는 데 도움이 된다. 첫째, 무역장애의 감소로 인해 해외경쟁이 미국 섬유 및 의류에 대한 수요를 감소시켰다. 미국 섬유 및 의류 판매 중 국내 생산자가 차지하는 비중은 1970년의 95%로부터 오늘날 60% 미만으로 감소했다.

　또 다른 요소는 섬유 및 의류 제조업에서 자동화의 확산이다. 산업용 로봇과 조립라인 노동은 조대체요소인데, 이는 낮아진 로봇가격이 산출량효과를 초과하는 대체효과를 발생시켰음을 의미한다. 순효과는 섬유 및 의류 근로자들에 대한 수요의 감소였다. 생산물에 대한 수요 감소와 함께 근로자들의 로봇으로의 대체는 이 산업에서의 고용을 크게 감소시켰다.[12]

5.5
근로의 세계

패스트푸드 근로자

과거 수년 동안 맥도날드와 기타 패스트푸드 사업체들은 자신들의 음식점에서 일할 주부와 나이 든 사람들을 유치하기 위한 광고 캠페인을 전개하였다. 이러한 노력의 한 가지 중요한 이유는 패스트푸드점 근로자들에 대한 수요의 급속한 증가였다. 여성의 경제활동 참가율과 두 명의 근로자를 둔 가족 수는 증가했으며, 이는 시간의 기회비용을 인상시켰다(제3장의 베커 모형을 상기하라). 베커의 용어로는 사람들은 시간(가정에서 준비하는 끼니)을 재화(음식점에서 구입하는 끼니)로 대체해 왔다. 음식점 끼니에 대한 수요 증가는 패스트푸드점 근로자들에 대한 수요를 증가시켰다. 전통적인 패스트푸드점 근로자, 즉 10대의 노동공급이 보조를 맞추지 못했기 때문에 많은 음식점들은 현재 주부와 반 은퇴한 근로자들을 모집하고 있다.

개인용 컴퓨터

지난 20년간 개인용 컴퓨터 평균가격의 놀랄 만한 하락과 그에 버금가는 놀라운 처리 능력 증가를 목격하였다. 이러한 발전이 노동수요에 미치는 효과는 광범위했다. 예를 들어 컴퓨터산업의 일부분에서 근로자들에 대한 수요는 상당히 증가했다. 1990~2014년 사이에 컴퓨터시스템 디자인산업(프로그래밍과 소프트웨어)의 고용은 연 6.3%의 성장률로 확대되었다. 1976년에 창립한 애플은 2014년에 92,600명의 근로자를 자랑했다. 소프트웨어의 주생산자인 마이크로소프트는 2014년 122,935명의 사람들을 고용했는데, 이는 1983년의 476명에서 증가한 것이다.

　일부 사무실에서 개인용 컴퓨터는 노동의 조대체요소였으며, 따라서 노동수요를 감소시키면

---

[12] 섬유 및 의류 산업의 고용 추세에 대한 더 많은 내용은 Mark Mittelhauser, "Employment Trends in Textiles and Apparel, 1973–2005," *Monthly Labor Review*, August 1997, pp. 24–35를 참조하라.

5.5 근로의 세계   직종별 고용 추세

노동수요 이동은 특정 직종에서 임금과 고용을 바꾸기 때문에 중요하다. 어느 특별한 직종의 노동수요 증가는 그 직종의 고용을 증가시키고, 수요의 감소는 고용을 감소시킬 것이다. 예를 들어 노동수요의 증가에 직면하고 있는 직종을 검토하기로 하자(임금은 다음 장에서 논의된다).

아래의 표는 2012~2022년의 기간 동안 비율로 볼 때 가장 빨리 증가할 10개의 직종을 열거하고 있다. 놀랄 것도 없이 서비스 및 건설 직종이 목록을 압도하고 있다. 전반적으로 서비스 및 건설 근로자들에 대한 수요가 제조업 및 광산 근로자들에 대한 수요보다 더 빨리 증가하고 있다.

상위 10개의 가장 빨리 성장하는 직종 중 7개는 건강관리와 연계된다. 산업 및 조직 심리학자, 개인 건강 도우미, 재택 건강 도우미,

초음파 진단기사, 작업치료 보조사, 유전자 상담사, 그리고 물리치료 보조사에 대한 수요 증가는 다음과 같은 여러 요인으로부터 발생한다 — (a) 인구 고령화에 수반한 질병기간의 장기화, (b) 소득 증가에 따른 건강관리에의 지출 증가, (c) 건강보험 적용 확대에 따른 건강관리 관련 구매 증대.

가장 빨리 성장하는 직종 중 2개는 건설과 관련된다. 건설업은 2006~2010년에 걸쳐 200만 개의 일자리를 잃었다. 결과적으로 이 직종의 급속한 성장률은 이러한 낮은 출발점으로부터의 반등 때문이다.

가장 빨리 성장하는 직종 중 하나는 외국어와 관련된다. 미국 인구의 다양성 증가와 경제의 세계화는 번역 및 통역 서비스에 대한 수요를 증가시켰다.

비율로 볼 때 가장 빨리 성장하는 상위 10개 직종(2012~2022년)

직종	고용(일자리 1,000개)		증가율
	2012년	2022년	
산업 및 조직 심리학자(industrial-organizational psychologists)	2	3	53%
개인 건강 도우미(personal care aides)	1,191	1,771	49
재택 건강 도우미(home health aides)	875	1,299	49
기계와 관련된 보온기술자 (insulation workers, mechanical)	29	42	47
통 · 번역사(interpreters and translators)	64	93	46
초음파 진단기사(diagnostic medical sonographers)	59	86	46
벽돌공 보조(helpers — brickmasons, blockmasons)	24	35	43
작업치료 보조사(occupational therapy assistants)	30	43	43
유전자 상담사(genetic counselors)	2	3	41
물리치료 보조사(physical therapist assistants)	71	101	41

자료 : Bureau of Labor Statistics, "Employment Projections" (http://www.bls.gov/emp).

서 이러한 기업들로 하여금 자신들의 산출량을 생산하기 위해 더 적은 수의 근로자들을 사용할 수 있게 했다. 그러나 다른 경우에 컴퓨터와 노동은 조보완요소라는 것이 입증되었다. 컴퓨터 가격의 하락은 생산비를 감소시켰으며, 생산물가격이 하락하는 한 생산물 판매는 늘어났고, 근로자들에 대한 파생수요는 증가했다. 또한 키보드 요원과 컴퓨터는 순수 보완관계이다. 따라서 대체효과가 존재하지 않는다. 키보드 근로자가 매 컴퓨터에 필요하기 때문이다.

오늘날 7,700만 명의 사람들이 적어도 하루 중 상당 시간을 개인용 컴퓨터를 갖고 일한다. 크루거(Krueger)는 컴퓨터를 사용하는 근로자들이 이 기술을 사용하지 않는 비슷한 근로자들보

다 10~15% 더 많이 번다는 것을 추정했다.[13]

최저임금

제13장에서 상세히 살펴보겠지만 연방법은 적용되는 근로자들이 적어도 7.25달러의 시간당 최저임금을 받도록 요구한다. 비판자들은 균형임금보다 높은 최저임금은 사용자들을 우하향하는 노동수요곡선을 따라 위로 이동시켜 특히 10대 근로자들 사이에 실업을 초래할 것이라고 주장한다. 최저임금에서 고용된 채로 남아 있는 근로자들은 그렇지 않았을 경우보다 더 높은 임금을 받을 것이다. 일자리를 잃은 사람들이 잃게 되는 소득과 자신들의 일자리를 유지한 사람들이 얻게 되는 소득 액수는 최저임금 노동에 대한 수요의 탄력성에 좌우될 것이다. 연구 결과들은 일반적으로 최저임금의 10% 인상이 고용을 1~3%까지 감소시킨다는 것을 발견했는데, 이는 수요가 비탄력적이라는 것을 의미한다. 따라서 최저임금은 그룹으로서의 최저임금 근로자들에게 임금소득을 증가시킨다(총임금을 증가시킨다). 만약 저임금 근로자들에 대한 수요가 탄력적이라면 최저임금의 비판자들에 의해 제기되는 주장은 더 강력해진다.

임시고용 근로자

최근 수년 동안 극적인 노동시장의 변화는 많은 사용자들이 자신의 핵심 노동력 크기를 줄였다는 것이다. 동시에 그들은 임시고용 근로자(contingent workers)[임시 보조 근로자(temporary help), 도급 근로자(independent contractor), 호출 근로자(on-call worker)]의 사용을 증가시켰다. 1990~2014년 사이에 단기인력 공급산업의 고용은 연 3.7%의 급속한 비율로 증가했는데, 이는 비농업 고용 증가율의 3배를 넘는 것이었다. 이 산업의 근로자는 같은 기간 1,156,000명에서 2,767,000명으로 증가했다.

왜 임시고용 근로자에 대한 수요가 그렇게 빨리 증가했는가? 여러 요소들이 작용해 왔다. 이러한 근로자들은 보통 정규직 근로자들보다 더 적은 금액을 지급받는다. 또한 점점 값비싼 부가급여는 많은 임시근로자들의 경우 최소 수준이거나 아니면 존재하지 않는다.

임시고용 근로자에 대한 수요가 증가한 두 번째 그리고 밀접하게 관련된 이유는 이러한 근로자들이 기업들에게 변화하는 경제여건에 대처하는 데 더 큰 융통성을 준다는 것이다. 생산물수요의 변동에 따라 기업들은 임시 보조 근로자, 호출 근로자, 그리고 도급 근로자 고용의 변경을 통해 자신들 노동력의 크기를 쉽게 증가시키거나 감소시킬 수 있다. 이러한 융통성은 기업의 경쟁 지위를 개선하고 국제시장에서 성공할 능력을 제고한다.

---

[13] Alan B. Krueger, "How Computers Have Changed the Wage Structure: Evidence from Microdata, 1984-1989," *Quarterly Journal of Economics*, February 1993, pp. 33-60. 컴퓨터가 임금에 미치는 영향에 대한 추가 증거는 Harry A. Krashinsky, "Do Marital Status and Computer Usage Really Change the Wage Structure?" *Journal of Human Resources*, Summer 2004, pp. 774-791; and Peter Dolton and Panu Pelkonen, "The Wage Effects of Computer Use: Evidence from WERS 2004," *British Journal of Industrial Relations*, December 2008, pp. 587-630을 참조하라.

요약

1. 노동수요는 파생수요이며, 따라서 노동의 한계생산성과 생산물의 가격 또는 시장가치에 좌우된다.

2. 정(+)이고 평균생산곡선 아래에 놓인 한계생산곡선의 일부분이 단기 노동수요곡선의 기초가 된다. 더 구체적으로 말하면 단기 노동수요곡선은 MRP = W 규칙을 기업의 한계수입생산 데이터에 적용함으로써 결정된다.

3. 다른 조건이 일정하다면 완전경쟁 판매자의 노동수요곡선은 불완전경쟁 판매자의 노동수요곡선보다 더 탄력적이다. 이러한 차이는 불완전경쟁 판매자는 추가 산출량 단위를 판매하기 위해 생산물가격을 낮출 필요가 있는 반면, 순수하게 경쟁적인 판매자는 그럴 필요가 없기 때문에 발생한다. 이는 또한 불완전경쟁 판매자의 한계수입생산곡선이 해당 한계생산물가치곡선의 왼쪽에 놓여 있는 반면 완전경쟁 판매자의 경우 한계수입생산과 한계생산물가치가 동일하다는 것을 의미한다.

4. 장기에 기업은 자본과 같은 비노동 투입물을 조정할 충분한 시간을 갖고 있기 때문에 기업의 장기 노동수요곡선은 단기 노동수요곡선보다 더 탄력적이다. 단기에 임금 변화는 오로지 산출량효과만을 발생시키는 반면, 장기에 임금 변화는 또한 대체효과를 창출한다. 이외에도 생산물수요 탄력성, 노동-자본 상호작용, 그리고 기술 같은 요소들이 장기 임금탄력성이 더 커지게 되는 데 기여한다.

5. 주어진 유형의 노동에 대한 시장수요는 개별 사용자들의 단기 또는 장기 수요곡선의 단순한 수평적 합보다 덜 탄력적이다. 이렇게 되는 이유는 그룹으로서의 사용자들이 더 많은 근로자들을 채용하고 더 많은 산출량을 생산함에 따라, 생산물 공급이 상당히 증가하고 따라서 생산물가격이 감소하기 때문이다.

6. 노동수요의 탄력성은 노동수요량의 변화율을 주어진 임금 변화율과 비교함으로써 측정된다. 만약 탄력성계수가 1보다 크면 수요는 상대적으로 탄력적이다. 만약 그것이 1보다 작으면 수요는 상내적으로 비딘력적이다. 만약 수요가 탄력적이면 임금 변화는 총임금을 반대 방향으로 변화하도록 만든다. 만약 수요가 비탄력적이면 임금 변화는 총임금을 같은 방향으로 변화하도록 만든다.

7. 노동수요는 일반적으로 (a) 생산물수요의 탄력성이 크면 클수록, (b) 총비용에 대한 노동비용의 비율이 크면 클수록, (c) 다른 투입물들의 노동으로의 대체가능성이 크면 클수록, 그리고 (d) 다른 투입물들의 공급탄력성이 크면 클수록 더 탄력적이다.

8. 노동수요곡선의 위치는 (a) 생산물수요, (b) 노동의 한계생산성, (c) 사용자의 수, 그리고 (d) 다른 투입물가격에 좌우된다. 이러한 수요의 결정요인 중 어떤 것이라도 변하면 노동수요곡선은 새로운 위치로 이동한다.

9. 노동과 자본은 생산에 있어 대체관계이거나 또는 순수 보완관계이다. 만약 그것들이 생산에 있어 대체관계라면, 조대체요소이거나 아니면 조보완요소이다. 조대체요소의 가격이 변화할 때 다른 자원에 대한 수요는 같은 방향으로 변화한다. 조보완요소의 가격이 변화할 때 다른 자원에 대한 수요는 반대 방향으로 변화한다.

10. 노동수요, 노동수요의 변화, 그리고 노동수요의 탄력성 개념들은 현실 세계 상황에 큰 적용가능성을 갖고 있다.

용어 및 개념

노동수요의 결정요인(determinants of labor demand)
노동수요의 탄력성(elasticity of labor demand)
단기 노동수요곡선(short-run labor demand curve)
대체효과(substitution effect)
산출량효과(output effect)
생산영역(zone of production)
생산함수(production function)
시장노동수요(market demand for labor)
임금탄력성계수(wage elasticity coefficient)
장기 노동수요(long-run demand for labor)
조대체요소(gross substitutes)

조보완요소(gross complements)
총생산(total product)
총임금규칙(total wage bill rules)
파생수요(derived demand)
평균생산(average product)
한계생산(marginal product)
한계생산물가치(value of marginal product)
한계수익체감의 법칙(law of diminishing marginal returns)
한계수입생산(marginal revenue product)
한계임금비용(marginal wage cost)

질문 및 연구 제안

1. 총생산, 평균생산, 그리고 한계생산 사이의 올바른 관계를 보여주는 단기 생산함수(하나의 가변 자원)를 그래프로 그려라.

2. "MP곡선 중 오로지 AP 아래에 놓인 부분만이 기업의 단기 노동수요곡선의 기초를 구성한다." 설명하라.

3. 한계수입생산이 어떻게 도출되는지를 설명하라. 왜 한계수입생산곡선이 기업의 단기 노동수요곡선인가? 완전경쟁 판매자와 불완전경쟁 판매자의 노동수요곡선이 어떻게 그리고 왜 다른지를 설명하라.

4. 표 A의 데이터가 주어졌을 때 표 B에 보이는 노동수요표를 완성하라. 이 표를 이러한 데이터가 주어졌을 때 존재하게 되는 한계생산물가치표와 대조하라. 왜 노동수요표와 VMP표가 다른지를 설명하라.

표 A

노동 투입물	총생산	생산물가격
0	0	1.10달러
1	17	1.00
2	32	.90
3	45	.80
4	55	.70
5	62	.65
6	68	.60

표 B

노동수요표	
임금	수요량
18달러	
14	
11	
6	
2	
1	

5. 아래의 각각이 4번 문제에서 도출한 노동수요표에 어떻게 영향을 미치는지를 설명하라 — (a) 노동의 조대체요소의 가격 상승, (b) 생산에 있어 노동과 순수 보완요소의 가격 하락, (c) 노동이 생산하는 데 도움을 주는 생산물에 대한 수요 감소.

6. 산출량효과와 대체효과를 언급하면서 왜 자동차 근로자들의 임금 인상이 단기보다 장기에 오히려 부(−)의 고용 반응을 발생시킬 것인지를 설명하라. 생산성 증가와 비노동 자원 가격의 변화가 없다고 가정하라.

7. "산업의 노동수요곡선이 단순히 개별 기업 수요곡선의 수평적 합이라고 말하는 것은 옳지 않다." 여러분은 이 말에 동의하는가? 설명하라.

8. 표 5.2에서 한계생산성이 3배가 된 반면 생산물가격은 1/2로 하락했다고 가정하자. 그림 5.2의 단기 노동수요 곡선의 위치에 미치는 순영향은 무엇인가?

9. (a) 생산에 있어 대체관계 및 생산에 있어 순수 보완관계, (b) 조대체요소 및 조보완요소, 각각의 개념을 사용하여 컴퓨터 및 관련 사무실용 설비가격의 급격한 하락이 비서에 대한 노동수요에 미칠 가능한 영향을 평가하라.

10. 총임금규칙과 4번 문제의 노동수요표를 사용하여 6달러부터 11달러 임금 범위에 걸쳐 수요가 탄력적인지 아니면 비탄력적인지를 결정하라. 식 (5.4)를 사용하여 탄력성계수를 계산하라.

11. 농장 노동자의 생산성은 제2차 세계대전 이래 크게 증가했다. 이러한 사실이 노동이 이 기간 동안에 걸쳐 농업 직종으로부터 비농업 직종으로 이동했다는 사실과 어떻게 조화될 수 있는가?

12. 지난 20년에 걸친 섬유산업 근로자들과 패스트푸드점 근로자들에 대한 수요 변화를 대조하고 설명하라. 왜 노동수요의 탄력성이 최저임금 인상의 효과에 대한 논쟁에 결정적으로 중요한가?

인터넷 연습

어떤 산업이 성장하고 있으며, 어떤 산업이 쇠퇴하고 있는가?

노동통계국 현행고용통계(Current Employment Statistics) 웹사이트(www.bls.gov/ces/home.htm)를 방문하여 차례차례 'CES Databases'와 'Top Picks'를 선택해서 산업별 고용에 대한 정보를 찾아보라. 데이터가 추출된 연도를 변경하려면 'reformat'을 클릭하면 된다.

1980년 1월과 보여지는 가장 최근 달의 비농업 총고용의 크기는 얼마였는가? 이 기간 동안 고용 변화율은 얼마인가?

1980년 1월과 보여지는 가장 최근 달의 제조업과 서비스업의 고용수준은 얼마였는가? 이 기간 동안 어느 산업에서 고용이 증가했는가? 어느 산업에서 고용이 감소했는가? 두 부문 모두의 고용 변화율은 얼마였는가? 이 부문들 사이의 고용 증가 차이에 대한 가능한 설명을 제시하라.

고용수준에 관한 데이터로부터 여러분이 선택한 다른 하나의 구체적인 통계를 제시하라. 예를 들어 "2012년 1월에 광산 및 벌목 산업의 고용수준은 xxx.x천 명의 근로자였다."

인터넷 링크

노동통계국의 고용과 실업(Employment and Unemployment) 웹사이트는 주, 직종, 그리고 산업별 고용은 물론 일시해고와 일자리 이동에 관한 정보를 제공한다(www.bls.gov/bls/employment.htm).

장기 노동수요의 등량-등비용 분석

기업의 우하향하는 장기 노동수요곡선의 더 고급스러운 도출은 (1) 등량곡선과 (2) 등비용곡선을 기초로 한다.

등량곡선

등량곡선(isoquant curve)은 실물산출량의 특정 수량을 생산할 수 있는 두 투입물의 여러 가능한 조합을 보여준다. 그렇다면 정의상 단일 등량곡선 위의 모든 점에서 산출량은 동일하다. 예를 들어 20단위의 자본이 7단위의 노동과 결합하거나 또는 10단위의 자본과 15단위의 노동이 고용될 때, 총산출량은 그림 5.8의 Q_{100}곡선 위 100단위의 어떤 생산물 또는 서비스다.[14] 등량곡선 또는 등산출량곡선은 여러 다른 특성들을 보유한다.

우하향하는 기울기

자본과 노동이 생산에 있어 대체관계라고 가정하면, 만약 기업이 더 적은 자본(K)을 고용하면 산출량의 특정 수준을 유지하기 위해 기업은 더 많은 노동(L)을 고용해야만 한다. 반대로 총산출량을 불변으로 유지하기 위해 적은 L의 사용은 기업으로 하여금 더 많은 K를 고용하도록 요구할 것이다. 따라서 각 산출량 수준에서 K와 L 사이에 역의 관계가 존재하는데, 이것은 우하향하는 등량곡선을 의미한다.

원점에 대한 볼록성

자본과 노동이 서로 완전한 대체요소가 아니기 때문에 등량곡선은 원점에 대해 볼록하다. 예를 들어 특정 산출량 수준을 생산하기 위해, 아마도 고정된 일정한 시간에 1,000에이커의 나무가 우거진 땅의 개간을 위해 굴착회사는 노동과 자본을 대체할 수 있다. 그러나 노동과 자본이 이런 목적을 위해 완전히 대체될 수는 없다. 이를 이해하고 왜 기업의 등량곡선이 원점에 대해 볼록한지를 살펴보기 위해 다음 경우를 비교하라. 첫째, 기업이 불도저 1대와 수백 명의 근로자들

---

[14] 간소화를 위해 기업의 생산영역 내에 있지 않은 자본과 노동의 모든 조합을 무시하면서 오직 두 자원은 자본과 노동이라고 가정할 것이다.

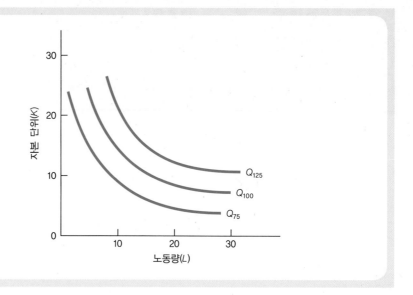

그림 5.8 등량곡선

특정 등량곡선 위의 모든 점은 주어진 총산출량 수준을 생산하는 투입물(이 경우 자본과 노동)의 어떤 조합을 나타낸다. 북동쪽으로 멀리 떨어진 등량곡선 또는 '등산출량곡선'은 더 높은 수준의 총산출량을 알려준다.

을 사용하고 있다고 가정하자. 분명히 추가 불도저는 이 산출량을 생산하는 데 있어 많은 근로자들을 보충 또는 대체하게 된다. 이것을 기업이 100대의 불도저를 갖고 있지만 상대적으로 근로자들이 거의 없는 두 번째 경우와 대조하라. 여전히 또 다른 기계의 추가는 상대적으로 낮은 대체가치를 갖게 된다. 예를 들어 그것은 오로지 1명 또는 2명의 근로자들을 보상할 수 있다. 이유는? 기업은 이미 많은 불도저를 갖고 있다. 기업은 그것들을 운전하고, 운영을 감독하며, 불도저로 자를 수 없는 나무들을 자를 사람들이 필요하다.

이러한 똑같은 개념은 반대로도 생각될 수 있다. 기업이 오로지 적은 양의 노동과 많은 양의 설비를 고용하고 있을 때 추가 근로자는 상대적으로 높은 대체 가치를 보유한다. 즉 많은 양의 자본 감소를 보상한다. 그러나 더 많은 노동이 추가됨에 따라 노동의 추가 단위에 의해 허용된 자본의 감소는 줄어들 것이다. 기술적 용어로 말하면 자본에 대한 노동의 **한계기술대체율**(marginal rate of technical substitution of labor for capital)의 절댓값은 더 많은 노동이 추가됨에 따라 감소할 것이다. 식 (5.5)에 기호로 보이는 이 MRTS L, K는 주어진 점에서의 등량곡선 기울기의 절댓값이다.

$$\text{MRTS } L,\ K = \frac{\Delta K}{\Delta L} \tag{5.5}$$

그림 5.8로 되돌아가면 각 등량곡선은 원점에 대해 볼록하다는 것을 알 수 있다. Q_{75}를 따라 왼쪽으로부터 오른쪽으로 이동함에 따라 곡선 기울기의 절댓값은 감소한다. 달리 말하면 곡선은 점점 편평해진다. 남동쪽으로 이동함에 따라 점점 편평해지는(그 절대 기울기가 감소하는) 곡선은 원점에 대해 볼록하다.

북동쪽일수록 더 많은 산출량

북동쪽으로 멀리 떨어진 각 등량곡선은 이전의 곡선보다 더 많은 수준의 총산출량을 생산하는 K와 L의 조합을 반영한다. 등량곡선 Q_{125}는 Q_{100}보다 더 많은 산출량을 나타내며, 이 Q_{100}은 또 다시 Q_{75}보다 더 많은 산출량을 반영한다. 여기서 다른 두 가지 점이 지적될 수 있다. 첫째, 많은 가능한 등량곡선 중 단지 3개만이 그려졌다는 것이다. 둘째, 등고선 지도에서 동일한 높이를 나타내는 선이 결코 교차하지 않는 것과 같이 이 동일한 산출량을 나타내는 등량곡선도 역시 교차하지 않는다.

등비용곡선

이윤극대화를 추구하는 기업은 주어진 산출량의 생산비용을 최소화하려 할 것이다. 이러한 과업을 완수하기 위해서 기업은 K와 L의 가격을 알 필요가 있을 것이다. 이러한 가격들은 기업으로 하여금 특정 지출을 통해 자신이 이용가능한 K와 L의 여러 조합을 결정하도록 한다. 예를 들어 만약 K와 L의 가격이 각각 단위당 6달러와 4달러라면, 말하자면 120달러의 주어진 경비로부터 얻을 수 있는 투입물 조합은 6달러 곱하기 K의 수량에 4달러 곱하기 L의 수량을 더한 것이 될 것이다. 한 가지 가능성은 20단위의 K(= 120달러 = 6달러 × 20)를 사용하고 노동은 사용하지 않는 것이다. 반대의 극단에서 기업은 0단위의 자본과 30단위의 노동(= 120달러 = 4달러 × 30)을 사용할 수 있다. 다른 그와 같은 조합은 10K와 15L이 된다. 그림 5.9에 이 세 점을 그리고 그들을 직선으로 연결할 수 있다. 이 선이 **등비용곡선**(isocost curve)이다. 등비용곡선은 K와 L의 가격이 주어졌을 때 특정 경비에 의해 구입될 수 있는 자본과 노동의 여러 조합들을 모두 보여준다. 이 '등지출'선 기울기의 절댓값은 자본가격에 대한 노동가격의 비율임을 주목하라. 즉 기울

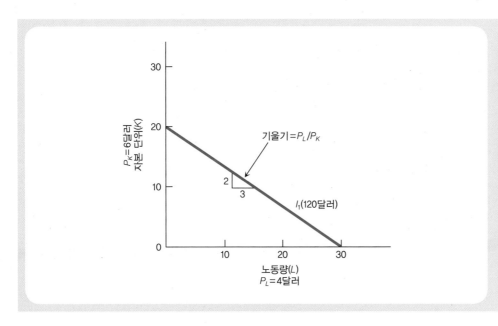

그림 5.9 등비용곡선

등비용(등지출)곡선은 두 투입물의 가격이 주어졌을 때 특정한 액수의 경비로 구입될 수 있는 두 투입물, 이 경우 자본과 노동의 여러 조합을 보여준다. 등비용선의 기울기는 한 투입물의 가격을 다른 투입물의 가격으로 나눔으로써 측정된다.

기는 2/3(＝4달러/6달러)이다.

특정 등비용곡선의 위치는 (1) 총지출과 (2) L과 K의 상대가격에 좌우된다. K와 L의 가격이 주어졌을 때 총지출이 더 크면 클수록 등비용곡선은 원점으로부터 더 바깥쪽으로 놓일 것이다. 만약 총경비가 120달러로부터 150달러로 확대되고, K와 L의 가격이 불변인 채로 남아 있다면, 그림 5.9에 보이는 등비용곡선은 평행인 형태로 밖으로 이동하게 된다. 마찬가지로 더 적은 경비는 그것을 안쪽으로 이동시킨다. 둘째, 비용곡선의 위치는 L과 K의 상대가격에 좌우된다. 총지출액이 주어졌을 때 K의 가격 대비 L의 가격이 더 높으면 높을수록 등비용곡선은 더 가파르게 된다. K의 가격 대비 L의 가격이 더 낮으면 낮을수록 곡선은 더 편평해진다.

자본과 노동의 최소비용 조합

그림 5.9의 등비용곡선을 그림 5.8의 등량곡선 지도 위에 덮어씌움으로써 주어진 총산출량을 위한 기업의 비용극소화 K와 L의 조합을 결정할 수 있다. 약간 다르게 말하면 이는 산출량 단위당 가장 낮은 비용을 결정하도록 허용한다. 이 **자원의 최소비용 조합**(least-cost combination of resources)은 그림 5.10에서 등량곡선 Q_{100}과 등비용곡선 I_1의 접점(a점)에서 발생한다. a점에서 등량곡선의 기울기 MRTS L, K가 노동과 자본의 가격비율, 즉 등비용곡선의 기울기와 정확히 일치한다. 기업은 10단위의 자본을 사용하고 15단위의 노동을 고용할 것이다. 이 120달러의 지출은 이 산출량 수준을 달성하는 데 가능한 최저 경비이다. 이 문제를 확실히 하기 위해서는 왜 Q_{100} 위의 다른 점들에 의해 대표되는 K와 L의 조합은 최적이 아닌지를 밝혀야만 한다.

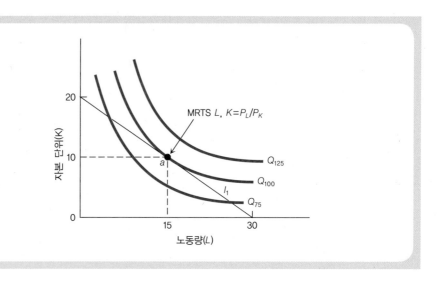

그림 5.10 자본과 노동의 최소비용 조합

100단위의 산출량을 생산하기 위해 사용되는 자본과 노동의 최소비용 조합은 등비용선이 등량곡선 Q_{100}에 접하는 a점이다. a에서 자본에 대한 노동의 한계기술대체율(MRTS L, K)은 자본가격에 대한 노동가격의 비율과 같다. 이 경우 기업은 10단위의 자본을 사용하고, 15단위의 노동을 고용하며, 그 과정에서 120달러를 지출한다.

장기 노동수요곡선의 도출

이 장의 앞에서 자본을 불변으로 고정시키고, 한계생산표를 만들기 위해 노동 단위를 더하며, 추가 생산물의 판매로부터 얻어진 추가 수입에 MP배를 곱하고, 결과적으로 나타나는 한계수입 생산표를 그래프로 그림으로써 단기 노동수요곡선을 도출했다. W = MRP 규칙을 적용함으로 써 MRP곡선이 단기 노동수요곡선이라는 것을 입증했다. 이제 등량−등비용 분석으로부터 직접 장기 노동수요곡선을 도출하기로 하자. 그림 5.11(a)에 120달러 등비용선 I_1과 a점에서 그것과 접하는 등량곡선 Q_{100}을 다시 그리기로 하자. 그 뒤 점선으로 된 수직선을 노동단위를 역시 측정하지만 노동의 가격 또는 임금을 수직축에 측정하는 그래프 (b)의 수평축까지 아래로 떨어뜨리기로 하자. L의 가격은 고용의 최적 수준이 15단위의 노동인 4달러로 가정되고 있다는 것을 상기하라. 이러한 과정은 아래 그래프에서 A점을 보여준다.

이제 어떤 요소(아마도 해외이주)가 노동공급을 감소시키고 노동의 가격을 4달러에서 12달러로 인상시킨다고 가정하자. 이 임금 인상이 노동수요량에 미치는 효과를 그래프로 알아낼 필요가 있다. 이를 완수하기 위해 여러 단계를 진행하기로 하자. 첫째, K가격에 대한 L가격의 새로운 비율을 반영하는 새로운 등비용곡선을 그려야만 한다. 이제 노동의 가격이 12달러인 반면 K가격이 6달러에서 불변인 채로 남아 있다는 것을 고려하면 새로운 등비용곡선은 2(= 12달러/6달러)의 기울기를 가질 것이다. 처음에 산출량 수준을 Q_{100}에서 불변으로 유지할 것을 원했기 때문에, 그림 5.11(a)에서 2의 기울기를 갖고 b점에서 Q_{100}에 접하는 등비용곡선 I_2를 그리게 된다.

다음 단계는 만약 산출량이 불변으로 유지되려면 사용하게 될 K와 L의 새로운 조합을 결정하는 것이다. 이는 등량곡선 Q_{100} 위에서 한계기술대체율이 등비용곡선 I_2의 기울기와 일치하는 b점에서 보여진다(20K와 7L). 이제까지 무슨 일이 발생했는지를 주목하라. 더 높아진 임금에 반응하여 기업은 더 적은 노동(−8)을 더 많은 자본(+10)으로 대체했다. 이것이 임금 인상의 **대체효과**(substitution effect)이다. 그것은 산출량을 불변인 채로 남겨 놓을 때 투입물가격 변화의 결과로 나타나는 투입물 수요량의 변화로 정의된다.

최종 단계는 4달러로부터 12달러로의 노동가격의 인상이 기업으로 하여금 자신의 이윤극대화 산출량 수준을 다시 평가하도록 만들 것임을 인정하는 것이다. 특히 생산비가 이제 더 높아져서, 생산물수요가 주어졌을 때 기업은 더 적은 산출량을 생산하는 것이 이윤을 극대화할 것임을 알 것이다. 이러한 재평가가 그 산출량을 Q_{100}으로부터 Q_{75}로 감소시키는 기업의 결정이라는 결과를 가져온다고 가정하기로 하자. 12달러 대 6달러로 L과 K의 새로운 가격비율이 주어졌을 때, 이 새로운 등량곡선과 접할 때까지 단순히 I_2선을 평행의 형태로 안쪽으로 밀기로 한다. 새로운 접점의 위치는 기업이 15K와 5L을 사용하고 있는 c점이다. 이 **산출량효과**(output effect)는 비용을 극소화하는 노동량을 더욱 감소시킨다. 즉 더 적은 산출량을 생산하기 위해 많지 않은 노동이 필요한 것이다. 이 효과는 투입물가격 변화와 관련된 비용 변화의 결과로 나타나는 투입물의 고용 변화로 정의된다. 점선으로 된 수직선을 c점으로부터 아래쪽으로 떨어뜨리면 아래 그래프에서 C점을 도출하게 된다. 새로운 12달러의 임금에서 기업은 단지 5단위의 노동만을 채용하

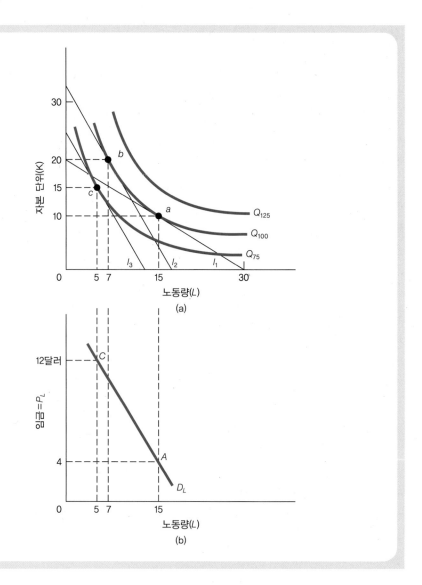

그림 5.11 장기 노동수요 곡선의 도출

노동의 가격이 4달러에서 12달러로 오를 때 대체효과는 기업으로 하여금 더 많은 자본과 더 적은 노동을 사용하도록 하는 반면, 산출량효과는 둘 모두의 사용을 감소시킨다. 노동수요곡선은 4달러루부터 12달러로의 임금 인상 전과 후의 노동수요량을 그림으로써 (b)에 결정되었다.

기를 바란다. 위 그래프에서 a와 c 그리고 아래 그래프에서 A와 C 같은 일련의 점들을 발견함으로써, 그리고 A와 C의 궤적을 결정함으로써 그래프 (b)의 D_L같은 장기 노동수요곡선을 도출하게 된다. 이 곡선은 대체효과(−8노동단위)와 산출량효과(−2단위) 모두 때문에 우하향한다.

요약

1. 등량곡선은 실물산출의 특정 수량을 생산할 수 있는 두 투입물의 여러 가능한 조합을 보여준다.
2. 등비용곡선은 기업이 주어진 경비 또는 지출액으로 구입할 수 있는 두 투입물의 여러 조합을 보여준다.
3. 주어진 산출량을 달성하는 데 있어 기업의 비용극소화를 달성하는 투입물의 조합은 자본에 대한 노동의 한계기술대체율(등량곡선의 기울기)과 투입물가격비율(등비용곡선의 기울기)이 일치하는 등비용곡선과 등량곡선 사이의 접점에서 발견된다.
4. 다른 자원의 가격과 산출량 수준을 불변으로 유지하면서 두 투입물 중 하나의 가격을 변화시키는 것은 주어진 등량곡선 위에 새로운 접점의 위치를 갖는 새로운 등비용곡선을 만들어낸다. 이는 가격이 상승했던 자원의 더 적은 사용과 가격 변화를 경험하지 않았던 자원의 더 많은 사용이라는 결과를 가져오는 대체효과를 발생시킨다.
5. 자원가격의 상승은 또한 생산물 단위당 비용을 증가시킨다. 이는 노동과 자본 모두의 고용을 감소시키는 경향이 있는 산출량효과를 창출한다.
6. 노동가격(임금)의 변화와 관련된 임금-수량 조합을 그림으로써 우하향하는 장기 노동수요곡선이 도출될 수 있다.

용어 및 개념

등량곡선(isoquant curve)
한계기술대체율(marginal rate of technical substitution)
등비용곡선(isocost curve)
자원의 최소비용 조합(least-cost combination of resources)
대체효과(substitution effect)
산출량효과(output effect)

질문 및 연구 제안

1. 왜 생산에서 대체관계인 투입물들의 등량곡선들이 (a) 우하향하는지, (b) 원점에 대해 볼록한지, (c) 결코 교차하지 않는지를 설명하라.
2. 그림 5.8에서 자본량이 10단위로 고정되어 있다고 가정하자. 10K로부터 오른쪽으로 수평선을 그림으로써 이 장의 본문에서 논의되었던 단기 한계수익체감의 법칙을 설명하라. 힌트 : 그려진 수평선을 따라 등량곡선들 사이의 거리를 관찰하라.
3. 다른 조건이 일정할 때 다음 각각이 그림 5.9에 보이는 등비용곡선을 어떻게 이동시키게 되는지 설명하라 — (a) L의 가격 하락, (b) 동시적이고 또한 비례적인 K와 L 모두의 가격 상승, (c) 120달러로부터 150달러로의 총경비 또는 지출액의 증가.
4. 등량-등비용 분석이 장기 노동수요곡선을 도출하기 위해 어떻게 사용될 수 있는지를 그래프를 이용하여 설명하라. 대체효과와 산출량효과를 구별하라.
5. 그림 5.11(a)를 참고하여 노동가격의 상승이 최소비용 자본량에 미치는 영향을 설명하라. 이 구체적인 상황에서 자본에 대한 수요와 관련이 있는 대체효과와 산출량효과의 상대적인 강도에 대해 어떤 결론을 내릴 수 있는가?
6. 그림 5.11(b) D_L의 4~12달러 범위에 걸쳐 노동수요는 (a) 탄력적인가, (b) 단위탄력적인가, 아니면 (c) 비탄력적인가? 탄력성의 총임금규칙(그림 5.7)과 중앙값 공식[식 (5.4)]을 참고하여 설명하라.

임금 결정과 노동의 배분

6

이 장을 공부하고 나면:

1. 완전경쟁 노동시장에서 노동의 공급과 수요를 설명할 수 있다.
2. 사용자가 생산물시장에서 독점인 경우 임금과 고용에 미치는 효과를 논의할 수 있다.
3. 사용자가 노동시장에서 수요독점인 경우 임금과 고용에 미치는 효과를 논의할 수 있다.
4. 공급 반응이 지연되는 특성을 가진 노동시장이 균형에 이르기까지 거미집 형태의 조정 경로를 보이는 이유를 설명할 수 있다.

미국에서는 근무일마다 아주 놀랄 만한 무엇인가가 발생한다. 하루 동안 1억 4,800만 명이 넘는 사람들이 얼마 동안, 어디에선가 일하러 간다. 사람들은 놀랄 정도로 다양한 일자리에서 일한다. 즉 목수, 비서, 경영진, 프로운동선수, 변호사, 항만 근로자, 농장 근로자, 지질학자, 미용사, 간호사, 매니저, 트럭기사, 교수일 수 있다. 목록은 계속된다. 똑같이 놀랄 만한 일은 일자리 사이의 보수 차이다. 프로야구선수는 평균적으로 시간당 1,836달러를 벌어들이고, 음식점 근로자들은 시간당 11달러를 번다.

누가 또는 무엇이 국민경제에서 총일자리의 직종 구성을 결정하는가? 어떤 메커니즘이 근로자들을 여러 직종과 근로 장소에 배분하는가? 직종 및 개인마다 임금은 어떻게 결정되는가? 이 장에서는 노동공급과 노동수요를 이러한 중요한 질문에 대답하는 데 도움이 되는 기본 모형으로 결합한다.

이 장을 읽는 데 있어 단순화를 위해 모든 보상은 임금의 형태로 지급된다고 가정하고 있다는 것을 알아야 한다. 제7장에서는 보수의 구성과 부가급여의 경제학을 구체적으로 살펴보면서 이 가정을 완화할 것이다.

완전경쟁 노동시장 이론

다른 노동시장과 비교할 때 **완전경쟁 노동시장**(perfectly competitive labor market)은 다음과 같은 특성을 갖고 있다 — (1) 동일한 일자리를 채우기 위해 특정 유형의 노동을 채용하려 서로 경쟁하는 수많은 기업, (2) 동일한 숙련을 갖고 독립적으로 노동서비스를 공급하는 자격을 갖춘 수많은 사람들, (3) '임금 순응' 행태, 즉 근로자와 기업 모두 시장임금에 대해 통제를 행사하지 못함, 그리고 (4) 완전하고 비용이 들지 않는 정보와 근로자의 이동성.

이 정형화된 노동시장의 구성요인, 작용, 그리고 결과를 자세하게 검토하기로 하자. 구체적으로 말하면 논의를 노동시장, 개별 기업에 의한 채용 결정, 그리고 배분적 효율성이라는 3개의 세부항목으로 나눌 것이다.

노동시장

특정 유형의 노동에 대한 경쟁시장을 가장 잘 분석하는 방법은 그 시장을 둘로 분리하는 것이다. 사용자의 행태를 보여주는 노동수요와 근로자의 결정으로부터 도출되는 노동공급이 그것이다.

노동수요와 노동공급

앞 장(그림 5.6)에서 임금의 일정 범위에 걸쳐 여러 수준의 임금 각각에서 사용자들이 채용하기를 바라는 가격 조정된 노동량을 합함으로써 특정 유형의 노동에 대한 시장수요를 알아내는 것을 살펴보았다. 또한 개별 노동공급곡선은 보통 후방굴절한다는 것을 기억하라. 그렇다면 특정 등급 노동의 시장공급곡선도 역시 후방굴절한다고 결론을 내릴 수 있는가? 대부분의 노동시장에서는 그렇지 않다. 즉 시장공급곡선들은 일반적으로 우상향하는데, 이는 집단적으로 근로자들은 더 높은 상대임금에서 더 많은 노동시간을 제공할 것임을 의미한다. 왜 이것이 그럴까?

그림 6.1은 대부분의 노동시장에서 나타나는 임금과 공급되는 노동시간의 양 사이의 정(+)의 관계를 설명하는 데 도움이 된다. 그래프 (a)는 특정 노동시장의 5개의 서로 다른 후방굴절 **개별** 노동공급곡선을 보여주는 반면, 그래프 (b)는 시장노동공급곡선을 만들어내기 위해 곡선들을 수평적으로 합하고 있다.[1] 그들 각자의 노동공급곡선 S_A와 S_B로부터 임금 W_1에서 애덤스는 4시간의 노동을 제공하고 베이츠는 6시간을 제공한다는 것을 주목하라. 단순히 이러한 결과를 합하면(4+6) 그래프 (b)에 보이는 시장노동공급곡선 위의 임금 W_1에서의 x점을 얻는다. 이제 모든 다른 임금은 불변인 채로 남아 있고, 이 노동시장에서 임금이 W_1으로부터 W_2로 상승했다고 가정하자. 애덤스는 4시간에서 5시간으로 일하는 시간을 증가시킬 것이며, 베이츠는 6시간이 아니라 10시간을 일할 것이다. 이전의 분석에 의하면, 이는 두 근로자의 경우 W_1에서 W_2의 임금 범위에 걸쳐 대체효과가 소득효과를 능가한다는 것을 의미한다. 그러나 또한 W_2에서 세 번째 근로자인 초이(S_C)가 5시간의 노동을 제공하기로 결정하면서 이 노동시장에 참가하기로 선

---

[1] 모든 이러한 근로자들은 동일한 숙련을 갖고 있는 반면, 그들은 상이한 여가선호, 상이한 비임금소득수준 등을 갖고 있다고 가정하고 있다. 따라서 그들의 유보임금과 개별 노동공급곡선은 다르다.

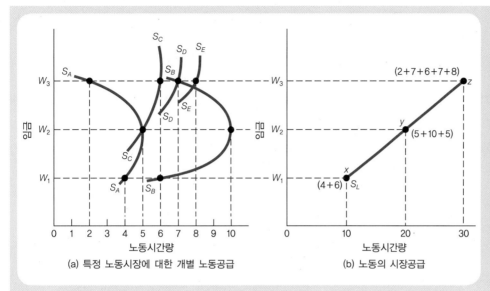

그림 6.1 노동의 시장공급

특정 개개인들은 보통 후방굴절 노동공급곡선을 갖지만, 노동공급곡선들은 일반적으로 현실적인 임금 범위에 걸쳐 정(+)의 기울기를 갖는다. 더 높은 상대임금은 가계생산, 여가, 또는 이전 일자리로부터 근로자들을 끌어들인다. 시장노동공급곡선의 높이는 그 고용수준에서 한계노동시간을 사용하는 기회비용을 측정한다. 시간이 경과하는 기간이 짧으면 짧을수록 이 곡선은 덜 탄력적이다.

택한다는 것을 주목하라. 아마도 그는 W_2의 임금에서 다른 노동시장, 가계생산, 또는 여가로부터 이 노동시장으로 마음이 끌렸다. 따라서 총노동공급량은 20(= 5 + 10 + 5)이고, 이는 오른쪽 그래프의 y점에 보인다. 마지막으로 W_3를 보자. 여기서 애덤스와 베이츠는 이전보다 더 적은 시간을 일하기로 선택하지만, 초이는 6시간을 제공하기로 결정하고, 2명의 새로운 근로자인 데이비스(S_D)와 이건(S_E)이 이제 이 노동시장에 진입한다. 시장노동공급곡선 위의 z점에서 관찰되는 바와 같이 총시간 수는 이제 30(= 2 + 7 + 6 + 7 + 8)이다.

결론은? 특정 사람들은 시장임금이 일정 수준을 초과하여 상승하면 자신들의 근로시간을 감소시키지만, 특정 노동시장들의 노동공급곡선들은 일반적으로 현실적인 임금 범위에 걸쳐 정(+)의 기울기를 갖는다. 더 높은 상대임금이 가계생산, 여가 또는 다른 노동시장으로부터 임금이 상승한 노동시장을 향해 근로자들을 끌어들인다.

시장노동공급곡선 xyz의 수직 높이는 이 직종에서 마지막 노동시간을 고용하는 기회비용을 측정한다. 예를 들어 그림 6.1(b) S_L 위의 y점은 20번째 노동시간을 유도하기 위해 임금 W_2가 필요하다는 것을 가리킨다. 생산물시장 및 노동시장이 경쟁적이고, 정보가 완전하며, 이동에 비용이 들지 않는 곳에서는 그 시간이 이전에 생산했던 다른 활동의 가치는 여가로부터의 효용으로서든 아니면 다른 직종에서의 근로로부터의 산출량으로서든 W_2와 동일하다. 20시간이 아닌 30시간의 노동을 끌어들이기 위해서는, 21번째부터 30번째까지의 시간은 다른 사용처에서 근로자들과 사회에 W_2만큼보다 더 많은 가치를 만들어내기 때문에, 임금은 $W_3(z$점)로 상승해야만 한다. 이 노동시장에 이러한 시간을 끌어들이기 위해 이러한 기회비용이 더 높은 임금을 통해 보상이 이루어져야 한다. 완전경쟁 생산물 및 노동시장에서 노동공급곡선은 한계기회비용을 측정한다.

시장노동공급에 관해 한 가지 마지막 요점을 강조할 필요가 있다. 시간이 경과하는 기간이

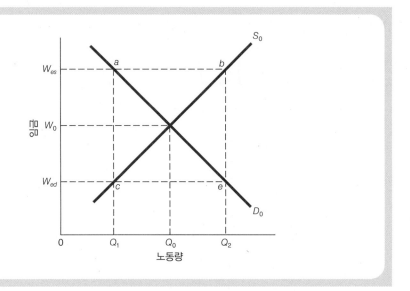

그림 6.2 임금과 고용의 결정

균형임금 W_0와 균형고용수준 Q_0는 노동공급과 노동수요의 교차점에서 발생한다. 잉여 또는 초과공급 ba는 임금 W_{es}에서 발생하고, 부족 또는 초과수요 ec는 임금 W_{ed}에서 발생한다.

짧으면 짧을수록, 그리고 노동의 다양성이 특화되면 특화될수록 노동공급곡선은 덜 탄력적이다. 단기에는 임금 상승이 시장에서 근로자 수의 상당한 증가라는 결과를 가져오지 않을 수 있다. 하지만 장기에는, 더 높은 상대임금에 대해 더 큰 반응을 나타낼 인적자본 투자가 이루어질 수 있다.

균형

그림 6.2는 특정 유형 노동의 시장노동수요곡선과 시장노동공급곡선을 결합하여, 균형임금 W_0와 균형노동량 Q_0를 보여준다. 만약 임금이 W_{es}라면 노동의 **초과공급** 또는 잉여($b-a$)가 발생하여 임금을 W_0까지 하락시킨다. 그 대신 만약 임금이 W_{ed}라면 근로자들에 대한 **초과수요** 또는 부족($e-c$)이 발생하여 임금은 W_0까지 상승하게 된다. 임금 W_0와 고용수준 Q_0는 시장이 청산되는 유일한 임금-고용 조합이다. W_0에서 노동공급자에 의해 제공되는 시간 수가 기업이 고용하기를 원하는 시간 수와 정확히 일치한다.

결정요인

그림 6.2의 공급과 수요곡선은 이 종류 노동의 임금 이외의 모든 요소를 불변으로 유지하면서 그려진 것이다. 그러나 많은 다른 요소, 또는 **노동공급과 노동수요의 결정요인**(determinants of labor supply and demand)은 변하여 곡선을 오른쪽 또는 왼쪽으로 이동하게 만든다. 제2장과 제5장에서 많은 이러한 요소들이 논의되었는데, 그것들이 단순하게 표 6.1에 공식화되어 있다. '수요의 변화' 대 '수요량의 변화' 또한 '공급의 변화' 대 '공급량의 변화' 사이의 구별은 생산물시장은 물론 노동시장에도 적용된다. 표에 보이는 노동수요와 노동공급 결정요인의 변화는 곡선 자체를 이동시킨다. 이러한 곡선의 이동을 '노동수요의 변화'와 '노동공급의 변화'라고 한다. 반면에 임금의 변화는 수요곡선과 공급곡선 상의 이동을 발생시킨다. 즉 노동수요량 또는

표 6.1 노동공급과 노동수요의 결정요인

노동공급의 결정요인
1. **다른 임금** : 특정 노동시장의 근로자들이 일자리를 얻을 자격을 갖춘 다른 직종에 지급되는 임금의 상승(하락)은 노동공급을 감소(증가)시킬 것이다.
2. **비임금소득** : 고용 이외로부터의 소득 증가(감소)는 노동공급을 감소(증가)시킬 것이다.
3. **근로 대 여가 사이의 선호** : 여가 대비 근로에 대한 사람들 선호의 순증가(감소)는 노동공급을 증가(감소)시킬 것이다.
4. **일자리의 비임금 측면** : 일자리의 비임금 측면의 향상(악화)은 노동공급을 증가(감소)시킬 것이다.
5. **자격을 갖춘 공급자 수** : 특정 노동 등급의 자격을 갖춘 공급자 수의 증가(감소)는 노동공급을 증가(감소)시킬 것이다.

노동수요의 결정요인
1. **생산물 수요** : 생산물가격을 상승(하락)시키는 생산물 수요의 변화는 노동의 한계수입생산(MRP)을 증가(감소)시키고, 따라서 노동수요를 증가(감소)시킬 것이다.
2. **생산성** : 생산성의 변화가 노동수요의 변화를 상쇄시키는 생산물가격의 변화를 초래하지 않는다고 가정하면, 생산성의 증가(감소)는 노동수요를 증가(감소)시킬 것이다.
3. **다른 자원의 가격** : 자원이 조보완요소인 곳에서는(산출량효과 > 대체효과), 생산에 있어 대체관계인 자원의 가격 상승(하락)은 노동수요를 감소(증가)시킬 것이다. 반면 자원이 조대체요소인 곳에서는(대체효과 > 산출량효과), 생산에 있어 대체관계인 자원의 가격 상승(하락)은 노동수요를 증가(감소)시킬 것이다. 생산에 있어 순수 보완관계의 가격 상승(하락)은 노동수요를 감소(증가)시킬 것이다(대체효과 없음, 따라서 조보완요소).
4. **사용자 수** : 특정 등급의 노동을 채용하는 다른 기업에 의한 고용의 변화가 없다고 가정하면 사용자 수의 증가(감소)는 노동수요를 증가(감소)시킬 것이다.

노동공급량이 변한다. 그러나 단기에 걸친 임금 변화는 보통 곡선 그 자체의 이동을 발생시키지 않는다.

특정 유형의 노동에 대한 경쟁시장이 어떻게 작용하는지를 보여주고, 공급과 수요 결정요인의 역할을 강조하기 위해, 그림 6.3의 노동시장이 함께 균형임금과 균형고용수준 W_0와 Q_0 (c점)를 만들어내는 노동수요 D_0와 노동공급 S_0로 나타난다고 가정하기로 하자. 다음에 이 노동을 채용하고 있는 기업에 의해 생산되는 생산물에 대한 수요가 감소하여 생산물가격을 하락시키고, 따라서 노동의 **한계수입생산**(marginal revenue product, MRP, 표 6.1의 수요 결정요인 1)을 감소시킨다고 가정하자. 또한 동시에 지금까지 이 직종과 관련 있다고 알려진 상당한 건강 및 안전 위험이 실제로는 아주 적다고 결론을 내린 연구 결과를 정부가 발표한다고 가정하기로 하자. 이것만을 고려한다면, 이 정보는 이 노동의 상대적인 비임금 매력을 증가시키고, 노동공급곡선을 오른쪽으로, 말하자면 S_0로부터 S_1으로 이동시킬 것이다(표 6.1의 공급 결정요인 4).

이제 처음의 임금 W_0에서 이 직종에서 일자리를 찾는 근로자 수(b점)가 기업이 채용하기를 원하는 근로자 수(a점)를 초과한다는 것을 주목하라. 시장은 이 잉여에 어떻게 적응할 것인가? 임금이 완전 신축적이라고 가정되기 때문에 노동시장이 다시 한 번 청산될(e점) W_1으로 임금은 떨어질 것이다. 그림 6.3은 두 가지 일반화를 설명한다. 첫째, 노동수요의 감소는, 이것만 고려

6.1
근로의 세계

그림 6.3 수요, 공급, 그리고 시장균형의 변화

노동공급과 노동수요의 변화는 처음에 노동시장에 부족 또는 잉여를 창출하고, 새로운 균형임금과 균형고용량으로의 조정이 뒤따르게 된다. 여기서 D_0로부터 D_1으로의 수요 감소와 S_0로부터 S_1으로의 공급 증가는 임금 W_0에서 처음에 ab의 초과공급을 발생시킨다. 결과적으로 임금은 W_1으로 하락한다. 그리고 수요의 감소가 공급의 증가 대비 더 크기 때문에 균형량은 Q_0로부터 Q_1으로 감소한다.

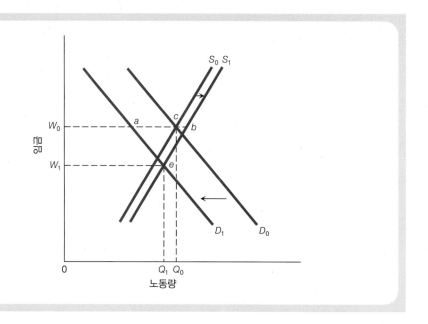

 6.2
근로의 세계

하면, 임금과 노동고용량 모두를 감소시킨다. 둘째, 노동공급의 증가는, 역시 분리하여 고려하면, 임금을 하락시키고 균형량을 증가시킨다. 이 경우 공급과 수요 동시 변화의 순결과는 임금의 하락($W_0 \rightarrow W_1$)과 근로자가 제공하고 사용자가 고용하는 노동량의 감소($Q_0 \rightarrow Q_1$)이다. 노동고용량의 감소는 노동수요의 감소가 노동공급의 증가보다 더 컸기 때문에 발생했다. W_1에서 이 시장에 전에 고용되었던 Q_1Q_0의 근로자들은 자신의 기회비용을 충분히 보상받지 못했으며, 그들은 여가, 가계생산, 또는 다른 일자리를 찾아 이 직종을 떠났다.

개별 기업에 의한 채용 결정

그림 6.3에 W_0 또는 W_1의 시장임금의 존재가 주어졌을 때 완전경쟁 노동시장 및 생산물시장에서 운영하고 있는 기업은 어떻게 고용할 노동량을 결정할 것인가? 대답은 그림 6.4에서 발견할 수 있다. 그래프 (a)는 특정 직종 그룹의 노동시장을 나타내고, 그래프 (b)는 이 노동을 채용하는 개별 기업의 노동공급곡선과 노동수요곡선을 보여준다. 이 특정 사용자는 이 노동시장의 많은 기업 중 단지 하나이기 때문에 얼마나 많은 근로자들을 고용할지에 대한 그의 결정은 시장임금에 영향을 미치지 못한다. 그 대신 이 기업은 완전경쟁 판매자가 생산물시장에서 가격순응자라는 것과 똑같은 의미에서 임금순응자이다. (b)에서 단일 사용자는 W_0의 임금에서 자신이 원하는 만큼 얼마든지 많은 노동단위를 끌어들일 수 있기 때문에 균형임금보다 더 높은 임금을 지급할 인센티브를 갖지 않는다. 반면에 그 기업이 만약 W_0보다 낮은 임금을 제시한다면 노동을 한 단위도 채용하지 못할 것이다. 이 숙련을 보유한 모든 근로자들은 적어도 W_0의 한계기회비용을 갖고 있는 것이다. 즉 그들은 다른 고용에서 최저 W_0의 임금을 얻을 수 있다. 결과적으로 그림 6.4(b)의 수평 임금선 W_0는 이 기업의 노동공급곡선(S_L)이다. 완전탄력적이라는 것을 알 수 있다.

6.1 근로의 세계   허리케인과 지역노동시장

허리케인은 매우 파괴적이다. 허리케인은 수천 명의 목숨을 앗아가고 수십억 달러 가치의 재산을 파괴할 수 있다. 이러한 강력한 폭풍우는 해수 온도가 약 26℃ 이상일 때인 매년 6월 1일과 11월 30일 사이에 발생한다. 그러나 어디서 또는 언제 허리케인이 강타할지를 정확히 예측할 수 없다.

고통을 받는 지역에서 허리케인은 노동공급과 노동수요 모두에 영향을 미친다. 사람들이 시달리는 지역에서 도망하기 때문에 허리케인은 노동공급을 감소시킨다. 허리케인은 또한 노동수요에 불확실하지만 정(+)일 가능성이 있는 효과를 미친다. 만약 허리케인이 많은 재산과 자본을 파괴한다면 사용자들은 떠날 것이고 노동수요를 줄일 것이다. 만약 허리케인이 주로 주거지역을 강타한다면 사용자들이 빈자리에 사람을 채우려고 함에 따라 노동수요는 증가할 수 있다. 이외에도 만약 기업들이 파괴된 실물자본을 노동으로 대체한다면 노동수요는 증가할 수 있다. 만약 노동공급이 감소하고 노동수요가 증가한다면 고용에는 불확실한 효과를 미치면서 임금은 증가할 것이다.

벨라센과 폴라첵(Ariel Belasen and Solomon Polachek)

은 분기 데이터를 사용해서 허리케인이 1988~2005년 기간 동안 플로리다의 임금과 고용에 미친 영향을 조사했다. 플로리다의 67개 카운티 모두 이 기간 동안에 플로리다에 상륙했던 19개 허리케인 중 적어도 1개에 의해 강타를 당했기 때문에 플로리다를 조사하는 것은 유용한 일이다. 실제로 가장 파괴적인 대서양 허리케인 6개 가운데 5개가 이 기간 중 플로리다에 상륙하였다.

벨라센과 폴라첵의 연구 결과는 직접 강타당한 카운티에서 허리케인의 영향은 폭풍우의 강도에 좌우된다는 것을 알려준다. 강도가 심한 허리케인은 전형적인 카운티 대비 근로소득을 4.4% 증가시키고 고용을 4.8% 감소시킨다. 강도가 약한 허리케인은 전형적인 카운티 대비 근로소득을 1.3% 증가시키고 고용을 1.5% 감소시킨다. 고용과 근로소득 효과는 시간이 지남에 따라 체감하지만, 허리케인이 강타한 이후 길면 2년 동안 남는다.

자료 : Ariel Belasen and Solomon Polachek, "How Disasters Affect Local Labor Markets: The Effects of Hurricanes in Florida," *Journal of Human Resources*, Winter 2009, pp. 251-76.

그래프 (b)의 S_L곡선은 또한 이 기업의 평균임금비용과 한계임금비용을 가리킨다. **평균임금비용**(average wage cost, AWC)은 총임금비용을 고용된 노동단위 수로 나눈 것이다. 반면에 **한계임금비용**(marginal wage cost, MWC)은 추가 노동단위 고용의 결과로 나타나는 총임금비용의 절대변화이다. 이 경우 왜 평균임금비용과 한계임금비용이 같은지를 알기 위해 기업이 시간당 8달러로 100노동시간을 채용한다고 가정하자. 총시간임금은 800달러(= 8달러 × 100)가 될 것이다. 평균임금비용과 한계임금은 얼마가 될 것인가? 답은 AWC = 8달러(= 800달러/100), MWC(마지막 근로자 시간의 추가비용) = 8달러(= 800달러 − 792달러)이다. 그리고 만약 기업이 200노동시간을 채용한다면? 답은 총노동비용 = 1,600달러, AWC = 8달러(= 1,600달러/200), MWC = 8달러(= 1,600달러 − 1,592달러)이다. 이 노동시장의 모든 고용수준에서 $W = 8$달러 = MWC = AWC = S_L이다.

제5장에서 배운 내용인 단기에 기업의 노동수요곡선은 그 한계수입생산곡선이라는 점을 상기하라. 따라서 이 기업은 노동을 한 단위 더 채용함으로써 얻어진 추가 수입(MRP)을 추가된 비용(MWC), 또는 이 경우 임금(W = MWC)과 비교할 수 있다. 만약 MRP > W라면 기업은 특정 노동시간을 고용할 것이다. 반면에 만약 MRP < W라면 기업은 그렇게 하지 않을 것이다. 일반화하면 이윤극대화를 추구하는 사용자는 MRP = MWC인 곳에서 그 고용의 최적수준을 얻을 것이다. 이 균등을 *MRP = MWC* 규칙(MRP = MWC rule)으로 명명한다.

이윤극대화 산출량은 그림 6.4(b)의 Q_0이다. 이를 확인하기 위해 수직거리 ac에 의해 보여지

6.2 근로의 세계 중국증후군*

지난 20년에 걸쳐 중국으로부터의 미국 수입량은 급등했던 반면, 수출은 그만큼 증가하지 않았다. 중국으로부터의 수입에 대한 지출은 1990년 모든 미국 지출의 0.6%에서 2007년에는 4.6%로 증가했다. 중국으로부터의 수입은 이제 의류, 섬유, 가구, 전기기구, 그리고 보석류 산업의 30%를 넘게 차지한다. 이러한 중국으로부터 수입의 급속한 증가는 미국 경제에 미칠 영향에 대한 우려를 불러일으켰다.

오토, 돈, 핸슨(David Autor, David Dorn, and Gordon Hanson)은 1990~2007년 사이 중국으로부터의 수입 경쟁에의 노출에 있어서 변화가 722개 미국 노동시장에 미친 영향을 조사했다. 중국으로부터의 수입 경쟁의 증가는 미국 제조업 생산물에 대한 수요, 따라서 제조업 근로자들에 대한 수요를 감소시킬 것이다. 그들은 중국으로부터의 수입에 더 노출된 노동시장은 노출이 덜한 노동시장보다 제조업 고용의 더 큰 감소를 경험했다는 것을 발견하고 있다. 고용 감소는 대학 학위가 없는 근로자들 사이에 집중되었다. 그들의 연구는 중국으로부터의 수입 경쟁의 증가가 1990~2007년

사이 미국 제조업 고용 감소의 21%를 설명한다고 보고하고 있다.

중국으로부터의 수입 경쟁의 증가는 또한 임금에 영향을 미쳤다. 제조업의 일시해고는 비제조업 생산물에 대한 수요를 낮췄고, 비제조업 부문의 노동공급을 증가시켰다. 이러한 이동 때문에 비제조업 근로자들의 임금은 하락했다. 제조업 부문의 임금은 하락하지 않았는데, 아마 가장 생산적인 근로자들이 자신들의 일자리를 유지했기 때문이었을 것이다.

중국으로부터의 수입 경쟁의 증가로 인한 임금과 고용의 감소는 또한 정부 이전지출에 대한 수요를 증가시켰다. 놀랄 것도 없이 가장 큰 증가는 실업, 장애, 은퇴, 그리고 건강관리 급여 지출을 위한 것이었다. 그러나 정부 이전지출의 증가는 근로자 근로소득 감소에 의해 발생한 가계소득 감소의 단지 작은 부분만을 상쇄했다.

* David H. Autor, David Dorn, and Gordon H. Hanson, "The China Syndrome: Local Labor Market Effects of Import Competition in the United States," *American Economic Review*, December 2013, pp. 2121-2168을 기초로 함.

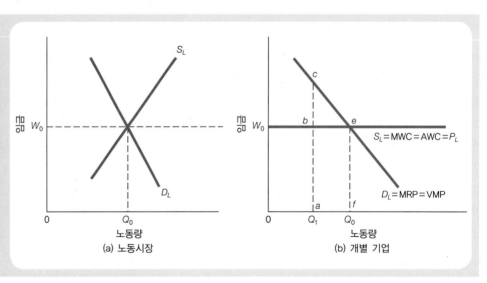

그림 6.4 완전경쟁 : 노동시장(a)과 개별 기업(b)

완전경쟁 노동시장에서 균형임금 W_0와 균형노동량 Q_0는 (a)에 보이는 바와 같이 공급과 수요에 의해 결정된다. 이 시장에서 채용하고 있는 개별 기업 (b)는 임금순응자이다. 즉 그 노동공급곡선 $S_L = MWC = AWC$는 W_0에서 완전탄력적이다. 기업은 Q_0의 노동단위를 채용함으로써 그 이윤을 극대화한다. 생산물시장에서의 경쟁을 가정하면, 이 고용수준은 자원의 효율적 배분이 된다($VMP = P_L$).

는 것과 같이 MRP가 MWC(거리 ab)를 초과하는 Q_1 수준을 관찰하라. 분명히 이 기업은 이 근로자에 의해 생산된 추가 생산물을 임금 $W_0(= MWC)$보다 더 높은 가격으로 판매할 수 있기 때문에 만약 이 기업이 이 노동단위를 채용한다면 이득을 얻을 것이다. 이는 MRP와 MWC가 일치하는(거리 fe) Q_0까지의 모든 노동단위의 경우 사실이다. Q_0를 넘어서는 MRP(= MP × P)

가 시장임금 W_0 아래에 놓인 한 수확체감이 결국 한계생산(MP)을 감소시킨다. 따라서 만약 이 기업이 Q_0보다 더 많은 근로자 시간을 채용한다면, 그 총이윤은 감소할 것이다.

배분적 효율성

제1장의 처음에 노동은 희소한 자원이고, 따라서 사회는 노동을 효율적으로 사용할 필요가 있다는 것을 강조했다. 노동의 효율적인 배분을 어떻게 정의하는가? 방금 전 논의한 완전경쟁 노동시장에서 노동은 효율적으로 배분되는가? 그리고 뒤에 논의할 비경쟁적인 노동시장의 경우에는 어떠한가?

노동시장 효율성

우선 배분적 효율성의 개념에 초점을 맞추도록 하자. **노동의 효율적 배분**(efficient allocation of labor)은 근로자들이 그들의 가장 비싼 사용처로 향할 때 실현된다. 사회가 이용가능한 주어진 노동량으로부터 가장 큰 국내 산출량을 얻을 때 노동은 효율적으로 배분되는 것이다. 기술적으로 말하면 이용가능한 각 노동의 한계생산물가치 또는 VMP(즉 각 노동의 한계생산물의 사회에 대한 달러 가치)가 모든 다른 고용에서 동일할 때 효율적으로 배분된다.

이러한 주장은 단순한 예를 통해 입증될 수 있다. A유형의 노동(예를 들어 조립라인 노동)이 생산물 x(자동차)와 생산물 y(냉장고) 모두를 생산할 수 있다고 가정하자. A유형 노동의 이용가능한 양이 현재 배분되고 있으며, 그 결과 자동차를 생산하는 데 있어서의 한계생산물가치가 12달러이고 냉장고를 생산하는 데 있어서의 한계생산물가치는 8달러라고 가정하자. 요컨대 VMP_{Ax}(＝12달러) > VMP_{Ay}(＝8달러)이다. 이것은 국내 산출량에 최대의 기여를 하지 않기 때문에 A유형 노동의 효율적인 배분이 아니다. y(냉장고) 생산으로부터 x(자동차) 제조로 1명의 근로자를 이동시킴으로써 국내 산출량이 4달러(＝12달러 − 8달러)만큼 증가할 수 있다는 것이 분명하다. 이러한 재배분은 x의 VMP곡선의 아래로의, 그리고 y의 VMP곡선의 위로의 이동을 발생시킬 것이다. 즉 VMP_{Ax}는 감소하고 VMP_{Ay}는 증가할 것이다. y로부터 x로의 바람직한 재배분은 A유형 노동의 VMP가 두 생산물 모두의 경우 같아질 때까지, 또는 $\text{VMP}_{Ax} = \text{VMP}_{Ay}$까지 계속되어야만 한다. 위의 예에서 이는 말하자면 $\text{VMP}_{Ax} = \text{VMP}_{Ay} = 10$달러인 곳에서 발생할 수 있다. 이 균등이 달성될 때 더 이상의 노동의 재배분은 국내 산출량의 순증가를 발생시킬 수 없다.

만약 위의 예를 단지 두 생산물로부터 어떤 수의 생산물로 확대하더라도(즉 n 생산물), 어떤 주어진 유형 노동의 경우라도 배분적 효율성의 조건은 다음의 식으로 표현할 수 있다.

$$\text{VMP}_{Ax} = \text{VMP}_{Ay} = \cdots = \text{VMP}_{An} = \text{P}_{LA} \tag{6.1}$$

여기서 A는 주어진 유형의 노동, $x, y, \cdots, n$은 노동이 생산할 수 있는 모든 가능한 생산물을 나타낸다. 그리고 VMP는 여러 생산물을 생산하는 데 있어서의 노동의 한계생산물가치이다.

식 (6.1)에서 노동의 VMP가 서로 같을 뿐만 아니라 **노동의 가격**(price of labor) P_L과도 같다는 것을 관찰하라. 왜 그럴까? 이유는 오로지 노동의 가격이 자신의 노동서비스를 공급하는 사

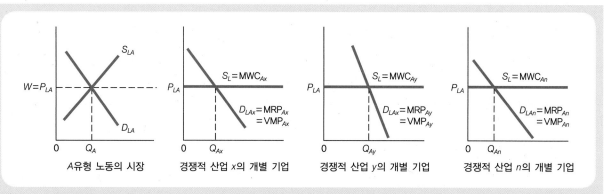

그림 6.5 완전경쟁과 노동의 효율적 배분

x, y, n 같은 재화를 생산하는 대표적인 기업들은 노동의 한계수입생산(MRP)이 한계임금비용(MWC)과 같은 곳에서 A유형 노동을 고용함으로써 이윤을 극대화한다. 생산물시장의 완전경쟁은 MRP가 한계생산물가치(VMP)와 같은 것을 보장하고, 노동시장의 완전경쟁은 MWC가 노동의 가격(P_L)과 같다는 것을 의미한다. 따라서 VMP는 A유형 노동의 배분의 효율성 조건을 만족시키면서 각 사용처에서 P_L과 일치한다. 즉 $VMP_{Ax} = VMP_{Ay} = \cdots = VMP_{An} = P_L$이다.

람들의 기회비용을 충당할 수 있도록 충분히 높아야만 이 노동시장에서 A유형 노동이 이용가능할 것이기 때문이다. A유형 노동은 A유형이 아닌 근로, 가계생산(육아, 음식 준비 등), 또는 순수한 여가에 사용될 수 있다. 실제로 제2장 근로-여가 모형의 최적 위치(구체적으로 그림 2.5의 u_1점)는 노동시장 활동과 비노동시장 활동 사이의 노동(시간)의 효율적인 배분을 분명히 밝히고 있다. 그림 6.1에서 다른 노동시장에서의 임금 기회와 함께 그러한 개별 근로-여가 배분은 경쟁적인 노동시장 내에서의 노동공급곡선에 반영된다는 것을 발견했다. 따라서 식 (6.1)은 여러 노동시장 사용처(재화 x, y, $\cdots$, n 생산)에서 노동 마지막 단위의 가치가 모두 같고 이 가치는 이어 노동의 기회비용 P_L(대안적인 근로, 비노동시장 생산, 그리고 여가)과 같을 때 인적자원은 효율적으로 배분된다는 것을 말해준다. 그 대신에 특정 유형 노동의 노동시장 생산에의 과소배분은 어떤 고용에서라도 그 VMP가 P_L을 초과할 때 발생한다. 반대로 과다배분은 어떤 노동시장 고용에서라도 그 VMP가 P_L 미만일 때 발생한다.

완전경쟁과 배분적 효율성

배분적 효율성을 정의했으므로 두 번째 질문을 고려하기로 하자. 완전경쟁 노동시장은 노동의 효율적 배분이라는 결과를 가져오는가? 그림 6.5는 여러 경쟁적인 산업, 즉 A유형 노동으로 x, y, n을 생산하는 산업들의 대표적인 기업들의 균형 위치를 보여주기 위해 그림 6.4를 단순히 확대한 것이다. 대표적인 세 기업의 균형이 각각 고용수준 Q_{Ax}, Q_{Ay}, 그리고 Q_{An}에서 발생한다는 것을 주목하라. 균형 위치는 A의 MRP를 A의 MWC와 일치시킴으로써 이윤을 극대화하려는 각 기업 바람의 결과이다. 그러나 노동의 채용에 있어서의 완전경쟁은 P_{LA}가 A의 MWC와 같다는 것을 의미한다. 마찬가지로 세 생산물 판매에 있어서의 완전경쟁은 세 생산물 모두 A의 MRP가 그 VMP와 일치한다는 것을 의미한다. 따라서 각 기업은 MWC = MRP인 곳에서 이윤을 극대화한다. 그러나 A유형 노동을 사용하는 모든 경쟁기업의 경우 P_{LA} = MWC이고 또한

MRP＝VMP이기 때문에 식 (6.1)이 충족되었다는 것을 알 수 있다. 요컨대 경쟁적인 노동시장은 노동의 효율적 배분이라는 결과를 정말 가져온다. 이것이 스미스(Adam Smith)의 유명한 '보이지 않는 손' 개념의 예이다. 경쟁적인 노동시장과 생산물시장에서 사적 이익의 추구(이윤극대화)는 사회의 이익(희소한 자원의 효율적 배분)을 증진한다. 그것은 마치 자원을 사회에 가장 도움이 되는 곳으로 이동시키는 보이지 않는 조정자가 존재하는 것과 같다.

배분적 효율성과 완전경쟁이 성립할 때 그 실현에 대해 이렇게 이해했으므로, 이제는 비경쟁적인 노동시장이 노동의 효율적 배분과 일관성을 갖는지를 살펴보기로 하자.

임금과 고용의 결정 : 생산물시장의 독점

이제까지 완전경쟁 노동시장에서 노동을 채용하는 사용자들이 생산물시장에서 가격순응자라고 가정했다. 즉 그들은 독점력을 보유하지 않는다는 것이었다. 그러나 제5장으로부터, 구체적으로 말하면 표 5.3과 그림 5.3으로부터 만약 기업이 그 생산물의 판매에 독점자라면 우하향하는 생산물수요곡선에 직면할 점이라는 것을 상기하라. 이는 그 산출량의 증가는 가격 삭감을 필요로 할 것이고, 더 낮아진 가격은 기업의 모든 산출량에 적용될 것이기 때문에 그 한계수입(MR)이 그 가격보다 작을 것임을 의미한다. 결과적으로 $MRP_L(＝MP \times MR)$은 두 가지 이유 때문에 감소할 것이다. (1) MP는 수확체감 때문에 감소할 것이다(이는 완전경쟁 생산물시장의 경우에도 마찬가지다). 또한 (2) 더 많은 근로자들이 채용됨에 따라 MR은 가격보다 더 빨리 감소할 것이다(완전경쟁에서는 MR은 불변이며 생산물가격 P와 같다).

생산물시장이 독점이기 때문에 나타나는 노동시장 결과는 그림 6.6에 보인다. 여기서 노동시장은 완전경쟁이지만 이 유형의 노동을 채용하고 있는 한 특정 기업이 그 생산물의 판매에서 독점자라고 가정했다. 다시 말하면 이 유형의 노동은 단지 이 독점자만이 아니라 수천 개의 기업에 의해 사용되며, 따라서 노동시장에는 경쟁이 존재한다.

그림 6.6은 이 독점자는 임금순응자이고, 따라서 S_L로 보여지는 완전탄력적인 노동공급곡선에 직면한다는 것을 알려준다. 이 공급곡선은 이전 모형에서 그랬던 것처럼 기업의 한계임금비용(MWC) 및 그 평균임금비용(AWC)과 일치한다.

노동수요곡선 D_c는 만약 독점이 아니라 경쟁이 존재했다면, 따라서 기업이 그 고용과 산출량을 증가함에 따라 한계수입의 감소가 없었더라면 존재했을 MRP곡선이다. 이 MRP곡선은 VMP와 일치하게 된다. 즉 근로자를 1명 더 채용하는 것으로부터의 기업의 수입 증가는 산출량에 있어서의 사회의 이득과 일치하게 된다. 반면에 수요곡선 D_m은 **독점자의 MRP곡선**이다. 이 경우 MRP는 VMP와 같지 않다. 각 근로자의 독점자에 대한 추가 산출량의 가치는 사회에 대한 가치보다 작다. 이유는 또다시 : 독점자의 산출량 추가 단위의 판매는 그 한계수입에 생산물가격의 전체 액수를 더하지 못한다. 따라서 기업에 대한 가치인 $MRP(＝MR \times MP)$는 사회에 대한 가치인 $VMP(＝P \times MP)$보다 작다.[2]

생산물시장에서의 독점의 여러 주목할 만한 결과는 그림 6.6에서 명백하다. 첫째, 독점자의 노동수요곡선 D_m은 경쟁적인 곡선 D_c보다 덜 탄력적이다. 둘째, 독점자는 경쟁자와 똑같은 방

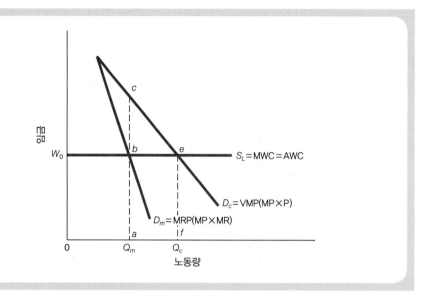

그림 6.6 임금과 고용의 결정 : 생산물시장이 독점

생산물시장 독점자는 우하향하는 수요곡선에 직면하기 때문에, 노동의 채용 증가와 그 결과로 나타나는 산출량의 증가는 기업으로 하여금 생산물 가격을 낮추도록 강요한다. 그리고 독점자는 모든 단위에 대해 그 가격을 낮춰야만 하기 때문에 그 한계수입(MR)은 가격보다 작다. 따라서 기업의 MRP(MP × MR)곡선은 VMP(MP × P)곡선 아래에 놓이며, 이 사용자는 Q_c가 아니라 Q_m 노동단위를 채용한다. 사회에 대한 효율성 손실 bce라는 결과가 나타난다.

식으로 행동하여 MRP = MWC인 곳에서 이윤극대화 고용수준을 결정한다. 그럼에도 불구하고 경쟁적인 생산물시장 조건하에서 발생하게 되는 것(Q_c)보다 더 낮은 고용수준(여기서는 Q_m)을 낳는다. 셋째, 독점자에 의해 지급되는 임금은 경쟁적인 기업에 의해 지급되는 임금과 동일하다. 노동조합이 없다면 둘 모두 임금순응자이다.[3] 넷째, 노동자원은 잘못 배분된다. 이유를 이해하기 위해, 완전경쟁 노동시장에서 노동의 가격($P_L = W$)은 특정한 고용에 자원을 사용하는 사회에 대한 한계기회비용을 반영한다는 것을 상기하라. 또한 노동의 VMP는 특정한 고용에서 산출량에 대한 한 근로자의 추가 기여를 측정한다는 것을 기억하라. 그림에서 Q_m부터 Q_c까지의 근로자들의 경우 VMP > $P_L(W_0)$라는 것을 주목하라. 이는 너무 적은 노동자원이 이 고용에 배분되었고, 따라서 너무 많은 노동자원이 어딘가 다른 곳에 배분되었다는 것을 의미한다. bce 면적에 해당되는 효율성 손실이 발생한다. 노동이동에 비용이 들지 않는다고 가정하고, 만약 Q_mQ_c(또는 be) 근로자들이 다른 활동으로부터 이 산업의 근로로 재분배된다면 사회 산출량의 순가치는 bce 면적만큼 증가하게 된다. 이러한 근로자들은 그 고용에서 abef 면적만큼의 산출량(여기서 그들을 사용하는 것의 사회에 대한 기회비용)에 기여했던 반면 재분배된 다음에는 acef 면적만큼의 산출량(추가되는 총생산의 가치)에 기여하게 된다.[4]

[2] 만약 이 점이 분명하지 않으면 표 5.3과 그림 5.3을 복습하라.

[3] 이 이론적인 예측을 지지하는 증거는 Leonard W. Weiss, "Concentration and Labor Earnings," *American Economic Review*, March 1966, pp. 96-117을 참조하라.

그러나 독점자가 보유하는 덜 탄력적인 노동수요곡선은 노동조합의 단체교섭력을 증가시키고, 독점화된 생산물시장에서 근로자들의 더 높은 임금이라는 결과를 가져올 수 있다. 독점력의 임금에 대한 정(+)의 영향 증가에 관해서는 Stephen Nickell, "Product Markets and Labour Markets," *Labour Economics*, March 1999, pp. 1-20을 참조하라.

- 노동공급과 수요 결정요인(표 6.1)의 변화는 노동공급곡선과 노동수요곡선을 이동시키고 새로운 균형임금과 균형 고용수준을 발생시킨다.
- 완전경쟁기업은 그 노동공급곡선이 완전탄력적인 임금순응자이다($W = MWC = AWC$). 이 기업은 한계임금비용이 한계수입생산과 일치하는($MWC = MRP$) 고용수준에서 이윤을 극대화한다.
- 노동의 한계생산물가치($= VMP_L$)를 노동의 기회비용($= P_L$)과 일치시킴으로써 생산물시장과 노동시장에서의 완전경쟁은 배분적 효율성을 창출한다.
- 생산물시장 독점자의 $MRP(= MP \times MR)$곡선은 $VMP(= MP \times P)$곡선 아래에 놓여 있기 때문에 고용은 산업이 완전경쟁일 때보다 독점화된 산업에서 더 적다. 따라서 효율성 손실이 발생한다.

여러분의 차례입니다

완전경쟁기업들이 이윤극대화를 달성하는 수량의 노동을 고용하고 있다. 이제 다른 조건이 일정할 때 이 노동의 시장 공급이 증가한다고 가정하자. 기업들은 어떻게 반응할 것인가? 그들은 언제 반응을 멈추어야 하는지 어떻게 아는가? MRP와 MWC를 참고하여 답하라. (정답은 책의 맨 뒷부분에 수록되어 있음)

수요독점

지금까지 노동시장이 완전경쟁이라고 가정했다. 이제 단일 기업이 특정 유형 노동의 단 하나의 채용자이거나, 아니면 둘 또는 그 이상의 사용자들이 완전경쟁 임금 미만으로 임금을 고정시키기 위해 담합한 노동시장을 분석하기로 하자. 이러한 시장 환경은 각각 **순수 수요독점**(pure monopsony)과 **공동 수요독점**(joint monopsony)으로 불린다. 단순화를 위해 논의는 수요독점(monopsony)의 순수한 형태에 한정될 것이지만, 독점과 거의 다를 게 없는 수요독점은 순수 모형을 넘어 더 약한 형태의 시장지배 상황을 포함한다는 것을 명심하라.

또다시 (1) 수요독점 노동시장에서 일자리를 찾기 위해 독립적으로 행동하는 여러 자격을 갖춘 동질적인 근로자들이 존재하고, (2) 정보는 완전하고 이동에는 비용이 들지 않는다고 가정할 것이다. 그러나 완전경쟁자들과 달리 수요독점자는 임금설정자이다. 즉 수요독점자는 자신이 채용하는 노동량을 조정함으로써 자신이 지급하는 임금을 통제할 수 있다. 이는 생산물시장 독점자가 그 산출량을 조정함으로써 그 가격을 통제할 수 있는 것과 다를 바 없다.

표 6.2는 수요독점 모형에서 노동의 공급과 수요, 임금 및 고용의 결정, 그리고 배분적 결과를 검토하는 데 필요한 요소들을 담고 있다. 표를 이해하면 뒤이을 그래프 분석이 더욱 명확하게 된다.

표 6.2에서 1열과 2열은 기업이 다른 고용 기회로부터 이 시장으로 더 많은 노동단위를 끌어들이기 위해서는 자신이 지급하는 임금을 올려야만 한다는 것을 알려준다. 이 기업은 추가적인 근로자들을 채용할 때 '임금차별'을 할 수 없다고 가정한다. 즉 이 기업은 더 낮은 임금으로 채용되었을 수도 있었던 사람들을 포함한 **모든 근로자**에게 더 높은 임금을 지급해야만 한다. 이러

---

[4] 독점기업은 '가격차별'을 할 수 없다고 가정하고 있다. 만약 독점기업이 구매자들이 기꺼이 지급할 용의가 있는 정확한 가격을 그들에게 부과할 수 있다면 그림 6.6에서 MRP는 VMP와 일치하게 된다. 기업은 이제 (Qm이 아니라) Qc 근로자들을 채용하는 것이 이윤을 극대화한다는 것을 알게 되고, 노동자원은 효율적으로 배분될 것이다(Qc).

표 6.2 임금과 고용의 결정 : 수요독점(가상 데이터)

(1) 노동단위	(2) (AWC) 임금	(3) TWC	(4) MWC	(5) (VMP) MRP
1	1달러	1달러	1달러	7달러
2	2	4	3	6
3	3	9	5	5
4	4	16	7	4
5	5	25	9	3
6	6	36	11	2

한 사실은 총임금비용(TWC)을 나타내는 3열에 반영되어 있다. 임금 열을 더함으로써가 아니라 노동단위에 임금을 곱함으로써 TWC의 수치를 알 수 있다. 예를 들어 만약 수요독점자가 5단위의 노동을 채용한다면 각각 5달러, 전체로는 25달러를 지급해야만 한다. 다음에 4열에 보이는 한계임금비용(MWC)을 주목하라. 말하자면 다섯 번째 노동단위를 채용하기 위한 추가비용(9달러)은 다섯 번째 단위에 지급되는 임금(5달러)보다 더 많다. 4달러에 끌렸을 4단위의 노동 각각은 이제는 또한 5달러를 지급받아야만 된다. 이 근로자들 각각에 지급되는 1달러의 추가 임금(＝총 4달러)에 다섯 번째 근로자에게 지급된 5달러를 더한 것이 4열의 9달러 MWC를 산출한다. 일반화하면, 더 많은 근로자들을 끌어들이기 위해서 더 높은 임금을 지급해야만 하고, 모든 근로자에게 이 더 높은 임금을 지급해야만 하기 때문에 수요독점자의 한계임금비용은 임금을 초과한다.

마지막으로 노동의 한계수입생산(MRP)를 보여주는 표 6.2의 5열을 주목하라. MRP 표는 기업의 단기 노동수요곡선이라는 것을 알고 있다. 이 경우 수요독점자가 그 생산물을 완전경쟁시장에서 판매하고 있고, 따라서 MRP＝VMP라고 가정함으로써 불필요한 복잡성을 회피할 수 있다. 그러나 일단 수요독점자가 자신의 이윤극대화 고용수준을 선택하면 그는 이 MRP 표를 무시할 것이라는 것을 곧 알게 될 것이다.

그림 6.7은 수요독점 모형을 그래프로 보여준다. 수요독점자가 이 노동을 채용하는 유일한 기업이고, 따라서 시장노동공급곡선에 직면하고 있기 때문에 노동공급곡선은 우상향한다. S_L은 또한 기업의 평균임금비용(AWC, 총임금비용/노동량)곡선이라는 것을 주목하라. 추가 근로자를 끌어들이기 위해 지급되는 더 높은 임금이 또한 이미 고용된 모든 근로자에게도 지급되어야 하기 때문에 한계임금비용(MWC)은 S_L보다 위에 놓여 있으며, S_L보다 더 빨리 증가한다. 이전에 살펴본 바와 같이 한계수입생산(MRP)곡선은 경쟁적 노동수요곡선이며, 또한 노동의 한계생산물가치(VMP)를 측정한다.

이 수요독점 기업은 얼마만큼의 노동량을 채용할 것이고, 얼마만큼의 임금을 지불할 것인가? 이윤을 극대화하기 위해 기업은 a점에 보이는 바와 같이 MWC를 MRP와 일치시킬 것이고 Q_1단위의 노동을 고용할 것이다. 이를 이해하기 위해 기업이 Q_1이 아니라 Q_c단위의 노동을 고용했다고 가정하자. Q_c단위의 MWC는 MWC곡선 위의 b점에 의해 보여지지만, 추가 노동의 MRP는 단지 c이다. 따라서 기업은 그 행동에 의해 면적 abc와 동일한 이윤을 잃게 된다. 반복

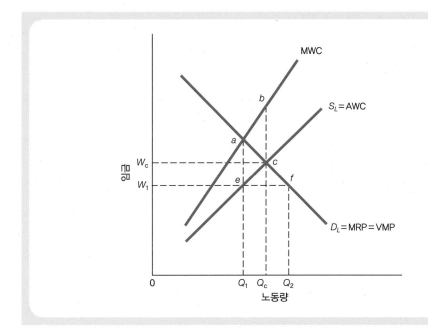

그림 6.7 임금과 고용의 결정 : 수요독점

수요독점 노동시장에서 기업의 MWC는 S_L＝AWC곡선보다 위에 놓여 있다. 수요독점자는 a점에서 MRP를 MWC와 일치시키고, Q_1단위의 노동을 채용하기로 선택한다. 이 근로자들을 끌어들이기 위해 수요독점자는 e점에 보이는 바와 같이 오직 시간당 W_1을 지급할 필요가 있다. 따라서 기업은 경쟁노동시장의 기업보다 더 낮은 임금(W_c가 아닌 W_1)을 지급하고, 더 적은 단위의 노동(Q_c와 비교할 때 Q_1)을 채용한다. 배분적 비효율성 때문에 사회는 면적 eac를 잃는다.

하면, 완전경쟁자와 같이 수요독점자는 MRP가 MWC와 같아지는 곳에서 그 이윤극대화 고용수준을 발견한다.

Q_1단위의 노동을 채용하기로 결정한 후에, 수요독점자의 유효노동수요는 전체 곡선 D_L이 아니라 단일 점 e가 된다. 이 점은 시장노동공급곡선 S_L을 따라 놓여 있으며, 이 기업으로 하여금 임금을 W_1에서 설정하도록 허용한다. 시장은 이 임금에서 청산된다. 즉 기업에 의한 노동수요량 Q_1이 공급자들이 제공할 용의가 있는 노동량과 일치한다. 이 균형임금은 표 6.2의 균형임금과 일치한다(데이터의 동그라미가 쳐진 행). 그러나 그림 6.7 MRP＝VMP곡선 위의 f점으로부터 이 수요독점자는 만약 자신이 W_1 임금에서 각 노동단위를 채용할 수 있다면 Q_2단위의 노동을 채용하기를 선호하게 될 것임을 주목하라. 따라서 수요독점자는 이 유형 노동의 부족을 감지할 수 있다. 수요독점자는 W_1 임금에서 자신이 가질 수 있는 것보다 더 많은 단위의 노동을 좋아할 것이지만, 자신의 사리추구가 W_1 위로 임금이 상승하는 것을 막고 있다. 이것으로 간호사 시장과 같은 수요독점시장의 빈 일자리가 만성적으로 채워지지 않는 이유를 설명할 수 있다.[5] 만약 이 노동시장을 완전경쟁 노동시장으로 바꿔 놓는다면, 균형임금과 균형노동량은 각각 W_c와 Q_c단위가 되게 된다(c점). 그러나 앞에 보여준 바와 같이 이 수요독점자가 Q_c단위의 노동을 채용해서 모든 Q_c 근로자들에게 W_c를 지급하는 것은 전혀 이익이 되지 않는다. 그 대신에 수요독점자는 채용하는 노동량을 제한하고, (1) 경쟁적인 임금보다 더 낮은 임금(W_c와 비교할

---

[5] 전통적인 견해는 간호사의 노동시장이 수요독점적이라는 것이다. 병원들은 특히 중소 규모의 도시에는 상대적으로 거의 없다. Richard Hurd, "Equilibrium Vacancies in a Labor Market Dominated by Non-Profit Firms: The 'Shortage' of Nurses," *Review of Economics and Statistics*, May 1973, pp. 234-40을 참조하라. 그러나 더 최근의 연구는 간호사의 시장에 수요독점이 존재하는지에 의문을 갖는다. Barry T. Hirsch and Edward J. Schumacher, "Classic or New Monopsony? Searching for Evidence in Nursing Labor Markets," *Journal of Health Economics*, September 2005, pp. 969-89를 참조하라.

표 6.3 노동조합이 없는 노동시장의 임금 결과

		생산물시장 구조(기업)	
		생산물 판매에 있어 완전경쟁자(MR = P)	생산물 판매에 있어 독점자(MR < P)
노동시장 구조(기업)	노동 채용에 있어 완전경쟁자(MWC = W)	$W = \text{MRP} = \text{VMP}$ (그림 6.4)	$W = \text{MRP}$ $W < \text{VMP}$ (그림 6.6)
	노동 채용에 있어 수요독점자(MWC > W)	$W < \text{MRP} (= \text{VMP})$ (그림 6.7)	$W < \text{MRP} (< \text{VMP})$

때 W_1)과 (2) 고용된 마지막 단위 노동의 MRP보다 낮은 임금(a가 아니라 e)을 지급한다.

수요독점자의 이윤극대화 목표와 그 산출량의 총가치를 극대화하려는 사회의 바람 사이의 기본적인 괴리를 살펴보는 것은 쉬운 일이다. 실제로 Q_1단위의 노동에서 MRP와 MWC는 일치하지만, VMP는 노동의 공급가격 $W_1(= Q_1 e)$보다 더 크다. 시장노동공급곡선은 노동이 차선의 고용기회에서 생산할 수 있는 산출량의 가치로 노동의 가격을 반영한다는 것을 기억하라. VMP곡선의 ac부분을 따라 $Q_1 Q_c$ 노동단위의 한계생산물가치는 이 특정 고용에서 그 노동을 사용하는 사회에 대한 기회비용(노동공급곡선 위의 ec에 의해 보여지는)을 초과한다. 따라서 만약 사회가 이 노동을 다른 고용으로부터 이 시장으로 재배분하였다면 사회는 자신이 포기하게 되는 것보다 더 많은 가치의 산출량을 얻게 된다. 그 노동은 그림 6.7에서 면적 $Q_1 ac Q_c$에 의해 보여지는 총산출량을 기여하게 된다. 사회는 어딘가 다른 곳에서 $Q_1 ec Q_c$ 면적만큼의 국내생산물을 포기하게 되며, 따라서 순이득은 eac 면적과 같게 된다. 이 eac 삼각형이 수요독점화된 노동시장의 사회에 대한 배분비용이 된다. 노동은 수요독점화된 산업에서 생산되는 재화와 서비스에 과소배분된다.

실질세계 노동시장에서 수요독점을 확인하고 측정하기 위한 시도가 여러 차례 있었다. 미국 경제에 수요독점 결과들은 널리 퍼져 있지 않다.[6] 특히 근로자들이 직종적으로 그리고 지리적으로 이동성이 있을 때, 대부분의 근로자들을 위한 많은 잠재적 사용자들이 존재한다. 또한 많은 노동시장에서 강력한 노동조합이 수요독점에 대응한다.

표 6.3은 이제까지 논의한 세 노동시장의 임금 결과를 보여주는 행렬을 제공한다. 행렬의 오른쪽 아래 모서리 쪽의 결과는 수요독점 결과를 수요독점자가 생산물의 판매에서 불완전경쟁자인 시장으로 단순히 확대한 것이다. 이 표의 각 부분을 주의 깊게 공부할 것을 권유한다.

6.3
근로의 세계

---

[6] 수요독점의 이론적 및 실증적 연구들에 대한 조사는 William M. Boal and Michael R. Ransom, "Monopsony in the Labor Market," *Journal of Economic Literature*, March 1997, pp. 86-112를 참조하라. 또한 Alan Manning, *Monopsony in Motion: Imperfect Competition in Labor Markets* (Princeton, NJ: Princeton University Press, 2003)를 참조하라.

6.3 근로의 세계   프로야구의 보수와 성과

프로야구는 정통 임금 이론의 예측이 실증적으로 테스트되는 흥미로운 실험실을 제공해 왔다. 1976년까지 프로야구 선수들은 선수들이 자신의 재능을 공개(경쟁적) 시장에 판매하는 것을 금지하는 소위 보류조항(reserve clause)을 통해 단일팀으로 가게 되어 있었다. 달리 말하면 보류조항은 처음에 선수를 선발했던 팀에 수요독점력을 부여했다. 노동시장 이론(그림 6.7)은 이 수요독점력 탓에 팀들이 선수들의 한계수입생산(MRP)보다 낮은 임금을 지급한다고 예측하게 한다. 그러나 1976년 이래 메이저리그 선수들은 선수생활 여섯 번째 시즌이 끝날 때 '자유계약선수(free agent)'가 될 수 있었다. 그때 그들은 자신들의 서비스를 어떤 팀에게도 팔 수 있게 된다. 이 론에 따르면 자유계약선수들은 자신들의 급여를 증가시키고, 자신들의 MRP와 일치하는 곳에 더 가까이 갈 수 있다. 연구 결과들은 두 가지 예측 모두를 확인하는 경향을 보인다.

스컬리(Scully)*는 야구 선수들이 자유계약선수가 될 수 있기 전에는 급여가 자신들의 MRP보다 상당히 낮았다는 것을 발견했다. 그는 다음과 같이 선수의 MRP를 추정했다. 첫째, 그는 팀의 승률과 수입 사이의 관계를 알아냈다. 그 뒤 그는 선수 생산성의 여러 가능한 척도와 팀의 승률 사이의 관계를 추정했다. 그는 투수들의 사구 출루에 대한 스트라이크아웃의 비율과 타자(투수가 아닌 모든 선수)들의 장타율이 선수의 승률기여도를 나타내는 가장 좋은 지표라는 것을 알아냈다. 이러한 두 가지 추정치를 결합하여 팀 총수입에 대한 선수의 기여도를 계산하였다.

스컬리는 자유계약선수 제도 이전에 투수와 타자 모두의 MRP 추정치는 선수 급여보다 훨씬 컸다는 것을 발견했다. 심지어 가장 질이 낮았던 투수들도 평균적으로 자신들 MRP의 단지 약 54%에 달하는 급여를 받았다. '스타' 선수들은 다른 선수들보다 더 착취당했다. 스컬리에 따르면 최고의 투수들은 자신들 MRP의 단지 약 21%의 급여를 받았다. 똑같은 일반적인 결과들이 타자에게도 적용되었다. 예를 들어 가장 덜 생산적인 타자들은 평균적으로 자신들 MRP의 약 37%에 해당하는 급여를 받았다.

여러 연구자들은 자유계약선수 제도가 야구 선수의 급여에 미친 영향을 조사했다.† 노동시장 이론의 예측과 부합하게, 자유계약선수 제도의 경쟁적인 입찰이 선수들의 급여를 자신들의 MRP와 일치하는 곳에 더 가까이 가도록 만들었다. 수요독점 성격을 가진 보류조항이 없어지자 구단주들은 선수들이 팀 수입에 기여한 바에 가깝도록 급여를 지급할 수밖에 없게 된 것이다.

자유계약선수 제도 덕택에 메이저리그 야구의 평균 급여는 2015년 시즌에 425만 달러로 치솟았다.

* Gerald W. Scully, "Pay and Performance in Major League Baseball," *American Economic Review*, December 1974, pp. 915-30.

† 그러한 연구들의 조사는 Andrew Zimbalist, *Baseball and Billions* (New York: Basic Books, 1992); and Lawrence M. Kahn, "The Sports Business as a Labor Market Laboratory," *Journal of Economic Perspectives*, Summer 2000, pp. 75-94를 참조하라.

임금의 결정 : 지연된 공급 반응

노동시장의 표준적인 공급 및 수요 모형(그림 6.2와 6.3)은 노동의 공급자들이 노동수요의 변화에 의해 발생한 시장임금 변화에 빨리 반응한다고 가정한다. 시장임금이 상대적으로 상승할 때, 더 많은 근로자들이 그 시장에 자신들의 노동서비스를 제공한다. 시장임금이 하락할 때는 더 적은 근로자들이 자신들의 노동서비스를 그곳에 공급한다. 시장노동공급곡선을 따라서의 이런 종류의 움직임이 균형임금에서 노동공급량을 노동수요량과 일치시킨다. 간단히 말해서 노동시장은 즉시 청산된다.

급속한 공급 반응이 실제로 일부 노동시장의 특성이지만 다른 상황에서 노동공급의 조정은 표준 모형이 시사하는 것보다 덜 빠르다. 실제로 어떤 경우에는 공급 조정이 여러 해 걸릴 수도 있다. 이제 이렇게 천천히 조정되는 노동시장 중 하나의 모형에 대해 살펴보자.

거미집 모형

최근에 대학을 졸업하는 신규 엔지니어의 시장을 그린 그림 6.8을 보자. 노동수요와 노동공급이 처음에 각각 D와 S라고 가정하자. 또한 시장은 임금이 W_0이고 고용수준은 Q_0인 a에서 현재 균형 상태에 있다고 가정하자.

이제 아마도 신기술의 출현 때문에 엔지니어에 대한 예상치 못한 수요 증가가 발생한다고 가정하자. 표준 노동시장 모형에서 시장은 공급 S와 수요 D_1의 교차점에서 즉시 청산된다. 그러나 신규 엔지니어와 다른 고도의 훈련을 받는 전문가 시장은 전형적이지 않다. 이러한 노동시장에서 새로운 시장 조건에 대한 공급 반응이 4~5년 지체되는 것은 드문 일이 아니다. 엔지니어가 되기 위해 지금 학교에 다니고 있는 학생들이 졸업을 하고 경제활동인구에 진입하는 것은 몇 년 후의 일이다.

즉각적인 시장 기간에 이용가능한 새로운 엔지니어 수는 Q_0에 일시적으로 고정된 채로 남아 있다. 즉각적인 시장 기간은 너무 짧아서 임금 변화에 대한 공급량 반응이 존재하지 않는다. 따라서 Q_0로부터 a와 b를 거쳐 위쪽으로 나오는 수직, 즉각적인-시장-기간 노동공급곡선을 마음속에 그릴 수 있다. 반면에 공급곡선 S는 장기 공급곡선으로 간주될 수 있다. 즉 그것은 임금 변화에 대한 노동공급자의 궁극적인 반응을 알려준다. 여기서 장기는 4~5년의 기간을 수반한다.

Q_0의 엔지니어가 이제 경제활동인구에 있고 수요가 이제 D_1으로 주어졌을 때, W_0에서 근로자들의 부족이 발생할 것이고 시장임금은 W_1으로 위쪽으로 치솟을 것이다. b점에서 수요곡선 D_1이 Q_0ab로 구성되는 수직인 즉각적인-시장-기간 노동공급곡선을 교차하기 때문에, 이 임금(W_1)은 부족을 제거할 것이다.

이는 단지 이야기의 시작일 뿐이다. 높은 임금 W_1 때문에 수많은 새로운 학생들이 엔지니어

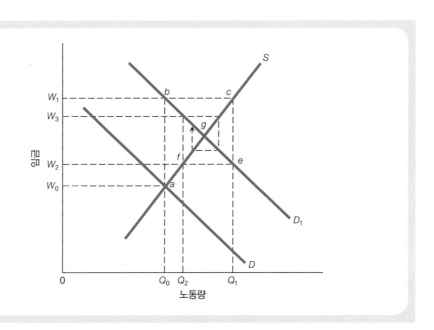

그림 6.8 거미집 모형

엔지니어 같은 고도로 훈련된 전문가들의 시장은 수요와 임금 변화에 대한 지연된 공급 반응의 특성을 갖는다. 노동공급량이 일시적으로 Q_0에 고정되었기 때문에, 수요가 D로부터 D_1으로 변할 때 임금은 W_1으로 상승한다. 임금 W_1에서 Q_1 엔지니어가 결국 이 직업으로 끌려들여질 것이다. 그러나 공급이 Q_1에 고정되었기 때문에 임금은 W_2로 하락한다. 이 임금이 주어졌을 때 이용가능한 엔지니어 수는 결국 Q_2로 감소한다. 이러한 순환은 균형이 달성될 때까지, 이 경우 S와 D_1의 교차점에 이를 때까지 반복된다.

링 분야로 모여들 것이다. 약 5년이 지나 그들이 졸업할 때 Q_1 엔지니어들이 노동시장에서 이용 가능해질 것이다. 이러한 공급 반응은 장기 공급곡선 S 위의 c에서 결정되며, 이전 임금 W_1으로 부터의 결과이다. 수직인 즉각적인-시장-기간 노동공급곡선은 사실상 Q_0로부터 Q_1으로 평행 형태로 오른쪽으로 이동한다.

노동공급량이 이번에는 Q_1에서 또다시 일시적으로 고정되었기 때문에 bc 엔지니어의 잉여가 W_1에서 발생한다. 임금은 결과적으로 W_2(D_1 위의 e점)으로 떨어진다. 여기서 Q_1으로부터 e와 c를 거쳐 위쪽으로 가는 새로운 즉각적인-시장-기간 노동공급곡선이 e에서 수요곡선 D_1을 교차하며, 잉여는 제거된다.

이러한 시나리오는 계속된다. 새로운 시작 임금 W_2는 W_1보다 상당히 더 낮지만 그것이 자신들의 노동서비스를 제공하는 새로운 엔지니어 수의 감소를 즉각적으로 끌어내지는 않을 것이다. 엔지니어링 학위를 보유하고 있는 최근의 졸업생들이 더 낮은 상대 급여에 반응하여 자신들의 직업을 포기하지는 않을 것이다. 더욱이 임금 W_2는 십중팔구 비엔지니어링 일자리에서 엔지니어에게 이용가능한 임금보다 더 높다. 그러나 상대적으로 낮은 임금 W_2는 자신들의 학술 프로그램을 계획하고 있는 대학 초년생의 결정에 영향을 미친다. 열악한 초임은 이러한 학생들이 엔지니어가 되기로 선택하는 것을 막을 것이다. 4~5년 동안 엔지니어링을 전공한 졸업생 숫자는 적을 것이다. 이 노동시장의 새로운 엔지니어 수는 Q_1으로부터 Q_2로 감소할 것이다. Q_2는 장기 공급곡선 S 위의 점 f에서 결정된다. 수요 D_1이 주어졌을 때, fe 엔지니어의 부족이 발생하며, 임금은 W_2로부터 W_3로 상승함으로써 반응한다.

방금 서술한 순환은 스스로 반복한다. 각 기간의 노동수요량은 그 시간의 임금에 좌우된다. 각 기간의 노동공급량은 교육과 직업 결정이 처음에 이루어졌던 이전 기간 동안의 임금으로부터의 결과이다. 이 경우 균형은 장기 노동공급곡선 S와 수요곡선 D_1의 교차점에서 궁극적으로 달성된다. 이 이례적인 모형을 이해했는지를 테스트하기 위해 다른 순환을 통해 분석해보기를 권한다. g에서의 균형을 향한 조정경로는 거미집 양식이라는 결과를 가져온다. 그런 이유 때문에 이 모형은 **거미집 모형**(cobweb model)이라 불린다.

두 가지 추가적인 관찰 내용을 논평할 가치가 있다. 거미집 경로가 g까지 완성되기 전에 여전히 또 다른 노동수요의 이동이 발생하는 것이 전적으로 가능하다. 따라서 새로운 일련의 거미집 조정이 필요할 수 있다. 또한 수요곡선과 공급곡선의 탄력성에 따라서는 시장이 g에서의 궁극적인 균형으로 이동하지 않고, 오히려 주기적인 부족과 잉여 사이를 계속해서 왔다 갔다 하는 그런 것일 수 있다.[7]

증거와 논쟁

거미집 모형은 오랜 훈련기간과 고도로 특화된 노동을 가진 여러 노동시장에서의 조정을 설명하는 데 도움이 된다. 예를 들어 역사적인 거미집 조정은 새로운 엔지니어, 변호사, 그리고 물리학자의 시장에서 발견되었다.[8] 그러나 최근의 증거에 의하면, 정보기술자의 경우, 숙련근로자

---

[7] 균형으로 수렴하는 거미집 모형의 경우, 공급곡선이 수요곡선보다 틀림없이 더 가파르다.

6.4 근로의 세계 | 의대생은 의사들이 얼마나 버는지를 아는가?

보통 노동경제학자들은 개인들이 자신의 미래 소득전망에 대해 편의가 없는 예측을 한다고 가정한다. 즉 사람들은 체계적으로 높거나 또는 낮지 않은 소득 예측을 한다. 경제학자들은 또한 사람들은 자신의 소득 예측치를 만들기 위해 똑같은 정보에 접근하고, 이 정보를 똑같은 방식으로 사용한다고 가정한다.

니콜슨(Nicholson)은 의대생들이 의사의 현재 근로소득에 대해 얼마나 아는지를 조사함으로써 이러한 가정들을 테스트했다. 자신의 연구를 수행하기 위해 니콜슨은 1974년부터 1998년 사이에 수행된 필라델피아에 있는 대규모 의과대학 학생들의 연간 조사 데이터를 사용했다. 조사는 1년차와 4년차 의대생들에게 의사들이 현재 6개의 전공에서 얼마를 받으며, 어떤 전공을 선호하는지를 물었다.

연구 결과에 따르면, 의사들의 현재 근로소득에 대한 의대생들의

추정치에 상당한 오류가 있었다. 평균적인 의대생은 1970년대에 의사의 근로소득을 과대추정했지만, 현재는 근로소득을 25% 과소추정한다. 평균 오류율은 상당하지만 학생들은 자신들이 선호하는 전공의 근로소득을 추정하는 데 더 정확하다. 또한 학생들은 시간이 지남에 따라 배우게 된다. 즉 예측 오류는 4년차 학생이 1년차 학생보다 35% 더 낮다. 오류율은 인구통계학적 그룹에 따라 변한다. 즉 여성이고, 나이가 들었거나, 또는 높은 의대 입학시험 점수를 가진 학생들이 자신들의 동료들보다 근로소득을 과소추정하는 경향이 있다.

자료 : Sean Nicholson, "How Much Do Medical Students Know about Physician Income?" *Journal of Human Resources*, Winter 2005, pp. 100–14.

들의 외국으로부터의 이주가 증가하여, 수요충격은 과거에 비하여 고용에는 큰 변화를 가져오나 임금에는 작은 조정을 가져올 따름이라고 한다.[9]

그러나 모든 경제학자들이 거미집 모형이 설득력이 있다는 것을 발견한 것은 아니다. 몇몇 비판자들은 대학에서 훈련받은 노동력의 경우 거미집 모형이 관련성을 갖고 있는지에 대해 의문을 제기한다. 거미집 모형에서는 노동시장 참가자들이 초임의 변화에 자신들의 직업 결정을 조정하는 것으로 가정한다. 일부 경제학자들은 대학생들이 교육과 직업 결정에 있어 생애근로소득흐름의 현재가치를 고려하는 것이 더 가능성 있는 시나리오라고 시사한다.[10] 다른 비판론에 따르면, 오늘날의 학생들은 노동시장에서 나타날 수 있는 호황-불황의 잠재성에 잘 맞추어서 노동수요의 어떤 급작스러운 변화에도 최종 결과에 대한 합리적 기대를 형성하고 그에 따라 공급 반응을 조정한다고 한다. 만약 이 두 가지 관련된 비판 중 어느 하나가 옳다면, 거미집 모형의 즉각적인-시장-기간 노동공급의 갑작스러운 변화와 결과적으로 나타나는 균형으로의 진동 경로는 발생할 가능성이 적다. 즉 균형은 거미집 효과 없이 달성될 가능성이 더 크다.

아무튼 거미집 모형은 노동공급 조정이 기본적인 노동시장 모형이 예측하는 것처럼 항상 즉각적이거나 또는 확실하지는 않다는 것을 상기시켜 주기 때문에 중요하다. 결론은, 여러 가지

---

[8] Richard B. Freeman, "A Cobweb Model of the Starting Salary of New Engineers," *Industrial and Labor Relations Review*, January 1976, pp. 236–48; Freeman, "Legal Cobwebs: A Recursive Model of the Market for New Lawyers," *Review of Economics and Statistics*, May 1975, pp. 171–80; Freeman, "Supply and Salary Adjustments to the Changing Science Manpower Markets: Physics, 1948–1973," *American Economic Review*, March 1975, pp. 27–39.

[9] John Bound, Breno Bragal, Joseph M. Golden, and Sarah Turner, "Pathways to Adjustment: The Case of Information Technology Workers," *American Economic Review*, May 2013, pp. 203–207.

[10] Joel W. Hay, "Physicians' Specialty Choice and Specialty Income," in G. Duru and J. H. P. Paelinck (eds.) *Econometrics of Health Care* (Netherlands: Kluwer Academic, 1991); Sean Nicholson, "Physician Specialty Choice under Uncertainty," *Journal of Labor Economics*, October 2002, pp. 816–47을 참조하라.

6.5 근로의 세계 NAFTA와 미국 노동

국가적인 그리고 의회에서의 많은 논쟁 후 1993년 말에 의회는 북미자유무역협정(North American Free Trade Agreement, NAFTA)을 통과시켰다. 이 협정은 미국, 캐나다, 그리고 멕시코 사이의 관세와 기타 무역장애물을 15년의 기간에 걸쳐 제거했다. NAFTA는 4억 7,500만 명을 망라하는 세계 최대의 자유무역지대다. 경제학자들은 일반적으로 이 무역 협정이 주로 산출량의 증가와 생산물가격의 하락을 통해 미국 시민과 멕시코인의 생활수준을 향상시킬 것이라는 점에 동의한다.

NAFTA가 국제무역에 미치는 영향에 관해 몇몇 분석이 이루어졌다. 미국, 캐나다, 멕시코 사이의 무역은 확대되었다. 가장 큰 증가는 미국과 멕시코 사이에 이루어졌다. 예를 들어 미국의 수입에서 멕시코가 차지하는 비중은 1993년의 6.6%로부터 2012년 12.0%로 증가한 반면, 미국의 수출에서 멕시코가 차지하는 비중은 같은 기간 동안에 8.9%로부터 14.0%로 증가했다.* 굴드(Gould)는 미국과 멕시코 사이의 수출입이 NAFTA가 없을 때보다 16% 더

많아졌음을 발견하고 있다.[†]

NAFTA가 고용에 미치는 효과는 그다지 대단하지는 않았던 것처럼 보인다. 프랜시스와 정(Francis and Zheng)은 NAFTA로 인한 미국의 순고용 변화는 거의 없었다고 결론을 내리고 있다.[‡] 그들은 NAFTA가 실업자 수의 연간증가율을 4.4% 감소시켰다는 것을 알아냈다. 그들은 또한 NAFTA가 미국 노동시장에 즉각적인 영향을 미쳤고, 그 영향은 적어도 7년 동안 느껴졌다고 보고하고 있다.

* www.wto.org, www.stlouisfed.org

[†] David M. Gould, "Has NAFTA Changed North American Trade?" *Federal Reserve Bank of Dallas Economic Review*, 1st Quarter 1998, pp. 12-23.

[‡] John Francis and Yuqing Zheng, "Trade Liberalization, Unemployment and Adjustment: Evidence from NAFTA Using State Level Data," *Applied Economics*, May 2011, pp. 1657-1671. 비슷한 결론은 Burfisher, Mary E., Sherman Robinson, and Karen Thierfelder, "The Impact of NAFTA on the United States," *Journal of Economic Perspectives*, Winter 2001, pp. 125-144를 참조하라.

노동시장이 실제로 배분적 효율성을 달성한다기보다 배분적 효율성($VMP = P_L$)을 향해 이동한다는 특징을 갖고 있다는 것이다.

6.4
근로의 세계

- 수요독점자는 경쟁적인 노동시장에서 채용하는 기업들보다 더 낮은 임금을 지급하고 더 적은 근로자들을 고용한다. 이러한 결과는 배분적으로 비효율적이다.
- 거미집 모형에서 균형임금은 반복되는 노동 부족과 잉여에 의해 발생한 진동하는 임금 변화의 기간 이후에야 달성된다.

6.2
잠깐만 확인합시다.

여러분의 차례입니다

왜 수요독점자의 MWC곡선은 시장노동공급곡선보다 위에 놓이는가? 이것은 수요독점자에게 불리한 것 아닌가? (*정답은 책의 맨 뒷부분에 수록되어 있음*)

6.5
근로의 세계

요약

1. 경쟁적인 노동시장에서 노동수요는 독립적으로 행동하는 개별 사용자들 노동수요의 가격이 조정된 합이며, 노동공급은 여러 임금에 대한 개별 근로자들 반응의 합이다. 시장공급과 시장수요는 균형임금과 균형고용수준을 결정한다.

2. 시장노동공급곡선의 수직 높이는 어떤 특정 사용처에 마지막 근로자를 고용하는 사회에 대한 기회비용(P_L)을 측정한다. 노동수요곡선의 수직 높이는 그 노동단위를 채용함으로써 사용자가 얻는 추가 수입(MRP), 그리고 완전경쟁시장이 주어졌을 때 그 산출량의 사회에 대한 가치(VMP)를 알려준다.

3. 노동시장에서 공급곡선과 수요곡선의 위치는 각 결정요인에 좌우된다(표 6.1). 이러한 결정요인들 중 하나가 변화하면 영향을 받은 곡선은 오른쪽 아니면 왼쪽으로 이동하며, 균형임금과 균형고용수준을 바꾼다.

4. 완전경쟁 노동시장에서 운영되는 개별 기업은 임금 순응자이다. 이는 MWC가 임금 W와 같다는 것을 의미한다. 즉 노동공급이 완전탄력적이다. 이 기업은 MRP = MWC 또는 MRP = W인 곳에서 노동량을 채용함으로써 자신의 이윤을 극대화한다.

5. 특정 유형 노동의 VMP가 여러 사용처에서 동일하고, 이 VMP들이 또한 그 노동의 기회비용 P_L과 같을 때 노동의 효율적인 배분이 발생한다. 완전경쟁 생산물 및 자원 시장들은 배분적 효율성이라는 결과를 가

저온다. MRP = VMP이고 MWC = P_L이기 때문에 MRP = MWC인 곳에서 이윤을 극대화함으로써 기업은 또한 VMP와 P_L을 일치시킨다.

6. 생산물시장의 독점은 더 많은 근로자들이 채용되고 산출량이 확대됨에 따라 한계수입이 생산물가격보다 더 빨리 감소하도록 만든다. 생산물가격 P가 한계수입 MR을 초과하기 때문에 당연한 결과로 MRP(= MP × MR)는 VMP(= MP × P)보다 더 작다. 결과는 생산물시장 완전경쟁의 경우 대비 더 적은 고용과 노동자원의 과소배분이다.

7. 수요독점에서는, 더 큰 노동량을 끌어들이고 모든 근로자들에게 더 높은 임금을 지급하기 위해 사용자는 임금을 올려야만 하기 때문에 MWC > S_L(또는 P_L)이다. 결과적으로 수요독점자는 경쟁적인 조건하에서보다 더 적은 근로자들을 고용하고 노동의 MRP보다 낮은 임금을 지급할 것이다. 이러한 노동자원의 과소배분(VMP > P_L)은 한 경제의 생산물의 총가치를 감소시킨다.

8. 거미집 모형은 긴 훈련기간이라는 특성을 갖는 노동시장에서 노동수요와 임금의 변화에 대한 노동공급의 조정을 추적한다. 균형임금은 반복하여 발생하는 노동부족과 잉여에 의해 발생한 진동하는 임금 변화의 기간 이후에야 달성된다.

용어 및 개념

거미집 모형(cobweb model)

공동 수요독점(joint monopsony)

노동공급과 노동수요의 결정요인(determinants of labor supply and demand)

노동의 가격(price of labor)

노동의 효율적 배분(efficient allocation of labor)

순수 수요독점(pure monopsony)

완전경쟁 노동시장(perfectly competitive labor market)

평균임금비용(average wage cost)

한계수입생산(marginal revenue product)

한계임금비용(marginal wage cost)

MRP = MWC 규칙(MRP = MWC rule)

질문 및 연구 제안

1. 완전경쟁 노동시장의 뚜렷한 특징을 열거하고 수요독점의 특징과 비교하라.

2. 개별 노동공급곡선들은 후방굴절하는 것으로 추정되는 데도 불구하고 왜 대부분의 시장노동공급곡선은 우상향하는지 설명하라. 시장노동공급곡선의 높이는 어떻게 기회비용의 개념과 관련되는가?

3. 다음 각각은 특정 유형 노동의 시장노동수요에 어떤 효과를 미치는가?
   a. 생산물가격을 인상시키는 생산물수요의 증가
   b. 이 유형 노동의 생산성 감소
   c. 노동에 대한 조대체요소의 가격 인상
   d. 노동에 대한 조보완요소의 가격 하락
   e. 이 노동을 채용하는 여러 기업들의 소멸
   f. 이 노동시장 임금의 하락
   g. 생산물시장을 독점으로 변환시키는 일련의 합병

4. 다음 각각이 노동시장 A의 균형임금과 균형고용수준에 미치는 영향을 예측하라.
   a. 노동시장 A의 노동수요와 노동공급의 증가
   b. 노동시장 A의 경쟁적인 시장으로부터 수요독점시장으로의 전환

5. 의사의 잉여가 존재한다고 가정하자. 노동시장 공급 및 수요 그래프를 사용하여 이 결과를 그려라. 단기와 장기에 시장은 어떻게 이 상황을 처리하게 되는가?

6. 여기에 보이는 표를 기초로 다음의 질문에 답하라. Q_B는 B유형의 노동이고 VMP_{Bx}와 VMP_{By}는 경제의 오로지 두 재화인 x와 y를 생산하는 데 있어 산업에서의 이 노동의 한계생산물가치이다.

Q_B	VMP_{Bx}	VMP_{By}
1	18달러	23달러
2	15	19
3	12	15
4	9	11
5	6	9
6	3	5

a. 왜 더 많은 노동단위들이 고용됨에 따라 표의 VMP가 감소하는지 설명하라.

b. 만약 노동의 공급가격 또는 기회비용 P_L이 9달러라면 노동의 효율적인 배분을 달성하기 위해 얼마나 많은 B유형 노동단위가 x와 y의 생산에 사용될 필요가 있는가?

c. P_L이 15달러이고 현재 5단위의 노동이 x의 생산에 배분되어 있는 반면 2단위가 y에 배분되어 있다고 가정하자. 이것은 노동의 효율적인 배분인가? 그렇다면 이유는, 또는 그렇지 않다면 이유는 무엇인가? 만약 아니라면 무엇이 B유형 노동의 효율적 배분인가?

d. P_L이 25달러이고 3단위의 노동이 x의 생산에 배분되어 있는 반면 6단위가 y의 생산에 배분되어 있다고 가정하자. 왜 이것이 노동의 효율적인 배분이 아닌지를 설명하라. 이 유형 노동의 효율적인 배분은 무엇인가? 여가, 대안적인 산출물, 또는 가계생산의 총가치의 무슨 이득이 그와 같은 노동 재분배의 결과로 나타나는가?

e. 생산물 x가 완전경쟁 생산물시장에서 판매된다고 가정하자. 또한 VMP_{By}열을 무시하고 VMP_{Bx} 표가 완전경쟁 노동시장에서 근로자들을 채용하는 각 기업을 대표한다고 가정하자. 만약 시장임금이 2달러라면 각 기업의 MWC는 얼마가 될 것인가? 자신들의 이윤극대화 고용수준에서 그들의 MRP는 얼마가 될 것인가? 왜 노동의 효율적인 배분이 이 산업에서 발생할 것인지를 설명하라.

7. 노동시장 A와 생산물시장 AA에서 운영되는 단일 기업의 다음의 표를 완성하라.
   a. 만약 있다면 노동시장 A와 생산물시장 AA에서의 경쟁의 정도에 대해 어떤 결론을 내릴 수 있는가?
   b. 무엇이 이윤극대화 고용수준인가? 설명하라.
   c. 이 이윤극대화 고용수준은 배분적 효율성을 산출하는가? 설명하라.

노동단위	임금 (W)	총임금 비용 (TWC)	MWC	MRP	VMP
1	10달러			16달러	16달러
2	10			14	15
3	10			12	14
4	10			10	12
5	10			8	10
6	10			6	8

8. 단일 기업의 아래 왼쪽에 보이는 생산 데이터와 오른 쪽의 노동공급 데이터를 사용하여 다음의 질문에 답하라. 이 기업은 그 생산물을 완전경쟁 생산물시장에서 단위당 1달러에 판매하고 있다고 가정하자.

노동단위	총생산	노동단위	임금
0	0	0	–
1	13	1	1달러
2	25	2	2
3	34	3	3
4	42	4	4
5	46	5	5
6	48	6	6

a. 이 기업은 얼마나 많은 근로자들을 고용하기로 선택할 것인가?

b. 무엇이 이 기업의 이윤극대화 임금이 될 것인가?

c. 이 데이터는 어떤 노동시장 모형을 가장 잘 설명하는가?

9. 기업이 (a) 노동을 채용하는 데 수요독점자이고, (b) 그 생산물을 독점자로서 판매하고 있다고 가정하자. 이 시장을 그래프로 그려라. 모든 관련된 곡선들에 올바르게 이름을 붙이고 균형임금과 균형고용수준을 나타내 보이고, (만약 있다면) 효율성 손실을 표시하라.

10. 그래프 분석을 사용하여 예기치 못한 노동수요의 감소가 고도로 훈련된 전문가들의 노동시장에서 어떻게 거미집 조정 순환을 유발할 수 있는지 나타내 보여라. 그래프를 설명하는 데 있어 즉각적인 기간 공급곡선과 장기 공급곡선을 구별하라.

인터넷 연습

누가 임금 상승을 얻고, 누가 임금 삭감을 당하는가?

노동통계국 데이터 웹사이트(www.bls.gov/data/home.htm)를 방문하여 'Series Report'를 선택하라. 다음의 ID 시리즈 숫자를 입력하라 : CES1000000001, CES1000000032, CES4200000001, CES4200000032. 그 뒤 'All Years'를 클릭하라. 이는 광업과 벌목, 소매업의 (1982~1984년 달러의) 평균 시간당 근로소득과 고용을 검색할 것이다.

소매업과 광업 및 벌목산업의 1979년과 1995년의 실질 시간당 근로소득과 고용률은 얼마였는가? 두 산업 모두에서 임금 및 고용의 변화율은 얼마였는가? 임금과 고용의 변화를 기초로 노동수요와 노동공급 변화의 상대적인 규모에 대해 무엇을 추론할 수 있는가?

소매업과 광업 및 벌목산업에서 보이는 가장 최근 달의 평균 실질 시간당 임금과 고용률은 얼마인가? 두 산업 모두에서 1995년과 가장 최근 달 사이의 임금 및 고용의 변화율은 얼마였는가? 임금과 고용의 변화를 기초로 노동수요와 노동공급 변화의 상대적인 크기에 대해 무엇을 추론할 수 있는가?

인터넷 링크

노동통계국 근로소득과 급여 웹사이트에는 주(州)별, 직종별, 그리고 산업별 임금에 대한 자세한 통계가 들어 있다(www.bls.gov/bls/blswage.htm).

대안적인 보수체계와 노동 효율성

7

이 장을 공부하고 나면:

1. 부가급여의 유형과 성장을 서술할 수 있다.
2. 임금-부가급여 모형을 설명할 수 있다.
3. 사용자-근로자 관계에 적용되는 주인-대리인 문제를 서술할 수 있다.
4. 인센티브 보수 계획이 어떻게 주인-대리인 문제를 해결하는지를 설명할 수 있다.
5. 효율성임금 모형을 설명할 수 있다.
6. 보상 문제를 포함시키기 위해 효율성의 정의를 세련되게 할 수 있다.

대학을 졸업할 때 대부분의 사람들은 풀타임 고용을 찾을 것이다. 어떤 사람이 대학전공과 관련된 일자리를 제안받았다고 가정하기로 하자. 이 특정 일자리 제안을 받아들이기 전에 보수 패키지에 대해 어떤 정보를 알기를 원하는가? 우선 연간 급여 또는 시간당 임금에 대해 알기를 원한다. 그 외에는? 의심할 바 없이 부가급여 패키지에 대한 정보를 찾게 된다. 의료 혜택이 얼마나 좋은가? 장애보험이 있는가? 유급 휴가는 있는가? 기업은 퇴직연금 적립제도에 분담금을 내는가?

제6장에서 임금 결정에 대한 여러 기본 모형을 확인하고 설명했다. 그러한 모형들의 가정은 모든 보상은 시간당 10달러 같은 시간당 임금의 형태라는 것이었다. 그러나 이전의 단락이 시사하는 바와 같이 현실에서는 부가급여가 보상의 중요한 요인을 구성한다. 이외에도 기업들은 자신들이 지급하는 총보수의 구성에 대해 무차별하지 않다. 예를 들어 기업들은 근로노력을 향상시키고 이직을 감소시키기 위해 특별한 방식으로 자신들의 보수 패키지를 짜기를 원할 수 있다. 이 장의 목표는 표준 시간당 임금보다 구성과 목적이 더 복잡한 보수 패키지를 검토하는 것이다.

부가급여의 경제학

총보수 중 부가급여 부분의 경제학을 분석하는 것으로 시작하자. **총보수**(total compensation)는 임금소득과 부가급여의 비용으로 구성된다. **부가급여**(fringe benefits)는 사회보장급여, 실업보상, 그리고 산재보상과 같은 법적으로 의무인 공적 프로그램을 포함한다. 부가급여는 또한 사적연금, 의료 및 치과보험, 유급휴가, 그리고 병가 같은 법적인 의무가 아닌 사적 프로그램도 포함한다. 부가급여는 주어진 총보수 금액으로부터 근로자들이 받는 효용을 증가시킬 수 있다. 부가급여는 또한 기업으로 하여금 높은 질의 근로자들을 보유하고 끌어들이는 것을 가능하게 함으로써 기업에게 편익을 줄 수 있다.

부가급여 : 사실

부가급여는 총보수의 상당한 부분을 구성하는데, 지난 수십 년 동안 총보수의 비율로 볼 때 급속히 성장했다.

총보수의 일부분으로서 부가급여

노동통계국(BLS)은 임금 및 급여 근로자들의 근로자 보상을 나눠 왔다.[1] 그림 7.1에 보이는 바와 같이 임금과 급여가 총보수의 약 69%를 구성하는 반면, 부가급여는 약 31%를 차지한다.

보상 파이의 여러 부가급여 구성요인을 검토해보면 시사점이 많다. 그림 7.1로부터 법적으로 요구되는 급여가 총보수의 7.7%를 구성한다. 이러한 급여는 사회보장급여, 철도종업원연금 및 은퇴수입 보조, 연방 및 주 실업보험, 산재보상, 그리고 주 일시적 장애보험급여를 포함한다. 유급연가, 유급공휴일, 유급병가 등을 포함하는 **유급휴가**(paid leave)는 총근로자보수의 7.0%를 차지한다. 생명, 건강, 그리고 질병 및 상해보험의 **보험급여**(insurance benefits)는 9.0%의 비중을 구성한다.

근로자 보상 파이의 나머지 조각은 개인퇴직금적립계획(retirement plan)과 저축투자계정제도(saving thrift plan)를 포함하는 **퇴직 및 저축 급여**(retirement and savings)(5.2%)와 초과근로 및 휴일근로 특별수당, 교대근무 차등보상, 비생산상여금, 일시불 지급으로 구성되는 추가 보수(supplemental pay)(2.4%)이다.

총보수의 구성은 산업별로 크게 다르다. 예를 들어 종업원 보상의 부가급여 부분은 (1) 낮은 연봉을 받는 산업보다 높은 연봉을 받는 산업, (2) 서비스산업과 비교할 때 재화생산 산업에서 더 크다. 급여의 부분과 특정 유형 또한 산업별로 다르다. 예를 들어 유급휴가는 정보산업에서 총보수의 약 9%를 구성하는 반면, 레저 및 환대 산업(leisure and hospitality)에서는 단지 약 3%이다.

마지막으로 노동통계국(BLS) 데이터는 총보수의 구성은 또한 직종 그룹별로 다르다는 것을 보여준다. 예를 들어 법적으로 의무인 부가급여 때문에 총보수의 부가급여 비중은 화이트칼라

---

[1] U.S. Bureau of Labor Statistics, *Employer Costs for Employee Compensation*, U.S. Department of Labor, News Release 14-2208, December 2014.

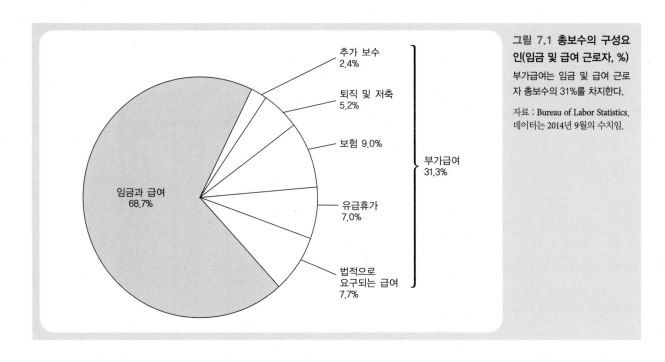

그림 7.1 **총보수의 구성요 인(임금 및 급여 근로자, %)** 부가급여는 임금 및 급여 근로 자 총보수의 31%를 차지한다.

자료 : Bureau of Labor Statistics. 데이터는 2014년 9월의 수치임.

임금과 급여
68.7%

추가 보수
2.4%

퇴직 및 저축
5.2%

보험 9.0%

유급휴가
7.0%

법적으로
요구되는 급여
7.7%

부가급여
31.3%

근로자들의 경우보다 블루칼라 근로자들의 경우가 더 크다. 또 다른 예로서 운송 근로자의 경우 경영 간부보다 법적으로 요구되는 급여가 총보수의 상당히 높은 비율이다.

부가급여의 성장

부가급여는 지난 수십 년 동안 근로자 총보수의 구성요인으로 상당히 성장했다. 그림 7.2를 보면 모든 근로자들의 부가급여가 1929년 총보수의 3% 미만으로부터 2014년 총보수의 31%까지 확대되었다는 것을 알 수 있다.

왜 부가급여가 총보수의 상당한 부분이 되었을까? 부가급여의 급속한 성장을 무엇으로 설명할 수 있을까? 이런 질문에 답하기 위해 최적 부가급여 모델을 살펴보자.

최적 부가급여의 이론

최적 부가급여의 이론은 제2장에서 접했던 소득-여가 선택 문제의 변형이다. 거기서 예산제약(임금선)이 근로자를 근로소득과 여가의 특정 조합으로 제한하는 것을 살펴보았다(그림 2.5). 근로자는 가장 높은 효용을 제공하는 '두 재화'의 단일 조합을 선택했다. 이 선택은 객관적으로 결정된 예산제약과 관련하여 근로소득과 여가 사이의 상호교환관계에 대한 근로자의 주관적인 평가를 기초로 이루어졌다.

비슷한 방식으로 임금과 부가급여 사이의 선택에 직면하고 있는 근로자를 생각할 수 있다. 이 두 '재화'에 대한 근로자의 선호는 무차별곡선(indifference curve)에 반영된다. 예산제약은 사용자의 총보수선, 또는 등이윤곡선(isoprofit curve)의 형태를 취한다.[2]

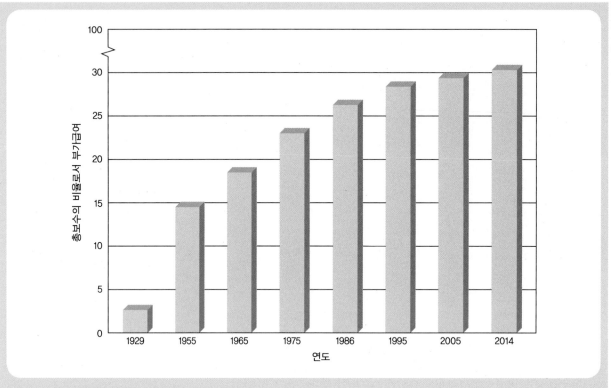

그림 7.2 부가급여의 상대적인 성장

부가급여는 총보수의 비율로 볼 때 1929년 이래 극적으로 증가했다.

자료 : Bureau of Labor Statistics, *Employee Benefits in a Changing Economy: A BLS Chartbook*, September 1992, p. 3, updated.

근로자 무차별지도

그림 7.3에 보이는 각 무차별곡선은 근로자에게 똑같은 수준의 만족 또는 효용을 산출하는 임금과 부가급여의 조합을 보여준다. 따라서 I_1과 같은 단일 무차별곡선은 총효용의 변함없는 수준을 반영한다. 원점으로부터 북동쪽으로 이동함에 따라 연이은 각 무차별곡선은 더 높은 수준의 총효용을 수반한다.

각 무차별곡선의 우하향하는 기울기는 근로자들이 임금과 부가급여를 각각 효용을 산출하는, 따라서 다소 대체가능할 것으로 간주하고 있다는 것을 가리킨다. 언뜻 생각하기에 대부분의 부가급여는 특정 종류의 재화 또는 서비스 형태의 급여인 **현물급여**(in-kind benefits)이기 때문에 이는 놀라운 것처럼 보일 수 있다. 근로자(소비자)는 어떤 특정한 부가급여가 갖는 추가적인 화폐 가치보다 (현금) 임금의 추가적인 화폐 가치 때문에 더 좋아지는 것 아닌가? 그래서 (현

---

[2]　이어지는 분석은 에른버그와 스미스(Ronald G. Ehrenberg and Robert S. Smith)에 의해 개발되었다. Smith and Ehrenberg, "Estimating Wage-Fringe Trade-Offs: Some Data Problems," in Jack E. Triplett (ed.) *The Measurement of Labor Cost* (Chicago: University of Chicago Press, 1983), pp. 347-67; Ehrenberg and Smith, *Modern Labor Economics*, 11th ed. (Boston, MA: Pearson, 2012), pp. 262-69를 참조하라.

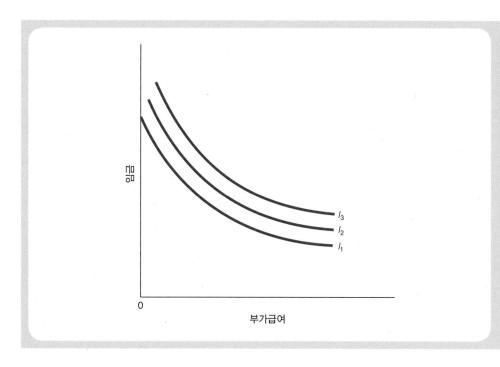

그림 7.3 임금과 부가급여의 근로자 무차별지도

각 무차별곡선은 특정 수준의 총효용을 산출하는 임금과 부가급여의 조합을 보여준다. 무차별지도에서 북동쪽으로 멀리 떨어진 무차별곡선일수록 더 높은 수준의 총효용을 나타낸다. 따라서 북동쪽으로 멀리 떨어진 무차별곡선들이 근로자에 의해 선호된다.

임금

0

부가급여

I_3
I_2
I_1

금) 임금을 더 좋아하는 것 아닌가? 현금 임금 1달러는 소비자가 가장 선호하는(소비자에게 최대의 한계효용을 가져다주는) 1달러어치 재화나 서비스 구입에 사용할 수 있는 일반화된 구매력을 나타낸다. 반면 현물 부가급여는 개인을 특정한 재화 또는 서비스에 붙잡아 맨다. 그런데 그 재화 또는 서비스는 그 근로자에게 효용 또는 만족을 거의 또는 전혀 제공하지 못할 수도 있다. 직장탁아시설은 자녀가 없는 근로자 또는 자녀가 성장한 나이 든 근로자에게는 별 만족을 가져다주지 못한다. 그럼에도 불구하고, 근로자들이 실제로 부가급여 패키지를 얻기 위해 기꺼이 자신들 임금의 일부를 기꺼이 희생할 용의가 있는 두 가지 주요한 이유가 있다.

첫째, 그리고 의심할 여지없이 가장 중요한 것은 어떤 부가급여는 근로자들에게 큰 세금 혜택을 수반한다는 것이다. 예를 들어 근로자들은 그 혜택을 실제로 받을 때까지 사적연금에 내재된 연기된 소득 혜택에 대해 세금을 내지 않는다. 연금은 원금, 이자, 그리고 배당이 세후가 아니라 세전 증가율로 축적되도록 허용한다. 또한 근로자가 퇴직할 때 근로소득은 0으로 감소할 가능성이 있기 때문에, 연금계획에 의해 제공되는 소득은 근로자의 활동적인 근로생활 동안에 임금으로 지급받는 똑같은 금액보다(예를 들어 28% 또는 35%) 더 낮은 한계세율(말하자면 15%)로 과세될 수 있다. 요컨대 연금은 더 낮은 세율을 달성하기 위해 소득을 연기하는 수단이다. 연금에의 적립금 1달러의 세후 가치는 현행 임금소득 1달러의 세후 가치보다 더 크다고 인식된다. 마찬가지로 사용자에 의해 지급된 건강 및 생명보험 보험료는 사회보장급여세(Social Security tax)와 개인소득세 모두의 제약을 받지 않는다.[3]

---

[3] 근로자의 부가급여에 대한 수요에서 세금의 역할을 검토한 연구들은 Bradley T. Heim and Ithai Z. Lurie, "The Effect of Recent Tax Changes on Tax-Preferred Saving Behavior," *National Tax Journal*, June 2012, pp. 283-312; David Joulfaian and David

둘째, 근로자들은 말하자면 건강보험 또는 연금보험보다 더 많은 즉각적인 만족감을 제공하는 재화를 구입하려는 자기 자신의 경향이 생기지 않도록 조심하기 위해 자신들 임금의 일부를 부가급여로 기꺼이 대체할 용의가 있을 수 있다. 사람들은 자신들의 현금 근로소득이 자동차, 보트, 의복, 그리고 휴가와 같은 기타 항목에 지출되는 경향이 있다는 것을 깨달을 수 있다. 따라서 그들은 자신들의 미래를 위해 중요하다고 알고 있는 건강 및 연금혜택에 '가두어 두기' 위해 근로소득의 일부를 기꺼이 희생할 용의가 있다. 근로자들은 필요할 때 보험, 연금, 그리고 기타 혜택이 이용가능하도록 확실하게 하기 위해 부가급여를 담고 있는 보수 패키지를 받아들이는 것이다.

무차별곡선은 (제2장의 소득-여가 그래프의 경우와 마찬가지로) 우하향할 뿐만 아니라 원점에 대해 볼록하다. 기술적으로 말하면 더 많은 혜택이 추가됨에 따라 임금에 대한 부가급여의 한계기술대체율이 감소한다. 개인이 부가급여를 거의 갖지 않았을 때, 그는 부가급여의 추가 단위를 위해 큰 임금 금액을 기꺼이 상호 교환할 용의가 있다. 그러나 부가급여 액수가 증가함에 따라 그 한계효용은 감소하며, 더 많은 부가급여 단위를 얻기 위해 임금 지급액을 기꺼이 희생할 용의는 점점 줄어든다.

사용자의 등이윤곡선

주어진 산출량 수준에서 기업은 자신의 이윤을 극대화하는 데 도움이 되기 위해 자신의 근로시간당 총보수를 최소화하기를 원할 것이다. 그림 7.4에서 주어진 이윤을 제공하는 임금과 부가급여의 여러 조합을 나타내는 기업의 **등이윤곡선**(isoprofit curve) *WF*를 볼 수 있다. 단순화를 위해 생산물시장에서의 경쟁이 **정상이윤**(normal profit)이라는 결과를 가져왔다고 가정한다. 또한 노동시장에서의 경쟁이 이 기업으로 하여금 곡선 *WF*에 의해 나타나는 임금과 부가급여의 조합으로

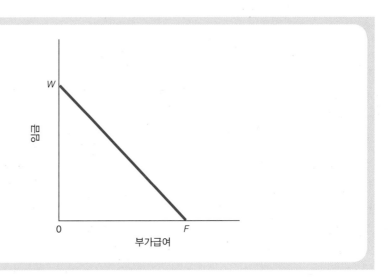

그림 7.4 사용자의 등이윤 곡선(정상이윤)

등이윤곡선은 특정 수준의 이윤을 산출하는 임금과 부가급여의 여러 조합을 보여준다. 경쟁이 정상이윤이라는 결과를 가져올 것이라고 가정한다. 따라서 *WF*는 대안적인 보수 형태의 '가격'이 주어졌을 때 기업이 제공할 여유가 있는 임금과 부가급여의 여러 조합을 보여준다.

Richardson, "Who Takes Advantage of Tax-Deferred Savings Programs? Evidence from Federal Income Tax Data," *National Tax Journal*, September 2001, pp. 669-88을 참조하라.

알 수 있는 총보수를 지급하도록 강요한다고 가정하자. 즉 *WF*는 임금과 부가급여의 '가격'이 주어졌을 때 기업이 정상이윤을 유지하도록 허용하는 임금과 부가급여의 조합을 보여준다.

그림 7.4의 등비용선을 자세히 보면 그 기울기가 −1이라는 것을 알 수 있다. 이 예에서 부가급여의 1달러 증가에 수반되는 임금의 1달러 감소는 근로자에 대한 총보수, 따라서 기업에 대한 총이윤을 불변인 채로 남겨 놓는다. 만약 기업이 0*W*의 임금을 지급하고 부가급여를 지급하지 않거나 또는 임금을 지급하지 않고 0*F*의 부가급여를 지급하면 기업의 총보수와 이윤은 똑같다. 마찬가지로 *WF*선에 의해 나타나는 임금과 부가급여의 모든 다른 조합들의 총보수는 똑같다.

최적의 임금-부가급여

그림 7.3과 7.4의 축들이 똑같다는 것을 주목하면, 이제 근로자의 임금과 부가급여의 효용극대화 조합을 결정할 수 있다. 그림 7.5의 *WF*선을 따라 도달할 수 있는 임금과 부가급여의 모든 조합들 중에서 W_0와 F_0의 조합이 근로자에게 가장 큰 만족 또는 효용을 산출한다. 구체적으로 말하면, 효용극대화 조합은 도달할 수 있는 가장 높은 무차별곡선(*b*에서 I_2)과 접하는 조합이다. 이 문제를 테스트하기 위해 *a*점(모든 보수가 임금이고 부가급여 없음)과 *c*점(상대적으로 임금 지급 비율이 낮고 부가급여 비율이 높음)이 *b*점보다 열등하다는 것을 주목하라. 즉 이러한 점들에서 근로자는 도달할 수 있는 것보다 더 낮은 무차별곡선 I_1 위에 있다. 만약 임금-부가급여 조합이 *a*점 또는 *c*점으로부터 *b*점을 향해 적절하게 조정된다면, 이 개인은 더 높은 무차별곡선 I_2에 이를 수 있다.

무차별지도가 개별 근로자들 사이에 다르지만, 단순화를 위해 이 근로자의 임금 지급과 부가

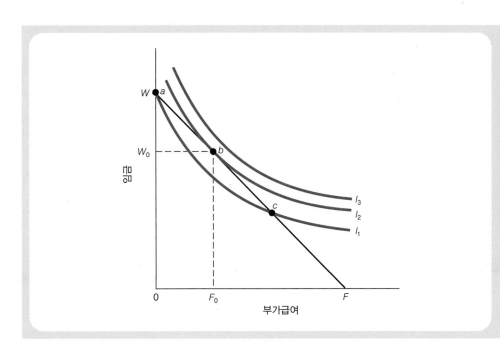

그림 7.5 최적의 임금-부가급여

임금과 부가급여의 최적 조합은 등비용곡선이 도달할 수 있는 가장 높은 무차별곡선 I_2와 접하는 *b*이다. 여기서 기업은 W_0 임금과 F_0 부가급여를 제공할 것이다. *a*점과 *c*점도 또한 임금과 부가급여의 도달할 수 있는 조합이지만, 더 낮은 무차별곡선 I_1 위에 있으므로 더 작은 총효용을 산출한다.

급여에 대한 선호가 평균적인 근로자를 대표한다고 가정할 것이다. 근로자들 사이의 상이한 무차별지도, 따라서 상이한 최적 임금-부가급여는 제8장에서 논의된다.

부가급여의 성장 원인

다음에는 부가급여 '가격'이 더 낮다는 것의 시사점을 고려하기로 하자. 그림 7.6에 WF선보다 더 편평한 기울기를 가진 새로운 정상이윤 등이윤선 WF'이 그려져 있다. WF로부터 WF'으로의 이동은 부가급여의 단위당 상대가격 또는 '가격'이 하락했다는 것을 알려준다. 다시 말하면, 기업은 이제 그 총보수를 증가시키지 않고도 거의 가장 높은 임금에서 더 많은 부가급여를 공급할 수 있다. 따라서 기업은 자신의 이윤을 감소시키지 않고도 더 많은 부가급여를 제공할 수 있다. 기업은 이러한 부가급여가 단지 1달러의 비용이 들지만 이제 1달러 가치의 임금을 1달러보다 더 큰 가치의 부가급여와 교환할 수 있다. 기업은 가장 높은 질의 근로자들을 끌어들이고 보유하기 위해 임금과 부가급여 사이의 이렇게 더 나아진 상호교환관계를 자신의 근로자들에게 제안하기를 원할 것이다. 실제로 다른 기업들이 이 수준까지 총보수의 수준을 올릴 것이기 때문에, 경쟁적인 노동시장은 기업에게 WF'선에 의해 나타나는 바와 같이 근로자들에게 보수를 지급하도록 강제할 것이다.

이 새로운 정상이윤 등이윤선은 더 높은 무차별곡선 I_3 위의 d점에 새로운 접점이 생기도록 한다. 이 근로자는 이제 부가급여 쪽으로 더 큰 비중이 주어진 임금과 부가급여의 조합을 선택한다는 것을 주목하라. 부가급여가격의 하락은 근로자가 더 많은 부가급여를 '구매'할 수 있도록 함과 동시에 '구매'하도록 유도했다. 근로자는 이제 더 많은 실질소득(임금 더하기 부가급여)을 갖고, 부가급여를 전보다 상대적으로 '더 나은 구매물건'이 된 것으로 간주한다. 결과적

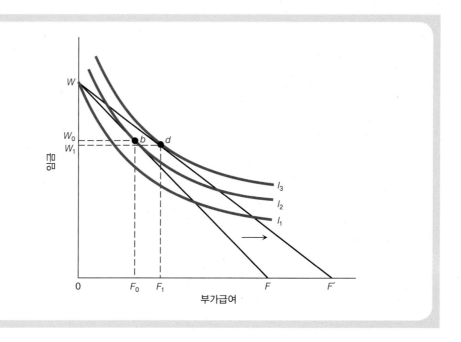

그림 7.6 부가급여의 성장
세금상의 이점, 규모의 경제, 그리고 효율성 고려 때문에 부가급여의 가격 하락은 정상이윤 등이윤선을 밖으로 펼친다. 이는 근로자가 더 높은 무차별곡선(I_2가 아니라 I_3)에 도달하도록 허용한다. 그런 과정을 통해 부가급여는 F_0에서 F_1으로 확대된다.

으로 이 근로자는 더 많은 부가급여를 선택하고, 더 높은 수준의 효용(b에서의 I_2가 아니라 d에서의 I_3)을 달성한다.

문제는 무엇이 그림 7.6에 나타나는 바와 같이 정상이윤 등이윤선을 밖으로 펼쳐지게 하는지다. 무엇이 부가급여의 가격을 낮추고, 기업으로 하여금 더 많은 부가급여를 제공하고도 여전히 똑같은 수준의 총보수와 정상이윤을 유지할 수 있도록 하는가? 이러한 질문들에 대한 대답은 부가급여가 역사적으로 성장했던 일련의 이유들의 근거를 제시한다.

사용자에 대한 세금상의 이점

부가급여가 근로자에게 세금상의 이점을 부여한다는 것을 이미 보았다. 부가급여는 또한 사용자에게도 납부해야 하는 세금을 줄여준다. 사용자는 각 근로자당 118,500달러(2015년)까지의 근로소득에 대해 15.3%인 사회보장급여세의 1/2을 지급해야만 한다. 이 액수 미만을 버는 근로자들의 경우, 기업은 임금 근로소득을 부가급여로 바꾸어 보수 패키지의 구성을 한쪽으로 기울어지게 함으로써 급여세 부담을 줄인다. 근로자가 1년에 30,000달러를 번다고 가정하자. 2015년 7.65%의 급여세율에서 사용자는 2,295달러의 세금을 납부해야만 했다. 그러나 사용자가 그 대신 근로자에게 20,000달러의 근로소득과 10,000달러의 부가급여를 지급한다면, 기업의 세금 부담은 1,530달러(= 20,000달러 × 0.0765)로 감소한다. 수천 명의 근로자들을 곱한다면, 대기업의 세금 절약은 상당할 것이다. 최종적인 결과는 기업은 직접적인 보수 1달러를 줄여 1달러보다 더 큰 가치의 부가급여를 제공할 수 있다. 그림 7.6에서 정상이윤 등비용선이 WF로부터 WF'으로 이동하는 것에 나타나는 바와 같이 밖으로 펼쳐진다. 사회보장급여 세금의 과세표준과 세율이 역사적으로 모두 증가했기 때문에 부가급여의 최적 수준은 증가했다.[4]

규모의 경제

구매자들에 대해 그 가격을 낮추는 부가급여의 집단구매에 상당한 규모의 경제가 보통 존재한다. 특히 의료, 생명, 장애 또는 치과보험을 개별적이 아니라 단체로 구입할 때 평균 관리비용과 대리인 수수료가 훨씬 적다.[5] 이외에도 그룹 정책은 큰 혜택을 볼 가능성이 가장 많은 개인들이 보험에 가입하려는 경향인 역선택 문제(adverse selection problem)를 제거한다. 세금상의 이점과 마찬가지로, 보험에 대한 '할인가격'은 그림 7.6에서와 같이 부가급여의 단위당 비용을 감소시키고, 정상이윤 등비용선을 밖으로 회전시킨다. 결과는 근로자가 이전보다 더 많은 부가급여를 받아들이도록 유도한다. 기업의 규모가 커짐에 따라 비용 절약이 역사적으로 증가했던 만큼 부가급여의 최적 액수 또한 성장했다.

---

[4] 근로자가 건강보험 유자격자가 될 확률에 세금이 미친 영향을 조사한 연구는 Anne Beeson Royalty, "Tax Preferences for Fringe Benefits and Workers' Eligibility for Employer Health Insurance," *Journal of Public Economics*, February 2000, pp. 209-27을 참조하라. 또한 Thomas L. Selden, "The Impact of Increased Tax Subsidies on the Insurance Coverage of Self-Employed Families: Evidence from the 1996-2003 Medical Expenditure Panel Survey," *Journal of Human Resources*, Winter 2009, pp. 115-39를 참조하라.

[5] 연금과 의료보험 관리에서의 규모의 경제에 대해 상세한 내용을 기록한 연구들은 Emily S. Andrews, *Pension Policy and Small Employers: At What Price Coverage?* (Washington, DC: Employee Benefit Research Institute, 1989)를 참조하라. 또한 Jacob A. Bikker and Jan De Freu, "Operating Costs of Pension Funds: The Impact of Scale, Governance, and Pension Design," *Journal of Pension Economics and Finance*, January 2009, pp. 63-89를 참조하라.

7.1 근로의 세계   의료개혁과 '일자리에 가두기'*

의료보험보장은 떠나기를 원하는 근로자들을 일자리에 머물도록 만들 수 있다. 가격이 알맞은 의료보험에의 접근은 보통 의료보험을 제공하는 기업에 고용되는 것과 연계되어 있다. 의료보험을 제공하는 기업들은 새로운 근로자들에 대하여 의료보험보장 이전에 흔히 대기기간을 요구하거나, 또는 신규 근로자들이 기존 질병을 의류보험보장에서 완전히 제외시킨다. 결과적으로 일부 근로자들은 의료보험보장을 잃는 것에 대한 우려 때문에 일자리 바꾸기를 주저할 수 있다. 이와 같은 일자리 이동성의 감소는 '일자리에 가두기(job lock)'로 알려져 있다.

2010년 제정된 환자보호 및 부담적정 보험법(PPACA)은 두 가지 방식으로 '일자리에 가두기'를 감소시킬 것이다. 첫째, 고용과 의료보험의 연결은 개인들이 주(州)가 운영하는 의료보험거래소를 통해 낮은 요금으로 의료보험을 구입하는 것을 허용함으로써 감소된다. 둘째, 법은 대기기간과 기존의 조건을 없앴다.

보훈처(Veteran's Administration, VA)에 의한 건강관리의 주요한 확대는 근로자들이 PPACA에 어떻게 반응하게 되는지에 몇 가지 통찰력을 제공할 수 있다. 1990년대 중반에 VA는 군 복무와 관련된 질병에 초점을 맞춘 병원 기반 의료보험제도로부터 예방치료에 초점을 맞춘 완전의료보험제도로 전환했다. 확대된 건강관리는 민간 의료보험보장을 대체할 수 있었다. 결과적으로 재향군인들은 의료보험보장을 얻기 위해 더 이상 사용자를 위해 일할 필요가 없기 때문에 '일자리에 가두기'는 감소했을 것이다. 보일과 라헤이(Boyle and Lahey)는 건강관리의 VA 확대 이전과 이후의

55~64세까지의 남성 재향군인과 비재향군인의 노동공급 결정을 비교했다. 그 결과 풀타임으로 일하는 재향군인의 비중이 감소하고 파트타임으로 일하거나 아니면 전혀 일하지 않는 비중이 증가했다. 이는 건강관리 확대가 '일자리에 가두기'를 실제로 감소시켰다는 것이다. 이외에도 대학 교육을 받은 재향군인들은 자영업으로 전환할 가능성이 더 많아졌다.

다른 연구도 또한 의료개혁(health care reform)이 '일자리에 가두기'를 감소시킬 것임을 시사하고 있다. 일부 주들과 연방정부는 근로자들이 일자리를 떠난 이후 주어진 기간 내에 종전 사용자들로부터 의료보험보장을 구입하도록 허용할 것을 요구한다. 이러한 사용자에 대한 의무규정의 효과를 조사하기 위해, 그루버와 매드리안(Gruber and Madrian)은 얼마나 오래 사용자들이 의료보험을 제공해야만 하는지에 대해(2개월부터 20개월까지의 범위) 상이한 요구조건을 가진 주에 따른 근로자의 일자리 이동성을 비교했다. 또한 그들은 이러한 법의 시행 전과 후의 일자리 이동성도 비교했다. 그들은 필요로 하는 보장 요구사항의 지속을 12개월 증가시키면 일자리 이동성이 대략 10% 신장되기 때문에 의무규정이 실제로 '일자리에 가두기'를 감소시킨다고 결론을 내렸다.

* Melissa A. Boyle and Joanna N. Lahey, "Health Insurance and the Labor Supply Decisions of Older Workers: Evidence from a U.S. Department of Veterans Affairs Expansion," *Journal of Public Economics*, August 2010, pp. 476-78; Jonathan Gruber and Brigette C. Madrian, "Health Insurance and Job Mobility: The Effects of Public Policy on Job-Lock," *Industrial and Labor Relations Review*, October 1994, pp. 86-102를 기초로 함.

효율성 고려

사용자들은 훈련투자를 보호하고 근로자 모집 및 훈련비용을 줄이는 데 관심이 있다. 그들은 부가급여를 근로자들을 일자리에 묶어두고 따라서 사직을 감소시키는 방법으로 여길 수 있다. 특히 연금급여는 근로자 이직을 감소시키는 데 효과적이다.[6] 낮은 이직은 높은 비율의 근로자들이 훈련단계를 훨씬 넘긴 경험이 있는 근로자들이라는 것을 의미한다. 결과적으로 기업 노동력의 평균생산성은 증가한다.

따라서 기업의 입장에서 볼 때 연금급여는 현금 지출보다 비용이 덜 든다. 부가급여 패키지로부터 발생하는 생산성 향상의 결과인 추가 수입을 현금 경비에서 공제해야 한다. 따라서 기

[6] 예를 들어 William E. Even and David A. Macpherson, "Employer Size and Labor Turnover: The Role of Pensions," *Industrial and Labor Relations Review*, July 1996, pp. 707-28; Harald Dale-Olsen, "Wages, Fringe Benefits, and Worker Turnover," *Labour Economics*, February 2006, pp. 87-105; Harley Frazis and Mark A. Loewenstein, "How Responsive Are Quits to Benefits?" *Journal of Human Resources*, Fall 2013, pp. 969-997을 참조하라.

업은 이윤 손실의 고통 없이 더 많은 이런 종류의 부가급여를 제공한다.[7] 기업의 훈련투자가 역사적으로 증가했기 때문에, 이직을 감소시키기 위해 부가급여를 사용하려는 인센티브를 가졌었다.

다른 요소들

부가급여가 역사적으로 증가했던 여러 이유가 존재한다. 어떤 부가급여들은 상당한 정도로 소득탄력적이다. 그런 부가급여들에는 연금 보장과 건강 및 치아 관리 같은 서비스가 포함되는데, 이런 것들의 구매는 소득 증가에 매우 민감하다. 따라서 근로자의 소득이 역사적으로 증가했음에 따라, 그와 같은 부가급여의 '구입' 또한 확대된 것은 놀라운 일이 아니다.[8] 또한 연방정부는 사회보장급여와 실업급여같은 의무적인 법정 부가급여를 늘렸다. 마지막으로 제11장에서 노동조합 결성이 역사적으로 부가급여 증가의 요소였음을 알게 될 것이다. 평균적으로 노동조합 근로자들은 노동조합에 가입하지 않은 근로자들보다 더 넉넉한 부가급여를 받는다. 또한 노동조합이 없는 기업들도 종종 노동조합 결성을 단념시키기 위한 방안으로 노동조합 계약을 모방한다.

- 부가급여는 임금 및 급여 근로자들 총보수의 31%를 차지한다.
- 임금-부가급여 모형에서 임금과 부가급여의 최적 조합은 등이윤곡선이 도달할 수 있는 가장 높은 무차별곡선과 접하는 곳에서 발생한다.
- 호의적인 세금 처리, 규모의 경제, 그리고 효율성에 대한 고려가 부가급여의 '가격'을 감소시켜 그 이용가능성을 확대하고 근로자 효용을 향상시켰다.

7.1
잠깐만 확인합시다.

여러분의 차례입니다

정부가 보통의 소득 같이 부가급여에 과세하기로 결정한다고 가정하자. 전형적인 근로자 무차별곡선의 기울기에 어떤 일이 발생하게 되겠는가? 이는 부가급여의 최적 수량에 어떤 영향을 미칠 것인가? (정답은 책의 맨 뒷부분에 수록되어 있음)

주인-대리인 문제

다음에는 보수와 성과 사이의 관계에 대한 논의로 방향을 바꾸기로 하자. 보수는 직접적인 현금 또는 부가급여의 형태를 취할 수 있다. 그러나 이 주제의 서막으로 기업과 근로자 사이의 관계에 대한 성격을 분석할 필요가 있다.

---

[7] 부가급여의 전반적인 생산성 향상 측면이 우세한 것으로 생각되지만, 일부 부가급여는 생산성을 감소시킬 수 있다. 예를 들어 병가는 결근을 부추길 수 있다. 또한 어떤 부가급여들은 특별한 혜택을 이용할 가능성이 가장 많은 근로자들을 끌어들임으로써 사용자에 대한 부가급여 프로그램의 비용을 증가시킬 수 있다. 예를 들어 육아휴가를 제공하는 기업은 비례적으로 더 많은 수의 자녀를 가진 근로자들을 끌어들일 수 있다. 이 문제의 공공정책 시사점에 대한 논의는 Lawrence H. Summers, "Some Simple Economics of Mandated Benefits," *American Economic Review*, May 1989, pp. 177-83을 참조하라.

[8] Stephen Woodbury, "Substitution between Wage and Nonwage Benefits," *American Economic Review*, March 1983, pp. 166-82.

이전 장들에서의 논의로부터 기업이 이윤을 위해 시장에서 판매할 수 있는 재화와 서비스를 생산하는 데 도움이 되기 때문에 기업은 근로자들을 채용한다는 것을 알고 있다. 이 점에 있어서 근로자들은 다른 사람들의 이익을 증진하기 위해 채용된 당사자인 기업의 **대리인**(agent)으로 간주될 수 있다. 그 대신 기업은 자신의 목적을 달성하는 것을 돕기 위해 다른 사람들을 채용하는 당사자인 **주인**(principal)으로 생각할 수 있다. 이 경우 기업 또는 주인의 목적은 이윤이다. 근로자들은 임금소득 지급에 대한 대가로 기업들이 이윤을 버는 것을 기꺼이 도울 용의가 있다. 이러한 소득은 효용을 산출하는 재화와 서비스를 구매할 수 있도록 한다. 따라서 주인(기업)과 대리인(근로자) 사이의 관계는 공동의 사리추구(mutual self-interest)에 기초를 두고 있다. 즉 고용관계는 기업과 근로자 모두에게 편익을 준다. 그러나 주인과 대리인이 공동 이익을 나눈다고 말하는 것이 그들의 모든 이익이 동일하다고 말하는 것은 아니다. 기업과 근로자 사이의 이익이 나뉘는 상황에서 소위 주인-대리인 문제가 발생한다.

주인-대리인 문제(principal-agent problem)는 대리인(근로자)이 주인(기업)의 목표를 달성하는 것과 충돌하여 자신만의 목적을 추구할 때 발생한다. 기업은 이윤을 극대화하기를 원한다. 근로자들은 효용을 극대화하기를 바란다. 이윤극대화는 근로자들이 동의된 수준의 노력으로 모든 동의된 시간을 일하는 것을 필요로 한다. 그렇지 않다면 산출량은 감소할 것이고, 평균 및 한계 생산비용은 더 높아질 것이다. 그러나 많은 고용 환경하에서 근로자들은 직접적으로 이윤극대화와 충돌하는 기회주의적 행태(opportunistic behavior)에 관여함으로써 자신만의 효용을 향상시킬 수 있다. 구체적으로 말하면, 근로자들은 **직무태만**(shirking)에 의해, 즉 승인되지 않은 휴식을 취하거나 또는 약속한 것보다 더 적은 노력을 제공함으로써 자신들의 여가를 증가시킬 수 있다. 만약 기업에 의해 적발되지 않는다면 이러한 직무태만은 근로자들이 소득을 몰수당하지 않고도 근로시간과 노력의 감소를 통해 자신들의 여가를 증가시키는 것을 가능하게 한다. 앞에서의 소득-여가 모형으로 설명하면(그림 2.5), 근로를 태만히 하거나 회피하는 근로자들은 자신들의 임금선을 따라 이용가능한 것보다 더 큰 총효용을 얻을 수 있다. 실제로 적발되지 않은 직무태만은 근로자들이 그림 2.5의 I_3 같은 무차별곡선에 도달할 수 있도록 허용한다.

주인-대리인 시각으로부터 중요한 명제가 하나 도출된다. 매우 쉽게 말하면 기업(주인)은 주인-대리인 문제를 줄이거나 제거할 방안을 발견할 이윤 인센티브를 갖고 있다. 이 장의 나머지 부분에서는 이 명제의 여러 측면을 분석한다.

성과급보수

주인-대리인 문제를 해결하기 위하여 시도할 수 있는 한 가지 방안은 보수를 직접 산출량 또는 성과에 연계하는 것이다. 몇몇 소위 **성과급보수계획**(incentive pay plans)은 경제 전체에 걸쳐 점점 대중적이 되었다. 이러한 보수체계는 개수제, 커미션과 로열티, 인상 및 승진, 상여금, 이윤 및 지분 배분, 그리고 토너먼트 보수를 포함한다.[9]

---

[9] 보수지급 방법의 결정요인에 대한 분석은 Charles Brown, "Firms' Choice of Method of Pay," *Industrial and Labor Relations Review*, February 1990, pp. S165-S182를 참조하라.

개수제

개수제(piece rates)는 개인의 산출량 단위 수에 비례하여 지급되는 보상이다. 이 보상은 흔히 근로자들이 근로 속도를 통제하고, 기업이 근로자들의 노력을 감시하는 데 많은 비용이 드는 상황에서 발견된다. 예를 들어 사과를 수확하는 사람은 따는 양에 따라 보수를 지급받고, 의류 근로자들은 개수에 따라 보수를 지급받으며, 타이피스트는 페이지에 따라 보수를 지급받는다. 개수제가 보통 저임금 일자리와 관련되지만, 이 유형의 보수는 보통 생각되는 것보다 더 널리 일반화되어 있다. 개업 외과 의사들은 1회 수술을 기준으로 요금을 설정하고, 세무대리인들은 간단한 각 세무보고에 고정된 액수를 부과하며, 변호사들은 자신들이 작성하는 유언장의 여러 유형에 따라 금액을 설정한다.

증거에 따르면 개수제로 보수를 지급받는 근로자들이 동등한 시간당 임금을 받는 동일한 산업의 근로자들보다 10~15% 더 많은 보수를 지급받는다.[10] 그럼에도 불구하고 개수제는 여러 결점을 갖고 있어 중요성이 감소했다. 첫째, 기술 변화가 빠른 산업에서 이윤극대화 개수제를 알아내는 것은 매우 어려울 수 있다. 근로자들끼리 실제보다 일이 매우 어렵고 시간이 많이 걸리는 것처럼 꾸며 인위적으로 실적을 과장할 수 있다.[11] 둘째, 개수제는 근로자들의 주간, 월간, 그리고 심지어 연간 소득의 변동가능성을 증가시킨다. 따라서 개수제 일자리에 근로자들을 끌어들이기 위해 기업은 이러한 근로소득의 변동을 보상하기 위한 임금프리미엄(제8장)을 지급해야 할지 모른다. 사용자들은 일정한 시간당 임금을 지급함으로써 이러한 프리미엄 보수의 비용을 절약할 수 있을 것이다. 셋째, 생산이 복잡하고 팀 지향적인 곳에서 산출량 단위를 직접적으로 개인의 성과 탓으로 돌리는 것은 힘든 일이다. 누가 콜게이트(Colgate) 치약 튜브, 캠벨(Campbell) 수프 캔, 코카콜라(Coca-Cola) 병 각각을 생산하는가? 넷째, 성공적인 팀 성과에는 근로자 상호 간에 밀접한 협력이 요구된다. 개수제는 독립적인 근로 노력을 보상하므로 이 필요한 협력을 거의 촉진하지 못한다. 마지막으로 개수제는 그 스스로의 장점으로 어려움을 겪는다. 즉 개수제가 이끌어내는 빠른 생산속도는 흔히 형편없는 품질이라는 결과를 가져온다. 이러한 이유들 때문에 개수제는 점점 시간, 개월, 또는 연도와 같은 시간 단위를 기본으로 한 보수인 **시간급**(time rates)으로 대체되었다.

커미션과 로열티

보수를 산출량 단위와 연계하는 개수제와 달리 커미션과 로열티는 보수를 판매 가치와 연결한다. **커미션**(commission)은 보통 부동산업자, 보험대리인, 주식중개인, 그리고 영업직원이 받는다. 대도시 신문의 광고 면을 한번 훑어보면 커미션 근로자 구인광고를 볼 수 있을 것이다. **로열**

---

[10] Charles Brown, "Wage Levels and Method of Pay," Autumn 1992, pp. 366-75. 개수제 근로자들 사이에 20~22% 더 높은 생산성을 보고하고 있는 연구는 Bruce Shearer, "Piece Rates, Fixed Wages, and Incentives: Evidence from a Field Experiment," *Review of Economic Studies*, April 2004, pp. 513-34를 참조하라. 개수제가 업무현장에서의 부상 확률을 5%포인트 증가시키고 있다는 증거는 Keith A. Bender, Colin P. Green, and John S. Heywood, "Piece Rates and Workplace Injury: Does Survey Evidence Support Adam Smith?" *Journal of Population Economics*, April 2012, pp. 569-590을 참조하라. 저자들은 이 증거는 개수제 근로소득 프리미엄이 부분적으로 일자리 부상에 대한 보상임금격차일 수 있다는 것을 시사하고 있다.

[11] Stephen Jones, *The Economics of Conformism* (New York: Basil Blackwell, 1984).

7.2 근로의 세계   교사 정년보장의 종료?*

정년보장(tenure)은 학교 교사들이 거의 완전한 미래의 일자리 보장을 얻을 수 있는 독특한 고용제도이다. 일부 주(州)에서는 짧게는 2년의 수습기간 후 학교가 정년보장을 인정하기로 결정하거나 아니면 고용을 종료하기로 결정한다.

정년보장의 역사적인 목적은 교사들을 (정치적 견해와 같은) 업무 이외의 이유 또는 논란이 많은 주제를 가르치는 것으로 인한 자의적인 해고로부터 보호하는 것이었다. 그러나 정년보장은 또한 몇 가지 잠재적인 결점을 갖고 있다. 무능력한 교사를 해고할 수 없는 것이다. 학교에 기량을 발휘하지 못하는 교사들이 있다는 사실은 교사 정년보장을 없애려는 시도로 이어졌다. 2014년 6월 로스앤젤레스 카운티의 트로이(Rolf Treu) 판사는 베르가라 사건(Vergara v. California)에서 교사 정년보장이 캘리포니아주 헌법을 위반했다고 판결했다. 그는 교사 정년보장은 학생들의 교육을 '상당히 훼손하는' 나쁜 교사들과 형편없는 교사들을 해고시키는 것을 어렵게 만들기 때문에 '교육 기회의 균등'에 대한 학생들의 권리를 부정한다고 판시했다. 유사한 소송이 뉴욕주에서도 제기되었다.

학술연구는 교사 질의 향상은 학생들에 대한 오래 지속되는 긍정적인 영향을 미칠 수 있다는 것을 알려준다. 체티, 프리드먼, 로코프(Raj Chetty, John Freidman, and Jonah Rockoff)는 테스트 점수, 학교 기록, 그리고 세금보고양식에 관한 데이터를 사용하여 교사 질의 장기 효과를 조사하고 있다. 그들의 연구는 더 높은 질의

교사를 가진 학생들이 대학에 진학하고, 더 높은 근로소득을 벌며, 10대에 자녀를 갖지 않을 가능성이 더 크다는 것을 발견하고 있다. 교사 질 최하위 5%의 교사들을 평균 질의 교사로 대체하면 학생들의 생애근로소득이 교실 하나당 25만 달러 증가한다.

그러나 다른 연구는 교사 정년보장의 제거가 그 옹호자들이 발생하리라 기대하는 이득을 산출하지 않을 수 있다는 것을 알려준다. 노스캐롤라이나주의 신규 교사들에 대한 데이터를 사용해서 친고스(Matthew Chingos)는 질이 높은 교사와 질이 낮은 교사의 초기 경력 경로를 조사했다. 그는 정년보장 결정이 4년차 이후에 이루어질 때 교장들은 높은 비율로 효과적이지 못한 교사들과의 계약을 종료시키지 않는다는 것을 보고하고 있다. 그는 또한 교사 질 상위 1/4의 교사들 중 2/5 미만이 5년차에 고용된 채로 남아 있다는 것도 보고하고 있는데, 이는 학교가 그 최악의 교사들을 해고하는 것을 더 어렵게 만들고 있다.

* Haley Sweetland Edwards, "Taking on Teacher Tenure," *Time*, November 3, 2014, pp. 35–39; Raj Chetty, John N. Freidman, and Jonah E. Rockoff, "The Long-Term Impacts of Teachers II: Teacher Value-Added and Student Outcomes in Adulthood," *American Economic Review*, September 2014, pp. 2633–2679; Matthew M. Chingos, "Ending Teacher Tenure Would Have Little Impact on Its Own," Brown Center on Education Policy, Brookings Institution, September 2014를 기초로 함.

티(royalty)도 또한 판매수입의 비율로 설정된다. 로열티는 전형적으로 저자, 영화제작자, 음반을 낸 예술가, 그리고 유사한 전문가들에게 지급된다. 예를 들어 만약 새 책이라면 이 교재 가격 중 약 10달러는 저자들에게 귀속된다.

커미션과 로열티는 근로 노력과 근로시간을 관찰하기 어려운 곳에서 효율적이다. 근로자를 관찰하는 데는 매우 큰 비용이 들기 때문에 이러한 상황에서 시간급은 직무태만 문제를 낳게 된다. 기업과 근로자들의 이해관계를 조정함으로써 커미션과 로열티는 주인-대리인 문제를 극복하는 데 도움이 된다.

7.2
근로의 세계

인상 및 승진

미국 근로자들의 꽤 큰 부분은 고정된 연간 급여로서 분할지급액(time payment)을 수령한다. 이러한 근로자들은 전형적으로 팀 생산에 관여한다. 따라서 그들의 노력을 감시하거나 또는 그들의 산출량을 측정하는 것이 쉽지 않다. 따라서 개수제, 커미션 또는 로열티가 아니라 분할지급이 최적이다. 그러나 왜 고정된 시간당 보수가 아니라 고정된 연간 급여인가? 이유는 관리자

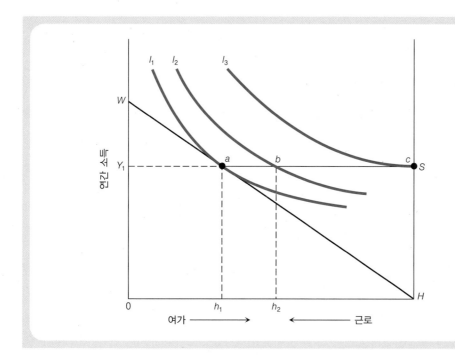

그림 7.7 급여와 근로 인센티브

임금선 *WH*는 h_1의 근로시간으로 Y_1과 동일한 연간 소득을 제공할 특정 시간당 보수 수준을 보여준다. 동등한 연간 급여 Y_1은 실제 근로시간 수를 h_2 또는 *H*로 감소시킴으로써 근로자가 더 높은 무차별곡선 l_2 또는 l_3를 얻도록 허용할 것이다. 기업은 미래의 인상과 승진을 h_1 이상의 시간을 일하는 사람들에게 제공함으로써 이러한 인센티브 문제를 극복할 수 있다.

와 전문가는 적어도 1년의 기간 동안 **준고정자원**(quasi-fixed resources)이기 때문이다.[12] 기업의 급여 근로자의 사용은 대체로 그 생산수준과 무관하다. 따라서 급여 근로자들은 자본과 토지 같은 고정된 자원과 유사하다[준(quasi-)은 '-인 것처럼(as if)'을 의미한다]. 예를 들어 기업은 생산과 판매가 활기를 띨 때뿐만 아니라 부진할 때도 회계사, 변호사, 관리자, 그리고 마케팅 직원이 필요하다. 이외에도, 기업이 급여 근로자들을 고용하는 데는 높은 탐색, 채용, 그리고 훈련비용이 발생한다. 그들을 일시해고하는 것은 이전의 특수훈련에의 값비싼 투자에 대한 수익을 얻을 기업의 기회를 종결하게 되는 사직의 위험을 무릅쓰도록 한다[그림 4.8(b)]. 더 일상적인 수준에서 볼 때 숙련이 높은 근로자들은 고정된 연간 급여와 관련된 더 큰 소득보장을 단순히 요구하고 또한 수령하는 위치에 있을 수 있다.

그러나 여러 가지 장점에도 불구하고 연간 급여는 잠재적인 직무태만 문제를 갖고 있다. 이 문제를 서술하고, 그 뒤 그 해결책을 분석하기로 하자.

급여와 근로 인센티브

그림 7.7은 급여와 관련된 주인-대리인 문제를 보여준다. 방법론은 시간당 보수와 연간 급여의 조건 아래 최적 근로시간을 비교하는 것이다.

1. 시간당 보수   우선 그 기울기가 특정 시간당 보수 수준을 나타내는 임금선 *WH*를 관찰하라. 이 시간당 임금이 주어졌을 때 보이는 무차별지도의 특성을 갖는 근로자는 h_1시간을 일하고 연

---

[12] Walter Oi, "Labor as a Quasi-Fixed Factor," *Journal of Political Economy*, December 1962, pp. 538-55.

간 소득 Y_1을 벌기로 선택할 것이다. 이 h_1Y_1의 근로와 소득 조합은 근로자가 a에서 임금선을 따라 가능한 가장 높은 수준의 총효용을 나타내는 무차별곡선 I_1에 도달하도록 허용한다. 설명의 목적상 h_1근로시간은 정상적인 주간 40시간 근로의 결과로 나타나는 연간 근로시간을 상징한다고 가정하기로 하자.

2. 연간 급여　이제 h_1시간을 일함으로써 벌게 되는 Y_1소득을 동일한 금액($= Y_1$)의 연간 급여로 전환하기로 하자. 그림 7.7에서 새로운 예산제약은 HSY_1이 되고, 이 개인은 근로시간과 관계없이 Y_1소득을 받을 것이라는 것을 보여준다. 아마도 일자리의 성격 때문에 개인이 일자리에 있는 동안 실제로 일하는 시간 수는 쉽게 관찰되지 않는다. 근로자는 이제 직무태만에 의해 더 높은 수준의 효용을 달성할 수 있다. 즉 근로자는 h_1으로부터 말하자면 h_2로 근로시간을 줄이려는 인센티브를 갖는데, 이는 근로자가 b에서 더 높은 무차별곡선 I_2에 도달하도록 허용한다. 극단적으로는 근로자는 0시간을 일함으로써 여전히 더 높은 수준의 효용을 달성할 수 있다(I_3 위의 c). 두 경우 모두에서 연간 급여는 소득수준이 Y_1에 남아 있는 것을 보장한다.

해결책 : 인상 및 승진

그림 7.7에서 제기된 급여 문제의 한 가지 해결책은 기업이 성과를 기초로 한 인상(raise)과 승진(promotion) 계획을 수립하는 것이다. 미래 인상과 승진의 전망은 주어진 어떤 연도라도 근로시간 대 여가에 대한 근로자의 결정이 그 해의 급여 하나만을 기본으로 하지 않는다는 것을 의미한다. 오히려 급여 근로자는 평생효용의 극대화를 바라며 최적 시간을 선택한다. 인상을 얻고 승진을 획득할 것을 바라면서 근로자는 금년에는 h_1보다 더 많은 시간을 일하기로 결정할지 모른다. 실제로 급여 근로자는 시간당 보수를 지급받는 근로자보다 1주에 더 많은 시간 일한다. 한 가지 이유는 급여 근로자들에게 인상과 승진이 중요하기 때문이다. 만약 근로자가 저생산자라는 평판을 얻는다면, 기업 일자리 계층 내에서의 승진은 어려울 것이다.[13]

상여금

상여금은 점점 더 인센티브 보수의 인기 있는 형태가 되었다. **상여금**(bonus)은 개인 또는 기업 성과와 같은 몇몇 요소를 기본으로 한 연간 급여를 넘어서는 지급액이다. 상여금의 기업에 대한 이점은 그것이 추가 근로 노력을 끌어낼 수 있다는 것이다. 또 다른 이점은 그것이 인상, 승진, 또는 다른 형태의 성과급과 달리 영구적으로 기본 급여 또는 시간당 임금을 올리지 않는다는 것이다. 따라서 경제 불황 기간 동안 높은 임금 또는 급여는 쉽게 감소되지 않는 반면 상여금은 쉽게 포기될 수 있다.

개인적 성과

일부 상여금은 상급자에 의해 공식적으로 평가되는 개인적 성과에 맞춰진다. 만약 상급자

---

[13] 급여 근로자들의 장시간 근로에 대한 경쟁적 설명은 이러한 사람들이 보상과 무관하게 자신들의 근로로부터 직접적인 효용을 얻을 수 있다는 것이다. 극단적으로 일부 전문직 근로자들의 총효용은 만약 그들이 자신들의 근로시간을 단축한다면 감소하게 된다.

7.3 근로의 세계 | 팁 주기의 경제학

팁은 일반적으로 적은 금액의 돈이지만 몇몇 직종에서는 근로자들의 매우 중요한 소득 원천이다. 팁은 1년에 음식점에서만 총 420억 달러이다. www.payscale.com의 2015년 연구에 따르면 남자 종업원과 여자 종업원은 팁으로 8.2달러 또는 자신들 총시간당 소득의 62%를 얻고, 술집의 바텐더는 9.6달러 또는 자신들 총시간당 소득의 59%를 받으며, 연회장 캡틴(banquet captain)은 8.7달러 또는 자신들 총시간당 소득의 42%를 팁으로부터 얻는다.

두 가지 주요 이유가 사람들이 팁을 주는 이유로 제시되었다. 한 가지 이유는 사회규범에 따르려는 바람이다. 조사 결과에 의하면, 사람들은 만약 팁을 주지 않으면 죄책감을 느끼고 쑥스러워한다. 두 번째 잠재적인 이유는 종업원이 미래에 높은 질의 서비스를 제공하도록 장려하는 것이다. 그러나 이는 팁 주기의 유일한 이유가 될 수 없다. 사람들은 심지어 자신들이 음식점을 다시 방문할 계획이 없을 때도 팁을 준다.

음식점 근로자들에 초점을 맞췄던 팁에 관한 연구로부터 여러 유형이 등장했다. 평균 팁은 인식되고 있는 규범 수준, 즉 계산서 금액의 15%에 가까웠다. 놀랄 것도 없이 팁의 크기에 영향을 미치는 가장 중요한 요소는 계산서의 규모이다. 더 나은 서비스 질은 팁의 크기를 증가시킨다. 그러나 열악한 서비스와 훌륭한 서비스 사이의 차이는 대개 계산서 규모의 단지 약 0.5~2.5%까지의 차이다. 봉사자의 친절함과 고객과의 관련성이 팁 액수에 더 큰 영향을 미친다.

자료 : www.payscale.com; Ofer H. Azar, "The Social Norm of Tipping: A Review," *Journal of Applied Social Psychology*, February 2007, pp. 380-402; Ofer H. Azar, "Strategic Behavior and Social Norms in Tipped Service Industries," *The B.E. Journal of Economic Analysis & Policy*, no. 1 (2008), article 7.

가 근로자를 높게 평가하면 그는 상여금을 받는다. 다른 경우에는 상여금은 어떤 수량화할 수 있는 산출량을 근거로 한다. 예를 들어 프로미식축구 선수들은 정해진 숫자보다 많은 터치다운(touchdown)을 위한 패싱(passing)을 했을 경우 또는 정해진 숫자보다 많은 쿼터백 색(quarterback sack)을 했을 경우 상여금을 받을 수 있다. 그러한 '개수제' 상여금은 개별 성과가 직접적으로 측정되기 어려운 산업에서는 일상적이지 않다.

개별 성과를 근거로 한 상여금은 한 가지 형태의 주인-대리인 문제를 해결할 수 있지만, 다른 종류의 문제가 나타날 수 있다. 이 보수제도가 개별 노력을 증가시킬 수 있지만 그것은 노력을 사용자의 전반적 목표에 반하는 행태로 돌릴 수 있다. 예를 들어 도움(assists)에 대해 상여금을 받는 농구선수들은 와이드 오픈 슛을 하기보다는 공을 패스하는 경향이 있을 수 있다. 또는 상여금이 상급자 평가에 좌우되는 근로자는 상급자를 즐겁게 하는 데 과도한 시간을 사용할 수 있다. 결과적으로 근로자는 예컨대 나중에 더 높은 이윤을 창출할 수 있는 독창적인 생산물 아이디어를 개발하는 데 시간을 덜 사용할 수 있다. 반복하면, 직무태만 문제를 제거하기 위해 상여금을 구조화하는 것은 상대적으로 쉽다. 그러나 다른 주인-대리인 문제가 나타나지 않도록 상여금을 구조화하기는 어렵다.

7.3
근로의 세계

팀 성과

방금 논의한 문제에 대한 한 가지 해결책은 개별 상여금을 팀의 성과에 기반을 두는 것이다. 이 경우 팀은 프로스포츠에서와 같이 실제 팀일 수 있거나, 아니면 부서, 부문, 또는 전체 회사 같은 팀이다. 일단 팀 목표가 확립되면 각 팀 구성원의 상여금은 오로지 팀 목표가 충족되었는지에 좌우된다. 미국 기업들의 대부분의 공식적인 상여금 프로그램들은 산출량 또는 이윤에 대한 개인이 아니라 그룹의 기여를 근거로 하고 있다. 실물산출량 또는 비용을 근거로 한 그룹상여금 제도는 성과배분제(gainsharing schemes)로 지칭된다.

팀 상여금은 잠재적 무임승차자 문제(free-rider problem)를 나타나게 한다는 점에서 주요 결점을 갖고 있다. 단위 또는 팀의 규모가 증가함에 따라 각 근로자의 노력이 기업의 목표를 달성하는 데 미치는 효과는 감소한다. 근로자의 수가 많은 곳에서 개별 근로자들은 직무태만의 유혹을 받기 쉽다. 그들은 자신들의 개인적인 직무태만이 기업의 산출량 또는 이윤을 눈에 띄게 감소시키지 않을 것임을 안다. 따라서 만약 다른 사람들이 열심히 일한다면 직무태만자도 여전히 팀 상여금을 얻을 수 있다. 정력적으로 일하는 근로자들이 무임승차자들에게 어떻게 반응할지는 확실하지 않다. 한 가지 가능성은 그들이 자신들 스스로의 노력을 감소시킴으로써 무임승차자들을 '벌줄' 수 있다는 것인데, 이 경우 상여금 계획은 확실히 실패할 것이다. 이와는 달리 근로자들이 모두 열심히 일하는데 동의하고, 모두 자신들을 위한 최적 상여금을 실현하기 위해 서로 감시하면서 궁극적으로 협력 전략을 개발하는 것이 가능할 수 있다. 요점은 무임승차자 문제의 강도에 따라 팀 상여금이 팀 생산성을 증가시킬 수도 또는 증가시키지 않을 수도 있다는 것이다.[14]

팀 상여금은 그 결정이 직접적으로 이윤에 영향을 미치는 상대적으로 소규모 고위 중역 그룹을 대상으로 할 때 성공할 가능성이 더 크다. 실제로 이윤을 근거로 한 상여금은 고위 중역 총 보수의 약 1/2을 차지하고 있다. 이러한 큰 상여금이 기업의 성과를 향상시키는가? 과거의 연구는 이에 대한 대답이 잠정적으로 그렇다고 시사하고 있다. 그러나 이러한 연구들은 또한 상여금에 기인한 이윤 증가는 상대적으로 작은 경향이 있다는 것을 시사하고 있다.[15]

이윤분배

이윤분배(profit sharing)는 기업 이윤의 특정 부분을 근로자에게 배분하는 보수제도이다. 이런 보수 형태는 자동차와 1차 금속 같은 기본적인 산업의 근로자들이 임금 인상 대신에 이윤분배를 받아들였던 1980년대 기간 동안 증가했다. 이윤분배는 또한 대기업 최고 중역의 경우 점점 일상적이 되었다. 미국근로자소유권센터(National Center for Employee Ownership)에 따르면 2011년에 1,470만 명의 근로자들이 이윤분배제도에 참가했다.[16] 대부분의 참가자들은 이윤이 퇴직과 같은 미래 어떤 날짜에 배분을 위해 근로자들에게 입금되는 이연제도(deffered plans)에 속해 있다.[17]

언뜻 생각하면 이윤분배와 생산성 사이의 관계는 복잡하지 않은 것처럼 보인다. 옹호자들은 이윤분배는 근로자들을 기업 이윤의 일부를 거두기 위해 더 열심히 일하는 소자본가로 변환시

---

[14] 대기업을 자율적인 근로 그룹으로 조직화하는 것은 근로자들 사이의 상호 감시를 유도하고, 따라서 상여금과 관련된 무임승차 문제를 극복할 수 있도록 한다는 것을 알려주는 분석은 Marc Knez and Duncan Simester, "Firm-Wide Incentives and Mutual Monitoring at Continental Airlines," *Journal of Labor Economics*, October 2001, pp. 743-72를 참조하라.

[15] 이 연구들의 대표적인 논문들은 심포지엄 "Do Compensation Policies Matter?" *Industrial and Labor Relations Review*, special issue, February 1990에서 발견된다.

[16] www.neco.org.

[17] Edward M. Coates III, "Profit Sharing Today: Plans and Provisions," *Monthly Labor Review*, April 1991, pp. 19-25. 이 논문은 이윤분배제도에 대한 찬성과 반대를 열거하고 논의하고 있다.

킨다고 주장한다. 추가 노력은 추가 산출량과 이윤을 창출함으로써 이윤분배제도가 스스로 자금을 충당하도록 한다. 따라서 이윤분배는 기업과 그 노동력의 이해관계를 일치시킨다. 즉 이윤분배는 아마도 주인-대리인 문제를 극복한다.

그러나 현실적에서는 이윤분배와 향상된 생산성 사이의 이론적인 관계가 그렇게 일목요연하지 않다.[18] 주요 이유는 이윤분배가 그룹 성과에 묶여 있기 때문이다. 이 연계는 상여금에 대한 논의에서 확인했던 무임승차자 문제를 창출한다. 조직이 더 크면 클수록 무임승차자 문제가 이윤분배-생산성 관계를 단절시킬 가능성이 더 커진다. 이윤분배제도의 성공은 무임승차자 문제가 어떻게 해결될 수 있는지에 결정적으로 좌우된다.

따라서 이윤분배제도의 유효성은 실증적인 문제이다. 와이츠먼과 크루즈(Weitzman and Kruse)는 이 주제에 관해 이루어진 상당한 연구의 내용을 상세하게 요약했다. 그들은 "이윤분배와 생산성 사이의 관계에 대한 이용가능한 증거는 확고하지 않다. 그렇다고 그것이 또한 중립적인 것은 아니다. 많은 자료들이 정(+)의 관계를 가리키고 있다. 단지 논쟁은 그 크기에 관한 것처럼 보인다"라고 결론을 내리고 있다.[19] 와이츠먼-크루즈(Weitzman-Kruse) 요약은 이윤분배제도 아래서 근로자들은 무임승차자 문제를 극복할 수 있다는 것을 시사한다. 이러한 결론은 기업에 의한 이윤분배제도의 채택은 생산성의 2.5~4.2% 증가와 관련된다고 보고한 크루즈의 주요 연구에 의해 지지된다.[20]

주식보상

주식보상(equity compensation)은 근로자 보상의 일부가 기업의 주식으로 주어지거나 또는 기업의 주식에 투자되는 보수체계이다. 주식보상의 점점 더 인기 있는 형태는 근로자에게 정해진 가격으로 주어진 기간에 고정된 수의 주식을 구입할 권리를 주는 주식매수선택권(stock option)이다.[21] 선택권이 주어지는 가격은 부여시점가격(grant price)라고 불리며, 전형적으로 주식매수선택권이 근로자에게 주어진 때의 시장가격에 설정된다. 주식매수선택권을 가진 근로자들은 만약 시장가격이 부여시점가격 이상으로 상승하면 이윤을 얻을 수 있다. 즉 그들은 부여시점가격으로 기업으로부

---

[18] 와이츠먼과 크루즈(Martin L. Weitzman and Douglas L. Kruse)는 이윤분배와 관련된 이슈들에 대한 탁월한 논의를 제공하고 있다. 그들의 "Profit Sharing and Productivity," in Alan S. Blinder (ed.), *Paying for Productivity* (Washington, D.C.: Brookings Institution, 1990), pp. 95-141을 참조하라. 상여금과 관련된 무임승차자 문제에 대한 이전의 논의는 이 논문을 활용했다.

[19] Ibid., p. 139. 종업원주식소유제도(employee stock ownership plans, ESOPs)에 대한 연구들은 기업 성과에 관한 정(+)의 효과를 발견하는 경향이 있지만, 연구 결과들은 다양하다. ESOPs는 근로자들을 자신들이 일하는 기업의 부분적인 소유자들로 만든다. 이전 연구들에 대한 설문조사는 Douglas Kruse, "Research Evidence on the Prevalence and Effects of Employee Ownership," *Journal of Employee Ownership Law and Finance*, Fall 2002, pp. 65-90을 참조하라.

[20] Douglas Kruse, "Profit Sharing and Productivity: Microeconomic Evidence from the United States," *Economic Journal*, January 1992, pp. 24-36. 생산성에 대한 정(+)의 효과를 발견한 다른 연구들에는 Edward M. Shepard III, "Profit Sharing and Productivity: Further Evidence from the Chemicals Industry," *Industrial Relations*, October 1994, pp. 452-66; Sandeep Bhargava, "Profit Sharing and the Financial Performance of Companies: Evidence from U.K. Panel Data," *Economic Journal*, September 1994, pp. 1044-56이 포함된다. ESOPs가 기업의 생존 확률을 증가시킨다는 증거는 Joseph Blasi, Douglas Kruse, and Dan Weltmann, "Firm Survival and Performance in Privately-held ESOP Companies," in Douglas Kruse (ed.), *Sharing Ownership, Profits, and Decision-Making in the 21st Century* (Bingley, UK: Emerald Publishing, 2013), pp. 109-124를 참조하라.

[21] 주식매수선택권과 덜 일상적인 유형의 주식보상에 대한 정보는 William J. Wiatrowski, "Putting Stock in Benefits: How Prevalent Is It?" *Compensation and Working Conditions*, Fall 2000, pp. 2-7을 참조하라. 또한 James Sesil, Maya Kroumova, Douglas Kruse, and Joseph Blasi, "Broad-based Employee Stock Options in the United States: Company Performance and Characteristics," *Management Revue*, Issue 2, 2007, pp. 5-22를 참조하라.

터 주식을 구입한 자신들의 선택권을 **행사**하고 그것을 시장가격에 판매할 수 있다.

2014년에 모든 민간 기업 근로자들의 8%가 주식매수선택권을 가졌다.[22] 주식매수선택권의 발생 정도에는 상당한 차이가 존재한다. 주식매수선택권을 가진 근로자의 비율은 하위 10%의 임금을 벌고 있는 근로자의 3%와 상위 10%의 임금 근로자들의 17%였다. 주식매수선택권을 가진 종업원의 비율은 경영, 영업, 그리고 금융 직종들에서 가장 높았고(17%), 서비스 직종들에서 가장 낮았다(2%).

주식매수선택권은 이윤배분제도와 비슷한 인센티브 효과를 갖고 있다. 즉 주식매수선택권은 기업 주주의 이해관계를 근로자의 이해관계와 맞물리게 한다. 근로자들은 열심히 일해 기업의 이윤을 증가시킬 인센티브를 갖는다. 더 큰 이윤은 기업 주식의 시장가격을 인상시킴으로써 근로자들의 주식매수선택권의 가치를 높인다. 그러나 주식매수선택권의 가치는 개별 성과보다는 그룹 성과에 연계되기 때문에 주식매수선택권은 무임승차자 문제를 겪는다.

토너먼트 보수

몇몇 성과급 보수체계(incentive pay schemes)는 상대적 성과에 보상의 기반을 둔다. 그러한 보수 계획은 **토너먼트 보수**(tournament pay)로 알려져 있다. 예를 들어 테니스 또는 골프 토너먼트 구조는 참가자들이 토너먼트에서 어디서 끝나는지에 근거하여 보수를 지급한다. 전형적으로 1등 상은 극도로 크며, 보수는 약간 감소하지만 다음 몇 자리까지는 여전히 큰 채로 남아 있다. 보상은 그 뒤 최고 자리보다 훨씬 낮은 순위의 경우 급속히 줄어든다. 이러한 보수체계의 한 가지 목적은 1등부터 꼴등까지의 모든 참가자들에 의한 더 큰 성과를 촉진하는 것이다. 모든 사람은 1등 상을 갈망한다. 따라서 모든 사람은 그것을 달성하기 위해 열심히 일한다. 소수의 큰 상을 받을 기회가 있기 때문에 많은 사람이 적은 보수를 인내한다.[23]

토너먼트 보수는 스포츠 경기 말고도 적용될 수 있다.[24] 몇몇 관찰자들은 대기업의 최고경영자들에게 지급되는 수백만 달러의 급여는 토너먼트의 1등 상과 동등할 수 있다고 추측한다. 실제로 CEO들이 수령하는 보상은 그들의 개인적인 한계수입생산을 초과할 수 있다. 그것이 언젠가는 CEO가 되기를 갈망하는 젊은 회사 관리자들의 MRP를 증가시키기 때문에 '과도한' 보수(표 7.1)는 효율적일 수 있다.

7.1 국제 시각

이러한 CEO 보수에 대한 견해는 곧 자세히 살펴보는 바와 같이 대단히 논란의 소지가 많다. 그러나 우선 그 가능한 시사점의 일부를 보기로 하자. 첫째, 회사의 최고위직을 추구하지만 다소 미치지 못한 관리자들도 또한 자신들의 MRP보다 더 많은 보수를 받을 것이다. 기업은 심지

[22] U.S. Bureau of Labor Statistics, *National Compensation Survey: Employee Benefits in the United States, March 2014* (Washington D.C.: U.S. Bureau of Labor Statistics, 2014), Table 41.

[23] Edward Lazear and Sherwin Rosen, "Rank Order Tournaments as an Optimum Labor Contract," *Journal of Political Economy*, October 1981, pp. 841-64. 흥미가 있는 사람은 Ronald G. Ehrenberg and Michael L. Bognanno, "Do Tournaments Have Incentive Effects?" *Journal of Political Economy*, December 1990, pp. 1307-24; Jed DeVaro, "Internal Promotion Competitions in Firms," *RAND journal of Economics*, Autumn 2006, pp. 521-42도 또한 참조하기를 바란다.

[24] 예를 들어 Tor Eriksson, "Executive Compensation and Tournament Theory: Empirical Tests on Danish Data," *Journal of Labor Economics*, April 1999, pp. 262-80; Michael L. Bognanno, "Corporate Tournaments," *Journal of Labor Economics*, April 2001, pp. 290-315를 참조하라.

7.1 국제 시각 | 최고경영자에 대한 보상

미국의 최고경영자들은 다른 공업선진국의 최고경영자들보다 더 많은 보수를 지급받는다.

보상, 백만(미국)달러

미국	$5.50
이탈리아	$5.20
독일	$3.60
캐나다	$3.10
영국	$2.90
프랑스	$2.40
호주	$2.40

자료 : Nuno Fernandes, Miguel A. Ferreira, Pedro Matos, and Kevin J. Murphy, "Are U.S. CEOs Paid More? New International Evidence," *Review of Financial Studies*, February 2013, pp. 323-367. 보상은 2006년 급여, 상여금(모든 비주식 인센티브 포함), 부가급여, 그리고 주식매수선택권, 제한부 주식(restricted stock) 및 성과지분(performance share)의 부여시점 가치의 합으로 정의된다. 표본 기업들은 월드스코프(Worldscope)가 집계하는 미국의 모든 기업 시가총액의 대략 90% 와 월드스코프가 집계하는 미국 이외 13개국의 모든 기업 시가총액의 83%를 차지한다.

어 고위급에서 무용지물을 용인할 수 있다. 나이 들고 덜 유능한 경영간부들을 자의적으로 해고한다는 평판을 얻은 기업은 토너먼트 보수체계에 충분한 수의 젊은 근로자들을 끌어들일 수 없을지 모른다. 이러한 젊은 근로자들은 수년의 노력을 쏟은 후 최고위직에 미치지 못하는 위험을 기꺼이 무릅쓸 용의가 없을 수 있다. 조직 내의 계급에 다른 고임금을 지급하는 일자리들이 존재하고 고용이 상대적으로 안전하다는 확약이 이러한 보수체계의 지속적인 성공에 중요

표 7.1 가장 많은 보수를 지급받은 10명의 최고경영자(2014년)

이름	회사	총보수(백만 달러)
1. 자슬라브(David M. Zaslav)	디스커버리 커뮤니케이션즈(Discovery Communications)	156.1
2. 프라이스(Michael T. Fries)	리버티 글로벌(Liberty Global)	111.9
3. 가벨리(Mario J. Gabelli)	갬코 인베스터스(Gamco Investors)	88.5
4. 나델라(Satya Nadella)	마이크로소프트(Microsoft)	84.3
5. 우드먼(Nicholas Woodman)	고프로(GoPro)	77.4
6. 마페이(Gregory B. Maffei)	리버티미디어(Liberty Media and Liberty Interactive)	73.8
7. 앨리슨(Lawrence J. Ellison)	오라클(Oracle)	67.3
8. 몰렌코프(Steven M. Mollenkopf)	퀄컴(Qualcomm)	60.7
9. 하마모토 2세(David T. Hamamoto II)	노스스타부동산금융(NorthStar Realty Finance)	60.3
10. 문베스(Leslie Moonves)	CBS	54.4

자료 : *New York Times*, www.nytimes.com

할 수 있다.

둘째, 토너먼트 보수는 경영간부 보상계약의 '황금 낙하산(golden parachute)' 조항을 합리화하는 데 도움이 될 수 있다. 이러한 조항들은 기업 인수합병 결과 일자리를 잃는 경영 간부에게 거액의 일괄 보상을 가능하게 한다. 종종 수백만 달러의 가치가 있는 황금 낙하산은 경영 간부들이 다음 일자리로 편하게 이동하도록 허용한다.

이러한 '황금 낙하산' 규정들에 대하여 여러 설명이 제시되었다. 아마도 이러한 거액은 기업 인수를 더 비용이 들게 만듦으로써 적대적인 인수를 단념시킨다. 아니면 아마도 기업의 소유자들(주주들)은 이러한 거액의 보상이 CEO들이 주식가격을 올리고 주주들의 부를 증가시키는 기업 인수를 막는 것을 단념시킬 것이라고 믿는다.

토너먼트 보수는 보충 설명을 제공한다. 아마도 황금 낙하산은 일단 CEO가 상을 받기로 했다면 그 상금액 전액을 잃는 것에 대한 부분적인 보험이다. CEO의 지위에 오르는 사람들은 여러 해 동안 높은 보상을 받을 것을 기대한다. 그러나 현직 CEO의 해고라는 결과를 가져오는 예측하지 못한 기업 인수합병은 보상 상금의 일부를 없애버릴 것이다. 이런 가능성은 보상체계가 의도하는 인센티브 효과를 훼손할 수 있다. 해결책은 인수합병 결과 나타나는 상실되는 보수의 적어도 일부분에 대해 보험에 드는 황금 낙하산이다.

마지막으로 토너먼트 보수는 왜 많은 CEO들이 퇴직 이전에 상대적으로 짧은 재직기간을 갖는지를 설명하는 데 도움이 될 수 있다. 상대적으로 잦은 최고위직의 이직은 낮은 계급에 있는 사람들을 위한 기회를 여는 데 중요하다. 따라서 CEO들에게는 으레 보통 65세에 넉넉한 퇴직 인센티브가 주어진다. 보수체계에 의해 창출된 위에서 밑에까지의 근로 인센티브가 이런 방식으로 유지된다.

높은 CEO 보수에 대한 토너먼트 설명에 대한 비판자들은 경영 간부 보수에 대한 이론의 관련성을 묵살한다. 그들은 그러한 보수체계는 참가자들이 서로의 성과를 고의적으로 방해할 기회를 가진 기업에서는 최적이 아니라고 주장한다. 이 견해에 의하면 기업 환경 내에서의 토너먼트 보수체계는 경영 간부들의 해로운 전략적 행태를 촉진할 가능성이 더 크다. 이른바 팀워크는 손상되고, 전반적인 생산성은 감소하게 된다는 것이다.

만약 CEO에 대한 보상이 토너먼트 보수체계의 일부분이 아니라면 왜 이 보수는 그렇게 높다는 말인가? 아마도 높은 CEO 보수는 단순히 수요-공급의 현실을 반영하는 것일 수 있다. CEO들의 결정은 기업 전반에 영향을 미치기 때문에 그들의 생산성은 극도로 높다. 한편 경험이 있는 기업의 최고 의사결정자들의 공급은 낮은 수준이다. 노동시장 결과는 스포츠와 연예계의 슈퍼 스타들의 경우처럼 매우 높은 보수이다.

높은 CEO 보수에 대한 비판자들은 이러한 견해를 묵살한다. 그들은 주로 CEO들과 이사회 구성원들 사이에서 종종 생성되는 '서로 칭찬하는 사회' 때문에 CEO 보수가 '과도해지는' 경향이 있다고 주장한다. 자신들 스스로가 다른 회사의 CEO인 많은 이사회의 구성원들은 CEO의 중요성과 가치를 과대평가한다. 이 견해에 의하면 마땅히 주주들에게 귀속되어야 할 이윤의 일부가 그 대신 과도하게 높은 CEO 보수로 전용된다. 1989~2000년 사이에 CEO 보수는 평균적인 생산직 근로자 보수의 53배에서 383배로 뛰었다. CEO에 대한 보상은 2000~2009년 사이에 감소했으며, 그 뒤 다시 증가했다. 2013년에 CEO에 대한 보상은 평균적인 생산직 근로자 보수의 296배다.[25]

이렇게 높은 CEO에 대한 보상은 노동조합, 주주, 그리고 정치가로부터 상당한 불만을 불러일으켰다. 이에 대응하여 1992년 증권관리위원회(Securities and Exchange Commission, SEC)는 회사들이 직접 주주들에게 최고액을 지급받는 5명의 경영 간부의 보상을 분명히 설명하도록 요구하는 새로운 규칙을 제정했다. SEC는 이러한 정보적 접근법이 주주들이 과도한 CEO 보수를 확인하고 캐물어 찾아내는 데 도움이 될 것이라 믿고 있다. 또한 1993년에는 의회가 연간 100만 달러를 초과하는 경영 간부의 급여에 대한 기업세금 공제를 제거했다(기업의 근로소득 성과와 직접적으로 연계된 경우를 예외로 하고).[26]

'과도한' CEO 보수는 대단히 논란의 소지가 많으며, 계속하여 논쟁거리가 될 것이 분명하다.[27]

효율성임금

성과급보수계획은 개별 산출량이 쉽게 측정될 수 있는 환경에서 주인-대리인 문제를 꽤 해결할 수 있다. 그러나 많은 일자리에서 개별 산출량의 측정 또는 평가는 최선의 경우 어렵고 최악의 경우 불가능하다. 이러한 환경에서 주인-대리인 문제에 대한 한 가지 해결책은 일자리에서의 대리인 행동을 직접 관찰하는 것이다. 기업들은 근로자들의 **노력**을 (예를 들어 감독자를 채용함으로써) 감시(monitoring)함으로써 직무태만을 줄일 수 있다. 직무태만하는 사람들은 식별되어 대체될 것이기 때문에 자신들의 일자리를 잃을까 두려워 대부분의 근로자들은 자신들이 관찰당할 때 직무태만하지 않을 것이다. 따라서 감독은 몇몇 경우에 주인-대리인 문제를 줄이는 효과적인 방법일 수 있다. 이런 이유로 인해 경제의 많은 일자리들은 감독하에 있다.

그러나 근로자들을 감시하는 것은 몇몇 고용 환경에서는 비용이 든다. 예를 들어 보안요원, 베이비시터, 가옥도장업자, 그리고 관리자의 노력을 감시하기 위해 누군가를 채용하는 것은 경제적으로 거의 의미가 없다. 또한 조립라인 근로에서 각 근로자 성과의 질을 감시하기 위해 충분한 감독자를 채용하는 것은 엄청나게 비용이 들 수 있다. 일부 경제학자들은 감시 또는 성과급 보수 말고 근로자들의 이해관계와 기업의 이해관계를 동시에 움직이게 하는 접근법을 찾을 것을 제시하고 있다.

기업이 감독에 비용이 많이 들고 개별 산출량을 측정하기 어려울 때 어떻게 주인-대리인 문

---

[25] Lawrence Mishel and Alyssa Davis, "CEO Pay Continues to Rise as Typical Workers Are Paid Less," *Economic Policy Institute Issue Brief Number ix*, June 12, 2014.

[26] 법이 CEO 보수에 대해 영향을 거의 미치지 못했다는 증거는 Nancy L. Rose and Catherine Wolfram, "Regulating Executive Pay: Using the Tax Code to Influence Chief Executive Compensation," *Journal of Labor Economics*, April 2002, part 2, pp. S138-75를 참조하라.

[27] CEO 보수에 대한 최근의 연구는 Ana M. Albuquerque, Gus De Franco, and Rodrigo S. Verdi, "Peer Choice in CEO Compensation," *Journal of Financial Economics*, January 2013, pp. 160-181; Todd A. Gormley, David A. Masta, and Todd Milbourn, "CEO Compensation and Corporate Risk: Evidence from a Natural Experiment," *Journal of Accounting and Economics*, December 2013, pp. 79-101; Xavier Gabaix, Augustin Landier, and Julien Sauvagnat, "CEO Pay and Firm Size: An Update after the Crisis," *Economic Journal*, February 2014, pp. F40-F59를 포함한다.

제를 다룰 수 있을까? 그러한 한 가지 접근법은 근로자들에게 시장청산수준보다 높은 임금을 지급하는 것이다.

임금-생산성의 상관성

제6장에서 논의된 모형들에서는 노동이 동질적이라고 명시적으로 가정했으며, 임금의 변화는 노동의 한계생산, 따라서 노동수요곡선의 위치를 바꾸지 않는다고 암묵적으로 가정했다. 따라서 임금의 어떤 변화라도 노동수요량을 바꿨지만, 수요곡선의 위치 자체는 변화시키지 않았다. 그러나 어떤 조건에서는 임금 상승이 노동 효율성에 정(+)의 영향을 미침으로써 노동수요곡선을 오른쪽으로 이동시킬 수 있다.

앞에 언급한 가능성, 즉 임금 상승이 생산성을 증가시킬 수 있을 가능성을 포함하는 이론들은 **효율성임금 이론**이라 불린다. **효율성임금**(efficiency wage)은 고용된 노동서비스의 유효단위당 사용자의 임금비용을 최소화하는 임금이다. 핵심 문구는 '노동서비스의 유효단위당(per effective unit of labor service)'이다. 경쟁적인 노동시장과 동질적 노동 투입물이라는 관례적인 가정하에서의 시장청산 임금(노동공급과 노동수요가 교차하는 곳에서 결정됨)은 고용되는 노동서비스의 유효단위당 기업의 임금비용을 최소화하는 임금이다. 모든 근로자들은 생산과정에서 똑같이 그리고 완전히 효과적이라고 가정된다. 만약 기업이 시장청산 임금 미만의 임금을 지급하면 원하는 수의 근로자를 끌어들이지 못할 것이다. 만약 기업이 시장청산 임금을 초과하는 임금을 지급하면, 똑같이 효율적인 단위들이 더 낮은 시장임금으로 채용될 수 있었기 때문에, 노동의 유효단위당 임금비용은 증가할 것이다. 그러나 이질적인 노동과 임금-생산성의 상관성 가정하에서는 더 높은 임금을 지급함으로써 노동서비스의 유효단위당 임금비용을 **낮출** 수 있다는 것을 찾아낼 수 있음을 발견할 것이다.

간단한 숫자 예가 이 일반적인 원리를 입증하는 데 도움이 될 것이다. 어떤 업무에 완전히 효과적인 근로자들 각자가 시간당 특정 산출물 10단위를 생산할 수 있다고 가정하자. 다음에 시장임금은 시간당 5달러이고, 곧 논의할 이유 때문에 근로자들 각자 5달러의 임금으로 단지 시간당 5단위만을 생산한다고 가정하자. 이 환경에서 각 노동서비스의 유효단위는 사용자에게 시간당 10달러의 비용이 들도록 한다는 것을 알 것이다. 기업은 10단위의 산출량(= 2 × 5)을 얻기 위해 2시간의 노동서비스를 필요로 하며, 각 시간은 임금 5달러의 비용이 들도록 한다. 만약 기업이 시간당 8달러를 지급함으로써 자신이 완전한 노동의 유효단위들, 즉 10단위의 시간당 산출량을 생산하는 유효단위를 얻을 수 있다면 어떻게 될까? 이는 임금이 3달러(= 8달러 − 5달러) 증가함에 따라 노동의 유효단위당 시간당 임금비용이 2달러(= 10달러 − 8달러) 감소하는 것을 의미한다.

간단한 예에 의해 설명된 특이한 결과는 더 높아진 임금이 비례적으로보다 더 많이 종업원의 근로 노력을 유도하고, 근로자들의 능력을 향상시키거나, 아니면 특정 노동력에서 고도로 숙련된 근로자들의 비율을 증가시키는 곳에서 가능하다.

효율성임금의 직무태만 모형

효율성임금의 직무태만 모형은 몇몇 기업들은 근로자의 직무태만을 줄이기 위해 시장청산 임금보다 더 높은 임금을 지급한다는 이론을 제시한다. 몇몇 경우 사용자들은 근로자들이 얼마나 근면하게 자신들의 임무를 수행하는지에 대해 정보를 거의 갖지 못한다(예를 들어 사무실 빌딩의 야간경비 근로자들). 더욱이 그러한 근로자들의 완전한 감독과 감시는 너무 많은 비용이 들 수 있다(경비 근로자들을 감시하기 위한 다른 경비 근로자들의 채용). 이러한 조건하에서 모든 근로자들이 직무태만을 선택할 가능성이 발생한다. 이러한 가능성에 대응하기 위해 기업은 근로자들에게 시장청산 임금보다 더 높은 임금을 지급하기로 선택할 수 있다. 더 높은 보수는 각 근로자가 간주하는 것보다 일자리의 상대가치를 증가시킨다. 더 높은 임금은 또한 만약 직무태만이 적발된다면 그로 인해 해고될 때의 비용을 증가시킨다. 친숙한 경제용어로 말하면 직무태만의 더 높아진 기회비용(가격)은 발생가능한 직무태만의 양을 감소시킨다. 근로자의 생산성은 높아진 임금보다 비례적으로 더 많이 향상되고, 노동수요곡선은 더 오른쪽에 위치하게 되며, 노동의 유효단위당 임금비용은 감소한다.[28]

기타 효율성임금 이론

주인-대리인 문제와 관련이 덜하지만 효율성임금 아이디어의 다른 변형이 존재하는데, 그중 둘은 영양 모형(nutritional model)과 노동 이직 모형(labor turnover model)이다.

1. **영양 모형**   상대적으로 가난한 나라에서 실질임금의 상승은 근로자들의 영양 및 건강 수준을 높일 수 있다. 이는 그들의 신체적 활력, 정신적 경각심, 그리고 따라서 그들의 생산성에 정(+)의 영향을 미칠 것이다. 따라서 실질임금의 인상은 노동수요곡선을 오른쪽으로 이동시키며, 근로자들은 물론 사용자들에게도 편익을 준다.[29]

2. **노동 이직 모형**   사용자들은 근로자들이 일자리를 사직함으로써 새로운 근로자들에 의한 대체를 필요하게 만드는 비율인 비용이 드는 **노동 이직**(labor turnover)을 줄이기 위해 임금을 인상시킬 수 있다. 사용자들은 새로운 근로자들에게 기업특수 훈련을 제공하는 비용을 부담한다는 것을 살펴보았다. 또한 근로자들은 보통 '경험에 의한 학습'을 하기 때문에, 새로운 근로자들은 처음에는 자신들이 대체한 사람들만큼 능숙하지 않다.

　시장청산 임금보다 높은 수준의 임금은 자신의 일자리를 사직하는 근로자들의 비용을 증가시키고, 따라서 근로자들이 사직할 가능성을 낮춘다. 낮아진 노동 이직은 훈련을 받아야 할 그

---

[28] 효율성임금 이론을 더 고급스럽게 다루는 데 흥미가 있는 사람들은 George A. Akerlof and Janet L. Yellen (eds.), *Efficiency Wage Models of the Labor Market* (Cambridge: Cambridge University Press, 1986); Andrew Weiss, *Efficiency Wages: Models of Unemployment, Layoffs, and Wage Dispersion* (Princeton, NJ: Princeton University Press, 1991); Kevin M. Murphy and Robert H. Topel, "Efficiency Wages Reconsidered: Theory and Evidence," in Yoram Weiss and Gideon Fishelson (eds.), *Advances in Theory and Measurement of Unemployment* (London: MacMillan, 1990)을 찾아보아야 한다.

[29] Harvey Leibenstein, "The Theory of Underemployment in Densely Populated Backward Areas," in Harvey Leibenstein (ed.), *Economic Backwardness and Economic Growth* (New York: John Wiley & Sons, 1963), chap 6. 영양 모형에 대한 실증 증거의 비판적인 검토는 John Strauss and Duncan Thomas, "Health, Nutrition, and Economic Development," *Journal of Economic Literature*, June 1998, pp. 766-817을 참조하라.

리고 여전히 '경험에 의한 학습'을 하는 사람들 대비 경험 있는 근로자들의 비율을 증가시키기 때문에 이어서 **평균적으로 근로자의 생산성을 증가시킨다.** 결과는 더 높은 임금이 노동수요곡선을 오른쪽으로 이동시킨다는 것이다.

시사점 : 청산되지 않는 노동시장

효율성임금 이론은 여러 흥미로운 시사점을 제시하는데, 그중 하나는 노동시장의 균형조건 아래 영구적인 실업이 존재할 수 있다는 것이다.[30] 처음의 균형임금과 균형고용수준이 W_1과 Q_1인 그림 7.8에서 이 가능성을 입증하기로 하자. 기업이 자신이 임금을 W_2로 인상함으로써(a로부터 b로) 노동의 유효단위당 임금비용을 감소시킬 수 있다는 것을 발견한다고 가정하자. 이러한 노동의 유효단위당 임금비용의 감소는 노동수요곡선의 D_{L1}으로부터 D_{L2}로의 오른쪽 이동, 즉 노동의 한계생산 증가로부터의 결과이다. 근로자들의 추가 산출량이 기업의 임금 지출보다 더 많이 증가하기 때문에 노동의 유효단위당 임금비용은 감소한다. 기업이 이전과 같이 (b에서) 계속 Q_1 근로자들을 고용하는 것처럼 수요 증가를 그렸지만, 효율성임금이 곡선을 보이는 것보다 더 크게 또는 더 작게 아주 합리적으로 이동시킬 수 있었다는 것을 주목하라.[31]

임금 W_2는 이 시장에서 새로운 균형임금이다. 즉 b에서 기업은 임금을 내리거나 또는 올릴 인센티브가 없다. 그러나 이 균형임금은 시장청산 임금이 아니라는 것을 주목하라. W_2에서 기업은 Q_1 근로자들을 고용하는 반면, 공급곡선 위의 c점으로부터 Q_2 근로자들이 고용을 찾는다는 것을 알 수 있다. 근로자들이 다른 곳에서 일자리를 찾지 못한다고 가정한다면, 이 특정 노동시장에서 bc만큼의 영구적인 실업이 발생한다. 노동수요곡선과 노동공급곡선이 더 탄력적일수록 실업도 더 커진다. 효율성 수요곡선이 노동공급곡선을 교차하는 것이 c점에 더 가까울수록 균형에서의 실업은 더 적어진다.

추가적인 중요한 요점은, 직무태만 효율성임금 모형에서 bc만큼의 실업은 우선 부분적으로 임금-생산성 상관성의 이유라는 점이다. 상대적으로 높은 임금을 지급하는 일자리를 잃을지 모른다는, 그리고 bc만큼의 실업 상태 근로자들의 일부가 될지 모른다는 위협은 직무태만을 막고 완전한 노력을 장려할 규율 장치로 쓰일 수 있다. 결과적으로 나타나는 균형 상태의 실업이 없을 때 노동수요곡선은 더 높은 임금에 반응하여 D_{L1}으로부터 D_{L2}로 이동하지 않을 수 있다.

비판

효율성임금 이론의 가치를 깎아내리는 사람들은 이러한 모형들이 선진경제에서 노동시장에 대한 이해를 크게 늘리는지에 의문을 갖는다. 특히 직무태만 모형의 비판자들은 이 장의 앞에서 논의되었던 여러 성과급 보수계획이 형편없는 근로자 성과가 나타나지 않도록 조심하는 방식처럼 효율성임금에 대한 대안으로 쓰일 수 있다는 것을 지적하고 있다. 예로서 근로자 감시에

---

[30] 효율성임금 모형의 다른 시사점들은 임금격차(제8장)와 마찰적 실업(제18장)에 대한 논의에서 분석할 것이다.

[31] 여기서 기술적인 주석이 요구된다. 그림 7.8의 각 수요곡선은 근로자 질과 노력을 불변으로 할 때의, 그리고 기업이 노동을 경쟁적으로 채용하고 있다고 가정하는 별개의 '가수요곡선(pseudo-demand curve)'이다. 실제로 이것은 임금을 설정하는 기업이고, 그렇기 때문에 (독점자가 공급곡선을 갖지 않는 것과 같이) 노동수요곡선을 갖지 않는다. 이 경우 수요는 실제로 D_{L2} 위의 b점이다.

7.4 근로의 세계 ｜ 포드 자동차회사의 하루 임금 5달러*

1914년 포드 자동차회사는 근로자의 임금을 하루 2.5달러에서 5달러로 인상하여 신문의 제1면을 장식했다. 그 당시 전형적인 제조업의 시장임금이 하루 단지 2~3달러였기 때문에 이러한 임금 제안은 뉴스거리가 되었다.

경쟁적인 임금보다 더 높은 임금을 제공하는 포드의 논리는 무엇이었는가? 통계자료는 회사가 이례적으로 높은 사직률과 결근으로 고통을 받았다는 것을 보여준다. 포드는 높은 임금이 사기를 증가시키고 근로자 이직을 감소시킴으로써 생산성을 증가시키게 된다고 추론했다. 다만 최소 6개월 동안 포드에 있었던 근로자들만이 5달러의 하루 임금을 받을 자격이 있었다. 그럼에도 불구하고 임금 인상 발표에 뒤이어 1만 명의 근로자들이 포드에 지원했다.

이 시대의 역사가들에 따르면 포드의 전략은 성공했다. 5달러의 임금은 회사 근로자들에게 일자리의 가치를 증가시켰으며, 따라서 회사에 충성하게 되었고, 높은 임금을 지급하는 자신들의 일자리를 유지하기 위해 열심히 일했다. 사직과 결근 비율은 모두 급락했으며, 1914년에 포드의 노동생산성은 51% 증가했다고 추정되었다.

이러한 생산성 증가는 경제 이론과 어떻게 관련이 되는가? 제5장으로부터 보통 임금 변화는 노동생산성에 영향을 미치지 않으며, 따라서 노동수요에 영향을 미치지 않는다는 것을 알고 있다. 그 대신 기업은 자신이 '구입하는' 노동량을 바꿈으로써 임금 변화에 반응한다. 이 조정은 기업의 기존 노동수요곡선을 따라서 점에서 점으로의 이동으로 그래프에 보여진다. 그러나 1914년 포드의 상황에서 2.5달러의 하루 임금 인상은 노동생산성을 증가시켰다. 경제용어로 말하면 5달러의 임금은 효율성임금이었다. 하루 5달러로의 임금 인상은 포드 근로자들의 한계생산을 증가시켰다. 이는 우리가 그 노동수요곡선으로 알고 있는 포드의 한계수입생산표의 증가로 이어졌다.

간단히 말해서 포드의 그 5달러 하루 임금의 경험은 효율성임금이 어떤 상황에서는 주인-대리인 문제를 감소시키는 데 최적이 될 수 있다는 이론과 일관성을 갖는다.

* 이 논의는 부분적으로 Daniel M.G. Raff and Lawrence Summers, "Did Henry Ford Pay Efficiency Wages?" *Journal of Labor Economics*, pt. 2, October 1987, pp. S57-86을 기본으로 함. 포드(Henry Ford)가 의도적으로 효율성임금을 지급하지 않았다는 것을 알려주는 증거는 Jason E. Taylor, "Did Henry Ford Mean to Pay Efficiency Wages?" *Journal of Labor Research*, Fall 2003, pp. 683-94를 참조하라.

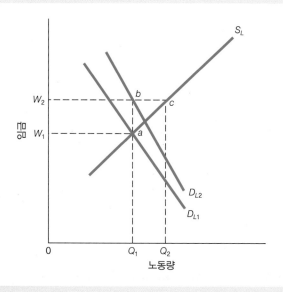

그림 7.8 효율성임금 모형

어떤 조건하에서 임금 인상은 근로자 효율성과 노동수요를 증가시킬 수 있다. 이러한 상황에서 기업이 임금을 W_1으로부터 W_2로 인상시킨다고 가정하자. 임금의 W_1으로부터 W_2로의 인상은 노동수요곡선을 D_{L1}으로부터 D_{L2}로 이동시키고 기업의 노동 유효단위당 임금비용을 최소화한다. W_2는 균형임금이지만, 노동잉여 bc에 의해 보여지는 바와 같이 시장청산 임금은 아니다.

비용이 드는 곳에서는 개수제 또는 커미션을 근거로 보수를 지급할 수 있다. 개별 성과가 측정되기 어려운 곳에서는 팀 성과를 근거로 한 상여금 보수가 시행될 수 있다.

둘째, 비판들은 기업이 근로자들에게 만약 자신들이 스스로의 일자리 업무를 수행하는 데 게을렀다는 것이 발견되면 스스로 몰수당하게 될 보증금을 내도록 요구할 수 있다는 것을 지적한다.

마지막으로 효율성임금 이론의 가치를 깎아내리는 사람들은 기업들이 근로자 보수의 일부분이 후일의 수년까지 또는 근로자들이 연금의 자격을 얻을 때까지 연기되는 보수계획을 수립함으로써 직무태만을 감소시킬 수 있다는 것에 주목한다. 이연된 소득에 의해 고무되어 근로자들은 기업 내에서의 고용을 유지하기 위해 열심히 일할 것이다.

이러한 장치 각각은 시장청산 임금을 넘는 임금을 지급하는 것보다 더 적은 지출로 주인-대리인 문제를 감소시킬 수 있다고 비판자들은 주장한다.[32]

🐸 7.2
잠깐만 확인합시다.

- 주인-대리인 문제는 대리인들이 결국 주인의 목적을 충족시키는 것을 해치며 자기 자신의 목적을 추구할 때 발생하는 이해관계의 충돌이다.
- 개수제, 커미션과 로열티, 인상과 승진, 상여금, 이윤배분, 그리고 토너먼트 보수 같은 성과급보수계획은 주인-대리인 문제를 최소화하기 위해 설계되었다.
- 효율성임금은 근로자 직무태만과 노동이직을 줄이기 위해 설계된 시장청산 임금을 넘어서는 임금이다. 노동공급과 노동수요가 주어졌을 때 사용자들이 임금을 변화시킬 인센티브가 없기 때문에 효율성임금은 균형임금이다.
- 효율성임금은 시장청산 임금보다 더 높게 설정되기 때문에 영구적인 실업에 기여할 수 있다.

여러분의 차례입니다

주인-대리인 문제를 극복하는 수단으로서 이윤배분의 주요 어려움은 무엇인가? (정답은 책의 맨 뒷부분에 수록되어 있음)

노동시장 효율성 재검토

제6장의 기본적인 수요 및 공급 모형은 임금과 노동의 효율적 배분에 대해 의미 있는 통찰력을 제공한다. 그러나 이 장에서 근로자들과 기업들의 결정은 앞서의 모형들이 시사하는 것보다 상당히 더 복잡하다는 것을 알았다. 각각 특정 유형의 일자리와 근로자에게 잠재적으로 최적인 다양한 보상체계가 이용가능하다. 따라서 근로자들은 시간과 보수뿐만 아니라 다양한 유형의 보수에 대해 선택을 해야 한다. 마찬가지로 기업들은 채용과 총보수를 결정해야 할 뿐만 아니라 또한 가능한 보상체계 전체 범위의 비용과 편익을 저울질해야 한다. 어떤 보수체계는 근로

---

[32] 효율성임금 아이디어에 관한 실증 증거는 Adriana D. Kugler, "Employee Referrals and Efficiency Wages," *Labour Economics*, October 2003, pp. 531-61; Darin Lee and Nicholas G. Rupp, "Retracting a Gift: How Does Employee Effort Respond to Wage Reductions?" *Journal of Labor Economics*, October 2007, pp. 725-62; David A. Macpherson, Kislaya Prasad, and Timothy C. Salmon, "Deferred Compensation vs. Efficiency Wages: An Experimental Test of Effort Provision and Self-Selection," *Journal of Economic Behavior and Organization*, June 2014, pp. 90-107을 참조하라.

자 생산성을 감소시킬 수 있으며, 어떤 것은 그것을 크게 향상시킬 수 있다.

이 장에서는 노동시장 효율성에 대한 이전의 정의가 확대되었다. 제6장에서 더 많은 경제적 복지를 생산하기 위해 아무 근로자도 한 일자리로부터 다른 일자리로 전환될 수 없을 때 효율성이 발생한다는 것을 알았다. 이제는 그 정의에 "경제적 복지를 증가시키기 위해 어떤 근로자도 한 보수체계로부터 다른 보수체계로 전환될 수 없다"는 문구를 덧붙여야만 한다. 노동시장 효율성은 근로자들이 최적의 근로에 배분되어야 한다는 것을 요구한다. 그것은 또한 최적의 보상 패키지가 시행되어야 한다는 것을 요구한다. 사적으로 최적인 보상 선택은 보통 또한 사회적으로도 최적인데, 효율성임금이 지급되는 곳에서 예외가 발생한다. 이러한 보수지급은 실업을 발생시킬 수 있다는 것을 상기하라.

요약

1. 총보수는 임금과 부가급여로 구성된다. 부가급여는 사회보장급여 분담 같은 법적으로 요구되는 급여와 유급휴가, 보험급여, 그리고 사적연금 같은 자발적 급여를 포함한다. 총보수의 약 30%가 광의로 정의된 부가급여의 형태를 취하고 있다.

2. 근로자의 임금과 부가급여에 대한 선호는 무차별지도로 설명될 수 있다. 각 무차별곡선은 주어진 수준의 효용을 산출하는 임금과 부가급여의 여러 조합을 보여준다. 사용자의 정상이윤 등이윤곡선은 정상이윤을 산출하는 임금과 부가급여의 여러 조합을 나타낸다. 근로자는 자신을 가장 높은 가능한 무차별곡선에 도달할 수 있게 하는 임금-부가급여 조합을 선택함으로써 임금과 부가급여의 최적 또는 효용극대화 조합을 달성한다.

3. 여러 요소가 부가급여의 역사적인 성장을 설명한다. 여기에는 (1) 부가급여가 부여하는 세금상의 이점, (2) 부가급여 집단구매의 결과 나타나는 규모의 경제, (3) 일자리 이직을 감소시키고 근로자들에게 동기를 부여하는 부가급여의 능력, (4) 소득의 증가에 대한 건강 및 치아 관리 같은 부가급여의 민감성, (5) 연방정부에 의한 법적 명령, (6) 부가급여가 상대적으로 대규모인 노동조합 계약의 역사적 성장이 포함된다.

4. 기업과 근로자 사이의 관계는 주인(기업)과 대리인(근로자)의 관계이다. 기업은 대리인이 주인의 목적이 아니라 자신 스스로의 목적을 추구할 때 발생하는 소위 주인-대리인 문제를 감소시키려고 한다.

5. 개수제, 커미션, 그리고 로열티는 보수를 생산성에 직접적으로 연계하려 설계된 보수체계이다.

6. 연간 급여를 받는 근로자들은 만약 시간에 의해 보수를 지급받는다면 자신들이 일하게 될 수준 아래로 근로시간을 감소시킬 인센티브를 가질 수 있다. 인상과 승진 전망은 이러한 주인-대리인 문제를 감소시킨다.

7. 상여금은 더 큰 근로 노력을 끌어냄으로써 생산성을 증가시킬 수 있다. 그러나 개인적 성과에 따른 상여금은 근로자들의 행태를 팀 성과로부터 멀리 떨어지도록 만들 수 있다. 팀 또는 기업 성과에 근거를 둔 상여금은 이 문제를 해결하는 데 도움이 되지만, 팀이 대규모일 때는 잠재적 무임승차자 문제를 발생시킨다. 연구결과들은 중역 상여금과 기업 성과 사이의 정(+)의 관계를 가리킨다.

8. 최소의 무임승차자 문제를 가정하면 이윤분배제도와 주식매수선택권은 기업의 이해관계와 근로자들의 이해관계가 동시에 움직이게 한다. 최근의 연구는 이윤분배와 생산성 사이의 정(+)의 관계를 가리키고 있다.

9. 토너먼트 보수는 과도하게 높은 보상을 최고의 성과를 올린 사람에게 부여하는데, 최고위직을 달성하기 위해 애쓰는 모두에 의한 성과를 극대화하려고 설계되었다. 몇몇 관찰자들은 높은 CEO 보수를 그러한 보수체계의 효율적인 측면으로 간주한다. 비판자들은 그 대신 높은 CEO 보수는 회사 이사회가 주주들의 이해관계를 부적절하게 간과한 결과였다고 주장하면서 이러한 아이디어를 과도한 CEO 보수를 합리화하는 것으로 묵살한다.

10. 근로자들에 대한 감독이 최소인 상황에서는 지급되는 임금과 생산성 사이의 상관성이 발생할 수 있다. 기업은 시장청산 임금보다 높은 수준의 임금인 효율성임금을 지급함으로써 이윤을 증가시킬 수 있다는 것을 알 수 있다. 효율성임금 이론의 흥미로운 시사점은 지속되는 실업이 노동시장 균형과 일관되는 것일 수 있다는 것이다.

용어 및 개념

감시(monitoring)

개수제(piece rates)

노동 이직(labor turnover)

대리인(agent)

등이윤곡선(isoprofit curve)

로열티(royalty)

무임승차자 문제(free-rider problem)

부가급여(fringe benefits)

상여금(bonuses)

성과급보수계획(incentive pay plans)

시간급(time rates)

이윤분배(profit sharing)

주식매수선택권(stock option)

주식보상(equity compensation)

주인(principals)

주인-대리인 문제(principal-agent problem)

준고정자원(quasi-fixed resources)

직무태만(shirking)

커미션(commission)

토너먼트 보수(tournament pay)

현물급여(in-kind benefits)

효율성임금(efficiency wage)

질문 및 연구 제안

1. 무엇이 임금과 부가급여와 관련된 등이윤곡선인가? 무엇이 정상이윤 등이윤곡선인가? 근로자가 보았을 때 어떤 면에서 정상이윤 등이윤곡선이 예산제약인가? 합리적인 근로자는 사용자 등이윤곡선 위의 어떤 점에 위치하기로 선택할 것인가? 설명하라.

2. 그림 7.6에서 부가급여 비용의 감소는 부가급여 액수의 증가와 수령되는 임금소득의 감소라는 결과를 가져왔다. 근로자의 무차별지도를 다시 그려서 부가급여가 그만큼 증가하지 않지만 임금소득은 증가하게 되는 상황을 보여라. 두 상황 사이의 차이를 설명하라.

3. 미국 예산관리국은 연금과 단체보험 같은 부가급여의 비과세 상태가 2014년 재무부에 약 3,500억 달러만큼 조세수입을 감소시켰다고 추정했다. 몇몇 경제학자들은 연방정부가 부가급여를 보통 소득으로 과세함으로써 이러한 조세수입을 회복해야 한다고 권고했다. 그림 7.5를 사용하여 이 제안이 (a) 무차별곡선의 기울기와 (b) 등이윤곡선의 기울기에 어떻게 영향을 미치게 되는지 설명하라. 무엇이 부가급여의 최적 수준에 발생할 가능성이 있는 효과가 될 것인가?

4. 주인-대리인 문제라는 용어가 무엇을 뜻하는지 설명하라. 여러분은 이 문제가 발생하는 환경에서 일해본 적이 있는가? 만약 그렇다면, 여러분은 감시를 강화하는 것이 문제를 제거했을 것이라고 생각하는가? 왜 기업들은 직무태만 문제를 제거하기 위해 단순히 더 많은 감독자를 채용하지 않는가?

5. 다음 한 쌍의 보상계획 각각과 관련된 별개의 공동 문제를 확인하고 설명하라.
   a. 개수제 + 개별 연동 상여금
   b. 팀 성과 연동 상여금 + 이윤분배제도

6. 왜 연간 급여가 보장된 사람은 그 똑같은 금액을 시간당 보수를 통해 벌 수 있는 다른 사람보다 더 적은 시간을 일하기로 선택할지도 모르는지 그래프로 입증하라. 여러분의 답을 급여를 받는 근로자들이 일반적으로 시간당 보수를 수령하는 사람들보다 1주일에 더 많은 시간을 일한다는 사실과 조화시켜라.

7. 이윤분배제도로부터 발생하는 무임승차자 문제를 해결하기 위해 근로자들이 어떤 조치를 취할지를 추측하라.

8. 사람들은 종종 자금조달 프로젝트의 일환으로 재화(또는 복권티켓)를 판매한다. 이러한 프로젝트들은 전형적으로 정해진 단위 수를 넘어 판매한 사람들에게 가치가 큰 상을 제공한다. 종종 하와이로의 여행 같은 대상이 가장 많은 단위를 판매한 사람에게 제공된다. 왜 이러한 상들이 제공되는가? 이 예를 대기업의 최고경영자들이 받는 높은 보수와 관련시켜라.

9. (a) 경영 간부 보수에 대한 토너먼트 이론과 (b) 교수의 정년보장에 관한 '근로의 세계' 7.2와 관련하여 다음의 서술에 대해 논하라. "인사(人事)의 새로운 경제학은 존재하는 것은 무엇이든 합리화한다. 만약 보상구조가 일반화되고 이 견해가 맞는다면, 보상구조는 효율적임이 틀림없다. 그러므로 정책적 시사점은 '내버려 두라'(자유방임)이다. 따라서 경제적 분석으로 제기되는 것은 실제로 정치적 보수주의이다."

10. 효율성임금의 지급이 어떻게 (a) 근로자에 의한 직무태만을 감소시키고, (b) 근로자 이직을 감소시킬 수 있는가? 실업에 대한 효율성임금 이론의 시사점은 무엇인가? 개수제, 커미션, 로열티, 이윤배분, 주식매수선택권이 어떤 방식으로 효율성임금을 대체하는가?

11. 주식매수선택권은 무엇인가? 주식매수선택권은 주인-대리인 문제와 어떻게 관련되는가?

12. 사용자로서, 여러분이 근로자의 노력을 시간적으로 100% 감시하는 것이 비용이 든다는 것을 알았다고 가정하자. 적절한 수준의 근로자 노력을 확실히 얻기 위해 어떤 보상 방법들이 이용가능한가? 그러한 방법 가운데 선택함에 있어 어떤 요소들을 고려할 것인가?

인터넷 연습

건강보험에 무슨 일이 일어나고 있는가?

노동통계국 국가보상조사 — 급여(National Compensation Survey — Benefits) 웹사이트(www.bls.gov/ncs/ebs/home.htm)를 방문하여 EBS 데이터베이스 아래의 'Top Picks'를 선택하라. 그 뒤 '의료보험에 참여하는 모든 근로자의 비율(Percent of All Workers Participating in Medical Care)', '1인 보장 의료보험과 근로자 분담이 요구되는 참여근로자의 비율(Percent of Participating Employees with Single Coverage Medical Care and Employee Contribution Required)', 그리고 'All Years'를 클릭하라. 이는 민간업체의 의료보험보장을 가진 근로자 비율은 물론 자신들 스스로의 보험보장에 대한 대금을 지급하는 데 도움이 필요한 보험에 가입한 근로자들의 비율을 검색할 것이다.

2010년에 의료보험보장을 가진 근로자들의 비율은 얼마였는가? 보여지는 가장 최근 연도의 수치는 얼마인가?

2010년 1인 보장비용에 대해 분담금을 지급하는 데 도움이 필요했던 의료보험보장을 가진 근로자들의 비율은 얼마였는가? 보여지는 가장 최근 연도의 수치는 얼마인가? 의료보험보장과 자신들 스스로의 보험보장에 대한 대금을 지급하는 데 도움이 필요한 근로자 비율의 추세에 대한 가능한 설명은 무엇인가?

부가급여에 관한 데이터로부터 여러분이 선택한 한 가지 다른 구체적 통계량을 제공하라. 예 : "2011년에 육아에 대한 사용자의 도움에 접근할 수 있는 민간 사업장 모든 근로자들의 비율은 xx%였다."

인터넷 링크

포브스(Forbes) 웹사이트에는 최고경영자들의 보상에 관한 연도별 특별보고서가 들어 있다(www.forbes.com).

미국근로자소유권센터 웹사이트는 근로자 주식 소유권 계획과 주식매수선택권에 관한 정보를 준다(www.nceo.org).

미국인구조사국(U.S Census Bureau) 웹사이트는 의료보험보장에 관한 자세한 통계량을 제공한다(www.census.gov/hhes/www/hlthins/hlthins.html).

부가급여연구소(Employee Benefits Research Institute) 웹사이트는 부가급여와 관련된 연구의 요약을 제공한다(www.ebri.org).

임금구조

8

이 장을 공부하고 나면:

1. 모든 근로자와 일자리가 동질적이고 모든 노동시장이 완전경쟁일 때의 효과를 설명할 수 있다.
2. 산업별, 직종별, 지역별 임금격차의 유형을 서술할 수 있다.
3. 일자리 또는 사용자 특성의 차이로부터 발생하는 임금격차의 원천을 확인할 수 있다.
4. 근로자 특성의 차이로부터 발생하는 임금격차의 원천을 확인할 수 있다.
5. 헤도닉 임금 이론을 설명할 수 있다.
6. 관찰되는 임금격차에서 노동의 비이동성과 비용이 드는 또는 불완전 정보의 역할을 서술할 수 있다.

우리 주위의 증거가 시사하는 바와 같이 임금과 급여에는 큰 차이가 존재한다. 엘리트 패션모델은 연간 200만 달러를 벌 수 있다. 반면 그녀의 사진사는 9만 달러를 벌고, 그녀의 메이크업 전문가는 4만 5,000달러를 번다. 한편 잡지 광고에서 그 모델을 얼핏 보는 보조교사는 1만 3,000달러를 번다. 노동조합에 가입한 타일공은 1년에 4만 8,000달러를 버는 반면, 타일 제조기업의 비서는 2만 2,000달러를 번다. 시간당 250달러를 부과하는 변호사는 자신의 베이비시터에게 시간당 6달러를 지급한다. 화학자는 매년 8만 달러를 벌 수 있는 반면, 칵테일 기술자(바텐더)는 2만 달러를 번다. 닭으로 분장한 샌디에이고 연예인은 1년에 25만 달러를 버는 반면, 닭고기 샌드위치를 만드는 식품점 근로자는 2만 달러를 번다.

경제 내에 이렇게 다양하게 존재하는 임금격차는 대부분 **균형임금격차**(equilibrium wage differentials)이다. 균형임금격차는 저임금 일자리로부터 고임금 일자리로 노동의 이동을 끌어내지 않는다. 다른 임금격차는 **과도기적 임금격차**(transitional wage differentials)이다. 과도기적 임금격차는 궁극적으로 임금 차이를 감소시키는 근로자 이동을 촉진한다. 이 장에서는 노동시장 작용의 결과로 나타나는 임금구조를 검토하고 왜 임금격차가 발생하고 지속되는지 설명한다. 제9장에서 과도기적 임금격차로부터 유발되는 노동 이동과 이주를 살펴보고 궁극적으로 나타나는 임금격차 축소를 검토한다.

완전경쟁 : 동질적 근로자와 일자리

제6장에서 특정 유형 노동의 완전경쟁 노동시장을 분석했다. 이제 **동질적 근로자와 일자리**(homogeneous workers and jobs)의 가정을 경제의 모든 근로자와 기업들로 확대하기로 하자. 만약 정보가 완전하고 일자리탐색과 이주에 비용이 들지 않는다면 노동자원은 모든 근로자들이 똑같은 실질임금을 가질 때까지 경제의 여러 고용과 지역 사이를 이동할 것이다.

임금이 똑같아지는 과정은 그림 8.1에 설명되어 있다. 처음에 하부노동시장 A에서 노동수요곡선과 노동공급곡선이 각가 D_a와 S_a이고 하부노동시장 B에서 D_b와 S_b라고 가정하자. 이러한 노동시장 조건이 B에서의 5달러와 비교할 때 하부노동시장 A에서 시간낭 10달러의 임금을 성립시켰다고 한다. 각 경우 임금은 노동의 VMP와 일치하지만, 하부노동시장 B에서 Q_b 근로자의 VMP는 하부노동시장 A에서 Q_a 근로자의 임금과 VMP보다 낮다는 것을 주목하라. 그 결과는? 근로자들은 하부노동시장 B에서 나와 고임금을 지급하는 A에서 일자리를 잡을 것이다. S_b로부터 S'_b로 B에서의 노동공급 감소와 S_a로부터 S'_a로의 A에서의 증가는 A의 균형임금을 10달러에서 7.5달러로 감소시킬 것이다. 하부노동시장 B의 시장청산 임금은 5달러로로부터 7.5달러로 증가할 것이다. 두 하부노동시장 사이 근로자의 이동을 따라 임금은 같아질(7.5달러) 것이고, 이어 각 시장에서 마지막 노동단위의 기회비용 또는 공급가격 P_L(7.5달러)과 같아질 것이다.

따라서 다음과 같이 요약할 수 있다. 만약 모든 일자리와 근로자가 동질적이고 완전 이동과 경쟁이 존재한다면 근로자들에게 지급되는 임금의 배열로 정의되는 **임금구조**(wage structure)는 가

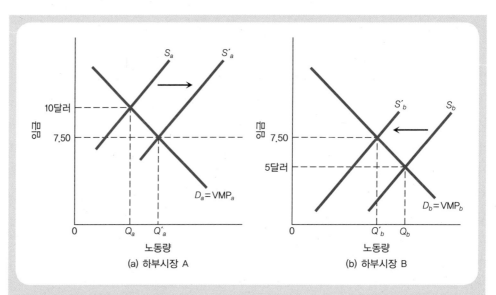

그림 8.1 완전경쟁에서 임금의 균등화

만약 노동공급과 노동수요가 하부노동시장 A에서 S_a와 D_a이고 하부노동시장 B에서 S_b와 D_b라면, 5달러의 임금격차(= A의 10달러 − B의 5달러)가 나타날 것이다. 일자리와 근로자가 동질적이고 정보와 이동에 비용이 들지 않는다고 가정하면, 근로자들은 높은 임금을 지급하는 하부시장 A를 향해 하부시장 B를 떠날 것이다. B에서의 S_b로부터 S'_b로의 노동공급 감소와 하부시장 A에서의 S_a로부터 S'_a로의 증가는 각 하부시장의 임금이 7.5달러에서 같아지도록 만들 것이다.

표 8.1 직종그룹별 시간당 평균근로소득

직종 그룹	시간당 평균근로소득(달러)
관리자	34.87
전문가 및 관련 종사자	30.29
장치, 기계조작 및 조립 종사자	21.42
건설 및 추출 종사자	20.59
판매 종사자	18.99
사무 종사자	17.28
생산직 종사자	17.60
운수 및 재료 운반 종사자	16.49
서비스업 종사자	13.92
농림, 어업 및 임업 종사자	11.78

자료 : Barry T., Hirsch and David A. Macpherson, *Union Membership and Earnings Data Book: Compilations from the Current Population Survey (2015 Edition)* (Washington, DC: Bureau of National Affairs, 2015).

변성의 흔적을 보이지 않을 것이다. 평균적인 임금이 경제 내의 유일한 임금이 될 것이다.

임금구조 : 관찰되는 격차

경제를 평상시에 관찰해보면 실제로 임금격차가 존재하고, 많은 임금격차가 시간이 지남에 따라 지속된다는 것을 알게 된다. 표 8.1은 직종 간 임금격차의 개요를 보여준다. 2014년에 관리자의 시간당 평균보수는 34.87달러였던 반면, 생산직 근로자는 17.6달러, 서비스 근로자는 13.92달러를 받았다. 시간당 근로소득은 또한 표 8.1에 보이는 것과 같은 직종 범주 내에서도 다르다. 예를 들어 '서비스업 종사자' 범주하의 사적 가계서비스를 제공하는 사람들과 기업에 보호서비스를 제공하는 사람들 사이의 시간당 근로소득 차이를 발견할 수 있다. 또한 시간당 평균임금은 판매직 종사자가 더 높지만, 가장 높은 보수를 지급받는 서비스업 근로자들은 판매직 근로자로 분류된 가장 낮은 보수를 지급받는 근로자들보다 더 많이 번다.

직종별 임금구조는 연구를 위해 분리할 수 있는 많은 임금구조 중 하나일 뿐이다. 표 8.2와 8.3으로부터 시간당 평균총근로소득은 또한 산업과 지리적 위치에 따라 크게 다르다는 것을 주목하라. 예를 들어 2014년 소매업의 시간당 보수는 평균 15.51달러였던 반면, 광업에서는 32.26달러였다. 또한 표 8.3으로부터 매사추세츠주 제조업 근로자는 시간당 평균 33.89달러를 벌었지만, 아칸소주에서 제조업 근로자는 16.66달러를 받았다는 것을 주목하라. 마지막으로 2014년 현재 여성 근로소득은 남성 근로소득의 약 81%였으며, 아프리카계 미국인의 보수는 백인에게 지급된 액수의 79%였다.

8.1
국제 시각

이러한 임금격차의 원천은 무엇이고 어떻게 지속될 수 있는가? 왜 몇몇 임금격차는 시간이 지남에 따라 좁혀지는 반면, 다른 것들은 똑같은 채로 남아 있거나, 아니면 증가하는가? 이러한 그리고 관련된 질문에 대답하기 위해 이 장의 이전 절에서 만들어졌던 여러 가정을 포기할 필요

표 8.2 산업 그룹별 시간당 평균근로소득

산업그룹	시간당 평균근로소득(달러)
광업	32.26
금융, 보험, 부동산, 임대차	29.58
공공행정	28.08
운수, 창고, 정보, 전기 · 가스 · 수도 · 하수	25.32
제조업	25.20
도매	24.46
건설	22.14
서비스	21.94
소매	15.51
농업, 임업 및 어업	13.94

자료 : Barry T. Hirsch and David A. Macpherson, *Union Membership and Earnings Data Book: Compilations from the Current Population Survey (2015 Edition)* (Washington, DC: Bureau of National Affairs, 2015).

표 8.3 주요 주 제조업 민간 근로자들의 시간당 평균근로소득

주	시간당 평균근로소득(달러)
매사추세츠	33.89
코네티컷	31.09
뉴저지	30.95
캘리포니아	28.55
미시간	26.40
텍사스	26.03
펜실베이니아	25.82
뉴욕	25.51
오하이오	22.94
앨라배마	21.22
아이오와	20.84
플로리다	20.62
미시시피	17.66
아칸소	16.66

자료 : Barry T. Hirsch and David A. Macpherson, *Union Membership and Earnings Data Book: Compilations from the Current Population Survey (2015 Edition)* (Washington, DC: Bureau of National Affairs, 2015).

가 있다. 보다 구체적으로 말하면 (1) 일자리가 이질적이고, (2) 근로자들이 이질적이며, 그리고 (3) 노동시장이 불완전하기 때문에 임금격차는 발생한다.

8.1 국제 시각 | 세계 각국의 시간당 보수

임금격차는 세계적으로 꽤 확연하다. 옆의 표는 2013 년 여러 나라 제조업 근로자들의 시간당 평균보수를 미국달러로 보여준다. 여기서 정의된 바와 같이 시간당 보수는 근로시간에 대한 보수, 휴가, 공휴일, 그리고 기타 보답에 대한 보수, 그리고 현물급여를 포함하는 근로자에게 직접적으로 이루어진 모든 지급액으로 구성된다. 또한 수치에는 법적으로 요구되는 보험 프로그램과 사적 급여계획에의 사용자 지출액이 포함된다. 모든 임금은 세전 금액이며, 적절한 환율 조정을 통해 미국달러로 변환되었다.

이 표로부터 여러 사실이 두드러진다. 첫째, 시간당 보상은 전 세계적으로 크게 차이가 난다. 둘째, 미국 생산직 근로자의 보수는 많은 유럽 국가만큼 높지 않다. 마지막으로 대만, 멕시코, 브라질, 한국 같은 나라들의 시간당 임금은 더 성숙한 공업선진국의 보수 대비 이례적으로 낮다. 경고 : 재화와 서비스 가격은 각 나라들 사이에 크게 다르다. 환율이 이 사실을 완전하게 반영하지 못하기 때문에, 이러한 수치들은 구매력 및 생활수준 실제 차이의 단지 개략적인 근사치일 뿐이다.

자료 : 자료는 *International Comparisons of Hourly Compensation Costs in Manufacturing*, 2013, Conference Board, December 17, 2014, Table 3으로부터 수집됨.

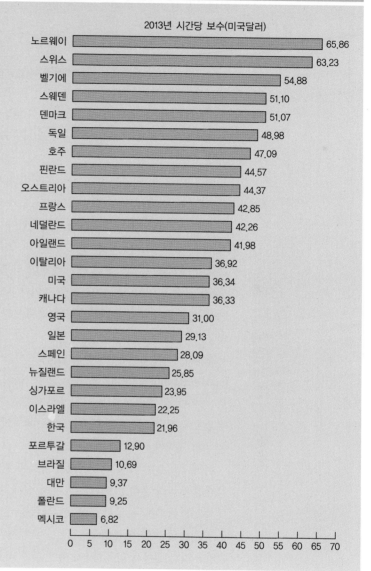

2013년 시간당 보수(미국달러)

국가	보수
노르웨이	65.86
스위스	63.23
벨기에	54.88
스웨덴	51.10
덴마크	51.07
독일	48.98
호주	47.09
핀란드	44.57
오스트리아	44.37
프랑스	42.85
네덜란드	42.26
아일랜드	41.98
이탈리아	36.92
미국	36.34
캐나다	36.33
영국	31.00
일본	29.13
스페인	28.09
뉴질랜드	25.85
싱가포르	23.95
이스라엘	22.25
한국	21.96
포르투갈	12.90
브라질	10.69
대만	9.37
폴란드	9.25
멕시코	6.82

임금격차 : 이질적 일자리

그림 8.1에서 일자리는 모든 측면에서 모두에게 동일하다고 가정했다. 따라서 효용극대화를 추구하는 근로자는 어디에서 일할지를 결정하는 데 있어 오로지 임금 자체만을 고려할 필요가 있었다. 한 하부시장의 더 높은 임금은 그곳으로 근로자들을 끌어들이게 된다. 그러나 현실적으로 일자리는 동질적이 아니라 이질적이다. 특히 **이질적 일자리**(heterogeneous jobs)는 상이한 비

임금 속성을 갖고, 여러 유형과 등급의 숙련을 요구하며, 또는 생산성을 증가시키기 위해 효율성임금을 지급할 때의 효율에 있어 다르다. 사용자들은 또한 노동조합 상황, 기업규모, 그리고 차별적인 사고방식 측면에서 다르다.

보상격차

일자리의 비임금 측면은 크게 다르며 **보상임금격차**(compensating wage differentials)의 원천이다. 이러한 격차는 사용자가 다른 고용에는 존재하지 않는 몇몇 바람직하지 않은 일자리 특성에 대해 근로자를 보상하기 위해 제공해야만 하는 추가 보수로 구성된다. 근로자들을 더 높은 임금을 지급하는 일자리로 이동하게 하여 임금이 균등해지도록 하지 않기 때문에, 보상임금격차는 균형임금격차이다.

그림 8.1은 이 개념을 보여주는 데 있어 유용하다. 이 그림의 이전 논의에서 하부노동시장 A와 B에 보이는 일자리들은 동질적이라고 가정했다. 이제 그 대신 하부시장 A의 일자리는 1년 내내 매우 추운 날씨에 옥외에서 수행되어야 하는 반면, B에서의 근로는 쾌적한 환경의 옥내에서 이루어진다고 가정하자. 표 6.1로부터 노동공급 결정요인의 한 범주는 고용의 비임금 속성으로 구성된다는 것을 상기하라. 설명한 하부시장 A와 B 사이의 비임금 쾌적함의 차이 때문에 노동공급은 B 대비 A에서 더 적을 것이다. 예를 들어 만약 S_a가 하부시장 A의 노동공급곡선인 반면, S_b는 B의 공급을 나타낸다면, A에서의 균형임금은 하부시장 B에서의 5달러와 대조되는 10달러가 될 것이다.

A에서 지급된 추가 5달러는 임금프리미엄(wage premium), 보상임금격차, 또는 동등화 차이(equalizing difference)라 불린다. 일자리들이 동질적이라 가정되었던 때 발생했던 것과 같은 B로부터 A로의 근로자 이동은 발생하지 않을 것이다. 이 5달러 임금격차는 지속될 것이다. 즉 그것은 오로지 두 노동시장 중 어느 하나에서의 공급과 수요의 다른 결정요인의 변화에 반응해서만 변할 것이다.

여러 추가적인 요점들이 여기서 강조될 필요가 있다. 첫째, 관찰되는 임금 차이 5달러는 두 일자리 사이의 순이익 또는 순효용의 실제 차이를 반영하는 것은 아니다. 두 일자리의 비임금 특성을 고려하면, 근로자 Q_a와 Q_b는 똑같이 보수를 지급받는다. 즉 그들은 모두 1시간의 근로로부터 효용 5달러의 순이익을 올린다. A에서 임금 10달러 빼기 추가 비효용 5달러는 5달러의 순이익과 같다. B에서 임금 5달러 빼기 추가 비효용 0달러는 5달러의 순이익과 같다.

둘째, 두 시장에서 수요가 똑같다고 가정하면 보상임금격차가 지급되어야만 하는 곳에서 고용은 더 낮은 수준일 것이다. 그림 8.1에서 B에서의 Q_b 근로자들과 대조되는 오로지 Q_a 근로자들이 A에 고용될 것이다.

마지막으로 보상임금격차가 노동자원을 다른 것만큼 쾌적하지 않은 생산적인 일에 배분하는 사회적으로 유용한 기능을 수행한다는 것은 분명하다.

보상임금격차의 기본 원리를 확립했으므로 다음에는 상이한 노동공급곡선, 따라서 보상 지급액을 발생시키는 일자리의 비임금 측면 유형을 조사하자. 구체적으로 말하면 보상격차의 다음 원천 각각을 검토하기로 하자—(1) 일자리 부상과 사망 위험, (2) 부가급여, (3) 일자리 지위, (4) 일자리 위치, (5) 근로소득의 규칙성, (6) 임금 증가의 전망.

일자리 부상 또는 사망 위험

일자리에서 부상 또는 사망할 위험이 크면 클수록 특정 직종에 대한 노동공급은 더 적어진다. 이런 이유 때문에 비슷한 숙련을 요구하는 다른 일자리들 대비 사고 위험이 높은 일자리는 당연히 보상임금격차를 얻는다. 비스쿠시(Viscusi)는 미국 경제의 부상과 사망 위험의 평균 근로소득 프리미엄은 약 5%라고 추정했다. 다른 연구들이 뒤섞인 결과를 보여주었지만, 그것들은 모두 보상격차의 존재를 확인하고 있는데, 특히 일자리에서 **치명적인** 부상을 당할 확률이 높은 것과 관련된 보상격차의 존재를 확인하고 있다.[1]

부가급여

비슷한 근로자들을 채용하고 비슷한 임금을 지급하는 사용자들 사이에도 부가급여는 크게 다르다. 이러한 사실이 임금격차와 어떻게 관련될 수 있을까? 특정 노동을 채용하고 있는 몇몇 기업들이 오로지 시간당 8달러를 지급하는 반면, 다른 기업들은 8달러를 지급하고 병가, 유급휴가, 그리고 의료 및 치과보험과 같은 부가급여를 제공한다고 가정하자. 다른 조건이 일정하다면 근로자들은 후자의 사용자들에게 자신들의 노동서비스를 제공하기로 선택할 것이다. 자격이 있는 근로자들을 끌어들이기 위해, 부가급여를 제공하지 않는 기업들은 실제로 두 그룹 사이의 총시간당 보상을 같게 만들 보상임금격차를 지급해야만 할 것이다.[2]

일자리 지위

몇몇 일자리는 높은 지위와 명망을 제공하며, 따라서 많은 자발적인 공급자들을 끌어들인다. 반면 다른 고용은 일자리가 재미없고 시시하며 더럽다는 사회적 오명을 갖고 다닌다. 극단적인 예로 말하자면 하수처리장의 반숙련 근로자가 되는 것보다 급성장하는 전자산업에서 반숙련 근로자가 되는 것에 더 많은 지위가 있다. 노동공급 행태가 지위 추구에 영향을 받는 한, 보상임금격차는 명망이 낮고 명망이 높은 근로 사이에 출현할 수 있다.

8.1
근로의 세계

　물론 지위는 문화적으로 정의되며, 따라서 사회가 여러 일자리에 부여하는 존경의 정도는 변하기 쉽다. 예를 들어 1970년대 초에 미국 군대에서 일하는 것은 제한된 지위를 받았는데, 이는

---

[1] W. Kip Viscusi, *Employment Hazards: An Investigation of Market Performance* (Cambridge, MA: Harvard University Press, 1979). 개요에서 그는 비슷한 결론에 도달하고 있다. W. Kip Viscusi, "The Value of Risks to Life and Health," *Journal of Economic Literature*, December 1993, pp. 1912-46을 참조하라. 또한 Keith A. Bender and Hosne Mridha, "The Effect of Local Area Unemployment on Compensating Wage Differentials for Injury Risk," *Southern Economic Journal*, October 2011, pp. 287-307와 David Powell, "Compensating Differentials and Income Taxes: Are the Wages of Dangerous Jobs More Responsive to Tax Changes than the Wages of Safe Jobs?" *Journal of Human Resources*, Fall 2012, pp. 1023-1054를 참조하라.

[2] 증거가 전혀 결론을 내리지는 않지만 여러 연구들은 임금과 부가급여 사이에 상호교환관계가 있다는 아이디어를 지지한다. Craig A. Olson, "Do Workers Accept Lower Wages in Exchange for Health Benefits?" *Journal of Labor Economics*, April 2002, part 2, pp. S91-114를 참조하라. 임금과 기업이 제공하는 근로자의 보상보험보장 사이에 상호교환관계가 존재한다는 증거는 Price V. Fishback and Shawn Everett Kantor, "Did Workers Pay for the Passage of Workers' Compensation Laws?" *Quarterly Journal of Economics*, August 1995, pp. 713-42를 참조하라. 임금과 공공부문의 사용자 의료보험비용 사이에 상호교환관계가 존재한다는 약한 증거는 Paige Qina and Michael Chernew, "Compensating Wage Differentials and the Impact of Health Insurance in the Public Sector on Wages and Hours," *Journal of Health Economics*, December 2014, pp. 77-87을 참조하라.

8.1 근로의 세계   누가 돌보며 그리고 그것이 중요한가?*

돌봄 일자리는 타인의 인간적인 능력을 신장하는 것을 돕는 것과 관련된 일자리이다. 돌봄 일자리는 불균형적으로 여성에 의해 유지되는데, 육아, 교육(교사들), 그리고 건강관리(의사, 간호사, 물리치료사) 같은 분야에 속해 있다. 더 많은 돌봄이 필요한 일자리의 근로자들이 더 낮은 임금을 받는다는 것이 널리 인지되고 있다.

돌봄 근로는 정(+) 또는 부(−) 둘 중 하나의 보상임금격차라는 결과를 가져올 수 있다. 한편으로 부(−)의 보상임금격차는 한계근로자가 돌봄 근로를 수행하는 것을 선호한다면 존재할 것이다. 반면에 정(+)의 보상임금격차는 한계근로자가 돌봄 근로를 싫어한다면 존재할 것이다. 돌봄 일자리의 임금격차는 다른 요소들의 결과일 수 있다. 부(−)의 임금격차는 만약 돌봄 일자리가 아닌 일자리에서의 여성들에 대한 사용자 차별이 여성들의 돌봄 일자리들로의 '가득 메움', 따라서 돌봄 일자리의 임금을 낮추는 결과를 가져오면 발생할 수 있다. 정(+)의 임금프리미엄은 만약 돌봄 일자리에서 근로자들을 감시하는 것이 어렵기 때문에 돌봄 일자리가 효율성임금을 지급한다면 발생할 수 있다.

허쉬와 만젤라(Hirsch and Manzella)는 실증적으로 돌봄 근로가 임금에 미치는 효과를 조사하고 있다. 그들은 0에서 1까지의 등급으로 측정되는 돌봄 근로의 두 직종수준 지수와 연결되는 334,769명의 근로자에 대한 데이터를 사용한다. '다른 사람들을 돕고 돌봄(assisting and caring for others)'의 한 지수는 일자리에 요구되는 돌봄 수준을 명시한다. '다른 사람들에 대한 관심(concern for others)'의 다른 지수는 일자리에서 필요한 근로자의 유형을 나타낸다. 예상한 바와 같이 두 측정치 모두에 대해 여성들이 돌봄 일자리에 있을 가능성이 더 크다. 여성의 경우 평균 수치는 '다른 사람들을 돕고 돌봄' 지수의 경우 0.45이고 '다른 사람들에 대한 관심' 지수의 경우 0.78이다. 남성의 해당 수치는 각각 0.39와 0.69이다.

돌봄 근로는 약간 더 낮은 임금이라는 결과를 가져온다. 허쉬와 만젤라는 '다른 사람들을 돕고 돌봄'과 '다른 사람들에 대한 관심'에 비슷하게 기여하는 돌봄 근로에서의 1표준편차 증가에 따라 임금이 여성의 경우 1.4% 더 낮아지고, 남성의 경우 2% 더 낮아진다는 것을 발견하고 있다. 추정된 돌봄 근로의 임금격차 크기는 노동조합 임금프리미엄, 성별 보수갭, 그리고 기업규모 프리미엄 같은 다른 임금격차와 비교할 때 대단하지 않다. 돌봄 근로의 임금격차가 너무 작기 때문에, 그 제거는 성별 임금갭에 변화가 거의 일어나지 않는 결과를 가져오게 된다.

* Barry T. Hirsh and Julia Manzella, "Who Cares—and Does It Matter? Measuring Wage Penalties for Caring Work," *Research in Labor Economics: Why Are Women Becoming More Like Men (and Men More Like Women) in the Labor Market*, 2015, forthcoming을 기초로 함.

베트남전쟁에 대한 광범위한 반감을 반영하는 것이었다. 반면에 1991년 페르시아만에서의 성공적인 미국의 군사작전은 군대에 있는 사람들에 대한 대중의 존경을 제고하였다. 한 가지 결과는 군대에 대한 노동의 공급이 증가했다는 것인데, 이는 군대의 모병목표를 더 쉽게 충족하게 하였다.

일자리 위치

비슷한 일자리들은 또한 그 위치가 크게 다르며, 이는 이어 쾌적함과 생활비를 다르게 한다. 그 '살기 좋기'로 유명한 도시들은 공장굴뚝 산업들로 유명한 도시들보다 특정 직종에 근로자들의 더 많은 공급을 끌어들일 수 있다. 결과적으로 보상격차는 쾌적함이 없는 장소에서 발생할 수 있다.[3]

[3] 범죄율과 공기오염 같은 위치 요소들이 어떻게 임금격차에 영향을 미치는지에 대한 증거는 Jennifer Roback, "Wages, Rents, and the Quality of Life," *Journal of Political Economy*, December 1982, pp. 1257-78을 참조하라. 또한 Lucie Schmidt and Paul N. Courant, "Sometimes Close Is Good Enough: The Value of Nearby Environmental Amenities," *Journal of Regional Science*, December 2006, pp. 931-51을 참조하라.

국가 내 지역 사이의 물가수준 차이도 또한 보상하는 돈, 또는 **명목임금** 지급 필요라는 결과를 가져올 수 있다. 뉴욕시가 좋은 예다. 그곳은 생활비가 너무 높기 때문에 주어진 명목임금은 말하자면 캔자스시티의 똑같은 임금과 구매력이 같지 않다. 따라서 노동수요 대비 특정 유형의 노동을 각 **명목임금**으로 기꺼이 공급할 용의가 있는 근로자 수는 캔자스시티보다 뉴욕시가 더 적다. 노동시장 결과는 균형명목임금은 뉴욕시에서 더 높다는 것이다. 명목임금의 격차가 두 지역노동시장 사이의 실질임금을 더 가깝게 조정하기 위해 필요하다.

일자리 보장 : 근로소득의 규칙성

일부 일자리는 오랜 기간 동안의 고용보장과 1년 내내 일주일 전체를 일할 것이라는 명시적 또는 암묵적 확약을 제공한다. 다른 일자리, 예를 들어 건설, 컨설팅, 커미션이 지급되는 판매 일자리는 고용의 가변성, 근로소득의 가변성, 또는 양자 모두의 특성을 갖는다. 구체적인 급료가 1년 동안의 매 주마다 보장되지 않기 때문에 이 직종이 매력적이라고 생각하는 근로자들이 거의 없을 수 있으며, 다른 조건이 일정하다면 이러한 일자리에서 일하는 사람들은 보상임금격차를 수령할 수 있다. 다시 말하면 전체 연도의 기간 동안 매주 40시간 일할 확률이 낮다는 것에 대한 보상으로서 시간당 임금이 상대적으로 높을 수 있다.

실증 증거는 실업의 가능성이 더 큰 일자리에서 보상임금격차가 발생할 것이라는 이론적 결론을 지지한다. 맥나니(Magnani)는 실업 위험의 1표준편차 증가가 8.5~19% 사이의 보상임금프리미엄이라는 결과를 가져온다는 것을 발견하고 있다.[4] 모레티(Moretti)는 실업 위험의 결과로부터 나타나는 비슷한 임금격차를 보고하고 있다.[5] 토펠(Topel)에 의한 연구는 실업보험이 보상임금격차를 크게 감소시킨다고 결론을 내렸다. 실업보험이 없을 때, 예상되는 실업의 1%포인트 증가는 근로자의 임금을 약 2.5%만큼 증가시킨다.[6] 마지막으로 해머메시와 울프(Hamermesh and Wolfe)는 실업에 대한 보상임금격차를 더 높은 일자리 손실 확률에 대해 지급되는 부분과 만약 일자리 손실이 발생한다면 일자리 손실의 더 긴 기간의 결과로 나타나는 부분의 두 부분으로 분해했다. 그들은 거의 모든 보상격차는 더 높은 일자리 손실 확률로부터가 아니라 더 긴 일자리 손실 기간의 결과라고 결론을 내리고 있다.[7]

임금 증가의 전망

일자리는 또한 수년에 걸쳐 제공되는 기업이 재정을 부담하는 인적자본에 대한 투자 액수에 대해서도 이질적이다. 예를 들어 22세에 은행에 입사하는 누군가는 시간이 지남에 따라 차례차례로 더 높은 보수를 지급하는 지위로의 승진을 가능하게 하는 상당히 지속적인 현장실무훈련

[4] Elisabetta Magnani, "Product Market Volatility and the Adjustment of Earnings to Risk," *Industrial Relations*, April 2002, pp. 304-28.

[5] Enrich Moretti, "Do Wages Compensate for Risk of Unemployment? Parametric and Semiparametric Evidence from Seasonal Jobs," *Journal of Risk and Uncertainty*, January 2000, pp. 45-66.

[6] Robert H. Topel, "Equilibrium Earnings, Turnover, and Unemployment: New Evidence," *Journal of Labor Economics*, October 1984, pp. 500-22.

[7] Daniel S. Hamermesh and John R. Wolfe, "Compensating Wage Differentials and the Duration of Job Loss," *Journal of Labor Economics*, January 1990, pp. S175-97.

을 받게 되리라 합리적으로 기대할 수 있다. 반면, 똑같은 나이에 목수가 되겠다고 결정한 개인은 수년에 걸쳐 그만큼 큰 근로소득의 전반적인 증가를 경험할 가능성이 크지 않다. 근로소득에 대한 사람들의 시간선호가 동일하다고 가정하면, 주어진 어떤 임금에서라도 사람들은 근로소득 증가의 전망이 더 큰 일자리를 선택할 것이다. 따라서 노동공급은 이러한 일자리에 더 클 것이며, 편평한 평생근로소득흐름을 가진 고용에 더 적을 것이다. 이는 후자 직종 유형의 초기(entry-level) 보수에 보상임금격차를 필요하게 만들 것이다. 우리의 예에서 은행 근로자의 초기 보수가 목수의 초기 보수보다 더 적을 것임을 예상하게 된다. 이러한 유형의 보상격차는 경험이 없는 근로자들의 더 낮은 최초 급여가 일자리에서의 시간대 길이가 증가함에 따라 더 높은 임금 증가율과 체계적으로 관련이 된다는 연구 결과에 의해 확인된다.[8]

상이한 숙련 요구

시장경제에서 임금격차의 한 가지 이유는 일자리들의 상이한 비임금 측면이라는 것을 확고히 했다. 그러나 일자리는 두 번째 주요 측면에서도 분명히 이질적이다. 즉 일자리들은 광범위하게 상이한 숙련 요구를 갖고 있다. 설명하기 위해 두 가상적인 직종을 비교하기로 하자. 이 두 직종은 동일한 비임금 속성을 갖고 있으며, 모든 근로자들은 현재 대 미래 근로소득에 대해 비슷한 선호를 갖고 있다고 가정하자. 그러나 일자리 X는 고등학교 이후 5년의 교육을 필요로 하는 반면, 일자리 Y는 오로지 고등학교 졸업 학력 정도를 요구한다고 가정하자. 만약 이 두 직종이 동일한 임금을 지급한다면, 사람들은 고용 X를 선택하고자 하는 인센티브가 없을 것이다. 이유는? 놀랄 일도 없는 대답은 직종 X가 Y보다 진입에 비용이 더 든다는 것이다. 직종 X는 숙련 요구를 충족시키기 위해 인적자본에 대한 훨씬 많은 투자가 필요하며, 따라서 만약 시간당 보수가 두 직종에서 동일하다면 추가 5년의 교육 투자에 대한 수익이 부(−)가 된다. 즉 얻어진 근로소득의 현재가치가 0(투자 이후에 투자 이전과 똑같은 임금을 수령한다)인 반면, 비용의 현재가치는 정(+)이며 상당하다(등록금, 책값, 5년 동안 희생한 근로소득).

　요점은 직종 X와 Y 사이의 임금 균등은 지속되지 않는다는 것이다. 즉 임금이 동일하기 때문에 불균형이 생긴다. 직종 X에 충분한 사람들을 끌어들이기 위해 사용자들은 자신들이 직종 Y의 사람들에게 지급한 것보다 더 많은 보수를 지급해야만 한다. 따라서 균형임금격차가 두 직종 사이에 지속될 것이다. 이 임금갭에 의해 창출된 근로소득 차이는 제4장에서 논의한 바와 같이 차입비용 i와 똑같은 5년의 교육 투자에 대한 내부수익률 r을 산출하는 데 정확히 충분해야만 한다. 만약 임금격차, 그리고 따라서 r이 이 i보다 더 크다면 더 많은 사람들이 대학에 입학해서 고급 학위를 추구하게 된다. 이는 궁극적으로 노동공급을 확대하고, 직종 X의 시장임금을 하락시키며, 수익률을 감소시키고, 두 직종 사이의 임금격차를 지속가능한 수준까지 감소시키게 된다. 반면에 만약 임금격차가 직종 X와 Y 사이에 불충분하다면, 더 적은 사람들이 직종 X에 진입하게 되고, 궁극적으로 임금격차는 균형임금격차까지 증가하게 된다.

　반복하면, 다른 조건이 일정할 때 많은 양의 교육과 훈련을 요구하는 일자리는 그렇지 않은

---

[8] David Neumark and Paul Taubman, "Why Do Wage Profiles Slope Upward? Tests of the General Human Capital Model," *Journal of Labor Economics*, October 1995, pp. 736-61.

일자리보다 더 높은 임금을 지급할 것이다. 여러 일자리의 광범위하게 다양한 숙련 요구는 국민경제 임금 차이의 주요 원천이 된다. 숙련 근로자와 미숙련 근로자 사이의 보수 차이는 **숙련격차**(skill differential)라 불린다.

상이한 숙련 요구에 의해 창출된 임금격차는 일자리의 비임금 측면의 차이에 의해 산출된 임금 분산을 증가시키거나, 줄이거나, 또는 반대로 뒤집을 수 있다. 예를 들어 일자리 A는 높은 부상 위험의 특성을 갖고 있으며, 따라서 안전한 일자리 B 대비 3달러의 시간당 보상임금프리미엄을 지급한다고 가정하자. 이제 두 일자리 사이의 숙련격차에 대한 두 가지 대안을 가정하기로 하자. 첫째, 위험한 일자리 A를 수행하기 위해 필요한 숙련이 안전한 일자리 B에서 필요한 숙련보다 더 높다고 가정하자. 명백히 실제 임금격차는 부상 위험에 대해 지급된 3달러의 시간당 임금프리미엄을 초과할 것이다. 이와는 달리 위험한 일자리 A는 숙련을 거의 요구하지 않는 반면, 일자리 B는 비용이 드는 인적자본에의 투자를 요구한다고 가정하자. 이 두 번째 경우에 A와 B 사이의 실제 임금격차는 시간당 3달러보다 적을 것이며, 숙련격차의 크기에 따라 심지어 보수를 반대로 뒤집어, 그 결과 안전한 일자리 B가 위험한 일자리 A보다 더 많은 보수를 지급하게 된다. 현실 세계의 예 : 벌목꾼이 일자리에서 부상당할 훨씬 더 큰 위험을 갖고 있지만, 자격증을 가진 공인회계사는 평균적으로 벌목꾼보다 더 많이 번다.

결론은? 높은 임금을 지급받는 근로자들이 또한 더 바람직한 근로조건을 갖고 있는 것처럼 보이는 흔한 관찰사항이 보상임금격차의 이론을 부인하는 것은 아니라는 것이다. 오히려 이러한 관찰은 단순히 많은 경우 숙련의 차이에 의해 창출된 임금갭이 반대 방향으로 작용하는 보상격차를 상쇄한다는 것을 알려준다. 보상격차가 없다면 실제 임금갭은 심지어 더 커지게 된다. 나아가 만약 쾌적한 근로조건이 정상재(소득의 증가에 따라 그것들의 '구입'이 증가함)라면, 더 나은 근로조건과 더 높은 임금이 정(+)의 상관관계를 갖는 것을 발견하리라 기대하게 된다. 더 높은 숙련을 가진 근로자들은 자신들의 전반적인 보상 패키지의 일부로 더 나은 근로조건을 '구매'할 여유가 있을 것이다. 즉 그들은 더 많은 비임금 일자리의 쾌적함을 위해 상대적으로 높은 직접적인 임금의 일부를 포기할 여유가 있다. 이렇게 높은 숙련을 가진 근로자들의 채용에 있어서의 경쟁은 사용자들로 하여금 비임금 쾌적함에 대한 이렇게 더 큰 수요를 반영하는 보상 패키지를 제공하도록 강요할 것이다.

효율성임금에 근거한 차이

제7장에서 어떤 환경에서는 사용자들이 시장청산수준보다 높은 임금을 지급하는 것이 이윤을 극대화한다는 것을 살펴보았다. 이러한 환경들은 산업 내와 사이에 차이가 나기 때문에, 효율성임금은 비슷한 자격을 소유한 근로자들 사이의 임금격차를 설명하는 데 도움이 될 수 있다. 자격을 갖춘 사람들이 더 낮은 임금으로 일할 것을 제안함에도 불구하고 기업들은 자신들의 임금을 인하할 인센티브가 없을 것이기 때문에, 효율성임금 지급의 결과로 나타나는 보수격차는 균형격차일 것이다.

직무태만 모형과 임금격차

직무태만 모형은 기업들은 근로자들의 성과를 감시하는 데 비용이 드는 곳이거나 또는 형편없는 성과의 사용자 비용이 큰 곳에서 효율성임금을 지급할 것임을 시사한다. 시장임금보다 높은 수준의 임금은 근로자들에게 일자리 손실의 비용을 증가시키며, 이는 양심적인 노력을 유도하고, 사용자의 노동의 유효단위당 비용을 감소시킨다는 것을 상기하라. 반면에 근로자들을 감시하는 것이 비싸지 않거나, 또는 개별 근로자들에 의한 나쁜 짓의 비용이 작은 곳에서는 더 낮은 시장청산 임금에서도 노동의 유효단위당 비용이 최소화될 것이다. 이러한 상이한 환경은 숙련 격차, 또는 비임금 쾌적함 차이와 관계되지 않은 임금격차를 창출할 것이다.

이직 모형과 임금격차

효율성임금에 대한 이직 모형이 기업들은 채용과 훈련비용이 큰 곳에서 시장청산 임금보다 높은 수준의 임금을 지급한다는 것을 시사했음을 상기하라. 시장청산 임금보다 높은 수준의 임금은 근로자에게 일자리의 가치를 증가시킴으로써 이직률(사직률)을 감소시킨다. 결과적으로 일자리 경험의 평균수준과 기업의 노동생산성 모두 증가한다. 요점은 임금은 산업 간과 산업 내에서, 만약 있다면 근로자의 관점에서 본 일자리의 가치를 목적의식을 가지고 증가시키는 보수 전략으로부터 발생하는 효율성 이익에 격차가 있을 수 있다는 것이다.

기타 일자리 또는 사용자의 이질성

비임금 쾌적함과 불쾌감, 다른 고용에서의 숙련 요구의 상이함, 그리고 효율성임금 지급의 차이가 임금격차를 창출하는 일자리의 주요 이질성인 것처럼 보이지만, 여러 기타 일자리 또는 사용자 차이들이 이 현상에 기여할 수 있다. 예를 들어 사용자들 또는 일자리들은 (1) 노동조합 상태, (2) 차별하는 경향, 그리고 (3) 절대적 및 상대적 기업규모와 같은 것들에서 다르다.

노동조합 상태

제11장에서 실증 증거가 평균적으로 노동조합은 자신의 구성원들을 위해 상당한 임금상의 이익을 창출한다는 것을 시사함을 살펴볼 것이다. 이 격차의 일부분은 노동조합화된 기업의 특성인 조직화된 근로 환경, 융통성 없는 근로시간, 그리고 사용자가 설정하는 초과근로에 대한 보상임금프리미엄일 수 있다. 다른 부분은 일부 경제학자들이 노동조합화된 노동의 결과라고 보는 더 높은 생산성을 반영하는 것일 수 있다. 그러나 대부분의 경제학자들은 노동조합-비노동조합 임금격차는 시장지배력을 행사하는 노동조합의 능력으로부터 도출되는 별개의 경제지대 구성요인을 또한 포함한다고 결론을 내리고 있다. 이 후자에 있어서, 노동조합화된 일자리와 비노동조합 일자리가 모두 존재한다는 것은 임금 차이를 설명하는 데 도움이 되는 뚜렷한 일자리 이질성을 창출한다.

차별하는 경향

제14장에서 사용자들은 차별하려는 여러 상이한 경향을 가질 수 있다는 것을 배우게 될 것이

8.2 근로의 세계   더 큰 것이 여전히 더 좋은가?

과거 20년에 걸쳐 대규모 사용자에 의해 지급되는 임금프리미엄에 상당한 감소가 있었다. 1988~1992년 기간 동안과 2003~2007년 기간 동안에 25명 미만 근로자를 사용하는 기업과 500명 이상 근로자를 사용하는 기업의 임금상 차이는 55%에서 40%로 감소했다. 규모 프리미엄의 감소는 대학 졸업자들보다 고등학교 중퇴자의 경우 2배 넘게 더 컸다.

이븐과 맥퍼슨(Even and Macpherson)은 기업규모를 막론하고 근로자들이 많이 비슷해졌기 때문에 규모 프리미엄 감소의 1/3을 약간 넘는 부분이 발생했다는 것을 밝히고 있다. 이러한 수렴은 가장 교육을 적게 받은 근로자들 사이에서 가장 확연하다. 이러한 수렴에서 특히 중요한 것은 (1) 노동조합이 대기업들 사이에서 빠른 속도로 감소하고 있으며, (2) 고용이 작은 규모 프리미엄을 가진 산업들로 이동했다는 사실이었다.

그들은 또한 소기업과 대기업이 자신들의 근로자들을 보상하는 방식에 있어 더 비슷해졌기 때문에 규모 프리미엄 감소의 1/2을 약간 넘는 부분이 발생했다는 것도 보고하고 있다. 다시 한 번 이 수렴은 가장 교육을 적게 받은 노동력 사이에 가장 확연하다.

보상의 단위를 임금으로부터 건강보험과 연금에 대한 사용자의 기여를 포함시키는 것으로 확대하면 규모 프리미엄의 감소가 거의 1/4 줄어든다. 대기업들은 건강보험과 연금보장을 근로자들에게 제공할 가능성이 더 크며, 이러한 급여의 비용은 소기업에서보다 대기업에서 더 증가했다. 결과적으로 부가급여의 비용이 대기업에서 더 빨리 증가했기 때문에 규모 임금프리미엄 감소의 일부분은 대기업들이 소기업 대비 임금 증가를 감소시켰다는 것을 반영한다.

자료 : William E. Even and David A. Macpherson, "Is Bigger Still Better? The Decline of the Wage Premium at Large Firms," *Southern Economic Journal*, April 2012, pp. 1181-201.

다. 즉 몇몇 사용자들은 말하자면 아프리카계 미국인, 여성, 또는 특정 인종의 소수집단 등 어떤 근로자 계층의 채용에 관해 우호적 또는 적대적으로 편향되어 있다. 따라서 일부 노동시장에서 직접적인 임금차별이 발생할 수 있다. 기업이 선호하는 사람들에 대한 수요는 증가하지만, 기업이 차별하려는 사람들에 대한 수요는 감소할 것이다. 그리고 백인과 아프리카계 미국인, 남성과 여성, 그리고 기타 그룹들 사이에 눈에 띄는 임금격차가 나타날 것이다. 이 격차가 지속될 것인지, 아니면 경쟁적 시장의 힘에 의해 약화될 것인지에 대해 많은 견해 차이가 존재한다.

절대적 및 상대적 기업규모

여러 연구들은 대기업, 또는 시장점유율이 큰 주요 기업이 더 작은 기업보다 일반적으로 더 높은 임금과 급여를 지급한다는 것을 보여준다. 여기에 대한 여러 가능한 설명이 존재하는데, 일부는 이전에 논의했던 일자리 이질성과 관련된다. 첫째, 대기업은 소기업보다 노동조합이 결성될 가능성이 더 크다. 둘째, 대기업의 근로자들은 소기업에서 일한다는 사실 말고는 모든 면에서 동등한 근로자들보다 더 생산적일 수 있다. 이렇게 더 높은 생산성은 (1) 근로자 1인당 더 많은 양과 더 좋은 질의 자본, (2) 숙련 특화에 의해 필요하게 된 더 많은 현장실무훈련, 또는 (3) 대기업 근로자들은 평균적인 근로자들보다 감독이 덜 필요한 '우수한' 근로자일 가능성 때문일 수 있다.[9]

[9] 이 주제에 관해 더 많은 것은 Charles Brown and James Medoff, "The Employer-Size Wage Effect," *Journal of Political Economy*, October 1989, pp. 1027-59; Todd L. Idson and Walter Y. Oi, "Firm Size and Wages," in Orley Ashenfelter and David Card (eds.),

　　세 번째 가능성은 대기업에서 관찰되는 더 높은 보수는 보상임금프리미엄이라는 것이다. 큰 기업은 더 작은 기업보다 더 관료주의적이고, 일하기에 더 덜 쾌적한 장소일 수 있다.[10] 또한 더 큰 기업은 통근 및 주차비용 이외에도 전반적 생활비가 높은 주요 대도시 지역에 위치할 가능성이 더 크다.

　　마지막으로 큰 시장점유율을 가진 기업들은 종종 상당한 경제적 이윤을 얻는다. 이는 근로자들의 협상력을 증가시키고, 결과적으로 그들로 하여금 더 높은 임금을 확보하도록 할 수 있다.[11]

임금격차 : 이질적 근로자

일자리와 사용자 사이의 이질성이 임금 차이의 주요 원천을 구성한다는 것을 관찰하였으므로 이제는 임금구조에 영향을 미치는 똑같이 중요한 요소인 **이질적 근로자**(heterogeneous workers)로 관심을 돌리자. 그림 8.1에서 처음에 예측된 임금 균등성은 모든 일자리가 동일할 뿐만 아니라 경제활동인구의 모든 근로자가 동일한 정도로 생산적이라는 가정에 의존했다. 현실적으로 사람들은 일자리의 비임금 측면에 대한 상이한 선호는 물론 크게 다른 인적자본 축적을 갖고 있다.

상이한 인적자본 : 비경쟁그룹

제16장에서 연령, 교육연수, 교육의 질, 타고난 능력, 그리고 가족배경과 같은 특성과 관련된 개인별 근로소득 분배를 논의할 것이다. 그 접근법은 중요한 현실을 지적한다. 즉 사람들은 동질적이 아니라는 것이다. 임금구조에 대한 논의에서 특히 중요한 것은 사람들이 상이한 인적자본 축적을 소유하고 있다는 것이다. 어떤 시점이라도 경제활동인구는 각 그룹의 구성원들이 자격을 가진 하나 또는 여러 직종을 대표하는 수많은 **비경쟁그룹**(noncompeting groups)으로 구성되어 있다.

　　인적자본 축적의 차이는 배우고 수행하는 데 있어서의 상이한 타고난 능력의 결과일 수 있다. 상대적으로 소수의 사람들이 핵물리학자, 프로 미식축구 쿼터백, 석유엔지니어, 오페라 가수, 또는 프로 모델이 되는 데 필요한 지적·육체적으로 타고난 자질을 소유하고 있다. 이러한 그룹들과 숙련 및 미숙련 근로자들의 더 큰 그룹 사이에는 노동시장에서 효과적인 경쟁이 존재하지 않는다. 핵물리학자들과 프로운동선수들 사이에 대체성도 역시 존재하지 않는다. 실제로

　　Handbook of Labor Economics, vol. 3B (Amsterdam: North-Holland, 1999), pp. 2165-214; Thierry Lallemand, Robert Plasman, and Francois Rycx, "Why Do Large Firms Pay Higher Wages? Evidence from Matched Worker-Firm Data," *International Journal of Manpower*, no. 7/8(2005), pp. 705-23; Ana Ferrer and Stephanie Lluis, "Should Workers Care about Firm Size?" *Industrial and Labor Relations Review*, October 2008, pp. 104-25를 참조하라.

[10] 한 연구는 사용자 규모가 임금에 미치는 효과의 1/3은 대기업과 소기업에서의 근로조건의 차이에 의해 설명될 수 있다고 보고하고 있다. Douglas Kruse, "Supervision, Working Conditions, and the Employer Size-Wage Effect," *Industrial Relations*, Spring 1992, pp. 229-49를 참조하라.

[11] David Blachflower, Andrew Oswald, and Mario Garrett, "Insider Power in Wage Determination," *Economica*, May 1990, pp. 143-70; S. Nickell, J. Vainiomaki, and Sushil Wadhwani, "Wages and Product Market Power," *Economica*, November 1994, pp. 457-73.

는 심지어 동일한 직종 그룹들 내에서도 근로자들이 항상 완전하게 대체될 수 있는 것은 아니다. 예를 들어 몇몇 프로 선수들은 그 직종의 평균보수보다 훨씬 높은 급여를 받는다. 타고난 능력의 차이 때문에 다른 선수들이 단지 불완전한 대체자일 뿐이기 때문이다.

더 중요한 것은 비경쟁그룹의 존재가 사람들이 소유하는 교육과 훈련의 유형, 양, 그리고 질 차이로부터의 결과라는 것이다. 예를 들어 이제 막 고등학교를 졸업한 사람들의 고용 선택에는 농장노동자, 주유소 종업원, 군대의 구성원, 미숙련 건설근로자, 또는 패스트푸드점 근로자가 되는 것이 포함된다. 각각 다른 일자리에서 일할 수 있기 때문에 이러한 범주의 각 근로자는 하나의 넓은 그룹으로 분류될 수 있다. 그러나 이 그룹의 근로자 어느 누구도 현재 다른, 더 배타적인 그룹에 속해 있는, 예를 들면 변호사 또는 회계사 그룹과 직접적인 경쟁을 제안하지 않는다.

근로자들은 인적자본에 투자함으로써 한 비경쟁그룹에서 다른 비경쟁그룹으로 이동할 수 있으며, 또한 이동하고 있다. 주유소 종업원은 대학에 다니기로 결정하고 회계학 학위를 얻을 수 있다. 그러나 이는 이 개인이 이 학위를 성공적으로 추구하기 위한 재정적인 수단과 타고난 지능을 갖고 있다는 것을 상정한다. 소득, 신용도, 그리고 타고난 학습능력이 불균등하게 분포되어 있는 한 비경쟁그룹들 사이의 임금격차는 지속될 수 있다. 또한 교육의 질이 서로 다르다는 것을 명심하라. 상대적으로 알려지지 않은 대학의 회계학 학위는 더 명망 있는 대학교 학위와 투자의 양은 동일하지만 학위 취득 후 근로소득은 같지 않을 수 있다.

요약하면, 사람들은 타고난 자질과 자신들이 소유한 교육과 훈련의 유형, 양, 그리고 질에 따라 상이한 인적자본 축적을 갖고 있다. 놀랄 것도 없이 그 결과는 노동시장에서 서로 쉽게 대체될 수 없는 아주 다양한 그룹, 하부그룹, 또는 심지어 개인들이다. 단기적으로 이러한 인적자본의 이질성은 근로자들의 서로 다른 생산성 때문에 임금격차를 발생시킨다. 사람들은 장기적으로 더 높은 보수를 지급하는 자리를 향해 이동할 수 있지만, 그러한 이동의 정도는 인적자본 투자를 재정 지원하는 상이한 능력과 교육 또는 훈련을 흡수하고 적용하는 천부적인 능력의 차이에 의해 제한된다. 따라서 임금격차는 남아 있게 된다.

상이한 개별 선호

상이한 인적자본 축적을 갖고 있는 것 이외에도 사람들은 또한 (1) 현재 대 미래 소득과 (2) 근로의 여러 비임금 측면과 같은 것들에 대한 선호가 이질적이다.

시간선호의 차이

어떤 사람들은 매우 현재지향적이다. 즉 그들은 미래를 무겁게 할인하거나, 아니면 전혀 무시한다. 다른 사람들은 미래의 보상을 얻기 위해 현재의 만족을 희생할 더 큰 용의 또는 능력을 갖고 있다. 제4장 인적자본 투자의 체계로 설명하면 사람들은 상이한 할인율, 또는 식 (4.3)의 'i'를 갖고 있다고 말하고 있는 것이다. 매우 현재지향적인 사람들은 높은 할인율 또는 i를 가질 것이다. 그들은 결과적으로 자신들이 미래에 상당히 더 많은 수익을 얻을 수 없다면 현재의 소비를 기꺼이 희생할 용의가 없을 것이다. 식 (4.3)에서 i가 더 높으면 높을수록 장래 투자의 순현재가치가 더 낮고 사람들이 인적자본 투자를 시작할 가능성이 더 적을 것이다. 반면에 더 미래지향적인 사람들은 후일의 근로소득에 상대적으로 작은 추가분을 얻을 것이 기대되어도 현재의 소비를 기꺼이 포기할 것이다. 기술적으로 설명하자면 그러한 사람들은 낮은 할인율(i)을 가질 것이며, 인적자본에의 주어진 투자가 더 높은 순현재가치를 가질 것이라 여길 것이다. 결과적으로 그들은 현재지향적인 개인들보다 더 많은 인적자본을 획득할 것이다.

시간 선호의 이러한 차이는 비경쟁그룹 이론에 중요한 시사점을 갖는다. 구체적으로 말하면 그것은 왜 타고난 능력과 재정 지원에의 접근이 비슷한 사람들이 종종 상이한 수준의 인적자본을 얻기로 선택하는지를 설명하는 데 도움이 된다. 인적자본 양의 이러한 차이는 임금격차의 주요 원천이라는 것을 살펴보았다. 다시 말하면 그 자체로 근로자 이질성을 나타내는 시간선호의 차이가 심지어 더 중요한 이질성, 즉 상이한 인적자본 축적을 설명하는 데 도움이 된다.[12]

일자리의 비임금 측면에 대한 기호

일자리는 사고확률, 부가급여, 일자리 지위, 위치, 근로소득의 규칙성, 임금 증가의 전망, 그리고 일하는 속도에 대한 통제 같은 비임금 특징에 있어서 이질적이라는 것을 앞에서 주목했다. 사람들은 또한 이러한 비임금 쾌적함과 불쾌함에 대한 선호에 있어서 상이하다. 즉 일자리는 물론 근로자들도 이 점과 관련하여 이질적이다. 예로서 어떤 근로자들은 일자리 안전에 높은 가치를 부여하는 반면, 다른 사람들은 위험에 훨씬 덜 회피적이다. 어떤 사람들은 유급휴가가 있는 일자리를 바라는 반면, 다른 사람들은 휴가를 지루하다고 여겨서 더 높은 시간당 보수를 위해 기꺼이 유급결근을 포기한다. 그리고 어떤 사람들은 지위를 추구하는 반면, 다른 사람들은 남들이 자기가 하는 일을 어떻게 생각하든 조금도 개의치 않는다.

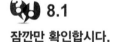

8.1

잠깐만 확인합시다.

8.3
근로의 세계

- 만약 모든 근로자와 일자리가 동질적이고, 시장들이 완전경쟁적이며, 이동성과 이주가 방해받지 않는다면, 단일 임금이 존재하게 된다.
- 이질적인 일자리들(상이한 비임금 속성, 숙련 요구사항, 기타 특징)이 임금격차의 주요 원천이다.
- 보상임금격차의 원천은 상이한 부상과 사망 위험, 부가급여, 일자리 지위, 일자리 위치, 근로소득의 규칙성, 임금 증가의 전망, 그리고 근로 속도에 대한 통제를 포함한다.
- 임금격차는 또한 근로자들이 이질적이기 때문에 발생한다. 즉 그들의 인적자본, 시간선호, 그리고 일자리의 비임금 측면에 대한 기호가 다르다.

여러분의 차례입니다

일반적으로 주지사들의 급여는 비슷하게 자격을 갖춘 민간부문 고위 간부의 급여보다 훨씬 낮은 수준이다. 이러한 임금격차는 어떻게 지속될 수 있는가? (정답은 책의 맨 뒷부분에 수록되어 있음)

---

[12] 시간선호의 차이에 대한 분석은 John T. Warner and Saul Pleeter, "The Personal Discount Rate: Evidence from Military Downsizing Programs," *American Economic Review*, March 2001, pp. 33–53을 참조하라.

8.3 근로의 세계 　운동은 심장은 물론 지갑에도 좋은가?*

연구 결과들은 일관되게 규칙적인 운동이 심장과 체중을 포함한 개인의 건강에 유익한 효과로 이어진다는 것을 보여준다. 운동은 또한 향상된 정신적 기능상태, 증가된 심리적 복지, 그리고 증가된 에너지 수준으로 이어진다는 것이 입증되었다. 이러한 세 가지 요소는 개인의 생산성과 따라서 임금을 직접적으로 올릴 수 있다. 운동은 자신이 잘 통솔된다는 것을 사용자에게 입증함으로써 또는 사회연결망(social networking) 효과들을 통해 간접적으로 개인의 임금을 올릴 수 있다.

운동은 또한 비만에 대한 그 효과를 통해 근로소득에 영향을 미칠 수 있다. 무게가 많이 나가는 사람들은 임금이 더 낮으며, 이러한 임금 벌칙은 나이가 듦에 따라 증가한다. 더 낮은 근로소득은 차별, 사용자들의 더 높은 건강비용에의 전용, 또는 더 낮은 자부심의 결과일 수 있다.

코스티아스(Vasilios Kosteas)는 33~41세까지 6,190명의 개

인들에 대한 데이터를 사용하여 운동의 영향을 조사하고 있다. 표본에는 광범위한 범위의 운동행태가 존재한다. 거의 32%는 운동을 전혀 하지 않고, 39%는 (적어도 1주일에 한 번) 규칙적으로 운동한다. 규칙적으로 운동하는 비율이 여성 31% 대 남성 46%인 것과 같이 남성이 여성보다 규칙적으로 운동할 가능성이 더 크다.

비만을 통제한 분석은 규칙적인 운동이 근로소득을 남성의 경우 7%, 여성의 경우 9% 증가시킨다는 것을 밝히고 있다. 빈도가 더 많은 운동(적어도 1주일에 세 번)은 근로소득을 더욱 증가시킨다. 특히 여성의 경우 더 그렇다. 그들의 근로소득은 운동을 전혀 하지 않는 사람들보다 거의 12% 더 높다. 이러한 근로소득 효과는 운동을 더 하도록 고무, 장려할 수 있다.

* Vasilios D. Kosteas, "The Effect of Exercise on Earnings: Evidence from the NLSY," *Journal of Labor Research*, Spring 2012, pp. 225-50을 기초로 함.

헤도닉 임금 이론

일자리와 근로자 모두 이질적이라는 사실은 **헤도닉 임금 이론**(hedonic theory of wages)에 담겨 있다.[13] 헤도닉이란 용어는 쾌락주의(hedonism)의 철학적 개념으로부터 나왔는데, 헤도니즘은 사람들은 임금소득과 같은 효용(즐거움)을 추구하며, 쾌적하지 않은 근로조건을 가진 일자리 같은 비효용(고통)을 회피한다고 가설화한다. 헤도닉 이론에 따르면 근로자들은 순효용을 극대화하는 데 관심이 있으며, 따라서 비효용을 산출하는 무엇인가의 감소를 얻기 위해 효용을 생산하는 것을 기꺼이 '교환'할 용의가 있다.

근로자 무차별지도

헤도닉 임금 이론은 흔히 '재화(good)'(임금)와 근로 관련 '비재화(bad)'(예 : 부상확률) 사이의 상호교환관계로 나타난다. 그러나 '비재화'의 없음(부상이 발생하지 않을 확률)이 실제로 '재화'이다. 따라서 이론은 또한 임금과 비임금 쾌적함의 상호교환관계로 표현될 수 있다. 이는 표준적인 무차별곡선을 이용한 분석을 가능하게 한다.

전형적인 근로자가 지급되는 임금과 일자리가 제공하는 비임금 쾌적함에 정(+)의 가치를 부여한다고 가정하는 것은 합리적이다. 제7장의 임금-부가급여 분석과 비슷한 방식으로 근로자는 효용을 산출하는 둘 사이에서 주관적인 상호교환관계에 직면한다.

그림 8.2를 보면, 임금이 수직축에 측정되고 하나의 비임금 쾌적함이 수평축에 나타나 있다.

---

[13] Sherwin Rosen, "Hedonic Prices and Implicit Markets," *Journal of Political Economy*, January-February 1974, pp. 34-55.

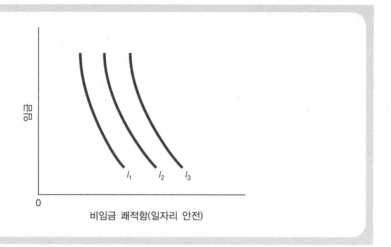

그림 8.2 임금과 비임금 쾌적함의 무차별지도

헤도닉 무차별지도는 많은 무차별곡선으로 구성된다. 각 개별 무차별곡선은 특정 수준의 총효용을 산출하는 임금과 특정 비임금 쾌적함(예 : 일자리 안전)의 여러 조합을 보여준다. 북동쪽으로의 연이은 각 곡선은 더 높은 수준의 총효용을 반영한다.

임금

I_1 I_2 I_3

0

비임금 쾌적함(일자리 안전)

이 비임금 쾌적함은 예를 들어 일자리에서 부상당하지 않을 확률, 일자리 위치와 관련된 이익, 또는 통근시간이 감소함에 따라 절약된 비용과 여가 등과 같은 여러 정(+)의 일자리 속성 중 어떤 하나일 수 있다.

수평축의 왼쪽으로부터 오른쪽으로 측정되는 특정 비임금 쾌적함이 일자리 안전(일자리에서 부상당하지 않을 확률)이라고 가정하자. 각 무차별곡선은 어떤 주어진 수준의 효용 또는 만족을 이 근로자에게 가져다줄 임금과 일자리 안전도의 여러 조합을 보여준다. 특정 무차별곡선 위의 각 점은 똑같이 만족스럽지만, 총효용은 더 높은 무차별곡선에 도달함으로써, 즉 I_1으로부터 I_2, 그리고 I_3로 북동쪽으로 이동함으로써 증가할 수 있다.

그림 8.2의 무차별곡선들은 가파른데, 이는 이 개인이 매우 위험회피적이라는 것을 의미한다. 이 결론을 이해하기 위해 I_1을 관찰하고, 이 개인이 일자리의 추가 안전에 높은 대체 가치를 부여하고 있다는 것을 주목하라. 그에게는 안전의 작은 감소(일자리 부상확률의 작은 증가)를 보상하기 위해 임금의 매우 큰 증가가 필요하다. 그러나 무차별곡선은 사람에 따라 다르다. 즉 다른 근로자는 훨씬 덜 위험회피적이고, 따라서 그림 8.2의 무차별곡선들과 비교할 때 상대적으로 편평한 무차별곡선을 가질 것이다. 간결하게 말하면 근로자들은 자신들의 비임금 쾌적함에 대한 선호에 대해 이질적이다.

사용자의 정상이윤 등이윤곡선

사용자가 일자리 부상확률을 감소시킬 수 있거나, 또는 달리 말하면 작업장의 안전을 증가시킬 수 있다고 가정하는 것은 합리적이다. 예를 들어 사용자는 일자리 안전에 대해 교육프로그램을 제공하고, 더 안전한 기계류를 구입하며, 보호용 장비를 제공하거나, 또는 근로 속도를 늦출 수 있다. 그러나 사용자가 취하는 이러한 조치들은 비용이 들기 때문에, 근로자에게 제공되는 임금과 일자리의 안전 사이에서 상호교환관계에 직면한다. 주어진 어떤 수준의 이윤을 유지하려면, 기업은 (1) 더 낮은 임금을 지급하고 높은 안전도를 제공하거나, 아니면 (2) 더 높은 임금을

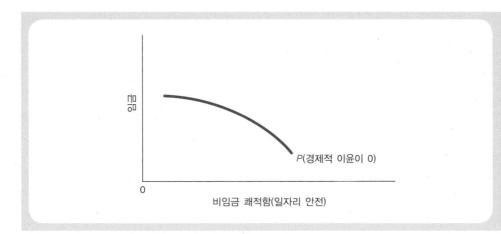

그림 8.3 등이윤곡선

사용자의 등이윤곡선은 주어진 수준의 이윤을 산출하는 임금과 일자리 쾌적함(예 : 일자리 안전)의 여러 조합을 나타낸다. 기업 사이의 경쟁은 장기적으로 오로지 정상이윤(경제적 이윤이 0)이라는 결과를 가져올 것이다. 따라서 기업들은 자신들의 '임금-일자리 쾌적함' 결정을 P와 같은 곡선을 따라 하도록 강요될 것이다.

지급하고 사고위험을 줄이기 위한 조치를 거의 취하지 않을 수 있다.

그림 8.3은 이 경우 주어진 정상이윤을 산출하는 임금과 일자리 안전도의 여러 조합을 나타내는 정상이윤 등이윤곡선을 보여준다. 이 곡선이 오목하다는 것을 관찰하라. 즉 이 곡선은 그림 7.4의 임금과 부가급여의 등이윤곡선과 같이 직선이 아니다. 차이가 나는 이유는 무엇인가? 제7장에서 임금과 부가급여 사이의 상호교환관계는 불변이라고 가정했다. 그러나 그림 8.3의 등이윤곡선의 오목한 형태는 추가된 일자리 안전 각 단위가 증가하는 비용을 통해 나타나며, 따라서 연이은 더 큰 임금 감소라는 결과를 가져온다는 현실적인 가정으로부터 도출된다. 연이은 비용 단위(임금 감소)들은 일자리 안전에 대한 수익체감을 산출한다. 더 많은 일자리 안전이 생김에 따라 한계비용은 전형적으로 증가한다. 즉 P 위에서 오른쪽으로 이동함에 따라 곡선은 점점 가팔라진다.

그러나 모든 사용자가 동일한 등이윤곡선을 갖는 것은 아니다. 즉 사용자들 또한 이질적이다. 그림 8.3의 등이윤곡선은 상대적으로 편평한데, 이는 이 기업이 낮은 한계비용으로 일자리 안전을 '구입'할 수 있다는 것을 나타낸다. P로부터 일자리 안전의 큰 증가분이 단지 작은 임금 감소와 관련된다는 것을 주목하라. 그러나 다른 기업들은 그렇게 운이 좋지 않을 수 있다. 그들의 기술적 제약이 사고위험을 줄이는 것을 극도로 어렵게 만들고, 따라서 안전한 근로 환경을 만드는 데 큰 비용이 들 수 있다. 이러한 기업들은 가파른 정상이윤 등이윤곡선에 직면하게 된다.

근로자와 일자리의 연결

그림 8.4는 두 별개의 사용자와 근로자 세트의 임금과 일자리 안전의 최적 조합을 그리고 있다. 근로자 A와 B는 동일한 인적자본 축적을 소유하고 있지만, 비임금 쾌적함(일자리 안전)에 대해 크게 다른 기호를 갖고 있다. 그래프 (a)의 등이윤곡선 P_A와 (b)의 P_B는 자신들 각 산업의 경쟁적 성격이 주어졌을 때 기업 A와 B가 도달할 수 있는 가장 높은 이윤수준이다. 등이윤곡선 P_A의 일반적 기울기는 P_B의 그것보다 덜 가파르다. 이는 기술적 이유 때문에 일자리 안전을 생산

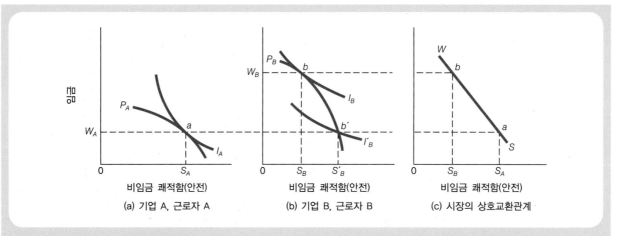

그림 8.4 이질적인 근로자와 일자리의 연결

(a)는 한계적으로 일자리 안전에 높은 가치를 부여하는 근로자 A와 일자리 안전을 상대적으로 낮은 한계비용으로 생산할 수 있는 기업 A 사이의 최적 일자리 연결을 나타낸다. (b)는 덜 위험회피적인 근로자와 작업장을 더 안전하게 만드는 높은 한계비용을 가진 기업의 효용극대화 및 이윤극대화가 달성되는 임금과 비임금 쾌적함 조합(b점)을 보여준다. 그래프 (c)는 (a)와 (b)에서 보여지는 최적 임금-일자리 안전의 조합들을 그리고 있다. 그래프 (c)의 선 WS는 많은 − 단지 둘이 아니라 − 이질적인 근로자들과 일자리들로 구성된 노동시장에서 임금과 일자리 안전 사이의 일반적인 관계를 나타낸다. 다른 조건이 일정할 때 더 높은 임금은 더 낮은 수준의 비임금 쾌적함과 관련된다.

하는 한계비용이 A에서보다 B에서 더 크다는 것을 알려준다. 다시 말하면 일자리 안전의 일정량 증가는 A의 경우보다 B에서 임금을 더 감소시킨다.

　이제 그래프 (a)와 (b)의 무차별곡선 I_A와 I_B를 관찰하라. 이것들이 각 근로자가 도달할 수 있는 가장 높은 무차별곡선들이다. 곡선 I_A는 상대적으로 가파른데, 이는 개인 A가 일자리 부상 위험에 대해 매우 회피적(그는 일자리 안전에 높게 가치를 매긴다)이라는 것을 의미한다. 반면에 개인 B의 곡선은 상대적으로 편평한데, 이는 B가 A보다 일자리 부상 또는 사망에 대해 덜 우려한다는 것을 나타낸다. 명백히 근로자 A와 B는 이 특정 일자리 불쾌함에 대해 상이한 기호를 갖고 있다.

　각 근로자는 자신의 가장 높은 무차별곡선이 사용자의 경제적 이윤이 0인 등이윤곡선에 접하는 곳에서 총효용을 극대화한다. 근로자 A는 사용자 A를 위해 일하기로 선택할 것이며, 왼쪽 그래프의 a점에 의해 나타나는 바와 같이 임금 W_A를 받을 것이다. 이 낮은 임금에 덧붙여 개인은 많은 양의 쾌적함(일자리 안전)을 얻을 것이다. 따라서 일자리와 근로자 이질성은 위험을 매우 회피하는 개인과 상대적으로 낮은 일자리 안전을 생산하는 한계비용을 가진 사용자 사이의 최적 연결을 만들어낸다. 마찬가지로 근로자 B는 사용자 B와 연결되어 더 높은 임금 W_B를 받지만, 더 위험한 근로 환경에 고용될 것이다. 근로자 B와 기업 B의 연결은 둘 모두의 이익을 극대화한다. 즉 사용자 B는 일자리 안전을 생산하는 높은 한계비용을 갖고 있으며, 근로자 B는 더 높은 임금을 위해 많은 쾌적함을 기꺼이 상호교환할 용의가 있다.

8.4
근로의 세계

8.4 근로의 세계　교대제근무에 대한 보상 보수

헤도닉 임금 이론에서 보상임금격차는 아주 힘든 근로조건의 일자리에서 발생한다. 이러한 직종의 시장임금은 고용된 마지막 근로자가 결부된 열악한 근로조건의 비효용을 보상하기 위해 충분히 인상되어야만 한다. 그러나 이러한 보상임금프리미엄은 몇몇 근로자가 자신들의 순효용을 증가시키는 것을 가능하게 한다. 구체적으로 말하면, 열악한 근로조건을 덜 회피하거나, 아니면 정상적인 일자리에서 상대적으로 덜 생산적인 사람들은 열등한 조건하에서의 근로를 받아들임으로써 자신들의 순효용을 증가시킬 수 있다. 이러한 개인들의 경우 추가 보수로부터의 효용 이득은 열악한 조건으로부터의 효용 손실을 초과할 수 있다. 이 점과 관련하여 경제학자들은 "일부 근로자들은 열악한 근로조건을 가졌지만 보상임금프리미엄을 지급하는 직종으로 '자기선택(self-select)'을 한다"고 한다.

코스티크(Kostiuk)는 정확하게 이러한 결과를 흔히 '교대제근무'라 불리는 밤에 행해지는 근로에서 발견했다. 교대제근무는 일반적으로 생각되는 것보다 광범위하게 퍼져 있다. 풀타임 임금 및 급여 근로자의 약 15%는 규칙적인 주간근무 스케줄에 따라 근무하지 않는다. 미국 인구통계국 현행인구조사 부록 데이터를 사용하여 코스티크는 제조업의 교대제근무와 관련된 8.2%의 임금프리미엄을 발견했다. 노동조합에 가입한 교대제근무 근로자들은 18.1%의 임금프리미엄을 받았으며, 비노동조합 교대제근무 근로자들의 격차는 4.3%였다.

코스티크의 발견은 부분적으로 앞에서 언급한 자기선택을 반영한다. 그는 교육을 적게 받은 근로자들은 비슷한 교대제근무를 하는 더 많은 교육을 받은 근로자들보다 교대제근무에 대한 더 큰 임금프리미엄을 받는다는 것을 발견했다. 교육을 적게 받은 근로자들의 이렇게 더 높은 상대적 임금프리미엄은 그들 중 더 많은 사람들이 교대제근무 일자리를 얻도록 유도했다. 달리 생각하면 만약 전형적인 야간근로 근로자가 그 대신 주간에 일했더라면 그의 보수는 전형적인 주간교대근무제 근로자들의 보수보다 더 작게 되었을 것이다. 평균적으로 야간교대근무제 근로자들은 비슷한 일을 하는 주간교대근무제 근로자들보다 더 적게 교육을 받았다.

최종적인 결과는 교대제근무 부문은 그 보상임금격차로 교육을 적게 받은 근로자들의 임금을 상승시키고, 전반적인 임금 불균등을 감소시킨다. 교대제근무는 (1) 불리한 근로조건에 대해 보상임금격차를 제공하고, (2) 낮 시간에 근로소득을 얻기에는 평균 이하의 능력을 갖고 있는 근로자들을 끌어들이는 두 가지 이유 때문에 근로소득 분배를 균등하게 한다.

자료 : P. F. Kostiuk, "Compensating Differentials for Shift Work," *Journal of Political Economy*, part 1, October 1990, pp. 1054-75.

노동시장 시사점

헤도닉임금 모형은 몇 가지 흥미로운—그리고 몇몇 경우에 논란이 많은—시사점을 갖는다. 몇 가지 예를 들어 보자.

첫째, 노동시장은 동일한 양의 인적자본을 소유한 사람들 사이에 임금격차를 발생시킬 것이다. 다른 조건이 일정하다면 더 높은 임금은 더 적은 비임금 쾌적함과 관련되는 경향이 있을 것이다. 이는 그림 8.4(c)에 나타나 있다. 두 왼쪽 그래프의 a와 b같은 점들을 연결하는 선 WS는 단지 둘이 아니라 많은 이질적인 근로자들과 일자리들의 특징을 갖는 노동시장에서 임금과 일자리 안전 사이의 일반적인 역의 관계를 알려준다. 이 선을 따라 가능한 임금격차는 지속되는 격차 또는 균형격차이다. 즉 그 격차는 일자리 사이의 근로자 이동을 유발하지 않을 것이다.

둘째, 비임금 쾌적함에 대한 최소기준을 설정하는 입법은 실제로는 일부 근로자들의 효용을 감소시킬 수 있다. 이는 다시 그림 8.4에 대한 언급을 통해 보여진다. 만약 정부가 기업 B(그래프 b)로 하여금 S_B로부터 말하자면 S'_B로 그 일자리 안전을 증가시키도록 강요한다면, 기업은 b점으로부터 아래쪽 P_B 위의 b'으로 이동할 것이며, 근로자 B는 분명히 I_B 아래에 있는 무차별곡선 I'_B에 강제로 있게 될 것이다.

8.5 근로의 세계　　생명에의 가치 부여

환경청(EPA), 연방항공청(FAA), 그리고 직업안전보건청(OSHA) 같은 정부기관은 법에 의해 어떤 새로운 규제라도 그 예상되는 화폐비용과 편익을 산정하도록 요구받는다. 구출된 목숨은 많은 규정의 중요한 편익이기 때문에 이러한 기관들은 인간 생명의 경제적 가치를 추정할 필요가 있다.

인간 생명에 경제적 가치를 부여하는 것에 대한 전통적 접근법은 인적자본의 개념에 의존한다. 말하자면 항공기 사고로 인한 소위 부당한 사망은 개인의 예상 직장생활의 나머지 연도에 걸친 근로소득을 박탈한다. 경제학자들은 똑같은 직종에 있는 비슷한 개인들의 근로소득 데이터를 사용하여 이러한 연도에 걸친 잃어버린 임금과 부가급여 금액의 현재가치를 추정한다. 연령과 직종에 따라 추정치들이 달라지지만, 이러한 방법은 생명의 가치에 평균적으로 70~100만 달러 사이의 금액을 부여하고 있다.

인간 생명에 가치를 부여하는 더 최근의 논란이 많은 접근법은 헤도닉 임금 이론에 의존한다(그림 8.4). 사람들을 위험한 일자리에서 일하도록 유도하기 위해 사용자들은 보상임금격차를 지급해야만 한다는 것을 알고 있다. 이러한 격차의 크기는 기업들이 일자리 관련 사망당 지급해야만 하는 화폐액에 대한 정보를 드러내 보인다. 예를 들어 노동공급자들의 위험회피적 행태가 기업으로 하여금 일자리에서 사망 확률이 매 0.1%(= 0.001) 증가할 때마다 연간 1,000달러의 보상임금을 지급하도록 강제한다고 가정하자. 따라서 평균적으로 매 일자리 관련 사망은 기업에게 100만 달러(= 1,000 달러/0.001)의 비용이 들게 하는데, 이 액수는 각 생명의 경제적 가치로 간주될 수 있다.

헤도닉 방법은 전형적으로 인적자본 접근법보다 더 높은 인간 생명 가치의 추정치를 산출한다. 예를 들어 규제기관에 의해 개발된 헤도닉 추정치들은 구출된 생명당 위쪽으로 350만 달러까지의 범위를 보인다.

셋째, 관찰되는 남성-여성 근로소득격차의 일부분은 쾌적한 근로조건, 짧은 통근거리, 그리고 낮은 일자리 부상확률 같은 정(+)의 일자리 쾌적함에 대한 상이한 기호를 반영하는 것일 수 있다. 그림 8.4로 설명하면 만약 그룹으로서의 여성의 무차별곡선이 I_B가 아니라 I_A와 더 비슷한 경향이 있다면, 여성들은 남성들보다 상당한 정도 더 낮은 보수를 지급하지만 또한 더 나은 비임금 쾌적함을 가진 일자리에 연결될 것이다. 파일러(Filer)는 이러한 가능성을 지지하는 증거를 발견하고 있다. 비슷하게 훈련받은 근로자들 사이에 관찰되는 남성-여성 근로소득격차의 일부분은 분명히 보상격차의 결과이다.[14]

마지막으로 헤도닉 모형은 최적 부가급여에 대한 앞서의 논의(그림 7.5)를 근로자 무차별지도와 사용자 등이윤곡선 모두의 면으로 확대한다. 임금과 부가급여 사이 효용 상호교환관계의 무차별지도는 사람에 따라 서로 다르다. 부가급여에 높은 한계가치평가를 부여하는, 즉 상대적으로 가파른 무차별곡선들을 가진 근로자들은 따라서 상당한 부가급여를 포함하고 있는 보수 패키지를 제공하는 기업에 연결될 것이다. 반대로 현금 임금에 대한 가치평가가 부가급여에 대한 가치평가보다 한계적으로 더 높은 근로자들은 상대적으로 더 적은 부가급여, 그러나 더 높은 현금 임금을 지급하는 기업을 위해 일하기로 선택할 가능성이 더 크다.

이외에도 근로자들 사이의 무차별지도의 차이는 근로자들로 하여금 넓은 범위의 부가급여 중에서 선택하도록 허용하는 소위 카페테리아 플랜(cafeteria plans)의 존재를 설명하는 데 도움이 된다. 이러한 방식은 만약 기업에 의해 결정된 부가급여의 고정된 패키지를 받아들여야만 할

---

[14] Randall K. Filer, "Male-Female Wage Differences: The Importance of Compensating Differentials," *Industrial and Labor Relations Review*, April 1985, pp. 426-37.

때 이질적인 근로자들로 하여금 그들이 도달할 수 있는 것보다 더 높은 무차별곡선에 개별적으로 도달할 수 있게 한다. 예를 들어 어린 자녀를 가진 여성 근로자는 육아 혜택을 선택할 수 있으며, 나이 든 남성 근로자는 자신의 연금기금이 증가하도록 선택할 수 있다. 보상의 주어진 어떤 금전 액수부터로도 근로자들이 받는 총효용을 증가시킴으로써 카페테리아 방식은 기업이 더 높은 질의 근로자들을 끌어들이고 보유할 수 있게 한다.

부가급여의 구성은 각 부가급여 제공에 따른 한계비용의 차이에 따라 기업마다 다를 수 있다. 예를 들어 대학교는 근로자의 자녀들에게 등록금 면제를 제공할 수 있는 반면 소매기업은 그 근로자들에게 상품에 대한 할인을 해줄 수 있다. 각 경우에 특정 부가급여를 제공하는 데 있어서의 상대적으로 낮은 한계비용 때문에, 기업은 나름대로의 방식으로 부가급여 패키지를 구성한다.

8.2
잠깐만 확인합시다.

- 헤도닉 임금 이론에서 무차별곡선은 특정 수준의 총효용을 산출하는 임금과 특정 비임금 쾌적함 수준의 여러 조합들을 보여준다.
- 사용자의 정상이윤 등이윤곡선은 정상이윤을 산출하는 임금과 특정 비임금 쾌적함의 여러 조합을 그리고 있다.
- 최적 일자리연결은 근로자의 도달할 수 있는 가장 높은 무차별곡선이 사용자의 정상이윤 등이윤곡선과 접하는 곳에서 발생한다.
- 특정 비임금 쾌적함에 대해 강한 선호를 갖고 있는 근로자들은 쾌적함을 상대적으로 낮은 한계비용으로 제공할 수 있는 사용자들과 연결되는 경향이 있을 것이다. 다른 조건이 일정하다면 이 근로자들은 비임금 쾌적함에 대해 약한 선호를 갖고 있는 근로자들보다 더 낮은 보수를 받을 것이며, 높은 한계비용 때문에 비임금 쾌적함을 적게 제공하는 사용자들과 연결되는 경향이 있을 것이다.

여러분의 차례입니다

일반적인 근로자들은 기후가 통제된 빌딩 또는 온화한 옥외 온도에서의 고용에 대하여 높은 선호를 갖는다. 극도로 추운 온도의 옥외에서 일하는 것을 실제로 즐기는 개인은 일반적인 근로자 선호로부터 어떻게 이득을 볼 수 있는가? (정답은 책의 맨 뒷부분에 수록되어 있음)

8.5
근로의 세계

임금격차 : 노동시장의 불완전성

임금 차이는 완전하지는 않지만 대체로 이질적인 일자리, 사용자, 그리고 근로자를 기초로 설명될 수 있다. 임금 차이는 또한 노동의 이동을 지연시키는 노동시장의 불완전성 때문에도 발생한다. 불완전한 정보, 비용이 드는 이주, 그리고 기타 여러 이동에 대한 장애 요소들이 상호작용해서 임금격차를 발생시키고 지속되게 한다.

불완전한 노동시장 정보

그림 8.1에서 노동시장 정보가 완전하다고 가정했지만, 현실에서 그것은 불완전하며 획득에 비용이 든다. 근로자들이 이질적이라는 것을 알기 때문에 기업들은 고용에 가장 어울리는 근로자

들을 찾기 위해 노동시장을 탐색한다. 마찬가지로 근로자들은 구인광고 살피기, 자기소개서 쓰기, 업소에 문의하기 등의 방법으로 유망한 일자리 기회에 관한 정보를 모은다. 기업들과 장래의 근로자들에 의한 이러한 탐색 노력은 직접비용과 시간의 기회비용을 수반한다. 나아가 정보를 모으는 활동은 궁극적으로 수확체감을 산출한다. 비용으로 나타내면 이는 정보를 획득하는 한계비용은 더 많은 정보 찾기 활동을 함에 따라 증가할 것임을 의미한다. 정보가 불완전하고 획득하는 데 점점 비용이 든다는 사실은 노동시장 활동과 임금구조에 중요한 시사점들을 갖는다.[15] 구체적으로 말하면 (1) 주어진 어떤 직종에라도 보상격차와 무관하게 다양한 범위의 임금이 존재할 수 있다. (2) 수요 변화가 임금격차를 야기할 때 장기에 걸친 공급조정은 서서히 진행될 가능성이 있다.

임금 분포

비용이 드는 정보, 일자리탐색, 그리고 이질적인 근로자들과 사용자들에 대한 분석에 소개한 것처럼 각 유형의 노동에 대한 (그림 6.2에서와 같은) 단일 균형임금이 존재할 가능성은 크게 줄어든다. 오히려 각 유형의 노동에 대해 균형임금의 범위를 예상할 수 있다. 이 범위는 각 직종별 노동시장 내의 개별적 환경에 따라 매우 좁거나, 아니면 상당히 넓을 수 있다.

그림 8.5는 많은 가능한 임금 분포 중 하나를 그리고 있다. 이 특정 분포는 대칭적이지만, 다른 형태의 분포도 전적으로 가능하다. 수평축은 8달러부터 9.8달러까지의 임금 범위를 보여주며, 수직축은 분포에서 임금 각 하부 범위의 상대적인 발생빈도를 측정한다. 임금 분포에 의해 덮여 있는 면적은 1과 같다. 즉 임금이 8~9.8달러 범위 내에 있을 확률이 100%이다. 마찬가지로 모든 임금의 0.05 또는 5%는 8~8.19달러 사이에 있으며, 8%는 8.2~8.39달러 사이 등에 놓여 있을 것이다.

그림 8.5에 그려진 것과 같은 임금 분포가 어떻게 지속될 수 있는가? 단일 균형임금이 궁극적으로 나타나는 결과가 되도록 근로자들이 저임금으로부터 고임금 일자리로 이동하지 않는단 말인가? 비용이 드는 정보와 비용이 드는 일자리탐색이라는 아이디어가 이러한 질문들에 대한 대답을 제공한다. 사용자들은 자신들의 개별적 환경과 자신들의 시장임금 추정치에 따라 임금을 설정할 것이다. 일부 사용자들은 평균임금보다 약간 더 많이, 그리고 다른 사용자들은 약간 더 적게 임금을 지급할 수 있다. 그러나 정보가 불완전하고 얻는 데 비용이 들기 때문에 일부 근로자들과 기업들은 더 많은 또는 더 적은 임금이 비슷한 근로자들에게 지급되고 있다는 것을 알지 못할 것이다. 다른 근로자들은 보수에 분산이 존재한다는 것을 알 수 있지만, 또한 자기와 같은 노동에 어떤 사용자들이 더 높은 금액을 지급하고 있는지를 발견하는 데 비용이 든다는 것도 알 것이다. 기술적 용어로 말하면 많은 근로자들이 필요한 정보를 획득하는 한계비용이 더 높은 임금으로부터의 예상 한계이득을 초과하는지를 판단할 것이다. 따라서 그들은 자신들의 현재의 고용 장소에 남아 있을 것이며, 임금격차는 지속될 것이다. 불완전하고 비용이 드는 정보 조건에서는 직종 내에서의 임금 차이가 균형격차 — 즉 일자리 바꾸기를 유발하지 않는 격차 — 가 되

---

[15] 그것은 또한 일자리탐색(제15장)과 실업(제18장)에 중요한 시사점들을 갖는다.

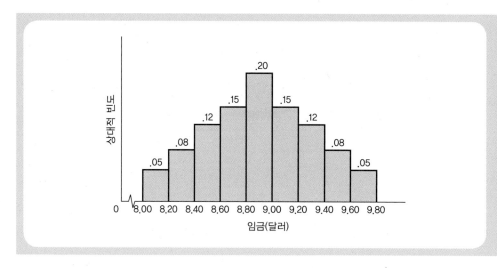

그림 8.5 임금 분포

비용이 드는 정보와 일자리탐색 조건에서는, 경쟁적인 노동시장은 균형 시간당 임금이 아니라 단일 직종 내에서 균형임금 분포를 만들어낸다. 이 예에서 근로자들의 20%가 시간에 8.8~8.99달러 사이의 임금을 받는다. 그러나 일부(5%) 근로자들은 8~8.19달러만큼 낮은 임금을 버는 반면, 다른 5%는 시간당 9.6~9.79달러를 번다. 빈도 분포 아래의 면적은 합해서 1(100%)이다.

는 것이 전적으로 가능하다.[16]

긴 조정기간

불완전하고 비용이 드는 정보의 두 번째 시사점은 수요의 변화에 의해 창출된 임금격차에 대한 장기 공급조정은 발생하는 데 수개월 또는 수년이 걸릴 수 있다는 것이다. 예를 들어 직종 X에서 노동수요가 크게 증가한다고 가정하자. 우상향하는 단기 노동공급곡선이 주어졌을 때 직종 X의 임금 인상이라는 결과가 생길 것이다. 그러나 이러한 새로운 임금에 관한 정보는 불완전하게 확산될 가능성이 있다. 획득할 인적자본의 유형과 양을 선택하는 사람들은 직종 X에서 높아진 임금을 서서히 알게 될 것이다. 물론 더 많은 시간이 지나면 더 많은 정보가 알려질 것이다. 그러나 심지어 그때에도 직종 X에 대한 몇몇 잠재적 노동공급자들은 이것이 정말 다른 직종들 대비 영구적인 임금격차인지 또는 자신들이 자격을 갖출 때가 되면 금방 사라질 격차인지 궁금해할 것이다.

일단 사람들이 직종 X의 임금이 영구적이라는 것을 정말 인식하기 시작하면 일부는 반응하며, 궁극적으로 X로의 그리고 말하자면 Y와 Z로부터 멀어지는 노동 흐름을 창출할 것이다. 이것이 순수 이론에 의해 예측되는 임금 좁혀짐(wage narrowing)을 발생시킬 것이다. 그러나 제6장의 거미집 모형에 대한 논의(그림 6.8)로부터 법과 엔지니어링 같은 긴 훈련기간을 필요로 하는 몇몇 직종에서 공급 반응이 너무 커서 임금격차가 제거될 뿐만 아니라 반대 방향으로 바뀔 수 있다는 것을 상기하라. 그렇다면 다음 기간에 여전히 또 다른 과대조정이 발행할 수 있으며, 노동공급이 크게 감소해서 정(+)의 임금격차가 또다시 발생한다. 따라서 그림 8.6의 임금 조정 경로에 의해 보여지는 바와 같이 몇몇 임금은 일정 기간 동안 장기 균형임금 W_e 위아래로 진동할 수 있다. 그림에서 시간 단위가 진행함에 따라 임금은 W_0에서 W_1, W_2, W_3 등으로 이동한

---

[16] 이 점에 관한 고전적 논문은 George J. Stigler, "Information in the Labor Market," *Journal of Political Economy*, October 1962, pp. S94-105이다.

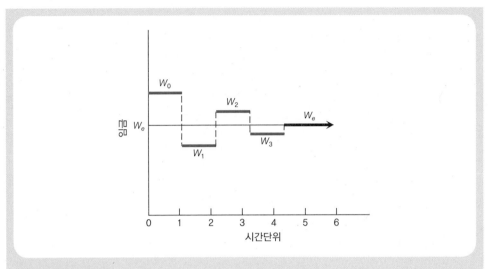

그림 8.6 임금 조정경로

최초의 노동수요 증가는 긴 훈련기간을 필요로 하는 직종에서 말하자면 W_0로의 상당한 임금 증가를 발생시킬 수 있다. 그러나 더 높아진 임금에 대한 공급 반응은 이어지는 기간에 직종에 대한 노동 잉여를 창출함으로써 임금을 말하자면 더 낮은 W_1으로 떨어뜨릴 수 있다. 시장의 균형이 최종적으로 회복되기 이전에 당분간 임금은 장기 균형임금 W_e 위아래로 진동할 수 있다. 과도기적인 기간 동안 이 직종과 W_e를 지급하는 다른 직종들 사이에 임금격차가 관찰될 것이다.

다는 것을 주목하라. 요약하면, 정보가 불완전하고 비용이 드는 노동시장들은 최종 균형으로의 길고 가끔 진동하는 조정경로 때문에 존재하는 많은 과도기적 임금격차에 의해 특징지어질 것이다.[17]

이동 제약

단순히 노동 이동의 장애로 정의되는 **노동 이동 제약**(labor immobilities)은 임금격차가 발생하고 때로는 지속되는 또 다른 주요 이유를 구성한다. 편의상 노동 이동성에 대한 이러한 장애들을 지리적, 제도적, 사회학적으로 분류할 것이다.

지리적 이동 제약

제9장에서 지리적 지역 사이의 임금 차이가 근로자들이 이주하는 인센티브를 제공한다는 것을 발견할 것이다. 고임금 장소로 이동함으로써 근로자는 평생근로소득을 향상시킬 수 있다. 그러나 이동은 또한 운송 경비, 이동 기간 동안 포기한 근로소득, 새로운 일자리와 공동체에 적응하는 불편함, 가족과 친구들을 떠나는 부(−)의 측면, 그리고 연공서열과 연금급여의 손실 같은 비용을 수반한다. 만약 이러한 비용이 높은 보수를 지급하는 지역으로 충분한 숫자의 이주자들을 끌어들이지 못할 정도로 이주를 제약한다면 지리적 임금격차는 지속될 것이다.

---

[17] 다른 임금 조정경로에 대한 논의는 Belton M. Fleisher and Thomas J. Kniesner, *Labor Economics: Theory, Evidence, and Policy,* 3rd ed. (Englewood Cliffs, NJ: Prentice-Hall, Inc., 1984), pp. 186-91을 참조하라. 또한 Jean Helwege, "Sectoral Shifts and Interindustry Wage Differentials," *Journal of Labor Economics,* January 1992, pp. 55-84도 흥미롭다.

제도적 이동 제약

정부와 노동조합 같은 기관들에 의해 부과되는 이동성에 대한 제약은 지리적 이동 제약을 강화할 수 있다. 제13장에서 논의할 바와 같이 직종에 대한 정부의 허가는 자격을 갖춘 근로자들의 일자리 이동을 제약할 수 있다. 또한 여러 주에서의 상이한 허가 요구사항들은 근로자 이동을 지리적으로 제한할 수 있다. 직종별 노동조합(craft union)들도 또한 여기서의 요소다. 즉 직종별 노동조합은 노동조합이 통제하는 도제프로그램과 조합원으로 채워진 일자리에 비조합원인 근로자들의 접근을 제한함으로써 이동을 방해한다. 다른 제도적 이동 제약은 한 일자리로부터 다른 일자리로 이동하려는 사람들의 인센티브를 감소시키는 연금계획 및 연공서열과 관련이 있다.

사회학적 이동 제약

마지막으로 노동 이동에 여러 사회학적인 장애가 존재한다. 제14장에서 인종 및 성별 노동시장 차별 이론을 검토할 것이다. 예를 들어 여성들은 어떤 직종들에 몰려 있는 것처럼 보인다. 이는 이러한 직종들에서 균형임금을 떨어뜨리고, 다른 곳에서 균형임금을 증가시킨다. 장애물들이 자격을 갖춘 여성들이 이러한 저임금을 지급하는 일자리로부터 더 높은 임금을 지급하는 직종으로 이동하는 것을 방해하는 한 성별 임금격차는 지속될 수 있다. 같은 맥락에서 아프리카계 미국인들은 역사적으로 사용자들에 의한 비공식적 합의를 통해 또는 노동조합에 의한 공식적 금지를 통해 어떤 고임금을 지급하는 직종들에서 배제되었다. 후자의 예로서 1930년에 20개가 넘는 전국노동조합은 아프리카계 미국인들이 조합원이 되는 것을 금지하는 합헌적인 조항을 갖고 있었다. 실제로 철도기관사노조(Locomotive Engineers)와 철도안내원노조(Railway Conductors) 같은 몇몇 노동조합들은 민권법(Civil Rights Act)이 통과된 1964년에도 여전히 아프리카계 미국인들을 조합원으로부터 배제하였다.[18]

그림 8.7은 임금격차에 대한 주요 기여 요소들을 도표로 만든 개요를 제공하고 있다. 이 그림은 주의 깊게 살펴볼 가치가 있다.

---

[18] F. Ray Marshall, Vernon M. Briggs, Jr., and Allan King, *Labor Economics*, 5th ed. (Homewood, IL: R. D. Irwin, Inc., 1984), p. 567.

그림 8.7 임금격차의 원천 : 개요

임금격차는 일자리들이 이질적이고, 근로자들이 이질적이며, 시장들이 불완전하기 때문에 발생한다. 이질적인 일자리들과 이질적인 근로자들은 헤도닉 임금 또는 일자리연결 모형의 토내이다.

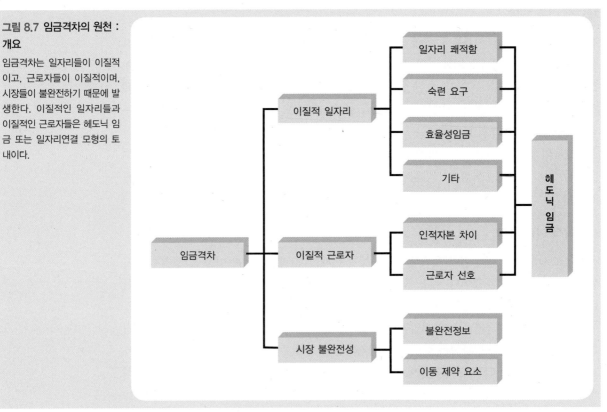

요약

1. 이론적으로 만약 모든 근로자들과 일자리들이 동질적이고 모든 노동시장이 완전경쟁이라면, 근로자들은 모든 시장에서 지급되는 임금이 같아질 때까지 여러 일자리 사이를 이동하게 된다.

2. 임금과 주당 근로소득의 평상적 그리고 실증적 검토는 다양한 임금격차가 존재하고 그들 중 많은 것들이 시간이 지남에 따라 지속된다는 것을 알려준다.

3. 일자리의 여러 비임금 측면이 보상임금격차를 발생시키는 방식으로 공급 결정에 영향을 미친다. 이러한 비임금 요소들은 (a) 일자리 부상과 사망위험, (b) 부가급여, (c) 일자리 지위, (d) 일자리 위치, (e) 근로소득의 규칙성, 그리고 (f) 임금 증가 전망이 포함된다.

4. 숙련 요구의 차이 또한 임금 차이를 발생시킨다. 다른 조건이 일정하다면 인적자본에 대한 상당한 사전 투자를 요구하는 직종에 충분한 근로자들을 끌어들이려면, 사용자들은 숙련이 덜한 근로자들에게 지급하는 것보다 더 많은 임금을 지급해야만 한다.

5. 효율성임금 이론들은 산업 내와 산업 간 보수 차이를 설명하기 위해 전개되었다. 이러한 이론들은 근로자들의 성과를 감시하기 어려운 곳, 개별 근로자들에 의한 실수 비용이 사용자에게 큰 곳, 그리고 높은 노동자 이직이 생산성을 크게 저하시키는 곳에서 임금이 더 높을 것이라는 것을 예측한다.

6. 임금 차이의 또 다른 주요 원천은 이질적 근로자들이

다. 구체적으로 말하면 근로자들은 매우 다양한 인적 자본과 근로의 여러 비임금 측면에 대해 상이한 선호를 갖고 있다. 결과적으로 전반적인 노동시장은 다른 그룹들과 경쟁을 거의 하지 않는 근로자 그룹들로 구성된 여러 하부시장으로 구성된다.

7. 헤도닉 임금 이론은 비임금 일자리 쾌적함 대비 임금에 대해 상이한 주관적 선호를 갖고 있는 근로자들이 그 비임금 속성 제공 비용이 서로 다른 사용자들 중 하나와 최적의 연결을 찾으려 한다는 가설을 설정한다. 모형에서 도출되는 광범위하게 다양한 시사점 중 하나는

노동시장은 심지어 비슷한 인적자본 축적을 가진 사람들 사이에도 지속적 임금격차를 만들어낸다는 사실이다.

8. 시장 정보가 불완전하고 정보 획득에 비용이 든다는 사실은 임금격차가 존재하는 또 다른 이유이다. 불완전하고 비용이 드는 정보는 다른 요소들과 무관하게 임금의 격차 범위를 창출하며, 왜 과도기적 임금격차가 흔히 오래 지속되는지를 설명한다.

9. 지리적, 제도적, 그리고 사회학적 노동시장 이동 제약도 근로자들 사이의 지속되는 근로소득 차이를 설명하는 데 도움이 된다.

용어 및 개념

과도기적 임금격차(transitional wage differentials)
균형임금격차(equilibrium wage differentials)
노동 이동 제약(labor immobilities)
동질적 근로자와 일자리(homogeneous workers and jobs)
보상임금격차(compensating wage differentials)
비경쟁그룹(noncompeting groups)

숙련격차(skill differential)
이질적 근로자(heterogeneous workers)
이질적 일자리(heterogeneous jobs)
임금구조(wage structure)
헤도닉 임금 이론(hedonic theory of wages)

질문 및 연구 제안

1. 가상적인 경제의 모든 근로자와 일자리가 동질적이라고 가정하자. 만약 이 경제가 완전경쟁적이고 정보와 이동에 비용이 들지 않는다면, 왜 임금격차가 존재하지 않게 되는지를 설명하라. 반면에 정보와 이동성이 불완전하고 비용이 든다면, 왜 임금격차가 발생하게 되는지를 설명하라.

2. 왜 대학 교수들은 일반적으로 기업에 고용된 자신의 박사학위 상대자들보다 적게 버는지를 분석하라.

3. "사회에서 가장 낮은 보수를 지급받는 많은 사람들 ― 예를 들어 즉석요리 전문 요리사들 ― 은 또한 상대적으로 열악한 근로조건을 갖고 있다. 따라서 보상임금격차 이론은 틀렸음이 입증된다." 이 주장에 대해 논평하라.

4. 말하자면 바텐더(bartender)보다는 칵테일 기술자(mixologist), 또는 쓰레기 청소원(garbage worker)보다는 환경미화원(sanitation engineer)이라고 부르는 것이 그 예이다. 이렇게 지위를 높이기 위해 일자리 명칭을 다르게 부르는 것이 왜 근로자의 단기적인 최고의 관심사가 될 수 있는지를 설명하라. 그러나 왜 그러한 명칭의 변화가 이러한 근로자들의 장기적인 최고의 관심사가 아닐 수도 있는가?

5. 인적자본에 대한 투자 이론이 어떻게 비경쟁그룹 개념과 관련되는지, 그리고 후자는 균형임금격차의 존재와 어떻게 관련되는지를 설명하라.

6. 그림 7.8을 참고하여, 왜 전적으로 효율성임금 지급(직무태만 모형과 이직 모형)의 결과로 나타나는 임금격

차가 시간이 지남에 따라 약화되기보다 오히려 지속되는지 설명하라.

7. 무엇이 임금격차의 헤도닉 이론인가? 정상이윤 등이윤곡선의 특성을 논의하라. 등이윤곡선을 근로자 무차별곡선과 결합하여 동일한 인적자본 축적을 가진 두 근로자가 어떻게 상이한 임금을 지급받을 수 있는지 설명하라.

8. 제조업 기업에 의해 생산직 근로자들에게 지급되는 시간당 평균임금이 왜 미시간주에서보다 미시시피주에서 훨씬 더 낮은지에 대해 숙고해보라(표 8.3).

9. 다음 각각이 임금격차와 어떻게 관련되는지 설명하라 ―(a) 연공서열 규정, (b) 주에 따라 상이한 직종에 대한 허가 요구사항, (c) 인종 분단, (d) 생활비의 지역적 차이.

10. 공공부문이 정부 근로자들에게 민간부문 상대자들과 동일한 임금으로 보수를 지급할 것을 요구하는 '보수동등성(pay comparability)' 법안이 왜 공공부문 노동시장에서 노동의 초과공급을 창출할 수 있는지를 설명하라.

11. (a) 더 넓은 지리적 영역으로부터 근로자들을 끌어들이기 위해 사용자들은 더 높은 임금을 지급해야만 하며, 따라서 더 높은 임금은 더 먼 통근거리('일자리의 주거에의 접근'이라는 쾌적함이 더 적음)와 관련되며, (b) 여성은 남성보다 자신의 가정과 가까운 일자리를 갖는 것에 대해 더 큰 기호를 갖고 있다고 가정하자. 헤도닉 임금 모형을 사용하여 왜 남성-여성 임금격차가 숙련 차이 또는 성 차별과 무관하게 나타날 수 있는지를 그래프로 보여라.

인터넷 연습

누가 큰돈을 버는가? 누가 그렇지 못한가?

노동통계국 직종별 고용통계 웹사이트(www.bls.gov/oes/home.htm)를 방문하여 보여지는 가장 최근 연도의 'OES Data'와 'National Cross Industry'를 선택하라. 10개의 광범위한 직종 분류['경영 직종(Management Occupation)', '사업 및 금융운영 직종(Business and Financial Operations Occupations) 등]에서 1개의 상대적으로 고임금을 지급하는 직종과 1개의 상대적으로 저임금을 지급하는 직종의 평균임금을 제시하라. 어떤 일반적인 요소들이 광범위한 직종 분류 내와 직종 분류 사이에 관찰되는 차이를 설명하는가? (한 단락의 에세이로 답하라.)

OES Code를 선택해 '판매 및 관련 직종(Sales and Related Occupations)'의 '부동산 중개인(Real Estate Brokers)'에 대한 연간 보수의 고용분포를 살펴보라. 상위 25%의 중개인에 들기 위해 필요한 최저 급여는 얼마인가? 중개인이 벌 수 있는 가장 높은 급여는 얼마이고, 하위 10%의 중개인에 들기 위한 가장 높은 급여는 얼마인가? 보수에 있어서의 이러한 현저한 차이를 무엇으로 설명할 수 있는가?

http://espn.go.com/golf/moneylist의 ESPN 스포츠존(Sportszone)을 방문하여 남성 프로골프리그, 여성 프로골프리그, 시니어 프로리그, 2부 프로리그, 유럽 리그의 상위 5명 상금승자와 그 근로소득을 확인하라. 이 정보는 '상금순위(Money Leaders)' 아래 각 리그를 선택함으로써 찾을 수 있다(현재의 근로소득 또는 지난 해 근로소득 어느 쪽이든 실려 있는 것을 사용하라). 관찰되는 5개 프로리그 상위 근로소득의 차이를 무엇이 일반적으로 설명하는가?

인터넷 링크

포브스(Forbes) 웹사이트는 연예인(celebrities), 경영 간부(executives) 등의 급여를 보고하고 있다(www.forbes.com/lists).

이동, 이주, 효율성

9

이 장을 공부하고 나면:

1. 여러 유형의 노동 이동을 구별하고, 각각의 상대적 중요성을 설명할 수 있다.

2. 인적자본 투자의 분석 틀을 사용하여 가계의 이주 결정을 설명할 수 있다.

3. 이주의 결정요인을 논의할 수 있다.

4. 노동 이주의 경제적 결과를 논의할 수 있다.

5. 자본 흐름과 생산물 흐름이 임금격차와 노동 이동에 어떻게 영향을 미치는지 설명할 수 있다.

6. 미국 이주 정책의 역사를 요약하고, 불법이주의 경제적 영향을 비판적으로 평가할 수 있다.

여러분은 아마 최근에 사용자, 직종, 또는 일자리 지역을 바꾼 누군가를 알 것이다. 실제로 근로자들의 움직임 ― 노동 이동(labor mobility) ― 은 노동시장의 현저한 특징 중 하나다. 자동차 정비공인 앨버레즈는 애리조나에서 아칸소로 이동한다. 공립학교 교사인 피어슨은 사립탐정이 되기 위해 사직한다. 노스캐롤라이나주에 있는 기업의 경영 간부인 키오스키는 뉴멕시코로 전출했다.

현실 세계에서 생산물수요, 노동 생산성, 인적자본의 수준, 가족 환경, 그리고 비임금 쾌적함을 향한 개인의 태도 같은 것들에서 변화는 일상적이다. 이러한 변화는 일부 근로자들로 하여금 사용자, 직종, 지리적 위치, 또는 세 가지 모두의 어떤 조합을 바꾸도록 유도한다. 또한 사용자들은 근로자들의 채용, 전출, 또는 해고, 현재 시설의 폐쇄 또는 확장, 또는 영업활동의 새로운 장소로의 이동에 의해 변화하는 경제 환경에 반응한다.

결합하면 근로자들과 사용자들의 이러한 행동들은 사용자로부터 사용자로, 직종으로부터 직종으로, 그리고 장소로부터 장소로 노동의 많은 움직임을 만들어낸다. 주의 깊게 관찰해보면 흔히 이러한 이동은 과도기적 임금격차에 반응하여 발생한다는 것을 알 수 있는데, 과도기적 임금격차는 시장들이 균형으로 이동함에 따라 줄어드는 경향이 있다. 이동은 노동시장 작동의 중심이 된다. 즉 그것은 근로자들을 사회에서 가장 가치가 높은 고용 쪽으로 뒤섞어 바꿈으로써 배분적 효율성을 촉진한다.

노동 이동의 유형

그림 9.1의 상자는 여러 중요한 종류의 노동 이동을 분류하고 있다. 박스들의 열은 고용 변화의 위치적 특성을 식별하며, 행은 직종의 특성을 알려준다. 각 상자와 관련된 노동 이동의 종류를 서술하기로 하자.

상자 I : 일자리 변화/직종 또는 거주지 변화 없음

상자 I은 근로자의 직종과 거주지 모두 변화하지 않는 이동을 보여준다. 이러한 형태의 이동은 자주 있는데, 전기 엔지니어들이 캘리포니아 실리콘 밸리 내에서 사용자를 바꾸거나 또는 자동차 판매원들이 다른 대리점에서 일하기 위해 한 대리점을 사직하는 것이 그 예이다. 이 범주는 또한 기업의 한 부서에서 똑같은 현지 지역의 다른 부서로의 전출을 포함한다. 예를 들어 은행 근로자가 지역 은행의 한 지점으로부터 다른 지점으로 재배치될 때가 이에 해당한다.

상자 II : 직종 변화/거주지 변화 없음

이 상자는 거주지의 변화를 수반하지 않는 직종의 변화를 식별한다. 이러한 **직종 이동**(occupational mobility)은 목수가 목재 하치장에서 일자리를 잡거나 또는 생산직 근로자가 기업 내에서 감독직으로 승진할 때와 같은 밀접하게 관련된 직종으로의 이동과 관련이 있다. 그러나 다른 경우에 이 이동은 상당한 직종 변화와 함께 한다. 예를 들어 대학을 마친 파트타임

그림 9.1 이동의 유형

이동은 여러 형태를 취할 수 있는데, 그중 네 가지가 상자 I로부터 상자 IV까지로 요약되어 있다. 구체적으로 말하면 그것은 일자리의 변화를 수반할 수 있지만 직종 또는 거주지의 변화가 없는 경우(상자 I), 직종이 변화하지만 거주지의 변화가 없음(상자 II), 똑같은 직종에서 일자리의 지리적 이동(상자 III), 직종의 변화에 수반되는 지리적 이주(상자 IV)이다.

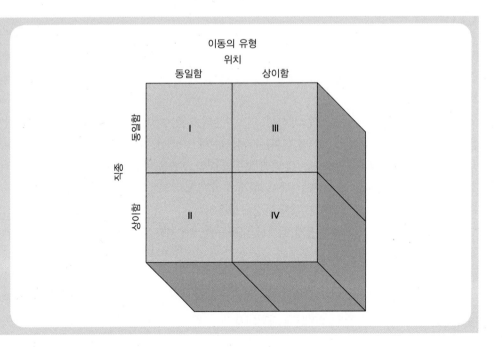

창고 근로자는 같은 도시 내에서 증권 중개인 일자리를 받아들일 수 있다. 미국에서 대략 10명의 근로자 중 1명이 자신의 이전 연도의 직종과 다른 직종에 고용된다. 이러한 직종 변화의 대다수는 35세 미만의 사람들이 차지한다. 이러한 변화는 많은 경우 지리적 이동도 수반한다(상자 IV).

상자 III : 지리적 변화/직종 변화 없음

지리적 이동(geographic mobility)은 한 시, 주, 또는 국가로부터 다른 시, 주, 또는 국가로의 근로자 이동과 관련된다. 미국 총인구의 약 12%가 매년 거주지를 바꾼다. 한 카운티 또는 주로부터 다른 카운티 또는 주로의 이동은 이러한 거주지 변화의 34%와 관련이 있다. 회사에 의한 근로자들의 전출은 매년 40~50만 명 사이이다. 최근 수년 동안 해외로부터의 순이주는 매년 약 100만 명이었다.

많은 경우 지리적 이동은 일자리의 변화를 가져오지만, 직종의 변화를 가져오지는 않는다. 예를 들면 항공우주 기업의 경영 간부가 위치타로부터 시애틀로 전출하고, 농장 근로자가 멕시코에서 미국으로 이동하며, 법인의 변호사가 보스턴의 로펌에 합류하기 위해 뉴욕시의 로펌을 떠나고, 프로미식축구 선수가 뉴올리언스에서 시카고로 트레이드되는 것 등이 있다.

상자 IV : 지리적 변화/직종 변화

지리적 일자리 관련 이동의 대략 30%는 직종의 변화를 수반한다. 따라서 이러한 변화는 지리적 및 직종과 관련된 이동 모두를 나타낸다. 예를 들어 펜실베이니아에서 해고된 철강 근로자가 건설 근로자 일자리를 얻기 위해 애리조나로 떠날 수 있다. 또는 아마 고등학교 교사가 멀리 떨어진 도시 지역에서 보험 손해사정인 자리를 잡기 위해 작은 마을을 떠날 수도 있다.

9.1
근로의 세계

초점을 제한하고 명확성을 계속 유지하기 위해 이 장의 나머지 부분에서는 지리적 이동에 관심을 국한시킬 것이다(상자 III과 상자 IV). 그러나 뒤따르는 많은 분석은 또한 다른 형태의 노동 이동에도 직접적으로 적용될 수 있다.

인적자본에 대한 투자로서의 이주

노동 이주는 경제학자, 사회학자, 인구통계학자, 지리학자들에 의해 광범위하게 연구된다. 경제학자들이 지리적 이동에 대한 이해에 기여했던 한 가지 중요한 방식은 이주의 인적자본 모형의 개발과 테스트를 통해서이다. 인적자본은 개인에게 체화된 소득을 산출하는 숙련, 지식, 그리고 경험으로 구성된다는 것을 배웠다. 이러한 자본보유량은 현재의 희생을 필요로 하지만 평생에 걸쳐 미래 근로소득의 흐름을 증가시키는 구체적 행동인 인적자본에 대한 투자에 의해 증가될 수 있다. 그러한 행동에는 더 많은 교육의 획득, 추가 훈련의 얻음, 그리고 개인의 건강 유지가 포함된다. 높은 보수를 지급하는 일자리로의 이주는 더 높은 미래 근로소득을 얻기 위해 현재의 희생을 수반하기 때문에 그것 또한 인적자본 투자이다.

평생 근로소득이 증가할 잠재성이 존재하는 모든 경우에 이주가 발생할 것인가? 예상 이득에

9.1 근로의 세계   지리적 이동의 감소*

미국 내에서의 이주율은 1900년부터 1980년까지 서서히 증가했지만, 그 이후 지속적으로 감소했다. 1981~1990년 사이에 연간 주(州) 간 이주율은 2.9%였다. 2001~2010년 사이에 이르러서는 이주율이 1.7%로 감소했다. 이주율은 단거리와 장거리 이동 모두, 그리고 인구의 거의 모든 하부그룹에서 감소했다.

몰로이, 스미스, 워즈니악(Molloy, Smith, and Wozniak)은 이주율의 1980년 이후 감소 원인을 조사했다. 그들은 인구통계학적 및 사회경제적 그룹들 간의 이동은 감소를 설명하는 데 거의 아무것도 할 수 없다는 것을 발견하고 있다. 그들은 이주의 감소에 대한 네 가지 다른 가능한 설명을 제안한다. 첫째, 맞벌이 커플의 증가가 기꺼이 이동할 용의가 덜 생기도록 만들었을 수 있다. 둘째, 통신시설을 이용한 재택근무의 증가가 근로자들이 일자리를 위해 이동할 필요를 감소시켰지만, 가정에서 일하는 근로자들의 비중이 1980년의 2.1%에서 2009년에 단지 4.1%로 증가한 것을 보면 주요한 역할을 담당할 가능성은 적다. 셋째, 일자리의 지리적 위치가 생산되는 재화와 서비스에서 덜 특화되었을 수 있으며, 따라서 이용가능한 일자리들이 지역을 막론하고 더 비슷해졌다는 것이다. 인구가 밀집한 도시의 인구 비중은 감소했던 반면, 덜 밀집한 대도시 지역의 인구 비중은 증가했음에 따라 이 가설을 지지하는 몇몇 증거가 존재한다. 마지막으로 생활편의시설이 지역 간에 더 비슷해졌으며, 따라서 이동할 필요가 더 적어지고 있다.

그들은 또한 2005년 이후 이주가 감소한 이래 주택시장과 경기 침체의 역할도 조사했다. 그들은 이주가 경기침체 시작 이전에 감소했기 때문에 경세가 큰 역할을 히지 않았다고 주장한다. 주택시장 침체의 시기가 이주의 감소와 더 밀접하게 연결되기 때문에 주택시장이 원인일 가능성이 더 크다. 부(−)의 자산 가치(그들의 담보대출금이 자신들 주택의 가치를 초과한다)를 가진 주택 소유자들이 기꺼이 이동할 용의가 덜 있기 때문에 주택시장 침체는 이주에 영향을 미칠 수 있다. 그러나 이주율의 감소가 주택 임차인과 주택 소유자의 경우 비슷했고, 부(−)의 자산 가치를 가진 주택의 비율이 더 높은 주들에서 이주가 크게 감소하지 않았기 때문에 주택시장 침체의 역할은 낮게 평가되었다.

* Raven Molloy, Christopher L. Smith, and Abigail Wozniak, "Internal Migration in the United States," *Journal of Economic Perspectives*, Summer 2011, pp. 173-96을 기초로 함.

대해 저울질해야 하는 이주 투자와 관련된 비용이 존재하기 때문에 대답은 '아니요'이다. 주요 비용은 운송 경비, 이동 기간 동안 포기한 소득, 가족과 친구를 떠나는 정신적 비용, 그리고 연공서열과 연금 혜택의 손실이다. 제4장의 분석에 따르면 만약 예상 근로소득 증가의 현재가치가 이러한 투자비용의 현재가치를 초과한다면 개인은 이동하기로 선택할 것이다. 만약 정반대가 사실이라면 개인은 도착지의 근로소득 잠재성이 현재 위치에서보다 더 높을 수 있더라도 이주하는 것이 가치 있지 않다고 결론을 내릴 것이다.[1]

제4장 식 (4.3)을 수정한 식 (9.1)은 이주의 순현재가치를 나타낸다.

$$V_p = \sum_{n=1}^{N} \frac{E_2 - E_1}{(1 + i)^n} - \sum_{n=1}^{N} \frac{C}{(1 + i)^n} - Z \tag{9.1}$$

여기서, V_p = 순편익의 현재가치

---

[1] 이 주제에 관한 고전적인 논문은 Larry A. Sjaastad, "The Costs and Returns of Human Migration," *Journal of Political Economy*, suppl., October 1962, pp. 80-93에 의한 것이다. 노동 이동 모형에 대한 조사는 Michael J. Greenwood, "Internal Migration in Developed Countries," in Mark R. Rosenzweig and Oded Stark (eds.), *Handbook of Population and Family Economics* (Amsterdam: Elsevier, 1997), pp. 647-720을 참조하라. 또한 John Kennan and James R. Walker, "The Effect of Expected Income on Individual Migration Decisions," *Econometrica*, January 2011, pp. 211-51도 참조하라.

$E_2 =$ n년의 새로운 일자리로부터의 근로소득

$E_1 =$ n년의 기존의 일자리로부터의 근로소득

$N =$ 새로운 일자리에서 예상되는 시간의 길이

$i =$ 이자율(할인율)

$n =$ 편익과 비용이 발생하는 연수

$C =$ n년의 이동으로부터의 결과인 직접 및 간접 화폐비용

$Z =$ 이동의 순정신적 비용(정신적 비용 − 정신적 이득)

식 (9.1)에서 만약 $V_p > 0$이면, 이는 예상되는 근로소득의 이득이 화폐 및 순정신적 투자비용을 초과하는 것을 의미하는데, 이때 개인은 이주할 것이다. 반대로 만약 $V_p < 0$이면 개인은 자신의 현재 일자리와 위치에 머물 것이다. 다른 조건이 일정하다면 두 일자리 사이의 연간 근로소득격차 $(E_2 - E_1)$이 크면 클수록 순편익(V_p)의 현재가치가 더 높을 것이고, 개인이 이주할 가능성이 더 커질 것이다.

이주의 결정요인 : 상세한 설명

연간 근로소득격차 $(E_2 - E_1)$ 이외의 여러 요소가 식 (9.1)의 총근로소득과 비용 흐름의 할인된 현재가치에 영향을 미침으로써 순편익의 현재가치와 이주 결정에 영향을 미친다. 이러한 요소들 또는 **이주의 결정요인**(determinants of migration)은 연령, 가족 환경, 교육, 거리, 그리고 실업을 포함한다.

연령

이주에 대한 연구들은 연령이 이주 확률을 결정하는 주요 요소라고 일관되게 밝히고 있다. 다른 조건이 일정하다면 나이가 들면 들수록 이주할 가능성은 더 낮아진다. 여기에는 여러 이유가 있는데, 각 이유는 이주로부터의 순근로소득상의 이득 감소 또는 이주비용 증가와 관련이 있다.

첫째, 나이 든 이주자들은 자신의 투자비용을 회수할 연수가 더 적다. 특정 이주비용이 주어졌을 때 연간 근로소득의 이익을 얻기 위해 개인이 갖는 시간대가 더 짧으면 짧을수록 식 (9.1)에서 V_p항은 더 작아질 것이다. 젊은 사람은 상대적으로 작은 임금격차를 자신의 평생에 걸쳐 상당한 것으로 여기겠지만, 퇴직이 2~3년 남은 사람은 오래가지 못하는 연간 임금격차를 달성하기 위해 이주비용을 발생시키려 하지 않을 것이다.

둘째, 나이 든 사람들은 자신의 현재 사용자에게 특수한 더 높은 수준의 인적자본을 갖고 있는 경향이 있다. 연령, 일자리에서의 시간 길이(재직기간), 그리고 연간 임금은 모두 정(+)의 상관관계를 갖고 있다. 재직기간이 길수록 현장실무훈련의 양과 사용자가 재정 지원하는 개인이 갖고 싶어 하는 다양성에 대한 특수훈련 투자가 더 커질 것이다. 정의에 의하면 이러한 인적자본은 다른 일자리로 이전될 수 **없으며**, 따라서 여러 해의 일자리 재직기간 이후에 개인이 받는 임금은 부분적으로 인적자본에의 특수훈련 투자에 대한 수익을 반영하며, 다른 곳에서 획득할

수 있는 임금보다 더 높을 가능성이 높다. 따라서 투자비용을 회수하기 위해, 이용가능한 시간의 길이와 관계없이, 나이 든 사람들은 이주할 가능성이 더 낮을 수 있다.[2]

이동의 비용은 이주에 영향을 미치는 연령과 관련된 세 번째 고려사항이다. 나이 든 사람들은 흔히 젊은 사람들보다 더 높은 이주비용을 갖는다. 예를 들어 젊은 사람은 가로와 세로가 각각 4피트와 8피트인 유홀 트레일러(U-Haul trailer)로 소유물을 운송할 수 있는 반면, 나이 든 사람은 이삿짐 센터를 이용할 필요가 있을 수 있다. 또 다른 예로 이주하는 젊은 개인은 잃을 연공서열 또는 미래 연금급여가 거의 없는 반면, 나이 든 개인은 이러한 형태의 매우 큰 비용을 초래할 수 있다.[3] 또한 이주의 정신적 비용은 나이를 먹음에 따라 증가한다. 나이 든 사람들은 젊은 근로자들보다 자신들의 현재 공동체에 뿌리를 갖고, 지역 학교에 자녀를 보내며, 직장 친구들과 광범위한 인적 네트워크를 갖고 있을 가능성이 크다. 이러한 순정신적 비용, 즉 식 (9.1)의 Z가 더 크면 클수록 V_p값이 더 작아지며, 개인이 이주할 가능성은 더 낮아진다.

마지막으로 부분적으로는 사람들이 인적자본에의 오랜 투자를 마친 후에 가장 이동성이 높기 때문에 연령과 이주와의 역의 관계가 존재한다. 많은 사람들은 18~19세의 고등학교 졸업 시기에 지리적 이동이라는 결과를 가져올 수 있는 '일자리 쇼핑'을 시작한다.[4] 이주는 지역 및 전국 노동시장에 진입하는 대학 졸업자들의 경우 더욱더 현저하다. 따라서 미국에서 노동 이주의 정점 연령이 23세인 것은 놀랄 일이 아니다.

가족 요소

가족 규모가 증가함에 따라 이주의 잠재비용은 크게 증가한다. 따라서 연령과 교육 같은 다른 요소들이 불변이라면 기혼인 근로자들은 독신인 사람들보다 이주할 경향이 더 작을 것이라고 예상하게 된다. 나아가 일하지 않거나, 아니면 저임금으로 일하는 배우자가 있는 기혼 근로자들의 경우에 더 높은 이주율을 기대하는 것은 논리적인 것처럼 보인다. 만약 배우자 모두 많은 임금을 번다면 이주하는 기간 동안의 포기한 소득이라는 가족비용이 높아질 것이다. 그리고 배우자 중 한 명이 목적지에서 일자리를 찾지 못할 가능성과 합하면 이러한 비용은 가족에게 이주로부터의 순현재가치를 감소시킨다. 마지막으로 학교에 다닐 연령의 자녀가 존재한다는 것은 예상 화폐적 이득 대비 이동 관련 정신적 비용이 너무 크다고 결론을 내릴 수 있게 한다.

인적자본 모형으로부터의 이러한 특별한 예측들은 실증 증거에 의해 지지를 받는다. 민서(Mincer)는 (1) 결혼하지 않은 사람들이 이동할 가능성이 더 크고, (2) 아내의 고용은 가족 이주를 억제하며, (3) 아내의 재직기간이 길면 길수록 가족이 이주할 가능성이 더 적고, (4) 가족 중 학교에 다니는 자녀의 존재는 이주를 감소시킨다는 것을 발견했다.[5]

---

[2] Jacob Mincer and Boyan Jovanovic, "Labor Mobility and Wages," in Sherwin Rosen (ed.) *Studies in Labor Markets* (Chicago: University of Chicago Press, 1981), pp. 21–63.

[3] 사용자가 제공하는 연금을 뒤로 하고 떠날 가능성이 일자리를 바꾸는 높은 비용을 구성한다는 증거는 Steven Allen, Robert Clark, and Ann McDermed, "Pensions, Bonding, and Lifetime Jobs," *Journal of Human Resources*, Summer 1993, pp. 463–81을 참조하라.

[4] William Johnson, "A Theory of Job Shopping," *Quarterly Journal of Economics*, May 1978, pp. 261–78.

[5] Jacob Mincer, "Family Migration Decisions," *Journal of Political Economy*, October 1978, pp. 749–74. 남편과 아내 모두 대학 학위를 가진 곳에서 이주의 확률은 아내가 일할 때 4% 더 낮다. Dora L. Costa and Matthew E. Kahn, "Power Couples: Changes in the Locational Choice of the College Educated, 1940–1990," *Quarterly Journal of Economics*, November 2000, pp. 1287–315를 참

교육

같은 연령그룹 내에서 고졸 초과 학력 수준은 개인의 국내 이주 가능성의 주요 예측변수이다. 학력이 높으면 높을수록 다른 조건이 일정할 때 개인이 실제 이주할 가능성은 더 크다.[6] 여러 이유가 이 관계를 설명하기 위해 제시되었다. 대학 졸업자들과 MBA, 박사, 변호사, 그리고 CPA와 같이 대학원 훈련을 받은 사람들은 사용자들이 자격을 갖춘 근로자들을 구하는 지역 및 전국 노동시장에서 고용을 탐색한다. 이러한 시장에는 흔히 상당한 일자리 정보와 이용 가능한 정보를 분석하고 평가하는 능력을 보유한 참가자들이 있다. 이주로부터의 경제적 이득에 대한 잠재성 또한 많은 근로자들과 일자리들의 이질성에 의해 증가할 수 있다.[7] 노동조합 임금폭과 최저임금은 대학 훈련을 필요로 하지 않는 직종 내의 임금격차를 감소시킨다. 반면에 전문직 및 관리직 근로자들 보수의 폭넓은 차이는 더 큰 책임과 보수를 수반하는 일자리로 이동할 더 많은 기회를 제공한다. 특화가 덜 된 근로자들은 자신들의 현재 위치 내에서의 직종과 관련된 이동을 통해 자신들의 근로소득을 증가시킬 더 큰 기회를 가질 수 있다(그림 9.1의 상자 II). 그 경로는 매우 특화된, 따라서 근로소득에 있어서의 이득을 달성하기 위해 지리적 이주를 이용할 수 있는 근로자들에게는 개방되어 있지 않다.

다른 요소들도 또한 여기서 작용한다. 대학 교육을 받은 근로자들은 더 적은 학교 교육을 받은 사람들보다 걸핏하면 새로운 지리적 위치로 더 전출하려 하며, 만약 전출되지 않는다면 전출하자마자 이미 가동 중인 새로운 일자리를 가질 가능성이 더 크다. 따라서 일단 그들이 새로운 지역으로 이동한다면 그들이 일자리를 찾지 못할 확률은 0이며, 자신들의 평생에 걸친 예상 근로소득의 이득은 증가한다. 마지막으로 대학 학위를 가진 사람들은 자신들의 고향을 떠나는 데 더 적은 정신적 비용(Z)이 들 수 있다. 우선 많은 대학생들이 처음에 학교에 다니기 위해 새로운 지역으로 이주하며, 이러한 경험은 새로운 경제적 기회가 나타날 때 다시 이동하기 더 쉽게 만들 수 있다. 또는 아마도 이러한 사람들이 대학에 다니기 위해 지리적으로 이동한다는 사실은 그들이 처음에 그 똑같은 선택을 하지 않았던 사람들보다 이주에 대해 더 낮은 타고난 비용 또는 더 강력한 선호를 가졌다는 것을 보여준다. 연구에 의하면 무슨 이유가 되었든지 한 번 이동한 사람들이 또다시 이동하는 경향이 있다.

거리

이주의 확률은 개인이 이동해야 하는 거리와 역으로 변한다. 거리가 멀면 멀수록 잠재적 이주자가 이용가능한 일자리 기회에 대해 더 적은 정보를 보유할 가능성이 있다. 또한 운송비용도 보통 거

조하라. 또한 Janice Compton and Robert A. Pollak, "Why Are Power Couples Increasingly Concentrated in Large Metropolitan Areas?" *Journal of Labor Economics*, July 2007, pp. 475–512를 참조하라.

[6] Larry H. Hong, "Migration Differentials by Education and Occupation: Trends and Variations," *Demography*, May 1973, p. 245. 또한 Michael A. Quinn and Stephen Rubb, "The Importance of Education–Occupation Matching in Migration Decisions," *Demography*, February 2005, pp. 153–67을 참조하라.

[7] 교육을 많이 받은 근로자들이 정(+)의 노동수요 변화에 반응하여 이주할 가능성이 더 크다는 증거는 Abigail Wozniak, "Are College Graduates More Responsive to Distant Labor Market Opportunities?" *Journal of Human Resources*, Fall 2010, pp. 944–970 을 참조하라.

리에 따라 증가한다. 마지막으로 이동의 물리적 거리가 더 멀면 멀수록 정신적 비용이 정말로 상당해질 가능성이 더 있다. 그러한 비용에 대해 마을을 가로질러 이동하는 것은 한 가지 문제이고, 인근 주로 이동하는 것은 또 다른 문제이며, 그리고 나라를 가로질러 또는 다른 나라로 이동하는 것은 또 다른 별개의 문제이다. 정신적 비용은 부분적으로 감소될 수 있지만, '익숙한 길(beaten path)'을 따르는 것과 도착 지역 내 특정 이웃에 모이는 것에 의해 다 제거되지는 않는다. 이주자들은 종종 가족, 친구, 그리고 친척에 의해 이전에 취해진 경로를 따른다. 이러한 먼저 이주한 사람들은 일자리 정보, 고용계약, 일시적 거주 구역, 그리고 문화적 연속성을 제공함으로써 뒤를 잇는 사람들의 이동을 쉽게 해준다. 그러나 이동 거리가 멀면 멀수록, 임금 차이에 대한 정보를 얻을 가능성이 적을수록 정신적 비용은 더 크며 따라서 이주할 가능성은 더 적어진다.[8]

실업률

인적자본 모형에 근거하면 출발 장소의 높은 실업률은 이주로부터의 순편익을 틀림없이 증가시키며, 근로자들을 밖으로 밀어낸다. 즉 실업 상태의 개인은 잠재적 목적지에서 고용을 얻을 확률 대비 출발 장소에서 고용을 얻을 확률을 평가해야만 한다. 비록 이 문제에 관한 증거는 놀랄 정도로 뒤섞여 있지만 연구 결과들은 다음의 일반화를 지지한다 — (1) 실업 상태의 사람들에 의해 이끌리는 가족들은 다른 가족들보다 이주할 가능성이 더 크다. 그리고 (2) 출발지의 실업률은 밖으로의 이주(out-migration)에 정(+)의 영향을 미친다.[9] 그러나 그러한 밖으로의 이주는 의사결정자들이 나이 들고 교육을 많이 받지 않은 근로자들이거나, 또는 실업급여나 기타 소득이전이 상대적으로 높을 때는 예상했던 것만큼 항상 크지 않을 수 있다.

목적지로 가능한 곳의 실업률이 고용을 찾을 확률에 영향을 미치고, 따라서 할인된 순편익의 기대가치를 증가시킴으로써 이주 결정에 영향을 미치는가? 이 질문에 대해서는 확정적인 결론에 도달할 수 없다. 우선 한 가지 이유는 일반적인 실업률이 특정 개인이 고용을 찾을 확률을 항상 반영하지 않기 때문이다. 또한 안으로의 이주(in-migration) 그 자체가 목적지의 실업률을 증가시킬 수 있다. 그럼에도 불구하고 한 가지 일반화가 가능하다. 즉 현재 실업 상태의 근로자들은 평균보다 낮은 실업률을 가진 목적지로 이주하는 경향이 있다.

기타 요소

많은 다른 요소들이 이주에 영향을 미칠 수 있는데, 그중 몇 가지만 여기에 열거한다. 첫째, 연구 결과들은 주택 소유가 이주를 단념시킨다는 것을 보여준다.[10] 둘째, 어떤 지역으로의 높은

---

[8] Henry Herzog, Jr., and Alan M. Schlottmann, "Labor Force Migration and Allocative Efficiency," *Economic Inquiry*, July 1981, pp. 459-75; Paul S. Davies, Michael J. Greenwood, and Haizheng Li, "A Conditional Logic Approach to U.S. State-to-State Migration," *Journal of Regional Science*, May 2001, pp. 337-60을 참조하라.

[9] Julie Da Vanzo, "Does Unemployment Affect Migration? Evidence from Micro Data," *Review of Economics and Statistics*, November 1978, pp. 32-37; Davies, Greenwood, and Li, ibid.를 참조하라. 또한 Raven E. Saks and Abigail Wozniak, "Labor Reallocation over the Business Cycle: New Evidence from Internal Migration," *Journal of Labor Economics*, October 2011, pp. 697-739를 참조하라.

[10] Richard K. Green and Patric H. Hendershott, "Home Ownership and Unemployment in the U.S." *Urban Studies*, 2001, pp.

비율의 국제이주는 본토에서 태어난 근로자들의 안으로의 이주율을 감소시키고 밖으로의 이주율을 증가시키는 경향이 있다.[11] 이는 국제이주의 증가와 관련된 하락한 임금의 결과인 것으로 보인다. 셋째, 주와 지방정부 정책들은 노동 이주에 영향을 미칠 수 있다. 예를 들면 (1) 가처분소득을 감소시키는 높은 개인소득세율은 높은 세금 지역으로의 이주를 지연시킬 수 있고, (2) 높은 수준의 서비스에 대한 1인당 정부 지출은 안으로의 이주를 증가시킬 수 있으며, 그리고 (3) 새로운 산업을 유치하려는 정책은 특정 지역으로의 더 큰 이주를 불러일으킬 가능성이 있다. 넷째, 위치의 특성이 연령집단에 따른 이주 결정에 상이한 영향력을 갖는다. 기업 환경이 소비자 생활편의시설보다 젊은 고학력 근로자들의 결정에 더 큰 영향력을 갖고 있다. 은퇴연령에 가까운 근로자들의 경우 그 반대다.[12] 다섯째, 국제이주의 경우 목적지에서 사용되는 언어가 이동성에 영향을 미치는 주요 요소이다. 해외로부터의 이주 쿼터와 해외로의 이주 금지가 또한 국제이주에 크게 영향을 미친다. 이외에도 많은 국제이주자들은 정치적 압박과 전쟁에 의해 자신들의 현재 거주 장소로부터 내쳐진다. 여섯째, 노동조합이 결정 요소일 수 있다. 근로자들에게 바람직하지 않은 근로조건을 바꾸려는 발언권을 제공함으로써 노동조합은 자발적인 '퇴장'을 감소시키며, 이동과 이주를 줄인다(제11장). 또는 다른 관점으로 볼 때 아마도 노동조합이 근로자들을 위해 확보하는 임금 이득이 조합원들이 새로운 일자리로 이주하려는 인센티브를 감소시킨다. 일곱째, 사람들은 이주 결정에 있어 점점 범죄와 기후에 높은 우선순위를 부여하고 있다.[13] 극도로 다양하긴 하지만 이러한 요소들은 공통되는 특성을 공유하고 있다. 그것들은 모두 이주로부터의 예상 이득, 예상 비용, 또는 그 두 요소의 어떤 조합에 영향을 미침으로써 식 (9.1)의 V_p에 영향을 미친다.[14]

이주의 결과

국내 및 국제이주의 결과는 여러 차원을 갖고 있다. 처음에 '인적자본에 대한 이런 형태의 투자에 대한 수익은 무엇인가?'라고 질문함으로써 이주로부터의 개인적 이득을 검토할 것이다. 그 뒤 이주로부터 사회에 귀속되는 산출량 증가를 분석할 것이다. 거기서 또한 순이득의 분배를 정리하려 시도할 것이다. 누가 이득을 볼 것인가? 누가 손실을 입을 것인가?

개인적 이득

사람들은 자발적으로 한 지역으로부터 다른 지역으로의 이주를 결정할 때 자신들의 평생 효용

1509-20.

[11] George J. Borjas, "Native Internal Migration and the Labor Market Impact of Immigration," *Journal of Human Resources*, Spring 2006, pp. 221-58.

[12] Young Chen and Stuart S. Rosenthal, "Local Amenities and Life-Cycle Migration: Do People Move for Jobs or Fun?" *Journal of Urban Economics*, November 2008, pp. 519-37.

[13] Richard J. Cebula, "Migration and the Tiebout-Tullock Hypothesis Revisited," *Review of Regional Studies*, Winter-Spring 2002, pp. 87-96.

[14] 이주에 영향을 미치는 여러 요소에 대한 매우 읽을 만한 요약은 Raven Molloy, Christopher L. Smith, and Abigail Wozniak, "Internal Migration in the United States," *Journal of Economic Perspectives*, Summer 2011, pp. 173-96이다.

이 증가할 것을 기대한다. 이 기대이득을 개념화하는 한 가지 흥미로운 방식은 '이주자가 일자리 기회를 거부하도록 유도하기 위해 얼마의 화폐 금액을 지급해야 하는가?'라고 질문하는 것이다. 이 액수는 새로운 위치로의 이동으로부터의 기대이득 추정치이다.

실증 증거

실증연구들은 이주는 평균적인 이주자들의 평생근로소득을 증가시킨다는 것을 확인하고 있다.[15] 추정된 수익률은 인적자본에 대한 다른 형태의 투자에 대한 수익률과 비슷한데, 이는 수익률이 일반적으로 10~15% 범위라는 것을 의미한다.

주의사항

이주에 대한 수익률에 대해 일반화할 때 적어도 다섯 가지 주의사항 또는 문제가 언급되어야 한다.

1. 불확실성과 불완전 정보   이주 결정은 기대순편익을 기초로 하며, 대부분이 불확실성과 불완전 정보의 환경하에 이루어진다. 높은 평균수익률이 모든 이주자에 대한 정(+)의 수익을 의미하지는 않는다. 많은 경우 이주로부터의 예상이득이 단순히 구체화되지는 않는다. 즉 기대했던 일자리가 목적지에서 발견되지 않고, 생활비가 기대했던 것보다 더 높으며, 가족과 친구들로부터 멀어지는 정신적 비용이 예상했던 것보다 더 크고, 기대했던 인상과 승진이 이루어지지 않을 수 있다. 따라서 이주 유형에는 상당한 역류가 존재한다.[16] 이러한 역이주가 관련된 사람들에게는 비용을 발생시키지만, 그것은 유용한 경제적 기능을 수행한다. 즉 그것은 다른 잠재적 이주자들에게 목적지에 대한 정보의 이용가능성을 증가시킴으로써 이주의 편익과 비용을 더 잘 평가할 수 있도록 한다. 이는 이어지는 이주가 더 효율적이 되도록 만든다.

또한 모든 역이주가 인적자본에 대한 수익성이 없는 투자를 의미하지는 않는다. 일부 사람들은 부를 축적하기 위해 또는 현장실무훈련 또는 근무 후 교육을 통해 자신들의 인적자본 보유량을 증대시키기 위해 일시적으로 이주한다. 대부분은 자신들의 금융 또는 인적자본 목표에 도달한 후 출발 위치로 되돌아간다. 예를 들어 알래스카 송유관을 건설했던 사람들 대부분은 자신들의 업무를 완결한 후 본토의 48개 주로 되돌아갔다. 또한 미국-멕시코 국경을 건넜던 많은 미등록 이주자들은 멕시코로 되돌아간다.[17]

2. 근로소득 이득의 시점   이주로부터의 평생소득 이득이 반드시 이주자들이 이주 후 처음 몇 년의 기간 동안 근로소득으로부터 이득을 수령한다는 것을 의미하지는 않는다. 연구 결과들은 일

---

[15] 예를 들어 Kristen Keith and Abagail McWilliams, "The Returns to Job Mobility and Job Search by Gender," *Industrial and Labor Relations Review*, April 1999, pp. 460-77을 참조하라.

[16] 외국에서 태어난 해외로부터의 이주자들 중 미국 노동시장에서 잘 나가지 않는 사람들 사이에 역이주가 발생할 가능성이 더 크다. George J. Borjas and Bernt Bratsberg, "Who Leaves? The Outmigration of the Foreign-Born," *Review of Economics and Statistics*, February 1996, pp. 165-76을 참조하라. 또한 Patricia B. Reagan and Randall J. Olsen, "You Can Go Home Again: Evidence from Longitudinal Data," *Demography*, August 2000, pp. 339-50을 참조하라.

[17] Michael J. Piore, *Birds of Passage: Migrant Labor and Industrial Societies* (Cambridge: Cambridge University Press, 1979), pp. 149-54.

부 이주자들은 이동 후 처음 몇 년 동안은 감소된 근로소득을 경험한다는 것을 보여준다. 그러나 이러한 감소에 이어 후기의 기간에 이를 상쇄하고도 남을 근로소득의 증가가 뒤따르는 경향이 있다. 달리 말하면 일부 이주자들은 이주 후 단기간 동안의 근로소득 감소를 더 빨리 증가할 미래 근로소득에 대한 투자비용으로 받아들인다.

3. 근로소득 차이 평생근로소득의 증가가 반드시 이주자들이 이미 목적지에 있던 사람들이 받는 것과 동일한 연간 근로소득을 받을 것임을 의미하지는 않는다. 이주자들이 보유하고 있는 숙련이 지역 간(직종의 면허 교부 때문에), 사용자 간(특수훈련 때문에), 또는 국가 간(언어와 다른 요소들 때문에)에 항상 완전하게 이전될 수 있는 것은 아니다. 이러한 **숙련 이전성**(skill transferability)의 결여는 아마 이주자들의 임금이 향상되더라도 목적지에서 비슷하게 훈련받고, 교육을 받은 뒤 고용된 근로자들보다 더 적은 보수를 지급받을 수 있다는 것을 의미할 수 있다. 예를 들어 치스윅과 밀러(Chiswick and Miller)는 영어를 사용하지 않는 나라들에서 이주한 영어가 유창한 사람들은 영어가 유창하지 않은 상대자들보다 14% 더 많이 번다는 것을 발견하고 있다.[18] 또 다른 연구는 영어를 배울 인센티브가 더 적은 이주자들―예를 들어 고국으로 되돌아갈 것을 기대하는 사람들 또는 모국어가 널리 사용되는 지역에 살고 있는 사람들―은 새로운 언어를 배울 가능성이 더 낮다.[19]

반면에 이주는 **자기선택**(self-selection)에 의해 특징지어지는 경향이 있다. 일부 이주자들이 이동하기로 선택하는 반면, 비슷한 숙련을 가진 다른 사람들은 그렇지 않기 때문에, 이주자들은 개인적인 경제적 성취에 더 큰 동기부여와 나중의 더 높은 수준의 소비를 위해 현재의 소비를 희생할 더 큰 용의를 갖고 있을 것이다. 치스윅(Chiswick)이 지적한 바와 같이

> 그렇게 자기선택을 한 이주자들은 만약 외국 태생이라는 불이익이 없다면 본토에서 태어난 사람보다 더 높은 근로소득을 갖는 경향이 있을 것이다. 숙련 이전성의 [부(−)의] 효과와 자기선택의 유리한 효과의 결합은 외국에서 태어난 사람의 근로소득이 본토에서 태어난 사람들의 근로소득과 궁극적으로 같아지고 그 뒤 그것을 능가할 수 있다는 것을 시사한다.[20]

실제로 해외로부터의 이주자들의 근로소득이 궁극적으로 본토에서 태어난 미국인들의 근로소득을 초과하는가? 초기 이주자들의 경우 치스윅은 동일한 교육의 양과 이주 이전의 노동 경험이 주어졌을 때 남성 이주자들은 11~15년 후에 평균적으로 그들의 본토에서 태어난 집단들과 근로소득의 동등함을 달성했으며, 그 이후 5%만큼 더 높은 근로소득을 가졌다는 것을 발견했다.[21] 그러나 최근의 연구들은 1970년대 중반 이래 미국에 도착한 해외로부터의 이주자들은

---

[18] Barry R. Chiswick and Paul R. Miller, "Immigrant Earnings: Language Skills, Linguistic Concentration and the Business Cycle," *Journal of Population Economics*, January 2002, pp. 31-57. 또한 Alberto Davila and Marie T. Mora, "English Language Skills the Earnings of Self-Employed Immigrants in the United States: A Note," *Industrial Relations*, April 2004, pp. 386-91; and Mattthew Hall and George Farkas, "Does Human Capital Raise Earnings for Immigrants in the Low-Skill Labor Market?" *Demography*, August 2008, pp. 619-39를 참조하라.

[19] Barry R. Chiswick and Paul W. Miller, "The Endogeneity between Language and Earnings: International Analyses," *Journal of Labor Economics*, April 1995, pp. 246-88.

[20] Barry R. Chiswick, "Immigrant Earning Patterns by Sex, Race, and Ethnic Groupings," *Monthly Labor Review*, October 1980, p. 22.

[21] Ibid., p. 23. 또한 치스윅의 "The Effect of Americanization of Foreign-Born Men," *Journal of Political Economy*, October 1978,

평균적으로 이전의 이주자들보다 숙련이 떨어진다는 것을 발견했다. 이외에도 새로운 해외로부터의 이주자들의 숙련 약점은 1970년대보다 지난 30년 동안에 더 커졌다. 최근 해외로부터의 이주자들의 근로소득은 견줄 만한 본토에서 태어난 근로자들의 근로소득보다 12~20% 더 낮은 상태로 남아 있다.[22]

미국 내에서의 국내 이주자들—해외로부터의 이주자들과 구별되는—은 매우 신속하게 새로운 현지에 동화된다. 최근의 연구는 젊은 국내 이주자들은 처음에는 자신들이 이주하는 지역의 본토에서 태어난 비슷한 사람들보다 더 적게 벌지만, 이 임금격차는 몇 년 내에 사라진다는 것을 보여준다. 처음의 임금 손실은 이동한 거리가 멀면 멀수록, 그리고 목적지 현지의 경제조건이 열악하면 열악할수록 더 컸다.[23]

4. 배우자의 근로소득 이주로 인하여 가족 근로소득 이득이 발생한다고 반드시 일하는 커플 둘 다의 근로소득 이득이 생기는 것은 아니다. 평균적으로 이주가 남편의 근로소득을 증가시키지만, 적어도 이주 후 5년에 걸쳐 아내의 근로소득을 감소시키는 경향이 있다.[24] 아내보다 높은 남편의 평균근로소득과 더 강력한 경제활동 애착은 분명 가족들로 하여금 남편의 근로소득 증가에 반응하여 이주하도록 유도한다. 평균적으로 이러한 이동은 가족의 소득을 증가시키지만, 또한 아내의 일하려는 인센티브를 감소시키고(소득효과) 아내의 시장 기회를 감소시키거나 또는 두 가지의 어떤 조합을 감소시킨다. 점점 더 남편들이 끌려가는 배우자가 되고 있다는 것을 주목할 만하다. 최근의 증거는 끌려가는 배우자가 되는 것의 부(−)의 노동시장 효과는 남성과 여성이 비슷하다는 것을 보여주고 있다.[25]

5. 일자리 상실로부터의 임금 감소 이주에 대한 정(+)의 수익률이 만약 과거의 임금이 계속 지급되었다면 축적되었을 것보다 더 높은 근로소득을 반드시 의미하지는 않는다. 일부 이주자들은 일자리 상실 또는 정치적 압박에 의해 이동으로 내몰린다. 이러한 사람들의 경우 일자리 이동은 전적으로 자발적인 것은 아니다. 예를 들어 50세의 오하이오 철강 근로자인 스미스는 임금과 부가급여로 1시간에 18달러를 벌고, 대학에 다니는 자녀가 있으며, 자신의 모든 평생을 똑같은 지역에서 살았다고 가정하자. 만약 스미스가 공장의 폐쇄 때문에 자신의 일자리에서 쫓겨나고, 자신의 실업급여를 다 써버렸으며, 궁극적으로 남서부의 새로운 직종에서 시간당 12달러

p. 897-921; James Long, "The Effect of Americanization on Earnings: Some Evidence for Women," *Journal of Political Economy*, June 1980, pp. 620-29를 참조하라.

[22] George J. Borjas, "The Economic Analysis of Immigration," in Orley C. Ashenfelter and David Card (eds.), *Handbook of Labor Economics*, Volume 3A (Amsterdam: Elsevier, 1999), pp. 1697-760; Darren Lubotsky, "The Effect of Changes in the U.S. Wage Structure on Recent Immigrants' Earnings," *Review of Economics and Statistics*, February 2011, pp. 59-71; Seik Kim, "Wage Mobility of Foreign-Born Workers in the United States," *Journal of Human Resources*, Summer 2013, pp. 628-58.

[23] George J. Borjas, Stephen G. Bonars, and Stephen J. Trejo, "Assimilation and the Earnings of Young Internal Migrants," *Review of Economics and Statistics*, February 1992, pp. 170-75.

[24] 예를 들어 Solomon Polachek and Francis Horvath, "A Life Cycle Approach to Migration," in Ronald G. Ehrenberg (ed.), *Research in Labor Economics* (Greenwich, CT: JAI Press, 1971), pp. 103-49; Terra McKinnish, "Spousal Mobility and Earnings," *Demography*, November 2008, pp. 829-49를 참조하라.

[25] Thomas J. Cooke and Karen Speirs, "Migration and Employment among the Civilian Spouses of Military Personnel," *Social Science Quarterly*, June 2005, pp. 343-55.

의 일자리를 찾았다면 이주가 그의 복지를 향상시켰다고 결론을 내릴 수 있는가? 이 점에 대해 상당한 오해가 존재한다. 일자리 상실과 그 결과는 근로로부터의 소득이 0으로 떨어진다는 점에서 스미스와 그 가족에게는 정말로 심각하다. 그러나 일단 이런 일이 발생하면 스미스는 자신의 근로생활의 나머지 부분에 걸쳐 새로운 일련의 미래 근로소득 흐름에 직면한다. 실제 예를 보여주기 위해 그가 살고 있는 곳에서 찾을 수 있는 가장 높은 보수를 지급하는 일자리가 시간당 8달러라고 가정하자. 시간당 12달러를 벌 수 있는 남서부로 이주함으로써, 일자리 상실이 없었더라면 축적되었을 것보다 상당히 낮긴 하지만, 스미스는 다른 조건이 일정하다면 자신의 평생 근로소득을 증가시킨다. 이주는 대부분의 이주자에게 평생 근로소득을 증가시킨다. 그러나 이주가 항상 근로소득을 일자리 상실 이전에 존재했던 수준 위로 증가시키는 것은 아니다.

임금 좁혀짐과 효율성 이득

국가가 그 이용가능한 토지, 노동, 자본, 그리고 기업가적 자원으로부터 가능한 최대의 실질국내산출량 또는 실질국내소득을 달성할 때 경제적 효율성이 존재한다. 노동 이동은 이 목표에 접근하는 데 결정적으로 중요하다. 설명을 위해 첫째, 각각 완전경쟁이고, 각각 상이한 지리적 위치에 놓인 오로지 두 노동시장이 있다고 가정하자. 둘째, 각 노동시장은 고정된 숫자의 근로자를 갖고 있으며, 두 시장 모두 실업은 존재하지 않는다고 가정하자. 셋째, 비임금 일자리 쾌적함과 장소의 특성은 두 지역에서 똑같다고 가정한다. 네 번째 가정은 자본은 이동이 불가능하다는 것이다. 마지막으로 근로자들은 두 시장 모두에서 임금과 근로조건에 대해 완전 정보를 보유하며, 두 시장 사이의 이주에는 비용이 들지 않는다고 가정한다.

수치 예

표 9.1의 1_A와 2_A열은 시장 A에서의 노동수요를 나타내는 반면, 1_B와 2_B열은 시장 B에서의 노동수요를 나타낸다. 임금은 연간 조건으로 주어지며, 생산물시장과 노동시장의 완전경쟁 가정 때문에 이 임금은 노동의 한계생산물가치(VMP)와 같다는 것을 주목하라.[26] 3_A와 3_B열은 각 고용수준과 관련된 총생산의 가치(VTP)를 보여주기 위해 VMP 데이터를 누적한 것이다. 또한 노동시장 A에서의 각 노동투입의 VMP가 B에서의 VMP보다 더 크다는 것을 주목하라. 이러한 노동수요 강도의 차이는 분석에 결정적으로 중요하지는 않지만, 아마 B에서보다 A에서의 더 큰 자본과 기술로부터 발생하며, 그 결과 노동의 한계생산은 시장 A에서 더 높다.

이제 처음에 두 근로자들이 시장 A에서 고용되어 각각 연간 23,000달러를 버는 반면(상자 안 수치), 각각 7,000달러를 버는 8명의 근로자들이 B에서 일하고 있다고 가정하자(상자 안 수치). 다음에 이것들이 분리된 시장이라는 가정을 완화하여, 다른 가정이 주어졌을 때 B의 근로자들이 더 높은 근로소득을 찾아서 노동시장 A로 이주할 것을 관찰하자.

이러한 이주가 발생함에 따라 각 시장의 연간 근로소득에는 무슨 일이 일어날 것인가? A의 근로자 수는 증가할 것이고, 이는 그곳에서의 시장임금을 하락시킬 것이다. B지역에서 노동량

---

[26] 만약 이것이 분명하지 않다면 표 5.2와 관련된 논의를 복습하기 바란다.

표 9.1 배분적 효율성 : 노동 이동의 역할

	노동시장 A			노동시장 B	
(1_A) 근로자	(2_A) VMP_A 연간임금	(3_A) VTP_A	(1_B) 근로자	(2_B) VMP_B 연간임금	(3_B) VTP_B
1	25,000 달러	25,000 달러	1	21,000 달러	21,000 달러
2	23,000	48,000	2	19,000	40,000
3	21,000	69,000	3	17,000	57,000
4	19,000	88,000	4	15,000	72,000
5	17,000	105,000	5	13,000	85,000
6	15,000	120,000	6	11,000	96,000
7	13,000	133,000	7	9,000	105,000
8	11,000	144,000	8	7,000	112,000
9	9,000	153,000	9	5,000	117,000
10	7,000	160,000	10	3,000	120,000

의 해당 감소는 균형임금을 증가시킬 것이다. 이주는 A에서의 임금 이점이 완전히 제거될 때까지 계속될 것이다. 이는 표 9.1의 15,000달러에서 발생한다(동그라미 쳐진 데이터). 이 연간 임금에서 많은 자본을 보유한 A지역의 사용자들은 6명의 근로자를 채용할 것인 반면, 자본을 적게 보유한 B지역의 사용자들은 4명의 근로자를 채용할 것이다. 일반화하면, 완전경쟁, 비용이 들지 않는 정보, 그리고 비용이 들지 않는 이주를 가정하면 시장임금은 노동의 한계생산물가치와 같아질 것이며($W = VMP$), 모든 노동시장에서 VMP가 같아질 때까지 노동은 재배치될 것이다($VMP_A = VMP_B$).

이러한 노동의 이주는 위의 가상 국가에서 산출량의 총가치를 향상시키는가? 대답하기 위해 또다시 표 9.1의 3_A와 3_B열을 주목하라. 이주 이전 총생산의 가치(VTP)는 노동시장 A에서 48,000달러였으며, B에서 112,000달러였다. 따라서 합해진 이주 이전 VTP는 160,000달러(= 48,000달러 + 112,000달러)였다. 그러면 이주 이후는? 표를 보면 그것이 192,000달러가 될 것임을 알 수 있다. A의 6명의 근로자들은 합해서 120,000달러의 가치가 나가는 산출량을 생산하는 반면, B의 4명의 근로자들은 72,000달러를 생산한다. 그렇다면 이 간단한 모형은 임금격차가 노동이 한 시장으로부터 다른 시장으로 이동하는 인센티브를 창출한다는 것을 관찰하도록 한다. 이러한 이동 또는 이주는 임금을 균등화하고, 배분적 효율이라는 결과를 가져온다[식 (6.1)]. 즉 이동 또는 이주로 이용가능한 자원으로부터 총산출량의 가능한 가장 높은 가치가 창출된다.

그래프를 통한 설명

임금 좁혀짐과 **이주로부터의 효율성 이득**(efficiency gains from migration) 모두를 그래프로 쉽게 나타낼 수 있다. 다양성을 위해 그리고 초점을 확대하기 위해 이제 지역 간이 아니라 국제적

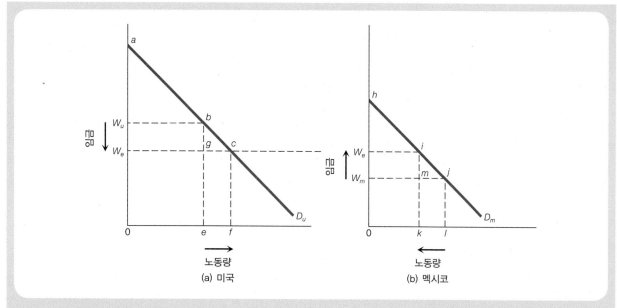

그림 9.2 이주로부터의 효율성 이득

저임금 멕시코(b)로부터 고임금 미국(a)으로의 노동 이주는 미국에서 국내산출량을 증가시키고 평균임금을 감소시키며, 멕시코에서는 정반대의 효과를 발생시킨다. 미국에서의 산출량 이득 *ebcf*가 멕시코에서의 손실 *kijl*을 초과한다. 따라서 두 국가의 산출량을 합한 순가치는 증가한다.

예를 이용하기로 하자. 그림 9.2(a)는 미국에서의 노동수요를 보여주고, 그래프 (b)는 멕시코의 노동수요곡선을 나타내고 있다.

미국과 멕시코의 고용과 임금수준이 각각 0*e*, W_u와 0*l*, W_m이라고 가정하자. 정보가 완전하고 이주가 비용이 들지 않는다고 가정되기 때문에 노동은 각 나라에서 W_e의 균형임금이 달성될 때까지 멕시코로부터 미국으로 이동할 것이다. 이 이주로부터 축적되는 정(+)의 효율성 이득을 주목하라. 미국은 그래프 (a)의 면적 *ebcf*와 동일한 국내산출량을 얻으며, 멕시코는 그래프 (b)의 면적 *kijl*에 해당되는 국내산출량을 잃는다. 미국의 이득이 멕시코의 손실을 초과하기 때문에 두 나라에 의해 생산되는 산출량을 합한 것의 총가치는 증가한다. 달리 말하면 그래프 (a)의 면적 0*acf*와 (b)의 0*hik*의 합이 이주 이전의 면적 0*abe* 더하기 0*hjl*을 초과한다. 결론은? 위의 가정이 주어졌을 때 국내 또는 국제와 상관없이 임금격차가 유발한 노동 이주는 출발지와 목적지를 합해서 총소득과 총산출량을 증가시킨다. 아주 단순하게 말하자면, 이주는 주어진 이용가능한 자원의 양으로부터 더 큰 총실질산출량이 달성될 수 있도록 한다.

외부효과

표 9.1와 그림 9.2로부터 얻은 일반화는 중요한 질문을 제기한다. 즉 만약 이주로부터의 효율성 이득이 그렇게 직접적이고 분명하다면 왜 출발지와 목적지 현장의 그렇게 많은 사람들이 이주를 부정적으로 간주하는가? 여러 비경제적인 요소들이 또한 작용하지만, 많은 설명은 성격상 경제적이며, **이주의 외부효과**(migration externalities) 또는 제3자 효과를 분석함으로써 이해될

수 있다. 이러한 외부효과는 실재적(real) 또는 금전적(pecuniary)일 수 있으며, 정(+)일 수도, 부(−)일 수도 있다.

실재적 부(−)의 외부효과

실재적 부(−)의 외부효과는 제3자에게 스필오버되고 자원의 잘못된 배분을 창출하는 사적행동의 효과이다(경제적 비효율성). 예는 수질오염이다. 만약 기업이 생산물을 생산하고 그 과정에서 하류 지방, 레크리에이션을 즐기는 사람, 그리고 산업에 의해 이용되는 강을 오염시킨다면, 기업은 그 행동의 모든 비용을 대지는 않는다. 기업 생산물의 가격은 너무 낮고, 사회적으로 최적인 것보다 더 많은 자원이 이 산출물의 생산에 투입되며, 하류의 사용자들은 필요보다 더 많은 자원을 흡수하는 비용은 하류 이용자들이 부담한다. 몇몇 경우에 대량 이주는 비슷한 부(−)의 스필오버를 발생시킨다. 서로(Thurow)가 지적한 바와 같이,

> 사적소득이 이동비용을 충당하는 것 이상으로 충분히 증가할 수 있지만, 붐비는 도시 지역에 사람들을 수용하는 사회적 비용이 순사적이득을 초과할 수 있다. 더 많은 공공서비스가 제공되어야만 하며, 혼잡이 증가할 수 있다. 사람들이 떠나가는 출발지역에 과잉 용량, 따라서 낭비가 사회서비스(학교 등)의 생산에 생길 수가 있고, 그들이 이동하는 도착지역에 사회서비스에 대한 신규 투자가 필요하게 된다.[27]

간단히 말해서 이주의 부(−)의 외부효과가 상당하고 널리 퍼지는 곳에서는 이주자들과 사용자들에 대한 사적이득은 사회에 대한 순이득을 과장할 것이다. 이러한 상황에서는 자원의 사회적 최적 배분과 일관되는 것보다 더 많은 이주가 발생할 것이다. 예를 들어 급속하게 성장하는 지역으로의 대량 이주가 혼잡, 범죄, 그리고 기타 외부비용을 증가시킬 때 이러한 결과가 발생한다.

금전적 외부효과 : 소득재분배

그러나 해외로의 이주와 해외로부터의 이주에 대해 표명되는 대부분의 반대는 이러한 잠재적인 실재 외부효과가 아니라 오히려 여러 금전적인(금융상의) 외부효과로부터 발생한다. 금전적 외부효과는 사람들과 그룹들 사이에 소득을 재분배하는 행동으로 정의될 수 있다. 그러한 재분배 효과는 전형적으로 불리하게 영향을 받는 그룹들의 적극적인 저항을 유발하며, 열띤 정치적 논쟁을 낳는다. 그림 9.2의 세심한 분석은 이주의 여러 재분배적 영향을 드러내 보인다.

출발지 국가의 손실   멕시코로부터 미국으로의 이주가 미국의 총생산을 증가시키지만, 이주는 멕시코의 총생산을 감소시킨다. 더 일반적으로 말하면 이주는 출발지와 목적지가 결합된 경제에서 생산되는 총생산물의 가치를 증가시키지만, 대부분의 조건하에서는 이러한 이득이 목적지에 귀속된다. 물론 예외가 존재한다. 극단적인 예로 만약 미국으로 이주하는 kl근로자들이 취업을 할 수 없다면(한계생산물가치 = 0), 산출량의 증가가 나타나지 않을 것이고, 목적지 국가는 이주자들을 지원해야 하기 때문에 손해를 보게 될 것이다. 반대로, 출발지 국가는 고정된 국내

---

[27] Lester C. Thurow, *Investment in Human Capital* (Belmont, CA: Wadsworth Publishing Company, 1970), p. 33.

산출량이 더 적은 사람들 사이에 나뉘어지므로 이득을 얻을 것이다. 또한 많은 이주자들은 자신들 임금의 큰 부분을 절약하여 고국으로 보내거나, 또는 일시적 거주 종료 후에 일시불로 고국으로 가져간다. 이러한 경우 출발지 국가는 효율성 이득의 일부분을 차지한다. 그러나 이주가 영구적이고, 목적지 국가의 더 높은 임금에 반응하여 이루어지며, 출발지 국가의 일자리를 떠나는 이주자들이 관련될 때, 목적지 국가는 국민소득의 증가를 경험하는 반면 출발지 국가는 손실을 본다. 이러한 분배적 영향은 왜 '두뇌유출(brain drains)' — 고도의 숙련 근로자들의 해외 이주 — 이 몇몇 국가의 경우 경제적 우려의 원천이 되는지 부분적으로 설명한다.[28]

본토에서 태어난 근로자의 임금소득 감소 이주의 소득분배에 대한 두 번째 결과도 역시 그림 9.2로부터 분명하다. 해외로부터의 이주는 미국에서의 노동공급을 $0e$로부터 $0f$로 증가시킴으로써 평균임금을 W_u로부터 W_e로 하락시키고, 본토에서 태어난 미국 근로자들의 임금소득을 $0W_ube$로부터 $0W_ege$로 감소시킨다. 해외로부터의 이주가 미국에서 총임금소득을 증가시키거나 또는 증가시키지 않을 수 있다는 것을 주목하라. 즉 그것은 노동수요의 탄력성에 좌우된다(그림 5.7). 그러나 ef근로자들의 유입이 본토에서 태어난 미국 근로자들 $0e$에게 귀속되는 임금소득을 감소시키는 것은 분명하다. 멕시코에서 노동공급의 감소는 남아 있는 사람들의 임금을 증가시킨다(W_m이 아니라 W_e). 따라서 또 다른 일반화가 나타난다 — 해외로부터의 이주에 대하여 도착지 지역 또는 국가의 노동자들은 반대할 가능성이 있는 반면, 출발지 장소의 노동자들은 해외로의 이주를 지지할 가능성이 있다.

그러나 이러한 일반화에는 제5장의 조대체요소(gross substitutes)와 조보완요소(gross complements) 구별과 관련하여 특히 주의할 점이 있다. 일부 노동시장 그룹들의 경우에 해외로부터 미국으로의 이주자들은 이 그룹들의 노동수요와 임금을 감소시키는 조대체요소(대체효과 > 산출량효과)이다. 반면에 다른 국내 근로자들의 경우에 해외로부터 이주자들은 이 그룹들의 노동수요와 임금의 증가를 야기하는 조보완요소(산출량효과 > 대체효과)이다. 따라서 모든 그룹의 근로자들이 해외로부터의 이주에 의해 똑같이 영향을 받는 것은 아니다. 전반적으로 실증연구들의 조사는 해외로부터의 이주자 부분의 10% 증가는 본토에서 태어난 근로자들 임금을 기껏해야 1% 감소시킨다는 결론을 내리고 있다.[29] 해외로부터의 이주자들은 고등학교 중퇴자와 다른 해외로부터의 이주자들의 임금에 가장 큰 영향을 미치는 것으로 보인다.[30]

---

[28] 출발지 국가가 전액 또는 부분적으로 보조했던 인적자본에 대한 투자 수익을 잃어버리기 때문에 두뇌유출은 또한 부정적으로 여겨진다. 두뇌유출에 대한 이론적인 논의는 Viem Kevok and Hayne Leland, "An Economic Model of the Brain Drain," *American Economic Review*, March 1982, pp. 91-100을 참조하라. 두뇌유출의 효과에 관한 실증 증거에 대한 논의는 John Gibson and David McKenzie, "Eight Questions about Brain Drain," *Journal of Economic Perspectives*, Summer 2011, pp. 107-28을 참조하라.

[29] Rachel M. Friedberg and Jennifer Hunt, "The Impact of Immigration on Host Country Wages, Employment and Growth," *Journal of Economic Perspectives*, Spring 1995, pp. 23-44. 비슷한 결론에 도달한 다른 조사는 Simonetta Longhi, Peter Nijkamp, and Jacques Poot, "A Meta-Analytic Assessment of the Effects of Immigration on Wages," *Journal of Economic Surveys*, July 2005, pp. 451-477을 참조하라.

[30] 고등학교 중퇴자의 근로소득에 대한 상당한 영향을 보여주는 조사는 George Borjas, "The Labor Demand Curve Is Downward Sloping: Reexamining the Impact of Immigration on the Labor Market," *Quarterly Journal of Economics*, November 2003, pp. 1335-74를 참조하라. 고등학교 중퇴자의 임금에 대한 효과는 작지만, 해외로부터의 이주자 임금에 대한 효과는 크다는 증거는 Gianmarco I.P. Ottaviano and Giovanni Peri, "Rethinking the Effect of Immigration on Wages," *Journal of the European Economic Association*, February 2012, pp. 152-97을 참조하라.

해외로부터의 저숙련 이주자들은 본토에서 태어난 근로자들의 노동공급 증가가 적은 지역으로 향하는 경향이 있고 이는 지리적 소득격차를 완화한다는 점은 주목할 만하다.[31]

자본 소유자에 대한 이득 출발지와 도착지 현장의 일부 그룹들의 이주에 대한 반대의 세 번째 가능성은 이주가 자본소득 대비 노동소득에 미치는 영향으로부터 발생한다. 또다시 그림 9.2(a)로 되돌아가자. 해외로부터의 이주는 미국에서 해외로부터의 비이주자 총국민소득을 삼각형 gbc만큼 증가시킨다. 그 이유를 알기 위해 미국에서 총생산물의 가치가 $0abe$로부터 $0acf$로 증가한다는 것을 주목하라. 총이득($ebcf$) 중 이주자들은 $egcf$를 받는다. 이는 비이주자 총국민소득의 증가로 삼각형 gbc를 남겨놓는다. 이제 이전의 단락에서 본토에서 태어난 미국 근로자들의 총임금이 감소한다고 결론을 내렸다는 것을 상기하라. 그렇다면 누가 본토에서 태어난 근로자들이 잃어버린 이득을 수령하는가? 물론 대답은 미국 기업이다. 미국 기업들은 본토에서 태어난 미국 근로자들을 희생하여 면적 W_eW_ubg를 얻으며, 또한 삼각형 gbc에 의해 보여지는 추가 생산물을 획득한다. 따라서 이 단순 모형은 기업의 이해관계는 적어도 단기적으로는 해외로부터의 이주에서 추가 소득을 얻으며, 반대로 상당한 해외로의 이주가 발생할 때는 실제로 소득을 잃어버린다는 것을 시사하고 있다. 이는 왜 일부 미국 기업들이 역사적으로 해외 근로자들을 미국으로 오도록 모집했었는지를 설명하는 데 도움이 된다. 예를 들어 철도 건설에 중국 근로자들을 모집했었고, 지금도 농산물 수확에 농업 이주 근로자들을 모집한다.

기업이 이주로부터 국내 근로자들을 희생하여 이득을 얻는다는 결론은 이것이 단기 부분균형 모형이라는 사실에 의해 완화되어야만 한다. 장기 일반균형 접근법이 사용되고 여러 가정이 완화될 때 이론적인 가능성은 더 복잡하게 된다. 예를 들어 새로운 이주자들은 자신들 근로소득의 일부를 미국에서 지출할 가능성이 있다. 이는 많은 유형의 노동에 대한 수요를 증가시킬 것이며, 해외로부터의 이주 노동과 생산에 있어 밀접한 대체관계에 있지 않은 근로자들의 임금을 증가시킬 수 있다. 이외에도 미국 자본보유량 대비 기업소득의 이득은 자본에 대한 수익률을 증가시킨다. 이러한 증가는 국내 투자지출을 증가시키는 경향이 있으며, 결과적으로 미국 자본보유량을 확대한다. 따라서 정상적인 생산조건하에서 노동의 한계생산은 증가하고 노동수요도 증가할 것이다. 따라서 장기적으로 해외로부터의 이주가 임금에 미치는 부($-$)의 영향 중 일부분은 약화되거나 또는 제거될 수 있다. 그러나 기본적인 요점은 분명하다. 즉 개방적인 이주정책, 미등록 이주 근로자, 그리고 두뇌유출이 바람직한 것인가에 대한 상이한 견해들은 실제적인 그리고 인지되는 이주의 재분배 효과 맥락에서 부분적으로 이해될 수 있다는 것이다.

재정적 영향 마지막으로 한 가지, 분배적 결과를 논의할 가치가 있다. 해외로부터 이주자들의 유입은 그 이전지출과 조세수입에 대한 효과를 통해 목적지 국가 또는 지역 가처분소득의 분배에 영향을 미칠 수 있다. 만약 예를 들어 그림 9.2에서 미국에 대한 해외로부터의 이주자들이 교육을 많이 받은 숙련된 전문가들이라면 일반적인 미국 대중들로부터 반대가 거의 없으리라 기대된다. 이러한 근로자 대부분은 아마도 순조세납부자이고 현금 및 현물 이전지출의 주요 수혜

---

[31] Brian C. Cadena, "Native Competition and Low-Skilled Immigrant Inflows," *Journal of Human Resources*, Fall 2013, pp. 910-944.

자들이 아닐 것이다. 그러나 만약 해외로부터의 이주자들이 미국에서 영구적인 고용을 찾을 가능성이 없는 문맹의 저숙련 개인들이라면 이러한 유입은 이전지출과 사회서비스 프로그램에 대한 정부지출을 필연적으로 증가시킬 수 있다. 결과적으로 이러한 해외로부터의 이주는 미국 시민에 대한 높은 세금, 본토에서 태어난 저소득 주민들에 대한 더 낮은 이전지출, 또는 그 둘의 어떤 조합을 낳는다. 따라서 미국의 조세납부자들과 저소득 주민들은 이주에 반대할 수 있다. 노동공급 의욕을 꺾는 부정적 영향으로 조세수입과 이전지출이 증가함으로써 부(−)의 실재적 외부효과라는 결과가 현실로 나타날 수 있는 것이다. 물론 이는 해외로부터의 이주자들이 소득이전 프로그램 수혜 자격이 있고 그것을 광범위하게 사용한다는 가정을 기초로 한다.

역사적으로 미국의 해외로부터의 이주자들 인구는 본토에서 태어난 인구들보다 복지급여를 수령할 가능성이 더 적었다.[32] 그러나 해외로부터의 이주자들에 의한 생활보호(welfare) 참가가 1970년대 말 이후 증가했으며, 1990년대 중반에 이르러서는 해외로부터의 이주자들의 경우가 본토에서 태어난 사람들보다 더 커졌다. 1996년에 의회는 시민권자가 아닌 합법적 이주자들의 생활보호와 푸드스탬프(Food Stamp) 이용가능성을 극단적으로 감소시킨 개인책임과 근로기회 조정법(Personal Responsibility and Work Opportunity Reconciliation Act)을 제정했다. 그 결과 해외로부터의 이주자들의 생활보호와 푸드스탬프에의 참가는 현재 본토에서 태어난 사람들보다 낮은 수준이다.[33]

- 직종 이동은 직종을 바꾸는 근로자들과 관련되며, 지리적 이동은 다른 시, 주, 또는 국가의 일자리로 이동하는 근로자들과 관련된다.
- 지리적으로 이동하려는 결정은 인적자본에 대한 투자 분석틀을 통해 살펴볼 수 있다. 근로자는 이주의 순현재가치 V_p가 정(+)일 때 이동할 것이다.
- 연간 근로소득격차와 더불어 이주의 중요한 결정요인에는 연령, 가족 요소, 교육, 거리, 실업률이 포함된다.
- 이주는 이동하는 사람들에게는 근로소득, 지역 사이에는 임금의 좁혀짐, 그리고 사회에는 실질산출량 이득을 발생시킨다. 일반적으로 이주는 해외로부터의 이주자들과 비슷한 숙련을 가진 본토에서 태어난 근로자들의 임금소득을 감소시키며, 자본 소유자들의 소득을 증가시킨다.

9.1
잠깐만 확인합시다.

여러분의 차례입니다

순현재가치 식[식 (9.1)]의 E_2와 N값이 감소하는 반면, Z값은 증가한다고 가정하자. V_p와 이주의 가능성에 무슨 일이 발생할 것인가? (정답은 책의 맨 뒷부분에 수록되어 있음)

---

[32] Francine Blau, "The Use of Transfer Payments for Immigrants," *Industrial and Labor Relations Review*, January 1984, pp. 222–39; and Julian L. Simon, "Immigrants, Taxes, and Welfare in the United States," *Population Development Review*, March 1984, pp. 55–69.

[33] George J. Borjas, "Welfare Reform and Immigrant Participation in Welfare Programs," *International Migration Review*, Winter 2002, pp. 1093–123; Christopher R. Bollinger and Paul Hagstrom, "Food Stamp Program Participation of Refugees and Immigrants," *Southern Economic Journal*, January 2008, pp. 665–92를 참조하라.

자본과 생산물 흐름

표 9.1과 그림 9.2는 정보 획득 비용 및 이주 비용 이외의 이유로 인한 두 지역 또는 두 국가 사이의 노동 이주 가능성의 정도를 과장하고 있다. 상이한 투자율을 통해 자본 그 자체는 장기적으로 이동한다. 또한 한 지역에서 만들어진 생산물은 많은 다른 지역에서 판매된다. 이러한 사실은 노동 이주에 상당한 중요성을 갖고 있다.

자본 흐름

자본 이동(capital mobility)과 지역 간 또는 국가 간 거래가 임금격차, 따라서 노동 이주에 미치는 영향이 그림 9.3에 그려져 있다. 여기서는 단순화된 예로 미국과 한국을 사용한다. 처음에 각 나라에서 노동수요곡선 D가 주어졌을 때 미국의 임금 W_u가 한국의 임금 W_k를 초과한다는 것을 주목하라. 이전의 분석은 이러한 임금격차가 한국 근로자들을 미국으로 이주하도록 유도하게 된다는 것을 의미했다. 그러나 다른 요인들이 또한 작용한다. 더 낮은 한국의 임금은 일부 미국 생산자들로 하여금 미국의 생산시설을 포기하고 새로운 시설을 한국에 건설하도록 만들 수 있다. 한국에서의 이러한 자본의 증가는 그곳의 노동의 한계생산과 노동의 한계생산물가치를 증가시킨다고 예상할 수 있다. 따라서 노동수요곡선은 그림 9.3(b)에 보이는 바와 같이 밖으로, 말하자면 D_1으로 이동하게 된다. 반대로 미국에서의 더 낮아진 자본보유량은 노동수요를 D로부터 D_1으로 감소시키게 된다[그림 9.3(a)].

한국에서 D로부터 D_1으로의 노동수요 증가는 W_k로부터 W_e로 시장임금을 인상시킨다. 미국에서 D로부터 D_1으로의 노동수요 감소는 W_u로부터 W_e로 임금을 낮춘다. 따라서 자본 이동은 모형에서 임금 차이를 제거했으며, 노동이 이주하려는 인센티브를 제거했다. 그러나 노동 이동과 마찬가지로 자본의 이동에는 매우 큰 비용이 들며 많은 현실 세계의 경제적, 정치적, 그리고 법적 장애물에 의해 방해를 받는다. 예를 들어 미국의 소고기 생산자들이 노동비용의 절약을 실현하기 위해 한국으로 이동하는 것은 수익성이 있을 것 같지 않다. 가축을 한국의 시설로 운송하고 소고기 제품을 미국 시장으로 다시 배로 보내는 것과 같은 다른 비용이 너무 크게 든다. 따라서 자본의 상당한 흐름이 발생했지만(예를 들어 미국 북동부로부터 남부와 남서부로 그리고 미국으로부터 한국, 멕시코, 기타 지역으로), 임금격차를 좁히는 데 있어서의 그 역할은 다소 제한적이었다. 그러나 자본이 이동하는 한, 지역 사이의 임금격차는 더 작아질 것이고, 따라서 투자가 국내경제에 한정된 경우보다 노동 이주는 덜 발생할 것이다.[34]

생산물 흐름

지역 간 및 국가 간 거래는 노동 이동에 임금격차와 유사한 잠재적 효과를 갖는다. 다시 한 번 그림 9.3으로 되돌아가자. 이제 자본과 노동이 이동성이 없고, 미국과 한국의 근로자들이 동질적이며, 두 나라 사이 재화의 운송비용이 0이라고 가정하자. 미국의 높은 임금 W_u와 비교할 때

---

[34] 미국의 자본 수출에 대한 비판적인 논의는 Seymour Melman, *Profits without Production* (New York: Alfred A. Knopf, 1983), chap.1을 참조하라.

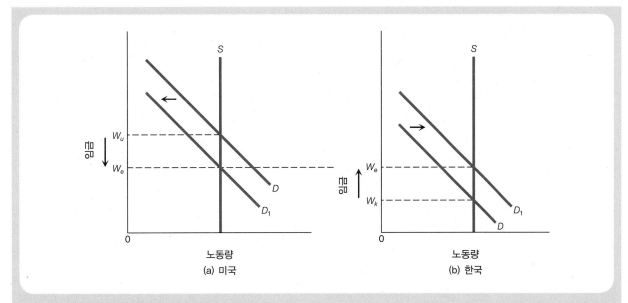

그림 9.3 자본과 생산물 흐름이 임금격차에 미치는 영향

미국의 높은 임금 W_u와 한국의 낮은 임금 W_k는 (1) 미국으로부터 한국으로의 자본 흐름, 아니면 (2) 한국에서 생산된 재화의 가격 우위를 발생시킨다. 어느 경우든 노동에 대한 수요는 한국에서 증가하고 미국에서 감소할 가능성이 있다. 따라서 임금격차는 좁혀질 것이고, 결과적으로 노동 이주는 발생하지 않을 것이다.

한국의 낮은 임금 W_k는 한국 대 미국 재화의 상대적 경쟁력에 어떤 효과를 미칠까? 경쟁이 두 나라 모두에서 가격을 한계비용까지 떨어지도록 만든다고 가정하면 미국 소비자들은 자신들의 지출을 값이 싼 한국산 재화를 향해 재배분하게 된다. 이는 이러한 수입에 대한 총수요를 증가시키게 되며, 궁극적으로 한국 노동에 대한 파생수요를 증가시킨다. 그림 9.3(b)에서 D로부터 D_1으로의 노동수요곡선의 이동에 의해 보여지는 바와 같이, 이는 한국의 임금을 증가시키게 된다. 감소된 생산물수요가 미국 노동에 대한 파생수요를 D로부터 D_1으로 왼쪽으로 이동시키고 임금을 W_e로 감소시키게 되는 미국에서는 정반대되는 일련의 사건이 발생하게 된다. 만약 노동이 이동성이 없다는 가정을 완화하면, 생산물 흐름을 통한 이러한 임금의 좁혀짐은 노동 이주의 정도를 감소시킨다. 그러나 현실적으로 많은 재화와 서비스의 경우 운송비용이 너무 높아서 그것들을 장거리에 배로 보내는 것은 경제적이지 않다. 따라서 무역이 장기적으로 임금 폭을 좁히지만 균등화하지는 못할 것으로 예상할 수 있다.

결론적으로 노동 이주, 자본 이동, 그리고 지역 및 국가 사이의 거래는 모두 자원의 효율적인 배분을 촉진하는 데 있어 서로를 보완한다. 노동 이동은 단순히 경제의 자원과 상품의 광범위한 이동의 한 측면이다. 실제로 미국 정부는 그러한 나라들로부터 미국으로의 이주를 느리게 하기 위해 이따금 개발도상국들에 대한 투자를 촉진했으며 무역장애물을 감소시켰다.

미국의 해외로부터의 이주 정책과 이슈

이주에 대한 동기부여, 이러한 이동에 의해 발생하는 효율성 이득, 그리고 이득을 얻는 사람 대 손실을 입는 사람에 대한 분석은 미국의 해외로부터의 이주 유형과 정책을 둘러싼 논란의 일부를 이해하는 데 필요한 도구를 제공한다.

역사와 범위

제1차 세계대전 이전에 해외에서 미국으로의 이주는 거의 방해를 받지 않았다. 19세기에 발생한 해외 노동의 대규모 유입은 경제성장과 1인당 소득수준의 증가에 기여했다. 해외로부터의 이주 흐름은 제1차 세계대전과 이주에 제약적인 1921년과 1924년의 이민법(Immigration Act)에 의해 느려졌다. 이러한 법들은 특정 인구조사 연도에 미국의 해외에서 태어난 그 국적의 사람 수를 기준으로 여러 국적의 해외로부터의 이주 쿼터(quota)를 설정했다. 이외에도 법들은 여러 범주의 비쿼터(nonquota) 해외로부터의 이주자들이 미국에 들어오는 것을 허용했다. 1921~1965년 사이에 단지 1,000만 명이 미국에 입국했는데, 절반을 넘는 수가 90만 명의 캐나다인, 50만 명의 멕시코인, 그리고 미국 시민들의 배우자 및 자녀 수천 명을 포함하는 비쿼터 이주자들이었다.

1965년에 1952년의 이민 및 국적법(Immigration and Nationality Act)에 대한 개정이 쿼터 제도의 선호를 북부 및 서부 유럽으로부터의 이주자들로부터 멀어지게 하고 더 균등하게 균형을 맞춘 국적 세트로 향하도록 이동시켰다. 후속 개정법은 27만 명의 해외로부터의 이주자 전체의 연간 한도를 설정했고, 국가당 2만 명의 연간 한도를 정했으며, 특정 일자리 숙련을 가진 사람들에게 우선순위를 주는 식스포인트(six-point) 선호제도를 개발했다. 그러나 미국 시민의 가까운 친척, 난민, 그리고 정치적 망명자들은 이러한 조항과 한도로부터 면제되었다.

그림 9.4는 주요 연도의 해외로부터 미국으로의 합법적 이주자 수를 보여준다. 1980년대의 기간 동안 해외로부터의 합법적인 이주는 낮게는 1980년의 531,000명으로부터 높게는 1989년의 1,091,000명의 범위에 있었지만, 일반적으로 매년 550,000~600,000명 수준이었다. 해외로부터의 합법적 이주자 수는 1989년, 1990년, 그리고 1991년에 크게 증가했는데, 이 3년 동안 1986년의 이민 개혁 및 통제법(Immigration Reform and Control Act)의 사면조항 아래 많은 이전의 불법이주자가 영구거주를 승인받았다.

그림 9.4의 숫자에 주로 멕시코, 카리브해, 그리고 중앙 및 남아메리카로부터 도착했던 미등록 이주자들을 더해야만 한다. 미국 인구조사국은 미등록 이주자들의 순유입이 1980~1990년 사이에 연평균 약 200,000명에 달했다고 추정하고 있다. 따라서 해외로부터의 총이주(합법과 불법)가 그 기간 동안 연간 750,000명을 초과하는 것은 드문 일이 아니었다.

1990년대의 기간 동안 해외로부터의 이주는 더욱 증가했다. 1990년 말 의회는 해외로부터의 법적 이주 한도를 난민을 계산하지 않고 연간 약 500,000명으로부터 700,000명으로 증가시키는 이민법을 통과시켰다. 이 법은 고숙련 전문직 근로자들을 위해 매년 140,000개의 영주권 비자를 따로 잡아놓고 있다. 이 법은 또한 미국 경제에 적어도 100만 달러를 투자하고 10개 이상의

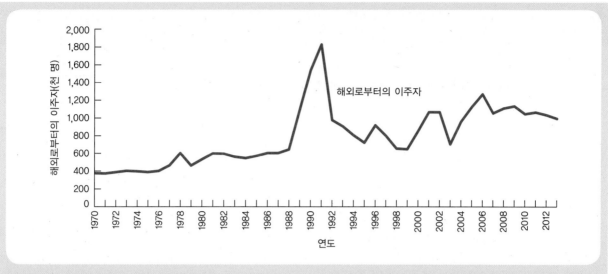

그림 9.4 미국으로의 해외로부터의 합법적 이주

해외로부터의 합법적 이주는 1988년까지 1970~1980년대 동안 서서히 증가했다. 해외로부터의 합법적 이주자 숫자는 이전의 많은 불법이주자들이 1986년의 이민 개혁 및 통제법에 의해 합법적 이주자가 되는 것이 허용됨에 따라 1989년부터 1991년까지 크게 증가했다. 1990년대 이래 해외로부터의 합법적 이주는 상대적으로 높은 채로 남아 있다. 현재 약 100만 명의 사람들이 매년 해외로부터의 합법적 이주자가 되고 있다.

자료 : U.S. Department of Homeland Security, *2013 Yearbook of Immigration Statistics.*

풀타임 일자리를 창출하거나, 아니면 경기침체지역으로 지정된 지역에 500,000달러를 투자한 해외로부터의 이주자들에게 10,000개의 거주권을 부여했다.

한편, 이민 개혁 및 통제법(Immigration Reform and Control Act)의 통과에도 불구하고 해외로부터의 불법이주자의 흐름은 지속되었다. 이 법은 1982년 이래 미국에서 살았던 미등록 개인 거주자들에게 사면과 법적 지위를 부여했다. 이 법은 또한 사용자들이 미등록 이주 근로자들을 채용하는 것을 불법으로 만들었다.[35] 사용자 제재의 배경이 되는 아이디어는 미등록 근로자들에 대한 수요를 감소시키거나 또는 제거시킴으로써 미국에 들어오려는 그들의 인센티브를 감소시키는 것이었다. 그러나 해외로부터의 불법이주자들은 위조서류를 획득하여 법망을 피해 갔다. 그래서 이 법은 불법이민에 대하여 장기적인 영향은 끼치지 못했다.

1990년 이민법의 완화된 조항과 결부되어 해외로부터의 불법이주자들의 지속된 흐름은 평균 약 120만 명의 이주자들이 2000년 이래 매년 미국에 입국했다는 것을 의미한다.

9.2

근로의 세계

9.1

국제 시각

---

[35] 이민 개혁 및 통제법의 임금효과를 조사한 연구는 Julie A. Phillips and Douglas S. Massey, "The New Labor Market: Immigrants and Wages after IRCA," *Demography*, May 1999, pp. 233-46을 참조하라. 법이 해외로부터의 불법이주에 미치는 영향에 관한 증거는 Pia M. Orrenius and Madeline Zavodny, "Do Amnesty Programs Reduce Undocumented Immigration? Evidence from IRCA," *Demography*, August 2003, pp. 437-50을 참조하라. 한 연구는 법이 라틴계에 대한 차별을 증가시켰다는 것을 알려주고 있다. Cynthia Bansak and Steven Raphael, "Immigration Reform and the Earnings of Latino Workers: Do Employer Sanctions Cause Discrimination?" *Industrial and Labor Relations Review*, January 2001, pp. 275-95를 참조하라.

9.2 근로의 세계   인신매매

인신매매(또한 '현대판 노예제'로 알려짐)는 지속되고 있는 주요 글로벌 문제다. 세계 전역에 매년 60~80만 명의 희생자가 있는 것으로 추정된다. 실제로 미국에서는 14,500~17,500명의 희생자가 매년 존재한다.

누가 인신매매의 희생자들인가? 그들 중 절반은 18세 미만이며, 약 4/5가 여성이다. 희생자들의 2/3는 상업적 성산업에 속해 있다. 나머지 1/3은 열악한 환경의 사업장(sweatshop) 같은 다른 유형의 착취를 당하고 있다.

인신매매 문제와 싸우기 위해 의회는 2000년에 인신매매 피해자 보호법(Trafficking Victims Protection Act)을 제정했다. 법은 인신매매 희생자에게 매년 5,000개까지의 T 비자(T-visa)를 허용하였다. 이러한 비자들은 희생자들이 3년 동안 미국에 머물도록 허용하며, 3년 후에는 그들이 영구거주 지위를 지원할 수 있도록 하고 있다. 그 대신 희생자들은 정부가 인신매매꾼들을 기소하는 데 조력하여야 한다.

이 법의 시행 초기 결과는 뒤섞여 있다. 한편으로 2005년까지 700개 미만의 비자가 희생자들에게 발급되었다. 발급된 비자 수가 작다는 것은 기소 조력 요구사항 때문일 가능성이 있다. 희생자들은 가족에 대한 인신매매꾼들의 보복 위협에 의해 명백하게 협조를 단념한다. 반면에 연방정부는 2005년까지 인신매매꾼들에 대해 277건을 기소하여 유죄 선고를 얻었다.

자료 : David Crary, "Human Traffic an Elusive Target," *Journal Star*, October 30, 2005, p. 3A.

불법이주의 효과

지난 수십 년에 걸친 **미등록 이주자**(undocumented persons)들의 미국으로의 유입은 이민과 이주정책을 주요 공공 이슈로 만들었다. 일반적인 우려의 주요 이유는 대부분의 미등록 이주자들이 미숙련 근로자들이라는 것이다. 사람들은 이러한 개인들과 그들의 가족들이 기존 노동력의 고용기회를 감소시키고, 이미 저임금인 노동시장들에서 임금을 압박하며, 이전지출의 수령 및 사회서비스 프로그램 사용을 통해 미국 납세자들에게 재정적으로 부담을 주는 것을 두려워한다. 이러한 우려들은 정당화되는가? 불행히도 간명하게 예 또는 아니요라고 대답할 수 없다.

고용효과

몇몇 관찰자들은 미등록 이주자들의 고용은 국내 근로자들의 고용을 1 : 1의 비율로 감소시킨다고 주장한다. 그들은 주어진 수의 일자리가 경제에 존재하고 만약 이러한 자리 하나를 불법 근로자가 차지하면 그 일자리는 더 이상 합법적 거주자에게 이용가능하지 않다고 주장한다. 다른 쪽 극단에는 미등록 이주자들은 거주 근로자들이 기꺼이 수행할 용의가 없는 일을 하므로, 따라서 본토에서 태어난 근로자들로부터 앗아가는 일자리는 하나도 없다는 주장이 있다. 설명하는 바와 같이 두 견해 모두 다소 지나치게 단순하다.

그림 9.5는 미숙련 농업 근로자들의 시장을 보여준다. D곡선은 친숙한 전형적인 노동수요곡선이다. 공급곡선 S_d는 국내 근로자들의 노동공급을 나타내는 반면, S_t곡선은 국내 및 불법근로자들의 총공급을 반영한다. 따라서 S_t와 S_d 사이의 수평거리는 각 임금에서 자신의 노동서비스를 제공할 미등록 근로자들의 수이다.

불법 근로자들의 존재가 주어졌을 때 시장임금과 고용수준은 W_t와 Q_t이다. 이렇게 낮은 임금에서는 아무 국내 근로자도 기꺼이 일할 용의가 없다. 이 경우 국내 근로자들의 유보임금은

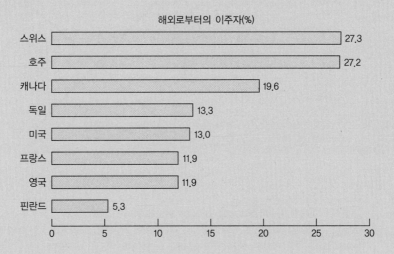

9.1 국제 시각   총인구에서 해외로부터의 이주자가 차지하는 비율*

선진공업국들 사이에 해외로부터의 이주자의 인구 비율은 핀란드의 5.3%부터 스위스의 27.3%까지의 범위를 보인다.

해외로부터의 이주자(%)

국가	비율
스위스	27.3
호주	27.2
캐나다	19.6
독일	13.3
미국	13.0
프랑스	11.9
영국	11.9
핀란드	5.3

자료 : Organization for Economic Cooperation and Development, www.oecd.org.
* 2011년 데이터인 캐나다와 스위스를 제외하고 데이터는 2012년 수치임. 모든 데이터는 총인구에 대한 비율임.

단순히 너무 높다. 아마도 이는 비임금소득의 이용가능성, 여가와 관련된 높은 한계가치 또는 기회비용, 또는 일자리에서 승진가능성이 없다는 인식의 결과이다. 따라서 미등록 이주자들은 미국 근로자들이 원하지 않는 일을 한다고 결론을 내릴 수 있는가? 그림 9.5에서 대답은 '예'지만, 오로지 '낮은 임금 W_t에서'만 그렇다. 만약 미등록 이주자들이 모두 추방된다면 이 시장에서 임금은 W_d로 증가하게 되고, **몇몇**, 구체적으로는 $0Q_d$의 미국 근로자들이 실제로 이 일을 기꺼이 하게 된다. 요점은 만약 보상임금프리미엄이 충분히 높다면 바람직하지 않은 일이 미국 근로자들을 끌어들일 것이라는 점이다(제8장). 만약 미등록 이주자들이 추방되고, 사용자들이 계속해서 임금 W_t를 제안한다면 $0Q_t$만큼의 부족이 존재한다. 그러나 이 부족은 미국 근로자들이 미등록 이주자들이 기꺼이 수행할 용의가 있는 일을 기꺼이 할 용의가 없기 때문이 아니라 임금이 그 균형까지 증가하는 것이 허용되지 않았기 때문에 발생하게 된다. 어떤 주어진 일자리에서라도 기꺼이 일할 용의는 부분적으로는 지급되는 임금에 좌우된다.[36]

미등록 이주자들이 국내 고용을 그들의 숫자만큼 감소시킨다는 정반대의 주장도 또한 오해의 소지가 있다. 그림 9.5에 보이는 바와 같이 미등록 이주자들의 존재는 이 저숙련 노동시장에

---

[36] 해외로부터의 불법이주 시도는 멕시코 임금 변화에 민감하다. 멕시코의 더 높은 임금은 해외로부터의 불법이주를 감소시키고, 더 낮은 임금은 증가시킨다. Gordon Hanson and Antonio Spilimbergo, "Illegal Immigration, Border Enforcement, and Relative Wages: Evidence from Apprehensions at U.S.-Mexico Border," *American Economic Review*, December 1999, pp. 1337-57을 참조하라.

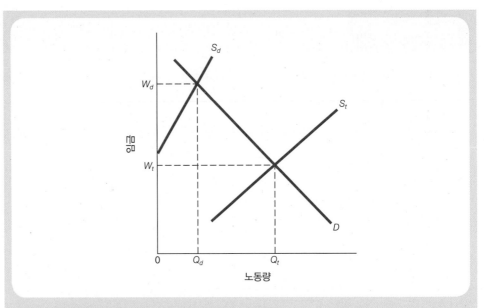

그림 9.5 미등록 이주자들이 국내 일자리와 임금에 미치는 영향

이 저임금 노동시장에서 미등록 이주자들의 존재는 노동공급곡선을 S_t로 이동시키고, 시장임금을 W_d로부터 W_t로 감소시킨다. W_t에서 채용된 모든 근로자는 미등록 이주자들이다. 그러나 만약 미등록 이주자들이 추방된다면, Q_d 국내 근로자들이 고용되게 된다. 따라서 국내 근로자들이 취하지 않을 일자리를 미등록 이주자들이 받아들인다고 결론을 내리는 것은 오해의 소지가 있다. 미등록 이주자들의 추방이 1 : 1의 비율로 본토에서 태어난 근로자들의 고용을 창출하게 된다고 결론을 내리는 것도 또한 오해의 소지가 있다.

서 일자리 수를 증가시킨다. 불법이주 때문에 일자리 수는 Q_t이며, 유입이 없었더라면 그것은 오로지 Q_d일 뿐이다. Q_t 불법이주자들의 추방이 국내 고용 Q_t를 가져오게 된다고 주장하는 것은 잘못된 것이다. 그러나 이 노동시장에서 본토에서 태어난 사람들의 고용이 Q_d의 크기만큼 증가하게 된다고 말하는 것은 옳다. 불법이주가 국내 근로자들을 미등록 이주자들로 일부 대체시키지만, 대체의 크기는 미등록 이주자들의 총고용보다 더 적을 가능성이 매우 크다고 결론을 내릴 수 있다.[37]

9.3
근로의 세계

임금효과

합법이든 불법이든 이주자들의 대량 유입이 일부 임금을 떨어뜨릴 수 있다는 것은 의심할 여지가 없다. 그림 9.5에서 노동공급의 증가가 미국의 시장임금을 W_d로부터 W_t로 감소시킨다는 것을 주목하라. 그러나 해외로부터의 불법이주가 임금에 미치는 영향은 현재의 불법이주수준에서는 아주 적은 것처럼 보인다. 오로지 측정할 수 있는 영향은 미국의 국경 도시에서만 발생한다.[38]

---

[37] 해외로부터의 이주 흐름이 저숙련 근로자들의 고용에 단지 작은 효과를 미친다는 것을 알려주는 조사는 David Card, "Is the New Immigration Really So Bad?" *Economic Journal*, November 2005, pp. F300-F323을 참조하라.

[38] Gordon H. Hanson, Raymond Roberston, and Antonio Spilimbergo, "Does Border Enforcement Protect U.S. Workers from Illegal Immigration?" *Review of Economics and Statistics*, February 2002, pp. 73-92.

9.3 근로의 세계   미등록 이주자들은 어떤 일자리를 잡는가?

미등록 근로자들은 미국 경제에 중요한 역할을 담당한다. 미국에서 그러한 근로자들이 700만 명이 될 것이라고 추정되는데, 이는 총노동력의 5%를 구성하는 수치다.

미등록 이주자들은 본토에서 태어난 근로자들과는 상이한 직종에 집중되어 있다. 본토에서 태어난 근로자들의 약 3/5은 화이트칼라 직종에 속해 있지만, 미등록 이주자들은 단지 1/4만이 그러한 직종을 갖고 있다. 그들은 낮은 교육 요구사항을 갖고 있거나, 또는 면허를 요구하지 않는 직종에서 일할 가능성이 훨씬 더 크다. 미등록 이주자들은 본토에서 태어난 근로자들보다 농업 직종(4%)과 건설 및 채광 직종(19%)에 고용될 가능성이 약 3배 더 높다. 서비스 직종 (31%)에의 비중이 본토에서 태어난 근로자들의 그것(16%)에 약 2 배이다.

미등록 이주자들의 고용을 바라보는 대안적인 방식은 직종의 얼마만큼이 그런 사람들에 의해 채워졌는지를 측정하는 것이다. 소수의 직종에는 미등록 이주자들같이 큰 비중을 차지한다. 예를 들어 미등록 이주자들은 농업 직종에 고용된 모든 근로자의 24%를 차지한다. 청소 직종 고용의 17%, 건설산업에서 14%, 그리고 음식준비산업에서 12%를 미등록 이주자들이 차지하고 있다.

자료 : Jeffrey S. Passel, "The Size and Characteristics of the Unauthorized Migrant Population in the U.S.: Estimates Based on the March 2005 Current Population Survey," Pew Hispanic Center Research Report, March 2006.

해외로부터의 불법이주가 경제의 평균임금에 미치는 전반적인 효과는 분명하지 않다. 일부 본토에서 태어난 근로자들과 해외로부터의 불법이주자들은 조보완요소이다. 이는 해외로부터의 불법이주와 관련된 임금 감소가 생산비를 낮춤으로써 어떤 본토에서 태어난 근로자들에 대한 노동수요를 증가시키는 산출량효과를 창출한다는 것을 의미한다. 하나의 예로서 해외로부터의 불법이주가 과일을 운송하고 판매하는 것을 돕는 본토에서 태어난 근로자들에 대한 수요를 증가시키는 것이 가능하다. 또한 미국에서 미등록 이주자들의 지출이 생산물에 대한 수요를 추가시키고, 따라서 노동에 대한 파생수요를 증가시킨다. 예를 들어 로스앤젤레스의 어느 스페인어 사용 구역에서 많은 근로자들에 대한 수요는 불법 근로자들의 존재 때문에 더 클 수가 있다. 반면에 미등록 이주자들 대부분이 보수의 큰 부분을 해외에 살고 있는 가족에게 송금하기 때문에 이러한 영향은 감소된다.[39]

그렇다면 해외로부터의 불법이주가 임금에 미치는 영향에 대해 어떤 결론을 내릴 수 있는가? 현실 세계의 복잡성을 감안할 때 가장 안전한 결론은 대규모 해외로부터의 불법이주는 대체할 수 있는 저숙련 국내 근로자들의 임금을 감소시킨다는 것이다. 그러나 해외로부터의 불법이주는 아마도 미국에서 임금의 평균수준에 순영향을 거의 미치지 않는다.

재정적 효과

마지막으로 해외로부터의 불법이주가 조세수입, 이전지출, 그리고 공공서비스에 미치는 효과는 무엇인가? 해외로부터의 불법이주자들은 메디케이드(Medicaid)와 푸드스탬프 같은 프로그램들로부터의 공적 도움에 법적으로 자격을 얻지 못한다. 그럼에도 불구하고 위조서류의 쉬운 이용가능성이 최근 이러한 프로그램들에의 그들의 참가를 증가시켰다. 현재의 해외로부터의

---

[39] 이러한 대규모의 송금이 개발도상국의 경우 자금의 중요한 원천이라는 증거는 Bilin Neyapti, "Trends in Workers' Remittances: A Worldwide Overview," *Emerging Markets Finance and Trade*, March-April 2004, pp. 83-90을 참조하라.

불법이주자들과 1990년대 초 사면을 승인받았던 불법이주자들의 가족들이 로스앤젤레스 같은 몇몇 지역에서 사회복지제도에 부담이 되고 있다는 증거가 존재한다. 또한 만약 해외로부터의 이주자들이 본토에서 태어난 저임금 근로자들을 대체한다면, 해외로부터의 이주자들은 미국의 복지 및 소득유지 프로그램들에 간접적인 비용을 부과할 수 있다.[40]

반면에 대부분의 불법이주자들은 가족이 없는 젊은 근로자들인 반면, 주요 이전 프로그램들에의 적격성은 고령, 질병, 장애, 또는 여성 가장이라는 위치 같은 특성들에 좌우된다. 그리고 불법이주자들이 학교, 도로, 공원 같은 많은 지역의 공공서비스를 사용하시만, 대부분은 또한 사회보장급여세, 수익자 부담금, 그리고 판매세를 납부한다. 불법이주를 연구하는 대부분의 학자들은 이러한 해외로부터의 불법이주자들이 순조세납부자로 남아 있다고 결론을 내리고 있다.

---

[40] 그러나 증거는 해외로부터의 불법이주가 젊은이와 소수집단 그룹의 실업에 거의 영향을 미치지 못한다는 것을 시사하고 있다. C.R. Winegarden and Lay B. Khors, "Undocumented Immigration and Unemployment of U.S. Youth and Minority Workers: Econometric Evidence," *Review of Economics and Statistics*, February 1991, pp. 105-12를 참조하라.

요약

1. 이동은 직종 이동과 지리적 이동을 포함하는 여러 형태를 띤다.

2. 이주 결정은 평생근로소득에 대한 기대이득의 현재가치가 투자비용(운송경비, 이동 기간 동안의 포기한 소득, 그리고 정신적 비용)과 비교되는 인적자본의 시각에서 검토될 수 있다.

3. 여러 요소가 이주 결정에 영향을 미칠 수 있다. 연령은 이주의 확률과 역의 관계에 있고, 가족 상태는 여러 방식으로 이주 결정에 영향을 미치며, 교육수준과 이동성은 정(+)의 관계에 있고, 이주가능성과 이동거리는 부(−)의 관계에 있으며, 실업 상태의 사람들은 일자리를 가진 사람들보다 이동할 가능성이 더 크고, 목적지 지역의 높은 실업률은 실업 상태의 근로자들이 그곳으로 이주할 확률을 감소시킨다.

4. 이주의 평균 평생수익률은 정(+)이며, 10~15%의 범위에 놓여 있는 것으로 추정된다.

5. 노동 이동은 노동 자원을 더 낮은 가치의 고용을 떠나 더 높은 가치의 고용으로 이동시킴으로써 배분적 효율성에 기여한다. 완전경쟁과 비용이 들지 않는 이주의 조건 아래 주어진 유형의 근로자들은 노동의 한계생산물가치(VMP)가 모든 비슷한 고용에서 똑같아질 때($VMP_a = VMP_b = \cdots = VMP_n$)까지 이동할 것인데, 이 점에서 노동은 효율적으로 배분된다.

6. 정(+)의 결과와 더불어, 이주는 부(−)의 외부효과를 발생시킬 수 있다. 만약 실재적이라면 이주의 효율성 이득을 감소시키고, 만약 금전적이라면 출발지와 목적지 지역에서 여러 개인들과 그룹들 사이의 소득분배를 변하게 한다.

7. 임금격차는 장기적으로 임금을 균등화하고, 노동 이주의 정도를 감소시키는 경향이 있는 자본과 생산물 흐름을 만들어낼 수 있다.

8. 미국으로의 연간 해외로부터의 총이주는 1980년대의 기간 동안 평균적으로 약 65만 명, 그리고 1992년 이래 약 95만 명이었다.

9. 미국에서 미등록 이주자들은 그 숫자만큼 본토에서 태어난 사람들의 고용을 감소시키지는 않지만, 일부 노동시장에서 임금을 떨어뜨린다. 해외로부터의 불법이주의 전반적인 임금효과는 경미한 것으로 생각된다.

용어 및 개념

노동 이동(labor mobility)

미등록 이주자(undocumented persons)

숙련 이전성(skill transferability)

실재적 대 금전적(real versus pecuniary)

이주로부터의 효율성 이득(efficiency gains from migration)

이주의 결정요인(determinants of migration)

이주의 외부효과(migration externalities)

자기선택(self-selection)

자본 이동(capital mobility)

지리적 이동(geographic mobility)

직종 이동(occupational mobility)

질문 및 연구 제안

1. 식 (9.1)을 사용하여 (a) 연령, (b) 거리, (c) 교육, (d) 결혼 상태, 그리고 (e) 할인율(이자율) 각각이 이주로부터의 순편익의 현재가치에 미칠 가능성이 있는 효과를 설명하라.

2. 익숙한 길(beaten path)이란 무엇을 의미하는가? 그러한 길이 식 (9.1)에서 어떻게 V_p를 증가시킴으로써 이주의 가능성을 증가시키는가?

3. 다른 조건이 일정할 때 왜 특수 인적자본을 보유한 사람들은 일반 인적자본을 보유한 사람들보다 일자리를 바꿀 가능성이 더 적은가? 이는 많은 양의 특수 인적자본을 소유한 사람들이 결코 이주하지 않을 것이라는 것을 의미하는가? 설명하라.

4. 표 9.1을 사용하여 임금이 유발하는 노동 이주가 다음 각각에 미치는 영향을 결정하라.

   a. 두 지역 산출량의 합

   b. 목적지 지역의 자본소득 대 임금소득

   c. 출발지 지역의 평균임금

   d. 목적지 지역 본토에서 태어난 근로자들의 총임금

5. 식 (9.1)의 변수들을 사용하여 가상적인 이동이 이동에

뒤이은 첫해의 근로에서 가족 근로소득의 감소를 발생시키는데도 불구하고 가족이 이주하는 것이 합리적일 수 있는 적어도 두 가지 이유를 제시하라.

6. 저임금 지역으로의 자본이동을 통해 두 지역 사이의 임금격차가 어떻게 감소될 수 있는가?

7. "만약 현재 미국에 있는 미등록 이주자들을 모두 추방한다면, 총국가실업은 똑같은 사람 수만큼 감소하게 된다." 이 서술에 대해 논평하라.

8. 노동 이동과 이주가 노동시장에서 수요독점력의 정도(제6장)에 어떻게 영향을 미칠 수 있는가?

9. 미국 내에서의 자유로운 노동 이동에 호의를 보이는 것과 미국으로의 해외로부터의 이주에 반대하는 것은 일관성이 있는가?

10. 만약 자유로운 국제무역을 믿는다면, 일관성을 갖기 위해 노동의 무제한적 국제이주도 옹호해야 하는가?

11. "저임금 해외국가들로부터 수입되는 생산물에 대한 미국의 관세는 해외 저숙련 이주자들의 미국으로의 이주 인센티브를 창출한다." 이 서술을 분석하라.

인터넷 연습

해외로부터의 이주자는 어디에서 오는가?

국토안보부 간행물 웹사이트(http://www.dhs.gov/ profiles-legal-permanent-residents)를 방문하여 해외로 부터의 합법적 이주자들에 대한 정보를 찾아라.

보이는 연도의 경우 어느 나라로부터 가장 많은 해외로 부터의 합법적 이주자들이 왔는가? 어느 나라로부터의 합 법적 이주자의 숫자가 가장 빨리 증가했는가? 왜 이 나라 또는 이 나라들이 그렇게 높은 해외로의 이주율을 가졌는 지 설명해보라.

인터넷 링크

미국 인구조사국은 미국 거주자들의 국내 이주율을 보고하고 있다(www.census.gov/hhes/migration).

노동조합과 단체교섭

10

이 장을 공부하고 나면:

1. 노동조합 발전의 역사적 배경을 기술할 수 있다.
2. 노동조합 조합원 분포와 미국 노동조합의 기본적인 구조를 기술할 수 있다.
3. 민간부문 노동조합의 최근 추세와 조합원 숫자의 상대적 감소에 대한 여러 설명을 요약할 수 있다.
4. 독점노동조합 모형과 효율적 계약 모형을 설명하고 실증 증거를 요약할 수 있다.
5. 노동조합이 조합원 임금을 올리기 위해 사용하는 기법을 요약할 수 있다.
6. 파업에 대한 사고 모형과 비대칭정보 모형을 설명할 수 있다.

새로운 지인들과의 사회적 대화에 예를 들어 정치나 종교 같은 주제를 꺼내는 것은 현명한 일이 아니라는 것에 에티켓 전문가들은 동의한다. 이러한 주제들은 종종 감정 대립, 상이한 견해, 그리고 원치 않는 논쟁을 불러일으킨다. 노동조합은 또 다른 그런 주제이다. 노조 문제에 대하여 강하게 의사 표현을 하다 보면 말다툼이 생길 수 있다.

물론 견해는 사실이 아니다. 또한 견해는 항상 건전한 분석을 근거로 하지도 않는다. 이 장과 제11장의 주요 목적은 노동조합, 노동조합의 목표, 그리고 노동조합의 활동에 대한 이해를 깊게 하는 것이다. 접근법은 사실에 기반을 두고 분석적이 될 것이다. 따라서 이 두 장은 미국의 노동조합에 대한 정통한 견해를 형성하는 데 도움이 될 유용한 정보를 제공하고자 한다.

왜 노동조합인가?

노동조합의 기원과 진화를 설명하기 위해 무수히 많은 이론들이 설계되었다.[1] 노동조합은 본질

---

[1] 예를 들어 Simeon Larson and Bruce Nissen (eds.), *Theories of the Labor Movement* (Detroit Wayne State University Press, 1987)를 참조하라. Ray Marshall and Brian Rungeling, *The Role of Unions in the American Economy*, 2nd ed. (New York: Joint Council on Economic Education, 1985)은 여기서 논의된 이론의 탁월한 설명과 미국 노동운동의 역사를 간단명료하게 제시한다.

적으로 산업화의 산물이라는 간단한 역사적 견해에 우리는 동의한다. 산업화 이전에는 대부분의 근로자가 자급자족할 수 있는, 자영업을 하는 기능보유자, 장인, 또는 자신들 소유의 가정과 자기 소유 토지에서 일하는 농부들이었다. 이들 근로자들은 사용자인 동시에 근로자였다. 그러나 산업화가 이러한 자영업 제도를 약화시켰으며, 많은 근로자들로 하여금 고용과 소득을 공장 소유자들에게 의존하도록 만들었다. 산업화는 또한 경영과 노동의 기능을 분리시켰다.

고의로 노동을 학대하지 않았을지 모르지만 생산물시장에서의 경쟁적인 압력 때문에 사용자들은 불충분한 임금을 지급하는 경우가 허다했고, 근로자들에게 오랫동안 열심히 일하도록 강요했으며, 편의시설을 최소한으로 제공하였고, 생산물수요가 감소하여 근로자들이 필요 없게 되면 그들을 해고하였다. 요컨대 산업화의 진전으로 근로자들은 자신의 근로소득, 근로조건, 그리고 안전을 스스로 통제하지 못하고 사용자에게 의존할 수밖에 없는 처지로 전락하였다. 근로자들은 자신의 이해관계를 대표하고, 보호하며, 향상시키기 위해 사용자들과 집단적으로 협상하기 위한 노동조합을 결성하였다.

노동조합 : 사실과 수치

단체교섭 과정과 그 경제적 시사점을 분석하기 전에 노동조합의 범위와 성격에 대한 기본적인 이해가 중요하다. 구체적으로 말하면 (1) 산업, 직종, 성, 인종, 연령, 그리고 지역별로 노동조합화된 노동의 분포, (2) 조직화된 노동의 구조, 그리고 (3) 과거 수십 년에 걸쳐 발생했던 노동조합화된 부문의 상대적 크기 감소를 논의하기로 하자.

누가 노동조합에 소속되어 있는가?

2014년 현재 1억 4,400만 명의 민간 비농업 근로자 중 대략 1,460만 명의 근로자들이 노동조합에 속해 있다. 다시 말해서 미국 근로자들의 약 10%가 노동조합 조합원이었다. 그러나 어떤 근로자가 노동조합 조합원이 될 가능성은 그가 관련된 직종 및 산업, 개인적 특성(성, 인종, 연령), 그리고 지리적 위치에 좌우된다.

산업과 직종

표 10.1은 산업별 및 직종별 노동조합화된 임금 및 급여 근로자 비율을 보여준다. 노동조합 조합원은 재화를 생산하는 산업(광업, 건설업, 제조업)에 크게 집중되어 있으며, 대부분의 서비스 지향적인 산업(도매 및 소매업, 금융업, 보험업, 부동산업, 서비스업)에서 상대적으로 낮은 수준이다. 예외는 재화를 생산하는 농업에 있어서의 낮은 수준의 노동조합화와 서비스를 제공하는 운송, 정보, 그리고 공익설비(public utilities)산업에서의 높은 수준의 노동조합화다. 이러한 운송, 정보, 그리고 공익설비산업들은 전형적으로 공적인 규제를 받고, 개별 노동시장 내에서 크게 집중되어 있으며, 자본집약적이다. 이 모든 것들은 낮은 노동수요탄력성, 노조 가입의 큰 기대편익, 그리고 낮은 조직비용으로 귀결되기 때문에 노동조합 밀도가 높다.[2] 또한 주목할 만한 것은 모든 우편 근로자의 거의 3/4이 노조에 가입되어 있는 것처럼 지난 수십 년 동안의 주

10.1 국제 시각   노동조합에 가입한 임금 및 급여 근로자의 비율

노동조합 가입 비율은 나라에 따라 크게 다른데, 미국의 11%에서 스웨덴의 68%까지의 범위를 보인다.

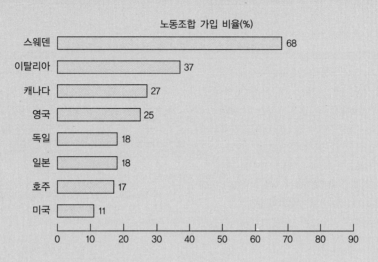

노동조합 가입 비율(%)

국가	비율
스웨덴	68
이탈리아	37
캐나다	27
영국	25
독일	18
일본	18
호주	17
미국	11

자료 : www.oecd.org. 데이터는 2013년 수치임.

표 10.1 산업 및 직업별 노동조합 가입 비율

산업	노동조합 가입 비율*	직종	노동조합 가입 비율*
재화 생산		**화이트칼라**	
농업	2	전문가	17
광업	5	관리, 경영, 금융	5
건설업	15	사무직 근로자	9
제조업	10	판매직 근로자	3
서비스 생산		**블루칼라**	
운송, 정보, 공익설비	21	건설	18
도매 및 소매업	4	장치 및 보수	15
금융, 보험, 부동산업	3	생산	13
서비스	11	운송	16
행정	32	서비스	11

자료 : Barry T. Hirsch and David A. Macpherson, *Union Membership and Earnings Data Book: Compilations from the Current Population Survey (2015 Edition)* (Washington, DC: Bureau of National Affairs, 2015).

* 노동조합에 속한 고용된 임금 및 급여 근로자의 비율

10.1 근로의 세계 — 대학 운동선수들은 노동조합에 가입할 것인가?*

노동조합들은 현재 이전에는 조직되지 않았던 근로자 그룹인 대학 운동선수를 조직하려 노력하고 있다. 노스웨스턴대학교 미식축구팀의 전 쿼터백이었던 콜터(Kain Colter)는 이전 동료 선수들을 노동조합화하기 위한 노력을 선도했다. 그의 노동조합인 대학운동 선수협회(College Athletes Players Association)는 미식축구 선수들에 대한 더 높은 보상과 부상에 대한 더 나은 의료보장을 원했다.

조직화 노력은 처음엔 성공하였다. 전국노사관계위원회(NLRB)의 지역 책임자는 2014년 3월에 장학금을 받고 있는 76명의 노스웨스턴대학교 미식축구 선수들이 근로자 정의를 충족했고, 따라서 노동조합화에 대해 투표할 수 있다는 공식적인 결정을 내렸다. 사립학교에는 연방 노동법이 적용되기 때문에 지역 책임자의 결정은 오로지 사립학교에만 적용되었다. 공립학교에는 주 노동법이 적용되기 때문에 결정은 공립학교 선수들에게는 적용되지 않았다.

팀의 코치와 노스웨스턴대학교 당국 모두 노동조합이 미식축구 선수들을 대표하는 것을 강력하게 반대했다. 대학교는 선수들은 학구적인 임무로 완전히 통합된 학생-운동선수이지 근로자가 아니라고 주장했다. 대학교는 노동조합화 투표를 허용한 결정에 대해 항소했다.

2015년 8월 전국노사관계위원회(NLRB)은 항소에 대해 결정을 내렸으며, 노스웨스턴대학교 미식축구 선수들의 노동조합을 허락하지 않았다. 그러나 NLRB의 결정은 미래에 대학 운동선수의 노동조합을 허용할 수 있는 가능성을 열어두었다. 만약 미래에 대학 운동선수들의 노동조합 결성과 가입이 허용된다면 운동선수들과 대학교 사이의 관계는 근본적으로 변할 수 있다.

* "Northwestern Appeals NLRB Ruling on Athletes," *New York Times*, April 9, 2014; "N.L.R.B. Rejects Northwestern Football Players' Union Bid," *New York Times*, August 17, 2015를 기초로 함.

와 지방정부 수준에서 공공부문 노동조합의 활발한 성장이다.

표 10.1을 보면 또한 블루칼라 근로자들이 화이트칼라 근로자들보다 훨씬 더 노동조합화되었다는 것이 분명하다. 이러한 차이의 이유에는 다음과 같은 것들이 포함된다. 첫째, 일부 화이트칼라 근로자들은 관리자들인데, 현행 노동법하에서는 사용자들은 감독직 근로자들과 교섭할 의무가 없다. 둘째, 많은 화이트칼라 근로자들이 경영진과 동질감을 갖고 있으며, 근로자 지위에서 경영진 지위로 승진하기를 열망한다. 그들은 노동조합 조합원 신분을 갖는 것을 '비전문가적'이며, 자신들의 야심을 실현하는 데 잠재적인 장애물이라고 느낀다. 마지막으로 평균적으로 화이트칼라 근로자들은 블루칼라 근로자들보다 더 높은 임금과 더 나은 근로조건을 향유하며, 따라서 노동조합에 대한 필요를 덜 느낄 수 있다.

10.1 근로의 세계

몇몇 중요한 예외가 있긴 하지만 노동조합화의 산업별-직종별 유형은 1940년대 말에 확립되었다. 그때 심하게 노동조합화된 산업들은 현재도 그렇게 남아 있다. 오늘날 대부분의 근로자들은 자신의 사용자에 대항하여 새롭게 노동조합을 결성하여 조합원이 되는 것이 아니라, 오히려 이미 노동조합화되어 있는 사업장의 일자리를 잡기 때문에 노동조합에 가입한다.

앞에 언급한 공공부문의 높은 수준의 노동조합화에 관심을 가질 가치가 있다. 1960년대 이전에 정부 근로자들의 노동조합화 정도는 미약했는데, 대부분의 공공부문 고용이 화이트칼라 일자리였으며 또한 높은 비율이 여성이었기 때문에 노동조합화 정도가 낮은 채로 남아 있을 것으로 보였다. 그럼에도 불구하고 1960년대 중반과 1970년대 초 사이에 공공부문 노동조합 조합원은 4배 이상이 되었으며, 오늘날 공공부문의 노동조합 밀도는 경제 전체 노동조합화 정도의

---

[2] Barry T. Hirsch and John T. Addison, *The Economic Analysis of Unions* (Boston: Allen and Unwin, 1986), p. 63.

10.2 근로의 세계 | 공공부문 노동조합에 대한 도전*

지난 20년에 걸쳐 민간과 공공부문 노동조합의 힘 사이에 넓은 갭이 생겨났다. 1991년에 공공부문 근로자의 37%와 민간 근로자들의 12%가 노동조합 조합원이었다. 2014년에 이르러 공공부문은 36%로 약간 떨어졌지만, 민간부문은 7%로 하락했다. 공공부문 근로자들이 모든 근로자의 단지 1/6임에도 불구하고, 공공부문 근로자들이 현재 모든 노동조합 조합원의 절반을 넘게 차지하고 있다.

그러나 2011년을 시작으로 공공부문 노동조합들은 뉴저지, 오하이오, 그리고 위스콘신에서 협상력에 대한 강력한 도전에 직면하였다. 예산 부족에 직면하고 있던 이 세 주의 새롭게 선출된 주지사들이 자신의 주에서 공공부문 근로자들의 협상력을 감소시키려 시도하였다. 위스콘신 주지사인 워커(Scott Walker)는 안전부문 외 공공부문 근로자들의 건강보험 및 연금급여에 대해 협상을 금지하고, 인플레이션 대비 임금 인상을 제한하며, 대부분의 근로자들이 노동조합 조합원으로 남아 있기를 원하는지에 대한 투표를 매년 하도록 요구하고, 조합비 일괄공제를 금지하는 법안의 통과에 힘썼다. 이 법안은 주에서 격렬한 시위로 이어졌지만, 궁극적으로 법으로 제정되었다.

오하이오 주지사 케이식(John Kasich)은 정치적인 로비를 하여 아마도 더 제약적인 법을 성공적으로 통과시켰다. 위스콘신 법과 마찬가지로 오하이오 법은 공공 근로자들이 연금과 건강급여에 관해 협상하는 것을 금지시켰다. 그러나 법은 또한 경찰 및 소방관들이 건강 및 연금급여 협상권마저 금지시켰기 때문에 더욱 제약적이었다. 이외에도 만약 노동조합과 관리자가 타결에 합의하지 못하면 시의회와 교육위원회가 일방적으로 최종안을 부과할 수 있도록 했다. 법이 제정되었을 때 상대적으로 관심을 거의 받지 못했지만, 공공부문 노동조합들에 의한 활발한 캠페인 이후 압도적으로 통과된 주민투표에 의해 그것은 뒤집혔다.

뉴저지 주지사인 크리스티(Chris Christie)는 주와 지방정부 근로자들의 보상을 감소시키기 위한 자신의 시도에서 더욱 성공을 거두었다. 그의 재촉에 따라 입법기관은 주와 지방정부 근로자들의 연금 및 건강급여 기여금을 증액하고, 연금기금이 완전히 적립될 때까지 생활비 연동 급여증액 방식 적용을 연기하며, 퇴직연령을 상향 조정하는 법안을 통과시켰다. 입법은 또한 만약 단체협약이 교착 상태에 도달한다면 추가 건강급여 조건을 일방적으로 결정하게 함으로써 공공노조의 단체교섭 권한을 축소했다.

* www.unionstats.com과 http://topics.nytimes.com/topics/reference/timestopics/subjects/o/organized_labor/index.html을 기초로 함.

2배 이상 높다. 이러한 확대는 민간부문 노동조합이 크게 쇠퇴했다는 사실에 비추어볼 때 매우 놀랄 만하다.

무엇이 공공부문 노동조합을 성장하게 했는가? 가장 중요한 것은, 1960년대와 1970년대에 공공부문의 노조 찬반 투표제도를 확립하고, 정부 사용자에게 노조와의 교섭을 요구하는 주와 지방의 다양한 법이 통과된 것이다. 연방 수준에서는 행정명령이 똑같은 역할을 했다. 요컨대 새로운 입법이 1960년대와 1970년대에 공공부문 근로자들에게 민간부문 근로자들이 1930년대 이래 누려온 것 같은 노동조합 가입 기회를 주었던 것이다.

이러한 새로운 법적 환경에도 불구하고 민간부문 노동조합은 시들해졌는데, 왜 공공부문 노동조합은 그렇게 빠르게 성장했는가? 한편으로 노동조합화에 대한 억눌린 수요가 존재했을 수 있으며, 호의적인 법적 환경이 단순히 촉발한 결과일 수 있다. 반면에 민간 사용자들은 노동법의 정신과 문자 모두를 파괴시킬 정도까지 노동조합화에 거세게 저항하였다. 그에 반해서 공공부문 사용자들은 근로자들의 노동조합화에 저항하거나 싸우지 않았다.[3]

공공부문 노동조합의 급속한 성장은 1960~1976년 사이에 주로 발생했다. 1976년 이래 조합

---

[3] 이 절은 Richard B. Freeman, "Unionism Comes to the Public Sector," *Journal of Economic Literature*, March 1986, pp. 41-86을 근거로 하고 있다.

표 10.2 성, 인종, 연령별 노동조합 가입 비율

개인적 특성	노동조합 가입 비율*
성	
남성	12
여성	11
인종	
백인	11
아프리카계 미국인	13
연령	
25세 미만	4
25세 이상	12

자료 : Barry T. Hirsch and David A. Macpherson, *Union Membership and Earnings Data Book: Compilations from the Current Population Survey (2015 Edition)* (Washington, DC: Bureau of National Affairs, 2015).

* 노동조합에 속한 임금 및 급여 근로자의 비율

원 수가 공공부문 근로자들의 약 36%에서 변동이 없음에 따라 성장이 거의 또는 전혀 이루어지지 않았다. 공공부문 노동조합의 극적인 성장 시대는 이제 지나갔다고 해야 할 것이다.[4]

개인적 특성 : 성, 인종, 연령

표 10.2는 개인적 특성이 노동조합 조합원이 될 가능성과 관련이 있다는 것을 알려준다. 남성은 여성보다 노동조합 조합원이 될 가능성이 훨씬 더 크다는 것을 관찰할 수 있다. 이러한 차이는 성을 근거로 한 어떤 근본적인 태도에 기인하는 것은 아니다. 오히려 그것은 여성들이 노동조합화가 덜 된 산업과 직종에 불균형적으로 많이 종사하기 때문에 발생한다. 예를 들어 많은 여성들은 노동조합화의 수준이 낮은 소매업, 외식서비스, 사무실 업무에 고용된다. 나아가 여성들은 평균적으로 남성들보다 경제활동인구에 덜 영구적으로 머물러 있다. 따라서 여성들의 경우 노동조합화로부터의 평생 임금이득이 남성들보다 더 낮을 것인데, 이는 노동조합 조합원 자격을 여성들에게 상대적으로 덜 매력적으로 만든다.[5]

표 10.2로부터 더 큰 비율의 아프리카계 미국인들이 백인보다 노동조합에 속해 있다는 것을 또한 알 수 있다. 이러한 차이는 근로자들의 산업분포를 반영한다. 구체적으로 말하면 불균형적으로 더 많은 수의 아프리카계 미국인들이 블루칼라 일자리를 갖는다. 또 다른 설명 요소는 노동조합화가 백인 근로자보다 아프리카계 미국인 근로자들의 경우 더 큰 상대적 임금이득이라는 결과를 가져온다는 것이다.[6] 아프리카계 미국인들은 노동조합에 속함으로써 백인들보다

---

[4] Linda N. Edwards, "The Future of Public Sector Unions: Stagnation or Growth?" *American Economic Review*, May 1989, pp. 161-65.

[5] 이 절의 주제를 다루는 두 편의 논문은 William E. Even and David A. Macpherson, "The Decline of Private-Sector Unionism and the Gender Wage Gap," *Journal of Human Resources*, Spring 1993, pp. 279-96과 Diane S. Sinclair, "The Importance of Sex for the Propensity to Unionize," *British Journal of Industrial Relations*, June 1995, pp. 173-90이다.

[6] 아프리카계 미국인들이 다른 그룹들보다 노동조합화에 대한 더 강력한 수요를 갖고 있다는 증거는 Gregory Defreitas,

상대적으로 더 많은 편익을 얻고 있는 것이다.

표 10.2는 또한 젊은 근로자(25세 미만)들이 나이 든 근로자들보다 노동조합 카드를 가질 가능성이 더 작다는 것을 드러내 보인다. 또다시 이는 젊은 근로자들이 얻는 일자리 종류로 대체로 설명할 수 있다. 구체적으로 말하면, 곧 살펴볼 것이지만 경제의 전통적인 블루칼라, 재화생산, 노동조합화된 부문은 최근 수년 동안 급속히 확대되지 않았으며, 따라서 경제활동인구에 진입하는 젊은이들의 주요 일자리 원천이 아니었다. 오히려 대체로 비노동조합 서비스 부문들이 성장해서 더 많은 일자리를 제공해 왔다. 오늘날 고등학교 졸업자들은 비노동조합 패스트푸드 체인의 일자리들을 가질 가능성이 더 크다. 그러나 25년 전에는 많은 고등학교 졸업자들이 노동조합화된 자동차 또는 철강 제조 공장에서 일을 찾았다.

지역

상당한 정도까지 미국에서 노동 이동은 도시적인 현상이다. 심하게 도시화·공업화된 6개 주, 즉 뉴욕, 캘리포니아, 펜실베이니아, 일리노이, 오하이오, 미시간이 모든 노동조합 조합원의 대략 절반을 차지한다.[7] 나아가 남부에서 노동조합화된 근로자 비율은 미국 나머지 지역 노조화 정도의 단지 약 2/3일 뿐이다. 이는 부분적으로 남부에서의 일자리 직종 및 산업 구성으로부터 생겨난 것일 수 있지만, 또한 단순히 그 지역 사용자들과 일반 대중들이 더 반노동조합 성향이기 때문이라는 주장도 있다.

조직화된 노동의 구조[8]

그림 10.1은 미국 노동조직의 구조를 간략히 제시하고 있다. 미국에는 연합(federation), 전국노동조합(national union),[9] 그리고 노동조합지부(local union)의 세 가지 주요 수준의 노동조직이 존재한다.

미국노동조합총연맹(AFL-CIO)

AFL-CIO로 더 잘 알려진 **미국노동조합총연맹**(American Federation of Labor and Congress of Industrial Organizations)는 독립적이고 자율적인 전국노동조합들의 느슨하고 자발적인 연합체이다. 그림 10.1에서 2014년 현재 약 900만 명의 근로자들을 가진 55개의 전국노동조합들이 AFL-CIO에 속했던 반면, 약 300만 명의 총조합원을 보유하고 있는 대략 60개의 전국노동조합들이 AFL-CIO와 독립적이었다는 것을 알 수 있다. AFL-CIO는 단체교섭에 관여하지 않지만, 조직화된 노동의 주된 정치적 기관이다. AFL-CIO는 최저임금으로부터 해외정책에 이르는 각

"Unionization among Racial and Ethnic Minorities," *Industrial and Labor Relations Review*, January 1993, pp. 284-301을 참조하라.

[7] Barry T. Hirsch and David A. Macpherson, *Union Membership and Earnings Data Book: Compilations from the Current Population Survey (2015 Edition)* (Washington, DC: Bureau of National Affairs, 2015).

[8] 뒤이은 논의는 Marten Estey, *The Unions: Structure, Development and Management*, 3rd ed. (New York: Harcourt Brace Jovanovich, 1981), chap. 3을 활용하고 있다. 노동운동과 그 구조의 상세한 고려사항들에 대한 논의는 John W. Budd, *Labor Relations: Striking a Balance*, 4th ed. (New York: McGraw-Hill, 2013), chaps 4-6을 참조하라.

[9] 몇몇 전국노동조합들은 예를 들어 국제전기노동조합(International Brotherhood of Electrical Workers, IBEW) 같이 자신들을 '국제'노동조합이라 부르는데, 이는 보통 캐나다와 푸에르토리코에 몇몇 소속된 노동조합지부들이 존재한다는 것을 의미한다.

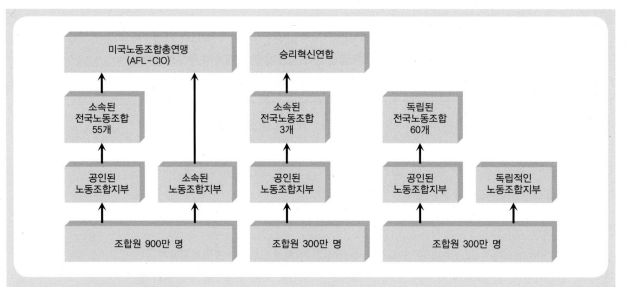

그림 10.1 미국 노동조합의 제도적 조직
미국에서 조직화된 노동은 미국노동조합총연맹(AFL-CIO), 승리혁신, 그리고 여러 독립적인 노동조합들로 구성되어 있다. 미국노동조합총연맹의 기본적인 기능은 넓은 범위의 경제적 · 사회적 · 정치적 이슈에 관한 노동의 견해를 공식화하고 홍보하는 것이다. 승리혁신연합은 새로운 조합원들을 조직하는 데 집중하고 있다. 전국노동조합은 일반적으로 단체협약을 협상하는 책임을 갖고 있는 반면, 노동조합지부는 그 협약을 관리하는 데 주력한다.

양각색의 정치적 이슈에 관한 노동의 견해를 공식화하고, 노동의 입장을 알리며, 정치적 로비에 관여한다.[10] AFL-CIO는 또한 소속된 전국노동조합들 사이의 관할권 분쟁을 타결할 책임이 있다. 즉 AFL-CIO는 특정 그룹의 비노동조합 근로자들을 어느 노동조합이 조직할 권한이 있는지 결정한다.

승리혁신

승리혁신연합(Change to Win federation)은 2005년에 시작되었던 3개의 독립적인 전국노동조합의 느슨한 연합체이다. 그림 10.1에 보이는 바와 같이 총 300만 명의 근로자들을 대표하는 2개의 전국노동조합이 승리혁신연합에 속한다. 승리혁신연합은 새로운 조합원들을 조직하는 데 집중하고 있다.

전국노동조합

전국노동조합(national unions)은 전형적으로 동일 산업[자동차 제조 노동자 또는 철강 노동자로 구성되는 노동조합 같은 '산업별 노동조합(industrial unions)'], 아니면 동일 숙련 직종[목수와 전기기사를 대표하는 노동조합 같은 '직종별 노동조합(craft unions)']에 속하는 노동조합지부의 연합체이다. 표 10.3은 AFL-CIO 아니면 승리혁신연합에 속한 가장 큰 전국노동조합을

---

[10] 정치적 영역에서 조직화된 노동의 유효성에 대한 분석은 Richard B. Freeman and James L. Medoff, *What Do Unions Do?* (New York: Basic Books, Inc., 1984), chap. 13을 참조하라. 또한 Roland Zullo, "Union Membership and Political Inclusion," *Industrial and Labor Relations Review*, October 2008, pp. 22-38을 참조하라.

표 10.3 10만 명 이상의 조합원을 보고하는 AFL-CIO와 승리혁신에 소속된 노동조직

노동조직*	조합원 수(천 명)
서비스 근로자(승리혁신)	1,867
주 및 카운티 정부 근로자	1,344
식품 및 상업 근로자	1,300
트럭기사(승리혁신)	1,258
교사	1,129
전력 근로자	578
목수(독립노조)	520
통신 근로자	468
미국 철강 근로자	436
항공우주 및 자동차 제조 근로자	370
단순노동자연합	303
운영 엔지니어	280
연방정부 근로자	268
기계제작기술자	265
소방관	260
우편 근로자	220
배관 및 도관	220
직물, 호텔 및 음식점 근로자	209
우편집배원	186
간호사	128
캘리포니아 학교 근로자(California School Workers)	122
수송 근로자	119
사무실 및 전문직 근로자	104

자료 : Barry T. Hirsch and David A. Macpherson, *Union Membership and Earnings Data Book: Compilations from the Current Population Survey (2015 Edition)* (Washington, DC: Bureau of National Affairs, 2015); http://www.dol.gov/olms/

* 승리혁신으로 표시되지 않은 모든 조직은 AFL-CIO에 소속된다.

나열하고 있다. AFL-CIO에 소속되지 않은 가장 큰 노동조합은 약 300만 명의 회원을 가진 전국교육협회(National Education Association)이다.

전국노동조합은 (1) 조직화되지 않은 그 직종 또는 산업에 있는 근로자들을 조직하고, (2) 단체협약을 협상하는 두 가지 주요 기능을 갖고 있다. 그러나 관련된 노동조합지부와 산업의 규모에 따라 후자의 기능에 대한 책임은 몇몇 경우 노동조합지부와 나뉠 수 있다. 예를 들어 만약 관련된 생산물시장이 지방시장이라면(주택건설과 같은), 지역의 목수, 벽돌공, 그리고 기타 직업별 노동조합들이 자신들 스스로의 교섭계약을 협상할 가능성이 있다. 그러나 생산물시장의 범위가 지역 또는 전국(예 : 직물 또는 자동차)인 경우에는 협상은 보통 그 노동조합지부가 아니라 전국노동조합에 의해 수행된다. 이렇게 되는 이유는 두 가지 요소 때문이다. 가장 중요한 것은 전국노동조합은 '임금을 경쟁으로부터 차단하기 위해' 임금을 표준화하기를 원하며, 그 결과 높은 노동조합 임금을 지급하고자 하는 사용자들은 낮은 노동조합 임금을 지급하는 다른 기업들에게 판매를 잃는 벌칙을 받지 않게 된다. 나아가 단체교섭은 매우 복잡하고 법률적인 성격을 띠게 되었는데, 이는 숙련된 협상가, 변호사 등을 필요로 한다. 결과적으로 전국적인 협상가에 의존함으로써 규모의 경제를 얻게 될 가능성이 커진다.

노동조합지부

일반적으로 **노동조합지부**(local unions)는 본질적으로 각각의 전국노동조합의 지사 또는 구성요소이다. 그러나 그림 10.1에서 일부 노동조합지부는 직접적으로 AFL-CIO에 소속되어 있으며, 소수는 전국노동조합 또는 AFL-CIO에 소속되어 있지 않다는 것을 살펴보았다. 노동조합지부와 전국노동조합 사이의 관계는 AFL-CIO와 전국노동조합 사이의 관계와 상당히 다르다. 전국노동조합들은 연합에 가입하면서 자신들의 내부 일에 관해 자주권과 자율성을 계속 유지한다. 그러나 노동조합지부는 보통 전국노동조합에 종속된다. 예를 들어 노동조합지부는 파업에 착수하기 전에 전국노동조합과 함께 할 것인지 결정을 분명히 하도록 요구받는다. 나아가 전국노동조합은 산하 노동조합지부에 대하여 정직 또는 해산시킬 권한을 갖고 있다.

이렇다고 해서 노동조합지부의 역할이 격하되는 것은 아니다. 노동조합지부는 교섭계약을 관리하고 감시하며, 계약을 해석하는 데 있어 발생할 수 있는 근로자 고충의 해결책을 찾는 중요한 기능을 수행한다.

적극적이고, 관심을 기울이며, 효과적인 노동조합지부의 지도력은 조합원들의 호의적인 반응을 낳고, 그 반대도 성립한다. 요컨대 조합원들에게는 지부가 자신들의 노동조합이다. 노동조합에 대한 많은 의견은 지부의 성과에 근거를 둔다.[11]

교섭 구조의 다양성

교섭 구조(bargaining structure)라는 용어는 단체협약에 포함되는 근로자와 사용자의 범위를 지칭한다. 즉 교섭 구조는 누가 누구와 협상하는지를 알려준다. 미국에서는 교섭 구조가 엄청나게 다양하다. 다양성은 그림 10.1과 약 2,000개의 주요 단체교섭 계약(1,000명 이상의 근로자와 관련된 계약)이 현재 시행 중이라는 사실에 암시되어 있다. 수천 개의 다른 단체협약들이 소규모 사용자들에게 적용된다.

많은 노동조합이 단일 공장을 가진 사용자와 협상한다. 다른 노동조합은 더 중앙집권화된 방식으로 여러 공장을 가진 사용자들과 교섭한다. 이 경우 많은 공장을 가진 기업은 '주 합의(主合意, master agreement)'를 하나 이상의 노동조합과 먼저 협상하고, 이것을 다른 공장 근로자들에게 적용한다.[12] 더 중앙집권화된 형태는 **패턴 교섭**(pattern bargaining)인데, 여기서는 노동조합이 먼저 어떤 한 산업의 특정 기업과 계약을 협상하고, 이 계약 — 또는 계약의 약간 수정된 형태 — 으로 그 산업의 다른 모든 사용자들에게 요구사항을 관철하려고 한다. 또 다른 예로는 다수사용자 교섭(multiemployer bargaining)이 있다. 즉 주어진 산업의 사용자들이 사용자협회[예를 들어 역청탄광협회(Bituminous Coal Owners Association)]를 결성하고, 노동조합과 그

---

[11] Estey, op. cit., pp. 50-51.
[12] 주 합의는 종종 특별한 공장에 고유한 이슈와 조건을 다루는 지역 합의에 의해 보충된다.

룹으로 교섭한다.

교섭 구조의 결정요인들이 수가 많고 복잡하지만,[13] 실용적인 고려사항과 각 당사자의 교섭력에 대한 인지된 효과가 중요하다. 예를 들어 사용자들이 여러 명이고 소규모이며 그들의 시장이 매우 국지적인 곳에서는 노동조합은 사용자들의 협회와 도시 전체에 유효한 합의를 교섭할 가능성이 있다. 사용자들과 노동조합 모두 그러한 교섭 구조에서 이익을 볼 수 있다. 첫째, 협상에 어떤 규모의 경제가 존재할 수 있다. 즉 노동조합이 많은 수의 사용자들과 개별적으로 협상하면 많은 비용이 들게 된다. 둘째, 사용자들은 자신들이 개별적이 아니라 그룹으로 협상함으로써 교섭력을 증대시킬 수 있다고 느낄 수 있다. 마지막으로, 그리고 아마 가장 중요한 것은, 도시 전체에 유효한 합의를 통해 임금을 표준화함으로써 각 사용자는 더 높은 임금비용 때문에 생기는 다른 기업들과의 경쟁상의 불이익을 초래하는 위험을 회피할 수 있다. 마찬가지로 노동조합은 '임금을 경쟁으로부터 벗어나도록 하고', 고임금 유노조 기업에서 일자리가 없어지는 문제를 회피할 수 있다.[14] 따라서 빌딩 건설, 호텔과 모텔, 소매거래, 그리고 지역 트럭운송에 있어 도시 전체에 유효한 합의가 매우 흔하다. 지역적 다수사용자 교섭은 또한 특히 트럭운송, 역청탄광, 그리고 기본적인 철강업에서도 시행되고 있다.

단일회사 교섭은 대규모 과점 기업이 노동조합과의 협상에 있어서 '혼자 힘으로 하겠다'고 할 정도로 충분히 강력하다고 느끼는 많은 제조업에서 일상적이다. 그러나 흔히 한 기업과의 계약 협상은 동일한 산업의 다른 기업들에게 패턴을 확립할 것이다. 자동차산업이 가장 잘 알려진 패턴 교섭의 예다. 계약이 매 3년마다 종료될 때 미국자동차노조연맹(United Auto Workers)은 계약 재협상을 위해 '3대(Big Three)' 제조업체 중 하나를 선택한다. 협상된 계약은 다른 자동차 회사들을 다루는 데 표준으로 쓰인다. 이러한 교섭 구조는 만약 전체 산업이 아니라 오로지 한 기업에서만 파업을 하면 파업 기간 동안 임금 손실이 더 적을 것이기 때문에 노동조합에게 유리하다. 나아가 조업정지를 경험하는 기업은 파업하지 않는 자신의 경쟁자들에게 판매를 잃게 될 것이고, 이는 노조의 요구를 받아들이도록 기업에 압박이 될 것이다. 기본적인 요점은 미국에서 교섭 구조의 전형 같은 것은 존재하지 않는다는 것이다.

- 산업화로 근로자들의 근로소득, 근로조건, 그리고 안전이 기업 소유자의 결정에 의존하게 되었다. 노동조합은 산업화의 부산물이다. 노동조합은 근로자들의 이해관계를 대표하고 보호하며 향상시키기 위해 생겼다.
- 2014년 현재 1억 4,400만 명의 미국 비농업 노동력 구성원 중 대략 1,460만 명이 노동조합에 속해 있다.
- 노동조합화는 산업, 직종, 성, 인종, 연령, 지역에 따라 크게 다르다.
- 미국의 조직화된 노동은 AFL-CIO(55개 소속 전국노동조합의 연합), 승리혁신(3개 소속 전국노동조합의 연합), 약 60개의 독립적인 전국노동조합으로 구성되어 있다.

10.1
잠깐만 확인합시다.

---

[13] 교섭 구조의 결정에 대한 체계적인 논의는 Harry C. Katz, Thomas A. Kochan, and Alexander J. S. Colvin, *Introduction to Collective Bargaining and Industrial Relations*, 4th ed. (New York: Irwin/McGraw-Hill, 2008), chap. 7을 참조하라.

[14] 노동조합 생산물을 비노동조합 생산물로 대체하는 소비자들의 능력을 약화시킴으로써 어떤 산업에서 노동조합이 커진다고 해도 노동조합화된 기업들에 의해 판매되는 생산물에 대한 수요의 탄력성을 낮출 것이다. 제5장으로부터 생산물수요의 탄력성 감소는 노동수요의 탄력성을 감소시킴으로써 노동조합은 고용의 큰 손실을 경험하지 않고도 임금을 인상시킬 수 있다는 것을 알고 있다.

노동조합의 쇠퇴

2014년 현재 민간 비농업 근로자의 약 10%인 약 1,460만 명의 근로자들이 노동조합에 속해 있다는 것을 방금 언급했다. 그림 10.2는 노동조합 조합원 수의 추세에 대한 역사적인 개요를 제공한다. 두 가지 점이 두드러진다. 첫째, 노동조합화된 부문은 분명히 경제활동인구의 소수 구성요인이다. 노동조합 조합원 수는 총경제활동인구의 34%를 초과한 적이 없다. 대부분의 다른 선진공업 서구경제와 비교할 때 미국은 우연히 상대적으로 비노동조합화되어 있다. 예를 들어 스웨덴에서는 모든 임금 및 급여 근로자의 68%가 조직화되어 있다. 호주, 캐나다, 그리고 일본은 각각 18%, 28%, 18%이다.

두 번째 요점은 미국의 노동조합이 쇠퇴하고 있다는 것이다. 1940년대 중반 노동조합에 속해 있는 근로자 비율이 34%로 정점이었다. 노동력 중 노동조합화된 비율은 그 이후 지속적으로 감소했다.[15] 이러한 쇠퇴는 노동조합 조합원 수가 경제활동인구만큼 빨리 성장하지 못한 결과이다. 1980년 이래 활동적인 노동조합 구성원의 절대 수도 또한 감소해 왔다.

왜 이러한 일이 발생했는가? 다양한 설명이 제시되었다. 세 가지 가장 널리 논의되는 가설을 검토하고, 간략히 노동조합 쇠퇴를 가져온 여러 다른 잠재적 기여 요소들에 주목하기로 한다.[16]

구조 변화 가설

가장 알려진 견해인 **구조 변화 가설**(structural change hypothesis)은 경제와 경제활동인구 모두에서 일어나고 있는 다양한 구조 변화가 노동조합 조합원 수의 확대에 호의적이지 못했다는 것이다. 이 견해는 많은 상호 관련된 관찰들을 포괄한다.

첫째, 소비자 수요, 따라서 고용 패턴이 전통적인 노동조합 아성으로부터 이동해 버렸다. 일반적으로 말하면 국내 산출량이 블루칼라가 제조하는 재화(노동조합이 강했던 곳)로부터 화이트칼라 서비스(노동조합이 약했던 곳)로 이동했다. 산업 산출량 구성의 이러한 변화는 자동차와 철강 같은 높게 노동조합화된 부문들의 수입으로부터의 경쟁 증가에 의해 심화되었을 수 있

---

[15] 노동조합 조합원의 전반적인 비율은 감소해 왔지만, 공공부문에서는 증가하고 있었다.

[16] 이 주제에 관해 더 자세한 내용을 찾는 독자들은 Henry S. Farber and Alan B. Krueger, "Union Membership in the United States: The Decline Continues," in Bruce E. Kaufman, Morris M. Kleiner (eds.), *Employee Representation: Alternatives and Future Directions* (Madison, WI: Industrial Relations Research Association, 1993), pp. 105-34; "Symposium on the Future of Private Sector Unions in the United States: Part I," *Journal of Labor Research*, Spring 2001, pp. 226-354; Henry S. Farber, "Union Membership in the United States: The Divergence between the Public and Private Sectors," Princeton University Industrial Relations Section Working Paper 703, September 2005를 찾아보아야 한다.

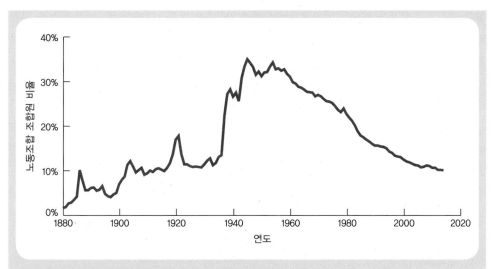

그림 10.2 미국에서 비농업 근로자들의 노동조합 조합원 비율
미국 노동조합 조합원의 비율은 총경제활동인구의 34%를 초과한 적이 없다. 이 비율은 1940년대 중반 이래 감소하고 있다.

자료 : Richard B. Freeman, "Spurts in Union Growth: Defining Moments and Social Processes," in Michael Bordo, Claudia Goldin, and Eugene White (eds.), *The Defining Moment: The Great Depression and the American Economy in the Twentieth Century* (Chicago, IL: University of Chicago Press, 1998); and Barry T. Hirsch and David A. Macpherson, *Union Membership and Earnings Data Book: Compilations from the Current Population Survey (2015 Edition)* (Washington, DC: Bureau of National Affairs, 2015).

다. 이러한 산업에서의 수입 경쟁 증가는 국내 고용, 따라서 노동조합 조합원 숫자를 감축시켰다. 미국 경제가 점점 더 저노동비용 해외경쟁에 개방됨에 따라 노동조합화된 기업들은 경쟁하기가 매우 불리해졌다.

둘째, 최근 몇 년 동안 고용 증가의 대부분이 비교할 수 없을 정도로 대규모 기업보다 노동조합화될 가능성이 더 적은 소규모 기업에 의한 것이었다.

셋째, 최근 몇 년 동안 고용 증가의 이례적으로 큰 부분이 경제활동인구에 오래 머물 가능성이 더 적기 때문에 이른바 조직화가 어렵다고 하는 그룹인 여성, 젊은이, 파트타임 근로자들 사이에 집중되었다.

넷째, 에너지 비용의 증가에 자극되어 노동조합이 '삶의 방식'인 동북부와 중서부로부터 남부와 서남부의 '조직이 어려운' 지역으로 산업이 이동하는 장기 추세는 노동조합 조합원 수의 확대를 방해했을 것이다.

마지막 그리고 역설적인 가능성은 노동조합의 상대적인 쇠퇴는 부분적으로 노동조합이 비노동조합 근로자들보다 많은 임금이익을 얻는 데 크게 성공했다는 사실을 반영한다는 것이다. 다음 장에서 보는 바와 같이 1970년대의 노동조합 근로자들은 평균적으로 자신들의 비노조 상대자들보다 더 큰 임금이익을 실현했다는 것을 시사하는 증거가 존재한다. 무노조 사용자들 대비 임금비용상의 불이익 증가에 직면한 유노조 사용자들이 노동의 자본으로의 대체를 가속화하고, 더 많은 일을 무노조 공급업자들에게 하도급을 주며, 덜 산업화된 지역에 무노조 공장을 개설하거나 또는 부품을 저임금 국가에서 생산했을 가능성이 있다. 이러한 조치들은 무노조 부문과 비교할 때 유노조 부문에서의 고용기회 증가를 감소시킨다. 아마도 더 중요한 것은 고비용 유노조 기업과 산업의 산출량과 고용을 희생하여 저비용 무노조 기업과 산업의 산출량과 고용이 증가하는 것 또한 예상할 수 있다는 것이다. 요컨대 노동조합의 인금 인상 성공은 산업의 구성을, 고용과 조합원 숫자 측면에서, 노동조합에 불리하게 바꿨을 수 있다.[17]

구조 변화 가설의 여러 잠재적인 결점이 제기되었다.[18] 첫째, 다른 선진 자본주의 국가들도 미국에서 발생했던 것과 비슷한 구조 변화를 경험했지만, 그들의 노동운동은 절대적으로 그리고 동시에 상대적으로 계속하여 성장하고 있다. 캐나다가 아마도 가장 적절한 예일 것이다. 둘째, 역사적으로 노동조합의 성장은 한때 전통적으로 노조와 친숙하지 않은 것으로 간주되었던 근로자 그룹의 노동조합화에 의해 상당한 정도 실현되었다. 1930년대의 자동차와 철강 같은 대량생산 산업에서의 블루칼라 근로자들과 최근의 공공부문 근로자들이 좋은 사례이다. 이런 역사를 놓고 보면, 왜 여성 근로자, 젊은 근로자, 해외로부터의 이주자, 그리고 남부의 근로자가 노동운동에 편입되어 지속적 성장에 박차를 가할 수 없단 말인가? 마지막으로 조사에 의하면, 젊은 근로자와 여성 근로자들 — 표 10.2에서와 같이 현재 덜 노동조합화된 — 이 실제로는 더 심하게 노동조합화된 나이 들고 남성인 근로자들만큼, 아니면 더욱 친노동조합적이라는 것이 나타나고 있다. 그러나 근로자들이 노동조합을 원하는지 결정하는 전국노사관계위원회(NLRB) 투표에서 노동조합의 승리 비율은 더 작아지고 있다.

경영자 반대 가설

그러한 비판들은 프리먼과 메도프(Freeman and Medoff)를 구조 변화 설명의 적절성에 의문을 제기하도록 했는데, 그들에 따르면, 노동조합에 대한 **경영자 반대**(managerial opposition)가 강력해진 것이 또한 노동조합 성장의 주요 억제 요소라고 한다. 프리먼과 메도프는 1970년대부터 노동조합은 비노조 근로자 대비 노동조합 임금이익을 증가시켰고, 그 결과 유노조 기업들은 무노조 기업들보다 수익성이 적게 되었다고 주장한다.[19] 반작용으로 노동조합에 대한 경영자의 반대가 첨예화되었으며 보다 공격적으로 되어 갔다. 이러한 반대는 합법적과 불법적 모두 다양한 형태를 취하고 있다. 합법적 반노조 전술에는 노동조합이 일반적으로 근로자들에게 해로울 노동과 경영 사이의 적대관계를 조성할 것이라고 하면서 근로자들과 서면 및 구두로 소통하는 것을 포함한다. 마찬가지로 경영자는 노동조합화와 함께 파업이 빈번해지고 근로자들에게 비용을 초래할 것이라는 것을 시사할 수 있다. 또한 '근로의 세계' 10.3에서 설명된 바와 같이 기

---

[17] 이 점에 관한 논의와 실증 증거는 Peter D. Linneman, Michael L. Wachter, and William H. Carter, "Evaluating the Evidence on Union Employment and Wages," *Industrial and Labor Relations Review*, October 1990, pp. 34-53을 참조하라. 건설업에 있어서의 반대되는 증거는 Dale Belman and Paula B. Voos, "Union Wages and Union Decline: Evidence from the Construction Industry," *Industrial and Labor Relations Review*, October 2006, pp. 67-87을 참조하라.

[18] Freeman and Medoff, op. cit., chap. 15.

[19] 상당한 노동조합 임금격차가 근로자들을 노동조합에 가입하도록 유인하지만, 그 똑같은 노동조합 임금격차는 이윤을 감소시키고, 노동조합화에 대한 경영자의 반대를 증가시킨다. 프리먼(Freeman)은 후자의 효과가 전자보다 크며, "NLRB 선거를 통해 조직된 [근로자들] 비율 하락의 1/4만큼은 1970년대의 노동조합 임금프리미엄 증가 그리고 경영진의 반대를 불러일으켰던 기업의 수익성에 대한 그 부정적인 효과에 기인할 수도 있다"고 주장한다. Richard B. Freeman, "The Effect of the Union Wage Differential on Management Opposition and Union Organizing Success," *American Economic review*, May 1986, pp. 92-96을 참조하라.

업들은 파업하는 근로자들을 대체하기 위해 영구적인 파업파괴자(strikebreaker)들을 채용할 수 있다. 또는 경영진은 선거기간의 연장은 노조 결성에 대한 근로자의 열정을 감소시키는 경향이 있다는 맞는 추론을 하면서 NLRB 노동조합 인증 투표를 연기하기 위하여 여러 전술을 사용할 수 있다. 근로자들을 노동조합화되지 않도록 설득하거나 또는 그렇지 않으면 노동조합 근로자들이 노동조합 인정을 취소하도록 설득하기 위한 공격적인 반노조 운동에 특화된 노사관계 컨설턴트를 채용하는 것이 점점 더 일상적이 되었다.[20]

프리먼과 메도프는 불법적인 반노조 전술이 크게 증가했다고 주장한다. 특히 그들은 와그너법(Wagner Act)에 의해 금지되어 있음에도 불구하고, 경영진이 선도적인 친노조 근로자들을 찾아내어 해고하는 일이 점점 더 일상적이 되었다고 주장한다. 이러한 전술의 인기가 높아지는 이유는 나중에 유죄라고 판명되어도 받는 벌이라곤 미미하기 때문이다. 이러한 반노조 전략 때문에 노동운동은 상대적으로 빛을 잃게 되었다.

프리먼은 경영진의 반노조 활동이 노동조합 조직화 운동과 대표 투표에 미친 영향에 대한 13편의 연구를 인용하고 있다. 그는 13편의 연구 중 12편에서 경영진의 활동이 효과적이었음을 관찰하고 있다. 그는 경영자의 반대가 노동조합 조직화 캠페인의 성패를 결정하는 데 결정적으로 중요하며, 미국 경제의 탈노동조합화를 설명하는 데 있어 주요 요소라고 결론을 내리고 있다.[21]

대체 가설

대체 가설(substitution hypothesis)은 다른 제도, 특정해서 말하자면 정부와 사용자들이 역사적으로 오로지 노동조합화를 통해 근로자들에게 이용가능했던 서비스, 편익, 그리고 고용조건을 제공하게 되었다는 개념이다. 서비스를 노조가 아닌 사용자와 정부를 통해서 제공받는 것이 가능해짐에 따라 근로자들이 노동조합화할 필요를 적게 느끼게 되었고, 노동조합이 근로자들을 조합원으로 끌어들이는 힘이 약화되었다는 것이다. 따라서 노이만과 리스만(Neumann and Rissman)은 실업보험, 산재보상, 사회보장급여, 그리고 건강 및 안전 법률 같은 노동시장과 관련된 많은 오늘날의 공공프로그램들이 과거 한때 노동조합의 중요한 목표였다는 것을 주목하고 있다. 그들의 실증분석은 역사적으로 정부가 점점 더 많은 '노동조합 비슷한' 서비스를 제공하는 데 책임을 져 왔으며, 이것이 바로 근로자들이 노동조합에 가입할 필요를 약화시켰다고 결론을 내리고 있다.[22]

---

[20] 경영기업연구소(Executive Enterprises Institute)라 불리는 조직은 포춘 500개 회사(Fortune 500)의 80%가 대표자들을 보내 '21세기에 노동조합 없이 존속하는 방법' 같은 자신의 세미나에 참석한다고 주장하고 있다. 그와 같은 기업들에 대한 분석은 John Logan, "The Union Avoidance Industry in the United States," *British Journal of Industrial Relations*, December 2006, pp. 651–75를 참조하라.

[21] Richard B. Freeman, "Contraction and Expansion: The Divergence of Private Sector and Public Unionism in the United States," *Journal of Economic Perspectives*, Spring 1988, pp. 82–83; Richard B. Freeman and Morris M. Kleiner, "Employer Behavior in the Face of Union Organizing Drives," *Industrial and Labor Relations Review*, April 1990, pp. 351–65. 또한 Morris M. Kleiner, "Intensity of Management Resistance: Understanding the Decline of Unionization in the Private Sector," *Journal of Labor Research*, Fall 2001, pp. 519–540을 참조하라.

[22] George R. Neumann and Ellen R. Rissman, "Where Have All the Union Members Gone?" *Journal of Labor Economics*, April 1984, pp. 175–92. 노이만과 리스만 가설에 대한 소수의 실증연구들로부터의 결과는 뒤섞여 있다. Christopher K. Coombs, "The Decline in American Trade Union Membership and the 'Government Substitution' Hypothesis: A Review of the Econometric Literature," *Journal of Labor Research*, June 2008, pp. 99–113을 참조하라.

10.3 근로의 세계　영구적인 파업파괴자를 채용할 권리는 폐지되어야 하는가?

노동조합에 대한 경영자의 반대는 점점 더 영구적인 파업파괴자 채용 위협 또는 실제 고용의 형태를 취했다. 예를 들어 1997년에 *디트로이트뉴스*(Detroit News)와 *디트로이트프리프레스*(Detroit Free Press)는 19개월에 걸친 격렬한 파업을 분쇄했는데, 그 기간 동안 신문사들은 파업 참가 근로자들의 자리에 영구적인 대체 인력을 채용했다. 파업이 종료된 후 파업 참가자들은 빈 일자리가 나야만 일을 할 수 있었다.

앞서 펠프스닷지(Phelps Dodge), *시카고트리뷴*(Chicago Tribune), 호멜(Homel), 콘티넨털항공(Continental Airlines), 인터내셔널페이퍼(International Paper), 그레이하운드(Greyhound), 그리고 여러 다른 주요 기업들이 파업 참가 근로자들을 자리에 영구적인 대체 인력을 채용했다. 이러한 기업들 중 몇몇은 대폭적이고 받아들일 수 없는 임금 양보를 요구하여 노동조합이 파업에 돌입하도록 이른바 '미끼를 놓았다'고 알려져 있다. 그 뒤 기업들은 파업 참가 근로자들 자리를 신입의 영구적인 근로자들로 대체했다.

노동조합들은 이러한 기업의 전술에 대응하기 위해 노사관계법을 바꾸고자 열심히 노력하였다. 1992년에 미국 하원이 영구적인 파업파괴자 채용을 금지하는 법을 통과시켰지만, 법은 상원을 통과하지 못했다. 1995년에 클린턴 대통령은 연방정부의 대규모 계약자들이 파업파괴 대체 근로자들을 채용하는 것을 금지하는 행정명령에 서명했다. 1년 후 그 행정명령은 연방항소법원에 의해 파기되었다. 노동조합들의 노력에도 불구하고 영구적인 대체 근로자 채용 금지는 달성하기 힘든 채로 남아 있다.

영구적인 파업파괴자 채용 금지 옹호론자들은 대체 인력 채용은 파업 근로자들을 해고하는 것과 마찬가지라고 주장한다. 파업 근로자 해고는 현행 노동법하에서는 분명히 금지되어 있는데, 그들을 영구적으로 대체하는 것은 그렇지 않다. 법률적으로 노동조합과 기업은 '선의를 갖고' 상호 교섭해야만 한다. 그러나 한 평론가가 언급한 것처럼 "자신의 일자리가 더 이상 존재하지 않는 파업 참가자들과는 교섭할 수 없는 것이다." 옹호론자들은 또한 일본, 독일, 그리고 다른 주요 무역경쟁자들은 영구적인 대체 인력 채용을 금지하고 있다는 것을 주목한다.

반대론자들은 영구적인 대체 인력 채용 금지는 과도한 요구를 하는 노동조합이 기업을 파산으로 또는 나라 밖으로 강제로 내모는 것을 의미한다고 대응한다. 그들은 영구적으로 대체될 가능성은 단순히 근로자들이 파업하기로 투표하는 데 있어 고려해야만 할 위험 중 하나일 뿐이라고 말한다. 또한 일부 기업들이 수천 명의 자격을 갖춘 영구적인 대체 인력을 찾을 수 있다는 사실 자체가 많은 노동조합의 요구가 불합리하다는 것을 반영한다고 반대론자들은 말한다.

싱과 제인(Singh and Jain)에 따르면, 영구적인 대체 근로자 채용 금지의 효과에 대한 실증 증거는 다소 뒤섞여 있다.* 한편으로 연구 결과들은 그러한 금지는 파업을 단축하고, 피켓라인(picket line) 폭력을 감소시키며, 노동조합 불신임을 낮춘다는 것을 분명히 알려준다. 반면에 대체 근로자들의 법적 금지가 파업의 횟수, 임금, 그리고 고용에 미치는 효과는 불분명하다는 증거가 존재한다.

* Parbudyal Singh and Harish C. Jain, "Striker Replacements in the United States, Canada, and Mexico: A Review of the Law and Empirical Research," *Industrial Relations*, January 2001, pp. 22–53.

마찬가지로 일부 사용자들은 노동조합에 대한 근로자의 수요를 빼앗기 위해 '진보적인' 노동정책을 도입하려고 시도했다. 그러한 사용자들은 근로자들과의 양방향 소통 채널을 구축하고, 근로자 불만의 질서 있는 처리에 대해 준비하며, 근로자 참여계획을 수립하고, 연공서열의 보호를 제공하며, 매력적인 임금과 부가급여를 지급하는 등을 실행하고 있다. 친노동조합 정서의 주요 원천―일자리 불만족―을 방지함으로써 사용자들은 노동조합이 없는 채로 남아 있다. 여기서 사용자들은 일반적으로 노동조합을 통해 보통 추구했던 것들을 자신이 제공하는 편익으로 대체하고 있으며, 그럼으로써 자신만의 경기방식으로 노동조합을 물리친다.

노동조합을 향한 근로자의 태도에 관한 데이터를 조사한 후 파버(Farber)는 자신의 일자리에 만족하는 근로자들은 만족하지 못하는 근로자들보다 노동조합의 대표권에 투표할 가능성이 훨씬 작다는 것을 관찰하고 있다. 자신들의 보수와 일자리 보장에 대한 비노조 근로자들의 만족 수준은 1977~1984년에 걸쳐 크게 증가했다. 나아가 임금과 근로조건을 향상시키는 데 있어서의 노동조합의 유효성에 대한 비노조 근로자들의 인식은 약해졌다. 파버의 결론은 경제활동인구 및 산업의 구조 변화와 무관하게 비노조 근로자들 사이에 노동조합 대표권에 대한 수요에 상당한 감소가 있었다는 것이다.[23] 파버는 나아가 크루거와 공저한 논란이 많은 논문의 추가적인 증거를 통해 자신이 견해를 지지하고 있다.[24] 1977~1991년 사이 노동조합 조합원 숫자 감소의 거의 전부는 전통적으로 노동조합화된 일자리의 감소가 아니라 노동조합에 대한 근로자 수요의 감소에 기인했다.

기타 요소

세 가지 가설이 노동조합 쇠퇴에 기여한 요소들의 전부는 아니다. 예를 들어 조직되지 않은 사업장이나 근로자들을 조직하려는 노동조합의 노력이 충분하지 않았다.[25] 자유시장과 경쟁적인 개인주의를 강조하는 미국 사회의 기본 가치가 강력한 노동운동을 위한 비옥한 환경을 제공하지 않는다고 또한 주장되어 왔다.[26] 마지막으로 레이건-부시(Reagan-Bush) 시대의 공공정책 환경은 점점 경영진에 우호적이 되었다. 특히 NLRB의 결정은 점점 노동의 이익에 반하게 됨으로써 노동조합의 성장에 적대적인 행정 및 법적 환경이 조성되었다.

상대적 중요성

노동조합 쇠퇴에 기여한 여러 요소의 중요성을 수량화하기 위해 흥미로운 시도가 이루어졌다. 말하자면 경영자의 반대 증가 또는 노동조합의 조직화 노력 감소와 비교할 때 노동운동이 빛을 잃은 것을 설명하는 데 있어 구조 변화가 얼마나 중요한가? 수량화가 어렵고 추정치들은 약간의 주의와 함께 취급해야 하지만 몇몇 합리적인 측정치가 이용가능하다. 예들 들어 파버(Farber)는 경제의 구조 변화가 상당히 중요했다는 것을 확인했다. 그는 1956~1978년의 기간 동안에 걸쳐 경제활동인구에서 조직화된 노동이 차지하는 비중 감소의 약 40%는 비제조업 일자리에의 더 많은 근로자, 더 많은 화이트칼라 근로자, 더 많은 여성 근로자, 그리고 남부(South)를 향한 이동의 결과였다고 추정하고 있다.[27]

　마찬가지로 파버와 웨스턴(Farber and Western)은 1973~1998년 사이의 민간부문 노동조합

[23] Henry S. Farber, "Trends in Worker Demand for Union Representation," *American Economic Review*, May 1989, pp. 167-71.

[24] Henry S. Farber and Alan B. Krueger, "Union Membership in the United states: The Decline Continues," in Bruce E. Kaufman, Morris M. Kleiner (eds.), *Employee Representation: Alternatives and Future Directions*, (Madison, WI: Industrial Relations Research Association, 1993), pp. 105-34.

[25] Gary N. Chaison and Dileep G. Dahvale, "A Note on the Severity of the Decline in Union Organizing Activity," *Industrial and Labor Relations Review*, April 1990, pp. 366-73. 승리혁신연합이 조직화 성공을 증가시키지 못했다는 증거는 Rachel Aleks, "Estimating the Effect of 'Change to Win' on Organizing," *Industrial and Labor Relations Review*, May 2015, pp. 584-605를 참조하라.

[26] Seymour Martin Lipset, "North American Labor Movements: A Comparative Perspective," in Seymour Martin Lipset (ed.), *Unions in Transition* (San Francisco: ICS Press, 1986), pp. 421-52.

[27] Henry S. Farber, "The Extent of Unionization in the United States," in Thomas A. Kochan (ed.), *Challenges and Choices Facing American Labor* (Cambridge, MA: MIT Press, 1985), pp. 15-43. 비슷한 결론에 도달한 연구는 C. Timothy Koeller, "Union Activity and the Decline in American Trade Union Membership," *Journal of Labor Research*, Winter 1994, pp. 19-32를 참조하라.

조합원 수 감소의 대부분은 노동조합 부문보다 비노동조합 부문의 더 큰 고용 성장률 때문이었다고 결론을 내리고 있다.[28] 그들은 또한 같은 기간 동안의 조직화 활동 감소는 노동조합 쇠퇴의 오로지 작은 부분만을 설명한다는 것을 발견하고 있다. 실제로 그들은 조직화 비율이 현재의 비율보다 5배였지만, 1973~1985년 사이에 노동조합화 비율은 여전히 감소하였고, 그 이래 약 18%에서 안정되었음을 보고하고 있다.

프리먼(Freeman)[29]은 NLRB 인준 투표에서 노동조합의 승리 감소를 연구했는데, NLRB 투표를 통해 근로자들을 조직화하는 데 있어 노동조합 승리 감소의 1/4에서 거의 1/2을 넘는 부분이 경영자의 반대에 기인하는 것으로 추정하고 있다. 프리먼의 전반적인 개략적 평가는 노동조합 총쇠퇴의 약 40%는 경영자의 반대 증가에 기인하고, 또 다른 20%는 노동조합의 조직화 노력 감소의 결과이며, 나머지 40%는 경제의 구조 변화와 알려지지 않은 요인들 때문이라는 것이다.

노동조합의 반응

노동조합들은 자신들의 쇠퇴에 어떻게 반응했는가?

합병

조직화된 노동의 상대적인 쇠퇴에 대한 노동조합의 기본적인 반응은 비슷한 관할 구역을 가진 노동조합들이 서로 합병하는 것이었다. 1956~2007년 사이에 발생했던 164건 이상의 노동조직 합병 중에서 약 50%가 1977~1994년 사이에 발생했다. 노동조합 이념이 통합을 강조하는 것이 사실이지만 최근의 합병에는 현실적인 고려사항들이 분명히 다른 무엇보다도 중요했다. 조합원 수의 감소, 조합비 수입 감소, 그리고 단체교섭 협상에서 강력하고 통합된 목소리를 달성하려는 바람이 모두 최근의 합병을 추진한 자극제였다.[30]

전략의 변화

조합원 수 감소에 대한 노동조합의 또 다른 반응은 조직화와 협상 전략을 변화시키는 것이었다. 노동조합들은 조직활동가 훈련을 위한 노력을 증가시켰고, 화이트칼라 전문직과 점점 더 늘어나는 여성 경제활동인구의 관심을 끄는 교섭수요를 찾고자 시도하였다. 예를 들어 몇몇 노동조합은 임금 및 노동조건의 우선순위를 낮추고 육아휴직, 탁아, 탄력근무 등을 더 강조하고 있다. 많은 노동조합들이 잠재적 조합원들의 관심사인 근로자 약물검사 및 AIDS 보호 같은 이슈

---

[28] Henry S. Farber and Bruce Western, "Accounting for the Decline of Unions in the Private Sector, 1973-1998," *Journal of Labor Research*, Summer 2001, pp. 459-85.

[29] Richard B. Freeman, "Why Are Unions Faring Poorly in NLRB Representation Elections?" in Thomas A. Kochan (ed.), *Challenges and Choices Facing American Labor* (Cambridge, MA: MIT Press, 1985), pp. 45-64.

[30] Elizabeth A. Ashack, "Major Union Mergers, Alliances, and Disaffiliations, 1995-2007," in *Compensation and Working Conditions*, September 2008, pp. 1-5. 또한 Gary Chaison, "Union Mergers in the U.S. and Abroad," *Journal of Labor Research*, Winter 2004, pp. 97-115; Kim Moody, "The Direction of Union Mergers in the United States: The Rise of Conglomerate Unionism," *British Journal of Industrial Relations*, December 2009, pp. 676-700; John Pencavel, "The Changing Size Distribution of U.S. Trade Unions and Its Description by Pareto's Distribution," *Industrial and Labor Relations Review*, January 2014, pp. 138-70을 참조하라.

에 대한 입장을 공들여 표현하였다. 더욱이 노동조합들은 조합원과 비조합원 모두에게 낮은 이자의 신용카드와 일자리 상담 같은 여러 비전통적인 서비스를 제공하기 시작했다. 아이디어는 근로자가 현재 노동조합 교섭단위 내의 일자리를 갖고 있지 않을 수 있지만 노동조합에 대한 충성심과 준조합원을 창출하는 것이다.

협상 전선에서는, 사용자가 영구적인 파업파괴자들을 채용하여 나중에 노조 인준에 반대하게 함에 따라, 이제는 가급적 파업을 피하는 전략을 썼다. 명성과 약간의 성공을 얻었던 파업에 대한 한 가지 대안은 노동조합이 후원하는 태업(work slowdown) 또는 '앉아서 일하기(working sitdown)'이다. 이것은 보통과 같이 자신들의 일을 계속하는 것이 아니라 '원칙대로 하는 것'인데, 자신들의 일자리 요구사항의 가장 최소한도까지만 일하는 것이다. 이런 전략을 구사하면 생산 감소는 파업만큼이나 기업의 수익을 감소시키지만, 근로자들은 급여를 못 받거나 또는 파업파괴자 대체 채용이라는 위험을 감수하지 않는다. 목표는 경영진에게 노동조합과 진지하게 협상하는 것이 기업의 이익에 부합한다는 것을 확신시키는 것이다.

- 경제활동인구에서 차지하는 노동조합 조합원의 비율은 최근 수십 년에 걸쳐 지속적으로 감소했다. 또한 현재 노동조합 조합원의 절대 수도 1980년보다 더 낮다.
- 아마도 보완적이지만 노동조합 쇠퇴를 설명하는 세 가지 가설이 제시되었다 — (a) 산업 구성과 지역의 구조 변화, (b) 노동조합에 대한 새로워진 경영자의 반대, (c) 이전에 노동조합에 의해 제공되었던 서비스의 정부와 사용자에 의한 제공.
- 노동조합들은 합병과 조합원의 필요에 도움이 되기 위한 창의적인 전략을 개발함으로써 자신들의 쇠퇴에 반응했다.

10.2
잠깐만 확인합시다.

여러분의 차례입니다

다음 중 어느 것이 경제활동인구에서 차지하는 노동조합 조합원의 비율을 증가시킬 가능성이 가장 큰가? (a) 동북부(Northeast)로부터 서남부(Southwest)로의 제조 기업들의 이동, (b) 외국으로부터의 수입 감소, (c) 컴퓨터 칩과 소프트웨어 같은 고기술 산업의 확대, 또는 (d) 공공부문 고용의 상대적인 감소. (정답은 책의 맨 뒷부분에 수록되어 있음)

노동조합은 무엇을 원하는가?

노동운동의 규모, 노동조합에 속할 가능성이 가장 큰 근로자 종류, 조직화된 노동의 구조, 그리고 노동조합 조합원 수 상대적인 감소의 가능한 원인에 대해 어느 정도 이해를 했기 때문에, 이제는 노동조합의 목적이라는 어려운 질문으로 관심을 돌리기로 하자.

독점노동조합 모형

미국노동총연맹(American Federation of Labor, AFL)의 설립자인 곰퍼스(Samuel Gompers)는 노동조합이 무엇을 원하는지를 질문받았을 때, '더 많이, 더 많이, 더 많이!(more, more, more!)"라고 대답한 것으로 알려져 있다. 경제학자들은 전형적으로 노동조합의 목표는 조합원

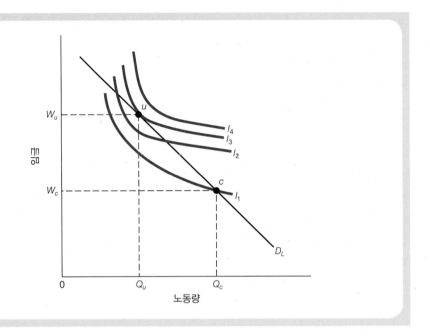

그림 10.3 독점노동조합 모형

독점노동조합 모형에서 노동조합의 효용극대화 임금 및 고용조합은 노동조합 무차별곡선 I_3가 노동수요곡선 D_L에 막 접하는 u점이다. 노동조합은 W_c로부터 W_u로 임금을 올리고, 기업은 Q_c로부터 Q_u로 고용을 감소시키며, 노동조합은 그 총효용을 I_1으로부터 I_3로 증가시킨다.

들의 임금과 고용 모두를 증가시키는 것이라고 믿고 있다.[31] 결과적으로 경제학자들은 보통 노동조합의 총효용은 노동조합 임금 W와 노동조합 고용수준 E와 정(+)의 관계를 갖고 있다고 가정한다. 노동조합 총효용의 잠재적 수준은 그림 10.3에서 노동조합 무차별곡선 I_1, I_2, I_3, I_4에 의해 나타난다. 각 곡선은 노동조합이 무차별한 임금과 고용의 조합을 보여준다. 만약 임금이 증가하면 총효용이 불변인 상태로 남아 있기 위해 고용수준은 감소해야만 한다. 고용이 증가하는 경우에는 정반대가 성립한다. 노동조합이 낮은 임금 수준에서 더 많은 고용을 위해 추가적인 임금을 기꺼이 상호 교환할 용의가 더 적으며, 높은 임금에서 더 많은 고용을 위해 기꺼이 임금을 상호 교환할 용의가 더 많기 때문에 곡선은 원점에 대해 볼록하다. 마지막으로 더 높은 무차별곡선(원점으로부터 더 밖에 있는 곡선)은 더 높은 수준의 노동조합 효용을 나타낸다. 즉 그것들은 더 높은 임금과 더 큰 고용을 의미한다.

이러한 무차별곡선들이 주어졌을 때, 노동조합이 임금과 고용에 미치는 영향은 무엇일까? 노동조합이 없다면 경쟁적인 요인들이 임금 W_c와 고용수준 Q_c(그림 10.3에서 c점)를 만들어낸다고 가정하자. **독점노동조합**(monopoly union) 모형은 노동조합이 임금을 설정하고 기업이 이 임금을 기초로 노동조합 고용수준을 결정한다고 가정한다. 기업은 그 이윤을 극대화하기 때문에 그 노동수요곡선 위에서 고용수준을 선택할 것이다. 결과적으로 노동조합이 이용가능한 임금과 고용의 조합은 기업의 노동수요곡선 위의 것들이다. 그림 10.3에서 노동조합의 효용극대화 임금과 고용 조합은 노동조합 무차별곡선 I_3가 노동수요곡선 D_L에 막 접하는 u점이다. 해당되

[31] 노동조합 목표에 대한 모형의 조사는 Bruce E. Kaufman, "Models of Union Wage Determination: What Have We Learned since Dunlop and Ross?" *Industrial Relations*, January 2002, pp. 110-58을 참조하라. 또한 Nicholas P. Lawson, "Is Collective Bargaining Pareto Efficient? A Survey of the Literature," *Journal of Labor Research*, September 2011, pp. 282-304를 참조하라.

는 임금은 W_u이고 고용수준은 Q_u이다. 임금과 고용의 다른 어떤 조합도 이것만큼 노동조합에 더 많은 효용을 제공하지 못한다. 비노동조합 결과와 비교할 때 이 조합은 W_c로부터 W_u로의 임금 인상과 Q_c로부터 Q_u로의 고용 감소, 그리고 I_1으로부터 I_3로의 노동조합 총효용의 증가를 나타낸다.

효율적 계약 모형

경제학자들은 독점노동조합 모형에서 임금과 고용의 조합은 양 당사자에게 효율적이지 않다는 것을 지적했다. 만약 다른 어떤 임금과 고용 조합이 다른 당사자를 더 나쁘게 만들지 않으면서 적어도 한 당사자를 더 좋게 만들 수 있다면 그 계약은 효율적이지 않다. 만약 노동조합이 임금을 설정하고 기업이 고용수준을 결정하는 대신 노동조합과 기업이 임금과 고용에 대해 교섭한다면 효율적인 결과가 발생할 수 있다. 다른 당사자를 더 나쁘게 만들지 않고 적어도 한 당사자를 더 좋게 만들 수 있는 임금과 고용의 조합을 **효율적 계약**(efficient contract)이라 부른다. 이러한 계약들은 두 당사자의 이해관계 측면에서 효율적이다. 경제 전반의 노동자원 배분 측면에서는 반드시 효율적이지는 않다.

그림 10.4는 효율적 계약 모형을 그리고 있다. 그림은 그림 10.3으로부터 노동조합 무차별곡선 I_3와 I_4, 그리고 노동수요곡선 D_L을 그대로 베껴왔다. 등이윤곡선 π_1과 π_2라 불리는 새로운 일련의 곡선들이 소개되어 있다. 등이윤곡선들은 기업에게 동일한 이윤을 가져다주는 임금과 고용의 조합을 보여준다. 주어진 임금에서의 최대 이윤은 노동수요곡선 상의 점이다. 각 고용수준에서 임금이 더 낮기 때문에 더 낮은 등이윤곡선들은 더 높은 이윤수준을 나타낸다. 따라서 이윤극대화를 추구하는 기업은 가능한 가장 낮은 등이윤곡선 상에 있기를 바란다.

독점노동조합 모형에서 임금과 고용의 조합은 노동수요곡선 D_L 상의 u점이 된다. 이 결과가 양 당사자에게 비효율적이라는 것을 살펴보기 위해 기업과 노동조합이 x점에서 임금과 고용 조합이라는 결과를 가져오는 계약을 협상했다고 가정하자. 독점노동조합주의 모형에서 u점의 결과와 비교할 때, 그것은 여전히 무차별곡선 I_3 위에 있지만, 기업이 π_1 대신에 더 낮은 등이윤곡선 π_2 상에 있음으로써 더 높은 이윤을 벌어도, 노동조합은 더 나빠지지 않는다. 그 대신에 협상된 결과가 y점이었다고 가정하자. 그렇다면 노동조합이 더 높은 무차별곡선 I_4에 있음으로써 더 높은 효용수준을 달성해도, 기업은 여전히 등이윤곡선 π_1 위에 있기 때문에 더 나빠지지 않는다.

노동조합과 기업이 적어도 독점노동조합 계약만큼 매력적일 것으로 여길 계약의 집합이 존재한다. 그림 10.4의 색칠한 면적은 이러한 계약들을 보여준다. 효율적 계약은 다른 당사자를 더 나쁘게 만들지 않고는 어떤 당사자도 더 나아질 수 없는 것들이다. 이러한 효율적인 임금과 고용의 조합은 등이윤곡선이 막 노동조합 무차별곡선과 접하는 것들이다. x와 y점 사이의 이러한 접점들을 연결하는 선 xy는 **계약곡선**[contract curve, 또는 **협상곡선**(bargaining curve)]이라 불린다.

계약곡선 xy 위의 각 점은 각 당사자를 적어도 u점에서만큼의 총효용을 향유하도록 하지만 당사자들은 곡선 위의 어느 곳에서 합의가 이루어지는지에 무차별하지는 않다. y점에 가까워질

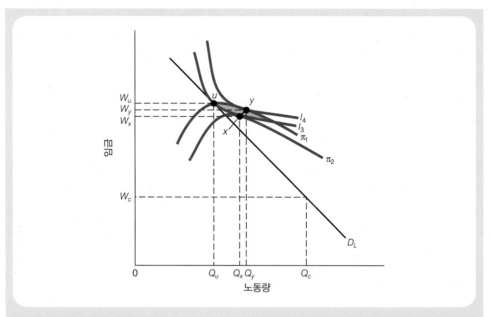

그림 10.4 효율적 계약 모형

독점노동조합의 결과는 u점이다. 이 임금(W_u)과 고용(Q_u) 조합은 적어도 양 당사자 중 하나를 노동수요곡선에서 이탈해 이동하게 함으로써 더 좋아지게 만들 수 있기 때문에 양 당사자에게 효율적이 아니다. x점에서 노동조합은 똑같은 무차별곡선 위에 남아 있기 때문에 u점에서보다 더 나빠지지 않지만, 기업은 더 낮은 등이윤곡선으로 이동함으로써 더 높은 이윤을 얻는다. y점에서 노동조합은 더 높은 무차별곡선에 있음으로써 u점에서보다 더 높은 효용수준을 달성했으며, 기업은 똑같은 등이윤곡선 위에 머물기 때문에 더 나빠지지 않는다. xy선은 노동조합과 기업이 교섭하게 될 일련의 효율적 계약을 보여주는 계약곡선이다.

수록 더 높은 무차별곡선에 도달하고 따라서 더 큰 총효용을 달성할 것이기 때문에 노동조합은 y점에 더 가까이 가는 것을 선호하게 된다. x점에 가까워질수록 더 높은 이윤(더 낮은 등이윤곡선)을 얻기 때문에 기업은 x점에 더 가까이 하고 싶다. 기업과 노동조합의 상대적인 교섭력에 따라 계약곡선 위의 어느 곳에서 합의에 도달할 것이다.

xy점 위에 보여지는 계약곡선은 정(+)의 기울기를 갖고 있지만, 계약곡선은 부(−)의 기울기, 정(+)의 기울기를 가질 수 있으며, 또는 수직일 수도 있다. 계약곡선의 기울기는 기업의 등이윤곡선들과 노동조합의 무차별곡선들의 형태에 좌우된다.

잠재적 계약곡선의 흥미로운 형태는 경쟁적인 고용수준에서 수직인 계약곡선이다. 경제학자들은 이 유형의 계약곡선을 **강한 효율적 계약**(strongly efficient contract)곡선이라고 부른다. 이 경우 노조와 기업은 노동조합이 없을 때 생기는 것과 같은 수준에서 고용을 설정하기로 합의한다. 총이윤은 이 고용수준에서 극대화될 것이며, 노동조합과 기업은 이윤이라는 고정된 파이의 각자 몫에 대해 교섭한다. 여기서 만약 노동조합이 더 높은 임금이라는 형태로 하나의 추가 달러 소득을 얻는다면 기업은 1달러 적은 소득을 얻어야만 한다. 노동조합은 오로지 경제적 이윤을 버는 산업에서만 경쟁적 수준을 초과하여 임금을 올릴 수 있다. 그렇지 않다면 기업은 폐업하게 된다.

일반적으로 효율적 계약의 결과는 독점노동조합 결과보다 더 낮은 임금과 더 많은 고용이라는 결과를 가져올 것이다. 이는 노동조합 계약에서의 초과노동 요구사항을 설명하는 데 도움이 된다는 것을 시사한다. 이러한 조항들 또는 '과잉고용 요구(featherbedding)'는 '최소 근무 인원 규모' 또는 '협소한 직무 범위'를 명시한 취업규칙의 형태를 띤다.

실증 증거

효율적 계약 모형의 직접적인 테스트는 노동조합이 임금과 고용에 대해 동시에 교섭하는지 여부이다. 효율적 계약 모형의 예측과는 반대로 미국과 영국의 가장 큰 노동조합에 대한 조사 결과를 보면, 노동조합 계약은 거의 언제나 기업이 일방적으로 고용수준을 설정하는 것을 허용한다.[32] 노동조합이 고용에 대해 직접적으로 교섭하는 것처럼 보이지는 않지만 자본-노동 비율에 대해 교섭함으로써 간접적으로 고용에 영향을 미칠 수도 있다.[33] 예를 들어 공립학교 교사들을 위한 단체협약은 흔히 최소 교사-학생 비율 또는 최대 학급 규모를 정한다. 그러나 기업은 고용수준에 영향을 주는 자본수준을 변경할 수 있기 때문에 이것은 효율적 계약 모형을 확실하게 지지하지는 않는다.

몇몇 연구들은 효율적 계약 모형에 대하여 간접적인 테스트를 시도했다.[34] 이러한 연구들은 효율적 계약 모형과 독점노동조합 모형이 노동조합 고용수준에 영향을 미치는 요소들이 어떤 것인지에 대해 각각 상이하게 예측할 것이라는 사실에 의존하고 있다. 예를 들어 독점노동조합 모형은 노동조합이 임금을 설정하고 기업은 이 임금을 기초로 고용수준을 결정한다고 가정한다. 결과적으로 노동조합 고용수준은 노동조합 임금과 관련되어야만 하지만, 경쟁적인 임금과는 아무런 관계가 없어야 한다. 강한 효율적 계약 모형은 노동조합 고용수준은 노동조합이 없을 때 생기는 것과 같은 수준에 고정된다고 가정한다. 따라서 노동조합 임금은 노동조합 고용수준에 아무런 영향을 미칠 수 없다. 대신에 노동조합 고용수준은 오직 경쟁적인 임금에 의해 결정되어야 한다.

이러한 간접적인 테스트의 효율적 계약 모형 지지 여부는 뒤섞여 있다. 인쇄산업의 27년간 데이터를 사용한 두 연구는 노동조합 고용수준이 경쟁적인 임금과 관련이 있다는 것을 발견하고 있다.[35] 이러한 결과는 효율적 계약 모형과 일관된다. 반면에 스웨덴 건설 데이터를 사용한 연구는 독점노동조합 모형과 효율적 계약 모형 모두에 대한 지지를 발견하고 있다.[36] 연구의 발

[32] Andrew J. Oswald, "Efficient Contracts Are on the Labour Demand Curve: Theory and Facts," *Labour Economics*, June 1993, pp. 85-113.

[33] 예를 들어 George E. Johnson, "Work Rules, Featherbedding, and Pareto Optimal Union-Management Bargaining," *Journal of Labor Economics*, January 1990, pp. S237-59; Andrew Clark, "Efficient Bargains and the McDonald-Solow Conjecture," *Journal of Labor Economics*, October 1990, pp. 502-28을 참조하라.

[34] 이러한 간접적인 테스트에 대한 비판적인 검토는 Alison Booth, *The Economics of Trade Unions* (Cambridge: Cambridge University Press, 1995), pp. 134-41을 참조하라.

[35] Thomas E. MaCurdy and John H. Pencavel, "Testing between Competing Models of Wage and Employment Determination in Unionized Markets," *Journal of Political Economy*, June 1986, PP. S3-39; James N. Brown and Orley Ashenfelter, "Testing the Efficiency of Labor Contracts," *Journal of Political Economy*, June 1986, pp. S40-87을 참조하라. 비슷한 발견을 보고한 연구는 David Card, "The Efficient Contracts with Costly Adjustment: Short-Run Employment Determination for Airline Mechanics," *American Economic Review*, December 1986, pp. 1045-71을 참조하라.

견들은 사용된 여러 상이한 통계기법에 따라 다르다. 또한 수직 계약곡선의 존재 여부에 대한 결론도 확정적이지 않다.[37] 하나의 모형을 모든 시점, 모든 노동조합에 적용할 수는 없을 것 같다.[38]

노동조합과 임금 결정

노동조합은 (1) 노동수요를 증가시키고, (2) 노동공급을 제약하며, (3) 균형보다 높은 임금을 교섭함으로써 조합원들에게 지급되는 임금을 인상할 수 있다.

노동수요의 증가

노동조합이 노동수요를 증가시킬 수 있는 제한된 정도까지 노동조합은 시장임금과 채용된 노동량 모두를 증가시킬 수 있다. 이는 D_0로부터 D_1으로의 노동수요 증가가 W_0로부터 W_1으로의 임금 상승과 Q_0에서 Q_1으로의 고용 증가라는 결과를 가져오는 그림 10.5에 나타나 있다. 노동공급이 더 탄력적이면 탄력적일수록 고용 증가 대비 임금의 증가는 더 작게 된다.

노동조합은 하나 또는 그 이상의 노동수요 결정요인을 바꾸는 조치를 통해 노동수요를 증가시킬 수 있다. 구체적으로 말하면 노동조합은 (1) 생산물수요의 증가, (2) 노동생산성의 향상, (3) 관련 자원 가격에의 영향, 그리고 (4) 그 특정 노동서비스 구매자 수의 증가를 시도할 수 있다. 이러한 조치들을 분석하고 각각의 예를 보기로 하자.

생산물수요의 증가

노동조합은 자신이 생산하는 것을 돕는 생산물에 대한 수요에 관해 직접적인 통제력을 갖고 있지 않지만, 정치적 로비를 통해 그것에 영향을 미칠 수 있다. 예를 들어 노동조합은 흔히 자신이 만드는 생산물의 정부 구매를 증가시킬 입법을 적극적으로 지지한다. 건설노동조합이 새로운 고속도로 프로젝트, 도시 대량수송 계획, 도시지역 재활성화 플랜 또는 홍수 조절 및 관련물 사업을 로비하는 것은 놀라운 일이 아니다. 교사들의 조직이 교육에 대한 정부지출을 증가시킬 입법을 계속 요구하는 것도 이례적인 일이 아니다.

비슷한 이유로 노동조합은 또한 노동조합이 만든 생산물에 대한 민간부문의 수요를 촉진하는 법안을 로비하기도 한다. 예를 들어 항공우주산업 노동조합들은 미국에서 생산된 상업항공기의 해외구매자들에게 이자율 보조를 승인하는 입법을 강력하게 지지했다.

노동조합이 생산물수요를 증가시킬 수 있는 또 다른 방법은 노동조합 조합원들이 만든 제품과 밀접한 대체재인 재화의 가격을 인상시키는 입법을 정치적으로 지지하는 것이다. 예를 들어

---

[36] Thomas Aronsson, Karl-Gustaf Lofgren, and Magnus Wikstrom, "Monopoly Union and Efficient Bargaining: Wage and Employment Determination in the Swedish Construction Sector," *European Journal of Political Economy*, August 1993, pp. 357–70.

[37] 강한 효율적 계약곡선의 증거를 발견한 분석은 John M. Abowd, "The Effect of Wage Bargains on the Stock Market Value of the Firm," *American Economic Review*, September 1989, pp. 774–800을 참조하라. 반대의 증거는 MaCurdy and Pencavel, op. cit.을 참조하라.

[38] MaCurdy and Pencavel, op. cit.

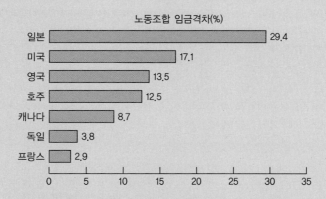

10.2 국제 시각 근로자 특성을 통제할 경우의 노동조합 임금격차 비율

일본은 주요 선진공업국들 사이에서 가장 높은 노동조합 임금격차(노동조합 보수가 비노동조합 보수를 초과하는 비율)를 갖고 있다.

노동조합 임금격차(%)

일본	29.4
미국	17.1
영국	13.5
호주	12.5
캐나다	8.7
독일	3.8
프랑스	2.9

자료 : David G. Blachflower and Alex Bryson, "Changes over Time in Union Relative Wage Effects in the UK and US Revisited," in John T. Addison and Claus Schnabel (eds.), *International Handbook of Trade Unions* (Cheltenham, England, and Northhampton, MA: Edward Elgar, 2003), chap. 7. 임금격차 추정치들은 1994~1999년 기간 동안을 포함시키고 있다.

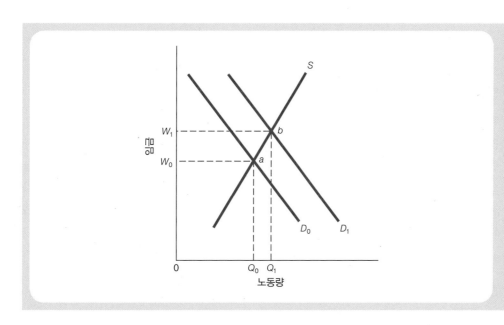

그림 10.5 노동조합의 기법 : 노동수요의 증가
노동조합 근로자들에 대한 수요를 증가시킬 수 있는 정도까지(D_0로부터 D_1까지) 노동조합은 더 높은 임금(W_0에서 W_1으로)과 증가된 고용(Q_0로부터 Q_1으로)을 실현할 수 있다.

2009년에 타이어산업의 고무 노동자들을 대표하는 미국철강노조연맹(United Steel Workers of America, USWA)은 수입 타이어에 대한 관세부과를 노력 끝에 쟁취하였다. 이러한 관세는 대체재(수입된 타이어)의 가격을 인상시킴으로써 국내 타이어에 대한 수요를 증가시키고 USWA

10.4 근로의 세계 | 세계무역기구, 무역자유화, 그리고 노동기준

1999년 11월 시애틀에서는 수만 명의 사람들이 때때로 폭력적인 시위에 참가했다. 시위자들은 무역자유화 계획에 대한 합의를 위한 회의를 하고 있던 세계무역기구(WTO)의 정책에 반대를 표명하였다. WTO는 최근의 회의에서도 계속하여 시위에 직면했다. 행동가들은 150개국 이상이 모인 WTO가 근로자의 권리 및 환경과 관련된 이슈들을 다루지 않는다는 것을 걱정하고 있었다.

1995년 출범된 WTO의 목적은 무역장애를 완화하자는 것이다. 주요 원칙은 각 나라가 무역장애에 관해 모든 회원국을 똑같이 대해야 한다는 것이다. 예를 들어 만약 미국이 외국 자동차에 대한 관세를 낮추기로 결정한다면 *모든* 수입되는 자동차에 대해 관세를 낮추어야 한다는 것이다. 지역별 무역협정과 개발도상국의 경우에는 예외가 존재한다. 어떤 나라가 규칙을 위반하면 WTO는 그 나라에 대해 제재를 부과할 수 있다.

시애틀 시위에 깊이 관여했던 노동조합들은 WTO가 노동과 환경기준을 채택하길 원하고 있다. 예를 들어 그들은 WTO가 국제무역규칙에 연소 근로자 노동에 대한 최저연령, 노동자 단결권과 단체교섭권, 최저임금, 그리고 근로조건기준을 포함시킬 것을 원하고 있다.

만약 이러한 노동기준이 채택된다면 노동조합 조합원들은 분명히 편익을 얻게 된다. 외국 재화를 제조하는 비용은 증가하게 되고, 외국 재화의 상대가격을 인상시킨다. 결과적으로 노동조합이 생산하는 생산물에 대한 수요가 오른쪽으로 이동하게 된다. 이는 이어 노동조합 근로자들에 대한 수요를 증가시키게 된다.

그러나 대부분의 WTO 회원국들은 그렇게 국제무역협정에 노동기준과 환경기준 부분을 두게 되면 개발도상국의 소비자들과 근로자들은 물론 선진공업국 소비자들의 광범위한 희생으로 그저 선진국의 노동조합 근로자들에게 편익을 주게 된다고 믿고 있다. 개발도상국들의 노동과 생산비용을 증가시킴으로써 그러한 기준들을 이미 충족한 선진공업국들에게 이익을 주게 된다. 그렇게 되면 수입을 줄이게 되고, 세계 전역의 소비자들에게 가격을 인상시킨다. 그것은 또한 개도국의 경제성장을 방해하는 엄청난 해를 끼치게 된다. 개발도상국들이 성장해야 궁극적으로 엄격한 노동기준과 환경기준을 실행하고 준수할 여유가 생기는 것이다.

자료 : 뉴스 보도로부터 편집함.

10.4
근로의 세계

조합원들에 대한 노동수요를 증가시킨다.

생산성의 향상

특정 직종의 노동수요 강도는 부분적으로 생산성(MP)에 좌우된다는 것을 알고 있다. 기업들은 근로자 생산성을 결정하는 대부분의 요소들을 통제한다. 그러나 노동조합이 근로자-시간당 산출량에 영향을 미칠 수 있는 두 가지 가능한 방법은 생산성에 관한 노사공동위원회[때때로 품질관리서클(quality circles)이라 불림]에 참가하는 것과 기업들의 결정 과정에 직접적인 근로자 참가로 구성되는 공동결정(codetermination)이다. 후자는 또한 때때로 근로자 민주주의(worker democracy)라 불린다. 두 가지 접근법 모두의 목적은 기업 내에서 내부소통을 개선하는 것이고, 팀워크와 이윤 인센티브에 대한 강조를 통해 생산성을 증가시키는 것이다.

관련 투입물 가격에의 영향

노동과 다른 자원이 조대체요소(대체효과 > 산출량효과)인 곳에서 노동조합은 다른 자원의 상대가격을 인상시킴으로써 노동에 대한 수요를 북돋을 수 있다. 노동조합은 다른 자원의 가격에 대해 직접적인 통제력을 갖고 있지 않지만, 그러한 가격에 영향을 미칠 수 있는 노동조합에 의한 정치적 조치들이 있다. 첫째, 일반적으로 고임금 고숙련 근로자들로 구성된 노동조합은 최저임금의 인상을 지지할 수 있는데, 대체가능한 저숙련 비노조 노동의 상대가격을 올리는 방식이다. 단순한 예로 두 명의 미숙련 근로자들이 한 시간에 한 명의 고숙련 노동조합 노동자와 똑같은 산출량을 생산할 수 있지만, 미숙련 근로자들에 대한 1시간당 보수는 10달러인 반면, 노조와 합의된 임금수준은 25달러라고 가정하자. 명백히 기업들은 미숙련 근로자들을 채용하게 된다(산출량 단위당 임금비용＝20달러). 이제 노동조합이 모든 근로자들에 대한 시간당 최저임금이 15달러가 되도록 성공적으로 로비했다고 가정하자. 숙련 근로자들과 미숙련 근로자들이 생산에 있어 대체관계이고 또한 조대체요소라면, 이러한 미숙련 근로자들의 가격 인상은 숙련 노동조합 근로자들에 대한 수요를 증가시킬 것이다. 이유는 이제 생산물 각 단위가 두 명의 미숙련 근로자들을 30달러(＝2 × 15달러)에 고용하기보다는 한 명의 노동조합 근로자를 시간당 25달러에 채용함으로써 더 적은 비용으로 생산할 수 있기 때문이다.

데이비스-베이컨 법(Davis-Bacon Act, 1931년)과 그 개정법은 노동조합이 노동과 생산에 있어 대체관계에 있는 자원의 가격, 이 경우 숙련된 비노동조합 노동의 가격을 어떻게 증가시킬 수 있는지의 또 다른 예를 제공한다. 강력한 노동조합의 지지를 받았던 이 법은 연방정부가 재정 지원하는 프로젝트에 종사하는 계약자들에게 '현행임금(prevailing wage)'을 지급하도록 요구한다. 현행임금을 결정하는 공식은 가장 빈도수가 많게 발생하는 임금이 관찰되도록 지시하기 때문에 실제로 현행임금은 노동조합 임금이다. 비노조 기업들은 보통 자신들의 근로자들에게 노조가 타결한 수준보다 적은 보수를 지급하기 때문에 이 법은 비노조 노동의 가격을 인상시키는 효과를 갖고 있다. 노동조합 노동과 비노조 노동이 조대체요소인 곳에서는 노동조합 노동에 대한 수요가 증가함으로써 노동조합으로 하여금 비노조 기업들에게 연방정부의 일감을 빼앗길 우려 없이 더 높은 임금을 교섭할 수 있도록 한다.[39]

사용자 수의 증가

노동조합은 새로운 사용자들이 현지 지역에 사업체 설립을 장려하는 정부 프로그램을 로비함으로써 노동에 대한 수요를 증가시킬 수 있다. 예를 들어 노동조합은 국내 또는 해외 제조업자들을 끌어들이기 위한 공업단지와 재산세 우대조치를 구축하기 위해 산업수익채권을 발행하는 것을 찬성할 수 있다.

노동공급의 제약

노동조합은 또한 노동공급을 감소시킴으로써 임금을 인상시킬 수 있다. 그러나 노동조합은 이 임금 인상을 달성하는 데 있어 고용 감소를 받아들여야만 한다. 노동조합에 다행하게도 노동공급의 제약은 그 효과가 단순히 일자리 기회의 증가를 제약하는 동태적인 맥락에서 발생할 가능성이 더 크다.

그림 10.6은 노동수요와 노동공급 모두 증가하고 있는 동태적인 노동시장을 그리고 있다. 생

---

[39] 데이비스-베이컨 법이 노동조합 교섭력을 증가시킴으로써 노동조합 임금을 증가시킨다는 가설을 지지하는 실증 증거의 경우 여러분은 Daniel P. Kessler and Lawrence F. Katz, "Prevailing Wage Laws and Construction Labor Markets," *Industrial and Labor Relations Review*, January 2001, pp. 259-74를 찾아보아야 한다. 또한 Mike Clark, "The Effects of Prevailing Wage Laws: A Comparison of Individual Workers' Wages Earned on and off Prevailing Wage Construction Projects," *Journal of Labor Research*, Fall 2005, pp. 725-38을 참조하라.

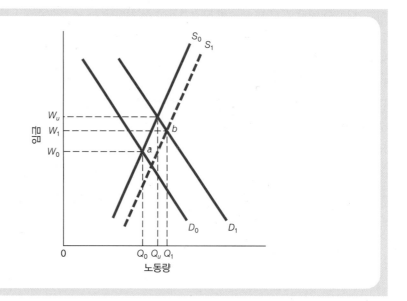

그림 10.6 노동조합의 기법 : 노동공급의 제약

D_0로부터 D_1과 S_0로부터 S_1 같은 노동수요와 노동공급의 정상적인 확대에 의해 특징지어지는 동태적인 노동시장에서 노동조합 또는 전문가조직은 노동공급의 정상적인 증가를 제약(S_1이 아니라 S_0)하는 조치를 통해 임금을 증가(W_1으로부터 W_u로)시킬 수 있다. 그러나 이러한 조치들은 또한 노동조합 고용 증가율을 둔화시킨다[$(Q_1 - Q_0)/Q_0$와 비교할 때 $(Q_u - Q_0)/Q_0$].

산물수요와 생산성 증가 때문에 노동수요가 증가하고 있으며, 이 노동을 공급할 자격을 갖춘 사람들 수를 확대시키는 인구 증가 때문에 노동공급도 증가하고 있다고 가정하기로 하자. 노동조합이 없을 경우 수요(D_0로부터 D_1으로)와 공급의 증가(S_0로부터 점선 S_1까지)는 임금과 고용수준을 각각 W_0로부터 W_1으로, 그리고 Q_0로부터 Q_1으로 증가시키게 된다(a점으로부터 b점으로).

이제 노동조합을 도입하고 노동조합이 노동공급을 S_1까지 확대되지 못하도록 하는 조치를 취한다고 가정하자. 결과는? 시장임금은 W_1이 아니라 W_u까지 상승할 것이며, 채용되는 노동량은 Q_1이 아니라 Q_u가 될 것이다. 이 노동조합은 노동공급의 증가를 제약함으로써 임금을 인상시켰다. 이 경우 조치는 또한 고용 증가율을 $(Q_1 - Q_0)/Q_0$와 비교할 때 $(Q_u - Q_0)/Q_0$로 둔화시킨다. 물론 노동수요의 탄력성이 크면 클수록 주어진 공급 제약의 부($-$)의 고용 영향이 더 커진다.

노동조합은 노동공급의 하나 또는 그 이상의 결정요인을 바꾸는 조치를 취하거나 또는 정부정책을 지지함으로써 노동공급을 제약할 수 있다. 특히 이러한 요소 중 하나(자격을 갖춘 공급자 수의 감소)는 노동조합에 의해 가장 쉽게 영향을 받는다. 한 가지 다른 것(비임금소득에 영향을 미치는)도 또한 상당히 중요하다.

자격을 갖춘 노동공급자 수의 감소

특정 노동시장에서 노동조합이 일반적으로 자격을 갖춘 근로자 공급을 제한할 수 있는 한 가지 방법은 자격을 갖춘 근로자들의 전반적인 '보유량'을 제약하는 것이다. 이는 부분적으로 왜 노동조합이 (a) 해외로부터의 이주 제한, (b) 연소 근로자 노동법(child labor laws), (c) 의무적인 퇴직, 그리고 (d) 근로시간 단축을 강력하게 지지했는지를 설명한다.

노동조합은 또한 직종 그 자체로의 진입을 제한함으로써 특정 일자리에 대한 노동공급을 제약할 수 있다. 예를 들어 배관공, 목수, 벽돌공 같은 특정한 숙련이 요구되는 근로자들로 구성된 직종별 노동조합(craft union)들과 미국의학협회 같은 몇몇 전문가그룹들은 노동공급을 제한하기 위해 훈련에의 접근을 제한하는 것으로 알려져 있고 보기 드물게 긴 도제프로그램을 수립하였다. 이러한 유형의 노동조합주의는 **배타적 노동조합주의**(exclusive unionism)라 지칭되는데, 노동공급 제약이 잠재적 근로자들을 거래 또는 전문직에의 참가로부터 배제하는 조치로부터 도출된다는 의미이다.

아마도 더욱 중요한 것은 노동조합들과 전문가그룹들이 어떤 직업 종사자들에게 특별한 요구사항들을 충족할 것을 강제하는 정부에 의한 법률 제정인 **직업면허제도**(occupational licensure)를 통해 일자리에의 진입을 제한할 수 있다는 것이다. 이러한 요구사항은 필요한 교육수준 또는 근로경험의 양을 구체적으로 명시할 수 있으며, 또한 면허를 얻기 위한 시험의 합격을 포함할 수 있다. 주 면허인가위원회(state licensing board)는 면허 자격을 얻는 데 필요한 테스트와 기준을 수립하는 데 넓은 재량권을 갖고 있다. 실제로 몇몇 위원회는 면허가 필요한 직종에의 진입률을 통제하는 방식의 하나로 '합격률'을 조정한다는 것을 시사하는 증거가 존재한다.[40] 나아가 면허 요구사항은 자격을 갖춘 근로자들의 주 사이 흐름을 억제하는 최소거주기간 규정을 포함할 수 있다. 따라서 직업면허제도는 노동공급을 제한하며, 그림 10.6에 보이는 바와 같이 임금을 인상시킨다.[41]

노동조합이 어떤 직종에 노동공급을 제한할 수 있는 마지막 수단은 인종 또는 성에 의한 차별을 통해서다. 몇몇 대부분이 남성인 직종별 노동조합들과 전문가조직들은 명시적으로 또는 암묵적으로 자신들의 특별한 유형의 근로는 '너무 육체적이어서' 또는 '너무 스트레스가 많아서' 여성들에 의해 수행될 수 없다고 주장했으며, 그 뒤 여성들이 직업 또는 직종에 진입하는 것을 힘들게 만들기 위해 과도하게 엄격한 신체적 요구사항을 도입하는 것 같은 조치를 취해 왔다. 몇몇 직종별 노동조합들은 또한 아마도 그림 10.6에서 분명히 나타내는 것처럼 직접적인 경제적 사리추구의 결과인 인종 분단에 참여해 왔다.[42]

비임금소득에의 영향

노동조합들과 전문가조직들은 또한 노동공급의 비임금소득 결정요인에 영향을 미침으로써 자신들의 임금을 향상시킬 수 있다. 그들은 소득을 실업 상태의 근로자들, 부분 장애 근로자들, 그리고 나이 든 시민들에게 제공하는 법을 통해 이것을 달성할 수 있다. 달리 말하면 왜 노동조합들이 일반적으로 실업보상, 산재보상, 퇴직급여의 증가를 지지하는지에 대한 여러 이유 중

---

[40] Alex Maurizi, "Occupational Licensing and the Public Interest," *Journal of Political Economy*, March/April 1974, pp. 399-413.

[41] 이러한 요점과 일관된 증거는 Morris Kleiner, "Occupational Licensing," *Journal of Economic Perspectives*, Fall 2000, pp. 189-202를 참조하라. 또한 Morris M. Kleiner, *Licensing Occupations: Ensuring Quality or Restricting Competition?* (Kalamazoo, MI: W.E. Upjohn Institute, 2006)을 참조하라.

[42] 노동조합들에 의한 차별의 증거는 Orley Ashenfelter, "Discrimination and Trade Unions," in Orley Ashenfelter and Albert Rees (eds.), *Discrimination in Labor Markets* (Princeton, NJ: Princeton University Press, 1973)를 참조하라. 또한 Larry D. Singell, Jr., "Racial Differences in the Employment Policy of State and Local Goverments: The Case of Male Workers," *Southern Economic Journal*, October 1991, pp. 430-44를 참조하라. 노동시장 차별의 경제적 측면은 제14장에서 자세히 검토될 것이다.

에 비임금소득의 이러한 원천들이 경제활동 참가를 감소시키고, 따라서 고용된 사람들에 대한 세전 임금을 증가시킨다는 사실이 있다. 이는 이것이 그러한 지지의 주요 이유라는 것을 시사하는 것은 아니다. 어쨌든 노동조합 조합원들은 더 높은 세금(더 낮은 세후 임금)을 통해 정부 이전을 지급하는 데 있어 다른 사람들과 함께 해야 하기 때문이다. 오히려 그러한 지지는 그림 10.6과 일관성을 갖는다.

균형수준보다 높은 임금의 교섭

직종에 노동공급을 제약하는 것(노동공급곡선을 왼쪽으로 이동시키는 것) 이외에도 몇몇 노동조합들은 산업 또는 직종에 큰 비율의 이용가능한 근로자들을 조합원들로 충원하는 데 성공하였다. 조합원 신규 모집을 통해 **산업별 노동조합**(industrial union)들은 기업의 노동공급에 대한 통제력을 가질 수 있다. 따라서 협상 기간 동안 노동조합은 사용자가 그 임금 제안을 인상하지 않는다면 노동을 철수시킬 것이라고, 즉 파업에 돌입할 것이라고 확실히 위협할 수 있다. 이러한 노동조합들은 모든 잠재적인 산업 근로자들을 노동조합으로 끌어들이려 또는 '포함시키려' 시도하기 때문에 이러한 형태의 노동조합주의는 **포괄적 노동조합주의**(inclusive unionism)라 불린다. 국내경제 내에서 높은 비율의 산업 노동공급을 통제하는 포괄적 노동조합주의의 예로는 미국자동차노조연맹과 미국철강노조연맹(USA)이 있다.

노동조합에 의한 노동공급에 대한 통제의 영향은 그림 10.7에 그래프로 나타나 있다. 이 노동시장의 사용자들이 독립적으로 행동하고, 노동조합이 없을 때 경쟁적인 균형임금과 균형고용수준이 W_c와 Q_c라고 가정하자. 이제 노동조합이 결성되고, 성공적으로 균형수준보다 더 높은 임금 W_u를 교섭한다고 가정하자. 이는 실제로 노동공급곡선을 $W_u a$의 범위에 걸쳐 완전탄력적으로 만든다. 만약 사용자들이 이 범위 내에서 어떤 수의 근로자들을 채용하더라도 그들은

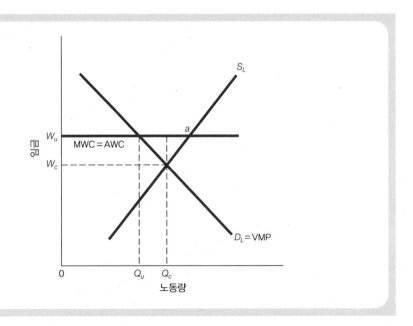

그림 10.7 노동조합 기법 : 더 높은 임금을 위한 교섭

모든 이용가능한 근로자들을 조직하고 유니언숍을 확보함으로써 포괄적 노동조합들은 경쟁적인 임금 W_c보다 높은 수준인 W_u 같은 임금을 성공적으로 교섭할 수 있다. 효과는 W_u와 a점 사이에 노동공급곡선을 완전탄력적으로 만들고 (MWC = AWC = S_L), 고용을 Q_c로부터 Q_u로 감소시키는 것이다. 노동수요가 더 탄력적이면 탄력적일수록 고용 영향은 더 커진다.

노조와 타결한 수준인 W_u를 지급해야 하며, 아니면 노동조합은 파업을 통해 모든 노동을 빼낼 것이다. 그러나 만약 말하자면 단체협약 유효기간 동안 노동수요의 상당한 확대 때문에 사용자들이 a보다 더 많은 근로자들을 원한다면 그들은 W_u보다 더 높은 임금을 지급하는 다른 일자리들로부터 근로자들을 끌어들이기 위해 노동조합이 타결한 것보다 높은 임금을 지급할 필요가 있을 것이다.

이 모형은 여러 관찰할 수 있는 노동시장 현상과 노동조합 활동을 이해할 수 있도록 한다. 첫째, 왜 몇몇 노동조합화된 노동시장에 만성적인 일자리 대기자 명단이 존재하는지를 설명한다. 둘째, 그리고 밀접하게 관련된 것인데, 왜 노동조합이 단체협약에 **조합권 보장**(union security) 조항을 크게 강조하는지를 명확하게 보여준다. 노동조합의 교섭력은 상당한 정도 파업을 요구하는 자신의 위협의 신뢰성과 일단 조업정지가 발생하면 기업의 전체 노동공급을 빼낼 수 있는 능력에 의존한다. **유니언숍협정**(union shop clause)은 기업이 비노조 근로자를 채용하는 것을 허용하지만, 수습기간이 끝나면 노동조합에 가입할 것을 요구한다. 이 협정은 전형적으로 조합원 근로자들의 비율을 증가시킨다. 따라서 기존 계약이 만료될 때 발생하는 파업은 그 노동공급의 상당 부분을 빼앗고 그 결과 기업은 생산을 축소하거나 또는 중단할 가능성이 있다. 파업 위협으로부터의 잠재적 이윤손실 또는 실제 파업으로부터의 실질적 이윤손실은 노동조합의 교섭력을 증대시키고, 그림 10.7의 W_u 같은 균형수준보다 높은 임금을 얻을 기회를 개선한다.

셋째, 그림 10.7의 Q_u와 Q_c 사이의 거리는 왜 노동조합들이 노동수요의 탄력성을 감소시키는 계약조항을 확보하는 데 관심을 갖는지에 대해 해명한다. 이 탄력성이 더 낮으면 낮을수록 임금 인상 때문에 해고되는 근로자 숫자가 더 적어진다. 노동수요탄력성의 한 가지 주요 결정요인이 다른 투입물과의 대체성이라는 것을 상기하라. 어떤 계약조항이 노동조합 노동의 자본으로의 대체를 감소시킬 수 있는가? 어떤 조항이 노동조합 근로자들의 비노조 노동으로의 대체를 제한할 수 있는가? 첫 번째의 예에는 새로운 기술을 제한하고, 잉여 노동을 요구하며[**과잉고용요구**(featherbedding)], 그리고 보충실업급여(supplementary unemployment benefits, SUBs)를 제공하는 것이 포함된다. 새로운 기술의 도입 속도에 영향을 주고 과잉고용요구에 관여함으로써, 노동조합은 노동수요의 탄력성을 일시적으로 감소시킬 수 있다. 즉 임금 인상에 반응한 노동의 자본으로의 대체를 늦출 수 있다. SUBs와 퇴직수당 조항도 비슷한 기능을 수행한다. 즉 만약 충분히 높으면 그것들은 노동조합 노동을 대체하기 위해 사용되는 자본의 유효가격을 인상시킨다. 비노조 노동과 노동조합 노동의 대체가능성을 감소시키는 계약조항의 예에는 하도급과 공장 재배치를 금지하는 조항들이 포함된다. 두 가지 모두 노동조합에 의해 부과된 임금 인상에 따른 노동조합 노동의 사용을 절약하는 데 사용된다. 그러나 그러한 조치들을 방지함으로써 노동조합은 적어도 일시적으로 노동수요의 탄력성을 감소시킨다.

그림 10.7에서 노동조합에 의해 부과된 균형임금보다 높은 임금의 고용에의 영향은 시간이 갈수록 더 커질 것이다. 예를 들어 기업은 단기 수요곡선을 비탄력적으로 유지하는 계약조항의 계속에 저항할 수 있다. 그렇지 않으면 노동조합화된 산업의 높은 생산물가격에 반응하여 해외로부터의 경쟁 또는 비노동조합 경쟁이 발생할 수 있다. 반면에 성장하는 경제에서 대부분 유형의 노동에 대한 수요곡선은 시간이 지남에 따라 서서히 오른쪽으로 이동한다. 결과는 노동조

합화된 노동시장에서 일자리 수의 절대적인 감소 대신에 단순히 일자리 기회가 더 느리게 증가하는 것일 수 있다. 이런 점에서 기존 노동조합 근로자들을 대상으로 하는 일시해고는 관찰되지 않는다. 이는 왜 과거 일부 노동조합 지도자들이 노동수요곡선은 매우 비탄력적이라고 그릇된 결론을 내렸는지에 대한 설명이 된다.

파업과 교섭 과정[43]

파업의 위협은 노동조합 교섭력의 결정적으로 중요한 원천이다. 파업은 기업과 노동조합 모두에게 비용을 부과한다. 기업은 조업정지 때문에 감소된 이윤으로 고통을 받는 반면, 노동조합 조합원들은 근로소득을 잃는다. 이러한 비용들을 견딜 더 큰 능력이 있는 당사자는 계약 협상에서 더 큰 교섭력을 가질 것이다. 파업의 잠재적 비용이 노동조합과 기업 모두에게 크기 때문에 거의 모든 계약 협상은 파업 없이 타결된다.

사고 모형

파업은 단체교섭 과정의 비효율적인 결과인 것처럼 보이기 때문에 파업의 존재는 경제학자들에게 다루기 힘든 문제였다. 파업은 비용을 부과하며, 따라서 노동조합과 기업 모두 만약 파업이 발생하기 이전에 파업 이후 타결했을 합의에 동의한다면 이득을 볼 수 있을 것이다. 따라서 경제학자들은 흔히 파업을 협상 과정의 사고 또는 실수로 간주한다.

힉스 경(Sir John Hicks)은 가장 유명한 파업의 **사고 모형**(accident model)을 개발했다.[44] 그의 모형을 설명하는 그림 10.8을 살펴보자. 힉스 모형은 임금 양보를 할 사용자의 용의는 파업의 예상기간에 따라 증가한다고 가정한다. 사용자의 **양보곡선**(concession curve) EC는 기업이 주어진 기간의 파업을 피하기 위해 기꺼이 지급할 용의가 있게 되는 최고 임금을 보여준다. 한편 모형은 노동조합의 임금 요구는 파업의 예상기간에 따라 감소한다고 가정한다. 노동조합의 **저항곡선**(resistance curve) UR은 노동조합이 주어진 기간의 파업을 피하기 위해 기꺼이 받아들일 용의가 있게 되는 최저 임금을 보여준다. 만약 노동조합과 기업 모두 상대방의 양보곡선에 대해 잘 안다면 EC와 UR곡선이 교차하는 W^*에서 임금 타결이 발생할 것이며, 파업은 일어나지 않을 것이다.

기업의 양보곡선과 노동조합의 저항곡선의 형태와 위치에 따라 임금 타결수준과 예상파업기간이 결정될 것이다. 노동조합의 더 큰 저항을 알려주는 더 높거나 또는 더 평평한 UR곡선은 임금 타결과 예상파업기간 모두를 증가시킬 것이다. 노동조합 측의 파업 예상비용이 더 낮을 때 노동조합의 저항은 더 커질 가능성이 있다. 예를 들어 만약 강력한 노동시장이 조합원들을 일시적으로 다른 곳에서 고용될 수 있도록 하거나 또는 파업 중인 조합원들이 실업급여를 얻을 수 있다면 그들의 임금 요구는 더 커질 가능성이 있다. 사용자의 더 큰 저항을 알려주는 더 낮

[43] 이 절은 Hirsch and Addison, op. cit., chap. 4를 활용했다.

[44] John R. Hicks, *The Theory of Wages*, 2nd ed. (New York: Macmillan, 1963).

10.5 근로의 세계 ｜ 탈노동조합화가 근로소득 불균등을 증가시켰는가?

지난 20년 동안의 주요 경제적 추세 중 하나는 근로소득 불균등의 급격한 증가였다. 불균등의 한 가지 척도는 90번째 백분위수의 시간당 임금을 10번째 백분위수의 시간당 임금으로 나눈 90/10 임금 비율이다. 그 비율은 1974년의 3.6으로부터 2014년의 4.9로 증가했다. 똑같은 기간에 걸쳐 노동조합화는 급속히 감소했다. 1974년에 임금 및 급여 근로자의 23.6%가 노동조합 조합원이었던 반면, 2014년에는 11.1%로 떨어졌다.

이론적으로 노동조합은 소득 불균등에 애매모호한 효과를 미친다. 한편으로 노동조합은 비노조 상대자들 대비 노동조합 근로자들의 임금을 상승시키고, 또한 대체로 더 높은 임금을 지급받는 블루칼라 근로자들로 구성되기 때문에 소득 불균등을 심화한다. 반면에 노동조합은 조합원인 근로자들을 가진 기업들 내와 기업들 간의 임금을 균등화하기 때문에 소득 불균등을 완화한다. 이외에도 노동조합은 대부분의 블루칼라 조합원들의 상대임금을 증가시키기 때문에 화이트칼라와 블루칼라 근로자들 사이의 임금 갭을 줄이는 경향이 있

다. 노동조합이 소득 불균등에 이론적으로는 불확실한 효과를 미치지만 증거는 일반적으로 노동조합이 소득 불균등을 완화하는 경향이 있다는 것을 알려준다.

노동조합화의 쇠퇴가 소득 불균등 심화에 얼마만큼 기여했는가? 카드(Card)는 남성 근로자들 사이의 근로소득 불균등 증가의 15~20%와 여성 근로자들 사이의 불균등 증가의 아주 작은 부분이 노동조합 쇠퇴 때문이라고 결론을 내리고 있다. 해외로부터의 이주 증가로 인한 저숙련 근로자들의 공급 증가는 물론 기술향상으로 인한 숙련 근로자들에 대한 수요 증가 같은 다른 요소들도 또한 불균등의 심화에 기여했다.

자료 : David Card, "The Effect of Unions on Wage Inequality in the U.S. Labor Market," *Industrial and Labor Relations Review*, January 2001, pp. 296-315; Barry T. Hirsch and David A. Macpherson, *Union Membership and Earnings Databook: Compilations from the Current Population Survey* (Washington, DC: Bureau of National Affairs, 2015). Updated.

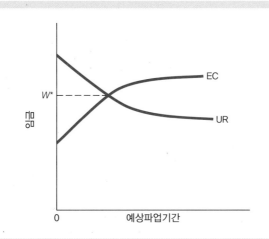

그림 10.8 사고 모형
사용자의 양보곡선 EC는 기업이 주어진 기간의 파업을 피하기 위해 기꺼이 지급할 용의가 있게 되는 *최고* 임금을 보여준다. 노동조합의 저항곡선 UR은 노동조합이 주어진 기간의 파업을 피하기 위해 기꺼이 받아들일 용의가 있게 되는 *최저* 임금을 보여준다. 만약 노동조합과 기업 모두 상대방의 양보곡선에 대해 잘 안다면 EC와 UR곡선이 교차하는 *W**에서 임금 타결이 발생할 것이며, 파업은 일어나지 않을 것이다. 만약 두 당사자 중 하나가 상대방의 양보곡선을 오해하면 파업이 발생할 것이다.

거나 또는 더 편평한 EC곡선은 임금 타결을 낮추고 예상파업기간을 증가시킬 것이다. 노동조합 노동에 대한 수요가 탄력적일 때 사용자의 저항은 더 커질 것이다. 생산 과정에서 노동조합 노동을 대체하는 것이 쉽고, 생산물수요가 더 탄력적이며, 총생산비용에서 노동조합 노동비용이 큰 비중을 차지할 때 노동조합 노동에 대한 수요의 탄력성은 더 커질 것이다.

사고 모형에 따르면 왜 파업이 발생할까? 파업은 하나 또는 두 당사자 모두의 상대방의 양보곡선의 형태 또는 위치에 대한 오해의 결과다. 양보곡선에 대한 잘못된 인식은 예상파업기간은 물론 예상 최종 임금 타결에 대한 의견 불일치라는 결과를 가져올 것이다. 예를 들어 만약 노동조합이 사용자 저항이 실제보다 더 약할 것으로 인식한다면(즉 EC곡선이 실제보다 더 높거나 또는 더 가파를 것으로 인식하면), 파업 이후 타결될 것으로 기업이 예상하는 것보다 더 높은 임금을 기대하게 된다. 이러한 불일치는 파업이 발생하도록 할 것이다.

사고 모형은 파업이 언제 발생할 가능성이 더 큰지에 대해 두 가지 예측이 가능하도록 한다. 첫째, 파업은 상대방의 양보곡선에 대한 불확실성이 더 클 때 발생할 가능성이 더 크다.[45] 둘째, 파업의 공동비용이 더 클 때 파업이 발생할 가능성이 더 작다.[46] 양보곡선들의 형태에 좌우되는 파업비용의 분포는 임금 타결을 결정할 것이다. 그러나 파업비용의 분포는 파업의 확률에는 영향을 미치지 않을 것이다.

비대칭정보 모형

최근에 **비대칭정보**(asymmetric information)를 기초로 두 가지 유형의 파업 모형이 개발되었다. 첫 번째 모형은 노동조합 지도부와 평조합원들 사이의 정보 차이에 초점을 맞추고 있다.[47] 노동조합 지도자들은 평조합원들보다 교섭가능성에 대해 더 잘 이해하고 있다고 가정된다. 평조합원들은 비현실적인 임금 요구를 갖고 있다고 가정된다. 평조합원들이 예상하는 것보다 더 적은 임금 인상 계약에 서명함으로써 자신들의 지위를 잃을 위험을 감수하는 것을 원치 않기 때문에 노동조합 지도부들은 파업을 요구할 수 있다. 파업이 진행됨에 따라 조합원들은 기업이 기꺼이 제공할 용의가 있는 수준에 맞추어질 때까지 스스로의 임금 요구를 낮춘다. 노동조합 지도부는 조합원들의 목표들을 달성하기 위해 자신이 할 수 있는 모든 것을 다 했다는 자신의 이미지를 보호한다. 노동조합 민주화를 증진시켰던 랜드럼-그리핀 법(Landrum-Griffin Act) 통과 이후 파업이 증가했기 때문에 이러한 추측과 일관되는 몇몇 증거가 존재한다.[48]

---

[45] 실증 증거는 실수 때문에 파업이 발생한다는 것을 알려준다. 예를 들어 한 연구는 교섭자들의 경험이 증가함에 따라 파업의 기간과 확률은 감소한다는 것을 알려준다. Edward Montgomery and Mary Ellen Benedict, "The Impact of Bargainer Experience on Teacher Strikes," *Industrial and Labor Relations Review*, April 1989, pp. 380-392를 참조하라. 또한 Martin J. Mauro, "The Strikes as a Result of Imperfect Information," *Industrial and Labor Relations Review*, July 1982, pp. 522-38; John F. Schnell and Cynthia L. Gramm, "Learning by Striking: Estimates of the Teetotaler Effect," *Journal of Labor Economics*, April 1987, pp. 221-41을 참조하라.

[46] 파업의 공동비용이 더 높을 때 파업이 발생할 가능성 더 작다는 것을 보여주는 증거는 Melvin W. Reder and George R. Neumann, "Conflict and Contract: The Case of Strikes," *Journal of Political Economy*, October 1980, pp. 867-86; Barry Sopher, "Bargaining and the Joint Cost Theory of Strikes: An Experimental Study," *Journal of Labor Economics*, January 1990, pp. 48-74를 참조하라.

[47] 이 모형에 대한 논의는 Orley Ashenfelter and George Johnson, "Bargaining Theory, Trade Unions, and Industrial Strike Activity," *American Economic Review*, March, 1969, pp. 35-49를 참조하라.

[48] Ashenfelter and Johnson, ibid.

파업 모형의 두 번째 유형은 노동조합과 기업 사이의 정보 차이를 강조한다.[49] 이 모형은 기업은 노동조합보다 현재와 미래의 이윤 획득 가능성에 대해 더 많은 정보를 갖고 있다고 가정한다. 기업은 임금 타결을 낮출 수 있기 때문에 이윤 획득 가능성을 축소해서 말할 인센티브를 갖고 있다. 이 경우 노동조합의 최적 전략은 만약 이윤이 높으면 받아들여지게 되지만, 만약 이윤이 낮다면 거부되게 되는 임금 요구를 하는 것이다. 비용이 드는 파업을 기업이 받아들인다는 것은 이윤이 실제로 낮은 수준이라는 것을 노동조합에게 드러내 보이는 것이다. 파업이 진행됨에 따라 노동조합은 그 임금 요구를 낮게 된다.

이러한 비대칭정보 모형은 파업활동에 대해 두 가지 시사점을 갖는다. 첫째, 기업의 이윤 획득 가능성에 대해 불확실성이 클 때 파업이 발생하기 쉽고 또 길어질 가능성이 더 크다. 이윤 획득 가능성이 시간이 지남에 따라 크게 변동하면 파업이 발생할 가능성이 더 크고 길어진다.[50] 둘째, 만약 계약이 파업 후 서명된다면 파업 없이 합의되는 경우보다 임금 타결이 더 낮아질 것이라는 것을 예측한다. 실증 증거는 이 예측과 일관성을 갖는다. 즉 캐나다와 미국 모두의 교섭 데이터는 임금 타결은 계약이 파업 이후에 서명되었을 때 더 낮았다는 것을 드러내 보이고 있다.[51]

- 독점노동조합 모형은 노동조합이 임금을 설정하고 기업이 노동조합 고용수준을 결정한다고 가정한다. 비노동조합 결과와 비교할 때 임금은 더 높을 것이고, 고용수준은 더 낮을 것이다.
- 효율적 계약 모형은 노동조합과 기업이 임금과 고용에 대해 교섭한다고 가정한다. 일반적으로 효율적 계약 결과는 독점노동조합 결과보다 더 낮은 임금과 더 많은 고용이라는 결과를 가져올 것이다.
- 노동조합은 (a) 생산물수요를 증가시키고, (b) 생산성을 향상시키며, (c) 관련 투입물의 가격을 바꾸고, (d) 사용자 수를 증가시키는 조치들을 통해 노동수요를 증가시킴으로써 임금을 올릴 수 있다.
- 노동조합은 (a) 자격을 갖춘 노동공급자 수를 감소시키고, (b) 비임금소득에 영향을 미치는 조치들을 통해 노동공급을 제약함으로써 임금을 올릴 수 있다.
- 노동조합은 받아들일 만한 협상 임금을 얻지 못하면 기업에게 잠재적 노동공급을 통제하고 노동을 철수하겠다고 위협함으로써 임금을 올릴 수 있다.
- 파업의 사고 모형에서는 하나 또는 양 당사자 모두 상대방의 양보 용의를 오해하기 때문에 파업이 발생한다.
- 파업의 비대칭정보 모형에서는 노동조합 지도자들과 평조합원들 사이 또는 노동조합과 기업 사이의 정보 차이 때문에 파업이 발생한다.

10.3
잠깐만 확인합시다.

여러분의 차례입니다

기업과 노동조합이 서로 교섭하는 연도 수가 증가함에 따라 파업의 확률에 무슨 일이 발생할 가능성이 있는가? 설명하라. (정답은 책의 맨 뒷부분에 수록되어 있음)

---

[49] 예를 들어 Beth Hayes, "Unions and Strikes with Asymmetric Information," *Journal of Labor Economics*, January 1984, pp. 57-82; Oliver D. Hart, "Bargaining and Strikes," *Quarterly Journal of Economics*, February 1989, pp. 25-44를 참조하라.

[50] Joseph S. Tracy, "An Empirical Test of an Asymmetric Information Model of Strikes," *Journal of Labor Economics*, April 1987, pp. 149-73을 참조하라.

[51] Sheena McConnell, "Strikes, Waages, and Private Information," *American Economic Review*, September 1989, pp. 801-15; David Card, "Strikes and Wages: A Test of the Asymmetric Information Model," *Quarterly Journal of Economics*, August 1990, pp. 625-59.

요약

1. 노동조합은 부분적으로 경제를 자영업에 의해 지배되는 경제로부터 노동이 고용과 근로소득을 경영진에 의존하는 경제로 변화시켰던 산업화의 결과이다.

2. 대략 1,460만 명의 근로자들, 즉 약 10명 중 1명의 근로자가 노동조합에 속해 있다. 조합원 수는 재화생산 산업에서 강력하며, 서비스 제공 산업에서 약하다. 노동조합화는 또한 공공부문에서 상대적으로 강력하다.

3. 남성, 나이가 든, 아프리카계 미국인 근로자들은 여성, 젊은, 백인 근로자들보다 노동조합에 속할 가능성이 더 크다. 이러한 차이는 대체로 이러한 인구통계학적 그룹의 산업 및 직종 소속에 의해 설명된다.

4. 노동조합은 심하게 도시화되고 산업화된 주들에서 가장 강력하고, 남부에서 상대적으로 약하다.

5. 노동운동의 구조는 노동조합 조직의 세 가지 기본적인 수준을 반영한다. 미국노동조합총연맹(AFL-CIO)은 노동의 정치적 견해를 공식화하고 표현하며, 전국노동조합들 사이의 관할권에 관한 분쟁을 해결하는 데 관여한다. 승리혁신연합은 조직되지 않은 근로자들을 조직하는 데 초점을 맞추고 있다. 전국노동조합은 근로자들을 조직하는 것은 물론 단체협약을 협상한다. 단체협약을 관리하는 업무는 주로 노동조합지부에 맡겨진다. 교섭 구조는 많고 다양하다.

6. 노동조합은 미국에서 상대적으로 쇠퇴했다. 일부 노동경제학자들은 이를 노동조합 성장에 맞지 않았던 국내산출량 구성 및 경제활동인구의 인구통계학적 구조 변화의 결과로 보고 있다. 다른 사람들은 노동조합화가 이윤 획득 가능성을 낮춘다는 것을 깨달은 사용자들이 합법적 및 불법적인 모든 수단을 동원하여 적극적으로 근로자들에게 조합원이 되지 말도록 설득하는 노력을 했다고 주장하고 있다. 또 다른 사람들은 정부 프로그램들과 사용자들에 의한 '진보적인' 노사관계가 조직화된 노동의 전통적 기능을 빼앗음으로써 노동조합에

대한 근로자들의 필요를 약화시켰다고 한다.

7. 독점노동조합 모형은 노동조합이 임금을 설정하고, 기업은 이 임금을 기초로 노동조합 고용 수준을 결정한다고 가정한다. 모형은 기업의 노동수요곡선 위에서의 합의라는 결과를 가져온다. 비노동조합 결과와 비교할 때 임금은 더 높을 것이고 고용수준은 더 낮을 것이다.

8. 독점노동조합 모형의 결과는 다른 임금과 고용의 조합이 다른 당사자를 더 나쁘게 만들지 않고 적어도 한 당사자를 더 나아지도록 만들 수 있기 때문에 기업과 노동조합에게 효율적이지 않다.

9. 효율적 계약 모형은 노동조합과 기업이 단지 임금이 아니라 임금과 고용에 대해 교섭한다고 가정한다. 일반적으로 효율적 계약 결과는 독점노동조합 결과보다 더 낮은 임금과 더 많은 고용이라는 결과를 가져온다.

10. 노동조합은 (a) 노동수요를 증가시키고, (b) 노동공급을 제약하며, 그리고 (c) 균형수준보다 높은 임금을 교섭함으로써 고용된 조합원들의 임금을 증가시킬 수 있다. 노동수요를 증가시키기 위해 노동조합은 생산물 수요를 증가시키고, 생산성을 향상시키며, 관련 투입물의 가격에 영향을 미치고, 그리고 사용자 수를 증가시킨다. 노동공급을 제약하기 위해 노동조합은 자격을 갖춘 노동공급자들의 수, 비임금소득, 그리고 다른 임금에 영향을 미치려 시도한다. 노동공급을 통제하기 위해 노동조합들은 포괄적으로 조직하며, 유니언숍협정을 교섭한다.

11. 파업의 사고 모형에 의하면, 하나 또는 양 당사자 모두 상대방의 양보 용의를 오해하기 때문에 파업이 발생한다.

12. 비대칭정보 파업 모형에 의하면, 파업은 노동조합 지도부와 평조합원들 사이 또는 노동조합과 기업 사이의 정보 차이의 결과이다.

용어 및 개념

강한 효율적 계약(strongly efficient contract)

경영자 반대 가설(managerial opposition hypothesis)

교섭 구조(bargaining structure)

구조 변화 가설(structural change hypothesis)

노동조합지부(local union)

대체 가설(substitution hypothesis)

데이비스-베이컨 법(Davis-Bacon Act)

독점노동조합(monopoly union)

미국노동조합총연맹(American Federation of Labor and Congress of Industrial Organizations, AFL-CIO)

배타적 노동조합주의(exclusive unionism)

비대칭정보(asymmetric information)

사고 모형(accident model)

승리혁신연합(Change to Win federation)

유니언숍협정(union shop clause)

전국노동조합(national Union)

직업면허제도(occupational licensure)

패턴 교섭(pattern bargaining)

포괄적 노동조합주의(inclusive unionism)

효율적 계약(efficient contract)

질문 및 연구 제안

1. 노동조합은 왜 발생했는가? 민간경제활동인구는 어느 정도까지 노동조합화되었는가? (a) 산업별, (b) 직종별 노동조합 조합원들의 분포를 나타내라. 왜 블루칼라 근로자들보다 상대적으로 더 적은 화이트칼라 근로자들이 조직화되었는가? 성, 인종, 연령과 관련된 노동조합 조합원 수의 차이를 간략히 설명하라. 다음의 서술을 평가하라. "개별 근로자가 노동조합 조합원이 될 것인지 여부는 조합원이 된다는 것에 대한 근로자의 느낌이 아니라 자신의 직종 선택에 좌우된다."

2. AFL-CIO, 승리혁신, 전국노동조합, 노동조합지부의 기능을 적시하고, 미국 노동운동의 조직 구조를 요약하라.

3. 미국에 존재하는 여러 교섭 구조를 서술하라. 다수사용자 교섭의 노동조합에 대한 이점은 무엇인가? 사용자들에 대한 이점은 무엇인가? 패턴 교섭이란 무엇인가?

4. 다음 각 서술을 비판적으로 평가하라.

   a. "미국 노동운동의 상대적인 쇠퇴는 재화생산 산업으로부터 서비스 제공 산업으로의 이동에 의해, 그리고 밀접하게 관련된 블루칼라로부터 화이트칼라 직종으로의 이동과 남성으로부터 여성 근로자로의 이동에 의해 설명될 수 있다."

   b. "비노동조합 근로자들 대비 자신들의 임금을 올리는 데 있어서 노동조합의 성공은 노동조합 쇠퇴에 기여했다."

   c. "노동조합화된 기업들은 이윤 획득 가능성이 적어지는 경향이 있었으며, 따라서 사용자들은 노동조합화에 대해 더 저항적이다."

5. 같은 기간 동안 경제의 일반적인 탈노동조합화에도 불구하고 1960년대와 1970년대 초 공공부문 노동조합의 급속한 성장을 설명하라.

6. 노동조합의 효용이 고용수준이 아니라 오로지 임금에만 좌우된다고 가정하자. 이 경우 효율적 계약 모형에서는 어떤 결과가 나타나겠는가?

7. 노동조합과 기업 모두 단지 임금이 아니라 임금과 고용에 관해 교섭함으로써 어떻게 더 형편이 나아지는가?

8. 효율적 계약과 강한 효율적 계약 사이의 차이를 설명하라.

9. 어떤 노동수요의 탄력성 조건 아래서 노동조합이 노동공급을 제약함으로써, 즉 노동공급곡선을 왼쪽으로 이동시킴으로써 현재 고용되어 있는 근로자들의 집단적인 임금소득(총임금)을 증가시킬 수 있는가?

10. 파업은 노동조합과 기업에게 비효율적인가? 설명하라.

11. 정보 차이는 파업을 야기하는 데 어떤 역할을 하는가?

인터넷 연습

노동조합 조합원 수에 어떤 일이 발생했는가?

노동통계국 현행인구조사 웹사이트(www.bls.gov/cps)를 방문하여 '경제보도자료(Economic News Releases)'에서 '노동조합 조합원(Union Members)'을 선택하라. 최근 연도에 임금 근로자와 급여 근로자들의 몇 %가 노동조합 조합원인가? 가장 최근의 연도에 남성, 여성, 아프리카계 미국인, 백인, 그리고 히스패닉의 얼마만큼이 노동조합화 비율(%)이었는가? 이러한 원천으로부터 노동조합 조합원 수와 관련된 다른 어떤 두 가지 사실을 제시하라.

인터넷 링크

유니언스태츠(Unionstats) 웹사이트는 산업, 직종, 그리고 주별 노동조합화 비율을 발표한다(www.unionstats.com).

AFL-CIO 웹사이트에는 현재의 정치적 이슈에 대한 정책 성명은 물론 노동캠페인과 파업에 관한 정보가 들어 있다 (www.aflcio.org).

노동 및 고용 자료 연구소(Institute for Research on Labor and Employment Library)는 노동조합, 노동조합 뉴스 원천, 그리고 노동운동과 관련된 많은 다른 사이트들과의 링크를 제공한다(http://www.irle.berkeley.edu/library/collections_dig.html).

노동조합의 경제적 영향

11

이 장을 공부하고 나면:

1. 순수한 노동조합 임금이익의 측정에 관한 이슈를 설명하고 실증 증거를 요약할 수 있다.
2. 노동조합이 생산성과 배분적 효율성에 영향을 미칠 수 있는 방식을 설명하고 실증 증거를 요약할 수 있다.
3. 노동조합이 기업의 이윤 획득 가능성에 미치는 효과를 서술할 수 있다.
4. 노동조합이 어떻게 근로소득 불균등에 영향을 미칠 수 있는지 서술할 수 있다.
5. 노동조합이 인플레이션, 고용, 실업, 그리고 임금으로 지급되는 국민소득의 몫에 미치는 영향을 평가할 수 있다.

지난 장에서 (1) 조직화된 노동의 산업, 직종, 인구통계학적 특성, (2) 미국 노동운동의 제도적 구조, (3) 노동조합의 목표, 그리고 (4) 파업과 교섭 과정에 초점을 맞추었다.

이 장에서는 노동조합과 단체교섭의 경제적 효과로 관심을 돌리기로 한다. 단체교섭을 통해 노동조합은 얼마나 큰 임금이익을 얻을 수 있는가? 생산성과 배분적 효율성에 대한 노동조합과 단체교섭의 시사점은 무엇인가? 노동조합은 기업의 이윤 획득 가능성에 영향을 미치는가? 노동조합이 근로소득의 분배에 미치는 영향은 무엇인가?

노동조합 임금이익

대부분의 사람들은 의심할 여지없이 노동조합 근로자들은 비노동조합 근로자들보다 더 많은 보수를 지급받는다고 추정한다. 즉 노동조합이 구성원들을 위해 임금격차 또는 임금이익(wage advantage)을 얻는다고 생각한다. 어쨌든 노동조합은 파업을 함으로써 기업으로부터 그 노동력(workforce)을 빼앗고, 따라서 기업에 관련 비용을 부과할 수 있다. 아마도 사용자는, 어느 범위 내에서, 파업비용을 회피하기 위해 더 높은 임금이라는 가격을 지급할 것이다. 그리고 실제로 노동통계국 데이터에 따르면, 2014년에 노동조합 조합원의 시간당 평균임금은 비노동조합 근로자의 22.01달러와 비교할 때 26.47달러였다.

예비적인 문제

자세히 들여다보면 이 문제는 그다지 명료하지 않다. 우선 완전(또는 적어도 매우) 경쟁적인 산업의 노동조합화된 사용자를 마음속으로 그려보자. 만약 그 산업의 경쟁기업들이 비노동조합이라면, 다른 조건이 일정할 때, 이 기업은 만약 경쟁자들이 (그들의 비노동조합 근로자들에게) 지급하는 것보다 더 높은 임금을 자신의 근로자들에게 지급한다면 살아남을 수 없을 것이다. 이러한 환경에서 사용자에게 파업비용을 부과하는 그 잠재력에도 불구하고 노동조합은 '임금이익 없음' 또는 '기업 없음'의 딜레마에 직면하게 된다. 임금이익은 시장이 결정하는 생산물가격보다 더 높은 평균생산비용, 즉 경제적 손실을 의미하게 된다.

경쟁 모형은 두 가지 추가적인 요점을 암시한다. 한편으로, 이 모형은 왜 노동조합이 단지 단일 기업이 아니라 전체 산업을 조직하기를 간절히 바라는지를 알려준다. 만약 모든 기업이 노동조합화되고 더 높은 임금비용을 갖는다면 어떤 단일 기업도 경쟁적으로 불리하지 않을 것이며, 따라서 경쟁 상대에게 시장의 자기 몫을 빼앗길 가능성에 직면하지 않을 것이다. 해외 제조업자에 의해 설립된 새로운 자동차 공장의 근로자들을 조직하고자 하는 미국자동차노조연맹의 열렬한 바람은 수천 명의 근로자들을 노조 구성원에 추가시키려는 목표보다 훨씬 많은 것에 의해 촉발된 것이다. 다른 한편, 이 모형은 노동조합이 정부의 규제를 받는 산업과 미국 경제의 제조업 부문의 상당 부분을 차지하는 과점 산업 같은 생산물시장이 불완전한 산업에서 더 잘 나갈 수 있다는 것을 의미한다. 그러한 기업들은 굳이 산출량과 고용을 감소시키지 않고도 더 높은 임금을 통해 일정 부분 노동조합에 의해 이용될 수 있는 경제적 이윤 또는 잉여 이윤을 실현하고 있다.

이는 두 번째 문제로 이어진다. 노동조합화 정도와 여러 산업 임금의 평균 수준 사이에 정(+)의 관계가 발견된다고 가정하자. 즉 강력하게 노동조합화된 산업이 노동조합화가 약한 산업보다 실제로 더 높은 임금을 지급한다. 노동조합이 더 높은 임금에 책임이 있다는 것을 어떻게 아는가? 노동조합이 더 높은 임금을 가져오는가, 아니면 노동조합이 이미 높은 임금을 지급하는 산업을 조직하는 경향이 있는가? 예를 들어 자동차산업은 노동조합화되기 훨씬 이전인 1930년대 말에 상대적으로 높은 임금을 지급하는 것으로 유명했다. 실제로 크게 노동조합화된 산업이 향유하고 있는 임금이익의 적어도 일정 부분을 설명할 수 있는 노동조합의 존재 이외의 기타 고려사항들을 제시할 수 있다.[1] 첫째, 여성 근로자들은 일반적으로 강력하게 노동조합화된 산업에서보다 약하게 노동조합화된 산업에서 노동력의 더 큰 부분을 구성한다. 제14장에서 차별과 고려사항 때문에 여성들은 남성들보다 더 적게 보수를 지급받는다는 것을 보게 될 것이다. 따라서 강하게 그리고 약하게 노동조합화된 산업에서 발견되는 임금격차의 적어도 일부분은 노동조합의 존재 때문이 아니라 이 산업 노동력의 상이한 인구통계학적 구성 때문이라고 할 수 있다. 둘째, 강력하게 노동조합화된 산업은 약하게 노동조합화된 산업보다 보통 더 큰 규모의

---

[1] 다음의 논의는 Daniel J. B. Mitchell, *Unions, Wages, and Inflation* (Washington, DC: Brookings Institution, 1980), pp. 83-85를 기초로 했다.

공장을 갖고 있으며, 또한 더 자본집약적이다. 노동조합화된 공장이 규모가 더 큰 경향이 있다는 사실은 감독과 감시에 더 많은 비용이 들 수 있다는 것으로, 사용자로 하여금 감독이 약해도 효과적으로 일할 수 있는 '우수한' 근로자들을 찾아 채용하게 한다. 그러한 근로자들은 노동조합이 존재하지 않더라도 상대적으로 높은 임금을 지급받을 것이다. 마찬가지로 자본집약적인 생산은 대개 보다 숙련된 근로자들을 필요로 하고, 그들은 당연히 더 높은 임금을 받는다.[2] 기본적인 요점은 노동조합화된 산업의 더 높은 임금은 노동조합의 존재라는 사실 이외의 요소들에 (적어도 부분적으로) 기인할 수 있다는 것이다.

임금이익의 측정

방금 논의한 문제들 외에도 순수한 노동조합-비노동조합 격차를 측정하는 데 있어서도 또한 기본적으로 개념적인 문제가 존재한다. 이는 노동조합화가 비노동조합 노동시장의 임금에 영향을 미침으로써 비노동시장의 임금을 위쪽으로 또는 아래쪽으로 밀어붙이고, 노동조합 임금이익의 측정에 편의(bias)가 생기게 하기 때문에 발생한다.

우선 첫째로 **순수 노동조합 임금이익**(pure union wage advantage)은 노동조합이 없었다면 존재했을 비노동조합 임금을 초과하는 노동조합 임금의 금액이다. 이 차이는 백분율(%)로 표현될 수 있다. 식 (11.1)에서 순수 노동조합 임금이익은 A이다.

$$A = \frac{(W_u - W_n)}{W_n} \times 100 \tag{11.1}$$

단, W_u는 노동조합 임금이고 W_n은 비노동조합 임금이다. $(W_u - W_n)/W_n$항은 노동조합 임금이익을 백분율로 표현하기 위해 100으로 곱해진다. 예를 들어 노동조합 임금이 시간당 24달러이고 비노동조합 임금이 20달러라면 노동조합 임금이익은 20%[$(24 - 20)/20 \times 100$]가 된다.

이상적으로 노동조합 임금이익은 임금에 대한 모든 다른 가능한 영향을 불변인 채로 유지하면서 노동조합과 비노동조합 임금을 비교하는 실험실 조건에서 결정되어야 한다. 따라서 그림 11.1에서 우선 노동조합 존재 이전의 임금수준(W_n)을 관찰하고, 그 뒤 노동조합이 추가된 후의 임금(W_u)과 비교하게 된다. 그 뒤 방금 설명한 노동조합 임금이익 공식에서 관련 숫자를 사용하게 된다. 물론 문제는 그러한 통제된 실험을 수행할 방법이 없다는 것이다. 특히 만약 노동조합이 존재하지 않았다면 주어진 노동시장에서 노동조합화된 근로자들의 근로소득이 얼마가 되었는지를 관찰하는 것은 불가능하다. 따라서 더 복잡하고 잠정적인 성격의 현실세계와의 비교를 해야만 한다.

이 점에 있어 취해질 수 있는 최선은 노동조합화된(또는 강력하게 노동조합화된) 특정 종류 노동시장 근로자들의 임금을 비노동조합(또는 약하게 노동조합화된) 노동시장 근로자들의 임금과 비교하는 것이다. 그러나 이런 비교에 있어서 앞에서 언급한 개념적인 어려움이 방해를 한다. 노동조합이 자신들 근로자들의 임금은 물론 비노동조합 근로자들의 임금에 영향을 미칠 수 있다는

---

[2] 물론 사용자로 하여금 노동을 자본으로 대체하도록 촉발하는 노동조합의 임금 압력 때문에 심하게 노동조합화된 산업은 자본집약적이라고 주장함으로써 인과관계를 뒤로 한 단계 더 미룰 수 있다.

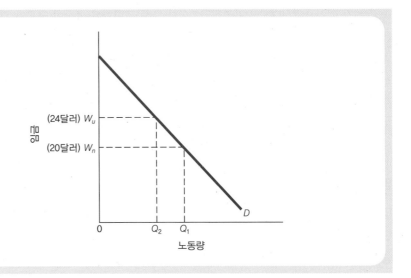

것이다. 나아가 비노동조합 임금에 대한 노동조합의 잠재적인 영향은 여러 상이한 형태를 취할 수 있으며, 따라서 전반적인 영향은 애매모호하다. 노동조합 임금의 증가가 비노동조합 임금의 증가 또는 감소를 야기할 것인지 여부는 이론적으로 불확실하다. 이외에도 노동조합 임금은 노동조합이 있는 기업에 더 많은 생산적인 근로자들을 끌어모으는 결과를 가져올 수 있다. 노동조합의 임금 설정은 여러 가지 방법으로 비노동조합 임금에 영향을 미치고, 노동조합화된 노동력의 질에 영향을 준다. 노동조합 임금이익의 여러 상이한 효과를 간략히 살펴보기로 하자.

전이효과

전이효과(spillover effect)는 일자리를 잃은 노동조합 근로자들이 비노동조합 노동시장에서 자신들의 서비스를 공급하는 결과로 나타나는 비노동조합 임금의 감소를 지칭한다. 노동시장의 노동조합화된 부문에서 달성된 더 높은 임금은 일자리 상실을 수반할 것이고, 일자리를 잃은 근로자들은 비노동조합 부문으로 '전이'되어 비노동조합 임금을 하방으로 압박할 것이다.

전이효과의 기본은 그림 11.2에 나타나 있다. 두 부문 모두 처음에는 비노동조합이었고, 두 부문 사이의 이동은 이 노동의 공통 균형임금 W_n을 수반한다고 가정하자. 이제 부문 1이 노동조합화되어서 노동조합이 성공적으로 임금을 W_u로 올렸다고 가정하자. 이 부문의 더 높은 임금은 Q_1Q_2만큼의 실업을 야기한다. 전이효과는 이러한 실업 상태의 근로자들 일부 또는 전부가 비노동조합 부문에서 고용을 구하고 찾게 된다고 가정한다. 이러한 노동조합 부문으로부터 비노동조합 부문으로의 근로자 이동은 노동조합 부문의 노동공급을 감소시키고 비노동조합 부문의 공급을 증가시킬 것이다. 만약 임금의 하방 유연성을 가정한다면 비노동조합 부문의 임금은 W_s로 하락할 것이다.

전이효과가 발생하는 한, 노동조합 임금이 관찰되는 비노동조합 임금을 초과하는 금액인 **측정된 노동조합 임금이익**(measured union wage advantage)은 순수 노동조합 임금이익을 과장할

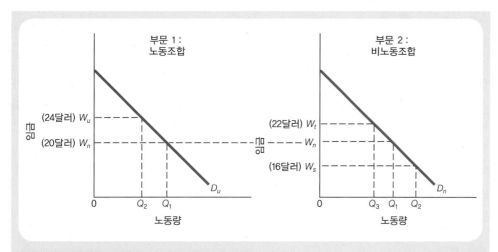

그림 11.2 전이효과, 위협효과, 그리고 측정된 임금이익

전이효과는 노동조합이 부문 1에서 W_n에서 W_u로 임금을 올릴 수 있음에 따라 노동조합은 고용을 Q_1Q_2만큼 감소시킬 것이라는 것을 시사한다. 임금의 하방 유연성을 가정할 때 부문 2에서 이 근로자들의 재고용은 그곳에서 임금을 W_n에서 W_s로 감소시킬 것이다. 측정된 노동조합 임금이익은 순수 이익 $(W_u - W_n)/W_n \times 100$을 과장하는 $(W_u - W_s)/W_s \times 100$일 것이다. 위협효과는 노동조합이 부문 1에서 W_n에서 W_u로 임금을 올림에 따라 비노동조합 사용자가 부문 2에서 노동조합화의 위협에 대응하기 위해 말하자면 W_n에서 W_t로의 임금 인상을 허용할 것임을 알려준다. 측정된 임금이익은 순수 이익 $(W_u - W_n)/W_n \times 100$을 축소하는 $(W_u - W_t)/W_t \times 100$이 될 것이다.

것이다. 그림 11.1의 가상적인 실험실 실험을 전이효과가 내재되어 있는 그림 11.2의 현실 세계와 비교함으로써 이를 파악할 수 있다. 구체적으로 말하면 순수한 노동조합 임금이익 20%를 얻기 위해 노동조합 임금 W_u를 그림 11.1의 비노동조합 임금 W_n과 비교하는 대신, 노동조합 임금 W_u(24달러)를 비노동조합 임금 W_s(16달러)와 비교해야만 한다. 전이효과로 인하여 W_s가 W_n보다 작기 때문에 이 경우 측정된 임금이익은 50%[(24 − 16)/16 × 100]이다. 전이효과가 관찰되는 비노동조합 임금을 하방으로 압박하고, 따라서 측정된 노동조합 임금이익은 순수 노동조합 임금이익 20%보다 더 크다. 반복하면 전이효과는 노동조합 임금이익을 과장되게 할 것이다.[3]

위협효과

그에 반해서 **구조주의자**(institutionalists)라고 분류되는 일부 노동경제학자들은 전이효과에 의해 설명되는 것과 같은 시장의 힘은 단체교섭에 의해 대체로 뒤엎어지거나 또는 무시되며, 임금은 주로 **공평한 비교**(equitable comparisons)를 기초로 하여 결정된다고 주장한다. 이는 어떤 그룹 근로자들의 임금이라도 견줄 만한 근로자들에게 지급되는 임금을 기초로 결정되고 노동조합 임금과 비노동조합 임금은 정(+)으로 연계될 수 있다는 것을 의미한다.

　더 구체적으로 말하면 **위협효과**(threat effect)는 노동조합화의 위협에 대한 반응으로 비노동

---

[3]　전이효과의 실증적인 조사는 David Neumark and Michael L. Wachter, "Union Effects on Nonunion Wages: Evidence from Panel Data on Industries and Cities," *Industrial and Labor Relations Review*, October 1995, pp. 20-38을 참조하라. 그들은 전이효과의 중요성에 대한 뒤섞인 증거가 존재한다고 결론을 내리고 있다.

조합 사용자가 제안하는 비노동조합 임금의 증가를 지칭한다. 추론은 노동조합 기업의 근로자 임금이 인상될 때 비노동조합 사용자가 노동조합화에 점점 더 위협을 느낄 것이라는 것이다. 노동조합-비노동조합 격차의 확대는 비노동조합 기업 근로자들의 조직화 인센티브를 증가시킬 것이다. 이러한 위협에 대응하기 위해 비노동조합 사용자는 임금 인상을 허용할 것이다. 따라서 다시 한 번 두 부문 모두(그림 11.2) 균형임금 W_n에서 출발한다면, 부문 1의 노동조합화 결과인 20달러로부터 24달러로의 임금 인상은 부문 2의 비노동조합 임금을 W_n(20달러)에서 말하자면 W_t(22달러)로 증가시킬 수 있다. 이제 측정된 임금이익은 순수 이익 20%(그림 11.1)가 아니라 약 9%[(24 − 22)/22 × 100]가 될 것이다. 개요를 말하면, 만약 위협효과로 인하여 노동조합 임금 인상이 비노동조합 임금을 끌어 올린다면 측정된 노동조합 임금이익은 순수 노동조합 이익을 축소시킬 것이다.[4]

기타 효과

전이효과와 위협효과에 대한 간략한 논의가 노동조합 임금이 비노동조합 임금에 영향을 미칠 수 있는 모든 가능한 방법을 샅샅이 다룬 것은 아니다. 예를 들어 노동조합이 생산한 상대적으로 높은 가격의 재화를 떠나 비노동조합 근로자들에 의해 생산된 상대적으로 낮은 가격의 재화를 향해 이동하는 소비자 수요에 의해 발생하는 비노동조합 임금의 인상인 **생산물시장 효과**(product market effect)가 존재할 수 있다. 생산물시장 효과는 다음과 같이 작용한다. "노동조합 보수 증가는 비용과 가격에 미치는 효과를 통해 수요를 비노동조합 부문의 기업으로 이동시킨다. 비노동조합 산출물에 대한 추가 수요는 비노동조합 노동에 대한 추가 수요로 바뀌어 보수 증가에 영향을 미친다."[5]

다른 경제학자들은 **대기실업**(wait unemployment) 현상을 지적하면서 전이효과의 관련성에 의문을 제기한다. 여기서의 주장은 그림 11.2의 부문 1에서 노동조합의 임금 인상 결과 나타나는 실업 상태의 근로자들이 높은 보수를 지급하는 자신들 일자리로의 복귀를 희망하면서 부문 1에 남아 있을 수 있다는 것이다. 아마도 실업보험 이용가능성에 의해 조장될 수도 있는데, 그들은 비노동조합 부문의 낮은 임금 일자리를 받아들이는 대안보다 더 높은 노동조합 임금 부문으로 복귀할 가능성을 선호할 수 있다. 만약 대기실업이 발생한다면 비노동조합 임금에 대한 하방 전이 압력은 부문 2에서 그렇게 큰 정도로 발생하지는 않는다. 이는 측정된 노동조합 임금이익이 순수 임금이익을 더 정확하게 나타낸다는 것을 의미한다.

우수근로자 효과(superior worker effect) 개념도 또한 존재한다. 이 아이디어는 노동조합 기업에 의해 지급되는 더 높은 임금 때문에 근로자들이 이러한 훌륭한 노동조합 일자리에 줄서기를 할 것이라는 것이다. 일자리를 찾는 많은 사람들이 있으므로 노동조합화된 사용자는 가장 큰 능력, 최대의 동기, 고비용 감독의 최소화 필요, 그리고 높은 생산성에 기여하는 여타 특성을 가진 사람들을 채용하기 위해 이러한 미래의 근로자들을 주의 깊게 관찰할 것이다. 이는 시

---

[4] 위협효과의 크기에 관해 뒤섞인 증거를 발견한 연구는 Henry S. Farber, "Nonunion Wages and the Threat of Unionization," *Industrial and Labor Relations Review*, April 2005, pp. 335-52를 참조하라.

[5] Mitchell, op. cit., p. 87.

표 11.1 순수 노동조합 임금이익 측정의 어려움

효과	결과
전이	비노동조합 임금을 낮춤, 측정된 임금이익이 순수이익을 과장하도록 만든다.
위협	비노동조합 임금을 높임, 측정된 임금이익이 순수이익을 축소하도록 만든다.
생산물시장	비노동조합 임금을 높임, 측정된 임금이익이 순수이익을 축소하도록 만든다.
우수 근로자	노동조합 기업들에 더 많은 생산적인 근로자들이라는 결과를 가져옴, 측정된 임금이익이 순수이익을 과장하도록 만든다.

간이 지나면 이윽고 고임금 노동조합 기업이 비노동조합 기업과 비교할 때 우수한 노동력을 얻을 수 있다는 것을 의미한다.[6] 따라서 노동조합 임금이익을 정확하게 측정하고자 하는 연구자는, 관찰되는 노동조합 임금이익의 얼마만큼이 제도로서의 노동조합의 존재에 기인하는 것인지, 얼마만큼이 노동조합화된 기업에 고도로 생산적인 근로자들이 존재한다는 사실에 기인하는 것인지 결정해야 하는 문제와 마주친다. 우수한 근로자들이 고임금의 노동조합 일자리를 얻는 범위 내에서는, 측정된 노동조합 임금이익은 과장되게 된다. 그러한 근로자들에게 지급되는 더 높은 임금의 일부는 노동조합이 아니라 그들의 더 높은 생산성에 기인한다.

마지막으로 노동조합 임금이익의 일부분은 노동조합 근로자들이 직면하는 작업장의 덜 쾌적함을 설명하는 보상임금격차일 수 있다. 달리 말하면 노동조합 조합원들이 향유하는 임금이익의 일정 부분은 그들의 근로조건이 더 구조화되어 있고, 근로시간이 융통성이 덜하며, 일하는 속도가 더 빠르다는 사실에 대한 보상일 수 있다.[7]

표 11.1은 이러한 여러 효과를 열거하고 각각이 측정된 임금이익을 순수 임금이익으로부터 얼마나 편향시키는지를 요약하고 있다. 비록 이 이슈에 대한 일치된 의견은 없지만, 대부분의 연구는 위협효과와 생산물시장 효과가 전이효과를 압도한다는 것을 알려주는데, 이는 비노동조합 임금에 대한 노동조합의 전반적인 효과가 정(+)이라는 것을 의미한다. 나아가 비노동조합 임금에 대한 이러한 정(+)의 영향은 나타날 수 있는 어떤 우수 근로자 효과라도 대응하고 남을 정도로 충분하다. 결과적으로 측정된 노동조합 임금이익은 아마도 순수 노동조합 임금이익을 축소하고 있다.[8]

---

[6] 반면에 노동조합은 만약 근로자 질이 향상된다면 미래에 더 높은 임금을 추구할 수 있다. Walter J. Wessels, "Do Unionized Firms Hire Better Workers?" *Economic Inquiry*, October 1994, pp. 616-29를 참조하라. 웨셀(Wessels)의 모형과 일관성을 갖는 실증 증거는 Barry T. Hirsch and Edward J. Schumacher, "Unions, Wages, and Skills," *Journal of Human Resources*, Winter 1998, pp. 201-19를 참조하라.

[7] George J. Duncan and Frank P. Stafford, "Do Union Members Receive Compensation Wage Differentials?" *American Economic Review*, June 1980, pp. 355-71. 또한 Stanley W. Siebert and X. Wei, "Compensating Wage Differentials for Workplace Accidents: Evidence for Union and Nonunion Workers in the UK," *Journal of Risk and Uncertainty*, July 1994, pp. 61-76을 참조하라.

[8] Barry T. Hirsch and John T. Addison, *The Economics of Analysis of Unions* (Boston: Allen & Unwin, 1986), pp. 120, 176. 그러나 위협효과의 강도에 의문을 제기하는 몇몇 최근의 증거는 David Neumark and Michael L. Wachter, op. cit.; Farber, op. cit.를 참조하라.

실증 증거

노동조합 임금이익을 추정하는 데 있어서의 현실적 그리고 개념적 어려움을 어느 정도 알아보았기 때문에 이제 이용가능한 실증 증거를 살펴보기로 하자. 허쉬와 맥퍼슨(Hirsch and Macpherson)은 일관된 방법론과 데이터 원천을 사용하여 1983~2014년 동안의 노동조합 임금 프리미엄을 조사했다.[9] 그들의 발견은 그림 11.3에 요약되어 있다. 2014년 평균 전반적인 노동조합 임금이익은 15%였다.[10] 이러한 추정치는 루이스(Lewis)가 1923~1958년의 기간 동안을 추정했던 10~15% 범위의 맨 위 수준이다.[11] 허쉬와 맥퍼슨은 또한 전반적인 임금이익이 아니라 공공부문에서의 노동조합 임금이익을 조사했다. 그들은 다른 조건이 일정할 때 노동조합화된 정부 근로자들의 보수는 노동조합화되지 않은 정부 근로자들의 보수보다 10% 더 높다고 추정하고 있다. 이 노동조합 임금이익은 민간부문 노동조합 근로자들이 누리는 임금이익보다 10% 포인트 더 낮다.

1970년대에 노동조합 임금이익은 더욱 컸다. 루이스는 노동조합 임금이익은 1976년에 20%에서 정점을 이루었다는 것을 발견했다.[12] 다른 연구자들은 더욱더 높은 1970년대 중반의 노동조합 임금프리미엄을 발견했다. 세 가지 다른 데이터 세트를 사용하여 미첼(Mitchell)[13]은 1970년대 중반 노동조합 임금프리미엄은 20~30% 범위에 있었다고 추측했다. 또한 프리먼과 메도프(Freeman and Medoff)는 개별 근로자들의 6개 데이터 세트를 사용하여 노동조합 임금이익이 21~32% 범위에 있다는 것을 발견했으며, "1970년대 전형적인 노동조합 임금이익은 20~30% 사이에 있었다"고 결론 내렸다.[14]

문제의 기간은 대체로 석유가격의 극적인 상승 결과로 비롯된 인플레이션과 높은 실업이 동시에 나타난 스태그플레이션의 하나였다. 단체교섭과 단체협약상의 생계비 조정(cost-of-living adjustments, COLAs)을 통해 노동조합 근로자들은 비노동조합 근로자들보다 명목임금이 인플레이션과 함께 상승하도록 더 좋게 유지할 수 있었다. 느슨한 노동시장(높은 실업)은 비노동조합 근로자들 명목임금 증가의 상대적인 속도를 둔화시켰다. 제10장에서 1970년대의 높은 노동조합 임금이익이 1980년대 기간 동안 노동조합 고용 감소의 가능한 원인으로 지목되었음을 상기하라.

노동조합 임금이익은 1970년대에 가장 높았다가 이후 감소하였다. 1983년부터 1994년까지

[9] Barry T. Hirsch and David A. Macpherson, *Union Membership and Earnings Data Book: Compilations from the Current Population Survey (2015 Edition)* (Washington, DC: Bureau of National Affairs, 2015). 1990-2010년에 걸친 분석은 P. E. Gabriel and S. Schmitz, "A Longitudinal Analysis of the Union Wage Premium for US Workers," *Applied Economics Letters*, Issue 7 2014, pp. 487-89를 참조하라.

[10] 다른 데이터 오류들은 물론 근로자들의 노동조합과 비노동조합 지위 분류에서의 오류들은 노동조합 임금격차의 기존 추정치들을 너무 낮아지게 할 수 있다. Barry T. Hirsch, "Reconsidering Union Wage Effects: Surveying New Evidence on an Old Topic," *Journal of Labor Research*, Spring 2004, pp. 233-66을 참조하라. 사용된 통계기법 또한 노동조합 임금격차의 추정치에 영향을 미친다. Ozkan Eren, "Measuring the Union-Nonunion Wage Gap Using Propensity Score Matching," *Industrial Relations*, October 2007, pp. 766-80을 참조하라.

[11] H. Gregg Lewis, *Unionism and Relative Wages in the United States* (Chicago: University of Chicago Press, 1963).

[12] H. Gregg Lewis, *Union Relative Wage Effects* (Chicago: University of Chicago Press, 1986).

[13] Mitchell, op. cit., p. 95.

[14] Richard B. Freeman and James L. Medoff, *What Do Unions Do?* (New York: Basic Books, 1984), p. 46.

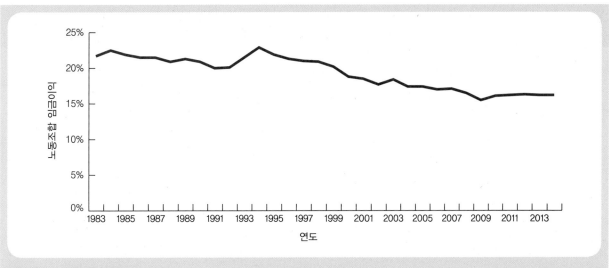

그림 11.3 노동조합 임금이익

노동조합 임금이익은 1983~2014년에 걸쳐 평균 19%였으며, 현재는 약 16%이다.

자료 : Barry T. Hirsch and David A. Macpherson, *Union Membership and Earnings Data Book : Compilations from the Current Population Survey (2015 Edition)* (Washington, DC: Bureau of National Affairs, 2015).

는 노동조합 임금이익에 변화가 거의 없었다. 1994년 이래 노동조합 임금이익은 아래쪽으로 움직였는데, 이는 민간부문 및 공공부문 모두에서 노동조합 임금프리미엄이 감소했음을 반영한다.

노동조합 임금이익은 산업, 직종, 인종, 성, 그리고 경제 상태에 따라 크게 변한다. 이러한 요소별 차이를 분류하려고 노력하는 연구로 난공불락의 일반화가 도출될 수는 없지만, 다음의 논평은 논리적으로 옹호될 수 있을 것 같다.[15]

1. 노동조합 임금이익은 경기침체의 기간 동안에는 증가하고 경기확장의 기간 동안에는 좁혀지는 등 반경기순환적으로 움직인다. 노동조합 임금은 쉽게 조정될 수 없는 장기 단체협약에 갇혀 있다. 동시에 비노동조합 임금은 경제와 노동시장의 변화와 함께 자유롭게 상승하고 하락한다. 결과적으로 비노동조합 임금은 경제 호황기에는 노동조합 임금 대비 상대적으로 상승하고, 침체기에는 반대가 된다.

2. 건설업의 직종별 노동조합은 평균보다 훨씬 더 큰 노동조합 임금이익을 달성하였다. 인건비가 총건축비에서 차지하는 비중이 작고, 건설 근로자들은 파업 기간 동안 흔히 다른 기업에서 일자리를 찾을 수 있기 때문에 그러한 노동조합은 교섭력이 크다.

3. 아프리카계 미국인 남성들은 평균적으로 백인들과 여성들보다 노동조합 조합원이 됨으로

---

[15] 예를 들어 H. Gregg Lewis, 1986, op. cit.; David G. Blanchflower and Alex Bryson, "What Effect Do Unions Have on Wages Now and Would 'What Do Unions Do?' Be Surprised?" *Journal of Labor Research*, Summer 2004, pp. 383-414; McKinley L. Blackburn, "Are Union Wage Differentials in the United States Falling?" *Industrial Relations*, July 2008, pp. 390-418을 참조하라.

11.1 근로의 세계　두 산업 이야기

1970년대 말 이전 항공 및 트럭운송 산업은 정부의 심한 규제 대상이었다. 두 산업 모두 기업 간 가격 경쟁과 신규 기업의 진입은 심하게 제한되었다. 이러한 규제는 생산물시장 경쟁을 감소시켰으며, 경제 지대(economic rent)를 발생시켰고, 이는 두 산업 근로자들이 나누어 가졌다.

이러한 규제는 트럭운송과 항공산업 모두 대체로 같은 시기에 종료되었다. 항공산업은 1978년의 항공규제완화법(Airline Deregulation Act)의 통과로 규제가 철폐되었으며, 트럭운송업은 1980년의 자동차운송사업법(Motor Carrier Act)의 제정과 함께 공식적으로 규제가 철폐되었다(트럭운송업은 2년 전 정부 규제기관들에 의해 부분적으로 규제가 철폐되었다).

규제 철폐가 두 산업의 근로자들에게 미친 영향은 전혀 달랐다. 트럭운송업에서 트럭기사들은 규제 철폐 후 상대임금이 15% 감소하는 고통을 겪었다. 임금 감소의 큰 부분은 노동조합 기사들 실질임금의 급격하고도 급속한 감소의 결과였다(감소의 대부분은 규제 철폐 후 처음 3년 동안 발생했다). 이외에도 고임금 노동조합 기업을 떠나 저임금 비노동조합 기업을 향한 고용의 이동도 있었다. 결과적으로 트럭기사들 사이의 노동조합화 비율은 1977~1978년의 56%로부터 1985년 33%, 2014년 12%로 감소했다.

항공산업의 근로자들은 규제 철폐 후 처음에는 훨씬 잘 나갔다. 항공산업의 상대임금은 1979~1983년 사이에 약 10% 증가했다.

그러나 그 이후 그들의 상대임금은 아래쪽으로 움직였으며, 약 15% 감소했다. 감소의 대부분은 규제 철폐 후 여러 해가 지난 1990년대에 발생했다. 항공산업의 노동조합화 비율은 1973~1978년 기간 동안의 49%로부터 2014년 40%로 상대적으로 약소하게 감소했다.

항공산업 근로자들의 임금이 훨씬 천천히 그리고 덜 급격하게 감소한 데는 여러 이유가 있다. 첫째, 가격규제와 진입규제의 철폐로 낮아진 항공요금 덕에 여객수송이 크게 증가하였다. 따라서 항공산업 근로자들에 대한 수요는 상대적으로 강하게 유지되었다. 이는 임금에 대한 위쪽으로의 압력을 유지시켰던 반면, 그들의 특화된 숙련 때문에 그와 같은 근로자들의 공급은 크게 탄력적이지 않았다. 둘째, 항공산업에 존재하는 상당한 규모의 경제와 다른 진입장벽 때문에 기업들이 생산물시장에서 가격 설정 능력을 어느 정도 유지하는 것이 가능했다. 셋째, 여객 증가와 시장지배력의 지속이 노동조합의 조직 능력과 교섭력 유지에 도움이 되었고 이것이 조합원 숫자의 감소를 둔화시켰다.

자료 : Barry T. Hirsch and David Macpherson, "Earnings and Employment in Trucking: Deregulating a Naturally Competitive Industry," in James Peoples (ed.), *Regulatory Reform and Labor Markets* (Norwell, MA: Kluwer, 1998); Barry T. Hirsch and David A. Macpherson, "Earnings, Rents, and Competition in the Airline Labor Market," *Journal of Labor Economics*, January 2000, pp. 125-55.

써 더 많은 것을 얻는다.

11.2 근로의 세계

4. 노동조합은 화이트칼라 근로자(사무직 근로자, 판매원)보다 블루칼라 근로자(장인, 직공, 단순 근로자)의 경우 더 높은 임금이익을 달성한다.

5. 교육을 적게 받은 근로자들은 교육을 많이 받은 근로자들보다 더 높은 노동조합 임금프리미엄을 갖는다.

총보수 : 임금+부가급여

노동조합은 부가급여에도 많은 영향을 끼친다. 제7장에서 **부가급여**(fringe benefits)는 사적연금, 의료 및 치과보험, 그리고 유급휴가와 병가를 포함하는 넓고 다양한 사적 비법정 프로그램은 물론 사회보장급여, 실업보상, 그리고 산재보상 같은 공적(법적으로 강제된) 프로그램을 포함한다는 것을 보았다. **총보수**는 임금 근로소득과 부가급여 가치의 합이다. 만약 노동조합 근로자들이 비노동조합 근로자들보다 더 넉넉한 부가급여를 향유한다면, 노동조합 근로자들이 비노동조합 근로자들보다 더 갖는 전반적 경제적 이익은 임금이익이 시사하는 것보다 더 크다.

11.2 근로의 세계 　노동조합 조합원 자격의 비용*

1999년 3월 대규모 리넨(linen) 공급 기업인 국민리넨서비스(National Linen Service)가 2 대 1의 비율에 의해 노동조합화하기로 투표하였다. 노동조합화 이후 이윤이 크게 하락할 것이라는 예상 때문에 주식시장 반응은 매우 부정적이었다. 전반적인 주식시장은 같은 기간 25% 상승한 반면, 이 회사의 주가는 2001년 3월까지 15% 하락했다.

리와 마스(David Lee and Alexander Mas)는 국민리넨서비스의 노동조합화에 대한 주식시장의 반응이 전형적인 것인지 여부를 조사했다. 그들은 1961~1999년 사이의 주식시장 데이터와 연결되는 노동조합 선거에 관한 데이터를 사용하여 새로운 민간부문 노동조합화의 효과를 조사했다. 연구는 기업 노동력의 적어도 5%가 노동조합화에 대해 투표했던 1,436번의 선거에 분석을 한정시켰다. 노동조합화에 대해 투표한 노동력의 평균 백분율은 22%이며, 노동조합은 선거의 29%를 승리했다.

노동조합화가 기업 이윤을 낮추는 것과 일관되게 기업의 주식가격은 노동조합이 선거에 승리할 때 하락한다. 노동조합 조합원이 1명 증가하면 기업의 시장가치가 평균적으로 40,500달러 하락한다. 이러한 효과가 기업 가치에 완전히 반영되는 데는 15~18개월이 걸린다.

노동조합 승리의 효과는 승리의 강도에 따라 다르다. 아슬아슬한 승리는 기업 가치에 오로지 작은 효과만을 미친다. 그러나 60%를 넘는 승리는 주식가격의 큰 하락으로 이어진다.

연구는 또한 정책 변화의 영향에 대한 시뮬레이션을 수행하고 있다. 노동조합 승리의 시작점을 50%에서 33%로 낮추면 노동조합 승리 비율이 대략 2배로 되며, 노동조합화의 위험에 처한 기업의 가치를 4.3% 낮춘다. 만약 시작점을 극단적인 수치인 10%로 낮추면 노동조합 승리 비율은 99%로 증가하게 되며, 기업 가치는 11% 감소하게 된다.

* David S. Lee and Alexandre Mas, "Long-Run Impacts of Unions on Firms: New Evidence from Financial Markets, 1961-1999," *Quarterly Journal of Economics*, February 2012, pp. 333-78을 기초로 함.

반면에 만약 노동조합 임금이익이 부가급여를 희생하여 실현되고, 비노동조합 근로자들이 더 큰 부가급여를 받는다면 노동조합 임금이익은 노동조합 근로자들의 경제적 이익을 과장한다.

증거

노동조합 부가급여는 비노동조합 근로자의 부가급여와 어떻게 비교되는가? 대답은 노동조합 근로자들은 비노동조합 근로자들보다 전반적으로 더 다양하고 더 높은 수준의 부가급여를 향유하고 있다는 것이다. 2002년의 데이터를 사용하여 버드(Budd)는 노동조합 조합원들은 그들의 비노동조합 상대자들보다 연금과 건강보험보장을 가질 가능성이 각각 31%포인트와 25%포인트 더 높다는 것을 보고하고 있다.[16] 위트로프스키(Wiatrowski)는 노동조합 이익이 넓고 다양한 부가급여에 존재한다는 것을 발견하고 있다.[17] 프리먼과 메도프는 노동조합은 임금이익보다 더 큰 부가급여 이익을 얻고 있다는 것을 보여주었다. 마지막으로 루이스는 부가급여를 포함시키면 노동조합 보상이익의 추정치들이 2 또는 3%포인트 증가한다고 주장한다. 요컨대 비노동조합 근로자들과 비교할 때 노동조합 근로자들이 일반적으로 임금이익뿐만 아니라 상당한 부가급여 이익을 달성하고 있다는 합의가 존재한다.

---

[16] John W. Budd, "Non-Wage Forms of Compensation," *Journal of Labor Research*, Fall 2005, pp. 669-76.

[17] William J. Wiatrowski, "Employee Benefits for Union and Nonunion Workers," *Monthly Labor Review*, February 1994, pp. 34-38.

노동조합의 역할

왜 노동조합 조합원들은 비노동조합 근로자들보다 더 넉넉한 부가급여를 받는가? 많은 상호 관련된 이유들이 수반될 수 있다. 첫째, 노동조합 부가급여는 노동조합 임금이 더 높은 것과 똑같은 이유로 더 높을 수 있다. 노동조합은 경영진으로부터 그 노동력을 빼앗을 수 있으며, 사용자는 파업의 비용을 피하기 위해 더 높은 임금과 또한 더 많은 부가급여를 기꺼이 지급할 용의가 있다. 둘째, 노동조합 근로자들은 자신들의 더 높은 근로소득 덕분에 저소득 비노동조합 근로자들보다 단순히 더 많은 부가급여를 '구매'하기로 선택할 수 있다. 셋째, 집단 목소리 기관으로서 노동조합은 부가급여 제안을 공식화하고, 그러한 제안의 상세한 내용을 구성원들에게 알려주며, 근로자들의 선호를 정리한다. 그 뒤 노동조합은 경영진과 이러한 선호를 소통한다. 넷째, 나이 든 근로자들은 보통 노동조합 내부 정치에 더 적극적이고, 따라서 노동조합이 목표를 결정하는 데 더 영향력이 있다. 이러한 나이 든 근로자들은 젊은 근로자들보다 전형적으로 연금과 보험 프로그램에 더 관심이 있다. 다섯째, 곧 발견할 것이지만 노동조합은 근로자 사직률을 감소시키고, 따라서 일자리 재직기간을 증가시킨다. 그러면 더 긴 재직기간은 확정되지 않은 (nonvested) 연금과 생명보험 같은 부가급여로부터 실제로 급여를 받을 확률을 증가시킨다. 마지막으로 단체교섭 관련 법은 부가급여를 의무적 교섭안건으로 규정하고 있는데, 이런 단순한 이유로 비노동조합 노동시장에서보다 노동조합화된 노동시장에서는 부가급여에 더 진지하고 체계적인 관심을 갖게 된다.

🐝 11.1
잠깐만 확인합시다.

- 순수 노동조합 임금이익은 노동조합 임금이 노동조합이 없었더라면 존재했을 임금을 초과하는 비율이다.
- 만약 전이효과와 우수근로자 효과가 우세하다면 측정된 노동조합 임금이익은 순수이익을 과장할 것이고, 만약 위협효과와 생산물시장 효과가 우세하다면 측정된 노동조합 임금이익은 순수 임금이익을 축소할 것이다.
- 전반적으로 노동조합 임금이익은 15%로 추정된다. 이 이익은 부가급여가 고려될 때 2~3%포인트 증가한다.
- 노동조합 임금이익은 (a) 반경기순환적으로 움직이고, (b) 건설업의 직종별 노동조합의 경우 특히 높으며, (c) 다른 인종 또는 성 그룹보다 아프리카계 미국인 남성의 경우 더 높고, (d) 교육을 많이 받은 근로자들에 비해 교육을 적게 받은 근로자들의 경우 더 높다.

여러분의 차례입니다

노동조합 임금이 시간당 20달러, 현재의 비노동조합 임금이 시간당 18달러, 그리고 노동조합이 없었더라면 존재했을 비노동조합 임금은 시간당 16달러라고 가정하자. 측정된 노동조합 임금이익은 얼마인가? 순수 임금이익은 얼마인가? (정답은 책의 맨 뒷부분에 수록되어 있음)

효율성과 생산성

경제적 효율성 및 생산성과 관련하여 노동조합은 긍정적 요인인가 아니면 부정적 요인인가? 노동조합은 자원의 배분에 어떻게 영향을 미치는가? 노동조합의 효율성 측면에 대해 많은 의견 다툼이 있음에도 불구하고 노동조합이 효율성에 부정적으로 그리고 긍정적으로 영향을 미칠 수 있는 방식을 검토하는 것은 유용한 일이다. 먼저 부정적인 견해를 보기로 하자.

부정적 견해

노동조합은 세 가지 기본적인 방식으로 효율성에 부정적인 영향을 가할 수 있다. 첫째, 노동조합은 노동조합 기업 내에서 생산성을 감소시키는 근로규칙을 기업에 부과할 수 있다. 둘째, 파업은 생산량 손실을 수반할 수 있다. 마지막으로 노동조합 임금이익은 임금 구조의 왜곡으로서 노동조합이 있고 없고에 따라 기업 및 산업 간 노동의 잘못된 배분을 야기한다.

제약적인 근로규칙

노동조합이 생산성과 효율성을 손상할 수 있는 아마도 가장 분명한 방법은 경영진에 여러 근로규칙을 부과하는 것이다. 이러한 '필요하지 않은 일 만들기(make-work)' 규칙은 다양한 상호 관련된 형태를 취할 수 있다. 첫째, 노동조합은 근로자당 1시간, 1일 또는 1주일 산출량에 직접적인 한도를 두도록 요구하여 얻을 수 있다. 예를 들어 이른바 산출량의 품질을 통제하기 위해 벽돌공들은 한 시간 또는 하루에 쌓는 벽돌의 수를 제약하려 시도했다. 둘째, 노동조합은 시간이 걸리는 생산방법의 사용을 고집할 수 있다. 이를테면 도장공 노동조합들은 분사기의 사용을 금지하거나 또는 페인트 붓의 폭을 제한할 수 있다. 또한 과거 수년 동안 인쇄공 노동조합들은 조판에 있어 컴퓨터의 도입에 저항했다. 셋째, 노동조합은 불필요한 일이 완수될 것을 요구할 수 있다. 예를 들어 직종별 노동조합은 때때로 각 단위 조립식 주택을 분해해서 건설현장에서 재조립할 것을 의무화하는 건축법규의 제정을 홍보했다. 넷째, 과도한 크기의 작업조를 요구할 수 있다. 예를 들면 역사적으로 음악가 노동조합은 뮤지컬쇼에 적정 규모를 넘는 오케스트라를 고집했으며, 비노동조합 오케스트라를 사용하는 사용자들이 노동조합 대기자 오케스트라에게 보수를 지급할 것을 요구했다. 오랜 기간 기관차 화부 및 엔지니어 노동조합(Brotherhood of Locomotive Firemen and Engineers)은 증기엔진에서 디젤엔진으로 바뀌어 근로자가 필요 없어졌음에도 불구하고 기차 승무원에 화부들을 계속 유지할 수 있었다. 그러한 관행은 **과잉고용 요구(featherbedding)**라고 불린다.[18] 다섯째, 노동조합은 근로자들이 수행할 수 있는 일의 종류를 제한할 수 있다. 예를 들어 판금 근로자 또는 벽돌공들은 자신들의 일자리와 관련이 있는 단순 목수 일을 하는 것이 금지된다. 이 경우 그러한 규칙을 준수한다는 것은 불필요하고 충분히 이용되지 않는 목수들이 존재한다는 것을 의미한다. 마지막으로 노동조합은 근로자들을 일자리에 배치할 때 경영진을 제약할 수 있다. 가장 일반적이고 전형적인 예는 근로자들을 승진시킬 때 능력과 효율성이 아니라 연공서열을 기준으로 해야 한다고 노동조합이 주장하는 것이다.

노동조합 근로규칙이 기업 내 효율성을 방해할 수 있는 이유를 이렇게 설명했지만 여러 측면에서 수정할 필요가 있다. 우선 '조립라인 운전 가속화'로 반드시 생산성이 향상될 것이라고 가정해서는 안 된다. 조립라인 운전 가속화는 실제로는 근로자들을 피로하게 만들고 사기를 저하시켜 덜 효율적일 수 있다. 마찬가지로 과잉고용요구, 불필요하게 많은 작업 조원, '필요하지

---

[18] 과잉고용요구의 방법에 대한 논의는 George E. Johnson, "Work Rules, Featherbedding, and Pareto Optimal Union-Management Bargaining," *Journal of Labor Economics* Part 2, January 1990, pp. S237-59를 참조하라.

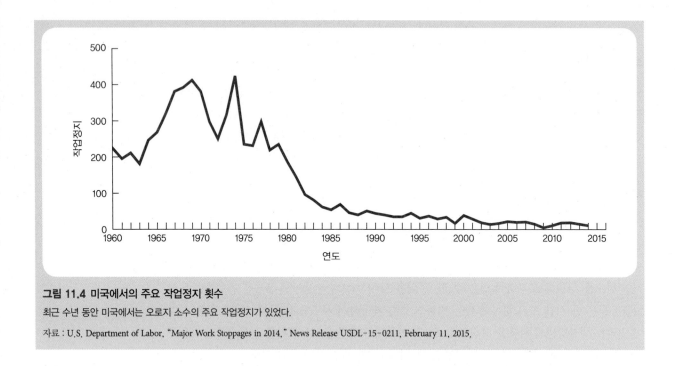

그림 11.4 미국에서의 주요 작업정지 횟수

최근 수년 동안 미국에서는 오로지 소수의 주요 작업정지가 있었다.

자료 : U.S. Department of Labor, "Major Work Stoppages in 2014," News Release USDL-15-0211, February 11, 2015.

않은 일 만들기' 근로규칙 등을 오로지 노동조합화와 관련짓는 것도 또한 올바르지 않다. 노동조합이 그러한 관행의 문서화와 집행에 책임이 있을 수 있지만, 그러한 관행들 자체는 경제의 노동조합 부문과 비노동조합 부문 양쪽 모두에 꽤 일상적이다. 동료 압력과 사회적 배척 또한 생산속도를 통제하는 데 있어 단체협약의 조항만큼 효과적일 수 있다.[19] 마지막으로 방금 요약한 생산성을 저하시키는 관행들은 흔히 기술 변화를 배경으로 그에 반대하여 생겨난다. 노사는 협약을 체결할 당시에는 합리적이고 적절한 작업 조원의 규모에 합의한다. 그러나 그 뒤 노동 절약적인 기술이 출현하여 작업 조원이 '너무 많게' 된다. 노동조합은 일자리가 없어질까 봐 걱정한 나머지 저항하기 십상인 것이다.[20]

파업

노동조합이 효율성에 불리하게 영향을 미칠 수 있는 두 번째 방법은 파업을 통해서이다. 만약 노사가 협상에서 교착 상태에 도달하면 결국 파업이 나타날 것이고 기업의 생산은 일반적으로 파업이 지속되는 기간 동안 중단될 것이다. 기업은 판매와 이윤을 포기하고, 근로자들은 소득을 희생하는 것이다.

파업활동에 관한 간단한 통계를 보면, 파업은 상대적으로 드물며 관련된 총경제적 손실은 상대적으로 미미하다. 그림 11.4는 1,000명 이상의 근로자들이 관련되고 적어도 하루 종일 또는

---

[19] Paul A. Weinstein (ed.), *Featherbedding and Technological Change* (Boston : D.C. Heath and Company, 1965).

[20] 언제 노동조합이 노동절약 기술에 저항할 가능성이 있는지에 대한 분석은 Steve Dowrick and Barbara J. Spencer, "Union Attitudes to Labor-Saving Innovation : When Are Unions Luddites?" *Journal of Labor Economics*, April 1994, pp. 316-44를 참조하라.

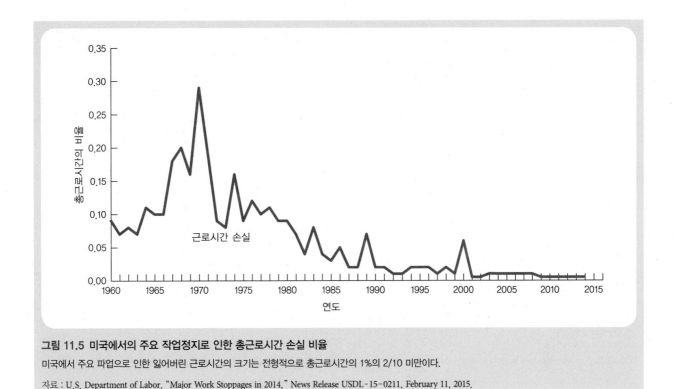

그림 11.5 미국에서의 주요 작업정지로 인한 총근로시간 손실 비율
미국에서 주요 파업으로 인한 잃어버린 근로시간의 크기는 전형적으로 총근로시간의 1%의 2/10 미만이다.

자료 : U.S. Department of Labor, "Major Work Stoppages in 2014," News Release USDL-15-0211, February 11, 2015.

한 번의 임무교대 동안 지속된 것으로 정의되는 주요 작업정지 횟수에 대한 데이터이다. 매년 약 700개의 주요 단체협약이 협상된다는 점에 비추어볼 때 주요 작업정지 횟수는 놀랄 정도로 적다. 그림 11.5는 1960~2014년의 기간 동안 미국에서 주요 파업으로 인한 총근로시간 손실 비율을 보여준다. 대부분의 파업은 단지 며칠 동안 지속된다. 결과적으로 주요 파업으로 인한 근로시간 손실은 일관되게 총근로시간의 1%의 1/2보다 훨씬 작았다. 실제로 이 기간에 걸쳐 근로시간 손실의 크기는 전형적으로 총근로시간의 1%의 2/10 미만이었다. 이러한 손실은 1년에 근로자 1인당 4시간, 즉 1주일에 근로자 1인당 5분 미만인 꼴이다.[21]

그러나 작업정지로 인한 시간 손실에 관한 이러한 데이터는 파업의 고비용에 대한 척도로서 오해의 소지가 있을 수 있다. 예를 들어 파업이 발생한 산업의 사용자는 파업을 예상하여, 파업 기간 동안에 고객들에게 공급할 재고를 축적하기 위해 근로자들을 초과근무 시켰을 수 있다. 이는 근로시간, 생산, 이윤, 그리고 임금에 있어서의 전반적인 손실이 근로시간 손실 데이터가 시사하는 것보다 더 작다는 것을 의미한다. 마찬가지로 파업이 발생하지 않은 다른 생산자들은 자신의 산출량을 증가시켜 파업이 발생한 기업의 생산 손실을 상쇄할 것이다. 다시 말해서 파업이 참가들에게는 상당한 손실을 부과할지 모르지만, 산업에 대한 또는 사회에 대한 총산출량 손실은 대체적으로 매우 작거나 없을 수 있다. 그러나 파업을 예상하여 이루어진 또는 파업

---

[21] Marten Estey, *The Unions*, 3rd ed. (New York: Harcourt Brace Jovanovich, 1981), p. 140.

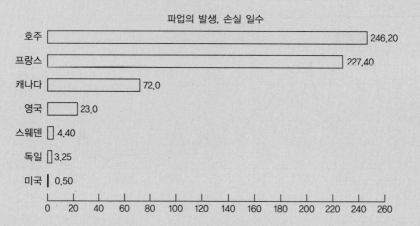

11.1 국제 시각 **파업의 발생***

미국은 다른 주요 선진공업국들과 비교할 때 파업에 관련된 근로자들의 비율이 낮다.

파업의 발생, 손실 일수

호주	246,20
프랑스	227,40
캐나다	72,0
영국	23,0
스웨덴	4,40
독일	3,25
미국	0,50

자료 : International Labour Organization, ILOSTAT Database, http://www.ilo.org/global/statistics-and-database/lang-en/index.htm

* 파업 발생률은 2010~2013년 기간 동안의 임금 및 급여 근로자 1,000명당 근로 손실 일수의 연간평균이다.

의 결과로서 행해진 생산조정은 효율성 손실을 수반할 수 있다. 만약 파업으로 고통을 받았던 기업이 산출량과 판매 손실을 완전하게 예측하여, 따라서 파업 이전에 재고를 축적할 수 있었다면, 이 추가 생산은 생산설비의 과잉사용을 수반하고, 따라서 산출량 단위당 더 높은 비용(더 낮은 생산성)을 수반할 가능성이 있게 된다. 비슷한 효율성 손실이 파업이 발생한 기업의 산출량을 대체하는 기업에 의해 초래될 수 있다. 파업으로 인한 근로일수 손실에 관한 데이터는 산출량 손실을 과장할 수 있는 반면, 파업으로 인한 효율성 손실은 숨길 수 있다.

나아가 파업으로 인한 생산 손실과 소득 손실의 크기는 특정 산업의 작업정지가 관련 산업의 생산에 지장을 줄 때 근로시간 손실 데이터가 시사하는 것보다 더 클 것이다. 이러한 영향을 받은 산업은 파업이 발생한 산업으로부터 투입물을 구입하거나 아니면 파업이 발생한 산업에 산출량을 판매할 수 있다. 영향을 받는 산업의 파업하지 않은 근로자들은 근로시간을 잃을 수 있고, 만약 파업이 이러한 산업의 필수적인 투입물 또는 주요 구매자를 고갈시킨다면 경제 전체적으로 산출량을 잃을 수 있다. 어떤 경우 파업은 영향을 받는 기업들로 하여금 조업을 중지하거나 또는 축소하도록 강요할 수 있다.

그렇지 않으면, 보수가 지급되는 근로시간은 변함없는 채로 남아 있는 동안 파업이 발생한 산업과 구매자 또는 공급자로 연계된 산업들의 산출량은 감소할 수 있다. 만약 그렇다면 영향을 받은 산업의 노동생산성(근로자당 산출량)은 감소할 것이고, 산출량의 평균비용은 증가할 것이다. 맥휴(McHugh)[22]는 이런 가능한 결과에 대한 실증적인 지지를 발견하고 있다. 파업에 의해 영향을 받는 파업이 발생하지 않은 기업의 사용자들은 파업 기간 동안 자신의 노동력을 유지한다. 이 '저장된(hoarded)' 노동은 과잉인력이다. 즉 산출량이 감소하기 때문에 이러한 기업은 노동생산성의 하락을 경험한다.

개괄적으로 말하면 파업이 발생하지 않은 기업들과 고객들에 미치는 파업의 부정적인 효과는 서비스와 관련될 때 더 크고, 제품과 관련될 때 더 작을 가능성이 있다. 예를 들어 2002년 서부해안(West Coast) 항만 근로자 10,500명에 의한 10일간의 파업은 샌디에이고로부터 시애틀까지의 29개 항구를 폐쇄시켰다. 이 항구들은 미국 해상수송 화물의 40%를 처리한다. 결과적으로 파업은 미국 경제에 100억 달러로 추정되는 비용을 발생시켰다. 파업 때문에 발생한 밀린 화물을 처리하는 데 여러 주가 걸렸다. 그에 반해서 내구재산업의 파업은 일반 대중에게 미치는 영향이 무시할 만한 정도로 미미하다.

파업으로 인하여 발생하는 비용을 전반적으로 살펴보면, 파업이 바로 당사자인 노사나 영향을 받는 기업 및 소비자들에게 평균적으로 부과하는 비용은 추측하는 것만큼 크지 않다. 1955~1977년 기간 동안에 걸친 약 63개의 제조업에 대한 연구는 파업비용이 단지 19개 산업에서만 상당했었다고 결론을 내렸다.[23] 나아가 이 19개 산업에서 산출량 손실의 크기는 전형적으로 총연간산출량의 1%의 작은 부분이었다. 파업이 발생한 기업들의 재고 물량과 파업이 발생하지 않은 기업들의 증산 능력으로 산업의 산출량 손실은 명백하게 최소한에 머문다.

11.3
근로의 세계

추신 : 파업은 두 당사자인 노사의 합의 실패에 의해 촉발된다. 실제로 최근 수년 동안 점점 많은 수의 작업정지가 사용자들에 의해 시작된 직장폐쇄의 형태를 취했다. 여론과는 반대로 파업과 관련된 모든 비용을 노동의 탓으로만 돌리는 것은 공정하지 않다.

임금이익과 노동의 잘못된 배분

노동조합이 효율성에 부정적으로 영향을 미칠 수 있는 세 번째 방법은 임금이익 그 자체를 통해서이다.

단순 모형   이 효과는 그림 11.2의 전이효과 모형의 재고려와 확대를 통해 확인할 수 있다. 그림 11.6에 어떤 특별한 노동에 대한 노동시장의 노동조합화된 부문과 비노동조합 부문의 (간단함을 위해) 똑같은 노동수요곡선들이 그려져 있다. 관련된 생산물시장은 순수하게 경쟁적이고, 따라서 노동수요곡선들은 한계수입생산(MRP)뿐만 아니라 한계생산물가치(VMP)를 반영한다.[24] 만약 노동조합이 존재하지 않는다면 노동을 채용하는 데 있어서의 경쟁으로부터 나타나

---

[22] Richard McHugh, "Productivity Effects of Strikes in Struck and Nonstruck Industries," *Industrial and Labor Relations Review*, July 1991, pp. 722-32.

[23] George R. Neumann and Melvin W. Reder, "Output and Strike Activity in U.S. Manufacturing: How Large Are the Losses?" *Industrial and Labor Relations Review*, January 1984, pp. 197-211. 또 다른 연구는 파업은 파업이 발생한 기업의 주식시장 가치를 3% 감소시킨다고 결론을 내리고 있다. John DiNardo and Kevin F. Hallock, "When Unions 'Mattered': Assessing the Impact of Strikes on Financial Markets," *Industrial and Labor Relations Review*, January 2002, pp. 219-33을 참조하라.

[24] 제5장으로부터 MRP는 추가 근로자들이 기업의 총수입에 추가하는 액수를 측정하는 반면, VMP는 사회에 대한 근로자 추가 산출량의 가치를 나타낸다. VMP는 추가 근로자가 국내산출량에 기여하는 달러 액수를 알려준다.

11.3 근로의 세계   노동쟁의와 생산물 품질

2000년에 1,440만 개의 브리지스톤/파이어스톤(Bridgestone/ Firestone) 타이어가 리콜되었다. 약 650만 개의 타이어가 대부분 포드 익스플로러 차종에 탑재되어 여전히 사용되고 있다. 미국도로 교통안전국은 리콜된 타이어가 271명의 사망과 800명을 넘는 부상과 관련되어 있다고 주장하는 성명서를 발표했다. 가장 빈도가 높은 디어 고징은 강철 벨트에서 고무 가닥이 분리되어 타이어가 꺼지는 것이다.

당시에 몇몇 관찰자들은 일리노이주 디케이터에 있는 브리지스톤/파이어스톤 공장에서 오래 지속되고 말 많았던 파업을 타이어 결함의 원인으로 지목했다. 타이어는 아직도 대부분을 수제작하며, 따라서 인간의 실수는 제품 품질을 저하시킬 수 있다. 크루거와 마스(Krueger and Mas)는 노동쟁의가 제품 품질을 저하시켰다는 추측을 확인하고 있다. 결함률은 경영진이 근로자들의 양보를 요구했을 때와 파업 근로자들이 복귀하여 파업 당시 채용된 대체 근로자들과 함께 일했던 때 가장 높았다. 이러한 사실은 근로자들은 자신이

대접을 잘 받고 있다고 느낄 때 더 주의 깊은 근로와 노력을 제공한다는 것을 시사한다.

노동쟁의는 여러 방식으로 비용을 부과한다. 크루거와 마스는 40명 이상의 사망이 노동 분규에 의해 야기되었다고 추정하고 있다. 만약 타이어가 리콜되지 않았다면 사망자 수는 2배 넘게 높았을 것이다. 노동분규 기간 동안 디케이터 공장에서 만든 타이어가 이 회사의 다른 공장에서 만든 타이어보다 회사에 대한 금융청구 가능성이 15배 더 많았기 때문에 노동쟁의는 회사의 금융건전성도 해쳤다. 기업의 시장가치는 리콜 이후 4개월 동안 167억 달러에서 75억 달러로 떨어졌다. 이는 좋은 노사관계가 노사 모두에게 혜택을 준다는 것을 시사한다.

자료 : Alan B. Krueger and Alexandre Mas, "Strikes, Scabs, and Tread Separations: Labor Strife and the Production of Defective Bridgestone/ Firestone Tires," *Journal of Political Economy*, April 2004, pp. 253-89.

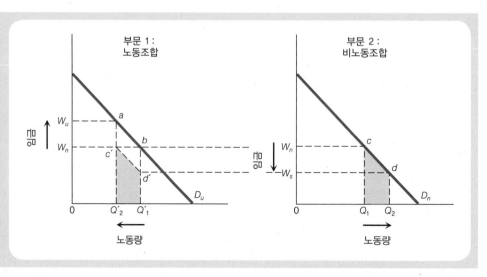

그림 11.6 노동조합 임금이 익이 노동의 배분에 미치는 효과

노동조합 부문 1에서 달성한 더 높은 임금 W_u는 $Q'_1Q'_2$만큼의 해고를 발생시킨다. 부문 2에서의 이 근로자들의 재고용은 W_n에서 W_s로 임금을 감소시킨다. 노동조합 부문에서 관련된 산출량 손실은 면적 $Q'_2abQ'_1$인 반면, 비노동조합 부문의 이득은 오로지 면적 Q_1cdQ_2이다. 각 그래프에서 색칠한 면적이 동일한 크기이기 때문에 산출량의 순손실은 $c'abd'$이다.

게 되는 임금은 W_n이다. 이제 노동조합이 부문 1에 설립되어, 임금을 W_n에서 W_u로 인상시킨다고 가정하자. 전이효과에 대한 분석에 따르면 결과는 노동조합 부문에서 자신들의 일자리를 잃은 $Q'_1Q'_2$만큼의 근로자들이 비노동조합 부문 2로 이동한다. 이러한 추가 근로자들은 비노동조합 부문 2에서 W_n으로부터 W_s로 임금을 하방으로 압박한다.

고용수준을 불변인 채로 유지했기 때문에 이 단순 모형에서는 노동조합 임금격차의 효율

성 또는 배분적 효과를 분리할 수 있다. 면적 $Q'_2abQ'_1$은 노동조합 부문에서 $Q'_1Q'_2$만큼의 고용 감소에 의해 발생한 국내산출량 손실을 나타낸다. 이 면적은 노동조합에 의해 달성된 W_n에서 W_u로의 임금 증가에 의해 해고된 근로자들의 VMP의 합, 즉 국내산출량에 대한 총기여다. 이러한 근로자들이 비노동조합 부문 2로 전이되어 재고용됨에 따라, 그들은 국내산출량에 면적 Q_1cdQ_2에 의해 표시되는 금액을 추가시킨다. 면적 $Q'_2abQ'_1$이 면적 Q_1cdQ_2를 초과하기 때문에 국내산출량의 순손실이 존재한다. 더 정확하게 이야기하면 각 그래프에서 색칠한 면적이 동일하기 때문에 노동조합 임금이익에 기인하는 산출량의 순손실은 노동조합 부문 그래프에 보이는 바와 같이 면적 $c'abd'$과 같다. 고용된 노동의 동일한 양이 이제 더 작은 산출량을 생산하고 있으며, 따라서 노동은 명백히 잘못 배분되고 있고 비효율적으로 사용된다. 약간 다른 시각으로 본다면 노동조합 부문으로부터 비노동조합 부문으로의 Q_1Q_2 근로자들의 전이가 발생했던 이후 근로자들은 두 부문 모두에서 자신들의 VMP와 같은 임금을 지급받을 것이다. 그러나 노동조합 근로자들의 VMP는 비노동조합 근로자들의 VMP보다 더 높을 것이다. 어떤 노동이라도 상대적으로 낮은 VMP 사용으로부터 상대적으로 높은 VMP 사용으로 재분배될 때, 경제는 더 큰 국내산출량으로부터 항상 이득을 얻을 것이다. 그러나 노동조합이 존재하고 자신의 부문에서 W_u 임금을 유지할 능력이 유지된다면, 부문 2로부터 1로의 이러한 재배분은 발생하지 않을 것이다.

단서(qualifications)　노동조합 임금이익으로부터 비롯되는 위의 배분적 비효율성 모형은 매우 단순화한 것이다. 효율성 손실을 위의 모형이 시사하는 것보다 더 크게 또는 더 작게 만들 수 있는 현실 세계의 고려사항들로 관심을 돌려보기로 하자.

1. **실업** : 대기실업에 대한 앞서의 언급을 상기하면 노동조합 부문에서의 더 높은 임금 때문에 일자리를 잃었던 일부 근로자들이 재고용의 희망을 갖고 그 부문에 남아 있기로 결정한다면 어떻게 될까? 결과는 그림 11.6의 $c'abd'$을 초과하는 산출량의 순손실이다. 이유는? 노동조합 부문에서 산출량이 면적 $Q'_2abQ'_1$만큼 감소하게 되는 반면, 비노동조합 부문에서 산출량은 면적 Q_1cdQ_2보다 더 작은 만큼 증가하게 된다. 극단적으로 만약 모든 $Q'_1Q'_2$ 해고된 근로자들이 노동조합 부문에 실업 상태로 남아 있다면 사회에 대한 산출량 손실은 $Q'_2abQ'_1$이 되게 된다. 임금의 하방 경직성 때문에 똑같은 결과가 부문 2에서 나타날 수 있다. 만약 어떤 이유 때문에 임금이 W_s로 하락하지 않게 된다면 부문 2의 기업들이 Q_1을 초과하여 근로자들을 채용하는 것은 이윤 획득 가능성이 없게 된다. 마지막으로, 위협효과와 생산물시장 효과가 비노동조합 임금을 인상시키는 한에서는 근로자들은 노동조합 부문은 물론 그 비노동조합 부문에서도 해고될 것이다.

2. **일자리탐색비용** : 두 번째 그리고 관련되는 요점은 위의 모형은 암묵적으로 근로자들이 즉각 그리고 비용 없이 노동조합 부문으로부터 비노동조합 부문으로 이동한다고 가정하기 때문에 산출량 손실을 축소한다. 실업 상태의 근로자들에 의한 일자리탐색은 시간이 걸리며 현금비용(광고와 고용기관의 서비스에 대한 지급)과 기회비용(탐색 기간 동안의 포기한 근로소득) 모두를 수반한다. 그리고 제9장에서 살펴본 바와 같이 노동조합 부문으로부

터 비노동조합 부문으로의 이동과 관련될 수 있는 지리적 이동도 또한 비용이 든다.

3. **투자행태와 생산성 증가** : 이전 절에서 논의한 모형(그림 11.6)은 오로지 노동조합 임금이익의 정태적 또는 단기 효율성 효과만을 그리고 있다. 노동조합 임금격차는 또한 효율성에 불리한 동태적 또는 장기 효과를 가질 수 있다. 구체적으로 말하면 노동조합은 기업과 산업의 이윤획득 가능성을 감소시킴으로써 투자와 경제성장을 지연시킬 수 있다. 만약 강력한 노동조합이 실물자본(기계류와 설비) 또는 연구개발의 기업 투자로부터 수익의 상당한 부분을 앗아갈 수 있다면, 그러한 투자는 감소힐 수 있을 것이다. 시간 경과에 따른 노동생산성의 경로는 근로자 1인당 자본재 보유량과 기술진보에 크게 좌우되기 때문에(제5장과 제17장) 그러한 투자로부터의 이윤을 노동조합이 잠식한다면 노동생산성의 성장은 감소될 것이다.

실증 추정치

노동조합 임금이득과 관련된 정태적 효율성 손실에 대한 여러 추정치가 도출되었다. 그러한 추정치들은 손실이 작다는 데 동의한다. 리스(Rees)는 선도적인 연구에서 15%의 노동조합 임금이익을 가정했으며, 국내산출량의 대략 0.14%, 즉 오로지 1%의 약 1/7이 손실이라고 추정했다.[25] 프리먼과 메도프(Freeman and Medoff)에 의한 더 최근의 추정치는 "노동조합 독점 임금이득은 총국민생산의 0.02~0.04%의 비용을 경제가 치르도록 하는데, 이는 1980년에 약 50~100억 달러 또는 1인당 20~40달러에 달했다."[26] 그리고 1983년의 연구에서 데피나(DeFina)는 15%의 노동조합 임금이익이 오로지 산출량의 0.08~0.09%의 손실을 야기하게 된다고 추정했다.[27]

긍정적인 견해

다른 경제학자들은 모든 것을 감안할 때 노동조합은 생산성과 효율성에 긍정적인 기여를 한다고 믿고 있다.

투자와 기술진보

노동조합 임금이익으로 야기된 노동의 잘못된 배분에 대한 그림 11.3의 논의를 한 단계 더 가져가서 노동조합 임금 증가는 노동의 자본으로의 대체를 가속화해 비용을 감소시키는(생산성을 증가시키는) 기술의 탐색을 서두르게 할 수 있다고 주장할 수 있다. 노동조합 임금이익으로 인한 생산비의 증가에 직면한 사용자는 더 많은 기계류를 사용하고 산출량 1단위당 노동과 자본 모두를 덜 사용하는 향상된 생산기법을 모색하여 비용을 감소시키려고 하게 된다. 실제로 만약 생산물시장이 꽤 경쟁적이라면, 비노동조합 경쟁자의 노동비용보다 말하자면 15~20% 더 높은 노동비용을 가진 노동조합화된 기업은 생산성이 향상되지 않으면 생존하지 못할 것이다. 요컨대 노동조합의 임금 압력은 국내 생산성을 향상시키는 경영자의 조치를 의도치 않게 발생시킬

[25] Albert Rees, "The Effects of Unions on Resource Allocation," *Journal of Law and Economics*, October 1963, pp. 69-78.

[26] Freeman and Medoff, op. cit., p. 57.

[27] Robert H. DeFina, "Unions, Relative Wages, and Economic Efficiency," *Journal of Labor Economics*, October 1983, pp. 408-29.

수 있다. 이는 본질적으로 더 높은 노동조합 임금이 이윤을 감소시키고, 자본재와 혁신에의 투자를 억제하며, 노동생산성을 감소시킨다고 하는 조금 전의 주장과 정반대이다.

집단적 목소리로서의 노동조합

프리먼과 메도프는 모든 것을 감안할 때 노동조합은 근로자들의 불만을 대변함으로써 그리고 노동 이직, 근로자 안정감, 그리고 경영 효율성에 대한 그 효과를 통해 기업의 생산성 증가에 기여한다는 견해를 강조했다.[28]

목소리 메커니즘   노동조합이 생산성에 미치는 긍정적인 영향은 부분적으로 노동조합이 분규를 해결하고 근로조건을 향상시키는 등에 있어서 조합원들을 위한 **집단적 목소리**(collective voice)로서의 기능을 하기 때문에 발생한다. 만약 한 그룹의 근로자들이 그 고용조건을 불만족스러워한다면 그들은 두 가지 잠재적인 대응수단을 갖고 있다. 퇴출 메커니즘과 목소리 메커니즘이 그것이다. **퇴출 메커니즘**(exit mechanism)은 쾌적하지 않은 사용자들과 근로조건에 대한 대응수단으로 더 나은 일자리를 찾아 현재의 일자리를 떠나거나 또는 퇴장함으로써 노동시장을 활용하는 것을 지칭한다. 그에 반해서 **목소리 메커니즘**(voice mechanism)은 근로조건을 향상시키고 근로자 불만을 해결하기 위한 근로자들과 사용자 사이의 의사소통을 의미한다. 개별 근로자가 사용자에게 자신의 불만을 표현하는 것은 사용자가 그러한 근로자들을 '말썽꾼'으로 간주하여 해고하는 보복을 할 수 있기 때문에 당연히 위험할 수 있다. 그러나 노동조합은 근로자들에게, 문제와 불만을 경영진에게 전달하고 그에 대한 만족스러운 해결을 계속 요구하는, 집단적 목소리를 줄 수 있다. 이는 근로자 일자리 만족과 사기를 올리며, 따라서 생산성을 높인다. 프리먼과 메도프에 따르면 노동조합은 목소리 메커니즘을 통해서뿐만 아니라 다양한 다른 방법으로 생산성에 긍정적으로 영향을 미칠 수 있다.

이직의 감소   노동조합화가 사직과 이직을 감소시킨다는 상당한 증거가 존재한다. 한편으로, 노동조합의 집단적 목소리는 일자리 불만족의 시정에 있어 효과적일 수 있다. 노동조합이 없었다면 일자리를 바꾸는 퇴출 메커니즘을 통해 근로자들에 의해 해결되었을 것이다. 다른 한편으로, 다른 조건이 똑같다면 노동조합 임금이익은 노동조합 근로자들의 사직률을 감소시키는 경향이 있을 것이다.

노동조합 덕분에 사직률이 크게 감소했는데 31%로부터 65%까지의 범위를 보일 만큼 상당하다.[29] 낮아진 사직률은 노동조합화된 기업 내에서 더 경험이 있는 노동력을 생산함으로써, 그리고 기업의 신규 모집, 선별, 그리고 채용비용을 감소시킴으로써 효율성을 증가시킨다. 나아가 이직의 감소는 사용자에 의한 특수훈련에의 투자를 더 매력적으로 만든다. 이직의 감소는 사용자가 근로자의 훈련에 대한 정(+)의 수익을 획득할 가능성을 증가시킨다.

---

[28] Freeman and Medoff, op. cit., chap. 11. 노동조합들의 집단적 목소리 역할에 대한 비판적인 검토는 John T. Addison and Clive R. Belfield, "Union Voice," *Journal of Labor Research*, Fall 2004, pp. 563-96을 참조하라.

[29] Freeman and Medoff, op. cit., pp. 95-96.

연공서열과 비공식훈련

승진과 일시해고 같은 문제들에 있어 연공서열을 최고의 기준으로 삼도록 노동조합이 고집하기 때문에 근로자 안정감은 향상된다. 이 안정감이 있어야 근로자들은 비공식적인 현장실무훈련을 통해 자신의 일자리 지식과 숙련을 새로운 또는 부하 근로자들에게 기꺼이 전달할 용의가 더 있게 된다. 확실히 이는 노동의 질과 생산성을 향상시킨다.[30]

경영 성과

노동조합 임금 압력은 생산성에 호의적인 **충격효과**(shock effect)를 촉발할 수 있다. 강력한 노동조합과 더 높은 임금 요구에 직면하여 기업들은 노동조합의 임금 요구를 충족하고 이윤획득 가능성을 유지하기 위해 더 나은 인사 및 생산방법을 채택하도록 강요당할 수 있다. 예를 들어 시멘트산업에서 노동조합화가 생산성에 미치는 영향에 대한 자신의 연구에서 클라크(Clark)는 노동조합화 후 공장 경영이 향상되었다는 것을 관찰하고 있다.[31] 그는 '노동관계에 대한 더 전문적이고 기업적인 접근법'으로의 경영 방식의 이동을 상세히 기록하고 있다. 나아가 노동조합화 이후 생산목표와 근로자 성과 감시에 더 큰 강조가 주어졌다. "아마도 노동조합화 전과 후의 경영절차의 차이에 대한 가장 설득력 있는 묘사는 '…노동조합 이전에는 이 장소가 가족처럼 운영되었는데, 이제는 기업처럼 이 장소를 운영한다'고 발언했던 공장 관리자의 말이다." 마지막으로 단체교섭은 노동조합이 생산성을 향상시키는 방법을 경영진에게 지적할 수 있는 잠재적인 소통의 길을 제공한다는 것을 지적할 가치가 있다.

요점의 반복 : 노동조합은, (1) 근로자 불만의 해결을 위한 집단적 목소리 메커니즘으로 기능하고, (2) 근로자 이직을 감소시키며, (3) 근로자 안정감을 향상시킴으로써 현장실무훈련에 호의적인 환경을 창출하고, 그리고 (4) 충격효과를 통해 경영 효율성을 자극하여 효율성을 개선할 수 있다.

실증 증거

노동조합화가 생산성에 미치는 영향을 측정하기 위해 많은 연구들이 이루어졌다. 이러한 연구들은 노동의 질, 자본-노동 비율, 새로운 자본설비, 그리고 생산성 차이에 기여할 수 있는 노동조합화를 제외한 다른 변수들을 통제하려 시도했다. 노동조합-생산성 이슈에 관한 실증 점수는 대체로 대등하다. 생산성에 대한 노동조합의 긍정적인 효과를 발견한 모든 연구의 경우에 대해 상이한 데이터 또는 기법을 사용한 또 다른 연구는 부정적인 효과가 존재한다고 결론

---

[30] 일본 기업의 급속한 생산성 향상의 중요한 결정요인으로 흔히 '평생' 일자리보장이 거론된다. 그러나 노동조합화가 현장실무훈련을 증가시킨다는 주장은 도전을 받고 있다. John M. Barron, Scott M. Fuess, Jr., and Mark A. Loewenstein, "Further Analysis of the Effects of Union on Training," *Journal of Political Economy*, July 1987, pp. 632-40을 참조하라. 영국과 캐나다의 데이터를 사용한 비슷한 발견은 Kim Hoque and Nicholas Bacon, "Trade Unions, Union Learning Representatives, Employer-Provided Training in Britain," *British Journal of Industrial Relations*, December 2008, pp. 702-31; David A. Green and Thomas Lemieux, "The Impact of Unionization on the Incidence of and Sources of Payment for Training in Canada," *Empirical Economics* 2-3 (2007), pp. 465-89를 참조하라.

[31] Kim B. Clark, "The Impact of Unionization on Productivity: A Case study," *Industrial and Labor Relations Review*, July 1980, pp. 451-69.

을 내리고 있다. 실제로 미국 데이터를 기초로 한 기존 연구들에 대한 통계적 분석은 노동조합이 생산성에 미치는 평균적인 효과는 정(+) 3%라는 것을 밝히고 있다.[32] 최근의 조사에서 허쉬(Hirsch)는 생산성에 대한 노동조합의 평균적인 효과는 거의 0이라고 결론을 내리고 있다.[33]

허쉬는 노동조합 생산성 효과에 관해 두 가지 패턴이 출현했다고 주장한다. 첫째, 노동조합이 생산성에 미치는 영향은 노동조합 임금이익이 가장 큰 산업에서 더 커지는 경향이 있다. 이러한 발견은 기업이 더 효과적으로 운영하고, 따라서 생산성을 높임으로써 더 높은 임금비용에 반응하는 곳에서의 노동조합의 충격효과와 일관된다. 둘째, 긍정적인 노동조합 생산성 효과는 대부분 민간 영리 부문에 국한되며, 가장 큰 생산성 효과는 가장 경쟁적인 산업에서 나타난다. 예를 들어 공공 도서관, 학교, 정부기관 또는 법 집행기관에서는 긍정적인 생산성 효과가 나타나지 않는 것처럼 보인다.

노동조합이 생산성에 미치는 장기 효과에 관한 증거는 적지만, 기존 실증 증거는 노동조합화 된 기업이 더 낮은 생산성 증가를 갖고 있다는 것을 시사한다. 노동조합화된 기업의 거의 모두가 더 낮은 생산성 증가를 경험한다는 것은 이러한 기업들이 생산성 성장이 더딘 산업에 속하기 때문인 것처럼 보인다.[34] 노동조합이 생산성 증가에 미치는 직접적인 효과는 분명히 존재하지 않는다. 그러나 노동조합들은 실물자본과 연구개발 활동에의 투자를 감소시킴으로써 간접적으로 생산성 증가를 낮춘다.

11.4
근로의 세계

기업의 이윤 획득 가능성

노동조합화는 기업과 산업의 이윤 획득 가능성을 높이는가 아니면 낮추는가? 노동조합 근로자들의 임금이득은 기업 이윤을 희생하여 발생하는가? 아니면 노동조합화에 수반될 수 있는 생산성 증가는 더 높은 임금을 상쇄하고, 그 결과 이윤은 영향을 받지 않는가? 아니면 노동조합화된 기업과 산업은 자신들의 더 높은 임금비용을 더 높은 생산물가격을 통해 소비자들에게 전가하여 이윤 획득 가능성을 유지할 수 있는가?

거의 모든 실증연구는 노동조합화를 줄어든 이윤 획득 가능성과 관련시킨다. (실제로 만약 정반대가 사실이라면 노동조합에 대한 사용자 저항을 조화시키기가 어렵게 된다.) 예를 들어 프리먼과 메도프는 노동조합화로 인한 이윤의 상당한(17~37%) 감소를 보고하고 있다.[35] 부스와 미셸(Voos and Mishell)은 노동조합화가 이윤 획득 가능성을 20~23% 감소시킨다고 결론을 내렸다.[36] 기업수준의 데이터를 사용한 두 연구들은 노동조합화가 이윤 획득 가능성을 감소

[32] Hristos Doucouliagos and Patrice Laroche, "What Do Unions Do to Productiyity? A Meta-Analysis," *Industrial Relations*, October 2003, pp. 650-91.

[33] Barry T. Hirsch, "Unions, Dynamism, and Economic Performance," in *Research Handbook on the Economics of Labor and Employment Law*, Michael Wachter and Cynthia Estlund, eds., Edward Elgar Series of Research Handbook in Law and Economics, 2012.

[34] Ibid.

[35] Freeman and Medoff, op. cit., Table 12.1, p. 183.

[36] Paula B. Voos and Lawrence R. Mishell, "The Union Impact on Profits: Evidence from Industry Price-Cost Margin Data," *Journal of Labor Economics*, January 1986, pp. 105-33.

11.4 근로의 세계 　노동조합과 투자

이론적으로 기업의 실물자본 투자에 미치는 노동조합의 영향은 모호하다. 한 가지 가능성은 노동조합 임금이익이 기업으로 하여금 상대적으로 더 저렴한 자본으로 대체하도록 할 수 있고 따라서 기업의 투자율을 증가시키는 것이다. 그렇지 않다면 더 높은 노동조합 임금이 생산물가격을 인상시키고 판매되는 산출량 규모를 감소시킬 수 있다. 이는 투자에 대한 수익률을 낮추고 투자율을 저하시키게 된다. 이외에도 만약 노동조합이 더 높은 임금을 통해 실물자본에 대한 수익의 큰 비율을 차지한다면 기업은 투자를 축소할 것이다.

폴릭과 하셋(Fallick and Hassett)은 뉴욕증권거래소(NYSE)에 상장된 2,000개가 넘는 기업을 표본으로 사용하여 노동조합이 투자 결정에 미치는 영향을 조사하고 있다. 그들은 새로운 노동조합을 승인하는 성공적인 선거는 선거에 뒤이은 연도에 자본 투자를 30% 낮춘다는 것을 발견하고 있다. 그들은 노동조합화가 법인세율 34%를 2배로 하게 될 때와 거의 똑같은 효과를 갖는다는 것을 지적하고 있다. 폴릭과 하셋은 이 증거가 왜 노동조합화된 기업이 다른 노동조합화된 기업을 합병하는 경향이 있는 반면, 노동조합화되지 않은 기업은 보통 비노동조합 회사를 합병하는지를 설명하는 데 도움이 된다는 것을 시사하고 있다. 그들은 이러한 결과는 노동조합이 기업의 투사에 부과하는 상당한 '세금' 때문에 생기는 결과라고 주장한다. 만약 한 노동조합 기업이 다른 노동조합화된 기업을 구매하면, 이 세금은 획득된 자산의 가치에 아무런 효과를 미치지 못할 것이다. 그러나 만약 비노동조합 기업이 노동조합 기업을 구입하면, 비노동조합 기업의 자산은 노동조합의 세금에 대한 법적 책임에 제약을 받게 된다. 결과적으로 비노동조합 기업은 노동조합 기업보다 노동조합화된 기업과 합병할 가능성이 더 작다.

자료 : Bruce C. Fallick and Kevin A. Hassett, "Investment and Union Certification," *Journal of Labor Economics*, July 1999, pp. 570-82.

시킨다고 보고하고 있다.[37] 마찬가지로 45개의 기존 연구들에 대한 최근의 통계분석은 노동조합이 미국 기업들의 이윤에 미치는 평균적인 효과는 기업이 완전히 노동조합화된다면 −23%이고, 평균적인 노동조합화 비율의 경우 −6%라는 것을 밝히고 있다.[38]

이윤으로부터 임금으로의 이러한 재분배가 바람직한가? 두 가지 극단적인 시나리오가 존재한다. 시나리오 1 : 만약 노동조합화된 산업이 덜 경쟁적이라면 노동조합의 효과는 단순히 부당한 '초과' 이윤을 자본가의 주머니로부터 근로자들의 주머니로 이전하는 것이고, 경제적 효율성에 대한 부정적인 효과는 없다. 시나리오 2 : 만약 노동조합화된 산업이 매우 경쟁적이고, 따라서 이윤이 대체로 정상수준이라면, 더 높은 노동조합 임금비용은 불리한 효과를 가질 수 있다. 구체적으로 말하면 더 높은 임금비용은 정상수준 미만의 이윤과 자본설비와 기술진보에의 투자장애를 의미할 것이고, 장기적으로 기업들은 산업을 떠날 것이다. 결과적으로 나타나는 더 작은 산출량은 소비자들에게는 더 높은 생산물가격을, 근로자들에게는 더 적은 고용을 의미할 것이다. 산업에의 투자 감소는 전반적인 경제성장률이 낮아진다는 것을 의미할 것이다.

어떤 시나리오가 더 관련이 있을까? 실증적인 발견들은 서로 다르다. 몇몇 연구는 노동조합이 기업의 시장지배력 결과인 이윤의 일부를 가져간다는 것을 알려준다. 구체적으로 말하면 노

---

[37] Barry T. Hirsch, "Union Coverage and Profitability among U.S. Firms," *Review of Economics and Statistics*, February 1991, pp. 69-77; Stephen G. Bronars, Donald R. Deere, and Joseph S. Tracy, "The Effects of Unions on Firm Behavior: An Empirical Analysis Using Firm-Level Data," *Industrial Relations*, October 1994, pp. 426-51; Barry T. Hirsch, "Unionization and Economic Performance: Evidence on Productivity, Profits, Investment, and Growth," in Fazil Mihlar (ed.) *Unions and Right-to-Work Laws*, Vancouver, B.C.: The Fraser Institute, 1997, pp. 35-70.

[38] Hristos Doucouliagos and Patrice Laroche, "Unions and Profits: A Meta-Analysis," *Industrial Relations*, January 2009, pp. 146-84.

동조합은 진입제약은 물론 제한된 수입경쟁 결과 나타나는 이윤을 차지하는 것처럼 보인다.[39] 예를 들어 항공산업과 트럭운송업의 노동조합 근로자들은 규제완화 이전에는 큰 임금프리미엄을 받았다. 다시 말해서 이러한 발견들은 덜 바람직한 시나리오 2보다 사회적으로 더 바람직한 시나리오 1을 지지하는 것처럼 보인다. 다른 실증 결과들은 정반대의 결론을 지지한다. 노동조합이 연구개발과 실물자본에의 투자에 대한 수익을 감소시킴으로써 임금 이득을 달성한다고 한다.[40] 물론 이것은 시나리오 2를 지지한다.

　요약하면, 전반적으로 노동조합이 기업의 이윤 획득 가능성을 감소시킨다는 데 합의가 존재한다. 그러나 이 재분배가 경제적 효율성을 감소시키는지에 대해서는 의견 일치가 존재하지 않는다.

11.4
근로의 세계

11.2
잠깐만 확인합시다.

- 노동조합은 (a) 제약적인 근로규칙, (b) 파업, 그리고 (c) 노동조합 임금이익으로부터의 결과인 노동의 잘못된 배분을 통해 효율성과 생산성을 손상시킨다.
- 노동조합의 정태적 효율성 손실은 상대적으로 작다고 간주된다.
- 노동조합은 (a) 노동의 자본으로의 대체의 의도치 않은 가속화와 비용 절약 기술의 탐색 촉진, 그리고 (b) 노동 이직을 감소시키고, 근로자 안정성을 향상시키며, 경영의 효율성을 유발하는 집단적 목소리 메커니즘으로서의 기능을 통해 효율성과 생산성에 긍정적으로 기여할 수 있다.
- 노동조합이 생산성에 미치는 영향에 대한 실증 증거는 엇갈리고 결론에 이르지 못하고 있다.
- 연구들은 노동조합은 기업의 이윤 획득 가능성을 상당히 감소시킨다는 것을 보여준다.

여러분의 차례입니다

왜 다음의 두 진술이 일관될 수 있는지를 설명하라. "노동조합은 생산성을 향상시킨다.", "노동조합은 기업의 이윤 획득 가능성을 감소시킨다." (정답은 책의 맨 뒷부분에 수록되어 있음)

근로소득 분배

노동조합이 근로소득의 분배에 미치는 영향에 대해서도 몇몇 의견 충돌이 발생한다. 소수의 경제학자들은 노동조합이 근로소득 불균등에 기여한다고 추론한다. 그러나 대부분은 정확히 정반대의 견해를 취한다.

불균등의 증가

노동조합이 임금 분배의 불균등을 증가시킨다고 주장하는 사람들은 노동조합이 (1) 전이효과를 통해 노동조합 근로자들의 임금을 인상시킴과 동시에 비노동조합 근로자들의 임금을 하락시키고, (2) 미숙련 블루칼라 근로자들의 임금 대비 숙련 블루칼라 근로자들의 임금을 올리며,

---

[39] Hirsch, 2012, op. cit.를 참조하라.

[40] Hirsch, 1991, op. cit.; Brian E. Becker and Craig A. Olson, "Unions and Firm Profits," *Industrial Relations*, Fall 1992, pp. 395–415를 참조하라.

(3) 노동조합화된 기업들 내에서 숙련노동에 대한 수요를 증가시킨다고 주장한다.

노동조합-비노동조합 임금

노동조합이 불균등을 높인다는 입장을 지지하는 가장 간단한 주장은 전이효과를 기초로 한다. 다시 한 번 그림 11.2의 노동조합 부문에서 실현된 더 높은 임금은 근로자들을 해고하고, 그 뒤 그들은 비노동조합 부문에서 재고용을 찾는다는 것을 상기하라. 이러한 이동의 결과는 비노동조합 임금이 압박을 받고, 따라서 양 하부시장 모두에서 똑같은 임금 W_n으로 시작했더라도 노동조합의 효과는 노동조합 근로자들을 위한 더 높은 임금 W_u와 비노동조합 근로자들에게 더 낮은 임금 W_s를 발생시키는 것이다.

블루칼라 임금

노동조합화가 덜 숙련된, 더 낮은 임금을 지급받는 블루칼라 근로자들보다 더 고도로 숙련된, 더 높은 임금을 지급받는 블루칼라 근로자들 사이에 더 광범위하다는 사실은 또한 노동조합에 의한 임금이익의 획득은 근로소득의 불균등을 확대시킨다는 것을 시사한다.

숙련노동에 대한 수요

페텐길(Pettengill)[41]은 노동조합이 사용자로 하여금 균형수준보다 높은 임금을 지급하도록 강요할 때 장기적인 반응은 더 높은 질의 근로자들을 채용하는 것이라고 주장했다. 이는 낮은 질의 근로자들을 버리고 높은 질의 근로자들을 구하려는 노동수요 구조의 이동을 구성하는 것이다. 순결과는 임금분포가 넓어지는 것, 또는 요컨대 임금 불균등의 확대이다.

페텐길은 표 11.2에 보이는 다음의 예와 함께 그의 추론을 자세히 설명하고 있다. 여기서 A, B, C는 말하자면 각각 고등학교 졸업자, 고등학교 중퇴자, 그리고 고등학교 교육을 받지 않은 근로자들로서 비노동조합 사용자가 이용가능한 여러 수준의 노동의 질을 나타낸다. 각 질 수준의 생산성 또는 시간당 산출량은 2열에 주어졌으며, 임금은 3열에 명기되고 있다. 생산성을 임금으로 나누면 4열에 보이는 것과 같은 산출량 단위당 임금비용을 얻는다. 이러한 옵션이 주어졌을 때 관련된 산출량 단위당 임금비용이 최소화되었기 때문에 기업은 B노동을 시간당 4달러에 채용할 것이다.

이제 기업이 노동조합화되어 B노동의 임금이 30달러로 증가한다고 가정하자. 결과는 무엇인가? 단기적으로 단위당 생산비용은 7.5달러로 증가하고, B근로자들의 평생 근로소득 전망은 향상된다. 장기적으로 은퇴, 자발적인 사직, 사망 등을 통해 B근로자들의 정상적인 소모는 기업으로 하여금 그와 같은 근로자들을 A근로자들로 대체하도록 만들 것이다. 즉 만약 노동조합이 사용자에게 시간당 30달러를 강요한다면, 기업은 그 임금에서 얻을 수 있는 최고로 자격을 갖춘 근로자들을 찾을 것이다. 구체적으로 말하면 기업은 이제 자신의 모든 새로운 근로자에게 고등학교 졸업장을 요구할 것이다. 30달러 임금에서 모든 B근로자들이 궁극적으로 A근로자들로 대체될 때, A근로자들이 더 생산적이기 때문에 산출량 단위당 노동비용은 7.5달러에서 6달

---

[41] John S. Pettengill, *Labor Unions and the Inequality of Earned Income* (Amsterdam: North-Holland Publishing Company, 1980).

표 11.2 노동의 질, 생산성, 그리고 임금

(1) 노동 유형	(2) 시간당 산출량	(3) 임금	(4)=(3)÷(2) 산출량 단위당 임금비용
A	5	30.00달러	6.00달러
B	4	20.00	5.00
C	2	12.50	6.25

러로 감소한다는 것을 주목하라.

만약 이 시나리오가 넓은 규모로 반복된다면 높은 질의 *A*근로자들에 대한 수요 증가와 낮은 질의 *B*근로자들에 대한 수요 감소가 발생한다. 이는 고등학교 중퇴자의 현행임금 대비 고등학교 졸업자의 현행임금 비율이 증가하도록 만듦으로써 임금분포를 넓히고 근로소득 불균등을 증가시킨다. 덜 명백하지만, 고졸자의 더 높은 임금은 고졸자 대비 대졸자 소득 증가분을 감소시킬 것이다(그림 4.2 참조). 이러한 대학 프리미엄의 감소는 대학 교육 투자에 대한 수익률을 감소시킬 것이고, 이윽고 대졸자 공급을 감소시킬 것이다. 결과적으로, 대졸자들이 받는 임금과 급여는 인상될 것이고, 임금분포를 더욱 증가시켜 근로소득 불균등을 더욱 심화시킬 것이다.

균등화 촉진

그러나 노동조합 임금 정책의 다른 측면들은 노동조합이 근로소득 분배의 균등화를 촉진한다는 것을 시사한다. 노동조합이 임금을 균등화하는 경향이 있는 다른 방법은 무엇인가?

기업 내의 획일적 임금

노동조합이 없다면 사용자들은 똑같은 일자리에 있는 개별 근로자들에게 상이한 임금을 지급하는 경향이 있다. 이러한 임금 차이는 성과, 재직기간, 그리고 아마도 편애(偏愛)의 인지된 차이를 근거로 한다. 반면에 노동조합은 특정 업무를 수행하는 모든 근로자에게 획일적인 임금을 추구하는 전통을 갖고 있다. 요컨대 비노동조합 기업은 보통 임금을 **개별 근로자**에게 할당하지만, 근로자의 충성과 결속에 관심이 있는 노동조합은 임금을 **일자리**에 할당하려 한다. 노동조합이 성공적인 한, 개별 근로자 성과에 대한 감독상의 판단을 기초로 한 임금과 근로소득 격차는 제거된다. 이러한 표준임금 정책의 중요한 부수적인 효과는 아프리카계 미국인, 기타 소수집단, 그리고 여성에 대한 임금차별이 노동조합이 존재할 때 발생할 가능성이 작다는 것이다. 제10장에서 아프리카계 미국인 남성 근로자들은 다른 어떤 인구통계학적 그룹보다 노동조합화로부터 더 많은 혜택을 받는 경향이 있다는 것을 배운 바 있다.

기업 내에서의 임금과 근로소득 불균등은 다른 이유 때문에 노동조합에 의해 감소할 수 있다. 미숙련 근로자부터 고도로 숙련된 근로자까지 다양한 근로자로 구성된 노동조합인 산업별 노동조합은 대개 모든 구성원의 동일한 **절대적** 임금 증가를 추구하는 임금 정책을 따른다. 이는 숙련이 덜한 근로자들에게 더 큰 비율적인 증가를 가져오고, 미숙련과 숙련 근로자들 사이의 근로소득 갭이 축소되는 것을 의미한다. 단순한 실례를 보자. 숙련 근로자들이 처음에 시간당 20

달러, 그리고 미숙련 근로자들은 시간당 10달러를 지급받는다고 가정하자. 노동조합이 두 그룹 모두 똑같은 4달러 인상을 협상하고, 그 결과 숙련 근로자들은 이제 시간당 24달러 그리고 미숙련 근로자들은 시간당 14달러를 받는다고 가정하자. 원래 미숙련 근로자들은 숙련 근로자들이 받는 액수의 50%(=10달러/20달러)를 벌었다. 그러나 임금 인상 이후 미숙련 근로자들은 숙련 임금의 약 58%(=14달러/24달러)를 번다. 상대적인 임금불균등이 감소한 것이다.

왜 산업별 노동조합은 상이한 숙련을 가진 근로자들을 위해 동일한 절대적인 임금 인상 정책을 채택하는가? 대답은 두 갈래이다. 한편으로 그것은 노동조합의 평등주의 이념을 반영한다. 다른 한편으로는 노동조합 지도자들은 그렇게 함으로써 노조를 구성하는 다양한 그룹의 상대적인 가치에 관한 정치적으로 처리하기 곤란하고 잠재적으로 분열을 초래하는 결정을 무난하게 비껴갈 수 있다.

기업 사이의 획일적 임금

기업 내에서 주어진 직종 계층에 대한 표준임금을 추구하는 것 이외에도 노동조합은 또한 기업들 사이에서도 표준임금을 추구한다. 이러한 정책의 정당성은 자명하다. 경쟁적인 기업들 사이에 상당한 임금 차이가 존재한다는 것은 임금이익을 지속하고 높여 나가야 하는 노동조합의 능력을 손상시킬 수 있다. 예를 들어 만약 네 기업으로 구성된 과점에서 한 기업이 상당히 낮은 임금을 그 노동조합 근로자들에게 지급하는 것이 허용된다면, 그 노동조합은 다른 세 기업들에서 노동조합 임금이익을 유지하는 것이 어려울 수 있다. 특히 경기침체 기간 동안 높은 임금을 지급하는 기업은 낮은 임금을 지급하는 기업 수준으로 임금을 인하하도록 노동조합에 큰 압력을 가할 가능성이 있다. 이러한 문제를 피하기 위해 노동조합은 기업들 사이의 임금을 표준화함으로써 '노동(임금)을 경쟁으로부터 빼내려' 하며, 그럼으로써 임금 분포의 정도를 감소시킨다. 제10장에서 한 산업 전체에 유효한 계약에서 최고조를 달성할 수 있는 다수사용자 교섭이 임금을 표준화하는 노동조합의 중요한 수단이라는 것을 배운 바 있다.

화이트칼라와 블루칼라 격차의 축소

노동조합 임금이익에 대한 실증 증거를 조사하는 데 있어 노동조합이 화이트칼라 근로자의 경우보다 블루칼라 근로자의 경우 더 큰 임금이득을 달성한다는 것을 관찰했다. 평균적으로 화이트칼라 근로자들이 블루칼라 근로자들보다 더 높은 근로소득을 향유하고 있기 때문에 후자를 위해 노동조합이 달성하는 더 큰 임금이득은 블루칼라와 화이트칼라 근로자들 사이의 근로소득 불균등을 감소시킨다.

불균등이 완화되었는가?

근로소득 분포에 노동조합이 미치는 순효과는 무엇인가? 노동조합이 임금 분포의 정도를 감소시킨다는 꽤 강력한 의견 일치가 존재한다. 프리먼과 메도프는 실증분석을 사용하여 전이효과는 근로소득 불균등을 약 1% 증가시키지만, 기업 내와 기업들 사이의 임금 표준화는 불균등을 약 4% 감소시킨다고 결론을 내렸다. 순결과는 노동조합으로 인한 근로소득 불균등의 3% 감소다. 오직 경제활동인구의 상대적으로 작은 비율만이 노동조합화되었다는 것에 주목하면서 저자들은 이같은 불균등의 3% 감소가 '상당한' 것으로 간주되어야 한다고 주장하고 있다.[42] 이러한 결론은 노동조합이 1987년에 임금 불균등을 7% 감소시켰다고 추정한 카드(Card)[43]에 의해 강화되었다. 그는 또한 미국에서 임금 불균등의 최근 증가에 기여자로서 노동조합의 쇠퇴를 지적하고 있다('근로의 세계' 10.5와 제17장 참조). 1973~1974년에서 1993년까지의 기간에 카드는 남성 근로자들 간 근로소득 불균등 증가의 15~20%와 여성 근로자들 간 불균등 증가가 거의 없는 것은 노동조합의 쇠퇴 때문이었다고 결론을 내리고 있다.[44]

기타 이슈 : 인플레이션, 실업, 그리고 소득점유율

노동조합이 끼칠 수 있는 경제적 영향에 대한 이제까지의 논의는 완전하지 않다. 노동조합은 상상컨대 인플레이션, 고용과 실업, 그리고 임금으로 지급되는 국민소득의 몫에 영향을 미친다. 자세한 논의는 거시경제학에서 다루므로 여기서는 각각에 대하여 간략히 평가하기로 하자.

인플레이션

경제학자들은 일반적으로 노동조합 임금 결정이 인플레이션의 기본 원인이 아니라는 데 동의한다. 대부분의 심각한 인플레이션 사건은 임금 인상보다는 초과 총수요 또는 공급충격과 관련이 있었다. 구체적으로 말하면 최근의 인플레이션은 대체로 확장적 재정정책 또는 금융정책 또는 1970년대의 석유수출국기구(OPEC)의 극적인 석유가격 인상 같은 공급충격에 기인했을 수 있다. 반면에 단체교섭에서의 임금 결정은 노동조합이 미래 인플레이션을 가늠하여 임금이득을 찾고 또 받을 수 있기 때문에 진행 중인 인플레이션을 영속화할 수 있다. 이러한 행동은 반인플레이션 정책의 유효성을 저해한다.

노동조합과 실업

노동조합과 실업 사이의 관계는 복잡하고 매우 논란이 많다. 한 가지 견해는 노동조합이 경제에서 임금 하방경직성의 주요 원인이라는 것이다.[45] 결과적으로 노동수요의 감소는 거의 배타적으로 고용에 영향을 미치지만, 임금에는 아니다. 임금의 하방경직성 때문에 임금 감소는 경기침체가 실업에 미치는 영향을 완충하거나 또는 개선할 수 없다. 반대되는 견해는 임금의 하방경직성이 대체로 노동조합이 아닌 요소들에 기인한다는 것이다. 예를 들어 비노동조합 근로자들은 경제여건이 너무 심각해 파산할 정도가 아니라면 사용자로 하여금 임금 수준을 유지하도록 의무를 지우는 비공식적인 양해 또는 암묵적인 계약을 갖고 있다. 나아가 기업은 경제 슬럼

---

[42] Freeman and Medoff, op. cit., pp. 90-93과 그 안에 인용된 추가 연구들.

[43] David Card, "The Effect of Unions on the Structure of Wages: A Longitudinal Analysis," *Econometrica*, July 1996, pp. 957-79.

[44] David Card, "The Effect of Unions on Wage Inequality in the U.S. Labor Market," *Industrial and Labor Relations Review*, January 2001, pp. 296-315. 또한 David Card, Thomas Lemieux, and W. Craig Riddell, "Unions and Wage Inequality," *Journal of Labor Economics*, Fall 2004, pp. 519-59를 참조하라.

[45] 더 완전한 논의는 제18장을 참조하라.

프 기간 동안 전면적인 임금 인하보다 선별적인 일시해고를 선호할 수 있다. 이유는 전자는 기업이 큰 훈련투자를 했던 숙련도 높고 경험 많은 근로자들로 하여금 사직하여 다른 일자리들 구하게 만들기 때문이다. 고정임금-일시해고 전략은 사용자로 하여금 이러한 가치 있는 근로자들을 경기하강의 기간 동안 저장하고, 상대적으로 더 쉽게 그리고 덜 비싸게 대체할 수 있는 훈련을 덜 받은 근로자들을 일시해고하는 선택을 하게 한다.

노동수요의 경기순환적 변화를 제외하고 노동조합은 적어도 두 가지 다른 방식으로 고용에 영향을 미칠 수 있다. 첫째, 노동조합은 낮은 근로자 이직과 관련되는데, 이는 실업률을 감소시키는 경향이 있다. 둘째, 임금을 올림으로써 노동조합은 경제활동인구에 근로자들을 추가로 끌어들여 실업을 증가시킬 수 있다(그림 10.7 및 수반된 논의를 참조하라).

전반적으로 노동조합-실업 그림은 엇갈리며, 순효과에 대해 의견 일치가 존재하지 않는다. 그러나 한 연구에서 몽고메리(Montgomery)는 노동조합 강도(조직화된 근로자 비율과 노동조합-비노동조합 임금격차의 크기 모두에 의해 측정되는)가 고용에 미치는 영향을 평가하려는 시도하에 약 42개 대도시 지역의 데이터를 조사했다. 그는 노동조합 강도가 클수록 고용가능성이 낮아지지만, 양적인 효과는 매우 작다는 것을 발견했다. 예를 들어 조합원 비율 10%의 증가는 고용가능성을 단지 약 0.2% 감소시킨다. 마찬가지로 노동조합 임금프리미엄의 10% 증가는 고용가능성을 단지 0.06% 감소시킨다.[46]

노동의 몫

노동조합이 국민소득에서 노동의 몫을 증가시키고 자본가의 몫을 감소시킬 수 있음을 시사하는 중요한 증거는 존재하지 않는다. 여기에는 여러 가지 이유가 있다. 우선, 전이효과에 대한 분석이 의미하는 바와 같이 노동조합 근로자들의 더 높은 임금은 자본가 몫으로부터가 아니라 대체로 비노동조합 근로자들의 임금을 희생하여 온 것일 수 있다(그림 11.2). 둘째, 노동조합 임금 증가는 노동의 자본으로의 대체를 유도할 수 있다. 따라서 노동조합화된 부문에서 높은 노동조합 임금이 노동의 몫에 미치는 잠재적인 긍정적 효과는 더 적은 노동조합 일자리와 관련된 부정적인 효과에 의해 상쇄될 수 있다. 마지막으로, 경영진은 대체로 생산성 향상과 가격 인상을 통해 자본으로부터 노동으로의 국민소득 재분배를 피할 수 있다. 임금 인상에서 비롯되는 이윤의 잠재적인 잠식은 생산성 향상 또는 가격 인상에 의해 부분적으로 흡수되거나 또는 상쇄될 수 있다. 노동조합이 노동의 몫 증가에 어떤 중요한 영향력도 행사하지 못했음은 의심할 여지없이 경제활동인구 가운데 오직 소수의 비율만이 노동조합원이라는 사실과 관련된다.

---

[46] Edward Montgomery, "Employment and Unemployment Effects of Unions," *Journal of Labor Economics*, April 1989, pp. 170-90.

요약

1. 노동조합의 존재 이외의 사항들을 고려해보면 왜 강력하게 노동조합화된 산업이 약하게 노동조합화된 산업보다 더 높은 임금을 지급하는지를 적어도 부분적으로 설명할 수 있다. 이러한 요소에는 강력하게 노동조합화된 산업의 상대적으로 적은 여성 근로자, 규모가 큰 공장, 그리고 더 자본집약적인 생산방법이 포함된다.

2. 순수 노동조합 임금이익 A는 $(W_u - W_n)/W_n \times 100$이다. 단, W_u는 노동조합 임금이고 W_n은 노동조합이 없었을 때 존재했을 비노동조합 임금이다.

3. 전이효과와 우수 근로자 효과는 측정된 노동조합 임금이익이 순수 노동조합 임금이익을 과장하게 하는 반면, 위협효과와 생산물시장 효과는 측정된 노동조합 임금이익이 순수 임금이익을 축소하게 한다.

4. 연구 증거는 이익의 크기는 직종, 산업, 인종, 성별로 상당히 다르지만, 노동조합이 구성원들의 임금이익을 달성한다는 것을 일관되게 알려준다. 루이스(Lewis)에 의한 1923~1958년 동안의 추정치들은 평균 노동조합 임금이익은 대략 10~15%였는데, 이익은 불황의 기간 동안 커지고, 예상하지 못한 인플레이션이 발생할 때 감소한다. 노동조합 임금이익은 1970년대 중반 커졌으며, 그 이후 16%로 하락했다.

5. 노동조합 근로자들은 또한 일반적으로 더 높은 수준과 더 다양한 부가급여를 받는데, 이는 노동조합 총보수 이익이 임금이익을 초과하도록 만든다.

6. 노동조합이 배분적 효율성과 생산성에 미치는 순효과가 정(+)인지 또는 부(−)인지에 대해 의견 충돌이 존재한다. 부정적인 견해는 (a) 노동조합이 부과하는 근로규칙과 관련된 비효율성, (b) 파업을 통한 산출량 손실, 그리고 (c) 노동조합 임금이익에 의해 창출된 노동의 잘못된 배분을 지적한다.

7. 긍정적인 견해는 (a) 노동조합의 임금 인상 압력이 기술향상과 생산 과정의 기계화에 박차를 가하고, (b) 집단적 목소리 기관으로서 노동조합은 근로자 불만을 해결하고, 노동 이직을 감소시키며, 근로자 안정감을 향상시키고, 그리고 경영 효율화를 유도함으로써 생산성 증가에 기여한다고 주장한다.

8. 노동조합이 기업의 이윤 획득 가능성을 감소시킨다는 의견 일치가 존재하지만, 이 감소가 경제적 효율성에 바람직하지 못한 효과를 미치는지에 대해서는 의견의 불일치가 존재한다.

9. 노동조합이 근로소득 불균등을 심화시킨다고 주장하는 사람들은 (a) 노동조합화가 노동조합 근로자들의 임금은 인상시키지만 비노동조합 근로자들의 임금을 낮추고, (b) 노동조합은 높은 보수를 받는, 숙련이 높은 블루칼라 근로자들 사이에서 가장 강력하지만, 낮은 임금을 받는, 미숙련 블루칼라 근로자들 사이에서 상대적으로 약하며, (c) 노동조합 임금 증가는 질 높은 근로자들에 대한 수요의 증가와 질 낮은 근로자들에 대한 수요의 감소를 발생시킨다고 주장한다. 반대되는 견해는 (a) 노동조합이 기업 내에서 주어진 일자리에 획일적 임금이 지급되도록 노력하고, (b) 노동조합이 기업들 사이의 획일적 임금에 호의를 보이며, (c) 노동조합이 상대적으로 높은 임금을 받는 화이트칼라 근로자들보다 상대적으로 낮은 임금을 받는 블루칼라 근로자들을 위해 더 높은 임금이득을 달성했기 때문에 노동조합이 근로소득 균등화에 기여한다는 것이다. 최근의 실증 증거는 노동조합이 임금 불균등을 완화했고, 노동조합의 쇠퇴가 임금 불균등 심화에 기여했음을 밝히고 있다.

용어 및 개념

과잉고용요구(featherbedding)

대기실업(wait unemployment)

부가급여(fringe benefits)

생산물시장 효과(product market effect)

순수 노동조합 임금이익(pure union wage advantage)

우수근로자 효과(superior worker effect)

위협효과(threat effect)

전이효과(spillover effect)

집단적 목소리(collective voice)

충격효과(shock effect)

측정된 노동조합 임금이익(measured union wage advantage)

퇴출 및 목소리 메커니즘(exit and voice mechanism)

질문 및 연구 제안

1. 노동조합 임금이익을 예상하는 상식적인 근거는 무엇인가? 노동조합과 비노동조합 기업들 사이의 다음의 차이 각각이 노동조합이 실제로 관찰되는 임금이익에 책임이 있는지를 결정하는 것을 어떻게 복잡하게 만들수 있는지를 설명하라 — (a) 기업 노동력의 인구통계학적 구성, (b) 기업의 공장 규모, (c) 기업의 근로자당 사용되는 자본설비의 양.

2. 증거는 노동조합 임금이익이 주어진 산업의 조직화된 비율에 직결되어 변한다는 것을 시사한다. 왜 그런가?

3. 순수 노동조합 임금이익은 어떻게 정의되는가? 만약 주어진 노동시장에서 임금이 노동조합이 없을 경우 16달러, 그리고 노동조합이 있을 때 20달러가 된다면, 순수 노동조합 임금이익은 얼마인가? 다음의 각각이 측정된 노동조합 임금이익이 순수 이익으로부터 어떻게, 그리고 어떤 방향으로 변하도록 할 수 있는지를 설명하라 — (a) 전이효과, (b) 위협효과, (c) 생산물시장 효과, (d) 우수 근로자 효과.

4. 측정된 노동조합 임금이익의 전반적인 크기를 나타내라. 최근의 증거는 이익이 증가했는지 또는 감소했는지를 시사하는가? 노동조합 임금이익의 경기순환적 변화에 대해 논평하고 설명하라.

5. 노동조합 근로자들과 비노동조합 근로자들이 받는 부가급여의 크기를 비교하고, 왜 노동조합이 이러한 차

이의 원인이 되는지 지적하라.

6. 다음 각 서술에 대해 논평하라.

a. "노동조합은 경영진의 손발을 묶고 효율적인 의사결정을 방해한다."

b. "노동조합 임금압력이 각 산업에서 고비용, 최소 효율적인 생산자들이 제거되도록 재촉한다는 의미에서 노동조합은 경제적 효율성에 기여한다."

c. "노동조합이 임금 불균등을 완화할 수 있지만, 개인별 장점과 노력을 기초로 한 임금격차를 축소하는 범위 내에서는, 그 결과가 불공평하고 또한 비효율적인 것으로 정당하게 인식될 수 있다."

d. "노동조합은 이윤을 감소시킴으로써 간접적으로 경제의 효율성을 손상하고, 그럼으로써 투자와 경제확대를 감소시킨다."

7. 파업 때문에 매년 잃어버린 근로시간의 양을 나타내라. 특정 파업의 기간 동안 잃어버린 근로시간의 양이 잃어버린 산출량 크기의 빈약한 지표가 될 수 있는 환경을 제시하라.

8. "어떤 노동조합 임금이득의 경우에도 그에 수반되는 사회에 대한 본질적인 비용이 존재한다. 그 비용은 노동 자원이 배분되는 효율성의 감소이다." 여러분은 동의하는가? 여러분의 대답에서 정태적 효율성과 동태적 효율성을 구별하라.

9. 증거는 자신의 생산물을 덜 경쟁적인 생산물시장에서 판매하는 기업은 매우 경쟁적인 시장에서 판매하는 기업보다 노동조합화될 가능성이 더 크다는 것을 시사한다. 제5장으로부터 생산물수요의 탄력성이 노동수요 탄력성의 중요한 결정요인이라는 것을 상기하면 이것이 어떻게 (a) 그림 11.6의 노동조합과 비노동조합 수요곡선들의 탄력성과 (b) 노동조합 임금이익으로 인한 산출량의 순손실에 영향을 미칠 수 있는가?

10. 어떤 구체적인 방식으로 노동조합의 존재가 기업 내에서 생산성을 올릴 수 있는가? 퇴출 메커니즘과 목소리 메커니즘의 개념을 답에 사용하라.

11. 노동조합이 근로소득의 분배를 바꿀 수 있는 여러 경로를 설명하라. 모든 것을 감안할 때 노동조합들은 임금 분포를 넓히는가 아니면 좁히는가?

12. 만약 노동조합이 없다면 경제는 더 잘 기능하게 되는가? 여러분의 답을 설명하라. 여러분의 입장에 대한 반론을 제시하라.

13. 항공산업과 트럭운송업의 노동조합화된 근로자들의 상대임금과 고용에 규제완화가 미치는 영향은 무엇이었는가? 항공업과 트럭운송업 사이에 결과의 차이를 설명하는 데 어떤 요소들이 도움이 되는가?

인터넷 연습

상대적인 노동조합 근로소득과 함께 무엇이 증가(또는 감소)하는가?

노동통계국 웹사이트(www.bls.gov)를 방문하여 '경제자료(Economic Releases)'를 선택하라. '고용 및 실업(Employment & Unemployment)'을 찾아 선택한 뒤 '분기, 연간, 그리고 기타(Quarterly, annual, and other)'하 '노동조합 조합원(Union Members)'을 찾아라. 가장 최근 연도에 비노동조합 임금 근로자와 급여 근로자들의 중앙값(median)과 비교할 때 노동조합 근로자들의 주간 근로소득의 중앙값은 얼마인가? 측정된 노동조합 임금이익은 얼마인가?

노동조합과 비노동조합 임금에 관한 데이터로부터 한 가지 다른 통계량을 선택하여 제시하라.

인터넷 링크

노동통계국 조업정지 웹사이트는 1,000명 이상이 관련된 파업에 대한 통계를 보고하고 있다(www.bls.gov/wsp).

정부와 노동시장 : 고용, 정부지출, 조세

12

이 장을 공부하고 나면:

1. 공공부문의 보상과 고용 성장을 민간부문과 비교하고 대조할 수 있다.
2. 모병제 군대와 징병제 군대 효과 사이의 차이를 논의할 수 있다.
3. 정부의 비급여 지출이 노동공급과 노동수요에 미치는 효과를 설명할 수 있다.
4. 정부에 의해 제공되는 재화와 서비스가 노동공급과 노동수요에 미치는 효과를 논할 수 있다.
5. 소득세가 개별적 및 전체적으로 임금과 고용에 미치는 영향을 설명할 수 있다.

제10장과 11장에서 노동시장에서 임금과 고용수준에 영향을 미치는 노동조합의 역할을 논의했다. 이제는 또 다른 주요 기관인 정부가 경제 전체에 걸쳐 임금과 고용에 영향을 미치는 여러 방식에 관심을 돌리기로 한다. 정부의 노동시장에의 참가는 상당하다. 예를 들어 2015년에 연방, 주, 지방정부에서 일하는 미국인 수는 제조업 일자리의 근로자 수를 초과했다!

이 장은 공공부문 고용과 정부의 지출과 선택된 세금이 민간부문 임금과 고용에 미치는 영향들을 검토한다. 이어지는 장에서는 법과 규제를 통한 노동시장에의 직접적인 정부 개입의 예를 논의한다.

공공부문 고용과 임금

정부는 많은 노동시장에서 특정 유형 근로자들의 주요 사용자, 혹은 심지어 유일한 사용자이다. 예를 들어 정부는 군대 인력, 반독점 담당 검사, 우편 근로자, 항공교통관제사, 공원경비원, 학교 교사, 정부기관의 관리자, 소방관, 고속도로 유지 인력을 채용한다. 이러한 근로자들에 대한 수요는 그들이 제공하는 공공부문 재화와 서비스에 대한 사회의 수요로부터 도출된다. 근로자들을 고용할 때 정부는 경제 자원을 '다 써버리거나' 또는 '흡수한다'. 더 정확히 말하면 정부 고용은 국가의 생산역량에 대해 직접적인 청구를 한다. 예를 들어 정부가 우편 근로자들을 고용하면 그 근로자들은 다른 재화와 서비스를 생산하는 데 더 이상 이용가능하지 않다. 마찬가지로 군대가 인력을 징병하거나 또는 그들을 자발적으로 입대하도록 설득할 때 사회는 그러한 자원들이 생산했을 민간부문 산출량을 포기한다. 아마도 사회는 이러한 자원들을 다른 곳에 사용하는 것보다 공공부문에서의 산출 또는 서비스를 더 소중하게 생각한다.

정부 고용 : 크기와 성장

그림 12.1과 12.2는 1950년 이래 미국 정부 고용의 크기와 성장을 보여준다. 그림을 면밀히 보면 여러 일반화가 드러난다. 첫째, 연방의 민간 근로자와 주와 지방정부 근로자의 절대 수(그림 12.1)는 이 기간 동안에 걸쳐 증가했다. 경제의 총고용 또한 상당히 증가했기 때문에 이는 놀랄 일이 아니다. 둘째, 연방정부 고용의 성장은 주와 지방정부 고용 증가보다 훨씬 적다. 분명히 1950년 이래 공공부문 고용 성장의 대부분은 주와 지방정부 수준에서 발생했다. 총고용의 백분율로서 연방의 민간인 고용은 1950년의 3.2%에서 2014년의 1.9%로 감소했다(그림 12.2). 같은 기간 동안 주와 지방정부 고용은 총고용의 7.0%에서 13.8%로 증가했다(그림 12.2). 셋째, 1950년에 7명 중 1명의 미국 근로자가 정부에 의해 고용되었는데, 2014년에는 그 수치가 거의

6명 중 1명으로 증가했다. 마지막으로, 군대의 현역 복무 인원수(그림 12.1)는 같은 기간 동안 130~360만 명 사이에서 변동이 있었다.

과거 수십 년에 걸친 공공부문 고용의 상대적인 성장은 친숙한 노동수요와 노동공급 모형을 사용하여 마음속에 그릴 수 있다(그림 6.2). 노동공급이 공공부문과 민간부문 모두에서 대략 똑같은 속도로 증가했지만, 노동수요곡선은 민간부문보다 공공부문에서 더 빨리 오른쪽으로 이

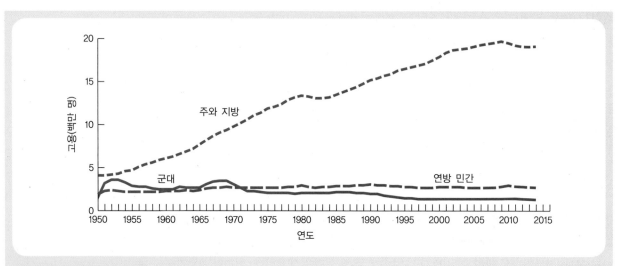

그림 12.1 미국의 정부 고용

정부 고용은 1950~2014년 사이에 급속하게 증가했는데, 증가의 대부분은 주와 지방 수준에서 발생했다.

자료 : Bureau of Labor Statistics(www.bls.gov) and U.S. Defense Department, Statistical Information Analysis Division, "Active Duty Military Strength by Service by Fiscal Year"

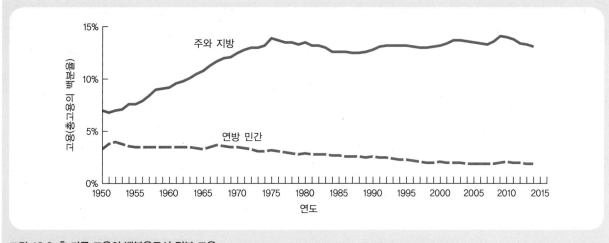

그림 12.2 총 미국 고용의 백분율로서 정부 고용

총 미국 고용 대비 주와 지방정부 고용은 지난 60년에 걸쳐 크게 증가했던 반면, 연방 민간 고용은 약간 감소했다.

자료 : Bureau of Labor Statistics(www.bls.gov).

동했다. 결과는 공공부문에서의 더 빠른 균형 고용성장률이었다.

경제학자들은 공공부문에서의 노동수요의 이러한 상대적인 성장의 여러 이유를 제시하고 있다. 우선 인구 성장, 도시화, 그리고 도시 확산과 관련해 수반되는 요구와 문제들이 많은 주와 지방정부 서비스에 대한 수요를 증가시켰다. 나아가 인구의 연령 구성이 이 기간 동안에 걸쳐 크게 변화했다. 제2차 세계대전 이후 베이비붐이 학령 어린이의 상당한 증가를 발생시켰으며, 이는 이어 공립학교 교사에 대한 수요를 증가시켰다. 작용하는 세 번째 요소는 고등교육, 건강 서비스, 공원, 깨끗한 환경 같은 소득탄력적인 정부 서비스에 대한 수요를 증가시켰던 사회의 실질소득 성장이었다. 이외에도 강력하고 전투적인 요인으로 공공부문 노동시장에 노동조합이 더 생겨났다. 몇몇 관찰자들은 공공부문 노동조합과 전문가 그룹이 정부가 제공하는 재화와 서비스에 대한 더 많은 지출을 선호하는 정부 관료들을 선출하기 위해 캠페인 기여, 조직적인 지원, 공개적인 지지, 그리고 투표를 통해 자신들의 정치적 파워를 점점 더 많이 사용했다고 주장한다. 이는 공공 근로자들에 대한 파생수요를 증가시켰을 수 있다.[1] 마지막으로 경제에서 정부 규제의 역할이 과거 50년에 걸쳐 확대되었으며, 이 또한 정부 근로자들에 대한 수요를 증가시켰다.

---

[1] Paul Courant, Edward Gramlich, and Daniel Rubinfeld, "Public Employee Market Power and the Level of Government Spending," *American Economic Review*, December 1979, pp. 806-17를 참조하라. 마스터즈와 딜레이니(Marick F. Masters and John Thomas Delaney)는 "Union Political Activities: A Review of the Empirical Literature," *Industrial and Labor Relations Review*, April 1987, pp. 336-53에서 1945년 이래 미국 국가정치에서의 노동의 역할에 대한 학술적인 문헌의 훌륭한 검토를 제공하고 있다. 특히 Table 1, pp. 339-42를 참조하라. 또한 John T. Delaney, Jack Fiorito, and Paul Jarley, "Evolutionary Politics? Union Differences and Political Activities in the 1990s," *Journal of Labor Research*, Summer 1999, pp. 277-95를 참조하라.

12.1 근로의 세계 　정부 근로자들은 무엇을 하는가?

정부 근로자들이 일하는 유형의 일자리는 정부 수준에 좌우된다. 주와 지방정부 고용은 교육에 집중되어 있다. 즉 절반이 넘는 사람들이 교육부문에 있다. 다음으로 큰 부문은 고용의 약 1/10을 차지하는 법률 집행이다. 다른 큰 부분이 병원과 보건인데 약 1/10이다. 공공복지와 공공도로 같은 작은 부문들이 합해서 총고용의 1/10 미만이 된다. '기타' 범주는 공원 및 레크리에이션, 화재보호, 교통, 도서관과 같은 분야의 근로자들로 구성된다.

연방정부 민간 근로자들은 주와 지방정부 근로자들과 다른 분야에 집중되어 있다. 연방정부 근로자들의 거의 1/2이 국방 및 우편 서비스 일자리에 있다. 1/7의 근로자들이 병원과 보건 부문에 있다. 천연자원, 경찰, 그리고 재무행정 부문이 각각 총고용의 4~7%를 차지한다. '기타' 범주는 사법과 법 집행, 교정, 항공운송, 사회보험행정 같은 분야들의 근로자들로 구성된다.

자료 : U.S. Census Bureau, "State and Local Government Employment and Payroll Data, by State and Function," March 2013; "Federal Government Employment by Function," March 2013.

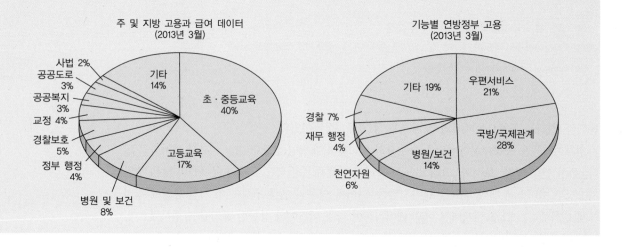

공공부문과 민간부문의 보수

1950~2014년 기간에 걸친 공공부문 고용의 증가는 공공부문 보수의 증가를 수반했다. 이론적으로 대부분의 정부 단위들은 적정임금규칙[prevailing wage rule, 또는 동등임금규칙(comparable wage rule)]을 고수한다. 즉 그들은 공공 근로자의 임금수준을 동등하게 훈련을 받아 고용된 민간부문 근로자들이 버는 임금과 동일하게 설정하려고 한다.[2] 2014년에 공공부문 근로자들의 평균 시간당 보수는 25.04달러였던 반면, 민간부문 근로자들의 평균은 22.24달러였다.[3] 그러나 이러한 평균들은 노동조합 상태, 교육과 훈련, 그리고 인구통계학적 특성(성, 인종)과 같은 요소들을 조정하지 않은 것이다. 스미스(Smith)는 일단 이러한 다른 요소들이 설명되었을 때 공공부문 근로자들이 실제로 민간 상대자들과 동등한 임금을 달성했는지를 실증적으로 테스트하기 위해 1970년대 중반에 종합적인 연구에 착수했다. 1975년에 연방 근로자들은 동등하게 교육받

---

[2] 적정임금 원리는 연방 근로자들을 위해 1970년의 연방보수동등법(Federal Pay Comparability Act)에 성문화되었다. 많은 주와 지방정부들도 비슷한 공식적인 정책을 갖고 있다.

[3] Barry T. Hirsch and David A. Macpherson, *Union Membership and Earnings Data Book: Compilations from the Current Population Survey (2015 Edition)* (Washington, DC: Bureau of National Affairs, 2015).

12.1 국제 시각　　**공공부문 고용**

정부에 의해 고용된 경제활동인구의 백분율은 주요 선진공업국 사이에 크게 다르다.

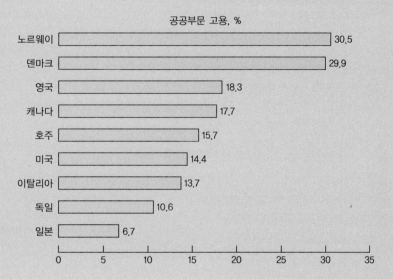

공공부문 고용, %

노르웨이	30.5
덴마크	29.9
영국	18.3
캐나다	17.7
호주	15.7
미국	14.4
이탈리아	13.7
독일	10.6
일본	6.7

자료 : Organization for Economic Cooperation and Development, *Government at a Glance*, 2013, Table 5.1. 공공부문은 일반 정부와 공기업에 의해 고용된 사람들을 포함한다.

고 경험을 가진 민간부문 근로자들이 벌었던 것보다 13~20% 더 높은 임금을 받았다. 주 수준에서는 비슷한 민간부문 근로자들보다 여성 근로자들은 6~7% 더 많이, 남성 근로자들은 3~11% 더 적게 받았다. 지방정부 근로자들은 그들의 민간부문 상대자와 거의 동일한 임금을 버는 것처럼 보였다.[4]

임금격차는 아직도 존재하는가? 이용가능한 증거는 공공부문 근로자들의 임금프리미엄은 1970년대 중반 이래 눈에 띄게 감소했다는 것을 알려준다. 몰턴(Moulton)은 1977~1979년과 1988년 사이에 연방 보수격차가 8~14%포인트만큼 감소했다는 것을 발견했다.[5] 몰턴은 연방 보수프리미엄은 전국적으로 약 3%이고 고임금 도시지역과 행정 및 전문가 직종의 경우에는 완전히 없어졌다고 결론을 내렸다.[6] 기틀먼과 피어스(Gittleman and Pierce)에 의한 최근의 연구

[4] Sharon P. Smith, *Equal Pay in the Public Sector : Fact or Fantasy* (Princeton, NJ : Princeton University Press, 1977).

[5] Brent R. Moulton, "A Reexamination of the Federal-Private Wage Differential in the United States," *Journal of Labor Economics*, April 1990, pp. 270-93. 1990년대의 데이터를 사용한 비슷한 결론은 Dale Belman and John S. Heywood, "The Structure of Compensation in the Public Sector," in Dale Belman, Morley Gunderson, and Douglas Hyatt (eds.), *Public Sector Employment in a Time of Transition* (Madison, WI : Industrial Relations Research Association, 1996)을 참조하라.

[6] 만약 분석이 더 상세한 직종의 정의를 사용하면 실제 공공부문 임금격차가 상당히 감소되었다는 것을 알려주는 증거는 Dale Belman and John S. Heywood, "Public Wage Differentials and the Treatment of Occupation Differences," *Journal of Policy Analysis and Management*, Winter 2004, pp. 135-52를 참조하라. 또한 Josefa Ramoni-Perazzi and Don Bellante, "Do Truly Comparable

12.2 근로의 세계 　해변, 햇살, 그리고 공공부문 보수*

최근 수년 동안 공공부문 근로자들이 민간부문 상대자에 비해 보수를 과다지급받는지 여부에 대해 대중매체와 정치권의 관심이 증가했다. 이러한 관심은 공공부문 임금이 경쟁적인 시장이 아니라 정치적인 과정에 의해 설정되기 때문에 발생한다. 나아가 공공부문은 노동조합화가 높은 수준이고, 노동조합은 정치적으로 적극적이다.

경제학자들은 공공부문 노동조합의 교섭력이 지역 주민들의 외부로의 이주에 따라 제한될 것이라고 주장했다. 만약 공공부문 노동조합이 임금을 인상시키고, 따라서 세금을 증가시킨다면 시민들은 그러한 높은 세금지역으로부터 더 낮은 세금지역으로 이동할 수 있다. 결과적으로 노동조합은 적어진 과세기반 때문에 임금을 인상할 능력이 약화될 것이다.

일부 밖으로의 이주가 있을 것이지만 브루크너와 뉴마크(Jan Brueckner and David Neumark)는 공공부문 노동조합은 살기 좋은 지역에서 더 높은 임금을 얻을 수 있을 것이라고 주장한다. 살기 좋은 지역에 살고 있는 시민들은 덜 좋은 지역에 살고 있는 사람들보다 더 많은 효용을 향유한다. 결과적으로 공공부문 노동조합

은 살기 좋은 지역의 주민들로부터 지대를 뽑아내는, 그래서 임금을 올리는 더 큰 능력을 갖고 있다.

브루크너와 뉴마크는 살기 좋은 지역의 공공부문 근로자들이 민간부문 근로자들 대비 더 높은 임금을 받는지를 테스트하였다. 그들의 **결과는 공공부문** 근로자들이 더 건조하고, 불에 더 가깝거나, 아니면 더 인구가 밀집된 지역에서 민간부문 근로자들 대비 더 많은 보수를 지급받는다는 것을 알려주고 있다. 이러한 패턴은 교사와 교도관 같은 공공부문의 하위집단은 물론 지방과 주정부 모두의 근로자들에게 존재한다. 살기 좋은 지역 특성과 공공부문 임금 사이의 관계는 공공부문 노동조합화 비율이 높은 주에서 더 강력하다. 그들은 살기 좋은 지역에서는 약한 단체교섭법을 채택할 것을 제시하고 있는데, 그래야만 공공부문 임금, 따라서 비용을 낮추게 되기 때문이다.

* Jan K. Brueckner and David Neumark, "Beaches, Sunshine, and Public Sector Pay: Theory and Evidence on Amenities and Rent Extraction by Government Workers," *American Economic Journal: Economic Policy*, May 2014, pp. 198-230을 기초로 함.

는 2009년에 주정부 근로자들의 경우 프리미엄이 존재하지 않으며, 지방정부 근로자들의 경우 약 5%의 프리미엄이 존재한다는 것을 보여준다.[7]

공공 대 민간부문 보수에 대해 여러 추가적인 요점을 주목할 가치가 있다. 첫째, 총보수 중 부가급여의 형태로 지급된 비율은 민간 근로자들보다 공공 근로자들의 경우 더 높다.[8] 기틀먼과 피어스는 주정부 근로자들은 민간부문 근로자들보다 총보수로 3~10% 더 많이 번다는 것을 보고하고 있다. 프리미엄은 지방정부 근로자들의 경우 10~19%다. 둘째, 연방정부 근로자들이 일자리를 사직할 비율은 민간부문의 동등한 근로자들의 사직률보다 더 낮다. 몇몇 경제학자들은 이는 연방 근로자들에게 보수가 과다지급되고 있음을 시사한다고 결론을 내리고 있다.[9] 그러나 다른 사람들은 연금의 형태를 취하는 연방 보수의 부분이 매우 높은데, 이것이 연방 근로자들이 일자리에 남아 있도록 장려할 수 있다는 것을 지적한다. 만약 이런 지적이 사실이라면 사직률은 보수의 적정성을 판단하기에는 빈약한 지표일 수 있다.[10] 셋째, 직종별 임금 구조는 민간부문에서보다 정부 내에서 더 평등주의적이다(제17장). 정치적인 고려사항은 명백히 정부

Public and Private Sector Workers Show Any Compensation Differential?" *Journal of Labor Research*, Winter 2007, pp. 117-33을 참조하라.

[7] Maury Gittleman and Brooks Pierce, "Compensation for State and Local Government Workers," *Journal of Economic Perspectives*, Winter 2011, pp. 217-42.

[8] Ibid.

[9] James Long, "Are Government Workers Overpaid? Alternative Evidence," *Journal of Human Resources*, Winter 1982, pp. 123-31.

[10] Richard A. Ippolito, "Why Federal Workers Don't Quit," *Journal of Human Resources*, Spring 1987, pp. 281-99.

로 하여금 동등하게 훈련받고 경험을 가진 민간부문 근로자들보다 저숙련 근로자들에게 상대적으로 더 많이, 그리고 선출직과 임명직 관료들에게 상대적으로 적게 지급하도록 만든다. 마지막으로 연구들은 정부의 여성과 아프리카계 미국인 근로자들은 민간부문의 그들의 상대자들보다 더 높은 보수를 받는다는 것을 알려준다. 그러나 이들에 대한 더 높은 보수는 과다지급을 의미하는 것이 아니라, 소수집단과 여성을 균등하게 대우하겠다는 정부의 약속의 결과일 수 있다.[11]

12.2
근로의 세계

군대 부문 : 징병제와 모병제

지난 30년에 걸쳐 미국이 고용한 현역 복무 군인의 숫자는 높으면 1970년의 300만 명과 낮으면 2011년의 140만 명 사이에서 움직였다. 1973년 이전에 미국은 사람들을 군대에서 복무하도록 강제하기 위해 흔히 **징병제**라 불린 의무병역제도를 사용했다. 이러한 징집된 사람들은 **지원병들**(volunteers)과 함께 복무했다. 지원병은 징집 전에 자신의 노동서비스를 군대에 제공하기로 한 사람들이다. 이러한 징병제도에서는 징집된 사람들과 입대한 인력의 임금은 민간부문 일자리에서 벌 수 있었던 것보다 낮았다. 1973년에 연방정부는 징병제를 포기하고, 필요한 숫자를 끌어들이기에 충분히 높은 임금과 부가급여를 통해 자발적으로 모집된 사람들로 군대를 충원하였다. 어떤 의미에서는 군대가 미국 우편서비스, 연방수사국, 국립공원관리청 같이 전문가적이고 시장을 기반으로 한 독립체가 되었다. 실제로 2001년 연구에 따르면, 남성 지원병의 경우, 군대 경력의 대부분 기간 동안 그의 근로소득은 고등학교 졸업자인 비슷한 경험 기간을 가진 풀타임 근로자 임금의 70번째 백분위수 정도였고, 대학 교육을 받은 풀타임 근로자 임금의 중앙값 정도였다.[12] 군대 근로소득의 일부는 일반적으로 군대 일자리에 수반되는 위험과 열악한 근로조건에 대한 보상임금일 수 있다는 사실을 추가해야겠다.

자발적이고 임금을 기반으로 한 군대는 여전히 다소 논쟁이 많다. 평시 징병제로의 복귀 요구 또는 보편적 국가서비스의 새로운 제도 수립 요구가 흔히 있는 일이다. 현대적 모병제 군대를 비판하는 사람들은, 모병제는 주로 저소득 시민 계층에서 끌려온 사람들로 군대를 꾸리고, 인종적으로 불균형적인 집단을 만들며, 전반적으로 국가에 대한 의무의식을 감소시키고, 납세자에 대한 군대 비용을 증가시킨다고 주장한다.

모병제 접근법의 옹호자들은 전문가적인 군대가 그 목표를 달성할 준비가 더 잘되어 있고, 노동을 군대에 배분하는 사회의 전반적인 비용을 최소화하며, 군대에서 노동과 자본의 더 효율적인 조합의 사용을 촉진하고, 저숙련 근로자들의 고용기회를 창출하며, 민간부문으로 이전할 수 있는 현장실무훈련을 제공하고, 개인의 자유를 극대화한다고 응수한다. 이러한 옹호자들은 또한 징집된 사람이 아니라 납세자들이 군대 비용을 부담하는 것이 더 공평하다고 주장한다.

---

[11] 이 점은 Robert G. Gregory and Jeff Borland, "Recent Development in Public Sector Labor Markets," in Orley Ashenfelter and David Card (eds.), *Handbook of Labor Economics*, Volume 3C (Amsterdam: North-Holland, 1999)에서 논의되고 있다.

[12] Beth J. Asch, James R. Hosek, and John T. Warner, *On Restructuring Enlisted Pay: Analysis in Support of the 9th Quadrennial Review of Military Compensation* (Santa Monica, CA: Rand, 2001).

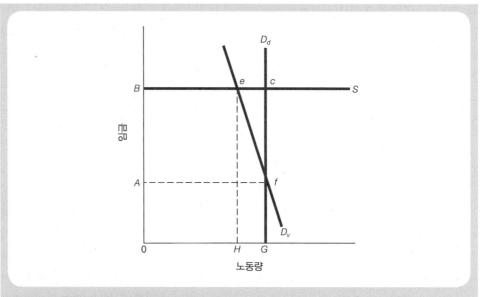

그림 12.3 징병제 군대와 모병제 군대

만약 군대가 특정 그룹의 근로자들 0G를 징집하고 그들 각자에게 0A를 지급한다면 납세자에게 청구되는 총임금(0AfG)은 징집된 사람들의 총기회비용(0BcG)보다 작을 것이다. 자발적 또는 시장기반 제도에서 관련 수요곡선은 D_v가 되고, 세금 납부자에 대한 비용은 증가하며(0AfG와 비교할 때 0BeH), 자발적으로 지원한 사람들은 자신들의 기회비용(0BeH)을 완전히 보상받고, 군대는 그 총노동력을 감축할 가능성이 있다(0G에서 0H로). 어떤 특정 그룹의 근로자들을 고용하는 진정한 비용은 총임금과 무관하다.

즉 모병제 군대가 군인의 이직을 줄임으로써 훈련비용을 감소시키며, 숙련된 인원 또는 보충역의 부족은 더 많은 인원이 필요한 분야의 임금을 올림으로써 제거될 수 있다는 것이다.

이러한 찬반에 대한 종합적인 검토는 지금 진행하고 있는 논의의 범위를 넘어서는 것이다. 관심사항이 노동시장에서 정부의 역할이기 때문에 여기서의 분석은 두 가지 대안의 **노동시장** 측면에 국한한다.

징병제의 경제학

그림 12.3은 군대의 시각에서 본 노동공급과 노동수요를 보여준다. 단순화를 위해 군대가 인원을 징집하는 시장은 완전경쟁적이고 국가는 전쟁 중이 아니라고 가정한다. 처음에 D_v로 명명된 노동수요곡선을 무시하고 그 대신 곡선 S와 D_d에 집중하자. 곡선 S는 사용자가 생각하는 일반적인 경쟁적 공급곡선이다. 완전비탄력적인 수요곡선 D_d는 의회가 군대에게 0G만큼의 사람들을 징집 또는 선발하고 그들 각각에게 0A의 임금을 지급하도록 승인한다는 가정하에 그려진다. 처음에 징집된 사람들은 임금이 0A가 아니라 균형수준 0B였다면 자발적으로 지원했을 특정 개인들이라고 가정하자.

이제 두 가지 질문을 제기하기로 하자. 첫째, 이런 징집제도에서 군대(납세자)가 지불해야 할 총임금은 얼마인가? 둘째, 주어진 가정하에 이러한 특정 0G 근로자들을 징집하는 사회에 대한 전체적인 비용은 얼마인가? 첫 번째 질문에 대한 대답은 간단하고 복잡하지 않다. 군대의 총임금은 승인된 임금 $0A$에 승인된 고용수준 $0G$를 곱함으로써 알 수 있는 면적 $0AfG$이다.

이 총임금이 또한 사회에 대한 총비용인가? 대답은 '아니다'이며, 노동공급곡선을 검토함으로써 이를 이해할 수 있다. 곡선 S의 수직높이는 이러한 고용에서 각 노동단위를 사용하는 기회비용, 또는 다시 말해서 징집된 $0G$ 근로자들 각각의 포기한 민간 근로소득을 측정한다. 예를 들어 이 근로자들이 임금 $0B$로 1년에 35,000달러, 그리고 군대임금 $0A$로는 단지 20,000달러를 벌게 된다고 가정하자. 징집으로 이 개인들이 희생하는 연간소득과 사회에 의해 포기된 산출량은 35,000달러 곱하기 $0G$의 징집된 사람 수이다. 군대가 이 근로자들에게 20,000달러를 지급한다는 사실은 이 개인들 또는 사회에 대한 실제 비용을 반영하지 않는다. $0G$만큼의 근로자들을 징집함으로써 군대는 징집된 사람들과 사회에 노동공급곡선 아래의 면적 $0BcG$와 동일한 기회비용을 부과한다. 군대는 징집된 사람들에게 $0AfG$를 지급하고 나머지 비용 $ABcf$를 그 징집된 사람들에게 부과한다. 이 비용이 징집된 사람들이 민간인으로서 벌었을 금액과 군대에서 번 금액 사이의 차이다. 일반화하면 어떤 특정 그룹의 근로자들이라도 군대로의 징집의 진정한 사회적 비용은 군대가 그들에게 지급하는 총임금과 무관하다. 실제 비용은 징집된 사람들에 의해 희생된 소득(산출량)으로 구성된다. 낮은 보수의 **징병제**(military conscription)는 군대(납세자)가 부담할 인건비를 감소시키지만, 군대의 사회에 대한 비용을 낮추지는 못한다. 오히려 징병제는 진정한 비용의 일부 — 지금의 경우 징집된 사람 1인당 15,000달러이다 — 를 납세자로부터 징집된 사람들에게 이동시키는 것이다.[13]

이제까지 징집된 사람들은 그림 12.3의 완전탄력적인 공급곡선에 의해 반영된 기회비용을 갖는 사람들이라고 가정했다. 이는 정부가 저숙련 노동시장에서 오직 낮은 민간 근로소득을 갖는 사람들만을 징집한다고 가정하는 것이다. 그러나 만약 군대가 $0G$만큼의 징집자들을 선발하기 위해 추첨을 한다면? 선발된 많은 사람들은 $0B$보다는 더 높은 민간 임금 기회를 가진 사람들일 것이다. 달리 말하면 추첨을 통해 선발된 $0G$만큼의 징집된 사람들의 집단적 민간 임금 기회는 면적 $0BcG$를 초과할 것이다. 여기서 해당되는 일반화는 추첨을 통한 징병의 개인과 사회에 대한 진정한 비용은 저임금을 받는 민간 근로자들의 징병비용을 초과할 것이라는 사실이다.

자발적, 시장을 기반으로 한 모병제 접근법

그림 12.3의 수요곡선 D_v로 전환함으로써 **자발적 또는 시장을 기반으로 한 모병제 군대**(voluntary or market-based army)의 경제적 시사점을 분석할 수 있다. 징병제를 분석하기 위하여 사용한 완전비탄력적인 것이 아니라 전형적인 우하향하는 수요곡선을 그렸다는 것을 주목하라. 이 우하향하는 곡선은 군대 인력에게 더 높은 임금을 지급하면 그 근로자의 수를 감축해야 한다는

---

[13] 징집된 사람들에 대한 추가비용은 군대가 미래 민간 근로소득을 낮출 수가 있다는 것이다. 베트남전쟁 시대에 징집된 사람들은 1970~1980년대 동안 징집되지 않았던 사람들보다 더 낮은 근로소득을 벌었지만, 그들의 근로소득은 시간이 지남에 따라 증가해서 2000년에는 동등함을 달성했다. Joshua D. Angrist and Stacey H. Chen, "Long-Term Consequences of Vietnam-Era Conscription: Schooling, Experience, and Earnings," *American Economic Journal: Applied Economics*, April 2011, pp. 1-24를 참조하라. 반면에 자원입대는 근로소득을 높이는 것처럼 보인다. Barry T. Hirsch and Stephen L. Mehay, "Evaluating the Labor Market Performance of Veterans Using a Matched Comparison Group Design," *Journal of Human Resources*, Summer 2003, pp. 673-700을 참조하라.

현실적인 예상을 반영한다. D_v와 S의 교차점에 의해 보이는 바와 같이 균형 군대임금과 노동량은 각각 0B와 0H가 될 것이다. 군대에 대한 총임금은 0BeH가 될 것인데, 이는 징병제하 총임금인 0AfG보다 상당히 더 클 것이다. 군대의 인력에 대한 수요곡선이 상대적으로 비탄력적이라고 가정하면, 자발적 모병제 군대는 납세자들에 대한 군대 인력의 화폐비용을 증가시킬 것이다. 자발적 모병제 군대는 소득을 납세자로부터 군대 인력으로 이전시키고 그 결과 후자는 자신들의 기회비용 0BeH를 모두 보상받는다.

그림 12.3은 만약 임금이 0A의 징병제 수준이었다면 자발적 모병제 군대는 이전에 징병했던 (0G) 똑같은 수의 근로자들을 채용하게 됨을 보여준다. 그러나 시장이 결정하는 임금을 따르는 자발적 모병제 군대의 존재는 군대의 고용을 0G로부터 0H로 감소시킨다. 이러한 고용의 감소는 두 가지 이유 때문에 발생한다. 첫째, 임금이 0A로부터 0B로 증가함에 따라 군대는 노동을 자본으로 대체하려 할 것이다. 군대는 식기 세척기의 구매, 더 많은 무기의 조달, 그리고 일상적인 서류작업의 컴퓨터화 같은 활동을 함으로써 그 비용을 낮출 수 있다. 이는 군대가 더 비싸진 노동의 사용을 절약할 수 있도록 할 것이다. 둘째, 더 높은 총임금이 군대의 진정한 비용에 아무것도 추가하는 것은 없지만 그것은 의회와 납세자들이 인지하는 군대의 가격을 인상시킨다. 이러한 가격 인상이 의회로 하여금 군대 서비스의 '산출량'을 감소하도록, 또는 총 군대 시설의 규모를 축소할 것을 예상하게 되는데, 이는 그 뒤 군대 고용을 감소시키게 된다. 기민한 독자는 여기서 임금 인상의 대체효과와 산출량효과 모두를 언급하고 있다는 것을 알아챌 것이다.

마지막 요점은 위의 논의와 관련이 있다. 지원입대자들에 대한 인위적으로 낮은 임금이 아니라 노동의 공급가격과 동일한 금액의 지급은 군대 사기를 향상시키고 노동 이직을 감소시킬 것으로 예상된다. 이러한 요소들은 사회에 대한 군대의 비용을 낮추는 데 있어 이전에 논의했던 것들과 합쳐질 수 있다.

요약하면 군대를 위한 징집(징병제) 또는 채용(모병제)은 정부가 경제의 특정 노동시장에 어떻게 영향을 미치는지의 또 다른 예이다. 노동시장 분석은 (1) 인원을 군대에 배분하는 진정한 비용은 그 근로자들에게 지급되는 임금과 무관하고, (2) 노동을 얻기 위해 사용되는 방법(추첨대 저임금 근로자들의 징집)은 주어진 크기의 군대 인력을 얻는 총비용에 영향을 미칠 수 있으며, (3) 자발적 모병제 군대의 비용은 이직 감소 및 사기 고양과 관련된 더 높은 생산성 때문에 징병제 군대보다 더 작을 수 있고, (4) 자발적 모병제 군대는 납세자들이 생각하는 군대의 가격을 상승시킬 가능성이 있으며, (5) 사회는 저임금 의무적 제도보다 고임금 자발적 제도 아래서 더 적은 노동 자원을 군대에 배분할 것으로 기대될 수 있다.[14] 마지막으로 노동시장 분석은 여러 공공정책 옵션의 비용과 편익을 이해하는 데 도움이 될 수 있는 반면, 어떤 옵션을 사회가 선택해야만 하는지는 결정할 수 없다.

---

[14] 자발적 모병제 군대의 평가는 John T. Warner and Beth J. Asch, "The Record and Prospects of All-Volunteer Military in the United States," *Journal of Economic Perspectives*, Spring 2001, pp. 169-92를 참조하라.

정부에 의한 비급여 지출 : 노동에 미치는 영향

정부의 민간 및 군대 근로자들의 고용은 전체 노동시장에 주요한 요소라는 것을 확고히 했다. 정부의 비급여 지출 또한 임금과 고용에 영향을 미친다. 이 지출은 상당하며 (1) 민간부문 재화와 서비스의 구매 및 (2) 이전지출과 보조금의 두 가지 형태를 취한다. 2011년 정부는 2조 5,470억 달러의 노동, 재화, 서비스를 구매했다. 이 금액의 약 1/2은 민간 산업에 의해 생산된 재화에 지출되었다. 또한 정부의 이전지출과 보조금은 2011년에 2조 3,710억 달러였다. 지출 각 범주가 주요 노동시장에 미치는 영향을 간략히 검토하기로 하자.

민간부문 산출물의 정부 구매

정부 구매(government purchase)는 컴퓨터, 탱크, 의료용구, 교재, 버스, 잠수함, 종이집게, 가구, 기상위성 같은 항목들의 조달을 포함한다. 정부에 의한 이런 유형의 지출은 민간부문 특정 종류 근로자들에 대한 파생수요를 창출한다. 몇몇 경우에 그것은 정부 없이는 존재하지 않게 되는, 또는 적어도 그렇게 크지 않은 노동에 대한 수요를 창출한다. 그러한 수요의 변화는 균형 임금과 고용수준에 영향을 미칠 것으로 예상할 수 있다. 예를 들어 전략미사일에 대한 정부지출의 삭감은 궁극적으로 항공우주 엔지니어의 임금과 고용수준을 감소시킬 것으로 예상할 수 있다. 마찬가지로 연방 건축 지출의 증가는 넓은 범위 건설 근로자들에 대한 수요를 증가시키고, 그들의 단체교섭 입장을 강화시킬 가능성이 있게 된다.

이전지출과 보조금

정부의 급여 지출과 민간부문 재화와 서비스에 대한 비급여 지출은 한 가지 공통된 특성을 갖고 있다. 둘 모두 노동과 다른 경제자원의 고용이라는 의미에서 고갈적인(exhaustive) 또는 자원 흡수적인 지출이라는 것이다. 그에 반해서 이전지출과 보조금은 그 자체만으로는 자원을 직접적으로 흡수하지 않거나 또는 생산을 의미하지 않기 때문에 고갈적인 지출이 아니다. 더 정확히 말하면 그 이름이 의미하는 바와 같이 은퇴한 사람들에 대한 사회보장급여(Social Security benefits), 실업보상, 생활보호급여, 그리고 재향군인급여 같은 **이전지출**(transfer payments)은 연령, 근로상태, 소득, 병역 같은 기준에 따라 소득을 한 그룹으로부터 다른 그룹의 개인들에게로 이전한다. 수혜자들은 이에 대한 보답으로 현재의 생산적인 활동을 수행하지는 않으며, 따라서 이전지출은 고갈시키지 않는다. 마찬가지로 **보조금**(subsidy)은 어떤 특정 생산물 또는 서비스를 소비하거나 또는 생산하는 기업, 기관, 또는 가계에 대한 이전지출이다. 나이 든 사람들을 위한 메디케어(Medicare), 농부들을 위한 가격지지, 그리고 젊은이들을 위한 공공교육은 모두 정부 보조금의 예들이다.

수요효과

이전지출과 보조금이 노동 또는 다른 자원을 직접적으로 고갈시키거나 흡수하지는 않지만 경제의 총수요 구조를 바꾸고, 따라서 특정 유형의 노동에 대한 파생수요에 영향을 미친다. 예를 들어 사회보장 프로그램의 조항하에 나이 든 미국인들에게 제공되는 현금과 현물 의료 이전지출은 나이 든 사람들이 구매하는 경향이 있는 생산물과 서비스에 대한 수요를 증가시킨다. 더 구체적으로 말하면 이전지출은 처방전이 필요한 약과 처방전 없이 살 수 있는 약, 요양원 서비스, 병원 치료, 그리고 은퇴 재산 같은 항목들에 대한 수요를 증가시킨다. 이 수요는 이어 이러한 재화와 서비스의 생산, 배달, 또는 판매에 종사하는 근로자들에 대한 파생수요를 증가시킨다. 비슷한 의미로 저소득 가족을 위한 생활보호 프로그램을 통해 제공된 현금 이전은 어린이 옷, 장난감, 그리고 식품을 포함한 다양한 생산물에 대한 수요를 증가시킨다. 다른 조건이 동일하다면 이러한 생산물수요의 증가는 생산물가격을 인상시키는데, 이는 그 뒤 영향을 받는 산업에서 노동에 대한 수요를 증가시킨다(표 6.1의 수요의 결정요인 1).

민간 기업들과 비영리 조직들에 제공된 보조금도 또한 특정 유형 근로자들에 대한 수요를 증가시킨다. 예를 들어 수출입은행을 통해 미국 정부는 미국 수출의 몇몇 해외 구매자들에게 시장이자율보다 낮은 수준의 이자율로 대출금을 제공한다. 이는 미국 수출의 유효가격을 감소시키는 반면, 수출업자들이 책정하는 가격은 그대로 둠으로써 해외 구매, 그리고 궁극적으로 미국 수출부문의 노동에 대한 파생수요를 증가시킨다. 마찬가지로 연방정부는 사립대학교 같은 비영리 조직에 보조금을 제공하는데, 이는 그 뒤 그들의 서비스를 전달하기 위한 더 많은 근로자들을 요구한다.

공급효과

노동수요에 미치는 영향 이외에도 이전지출과 보조금은 단기와 장기 노동공급에 영향을 미친다. 제2장의 개별 노동공급에 대한 논의에서 본 것처럼 이전지출(예 : 소득보장프로그램)은 수혜자에 의해 제공되는 최적 근로시간 수를 감소시키는 경향이 있는 **소득효과**를 발생시킨다. 간단히 말해서 이전소득은 수혜자가 여가를 포함하여 더 많은 정상재와 서비스를 구입하도록 유도한다(그림 2.12). 또한 만약 현금이전 금액이 근로소득과 역의 관계를 갖고 있다면, 즉 만약 급여 삭감률이 근로소득에 적용된다면, 프로그램은 근로노력을 감소시키는 **대체효과**를 창출한다. 여가의 기회비용 또는 가격을 인하시킴으로써 이전지출은 이제는 상대적으로 높아진 가격의 근로를 낮아진 가격의 여가로 대체하도록 장려한다.

이전지출과 보조금은 또한 장기 노동공급 결정에 영향을 미친다. 예를 들어 현금과 현물 이전지출의 존재는 인적자본에 투자하려는 인센티브를 감소시킬 수 있다. 본질적으로 훈련 또는 교육의 결과로 나타나는 근로소득의 미래 이득은 미래 이전수입의 손실을 수반하기 때문에 투자자들에 대한 순수익의 현재가치는 감소한다. 다른 조건이 일정하다면 이전수입에 대한 급여 삭감률이 높으면 높을수록 인적자본 투자의 실제 순수익률은 더 작게 된다.

그러나 모든 이전지출과 보조금 프로그램들이 장기 노동공급을 감소시키지는 않는다. 인적자본 투자의 사적 비용을 감소시키는 이전지출과 보조금은 정반대의 효과를 만들어낸다. 예를 들어 정부는 많은 대학생들에게 시장이자율보다 낮은 이자율의 대출금 형태로 보조금을 지급한다. 이러한 대출금의 경제적 정당성은 제4장에서 개요가 서술되었음을 상기하라. 이러한 보조금은 대학 교육 투자의 사적 비용을 감소시키는데, 이는 이러한 형태의 인적자본에 대한 개인의 투자수익률을 증가시킨다. 직접적인 결과로서 다양한 숙련의 전문가 노동시장에서 장기 노동공급이 증가한다. 이외에도 교육을 더 잘 받은 사람들은 교육을 적게 받은 사람들보다 경제활동인구에 더 오래 머문다는 것을 배웠다. 따라서 정부의 이전지출과 보조금은 특정 노동시장에서 공급에 긍정적인 또는 부정적인 영향을 미칠 수 있다.

공적으로 제공되는 재화와 서비스의 노동시장 효과

이제까지 정부 고용과 민간부문 산출물의 공공부문 구매는 특정 노동시장에서 임금과 고용수준에 영향을 미친다는 것을 알아보았다. 다음에는 흥미롭고 관련된 질문을 제기한다—공적으로 제공되는 재화와 서비스는 그 제공에 필요한 공공 및 민간 고용과 무관하게 노동수요와 노동공급에 영향을 미치는가? 공적으로 제공되는 재화와 서비스는 그 편익이 나뉠 수가 없어, 대가를 지불하지 않는 사람들을 거부하는 것이 불가능한 **순수 공공재**(pure public goods)부터 정부에 의해 제공되지만 또한 민간부문에서도 판매되는 재화와 서비스까지 다양하다. 전자의 예는 국방이고, 후자의 예는 대학 교육이다. 일부 공적으로 제공되는 재화들이 민간부문 노동수요에 영향을 미치는 것은 분명하다. 이러한 재화와 서비스가 경제의 전체 노동공급을 감소시킨다는 것 또한 이해할 수 있다. 각 가능성을 검토하기로 하자.

노동수요에 미치는 효과

공공부문 재화와 서비스의 제공은 다양한 방식으로 노동수요에 영향을 미친다. 예를 들어 정부가 강에 대규모 댐을 건설한다고 가정하자. 이 프로젝트는 전기 발전, 홍수 통제, 관개, 그리고 레크리에이션 기회와 같은 다수의 편익을 창출한다고 가정하자. 정부는 댐, 발전소, 관개 수로 체계, 그리고 인접 레크리에이션 지역을 건설하기 위해 노동과 민간부문 생산물을 고용함으로써 노동시장에 영향을 미친다. 그러나 댐의 존재 또한 독립적으로 노동수요에 영향을 미친다. 예를 들어 관개제도는 농경 근로자들에 대한 수요를 증가시킬 가능성이 있고, 새로운 레크리에이션 기회는 낚싯배, 모터, 그리고 수상스키에 대한 수요를 증가시키며, 이는 이러한 재화를 생산하는 데 종사하는 근로자들에 대한 파생수요를 증가시킬 것이다. 또한 값싼 전기의 이용가능성은 지역으로 제조기업들을 유도함으로써 특정 숙련 및 미숙련 근로자들에 대한 수요를 증가시키고, 하류 홍수의 통제는 실제로 홍수 보험대리인과 손해사정인에 대한 수요를 감소시킬 수 있다. 실제로 다음과 같이 일반화할 수 있다—다른 조건이 일정하다면 특정 사적재와 생산 아니면 소비에 있어 보완관계인 공공재의 제공은 사적재를 생산하는 데 종사하는 근로자들에 대한 파생수요를 증가시킬 것이다. 반대로 특정 사적재와 생산 또는 소비에 있어 대체관계인 공공재의 제공은 사적재를 생산하는 데 종사하는 근로자들에 대한 파생수요를 감소시킬 것이다.

노동공급에 미치는 효과

단기 개별 노동공급의 기본적인 소득-여가 모형을 수정한 모형은 공적으로 제공되는 재화와 서비스가 노동공급량을 감소시킬 수 있다고 시사한다. 제2장에서 소득-여가 선택의 기본 모형

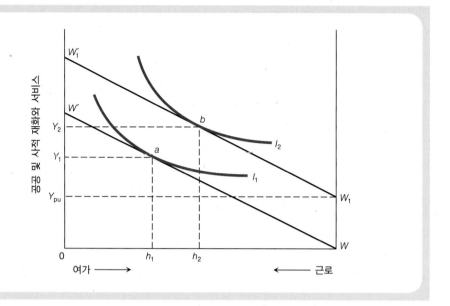

그림 12.4 공적으로 제공되는 재화가 개별 노동공급에 미치는 영향

만약 실질소득이 어떤 특정 수준의 근로로부터 얻을 수 있는 공공 및 사적 재화와 서비스의 총수량으로 정의된다면 공공부문 재화 또는 서비스 Y_{pu}의 존재는 유효 예산제약선을 WW'으로부터 $W_1W'_1$으로 위로 이동시킨다. 여가가 정상재라 가정하고 공공부문이 제공하는 재화 및 서비스 증가분에 대한 세금을 무시한다면, 이는 최적 근로시간 수를 h_1h_2만큼 감소시키는 소득효과를 창출한다.

은 각각 어떤 특정 수준의 효용을 산출하는 실질소득과 여가의 여러 조합을 보여주는 무차별곡선들로 구성된 선호 지도를 포함하고 있다는 것을 배운 바 있다. 또한 모형은 개인이 주어진 임금에서 얻을 수 있는 소득과 여가의 실제 조합을 나타내는 임금선 또는 예산선을 포함하고 있다는 것도 학습하였다.

그림 12.4는 기본 모형의 수정판을 보여준다. 수직축으로부터 실질소득이 어떤 특정 수준의 근로로부터 얻을 수 있는 민간 및 공공부문 재화와 서비스의 총수량으로 정의된다는 것을 주목하라. 그가 얼마나 일했는지와 관계없이 공공부문 재화 $Y_{pu}(=WW_1)$가 그린에게 이용가능하다고 가정하자. 그에게 이용가능한 실질소득은 Y_{pu}에 그의 근로소득이 그에게 얻도록 허용할 사적재 수준을 더한 것일 것이다. 공공재 Y_{pu}의 제공 이전에 그린의 예산제약은 WW'이었지만 공적으로 제공되는 산출량의 존재는 그의 유효 예산제약이 $W_1W'_1$이라는 것을 의미한다. 이 후자의 예산선은 그의 임금이 주어졌을 때 각 근로수준에서 그린에게 이용가능한 여가와 재화(민간 및 공공부문)의 조합을 보여준다. 두 예산선 사이의 수직거리는 그린이 이용가능한 공공재의 가치를 측정한다.

만약 이 개인에게 공공재가 이용가능하지 않다면 그는 Y_1재화(실질소득)를 벌게 되는 h_1시간을 일함으로써 a에서 자신의 효용을 극대화하게 된다. 그러나 공공재의 존재는 그린으로 하여금 더 많은 여가를 '구입'하도록 허용하는 소득효과를 창출한다. 공공부문 재화 Y_{pu}의 제공은 그를 무차별곡선 I_1 위의 a로부터 곡선 I_2 위의 b로 이동시킴으로써 그의 총효용을 증가시킨다. 그러나 효용의 이러한 이득을 달성하는 데 있어 그린은 자신의 노동시간을 h_1에서 h_2로 줄인다.

따라서 공적으로 제공되는 재화와 서비스는 개인과 경제 전체의 노동공급을 감소시킬 수 있다고 결론을 내리게 된다. 공공재가 더 밀접하게 사적재와 대체될 수 있으면 있을수록 노동공급의 감소는 더 커지게 된다. 예를 들어 공공부문에 의해 제공되는 공짜 식품은 식품을 구입하기 위한 소득을 벌 인센티브를 감소시킬 수 있다. 실제로 한 연구는 연방 푸드스탬프 프로그램이 여성이 가장인 가계의 노동공급을 9% 감소시켰다고 추정했다.[15] 반면에 공공재가 여가와 더 보완재일수록 노동공급의 감소는 더 커지게 된다. 예를 들어 공공골프장은 더 많은 여가를 장려함으로써 상상컨대 노동공급을 감소시킬 수 있다. 마지막으로 공공재가 근로와 더 보완재일수록 노동공급의 감소는 더 작아지게 된다. 예를 들어 통근에 소요되는 비용을 감소시킴으로써 대량수송 대중교통 시스템은 노동공급을 증가시킬 수 있다.

공공재의 노동공급 효과에 대한 위의 논의는 중요한 사실을 간과하고 있다. 즉 정부는 문제의 공공재를 제공하기 위해 사람들로부터 세금을 징수해야만 하며, 이러한 세금은 또한 잠재적인 노동공급 영향을 갖는다는 것이다. 이것이 다음에 살펴볼 주제다.

12.1
잠깐만 확인합시다.

- 1950년 이래 발생한 공공부문 고용의 큰 성장의 대부분은 주와 지방정부 수준에서 이루어졌다.
- 큰 연방정부 보수 이익이 10년 또는 20년 전에 존재했었지만 최근 수년 동안에 대체로 사라진 것으로 생각된다.
- 시장 보수 아래의 보수로 징병제 군대는 사회에 대한 군대의 비용을 감소시키지 않는다. 그것은 단순히 비용의 일부를 징집된 사람들에게 이동시킨다. 자발적, 시장을 기반으로 한 모병제 군대는 (a) 이직을 줄이고, (b) 더 높은 사기를 창출하며, (c) 군대로 하여금 노동과 자본의 사회적 최적 조합을 사용하도록 유도하기 때문에 사회에 대해 비용이 덜 들도록 할 가능성이 있다.
- 정부 이전지출(그리고 보조금)과 공적으로 제공되는 재화의 존재는 노동공급과 노동수요에 광범위한 영향을 미친다.

여러분의 차례입니다
그림 12.4는 동유럽과 러시아의 구 공산주의체제에서 관찰되었던 근로노력의 결여와 어떻게 관련될 수 있는가? (정답은 책의 맨 뒷부분에 수록되어 있음)

소득세 제도와 노동시장

이제까지 정부 지출과 채용 결정의 노동시장에 대한 영향에 관심을 두었다. 이제는 개인소득세(income tax)에 초점을 맞추면서 주요 세금이 노동시장에 미치는 효과를 검토하기로 하자. 임금과 급여 소득은 미국 국민소득의 대략 70%를 구성한다. 이 소득의 큰 부분이 개인소득세 납부 대상이기 때문에 이 세금이 노동시장에 미치는 영향을 파악하는 것은 특히 중요한 일이다. 구체적으로 말하면 근로자들이 더 낮은 순임금 또는 세후 임금의 형태로 세금의 모든 부담을 감수하는가? 아니면 세금의 일부 또는 전부를 이윤극대화를 달성하는 노동량을 끌어들이기 위해 더 높은 시장임금을 지급해야만 하는 사용자들이 부담하는 것이 가능한가? 소득세는 고용에 어떤 영향을 미치는가?

12.2
국제 시각

---

[15] Thomas Fraker and Robert Moffitt, "The Effect of Food Stamps on Labor Supply: A Bivariate Selection Model," *Journal of Public Economics*, February 1988, pp. 25-56.

12.2 국제 시각 — 소득세율*

평균적인 단일 근로자에 대한 평균 소득세는 호주의 27.7%로부터 독일의 49.3%까지 다양하다.

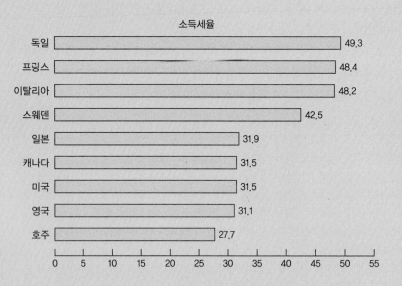

소득세율

국가	세율
독일	49.3
프랑스	48.4
이탈리아	48.2
스웨덴	42.5
일본	31.9
캐나다	31.5
미국	31.5
영국	31.1
호주	27.7

자료 : Organization for Economic Cooperation and Development, *Taxing Wages 2015* (Paris: OECD, 2015).

* 소득세율은 개인소득세, 사회보장 사용자 기여, 그리고 사회보장 근로자 기여를 포함한다. 데이터는 2014년 수치임.

소득세 : 임금과 고용에 미치는 영향

다음의 논의에서 노동수요의 탄력성이 주어졌을 때 개인소득세가 임금과 고용에 미치는 효과는 주로 노동공급의 탄력성에 좌우된다는 것을 발견할 것이다. 그림 12.5(a)와 (b)는 이러한 명제를 입증한다. 그래프 (a)의 노동공급곡선은 완전비탄력적인데, 이는 근로자들이 임금 변화에 반응하여 집단적으로 자신들의 경제활동 참가의 크기를 변화시키지 않는다는 것을 보여준다. 그래프 (b)에서 노동공급곡선은 약간의 탄력성을 나타낸다. 즉 사람들은 임금이 상승할 때 집단적으로 자신들의 노동시간 제공을 증가시키고, 임금이 하락할 때 그것을 감소시킨다는 것이다.

두 그래프에서 수요곡선은 동일하며, 세전 임금과 그에 상응하여 기업들이 고용하기 원하는 노동량을 나타낸다. D_t라고 표시된 곡선들은 각 그래프에서 일반적인 수요곡선 아래에 놓여 있으며, 근로자들이 생각하는 세후 임금을 보여준다. 근로소득에 대한 누진소득세는 세후 임금선을 D로부터 D_t로 근로시간당 세금 액수만큼 아래로 회전시킨다.

표 12.1은 그림 12.5(a)와 (b)의 일반적인 노동수요곡선 D와 세후 임금선 D_t 사이의 결정적으로 중요한 차이를 더 잘 이해하도록 돕는다. (1)과 (2)열은 그래프 각각에서 곡선 D로 그래프

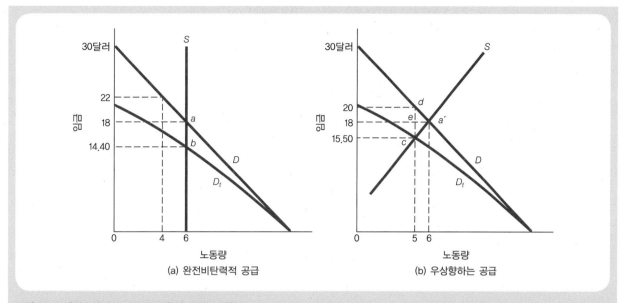

그림 12.5 개인소득세가 임금과 고용에 미치는 영향
만약 (a)에서와 같이 경제의 총노동공급곡선이 완전비탄력적이라면 D와 D_t 사이의 수직거리로 측정된 개인 소득세는 시장임금(18달러)에 영향을 미치지 않을 것이지만, 시간당 세금 액수만큼 세후 임금을 감소시킬 것이다. 만약 노동공급곡선이 (b)에서와 같이 약간의 탄력성을 나타낸다면 세금은 노동공급(시간)량을 감소시키고 이 경우 18달러로부터 20달러로 세전 임금을 증가시킨다. 노동수요가 주어질 때 노동공급의 탄력성이 더 크면 클수록 세금으로부터의 결과인 임금의 증가는 더 커지고 고용의 감소도 더 커진다.

로 보여지는 세전 노동수요표를 구성한다. (2)열과 (4)열은 두 그래프의 세후 임금선 D_t를 설정한다. 예를 들어 만약 임금이 24달러이면(1열) 기업들은 3명의 근로자를 고용할 것이다(2열). (3)열에서 시간당 임금이 24달러일 때 세금이 6.5달러라는 것을 관찰하라. 따라서 순임금 또는 세후 임금은 (4)열에 보이는 바와 같이 17.5달러(= 24달러 − 6.5달러)이다. 노동량에 대해 그래프로 그려질 때 (4)열에 보이는 세후 임금은 그림 12.5(a)와 (b)의 D_t곡선이 된다. 수요곡선과 세후 임금선 사이의 수직거리는 각 특정 시장임금(그리고 각 특정 노동수요량)에서의 근로시간당 세금을 측정한다.

표 12.1의 (5)열은 각 임금의 시간당 평균세율(= T/W)을 나타낸다. 시간당 근로소득이 증가함에 따라 평균세율이 증가한다는 것을 주목하라. 이는 이 세금이 누진적이라는 것을 가리킨다. 그림 12.5(a)와 (b)로 설명하면 이 누진성은 임금이 상승함에 따라 임금의 백분율로서 D와 D_t 사이의 거리가 증가한다는 사실에 반영되어 있다.

완전비탄력적인 노동공급

이제 그림 12.5(a)에 초점을 맞추기로 하자. 세전 균형 시장임금과 노동량은 각각 18달러와 6단위(a점)이다. 그러나 일단 세금이 도입되면 b점에 의해 보여지는 바와 같이 근로자들은 자신들의 순임금이 단지 14.4달러(= 18달러 − 3.6달러)라고 여긴다. 그러나 공급이 완전비탄력적이기 때문에 소득세는 집단적인 노동공급량에 영향을 미치지 않을 것이다. 따라서 근로자들이 세

표 12.1 노동단위당 세전 대 세후 근로소득(가상 데이터)

(1) W	(2) Q	(3) T	(4) $W-T$	(5) T/W(%)
28달러	1	8.50달러	19.50달러	30.4
26	2	7.50	18.50	28.8
24	3	6.50	17.50	27.1
22	4	5.50	16.50	25.0
20	5	4.50	15.50	22.5
18	6	3.60	14.40	20.0
16	7	2.80	13.20	17.5
14	8	2.10	11.90	15.0
12	9	1.50	10.50	12.5
10	10	1.00	9.00	10.0
8	11	.60	7.40	7.5
6	12	.30	5.70	5.0
4	13	.10	3.90	2.5

금의 전체 부담을 떠맡는다. 세전 임금은 18달러인 채로 남아 있으며, 세후 시간당 보수는 세금 전체 액수 3.6달러(=18달러 − 14.4달러)만큼 감소한다.

　이 명제를 확인하기 위해 근로자들이 순임금 감소 때문에 화가 나서 세금을 자신들의 사용자들에게 이동시키려 한다고 가정하자. 만약 그들이 말하자면 22달러(=18달러+4달러)를 요구한다면 사용자들은 단지 4단위의 노동만을 구하려고 할 것인 반면, 근로자들은 계속하여 6단위를 제공할 것이다. 경쟁을 가정하면 근로자들의 초과공급이 세전 임금을 18달러로 끌어내리고, 여기에서 노동시장이 다시 한 번 청산될 것이다. 만약 노동공급곡선이 완전비탄력적이라면 근로자들은 세금을 사용자에게 이전시킬 수 없을 것이며, 세금은 시장임금 또는 균형고용에 영향을 미치지 못할 것이다.[16]

정(+)의 기울기를 갖는 노동공급

다음에는 정(+)의 기울기를 나타내는 노동공급곡선이 발견되는 그림 12.5(b)로 관심을 돌리기로 하자. 이는 근로자들이 노동공급량을 조정함으로써 임금 또는 소득세 변화에 집단적으로 반응할 것임을 의미한다. 소득세가 없었을 경우 균형 임금과 고용량은 18달러와 6단위(a'점)이다. 이러한 근로자들은 새롭게 부과된 소득세에 어떻게 반응할 것인가? D_t와 S의 교차점으로부터 보는 바와 같이 근로자들은 6단위로부터 5단위(c점)로 노동공급량을 감소시킬 것이다. 사용자들은 18달러 시장임금에서 1단위(=6 − 5)의 노동부족에 마주칠 것이다. 이러한 초과수요는 임금을 20달러로 끌어올릴 것이며, 시장은 다시 한 번 이번에는 5단위의 노동인 d점에서 청산될

---

[16] 이는, 만약 노동조합이 이미 최적 계약패키지를 교섭했다고 가정하면, 심지어 강력한 노동조합이 있을 경우에도 사실이다. 만약 노동조합이 사용자로부터 뽑아낼 수 있는 모든 것을 짜냈다면 갑작스러운 소득세의 제정은 더욱더 많은 것을 얻기 위한 노동조합의 능력을 향상시키기 위해 아무것도 할 수 없다.

것이다. 세금에 뒤이어 여전히 일하고 있는 사람들은 18달러가 아니라 20달러의 세전 임금을 받을 것이다. 근로자들의 세후 임금은 15.5달러로 2.5달러(= 18달러 − 15.5달러) 감소할 것이다. 이러한 감소는 4.5달러(= 20달러 − 15.5달러)의 시간당 세금보다 더 작다는 것을 주목하라. 이유는 세금액이 더 높은 임금으로 사용자들에 의해 간접적으로 부담되기 때문이다. 즉 그림 12.5의 총세금 dc 중 ec가 더 낮은 세후 보수로 근로자들에 의해 부담되는 반면, ed는 더 높은 임금비용으로 사용자들에 의해 부담된다.

요약하면, 다른 조건이 일정할 때 만약 전체 노동공급곡선이 우상향한다면 개인소득세는 노동공급량을 감소시키고, 임금이 상승하도록 만들며, 고용을 감소시킬 것이다. 수요의 탄력성이 주어졌을 때 공급의 탄력성이 더 크면 클수록 더 높은 시장임금의 형태로 사용자들이 부담하는 소득세의 부분이 더 커진다. 이러한 조건 아래 전체 세금이 사용자들에 의해 부담되고 고용효과가 더 커지는 것을 보려면 완전탄력적인 노동공급곡선에 대한 분석을 해보기를 권한다.

소득세와 개별 노동공급

그림 12.5의 두 그래프에서 어느 것이 현실을 가장 잘 그리고 있는가? 전반적인 공급곡선은 얼마나 탄력적인가? 경제학자들은 이론적 그리고 실증적으로 이 질문에 접근했다.

이론적 분석

소득세는 그 영향이 임금 감소와 비슷하다. 둘 모두 한 시간의 근로로부터의 실제 수익을 감소시키고, 어떤 특정 숫자의 근로시간으로부터도 총순임금을 낮춘다. 세금은 반대 방향으로 작용하는 소득효과와 대체효과를 발생시킨다. 어떤 특정 수준의 근로에서라도 소득을 감소시킴으로써 세금은 여가를 포함하는 모든 정상재의 소비를 줄인다. 따라서 근로의 인센티브는 증가한다(소득효과). 그러나 세금은 또한 근로로부터의 순수익을 감소시키거나 또는 달리 말하면 여가의 기회비용(가격)을 감소시킨다. 이는 이제는 상대적으로 더 높은 가격이 된 근로를 상대적으로 더 낮은 가격이 된 여가로 대체하려는 인센티브를 창출하며, 따라서 근로는 감소한다(대체효과).

그래프 설명   그림 12.6은 이를 그래프로 설명한다. 그림은 스미스(그래프 a)와 존스(그래프 b)의 무차별지도와 예산제약을 보여준다. 각 그래프는 두 예산선을 보여주는데, 선형인 HW와 HW 밑에 놓이고 근로시간이 0으로부터 24로 증가함에 따라 감소하는 비율로 증가하는 HW_t가 그것이다. HW곡선들은 각 근로수준에서 스미스와 존스의 세전 소득을 보여주며, HW_t곡선들은 그 특정 근로노력으로부터의 세후 소득을 그리고 있다. HW와 HW_t 사이의 수직거리는 각 근로-여가 조합에서 지출된 소득세를 측정한다. 이 거리는 소득이 증가함에 따라 소득의 비율로 볼 때 증가하는데, 이는 세금이 누진적이라는 것을 다시 한 번 알려준다.

세금이 없다면 스미스(그래프 a)는 h_1시간을 일하고 소득 Y_b를 벌며, 무차별곡선 I_2 위의 a점에서 자신의 효용을 극대화하기로 선택할 것이다. 일단 소득세가 부과되면 스미스의 세후 임금은 HW의 HW_t로의 아래쪽으로의 이동에 의해 보여지는 바와 같이 감소하며, 그녀는 자신의 근

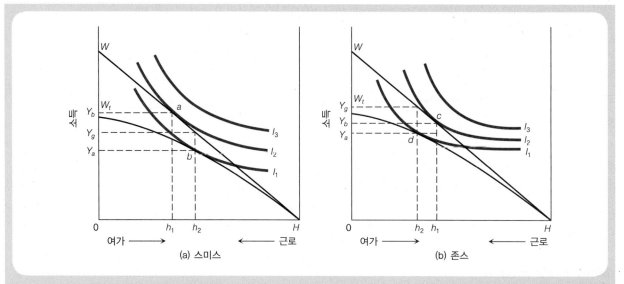

그림 12.6 개인소득세가 개별 노동공급에 미치는 영향

개인소득세는 세후 임금선을 W_t로 아래쪽으로 이동시키며, 개인의 최적 노동공급시간의 증가 또는 감소를 가져올 수 있다. 스미스의 경우 (a) 세금에 의해 발생한 대체효과가 소득효과를 압도함으로써 h_1에서 h_2로 근로의 감소라는 결과를 가져온다. 이와는 달리 존스의 경우 (b) 소득효과가 대체효과를 압도함으로써 h_1에서 h_2로 근로시간의 증가를 유도한다. 세금의 노동공급량에 대한 전체 효과는 불확정적이다.

로노력을 h_2(b점)로 감소시킴으로써 반응한다. 이러한 근로수준에서 그녀는 Y_g의 총소득을 벌고, $Y_g Y_a$의 총세금을 납부하며, 세후 소득 Y_a를 받는다. 스미스의 경우 소득세는 $h_1 h_2$만큼 노동공급시간 수를 감소시킨다.

존스의 결과는 무엇인가(그래프 b)? 똑같은 논리를 사용함으로써 그는 자신의 노동시간을 증가시킴으로써 세금에 반응한다는 것을 알 수 있다. 그의 소득 대 여가의 주관적인 선호가 주어졌을 때 그는 h_1에서 h_2(c가 아니라 d)로 근로를 증가시키는 것이 자신에게 이익이라는 것을 발견하고, Y_g의 총소득을 벌고, $Y_g Y_a$의 수직거리와 동일한 세금을 납부하며, Y_a의 세후 소득을 보유한다.

따라서 그림 12.6은 기본 요점을 설명한다. 즉 누진소득세(그리고 세율의 변화)는 일부 근로자들로 하여금 더 적게, 다른 근로자들은 더 많이 일하도록 만들며, 그리고 또 다른 근로자들은 세전 근로수준을 유지하도록 한다는 것이다. 스미스의 경우(그래프 a), 대체효과가 소득효과를 압도하고 더 적게 일한다. 그러나 존스의 경우(그래프 b)에는 소득효과가 대체효과를 압도함으로써 더 많이 일하도록 유도한다. (제2장으로부터 임금의 감소를 고려할 때 소득효과는 근로시간을 증가시키고, 대체효과는 근로시간을 감소시킨다는 것을 기억하라). 개별 노동공급의 기본적인 근로-여가 이론은 총노동공급곡선이 부(−)의 기울기를 갖는지, 완전비탄력적인지, 또는 정(+)의 기울기를 갖는지를 예측하도록 허용하지 않는다. 따라서 소득세 감소에 반응하여 총노동공급량이 증가할 것인지, 또는 감소할 것인지 불확실하다.

주의사항

그러나 이 문제가 전적으로 해결되지는 않았다는 것을 주목해야 한다. 이전의 분석에서 정부의 공공재 공급이 이론적으로 노동시간 제공을 감소시키는 소득효과를 발생시킬 수 있다는 것을 보았다. 이러한 재화들은 개인소득세를 통해 부분적으로 재정 지원되고, 사람들의 근로노력과 무관하게 이용가능하다. 결과적으로 근로자들은 주어진 실질 재화 또는 총효용수준을 달성하기 위해 그렇게 많이 일할 필요는 없다. 이 소득효과는 제공되는 노동시간을 감소시키고, 세금 부과로부터의 소득효과에 의해 발생하는 어떤 추가 근로노력도 상쇄할 수 있다. 만약 그렇다면 오로지 대체효과만 남게 되며, 전반적인 결과는 더 적은 노동공급량이 될 수 있다.[17]

실증분석

많은 경제학자들은 소득효과와 대체효과의 상대적인 강도를 측정하려 노력함으로써 경제의 총 노동공급탄력성을 추정하려 시도했다. 노동공급 행태에 대한 많은 서로 관련된 영향력을 적절히 포함시키고 통제하기 위해 이러한 연구를 설계하는 과제는 극도로 복잡하고 어렵다. 이 과제를 완수하는 데 성공한 기존 연구들은 논쟁의 대상이며, 따라서 그 결론은 신중하게 고려해야 한다. 제2장에서 대부분의 연구들은 그룹으로서의 성인 남성의 경우 소득효과가 대체효과를 약간 초과한다는 것을 보았다. 이는 이 그룹의 공급곡선이 부(−)의 기울기를 갖는다는 것을 의미한다. 즉 세금 증가(순임금 감소)는 남성들로 하여금 근로시간을 약간 증가시키도록 한다는 것이다. 여성들의 경우, 대체효과가 소득효과를 압도하는 것처럼 보이며, 그 결과 세금 증가(임금 감소)는 근로시간을 감소시킨다. 연구에 의하면, 일반적으로 여러 다양한 개별 노동공급곡선들을 총계하면 극도로 비탄력적인 전체 공급곡선이 산출된다. 미국 소득세의 대부분은 정확하게 근로자 몫이다. 따라서 세금은 근로노력, 시장임금, 그리고 균형고용에 최소한의 순영향을 미치며, 이는 그림 12.5(a)에 보이는 바와 같다.

특정 개인과 시장

소득세가 노동공급에 미치는 전체적인 효과는 무시해도 될 정도일 수 있지만 특정 개인과 특정 노동시장에 미치는 영향은 상당할 수 있다. 예를 들어 첫째, 주 사이의 소득세 차이는 일부 근로자들을 세금이 높은 지역에서 낮은 지역으로 이주하게 한다.[18] 둘째, 높은 한계세율은 급여 근로자 일부를 소득세 납부를 회피하기 위해 '지하' 활동으로 전환하게 유도할 수 있다. 셋째, 세법의 일부분인 면세(exclusions), 공제(deductions), 신용(credits)은 소비자들의 지출 패턴에 영향을 미침으로써 노동수요의 구성에 영향을 미칠 수 있다. 이러한 세 번째 예와 관련하여 주

---

[17] 세금 변화가 경제 전체의 노동공급에 오로지 대체효과만을 발생시킨다는 견해는 James Gwartney and Richard Stroup, "Labor Supply and Tax Rates: A Correction of the Record," *American Economic Review*, June 1983, pp. 446-51에서 발견된다. 전통적인 모형에 대한 그와트니-스트롭(Gwartney-Stroup)의 비판은 이어 여러 경제학자들에 의해 도전을 받았다. 예를 들어 Firouz Gahvari, "Labor Supply and Tax Rates: Comment," *American Economic Review*, March 1986, pp. 280-83; David M. Betson and David Greenberg, "Labor Supply and Tax Rates: Comment," *American Economic Review*, June 1986, pp. 551-56을 참조하라.

[18] Yu Hsing, "A Note on Interstate Migration and Tax Burdens: New Evidence," *Journal of Applied Business Research*, Winter 1995-1996, pp. 12-14; Ira S. Saltz, "State Income Tax Policy and Geographic Labour Force Mobility in the United States," *Applied Economics Letters*, October 1998, pp. 599-601을 참조하라.

12.3 근로의 세계 누가 사회급여세를 납부하는가?

연방정부는 사회보장 프로그램(노령, 유족, 장애, 건강보험)을 재정 지원하기 위해 모든 근로소득에 비례세율(flat-rate)의 급여세를 부과한다. 2015년 사용자들과 근로자들은 각각 임금과 급여 근로소득의 처음 118,500달러에 대해 7.65%의 사회보장세(Social Security tax)를 납부했다. 이러한 세금은 상당하고 근로소득에 직접 부과되기 때문에 노동경제학자들은 임금에 대한 그 영향에 관심을 갖고 있다.

합의가 이루어진 전문적인 견해는 근로자들이 사회보장세의 1/2 이상을 부담하고 있다는 것이다. 어떻게 이럴 수가 있을까? 사용자와 근로자에게 똑같은 사회보장세가 부과된다고 방금 언급했다. 대답은 기업이 근로자로부터 이 세금 액수의 일부 또는 전부를 '징수'한다는 것이다. 기업은 근로자가 세금이 없었다면 받았을 수준 아래로 임금을 감소시킴으로써 이 돈을 '징수'한다.

사용자에게 부과된 사회보장세의 일부분은 기업이 생각하는 세후 노동의 한계수입생산을 감소시킨다. 예를 들어 세전 임금이 시간당 20달러이고 사용자가 7.65%(15.3%의 1/2)의 사회보장세를 부과받았다고 가정하자. 따라서 기업의 시각으로 볼 때 근로자의 MRP는 18.47달러[= 20달러 − 1.53달러(= 0.0765 × 20달러)]가 된다. 만약 노동공급이 완전비탄력적이고[그림 12.5(a)] 임금이 MRP와 같다면, 세후 시간당 보수는 20달러가 아니라 18.47달러가 된다. 이 경우 근로자는 시간당 1.53달러의 삭감을 통해 사용자의 시간당 1.53달러의 사회보장세를 간접적으로 지급했다.

또한 근로자는 자신의 근로소득에 대해 직접적으로 부과된 7.65%의 세금을 납부해야만 한다. 18.47달러가 시장임금이기 때문에 이 세금은 시간당 1.41달러(0.0765 × 18.47달러)이다. 따라서 세후 시간당 임금은 17.06달러로 떨어진다. 사회보장세는 근로자의 시장임금을 20달러로부터 18.47달러로 감소시키고, 그의 세후 임금을 20달러에서 17.06달러로 낮춘다. 따라서 이러한 상황 아래서는 근로자가 실질적으로 사회보장세 전부를 납부하는 것이다.

실증연구들은 사용자가 명백히 사회보장세의 작은 부분을 납부하고 있지만, 1/2 전부를 부담하지는 않는다는 것을 확인하고 있다.* 이러한 발견들은 전체 노동공급곡선이 완전비탄력적이 아니라 다소 탄력적일 수 있다는 것을 의미한다. 사회보장세가 증가함에 따라 배우자들, 10대들, 반 은퇴한 근로자들, 그리고 기타 경제활동인구에 강한 애착을 갖지 않는 사람들은 일할 의욕이 감소할 수 있다. 만약 전체 노동공급곡선이 다소 탄력적이라면[그림 12.5(b)], 사용자는 근로자의 임금에서 사회보장세의 사용자 부담 부분 전체 액수만큼을 감소시킬 수는 없다. 사용자가 계속하여 이윤극대화가 달성되는 근로자를 끌어들이기 위해서는 세금의 일부분을 스스로 부담해야만 한다.

---

* 고전적인 연구는 John A. Brittain, *The Payroll Tax for Social Security* (Washington, DC: Brookings Institution, 1972)이다. 다른 연구는 Daniel Hamermesh, "New Estimates of the Incidence of the Payroll Tax," *Southern Economic Journal*, February 1979, pp. 1209-19; Patricia M. Anderson and Bruce D. Meyer, "The Effects of the Unemployment Insurance Payroll Tax on Wages, Employment, Claims and Denials," *Journal of Public Economics*, October 2000, pp. 81-106을 포함한다.

택담보대출 이자에 대한 세금 공제는 주택건설 근로자 수요를 증가시키고, 기부금에 대한 세금 공제는 재정적 지원을 제공하는 대학의 능력을 향상시킴으로써 교직, 의료, 법률 직종 등에 대한 졸업자의 공급을 증가시키고, 복잡한 세법은 세금 회계사, 세금 변호사, 세무 대리인들에 대한 수요를 증가시킨다는 것을 지적할 수 있다.

🐾 12.2
잠깐만 확인합시다.

- 만약 노동공급이 완전비탄력적이라면 근로자들은 개인소득세의 전체 부담을 떠맡을 것이며, 만약 노동공급이 정(+)의 기울기를 갖는다면 세금의 일부는 더 높은 임금을 통해 사용자들이 부담할 것이다.
- 세금이 바람직한 근로시간에 정반대의 영향을 갖는 소득효과와 대체효과를 창출하기 때문에 소득세가 개별 노동공급에 미치는 영향은 이론적으로 불확정적이다.
- 실증연구들은 노동공급은 매우 비탄력적이라는 것을 시사하는데, 이는 (a) 근로자들이 개인소득세의 거의 전부를 부담하고, (b) 세금은 시장임금과 고용수준에 거의 영향을 미치지 못한다는 것을 의미한다.

여러분의 차례입니다

2013년에 소득에 대한 최대 한계세율은 35%에서 39.6%로 증가했다. 그 결과로 왜 스톤은 더 많이 일하게 되고, 스미드는 더 적게 일하게 되는지 설명하라. (정답은 책의 맨 뒷부분에 수록되어 있음)

12.3
근로의 세계

요약

1. 정부 고용은 1950년 이래 절대적으로 그리고 총고용의 비율로서 모두 증가했다. 공공부문 고용의 성장률은 주와 지방정부 수준에서 가장 컸다.

2. 연방 근로자들은 1970년대에 동등하게 교육을 받고 경험이 있는 민간부문 근로자들보다 더 높은 시간당 임금을 받고 있었지만, 그러한 보수격차는 1980년대와 1990년대의 기간 동안 대부분 없어졌다.

3. 군대에 노동을 배분하는 총경제적 비용은 포기된 다른 산출량(소득)의 총가치로 구성된다. 자발적 모병제 군대는 경제적 비용을 납세자들이 지급할 것을 요구하는 반면, 시장임금 이하를 지급하는 징병제 군대는 비용의 일부를 징집된 사람들에게 부과한다.

4. 정부에 의한 재화와 서비스의 제공은, 그 하나만을 고려하면, 근로시간의 최적 공급을 감소시키는 소득효과

를 창출할 수 있다.

5. 정부의 이전지출과 보조금은 경제의 노동수요의 구성에 영향을 미치고, 또한 노동공급 의사결정에도 영향을 미친다.

6. 다른 조건이 일정하다면 경제의 전체 노동공급이 더 탄력적이면 탄력적일수록 개인소득세가 가져올 (a) 노동공급시간의 감소, (b) 시장임금의 인상, (c) 전체 고용의 감소 정도가 더 커질 것이다. 그러나 대부분의 경제학자들은 총노동공급곡선이 매우 비탄력적이라고 판단한다.

7. 세금은 노동공급량에 대해 정반대의 방향으로 작용하는 소득효과와 대체효과를 발생시킨다는 의미에서 소득세가 개인의 최적 노동공급에 미치는 영향은 이론적으로 불확실적이다.

용어 및 개념

보조금(subsidy)
소득세(income tax)
순수 공공재(pure public goods)
이전지출(transfer payments)
자발적 또는 시장을 기반으로 한 모병제 군대(voluntary or

market-based army)
적정임금규칙(prevailing wage rule)
정부 구매(government purchases)
징병제(military conscription)

질문 및 연구 제안

1. 왜 1950~2014년 사이에 공공부문 고용이 민간부문 고용보다 더 빨리 증가했는지 설명하는 데 도움이 되는 요소들을 열거하고 논하라. 어떤 수준의 정부에서 공공부문 고용이 가장 극적으로 증가했는가?

2. 다음의 진술에 대해 논평하라. "일반적으로 연방정부 근로자들은 비슷한 민간부문 근로자들과 비교할 때 과소지급받는다. 이는 정부의 수요독점력에 기인한다."

3. 공공부문 보수에 대한 다음 각 사실의 이유에 대해 숙고해보라.
   a. 연방 근로자들이 받았던 보수프리미엄은 1980년대 중·후반에 감소하였다.
   b. 지방정부들은 동등하게 훈련을 받고 경험이 있는 민간부문 근로자들보다 숙련이 낮은 사람들에게 더 많이, 숙련이 높은 사람들에게 더 적게 보수를 지급하는 경향이 있다.
   c. 정부의 여성 및 아프리카계 미국인들은 그들과 똑같이 자격을 갖춘 민간부문 상대자들보다 평균적으로 더 높은 보수를 받는다.

4. 왜 자발적인 모병제 군대는 징집된 사람들로 구성된 군대보다 사회에 덜 비쌀 수 있는지 설명하라. 어느 것이 세금 납부자들에게 덜 비쌀 가능성이 있는가?

5. 왜 징병제가 (사회의 시각에서 볼 때) 노동을 과잉고용하고 자본을 과소고용하도록 하게 할 수 있는지 설명하라. 왜 군대가 이제는 자발적 모병제이기 때문에 점점 민간기업과의 계약을 통하여 건설과 유지보수 작업을 외주화하는지 숙고해보라.

6. 소득이 사적재 및 공공재 모두를 포함하며, 여가가 정상재라고 가정하고, 정부가 제공하는 재화의 큰 감소가 어떻게 개인의 최적 근로시간 수를 증가시킬 수 있는지 설명하라.

7. 국가, 주, 그리고 시 공원들의 존재가 어떻게 다음 각각에 영향을 미칠 수 있는지를 설명하라.
   a. 레크리에이션 차량 산업의 노동수요
   b. 민간 레크리에이션 테마파크 설비를 건설하고 유지보수하는 근로자들에 대한 수요
   c. 전체 노동공급

8. 다음의 노동시장 데이터를 사용하여 (a)부터 (d)까지에 대해 답하라.

(1) 임금	(2) 수요량	(3) 공급량	(4) 시간당 세금
30달러	14	22	10달러
24	18	22	8
18	22	22	6
12	26	22	4
6	30	22	2

   a. 이 세금은 누진적인가? 설명하라.
   b. 세전 균형임금은 얼마인가?
   c. 세금은 근로시간 수와 임금에 어떠한 효과를 미치는가?
   d. 만약 노동공급곡선이 완전비탄력적이 아니라 매우 탄력적이라면 (c)에 대한 답은 어떻게 변하는가?

인터넷 연습

주와 지방정부 보수격차와 함께 무엇이 증가(또는 감소)하는가?

노동통계국 데이터 웹사이트(www.bls.gov/data/home.htm)를 방문하여 '시리즈 리포트(Series Report)'를 선택하라. 그 뒤 다음의 ID 일련번호를 입력하라 : CIU3010000000000I와 CIU2010000000000I. 마지막으로 'ALL Years'를 클릭하라. 이는 주와 지방정부 근로자들과 민간산업 근로자들 총보수의 지수를 검색한다(100＝4분기, 2005년).

보여지는 가장 최근 분기의 주와 지방정부 근로자들의 지수 수치는 얼마인가? 보여지는 가장 최근 분기의 민간산업 근로자들의 지수 수치는 얼마인가?

2001년 1분기 이래 주와 지방정부 근로자들 보수의 변화율은 얼마인가? 2001년 1분기 이래 민간산업 근로자들 보수의 변화율은 얼마인가? 이러한 수치들은 2001년 1분기 이래 주와 지방정부 근로자들 보수격차에 어떤 일이 발생했는지 알려주는가?

인터넷 링크

선발징병제도(Selective Service System) 웹사이트는 만약 징병제가 재도입된다면 어떤 일이 일어나게 되는지에 대한 서술은 물론 미국 군대징병제의 역사에 대한 광범위한 정보를 제공한다(www.sss.gov).

13

정부와 노동시장 : 입법과 규제

이 장을 공부하고 나면:

1. 주요 노동법이 노동조합 교섭력과 노동조합 조합원 수에 미친 효과를 설명할 수 있다.
2. 최저임금의 노동시장 영향을 설명하고 실증 증거를 요약할 수 있다.
3. 일자리 부상의 노동시장 영향과 일자리 안전에 대한 정부 규제의 효과를 논할 수 있다.
4. 정부 규제가 어떻게 경제지대를 발생시키는지 설명할 수 있다.

직접적으로 노동을 고용하고, 공공재를 공급하고, 소득을 이전하고, 그리고 세금을 부과하는 것 이외에도 정부는 경제에 대한 규칙을 확립하는 중요한 과제에 관여한다. 많은 이러한 법과 규제는 직접 또는 간접적으로 임금과 고용의 결과에 영향을 미친다. 이 책 전체에 걸쳐 그러한 법을 검토하고 있는데, 예를 들어 제9장에서는 해외로부터의 이주에 관한 법을 논의했다. 후반부의 장들에서는 차별을 불법화하고 완전고용을 촉진하는 법들을 논의한다.

노동시장에 영향을 미치는 법들은 너무 많아서 선별해야 한다. 여기서는 분석을 노사관계법, 연방최저임금, 1970년의 직업안전보건법(Occupational Safety and Health Act), 그리고 근로자들에게 경제지대의 증가를 가져다주는 법 등 네 가지 주요 주제로 한정하기로 한다.

노동법[1]

일반적으로 노사관계를 규율하는 법, 그리고 특히 단체교섭을 규율하는 법은 임금, 고용, 자원 배분에 영향을 미치는 중요한 제도적 요소가 된다. 이 범주의 주요 법들이 표 13.1에 요약되어 있다. 이 표를 주의 깊게 읽으면 뒤이은 논의를 보완할 것이다. 표에 요약된 노사관계법들은 다양한 방식으로 노동시장에 영향을 미치는데, 그중 두 가지는 (1) 결국 임금이익을 확보하는 노

---

[1] 노사관계에 대한 별도의 독립된 강좌를 개설하는 학교에서는 이 절을 건너뛸 수 있다.

표 13.1 기본 노사관계법 요약

노리스-라과디아 법(반금지명령법)[Norris-LaGuardia Act of 1932]

1. 사용자들이 노동조합 활동에 대한 금지명령(injunction)을 얻어내기가 어려워졌다.
2. 황견계약(yellow-dog contracts)이 강요될 수 없다는 것을 선언했다. 이 계약은 근로자들에게 계속 고용의 조건으로 노동조합에 가입하지 않을 것을 요구했다.

와그너 법(전국노사관계법)[Wagner Act of 1935(National Labor Relations Act, NLRA)]

1. 노동의 '두 가지(twin)' 권리를 보장했다―자주적인 단결권과 주(州) 간 상업활동에 종사하는 사용자와의 단체교섭권.
2. 사용자의 '부당노동행위'를 규정하였다. 구체적으로 이 법은 (a) 사용자들이 노동조합을 조직할 수 있는 근로자의 권리에 간섭하는 것을 금지하고, (b) 노동조합의 설립을 방해하기 위해 기업에 의해 설립된 회사노동조합(즉 가짜 노동조합)을 불법화하며, (c) 채용, 해고, 승진에 있어서 사용자에 의한 반노동조합적인 차별을 금지하고, (d) 법 위반을 신고하거나 또는 증언하는 근로자에 대한 차별을 불법화하며, (e) 사용자들이 '선의로' 교섭할 것을 의무화하고 있다.
3. 부당노동행위를 조사하고, 정지명령(cease-and-desist order)을 발하며, 노동조합 대표권을 선거를 수행할 권한이 주어진 전국노사관계위원회(NLRB)를 설립했다.
4. 연방 근로자들에 의한 파업을 불법으로 하고 해고를 위한 근거를 만들었다.

태프트-하틀리 법(Taft-Hartley Act of 1947)(1935년 전국노사관계법의 개정)

1. 노동조합의 '부당노동행위'를 규정하였다. 구체적으로 이 법은 (a) 근로자에 대한 노동조합 가입 강제, (b) 관할권에 관한 파업(누가 특정 일자리를 수행할 권한을 갖는지에 대한 노동조합 사이의 분규), (c) 이차 불매운동(secondary boycott, 다른 노동조합 또는 다른 근로자들에 의해 생산된 생산물의 구매 또는 처리의 거부), (d) 동정파업(사용자의 승인 또는 기타 목적 달성을 위하여 다른 노동조합을 돕기 위한 작업정지), (e) 과도한 노동조합 회비, 그리고 (f) 과잉고용요구(실제로 수행되지 않은 일에 대한 보수 지급 강요)를 불법화했다.
2. 노동조합 내부 행정을 규제했다. 예를 들어 노동조합에게 자세한 재정보고서를 제출하도록 요구했다.
3. 클로즈드숍(closed shop)을 불법화했고, 명시적으로 금지하지 않은 주(州)에서는 유니언숍(union shop)을 합법화했다[주의 노동권확립법('right-to-work' laws)].
4. 정부가 국가의 건강과 안전을 위태롭게 하는 파업을 최대 80일간 중지시키도록 허용하는 비상파업절차를 마련했다.
5. 노동 분규에 대해 중재자를 제공하기 위한 연방중재알선청(Federal Mediation and Conciliation Service)을 설립했다.

랜드럼-그리핀 법(Landrum-Griffin Act of 1959)(1935년 전국노사관계법의 개정)

1. 정기적인 노동조합 임원 선거를 요구했고, 공산주의자 및 중죄 판결을 받은 사람을 노동조합 집행부에서 제외시켰다.
2. 노동조합 임원들이 노동조합 자금과 재산에 대해 엄격하게 책임을 지도록 했다.
3. 노동조합 회의에 참가하고, 노동조합 회의에서 투표하며, 조합 임원을 추천할 개별 조합원의 권리를 제한하는 것을 금지했다.

동조합의 능력에 영향을 미치는 노동조합 조합원 수의 크기와 성장에 영향을 미침으로써, 그리고 (2) 단체교섭에 관한 규칙을 제정하는 방법에 의해서이다.

노동법과 노동조합 조합원 수

법과 규제의 존재 또는 부존재가 노동조합 조합원 숫자에 미치는 영향이 어느 정도인지 알기는 쉬운 일이 아니다. 산업구조와 근로자 의식의 변화 같은 요소들이 새로운 노동법과 노동조합 조합원 수의 변화 모두를 동시에 촉진하는 조건들을 창출할 수 있다. 즉 노동조합 조합원 수의 관찰된 변화는 노동법 변화로부터의 필연적 결과가 아닐 수 있다. 따라서 원인과 결과의 엉킨 것을 푸는 것이 쉬운 일은 아니다. 그럼에도 불구하고 노동법 그 자체가 노동조합 조합원 숫자의 중요한 결정요인이 될 수 있다는 것은 의심할 여지가 없을 것이다. 노동법과 노동조합 조합원 수 사이의 이러한 관계는 민간부문 및 공공부문 모두에서 관찰된다.

노동법과 민간부문 조합원 수

되돌아가 그림 10.2를 보면 노동조합 조합원 수는 1900년에 경제활동인구의 7%였고 1930년에는 단지 11%였다. 20년 후 조합원 수는 경제활동인구의 30%가 넘는 수준으로 올라섰다. 총고용 대비 노동조합 조합원 수는 1950년대 중반 정점을 이루었으며[또는 만약 전문가협회(professional association)의 회원 수가 포함되면 1970년에], 그 이후 감소했다. 이러한 노동조합 성장과 쇠퇴 패턴의 이유는 많고 다양하지만 이러한 추세에 각인된 노동법의 자국은 쉽게 식별할 수 있다.

1930년 이전 기간 1930년대 이전 노동조합 조직가들과 조합원들은 사용자 또는 심지어 정부 그 자체에 의한 보복에 대해 법적으로 보호를 받지 못했다. 직설적으로 말하면 노동조합에의 가입은 일자리 손실, 벌금, 또는 심지어 신체적 피해와 관련될 수 있었다. 노동조합화 시도는 많은 경우 **차별적 해고**(discriminatory discharge)에 부닥쳤다. 해고된 사람들은 종종 **블랙리스트**(blacklist)에 올랐으며, 따라서 다른 곳에 일자리를 찾을 기회를 거부당했다. 근로자들은 때때로 지속 고용의 조건으로 노동조합 가입을 법적으로 금지했던 **황견계약**(yellow-dog contracts)에 서명할 것을 요구받았다. 황견계약 위반은 해고뿐만 아니라 사용자에 의한 소송과 법원이 부과하는 벌금이라는 결과를 가져올 수 있었다. 기업들은 그 초창기에 조직화 시도를 중단하기 위한 방법으로 또한 **직장폐쇄**(lockouts)를 사용했다. 수 주 동안 공장을 폐쇄함으로써 사용자는 노동조합에 가입할 것을 숙고 중인 사람에게 높은 비용을 부과할 수 있었다. 근로자들이 성공적으로 노동조합을 결성하여 사용자에게 교섭을 시도하는 곳에서는 기업은 흔히 노동조합 근로자들과 폭력적으로 충돌했던 **파업파괴자**(strikebreaker)들을 고용함으로써 파업에 맞섰다. 1892년의 홈스테드철강파업(Homestead Strike)과 1894년의 풀만철도파업(Pullman Strike)이 좋은 예다. 이러한 대립 기간 동안 정부는 흔히 사용자 편에 서서 경찰과 함께 개입했다.

노동조합화에 대한 법원의 적대감도 이 기간 동안 낮았던 노동조합 조합원 숫자와 관련이 있다. 노동법이 없었기 때문에 법원은 보통법(common law) 해석에 따랐다. 이렇게 되니, 노동조합은 기업의 재산권을 훼손하는 존재로, 노동을 위한 새로운 법적 권리를 찾는 약한 위치에 처하게 되었다. 이러한 법원의 적대감은 반독점법에 대한 해석과 **금지명령**(injunction)의 사용을 포함하는 여러 방식으로 분명히 나타났다. 예를 들어 반독점법의 입법 의도는 분명히 기업에 의한 가격고정(price fixing)과 독점화의 금지를 향했음에도 불구하고, 대법원은 1890년의 반독점법(Sherman Antitrust Act)이 노동조합에 적용된다는 입장을 취했다. 사용자들이 이윤의 감소를 가져오는 행위라고 주장한 피켓 시위, 파업, 그리고 불매운동과 같은 행동을 중단하기 위한 방법으로 금지명령이 쉽게 사용되었다. 법원에 따르면 낮은 이윤은 자본화된 기업의 자산 가치를 감소시키고, 기업의 재산권을 훼손한다는 것이다.

요약하면, 1930년대 이전에는 노동보호입법이 없었기 때문에 기업과 법원이 노동조합의 활동과 성장을 억압할 수 있었다. 적은 노동조합 조합원 수는 일반적으로 전체 노동시장에 대해 상당한 영향을 미치는 데 있어서 노동조합의 무능으로 해석되었다.

1930년 이후 기간　표 13.1의 노동 입법에 대한 요약에서 입증된 바와 같이 의회는 1930년대 동안 상당한 노사관계법들을 제정했다. 1932년의 노리스-라과디아 법과 1935년의 와그너 법은 노동운동에 보호용 우산을 제공했으며, 노동조합 조합원 수를 크게 신장시켰다. 황견계약을 불법화함으로써 **노리스-라과디아 법**(Norris-LaGuardia Act)은 노동조합 조합원이 되는 개인비용을 크게 감소시켰으며, 따라서 기업의 노동력을 조직화하는 것을 더 쉽게 만들었다. 이전에는 노동조합에 가입하는 비용이 일자리의 상실일 수 있었다. 또한, 파업과 같은 정상적인 노조활동을 정지시키는 금지명령의 사용을 제한한 법조항은 높은 임금 제안을 얻는 방법으로 회사에 비용을 부과할 수 있는 노조의 능력을 향상시켰다. 더 큰 노동조합 임금이익은 이어 근로자들이 노동조합 조합원이 되려는 인센티브를 증가시켰다.

와그너 법(Wagner Act)은 조합원 수 증가에 더 큰 영향을 미쳤다. 실제로 이 법의 표현된 목적 중 하나는 노동조합의 성장을 촉진하자는 것이었다. 표 13.1은 이 입법이 노동조합에게 (1) 사용자 간섭 없이 자유롭게 조직할 권리와 (2) 사용자와 단위로서 교섭할 권리를 보장했다는 것을 알려준다. 나아가 이 법은 경영진이 노동조합을 좌절시키기 위해 성공적으로 사용했던 여러 '부당노동행위'를 불법화했다. 와그너 법은 미국노동총연맹(AFL)이 여러 직종에서 그 힘을 굳힐 수 있도록 했으며, 또한 업종별회의(Congress of Industrial Organizations, CIO)와 연계된 산업별 노동조합의 급속한 성장을 가능하게 했다. 이러한 CIO 노동조합들은 철강, 고무, 자동차와 같은 대량생산 산업에 고용된 수백만의 저숙련 근로자들을 조직했다. AFL과 CIO 사이의 합병 시기인 1955년에 노동조합 조합원 수는 약 1,700만 명으로 증가했다.

1930년대 중반의 친 노동조합 입법에 뒤이은 20년 동안의 노동조합 조합원 숫자의 급증은 노동조합의 능력을 강화했다. 노동시장에 대한 지배력이 커졌고, 따라서 임금과 근로조건이 향상되었다. 즉 조합원 수의 증가는 노동조합 교섭력의 증가와 노동조합이 노동시장 결과에 미치는 전반적 영향력의 확대로 옮겨졌다.

노동조합의 힘이 점차 강해지자 노동조합에 대한 정치적 반발이 생겨났으며, 이는 표 13.1에서 설명되었던 1947년의 **태프트-하틀리 법**(Taft-Hartley Act)과 1959년의 **랜드럼-그리핀 법**(Landrum-Griffin Act)의 통과라는 결과를 가져왔다. 그러나 노동조합 조합원 수는 제10장에서 자세하게 논의했던 노동조합의 더 최근의 쇠퇴까지 계속해서 증가했다. 일부 관찰자들은 노동조합의 최근 쇠퇴의 일부분은 경영진에 의한 불법적인 반노동조합 전략의 사용 증가까지로 추적될 수 있다고 주장한다. 만약 이러한 주장이 사실이라면 노동법의 **집행** 정도가 또한 민간부문 노동조합의 조합원 증감 추세를 설명하는 요소라고 주장할 수 있다.

노동법과 공공부문 조합원 수

제10장에서 공공 근로자 노동조합 조합원 수는 1960년대와 1970년대 기간 동안 솟구쳤다는 것을 보았다. 연방 수준에서 이러한 성장 동력은 연방 근로자들로 구성된 노동조합을 인정한 일

련의 대통령 행정명령이었다. 주 수준에서 공공 근로자 노동조합의 급속한 증가를 설명하는 주요 요소들은 (1) 주 근로자들의 조직화할 권리를 인식시킨 법들과 (2) 노동조합 대표권 선거를 집행할 공공부문 노동위원회를 설립하는 법들이었다.[2]

노동법과 교섭력

노동법의 전체적인 취지와 법의 특정 조항들은 조합원 수의 수준에 미치는 효과와 무관하게 교섭력에 영향을 미친다. 노동법의 많은 조항들은 노동조합의 교섭력을 향상시킴으로써 더 높은 임금이익을 확보할 수 있도록 하는 한편, 다른 조항들은 사용자들의 협상 입장을 강화한다. 각 결과의 예를 간략히 검토하기로 하자.

금지명령 사용의 제한

1932년의 노리스-라과디아 법은 피켓 시위, 파업행위, 그리고 관련 노동조합 활동을 금지시키기 위하여 법원이 발부하는 금지명령의 사용을 제한했다. 이러한 제한은 분명히 노동조합 교섭력을 강화했다. 말하자면 기업이 작업정지에 대하여 법적 구제를 더 이상 받을 수 없게 되었기 때문에, 노동조합의 파업위협은 이제 더 믿을 수 있게 되었다. 이전에는 일단 파업이 시작되면 기업이 법원에 가서 파업 금지명령을 발부받을 수 있었다.

이차 불매운동의 금지

이차 불매운동(secondary boycott)은 사용자에게 노사분규가 발생한 기업에 의해 만들어진 생산물의 처리를 거부하거나 또는 구매를 거부하도록 요구하는 노동조합에 의한 행동이다. 1947년의 태프트-하틀리 법은 이러한 이차적 압력을 불법으로 규정했지만, 트럭운송 노동조합은 계속해서 단체협약에 '불공정화물(hot-cargo)' 조항을 요구하여 획득하고 있었다. 그리고, 법원은 그러한 조항은 기술적으로 불법적인 이차 불매운동으로 간주되지 않는다고 판결하였다. 이 조항은 무엇이었으며, 어떻게 노동조합 교섭력에 영향을 미쳤을까?

불공정화물 조항(hot-cargo clauses)은 트럭운송 기업은 노동조합원인 트럭기사에게 노사분규와 관련된 '불공정한' 사용자에 의해 만들어진 생산물을 처리 또는 운송할 것을 요구하지 않는다는 조항이다. 예를 들어 조립철강제품 제조업자가 그 노동조합에 의해 파업을 당하고 있다고 가정하자. 불공정화물 조항의 적용을 받는 노동조합화된 운송기업은 분규가 진행되는 동안 이러한 조립철강제품 운송을 거부하게 된다. 따라서 철강조립 근로자들을 대표하는 노동조합은 그렇지 않을 때보다 더 강력한 교섭력을 갖는다. 이유는 불공정화물 조항의 결과로 파업이 효과적으로 기업으로의 모든 길을 차단시키게 되므로 기업이 손실로 고통을 받게 되기 때문이다. 즉 기업은 파업파괴자의 채용, 감독인원의 사용, 또는 재고 판매 같은 행동을 통해 판매와 이윤을 유지할 수 없다. 일단 노동조합에 의해 파업을 당한다면 기업은 자신의 생산 제품을 고

---

[2] Richard Freeman, "Unionism Comes to the Public Sector," *Journal of Economic Literature*, March 1986, pp. 41-86. 이 논문의 표 4는 법적 환경의 변화가 독자적으로 공공부문 노동조합의 조합원 수를 증가시킨다는 논지를 지지하는 실증작업을 요약하고 있다. 공공부문 노동법에 관한 더 많은 정보는 Richard C. Kearney and Patrice M. Mareschal, *Labor Relations in the Public Sector*, 5th Edition (Boca Ration, FL: CRC Press, 2014), chap 4를 참조하라.

객들에게 운송할 수 없게 되는 것이다.

1959년의 랜드럼-그리핀 법은 불공정화물 조항을 불법으로 선언했다. 구체적으로 말하면, 법은 노동조합과 사용자가 "표현되었든 또는 암시되었든 사용자가 다른 어떤 사용자의 어떤 생산물이라도 처리, 사용, 판매, 운송하는 것을 중지 또는 자제하거나 또는 중지 또는 자제하는 데 동의하거나 또는 다른 어떤 사람들과 사업을 하는 것을 중지하는 어떤 계약 또는 합의에 들어가는 것"은 부당노동행위라고 규정하였다. 일단 통과되어 시행되자, 이 규정은 많은 노사분규에서 합의하지 않는 노동조합의 비용을 증가시킴으로써 경영진의 교섭력을 증가시켰다. 많은 기업들은 이제 파업 기간 동안 파업파괴자들을 채용하고, 감독인원을 사용하거나, 또는 이전에 생산된 재화들을 판매함으로써 자신들의 이윤을 계속하여 유지할 수 있게 되었다.

최저임금법

시간당 0.25달러의 **최저임금**(minimum wage)을 확립한 1938년의 **공정노동기준법**(Fair Labor Standards Act)은 정부 입법이 노동시장에 영향을 미치는 또 다른 방식이다. 그 효과에 대한 자세한 분석에 착수하기 전에 최저임금법에 대한 몇 가지 사실을 확실히 하고 노동시장에 대한 이러한 정부 개입과 관련하여 다른 입장을 간략히 살펴볼 필요가 있다.

사실과 논란

의회는 화폐액으로 나타내는 최저임금을 인상하기 위해 공정노동기준법을 여러 차례 개정했다. 1991~1996년 사이에 최저임금은 시간당 4.25달러였다. 이 기간 동안 인플레이션이 발생했기 때문에 평균임금에 대한 최저임금의 비율은 37.3%로부터 32.4%로 하락했다.[3] 결과적으로 1996년에 의회는 최저임금을 시간당 5.15달러로 인상했다(1997년 9월 이후). 2007년 중반 의회는 최저임금을 2년에 걸쳐 7.25달러로 인상하였다. 점점 많은 수의 주와 시들이 자신들 최저임금을 연방 최저임금보다 높은 수준으로 인상하였다. 2015년에 이르러서는 29개 주, 14개 시, 그리고 컬럼비아 특별구(District of Columbia)가 연방 최저임금보다 높은 최저임금을 갖게 되었다.

의회는 수년에 걸쳐 최저임금의 적용범위를 확대했다. 최초의 입법은 모든 비감독직 근로자의 약 44%가 적용 범위였던 반면, 오늘날에는 비감독직 근로자의 약 88%가 포함된다. 최근의 통계에 의하면 최저임금을 버는 근로자들의 48%가 16~24세이고, 63%가 여성이며, 15%가 아프리카계 미국인이다. 최저임금 근로자들의 약 94%가 민간부문 산업에서 일하고 있다. 최저임금을 받는 사람들의 대략 65%가 파트타임으로 일한다.[4]

최저임금은 그 시작 이래 논란이 되었다. 옹호자들은 근로자들이 '생계비(living wage)'를 받도록 보장하는 것이 필요하다고 주장한다. 생계비란 풀타임 근로자들에게 생활의 최소 필수품을 구입할 만큼 충분한 연간소득을 제공하는 임금을 가리킨다. 그들은 또한 이 하한임금이 있

---

[3] Barry T. Hirsch and David A. Macpherson, *Union Membership and Earnings Data Book: Compilations from the Current Population Survey (2015 Edition)* (Washington, DC: Bureau of National Affairs, 2015).

[4] U.S. Bureau of Labor Statistics, "Characteristics of Minimum Wage Workers, 2014," *BLS Reports*, April 2015.

어야 수요독점적 사용자들이 소수집단과 여성이 불균형적으로 다수인 저숙련 노동을 착취하지 못하도록 방지한다고 주장한다.

반면에, 최저임금의 반대자들은 최저임금이 특히 10대, 여성, 그리고 소수집단의 실업을 증가시킨다고 주장한다. 둘째, 반대자들은 법적 하한임금이 법에 의해 보장되지 않는 경제부문의 임금을 감소시키는 전이효과를 야기할 가능성을 지적한다. 셋째, 최저임금의 가치를 깎아내리는 사람들은 최저임금은 10대들이 학교를 중퇴하도록 장려한다고 주장한다. 마지막으로 비판자들은 최저임금은 터무니없게도 빈곤 감소를 목표로 하고 있다고 주장한다. 즉 최저임금 근로자들의 대다수가 빈곤가계에 살고 있지 않다는 것이다.

경쟁적 수요공급 모형

경쟁적 노동공급과 노동수요 모형은 최저임금의 노동시장 효과를 분석하기 위한 최선의 출발점이다.[5] 그림 13.1을 살펴보면서 경제의 모든 근로자가 최저임금법에 의해 보호를 받고 노동시장과 생산물시장이 완전경쟁적($MRP = VMP = MWC = P_L$)이라고 가정하자. 그림은 특정 최저임금 W_m이 균형임금과 고용수준이 W_0와 Q_0인 노동시장에 미치는 영향을 그리고 있다. 한가지 요점이 처음에 강조되어야 할 필요가 있다. 만약 최저임금 W_m이 균형임금 W_0와 같거나 또는 아래에 있다면 법은 관련이 없으며 직접적인 임금과 고용 결과는 없다. 실제 임금과 고용은 W_0와 Q_0에 남아 있을 것이다. 이는 W_m이 균형임금 W_0를 초과하는 그림 13.1의 상황은 아니다.

정부가 부과한 최저임금은 어떤 고용, 실업, 배분적 효율성 효과를 발생시킬 것인가? 첫째, W_m에서 사용자들은 원래의 Q_0가 아니라 오로지 Q_d 근로자들을 채용할 것이다. 달리 말하면 Q_d에서 Q_0까지 근로자들의 한계수입생산은 최저임금보다 작을 것이며, 따라서 이윤극대화를 추구하는 사용자는 고용을 줄일 것이다.

둘째, 공급곡선은 최저임금이 Q_0가 아니라 Q_s 근로자들을 시장에 끌어들일 것임을 시사한다. 최저임금이 사용자들과 노동공급자들의 행태를 변화시키며, 따라서 고용은 ba 크기만큼 감소하고 실업은 더 큰 ac 크기만큼 증가한다.

셋째, 최저임금 W_m은 배분적 비효율을 낳는다. 노동수요곡선의 ae부분으로부터 Q_d에서 Q_0까지의 근로자들 각각의 한계생산물가치(VMP)가 이 개인들의 공급가격(S_L의 fe부분에 의해 보여지는 바와 같이)을 초과한다는 것을 주목하라. 이는 사회가 Q_dQ_0의 해고된 근로자들이 자신들의 차선의 생산적인 고용에서 기여할 수 있는 것(Q_dfeQ_0)보다 더 큰 가치의 산출량(Q_daeQ_0)을 포기하고 있다는 것을 의미한다. 그렇다면 이제 국내산출량의 순손실은 면적 $fae(= Q_daeQ_0 - Q_dfeQ_0)$로 나타난다. 그림 13.1을 사용해서 다음의 일반화를 입증할 수 있어야 한다. (1) 다른 조건이 일정하다면 균형임금 대비 최저임금이 높으면 높을수록 부(−)의 고용 및

---

[5] 최저임금의 효과는 다른 유형의 모형에서도 또한 분석되었다. 수요독점적 경쟁 모형에서의 그 효과에 대한 논의는 V. Bhaskarand Ted To, "Minimum Wages for Ronald McDonald Monopsonies: A Theory of Monopsonistic Competition," *Economic Journal*, April 1999, pp. 190-203을 참조하라. 효율성임금 모형에서 그 영향에 관한 분석은 James B. Rebitzer and Lowell J. Taylor, "The Consequences of Minimum Wage Laws: Some New Theoretical Ideas," *Journal of Public Economics*, February 1995, pp. 245-55를 참조하라.

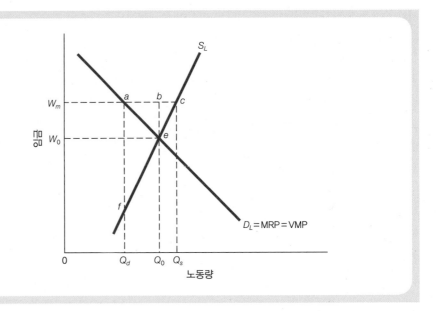

그림 13.1 최저임금 효과 : 경쟁적 모형

균형보다 높은 수준의 최저임금 W_m은 이 저임금 노동시장에서 고용을 ab만큼 감소시키고 ac의 실업을 발생시킨다. 노동공급곡선과 노동수요곡선이 더 탄력적이면 탄력적일수록 최저임금법의 실업 결과는 더 커진다.

배분 효과가 더 커지고, (2) 노동공급과 노동수요곡선이 탄력적이면 탄력적일수록 최저임금법의 실업 결과는 더 커진다.

물론 두 가지 효과가 방금 언급한 최저임금 효과를 약화시킬 수 있다. 한 가지 그러한 요소는 일부 기업들에서 최저임금을 준수하지 않는 것이다.[6] 다른 요소는 일부 기업들이 부가급여(말하자면 병가 또는 건강보험)를 줄여서 최저임금을 상쇄할 가능성이다.[7] 어느 경우든 시간당 노동비용은 그림 13.1의 전체 금액 $W_0 W_m$만큼 증가하지 않게 되며, 따라서 표시된 고용과 효율성 효과들은 약화되게 된다.

수요독점

이제까지 저임금 노동시장이 완전경쟁적이라고 가정했다. 이제 이 가정을 없애고 비차별적 수요독점 조건에서 최저임금의 잠재적인 고용효과를 분석하기로 한다. 그림 13.2는 오로지 노동서비스의 단일 사용자로 구성된 노동시장(또는 경쟁적인 임금보다 낮은 임금 설정을 담합하는 여러 사용자들로 구성된 노동시장)을 그리고 있다. 그림 6.7로부터 각 고용수준에서 수요독점적 한계임금비용(MWC)이 그 평균임금비용(AWC)을 초과한다는 것을 상기하라. 노동서비스의 유일한 구매자이기 때문에 수요독점자는 전형적인 우상향하는 시장노동공급곡선에 직면한다. 더 많은 근로자들을 채용하기 위해 수요독점자는 지급하는 임금을 올려야만 한다. 그러나

[6] 이러한 가능성의 증거는 Orley Ashenfelter and Robert S. Smith, "Compliance with the Minimum Wage Law," *Journal of Political Economy*, April 1979, pp. 335-50을 참조하라.

[7] Walter J. Wessels, "The Effect of Minimum Wages in the Presence of Fringe Benefits: An Expanded Model," *Economic Inquiry*, April 1980, pp. 293-313. 또한 관련 있는 것은 J. Harold McClure, Jr., "Minimum Wages and the Wessels Effect in a Monopsony Model," *Journal of Labor Research*, Summer 1994, pp. 271-82; Kosali Ilayperuma Simon and Robert Kaestner, "Do Minimum Wages Affect Nonwage Job Attributes? Evidence on Fringe Benefits," *Industrial and Labor Relations Review*, October 2004, pp. 52-70이다.

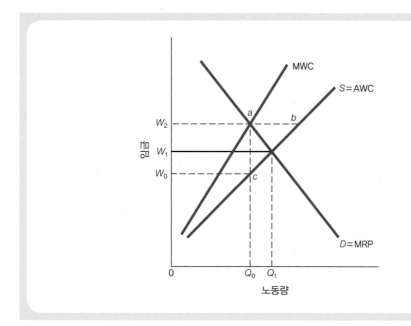

그림 13.2 최저임금 효과 : 수요독점

최저임금이 없다면 이 수요독 점자는 Q_0의 근로자들을 채용 하고 W_0와 동일한 임금을 지급 한다. W_0를 넘고 W_2 아래의 어 떤 법적 최저임금이라도 기업을 임금순응자로 탈바꿈시킬 것이 며, 기업은 그 고용수준을 늘릴 것이다. 예를 들어 만약 최저임 금이 W_1이라면 기업은 이 노동 시장에 경쟁이 존재했던 것처럼 똑같은 수의 근로자들을 채용할 것이다. 따라서 일부 산업에서 는 최저임금이 고용을 증가시키 는 것이 가능하다.

비차별적인 수요독점자는 자신의 모든 근로자에게 똑같은 임금을 지급해야만 하기 때문에, 그 는 근로자를 1명 더 채용하는 추가비용(MWC)이 그 근로자 혼자에게 지급하는 더 높은 임금 (AWC)을 초과한다는 것을 알게 된다.

그림 13.2에 그려진 수요독점자는 이윤극대화 채용규칙(MRP = MWC)을 사용하여 Q_0만큼 의 근로자들을 고용할 것이다. 노동공급곡선 위의 c점으로부터 보는 바와 같이 그 수의 근로 자들을 끌어들이기 위해 그는 W_0의 임금을 지급해야만 한다. 그러나 이제 정부가 W_0와 W_2 사 이 어딘가에, 말하자면 W_1에 최저임금을 설정한다고 가정하자. 사실상 노동공급곡선은 $0Q_1$ 의 범위에 걸쳐 W_1에서 완전 수평이 된다. 기업이 최저임금에서 Q_1까지 추가 근로자들을 채용 할 수 있기 때문에 그의 한계임금비용은 이 전체 범위에 걸쳐 자신의 평균임금비용과 동일하 다. 이를 더 많은 근로자들을 끌어들이기 위해 임금을 올려야만 했던 이전의 상황과 대조하라 (MWC > AWC).

최저임금 W_1이 있기 때문에, 수요독점자는 임금설정자가 아니라 임금순응자가 되며, Q_1 근 로자들을 채용함으로써 자신의 이윤을 극대화한다. 그들의 MRP가 최저임금(MWC)을 초과하 기 때문에 추가 Q_0부터 Q_1까지의 근로자들이 이제 채용된다. 이 경우 최저임금은 사용자의 수 요독점력을 완전히 상쇄함으로써 고용을 Q_0로부터 Q_1으로 증가시킨다. 그림 13.2를 면밀히 검 토하면 W_0를 넘어 W_2 아래의 어떤 최저임금이라도 고용을 Q_0를 초과하여 증가시킬 것이라는 것을 알 수 있을 것이다. 따라서 잘 선택된 그리고 선별적으로 실행된 최저임금은 고용을 증가 시키고 배분적 효율을 향상시키는 것이 가능하다.

그러나 여기서 많은 주의가 필요하다. 첫째, 만약 정부가 최저임금을 W_2 이상으로 설정한다 면 고용은 감소할 것이다. 둘째, 수요독점 임금 W_0를 넘어서는 최저임금수준에서 고용은 Q_0와 같거나 또는 더 클 수 있지만 실업이 쉽게 더 높을 수 있다. 예를 들어 이 시장에서 b노동자들이 W_2의 임금에서 고용을 찾은 반면 기업들은 오로지 a근로자들만을 채용한다. W_2에서 고용은 수요독점 임금 W_0에서와 같지만 근로자들의 초과공급, 즉 실업은 0으로부터 ab로 증가한다. 셋째, 특정 유형 저임금 노동의 유일한 사용자이기 때문에 수요독점자는 차별할 수 있다. 즉 각 근로자에게 그를 끌어들이기에 딱 충분한 만큼의 임금을 지급한다. 만약 그렇다면 MWC 곡선은 노동공급곡선과 일치할 것이고 기업의 이윤극대화(MRP = MWC) 고용수준은 Q_0가 아니라 경쟁적 수준인 Q_1이 될 것이다. 이것이 사실인 이유는, 기업이 각 추가 근로자를 끌어들이는 데 필요한 더 높은 그 임금을 오로지 그 특정 근로자에게만 지급해야 하기 때문이다. 차별하는 수요독점자가 존재한다면 최저임금은 효과적이지 않거나 또는 고용을 감소시킬 것이다. 즉 최저임금은 고용을 증가시킬 수 없다. 넷째, 이 주제에 관한 실증연구들에 의하면, 대부분의 노동시장에서 수요독점이 존재한다는 증거는 발견되지 않는다.[8]

실증 증거

경제학자들은 많은 관심을 최저임금이 고용에 미치는 효과를 추정하는 데 쏟았다. 이외에도 그들은 통계적 연구를 사용하여 최저임금이 인적자본 투자 결정에 영향을 미치는지와 근로소득과 가계소득 분배를 균등화하려는 목표를 달성했는지 확인하려 시도했다. 이러한 여러 연구들의 결과는 다음과 같이 요약된다.

고용

많은 연구들이 최저임금의 고용효과를 분석했다. 10대가 최저임금에 의해 가장 큰 영향을 받을 가능성이 있는 연령 그룹이기 때문에 많은 연구가 10대들을 조사 대상으로 삼았다. 최근까지 만약 다른 요소들이 불변인 채로 유지된다면 최저임금의 10% 인상은 전형적으로 10대들이 보유한 일자리 수의 1~3% 감소를 야기했다.[9] 그러나 이 오래된 연구 결과는 몇몇 최근의 논란이 많은 연구들에 의해 도전을 받았다.

카드와 크루거(Card and Krueger)는 뉴저지주의 1992년 최저임금 인상이 주의 패스트푸드 식당의 고용에 미친 영향을 조사했다.[10] 연구를 수행하기 위해 최저임금 인상 이전과 이후에 뉴저지와 펜실베이니아 동부 410개 패스트푸드 식당 매니저들을 설문조사했다. 그들은 고용이 (최저임금이 변하지 않았던) 펜실베이니아 식당보다 뉴저지 식당에서 더 빨리 증가했다고 보고하고 있다. 결과는 또한 최저임금 인상 이전에 높은 임금을 지급했던 뉴저지 식당들은 낮은 임금을 지급한 식당들보다 더 빠른 고용 성장을 보이지 않았다는 것을 밝혀냈다. 따라서 저자들

---

[8] 수요독점에 대한 이론적·실증적 연구 조사는 William M. Boal and Michael R. Ransom, "Monopsony in the Labor Market," *Journal of Economic Literature*, March 1997, pp. 86-112를 참조하라. 또한 *Journal of Labor Economics* special issue "Modern Models of Monopsony in Labor Markets: Tests and Estimates," November 2010을 참조하라.

[9] Charles Brown, "Minimum Wages, Employment, and the Distribution of Income," in Orley Ashenfelter and David Card (eds.), *Handbook of Labor Economics*, Volume 3B (Amsterdam: North-Holland, 1999)를 참조하라.

[10] David Card and Alan B. Krueger, "Minimum Wages and Employment: A Case Study of the Fast-Food Industry in New Jersey and Pennsylvania," *American Economic Review*, September 1994, pp. 772-93.

은 최저임금 인상이 고용을 감소시키지 않았다고 결론을 내렸다.

카드와 크루거에 의한 이 연구와 다른 연구들은 정책입안자들의 큰 관심을 불러일으켰지만, 한편 이러한 결과들은 잠정적인 것으로 고려되어야 한다는 경고도 발생시켰다.[11] 뉴저지 연구에 대한 한 가지 비판은 카드와 크루거에 의해 수집된 데이터의 질이 좋지 못할 수 있다는 것이다. 뉴저지와 펜실베이니아 패스트푸드 식당들로부터 수집한 실제 급여 데이터를 사용한 뉴마크와 워셔(Neumark and Wascher)에 의한 연구는 최저임금이 고용에 미치는 부(−)의 효과를 발견하고 있다.[12] 그러나 마찬가지로 급여 데이터 세트를 사용한 카드와 크루거에 의한 후속연구는 그들의 원래 결론을 확인하고 있다.[13] 비판자들은 또한 최저임금 인상이 시행일보다 훨씬 앞서 발표되기 때문에 새로운 최저임금 인상의 고용 감소 효과는 시행일 이전에 나타날 수 있다는 것을 지적하고 있다. 그렇지 않으면 고용 감소는 최저임금 인상 시행 후 여러 해 지나서 나타날 수도 있다.[14]

이러한 발견들은 최저임금 인상의 고용효과에 대한 실증적인 흥미를 새롭게 했다. 뉴마크와 워셔는 카드와 크루거 분석 이래의 90개가 넘는 연구들을 조사하고, 대부분의 연구들은 최저임금이 고용과 근로시간에 미치는 부(−)의 효과를 발견하고 있다고 결론을 내리고 있다.[15] 주 경계선을 건너 인접한 카운티를 조사하고 주들 사이의 상이한 고용 추세를 설명한 몇몇 최근의 연구는 최저임금이 효과가 없다는 것을 발견하고 있다.[16] 뉴마크와 워셔는 다른 연구 디자인을 사용하여 이러한 연구들을 재조사하고, 최저임금의 부(−)의 고용효과를 보고하고 있다.[17] 최저임금과 고용의 관계에 대한 논쟁은 아직도 진행 중이다.

인적자본에 대한 투자

최저임금이 인적자본에 대한 투자에 미치는 효과는 부(−)일 것 같다. 최저임금은 아마도 현장실무훈련을 감소시킨다. 제4장에서 기업은 때때로 근로자들을 채용한 후 일반현장실무훈련을 제공한다는 것을 보았다. 그에 소요되는 비용을 충당하기 위해 사용자는 훈련기간 동안 더 낮

---

[11] 이 주제에 관한 그들 연구의 많은 것들이 David Card and Alan B. Krueger, *Myth and Measurement: The New Economics of the Minimum Wage* (Princeton, NJ: Princeton University Press, 1995)에 요약되었다. 비판적인 검토는 "Review Symposium on *Myth and Measurement: The New Economics of the Minimum Wage* by David Card and Alan B. Krueger," *Industrial and Labor Relations Review*, July 1995, pp. 842-48을 참조하라.

[12] David Neumark and William Wascher, "Minimum Wages and Employment: A Case Study of the Fast-Food Industry in New Jersey and Pennsylvania: Comment," *American Economic Review*, December 2000, pp. 1362-92.

[13] David Card and Alan B. Krueger, "Minimum Wages and Employment: A Case Study of the Fast-Food Industry in New Jersey and Pennsylvania: Reply," *American Economic Review*, December 2000, pp. 1397-1420.

[14] 이러한 비판과 일관된 증거는 Michael Baker, Dwayne Benjamin, and Shuchita Stanger, "The Highs and Lows of the Minimum Wage Effect: A Time-Series Cross-Section Study of the Canadian Law," *Journal of Labor Economics*, April 1999, pp. 318-50을 참조하라.

[15] David Neumark and William Wascher, *Minimum Wages* (Cambridge, MA: MIT Press, 2008)를 참조하라.

[16] Arindrajit Dube, T. William Lester, and Michael Reich, "Minimum Wage Effects Across State Borders: Estimates Using Contiguous Counties," *Review of Economics and Statistics*, November 2010, pp. 945-64; Allegretto, Sylvia A., Arindrajit Dube, and Michael Reich, "Do Minimum Wages Really Reduce Teen Employment? Accounting for Heterogeneity and Selectivity in State Panel Data," *Industrial Relations*, April 2011, pp. 205-40을 참조하라.

[17] David Neumark, J. M. Ian Salas, and William Wascher, "Revisiting the Minimum Wage- Employment Debate: Throwing Out the Baby with the Bathwater?," *Industrial and Labor Relations Review*, May 2014, pp. 608-48을 참조하라.

13.1 근로의 세계 최저임금이 음주운전을 증가시키는가?*

교통사고는 16~20세 연령집단의 으뜸가는 사망원인이다. 이러한 사망의 약 1/3은 알코올과 관련이 있다. 법적 음주연령은 21세지만, 16~20세 연령의 20% 이상이 술에 취해 운전했음을 인정하고 있다.

10대들의 음주운전은 의도하지 않게 최저임금 때문에 증가할 수 있다. 많은 부모들이 자녀들의 주택과 식품 같은 필수품 비용을 부담하기 때문에 높은 최저임금은 10대들의 자유재량 소득을 증가시킬 수 있다. 이러한 더 높은 자유재량 소득은 오락, 휘발유, 담배, 알코올 같은 부모들이 부담해주지 않는 항목들에 대한 지출을 증가시킬 수 있다. 따라서 더 높은 최저임금은 10대들의 알코올과 운전에 대한 지출을 증가시킬 수 있다. 이러한 지출 증가는 더 높은 최저임금으로 인한 고용 손실 또는 시간 감소에 의해 제한될 것이다. 성인들은 최저임금을 벌 가능성이 더 적으며, 성인 최저임금 근로자들의 소득 중 더 작은 부분이 자유재량에 해당되기 때문에, 성인들의 경우 알코올과 운전에 미치는 지출의 영향은 더 작을 것이다.

이용가능한 실증 증거는 최저임금이 10대들 사이에 알코올 관련 운전 중 사망을 증가시켰는지에 대해 결론에 이르지 못하고 있다. 애덤스, 블랙번, 코티(Adams, Blackburn, and Cotti)는

1998년부터 2006년까지의 주 최저임금 변동을 사용하여 최저임금의 10% 증가는 16~20세 운전자들의 알코올 관련 사망자 수를 5~10% 증가시킨다는 것을 발견하고 있다. 그들은 또한 최저임금은 26세가 넘는 운전자들의 알코올 관련 사망 또는 16~20세 운전자들의 알코올이 관련되지 않은 사망에 아무런 효과를 미치지 못한다는 것도 발견하고 있다.

사비아, 피츠, 애지스(Sabia, Pitts, and Argys)는 최저임금이 10대 음주운전 사망에 영향을 미칠 수 있는 방법을 조사하고 있다. 그들은 고용 손실과 근로시간 감소가 임금 인상의 정(+)의 소득 영향을 상쇄하기 때문에, 더 높은 최저임금이 자신들 데이터 표본의 16~20세까지의 소득을 증가시키지 않는다는 것을 발견하고 있다. 그들은 또한 최저임금 증가가 10대들 사이의 음주를 증가시키지 않는다는 것도 발견하고 있다.

* Scott Adams, McKinley L. Blackburn, and Chad D. Cotti, "Minimum Wages and Alcohol-Related Traffic Fatalities Among Teens," *Review of Economics and Statistics*, August 2012, pp. 828-40; Joseph J. Sabia, M. Melinda Pitts, and Laura Argys, "Do Minimum Wages Really Increase Youth Drinking and Drunk Driving?" Federal Reserve Bank of Atlanta Working Paper 2014-20, November 2014를 기초로 함.

은 임금을 지급한다. 그러나 최저임금은 기업이 제시할 수 있는 임금의 하한선이 된다. 따라서 일부 기업은 이러한 환경에서는 일자리 일반훈련을 제공하지 않기로 결정할 수 있으며, 따라서 최저임금은 이러한 유형의 인적자본 형성을 감소시킬 수 있다.[18] 또한 실증 증거는 높은 최저임금은 10대들로 하여금 고용을 찾고 학교를 중도에 그만두도록 장려한다는 것을 알려준다.[19]

소득 불균등과 빈곤

최저임금은 일반적으로 가족 소득의 전체적인 분배를 바꾸지 않거나, 또는 빈곤을 눈에 띄게 감소시키지 않는다. 이러한 다소 놀라운 결론은 최저임금을 지급받는 사람들이 저소득 가족보다는 중간 또는 고소득 가족의 구성원들일 가능성이 더 크다는 실증 증거를 기초로 하고 있다. 최저임금 근로자들의 약 84%가 빈곤선 위의 가족소득을 가진 세대에 거주한다. 따라서 최저임금은 빈곤퇴치 무기로 적절한 것은 아닌 것으로 보인다.[20] 나아가 평균적인 최저임금 근로자들 사

---

[18] 이러한 가설과 일관되는 증거는 David Neumark and William Wascher, "Minimum Wages and Training," *Journal of Labor Economics*, July 2001, pp. 563-95를 참조하라. 훈련에 대한 효과가 없음을 발견한 연구는 David Fairris and Roberto Pedace, "The Impact of Minimum Wages on Job Training: An Empirical Exploration with Establishment Data," *Southern Economic Journal*, January 2004, pp. 566-83을 참조하라.

[19] David Neumark and William Wascher, "Minimum Wages and Skill Acquisition: Another Look at Schooling Effects," *Economics of Education Review*, February 2003, pp. 1-10; David Neumark and Olena Nizalova, "Minimum Wage Effects in the Longer Run," *Journal of Human Resources*, Spring 2007, pp. 435-52를 참조하라.

이의 임금 성장은 1년 내 최저임금을 60% 넘게 상승할 정도로 상당하다.[21]

최종 언급

최저임금은 일부 저소득 근로자들의 연간 근로소득을 증가시킨다. 아마도 이것이 최저임금에 대한 강력한 대중적 지지의 이유이자, 최저임금에 대한 논쟁이 그 존폐 문제에서 멀리 떠나 얼마나 높게 설정되어야 하는지 문제로 이동한 이유이다. 경제학자들은 일반적으로 너무 높아 고용과 경제적 효율을 심각하게 훼손하는 어떤 실질 최저임금 수준이 존재한다는 것에 동의한다. 그러나 이제까지의 증거를 기초로 볼 때, 그러한 수준은 아직 도달되지 않은 것처럼 보인다. 이 문제와 관련하여 최저임금 문헌에 대해 식견이 있는 한 검토자는 "최저임금은 지지자들은 물론 비판자들 모두에 의하여 과대평가되어 있다"라는 결론을 내렸다.[22]

- 1932년의 노리스-라과디아 법과 1935년의 와그너 법은 미국 노동조합의 성장을 장려했던 반면, 1947년의 태프트-하틀리 법과 1959년의 랜드럼-그리핀 법은 노동조합의 힘을 약화시키려 했다.
- 경쟁적 노동시장에서 균형보다 높은 수준의 최저임금은 고용을 감소시키고, 실업을 증가시키며, 효율성 손실을 초래한다.
- 연구자들은 최저임금의 10% 인상은 10대 고용의 1~3% 감소를 야기한다고 추정했다. 그러나, 가장 최근의 인상이 이러한 패턴을 따랐는지에 대해서는 일부 의문이 존재한다.

13.1 잠깐만 확인합시다.

여러분의 차례입니다

연방정부가 최저임금을 25% 인상한다고 가정하자. 이론과 전통적인 증거에 입각하여 이 인상이 (a) 10대들의 평균 임금, (b) 10대 고용, 그리고 (c) 10대 실업에 미치는 영향을 예측하라. (*정답*은 책의 맨 뒷부분에 수록되어 있음)

직업 보건 및 안전에 대한 규제

노동시장에의 직접적인 정부 개입에 대한 또 다른 중요하고 논란이 많은 분야는 직업 보건 및 안전에 대한 규제이다. 이러한 정부 개입은 주 산재보상 프로그램과 연방의 **1970년의 직업안전보건법**(Occupational Safety and Health Act of 1970)을 포함하여 여러 형태를 취한다. 전자는 기업으로 하여금 일자리 부상을 당한 근로자에게 특정 급여를 지급하는 보험을 구입하도록 의무를 부과하는 것이다. 우리의 주요 초점이 될 후자는 사용자에게 법으로 설정된 작업장 보건 및 안전기준을 준수하도록 요구하는 것이다.

작업장 보건 및 안전에 대한 정부 규제는 여러 이유 때문에 논의할 가치가 있다. 첫째, 통계

---

[20] Joseph J. Sabia and Richard V. Burkhauser, "Will a $9.50 Federal Minimum Wage Really Help the Working Poor?" *Southern Economic Journal*, January 2010, pp. 592-623.

[21] William E. Even and David A. Macpherson, "Wage and Employment Dynamics of Minimum Wage Workers," *Southern Economic Journal*, January 2003, pp. 676-90을 참조하라.

[22] Charles Brown, "Minimum Wage Laws: Are They Overrated?" *Journal of Economic Perspectives*, Summer 1988, pp. 133-45.

표 13.2 산업별 직종과 관련된 사망자 및 의료상담을 받은 부상자 수

산업 그룹	사망		의료상담 부상 수(천 명)*
	수	근로자 10만 명당 비율	
농업	500	23.2	54.9
광업과 추출	155	12.4	16.9
건설	828	9.7	203.0
제조	312	2.1	476.7
운송과 전기·가스·수도·하수	757	12.3	203.4
상업거래	464	2.6	612.1
서비스	1,085	1.7	1,440.3
정부	484	2.0	746.0
총계	4,585	3.3	3,753.3

자료 : Bureau of Labor Statistics, National Census of Fatal Occupational Injuries in 2013, http://stats.bls.gov/iif/home.htm; Bureau of Labor Statistics, "Employer-Reported Workplace Injuries and Illnesses-2013," *News Release* USDL-14-2183, December 14, 2014.

* 의료상담 부상은 의료전문가와 상담할 만큼 충분히 심각한 부상이다.

는 근로가 일반적으로 인지되는 것보다 더 위험하다는 것을 보여준다. 미국에서는 2013년에 4,585명의 근로자가 일자리 관련 사고로 사망했으며, 대략 380만 명의 사람들이 전문적인 의료 상담이 필요한 부상을 당했다. 표 13.2에서 관찰되는 바와 같이 이러한 사고들은 산업별로 크게 차이가 났다. 예를 들어 서비스업에서 10만 명당 1.7명의 사망자가 발생하는 것과 비교할 때 농업에서는 10만 명당 23.2명의 사망이 있었다. 둘째, 일자리 안전 또는 그 안전의 결여는 근로의 중요한 비임금 측면이고, 이는 노동공급의 중요한 결정요인이다. 따라서 작업장 안전의 정도는 직종 사이의 임금격차를 설명하는 데 도움이 된다. 마지막으로 최저임금과 차별시정조치 (affirmative action) 입법과 같은 노동시장 개입과 마찬가지로 작업장 보건 및 안전에 대한 규제의 적절성과 효과성에 관해 논란이 존재한다.

이 주제는 다음과 같이 접근될 것이다. 첫째, 이윤극대화를 추구하는 기업이 근로자들에게 얼마만큼의 일자리 안전을 제공할 것인지를 어떻게 결정하는지 논의할 것이다. 그 뒤 왜 작업장 위험에 대한 이러한 보호수준이 사회적 최적 크기보다 더 작을 수 있는지 분석할 것이다. 마지막으로 1970년의 직업안전보건법을 둘러싼 논란을 논의할 것이다.

이윤극대화 일자리 안전수준[23]

생산물시장의 경쟁은 이윤극대화를 추구하는 기업에게 어떤 특정 수량의 산출량을 생산하는 그 내부비용을 최소화하도록 강요할 것이다. 생산의 한 가지 비용은 작업장을 안전하게 만들기 위해 필요한 지출이다. '일자리 안전'의 생산은 보통 수확체감과 관련되는데, 이는 비용이라는

---

[23] 이 절과 바로 뒤 절의 기본적인 분석틀은 오이(Walter Oi)의 "An Essay on Workmen's Compensation and Industrial Safety," in *Supplemental Studies for the National Commission on State Workmen's Compensation Laws*, vol. 1, 1974, pp. 41-106에서 개발되었다.

용어로 바꾸면, 추가 지출하는 각 금액은 연속적으로 더 작은 일자리 안전의 증가를 산출한다는 것을 의미한다. 더 구체적으로 말하면, 기업은 일자리를 더 안전하게 만들기 위해 안전정보를 전파하는 것과 보호장구(말하자면 안전모)를 지급하는 것 같은 상대적으로 비싸지 않은 기법을 우선 사용할 것이다. 그러나 그 이상의 이득을 얻기 위해서는, 기업은 더 안전한 설비 구입과 작업속도의 둔화 같은 점점 더 비용이 드는 조치에 의지해야 한다. 따라서 대부분의 기업은 증가하는 **일자리 안전의 한계비용**(marginal cost of job safety)을 경험한다. 즉 연속적으로 더 높은 직접 경비 금액, 감소된 산출량, 또는 둘 모두가 추가 단위의 일자리 안전을 얻기 위해 요구될 것이다. 그림 13.3에 안전의 한계비용곡선 MC_s가 그려져 있다. 수평축에 측정된 일자리 안전의 각 추가단위는 이전 단위들보다 더 많은 비용이 든다.

일자리 안전을 제공하는 데 비용이 든다는 것을 안다면 왜 기업은 근로자들에게 일자리 위험으로부터의 어떤 보호라도 제공하는 선택을 하게 되는가? 대답은 안전의 한계편익곡선 MB_s(MB'_s라고 표시된 곡선은 일단 무시한다)에 있다. 사용자는 상대적으로 작업장을 안전하게 만드는 것으로부터 편익을 얻는다. 즉 일자리 안전은 기업이 그렇지 않았다면 초래할 수 있는 어떤 비용을 감소시킨다. 그러나 이 기업에 의해 일자리 안전의 더 많은 단위가 생산됨에 따라 기업에 대한 **일자리 안전의 한계편익**(marginal benefit from job safety, MB_s)이 감소한다는 것을 주목하라. 개인이 재화의 연속적인 단위가 소비됨에 따라 한계효용체감을 경험하는 것과 똑같이, 기업은 일자리 안전 크기의 각 단위가 증가함에 따라 그에 따르는 추가 편익(비용 절약)의 감소를 경험한다.

일자리 안전에 따르는 편익은 기업에게 도대체 무엇인가? 첫째, 더 낮은 부상 또는 사망 위험은 사용자로 하여금 더 낮은 임금으로 근로자들을 끌어들일 수 있도록 한다. 근로자들이 일자리 안전에 가치를 두기 때문에 그들은 건강에 좋은 상대적으로 안전한 환경에서 수행되는 근로를 위해 더 낮은 임금을 기꺼이 받아들일 용의가 있다. 둘째, 더 안전한 작업장은 일자리 사고가 야기하는 생산 과정 중단의 크기를 감소시킨다. 재활치료의 기간 동안 작업장의 작은 사고와 핵심 근로자들의 부재는 종종 생산 과정을 중단 또는 둔화시킨다. 셋째, 보다 안전한 작업장은 근로자들을 모집, 선별, 그리고 훈련시키는 비용을 감소시킨다. 일자리에서 부상당하는 근로자가 더 적으면 적을수록 새로운 근로자를 채용하고 훈련하는 데 들어가는 자원이 더 적어질 것이다. 넷째, 작업장 안전은 인적자본 투자에 대한 기업의 수익을 유지하는 데 도움이 된다. 일자리 사망과 부상은 그 이전에 재정 지원했던 특수훈련, 공식훈련, 또는 현장실무훈련에 대한 기업의 수익을 종료시키거나 혹은 감소시킨다. 마지막으로 일자리 사고가 적으면 산재보험료 프리미엄이 낮아진다. 그러한 보험요율은 기업이 경험한 사고의 확률과 유형에 의해 결정된다.

작업장 안전의 이윤극대화 수준을 결정하기 위해 비용극소화 기업은 안전의 한계편익(MB_s)을 한계비용(MC_s)에 대해 비교할 것이다. 그렇게 하는 데 있어 기업은 다음의 결정규칙을 사용할 것이다. 즉 한계편익이 한계비용을 초과하는 한 추가 '일자리 안전'을 제공한다. 그림 13.3에서 이윤극대화 일자리 안전 수준은 $MB_s = MC_s$인 Q_s단위이다. 결론은? 심지어 정부 개입이 없을 경우에도 이 기업은 어느 정도의 일자리 안전을 제공하는 것이 비용효과적이고 이윤이 발생

13.1 국제 시각　직종과 관련된 부상*

스웨덴은 직종과 관련된 부상에 의해 영향을 받는 근로자들의 비중이 상대적으로 낮은 반면, 멕시코는 상당히 더 높은 일자리 부상률을 갖고 있다.

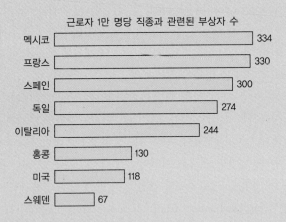

근로자 1만 명당 직종과 관련된 부상자 수

멕시코	334
프랑스	330
스페인	300
독일	274
이탈리아	244
홍콩	130
미국	118
스웨덴	67

자료 : International Labour Organization(www.ilo.org)

* 부상률은 일자리 부상으로 인해 근로시간을 잃어버린 근로자들의 연평균(%)으로 정의된다. 독일과 미국이 2010년 데이터를 기초로 하며, 이탈리아는 2008년 데이터를 기초로 하는 것을 제외하고 통계는 2013년 데이터를 기초로 한다. 독일과 홍콩 통계는 각각 4일과 3일을 넘는 근로시간을 잃어버린 사람들만을 포함하고 있다.

한다는 것을 안다. 이 경우 어느 정도란 Q_s이고, 기업은 Q_s단위의 일자리 안전을 제공할 것이다.

여기서 또 다른 관찰을 논평할 가치가 있다. 말하자면 채탄과 건설 같은 일부 일자리들은 본질적으로 위험한 반면, 말하자면 회계와 교직 같은 다른 것들은 선천적으로 안전하다는 인식은 약간 오해의 소지가 있다. 더 정확하게 말하자면, 현재의 기술로 보아 다른 직종에 비하여 어떤 직종에서는 일자리 안전을 제공하는 데 본질적으로 비용이 훨씬 더 든다고 해야 옳은 말이다. 따라서 비슷한 한계편익을 갖고 있지만 상이한 안전의 한계비용을 가진 기업은 상이한 수준의 일자리 안전을 제공할 것이다. 그림 13.3의 그것과 같은 똑같은 한계편익곡선을 가지고 있지만 MC_s에 의해 보여지는 것보다 상당히 더 높은 한계비용을 가진 기업은 Q_s단위보다 훨씬 적은 양의 일자리 안전을 제공하게 된다.

일자리 안전의 사회적 최적 수준

기업의 이윤극대화가 달성되는 일자리 안전 수준은 일자리 안전의 사회 최적 수준일 수도 있고, 또는 아닐 수도 있다. 이 주제를 다루는 데 있어 우선 일자리 위험에 대한 완전정보와 평가를 가정하고, 그 뒤 이러한 것들이 그렇지 않은 상황을 검토하기로 하자.

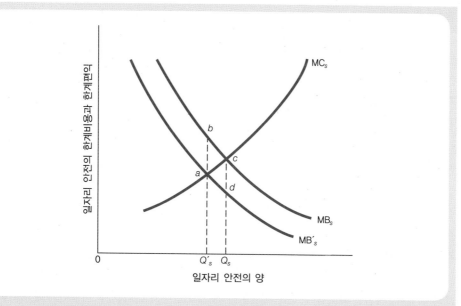

그림 13.3 일자리 안전의 최적 수준

이윤극대화를 추구하는 기업은 그 안전의 한계편익과 한계비용이 동일한, MB$_s$와 MC$_s$의 교차점에 의해 결정되는, 말하자면 Q_s에서 일자리 안전 수준을 제공할 것이다. 만약 근로자들이 근로 위험에 대한 완전한 정보를 갖고 있고, 일자리 위험을 정확히 평가한다면 이 산출량 수준은 사회의 복지를 최적화할 것이다. 만약 근로자들이 작업장 위험을 모르거나, 또는 그것을 과소평가하면 그들은 적절한 임금프리미엄을 지급받지 못할 것이고, 기업은 더 많은 안전을 제공하기 때문에 더 낮은 임금의 편익을 얻지 못할 것이다. 따라서 '일자리 안전' 각 단위의 한계편익은 더 작게 될 것이며(MB$_s$가 아니라 MB$'_s$), 기업은 사회의 관점으로 볼 때 일자리 안전을 과소 제공할 것이다(Q_s가 아니라 Q'_s).

완전정보와 평가

만약 근로자들이 가능한 근로 위험요소에 대한 완전한 정보를 갖고 있고, 직종과 관련된 사망과 부상의 가능성을 정확히 평가한다면 사용자에 의해 제공되는 일자리 안전의 양은 사회의 복지를 극대화하는 데 요구되는 수준과 일치할 것이다. 근로자들이 일자리 위험에 대한 완전한 지식을 갖고 있는 곳에서는 위험한 근로환경을 제공하는 사용자는 충분한 수의 근로자를 끌어들이기 위해 임금프리미엄을 지급해야만 할 것이다. 보상임금격차의 존재는 더 안전한 작업장을 제공하는 것으로부터의 사용자의 추가 편익(감소된 임금프리미엄을 포함하는)이 사회의 시각으로 볼 때 일자리 안전의 추가 편익과 일치하는 것을 보증할 것이다.

그림 13.3에서 완전정보와 평가의 가정이 주어졌을 때 MB$_s$곡선이 일자리 안전의 사적 및 사회적 한계편익 모두를 그리고 있다고 말하고 있는 것이다. Q_s로 보여지는 '일자리 안전'의 단위수는 기업의 이윤을 극대화하고 또한 사회의 복지를 최적화할 것이다.

불완전정보와 평가

일자리 위험요소에 대한 정보가 제한되고 또한/또는 근로자들이 직종과 관련된 사망, 부상, 또는 질병의 개인적인 위험확률을 과소평가하는 곳에서는 사용자는 사회적으로 최적 수준보다 더 적은 일자리 안전을 제공할 것이다.

이러한 일반화를 입증하기 위해 현실적으로 근로자들이 취급하는 물질 중 하나가 매우 위험할 때 근로자들이 실수로 문제의 일자리를 위험이 없는 것으로 판단한다고 가정하자. 근로자들이 장기적인 위험을 모르기 때문에 일자리 위험은 이 직종과 사용자에 대한 노동공급을 감소시키지 않을 것이다. 따라서 시장임금은 추가되는 일자리 위험에 대해 근로자들을 보상하는 데 요구되는 임금프리미엄을 포함하지 않을 것이다. 결과적으로 건강 위험을 감소시키는 것, 즉 더 안전한 작업장을 제공하는 것으로부터의 기업의 한계편익은 만약 근로자들이 일자리 위험에 대해 완전한 정보를 가졌더라면 나타나게 되었을 것보다 더 작을 것이다. 노동시장이 근로자들의 진정한 위험에 대해 보상하기 위한 임금프리미엄의 지급을 강제하지 않았기 때문에 일자리 안전의 추가 단위들은 이 기업에 의해 지급되는 임금을 감소시키는 데 실패할 것이다. 기업의 시각에서 볼 때, 일자리 안전을 제공하는 것으로부터의 한계편익은 만약 일자리의 장기적 건강 결과에 대한 완전한 정보가 알려졌다면 나타나게 되는 것보다 더 작을 것이다.

이러한 상황에서 기업이 생각하는 일자리 안전의 한계편익표가 그림 13.3에 MB'_s 곡선으로 그려져 있다. 기업은 MB'_s를 안전을 제공하는 자신의 한계비용(MC_s)과 비교하고 Q'_s단위의 일자리 안전에 만족한다. 그 결과 사회의 관점에서 볼 때 일자리 안전이 과소제공되고 있다. 안전의 각 추가 단위의 진정한 한계편익이 MB'_s가 아니라 MB_s로 그려진 것이라고 가정하자. 완전한 정보와 근로자에 의한 일자리 위험의 정확한 평가가 주어졌을 때, 기업의 관련된 한계편익곡선은 MB_s가 되고, 이윤극대화와 사회적으로 최적 모두를 만족하는 일자리 안전 수준은 Q_s단위가 되게 된다. Q'_s로부터 MB_s까지 수직선을 위로 연장하고 삼각형 *abc*를 관찰함으로써 알 수 있는 바와 같이 Q'_sQ_s단위의 일자리 안전은 한계비용 MC_s를 초과하는 사회에 대한 한계편익을 발생시킨다. 그러나 불완전정보 또는 근로자들에 의한 위험의 과소평가, 따라서 시장 임금프리미엄의 부재 조건 아래서 기업은 이러한 추가 단위들을 제공할 인센티브를 갖고 있지 않다. 기업의 시각으로 볼 때 한계편익이 한계비용보다 더 작다. 기업의 이윤극대화 일자리 안전 수준은 사회의 최적 수준에 항상 따르지 않을 수 있다고 결론을 내리게 된다. 위의 예에서 이러한 비효율로부터의 사회의 복지 손실은 면적 *abc*이다.

직업안전보건법

1970년의 직업안전보건법은 연방정부가 직접 작업장 위험의 규제에 개입하도록 했다. 법의 목적은 작업장에서 발견되는 위험을 식별하고 제거함으로써 일자리 부상과 질병의 발생을 줄이는 것이었다. 직업안전보건청(OSHA)에게 안전과 보건에 관한 기준을 개발하고, 작업장 검사와 위반에 대한 벌금 부과를 통해 기준을 집행할 책임이 부여되었다.

OSHA에 대한 찬성론

OSHA는 통과되었을 때 논란이 많았으며, 오늘날에도 여전히 논쟁의 주제이다. 입법을 지지하는 사람들은 건강에 좋고 안전한 작업장을 제공하는 비용은 근로자들에게 전가되어서는 안 되는 정당한 사업비용이라고 주장한다. 이 견해에 따르면 불완전정보, 위험의 과소평가, 그리고 이동 장애가 노동시장이 위험한 일자리 임금프리미엄을 제공하게 되는 조정을 방해한다는 것이다. 따라서 앞에서 서술한 이유로 인해, 기업 스스로의 사리추구에 의해 영향을 받는 것보다 더 많은 일자리 안전을 제공하도록 강제하기 위해 정부 기준이 필요하다. 마지막으로 OSHA 규제의 지지자들은, 비판의 많은 부분이 저항이 예측되고 저항할 만하다고 이해되는 기업 사회에서 비롯되었다는 것을 지적한다. 이유를 살펴보기 위해, 그림 13.3에서 불완전정보와 위험의 부적절한 평가의 조건에서, 최소안전기준(말하자면 Q_s단위의 안전기준)은 이 기업으로 하여금 자신의 시각으로 볼 때 사적 편익에서 자신이 발생시키는 것보다 생산하는 데 더 많은 비용이 드는 Q'_sQ_s단위의 안전을 제공하도록 강제한다는 것을 주목하라. MC_s의 ac부분을 MB'_s의 ad부분과 비교함으로써 이를 알 수 있다.

OSHA에 대한 비판론

OSHA의 비판자들은 안전기준과 검사는 불필요하고 비용이 드는 정부의 민간부문에 대한 침입을 상징한다고 반박한다. 그들은 일자리 위험요소에 대한 정보가 불완전할 수 있고 근로자들이 개인적인 위험을 부정확하게 평가할 수 있지만, 근로자들이 일자리 위험요소에 대한 위험확률을 체계적으로 과소평가할 것이라고 예상할 이유가 존재하지 않는다는 것을 지적한다. 오히려 많은 복권 구매자 또는 경품 응모자들이 당첨될 확률을 과대평가하는 것 같이 근로자들은 자신이 하는 일과 관련된 사망, 부상, 또는 질병 확률을 과대평가하는 편일 수 있다. 이런 계통의 추론에 따르면 위험한 일자리에 대한 임금프리미엄이 만약 완전정보와 위험 평가가 존재했었더라면 나타나게 되는 것보다 더 큰 것이 가능한 일이다. 다시 말하자면 "아마도 나에게 발생할 것이다"라는 전망이 사람들로 하여금 위험한 직종을 피하게 하여 그러한 근로를 수행하는 사람들의 임금을 끌어올릴 수 있다. 그러한 임금프리미엄이 존재할 때, 일자리 위험을 감소시키는 것으로부터의 기업의 한계편익은 그렇지 않았을 경우보다 더 크며, 일자리 안전에 대한 자원의 과소배분은 나타나지 않을 가능성이 있다.

OSHA의 비판자들은 또한 작업장 기준이 종종 부상이나 질병 감소와 관련을 갖지 않는다고 주장한다. 그들은 이러한 주장을 입증하기 위해 소화기를 비치하는 벽 높이 규칙, 변기 좌석 형식 등 수없이 많은 하찮은 기준을 지적한다. 이외에도 기준 결정하기가 얼마나 복잡한지 지적한다. 비덴바움(Wiedenbaum)은 "옥외로의 출구까지 이동하는 보호된 길을 제공하는, 이 절에서 요구하는 건축 또는 구조의 모든 공간으로부터 분리된 피난로의 부분"이라는 '출구(exit)'에 대한 OSHA의 최초 정의에 주목했다. 그는 이 정의를 '출구 또는 탈출구'라는 사전의 정의와 대조하고 있다.[24] 하찮은 규칙과 관료주의적인 용어에 대한 비판에 직면하여 OSHA는 1978년 1,100개가 넘는 기준을 폐지했고, 그래도 남은 기준들을 간단한 용어로 다시 쓰려 시도했다.

발견과 시사점

OSHA에 대한 논란은 OSHA의 각종 기준과 검사가 일자리 관련 사고와 부상을 줄였는지에 대한 연구 결과가 엇갈려 고조되었다. 직업안전보건법 통과 이후 일자리 관련 치명적인 부상 비율

---

[24] Murray L. Wiedenbaum, *Business, Government, and the Public* (Englewood Cliffs, NJ: Prentice-Hall, Inc., 1977), pp. 64-65.

은 감소했지만, 비치명적인 부상으로 인한 연간 근로시간 손실 비율은 증가했다.

전체적인 작업장 사망과 사고 추세에서 OSHA의 역할을 분리해내려고 시도한 연구들은 데이터와 해석 문제로 가득 차 있다. 그럼에도 불구하고 여러 주목할 만한 시도가 이루어졌다. 법통과 이후의 초기 연도를 살펴본 연구는 OSHA가 일자리 관련 부상을 감소시켰다는 조짐을 거의 발견하지 못했다. 구체적으로 말하자면, 비스쿠시(Viscusi)[25]는 1972~1975년의 기간 동안에 OSHA가 작업장 안전에 아무런 중요한 효과를 미치지 않았다는 것을 발견했고, 스미스와 맥카프리(Smith and McCaffrey)[26]는 1974~1976년 기간 동안의 OSHA 검사가 효과가 없다는 것을 발견했다. 그러나 학자들은 자신들의 발견을 해석하는 데 있어 조심스러울 필요가 있다고 경고했다. 결과는 법의 강제의 결여 또는 안전기준을 충족하지 못한 기업에 대한 적정하지 못한 벌칙 때문일 수도 있다는 것이다.

더 최근 기간에 대한 연구들은 뒤섞여 있다. 앞서의 스미스와 맥카프리 연구의 후속연구에서 루서와 스미스(Ruser and Smith)[27]는 OSHA가 1980년대 초반에는 작업장 부상에 거의 영향을 미치지 못했다는 것을 발견했다. 반면에 1973~1983년의 기간 동안을 대상으로 한 비스쿠시[28]에 의한 1986년의 연구는 OSHA 검사가 부상 비율과 근로시간 손실 비율 모두를 약간 감소시켰다는 것을 발견했다. 그레이와 존스(Gray and Jones)[29]는 제조업부문 내에서의 OSHA의 검사가 법 위반 건수를 1/2로 감소시켰다는 것을 발견했다. 1998~2005년의 데이터를 사용하여 하빌랜드, 번스, 그레이, 루더, 멘델로프(Haviland, Burns, Gray, Ruder, and Mendeloff)는 벌칙 부과를 수반한 검사가 검사에 뒤이은 2년 동안 부상을 19~24% 감소시켰다는 것을 보고하고 있다.[30]

만약 OSHA가 위험한 일자리에서 사망, 부상, 질병을 줄이는 데 점점 효과적이 된다면, 위험한 일자리와 안전한 일자리 사이의 기존 임금격차는 시간이 지남에 따라 확실히 감소할 것이다. 제6장에서 직종에 대한 노동공급의 한 가지 결정요인은 고용의 비임금 측면이라는 것을 배웠다. 위험한 일자리를 안전하게 만듦으로써, 효과적인 OSHA 기준은 과거에 위험했던 일자리에 대한 노동공급을 증가시키고, 궁극적으로 그러한 계통의 근로에 지급되는 임금프리미엄을 감소시킬 수 있다. 작업장 사망 또는 부상에 대한 임금프리미엄은 근로자들 사이 임금격차의 여러 원천 중 하나다. 따라서, 장기에 걸쳐, 매우 효과적인 OSHA 규제는 상상컨대 경제의 일자리 사이의 임금 불균형을 일부 감소시킬 수 있을 것이다.

---

[25] W. Kip Viscusi, "The Impact of Occupational Safety and Health Regulation," *Bell Journal of Economics*, Spring 1978, pp. 117-40.

[26] Robert Smith and David McCaffrey, "An Assessment of OSHA's Recent Effect on Injury Rates," *Journal of Human Resources*, Winter 1983, pp. 131-45.

[27] John W. Ruser and Robert S. Smith, "Reestimating OSHA's Effects: Have the Data Changed?" *Journal of Human Resources*, Spring 1991, pp. 212-35.

[28] W. Kip Viscusi, "Reforming OSHA Regulation of Workplace Risks," in Leonard W. Weiss and Michael W. Klass (eds.), *Regulatory Reform: What Actually Happened?* (Boston: Little, Brown, 1986), p. 262.

[29] Wayne B. Gray and Carol Adaire Jones, "Longitudinal Patterns of Compliance with OSHA in the Manufacturing Sector," *Journal of Human Resources*, Fall 1991, pp. 623-53. 1979~1998년에 걸쳐 OSHA 시행의 효과가 감소했다는 증거는 Wayne B. Gray and John M. Mendeloff, "The Declining Effects of OSHA Inspections on Manufacturing Injuries, 1979-1998," *Industrial and Labor Relations Review*, July 2005, pp. 571-87을 참조하라.

[30] Amelia M. Haviland, Rachel M. Burns, Wayne B. Gray, Teague Ruder, and John Mendeloff, "A New Estimate of the Impact of OSHA Inspections on Manufacturing Injury Rates, 1998-2005," *American Journal of Industrial Medicine*, November 2012, pp. 964-75.

13.2 근로의 세계 | 산재보상이 일자리 안전에 미치는 효과

미국의 50개 주는 각각 일자리 부상을 당한 근로자 또는 사망한 근로자의 가족에게 법으로 정한 보상을 사용자가 지급하도록 하는 산업재해보상법을 갖고 있다.* 기업은 이러한 급여를 지급하기 위해 의무적으로 보험에 가입해야 한다.* 기업이 납부해야 하는 보험료의 요율은 사업장에서의 사고 위험에 직결되어 변한다. 예를 들어 전형적으로 평균보다 더 높은 사고율을 가진 벌목 기업은 말하자면 더 나은 안전 기록을 갖고 있는 패스트푸드 사업장보다 더 많은 보험료를 내야 하는 식이다.

산재보상법이 작업장 안전에 미치는 효과는 무엇인가? 이러한 법은 두 가지 반대되는 효과를 발생시킨다. 첫째, 법에서 요구하는 보험료는 기업이 자신의 작업장을 더 안전하게 만들 인센티브를 창출한다. 사고를 줄임으로써 기업은 납부해야 하는 산재보험료를 낮출 수 있다. 따라서 어떤 주어진 수준의 안전이라도 이를 제공하는 한 계편익은 산재보상이 있는 기업의 경우 더 크다. 따라서 기업은 자신의 일자리 안전 수준을 증가시키는 것이 이윤 측면의 이해관계에 부합한다는 것을 알게 된다. (이 효과를 입증하기 위해 그림 13.3을 사용해야 한다.)

그러나 산재보상법은 또한 반대되는 효과인 도덕적 *해이*(moral hazard) 문제를 낳는다. 일반적으로 정의된 바에 따르면 이 문제는 계약의 한 당사자가 다른 당사자에게 비용이 드는 방식으로 자신의 행태를 바꾸는 경향이다. 산재보상보험의 측면에서 도덕적 해이의 문제는 근로자들이 일을 하면서 일자리 사고에 대해 보험이 들어

있다는 것을 알고 주의를 덜 기울일 수 있다는 것이다. 이것 하나만을 고려하면, 근로자 행태의 이런 변화는 더 높은 일자리 사고로 이어지게 된다.

주요 연구에서 무어와 비스쿠시(Moore and Viscusi)는 산재보상법이 일자리 사망자 수를 감소시키는 데 극적인 효과를 미쳤다는 것을 발견했다.† 이러한 발견은 산재보상법이 갖고 있는 정(+)의 인센티브 효과가 부(−)의 도덕적 해이 효과를 압도한다는 것을 의미한다. 구체적으로 말하자면, 만약 산재보상 프로그램이 가동되지 않았더라면 미국 산업의 사망 위험이 40% 넘게 증가했을 것이라는 것을 보여주고 있다. 그들은 또한 산재보상 프로그램이 매년 거의 2,000명의 생명을 구한다고 결론을 내리고 있다. 마지막으로 그들은 산재보험의 상당한 크기의 정(+)의 효과가 OSHA에 의한 직접적인 작업장 규제의 미미한 효과와 대조가 된다는 것에 주목하였다. 이와 같은 사실은 OSHA와 같은 규제적 접근법보다 산재세(injury tax)를 부과하는 방식이 산재사고를 감소시키는 데 더 효과적인 방법이라는 것을 시사한다.

---

* 주에 따라 이러한 보험은 주(州) 기관 또는 민간 보험기업에서 구매할 수 있다. 또한 일부 주에서는 기업으로 하여금 '자가 보험을 드는 것'을 허용하고 있는데, 이는 기업 내에 보험제도를 수립할 수 있다는 것을 의미한다.

† Michael J. Moore and W. Kip Viscusi, *Compensating Mechanisms for Job Risks: Wages, Workers' Compensation, and Product Liability* (Princeton, NJ: Princeton University Press, 1990).

다른 미묘한 노동시장 효과들은 아마도 직업 보건 및 안전에 대한 정부 규제의 결과일 수 있다. 예를 들어 일부 산업에서 OSHA 기준을 준수하는 높은 비용이 비노동조합 소기업의 사멸, 노동조합화된 대규모 생산자의 생산물시장 점유율 증가, 그리고 노동조합 근로자들의 교섭력과 임금 증가라는 결과를 가져올 수 있다.[31] 두 번째 예로, OSHA 기준을 준수하기 위해 기업이 지출하는 화폐액은 일자리 안전을 향상시키기 위한 더 생산적인 지출과 직접적으로 경쟁할 수 있다.[32]

13.2
근로의 세계

OSHA 비용과 관련하여 OSHA의 유효성에 대한 의문은 일부 경제학자들로 하여금 일자리

[31] 1969년의 연방탄광보건안전법(Federal Coal Mine Health and Safety Act)의 측면에서 이러한 시나리오에 대한 실증적 지지는 Scott Fuess and Mark Lowenstein, "Further Analysis of the Effects of Government Safety Regulation: The Case of the 1969 Coal Mine Health and Safety Act," *Economic Inquiry*, April 1990, pp. 354-89를 참조하라. 또한 관련이 있는 것은 David Weil, "Are Mandated Health and Safety Committees Substitutes for or Supplements to Labor Unions?" *Industrial and Labor Relations Review*, April 1999, pp. 339-60이다.

[32] Ann P. Bartel and Lacy Glenn Thomas, "Direct and Indirect Effects of Regulation: A New Look at OSHA's Impact," *Journal of Law and Economics*, April 1985, pp. 1-25.

안전을 촉진하기 위한 대안적인 또는 보완적인 접근법을 요구하도록 유도하였다. 한 가지 옵션으로 항공사의 실적을 정기적으로 발표하는 것과 같이, 정부가 여러 사용자들의 부상 관련 실적에 대한 정보를 축적하고 근로자들에게 직접 정보를 제공할 수 있다. 대안으로, 정부가 기업으로 하여금 알려진 작업장 위험에 대한 정보를 개발하여 공개하도록 의무화할 수도 있다. 어떤 경우든, 정보의 이용가능성은 근로자들이 위험을 평가하도록 도울 것이다. 이는 이어 노동시장이 더 적절한 보상임금격차를 확립하게 한다.

두 번째 옵션으로, 정부는 근로 관련 부상과 사망의 발생에 기초하여 사용자들에게 '산재세(injury tax)'를 부과할 수 있다. 사용자들의 일자리 안전의 한계편익을 증가시킴으로써 그러한 세금은 기업에게 작업장을 더 안전하게 만들 인센티브를 제공하게 된다.

👀 13.2
잠깐만 확인합시다.

- 매년 약 4,585명의 산재 사망과 약 380만 명의 산재 부상이 미국에서 발생한다.
- 기업의 이윤극대화가 달성되는 작업장 안전 수준은 그 안전을 제공하는 한계비용과 한계편익이 일치하는 곳에서 발생한다.
- 이윤극대화 일자리 안전 수준은 근로자들이 일자리 위험에 대한 정보가 결여되어 있거나 또는 근로자들이 다치거나 또는 사망할 확률을 과소평가하는 곳에서는 사회적 최적 수준보다 낮을 수 있다.
- 1970년의 직업안전보건법은 여전히 다소 논란인 상태이다. 단지 최근에야 OSHA 기준과 검사가 일자리 부상을 감소시키는 데 효과적이라는 예비적 증거가 나타났다.

여러분의 차례입니다

기업의 일자리 안전 추가 단위의 한계비용이 25만 달러이고, 사적 한계편익은 20만 달러, 그리고 사회적 한계편익은 30만 달러라고 가정하자. 기업은 이 추가 일자리 안전 단위를 제공할 것인가? 정부가 개입해야 하는가? 만약 그렇다면 정부의 정책 옵션은 무엇인가? (정답은 책의 맨 뒷부분에 수록되어 있음)

지대 제공자로서의 정부

정부는 노동 관련 법의 제정, 최저임금, 안전기준 설정보다 더 미묘한 여러 방법으로 노동시장에서 임금과 고용에 영향을 끼친다. 그러한 한 가지 방법이 노동시장 참가자들에게 경제지대를 제공하는 것이다. 노동시장의 **경제지대(economic rent)**는 특정 근로자에게 지급된 임금과 그 사람을 현재 고용에 붙어 있게 하는 데 딱 충분한 임금 사이의 차이다. 제6장으로부터 그림 13.4에서 나타나는 시장노동공급곡선은 본질적으로 한계기회비용곡선이라는 점을 상기하라. 그 곡선은 그것이 다른 일자리든, 가계생산이든, 또는 여가든 각 근로자의 차선(next best) 대안의 가치를 반영한다. 그림 13.4에서 8달러의 시장임금이 주어졌을 때, 한계적 근로자 Q_0를 예외로 하고 모든 고용된 근로자들은 총계가 면적 abc인 경제지대를 받는다. 더 명확하게 하기 위해, 존스는 Q_j로 보여지는 근로자이고 그녀의 한계기회비용은 시간당 6달러라고 가정하자. 그렇다면 존스는 시간당 2달러(= 8달러 − 6달러)의 '지대'를 받고 있다는 것을 알 수 있다.

만약 정부가 시장임금을 시간당 10달러로 인상시키는 효과를 갖는 법을 통과시켰다면 존스

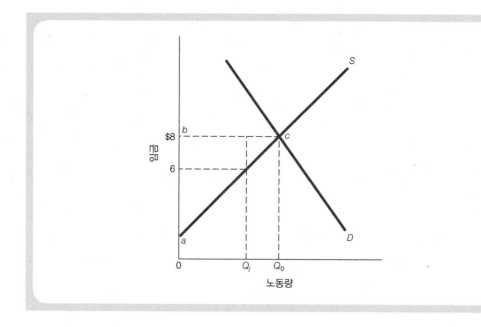

그림 13.4 노동시장의 경제 지대

8달러의 시장임금에서 사용자들은 Q_0의 근로자들을 채용할 것이다. 노동공급곡선은 이러한 Q_0의 근로자들이 집단적으로 면적 abc와 동일한 경제지대를 받는다는 것을 알려준다. 근로자 Q_j는 시간당 2달러의 지대를 받는다(8달러에서 개인의 기회비용 6달러를 뺀 액수임).

의 경제지대에 어떤 일이 발생하게 되는가? 그녀와 고용된 채로 남아 있는 모든 다른 근로자들은 경제지대의 **증가분** 2달러(= 10달러 − 8달러)를 받게 된다. 그러나 왜 정부가 근로자들에게 경제지대의 증가분을 제공하는 데 관심을 갖는가? 일부 경제 및 정치 이론가들에 따르면, 정치가들의 주된 목표는 선출되거나 선출되어 머무는 것이다. 결과적으로, 그들은 자신의 선거구민들의 효용을 향상시키는 넓은 범위에 걸친 공적으로 제공되는 재화와 서비스를 제안하고 제공한다. 한 가지 그러한 서비스가 경제지대의 제공 또는 향상이다. 이러한 논란이 많은 이론에 따르면, 예를 들어 전문가 그룹 또는 노동조합 같은 근로자 그룹은 경제지대에 대한 수요를 갖고 있다. 즉 그들은 **지대 추구자**(rent seekers)이다. 선출된 관리들은 공적으로 제공되는 서비스, 즉 경제지대를 공급함으로써 이러한 수요에 반응한다. 즉 그들은 **지대 제공자**(rent providers)이다.[33]

물론, 여기서 과도하게 단순화하는 오류를 범하지 않도록 충분한 주의를 해야 한다. 법 또는 규제에 의해 제공되는 더 높은 임금은 다른 근로자들에게 시장이 결정하는 더 낮은 임금을, 소비자들에게 더 높은 생산물가격을, 보통주 주식보유자들에게 더 낮은 법인배당금을, 또는 세 가지 모두의 어떤 조합을 발생시킬 수 있다. 이러한 그룹들은 자신들 스스로의 지대에 관심이 있으며, 한 근로자 그룹에 대한 지대의 제공을 차단하기 위해 정치적으로 개입할 수 있다. 그러나 정보의 취득과 정치적 로비활동은 비용이 들기 때문에 사람들은 자신의 개인적 손실이 작을 것이라고 여길 때는 지대 제공을 차단하려 노력할 인센티브가 거의 없다. 따라서 선출된 관리들

---

[33] 어떤 정치학자는 일찍이 정치를 "누가 무엇을, 언제, 그리고 어떻게 획득하는가?"라고 정의했다. 이러한 정치에 대한 견해가 여러 경제학자들에 의해 규제의 이론으로 공식화되었다. 예를 들어 George J. Stigler, "The Theory of Economic Regulation," *Bell Journal of Economics and Management Science*, Spring 1971, pp. 3-21을 참조하라. 또한 Sam Peltzman, "Toward a More General Theory of Regulation," *Journal of Law and Economics*, August 1976, pp. 181-210을 참조하라.

은 경제지대를 매우 조직화된 근로자 그룹들에게 나누어주는 것이 자신들에게 이득이 된다는 것을 알게 된다.

이러한 지대 제공의 개념은 직업면허제도(occupational licensure)의 일부 경우와 관세, 쿼터, 그리고 국산부품사용법(domestic content laws)을 입법하는 경우를 살펴보면 명백하게 드러난다.

직업면허제도

미국에서 모든 근로자의 20%가 어떤 형태의 직업면허(occupational licensing)의 제약을 받는다. 실제로 800개 이상의 직종이 적어도 한 주에서 면허를 받는다.[34] 표 13.3은 한 주에서 면허가 요구되는 직종의 일부 목록이다.

많은 경우, 직종 그룹(약사, 외과의사)의 면허는 회복할 수 없는 피해를 입힐 수 있는 무능력자들로부터 소비자들을 보호하기 위해 필요하다고 간주된다. 이러한 환경에서는, 정부 면허는 소비자들이 최적의 구매 결정을 하기 위해 필요한 정보를 얻는 비용을 최소화하는 가장 효율적인 방법이 될 수 있다. 다른 상황에서는, 소비자들이 아닌 직종 그룹 자체가 면허에 대한 수요를 발생시킨다. 이러한 그룹은 면허 소지자인 자신들이 경제지대를 획득하는 방법으로 면허에 대한 접근을 제약하길 원한다.

그림 13.5는 직업면허제도가 어떻게 경제지대를 부여할 수 있는지를 입증한다. 면허 이전의 균형임금과 균형고용수준이 각각 8달러와 10,000명의 근로자들이라고 가정하자. 다음에 면허는 면허 소지 근로자들 총수를 7,000명으로 제약하는 효과를 갖고 있다고 가정하자. 사실상, 면허 이후의 노동공급곡선은 이전의 곡선 SS_0와 비교할 때 SgS_1이다. 면허가 시장임금을 시간당 11달러로 인상시키고, 총고용을 10,000명으로부터 7,000명으로 감소시킨다는 것을 주목하라. 11달러의 임금은 이 직종에서 일하기를 원하게 되는 또 다른 4,000명(＝14,000명－10,000명)을 끌어들인다. 이러한 14,000명의 근로자들은 7,000개의 면허를 보며, 면허를 받은 사람들은 매 근로시간마다 3달러의 경제지대 증가분을 받는다. 결과적으로 정부의 행동은 **고용된 사람들**에게 총지대를 21,000달러 증가시킨다. 이는 면허 이전에 총지대가 면적 Saf였다는 것을 주목하면 알 수 있다. 면허 이후, 총경제지대는 $Sbcg$로 증가한다. 따라서 지대의 이득은 그림에서 색칠한 면적인 $abce$이고, 면허에 의해 해고된 근로자들에 대한 지대의 손실은 면적 gef다.

그림 13.5를 면밀히 검사하면 노동공급을 제약하는 유형의 직업면허제도가 이 경우에는 삼각형 gcf인 사회에 대한 효율성 손실을 발생시킨다는 것이 드러난다. 이 직종에 고용되었을 3,000명의 추가 근로자들이 (공급곡선의 gf부분에 의해 보여지는 바와 같이) 자신들의 시간의 가장 생산적인 대안적 사용보다 이 고용에서 (수요곡선의 cf부분에 의해 보여지는 바와 같이) 사회의 산출량 가치에 더 많은 것을 기여하게 된다. 이외에도, 사회에 대한 진정한 효율성 손실은 면적 gcf보다 더 클 수 있다. 면허법, 따라서 추가 경제지대를 확고히 하기 위해 이 특정 직종 그룹은

---

[34] Morris M. Kleiner, *Licensing Occupations: Ensuring Quality or Restricting Competition?* (Kalamazoo, MI: W.E. Upjohn Institute, 2006). 직종의 면허제도를 취소하는 것이 매우 어렵다는 증거는 Robert J. Thornton and Edward J. Timmons, "The De-Licensing of Occupations in the United States," *Monthly Labor Review*, May 2015, pp. 1-19를 참조하라.

표 13.3 면허가 요구되는 주요 직종 : 워싱턴주

회계사	치과의사	접골사
농업중개인	안경테 조정자	굴양식업자
항공기 조종사	계란 딜러	농약 살포자
구급차 기사	시체방부 처리자	약사
건축기사	엔지니어	물리치료사
회계감사관	생선 딜러	의사보조인
이발사	장의사	내과의사와 외과의사
미용사	도선사	사립학교 대리인
발파공	보험손해사정인	정신과 의사
보트창고 운영자	보험대리인	부동산 중개인
보일러 기사	조경사	부동산 판매대리인
권투선수	재판연구원	위생사
복싱 매니저	변호사	보안상담원
발치료사	사서	보안 중개인
척추지압사	가축 딜러	측량사
상업적 어부	수로안내인(내륙)	교사
상업적 안내인	우유판매인	수의사
낙농기술자	자연치료사	검량인과 그레이더
채무조정인	간호사	우물 파는 사람
치위생사	검안사	레슬링 선수

자료 : Employment Security Department, State of Washington.

아마도 정치적 로비활동, 공공관계 광고, 그리고 기타 활동에 큰 금액을 지출해야만 할 것이다. 사회의 시각에서 볼 때, 이러한 지출은 자원을 잠재적으로 높은 가치의 사용처로부터 먼 곳으로 방향을 바꾸었으며, 직종 면허의 전체적인 효율성 비용을 추가한다.

요약하면, 노동공급을 제약하는 유형의 직업면허제도는 시장임금을 인상시키고, 면허 소지자들에게 경제지대를 부여하며, 경제적 비효율을 야기한다. 제한된 수의 면허를 위한 경쟁이 새로운 면허 취득 희망자들에게 예상 지대와 동일한 금액의 돈을 지출하게 할 것이라는 점을 덧붙일 수 있다. 따라서 법이 통과될 때 자동적으로 면허를 받게 되는 사람들과 면허 취득 희망자들을 훈련시키는 사람들이 법의 주요 수혜자가 될 것이다.

13.3
근로의 세계

클라이너와 크루거(Morris Kleiner and Alan Krueger)는 직업면허의 보급과 효과를 검토하기 위해 최초로 전국을 대표하는 조사를 했다.[35] 그들은 2006년에 약 29%의 근로자들이 연방, 주, 또는 지방정부가 발행한 직업면허를 소지할 것을 요구받았다고 보고하고 있다. 이는 노동인구의 5% 미만이 주(州) 수준 면허법의 대상이었던 1950년대 초로부터 크게 증가한 것이다.

그들의 분석은 어떤 근로자들이 직업면허를 보유하도록 요구받을 가능성이 있는지에 대해 여러 패턴을 보여준다. 첫째, 더 많은 교육을 받은 근로자들이 직업면허를 보유할 가능성이 더 크다. 대학 이상의 교육을 받은 근로자들의 40% 이상이 면허를 보유하도록 요구받았다. 반면, 고등학교 중퇴자들의 단지 11%만이 면허를 갖고 있다. 둘째, 직업면허는 노동조합 조합원들과

그림 13.5 직업면허제도를 통한 지대 제공

이 노동시장에서 7,000개의 면허 제한을 설정함으로써 정부는 간접적으로 임금을 8달러에서 11달러로 인상시키고 면허 소지자들에게 집단적으로 *abce* 의 경제지대 증가분을 제공하고 *gcf*의 효율성 손실을 발생시킨다.

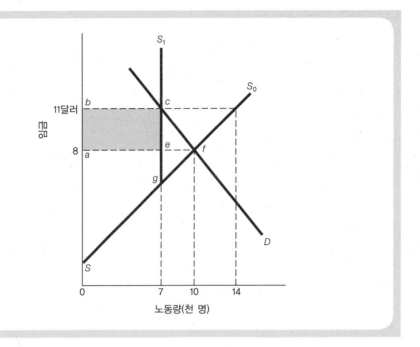

정부 근로자들 사이에 더 일반적이다. 셋째, 소수집단들은 면허를 보유할 가능성이 더 크지만, 성 간에는 차이가 존재하지 않는다.

어떤 연구는 면허의 효과를 조사했다. 클라이너와 크루거는 면허를 보유하는 것이 시간당 임금을 약 15%(노동조합과 대체로 같은 효과) 인상시킨다는 것을 발견하고 있다. 그러나 노동조합과는 대조적으로, 면허는 근로자들 사이의 임금 분포를 완화하지는 않는다. 클라이너와 쿠들(Kleiner and Kudrle)은 신입 공군 인력에 대한 통계를 사용하여, 치과의사에 대한 엄격한 면허 요구사항을 가진 주가 더 나은 치아 건강을 갖고 있지 않다는 것을 보고하고 있다.[36] 그러나, 치과 서비스의 가격은 감소된 경쟁으로 인해 더 엄격한 면허 요구사항을 갖고 있는 주에서 더 높다.

관세, 쿼터, 그리고 국산부품사용법

집단적으로 관세, 쿼터, 그리고 국산부품사용법은 모두 근로자 그룹에 대한 경제지대 제공의 두 번째 예이다. **관세**(tariffs)는 수입 생산물에 대한 소비세이고, **수입쿼터**(import quotas)는 수입물의 양 또는 총가치에 대한 제한이며, **국산부품사용법**(domestic content rules)은 수입품에 일정 부분 국내에서 생산된 또는 국내에서 조립된 부품이 들어 있어야 한다는 요구조건이다. 이

[35] Morris M. Kleiner and Alan B. Krueger, "The Prevalence and Effects of Occupational Licensing," *British Journal of Industrial Relations*, December 2010, pp. 676-87.

[36] Morris M. Kleiner and Robert T. Kudrle, "Does Regulation Affect Economic Outcomes? The Case of Dentistry," *Journal of Law and Economics*, October 2000, pp. 547-82를 참조하라. 더 엄격한 면허 요구사항이 공인회계사에 의한 감사의 질을 향상시키지 않는다는 것을 발견한 연구는 Gary Colbert and Dennis Murray, "State Accountancy Regulations, Audit Firm Size, and Auditor Quality: An Empirical Investigation," *Journal of Regulatory Economics*, November 1999, pp. 267-85를 참조하라.

13.3 근로의 세계 누가 치아를 미백할 수 있는가?*

치아 미백은 보통 개인의 치아 위에 형광증백제가 스며든 일회용 테이프를 부착함으로써 이루어진다. 이러한 테이프들은 식품의약품청(FDA)에 의해 안전 여부가 결정되며 화장품으로 분류된다. 치과의사들은 1990년대에 환자들에게 치아 미백 서비스를 제공하기 시작했다. 치아 미백이 인기를 얻게 됨에 따라 미용실과 주간 스파(day spas) 같은 사업체들이 이러한 사업을 시작했다. 똑같은 서비스에 대해 10배 만큼의 가격을 부과했던 치과의사들은 주 치과 규제위원회에 불만을 제기하기 시작했다.

2003년에 주로 치과의사들로 구성된 노스캐롤라이나 치과심사위원회(North Carolina Board of Dental Examiners, NCBDE)는 적어도 47번의 중단 요구 서신을 치아 미백 서비스를 제공하는 치과의사가 아닌 사람들과 제품 제조업자들에게 보냈다. 이러한 서신 발송은 그들에게 면허 없는 치과진료 행위는 범죄라고 경고함으로써 치아 미백서비스를 제공하지 못하게 하려는 시도였다. 연방거래위원회(FTC)는 NCBDE의 행위를 환자의 안전이 아니라 사리추구에 의해 동기를 부여받은 행위라고 결정했다. 결과적으로 FTC는 중단 서신 발송 행위를 반경쟁적이고 불공정한 경쟁으로 간주하여, 치과의사가 아닌 사람들의 치아 미백 서비스 제공 행위 방해 시도를 중단하라고 통보했다. 이에 대응하여 NCBDE는, NCBDE가 주가 승인한 단체이기 때문에 반독점 규제 면제 기관이라고 주장하면서 FTC를 상대로 소(訴)를 제기했다.

2015년에 대법원은 6대 3의 표결로 NCBDE는 반독점 규제에서 면제되지 않는다고 판결하였다. 대법원은 NCBDE가 주정부의 적극적 감독을 받지 않았다고 결정했다. 다수의견은 시장 참가자들(이 경우 치과의사들)이 반독점 규제 없이 자신들의 시장을 스스로 규제하는 것은 허용되지 않는다고 설시(說示)했다.

* "Tooth and Justice," *Economist*, October 18, 2014, page 32; Brent Kendall, "Supreme Court Affirms Anti-Trust Authority Over Licensing Boards," *Wall Street Journal*, February 25, 2015를 기초로 함.

러한 법과 규제는 외국 재화의 가격을 상승시키고, 경쟁 관계에 있는 보호를 받는 국내 생산물의 판매를 증가시키며, 국내 재화 생산에 종사하는 미국 근로자들에 대한 파생수요를 증가시킨다. 정상적인 우상향하는 노동공급곡선이 존재하는 경쟁적인 노동시장을 가정하면, 노동에 대한 국내수요의 증가는 균형임금과 고용을 증가시킨다. 만약 노동시장이 불완전하게 경쟁적이면 노동수요의 증가는 노동조합의 교섭 입장을 강화하고, 노동조합이 협상한 임금이 상승할 확률을 증가시킨다. 따라서 왜 일부 노동조합, 예를 들어 미국철강노조연맹과 미국자동차노조연맹이 관세, 쿼터, 국산부품사용법을 강력하게 지지하는지 완전하게 이해할 만하다. 아주 간단히 말하면, 이러한 법들은 외국생산자와 국내소비자를 희생하여 국내근로자들에 대한 경제지대를 증가시킨다.

경제지대의 이러한 이득을 그래프로 나타내는 것은 매우 간단한 문제다. 그림 13.6은 기업들이 Q_1근로자들을 채용할 때의 처음의 균형임금 10달러를 그리고 있다. 관세, 수입쿼터, 또는 국산부품사용법은 노동에 대한 파생수요를 D로부터 D_1으로 증가시킨다. 노동수요의 증가는 균형임금을 시간당 10달러로부터 12달러로 올리며, 고용수준을 Q_2로 증가하게 한다. 무역제약 이전에는 근로자들에 대한 총경제지대가 *abf*였다. 법 이후 그것은 *ace*이다. 따라서 이 시장의 근로자들은 집단적으로 색칠한 면적 *bcef* 크기의 경제지대 증가분을 얻는다.

그림 13.6 지대 제공 : 관세, 쿼터, 국산부품사용법

수입 제약은 외국에서 노동수요를 감소시키고, 보호를 받는 나라에서 특정 유형 노동에 대한 수요를 증가시킨다. 따라서 이러한 제약은 이러한 특정 노동시장에서 임금의 증가를 발생시킨다. 이 경우 임금은 10달러로부터 12달러로 증가하며, 경제지대는 *bcef* 크기만큼 증가한다.

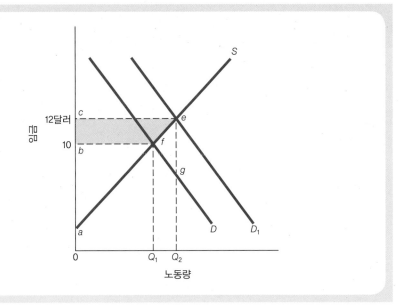

요약

1. 노사관계 법과 규제는 민간부문과 정부부문 모두 노동조합의 성장에 영향을 미쳤다. 노동조합 조합원 수와 노동조합 교섭력이 정(+)의 상관관계를 갖는 한, 노동법은 노동시장에서 임금과 고용의 결정에 영향을 미친다.

2. 일반적으로 노동법과 특히 노동법의 특정 조항은, 노동조합 조합원 수에 미치는 영향과 별개로 노조의 교섭력, 따라서 노동시장 결과에 특히 영향을 미친다.

3. 경쟁적 노동시장의 기본 모형은 경제의 모든 부문에 적용되는 균형임금보다 높은 수준의 최저임금이 고용을 감소시킬 것이라고 예측한다. 노동의 공급과 수요가 탄력적이면 탄력적일수록 결과적으로 나타나는 실업은 더 크다.

4. 비차별적인 수요독점의 존재는 경쟁적 모형에 의해 예측된 부(−)의 고용과 효율성 결과들이 온전하게 나타나지 않게 할 수 있다.

5. 실증 증거는 최저임금이 (a) 특히 10대들의 고용을 감소시키고, (b) 10대들의 실업을 고용의 감소보다 더 작게 증가시키며, (c) 저임금 근로자들에게 제공되는 현장실무훈련의 양을 감소시키고, (d) 가족소득 불균등의 정도와 빈곤의 크기를 크게 바꾸지 않는다는 것을 알려준다.

6. 기업이 그 작업장의 안전을 향상시킬 때 비용과 편익 모두를 가져온다. 이윤극대화를 추구하는 기업은 그 안전의 한계편익과 한계비용이 일치하는 일자리 안전 수준을 제공할 것이다.

7. 만약 근로자들이 가능한 일자리 위험에 대해 완전한 정보를 갖고 일자리 위험을 정확하게 평가한다면 일자리 안전의 이윤극대화 수준은 사회의 관점으로 볼 때 최적이 되는 경향이 있을 것이다. 만약 정보가 불완전하고 일자리 위험이 부정확하게 평가된다면 일자리 안전의 사회적 최적 수준은 이윤극대화를 추구하는 기업이 기꺼이 제공하는 수준보다 더 클 것이다.

8. 직업안전보건법은 개별 기업에게 일련의 작업장 안전 기준을 부과했다. 법은 논란이 많으며, 그 조항들과 집

행방법에 대한 논쟁은 산재사고 발생 건수에 미치는 그 효과에 대한 뒤섞인 발견들을 제시하는 연구들에 의해 고조되었다.

9. 정부는 그 지대 제공 활동을 통해 특정 직종의 임금과 고용에 영향을 미친다. 두 가지 예는 (a) 노동공급을 제약하는 직업면허제도와 (b) 보호를 받는 국내 근로자들에 대한 노동수요를 증가시키는 관세, 수입 쿼터, 그리고 국산부품사용법이다.

용어 및 개념

경제지대(economic rent)

관세(tariffs)

국산부품사용법(domestic content rules)

금지명령(injunction)

불공정화물 조항(hot-cargo clause)

블랙리스트(blacklist)

수입쿼터(import quotas)

이차 불매운동(secondary boycott)

일자리 안전의 한계비용(marginal cost of job safety)

일자리 안전의 한계편익(marginal benefit from job safety)

지대 추구자와 지대 제공자(rent seeker and rent provider)

직장폐쇄(lockout)

차별적 해고(discriminatory discharge)

최저임금(minimum wage)

파업파괴자(strikebreaker)

황견계약(yellow-dog contract)

1932년 노리스-라과디아 법(Norris-LaGuardia Act of 1932)

1935년 와그너 법(Wagner Act of 1935)

1938년 공정노동기준법(Fair Labor Standards Act of 1938)

1947년 태프트-하틀리 법(Taft-Hartley Act of 1947)

1959년 랜드럼-그리핀 법(Landrum-Griffin Act of 1959)

1970년 직업안전보건법(Occupational Safety and Health Act of 1970)

질문 및 연구 제안

1. 다음의 서술 각각을 설명하라.

   a. "1935년의 와그너 법은 노동조합 서비스 제공 비용을 감소시킴으로써 노동조합 조합원 수를 증가시켰다."

   b. "1935년의 와그너 법은 노동조합의 상대적인 교섭력을 증가시킴으로써 노동조합 서비스에 대한 수요를 증가시켰다. 이는 노동조합 조합원 수를 증가시켰다."

2. 최저임금 인상이 (a) 경쟁적 노동시장과 (b) 수요독점적 노동시장에서 어떻게 고용에 영향을 미칠 수 있는지를 그래프로 보여라.

3. 최저임금 인상이 어떻게 다음 각각의 결과를 발생시키는지를 설명하라.

   a. 최저임금 인상은 10대 고용을 감소시킬 수 있지만 10대 실업률은 영향을 받지 않는 채로 남겨 놓는다.

   b. 최저임금 인상은 인적자본에의 투자를 감소시킨다.

   c. 최저임금 인상은 빈곤율을 불변인 채로 남겨 놓는다.

4. 그 구성원들이 최저임금보다 상당히 높은 임금을 받고 있는 대부분의 노동조합은 왜 최저임금 인상의 강력한 지지자들인가? 저숙련 근로자들에 의해 생산되는 원재료와 생산에 있어 순수한 보완관계인 숙련 근로자들로 구성된 노동조합은 왜 최저임금의 큰 인상에 반대할 수 있는가?

5. 다음 서술을 평가하라. "이윤극대화를 추구하는 기업은 일자리 안전을 제공할 인센티브가 결여되어 있으며, 따라서 연방정부는 확실히 나타날 불안전한 근로조건으로부터 근로자들을 보호하기 위해 입법적으로 개입

해야만 한다.”

6. 오른쪽 표에 있는 정보를 기초로 다음의 질문에 답하라. 데이터는 경쟁적 기업에 대한 것이다.

a. 기업의 입장에서 이윤극대화 일자리 안전 수준은 얼마인가? 설명하라.

b. 정보가 완전하고 근로자가 개인별 위험확률을 정확히 평가한다고 가정하자. 사회의 시각으로 볼 때 일자리 안전의 최적 수준은 얼마인가? 설명하라.

c. 정부가 5단위의 최저안전기준을 부과했다고 가정하자. 왜 기업은 반대하게 되는가? 왜 일부 근로자들이 반대할 수 있는지에 대해 숙고해보라.

d. 신기술이 이 기업의 첫째부터 다섯째 단위까지의 안전에 대한 한계비용을 1달러, 2달러, 3달러, 4달러, 5달러로 감소시켰다고 가정하자. 이 기업은 어떻게 반응하게 되는가?

안전의 한계편익	제공되는 안전의 양	안전의 한계비용
60달러	1	1달러
40	2	3
20	3	6
10	4	9
6	5	15

7. 다음 각각은 정부에 의한 지대 제공의 예로 어떻게 해석될 수 있는가?

a. 법에 따르면, 대형 사냥감을 사냥하는 다른 주의 사냥꾼들은 적은 숫자에 불과한 주 내에 거주하는 면허를 소지한 사냥 안내인 1명과 동행하여야 한다.

b. 최저임금의 상승은 기업들이 미숙련 노동이 아니라 노동조합화된 숙련 노동을 채용할 가능성을 증가시킨다.

c. 법에 따르면, 치과대학 졸업자들은 치과진료를 개업하기 위해 치과의사위원회가 시행하는 엄격한 시험에 합격하여야 한다.

인터넷 연습

NLRB는 누구 또는 무엇인가?

전국노사관계위원회(National Labor Relations Board) 홈페이지를 방문하라(www.nlrb.gov). NLRB는 어디에 위치하는가? 무엇을 하는가? 위원회에는 얼마나 많은 위원들이 있는가? 모든 위원들의 교육 배경에 어떤 공통점이 있는가? 무엇이 가장 최근에 공식 발표된 위원회의 주요 메시지인가? 위원회에 의해 이루어진 최근 세 가지 결정의 제목을 열거하라.

인터넷 링크

직업안전보건청(OSHA) 웹사이트는 안전규제 및 안전검사에 관한 상세한 정보를 제공하고 있다(www.osha.gov).

노동부 웹사이트는 현재 연방 및 주 최저임금법에 대한 정보를 보고하고 있다(www.dol.gov/dol/topic/wages).

노동시장 차별

14

이 장을 공부하고 나면:

1. 핵심 경제변수에 있어서 성차별과 인종차별의 차이를 비교하고, 노동시장에서 성차별과 인종차별에 기여하는 비차별적인 요소들을 요약할 수 있다.
2. 임금차별, 고용차별, 직종차별, 인적자본차별을 구별할 수 있다.
3. 차별에 대한 기호 모형을 사용하여 차별의 효과를 분석할 수 있다.
4. 통계적 차별 이론을 논할 수 있다.
5. 차별의 혼잡 모형을 설명하고 실증 증거를 요약할 수 있다.
6. 관찰된 임금격차가 합리적인 선택의 결과일 수 있는 정도를 설명하고, 여성과 소수집단에 대한 차별에 관한 실증 증거를 요약할 수 있다.
7. 차별을 감소시키기 위한 주요 법과 정책, 그리고 그 유효성을 서술할 수 있다.

인종, 성, 종교, 그리고 민족적 배경을 기초로 한 차별이 미국 생활의 사실이라는 주장에 아무도 심각하게 의문을 제기하지 않는다. 차별을 시사하는 풍부한 통계적 증거가 존재한다. 아프리카계 미국인과 백인, 그리고 여성과 남성의 비교는 근로소득, 실업률, 직종 분포, 그리고 인적자본의 축적에 상당한 차이를 드러내 보인다. 또한 차별의 일화적(逸話的) 증거가 거의 매일 신문 머리기사에서 발견된다. '법원, 식품점 체인 인종차별 소송 종전 판결 유지', '아프리카계 미국인 10대, 일자리 거의 없어', '고위직에서 배제된 소수집단', '지속되는 여성 임금 갭', '직장 내 성희롱'. 노동시장의 제도적 특징으로 노동시장 차별의 중요성 때문에 이 장에서는 이 문제를 살펴보고자 한다.

시작에 앞서 주의사항이 있다. 차별은 복잡하고 다면적이며 행태에 깊이 스며들어 있다. 측정하거나 수치화하기도 어렵다. 나아가 차별에 대하여 합리적일 정도로 완전한 설명을 하려면 여러 학문이 필요하다. 즉 경제적 분석은 현상에 대한 완벽한 설명이 아니라 오로지 통찰력에 기여할 수 있다. 실제로 경제학 내에서 차별에 대한 대조가 되는 많은 설명을 찾아낼 것이며, 이것은 종종 상이한 정책 처방이 제시된다는 것을 의미한다. 직설적으로 말하면 차별은 논란 및 의견일치의 결여로 특징지어지는 깔끔하지 못한 연구 분야 중 하나이다. 마지막으로 우리 논의 에서는 초점을 분명하게 하기 위하여 성과 인종에 기초한 차별을 강조한다. 그러나 연령, 인종 기원, 종교적 배경, 신체적 장애, 그리고 성 지향성도 똑같이 중요한 차별의 기반이며, 여기서는 오로지 간결성을 위해 생략했다는 것을 명심하라.

성과 인종의 차이

성과 인종에 기초한 차별의 존재를 의심하도록 유도하는 통계적 차이를 발견하는 것은 어렵지 않다.

근로소득

그림 14.1은 남성에 대한 여성의 시간당 임금 비율을 보여준다. 1973년부터 1978년까지 미국에 서 여성 근로자들의 시간당 근로소득은 남성의 약 65%였다. 1979년부터 1990년대 중반까지 이 비율이 크게 증가했으며, 그 이래 약 81%까지 약간 증가했다.

근로소득의 성 격차 축소에 대해 여러 설명이 제시되었다. 첫째, 여성 근로자들의 숙련 향상 때문이라는 증거가 존재한다. 둘째, 노동시장 차별이 아마도 감소했다. 셋째, 제조업 일자리로 부터 서비스로 향한 경제의 산업 구조조정이 여성보다 남성의 근로소득에 더 부정적인 영향을 미쳤을 수 있다. 넷째, 노동조합의 쇠퇴가 여성의 보수보다 남성의 보수를 더 많이 감소시켰을 수 있다. 마지막으로 남성과 여성 근로자들의 직종 분포가 여성에게 유리하게 긍정적으로 변화 했을 수 있다.[1]

그림 14.2는 백인 대비 아프리카계 미국인의 시간당 임금 비율을 보여준다. 비율은 지난 30 년에 걸쳐 거의 변화를 보여주지 않았으며, 상당한 근로소득 갭이 남아 있다.[2] 실제로 아프리카 계 미국인 여성들은 1980년대 중반 이래 백인 여성들 대비 어떤 토대를 상실했다.

실업

그림 14.3은 미국의 과거 30년에 걸친 인종 및 성별 실업에 관한 데이터를 보여준다. 1970년대 동안 백인 여성은 백인 남성과 비교할 때 약간 불리했다. 이러한 갭은 시간이 지남에 따라 감소 했으며, 현재는 차이가 거의 없다.

---

[1] 이 목록은 Elaine Sorensen, *Exploring the Reasons behind the Narrowing Gender Gap in Earnings* (Washington, DC: Urban Institute Press, 1991), pp. 129-30으로부터 발췌되고 있다. 최근의 근로소득 추세에 대한 더 많은 것은 Francine D. Blau and Lawrence M. Kahn, "The U.S. Gender Pay Gap in the 1990s: Slowing Convergence," *Industrial and Labor Relations Review*, October 2006, pp. 45-66; Casey B. Mulligan and Yona Rubinstein, "Selection, Investment, and Women's Relative Wages over Time," *Quarterly Journal of Economics*, August 2008, pp. 1061-110; Sonja C. Kassenboehmer and Mathias G. Sinning, "Distributional Changes in the Gender Wage Gap," *Industrial and Labor Relations Review*, April 2014, pp. 335-61을 참조하라.

[2] 1970년대 초 이래 백인 대비 아프리카계 미국인들 근로소득 비율에 진전이 이루어졌다. 예를 들어 James P. Smith and Finis Welch, "Black Economic Progress after Myrdal," *Journal of Economic Literature*, June 1989, pp. 519-64를 참조하라. 또한 James J. Heckman, Thomas M. Lyons, and Petra E. Todd, "Understanding Black-White Wage Differentials, 1960-1990," *American Economic Review*, May 2000, pp. 344-49를 참조하라.

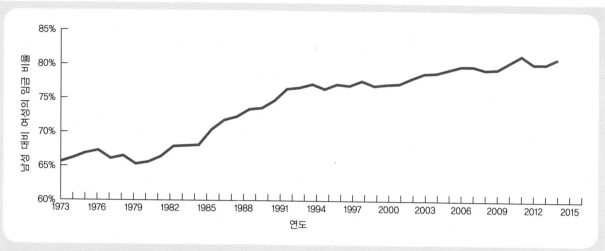

그림 14.1 미국 남성 대비 여성의 시간당 임금 비율
미국 남성 대비 여성의 시간당 임금 비율은 1979년과 1990년대 중반 사이에 상당히 증가했으며, 그 이래 약간 증가했다.

14.1 근로의 세계 밀레니얼 사이의 성 임금 갭*

처음으로 젊은 여성들이 자신의 남성 상대자들에 가까운 보수 수준으로 직장생활을 시작하고 있는 중이다. 2012년에 25~34세 여성의 시간당 임금 중앙값은 남성 근로소득의 93%였다. 모든 16세 이상 근로자들의 경우 해당 수치는 84%였다.

젊은 여성들의 상대적 임금이득의 일부분은 높은 교육수준 덕택이다. 나이 든 밀레니얼(25~32세) 여성은 남성보다 대학 학위를 가질 가능성이 더 크다(38% 대 31%). 더 젊은 밀레니얼(18~24세)의 경우 여성은 남성들보다 대학에 다닐 가능성이 더 크다(45% 대 38%).

이러한 젊은 여성들은 직장생활을 시작할 때 더 나은 위치를 차지하지만 그들의 임금이 남성들의 그것에 가까운 채로 남아 있을지는 불확실하다. 과거에는 남성과 여성 사이의 임금 갭이 나이를 먹음에 따라 확대되었다. 여성은 육아와 가족책임이 더해짐과 함께 더 적은 시간을 시장 근로에 충당하는 경향이 있었던 반면, 남성은 정반대였다.

다른 세대는 물론 밀레니얼들의 직장생활과 가족기대에 관한 통찰력을 얻기 위해 퓨 리서치(Pew Research)는 2013년 말 설문조사를 수행했다. 직장생활에 대한 기대에 관해 이루어진 설문조사는 모든 연령 그룹에 걸쳐 다수가 남성과 여성이 똑같이 직장생활에 집중한다고 믿고 있다. 성 차이를 표현한 사람들 사이에 오로지 밀레니얼들만 여성이 남성보다 자신의 직장생활에 더 집중한다고 믿고 있다. 모든 연령 그룹에서 관리자가 되기를 원한다는 답은 여성이 적었지만, 그 갭은 밀레니얼 사이에 가장 작다.

일과 가정을 양립하는 것은 어려운 일이며, 설문조사는 특히 여성들의 경우 그 딜레마를 반영하고 있다. 18세 미만의 자녀를 가진 모든 부모들 사이에 여성(51%)이 남성(16%)보다 부모가 되는 것이 자신의 직장생활을 계속하는 것을 더 어렵게 만들었다고 말할 가능성이 3배 높다. 그러한 믿음과 일관되게, 일을 했던 여성의 39%가 자녀 또는 가족을 돌보기 위해 상당 기간 일을 중단했다. 남성의 해당 수치는 24%이다. 18~32세 밀레니얼 여성의 거의 2/3가 자녀가 있으면 자신의 경력에 해가 된다고 한다.

* Pew Research Center, "On Pay Gap, Millennial Women Near Parity — For Now Despite Gains: Many See Roadblocks Ahead," December 11, 2013을 기초로 함.

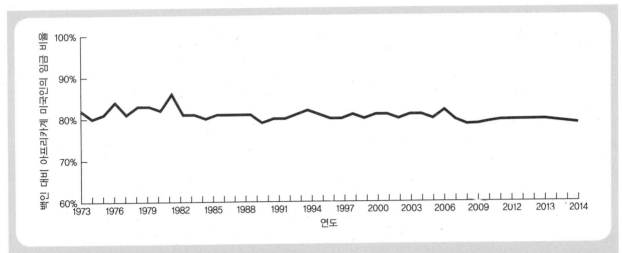

그림 14.2 미국의 백인 대비 아프리카계 미국인의 시간당 임금 비율

미국의 백인 대비 아프리카계 미국인의 시간당 임금 비율은 과거 30년에 걸쳐 거의 변화하지 않았다. 보이지는 않지만 비율은 1960년대에 크게 증가했다.

자료 : Census Population Survey로부터 저자가 계산함.

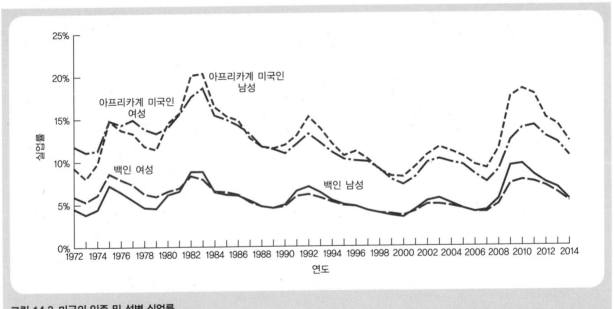

그림 14.3 미국의 인종 및 성별 실업률

아프리카계 미국인의 실업률은 백인의 약 2배이며, 남성과 여성 비교도 거의 비슷하다.

자료 : U.S. Bureau of Labor Statistics(www.bls.gov)

그러나 아프리카계 미국인들은 지속적으로 백인들의 대체로 2배가 되는 실업률을 가졌다. 나아가 아프리카계 미국인들이 백인들보다 더 큰 비율로 실망 근로자들이었기 때문에 데이터는 그들의 불리한 점을 과소평가하고 있다. 즉 아프리카계 미국인들은 형편없는 일자리 전망 때문에 경제활동인구에서 중도하차했으며, 따라서 실업자로 계산되지 않는다.

직종 분포

성 및 인종별 근로자들의 직종 분포의 상당한 차이가 표 14.1에 드러나 있다. 고용된 경제활동
인구의 약 47%를 구성하는 여성들은 불균형적으로 다음의 직종에 집중되었다 — 간호직, 공립
학교 교직, 사무직, 출납원, 서비스, 비서직, 사적 가계 고용. 이러한 모든 직종은 상대적인 근

표 14.1 성 및 인종별 피용 근로자 직종 분포

직종	여성 비율(%)	아프리카계 미국인 비율(%)
관리직	44	8
건설매니저	7	4
보험업자	61	12
전문가 및 관련직	57	10
내과의사와 외과의사	37	6
치과의사	29	6
간호사	90	12
초등학교 및 중학교 교사	81	10
서비스직	57	16
웨이터와 웨이트리스	72	8
간호직, 정신의학의, 가정건강보조원	89	36
잡역부와 빌딩청소원	33	18
육아 근로자	96	16
판매직	49	11
출납원	72	18
사무직	73	13
워드프로세서와 타이피스트	88	18
비서와 행정보조원	94	10
리셉셔니스트와 안내원	91	11
건설 및 추출직	3	7
벽돌공, 석공, 석수	1	8
조수, 건설거래자	5	12
장치, 기계조작 및 조립직	4	8
정밀기기 및 장비 수리공	14	7
자동차 차체 및 관련 수리공	2	6
단순노무직	28	13
공구 및 금형 제작자	1	1
세탁 및 드라이클리닝 근로자	60	16
운수 및 재료운반직	16	17
크레인 및 타워크레인 기사	0	8
택시기사 및 자가용 기사	13	29

자료 : U.S. Department of Labor, *Employment and Earnings*, January 2015, Table 11.

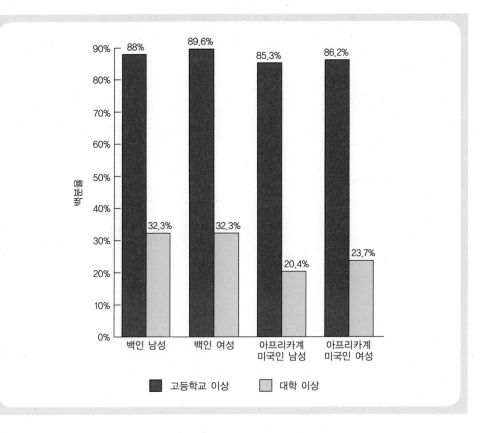

그림 14.4 미국 인구의 인종 및 성별 교육수준 주요 척도

미국에서 백인 남성과 여성은 아프리카계 미국인보다 평균적으로 더 많은 교육을 받는다.

자료 : U.S. Census Bureau, "Educational Attainmnet in the United States: 2014-Detailed Tables," http://www.census. gov. 데이터는 25세 이상의 개인들을 기초로 하고 있다.

로소득 순위가 낮다. 그러나 최근 전문직에 상당히 진출했다는 점을 지적해야 한다('근로의 세계' 14.5 참조).

아프리카계 미국인들은 총경제활동인구의 약 11%를 구성하며, 또한 세탁, 청소, 간호보조, 기타 육체노동 같은 소수의 저임금 일자리에 집중되었다. 반대로 여성과 아프리카계 미국인들은 모두 치과의사, 내과의사 같은 높은 보수를 지급받는 전문직에는 과소하게 나타난다.

교육

데이터가 도제프로그램과 현장실무훈련에 대한 정보를 제공하지 못하지만 그림 14.4는 인적자본 축적에서의 격차에 대한 몇몇 기본적인 통찰력을 제공한다. 제4장에서 가장 많은 공식교육을 받은 개인들이 또한 가장 많은 현장실무훈련을 받는 경향이 있다는 것을 보았다. 대학 교육에서의 백인들의 우위는 시장 진입 이후 일자리훈련에의 접근으로 이어져 결국 백인들의 생산성과 근로소득을 상대적으로 더욱 증가시켰다. 나아가 연구들은 아프리카계 미국인들이 받았던 교육의 질이 일반적으로 백인들의 그것에 비해 못한 것이었음을 알려주고 있다.

교육수준별 평균근로소득

그림 14.4는 성 및 인종별 교육수준의 차이를 분명히 알려주지만, 이러한 차이가 그림 14.1과

표 14.2 교육수준별 풀타임 근로자(18세 이상)의 평균근로소득

	백인 남성	백인 여성	아프리카계 미국인 남성	아프리카계 미국인 여성
고등학교 중퇴	$35,647	$24,689	$40,703	$22,432
고등학교 졸업	$45,940	$36,236	$37,864	$30,450
준학사 학위	$59,014	$42,948	$50,112	$37,597
학사 학위	$83,226	$58,296	$63,540	$49,882
석사 학위	$111,913	$70,150	$85,102	$60,876
박사 학위	$144,532	$95,268	$128,965	자료 없음
전문 학위	$198,025	$118,413	자료 없음	자료 없음
합계	$67,255	$49,254	$ 51,611	$39,966

자료 : U.S. Census Bureau, 2013 Personal Income Tables, Table PINC-04로부터 도출함.

14.2에서 관찰되는 근로소득 차이를 완전히 설명하지는 않는다는 것을 주목할 필요가 있다. 표 14.2에서 보는 바와 같이 풀타임 여성 근로자들과 아프리카계 미국인 근로자들은 교육연수의 각 수준에서 백인 남성 근로자들보다 상당히 낮은 평균근로소득을 갖고 있다. 패턴은 분명하다. 평균적으로 풀타임으로 일하는 백인 남성들은 가장 낮은 교육수준을 제외한 모든 수준에서 아프리카계 미국인 남성들보다 더 많이 번다. 아프리카계 미국인 남성들은 이어 백인 여성과 아프리카계 미국인 여성들보다 더 많이 번다. 이러한 데이터는 여성들과 아프리카계 미국인들의 연령-근로소득곡선이 앞서 그림 4.1(모든 남성)에 그려진 그것보다 상당히 아래에 놓여 있다는 것을 의미한다.

관련 요점

실증 데이터에 관한 이러한 설문조사와 관련하여, 가공되지 않은 숫자에 대한 있을 수 있는 오해를 명확하게 하기 위하여 두 가지 추가 의견이 제시되어야 한다.

비차별적 요소

이 장에 제시된 표와 그림들이 차별의 존재를 입증한다고 결론을 내리고 싶지만 실제 상황은 훨씬 더 복잡하다. 곧 논의에서 분명해질 것이지만 차별 이외의 다양한 요소가 표에 나타나는 차이에 관련될 수 있다. 예를 들면 여성은 아마도 차별의 결과라서가 아니라, 오히려 노동시장에서 가치가 덜 나가는 학구적 프로그램과 일자리들을 스스로 선택하기 때문에 남성보다 덜 버는 것일지도 모른다. 마찬가지로, 만약 아프리카계 미국인 교수들이 평균적으로 백인 교수들보다 덜 번다면 이것은 차별의 결과인가? 아니면, 학문의 선택 또는 훈련과 학위를 덜 명망 있는 기관이나 학교에서 얻은 것과 같은 어떤 다른 요인의 결과인가? 요점은 소득, 실업, 그리고 성 또는 인종에 의한 직종 분포를 비교하는 간단한 가공되지 않은 데이터는 차별의 증거로 조심스럽게 간주되어야 한다는 것이다. **비차별적 요소**(nondiscriminatory factors)가 격차의 일부 또는 전부를 설명할 수 있다. 반대로, 어떤 경우에는, 일단 생산성 차이라는 변수가 들어가면, 노동력 통합과 비교를 위한 **평균적인 급여**를 나타내는 가공되지 않은 데이터가 이면에 있는 차별을 위장할 수 있다.

밀접한 연관을 갖는 데이터

두 번째 요점은 앞서의 표와 그림에 나타난 성별과 인종별 다양한 차이는 밀접하게 연관되어 있다는 것이다. 예를 들어 그림 14.4에 나타난 인적자본 축적 차이는 의심할 여지없이 그림 14.1과 14.2, 그리고 표 14.1에서 관찰되는 근로소득, 실업, 직종 차이를 설명하는 데 있어 중요한 인과관계의 요소이다. 또한 표 14.1에 나타난 직종 차이는 표 14.2의 교육별 근로소득 차이를 설명하는 데 도움이 된다.

😎 14.1
잠깐만 확인합시다.

- 남성 대비 여성의 시간당 근로소득의 비율은 과거 30년에 걸쳐 상당히 증가했다. 그러나 백인 대비 아프리카계 미국인의 시간당 근로소득 비율은 이 기간 동안 거의 변하지 않았다.
- 아프리카계 미국인의 실업률은 백인의 대체로 2배이며, 여성과 남성의 실업률은 비슷하다.
- 백인 남성과 여성의 약 32%, 아프리카계 미국인 여성의 21%, 아프리카계 미국인 남성의 18%가 각각 대학 4년 이상의 교육을 마쳤다.
- 백인 남성과 비교할 때, 풀타임으로 일하는 여성과 아프리카계 미국인은 교육연수의 각 수준에서 더 낮은 평균근로소득을 갖는다.
- 인종 및 성별 근로소득 차이의 모두가 차별의 결과는 아니다. 선호의 차이 같은 비차별적 요소들이 또한 작용한다.

여러분의 차례입니다

표 14.2에서 아프리카계 미국인 남성의 평균근로소득을 백인 남성의 그것과 비교하라. 이 차이가 어떻게 대학에 다니는 아프리카계 미국인 남성과 백인 남성의 비율 차이의 원인이 될 수 있는지 설명하라(그림 14.4). (정답은 책의 맨 뒷부분에 수록되어 있음)

차별과 그 차원

차별(discrimination)은 알아차리기보다 정의하기가 더 쉽다. 백인 남성 근로자와 똑같은 능력, 교육, 훈련, 그리고 경험을 갖고 있는 여성 또는 소수집단 근로자가 채용, 직종에의 접근, 승진, 임금, 근로조건에 관해 더 낮은 대우를 받을 때 경제적 차별이 존재한다. 차별은 또한 개인의 인적자본 보유량을 향상시키는 공식교육, 도제, 또는 현장실무훈련 프로그램에의 불균등한 접근의 형태를 취할 수도 있다.

차별의 유형

이 정의는 공들일 가치가 있을 만큼 충분히 중요하다. 정의에 암묵적으로 들어 있는 것은 노동시장 차별은 네 가지 일반적인 유형으로 분류할 수 있다는 것이다.[3]

---

[3] 여기서는 오로지 노동시장과 관련이 있는 종류의 차별에만 관심을 갖는다. 주택 또는 소비자 신용에의 접근에 있어서의 차별이 중

1. **임금차별**(wage discrimination)은 여성(아프리카계 미국인) 근로자들이 똑같은 일을 하는 남성(백인) 근로자들보다 더 낮은 보수를 지급받는 것을 의미한다. 더 기술적으로 말하면 임금차별은 임금격차가 생산성 격차가 아닌 다른 고려사항들에 근거할 때 존재한다.

2. **고용차별**(employment discrimination)은 다른 조건이 일정할 때 아프리카계 미국인들과 여성들이 실업 부담의 불균형적인 몫을 떠맡을 경우 발생한다. 특히 아프리카계 미국인들은 마지막에 채용되고 우선적으로 해고되는 문제에 오랫동안 직면하고 있다.

3. **직종 또는 일자리 차별**(occupational or job discrimination)은 여성(아프리카계 미국인)들이 남성(백인) 근로자들만큼 능력이 있음에도 불구하고 어떤 직종에의 진입을 자의적으로 제약 또는 금지당하는 것, 반대로 필요 이상의 넘치는 자격을 갖고 어떤 직종에 밀집되는 것을 의미한다.

4. **인적자본차별**(human capital discrimination)은 여성(아프리카계 미국인)들이 공식 학교 교육, 또는 현장실무훈련 같은 생산성을 증가시키는 기회에의 접근을 적게 가질 때 두드러지게 보인다. 특히 아프리카계 미국인들은 종종 백인들과 비교할 때 교육을 적게 받고, 더 낮은 질의 교육을 받는다.

처음 세 가지 범주의 차별은 개인이 시장에 진입한 이후에 맞닥뜨리기 때문에 흔히 **시장이후**(postmarket, 또한 현재 또는 직접) 차별로 표현하기도 한다. 마찬가지로, 네 번째 범주는 개인이 고용을 찾기 이전에 발생하기 때문에 **시장이전**(premarket, 또한 과거 또는 간접)차별로 불린다.[4]

여러 종류 차별 사이의 이러한 구별은 적어도 두 가지 이유 때문에 유용하다. 첫째, 여러 종류 차별의 중요성은 아프리카계 미국인과 여성에 따라 다르다. 일반적으로 말하면 아프리카계 미국인은 여성보다 훨씬 큰 정도의 고용차별의 제약을 받는다. 그리고 아프리카계 미국인과 여성은 모두 직종분단(occupational segregation) 제약을 받지만 이 형태의 차별은 특히 여성과 관련이 있다. 둘째, 여러 형태의 차별에 대해 아는 것은 차별이 어떻게 자기강제적일 수 있으며, 따라서 스스로 영속화될 수 있는지를 이해하는 데 도움이 된다. 예를 들어 만약 아프리카계 미국인과 여성이 직종차별 때문에 저임금의 막다른 일자리들에 가두어지거나, 또는 빈번하게 긴 시간 실업을 겪을 것이라고 예상한다면, 그들은 합리적으로 그렇지 않을 경우보다 학교 교육에 덜 투자하기로 선택할 것이다. 즉 시장이후 차별에 대한 예상은 교육과 훈련에 대한 투자의 기대수익률을 낮출 것이며, 이는 일자리를 위한 불충분한 준비로 이어져 시장이전 조건을 악화시킬 것이다.

14.2
근로의 세계

노동시장 차별의 이론

앞에서 지적한 바와 같이 일반적으로 받아들여지는 차별에 관한 경제 이론은 존재하지 않는다.

요하지만 그것은 노동경제학의 주제와는 관련이 적다.

[4] 현장실무훈련이 시장이전과 시장이후 분류에 약간의 문제를 제기한다. 그러한 훈련이 인적자본 투자지만, 사람들은 노동시장에 진입했을 때까지 그것에 접근하지 않는다. 차별에 대한 유용하고 더 자세한 분류체계는 Brian Chiplin and Peter J. Sloane, "Sexual Discrimination in the Labor Market," in Alice H. Amsden (ed.), *The Economics of Women and Work* (New York: St. Martin's Press, 1980), p. 285에 의해 제시되고 있다.

14.2 근로의 세계 | 잘생긴 외모의 대가

잘생긴 남성과 여성은 덜 아름다운 상대자보다 더 많이 번다. 인터뷰 진행자가 신체적 외모에 등급을 매겼던 세 가지 노동시장 설문조사 데이터를 사용하여 해머메시와 비들(Hamermesh and Biddle)은 매력 없는 사람은 평균적 외모를 가진 사람보다 5~10% 덜 번다는 것을 보고하고 있다.* 평균보다 잘생긴 외모를 가진 근로자는 평균적 외모를 가진 사람 대비 5%의 프리미엄을 번다. 남성과 여성의 약 절반이 평균적인 외모의 등급을 받았던 반면, 1/3이 외모에서 평균보다 높은 등급을 받았다. 외모의 효과는 여성보다 남성의 경우 다소 더 강력하다.

왜 아름다움이 근로자들의 근로소득에 영향을 미치는가? 해머메시와 비들은 매력 있는 사람들은 외모가 생산적일 수 있는 (모델 또는 항공기 승무원 같은) 직종에 진입한다는 것을 발견한다. 그러나 잘생긴 외모는 생산성에 영향을 미칠 수 없는 (잡역부 같은) 일자리에서조차 개인의 근로소득을 증가시킨다. 이러한 결과는 사용자가 더 잘생긴 사람에게 우호적이 되어 차별을 한다는 것을 시사한다.

모비우스와 로젠블라트(Mobius and Rosenblat)[†]는 아름다움 프리미엄의 원인을 더 자세하게 분석함으로써 해머메시와 비들의 연구를 확대하고 있다. 그들은 신체적 매력과 아무 관련이 없는 미로 찾기 과제를 수행하는 근로자들의 임금을 책정하는 실험적 노동시장을 만들었다. 실험은 상당한 크기의 외모 프리미엄을 보여주었다. 거기에서 세 가지 원인이 발견되었다. 첫째, 신체적으로 매력적인 근로자들은 더 자신감이 있으며, 자신감이 임금을 증가시킨다. 이러한 자신감 경로는 외모 프리미엄의 약 20%를 설명한다. 둘째, 동일한 자신감 수준에서 신체적으로 매력적인 근로자들은 사용자들에 의해 더 능력이 있다고 정확하지 않게 평가되었다. 이러한 그릇된 인지가 외모 프리미엄의 약 40%를 설명한다. 셋째, 근로자 자신감을 통제하면 외모가 매력적인 근로자들은 사용자들과 소통할 때 더 나은 의사전달기술과 사회적 숙련을 갖고 있다. 이러한 숙련이 외모 프리미엄의 약 40%를 설명한다.

* Daniel S. Hamermesh and Jeff E. Biddle, "Beauty and the Labor Market," *American Economic Review*, December 1994, pp. 1174-94. 아름다움의 효과에 관한 문헌의 검토는 Daniel S. Hamermesh, *Beauty Pays: Why Attractive People Are More Successful* (Princeton, NJ: Princeton University Press, 2011)을 참조하라.

† Markus M. Mobius and Tanya S. Rosenblat, "Why Beauty Matters," *American Economic Review*, March 2006, pp. 222-35.

여기에는 의심할 바 없이 다양한 이유가 존재한다. 첫째, 차별 현상을 설명하는 경제학자들의 관심이 상대적으로 최근의 일이다. 이 분야의 선도적 책인 베커(Gary Becker)의 차별의 경제학(The Economics of Discrimination)[5]은 1957년에 출간되었다. 둘째, 차별은 다양한 가장된 겉모습을 띠며, 상이한 그룹마다 상이한 형태를 취한다. 예를 들어 아프리카계 미국인들은 전통적으로 일자리를 얻는 데 상당히 불리했던 반면, 여성들은 오로지 제한된 직종의 일자리에나 접근할 수 있었다. 마지막으로, 차별의 뿌리는 경제학의 범위를 벗어날 정도로 다양하고 복잡하며 범위가 넓다는 것을 이 장의 시작 부분에서 지적하였다. 분석을 합리적 행태에 입각하는 경제학과 같은 학문은 많은 사람들이 비합리적이라고 간주하는 현상을 설명하는 데 있어서 심각하게 불리한 위치에 있을 수 있다. 그럼에도 불구하고, 경제학자들은 차별의 문제에 관한 중요한 분석적이고 실증적인 연구에 기여했는데, 여기서의 당면한 목표는 유명한 (1) 차별에 대한 기호 모형(taste for discrimination model), (2) 통계적 차별, 그리고 (3) 혼잡 모형(crowding model)의 여러 이론을 요약하는 것이다. 논의될 모형들은 대개 모든 유형의 차별에 적용된다는 것을 알아야 한다. 예를 들어 인종차별에 관하여 차별에 대한 기호 모형을 제시할 것이지만, 이 모형은 또한 성, 민족성, 연령, 그리고 성적 지향에 따른 차별을 설명하는 데도 유용하다.

---

[5] Chicago: University of Chicago Press, 1957.

차별에 대한 기호 모형

베커의 **차별에 대한 기호 모형**(taste for discrimination model)은 차별을 "차별하는 사람이 기꺼이 지급할 용의가 있는 선호 또는 '기호'"로 마음속에 그리고 있다. 베커는 국제무역 이론을 기초로 하여 유사점을 사용한다. 국가가 비교우위 원리에 기초하여 자유무역에 종사함으로써 그 총산출량을 극대화할 수 있다는 것은 잘 알려져 있다. 그러나 실제에 있어서 국가는 관세, 쿼터, 그리고 다양한 다른 기술의 사용을 통해 무역을 방해한다. 국가는 수입된 것보다 국내에서 생산된 어떤 재화를 갖기 위해 경제적 효율을 기꺼이 희생할 용의가 분명히 있다. 그러한 '기호'를 실천하는 데 있어 국민소득 감소라는 가격을 지급해야 하지만 사회는 국내적으로 생산된 재화에 대한 선호 또는 기호를 갖고 있는 것처럼 보인다. 마찬가지로 베커는 불행하게도 사회 또한 차별에 대한 기호를 갖고 있으며, 그 편견을 실천하기 위해 생산적인 효율, 즉 최대 산출량과 이윤을 기꺼이 포기할 용의가 있다고 주장한다. 성차별 하나만의 가격 또는 기회비용이 국내 산출량의 대략 4%일 수 있다.[6]

베커의 이론은, 말하자면 아프리카계 미국인(여성) 근로자를 차별하는 백인(남성) 근로자, 또는 아프리카계 미국인 근로자나 판매원을 고용하는 기업을 차별하는 백인 소비자, 또는 아프리카계 미국인 근로자를 차별하는 백인 사용자에게 적용될 수 있기 때문에 일반적이다. 아프리카계 미국인 근로자에 대한 차별로 자신의 기호를 실천하는 백인 사용자라는 이 이론의 후자의 측면이 논의와 가장 관련이 있으며, 따라서 거기에 집중할 것이다. 왜 사용자들은 차별을 하는가? 사용자의 차별에 대한 기호는 자기와 자기 근로자들이 어떤 그룹과 신체적 또는 사회적 거리를 유지하기를 원한다는 아이디어를 기초로 한다. 예를 들면 백인 사용자와 그의 종업원들은 아프리카계 미국인 근로자들과 관련을 갖기를 원하지 않을 수 있다. 그래서 함께 일하는 걸 원치 않기 때문에 그들을 채용하지 않는 결정을 하게 된다.

차별계수

아프리카계 미국인과 백인(남성과 여성) 근로자가 똑같이 생산적이라고 가정한다면, 차별을 하지 않는 사용자는 그들을 완전대체요소로 간주할 것이며, 만약 그들의 임금이 똑같다면 그들을 차별하지 않고 임의로 채용할 것이다. 그러나 만약 백인 사용자가 아프리카계 미국인에 대해 편견을 갖고 있다면 상황은 크게 바뀐다. 베커에 따르면 편견을 가진 백인 사용자는 '차별에 대한 기호'를 가지며, 아프리카계 미국인 근로자를 고용하면 자신에게 주관적 또는 정신적 비용이 부과되는 것처럼 생각한다. 이 정신적 비용의 강도는 화폐액으로 측정될 수 있는 **차별계수**(discrimination coefficient) d에 반영된다. 그 사용자가 다른 백인에 대해 편견을 갖지 않는다는 것이 주어졌을 때, 백인 근로자를 고용하는 비용은 단순히 임금 W_w가 될 것이다. 그러나, 편견을 갖는 사용자에 대한 아프리카계 미국인 근로자를 고용하는 비용은 아프리카계 미국인 근로자의 임금 W_{aa}에 차별계수의 화폐가치를 더한 것, 다시 말해서 $W_{aa}+d$라고 간주될 것이다. 편

[6] Carl D. Lantz and Pierre-Daniel G. Sarte, "A Study of U.S. Employment Rates with Emphasis on Gender Considerations," Federal Reserve Bank of Richmond *Economic Quarterly*, Summer 2000, pp. 1-26.

견을 가진 백인 사용자는 근로자 1인당 총비용이 똑같을 때, 즉 $W_w = W_{aa} + d$일 때 아프리카계 미국인과 백인을 채용하는 것에 대해 무차별할 것이다. 이렇다면, 편견을 가진 백인 사용자는 오로지 아프리카계 미국인의 임금이 백인의 그것보다 아래일 때만 그들을 채용할 것이다. 더 정확하게 말하자면, 편견을 가진 사용자가 아프리카계 미국인을 고용하기 위해서는 그의 임금이 차별계수의 크기만큼 백인의 임금보다 더 작아야만, 다시 말해서 $W_{aa} = W_w - d$여야만 한다. 예를 들면 만약 백인의 현재 시간당 임금이 20달러이고, 사용자가 아프리카계 미국인의 채용에 붙이는 정신적 비용의 화폐가치가 4달러(즉 $d = 4$달러)라고 가정하면, 그 사용자는 오로지 아프리카계 미국인의 임금이 16달러($W_{aa} = W_w - d$ 또는 16달러 = 20달러 − 4달러)일 때만 아프리카계 미국인 또는 백인을 채용하는 것에 대해 무차별할 것이다.

d의 가치에 반영된 것과 같은 백인 사용자의 차별에 대한 기호가 크면 클수록 백인 임금과 아프리카계 미국인 임금 사이의 불일치가 더 커진다는 것은 명백하다. 앞에서 지적한 바와 같이, 차별을 하지 않는 또는 '색맹' 사용자의 경우($d = 0$), 만약 그들의 임금이 똑같다면 똑같이 생산적인 아프리카계 미국인과 백인은 임의로 채용될 것이다. 다른 쪽 극단으로는, 그 d가 무한대인 백인 사용자는 백인 임금과 비교하여 그 임금이 얼마나 낮은지와 상관없이 어떤 시간당 임금에서도 아프리카계 미국인의 채용을 거부할 것이다. 그러나 편견을 가진 사용자가 모든 조건하에서 아프리카계 미국인의 채용을 거부할 것이라고 말하는 것은 아니라는 것을 주의 깊게 주목하라. 따라서 d의 화폐가치가 4달러였던 처음의 예에서, 백인 사용자는 만약 아프리카계 미국인에 대한 백인의 실제 임금 갭이 4달러를 초과한다면 아프리카계 미국인 채용을 선호하게 된다. 예를 들어 만약 실제로 백인이 20달러에 그리고 똑같이 생산적인 아프리카계 미국인이 시간당 단지 15달러에 채용될 수 있다면 사용자는 아프리카계 미국인을 채용하기로 선택하게 된다. 편견을 가진 사용자는 자신의 차별에 대한 기호를 만족시키기 위해 백인에게 시간당 4달러까지 임금프리미엄을 기꺼이 지급할 용의가 있게 된다. 그러나 그것 이상은 아니다. 5달러의 격차에서 사용자는 아프리카계 미국인을 채용하기로 선택하게 된다. 반대로 만약 백인이 20달러에, 그리고 아프리카계 미국인이 17달러에 채용될 수 있다면 백인이 채용되게 된다. 사용자는 백인에게 4달러까지의 임금프리미엄을 기꺼이 지급할 용의가 있는 것이다. 단지 3달러 프리미엄을 지급하기만 하면 된다는 것은 백인을 채용하는 것이 '싸게 사는 것'이라는 뜻이다.

수요와 공급 해석

베커 모형에 대한 이해를 깊게 하는 데 있어, 더 구체적으로 말하자면, 아프리카계 미국인과 백인 사이에 만연한 임금격차를 설명하려면 수정된 수요 및 공급 분석이 유용하다. 그림 14.5는 어떤 특정 직종의 경쟁적인 노동시장을 가정하고 있다. 수직축은 백인 대비 아프리카계 미국인의 임금 비율 W_{aa}/W_w를 측정한다는 점에서 보통 노동시장의 경우와 다르며, 수평축은 아프리카계 미국인 근로자들의 양을 보여준다. 백인 근로자들의 양과 그들의 임금은 주어진 것으로 가정된다. 아프리카계 미국인 근로자들에 대한 굴절수요곡선 D_{aa}는 백인 사용자들을 가장 낮은 차별계수로부터 가장 높은 차별계수로 왼쪽에서 오른쪽으로 배열함으로써 그려졌다. 따라서 W_{aa}/W_w가 1인 수요곡선의 수평 부분(ab)은 그 d가 0인 차별을 하지 않는 백인 사용자들을 반

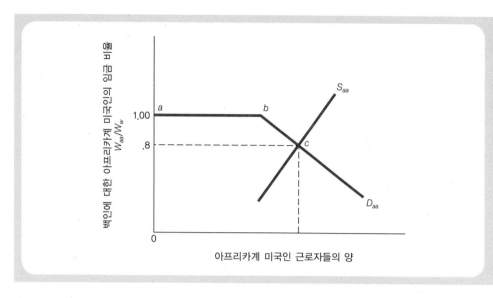

그림 14.5 노동시장의 임금 차별

D_{aa}와 S_{aa}곡선들은 아프리카계 노동에 대한 수요와 공급을 보여준다. 두 곡선의 교차점은 백인 대비 아프리카계 미국인의 임금 비율과 고용된 아프리카계 미국인 근로자의 수를 결정한다.

영한다는 것을 알 수 있다. 이러한 사용자들은 두 그룹들의 시간당 임금이 같은 한 똑같이 생산적인 아프리카계 미국인과 백인 근로자를 차별하지 않는다. 수요곡선의 우하향하는 부분(bD_{aa})은 그 d가 그 선분을 아래로 따라 내려감에 따라 차별을 크게 하는 사용자들을 반영한다. 곡선의 이 부분 위에서 W_{aa}/W_w는 1보다 작으며, 남동쪽으로 이동함에 따라 감소한다.

이 수요곡선에 이제 아프리카계 미국인 노동의 공급을 더하자. 놀랄 것도 없이, 이 곡선은 우상향한다. 즉 아프리카계 미국인 노동공급량은 W_{aa}/W_w가 증가함에 따라 증가한다. 두 곡선의 교차점은 실제 W_{aa}/W_w 비율, 즉 임금차별의 크기와 이 직종에 고용될 아프리카계 미국인 근로자 수를 결정한다. 처음 실례의 숫자들을 사용하여, 아프리카계 미국인들과 백인들에게 지급되는 실제 시간당 임금이 각각 16달러와 20달러, 따라서 W_{aa}/W_w는 16/20 또는 0.8이라고 가정하기로 하자. 이 모형은 차별을 하지 않는 백인 사용자들(수요곡선의 선분 ab)과 그 d가 4달러보다 작은 사람들(선분 bc)은 이 직종에 모두 아프리카계 미국인 근로자들을 채용할 것임을 시사한다. 반면, 수요곡선의 cD_{aa} 범위에 의해 보여지는 사람들은 4달러보다 더 큰 d를 갖고 있으며 오로지 백인들만을 채용할 것이다.

두 가지 일반화

차별에 대한 기호 모형으로부터 백인에 대한 아프리카계 미국인 임금격차의 크기에 관한 두 가지 일반화가 나타난다.

1. 수요곡선의 형태 또는 위치 변화는 W_{aa}/W_w 비율을 바꿀 것이다. 예를 들어 사회의 태도 또는 반차별 입법이 사용자들의 차별계수를 감소시키는 효과를 갖는다고 가정하자. 이는 수요곡선의 수평 부분을 오른쪽으로 더 연장시키고 또한 나머지 우하향하는 부분의 기울기를 감소시킬 것이다. 아프리카계 미국인 노동공급이 주어졌을 때 효과는 균형 W_{aa}/W_w 비율을 증가시킬 것이고, 즉 차별적인 임금격차를 감소시킬 것이고 아프리카계 미국인 근

14.3 근로의 세계 | 9·11테러, 그리고 이슬람교도와 아랍인에 대한 차별

2001년 9월 11일 이후 미국에서 많은 아랍인과 이슬람교도에 대한 테러공격, 증오범죄, 인종 프로파일링이 증가했다. 아랍계 미국인의 20~60%가 9월 11일 이후 증가한 차별 때문에 고통을 겪었다고 믿었다. 고용기회균등위원회(Equal Employment Opportunity Commission)는 공격 이후 처음 8개월 동안에 488건의 9월 11일 관련 차별에 대한 불평을 접수했다.

카우샬, 캐스트너, 라이머스(Neeraj Kaushal, Robert Kaestner, and Cordelia Reimers)는 이렇게 고조된 아랍인과 이슬람교도에 대한 부정적인 태도가 이러한 그룹들에 대한 차별을 증가시켰는지 여부를 조사하였다. 그들은 1998년부터 2005년까지 미국에 살고 있는 제1세대와 제2세대 아랍과 이슬람교도 남자들의 근로소득을 검토하였다. 아랍과 이슬람교도 남자들의 근로소득은 9월 11일 공격 이후 비슷한 근로자들 대비 9~11% 감소했다. 근로소득 손실은 증오범죄가 높은 비율로 나타나는 지역에서 더 컸다. 그러나 근로소득 손실이 오래가지 못한다는 몇몇 증거가 존재한다. 아랍인과 이슬람교도 근로소득의 빠른 재반등은 데이터의 마지막 해(2005년)에 발생했다. 근로소득 감소의 일부분은 아랍과 이슬람교도 남성들이 고임금으로부터 저임금 산업으로 전환할 가능성이 더 크기 때문이었다. 이러한 결과들은 그들 아랍인과 이슬람교도 남성들에 대한 노동수요를 감소시키는 편견에 기초한 노동시장 차별의 증가와 일관성을 갖는다.

이 연구는 또한 아랍과 이슬람교도 남성들의 고용과 근로시간이 9월 11일에 의해 영향을 받지 않았다는 것을 알려준다. 고용효과가 없다는 것과 결합되어 임금 감소는 아랍과 이슬람교도 남성들 사이에 비탄력적인 노동공급곡선이 존재한다는 것을 시사한다.

9월 11일 이후 아랍과 이슬람교도 남성들 사이 주(州) 간 이주는 감소했다. 임금의 감소와 차별의 증가가 이주의 이득을 감소시켰다. 이외에도 도착지 장소에서 그들이 어떻게 대우받게 될지에 대한 불확실성이 또한 이주율을 감소시켰을 수 있다.

자료 : Neeraj Kaushal, Robert Kaestner, and Cordelia Reimers, "Labor Market Effects of September 11 on Arb and Muslim Residents of the United States," *Journal of Human Resources*, Spring 2007, pp. 275-308.

로자들의 고용을 증가시킬 것이다. 예를 들어 그림 14.5에서 균형 W_{aa}/W_w 비율은 0.8로부터 말하자면 0.85로 증가할 수 있다.

2. 차별적인 임금격차의 크기는 소수집단(아프리카계 미국인) 근로자들의 공급에 직결되어 변한다. 만약 그림 14.5에서 아프리카계 미국인 노동공급이 수요곡선의 수평 부분을 교차할 정도로 작다면 차별적인 임금격차는 존재하지 않게 된다. 만약 아프리카계 미국인 노동공급이 그림에 보이는 위치까지 증가한다면 격차는 0.8 또는 8/10이 되게 된다. 공급의 더 이상의 증가는 W_{aa}/W_w 비율을 낮출 것인데, 이는 임금격차의 확대를 의미한다.

이러한 두 가지 일반화는 흥미로운 질문을 제기한다. 북부(North)와 비교할 때 남부(South)에서 관찰되는 아프리카계 미국인과 백인 근로자들 사이의 더 큰 임금격차는 남부에서의 차별에 대한 더 강력한 기호, 즉 더 왼쪽으로의 수요곡선의 결과인가? 아니면 그 대신에, 그것은 남부에서 아프리카계 미국인 근로자들의 상대적으로 더 큰 공급의 결과인가? 물론 어떤 경우든, 차별의 원천은 아프리카계 미국인 경제활동인구의 크기가 아닌 백인의 편견이다.

이득을 보는 자, 손실을 입는 자, 그리고 차별의 지속

베커의 차별에 대한 기호 모형은 그들의 임금이 그렇지 않았을 경우보다 더 높아질 것이기 때문에 백인 근로자들이 차별로부터 이득을 얻을 것을 알려준다. 수입에 대한 제약이 해외로부터의 경쟁을 감소시켜 국내생산자들에게 혜택을 주는 것처럼 사용자에 의한 차별은 아프리카계 미

14.4 근로의 세계 경쟁과 차별

베커의 차별에 대한 기호 모형은 경쟁과 차별 사이의 관계에 대해 분명한 예측을 하고 있다. 여성들을 차별하는 사용자는 차별을 하지 않는 사용자보다 덜 높은 보수를 지급받지만 똑같은 숙련을 가진 여성들을 상대적으로 더 적게 채용할 것이다. 그 결과, 차별을 하는 사람은 더 높은 생산비용, 따라서 더 낮은 이윤을 가질 것이다. 이는 사용자 차별은 오로지 덜 경쟁적인 시장에서만 존재할 수 있다는 것을 가리킨다. 따라서 덜 경쟁적인 산업에서 생산물시장 경쟁의 증가는 차별을 하는 사용자들이 시장에서 퇴출됨에 따라 차별을 틀림없이 줄일 것이다.

블랙과 브레이너드(Black and Brainerd)는 고조된 경쟁 압력의 한 가지 원천인 국제무역이 성 차별에 미치는 영향을 조사하고 있다. 그들은 수입 비중의 10%포인트 증가는 덜 경쟁적인 산업의 성별 임금 갭을 6.6% 낮춘다는 것을 발견하고 있다. 그들은 국제무역의 증가가 1976~93년 기간 동안에 제조업 성차별 감소의 약 1/4을 설명한다고 결론을 내리고 있다.

경쟁 증가가 미치는 영향에 대한 또 다른 테스트에서 블랙과 스트라한(Black and Strahan)은 은행산업의 규제 완화가 차별에 미치는 효과를 검토한다. 그들은 규제 완화 이후 남성 임금은 12% 감소했던 반면, 여성 임금은 단지 3%만 감소했다는 것을 보고하고 있다. 여성 임금의 상대적인 증가는 부분적으로 고숙련 직종으로 이동

의 결과인 것처럼 보인다. 예를 들면 은행산업의 관리자 직위의 여성 비율이 약 4%포인트 증가해서 40%가 넘게 되었다.

헬러스타인, 뉴마크, 트로스케(Hellerstein, Neumark, and Troske)는 이윤과 차별에 관한 베커 모형의 예측을 직접 테스트하고 있다. 모형과 일관되게 그들은 시장지배력이 높은 공장들 가운데 더 많은 여성들을 채용한 공장이 더 큰 이윤을 갖는다는 것을 발견하고 있다. 구체적으로 말하자면, 여성 비율의 10% 증가는 높은 시장지배력을 가진 공장들 사이에 이윤율을 1.6%포인트 증가시킨다. 차별은 경쟁적인 산업에서는 존재할 수 없다는 예측과 일관되게, 이러한 관계는 시장지배력이 낮은 수준인 공장들에서는 성립하지 않는다.

자료 : Sandra E. Black and Elizabeth Brainerd, "Importing Equality? The Impact of Globalization on Gender Discrimination," *Industrial and Labor Relations Review*, July 2004; Sandra E. Black and Philip E. Strahan, "The Division of Spoils: Rent-Sharing and Discrimination in a Regulated Industry," *American Economic Review*, September 2001, pp. 814-31; Judith K. Hellerstein, David Neumark, and Kenneth R. Troske, "Market Forces and Sex Discrimination," *Journal of Human Resources*, Spring 2002, pp. 353-80. 대중교통체계의 민영화와 트럭운송산업의 규제 완화 이후 인종 임금 갭의 감소를 보여주는 연구는 James Peoples, Jr., and Wayne K. Talley, "Black-White Earnings Differentials: Privatization versus Deregulation," *American Economic Review*, May 2001, pp. 164-68을 참조하라.

국인 근로자들로부터의 경쟁에서 백인 근로자들을 보호한다. 물론 아프리카계 미국인들은 차별 때문에 더 낮은 임금을 받는다. 마지막으로, 필요한 것보다 더 높은 비용을 경험하기 때문에 차별을 하는 사용자는 스스로를 해칠 수 있다. 왜 이렇게 되는지를 설명하기로 하자.

그림 14.5로 되돌아가서, 한 걸음 나아가, 수요곡선 위에 배열된 모든 사용자들이 똑같은 생산물을 생산하고 있다고 가정하기로 하자. 교차점 왼쪽의 수요곡선 위에 있는 차별을 하지 않는 또는 차별을 덜 하는 모든 사용자는 자신이 교차점 오른쪽 수요곡선 부분 위에 있는 차별을 더 하는 사용자 대비 경쟁적인 비용 이익을 갖고 있다는 것을 발견하게 될 것이다. 설명하면, 균형에서 W_{aa}/W_w 비율은 0.8이다. 즉 백인들은 20달러를 지급받고, 아프리카계 미국인들은 단지 16달러를 지급받는다. 아프리카계 미국인과 백인이 똑같이 생산적인 근로자라는 가정을 기억하면 수평 부분 위에 있는 차별을 하지 않는 사용자들은 아프리카계 미국인 노동력을 시간당 16달러에 채용하게 되는 반면, 훨씬 밑 수요곡선의 차별을 하는 사람들은 모든 백인 근로자들을 시간당 20달러에 채용하게 된다. 차별을 하는 사용자는 차별을 하지 않는 사용자보다 더 높은 임금비용을 초래할 것이다. 따라서 차별을 하지 않는 기업들은 차별을 하는 생산자들보다 더 낮은 평균총비용과 생산물가격을 갖게 될 것이다.

베커 모형의 중요한 시사점은, 더 낮은 비용의 차별을 하지 않는 기업들이 덜 효율적인 차별을 하는 기업들을 희생하여 더 큰 시장점유율을 얻을 수 있기 때문에, 경쟁적인 시장요인들이 시간이 지남에 따라 차별을 감소시키고 사라지게 할 것이라는 것이다. 실제로 매우 경쟁적인 생산물시장에서 오로지 차별을 하지 않는 기업들(최소비용 생산자들)은 살아남을 것이고, 차별을 하는 기업들은 생산물가격을 초과한 평균총비용을 가질 것이다. 따라서, 베커의 이론은 차별에 대한 '보수적인' 또는 자유방임의 입장과 일관된다. 즉 장기적으로, 경쟁적인 시장의 운용은 차별의 문제를 해결할 것이고, 따라서 요구되는 유일한 정부의 조치는 자유로운 직종 선택을 촉진하는 것이다.[7] 차별을 하는 사용자들은 차별을 하지 않는 사람이 되어야만 하거나 아니면 시장에서 퇴출될 것이다.

이러한 시각에 대한 근본적인 비판은 차별을 제거하는 데 있어서, 현실적으로, 진전이 더뎠다는 것이다. 즉 시장의 작동으로 사용자들의 편견이 제거되지 않았다. 인종과 성 모두에 기초한 차별은 수십 년 동안 지속되었다. 따라서 왜 차별이 계속되었는지를 설명하기 위해 다른 모형들이 제시되었다.

14.4
근로의 세계

🔬 14.2
잠깐만 확인합시다.

- 다른 근로자들과 똑같은 능력, 교육, 훈련, 그리고 경험을 갖고 있는 근로자들이 채용, 직종에의 접근, 승진, 또는 임금에 관해 더 낮은 대우를 받을 때 노동시장 차별이 발생한다.
- 노동시장 차별은 (a) 임금차별, (b) 고용차별, (c) 직종 또는 일자리 차별, 또는 (d) 인적자본차별로 분류할 수 있다.
- 베커의 차별에 대한 기호 모형은 차별을 차별하는 사람이 기꺼이 지불할 용의가 있는 선호 또는 '기호'로 간주한다. 이 기호가 크면 클수록 베커의 차별계수는 더 커진다.
- 높은 차별계수를 가진 사용자는 차별을 하지 않는 사용자보다 더 높은 노동비용을 초래할 것이다. 따라서 차별을 하지 않는 사람은 시장에서 차별을 하는 사람과 경쟁하는 데 있어 비용상의 이점을 가질 것이다.

여러분의 차례입니다

특정 백인 근로자들의 시간당 시장임금이 16달러인 반면, 똑같이 생산적인 아프리카계 미국인 근로자들의 임금은 12달러라고 가정하자. 이러한 환경하에 모두 백인 근로자를 채용하는 사용자의 차별계수 달러 가치에 대해 무엇이 추론될 수 있는가? 모두 아프리카계 미국인 근로자를 채용하는 경우는? (정답은 책의 맨 뒷부분에 수록되어 있음)

통계적 차별의 이론

또 다른 이론은 **통계적 차별**(statistical discrimination)의 개념에 초점을 맞추고 있다.[8] 정의를 위해 다음과 같이 말할 수 있다. 통계적 차별은

---

[7] 정부가 차별을 제거하는 데 성공적이지 못할 것이라는 것은 Thomas Sowell, *Markets and Minorities* (New York: Basic Books, Inc., 1981)의 주요 주제이다. 또한 William A. Darity, Jr., and Rhonda M. Williams, "Peddlers Forever? Culture, Competition, and Discrimination," *American Economic Review*, May 1985, pp. 256-61을 참조하라.

[8] Edmund S. Phelps, "The Statistical Theory of Racism and Sexism," *American Economic Review*, September 1972, pp. 659-61; Dennis J. Aigner and Glen G. Cain, "Statistical Theories of Discrimination in Labor Markets," *Industrial and Labor Relations Review*, January 1977, pp. 175-87을 참조하라. 통계적 차별에 대한 실증조사는 Julian Lange, "The Speed of Employer Learning," *Journal of Labor Economics*, January 2007, pp. 1-35; Joshua C. Pinkston, "A Test of Screening Discrimination with Employer Learning," *Industrial and Labor Relations Review*, January 2006, pp. 267-84를 참조하라.

개인이 자기 스스로의 개인 특성에 대해서가 아니라 자신이 속한 그룹 또는 그룹들의 평균 특성을 기초로 하여 판단될 때는 언제나 발생한다. 그룹이 실제로 그룹 탓으로 돌릴 특성들을 갖고 있다는 의미에서 그 판단은 옳고, 사실에 기반을 두고 있으며, 객관적이지만, 그 판단은 그룹 내의 많은 개인들에 대해서는 정확하지 않다.[9]

통계적 차별의 아주 흔한 비노동시장 예는 자동차보험과 관련된다. 10대 남성들의 보험률은 10대 여성들의 그것보다 더 높다. 이 보험률 격차는 평균적으로 젊은 남성들은 여성들보다 사고에 관련될 가능성이 더 크다는 것을 알려주는 축적된 사실에 기반을 둔 증거를 기초로 한다. 그러나 많은 젊은 남성 운전자들은 젊은 여성들의 평균보다 사고경향성이 동일하거나 또는 더 낮은데, 이러한 남성들에게 더 높은 보험률이 적용되어 차별을 받는다.

통계적 차별이 노동시장에서 어떻게 기능하게 되는지를 이해하는 것은 쉬운 일이다. 빈 일자리가 있는 사용자는 빈자리를 채우기 위해 이용가능한 가장 생산적인 근로자를 채용하기를 원한다. 따라서 인사 부서에서는 각 일자리 지원자에 관한 예를 들어 개인의 연령, 교육, 그리고 이전의 근로경험 같은 다양한 정보를 수집한다. 사용자는 앞으로 일자리 성과에 도움이 되는 지표라고 느끼는 고용 이전 테스트에 관한 점수로 이 정보를 보완한다. 그러나 두 가지 상호 관련된 고려사항들이 이 근로자 선별 과정과 관련이 된다. 첫째, 각 일자리 지원자에 대한 자세한 정보를 수집하는 것은 비용이 들기 때문에 오로지 제한된 데이터만 수집된다. 둘째, 사용자가 이용가능한 일자리 지원서와 테스트 성적으로부터의 제한된 정보는 사용자가 어떤 일자리 지원자들이 가장 생산적인 근로자일지를 완전하게 예측하도록 허락하지 않을 것이다. 이러한 두 가지 고려사항의 결과, 사용자가 누구를 채용할지 결정하는 데 인종, 성, 연령 같은 주관적인 고려사항들을 사용하는 것은 일상적인 일이다. 통계적 차별을 실천하는 데 있어 사용자는 차별에 대한 자신의 기호나 선호를 충족시키지 않으며, 오히려 쉽게 식별할 수 없는 생산 관련 자질의 대리변수로 성, 인종, 또는 연령을 사용하는 것이다. 예를 들어 성은 체력 또는 직무몰입도의 대리변수로 사용될 수 있다.

설명해보면, 사용자는 **평균적으로**, 임신하거나 또는 남편이 다른 장소에서 일자리를 잡을 수 있기 때문에 젊은 기혼 여성들은 남성들보다 채용 후 말하자면 2년 이내에 일자리를 이직할 가능성이 더 크다고 가정할 수 있다. 다른 조건이 일정하다면, 기혼 여성과 남성 지원자 사이에 선택할 때 사용자는 남성을 채용할 수 있다. 마찬가지로 연령, 근로경험, 그리고 테스트 점수가 동일한 아프리카계 미국인 또는 백인 고등학교 졸업자를 고용할지 고려할 때, 사용자는 **평균적으로** 아프리카계 미국인들이 백인들보다 질적으로 열등한 학교 교육을 받는다는 것을 알기 때문에 백인 젊은이를 채용할 수 있다. 여기서 무엇이 발생하고 있는지를 주목하라. 그룹에 적용되는 특성들이 개인에게 적용되고 있는 중이다. 각 기혼 여성은 재직기간에 관해 '평균적인' 기혼 여성으로 행동하는 것으로 가정된다. 마찬가지로 모든 아프리카계 미국인 젊은이는 '평균적인' 아프리카계 미국인 젊은이와 똑같은 질의 교육을 갖는 것으로 가정된다. 그룹 또는 평균적

---

[9] Lester Thurow, *Generating Inequality* (New York: Basic Books, 1975), p. 172. 이 절 전체는 서로(Thurow)의 책 제7장에 의존하고 있다.

인 차이가 각 개인의 경우에 적용된다고 가정하는 것이다. 결과적으로, 자녀를 가질 계획이 없는 (또는 만약 아이를 갖더라도 일을 이직할 계획이 없는) 기혼 여성들과 질 높은 교육을 받은 아프리카계 미국인 젊은이들은 차별을 당할 것이다.

추가로 통계적 차별의 세 가지 측면을 논평할 가치가 있다. 우선 차별에 대한 기호 모형에서와 달리 사용자는 차별을 실천함으로써 해를 입지 않는다. 그와 반대로 사용자는 수혜자이다. 사용자는 채용비용을 최소화함으로써 이윤을 향상시킬 것이다. 각 일자리 지원자에 대한 자세한 정보를 모으는 데 비용이 든다는 것을 고려하면 인지된 그룹 특성들을 일자리를 찾는 사람들에게 적용하는 것은 근로자들을 선별하는 비싸지 않은 수단이다. 일부 경제학자들은 사용자들을 '이득을 보는 자'로 마음속에 그리고 있는 통계적 차별 이론이 그들을 '손실을 입는 자'로 인지하는 차별에 대한 기호 모형보다 더 그럴듯하다고 느끼고 있다.

둘째, 앞에서 시사한 바와 같이 통계적 차별 모형이 사용자가 자신의 채용 행태에 악의가 있다는 것을 필연적으로 알려주는 것은 아니다. 이루어진 결정은 당연히 옳고 합리적일 수 있으며, 지적한 바와 같이 평균적으로 수익성이 있다. 문제는 그룹 평균과 상이한 많은 근로자들은 차별을 당할 것이라는 것이다.

마지막으로, 처음에 지적한 바와 같이, 통계적 차별의 필요가 시간이 지남에 따라 감소한다는 강력한 이유는 존재하지 않는다. 차별에 대한 기호 모형과는 대조적으로 통계적 차별은 그것을 실천하는 사람들이 수혜자들이기 때문에 지속될 수 있다.

첫째와 셋째 요점은 한 가지 중요한 의미에서 자격조건을 살펴볼 가치가 있다. 만약 어떤 두 그룹의 평균적인 특성이 시간이 지남에 따라, 아마도 차별의 다른 측면에서의 감소 때문에 수렴한다면 통계적 차별은 사용자들에게 점점 비용이 드는 것일 수 있다. 예를 들면 인적자본차별이 감소하고, 아프리카계 젊은이들이 이제는 백인 젊은이들에 의해 얻어지는 것과 질적으로 동일한 고등학교 교육을 얻는다고 가정하자. 오로지 백인들만을 고용하기 위해 통계적 차별을 적용함으로써 사용자는 이제 더 많은 채용 실수를 할 것이다. 이러한 실수는 두 가지 유형인데, 하나는 자격을 갖추지 못한 백인들을 더 많이 채용한다는 것이고, 다른 하나는 자격을 갖춘 아프리카계 미국인들을 채용하지 못하는 것이다.

마찬가지로 육아시설, 더 높은 여성 보수, 그리고 여성의 선호 변화는 자녀를 갖는다는 것이 더 이상 많은 여성의 근로경력을 심각하게 중단시키지 않는다는 것을 의미한다. 또한 연구들은 비슷한 일자리에서 남성들과 여성들의 이직률 차이가 작다는 것을 알려주고 있다.[10] 따라서 여성들의 평균 이직률을 기반으로 채용 결정을 하는 사용자는 고비용의 채용 실수를 할 수 있다. 그러한 실수의 사용자에 대한 비용은 채용할 수 있는 가장 생산적인 근로자들이 선발되지 못한다는 것이다. 실수를 하지 않는 사용자의 생산비용은 낮아질 것이며, 실수를 저지르는 경쟁자들의 비용으로 시장점유율을 증가시킬 것이다.

---

[10] Anders Frederiksen, "Gender Differences in Job Separation Rates and Employment Stability: New Evidence from Employer-Employee Data," *Labour Economics*, October 2008, pp. 915-37.

혼잡 모형 : 직종분단

표 14.1을 얼핏 보면 백인과 아프리카계 미국인 그리고 남성과 여성의 직종 분포가 상당히 다르다는 것이 드러난다. 또한 제8장에서 임금은 직종별로 크게 차이가 나서, 직종구조는 근로자에 따른 임금 차이를 설명하는 데 중요한 요소라는 것을 주목했다. 따라서, 차별의 전체 이론이 직종분단의 개념을 기초로 했다는 것을 발견하는 것은 놀랍지 않다. 이러한 **혼잡 모형**(crowding model)은 여성들과 아프리카계 미국인들을 제한된 수의 직종에 가두는 결과를 설명하기 위해 단순한 공급과 수요의 개념을 사용한다.[11]

왜 혼잡이 발생할까? 왜 사용자들은 성 또는 인종을 기초로 일자리를 분리할까? 한 가지 중요한 이유는 근로자 생산성이 그룹 또는 '팀' 노력의 결과라는 것이다. 만약 일자리에 관한 사회적 상호작용이 호의적이 아니라면 생산성이 악화될 것이다. 일부 남성(백인) 근로자는 혼자 또는 여성(아프리카계 미국인)과 일하도록 강요당하거나 또는 여성(아프리카계 미국인)으로부터 지시를 받도록 강요당할 때 불만을 품을 수 있다. 따라서 생산성과 이윤을 도모하기 위해, 사용자는 일자리에서 남성과 여성(아프리카계 미국인과 백인)을 분리하기로 결정한다. 더구나 많은 사용자들은 여성들과 소수집단들의 일자리 역량에 관하여 이미 결정된 생각을 갖고 있다. 결과적으로, 이를테면 여성이 트럭을 운전하거나 또는 전자설비 또는 자동차를 판매하는 일자리를 갖는 경우는 별로 없다.

가정과 예측

다음의 간소화한 가정들은 혼잡 모형에 대한 논의를 용이하게 할 것이다.

1. 경제활동인구는 남성과 여성(또는 백인과 아프리카계 미국인) 근로자들 사이에 똑같이 나뉘어 있다. 600만 명의 남성과 600만 명의 여성 근로자가 존재한다고 하자.
2. 총노동시장은 X, Y, Z의 세 가지 직종으로 구성되어 있는데, 각 직종은 그림 14.6에 보이는 바와 같은 동일한 노동수요곡선을 갖고 있다.
3. 남성과 여성은 동질적인 경제활동인구의 특성을 갖고 있다. 즉 남성과 여성은 세 가지 직종 각각에서 생산성이 동일하다.
4. 생산물시장들은 경쟁적이고 그 결과 수요곡선은 한계수입생산(MRP)뿐만 아니라 한계생산물가치(VMP)를 반영한다(제5장).
5. 직종분단의 결과 직종 X와 Y는 '남성 일자리'이고 직종 Z는 '여성 일자리'라고 가정한다. 여성들은 직종 Z에 한정되고 체계적으로 직종 X와 Y로부터 제외된다.

남성들은 직종 X와 Y 사이에 똑같이 배분될 것이며, 그 결과 300만 명의 남성 근로자들이 각 직종에 존재하고 결과적으로 나타나는 남성들의 공통 시간당 임금은 W_m이다. 이동에 장애물이

---

[11] 그 선도적인 주창자 중 한 명에 의한 혼잡 가설에 대한 자세한 논의는 Barbara R. Bergmann, *The Economic Emergence of Women*, 2nd ed. (New York: Palgrave Macmillan, 2005), chaps. 4-6과 더 구체적으로는 pp. 85-90을 참조하라. 또한 Elaine Sorensen, "The Crowding Hypothesis and Comparable Worth," *Journal of Human Resources*, Winter 1990, pp. 55-89를 참조하라.

없다고 가정하면, X와 Y 사이의 처음의 어떤 상이한 남성들의 분포도 임금의 균등성이 실현될 때까지 저임금 직종으로부터 고임금 직종으로의 노동의 이동을 촉발하게 되는 임금격차라는 결과를 가져오게 된다. 반면에, 600만 여성 모두는 직종 Z를 가득 메우며, 이러한 직종분단의 결과 훨씬 더 낮은 시간당 임금 W_f를 받는다. 차별의 현실이 주어졌을 때, 이것이 '균형' 상태이다. 차별 때문에 여성들은 더 높은 시간당 임금을 추구하기 위해 자신들을 직종 X와 Y에 재배분할 수 없다. 남성들은 만약 선택한다면 아마도 직종 Z에 진입할 수 있지만, Z의 더 낮은 시간당 임금 앞에서 그렇게 하기를 원하지 않게 된다.

직종분단의 순결과는 분명하다. 남성들은 여성들을 희생하여 더 높은 시간당 임금과 소득을 실현한다. 그러나 여성들은 착취의 결과로 불이익을 받지는 않는다. 즉 그들은 자신들의 한계수입생산 미만의 시간당 임금을 지급받고 있지는 않다. 직종 Z에서 여성들은 자신들의 MRP, 그리고 사회의 산출량에 대한 자신들의 기여(VMP)와 똑같은 시간당 임금을 지급받고 있는 중이다. 그들의 문제는 오로지 직종 Z에만 제약당함으로써, 그들의 공급이 수요 대비 크고 따라서 그들의 시간당 임금이 남성들의 그것과 비교할 때 낮다는 것이다.

차별의 종식

입법 또는 사회적 태도의 전면적인 변화를 통해 차별이 사라졌다고 가정하자. 결과는 무엇인가? 더 높은 시간당 임금에 의해 이끌려 여성들은 Z로부터 X와 Y로 이동할 것이다. 구체적으로 말하자면, 만약 직종 이동에 비용이 들지 않는다고 가정한다면, Z에 400만 명의 근로자들을 남겨둔 채로, 100만의 여성들이 X로 그리고 또 다른 100만이 Y로 각각 이동할 것이다. 이 시점에서, 400만 명의 근로자들이 각 직종에 있을 것이며 시간당 임금은 세 직종 모두에서 W_e와 동일해질 것이고, 따라서 더 이상의 재배분 인센티브는 존재하지 않는다. 이러한 새로운, 비차별적인 균형은 이제는 더 높은 임금을 받는 여성들에게는 이익이며, 이제는 더 낮은 임금을 받게 된 남성들에게는 불이익이다.

만약 직종분단의 제거가 승자(여성들)와 패자(남성들) 모두라는 결과를 가져온다면, 이득이 손실을 초과하는지 묻는 것이 적절한 일이다. 즉 사회는 직종분단을 종식시킴으로써 경제적 이득을 거두는가? 그림 14.6은 사회에 순이득이 존재한다는 것을 알려준다. 노동수요곡선들은 연속적인 각 근로자의 국내산출량에 대한 기여인 한계생산물가치를 반영한다. 따라서 200만 여성의 직종 Z 밖으로의 이동은 면적 *ijkl*에 의해 보여지는 국내산출량의 감소를 발생시킨다. 그러나 직종 X와 Y의 면적 *abcd*와 *efgh*는 100만 명의 여성들을 이러한 직종 각각에 추가함으로써 실현되는 한계생산의 시장가치인 국내산출량의 증가를 보여준다. 직종 X와 Y에서 국내산출량에 추가된 것의 합이 여성들이 직종 Z를 떠날 때 발생한 국내산출량의 감소를 초과한다는 것을 알 수 있다. 사회가 직종분단의 종료로부터 이득을 얻는다는 결론은 예상하지 못한 것은 아니다. 여성들이 자신들을 VMP가 상대적으로 낮은 직종 Z로부터 자신들의 VMP가 상대적으로 높은 직종 X와 Y로 재배분한다. 이러한 재배분은 노동의 효율적인 배분을 정의하는 조건인 각 대안적인 사용처에서 노동의 VMP가 같아질 때까지 계속된다. 따라서 차별이 형평성과 효율성 모두를 함축하는 의미를 갖고 있다는 것을 분석을 통해 분명히 알 수 있다. 차별은 국내소득의 분

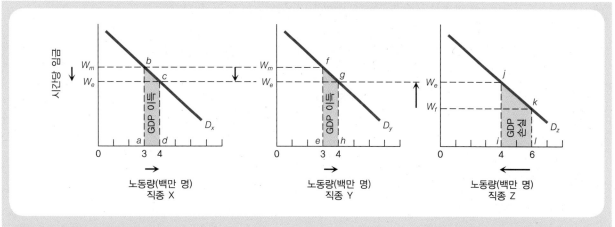

그림 14.6 직종분단 : 혼잡 모형

직종 Z에 여성들을 혼잡시킴으로써 남성들은 직종 X와 Y에서 높은 시간당 임금 W_m을 받을 것인 반면, 여성들은 직종 Z에서 낮은 시간당 임금 W_f를 받을 것이다. 차별의 폐지는 W_e에서 시간당 임금을 균등화할 것이며, 국내산출량의 순증가[(*abcd+efgh*) − *ijkl*]라는 결과를 가져올 것이다.

배뿐만 아니라 크기에도 영향을 미친다.

- 통계적 차별의 이론은 사용자들이 종종 개인 자신의 특성이 아니라 어떤 개인이 속한 그룹의 평균적인 특성을 기초로 그 개인을 잘못 판단한다고 평가한다.
- 차별의 혼잡 모형은 여성들과 소수집단들이 높은 보수를 지급하는 직종들로부터 체계적으로 제외당하고 낮은 보수를 지급하는 직종들에 혼잡되어 있다는 것을 시사한다.

14.3
잠깐만 확인합시다.

여러분의 차례입니다

통계적 차별이 어떻게 직종분단을 강화할 수 있는가? (정답은 책의 맨 뒷부분에 수록되어 있음)

분단지수

혼잡 또는 직종분단은 얼마나 광범위한가? 직종분단을 수량화하기 위해 **분단지수**(index of segregation)가 고안되었다. 성차별에 적용될 때와 같이 이 지수는 여성들이 남성들과 똑같은 비율로 직종 사이에 분포되기 위해 직종을 바꾸어야만 하는 여성들(남성들)의 백분율을 보여주려고 고안되었다. 표 14.3의 가상적 수치는 유익하다. 남성과 여성 근로자들의 직종 분포가 2열과 3열에 보이는 바와 같다고 가정하자. 분포들을 동일하게 만들기 위해 총 여성 근로자의 30%가 직종 C로부터 이동해야만 하거나(20%는 A로 가고 10%는 B로) 아니면 총 남성 근로자의 30%가 직종 C로 이동해야만 할(20%는 A로부터 오고 10%는 B로부터 오는) 것이다. 남성들과 여성들이 직종들 사이에 똑같은 비율로 분포되기 위해 여성 아니면 남성 근로자들의 30%가 직종들을 바꾸어야 하기 때문에 분단지수는 30% 또는 단순히 0.3이다. 더 많은 직종 범주의 경우 지수는 각 직종의 백분율 차이의 절대치를 결정하고(부호에 상관없이) 4열에 보이는 바와 같이 이러한 차이를 더

표 14.3 분단지수의 결정(가상 데이터)

(1) 직종	(2) 남성	(3) 여성	(4)=(2)−(3) 절대적 차이
A	50%	30%	20%
B	30	20	10
C	20	50	30
	100%	100%	60%

분단지수＝60%/2＝30% 또는 0.3

함으로써 계산될 수 있다. 분단지수를 얻기 위해, 근로자들의 어떤 이동이라도 두 번(한 직종으로부터 밖으로의 이동으로 그리고 다른 직종으로의 이동으로) 계산되었기 때문에 결과적으로 나타난 60%는 그 뒤 2로 나눈다.

단순한 가상적 실례로부터의 결론은 각 직종의 남성들과 여성들의 비율이 똑같기 위해 여성(또는 남성) 노동력의 30%가 직종을 바꾸어야만 한다는 것이다. 이 새로운 분포는 분단지수 0이라는 결과를 가져오게 된다는 것을 주목하라. 말하자면 직종 A와 B는 각각 남성들에 의해 50%가 차 있고, 직종 C는 여성들에 의해 100%가 차 있는 다른 극단적인 경우는 100% 또는 1.0의 지수를 산출한다. 따라서 분단지수는 0으로부터 1까지의 범위에서 어떤 수치라도 취할 수 있으며, 수치가 더 크면 클수록 직종분단의 정도도 더 커진다.

증거

14.1
국제 시각

14.5
근로의 세계

미국의 성과 인종을 기초로 한 직종분단지수들의 크기는 얼마인가? 그리고 시간이 지남에 따라 이러한 지수들에 어떤 변화가 발생했는가? 그림 14.7은 남성들과 여성들 사이의 직종분단지수를 제시한다. 성별 직종분단지수는 1973년에 68.1%였는데 2014년에는 50.3%로 감소했다.[12] 미국에서 여성이 직종들 사이에 남성과 똑같은 비율로 분포되기 위해서는, 절반을 약간 넘는 여성들(또는 남성들)이 직종을 바꾸어야만 했다. 지수의 이러한 상당한·변화는 여성이 치의학, 의학, 약학, 그리고 법과 같은 전문직에서 점점 더 상당한 직종 관련 이득을 얻었다는 증거와 일관된다.[13]

인종을 기초로 한 직종분단은 성을 기초로 한 그것보다 덜 확연하고, 시간이 지남에 따라 두드러지게 감소했다. 그림 14.8은 성별 인종 직종분단지수의 데이터를 제시한다. 백인 여성과 아프리카계 미국인 여성을 비교하면 분단지수는 1973년 37.1%였는데, 2014년에는 22.4%로 감소했다.[14] 이는 전통적으로 백인 여성들이 차지하던 직종에 아프리카계 미국인 여성들이 일반적

---

[12] 성별 직종분단에 관해 더 많은 내용은 David A. Macpherson and Barry T. Hirsch, "Wages and Gender Composition: Why Do Women's Jobs Pay Less?" *Journal of Labor Economics*, July 1995, pp. 426-71; Kimberly Bayard, "New Evidence on Sex Segregation and Sex Differences in Wages from Matched Employee-Employer Data," *Journal of Labor Economics*, October 2003, pp. 887-922; Francine D. Blau, Peter Brummund, and Albert Yung-Hsu Liu, "Trends in Occupational Segregation by Gender 1970-2009: Adjusting for the Impact of Changes in the Occupational Coding System," *Demography*, April 2013, pp. 471-92를 참조하라.

[13] Francine D. Blau, Anne E. Winkler, and Marianne A. Ferber, *The Economics of Women, Men, and Work*, 7th ed. (Englewood Cliffs, NJ: Prentice-Hall, 2014)를 참조하라.

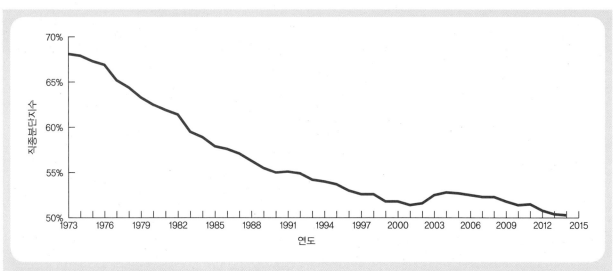

그림 14.7 미국의 성별 직종분단지수

남성과 여성 사이의 직종분단지수는 1973~2014년 사이에 상당히 감소했다.

자료 : *Census Population Survey*로부터 저자가 계산함.

14.1 국제 시각 | 직종분단

75개 직종의 직종분단지수는 이탈리아의 44.9%로부터 스웨덴의 63.0%까지 다양하다.

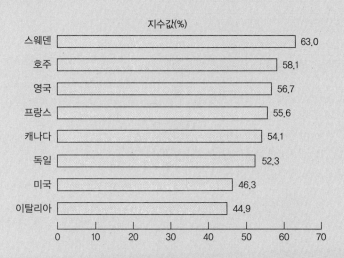

자료 : Francine D. Blau, Marianne A. Ferber, and Anne E. Winkler, *The Economics of Women, Men, and Work*, 6th ed. (Englewood Cliffs, NJ: Prentice-Hall, 2010), Table 12.3.

14.5 근로의 세계   여성들의 주요 전문직 진입

1980년대 이래 직종분단의 전반적인 지수 감소와 일관되게 여성들은 주요 전문직 진입에 있어 상당한 이득을 얻었다. 이러한 사실은 여러 연구들로부터 분명하며, 아래의 그림에 나타나 있다. 그림에서 옅은 색의 막대는 2014년 각 특정 전문직의 전반적인 여성 비율을 나타내며, 짙은 색의 막대는 2012년 각 분야의 *새로운 졸업자* 비율로서의 여성을 보여준다.

예를 들어 여성들은 2014년에 치과의사의 단지 29.1%만을 차지했지만, 그들은 이전 해에 치과대학 졸업자의 46.2%를 구성하고 있다. 2014년 일반적인 약사의 56.3%와 비교할 때 2012년에 여성들은 약학대학 졸업자의 3/5을 넘었다. 2012년에 법과대학 졸업자의 거의 절반이 여성이었는데, 이는 2014년 여성 변호사들의 전반적 비율보다 상당히 더 큰 수치다.

물론 전문직에 진입하는 여성 수의 증가는 고무적이다. 그럼에도 불구하고 균등성의 진정한 테스트는 이러한 여성들이 자신들의 커리어를 진전시킴에 따라 나타날 것이다. 그들 중 일부는 가족 책임과 관련된 이유 때문에 자신들의 전문직으로부터 중도 퇴장할 것인가? 그들은 전문직 최고 직위로의 자신들의 승진을 방해하는 유리천장이라고 일컬어지는 차별적 장애물을 경험할 것인가? 전문직 계급에 대한 연구들은 높은 보수를 지급하는 전문직 직위에 여전히 남성들이 압도적으로 많다는 사실을 보여준다.

자료 : Sylvia Nasar, "Women's Progress Stalled? Just Not So?" *The New York Times*, October 18, 1992, Section 3, p. 1. Updated with data from the National Center for Educational Statistics, *Digest of Educational Statistics, 2011* (Washington, DC: NCES, 2012), Table 295, and U.S. Department of Labor, *Employment and Earnings*, 2015, Table 11.

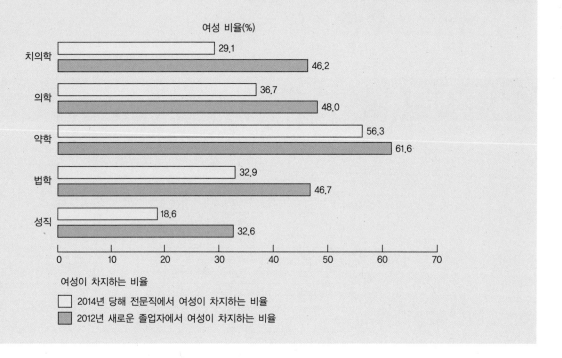

여성 비율(%)

여성이 차지하는 비율

☐ 2014년 당해 전문직에서 여성이 차지하는 비율
▨ 2012년 새로운 졸업자에서 여성이 차지하는 비율

으로 통합되고 있는 것과 일관된다. 백인 여성과 아프리카계 미국인 남성이 분석될 때는 변화가 그다지 대단하지 않았다. 즉 지수는 1973년의 37.0%로부터 2014년 26.7%로 감소했다.

---

[14] 인종 직종분단에 관해 더 많은 내용은 Barry T. Hirsch and David A. Macpherson, "Wages, Sorting on Skill, and Racial Composition of Jobs," *Journal of Labor Economics*, January 2004, pp. 189-210; Olga Alonso-Villar, Coral Del Rio, and Carlos Gradin, "The Extent of Occupational Segregation in the United States: Differences by Race, Ethnicity, and Gender," *Industrial Relations*, April 2012, pp. 179-212를 참조하라.

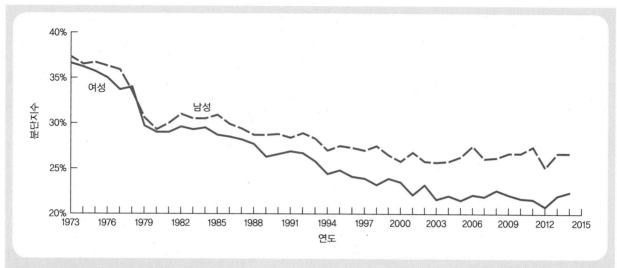

그림 14.8 성별에 따른 인종 직종분단지수(미국)

인종 직종분단지수는 1973~2014년 사이에 남성과 여성의 경우 두드러지게 감소했다.

자료 : *Census Population Survey*로부터 저자가 계산함.

원인과 결과 : 비차별적 요소

언급한 바와 같이 경제학자들은 차별이 아닌 다른 많은 요인들이 남성 대비 여성, 그리고 백인 대비 아프리카계 미국인 근로소득 격차와 관련될 수 있다는 것을 알고 있다. 앤더슨이 1년에 20,000달러를 버는 반면, 앨버레즈는 매년 30,000달러를 버는 것이 필연적으로 성차별의 증거는 아니다. 이는 심지어 앤더슨과 앨버레즈가 동일한 교육수준을 갖거나 또는 똑같은 사용자를 위해 일하고 있다고 해도 사실이다. 편견과 관련이 없는 다양한 고려사항들이 앨버레즈가 앤더슨보다 더 생산적이 되도록 할 수 있다. 더 일반적으로 말하자면, 원인과 결과 고려사항들은 사회경제적인 지위의 차이를 설명하기 위해 차별의 역할을 분리하여 풀기가 어렵다. 성차별을 사용하여 이 이슈를 살펴보기로 하자.

원인으로서의 합리적 선택과 차별

몇몇 경제학자들은 여성들의 열등한 경제적 위치가 기본적으로 여성들에 의해 합리적이고 자유롭게 이루어진 결정의 결과라고 주장한다. 이 견해의 본질은 대부분의 여성들이 결혼과 출산을 기대하며, 이는 여성들에게 노동시장경력과 결혼 사이에 갈등을 발생시킨다는 것이다. 이 갈등이 여성들의 경제적으로 불리한 점의 많은 것을 설명한다고 한다. 더 구체적으로 말하자면, 이런 입장의 옹호자들은, 전통적인 가사 역할과 노동시장 근로를 양립하도록 시도하는 데 있어 여성들은 남성보다 더 낮은 소득 결과를 초래하는 인적자본 투자, 근로시간, 그리고 다른 일자리 특성에 관한 결정을 한다고 주장한다.

여성들의 전통적인 출산과 가족에서의 역할은 그들의 노동시장 참가가 연속적이지 않고 길이가 짧아진다는 것을 의미한다. 이러한 사실은 다양한 시사점을 갖는다. 첫째, 여성들은 평생 더 적은 시간을 일할 것이기 때문에 인적자본 투자(교육과 훈련)에 대한 그들의 예상수익률은 남성들보다 낮을 것이다. 결과적으로 그들의 사용자는 물론 여성들은 교육과 현장실무훈련에 기꺼이 투자할 용의가 더 적을 수 있으며, 이는 여성의 생산성과 근로소득을 남성보다 더 적어지게 만든다. 둘째, 여성들이 소유한 인적자본 보유량은 경제활동인구 밖에 있을 때 악화될 수 있으며, 따라서 그들의 생산성과 근로소득을 낮춘다. 셋째, 직종분단이 합리적 선택의 결과라고 주장될 수 있다. 자신이 경제활동인구에 계속적으로 있지 않을 것을 알기 때문에 여성은 가정 내에서의 생산적인 활동에 가장 큰 잔류 가치를 가질 간호직과 초등학교 교직 같은 직종을 선호할 수 있다.

남성-여성 근로소득 격차의 일정 부분은 여성들이 보유하기를 원하는 일자리 유형 차이의 결과일 수 있다. 만약 여성들이 말하자면 더 짧은 근로시간, 일자리 안전, 그리고 가정과 가까운 일자리에 높은 가치를 부여한다면 이러한 선호의 실천은 여성들에게 더 낮은 임금과 근로소득이라는 결과를 가져올 수 있다. 달리 말하자면, 남성들의 더 높은 근로소득의 일정 부분은 더 오랜 근로시간과 더 위험하고 불편한 지역에 있는 일자리를 수행하는 것을 그들에게 보상하는 임금격차일 수 있으며, 따라서 성차별과 관련이 없을 수 있다. 실제로 여성, 특히 기혼 여성들은 남성들보다 파트타임 일자리를 가질 가능성이 훨씬 크다. 이외에도, 풀타임 남성 근로자들은 평균적으로 풀타임 여성 근로자들보다 1주당 더 많은 시간을 일한다. 일부 경제학자들은 파트타임 근로와 상대적으로 짧은 근로시간 기회가 직종마다 다르기 때문에, 파트타임으로 일하거나 또는 짧은 시간을 일하려는 여성들의 바람은 직종분단, 즉 결과적으로 더 낮은 여성 근로소득으로 귀결된다고 주장한다.

'합리적 선택' 견해는 교육과 훈련의 양과 유형 및 선택하는 일자리 종류에 관한 여성들의 자발적인 결정이 남성들보다 더 낮은 근로소득을 실현하도록 만든다는 것을 시사한다. 회의론자들은 함축된 원인-결과 순서를 뒤집고, 그럼으로써 여성-남성 근로소득 격차를 설명하는 데 있어 주요 역할을 차별에 떠맡기는 것이 더 그럴듯하다고 주장한다. 논의를 용이하게 하기 위해, 사용자와 여성들 스스로가 인적자본에 덜 투자하는 것이 합리적이라는 결과와 함께 여성들이 자유롭게 자신의 노동시장경력의 길이를 줄이는 선택을 한다는 합리적 선택 주장에 집중할 것이다.

노동시장 차별과 분명한 소득 차이 때문에 여성들은 교육과 훈련에 적게 투자하거나 또는 가계생산에 가장 큰 잔류 가치를 갖는 훈련에 투자한다고 주장할 수 있다. 예를 들면 더 긴 기간 동안을 경제활동인구에서 이탈하는 많은 여성들의 결정은, 차별로 인한 낮은 시장보수의 결과인 비참가의 낮은 기회비용의 결과일 수 있다. 여성들의 빈약한 노동시장기회는 여성들의 근로소득을 낮추고, 가정근로의 상대적인 매력을 증가시킨다. 이러한 해석에 따른다면, 노동시장차별은 여성들로 하여금 더 긴 기간 동안 노동시장에서 이탈할 수 있도록 인적자본 투자의 양과 종류를 선택하게 만든다.

작업장에서 성희롱과 차별을 경험한 많은 여성들이 경력을 바꾸거나 또는 자녀를 갖고 가정에서 일함으로써 반응하는 것도 또한 가능하다. 따라서 여성들의 길이가 줄어든 경력과 결과적으로 나타나는 그들의 더 낮은 근로소득은 진정하게 자유로운 선택의 결과가 아니라 차별의 결과일 수 있다.[15]

어떤 입장이 옳은가? 두 견해 모두 옳다. 차별은 원인과 결과의 복잡한 엉킴을 수반한다. 인적자본 투자에 대한 공급 결정과 남성과 여성의 직종 선택에 있어서의 차이는 노동시장차별과 기존의 근로소득 차이로부터의 결과일 수 있으며, 동시에 이러한 근로소득 격차의 원인일 수 있다.

증거

어려운 원인-결과 상호관계가 관련됨에도 불구하고, 많은 실증연구들은 그것들의 얼마만큼이 차별 그 자체가 아니라 생산성 차이 때문인지를 결정하려는 희망하에 남성에 대한 여성, 그리고 백인에 대한 아프리카계 미국인 근로소득 격차를 분해하려 시도했다. 이러한 연구들은 교육, 연령, 훈련, 산업과 직종, 노동조합 조합원, 경제활동경험의 장소와 연속성, 건강 등과 같은 요소들을 통제하려 시도하고 있다. 추론은 이러한 것들은 생산성 차이와 따라서 근로소득 차이를 발생시키는 이른바 비차별적인 고려사항이라는 것이다. 블라우와 칸(Blau and Kahn)에 의한 종합적인 연구는 대략 여성-남성 근로소득 격차의 3/5이 근로경험 연수(11%), 산업(22%), 직종(27%), 그리고 노동조합 상태(4%)의 차이 같은 요소들에 기인한다는 것을 발견했다.[16] 즉 남성들은 더 많은 근로경험을 가졌고, 노동조합 조합원이 될 가능성이 더 크며, 더 높은 보수를 지급하는 산업과 직종에서 일한다. 결과적으로 그들은 생산성이 더 높았고, 이는 자신들이 향유하는 근로소득 이익의 3/5을 정당화했다. 근로소득 차이의 나머지 2/5는 설명되지 않았으며, 아마도 전체적으로 또는 부분적으로 차별 때문일 것이다. 그림 14.1이 보여주는 바와 같이 여성-남성 시간당 근로소득 비율은 1973년의 64.6%로부터 2014년에는 81.0%로 증가했다. 블라우와 칸은 근로소득 격차는 여성들의 상대적 생산성 특성의 증가와 설명되지 않은 차이의 감소 때문에 1972~1988년 사이에 똑같이 감소했다는 것을 발견했다. 와인버거와 쿤(Weinberger and Kuhn)은 1959~1999년 사이 설명되지 않은 차이 감소의 대부분은, 당시에 노동시장에 진입한 여성 동류 집단에 의해 후에 제시된 관찰되지 않은 숙련에 대한 수요 증가 또는 차별 감소 같은 요소들 때문이었다는 것을 발견하고 있다.[17] 성별 임금 차이는 임금분포의 상위 끝에서보다 하위 끝에서 더 빨리 줄어들었다. 카센뵈머와 시닝(Kassenboehmer and Sinning)은 1993~1995년과 2004~2008년 사이에 성별 임금 차이가 가장 낮은 임금 10분위에서 16%, 임금 분포의 가장

---

[15] 이러한 효과의 증거는 David Meumark and Michele McLennon, "Sex Discrimination and Women's Labor Market Interruptions," *Journal of Human Resources*, Fall 1995, pp. 713-40을 참조하라.

[16] Francine D. Blau and Lawrence M. Kahn, "The U.S. Gender Pay Gap in the 1990s: Slowing Convergence," *Industrial and Labor Relations Review*, October 2006, pp. 45-66. 그들은 또한 여성들의 더 높은 교육수준은 갭의 -7%라는 결과를 가져온다고 보고하고 있다.

[17] Catherine J. Weinberger and Peter J. Kuhn, "Changing Levels or Changes Slope? The Narrowing of the U.S. Gender Earnings Gap, 1959-1999," *Industrial and Labor Relations Review*, April 2010, pp. 384-406. 성별 보수 차이가 1993~1995년과 2004~2008년 사이에 가장 낮은 10분위에서 16%, 가장 높은 10분위에서 5% 미만 감소했다는 증거는 Sonja C. Kassenboehmer and Mathias G. Sinning, "Distributional Changes in the Gender Pay Gap," *Industrial and Labor Relations Review*, April 2014, pp. 335-61을 참조하라.

높은 10분위에서 5% 미만 감소했다는 것을 보고하고 있다.[18] 그들은 성별 임금 차이의 감소는 주로 임금 분포의 상위 부분에서의 여성들의 교육수준 증가와 임금 분포의 하위 부분에서의 여성들의 근로경험의 증가 때문이라는 것을 발견하고 있다.

백인 대비 아프리카계 미국인 임금 차이에 관해서는 생산성 차이가 아프리카계 미국인과 백인 남성 사이 보수격차의 큰 부분을 설명한다. 닐과 존슨(Neal and Johnson)에 의한 연구는 미군입대자격테스트(Armed Forces Qualifying Test, AFQT) 점수에 의해 측정되는 인지적 성취(cognitive achievement)의 인종 차이 하나가 젊은 아프리카계 미국인과 백인 남성들 사이 보수 차이의 약 2/3를 '설명'하는 것처럼 보인다는 것을 발견했다.[19] 그들은 아프리카계 미국인 남성들은 더 낮은 질의 학교 교육과 기타 환경적 요소들 때문에 더 낮은 AFQT 점수를 갖고 있다는 것을 발견했다. 성별 임금 차이와 대조적으로, 백인 대비 아프리카계 미국인의 보수격차는 최근 수년 동안 좁혀지지 않았다.[20] 아프리카계 미국인 남성들 진전의 지연은 부분적으로 상쇄시키는 요소들의 결과인 것처럼 보인다. 한편으로 아프리카계 미국인 남성들은 평균적으로 백인 남성들보다 더 적게 교육을 받으며, 따라서 1990년대의 교육에 대한 보수 증가는 백인 대비 아프리카계 미국인 임금 차이의 확대를 야기했다. 반면에 백인 대비 아프리카계 미국인의 교육에 있어서의 차이는 줄어들었는데, 이는 백인 대비 아프리카계 미국인 근로소득 격차를 감소시키는 경향이 있었다. 순결과는 백인 대비 아프리카계 미국인 근로소득 격차의 변화가 거의 나타나지 않았다는 것이다.

논란

그러한 연구들에 대한 해석은 논란이 많았다. 몇몇 경제학자들은 설명되지 않은 근로소득 격차는 차별의 역할을 과대평가한다고 느끼고 있는 반면, 다른 경제학자들은 그것은 과소평가라고 주장한다. 차별 추정치가 너무 높다고 느끼는 사람들은 (근로자 동기부여, 양적 숙련, 또는 학교에서의 학습 과정 같은) 기타 생산성에 영향을 미치는 고려사항들이 고려되지 않았다고 주장한다. 이러한 요소들은 이른바 여성들 대비 남성들의 생산성을 증가시키며, 만약 포함된다면 임금격차의 설명되지 않은 (차별적인) 부분을 감소시키게 된다.[21]

그러나 다른 사람들은 정반대의 견해를 취하며, 어떤 누락된 변수(예를 들어 남성들은 흡연하고, 알코올과 마약을 남용하며, 범죄 기록을 갖고, 나쁜 운전기록을 가질 가능성이 더 크다)

---

[18] Sonja C. Kassenboehmer and Mathias G. Sinning, "Distributional Changes in the Gender Pay Gap," *Industrial and Labor Relations Review*, April 2014, pp. 335-61.

[19] Derek Neal and William Johnson, "The Role of Premarket Factors in Black-White Wage Differences," *Journal of Political Economy*, October 1996, pp. 869-95. 또한 Donal O'Neill, Olive Sweetman, and Dirk Van de Gaer, "The Impact of Cognitive Skills on the Distribution of the Black-White Wage Gap," *Labour Economics*, June 2006, pp. 343-56; and Sergio Urzua, "Racial Labor Market Gaps: The Role of Abilities and Schooling Choices," *Journal of Human Resources*, Fall 2008, pp. 919-71을 참조하라.

[20] Barry T. Hirsch and John V. Winters, "An Anatomy of Racial and Ethnic Trends in Male Earnings in the U.S.," *Review of Income and Wealth*, December 2014, pp. 930-47을 참조하라.

[21] 대학 졸업자들 최초 급여 제안 시의 임금 차이의 95%만큼은 선택된 대학 전공의 차이에 의해 설명될 수 있다. Judith A. McDonald and Robert J. Thornton, "Do New Male and Female College Graduates Receive Unequal Pay?" *Journal of Human Resources*, Winter 2007, pp. 32-48. 대학 전공의 성 차이는 대부분이 선호의 성 차이 때문이라는 것을 알려주는 분석은 Basit Zafar, "College Major Choice and Gender Gap," *Journal of Human Resources*, Summer 2013, pp. 545-95를 참조하라.

들이 남성들의 일자리 성과와 생산성이 여성들보다 틀림없이 더 낮다는 것을 시사한다고 주장한다. 그러한 변수를 고려한다면 설명되지 않은 여성-남성 근로소득 차이의 크기가 증가하게 된다. 두 번째 주장은 실제로 공식교육, 현장실무훈련, 그리고 직종 배치와 같은 많은 통제변수들이 차별적인 결정을 반영한다는 것이다. 남성 생산성이 여성의 그것을 초과할 수 있지만 그 더 높은 생산성은 (1) 남성들과 여성들에게 제공된 교육과 일자리 훈련의 양과 유형, (2) 직종분단에 관한 차별적인 결정을 반영하고 있다.

결론은? 모든 것을 통틀어 감안하면, 임금격차의 차별로 인한 부분을 정확하게 추정할 수는 없지만, 통계적인 증거는 노동시장의 중요한 요소로서 차별을 강하게 가리키고 있다는 것을 상당한 자신감을 갖고 말할 수 있다.[22]

- 몇몇 경제학자들은 여성들의 열등한 경제적 지위가 주로 교육에 대한 결정, 직종 선택, 중단되는 직장생활, 그리고 여성들에 의해 이루어지는 기타 자발적인 선택의 결과였다고 주장한다.
- 다른 경제학자들은 여성들의 열등한 경제적 지위의 근본 원인으로 차별을 강조한다. 차별의 결과가 여성들에 의해 이루어지는 경제적 선택을 설명하는 데 도움이 된다.
- 비차별적 원천을 분리해서 처리한 후에, 실증연구들은 전형적으로 성과 인종별 보수에서 설명되지 않는 큰 잔여 차이를 발견한다. 많은 연구자들은 이러한 잔여의 대부분을 차별의 탓으로 돌린다.
- 실증연구들이 진정한 차별의 결과들을 어떻게 성공적으로 분리했는지 의문과 논란이 남아 있다.

14.4
잠깐만 확인합시다.

여러분의 차례입니다

평균적으로 여성들은 남성들보다 수학적이고 수량적인 훈련을 덜 받는다. 높은 수준의 그러한 훈련을 요구하는 일자리들은 흔히 이례적으로 높은 급여를 지급한다. 이러한 요소들을 바로 위 '잠깐만 확인합시다'의 처음 두 가지 요점에서 이루어진 주장 각각과 관련지어 설명하라. (정답은 책의 맨 뒷부분에 수록되어 있음)

차별방지 정책과 이슈

정부가 차별의 문제에 대처할 수 있는 여러 방안이 존재한다.[23] 한 가지 매우 일반적인 정책은 적절한 금융과 재정정책의 사용을 통해 호황인 노동시장을 달성하는 것이다. 한편으로, 확대되는 경제는 사용자들이 차별에 대한 자신들의 기호를 마음껏 충족시키는 것을 점점 더 비싸게 만든다. 다른 한편으로, 호황인 노동시장은 고정관념을 극복하는 데 도움이 된다. 예를 들어 제 2차 세계대전의 완전고용을 넘는 고용 상태는 소수집단과 여성들의 새로운 노동시장 기회를 창출함과 동시에 여성들과 아프리카계 미국인들이 이전에 그들에게 닫혀 있었던 일자리들을 효과적으로 수행할 수 있다는 것을 분명하게 만들었다.

두 번째 일반적인 정책은 차별을 받았던 사람들의 교육과 훈련 기회를 개선하는 것이다. 예

---

[22] Barbara R. Bergmann, *The Economic Emergence of Women*, 2nd ed. (New York: Palgrave Macmillan, 2005), p. 54.

[23] 차별방지 정책에 대한 더 자세한 논의는 Barbara Bergmann, *The Economic Emergence of Women*, 2nd ed., chaps. 7 and 8, op. cit. 와 her *In Defense of Affirmative Action* (New York: Basic Books, 1996)을 참조하라.

표 14.4 성 및 인종과 관련된 차별방지 법과 정책의 요약

1963년의 동일임금법(Equal Pay Act of 1963)
똑같거나 또는 매우 비슷한 업무를 수행하는 여성들과 남성들에 대한 동일 보수를 명령한다.

1964년의 민권법 제7장(Civil Rights Act of 1964, Title VII)
근로자들의 채용, 승진, 해고, 그리고 보상에 있어 인종, 성, 피부색, 종교, 또는 국가적 기원에 기초한 차별을 제거하려 한다.

행정명령(Executive Orders, 1965~1968)
연방 계약자들이 인종, 성, 피부색, 종교, 또는 국가적 기원을 기초로 근로자들을 차별하는 것을 금지하고, 여성들과 소수집단들을 과소사용하는 기업들에게 차별시정조치(affirmative action) 프로그램을 요구한다.

를 들어 아프리카계 미국인들이 받는 학교 교육의 양과 질을 업그레이드하는 것은 그들이 백인 근로자들과 더 경쟁적이 될 수 있도록 할 것이다.

차별을 다루는 셋째 그리고 가장 명백한 수단은 직접적인 정부의 개입을 통하는 것이다. 이러한 정책 측면에 초점을 맞출 것이다.

직접적인 정부의 개입은 소수집단과 여성의 균등한 고용기회를 강조했다. 목적은 채용, 승진, 그리고 보상의 어떤 관행을 금지함으로써 노동시장 불균등을 직접적으로 다루는 것이었다. 표 14.4는 논의의 초점인 핵심적인 법과 정책의 요약이다.

1963년의 동일임금법

이것은 성차별에 대처하기 위한 첫 번째 주요 연방법이었다. 법은 사용자들이 만약 그들이 '그 수행에 동일한 숙련, 노력, 그리고 책임을 필요로 하고, 비슷한 근로조건하에서 수행되는 일자리에서 동일한 일을 한다면' 남성들과 여성들에게 상이한 시간당 임금을 지급하는 것을 불법으로 규정했다. 1963년의 동일임금법(Equal Pay Act of 1963)이 획기적인 한 편의 법안이었지만, 모든 형태의 성차별에 종합적으로 대처하지 못했다. 특히 여성 근로자들은 혼잡 모형에 의해 나타난 바와 같이 직종분단의 문제로 괴롭힘을 당했다는 것을 알고 있다. 차별을 하는 사용자들은 엄격한 직종분단만을 실천함으로써, 즉 똑같은 일자리에 여성들과 남성들을 함께 고용하지 않음으로써 법의 조항들을 간단히 회피할 수 있었다. 사실, 모두 남성인 노동력을 갖고 있는 사용자는 법을 준수하게 되는 것이었다.

1964년의 민권법

1964년의 민권법(Civil Rights Act of 1964) 제7장은 미국 차별방지 정책의 가장 중요한 항목이다. 이 법은 차별적인 임금뿐만 아니라 채용과 승진에서의 차별에도 적용된다. 구체적으로 말하면, 법은 어떤 사용자라도 '개인의 인종, 피부색, 종교, 성, 또는 국가적 기원 때문에 어떤 개인을 채용하기를 거부하거나 또는 해고하거나 또는 보상, 약관, 조건, 특권 또는 기타 고용에

관해 차별하는 것'을 불법으로 규정했다. 채용, 해고, 승진, 보상(부가급여를 포함하는)에 똑같은 대우를 요구함으로써 법은 공공연한 차별을 합법적으로 실천하는 사용자들의 능력을 거의 제거했다. 수정됨에 따라 법은 15명 이상의 근로자들을 갖고 주(州) 간 거래를 하는 모든 사용자, 15명 이상의 조합원을 가진 모든 노동조합, 그리고 교육기관, 주와 지방정부, 그리고 연방기관에 의해 고용된 근로자들에게 적용된다. 집행은 주로 고용기회균등위원회(EEOC)가 담당한다.

행정명령과 연방계약

1965년과 1968년에 발표된 행정명령들은 정부계약을 보유하고 있는 기업 또는 다른 기관들에 의해 실천될 수 있는 모든 차별 정책들을 제거하려 시도했다. 따라서 1968년의 행정명령은 아래와 같이 규정하였다.

> 계약자들은 인종, 피부색, 종교, 또는 국가적 기원을 이유로 어떤 근로자 또는 고용의 지원자라도 차별하여서는 아니 된다. 계약자들은 인종, 피부색, 종교, 성, 또는 국가적 기원을 고려하면 아니 되며 지원자들이 고용과, 고용의 기간 동안 동등한 대우를 보장하기 위한 **차별시정조치(affirmative action)**를 취해야 한다. 그러한 조치는 다음을 포함하며 이에 제한되지 아니한다. 고용, 승급, 강등, 또는 이전; 모집 또는 채용광고; 일시해고 또는 고용 종료; 보수율 또는 다른 보상 형태; 그리고 도제를 포함하는 훈련을 위한 선발.

개정에 따라 행정명령은 총 50,000달러 이상의 계약을 가진 기업들에게 **차별시정조치 프로그램**(affirmative action program)을 수립할 것을 요구하고 있다. 만약 점검 후 기업이 이용가능한 경제활동인구에서의 비율과 비교할 때 여성과 소수집단을 과소사용한 것이 발견되면, 기업은 스스로 여성과 소수집단의 고용을 증가시키겠다는 수치 목표와 일정표를 포함한 프로그램을 수립해야만 한다. 무엇보다도, 뉴욕시의 판금 근로자들, 클리블랜드의 소방관들, 그리고 앨라배마주 경찰과 관련된 1986년과 1987년의 일련의 중요한 결정에서 대법원은 차별시정조치 프로그램의 합헌을 선언했다. 그러나 더 최근에는, 대법원의 결정들은 차별시정조치 계획의 합헌성을 유지했지만 그 범위를 제한했다. 예를 들면 2003년에 대법원은 모든 소수집단 학부 지원자에게 입학허가를 보장하는 데 필요한 150점 중 20점을 할당하려는 미시간대학교의 정책이 위헌이라고 판결하였다. 그러나 다른 소송에서 대법원은 지원서를 개별적으로 검토했던 미시간대학교 법과대학이 '바람직한 결과를 얻기 위한 충분한 수(critical mass)'의 소수집단 학생들이 입학허가를 위해 받아들여지는 것을 보장할 수 있다고 판결했다. 정치적 무대에서는, 1990년대 캘리포니아와 워싱턴주 투표자들이 공립교육은 물론 정부의 채용과 계약에 있어 인종과 성에 우선순위를 부여하는 모든 주(州) 프로그램들을 종료시키는 헌법 개정안을 통과시켰다. 플로리다와 미시간주도 각각 2000년과 2006년에 비슷한 금지법을 도입했다. 차별시정조치는 법적·정치적 공격을 받고 있다고 할 수 있다.

14.6 근로의 세계 | 오케스트라 조직의 공정성

최근까지 미국 주요 심포니오케스트라 단원들은 대부분 음악감독이 골랐다. 채용 절차는 지휘자와 부문장 앞에서의 오디션을 포함하지만, 대부분의 지원자들이 소규모 강사 그룹의 남성 학생이었다. 결과적으로, 전형적인 심포니오케스트라는 10% 미만이 여성들이었다.

1970년대와 1980년대 동안 오케스트라는 채용 절차를 바꿔 과정을 더 개방하고 체계적으로 만들었다. 빈자리는 널리 광고되었고, 오디션 위원회가 확대되어 오케스트라 단원들이 포함되었다. 공정성을 높이기 위해, 그들은 오디션을 받는 사람의 신원을 숨기기 위한 천장으로부터 내려진 두꺼운 천으로 된 스크린 사용을 채택했다. 일부 오케스트라들은 지원자의 성별이 드러날 수 있는 발자국 소리를

죽이기 위해 심지어 무대 위에 카펫을 사용했다.

채용 절차의 변화 이후 주요 오케스트라의 여성 비율이 상당히 증가했다. 상위 5개 오케스트라에서 여성 비율은 이제 20~35%에 이른다. 신규 채용의 여성 비율은 더 높다. 실증 증거는 여성 비율 증가의 1/4에서 1/3은 오디션 과정에서의 스크린 사용 때문이라는 것을 확인하였다.

자료 : Claudia Goldin and Cecilia Rouse, "Orchestrating Impartiality : The Impact of 'Blind' Auditions on Female Musicians," *American Economic Review*, September 2000. pp. 715-41.

차별방지 정책들은 효과가 있었는가?

과거 40년에 걸쳐 백인 대비 아프리카계 미국인, 남성 대비 여성 근로소득 비율의 증가가 있었다.[24] 이러한 증가의 얼마만큼이 차별방지 정책에 의해 설명될 수 있는가? 평가가 이루어질 수 있기 전에 차별방지 정책의 효과를 여성, 아프리카계 미국인, 그리고 백인들의 상대적인 경제적 지위에 영향을 미쳤을 수 있는 다른 요소들을 분리하는 것이 중요한 일이다.

차별방지 정책 외의 세 가지 요소가 아프리카계 미국인 백인 근로소득 비율의 관찰된 증가를 발생시켰을 수 있다.[25] 첫째, 이 기간 동안 백인 대비 아프리카계 미국인들 교육의 질의 증가가 있었다. 한 연구는 근로소득 비율 증가의 5~20%는 교육 질의 향상 때문이라는 것을 추정하고 있다.[26] 둘째, 학교 교육의 평균수준이 백인들보다 아프리카계 미국인들 사이에 상대적으로 더 많이 증가했다. 이러한 학교 교육의 증가는 근로소득 비율 증가의 20~25%를 설명하는 것으로 추정되었다.[27] 셋째, 저소득 아프리카계 미국인들의 경제활동 참가에 큰 감소가 있었는데, 이는 남아 있는 근로자들의 근로소득 비율을 증가하게 했다. 이러한 요소는 근로소득 비율 증가의 10~20%를 설명한다고 추정되었다.[28]

백인 대비 아프리카계 미국인들의 근로소득 비율 증가의 설명되지 않는 부분은 35%로부터 65%까지에 이른다. 근로소득 비율 증가의 설명되지 않는 부분을 직접적으로 차별방지정

---

[24] 백인 대비 아프리카계 미국인 근로소득 비율 증가의 거의 모두는 1960년대와 1970년대 초에 발생했으며, 남성 대비 여성 근로소득 비율 증가의 대부분은 1980년대와 1990년 초에 발생했다는 것을 주목하라.

[25] 이러한 요소들에 대한 더 많은 내용은 John J. Donohue III and James J. Heckman, "Continuous versus Episodic Change : The Impact of Civil Rights Policy on the Economic Status," *Journal of Economic Literature*, December 1991, pp. 1603-43을 참조하라.

[26] David Card and Alan B. Krueger, "School Quality and Black-White Earnings : A Direct Assessment," *Quarterly Journal of Economics*, February 1992, pp. 151-200.

[27] James P. Smith and Finis Welch, "Black Economic Progress after Myrdal," *Journal of Economic Literature*, June 1989, pp. 519-64.

[28] Donohue and Heckman, op. cit. 경제활동인구로부터 선별적인 퇴장의 더욱 큰 영향을 발견한 연구는 Amitabh Chandra, "Labor-Market Dropouts and the Racial Wage Gap : 1940-1990," *American Economic Review*, May 2000, pp. 333-38을 참조하라.

책의 덕분으로 돌리기는 쉽지 않다. 그러나 여러 요소들이 차별방지 정책이 중요한 역할을 담당했다는 것을 알려준다. 첫째, 근로소득 비율 증가의 대부분은 차별방지 정책이 도입되었던 1960~1975년 사이에 발생했다. 둘째, 근로소득 비율의 가장 큰 증가는 남부에서 발생했다. 여기는 차별방지 정책 집행이 초기에 집중되었던, 그리고 근로소득 갭이 가장 컸던 곳이다.[29]

차별시정조치의 영향에 관해 실증문헌에 의해 색칠된 그림은 약간 더 분명하다.[30] 레너드(Leonard)[31]는 일련의 연구들로부터 차별시정조치는 1974~1980년 사이에 소수집단들과 여성들 모두의 고용기회 향상을 유도했지만, 이러한 진전은 대체로 1980년대에 끝났다고 결론을 내렸다. 구체적으로 말하자면, 그는 인구통계학적 구성의 이러한 변화를 불러왔을 수 있는 다른 요소들을 통제함으로써 차별시정조치의 역할을 분리하면서, 통계학적으로 68,000개가 넘는 기업들의 노동력의 인구통계학적 구성 변화를 비교했다. 1974~1980년 사이에 여성과 소수집단 고용 비중은 요구조건의 제약을 받지 않는 사업체들에서보다 차별시정조치를 착수하도록 의무를 지운 기업들에서 더 빨리 증가했다. 이 기간 동안 차별시정조치는 아프리카계 미국인 남성들에 대한 수요를 6.5%, 다른 소수집단 남성들에 대한 수요를 11.9%, 그리고 백인 여성들에 대한 수요를 3.5% 각각 증가시켰다.

그러나 차별시정조치의 긍정적인 효과는 레이건 행정부 시절 정부의 집행이 완화된 1980년대 동안 명백히 끝났다. 레너드는 다른 요소들을 설명한 후, 아프리카계 미국인들의 고용 비율은 실제로 1980~1984년에 걸쳐 법이 적용되지 않았던 기업들에서보다 차별시정조치를 실천에 옮기도록 요구받은 회사들에서 덜 빠르게 증가했다고 보고하고 있다.

종합하여 논평하자면, 차별방지 정책의 범위와 기법뿐만 아니라 그것들의 실제 유효성에 대한 의문을 둘러싸고 논란이 지속될 것임을 상당히 확신할 수 있다.[32] 그러나 이러한 논쟁이 미국에서 차별은 계속해서 노동공급과 노동수요, 따라서 시간당 임금과 노동의 배분에 영향을 미칠 것이라는 분명한 현실을 애매하게 만들어서는 안 된다. 차별과 차별방지정책에 대한 이해는 노동시장이 어떻게 작용하는지의 현실적인 이해에 핵심이 된다.

---

[29] Donohue and Heckman, op. cit. 연방 차별방지 노력이 아프리카계 미국인들의 경제 상태를 향상시켰다는 추가 증거는 Kenneth Y. Chay, "The Impact of Federal Civil Rights Policy on Black Economic Progress: Evidence from the Equal Employment Opportunity Act of 1972," *Industrial and Labor Relations Review*, July 1998, pp. 608-32를 참조하라.

[30] 차별시정조치의 효과에 관한 설문조사는 Harry J. Holzer and David Neumark, "Affirmative Action: What Do We Know?" *Journal of Policy Analysis and Management*, Spring 2006, pp. 463-90을 참조하라.

[31] Jonathan S. Leonard, "The Impact of Affirmative Action on Employment," *Journal of Labor Economics*, October 1984, pp. 439-63; and Leonard, "Women and Affirmative Action," *Journal of Economic Perspectives*, Winter 1989, pp. 61-75.

[32] 차별시정조치에 관한 일곱 가지 오해에 대한 논의는 Roland G. Fryer Jr. and Glenn C. Loury, "Affirmative Action and Its Mythology," *Journal of Economic Perspectives*, Summer 2005, pp. 147-62를 참조하라.

요약

1. 실증 데이터는 (a) 풀타임으로 일하는 여성과 아프리카계 미국인 근로자들의 근로소득은 백인 남성 근로자들의 그것보다 훨씬 작고, (b) 아프리카계 미국인들은 백인들보다 더 높은 실업률을 가지며, (c) 직종 분포는 성과 인종별로 크게 다르고, (d) 인적자본 획득에 성과 인종 차이가 존재하며, 그리고 (e) 여성들과 아프리카계 미국인들은 교육연수의 각 수준에서 백인 남성들보다 더 낮은 총근로소득을 갖고 있다는 것을 시사한다.

2. 남성 또는 백인 근로자들과 똑같은 능력, 교육, 훈련, 그리고 경험을 갖고 있는 여성 또는 아프리카계 미국인 근로자들이 채용, 직종에의 접근, 승진, 또는 시간당 임금에 관해 열등한 대우를 받을 때 차별이 발생한다.

3. 노동시장 차별의 형태에는 임금차별, 고용차별, 직종차별, 인적자본차별이 포함된다.

4. 베커에 따르면 몇몇 백인 사용자들은 차별계수 d에 의해 측정될 수 있는 '차별에 대한 기호'를 갖는다. 편견을 가진 사용자들은 오로지 아프리카계 미국인들의 시간당 임금이 백인들의 그것보다 d의 화폐가치만큼 더 작을 때만 그들을 채용하는 데 무차별할 것이다. 공급 및 수요 형태에서, 이 모형은 (a) 차별계수의 감소는 백인 대비 아프리카계 미국인들의 임금 비율을 증가시키고, 아프리카계 미국인들의 고용을 증가시킬 것이며, (b) 백인 대비 아프리카계 미국인의 임금격차의 크기는 아프리카계 미국인 근로자들의 공급에 직결되어 변할 것이다.

5. 통계적 차별의 이론은 일자리 지원자들의 잠재적 생산성에 관한 자세한 정보를 얻는 데 비용이 들기 때문에, 이윤을 추구하는 사용자들은 근로자 그룹의 인지된 특성을 근거로 고용 결정을 한다는 것을 알려준다. 그룹 특성을 개인들에게 전가하는 것은 그 그룹에 속하는 많은 개인들을 차별하도록 한다.

6. 혼잡 모형은 직종분단에 초점을 맞춘다. 공급과 수요 분석을 사용하여, 혼잡 모형은 직종과 관련된 혼잡이 여성들(아프리카계 미국인들)의 더 낮은 임금, 남성들(백인들)의 더 높은 임금, 그리고 국내산출량의 순손실이라는 결과를 가져온다는 것을 입증한다. 직종분단지수는 여성들의 직종 분포가 남성들과 똑같아지도록 하기 위해 직종을 바꾸어야만 하는 여성들의 비율을 측정한다. 미국의 지수는 1973년 이래 크게 감소했다.

7. 성 또는 인종을 기초로 한 근로소득 격차가 여성들(과 아프리카계 미국인들)에 의해 이루어진 합리적인 결정이 아니라 차별 그 자체에 뿌리를 둔 크기에 대해 많은 의견의 불일치가 존재한다.

8. 경제학자들은 성과 인종별 보수격차를 설명하는 데 도움이 되는 여러 비차별적인 요소들을 발견했다. 그럼에도 불구하고, 심지어 이러한 요소들이 설명된 이후에도 아프리카계 미국인들과 여성들의 설명되지 않는 큰 보수 불이익이 남아 있다. 많은 경제학자들은 이러한 설명되지 않는 보수 차이를 차별 탓으로 돌린다.

9. 직접적인 노동시장 개입과 관련된 정부의 차별방지 입법, 정책, 그리고 제안들에는 1963년의 동일임금법, 1964년의 민권법, 그리고 연방 계약자들에게 적용할 수 있는 행정명령들이 포함된다.

10. 통계적 증거는 차별방지정책이 인종 간 보수 갭을 감소시켰다는 것을 시사한다. 또한 차별시정조치 프로그램이 그 영향을 받는 산업들에서 아프리카계 미국인 고용과 근로소득을 증가시켰다는 것을 알려주는 증거도 존재한다.

용어 및 개념

고용차별(employment discrimination)
분단지수(index of segregation)
비차별적 요소(nondiscriminatory factor)
인적자본차별(human capital discrimination)
임금차별(wage discrimination)
직종 또는 일자리 차별(occupational or job discrimination)
차별(discrimination)

차별계수(discrimination coefficient)
차별시정조치 프로그램(affirmative action program)
차별에 대한 기호 모형(taste for discrimination model)
통계적 차별(statistical discrimination)
혼잡 모형(crowding model)
1963년의 동일임금법(Equal Pay Act of 1963)
1964년의 민권법(Civil Rights Act of 1964)

질문 및 연구 제안

1. 남성 근로자들과 비교할 때 풀타임으로 일하는 여성 근로자들의 주간 근로소득의 일반적인 장기 추세는 무엇이었는가? 어떤 요소들이 이 추세를 설명하는 데 도움이 되는가?

2. 여성들은 남성들 대비 자신들이 성취했던 교육의 양을 증가시켰고, 완료된 학교 교육의 평균 연수는 이제는 남성들과 여성들의 경우가 대략 같다. 인적자본 이론은 이는 남성-여성 근로소득 갭을 줄이게 된다고 예측한다. 실제로 이러한 일은 발생하지 않았다. 이것을 어떻게 설명할 수 있는가?

3. 베커의 차별에 대한 기호 모형에서 차별계수 d의 의미는 무엇인가? 만약 d의 화폐가치가, 주어진 백인 사용자의 경우 예를 들어 6달러라면, 그 사용자는 그들의 실제 시간당 임금이 각각 16달러와 20달러일 때 아프리카계 미국인 또는 백인 근로자들을 채용할 것인가? 설명하라. 베커의 모형에서 아프리카계 미국인 노동공급 감소가 백인 대비 아프리카계 미국인 임금과 아프리카계 미국인 근로자들의 고용에 어떤 효과를 미치게 되는가? 모형을 사용하여 사용자 편견 증가의 경제적 효과를 설명하라. 이 모형의 기본적인 공공정책 시사점은 무엇인가?

4. 통계적 차별이란 무엇이며, 왜 발생하는가? 통계적 차별의 이론은 차별이 무기한으로 지속될 수 있다는 것

을 의미하는 반면, 차별에 대한 기호 모형은 차별은 사라지는 경향이 있을 것임을 시사한다. 차이를 설명하라.

5. 단순한 공급과 수요 분석을 사용해서 직종분단 또는 '혼잡(crowding)'이 남성들과 여성들의 상대적인 시간당 임금에 미치는 영향을 설명하라. 직종분단 제거의 결과 누가 이득을 얻으며 누가 손실을 입는가? 다음의 진술을 설명하라. "성을 구별하지 않는(gender-blind) 노동시장은 경제 전체에 노동을 더 효율적으로 배분하게 되며, 생산성은 평균적으로 더 높아지게 된다."

6. 다음의 진술을 설명하라. "차별에 대한 기호 모형에서는 차별을 실천하는 데 비용이 들지만 차별은 실천된다. 그러나 통계적 차별 모형에서는 차별이 대가를 지급하는 것이 분명하다."

7. 남성과 여성의 직종 분포가 다음과 같다고 가정하자.

직종	남성	여성
E	60%	5%
F	20	5
G	10	40
H	10	50

분단지수를 계산하고 그 의미를 설명하라. 지수 0.40의 의미를 지수 1.00 및 0과 비교하라. 성에 적용될 때 지수는 시간이 지남에 따라 크게 변화했는가?

8. 다음의 진술은 참인가, 아니면 거짓인가? 만약 거짓이라면 이유를 설명하라. "백인 여성들과 아프리카계 미국인 남성들의 실업률은 백인 남성들의 실업률보다 상당히 더 높다."

9. 표 14.2는 각 교육수준에서 성과 인종별 상당한 근로소득 차이를 보여준다. 어떤 비차별적 요소들이 여성들과 남성들 사이 근로소득 차이의 일부분을 설명할 수 있는가? 아프리카계 미국인들과 백인들 사이는? 여러분은 비차별적 요소들이 표의 모든 근로소득 차이를 설명한다고 생각하는가?

10. 어떤 방식으로 차별이 국민소득을 재분배하는가? 차별은 어떻게 국민소득을 감소시키는가?

11. 남성들과 여성들이 똑같은 분담금을 내는 어떤 연금계획이, 여성들이 평균적으로 남성들보다 더 오래 산다는 것을 근거로 여성들에게 남성들보다 더 작은 월급여를 지급한다는 사실에 대해 상당한 논란이 있다. 이와 같은 관행은 차별인가? 설명하라. 대부분 형태의 지상전투에서 여성 군대요원의 사용은 현재 금지되고 있다. 여러분은 이러한 금지에 호의적인가?

12. 과거 차별에 따른 불균등을 시정하기 위해 아프리카계 미국인과 여성들은 고용과 승진에 우선권이 주어져야 한다고 주장되어 왔다. 여러분은 동의하는가? 유명한 베이크의 소송사건(Bakke case)에서 고소인은 자격을 덜 갖춘 아프리카계 미국인 지원자들이 쿼터 제도 아래 우선권을 부여받았기 때문에 자신이 부당하게 의과대학의 입학허가를 거부당했다고 주장했다. 고소인의 주장을 평가하라. "한 개인 또는 그룹을 편들어 차별하는 것은 필연적으로 다른 어떤 다른 개인 또는 그룹을 차별하는 것이다." 여러분은 동의하는가?

13. "남성과 여성 사이의 임금 차이는 차별이 아니라 오히려 일자리 연속성과 교육과 현상실무훈련에 관한 합리적인 결정의 차이를 반영한다." 이 진술에 동의하는지 아니면 동의하지 않는지 이유를 설명하라.

14. 몇몇 경제학자들이 최저임금과 관련된 실업효과는 백인들의 경우보다 아프리카계 미국인들의 경우가 더 컸다고 주장했다. 이것이 왜 사실일 수 있는지 설명하라.

15. 다음 진술 각각을 비판적으로 평가하라.
    a. "차별시정조치는 효과가 없었다. 즉 차별시정조치가 아프리카계 미국인 또는 여성의 고용과 임금을 증가시켰다는 증거가 존재하지 않는다."
    b. "남성들과 여성들 사이의 경제적 균등에 대한 가장 큰 장애물은 결혼과 자녀이다."

16. 여성들의 노동시장 기회가 지난 30년에 걸쳐 크게 향상되었지만, 빈곤은 점점 더 여성들 사이에 집중되었다. 여러분은 이러한 두 가지 상황 전개를 어떻게 조화시킬 수 있는가?

인터넷 연습

여성-남성 근로소득 비율에 무슨 일이 발생했는가?

인구조사국 '역사적 소득' 웹사이트(www.census.gov/hhes/www/income/data/historical/index.html)를 방문하라. 현행인구조사(Current Population Survey) 제목 아래 'People'을 클릭하라. 그 뒤 '인종 및 히스패닉 출신별 남성 근로소득 비율로서의 여성 근로소득(Women's Earnings as a Percentage of Men's Earnings by Race and Hispanic Origin)'을 클릭하라. 이는 일련의 역사적 여성/남성 중앙값 근로소득 비율을 검색할 것이다.

1979년, 1995년, 그리고 보여지는 가장 최근 연도의 근로소득 비율은 얼마인가? 1979~1995년 사이 비율의 변화는 얼마였는가? 이 변화를 무엇이 설명할 수 있는가? 1995년과 가장 최근 연도 사이 비율의 변화는 얼마인가?

인터넷 링크

하버드대학교의 내재적 연관검사(Project Implicit) 웹사이트는 애완동물부터 인종집단에 이르는 90개가 넘는 상이한 주제에 대한 개인의 의식적·무의식적 선호를 테스트하기 위한 퀴즈를 제공한다(https://implicit.harvard.edu/implicit/research).

미국고용기회균등위원회 웹사이트는 차별을 금지하는 법들에 대한 자세한 정보를 제공한다(www.eeoc.gov).

차별을 퇴치하기 위해 설립된 비영리조직은 반인종주의연맹[Anti-Defamation League(www.adl.org)], 미국여성기구[National Organization for Women(www.now.org)], 그리고 미국유색인종지위향상협회[National Association for the Advancement of Colored People(www.naacp.org)]를 포함한다.

일자리탐색 : 외부 및 내부

15

이 장을 공부하고 나면:

1. 외부 일자리탐색 모형을 설명하고 실증 증거를 요약할 수 있다.
2. 내부노동시장을 서술하고 내부노동시장의 효과를 논의할 수 있다.

노동시장에서는 많은 일자리 전환(job switching)이 발생한다. 젊은 사람의 거의 2/3는 자신의 처음 5년간의 일자리 경험에서 3명 이상의 상이한 사용자와 일을 할 것이다.[1] 모든 근로자의 거의 20%가 자신의 현재 사용자와 1년 미만 동안 있었다.[2] 사람들은 또한 사용자를 바꾸지 않고도 일자리를 바꾼다.

사람들은 다양한 이유로 일자리를 탐색한다. 기업은 수요의 감소로 고통을 받고 근로자를 일시해고할 수 있으며, 해고된 근로자는 그 뒤 새로운 고용을 탐색한다. 고등학교와 대학의 새로운 졸업자들은 자신의 첫 번째 영구적인 고용을 탐색할 것이다. 자녀를 키우기 위해 경제활동인구에서 중도 이탈했던 사람은 일자리 시장에 재진입할 수 있다. 근로자는 자신의 능력과 더 잘 어울리는 일자리를 탐색할 수 있다.[3] 같은 직종이라도 근로소득과 다른 근로조건은 지역사회 내에서 또는 심지어 기업 내부에서도 크게 다르다.[4] 결과적으로, 근로자는 자신에게 더 나은 임금과 일자리 특성의 조합을 제공하는 일자리를 탐색한다.

일자리탐색 과정에 대한 논의는 다음과 같이 진행될 것이다. 먼저 근로자가 어떻게 새로운

---

[1] Henry S. Farber, "The Analysis of Interfirm Worker Mobility," *Journal of Labor Economics*, October 1994, pp. 554-93.

[2] Henry S. Farber, "Mobility and Stability: The Dynamics of Job Change in Labor Markets," in Orley Ashenfelter and David Card (eds.), *Handbook of Labor Economics*, Volume 3B (Amsterdam: North-Holland, 1999).

[3] 일자리 연결 과정의 분석은 Boyan Jovanovic, "Job Matching and the Theory of Turnover," *Journal of Political Economy*, October 1979, pp. 972-90; Derek Neal, "The Complexity of Job Mobility among Young Men," *Journal of Human Resources*, April 1999, pp. 237-61; Shintaro Yamaguchi, "The Effect of Match Quality and Specific Experience on Career Decisions and Wage Growth," *Labour Economics*, April 2010, pp. 407-23을 참조하라.

[4] 임금의 변동에 관한 증거는 Stephen G. Bronars and Melissa Famulari, "Wage, Tenure, and Wage Growth Variation within and across Establishments," *Journal of Labor Economics*, April 1997, pp. 285-317을 참조하라.

사용자에게서 일자리를 발견하려 시도하는지 분석할 것이다(외부 일자리탐색). 그 뒤 기업 내에서의 일자리탐색 이슈를 다루고(내부 일자리탐색), 내부노동시장의 개념을 자세히 파악해보기로 한다.

외부 일자리탐색

노동시장의 두 가지 주요 특성이 사람들로 하여금 최고의 일자리 제안을 탐색하게 하고, 기업들로 하여금 일자리를 메울 종업원을 탐색할 필요를 제기한다. 첫째, 임금구조에 대한 앞서의 논의에서 지적한 바와 같이 근로자들과 일자리들이 매우 이질적이라는 것이다. 사람들은 비슷한 수준의 교육, 훈련, 경험을 가졌음에도 불구하고 성격, 동기부여 수준, 역량, 그리고 거주 장소가 크게 다르다. 일자리 또한 흔히 독특하다. 즉 사용자는 심지어 비슷한 근로자들에게도 상이한 임금을 지급하고, 다양한 승진기회를 제안하며, 여러 근로조건을 제공한다.

둘째, 그러한 개인과 일자리의 차이에 대한 시장정보가 불완전하고 얻는 데 시간이 걸린다는 것이다. 그러므로 일자리를 찾는 사람들 — 그들 중 많은 사람이 다른 곳에서 일하고 있지 않다 —과 장래의 사용자들은 거래의 조건을 향상시키는 방법으로 서로에 대한 정보를 탐색하는 것이 각자에게 이익이라는 것을 안다. 고용되지 않고 적극적으로 일자리를 찾고 있거나 또는 '일자리 쇼핑' 중인 사람들은 공식적으로는 실업 상태이다. 경제활동인구로의 흐름 및 경제활동인구부터로의 흐름, 그리고 일자리 사이의 지속적인 **흐름**(流量, flow)이 존재하기 때문에 실업 상태 사람들의 **저량**(貯量, stock)은 동시에 감소되고 또 보충된다.[5]

예상 이득과 비용 모두 일자리 정보의 획득과 관련된다. 각각을 **일자리탐색 모형**(job search model)[6]을 사용하여 검토하기로 하자. 일자리를 찾는 사람이 실업 상태에서 일을 찾고 있다고 가정하기로 하자.[7] 또한 이 개인은 불완전한 시장정보와 더불어 일자리들과 사용자들의 이질적인 성격이 자신의 직종에 대한 광범위한 분산값의 가능한 임금 제안을 발생시킨다는 것을 인식하고 있다고 가정하자. 나아가 이 개인은 그림 15.1에 나타난 임금 제안의 분포에 직면한다고 가정하자. 이 도수분포는 다음과 같이 해석된다. 즉 수평축은 여러 임금 제안을 측정하는데, 더 높은 제안들이 더 오른쪽으로 놓여 있다. 수직축은 각 임금수준에서의 제안의 상대적인 빈도를 보여준다. 예를 들어 가장 낮은 a에서 b까지의 범위에서 임금 제안이 발생할 빈도는 0.05일 것이다. 달리 말하면 임금 제안의 5%는 이 범위에 있을 것이고, 마찬가지로 임금 제안의 15%는 약간 더 높은 b에서 c까지의 범위에 속할 것이며, 30%는 더욱 높은 c에서 d까지의 범위 등이다.

다음에 이 개인은 임금 제안 도수분포의 평균과 분산을 대략 추정할 수는 있지만, 어느 사용

---

[5] 실업의 정의와 노동시장의 저량-유량 모형에 대한 더 완전한 논의는 제18장을 참조하라.

[6] 일자리탐색 모형과 그러한 모형의 실증적인 추정에 대한 기술적이지 않은 논의는 Adam M. Zaretsky and Cletus C. Coughlin, "An Introduction to the Theory and Estimation of a Job Search Model," *Federal Reserve Bank of St. Louis Review*, January-February 1995, pp. 53-65를 참조하라.

[7] 신규 채용자의 단지 약 20%만 다른 일자리로부터 직접 온다. 고용된 근로자들에 의한 일자리탐색의 분석은 Joseph R. Meisenheimer II and Randy E. Ilg, "Looking for a 'Better' Job: Job Search Activity of the Employed," *Monthly Labor Review*, September 2000, pp. 3-14를 참조하라.

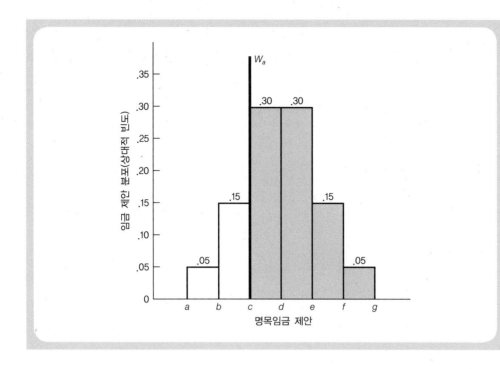

그림 15.1 임금 제안, 수락 임금, 그리고 실업

이러한 명목임금 제안의 도수분포와 개인의 수락임금 W_a가 주어졌을 때, 그는 a보다 낮은 모든 제안은 거절하고, c와 g 사이의 어떤 제안도 받아들인다. 구체적인 제안이 수락임금을 초과할 확률은 80%(0.30+0.30+0.15+0.05)이다. 수락할 만한 임금 제안을 탐색하는 기간 동안 이 개인은 실업 상태이다.

자가 빈 일자리를 갖고 있거나 또는 어느 사용자가 어떤 임금을 제안하는지를 알지 못한다고 가정한다. 다시 말해 이 근로자는 카드 한 벌이 있다는 것을 알지만 그것들이 철저히 섞였다고 인지하고 있다.[8]

일자리탐색이 어떻게 이 근로자에게 혜택을 줄 것인가? 이 개인은 실업 상태에 있기 때문에 즉시 이용가능한 임금 기회를 갖지 않는다. 일자리탐색은 사람들로 하여금 임금 제안들을 얻게 하고 그림 15.1에 보이는 분포의 우측 영역에서 임금 기회들을 발견할 가능성을 증가시킨다.

그러면 일자리 정보를 얻는 비용은 얼마인가? 비용에는 신문 등에 '구직'광고, 고용 대행기관에 지급하는 수수료, 그리고 인터뷰 장소로의 왕복 교통비 같은 비용이 포함된다. 일자리탐색은 또한 상당한 기회비용을 포함한다. 예를 들면 이 개인이 제안을 받든 받지 않든, 한 번에 한 가지 일자리 제안을 탐색하며, 만약 받는다면 다른 제안들을 계속해서 탐색하기 전에 그것을 받아들이거나 아니면 거절해야 한다고 가정하자. 만약 이 개인이 하나의 제안을 받고 거절한다면 그 임금 기회는 상실된다. 즉 대부분의 임금 제안들은 '저장'될 수 없다. 따라서 지속된 일자리탐색의 주요 비용은 최고라고 알려진 기회의 포기한 근로소득이다. 더 높은 임금 제안을 받음에 따라 지속되는 탐색의 한계비용은 증가한다.

어떤 특정 임금 제안을 수락하거나 아니면 거절하는 데 있어 이 개인은 어떤 결정규칙을 사용할 수 있는가? 한 가지 접근법은 유보임금 또는 이 맥락에서는 **수락임금**(acceptance wage)을 설정하고 그것보다 낮은 어떤 임금 제안이라도 거절하는 것이다. 그러나 개인이 어떻게 그러한 임금을 합리적으로 선택할 수 있을까? 이론적으로는, 만약 개인이 그림 15.1의 도수분포를 안다

8 Arthur M. Okun, *Prices and Quantities : A Macroeconomic Analysis* (Washington, DC: Brookings Institution, 1981), p. 27.

15.1 근로의 세계 　 이직을 생각하십니까? 보스는 알고 있습니다*

근로자 이직은 기업에게는 돈이 많이 드는 일이다. 만약 근로자가 이직하면 기업에게는 근로자를 대체할 채용비용이 발생할 것이며, 기업특수훈련 투자손실을 겪을 것이다. 크레디트 스위스(Credit Suisse)는 원하지 않는 이직의 1%포인트 감소는 기업으로 하여금 1년에 7,500만 달러에서 1억 달러를 절약하게 한다고 한다.

크레디트 스위스, 박스(Box Inc.) 같은 기업들은 누가 이직할 가능성이 있는지 예측하는 모형을 개발하고 그 뒤 원하지 않는 이직을 감소시키기 위해 그 예측을 활용함으로써 이직비용을 감소시키려고 노력하고 있다. 모형은 일자리 보장 기간, 장소, 실적 평가, 근로자 설문조사, 성격 테스트에 관한 정보를 포함하는 넓은 범위의 다양한 데이터를 사용하고 있다. 어떤 모형은 근로자들 사이의 사회적 상호 작용의 정도를 측정하기 위해 심지어 익명의 종업원 e메일 메시지와 일정표를 사용한다.

근로자 상호관계는 근로자가 이직하는지 여부의 중요한 결정요인으로 등장했다. 박스사는 팀과 연결되어 있다고 느끼지 않는 근로자가 이직률이 더 높다는 것을 발견하고 있다. 크레디트 스위스는 대규모 팀과 낮은 등급의 매니저들의 경우가 이직 가능성이 더 크다는 것을 보고하고 있다. 한 데이터 분석 기업은 동료들과 소통이 적고

요구되는 것 이외의 회의에는 참석하지 않는 사람들의 이직을 1년 전에 미리 알 수 있다는 것을 발견했다.

기업들은 이직률을 감소시키기 위해 모형의 결과들을 활용했다. 은행 내에서 일자리를 바꿨던 근로자들이 머물 가능성이 더 크다는 것을 안 이후, 크레디트 스위스는 빈 일자리들을 공표하지 않고 많은 외부인들을 채용하는 대신 일자리의 80%를 공표하고 내부 근로자들의 지원을 허용하는 것으로 정책을 바꿨다. 크레디트 스위스는 또한 이직 모형을 사용하여 떠날 가능성이 가장 큰 내부 근로자들에게 새로운 일자리들을 제안하였다. 박스사는 사교모임을 주선함으로써 근로자들이 자신의 팀에 더 연계되도록 만들기 위해 노력하고 있다. 또한 이 회사는 종업원들에게 경력기회와 '확장업무(stretch assignment)'를 알려주고 있다. 마이크론은 만약 직무가 정확하게 기술되지 않으면 이직이 더 높다는 것을 발견했으며, 따라서 잠재적인 근로자들에게 더 정확한 직무기술서를 제공하려고 노력하고 있다.

* Rachel Emma Silverman and Nikki Waller, "Thinking of Quitting: The Boss Knows," *Wall Street Journal*, March 14, 2015, pp. A1을 기초로 함.

면, 그리고 새로운 일자리 제안들을 발생시키는 비용을 추정할 수 있다면, 그는 탐색으로부터의 예상 한계편익(MB)과 예상 한계비용(MC)을 일치시키는 임금을 발견할 수 있다. 만약 일자리를 찾는 사람이 이 수락임금보다 높은 수준의 시간당 임금을 제안받는다면, 그 개인은 탐색을 지속하는 것이 가치가 없다고(MB < MC) 결론을 내릴 것이다. 반대로 이 액수보다 낮은 임금을 제안받는다면 활동의 예상 한계편익이 예상되는 추가비용을 초과하기(MB > MC) 때문에 제안을 거절하고 새로운 제안들을 계속하여 찾을 것이다.

이 최적 수락임금은 그림 15.1에서 수직선 W_a로 나타나 있다. 도수분포의 색칠한 면적은 어떤 단일 제안이 수락임금보다 높을 확률을 알려준다. 이 경우 확률은 80%(= 0.30 + 0.30 + 0.15 + 0.05)이다. 이 개인이 c에서 g까지 범위에서 어떤 임금 제안을 받아들일 확률은 100%이며, 그가 0에서 c까지 범위에서 제안들을 받아들일 확률은 0이다. 수락임금을 초과하는 임금 제안을 탐색하는 기간 동안 이 개인은 적극적으로 일자리를 찾으며, 따라서 공식적으로 실업 상태이다. 한 경제에서 경제활동인구 흐름의 지속적인 성격 때문에 이러한 유형의 실업은 항상 존재한다.

15.1 근로의 세계

탐색 모형으로부터 여러 중요한 시사점이 나타난다. 두 가지를 자세히 검토하고 그 뒤 여러 다른 것들을 간략히 열거할 것이다.

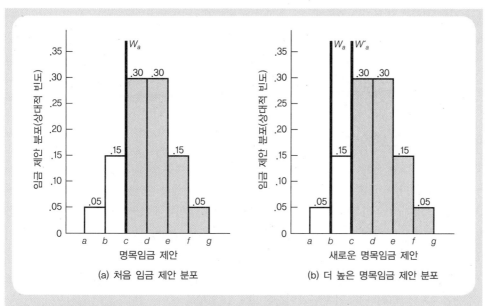

그림 15.2 예상하지 못한 인플레이션이 일자리탐색에 미치는 영향

예상하지 못한 인플레이션은 더 높은 명목임금 제안이라는 결과를 가져오고, 도수분포는 (a)에 보이는 것으로부터 (b)에 보이는 것으로 이동한다. 이 개인의 수락임금은 처음 W_a에 남아 있기 때문에 그는 95% 대 80%의 확률로 다음 임금 제안을 받아들일 가능성이 더 크며, 따라서 일자리탐색이 계속되는 시간은 감소한다. 그러나 일단 사람들이 명목임금 제안이 이전보다 실질적으로 더 높은 것이 아니라는 것을 인식하면 그들은 자신들의 수락임금을 조정하며(예를 들어 W_a로부터 W'_a로), 일자리탐색 기간은 정상으로 되돌아간다.

인플레이션과 일자리탐색

인플레이션이 사람들의 일자리탐색 기간의 길이를 변화시킬 것인가? 이 질문에 대답하기 위해, 처음에 인플레이션율이 0이고 경제는 자연 산출량과 고용수준에서 운용되고 있다고 가정한다. 이제 확대 재정 및 금융정책들이 총수요를 증가시켜, 그 결과 일반적 물가수준이 5% 증가한다고 가정하자. 또한 명목임금 제안의 증가가 이 물가수준의 증가와 일치해서 그 결과 실질임금 제안은 바뀌지 않은 채로 남아 있다고 가정하자.

그림 15.2(a)는 앞서 논의한 임금 제안의 도수분포를 반복하고 있는데, 다시 한 번 수락임금 W_a가 주어졌을 때 일자리를 탐색하는 사람이 어떤 특정 제안을 받아들일 확률이 80%라는 것을 알려준다. 그러나 이제 그래프 (b)로부터 명목임금 제안이 이제 이전보다 5% 더 높아졌기 때문에 전체 도수분포가 오른쪽으로 이동했다는 것을 관찰하라. 이러한 이동은 개인의 일자리탐색 기간에 어떤 영향을 미칠 것인가? 분명하게 구별되는 두 가지 상황을 검토하기로 하자.

예상된 인플레이션

그림 15.2(a)와 (b)에 나타난 일자리를 탐색하는 사람이 5%의 인플레이션을 완전하게 예상한다면 그는 실질적으로 불변인 채로 유지하기 위해 수락임금을 5% 올릴 것이다. 이는 그래프 (b)에 W_a 선의 W'_a로의 오른쪽으로의 이동으로 나타난다. 이 경우 인플레이션이 5% 증가할 것이라는

근로자의 예상은 명목임금 분포의 5% 증가를 상쇄하며, 어떤 특정 임금 제안이 받아들여질 확률을 80%($=0.30+0.30+0.15+0.05$)로 남겨 놓을 것이다.

일반적으로, 실제 인플레이션율이 기대와 같을 때 일자리를 탐색하는 사람들은 인플레이션에 의해 영향을 받지 않을 것이다. 그들의 평균 일자리탐색 기간은 불변인 채로 남아 있을 것이며, 따라서 실업 수준은 자연율에 머물 것이다.

예상하지 못한 인플레이션

현재 인플레이션율이 0이고, 일자리를 탐색하는 사람이 이러한 물가 안정이 지속될 것으로 예상한다고 가정하자. 또한 단기적으로 이 개인은 자신의 기대를 더 높은 인플레이션의 현실에 조정하지 않는다고 가정하자. 이러한 환경하에서는, 5%의 인플레이션은 실업 상태의 일자리를 탐색하는 사람으로 하여금 탐색시간을 단축하도록 유도할 것이다. 결과적으로 실업은 그 자연율 아래로 일시적으로 감소할 것이다.

이는 그림 15.2에서 쉽게 입증된다. 인플레이션이 0이라고 예상하면 이 개인은 수락임금을 W_a에 유지한다. 그러나 5%의 인플레이션은 그림 15.2(b)에 보이는 바와 같이 임금분포를 오른쪽으로 이동시킨다. 새로운 임금 제안이 받아들여질 확률이 80%로부터 95%($=0.15+0.30+0.30+0.15+0.05$)로 증가한다는 것을 관찰하게 된다. 따라서 이 개인의 일자리탐색 기간은 감소하며, 만약 이 패턴이 널리 퍼진다면 실업은 감소한다. 그러나 이 **적응적 기대 이론**(adaptive expectations theory)에 따르면, 실업 감소 상태는 오래가지 못할 것이다. 장기적으로, 실업 상태의 일자리를 탐색하는 사람들은 자신의 미래 인플레이션에 대한 기대를 실제의 5% 비율로 조정할 것이다. 결과적으로, 그들은 자신의 수락임금을 올리고 자신의 일자리탐색 기간을 늘림으로써 실업률을 그 자연율 수준으로 되돌린다.

일반적으로, 예상률을 초과하는 실제 인플레이션율은 일시적으로 실업을 자연율 아래로 감소시킬 수 있다.

실업보상과 일자리탐색

탐색 모형의 두 번째 주요한 시사점은 정부, 과거 사용자들, 또는 둘 모두에 의해 제공되는 실업급여가 실업 상태의 사람들로 하여금 더 적은 순비용으로 더 높은 임금을 탐색하도록 만듦으로써 실업의 크기를 증가시킬 것이라는 것이다.[9] 개인의 수락임금은 더 오랜 탐색으로부터의 예상이득이 예상비용과 정확히 일치하는 수준에서 설정된다는 것을 상기하라. 매우 당연하게도, 실업보상은 더 높은 임금 제안을 탐색하는 예상순비용을 감소시키기 때문에 그 존재는 개인의 수락임금을 상승시킨다. 지속되는 탐색의 기회비용은 기존의 가장 높은 제안에서 실업급여를 뺀 액수로 감소된다. 그림 15.3에 그려진 바와 같이, 실업급여를 받을 자격이 있는 개인은 W_a가 아니라 W'_a의 수락임금을 가질 수 있으며, 임금 제안 분포가 주어졌을 경우 이 개인이 다

---

[9] 이것이 그러한 프로그램이 바람직하지 않다는 것을 시사하는 것은 아니다. 실제로 이러한 실업급여의 한 가지 분명한 목적은 근로자들로 하여금 경제적 궁핍 때문에 과소고용될 일자리에 취업하게 하는 것이 아니고, 자신의 숙련과 경험에 비례한 일자리를 탐색할 수 있게 하는 것이다. 또한 많은 실업은 일시해고의 형태로 발생하며, 실업급여가 근로자들이 복귀할 때까지 기다리는 동안 근로소득의 감소를 완화한다.

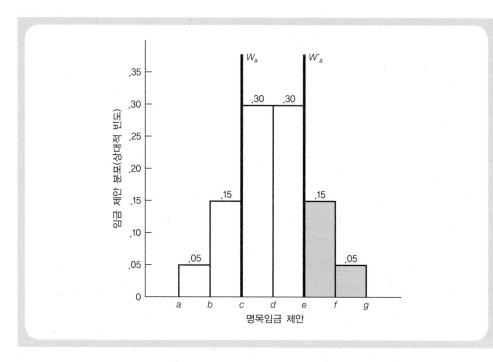

그림 15.3 실업급여가 실업에 미치는 영향

실업급여는 임금 제안을 거절하고 더 높은 보수를 지급하는 고용의 탐색을 계속하는 순기회비용을 감소시키고, 따라서 사람들로 하여금 자신의 수락임금을 올리도록 만든다. 그림에 나타난 개인의 경우 W_a로부터 W'_a로의 수락임금의 증가는 다음의 시도에서 임금 제안을 수락할 확률이 80%에서 20%(0.15 + 0.05)로 감소하는 것을 의미한다. 따라서 일자리탐색의 기간과 실업의 양은 증가한다.

음의 일자리 제안을 수락할 확률은 이전의 확률 80%(＝0.30＋0.30＋0.15＋0.05)와 비교할 때 20%(＝0.15＋0.05)로 낮아진다. 따라서 이 개인의 최적 일자리탐색 기간은 길어지며, 경제의 전체적인 실업률은 증가한다.

탐색 모형의 다른 시사점들

일자리탐색 이론의 여러 다른 중요한 시사점들을 간략히 고려해보자. 첫째, 장래의 근로자는 처음의 일자리 제안을 받아들이지 않거나, 또는 심지어 수락임금보다 낮은 임금을 지급하는 취업할 수 있는 일자리를 찾을 수도 있다. 이러한 사실은 전체적으로 실업이 상당히 존재하는 상황에서도 채워지지 않는 빈 일자리들이 많이 존재한다는 것을 설명하는 데 도움이 된다. 둘째, 다른 조건이 일정하다면 일자리의 예상 재직기간이 더 길면 길수록 개인의 수락임금은 더 높다. 예를 들면 어떤 사람이 새로운 일자리에 20년 동안 고용될 것으로 예상된다고 가정하자. 이 경우, 일자리를 탐색하는 사람이 새로운 사용자와 단지 한두 달 일하게 될 경우에 기대하는 것보다 높은 임금 제안을 탐색하는 것의 기대 이득이 더 클 것이고, 따라서 수락임금도 더 높을 것이다. 셋째, 임의적인 행운이 경제의 임금과 근로소득 분배에 역할을 담당할 것이다. 어떤 사람은 처음의 시도에서 빈도분포상의 가장 높은 임금 제안을 받을 수 있고, 어떤 사람은 더 낮은 제안을 받고 탐색을 계속하여 결국 수락임금보다 높지만 분포의 가장 높은 임금보다는 낮은 제안을 받아들일 수 있다. 넷째, 실업 수준은 부분적으로 노동에 대한 전체 수요의 함수이다. 경기침체의 기간 동안에는 근로자를 채용하는 기업이 거의 없기 때문에 각 임금 제안을 발견하는 데 기다려야 하는 기간이 길어진다. 또한 만약 일자리를 탐색하는 사람들이 경제침체가 일시적이라고 인지한다면, 그들은 자신의 수락임금을 계속 유지할 것이고, 이에 따라 자신의 일자리탐색 기간을 연장하며 이는 실업의 증가에 기여한다.

실증 증거

일자리탐색 과정에 대한 연구에 두 가지 주요 가닥이 있다. 한 가지 종류는 수락임금의 결정요인에 초점을 맞추고, 다른 하나는 일자리탐색의 기간에 초점을 맞춘다. 수락임금에 관해서는 여러 유형이 등장했다. 수락임금은 개인이 이용가능한 임금 제안에 대해 더 현실적이 됨에 따라 실업 상태의 시간이 흐름에 따라 하락한다.[10] 수락임금은 실업급여를 다 써 버릴 때 또한 하락하는데, 한 추정치는 15%의 하락을 보여주고 있다.[11] 더 많은 교육을 받은 노동조합 근로자들은 더 높은 수락임금을 갖고 있다.[12] 아프리카계 미국인 남성 젊은이는 백인 남성 젊은이보다 더 높은 수락임금을 갖는 경향이 있다.[13] 부유한 사람들은 다소 높은 수락임금을 갖는다.[14]

이용가능한 증거의 요약에서, 디바인과 키퍼(Devine and Kiefer)는 대부분의 연구들이 임금 제안의 평균수락률이 80~100% 사이라는 것을 발견한다고 결론을 내리고 있다.[15] 그러므로, 실업으로부터 이탈률 변화의 대부분은 근로자들이 임금 제안을 수락하는 비율의 변화 결과이지 수락임금 변화의 결과가 아니다.

여러 실증연구들이 실험보험이 일자리탐색 과정을 연장시킨다는 것을 알려주고 있다. 의견일치가 이루어지는 추정치는 평균적으로 실질 월 실업급여의 10% 증가는 개인의 실업기간을 1/2주일에서 1주일 연장시킨다는 것이다.[16] 다른 연구는 이러한 발견과 일관된다. 다른 나라 데이터를 사용한 연구들은 더 높은 실업급여가 실업 기간을 증가시킨다는 것을 보여준다.[17] 수혜자가 실업급여를 받을 수 있는 기간의 연장은 실업기간을 증가시킨다.[18] 마지막으로, 일을 찾을

---

[10] Nicholas M. Kiefer and George R. Neumann, "An Empirical Job Search Model with a Test of the Empirical Reservation Wage Hypothesis," *Journal of Political Economy*, February 1979, pp. 89-107.

[11] Raymond Fishe, "Unemployment Insurance and the Reservation Wage of the Unemployed," *Review of Economics and Statistics*, February 1982, pp. 12-17. 또한 Rafael Lalive, "How Do Extended Benefits Affect Unemployment Duration? A Regression Discontinuity Approach," *Journal of Econometrics*, February 2008, pp. 785-806을 참조하라.

[12] Kiefer and Neumann, op. cit.

[13] Harry J. Holzer, "Reservation Wages and Their Labor Markets Effects for Black and White Male Youth," *Journal of Human Resources*, Spring 1986, pp. 157-77. 흑인 남성 젊은이가 더 높은 수락임금을 갖고 있지만 그것이 그들의 더 긴 실업기간을 설명하지는 않는다. Stephen M. Petterson, "Black-White Differences in Reservation Wages and Joblessness: A Replication," *Journal of Human Resources*, Summer 1998, pp. 758-70을 참조하라.

[14] Hans G. Bloemen and Elena G. F. Stancanelli, "Individual Wealth, Reservation Wages, and Transitions into Employment," *Journal of Labor Economics*, April 2001, pp. 400-39.

[15] Theresa J. Devine and Nicholas M. Kiefer, "The Empirical Status of Job Search Theory," *Labour Economics*, June 1993, pp. 3-24.

[16] 이러한 연구들의 일부에 대한 검토는 Bruce D. Meyer, "Lessons from U.S. Unemployment Insurance Experiments," *Journal of Economic Literature*, March 1995, pp. 99-131을 참조하라. 또한 Peter Fredriksson and Bertil Holmlund, "Improving Incentives in Unemployment Insurance: A Review of Recent Research," *Journal of Economic Surveys*, July 2006, pp. 357-86을 참조하라. 또한 Alan B. Krueger and Andreas Mueller, "Job Search and Unemployment Insurance: New Evidence from Time Use Data," *Journal of Public Economics*, April 2010, pp. 298-307을 참조하라.

[17] 노르웨이와 스웨덴의 실업보험 영향에 대한 증거는 Knut Roed, Peter Jensen, and Anna Thoursie, "Unemployment Duration and Unemployment Insurance: A Comparative Analysis Based on Scandinavian Micro Data," *Oxford Economic Papers*, April 2008, pp. 254-74를 참조하라. 또한 Peter Kuhn and Chris Ridell, "The Long-Term Effects of a Generous Income Support Program: Unemployment Insurance in New Brunswick and Maine, 1940-1991," *Industrial and Labor Relations Review*, January 2010, pp. 183-204를 참조하라.

확률은 실업급여가 끝난 이후 급속히 증가한다.[19]

다른 요소들도 또한 일자리탐색 기간에 영향을 미친다. 아프리카계 미국인들은 백인들보다 더 긴 일자리탐색 기간을 갖는 경향이 있다. 노동조합 근로자들이 더 높은 수락임금을 갖고 있지만, 그들이 비노동조합 근로자들보다 더 긴 일자리탐색 기간을 갖고 있다는 오로지 약한 증거만이 존재한다.[20] 나이 든 근로자들은 젊은 근로자들보다 더 긴 일자리탐색 기간을 갖는 경향이 있다. 이는 그들이 젊은 근로자들보다 더 넓은 범위의 임금 제안에 직면하고, 따라서 일자리탐색의 수익이 더 크기 때문에 나타날 가능성이 있다.[21] 참을성이 없는 사람들은 덜 집중적으로 탐색하며, 일자리탐색 기간이 더 길다.[22]

• 일을 찾고 있는 실업 상태의 근로자는 탐색의 예상 한계비용과 한계편익을 기초로 수락임금을 결정한다. 만약 주어진 임금 제안이 수락임금을 초과하면 일자리를 수락하며, 만약 임금 제안이 수락임금 미만이면 거절한다.

🕊 15.1
잠깐만 확인합시다.

여러분의 차례입니다

예상하지 못한 인플레이션, 예상된 인플레이션, 그리고 실업보험이 각각 개인 일자리탐색의 최적기간에 어떻게 영향을 미치는가? (정답은 책의 맨 뒷부분에 수록되어 있음)

내부노동시장

신고전학파 이론의 엄격한 해석은 근로자들이 공개적, 지속적으로 일자리를 향해 경쟁하고, 또한 반대로 기업이 지속적으로 노동서비스들을 끌어들이고 계속 보유하기 위해 값을 부르는 경매시장의 개념을 떠올리게 한다. 정통 이론은 기업은 하나의 기관으로서 노동시장의 경쟁적인 압력에 대해 장애물 또는 장벽을 제기하지 않는다고 가정한다. 기업에 의해 고용되는 모든 유형 노동의 시간당 임금은 시장요인에 의해 결정된다고 가정된다. 따라서 똑같은 유형의 근로자들을 고용하고 있는 모든 기업의 임금구조는 동일하게 된다. 근로자들은 자신이 자격을 갖춘 모든 숙련 수준의 일자리에 접근하게 되며, 기업 사이의 이동 범위는 넓고 이동에 지체도 없다.

그러나 정통 이론의 비판자들은 이러한 묘사는 현실세계와 몹시 조화되지 못한다고 주장하는데, 많은 주류 경제학자들도 여기에 점점 동의하고 있다. 일부만 인용하자면 공립학교 교사, 고숙련 기계 제작 기술자, 그리고 정부 관료는 똑같은 능력을 갖고 약간 더 낮은 급여로 기꺼이

---

[18] Stepan Jurajda and Frederick J. Tannery, "Unemployment Durations and Extended Unemployment Benefits in Local Labor Markets," *Industrial and Labor Relations Review*, January 2003, pp. 324-48. 또한 Jan C. van Ours and Milan Vodopivec, "How Shortening the Potential Duration of Unemployment Benefits Affects the Duration of Unemployment: Evidence from a Natural Experiment," *Journal of Labor Economics*, April 2006, pp. 351-78을 참조하라.

[19] Lawrence Katz and Bruce Meyer, "Unemployment Insurance, Recall Expectations, and Unemployment Outcomes," *Quarterly Journal of Economics*, November 1990, pp. 993-1002.

[20] Devine and Kiefer, op. cit.

[21] Solomon W. Polachek and W. Stanley Siebert, *The Economics of Earnings* (Cambridge, England: Cambridge University Press, 1993), pp. 235-36.

[22] Stefano DellaVigna and M. Daniele Paserman, "Job Search and Impatience," *Journal of Labor Economics*, July 2005, pp. 527-88.

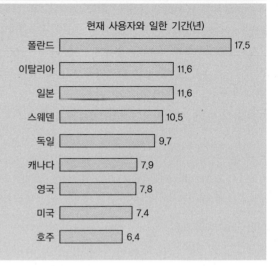

15.1 국제 시각   일자리 재직기간

현재 사용자와 함께 하는 연도 수인 일자리 재직기간은 호주의 6.4년으로부터
폴란드의 17.3년까지 나라 사이에 광범위하게 다르다.

자료 : Organization for Economic Cooperation and Development, *Employment Outlook*,
July 1997, Table 5.5.

현재 사용자와 일한 기간(년)

나라	기간
폴란드	17.5
이탈리아	11.6
일본	11.6
스웨덴	10.5
독일	9.7
캐나다	7.9
영국	7.8
미국	7.4
호주	6.4

일할 용의가 있는 누군가에 의해 자신의 일자리에서 쫓겨날 매일매일의 가능성에 직면하고 있
지 않다. 근로자들은 '일자리 권리'를 향유하며, 사용자들은 안정적인 노동력을 유지하려고 노
력한다. 경제에는 상당한 직종 및 지리적 이동이 존재하지만 평균적인 근로자의 고용은 실제로
상당히 안정적이다. 파버(Farber)는 35~64세 근로자 35%가 자신의 현재 사용자와 10년 이상
있었다는 것을 계산했다.[23] 심지어 더 바람직한 일자리에 접근하는데 때때로 문제를 겪는 여성
들의 경우에도 약 30%가 10년 넘게 똑같은 사용자와 일을 하고 있다. 그야말로 노동력의 50%
만큼의 많은 사람들이 '외부노동시장'의 경쟁 압력으로부터 상당히 보호되는 '내부노동시장'에

참가하고 있다.[24]

내부노동시장의 특성

내부노동시장이란 무엇인가? 그러한 시장들은 어떻게 그리고 왜 진화하는가? 시사점은 무엇인
가? **내부노동시장**(internal labor market)은 '그것 내에서 노동의 가격 설정과 배분'이 경제변수
에 의해서가 아니라 '일련의 관리 규칙과 절차에 의해 규율되는 제조업 공장 같은 관리상의 단
위'이다.[25] 많은 기업 내부에서 상당히 정교한 일자리 위계(job hierarchy)가 발견되는데, 일자리

---

[23] Farber, 1999, op. cit.

[24] W. Stanley Siebert and John T. Addison, "Internal Labour Markets: Causes and Consequences," *Oxford Review of Economic Policy*, Spring 1991, pp. 76-92.

[25] Peter B. Doeringer and Michael P. Piore, *Internal Labor Markets and Manpower Analysis* (Lexington, MA: D. C. Heath and Company, 1971). 되린저와 피오르(Doeringer and Piore)의 책은 내부노동시장의 진화와 성격에 관한 종합적인 논의이다. 내부노동시장의 여러 측면을 분석하고 있는 일련의 논문들은 Isao Ohashi and Toshiaki Tachibanaki (eds.), *Internal Labour Markets, Incentives, and Employment* (New York: St. Martin's Press, 1998)을 참조하라. 내부노동시장 이론에 대한 비판적인 평가는 George Baker and Bengt Holmstrom, "Internal Labor Markets: Too Many Theories, Too Few Facts," *American Economic Review*, May 1995, pp. 255-59를 참조하라.

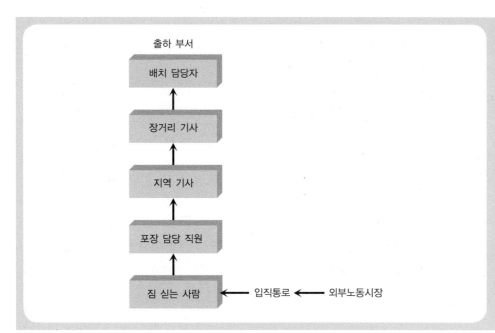

출하 부서

배치 담당자

↑

장거리 기사

↑

지역 기사

↑

포장 담당 직원

↑

짐 싣는 사람　←　입직통로　←　외부노동시장

그림 15.4 내부노동시장

근로자는 전형적으로 일자리 사다리 또는 이동사슬의 최소 숙련 입직통로 일자리에서 내부노동시장에 진입한다. 입직통로 일자리의 임금은 지역 외부노동시장의 수요와 공급 요인에 의해 강하게 영향을 받는 반면, 내부노동시장 내에서의 근로자들의 배분과 임금은 주로 관리상의 규칙과 절차에 의해 규율된다.

자료 : Robert M. Fearn, *Labor Economics: The Emerging Synthesis* (Cambridge, MA : Winthrop Publishers, Inc., 1981), p. 142에서 각색함.

위계 각각은 어떤 숙련(기계 제작 기술자), 공통된 기능(빌딩 유지보수), 또는 일의 단일 집중점(컴퓨터)에 초점을 맞추고 있다. 나아가 각 일자리 위계는 소위 이동사슬(mobility chain) 또는 **일자리 사다리**(job ladder)를 형성하는 일자리들의 순서 또는 진행을 수반한다. 그림 15.4에 제시된 바와 같이, 신입 근로자는 전형적으로 사다리의 맨 아래 최소 숙련 일자리의 실습생으로 일자리 사다리에 진입할 것이다. 근로자들이 일자리 사다리에의 접근을 얻는 위치는 분명한 이유들 때문에 **입직통로**(port of entry)라 불린다. 일자리 사다리를 구성하는 일자리들의 순서가 **외부노동시장**(external labor market)과 접촉하는 것은 이 입직통로를 통해서이다. 이 외부노동시장은 정통 이론의 '경매시장'이다. 즉 일자리 사다리의 최소 숙련 일자리의 빈 곳을 채우기 위해 근로자들을 모집하면서 기업은 똑같은 종류의 노동을 채용하는 다른 기업들과 경쟁해야 한다. 입직통로 일자리에 지급되는 임금을 결정하는 데는 공급과 수요의 시장요인들이 무엇보다도 중요한 반면, 내부노동시장의 일자리 사다리를 구성하는 일자리에 지급되는 임금을 결정하는 데는 관리 규칙과 절차가 시장요인을 대체하여 우선 적용된다. 강조되어야 할 요점은 내부노동시장에서는 근로자를 일자리 위계 내에 배분하고 임금을 결정하는 데 있어서 관습 및 전통과 더불어 제도화된 규칙과 절차가 무엇보다 중요하다는 것이다.

내부노동시장의 근거

왜 내부노동시장이 존재하는가? 이 질문에 대한 기본적인 답변은 기업이 전형적으로 근로자들을 모집하고 훈련하는 데 상당한 비용에 맞닥뜨리며, 이러한 비용은 노동이직을 감소시킴으로써 최소화될 수 있다는 것이다. 먼저 훈련 문제를 고려하기로 하자. 내부노동시장 이론가들은 일자리 숙련은 많은 부분이 개별 기업에게 유일하고 특화된 것이라고 주장한다.

거의 모든 일자리는 어떤 특정 숙련과 관련된다. 심지어 가장 단순한 관리 업무도 수행되는 작업장의 특수한 물리적 환경과의 친밀도와 더불어 용이해진다. 표준적인 기계의 평범하게 틀에 박힌 조작조차 특별한 운영 비품 하나와의 연결 정도에 따라 중요하게 도움을 받을 수 있다. … 더욱이 일부 생산과 대부분 경영 업무의 성과는 팀 요인과 관련되며, 결정적으로 중요한 숙련은 팀의 주어진 구성원들과 함께 효과적으로 조작하는 능력이다. 이러한 능력은 구성원들 개성의 상호작용에 좌우되며, 개개인들의 업무 '숙련'은, 한 팀과 일하기 위해 필요한 숙련이 다른 팀에 요구되는 숙련과 결코 똑같지 않다는 의미에서 특수한 것이다.[26]

개별 기업에 필요한 숙련과 기술의 특수성은 근로자들에게 그 기업의 일자리에서 가장 효율석으로 얻을 수 있는 **특수훈련**이 요구된다는 것을 의미한다. 제4장에서 그러한 훈련비용은 사용자에 의해 부담된다는 것을 배웠다. 그러나 이러한 인적자본 투자에 관한 수익을 얻기 위해 사용자는 특수하게 훈련된 근로자들을 오랜 시간 동안 계속 보유해야만 한다. 일자리 사다리 ─ 내부노동시장의 핵심 특성 ─ 는 바람직한 노동력을 안정적으로 유지할 수 있는 메커니즘이다.

사용자에 대한 이득

기업과 근로자 모두에게 내부노동시장이 유리하다는 점은 추가적인 논평의 가치가 있다. 방금 지적한 바와 같이, 근로자 이직의 감소는 특수훈련에의 투자에 관해 기업이 받는 수익을 증가시킨다. 나아가 기업이 제공할 필요가 있는 훈련의 양은 내부노동시장의 존재에 의해 감소할 수 있을 것이다. 만약 기업이 외부노동시장으로부터 빈자리를 채운다면 기업은 근로자에게 필요한 모든 특수훈련을 재정 지원해야만 할 것이다. 기업은 기업을 위해 일정 시간 일했던 덕분으로 빈 일자리의 전제조건인 특수훈련의 일정 부분을 이미 획득한 내부지원자를 간단하게 승진시킴으로써 이 비용의 많은 것을 회피할 수 있다. 마찬가지로, 만약 자리가 외부노동시장으로부터 채워진다면 모집비용이 커질 것이다. 심지어 인터뷰와 선별 이후에도 기업은 외부노동시장 근로자들의 질에 대하여 오로지 제한된 지식만을 가질 것이다. 그러나 기업은 자신의 현재 노동력 구성원들에 대해 많은 정보를 축적했을 것이다. 따라서 내부에서 승진은 모집 및 선별 비용을 크게 감소시키고, 일자리를 채우면서 발생할지도 모르는 실수를 크게 줄일 것이다. 기업에 대한 내부노동시장의 또 다른 이익은 분명하게 정의된 일자리 사다리의 존재가 기존 노동력으로 하여금 보다 절도 있고 생산적이 되게 하며, 새로운 숙련을 터득할 지속적인 동기를 부여하게 된다는 점이다. 즉 내부노동시장은 제7장에서 논의되었던 주인─대리인 문제를 해결하는 데 도움이 될 것이다. 마지막으로, 그리고 관련된 것은, 내부노동시장의 환경이 종업원들로 하여금 더욱 조직의 목표와 자신을 동일시하도록 유도할 수 있다는 것이다. 오스터만 (Osterman)은 "이렇게 고양된 근로자 몰입은 이어 더 많은 노력, 품질에 대한 더 많은 관심, 더 낮은 이직률, 그리고 생산성을 향상시키는 다른 행태들을 유도할 수 있다"고 주장한다.[27]

---

[26] Doeringer and Piore, pp. 15-16.

[27] Paul Osterman, "Internal Labor Markets in a Changing Environment: Models and Evidence," in David Lewin, Olivia S. Mitchell, and Peter D. Sherer (eds.), *Research Frontiers in Industrial Relations and Human Resources* (Madison, WI: Industrial Relations Research Association, 1992), pp. 273-337.

근로자에 대한 이득

내부노동시장은 또한 그 시장에 받아들여진 근로자에게 이익이 된다. 입장이 허락된 근로자는 일자리 보장, 이미 확립되어 있는 일자리 훈련과 승진 기회의 형태로 혜택을 받는다. 근로자는 더 나은 일자리를 확보하기 위해 기업을 떠날 필요가 없으며, 오히려 일자리 사다리를 구성하는 잘 정의된 일자리 순서를 따라 올라갈 수 있다. 나아가 내부노동시장에 있는 사람들은 외부노동시장 근로자들과의 경쟁으로부터 보호막이 쳐져 있다. 이외에도, 내부노동시장 내의 근로자 배치나 임금을 규율하는 공식적이고 문서화된 규칙과 절차가 경영진의 편파적이고 변덕스러운 결정으로부터 근로자들을 보호한다. 내부노동시장의 근로자들은 일시해고, 승진, 그리고 훈련 기회에의 접근에 있어서 적정 절차와 공평대우를 향유할 가능성이 더 크다.[28]

노동조합의 역할

노동조합의 존재는 내부노동시장의 발전을 가속화시킬 수 있지만 원인-결과 관계는 좀 복잡한 편이다. 내부노동시장은 노동조합화를 발생시키는 경향이 있으며, 반대로 노동조합은 내부노동시장의 진화를 촉진하거나 또는 가속화한다.

한편, 여러 이유로 내부노동시장은 노동조합화에 유리하다. 첫째, 내부노동시장의 결과인 노동력(work force)의 안정성 향상은 노동조합화를 촉진한다. 유동적이고 불안정한 노동력은 조직화에 장애물이지만, 안정적인 근로자 그룹은 공동체 정신과 아마도 노동조합을 통해 공식화로 이어지는 공통된 일련의 불만을 발전시킨다. 둘째, 내부노동시장의 근로자들은 상당한 교섭력을 부여하는 특수훈련을 소유하고 있다. 사용자는 자신들의 인적자본 투자에 대한 수익을 실현하기 위해 특수하게 훈련된 근로자들을 계속 보유해야 한다는 점을 기억하라. 근로자들이 노동조합을 통해 이 교섭력을 집단적으로 표현하기를 원하는 것은 그저 자연스러운 현상이다. 마지막으로, 내부노동시장에서 통용되는 관리상의 규칙과 절차들은 경영진 의사결정의 범위와 성격을 꽤 분명하게 한정짓는다. 노동조합화는 경영진의 조치들이 관습적인 규칙과 절차와 조화를 이루지 않는 경우에 대한 논리적인 반응이다.

다른 한편, 노동조합의 존재는 내부노동시장의 발전을 강화하는 데 중요할 수 있다. 성문화(成文化)된 단체협약은 기존 내부노동시장이 기능하는 데 통용되는 규칙과 절차들을 문서화, 공식화하며, 그리고 더 엄격하게 만든다.

노동의 배분과 임금구조

내부노동시장 내에서 노동의 배분인 승진 과정과 임금의 결정을 더 자세하게 살펴보기로 하자. 상기할 결정적으로 중요한 요점은 내부노동시장에서는 노동의 가격 설정과 배분은 공급과 수요의 요인들에 의해서가 아니라 오히려 관리상의 규칙과 절차에 의해 결정된다는 것이다. 따

---

[28] 사용자와 근로자 모두에게의 내부노동시장의 잠재적 혜택에 대한 더 많은 내용은 Peter B. Doeringer, "Internal Labor Markets and Noncompeting Groups," *American Economic Review*, May 1986, pp. 48-56을 참조하라. 카터와 카터(Michael J. Carter and Susan B. Carter)는 자신들의 "Internal Labor Maarkets in Retailing: The Early Years," *Industrial and Labor Relations Review*, July 1985, pp. 586-98에서 내부노동시장들의 진화에 대한 두 가지 흥미로운 사례연구를 상세히 알리고 있다.

라서 승진의 경우, 전형적인 관리상의 규칙은 다른 조건이 대체로 같다면 일자리 사다리의 특정 단계에 가장 오랜 기간 동안 있었던 근로자가 빈 자리가 발생할 때 다음 단계로 승진할 것이라는 것이다. 즉 승진은 일반적으로 **연공서열**(seniority)에 근거하여 결정된다. 그러나 연공서열은 전형적으로 시보 기간 이후에 업무를 만족스럽게 수행할 것으로 당연히 여겨지는 개인의 능력에 의해 완화된다. 요컨대 규칙은 승진에의 '권리'는 필연적으로 내부 아니면 외부노동시장으로부터 이용가능한 가장 능력 있는 근로자가 아니라, 가장 경험이 있는 근로자에게 속한다는 것을 알려준다. 마찬가지로 일시해고도 연공서열의 역을 근거로 진행된다. 즉 가장 신입인 근로자가 가장 먼저 일시해고된다(제18장).

내부노동시장 내의 임금구조도 또한 관리상의 절차에 의해, 관습과 전통을 통해, 그리고 근로자들이 추구하는 이동성 패턴에 의해 결정된다. 그림 15.4로 설명하면, 예를 들어 출하 부서에서 지역 기사의 임금과 포장 담당 직원의 임금은 어떻게 비교하는가? 흔히 직무평가제도가 일자리 사다리의 각 일자리에 부여되는 임금을 설정하는 데 사용된다. **직무평가**(job evaluation)는 일련의 일자리 특성 및 근로자 특성을 사용하여 일자리의 순위가 매겨지고 임금이 할당되는 절차이다. 표 15.1은, 점수가 의심할 바 없이 약간의 임의성을 갖고, 여러 일자리 특성 및 성격에 할당되는 직무평가 체계의 실례를 보여준다. 따라서 이 제도를 사용하면 포장 담당 일자리와 기사 일자리에 할당되는 실제 점수는 각각 50과 75일 수 있다. 이러한 순위매김은 기사의 시간당 임금은 포장 담당의 그것보다 50% 더 높아야만 한다는 것을 의미한다. 예를 들어 만약 포장 담당자들이 시간당 12달러를 받으면 기사들은 18달러를 지급받아야 한다. 특히 내부노동시장에서는, 임금은 흔히 개인이 아니라 일자리에 부여된다는 것을 주목하라. 내부노동시장 이론가들은 실제로 생산성이 흔히 근로자에게가 아니라 일자리에 속한다는 것을 시사하고 있다. 또한 관리상의 절차가 수요와 공급의 요인들을 대신한다는 것을 관찰하라.

일단 수립되면, 관습과 전통이 개입하여 내부의 임금구조를 경직적으로 만든다. 즉 "일정 기간에 걸쳐 만연하는 어떤 시간당 임금, 일련의 임금 관계, 또는 임금 설정 절차는 관습적이 되는 경향이 있고, 일단 그렇게 되면 이제 변화는 부당하거나 또는 불공평한 것으로 간주되며, 근로자 집단은 변화에 반대하여 경제적 압력을 가할 것이다."[29] 공평한 비교의 개념을 상기하면, 특정 **시간당 임금**에 반대되는, 관습과 경직성이 임금 관계 주위에서 점진적으로 발달한다는 것을 주목해야 한다.

임금구조는 내부노동시장의 배분 기능과 분리되어 결정되지는 않는다. 한 가지 중요한 제약은 임금구조가 사용자가 찾는 노동의 내부 배분을 조성하고 용이하게 해야 한다는 것이다. "모든 각 일자리의 임금은 그것의 노동을 끌어들이기로 되어 있는 일자리 또는 일자리들 대비 충분히 높아야만 하고, 바람직한 내부 이동성 패턴을 유발하기 위해 노동을 공급하기로 되어 있는 일자리들 대비 충분히 낮아야만 한다."[30] 그림 15.4에서, 포장 담당 직원의 임금은 짐 싣는 사람

[29] Doeringer and Piore, op. cit., p. 85.

[30] Ibid., p. 78. 내부노동시장의 경우 보수 압축이 야기할 수 있는 문제들을 분석한 연구는 Sherwin Rosen, "The Military as an Internal Labor Market: Some Allocation, Productivity, and Incentive Problems," *Social Science Quarterly*, June 1992, pp. 227–37 을 참조하라.

표 15.1 모형 직무평가제도

요소		최대 점수
근로조건		15
소음	5	
먼지	5	
냄새	5	
설비에 대한 책임		25
다른 근로자들에 대한 책임		20
숙련		20
손재간	10	
경험	10	
교육		35
물리적 노력		10
총계		125

자료 : Peter B. Doeringer and Michael J. Piore, *Internal Labor Markets and Manpower Analysis* (Lexington, MA : D. C. Heath and Company, 1971), p. 67.

의 그것보다 충분히 더 높아서, 그 결과 후자는 전자가 되기를 열망할 것이다.

효율성 이슈

내부노동시장이 효율적인지에 대한 의문은 강한 흥미를 불러일으키며 중요하다. 정통 경제학의 기본 전제는 경쟁 압력이 노동과 기타 투입물의 효율적인 사용이라는 결과를 가져온다는 것이다. 경쟁이 만연할 때 기업은 가장 효율적인 방식으로 노동과 기타 생산적인 자원을 결합시켜야 하며, 아니면 그 기업은 효율적인 다른 기업들에 의해 시장에서 쫓겨날 것이다. 그러나 내부노동시장의 결정적으로 중요한 특징은 입직통로 일자리들을 예외로 하고, 근로자들이 경쟁으로부터 보호된다는 것이다. 내부노동시장의 임금은 시장요인이 아니라 오히려 직무평가에 내재된 임의적인 관리상의 절차에 의해, 관습과 전통 등에 의해 결정된다. 따라서 여러 종류의 근로자들이 자신의 생산성에 따라 보수를 지급받는다는 것은 오로지 우연이라고 정통 경제학자들은 말한다. 나아가 근로자들은 능력(생산성)으로서가 아니라 대체로 연공서열을 근거로 승진(배분)된다. 더 선임 근로자들은 일부 후임 근로자들보다 더 생산적일 수도 또는 그렇지 않을 수도 있다. 이러한 특성들은 내부노동시장의 존재가 배분적 효율성에 있어서 사회의 이익과 충돌한다는 것을 의미한다.

그러나 여러 이유를 들어, 대부분의 내부노동시장 이론가들과 일부 주류 경제학자들은 이러한 계통의 추론을 논박하고 있다. 내부노동시장과 그것에 내재된 임금구조는 정확히 내부노동시장이 효율적으로 노동을 배분하기 때문에 존재할 수 있다.

우선적으로, 내부노동시장은 노동이직을 줄임으로써 훈련, 모집, 선별, 그리고 채용비용을 감소시킨다는 것을 상기하라. 내부노동시장의 일자리 사다리가 사용자에게 그 근로자들의 질에 대한 풍부한 정보를 준다는 것이 특히 중요하다. 따라서 만약 기업이 내부노동시장 내부에서 그 근로자를 선발한다면 비생산적인 근로자를 승진시킬 가능성이 더 적다. 그에 비해, 외부노동시장으로부터의 채용은 더 제한적인 정보를 기초로 하는데, 이는 생산적이지 않은 근로자가 채용될 위험을 증가시킬 수 있다. 노동의 배분에 있어 연공서열의 사용이 필연적으로 효율성과 조화를 이루지 못하는 것도 아니라는 것 또한 주목할 만한 일이다. 일자리에 가장 오래 있었던 근로자는 아마도 승진에 알맞은 후보자일 것이다. 또한, 오로지 매우 드문 경우에만 내부노동시장 승진이 전적으로 연공서열을 기초로 한다. 필요한 능력과 납득할 만한 성과 기록을 가진 선임 근로자는 단순히 가장 선임이라는 이유만으로가 아니고, 관행적으로 승진하게 된다.[31]

내부노동시장이 효율적일 수 있다는 두 번째 이유는 정태적 효율성과 동태적 효율성의 구별에 초점을 맞추고 있다. **정태적 효율성**(static efficiency)은 가장 효율적(최소 비용) 방법으로 주어진 질의 노동과 기타 자원을 결합하는 것을 지칭한다. 반면에, **동태적 효율성**(dynamic efficiency)은 노동과 기타 자원들의 질의 향상으로부터 발생하는 생산적 효율성의 증가와 관련이 있다. 현재 논의의 목적상, 관련된 주장은 내부노동시장이 정태적 효율성을 실현하는 것보다 더 큰 결과를 가져오는 동태적 효율성을 촉진한다는 것이다. 근로자들의 기존 숙련을 더 효율적으로 사용하는 것으로부터의 이득은 '1회만의' 이득인 반면, 근로자 지식과 숙련 향상으로부터의 이득은 무기한으로 갈 수 있다.[32] 나아가, 더 많은 숙련을 가진 선임 근로자들에게 더 많은 양의 일자리 안정감이라는 보장을 제공하는 것은 그들로 하여금 자신의 지식과 숙련을 숙련이 덜한 동료들에게 기꺼이 전달할 용의가 있도록 만들기 때문에 내부노동시장은 동태적 효율성에 도움이 된다. 만약 낮은 숙련을 가진 후임 근로자들이 높은 숙련을 가진 선임 근로자들 일자리의 경쟁자들이 될 수 있다면, 높은 숙련을 가진 선임 근로자들은 낮은 숙련을 가진 후임 근로자들에게 자신의 지식을 숨기기를 원할 것이다. 그러나 내부노동시장에 내재된 연공서열 규칙과 기타 안정감 보장 조항들은 이런 일이 발생하지 않을 것을 보장한다. 만약 선임 근로자들이 자신이 승진에 우선권을 갖고 있고, 자신의 임금이 더 많은 근로자들이 자신의 일자리에 대한 지식을 얻음에 따라 감소되지 않을 것이며, 자신이 마지막으로 일시해고 될 것이라는 것을 확신한다면, 선임 근로자들은 자신의 숙련을 동료 근로자들과 나누는 것을 흔쾌히 받아들일 것이다. 내부노동시장은 이러한 자신감을 제공할 수 있다.

마지막으로, 일부 경제학자들은 전형적인 내부노동시장 내부의 보수구조가 종업원들의 근로노력을 감시하기가 힘든, 특히 대기업에서 효과적인 인센티브를 발생시키는 장치일 수 있다는 것을 지적한다. 내부노동시장의 임금구조는 선임 근로자들이 후임 근로자들보다 보수를 더 많이 지급받을 뿐만 아니라, 선임 근로자들은 자신들의 한계수입생산(MRP)보다 보수를 더 많이 지급받는 반면 후임 근로자들은 자신들의 MRP보다 보수를 더 적게 지급받는 것일 수 있다.[33] 선임 근로자들에게 지급되는 '프리미엄'은 젊은 근로자들로 하여금 열심히 일하도록 하는 유인책이다. 생산적이 됨으로써 젊은 근로자들은 사용자에게 자신이 계속 보유되어 자신도, 역시, 자신의 MRP를 초과하는 시간당 임금 프리미엄을 향유할 높은 임금을 지급하는 일자리로 일자

---

[31] 그러나 빈번히 근무 기간이 승진에서 능력과 성과를 넘어 우선권을 갖는다는 것을 주목하라. D. Quinn Mills, "Seniority versus Ability in Promotion Decisions," *Industrial and Labor Relations Review*, April 1985, pp. 421-25를 참조하라.

[32] Lester Thurow, *Investment in Human Capital* (Belmont, CA: Wadsworth Publishing Company, 1970), pp. 194-95.

리 사다리를 따라 위로 올라갈 자격이 있다는 것을 입증한다. 젊은 근로자들은 시간이 경과하면 반대가 사실이 될 노동시장에 참가할 특권을 위해 아마도 처음에 자신의 MRP보다 적은 임금을 받아들인다. 이러한 임금구조는 더 높은 평생 근로소득의 가능성을 제공한다는 의미에서 또한 젊은 근로자들에게 매력적이다. 이러한 임금구조로부터의 결과인 더 큰 근로노력과 더 높은 평균 근로자 생산성은 기업의 이윤을 증가시키고, 근로자들은 임금교섭을 통해 이를 나눌 수 있다.[34]

15.2
잠깐만 확인합시다.

- 증거는 많은 사람들이 여러 해 동안 똑같은 사용자를 위해 일하며, 실제로 자신의 기존 기업 내부에서 승진과 재배치를 통해 향상된 보수와 일자리 특성을 '탐색'한다는 것을 알려준다.
- 내부노동시장은 근로자들이 입직통로를 통해 진입하는 일자리 사다리라 불리는 일자리 위계에 의해 특징지어진다. 오로지 입직통로에서의 임금만 진정으로 시장을 기반으로 한다.
- 일부 경제학자들은 임금이 경직적인 관리상의 절차와 규칙에 의해 결정되기 때문에 내부노동시장은 비효율성에 기여한다고 생각한다.
- 다른 경제학자들은 내부노동시장은 (a) 모집, 선별, 그리고 훈련비용을 감소시키고, (b) 선임 근로자들로 하여금 자신의 숙련과 지식을 후임 근로자들과 공유하도록 유발하며, (c) 젊은 근로자들에게 생산적으로 일할 더 큰 인센티브를 제공함으로써 생산성을 향상시킨다고 주장한다.

여러분의 차례입니다

여러분은 분명하게 정의된 일자리 사다리를 가진 기업에서 일한 적이 있는가? 만약 그렇다면 여러분은 사다리를 따라 얼마만큼의 상향 이동성을 관찰했는가? (정답은 책의 맨 뒷부분에 수록되어 있음)

---

[33] 이는 시간당 임금과 MRP 사이의 관계가 그림 4.8(b)에 보이는 것과 정확히 정반대라는 것을 의미한다.

[34] Edward P. Lazear, "Agency, Earnings Profiles, Productivity, and Hours Restriction," *American Economic Review*, September 1981, pp. 606-20; Lazear, "Why Is There Mandatory Retirement?" *Journal of Political Economy*, December 1979, pp. 1261-84; Lazear and Sherwin Rosen, "Rank-Order Tournaments as Optimum Labor Contracts," *Journal of Political Economy*, October 1981, pp. 841-64. 또한 Michael L. Wachter and Randall D. Wright, "The Economics of Internal Labor Markets," *Industrial Relations*, Spring 1990, pp. 240-62를 참조하라.

요약

1. 일자리탐색은 이질적인 근로자들과 일자리들 및 불완전정보에 의해 특징지어지는 동태적 경제에서 자연스럽고 흔히 건설적인 현상이다.

2. 합리적으로 일자리를 찾는 사람은 계속되는 탐색으로부터의 예상 한계비용과 예상 한계편익이 일치하는 수준에서 수락임금을 설정하고, 그 뒤 이 임금을 실제 임금 제안과 비교한다.

3. 명목임금 제안이 증가하는 것과 똑같은 비율로 일자리를 찾는 사람들이 자신의 수락임금을 상향 조정하기 때문에, 완전히 예상된 인플레이션은 일자리탐색의 최적 기간에 영향을 미치지 못한다. 그러나 만약 일자리를 탐색하는 사람들이 실수로 인플레이션이 야기한 명목임금 제안의 증가를 실질임금의 증가로 간주한다면, 그들은 자신의 일자리탐색을 단축할 것이며, 실업은 일시적으로 감소할 것이다.

4. 실업급여는 여전히 더 높은 임금 제안을 계속 찾으려 하는 순기회비용을 감소시킴으로써 일자리탐색의 최적 기간을 연장시킨다.

5. 대부분의 기업과 공장은 임금과 노동의 배분이 엄격하게 공급과 수요에 의해서가 아니라 관리상의 규칙과 절차에 의해 결정되는 내부노동시장을 구현하고 있다.

6. 내부노동시장은 어떤 일자리 숙련, 기능, 또는 기술에 초점을 맞추는 일자리 사다리라 불리는 일자리 위계를 수반한다. 입직통로를 경유하여 일자리 사다리에 진입한 후 내부노동시장 근로자들은 대체로 외부노동시장의 경쟁 압력으로부터 보호를 받는다.

7. 내부노동시장은 사용자와 근로자들 모두에게 이익을 발생시키기 때문에 존재한다. 사용자의 경우, 내부노동시장은 근로자 이직을 감소시킴으로써 특수훈련에 대한 수익을 증가시키고 모집 및 훈련비용을 감소시킨다. 근로자들의 경우, 내부노동시장은 일자리 보장, 훈련 및 승진 기회, 그리고 자의적인 경영진의 의사결정으로부터 보호를 제공한다.

8. 노동력에게 일자리 안정을 제공함으로써 내부노동시장은 노동조합을 끌어들이며, 반대로 노동조합은 내부노동시장의 발전을 촉진하고 가속화한다.

9. 내부노동시장이 생산의 효율성을 감소시키는지 아니면 향상시키는지는 불분명하다.

용어 및 개념

내부노동시장(internal labor market)
수락임금(acceptance wage)
연공서열(seniority)
외부노동시장(external labor market)
일자리 사다리(job ladder)

일자리탐색 모형(job search model)
입직통로(port of entry)
적응적 기대 이론(adaptive expectations theory)
정태적 및 동태적 효율성(static and dynamic efficiency)
직무평가(job evaluation)

질문 및 연구 제안

1. 무엇이 일자리탐색의 편익과 비용인가? 왜 일자리를 찾는 사람들은 끝없이 더 높은 임금 제안을 탐색하지 않는가?

2. 수락임금이라는 용어는 무엇을 의미하는가? 일자리를 찾는 사람은 자신의 수락임금을 어떻게 결정하는가? 왜 한 새로운 대학졸업자의 수락임금이 다른 새로운 대학졸업자의 그것과 다를 수 있는가?

3. 다음 각각이 일자리를 탐색하는 사람이 다음의 임금 제안을 받아들이고, 따라서 자신의 예상 실업기간에 영향을 미칠 확률에 어떻게 영향을 미치게 되는지를 설명하라 — (a) 인플레이션율의 예상 인플레이션율 아래로의 감소, (b) 실업급여의 감소.

4. 여러분은 내부노동시장의 존재를 어떻게 설명하는가? 무엇이 사용자에게 이익인가? 근로자들에게는?

5. 내부노동시장에서 근로자는 어떻게 더 나은 일자리를 탐색하는가? 무엇이 내부노동시장 내부에서 사용자의 탐색 과정인가?

6. 다음의 서술을 설명하라. "노동조합은 내부노동시장의 결과와 원인 모두이다." 왜 기업에서 내부노동시장의 존재가 노동조합화를 장려할 수 있는가?

7. 여러분은 내부노동시장이 효율성을 향상시킨다고 생각하는가, 아니면 손상시킨다고 생각하는가? 어떻게 동태적 효율성의 실현이 정태적 효율성의 달성보다 더 중요하다고 주장할 수 있는가? 여러분은 동의하는가?

인터넷 연습

장기에 걸쳐 일자리 재직기간에 무슨 일이 발생하고 있는가?

노동통계국 현행인구조사 웹사이트(www.bls.gov/cps/home.htm)를 방문하라. 'CPS 보도자료(CPS News Release)' 제목 아래 있는 '근로자 재직기간(Employee Tenure)'을 클릭하라.

10년 이상의 재직기간을 가진 근로자들의 비율을 제시하는 표로 가보라. 2004년과 보이는 가장 최근 연도에 모든 근로자 중 10년 이상의 재직기간을 가진 근로자들의 비율은 얼마인가? 이 척도를 근거로 일자리 안정성은 어떻게 변화했는가? 똑같은 분석을 남성과 여성의 경우에 반복하라. 무엇이 일자리 안정성 변화의 성별 차이를 설명할 수 있는가?

인터넷 링크

Monster.com은 세계에서 가장 큰 일자리탐색 웹사이트이다(www.monster.com).

개인 근로소득의 분배

16

이 장을 공부하고 나면:

1. 근로소득 분배를 서술하는 여러 방법을 논의할 수 있다.
2. 근로소득 분배를 설명하는 인적자본 접근법과 다원적 접근법을 논의할 수 있다.
3. 근로소득 분배 내에서의 이동의 기본적인 유형을 설명할 수 있다.
4. 근로소득 불균등의 최근 증가에 대한 이유들을 열거하고 평가할 수 있다.

이제까지는 주로 노동시장의 미시경제학적 측면에 초점을 맞추었다. 구체적으로 말하자면 개인, 가족, 그리고 기업의 노동시장 결정에 대하여 자세하게 논의했다. 그림 1.1에서 설명했던 바와 같이 다음의 세 장은 노동시장의 거시경제학을 검토한다. 거시경제학은 특정 경제 단위들의 광범위한 합계 또는 더미를 마치 하나인 것처럼 다룬다는 것을 상기하라. 이 세 장의 주제들은 근로소득의 개인별 분배, 노동생산성, 그리고 고용과 실업을 포함한다.

관심이 특정 임금에 대한 분석으로부터 **개인 근로소득 분배**(distribution of personal earnings)의 검토로 향하는 현재의 장에서 미시-거시 구별은 분명하게 눈에 띈다. 이 분배는 개별 임금근로소득 몫의 국가적 패턴이다. 임금과 급여의 분배가 얼마나 불균등한가? 어떤 일반적인 요소들이 관찰된 패턴을 설명하는가? 전체 분배 내에 얼마만큼의 이동성이 존재하는가? 왜 지난 30년에 걸쳐 이 분배가 더욱 불균등하게 되었는가?

이러한 질문에 대한 답을 추구하는 데 있어, 우선 근로소득 분배를 서술하고 관찰된 불균등의 정도를 측정하는 여러 방법을 논의할 것이다. 둘째, 근로소득의 분배 패턴을 설명하는 데 도움이 되는 이론들을 검토할 것이다. 다음으로 초점은 개인별 근로소득의 이동성 또는 총근로소득 분배 내에서의 이동으로 옮겨질 것이다. 마지막으로, 과거 35년에 걸친 근로소득 분배 불균등의 증가 추세에 대한 논의로 끝을 맺을 것이다.

근로소득 분배에 대한 서술

근로소득 분배의 불균등 정도는 여러 가지 방법으로 서술할 수 있다. 2개의 그래프 그림을 검토하기로 하자. 하나는 도수분포이고, 다른 하나는 로렌츠곡선이다.

도수분포

그림 16.1에 풀타임 미국 근로자들이 2013년에 번 연간 근로소득의 분배가 나타나 있다. 이 **절대도수분포**(absolute frequency distribution) 또는 **히스토그램**(histogram)은 연간 근로소득이 수평축에 보이는 각 5,000달러 근로소득 범위 내에 속하는 (수직축 위에 측정된) 풀타임 임금 및 급여 근로자들의 수를 보여준다. 예를 들어 왼쪽에서 네 번째 막대는 15,000~19,999달러 범위 내의 근로소득을 대표한다. 이 막대의 높이로부터 약 570만 명의 사람들이 2013년에 이 범주의 연간 근로소득을 벌었다는 것을 알 수 있다. 또는 두 번째 예로서, 55,000~59,999달러 근로소득 범위를 대표하는 막대는 360만 명의 사람들이 2013년에 55,000~59,999달러 사이의 근로소득을 벌었다는 것을 말해준다.

소득 분배를 상대적 빈도로 대표하는 것은 똑같이 일상적인 일인데, 이 경우 수직축은 여기서

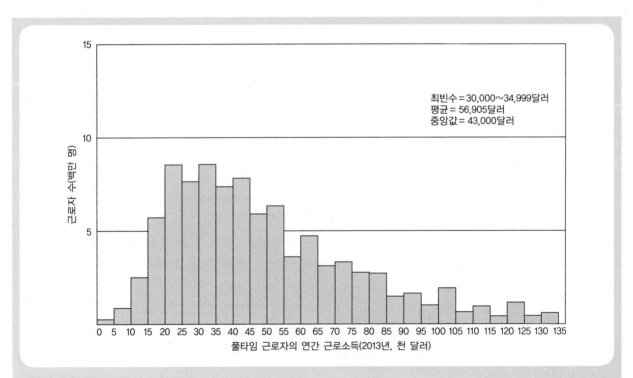

그림 16.1 풀타임 임금 및 급여 근로자들의 연간 근로소득의 분배

연간 근로소득의 개인별 분배는 매우 불균등하고 오른쪽으로 비스듬히 기울어져 있다. 근로소득의 히스토그램(절대도수분포)은 (1) 최빈수 주위의 많은 무리, (2) 길어진 오른쪽으로의 꼬리, (3) 중앙값(1/2은 위에, 1/2은 아래에)을 초과하는 평균(산술평균)에 의해 특징지어진다.

자료 : March 2014 *Current Population Survey*로부터 저자가 계산함.

보이는 바와 같이 그러한 근로자들의 절대 수가 되는 것이 아니라 전체 버는 사람들의 비율로 전환된다.

위치 또는 집중경향성(central tendency)의 세 가지 척도가 그림 16.1의 것과 같은 히스토그램 또는 절대도수분포를 요약하기 위해 통상적으로 사용된다. **최빈수**(mode)는 가장 많은 빈도수가 발생하는 소득 범주이다. **평균**(mean)은 총근로소득을 근로자 수로 나누어 얻는 산술평균이다. 마지막으로 **중앙값**(median)은 근로소득 배열의 중앙에 서 있는 개인이 벌어들인 연간 근로소득 금액이다. 임금과 급여를 버는 사람들의 1/2은 중앙값보다 더 많이 받는 반면, 다른 1/2은 더 적게 받는다. 이러한 정의를 마음에 두면서, 그림 16.1로부터 풀타임 미국 근로자들의 연간 근로소득 분배는 왼쪽으로의 최빈수(2013년 30,000~34,999달러) 주위에 집중되고, 최빈수 오른쪽의 중앙값 수준의 근로소득(2013년 43,000달러)을 가지며, 그리고 최빈수와 중앙값 모두보다 더 큰 산술평균 또는 평균(2013년 56,905달러)을 나타내고 있다는 것을 주목하라. 평균이 히스토그램의 긴 오른쪽 꼬리의 근로소득을 갖는 상대적으로 소수인 근로자들의 극도로 높은 근로소득에 의해 위쪽으로 끌어올려지기 때문에 평균이 중앙값을 초과한다. 이 꼬리는 너무 길어서 끝이 잘린 그림은 끝이 수평축에 도달하는 것을 막는다. 이러한 특성들은 대부분의 미국 근로자들이 전체 분배 왼쪽으로의 2/3의 근로소득을 수령하는 반면, 몇몇 사람들은 중앙값과 평균 대비 이례적으로 큰 연간 근로소득을 번다는 것을 올바르게 제시하고 있다.

로렌츠곡선

근로소득 불균등의 정도는 또한 그림 16.2에 그려진 것과 같은 **로렌츠곡선**(Lorenz curve)에 의해 보일 수 있다. 이 곡선은 모든 풀타임 임금 및 급여 소득자의 누적 백분율을 수평축 위의 왼쪽으로부터 오른쪽으로, 그리고 그 백분율의 소득자들에게 귀속되는 총근로소득의 상응하는 누적 백분율을 수직축 위에 나타낸다. 만약 각 풀타임 근로자가 평균 근로소득을 받는다면 로렌츠곡선은 그래프를 2등분하는 대각선(45°선)이 된다. 모든 풀타임 소득자들의 20%는 모든 근로소득의 20%를 받게 되며, 근로자들의 40%는 40%를 갖게 되는 등이다. 모든 이러한 점들은 적절하게 **완전균등**이라 표시를 붙인 대각선 위에 놓이게 된다.

그림 16.2의 실제 로렌츠곡선은 그림 16.3으로부터의 2013년 데이터를 그래프에 그림으로 도출되었다. 이 그림은 숫자적으로 동일한 다섯 그룹 또는 5분위(quintiles)에 귀속되는 총소득의 백분율을 보여준다. 2013년의 경우 모든 풀타임 근로자들의 하위 20%는 총근로소득의 7.1%를 받았는데, 이는 로렌츠곡선 위의 b점으로 그려진다. 소득자들의 하위 40%는 총근로소득의 17.7%(= 7.1 + 10.6)를 받았는데, 이는 곡선 위의 c점을 산출하는 등이다. 근로소득의 완전균등인 대각선과 로렌츠곡선 사이의 색칠한 면적은 근로소득 불균등 정도의 시각적인 척도이다. 이 면적이 넓으면 넓을수록 연간 근로소득의 차이 정도는 더 커진다. 만약 완전한 불균등이 존재한다면, 즉 만약 한 개인이 총근로소득의 100%를 갖는다면 로렌츠곡선은 g점에서 90° 직각을 형성하며 수평 및 오른쪽 수직축과 일치하게 된다.

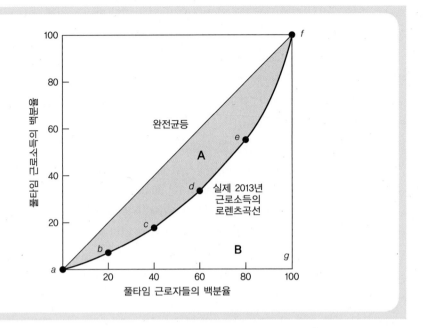

그림 16.2 연간 근로소득의 로렌츠곡선

로렌츠곡선은 근로소득의 분배를 요약하는 유용한 방법이다. 선 *af*는 분배의 완전균등을 나타내는 반면, 로렌츠곡선 *abcdef*는 2013년의 실제 근로소득 분배를 보여준다. 완전균등선과 로렌츠곡선 사이의 면적이 크면 클수록 근로소득 분배는 더 불균등하다.

지니계수

방금 서술한 근로소득 불균등의 시각적 척도는 쉽게 수학적 척도로 전환될 수 있다. 식 (16.1)의 지니계수(Gini coefficient)는 그림 16.2의 색칠한 면적의 대각선 아래 전체 삼각형에 대한 비율이다.

$$\text{지니계수} = \frac{\text{로렌츠곡선과 대각선 사이 면적}}{\text{대각선 아래 전체 면적}} = \frac{A}{A+B} \tag{16.1}$$

만약 근로소득의 완전균등이 존재한다면 대각선과 로렌츠곡선 사이 거리는 0이 되며, 따라서 지니계수도 또한 0[= 0/(A+B)]이 되게 된다. 반면에 만약 한 개인이 모든 소득을 갖는다면 로렌츠곡선과 대각선 사이 면적은 A + B와 같게 되며, 지니계수는 1[= (A+B)/(A+B)]이 된다. 지니계수가 크면 클수록 근로소득 불균등 정도는 더 크다. 그림 16.3에 보이는 2013년 데이터와 그림 16.2 로렌츠곡선의 지니계수는 0.39다.

주의사항

도수분포, 로렌츠곡선, 그리고 지니계수를 해석하는 데 매우 조심해야 한다.

풀타임 근로자와 파트타임 근로자

연간 근로소득은 시간당 임금에 1년간 근로시간 수를 곱한 값이다. 파트타임 근로자들과 1년의 단지 일부분만을 풀타임으로 일한 사람들을 포함하는 분배는 오로지 풀타임 근로자들만을 포함하는 분배보다 더 큰 변동성을 나타낼 것이다. 그림 16.1의 히스토그램과 그림 16.2의 로렌츠

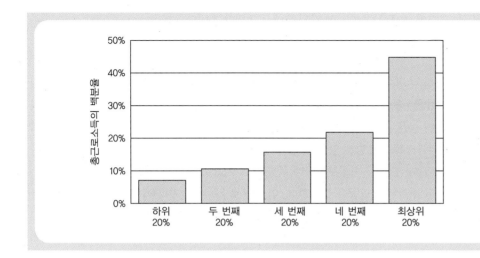

그림 16.3 풀타임 미국 근로자 연간 임금 및 급여 근로소득의 분배

풀타임 근로자들 사이에 총근로소득의 40%가 넘는 부분이 소득자들 상위 20%에 의해 수령되었다.

자료 : March 2014 *Current Population Survey*로부터 저자가 계산함.

곡선은 오로지 풀타임 임금 및 급여 소득자들만을 포함한 것이다.

부가급여

대부분의 근로소득 데이터는 부가급여를 포함하지 않는다. 부가급여의 추가는 근로소득 도수분포의 왜도(skewness)를 증가시키거나, 또는 달리 말하면 로렌츠곡선의 대각선으로부터 아래로의 처짐(sag)을 크게 하며, 지니계수를 증가시킨다. 평균보다 높은 연간 근로소득을 갖는 근로자들은 또한 자신의 총보수 비율로 평균보다 높은 부가급여를 갖는 경향이 있다.[1]

개인 분배와 가족 분배

근로소득 분배는 개인 또는 가족 임금 및 급여에 의해 나타날 수도 있다. 가족 분배의 일반적 형태는 개별 근로자들 것과 비슷하지만, 중앙값과 평균 소득은 가족 단위에서 더 높다. 또한 가족 분배는 더 꽉 조여진다. 즉 지니계수가 더 낮다. 그 이유는 고소득 일부 남성들에 의해 생겨나는 소득효과가 그들의 아내들이 경제활동인구 참가자일 가능성을 감소시키기 때문이다. 이 소득효과는 더 높은 근로소득을 갖는 남성들이 여성평균보다 더 많이 버는 여성들과 결혼하는 경향에 의해 다소 상쇄된다.[2]

정태적 묘사

도수분포, 로렌츠곡선, 그리고 지니계수는 모두 근로소득 불균등의 정태적 묘사 또는 척도이다. 그것들은 매년의 또는 사람들의 생애에 걸친 분배 내에서의 개인의 이동 정도에 대한 정보를 제

---

[1] 부가급여가 소득 분배에 미치는 영향에 대한 실증분석은 Daniel Slottje, Stephen Woodbury, and Rod Anderson, "Employee Benefits and the Distribution of Income and Wealth," in William T. Alpert and Stephen A. Woodbury (eds.), *Employee Benefits and Labor Markets in Canada and the United States* (Kalamazoo, MI: W. E. Upjohn Institute, 2000)를 참조하라.

[2] Maria Cancian and Deborah Reed, "The Impact of Wives' Earnings on Income Inequality: Issues and Estimates," *Demography*, May 1999, pp. 173-84를 참조하라. 또한 Peter Gottschalk and Sheldon Danziger, "Inequality of Wage Rates, Earnings, and Family Income in the United States, 1975-2002," *Review of Income and Wealth*, June 2005, pp. 231-54를 참조하라.

공하지 않는다. 이 중요한 주제는 이 장의 뒤에서 논의할 것이다.

기타 소득원천

마지막의 중요한 주의사항은 연간 근로소득은 개인 또는 가족 소득의 여러 가능한 원천 중 단지 하나일 뿐이라는 것이다. 급여로부터 높은 근로소득을 갖는 사람들은 저임금 근로자들보다 불균형적으로 더 높은 지대, 이자, 그리고 배당금 소득을 갖는 경향이 있다. 하나만 고려하더라도, 이러한 비임금소득의 포함은 임금 및 급여 분배보다 개인 또는 가족 소득 분배를 더욱 불균등하게 만들게 된다. 그러나 사회보장급여, 생활보호 지급, 그리고 재향군인급여 같은 정부 이전지출은 이러한 추가된 불균등을 상쇄한다. 임금 근로소득이 없거나 매우 낮은 개인과 가족은 더 높은 근로소득을 버는 개인보다 비례적으로 더 많은 이전소득을 받는다. 결과는 전적으로 개인 또는 가족 임금과 급여 근로소득(풀타임과 파트타임 근로자들)을 기초로 한 것보다 약간 덜 불균등한 개인과 가족 소득의 분배이다.

🐾 16.1
잠깐만 확인합시다.

- 근로소득의 절대도수분포(히스토그램)는 여러 근로소득 범위 내에 속하는 근로자들의 수를 보여주는 도표로 된 묘사이다.
- 로렌츠곡선은 수평축 위에 모든 임금 및 급여 소득자들의 누적 백분율을 그리고 그 그룹에 속하는 총근로소득의 상응하는 누적 백분율을 그래프로 나타내는데, 곡선이 완전균등의 대각선으로부터 더 멀리 떨어질수록 근로소득 불균등이 더 크다.
- 지니계수는 근로소득 불균등의 산술 척도인데, 로렌츠곡선과 대각선 사이의 면적을 대각선 아래의 총면적으로 나눈 것이다. 지니계수가 크면 클수록 근로소득 불균등이 더 크다.
- 히스토그램, 로렌츠곡선, 그리고 지니계수에 의해 측정되는 바와 같이 미국의 근로소득 불균등 정도는 높다.

여러분의 차례입니다

근로소득의 로렌츠곡선이 대각선에 더 가깝게 이동한다고 가정하자. 근로소득의 히스토그램과 지니계수에 무슨 일이 나타날 가능성이 있는가? (정답은 책의 맨 뒷부분에 수록되어 있음)

근로소득 분배에 대한 설명

지능, 체력, 동기부여, 투지와 같은 근로소득과 관련시킬 수 있는 인간 특성은 우리에게 친숙한 종 모양의 정규곡선을 따라 분포되었을 것으로 생각된다. 그렇다면 근로소득도 또한 이처럼 분포되어야 하는 것 아닌가? 여러 이론이 이 역설을 설명하려 시도하고 있다.[3] 이론들 각각을 설명하는 것이 아니라 먼저 근로소득 불균등에 대한 기본적인 인적자본 측면의 설명을 논의하고, 그 뒤 그것들 중 여러 것을 수정된 다원적 모형으로 종합하여 다양한 여러 대안적인 설명들을 모색함으로써 이 주제에 접근할 것이다.

---

[3] 이러한 이론들에 대한 검토는 Derek Neal and Sherwin Rosen, "Theories of the Distribution of Earnings," in A. B. Atkinson and F. Bourguignon (eds.), *Handbook of Income Distribution* (Amsterdam: North-Holland, 2000)을 참조하라.

인적자본 이론

인적자본 모형(human capital model)은 왜 근로소득의 개인별 분배가 불균등하고 긴 오른쪽으로의 꼬리를 갖고 있는지에 대해 귀중한 통찰력을 제공한다. 인적자본 투자는 여러 형태를 취하는데, 현재의 목적상 가장 중요한 두 가지는 공식교육과 현장실무훈련이다.

공식교육 : 양과 질

공식교육은 미래의 생산성, 즉 생애근로소득을 향상시키기 위해 현재의 희생을 필요로 한다는 점에서 투자의 구성요인을 갖고 있다. 그림 4.2를 보면, 오로지 향상된 근로소득 예상 흐름(면적 3)의 현재가치가 직접 및 간접비용 합(면적 1 + 2)의 현재가치와 같거나 또는 초과할 경우에만 주어진 투자가 집행될 것임을 다시 한 번 알 수 있다. 다른 조건이 일정할 때, 공식 학교 교육의 양이 더 많고 그 질이 더 좋을수록 투자비용(면적 1 + 2)이 더 많고, 따라서 투자를 정당화하기 위해 필요한 생산성과 미래 근로소득 흐름의 향상이 다 크다. 따라서 근로소득 불균등의 가장 기본적인 이론을 갖게 된다. 만약 능력, 일자리의 비임금 측면, 근로소득의 불확실성, 그리고 기대수명 같은 다른 것들이 불변으로 유지된다면, 근로소득은 체계적으로 그리고 정(+)으로 공식교육의 양과 질에 관련될 것이다. 교육수준의 불균등한 분배는 개인 근로소득의 불균등한 분배를 발생시킬 것이다.

표 14.2를 다시 살펴보면 집행된 교육의 양과 평균 연간 근로소득 사이의 관계에 대한 일반적인 증거가 나타난다. 그것은 아프리카계 미국인들과 백인들 모두 고등학교 졸업장을 가진 남성들과 여성들은 12년 미만의 교육을 받은 사람들보다 더 많이 번다는 것을 보여준다. 박사 학위와 전문가 학위를 가진 근로자들은 석사 학위를 가진 사람들보다 더 많이 벌고, 석사 학위를 가진 사람들은 학사 학위를 가진 사람들보다 더 많이 벌며, 학사 학위를 가진 사람들은 전문학사 학위를 가진 사람들보다 더 많이 번다는 것을 관찰하라.

다른 요소들을 설명하는 계량경제학 연구들은 표 14.2에 보이는 교육과 근로소득 사이의 정 (+)의 관계를 확인하고 있다. 또한 소수의 연구들은 공식교육의 질과 그다음 근로소득 사이의 직결되는 관계를 발견했다. 예를 들면 카드와 크루거(Card and Krueger)[4]는 다른 조건이 일정하다면 더 높은 질의 공립학교를 가진 주에서 교육을 받고 더 좋은 교육을 받은 교사를 가졌던 남성들은 교육투자의 더 높은 평균 수익률을 경험했다는 것을 발견했다. 그러나 교육과 근로소득 사이 관계의 중요성을 과장하지 않도록 주의해야 한다. 공식교육은 관찰된 개인 근로소득 차이의 약 7~12%만을 설명한다.

현장실무훈련

기본적인 인적자본 모형의 설명력은, 일단 현장실무훈련이 분석에 추가되면 눈에 띄게 증가한

---

[4] David Card and Alan B. Krueger, "Does School Quality Matter? Returns to Education and the Characteristics of Public Schools in the United States," *Journal of Political Economy*, February 1992, pp. 31–39. 대부분의 다른 연구들도 또한 학교 질과 근로소득 사이의 정(+)의 관계를 발견하고 있다. 그러한 연구들에 대한 설문조사와 카드와 크루거에 의한 다른 학교 질 연구는 Randall K. Q. Akee and Klaus F. Zimmermann (eds.), *Wages, School Quality, and Employment Demand: David Card and Alan B. Krueger* (Oxford: Oxford University Press, 2011)를 참조하라.

다. 현장실무훈련은 단순한 '경험학습(learning by doing)'으로부터 공식 도제와 훈련 프로그램까지 상황에 따라 다르며, 기업에 대해 일반훈련의 성격을 띠거나 아니면 특수훈련의 성격을 띤다. 일반훈련의 경우 보통 삭감된 임금을 통해 근로자가 투자비용을 부담한다. 따라서 근로자의 미래 임금에서의 예상이득이 근로자가 대안적인 투자를 통해 획득할 수 있는 것과 동일한 투자비용(삭감된 임금)에 대한 수익률을 발생시키는 데 충분해야만 한다. 이전할 수 없는 특수훈련의 경우 기업이 투자비용을 지불해야 한다. 사용자는 오로지 근로자 생산성의 예상 증가가 그것을 정당화할 때에만 이 투자를 집행할 것이다. 두 가지 경우 모두 훈련은 생산성 증가와 미래 근로소득의 향상을 기대하여 집행된다. 따라서 현장실무훈련의 양 및 질과 개인의 연간 근로소득 사이에 직접적인 관계를 관찰할 것을 기대하게 된다.

민서(Mincer)는 개인 근로소득 변동의 약 1/2에서 2/3는 일단 인적자본의 정의에 학교 교육 이후의 현장실무훈련에 대한 투자가 포함되면 설명된다는 것을 보였다.[5] 이러한 포함은 두 가지 이유 때문에 아주 큰 설명력을 갖는다. 첫째, 공식 학교 교육은 그 하나만으로는, 왜 사람들의 근로소득이 연령에 따라 전형적으로 증가하는지를 설명하는 데 거의 아무것도 하지 못한다. 즉 교육은 왜 학교 교육 이후 근로소득이 학교 교육 이전의 보수를 초과하는지 설명하지만, 그것 하나만으로는 왜 교육을 받은 사람들의 경우 근로소득이 그들의 근로생애에 걸쳐 더 빨리 증가하는지를 설명하지 못한다. 어쨌든 대부분의 사람들은 자신들 삶에서 상대적으로 일찍 공식교육을 마친다. 반면, 현장실무훈련은 분배에서 너무나도 명백한 연령에 따른 근로소득 변동에 대한 기본적인 설명을 제공한다. 개인이 일자리에서 더 많은 훈련을 축적함에 따라 생산성과 근로소득은 증가한다. 나아가 증거는 더 많은 양의 공식교육을 보유한 사람들이 또한 사용자로부터 더 많은 현장실무훈련을 받는다는 것을 보여준다. 가장 많은 공식교육을 가진 사람들은 훈련을 흡수할 자신들의 능력을 입증했으며, 기업이 현장실무훈련을 위해 선택하는 근로자들이다. 그러므로 더 많은 교육을 받은 사람들은 교육을 적게 받은 근로자들보다 불균형적으로 더 큰 근로소득을 갖는다.

학교 교육 이후 투자가 근로소득 분배의 관찰된 불균등을 설명하는 데 도움이 되는 두 번째 이유는 근로시간에 대한 그 영향이다. 전체적으로 대체효과가 소득효과를 압도한다고 가정하면, 더 많은 학교 교육과 현장실무훈련을 가진 사람들은 교육을 적게 받고 훈련을 적게 받은 근로자들보다 더 높은 시간당 임금을 가질 뿐만 아니라, 연간 더 많은 시간을 일하는 선택을 할 것이라는 것이다. 이는 '시간당 임금 × 근로시간'인 연간 근로소득이 학교 교육과 현장실무훈련의 차이보다 **불균형적으로** 더 클 것임을 의미할 것이며, 이는 근로소득 분배가 오른쪽으로 비스듬히 기울 것임을 뜻한다.

수정된 인적자본 모형 : 다원적 접근법

근로소득 차이에 대한 기본적인 인적자본 설명에 그 비판론자들이 없는 것은 아니다. 특히 흥미로운 것은, 학교 교육과 현장실무훈련이 근로소득 분배의 길고 연장된 오른쪽으로의 꼬리를

---

[5] Jacob Mincer, *Schooling, Experience, and Earnings* (New York: Columbia University Press, 1974).

충분히 설명하지 못한다는 비판이다. 많은 경제학자들은 교육과 현장실무훈련이라는 전통적인 것 이외의 요인들을 포함하여 인적자본 모형을 수정하면 왜 근로소득 분배가 오른쪽으로 비스듬히 기울어졌는지를 더 잘 이해할 수 있다고 믿고 있다. 이러한 **근로소득 분배에 대한 다원적 접근법**(multifactor approach to the earnings distribution)에서는 교육과 훈련은 물론 구체적으로 (1) 능력, (2) 가족 배경, (3) 차별, 그리고 (4) 우연과 위험감수를 고려한다.

능력

능력은 광범위하게 '하려는 힘(the power to do)'으로 정의되며, 여기서 사용된 바와 같이 공식교육 또는 현장실무훈련을 통해 얻은 숙련과는 분리되는 뚜렷이 다른 무엇인가로 구성된다. 능력은 따로 집어내어 측정하기 어렵지만 정규분포를 한다고 간주된다. 이외에도 능력은 다차원적이다. 즉 능력은 지능(IQ), 신체적 재주, 그리고 동기부여를 포함하여 여러 형태를 취한다. 능력은 기원이 유전적일 수도 있고 환경적일 수도 있다. 이 논의에서의 관심사는 관찰되는 능력 차이의 원천이 아니라 오히려 이 차이가 근로소득의 배분에 미치는 결과이다. 능력은 직접적으로, 다시 말해 인적자본 투자와 독립적으로, 그리고 간접적으로, 즉 획득되는 인적자본의 최적 양과 질에 대한 그 영향을 통해 근로소득에 영향을 미칠 수 있다.

직접적인 영향　능력이 근로소득에 미치는 직접적인 효과를 마음속에 그리는 사람들은 시장경제에서 사람들은 기업의 산출량에 기여하는 자신의 능력에 따라 일반적인 방식으로 보상을 받는다고 주장한다. 다른 조건이 일정하다면, 어떤 사람의 능력이 더 크면 클수록 생산성, 따라서 근로소득도 더 크다. 제4장의 '능력 문제'에 대한 논의에서 인적자본 이론에 대한 일부 비판론자들은 공식교육과 근로소득 사이에 관찰되는 정(+)의 관계는 대체로 능력의 차이를 기초로 한 **자기선택**(self-selection)을 반영한다고 주장한다는 것을 보았다. 더 높거나 많은 지능을 소유한 사람들은 더 낮거나 적은 지능을 가진 사람들보다 대학에 다닐 선택을 할 가능성이 더 크다. 이렇게 매우 지능이 높은 사람들은 대학에 가지 않아도, 대학에 다니지 않은 지능이 적은 사람들보다 더 높은 근로소득을 가질 것이라고 기대할 수 있다. 다시 말해 만약 어떻게든 대학 기간 동안 얻었던 숙련과 지식을 통제할 수 있다면, 이 높은 질의 그룹은 여전히 능력이 적은 상대자들보다 상당히 더 높은 근로소득을 갖게 되었을 것이다. 결과적으로, 으레 교육과 훈련의 차이에 기인하는 것으로 보았던 근로소득 불균등의 많은 부분이 능력 차이의 결과일 수 있다.

상호보완적 요인　관련된 가능성은 능력 차이의 요인들이 근로소득의 생산에 있어 서로 보완관계에 있다는 것이다. 이는 한 가지 요소의 추가가 능력의 다른 요인들의 생산성을 증가시킬 것임을 의미한다. 다시 말해 능력 차이는 일부 사람들이 받는 이례적으로 높은 근로소득을 발생시키는 데 **다원적으로 작용**할 수 있다는 것이다. 설명을 위해서, 능력이 정규분포를 갖는 몇 가지 상호보완적인 요인으로 구성되어 있다고 하자. 그 가운데 둘은 지능과 D인자(D-factor)이다. 여기서 D는 추진력(drive), 역동성(dynamism), 칠전팔기의 정신(doggedness), 투지(determination)를 나타낸다.[6]

이러한 가정들 아래서 지능의 정규분포와 D인자의 정규분포 모두에서 오른쪽 꼬리에 위치할 만큼 충분한 행운이 있는 개인은 두 분포 중 어느 하나에서 자신의 상대적인 위치보다 불균형적으로 더 큰 근로소득을 가질 것이다. 이러한 아이디어는 단순한 예에 의해 설명될 수 있다. 지능과 D인자에 기수 숫자를 부여할 수 있다고 가정하자. 다음으로 아사드의 지능은 1에서 5까지의 범위(5가 높고 1이 낮다) 중 4인 반면 베이츠는 1이라고 가정하자. 또한 베이트의 D인자 순위 1과 비교할 때 아사드의 D인자는 4라고 가정하자. 만약 지능과 D인자가 근로소득을 결정하는 데 더하기 방식으로 상호작용한다면, 아사드($=8$)를 위해 $4+4$를 그리고 베이츠($=2$)를 위해 $1+1$을 각각 하게 되는데, 아사드가 베이츠의 4배($=8/2$)만큼 벌 것으로 기대할 수 있다는 것을 주목하라. 그러나 두 요소가 근로소득을 결정하는 데 곱하기 방식으로 상호작용할 수도 있다. 즉 아사드의 점수는 16($=4 \times 4$)이 될 것인 반면, 베이츠는 1($=1 \times 1$)이 될 것이다. 이 경우 아사드의 근로소득은 베이츠의 16배($=16/1$)가 될 것이다. 요점은 만약 능력 요인들이 정(+)의 상관관계를 가지면서 상호보완적인 방식으로 상호작용한다면, 비스듬한 비대칭적인 근로소득 분배는 전적으로 요인들의 정규분포들과 일관된다는 것이다.

인적자본 결정에 미치는 효과　아마도 더 중요한 것은 능력이 인적자본 투자 결정에 미치는 효과를 통해 근로소득에 영향을 미칠 수 있다는 개념이다. 그림 4.6으로부터 더 큰 능력을 가진 일부 사람들은 다른 사람들보다 인적자본 투자, 말하자면 1년의 대학 또는 1년의 현장실무훈련을 노동시장 생산성과 근로소득의 더 큰 증가로 전환할 수 있다는 것을 상기할 것이다. 따라서 학교 교육 또는 훈련의 각 연도에 대한 수익률은 더 큰 능력을 소유한 사람들의 경우 더 클 것이다.[7] 결과적으로, 이러한 사람들은 공식교육에 대한 더 큰 수요를 가질 것이며, 그들의 사용자는 능력이 덜한 사람들보다 이들에게 일자리 훈련을 제공할 더 강력한 욕구를 가질 것이다. 결과는? 더 큰 능력을 소유하고 있는 사람들은 능력의 단순한 차이가 시사하는 것보다 불균형적으로 더 큰 인적자본 보유량과 근로소득을 갖게 되는 경향이 있다는 것이다. 단순하게 말하면, 능력 때문에 학교에서 잘하던 사람들은 더 많은 교육을 갖는 경향이 있으며, 더 많은 교육을 받은 사람들은, 결과적으로, 다른 사람들보다 더 많은 현장실무훈련을 받는 경향이 있다. 이러한 경향들은 전체 근로소득의 분배를 오른쪽으로 비스듬히 기울게 한다.

가족 배경

가족 소득, 아버지와 어머니의 교육 연수, 아버지와 어머니의 직업, 자녀 수 등에 의해 나타나는 가족 배경의 차이도 또한 직접적·간접적으로 근로소득에 영향을 미친다.

직접적인 효과　가족 배경이 근로소득에 미치는 직접적인 효과는 종종 가족이 소유한 사업에서 가족 구성원들의 고용을 통해 나타난다. 번창하는 메르세데스 대리점을 소유하고 있는 가족의

---

[6] Howard F. Lydall, "Theories of the Distribution of Earnings," in A. B. Atkinson (ed.), *The Personal Distribution of Income* (Boulder, CO: Westview Press, 1976), p. 35.

[7] 이러한 결론은 조심스럽게 살펴보아야 한다. 더 큰 능력은 또한 투자 기간 동안 더 큰 포기한 근로소득을 의미할 수 있는데, 이 경우 관찰되는 더 큰 투자 이후 근로소득은 더 높은 수익률을 산출하지 않을 수 있다. John Hause, "Ability and Schooling as Determinants of Lifetime Earnings, or If You're So Smart, Why Ain't You Rich?" in F. Thomas Juster (ed.), *Education, Income and Human Behavior* (New York: McGraw-Hill Book Company, 1975), pp. 123-49를 참조하라.

일원으로 태어난 젊은이는 인생의 후반기에 상당한 소득을 벌 훌륭한 기회를 갖고 있다. 또한 가족 연줄은 부유한 사람의 아들딸들이 그들 부모의 가까운 친구들 또는 사업동료들이 소유하거나 아니면 관리하는 기업에서 높은 보수를 지급하는 자리를 얻도록 할 수 있다. 때때로 이러한 네트워크는 단순히 일자리를 찾는 사람의 빈 일자리에 대한 정보에의 접근을 증가시키지만, 다른 경우에는 서로 사회적·상업적으로 상호작용하는 사람들 사이의 복잡한 호혜의 합의를 통해 성인 아이(adult children)를 위한 일자리들을 만들어낸다.

인적자본 결정에 미치는 효과　그러나 아마도 크게 중요한 것은 얼마만큼의 공식교육을 얻을지에 대한 결정에 영향을 미치는 데 있어서의 가족 배경의 역할이다. 이러한 영향력은 인적자본에 대한 수요와 투자 자금의 공급비용 모두에 영향을 미친다. 고소득 가족들은 자녀들에게 더 많은 학교 입학 전 교육을 제공하는 경향이 있고, 더 좋은 학교를 가진 지역에 거주할 가능성이 더 크며, 전문가 경력을 향한 루트로서 더 높은 교육의 중요성을 종종 강조한다. 그들의 자녀들도 또한 더 높은 질의 교육기관에 다니는 것을 고려하며 사회화될 수 있다. 결과적으로 고소득 부모들은 평균적으로 자신들의 자녀를 위한 인적자본에 대한 더 큰 수요를 갖고 있다. 따라서 이러한 자식들은 더 많은 공식교육을 획득한다.

　가족 배경은 또한 더 높은 교육에의 더 쉬운 금융 접근을 제공한다. 더 부유한 가족들은 단지 포기한 재화 또는 이자라는 기회비용만을 발생시키면서, 연간 근로소득 또는 개인저축으로 자녀의 교육을 재정 지원할 수 있다. 저소득 가족들은 불완전한 금융시장에서 비싼 이자로 자금을 빌려야 할 것이다. 이렇게 인적자본 공급비용이 상이하기 때문에 부유한 부모를 둔 자녀들은 더 가난한 가족의 자녀들보다 더 많은 공식교육을 획득하는 것이 최적이라는 것을 발견할 것이다(그림 4.7).[8] 교육에서의 이러한 차이는 **직접적인 가족 영향력**과 결합해 불균등하고 오른쪽으로 비스듬히 기운 근로소득 분배를 발생시킨다.[9]

차별

제14장에서 차별이 미국의 남성과 여성 사이, 백인과 소수집단 사이 임금 불균등의 일부를 설명한다는 것을 보았다. 차별은 수많은 방식으로 근로소득 불균등을 가중시킨다. 첫째, 공공연한 보수차별과 승진에 있어서의 차별은 차별을 당하는 사람들의 보수를 직접적으로 감소시킨다. 둘째, 직종과 관련된 혼잡 또는 분단은 여성과 소수집단의 보수를 감소시킬 뿐만 아니라 남성과 백인의 보수를 증가시킨다. 둘 모두의 결과는 더 큰 근로소득 불균등에 기여한다. 마지막으로, 더 가난한 아프리카계 미국인과 기타 소수집단 가족들은 종종 저비용 또는 공공주택이 있는 도시 인근으로 분리된다. 이러한 지역은 대개 학교의 수준이 낮고 대학 학위를 가진 성인

---

[8] 그러나 이 효과를 과장하지 않도록 조심해야 한다. 저이자 대출금, 장학금 등 저소득 가정의 학생들이 수령하는 학자금 지원은 이 그룹에 대한 투자자금의 비용을 감소시킨다. 또한 부유한 사람의 암묵적인 차입비용은 가난한 사람의 실제 차입비용보다 그렇게 많이 낮지 않을 수 있다. 가족 소득이 인적자본 획득에 거의 영향을 미치지 않는다는 것을 보여주는 연구는 John Shea, "Does Parents' Money Matter?" *Journal of Public Economics*, August 2000, pp. 155-84를 참조하라.

[9] 가족 배경과 근로소득 사이의 관계를 검토한 연구들의 설문조사는 Gary Solon, "Intergenerational Mobility in the Labor Market," in Orley Ashenfelter and David Card (eds.), *Handbook of Labor Economics*, Volume 3A (Amsterdam: North-Holland, 1999); Sandra E. Black and Paul J. Devereux, "Recent Development in Intergenerational Mobility," in David Card and Orley Ashenfelter (eds.), *Handbook of Labor Economics*, Volume 4, Part B (Amsterdam: Elsevier, 2011)를 참조하라.

역할모델이 거의 없다. 따라서 이러한 지역의 자녀들은 인근 높은 소득 지역의 자녀들보다 높은 교육을 획득할 가능성이 훨씬 더 낮다. 게다가 대학 교육에 큰 비용이 든다. 이러한 비용 때문에 많은 아프리카계 미국인들과 히스패닉들이 대학 다니기를 단념한다.

요컨대 임금차별과 직종차별은 근로소득 불균등에 직접적으로 기여하는 반면, 인적자본차별은 교육과 훈련의 양과 질을 감소시킴으로써 이 불균등에 더욱 기여한다.

우연과 위험감수

일부 경제학자들은 우연 또는 행운 같은 임의적인 요인늘의 역할을 근로소득과 소득의 분배 이론에 포함시켰다. 이러한 **확률론적 이론(stochastic theories)**은 무작위적인 행운의 누적 영향이 어떻게 이윤, 지대, 그리고 자본이득 같은 비임금 소득 분포에 있어 긴 오른쪽으로의 꼬리를 만들어내는 경향이 있는지를 보여준다. 이 책은 노동경제학에 대한 교재이기 때문에, 물론 관심사는 엄격하게 근로소득의 분배에 있으며, 따라서 많은 확률론적 이론은 관련이 거의 없다.

그럼에도 불구하고 일부 경제학자들에 따르면, 확률적 요인들은 왜 근로소득이 불균등하고 왜 근로소득 분배가 오른쪽으로 비스듬히 기울게 되는지에 중요한 통찰력을 제공한다. 위험과 행운이 근로소득 결정 과정에 들어올 수 있는 방법의 세 가지 예는 다음과 같다. 첫째, 특정 순간에 모든 사람이 주어진 수준의 정규분포를 따르는 근로소득을 갖고 있으면서 복권에 참가하는 기회를 얻었다고 가정하자. 또 가정하길, 복권 당첨은 최고의 프로운동선수, 록 스타, 영화배우, 주요 회사임원, 또는 베스트셀러 작가가 되는 기회로 구성되어 있다. 이러한 자리는 숫자로는 매우 드물지만, 사회의 평균적인 급여보다 상당히 많은 보수를 지급한다. 그러나 다른 측면이 존재한다. 만약 복권에 참여하기를 원한다면 위험을 초래해야만 한다는 것이다. 즉 복권 티켓을 구입해야만 한다. 티켓 가격은, 말하자면, 결국 망할 거면서 사주에게 그럴듯하게 자랑한 과감한 벤처 비즈니스 비용일 수도 있고, 스타덤에 오르지도 못하면서 연기, 음악, 운동 기량을 닦느라고 막대하게 들어가는 직간접 비용일 수도 있으며, 인세 수입도 장담 못하는 작가가 되기 위하여 현재 갖고 있는 안정된 일자리를 포기하는 비용일 수도 있는 것이다.

동일한 능력을 가진 모든 근로자가 이러한 복권에 참여할 것인가? 명백히 그렇지 않다. 일부 사람들은 단순히 위험에 대해 너무 크게 회피적이다. 오로지 위험에 대해 덜 회피적인 사람들만 몇 안 되는 큰 상을 탈 확률이 복권 티켓 가격만큼의 가치가 있다고 결정할 것이다. 그렇다면 근로소득의 분배는 복권에 의해 어떻게 영향을 받을 수 있는가? 각각 개별적으로 대칭인 세 가지 분배가 관찰될 수 있다. 첫째, 복권에 참여하지 않은 많은 사람들의 근로소득 분배가 있게 된다. 둘째, 아마도 비참가자의 분배 왼쪽에 놓인 분배를 관찰하게 되는데, 이는 복권에 당첨되지 않은 사람들의 소득을 알려준다. 마지막으로, 비참가자의 분배 오른쪽에 놓여 있는 분배가 존재하는데, 이는 상대적으로 소수인 복권 당첨자들의 매우 큰 평균 근로소득을 보여준다. 비록 이러한 세 가지 분배 각각은 정규분포를 따를 수 있지만, 근로소득의 복합적인 분배는 오른쪽으로 비스듬히 기울게 된다.[10]

제8장에서 우연(chance)이 개인 근로소득의 차이를 설명할 수 있는 두 번째 방법을 암시하였다. 그림 8.5에서, 불완전한 임금 정보와 비용이 드는 일자리탐색이라는 환경에서는, 똑같은 유

형의 근로로부터 보수의 차이가 존재할 수 있다는 것을 관찰했다. 그림에 나타난 도수분포에서 누가 어떤 임금을 받는지는 부분적으로 임의로 결정된다. 예를 들어 고메즈와 그린이 둘 모두 유보임금(최소 수락임금)이 동일하고, 같은 자격을 갖춘 구직자라고 가정하자. 또한 각각이 그림 8.5에 보여진 도수분포에서 무작위로 빈 일자리를 탐색하고 있다고 가정하자. 운이 좋은 고메즈는 첫째 시도에서 분포 내의 가장 높은 임금 제안을 받을 수 있는 반면, 행운이 덜한 그린은 자신의 유보임금보다는 높지만 고메즈가 받은 보수보다 훨씬 낮은 임금 제안을 받을 수 있다.

개인 근로소득의 이론에서 우연의 역할에 대한 마지막 예는 서로(Thurow)가 제시하는 것이다. "한계생산은 개인이 아니라 일자리에 내재되어 있다. 개인은 자신이 보유하기로 계획되어 있는 일자리의 한계생산성을 발휘할 수 있도록 훈련될 것이지만, 그는 그 일자리와 무관하게는 이러한 한계생산성을 갖지 못한다."[11] 이러한 논지의 시사점은 일정한 세트의 일반적인 배경 특성을 소유하고 있는, 즉 똑같이 훈련받을 수 있는 근로자들은 노동 풀(pool)을 구성할 것이고, 사용자들이 그 풀에서 근로자를 데려간다는 것이다. 행운이 있는 사람은 높은 한계생산성과 연간 근로소득을 가진 일자리에 선택될 것이지만, 그러한 일자리는 아주 드물기 때문에, 똑같은 자격을 갖춘 다른 사람들은 낮은 보수를 지급하는 직종에 처할 것이다. 따라서 '비슷한 개인들이 광범위한 일자리 기회와 근로소득에 걸쳐 분포될 것이다. 사실상, 그들은 복권에 참가하게 되는 것'이다.[12]

도식적 요약

그림 16.4는 방금 논의한 근로소득의 주요 결정요인들을 요약하고 있다.[13] 근로소득에 대한 기본적인 인적자본 설명은 교육과 훈련을 근로소득과 연결하는 굵은 실선에 의해 대표된다. 더 종합적인 다원적 설명은 전체 그림에 그려져 있다. 능력(교육과 무관)은 둘을 연결하는 굵은 선에 의해 보이는 바와 같이 직접적으로, 그리고 교육과 훈련의 최적 양과 질에 미치는 그 영향을 통해(가는 선) 간접적으로 근로소득에 영향을 미친다. 마찬가지로 가족 배경과 차별은 직접적 그리고 간접적으로 개인의 근로소득에 효과를 미친다. 이러한 요소들과 근로소득 사이의 실선 화살표는 가족 기업, 가족 연줄, 그리고 임금 및 직종차별의 역할을 대표한다. 가족 배경과 차별로부터 교육과 훈련까지의 가는 선은 가족 교육과 부(富)가 인적자본에 대한 수요와 공급가격에 미치는 영향을 나타낸다. 그것은 또한 인종과 성 차별이 인적자본, 따라서 간접적으로 근로소득에 미치는 효과를 포착한다. 마지막으로 우연의 역할은 직접적으로 근로소득으로 이어지는 점선에 의해 표시된다.

그림 16.4에 더 복잡한 내용을 쉽게 추가할 수 있다. 예를 들어 어떤 의미에서 둘 모두 부분

---

[10] 이 예는 Milton Friedman, "Choice, Chance, and the Personal Distribution of Income," *Journal of Political Economy*, August 1953, pp. 273–90에 제시된 더 복잡한 모형을 근거로 한다. 프리드먼(Friedman) 논문에 대한 매우 기술적인 비판은 S. M. Kanbur, "Of Risk Taking and the Personal Distribution of Income," *Journal of Political Economy*, August 1979, pp. 769–97을 참조하라.

[11] Lester C. Thurow, *Generating Inequality: Mechanisms of Distribution in the U.S. Economy* (New York: Basic Books, 1975), p. 85.

[12] Ibid., p. 92.

[13] 이러한 묘사에 대한 더 완전한 논의는 A. B. Atkinson, *The Economics of Inequality*, 2nd ed. (Oxford: Clarendon Press, 1983), p. 122를 참조하라.

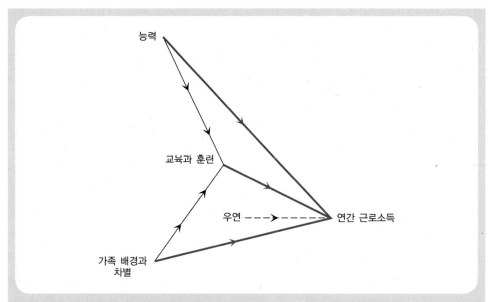

그림 16.4 개인의 연간 근로소득에 영향을 미치는 요소들

연간 근로소득의 개인별 분배의 기본적인 인적자본 설명은 교육과 훈련을 연간 근로소득에 연결시키는 굵은 화살표에 의해
나타난다. 다원적 접근법은 근로소득에 직접적으로 영향을 미칠 수 있거나(굵은 선), 또는 개인이 받는 교육과 훈련의 양과
질에 영향을 미침으로써(가는 선) 간접적으로 근로소득에 영향을 미치는 변수로서 능력, 가족 배경, 그리고 차별을 추가한다.
행운이나 우연 또한 연간 근로소득에 영향을 미치는 데 있어 역할을 담당한다(점선).

자료 : A.B. Atkinson, *The Economics of Inequality*, 2nd ed. (Oxford: Oxford University Press, 1983), p. 122로부터 각색함.

적으로 행운의 산물이기 때문에 우연을 가족 배경과 능력에 연결시킬 수 있다. 또한 현재의 근
로소득이 이어지는 교육의 얼마만큼을 최적이라고 결정하는 데 도움을 준다는 점을 고려하면,
근로소득으로부터 교육과 훈련으로 피드백 루프를 추가할 수 있다. 그 뒤 또한 근로소득 차이
를 발생시키는 데 있어 보상임금프리미엄의 역할을 인식할 수 있다. 마지막으로 리달(Lydall),
로젠(Rosen) 등에 의해 지적된 바와 같이 조직의 위계구조가 큰 근로소득 차이를 창출할 수 있
다.[14] 그러나 이러한 중요한 고려사항들을 별론으로 하면 그림 16.4는 근로소득 개인별 분배의
주요 결정요인들을 적절하게 요약하고 있다.

근로소득 배분 내에서의 이동

전체 근로소득의 개인별 분배는 한 해부터 다음 해까지 꽤 경직적이며, 10년으로부터 다음 10년
까지 단지 약간 변화한다. 그러나 이러한 사실은 그 고정된 분배 내에서 개인 이동의 정도를 감
추고 있다. 한편 실러(Schiller)가 다채롭게 지적한 바와 같이, 개인들은 매년 그리고 그들의 생
애에 걸쳐 정태적 전체 분배 내에서 매우 이동적일 수 있는데, 이는 의자들의 위치는 똑같은 채

---

[14] Howard Lydall, *The Structure of Earnings* (London: Oxford University Press, 1968); and Sherwin Rosen, "Authority, Control, and
the Distribution of Earnings," *Bell Journal of Economics*, Autumn 1982, pp. 311-23.

로 남아 있지만 사용자들은 규칙적으로 바뀌는 의자놀이(musical chairs) 게임을 시사한다. 다른 한편으로, "전체 분배의 경직적인 형태는 개인적 이동의 총체적인 부재와 똑같이 양립하는 것이다. 말하자면, 음악이… 끝날 때까지 사람들이 각자의 의자에 남아 있으면서 플레이를 하는 게임과 같다."[15]

이 두 가지 가능성 중 어느 것이 현실을 잘 묘사하는가? 대답은 의자놀이 시나리오인 것처럼 보인다. 증거는 경직적인 정태적 분배 내에서 상당한 움직임 또는 이동이 발생한다는 것을 시사하고 있다. 근로소득 이동(earnings mobility)은 생애주기 이동과 연령과 무관한 '휘젓기(churning)'의 두 가지 주요 유형을 보인다.

생애주기 이동

연령-근로소득곡선(그림 4.1)에 대한 이전의 논의에서 본 것처럼, 사람들의 근로소득은 전형적으로 생애주기에 걸쳐 나이를 먹음에 따라 체계적으로 변한다. 대부분의 사람들은 젊을 때 상대적으로 낮은 근로소득을 가지며, 후에 최고조로 버는 기간 동안 근로소득은 상당히 증가한다. 그리고 마지막으로 퇴직 시점 가까이에서 감소한다. 따라서 모든 사람이 자신의 생애에 걸쳐 동일한 근로소득 흐름을 갖더라도, 근로소득의 분배에서 여전히 연령과 관련된 불균등을 관찰하게 된다. 어떤 특정 연도라도, 근로소득의 정태적 연간 분배는, 말하자면 막 경제활동 참가를 시작한 젊은 (저근로소득) 근로자들, 경력의 최고에 있는 중년 (고근로소득) 근로자들, 그리고 퇴직에 접어들고 있는 나이 든 근로자들을 포함하게 된다. 이러한 특정 연도 연간 근로소득의 불균등은 생애근로소득의 완전한 균등에도 불구하고 나타나게 된다.

근로소득의 생애주기 이동성(life-cycle mobility) 때문에, 생애근로소득에는 정태적 횡단면 연간 데이터에서 관찰되는 것보다 더 큰 균등성이 존재할 것이다.

분배 내에서의 '휘젓기'

근로소득 분배 내에는 연령 그 자체와 무관한 움직임도 또한 존재한다. **근로소득 분배 내에서의 '휘젓기'**('churning' within the earnings distribution) 때문에, 사람들의 상대적 연령조정 근로소득 위치는 그들의 생애기간 동안 변화한다. 예를 들어 판매원은 새로운 일자리의 첫해에는 상대적으로 작은 수수료와 근로소득을 가질 수 있었지만 그 뒤를 이은 연도들에는 상당히 큰 연간 보상을 받을 수 있을 것이다. 또는 관리자는 종전 일자리보다 상당히 더 많은 보수를 지급하는 새로운 일자리로 승진할 수도 있다. 또는 아래쪽 방향으로의 휘젓기 예로서, 한 해에 높은 보수를 지급받았던 연기자가 다음 몇 년 동안에는 훨씬 적게 벌 수 있다.

증거

근로소득 분배 내에 얼마만큼의 움직임이 존재하는가? 이 질문에 대답하기 위해서, 디아즈-지메니즈, 글로버, 리오스-룰(Diaz-Gimenez, Glover, and Rios-Rull)은 2011년에 35~45세까지

---

[15] Bradley R. Schiller, "Relative Earnings Mobility in the United States," *American Economic Review*, December 1977, p. 926.

의 가장들을 표본으로 사용했다.[16] 그들은 표본을 각각 근로자들의 20%가 들어 있는 5개의 근로소득 범주(5분위)로 나누고, 그 뒤 2001~2007년 사이 개인들의 움직임을 관찰했다. 근로자들의 43%가 적어도 한 근로소득 5분위 또는 근로소득 분배 끝 중 하나에서 다른 끝으로 가는 거리의 1/5을 바꿨다. 일부 근로자들은 심지어 더 큰 근로소득 이동성을 가졌다. 즉 9%는 6년의 기간 동안 둘 이상의 5분위를 바꿨다.

그러나 근로소득 이동의 정도를 과장해서는 안 된다. 가장 낮은 그리고 가장 높은 5분위로의 그리고 그로부터의 근로소득 이동성은 다른 범주로의 그리고 범주로부터의 이동성보다 더 낮다. 또한, 기틀먼과 조이스(Gittleman and Joyce)는 여성과 아프리카계 미국인들이 최하위 5분위에 머물 가능성이 더 크며, 최상위 5분위에 머물 가능성이 더 작다는 것을 보고하고 있다.[17] 근로소득 분배 내에 많은 움직임이 있지만, 이 이동의 크기는 분배의 전체 분포에 걸쳐 획일적이지도 않으며, 근로자 그룹 간에도 같지 않다.[18]

그럼에도 불구하고, 근로소득 이동은 생애근로소득에 있어서의 불균등 정도를 감소시킨다. 고츠쵸크(Gottschalk)는 17년 동안의 평균 근로소득은 단일 연도의 데이터를 사용할 때 대비 불균등을 약 1/3 감소시킨다는 것을 발견했다.[19] 부친스키와 헌트(Buchinsky and Hunt)는 근로소득의 이동성은 4년의 기간에 걸쳐 불균등을 12~26% 감소시킨다는 것을 보고하고 있다.[20]

16.1
근로의 세계

16.2
잠깐만 확인합시다.

- 인적자본 이론은 근로소득 불균등의 주요 이유로서 교육의 양과 질, 그리고 현장실무훈련 크기의 차이를 고려한다.
- 근로소득 분배에 대한 다원적 접근법은 교육과 훈련 이외에 능력, 가족 배경, 차별, 우연, 그리고 위험감수를 고려한다.
- 근로자들은 자신들의 근로생애에 걸쳐 상당한 근로소득 이동성을 드러내 보인다. 즉 근로소득은 전형적으로 초기 연도에 낮고, 최고 근로 연도에 증가하며, 그리고 그 뒤 감소한다.
- 근로소득의 생애주기 측면과 무관하게 근로소득 범주를 넘나들며 해마다 근로자들의 많은 이동이 존재한다. 이러한 이동은 가장 낮은 근로소득 범주와 가장 높은 근로소득 범주에서 더 작다.

여러분의 차례입니다

16.2
근로의 세계

근로소득 불균등을 설명하는 모든 요소 중에서 어떤 것이 가장 중요하다고 생각하는가? (정답은 책의 맨 뒷부분에 수록되어 있음)

---

[16] Javier Diaz-Gimenez, Andy Glover, and Jose-Victor Rios-Rull, "Facts on the Distributions of Earnings, Income, and Wealth in the United States: 2007 Update," Federal Reserve Bank of Minneapolis *Quarterly Review*, February 2011, pp. 2-31.

[17] Maury Gittleman and Mary Joyce, "Earnings Mobility and Long-Run Inequality: An Analysis Using Matched CPS Data," *Industrial Relations*, April 1996, pp. 180-96.

[18] 이 점에 관한 더 많은 증거는 John Geweke and Michael Keane, "An Empirical Analysis of Earnings Dynamics among Men in the PSID: 1968-1989," *Journal of Econometrics*, June 2000, pp. 293-356을 참조하라. 또한 Brett Theodos and Robert Bednarzik, "Earnings Mobility and Low-Wage Workers in the United States," *Monthly Labor Review*, July 2006, pp. 36-47을 참조하라.

[19] Peter Gottschalk, "Inequality, Income Growth, and Mobility: The Basic Facts," *Journal of Economic Perspectives*, Spring 1997, pp. 21-40.

[20] Moshe Buchinsky and Jennifer Hunt, "Wage Mobility in the United States," *Review of Economics and Statistics*, August 1999, pp. 351-68. 또한 Richard V. Burkhauser and John G. Poupore, "A Cross-National Comparison of Permanent Inequality in the United States and Germany," *Review of Economics and Statistics*, February 1997, pp. 10-17; Richard V. Burkhauser, Douglas Holtz-Eakin, and Stephen E. Rhody, "Labor Earnings Mobility and Inequality in the United States and Germany during the Growth Years of the 1980s," *International Economic Review*, November 1997, pp. 775-94를 참조하라.

16.1 근로의 세계   세대 간 근로소득 이동의 국가 간 차이

사회에서 근로소득 이동의 또 다른 척도는 근로소득이 한 세대로부터 다음 세대로 이전되는 정도이다. 미국의 대부분의 문헌은 아버지의 근로소득과 아들 근로소득 사이의 세대 간 근로소득 탄력성이 약 0.4라는 것을 알려준다. 이러한 탄력성은 만약 아버지가 평균보다 10% 더 큰 근로소득을 갖고 있다면 그의 아들은 평균보다 약 4% 더 많이 벌 것이라는 것을 의미한다.

미국의 세대 간 근로소득 탄력성은 다른 나라들의 그것과 어떻게 비교되는가? 미국은 영국과는 비슷하거나 더 크지만, 다른 여러 나라들의 그것보다는 더 작은 세대 간 이동성을 갖고 있다. 영국에서 세대 간 근로소득탄력성의 추정치는 0.42~0.57에 이른다. 도발적인 증거는 개발도상국은 또한 더 낮은 세대 간 이동성을 갖는 경향이 있다는 것을 알려준다. 예를 들어 남아프리카공화국의 세대 간 근로소득탄력성은 약 0.44이다. 그에 반해서 캐나다, 핀란드, 스웨덴은 이 척도에 의하면 상대적으로 더 이동성이 있다. 그들의 탄력성은 0.1~0.3에 이른다.

솔론(Solon)은 이러한 국가 간 차이를 설명하는 여러 요소를 시사하고 있다. 첫째, 시간의 어떤 시점에 더 큰 근로소득 불균등을 갖고 있는 나라는 더 낮은 세대 간 근로소득 이동성을 갖고 있는 경향이 있다. 예를 들어 미국과 영국은 스웨덴과 핀란드보다 더 큰 소득

불균등, 따라서 더 낮은 세대 간 근로소득 이동성을 갖고 있다. 둘째, 소득을 발생시키는 특성을 가진 개인들 사이의 선별적인 짝짓기 덕택에, 더 큰 그러한 특성의 상속가능성을 갖고 있는 나라들은 더 작은 세대 간 근로소득 이동성을 갖는 경향이 있다. 셋째, 교육 및 다른 형태의 인적자본 투자에 대한 더 높은 수익은 세대 간 근로소득 격차를 증가시키고, 따라서 세대 간 이동성 비율을 감소시키는 경향이 있다. 특히 미국은 많은 다른 나라보다 고등학교 이후 교육에 대한 더 높은 수익을 갖고 있다. 마지막으로, 고소득 가계의 자녀라는 인적자본에 대해 상대적으로 더 많이 투자하는 나라는 더 작은 세대 간 근로소득 이동성을 갖는다.

자료 : Gary Solon, "Cross-Country Differences in Intergenerational Earnings Mobility," *Journal of Economic Perspectives*, Summer 2002, pp. 59-66. 스웨덴에서 아들들보다 딸들 사이에 약간 더 큰 세대 간 근로소득 이동성이 존재한다는 증거는 Lalaina H. Hirvonen, "Intergenerational Earnings Mobility among Daughters and Sons: Evidence from Sweden and a Comparison with the United States," *American Journal of Economics and Sociology*, November 2008, pp. 777-826을 참조하라. 노르웨이에서의 비슷한 증거는 Espen Bratberg, Oivind Anti Nilsen, and Kjell Vaage, "Trends in Intergenerational Mobility across Offspring's Earnings Distribution in Norway," *Industrial Relations*, January 2007, pp. 112-29를 참조하라.

16.2 근로의 세계   정부 고용과 근로소득 분배

미국 근로자 6명 중 1명은 정부에 고용되어 있다. 이러한 근로자들에게 지급되는 임금은 근로소득 분배에 어떤 영향을 미치는가? 대답은 정부 고용과 보수는 전체 근로소득 불균등을 감소시킨다는 것이다.

정부 기관과 정부 계약자들은 보통 공공 근로자에게 지급되는 임금은 민간부문 비슷한 근로자의 근로소득과 견줄 만해야 한다는 적정임금(prevailing wages) 규칙을 고수한다. 그러나 이 규칙은 정부 보수구조의 하단과 상단 모두에서 수정되는 경향이 있다. 블루칼라 공공 근로자들은 그들의 민간부문 상대자들보다 더 많이 보수를 지급받는 반면, 정부의 화이트칼라 근로자들, 특히 고급간부들은 훨씬 적은 보수를 지급받는다. 결과적으로, 공공부문의 개인별 근로소득 분배는 민간부문보다 더 평등주의적이며, 이는 사회의 전체 분배를 또한 덜 불균등하도록 만든다.

공공부문 근로소득 압축의 이유는 많다. 예를 들면 선출된 관료들

은, 풀타임 정부 근로자들이 현금 또는 현물 복지 급여 수급 자격을 충족하게 되는 정치적으로 난처한 상황을 피하기 위하여, 저임금 근로자들에게 그들의 민간부문 상대자들보다 더 많은 보수를 지급할 수 있다. 또한 수가 많고 정치적으로 강력한 저임금에서 중간 임금을 버는 근로자들이 수가 적은 고임금을 지급받는 관리자나 전문가들보다 임금 인상을 확보할 가능성이 더 크다. 나아가, 회사의 경영간부에게 지급되는 높은 급여(표 7.1)를 정부의 최고 관리자와 선출된 관료에게 지급하는 것은 정치적으로 실현가능하지 않을지도 모른다. 이것과 관련하여, 전형적인 한 해에 미국에서 가장 높은 보수를 지급받는 회사 임원 10명의 급여와 보너스를 합한 총액은 다음 정부 관료의 급여를 합한 것을 초과한다는 것을 지적할 수 있다―미국 대통령, 부통령, 50명의 주지사, 9명의 대법관, 그리고 50명의 주요 규제기관장.

근로소득 불균등의 증가

지난 30년 동안 노동경제학자들은 많은 연구들을 미국 근로소득 분배의 변화를 추적하고 설명하는 데 쏟아부었다. 처음 이러한 연구에 동기가 부여된 것은 1980년대 초 제기된 중산층이 위축되고 있다는 논란이 많은 가설이었다. 그 극단적인 형태에서 이 견해는 미국의 고용은 상당한 교육을 요구하는 높은 보수를 지급하는 일자리와 서비스부문의 낮은 보수를 지급하는 일자리로 양극화되고 있다고 평가하고 있다.[21]

대부분의 노동경제학자들이 극단적인 양극화 견해를 거부하지만, 근로소득과 급여소득의 분배가 정말로 더 불균등하게 되었다는 의견일치가 나타났다.[22] 증거는 근로소득 불균등이 과거 30년에 걸쳐 증가했고 이러한 추세는 1980년 이래 가속화되었다는 것을 알려준다.[23]

임금 불균등의 추세

임금 불균등의 유용한 척도 중 하나는 임금 분포의 상이한 부분에서의 임금의 비율이다. 예를 들면 일상적으로 사용되는 격차는 90-10 비율인데, 이는 90번째 백분위수의 임금을 10번째 백분위수의 임금으로 나눈 것이다. 그림 16.5는 임금 및 급여 근로자들의 성별 시간당 임금 비율을 보여준다. 남성의 경우 1973년 90-10 비율은 3.75였다. 이는 90번째 백분위수 남성들이 10번째 백분위수 남성들의 3.75배만큼 벌었다는 것을 알려준다. 비율은 2014년 5.18로 증가했는데, 이는 불균등이 증가했다는 것을 알려주고 있다.[24]

그러나 증가율은 이 기간에 걸쳐 안정적이지 않았다. 증가율은 1973~1979년 사이에 매년 0.013포인트의 대단하지 않은 속도로 증가했다. 1979~1994년 사이에 매년 0.076포인트로 빨리 증가했다. 1994~1999년 사이에 비율은 보통으로 감소했는데, 그 이래 그것은 1994년 수치 위로 증가했다. 근로소득 분배의 그 이상의 분해는 불균등의 최근 상대적인 안정은 상쇄하는 요소들 덕분이라는 것을 알려준다.[25] 한편으로 임금 분포 하단의 남성들 임금은 중간에 있는 사람들 대비 증가했는데, 이는 불균등을 완화하는 경향을 가져왔다. 반면에 임금 분포 최상위 가까이에 있는 남성들 임금은 중간에 있는 사람들 대비 계속해서 증가했는데, 이는 불균등을 심화

---

[21] Barry Bluestone and Bennett Harrison, *The Deindustrialization of America* (New York: Basic Books, Inc., 1982). 또한 Bennett Harrison Barry Bluestone, *The Great U-Turn: Corporate Restructuring and Polarization of America* (New York: Basic Books, Inc., 1988); and Barry Bluestone, *The Polarization of American Society: Victims, Suspects, and Mysteries to Unravel* (New York: Twentieth Century Fund Press, 1995)을 참조하라.

[22] 증거는 일자리 부상과 교대제 근로 같은 작업장 불편함 사이에 불균등이 또한 증가하고 있다는 것을 알려준다. Daniel Hamermesh, "Changing Inequality in Markets for Workplace Amenities," *Quarterly Journal of Economics*, November 1999, pp. 1085-1123을 참조하라.

[23] 임금 불균등에 대한 최근 연구의 설문조사는 Thomas Lemieux, "Wage Inequality: A Comparative Perspective," *Australian Bulletin on Labour*, December 2011, pp. 2-32를 참조하라.

[24] 불균등 척도들이 검토되는 근로자들의 표본과 근로소득 척도에 민감하다는 증거가 존재한다. Mark S. Handcock, Martina Morris, and Annette Bernhardt, "Comparing Earnings Inequality Using Two Major Surveys," *Monthly Labor Review*, March 2000, pp. 48-61; Thomas Lemieux, "Increasing Residual Wage Inequality: Composition Effects, Noisy Data, or Rising Demand for Skill?" *American Economic Review*, June 2006, pp. 461-98.

[25] 이 절 통계의 원천은 1973-1978 *May Current Population Survey*와 1979년부터 2014년까지 월간 *Outgoing Rotation Group Current Population Survey* 파일로부터 저자가 계산한 것이다.

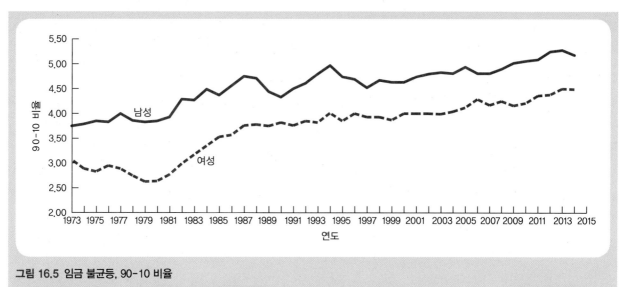

그림 16.5 임금 불균등, 90-10 비율

남성과 여성 모두의 근로소득 불균등은 최근 수십 년 동안 증가했다.

자료 : 1973-1978 *May Current Population Survey*와 1979년부터 2014년까지 월간 *Outgoing Rotation Group Current Population Survey* 파일로부터 저자가 계산함.

하는 경향을 초래했다.

　여성들 사이의 임금 불균등 또한 증가했다. 90-10 비율은 1973년의 3.07로부터 2014년의 4.49로 증가했다. 시간에 따른 불균등의 변화는 여성의 경우는 상이했다. 즉 1973~1979년 사이에 약간 증가한 남성의 경우와 달리 여성의 90-10 비율은 감소했다. 다른 한편, 1979~1994년 사이에 비율은 여성의 경우 남성의 경우보다 1/5 더 빠르게 증가했다.

국제 시각

왜 근로소득 불균등이 증가하는가?

경제학자들은 왜 근로소득 불균등이 과거 30년에 걸쳐 증가했는지에 대한 여러 설명을 내놓았다. 네 가지 잠재적 설명을 간략히 평가하기로 하자.

탈산업화

1970년대 중반 이래 서비스부문의 고용은 제조업 고용과 대비하여 극적으로 증가했다. 서비스부문은 제조업부문보다 더 낮은 평균임금과 더 높은 근로소득의 분산을 갖고 있기 때문에 이러한 서비스로의 기울어짐은 의심할 바 없이 근로소득 불균등을 증가시켰다.[26]

　그러나 경제학자들은 이것은 불완전한 설명이라고 경고하고 있다. 고용 믹스의 서비스로의 변화는 전체 임금 불균등 증가의 오로지 작은 부분만을 설명한다. 근로소득 불균등 증가의 대다수는 산업 내에서의 임금과 급여의 분산 증가에 의해 설명된다.[27] 이러한 근로소득 불균등의

[26] Bluestone and Harrison, op. cit.; Harrison and Bluestone, op. cit. 또한 관련된 것은 Barry Bluestone, "The Impact of Schooling and Industrial Restructuring on Recent Trends in Wage Inequality in the United States," *American Economic Review*, May 1990, pp. 303-7이다.

16.1 국제 시각   근로소득 불균등*

미국은 주요 유럽 국가들보다 90-10 임금 비율에 의해 측정된 더 높은 정도의 근로소득 불균등을 갖고 있다.

자료 : Hipólito Simón, "International Differences in Wage Inequality: A New Glance with European Matched Employer-Employee Data," *British Journal of Industrial Relations*, June 10, pp. 310-46, Table A2; and Lawrence Mishel, Jared Bernstein, and Heidi Shierholz, *State of Working America, 2008/2009* (Ithaca, NY: ILR Press, 2009), Table 3.5.

* 2002년 데이터임.

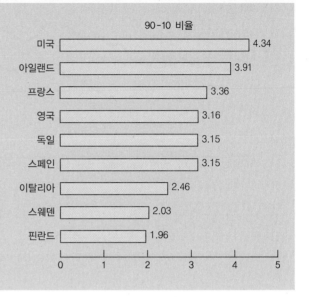

90-10 비율

국가	비율
미국	4.34
아일랜드	3.91
프랑스	3.36
영국	3.16
독일	3.15
스페인	3.15
이탈리아	2.46
스웨덴	2.03
핀란드	1.96

산업 내 증가는 제조업으로부터 서비스 고용으로의 이동에 의해 쉽게 설명되지 않는다. 더구나, 빠르게 성장하고 있는 몇몇 서비스산업(예 : 법률, 컨설팅, 회계, 의료, 교육)은 저보수부문이 아닌 고보수부문이다.

노동조합의 쇠퇴

이론적으로 노동조합이 임금 불균등 정도에 미치는 효과는 모호하다. 노동조합은 비노동조합 상대자 대비 노동조합 근로자의 임금을 증가시키고, 대체로 더 높은 임금을 지급받는 블루칼라 근로자로 구성되어 있기 때문에 임금 불균등을 심화시킨다. 노동조합은 노동조합화된 기업 내에서, 그리고 기업 사이에 임금을 균등화하기 때문에 임금 불균등을 낮춘다. 이외에도 노동조합은 주로 블루칼라 조합원들의 상대임금을 증가시키기 때문에 화이트칼라와 블루칼라 근로자 사이의 임금 갭을 낮추는 경향이 있다. 노동조합은 이론적으로 임금 불균등에 불확실한 효과를 미치지만, 증거는 일반적으로 노동조합이 임금 불균등을 완화하는 경향이 있다는 것을 알려준다.

연구 증거는 노동조합의 쇠퇴가 근로소득 불균등을 심화하는 데 기여했다는 견해를 지지하고 있다.[28]

---

[27] Robert G. Valletta, "The Effects of Industry Employment Shifts on the U.S. Wage Structure, 1979-1995," Federal Reserve Bank of San Francisco *Economic Review*, no. 1 (1997), pp. 16-32.

[28] 노동조합의 쇠퇴가 근로소득 불균등 증가에 기여했다는 증거는 Bruce Western and Jake Rosenfeld, "Unions, Norms, and the Rise in U.S. Wage Inequality," *American Sociological Review*, August 2011, pp. 513-37을 참조하라.

숙련 근로자에 대한 수요 증가

대학 임금프리미엄이 1980년대에 크게 증가했는데, 이는 더 많은 숙련을 가진 근로자들과 더 적은 숙련을 가진 근로자들 사이에 임금 갭이 증가했다는 것을 의미함을 상기하라. 더 높은 교육에 대한 수익률 증가, 따라서 근로소득 불균등 증가의 한 가지 잠재적인 설명은 더 많은 숙련을 가진 근로자들에 대한 수요가 더 적은 숙련을 가진 근로자들에 대한 수요 대비 크게 증가했을 수 있다는 것이다. 다른 조건이 일정하다면, 더 많은 숙련을 가진, 더 높은 보수를 지급받는 근로자들에 대한 수요의 상대적인 증가는 근로소득 분배를 넓힐 것이다.

더 많은 숙련을 가진 근로자들에 대한 수요 증가는 두 가지 방식으로 스스로를 입증할 수 있을 것이다. 첫째, 더 많은 숙련을 가진 근로자들에 대한 수요는 산업 내에서 발생할 수 있을 것이다. 새로운 기술에 반응하는 데 있어 산업은 일반적으로 대학 교육을 받은 근로자들을 필요로 하는 방식으로 생산기법을 바꿨을 수 있다. 예를 들어 제조업과 서비스산업은 똑같이 컴퓨터의 도움을 받는 기술의 사용을 확대했다.[29] 둘째, 생산물수요의 이동이 산업들 사이에 발생했을 수 있다. 구체적으로 말하자면, 노동에 대한 파생수요는 더 높은 비율의 더 많은 숙련을 가진 근로자들을 고용하는 산업에 유리하게 이동했을 수 있다. 예를 들면 컴퓨터 소프트웨어와 바이오 의약품산업 같은 첨단산업의 출현은 고도의 훈련을 많이 받은 근로자에 대한 전체 수요를 증가시켰을 수 있다.

대학 보수프리미엄의 증가가 대학에 다니는 젊은 사람들 비율의 역사적인 증가 추세가 상대적으로 둔화된 결과일 수도 있다. 대학 교육을 받은 근로자들에 대한 수요 증가와 함께 이는 근로소득 불균등 증가를 더욱 설명할 수 있게 한다.[30]

인구통계학적 변화

몇몇 경제학자들은 근로소득 불균등 증가를 설명하기 위해 총노동시장의 공급 측면을 생각했다. 구체적으로 말하자면, 그들은 중요한 요소로서 더 많은 숙련을 가진 근로자들과 숙련을 적게 가진 근로자들 사이 노동공급 구성의 변화를 인용한다. 특히 1970년대와 1980년대 기간 동안의 많은 수의 저숙련 베이비붐 세대와 여성 근로자들의 노동시장 진입은 근로소득 불균등 증가에 기여했을 수 있다.

경험이 없고 숙련이 적은 근로자 숫자의 급등과 근로소득 불균등 사이의 연계는 두 가지 차원을 갖는다. 첫째, 이러한 급등은 모든 산업에서 고임금 근로자들에 대한 저임금 근로자들의 비율을 증가시킴으로써 더 큰 임금 차이를 창출했을 수 있다. 둘째, 여러 저임금 노동시장에서 젊은 근로자들과 경험이 없는 여성 근로자들의 공급 증가는 그 시장에서 근로자들의 상대적인 근로

---

[29] 컴퓨터 기술이 숙련 근로자들에 대한 수요를 증가시키는 메커니즘에 대한 증거는 David H. Autor, Frank Levy, and Richard J. Murnane, "The Skill Content of Recent Technological Change: An Empirical Exploration," *Quarterly Journal of Economics*, November 2003, pp. 1279-1333을 참조하라.

[30] Daron Acemoglu, "Technical Change, Inequality, and the Labor Market," *Journal of Economic Literature*, March 2002, pp. 7-72; and David H. Autor, Lawrence F. Katz, and Melissa S. Kearney, "Trends in U.S. Wage Inequality: Revising the Revisionists," *Review of Economics and Statistics*, May 2008, pp. 300-23을 참조하라. 일부 경제학자들은 숙련 근로자에 대한 수요 증가의 역할을 대단치 않게 생각했다. Lemieux, op. cit.를 참조하라.

16.3 근로의 세계 여가시간 불균등의 증가

미국에서 평균적인 남성은 시장 근로 또는 가정에서 허드렛일을 하면서 1주일에 53시간을 소비한다. 여성의 해당 수치는 1주일에 47시간이다. 그들의 나머지 시간은 여가활동에 소비된다.

여가시간의 양은 지난 40년에 걸쳐 크게 증가했다. 아귀아르와 허스트(Mark Aguiar and Erik Hurst)는 1965~2003년 사이에 여가시간은 남성의 경우 1주일에 6.2시간, 여성의 경우 4.9시간 증가했다고 보고하고 있다. 이러한 여가시간의 증가는 남성의 경우 1년에 320시간과 여성의 경우 255시간에 달하는 것이다.

여가시간 증가의 크기는 교육수준별로 달랐다. 1965년에 남성과 여성은 교육 그룹에 걸쳐 비슷한 여가시간의 양을 가졌다. 2003년에 이르러 교육을 많이 받은 개인들과 교육을 적게 받은 개인들 사이에 여가시간의 상당한 갭이 나타났다. 남성 고등학교 중퇴자들 사이에 1965~2003년 사이 여가시간은 1주일에 12시간 증가했다. 그에 반해서, 이 기간에 걸쳐 남성 대학 졸업자들의 경우 여가시간은 거의 변하지 않았다. 여성들 사이에 고등학교 중퇴자의 여가시간은 1주일에 8시간 증가했지만, 대학 졸업자의 경우는 1주일에 단지 1시간 증가했을 뿐이다.

교육수준에 따른 여가시간의 괴리 대부분은 집안일이 아니라 시장 근로에 충당했던 시간의 변화 때문이었다. 남성들 사이에 시장 근로시간은 교육을 많이 받은 사람들보다 교육을 적게 받은 사람들의 경우 훨씬 더 감소했다. 여성의 경우 시장 근로시간은 대학 졸업자들의 경우 1주일에 4시간 증가했으며, 고등학교 중퇴자들의 경우 1주일에 2시간 감소했다. 집안일에 충당했던 시간은 남성의 경우 교육수준과 상관없이 비슷한 크기로 증가했으며, 여성들의 경우 교육 그룹들에 걸쳐 비슷한 크기로 감소했다.

여가시간 활동에도 변화가 또한 발생했다. 모든 교육 그룹들은 TV를 시청하는 데 사용하는 시간의 큰 증가를 경험했다. TV를 시청하는 시간은 대학 졸업자들의 경우 1주일에 5시간, 고등학교 중퇴자들의 경우 1주일에 9시간 각각 증가했다. 대학 졸업자들의 경우 TV 시청 시간의 증가는 읽기와 사회활동에 충당한 시간 감소에 의해 상쇄되었다. 수면에 사용한 시간은 고등학교 중퇴자들의 경우 1주일에 3시간 증가했지만 대학 졸업자들의 경우는 1주일에 1시간 감소했다.

여가시간 불균등의 증가는 최근 수십 년 동안 근로소득 불균등 증가의 거울에 비친 모습(mirror image)이다. 교육을 많이 받은 근로자들은 교육을 적게 받은 근로자들보다 더 크게 증가한 근로소득을 받았다. 그러나 그들의 여가시간 증가는 교육을 적게 받은 근로자들보다 적었다.

자료 : Mark Aguiar and Erik Hurst, "Measuring Trends in Leisure : The Allocation of Time over Five Decades," *Quarterly Journal of Economics*, August 2007, pp. 969-1006.

소득을 하락시켰을 수 있다. 둘 중 어떤 경우든 예상되는 영향은 덜 숙련된(경험이 덜한) 근로자들과 더 숙련된 근로자들 사이의 보수격차 증가일 것이다.

근로소득 불균등 증가의 인구통계학적 설명은 논리적으로 설득력이 있으며, 자주 인용된다. 그러나 이 설명을 전체 불균등의 증가가 대체로 각 연령 그룹 내에서의 근로소득 불균등 증가의 결과라는 증거와 조화시키는 것은 어렵다. 연구의 의견일치는 베이비붐, 여성의 경제활동인구 진입 급등, 그리고 해외로부터의 이주는 근로소득 불균등 증가에 단지 미미하게 기여했다는 것이다.[31]

결론과 미래 전망

임금 불균등 증가의 가능한 원천에 대한 논의로부터 어떤 결론을 내릴 수 있는가? 주요 결론은 이러한 현상에 유일한 원인은 존재하지 않는 것 같다는 것이다. 이러한 문제에 관한 증거는 수요 측, 공급 측, 그리고 제도적인 요소들이 작용하고 있다는 것을 알 수 있다. 대학 훈련을 받

---

[31] David Dard, "Immigration and Inequality," *American Economic Review*, May 2009, pp. 1-21를 참조하라.

은 근로자들에 대한 수요가 공급 대비 증가했던 것처럼 보인다. 숙련이 덜한 근로자들의 공급이 수요 대비 증가했던 것처럼 보인다. 그러는 사이, 무역적자와 노동조합의 쇠퇴가 중간 수준의 보수를 지급하는 전통적인 일자리들을 감소시켰고 근로자들을 더 낮은 보수를 지급하는 고용으로 돌렸다. 결과는 남성과 여성 모두 근로소득 분배가 넓어진 것이다.

16.3
근로의 세계

근로소득 분배는 다음 10년의 기간 동안 계속해서 넓어질 것인가? 이 분야 전문가들이 제시하는 잠정적인 대답은 아마도 '아니다'일 것이다. 경제활동인구 성장의 감소는 미래에 총노동시장을 단단히 조일 것이고, 숙련이 덜한 근로자들의 임금을 증가시킬 것이다. 또한 교육과 훈련 투자에 대한 수익률 증가는 더 많은 사람들을 대학에 등록하도록 유도할 것이고, 기업들로 하여금 근로자들을 훈련하는 데 더 많은 투자를 하도록 장려할 것이다. 궁극적으로, 더 숙련된 근로자들의 공급 증가가 이 그룹에게 지급되는 근로소득 프리미엄을 감소시킬 것으로 기대된다.[32] 그러나 근로소득 불균등에 영향을 미치는 요소들이 수가 많고 복잡하다는 것을 명심하라. 따라서 근로소득 불균등의 미래 경로를 예측하는 것은 매우 투기적이다.

---

[32] 이 점에 대한 논의는 Topel, op. cit.를 참조하라.

요약

1. 개인 근로소득의 불균등 정도는 히스토그램(절대도수분포), 상대도수분포, 또는 로렌츠곡선에 의해 보일 수 있다. 도수분포는 여러 범위의 연간 근로소득 내에 속하는 고용된 개인들의 절대 또는 상대 숫자를 보여준다. 로렌츠곡선은 모든 임금 및 급여 소득자들의 누적 백분율과 그에 상응하는 총근로소득의 누적 백분율을 나타낸다.

2. 미국 근로소득의 도수분포는 중앙값과 평균의 왼쪽에 위치한 단일 최빈수 주위에 상당한 몰림을 입증하고 있으며, 긴 오른쪽으로 비스듬한 꼬리를 나타내고 있는데, 이는 개인 근로소득에 광범위한 차이가 있다는 것을 알려준다.

3. 지니계수는 0(완전균등)에서 1(완전불균등)까지 범위에서 근로소득 불균등의 정도를 측정한다. 지니계수는 대각선과 로렌츠곡선 사이의 면적을 대각선 아래 전체 면적과 비교함으로써 그래프로 아주 생생하게 알 수 있다.

4. 개인 근로소득의 도수분포, 로렌츠곡선, 그리고 지니계수는 (a) 파트타임 근로자들이 포함되었는지 또는 제외되었는지에 따라 다르고, (b) 부가급여를 포함시키지 않으며, (c) 가족 근로소득에 대한 정보를 제공하지 않고, (d) 이전지출 이후의 소득을 근거로 할 때보다 더 큰 불균등을 나타내기 때문에 조심스럽게 해석되어야 한다.

5. 인적자본 이론가들에 따르면, 근로소득 불균등의 대략 1/2에서 2/3는 사람들이 받는 공식교육과 현장실무훈련의 상호작용을 하는 차이에 의해 설명된다.

6. 능력은 (a) 일부 경제학자들에 의해 생산성의 향상을 통해 근로소득에 **직접적으로** 영향을 미치는 것으로 간주되고, (b) 곱셈 방식으로 상호작용하여 비스듬히 기운 근로소득 분배를 발생시키는 여러 형태를 취할 수 있으며, (c) 인적자본 투자의 최적 양으로부터의 수익을 결정함으로써 **간접적으로** 근로소득에 영향을 미칠 수 있다.

7. 가족 배경, 차별, 위험감수의 크기, 그리고 우연의 정도도 또한 근로소득 불균등과 근로소득 분배의 오른쪽으로 비스듬히 기운 꼬리를 설명하는 데 도움이 되는 변수들이다.

8. 전체 근로소득 분배 내에서 개인들의 상당한 이동이 존재한다. 이러한 이동은 생애주기와 관련이 있는데, 이는 일반적으로 연령과 근로소득 사이의 정(+)의 관계를 반영한다. 그것은 또한 교육, 훈련, 능력, 또는 행운을 많이 가진 사람들이 연령조정 근로소득의 더 낮은 수준으로부터 더 높은 수준으로 올라가는 '휘젓기'의 성격일 수 있다.

9. 미국 근로소득의 분배는 과거 30년에 걸쳐 더 불균등해졌다. 제시된 잠재적인 원인들에는 (a) 탈산업화, (b) 수입으로 인한 경쟁과 노동조합의 쇠퇴, (c) 숙련 근로자들에 대한 수요 증가, 그리고 (d) 인구통계학적 변화가 포함된다. 이러한 요소들 중 어느 하나도 단독으로는 임금 및 급여의 불균등 증가를 설명할 수 없다. 수요 측, 공급 측, 그리고 제도적 요소들이 모두 관련되는 것처럼 보인다.

용어 및 개념

개인 근로소득 분배(distribution of personal earnings)

근로소득 분배 내에서의 '휘젓기'('churning' within the earnings distribution)

근로소득 분배에 대한 다원적 접근법(multifactor approach to the earnings distribution)

근로소득 이동(earnings mobility)

로렌츠곡선(Lorenz curve)

생애주기 이동(life-cycle mobility)

인적자본 모형(human capital model)

자기선택(self-selection)

절대도수분포(absolute frequency distribution)

지니계수(Gini coefficient)

확률론적 이론(stochastic theories)

히스토그램(histogram)

D인자(D-factor)

질문 및 연구 제안

1. 가상적인 경제가 다음과 같은 연간 근로소득을 갖는 20명의 노동조합에 가입하지 않은 민간부문 근로자들로 구성된다고 가정하자. 18,000달러, 9,000달러, 82,000달러, 12,000달러, 13,000달러, 76,000달러, 61,000달러, 14,000달러, 22,000달러, 23,000달러, 21,000달러, 46,000달러, 59,000달러, 26,000달러, 27,000달러, 37,000달러, 6,000달러, 41,000달러, 3,000달러, 24,000달러.

   a. 10,000달러의 연간 근로소득 범위(즉 0~10,000달러, 10,000달러~20,000달러 등)를 사용하여 이 경제의 개인별 근로소득 분배의 히스토그램(절대도수분포)을 그려라. 히스토그램의 최빈수는 얼마인가? 근로소득의 평균(산술평균) 수준은 얼마인가? 근로소득의 중앙값 수준은 얼마인가? 정규분포인지, 왼쪽으로 비스듬한지 또는 오른쪽으로 비스듬한지 분포를 특징짓고 설명하라.

   b. 이 경제의 5분위 근로소득 분배를 보여주는 로렌츠곡선을 그려라.

   c. 이 전체 노동력의 노동조합화가 로렌츠곡선에 미칠 가능한 영향은 무엇인가? 설명하라.

2. 왜 주어진 지니계수가 하나 이상의 특정 로렌츠곡선과 양립가능한지에 대해 추측하라. 그래프로 설명하라.

3. 왜 다른 사람들보다 더 많은 공식교육을 받은 사람들이 또한 일반적으로 자신의 직장생활의 기간 동안 더 많은 현장실무훈련을 받는 경향이 있는가? 이러한 사실의 근로소득 분배에 대한 시사점은 무엇인가?

4. 다음 서술을 비판적으로 평가하라. "생애근로소득은 연간 근로소득보다 덜 균등하게 분포되어 있다."

5. 이전지출을 통해 가족 소득의 분배를 더 조이기 위한 정부의 성공적인 시도가 어떻게 부주의로 인해 연간 근로소득 분배를 더 불균등하게 만들 수 있는지에 대해 숙고해보라.

6. 어떻게 능력과 가족 배경 모두 교육, 훈련과 무관하게 근로소득에 직접적으로 영향을 미칠 수 있는지를 설명하라. 어떻게 능력과 가족 배경이 인적자본 투자 결정을 통해 근로소득을 간접적으로 결정하는가? 어떻게 차별이 근로소득 불균등에 기여하는가?

7. 과거 35년에 걸쳐 연간 근로소득 로렌츠곡선의 위치에 무슨 일이 발생했는가? 앞으로의 35년에 걸쳐 로렌츠곡선이 왼쪽으로 이동할 것이라는 논거의 정당함을 입증하라. 로렌츠곡선이 현재의 위치보다 더 오른쪽으로 이동할 것이라는 논거의 정당함을 입증하라. 여러분은 두 시나리오 중 어느 것이 가장 현실적이라고 생각하는가?

8. 임금 및 급여 불균등의 증가에 대한 교재의 두 가지 가능한 설명 중 어느 것이 다음 사실과 가장 덜 일관성을 갖는 것처럼 보이는가? 근로소득의 분배는 산업(재화와 서비스산업 모두) 내에서와 연령 그룹 내에서 더 불균등해졌다. 설명하라.

9. 이 장에서 제시된 정보에 비추어 제4장 끝 부분에 있는 11번 문제에 대답하라.

인터넷 연습

소득 불균등은 증가하고 있는가 아니면 감소하고 있는가?

인구통계국 소득 불균등 웹사이트(www.census.gov/hhes/www/income/data/historical/inequality/index.html)를 방문하라. '세대주의 인종과 히스패닉 출신별 가계의 지니계수(Gini Ratios for Households, by Race and Hispanic Origin of Householder)'를 클릭하라. 이는 가계의 역사적 지니 데이터를 검색할 것이다.

1973년, 1979년, 1999년, 그리고 보이는 가장 최근 연도 모든 인종의 지니계수는 얼마인가? 다음의 기간 동안 소득 불균등에 무슨 일이 발생했는가—1973~1979년, 1979~1999년, 그리고 1999년부터 가장 최근 연도? 한 인종에 대해 똑같은 분석을 반복하라.

인터넷 링크

국제연합대학(United Nations University)과 유엔개발계획(UNDP)은 많은 나라들에 대한 소득 불균등 척도의 큰 데이터베이스를 갖고 있다(www.wider.unu.edu/research/WIID3-0B/en_GB/database/).

노동생산성 : 임금, 물가, 그리고 고용

17

이 장을 공부하고 나면:

1. 생산성의 개념과 그것이 어떻게 측정되는지를 설명할 수 있다.
2. 생산성 성장이 실질임금과 인플레이션에 미치는 영향을 설명할 수 있다.
3. 장기 생산성 성장의 기본적인 원인들을 열거하고 논의할 수 있다.
4. 왜 노동생산성이 경기동행적인 패턴을 나타내는지 설명할 수 있다.
5. 특정 산업의 생산성 성장과 고용 성장 사이의 관계를 분석할 수 있다.
6. 생산성 성장의 부활과 최근의 둔화에 기여한 요소들을 논의할 수 있다.

앞의 여러 장에서는 특정 유형 근로자들의 시간당 임금의 결정, 임금구조를 구성하는 개별적인 임금의 복잡한 내용, 개인 근로소득의 분배를 검토했다. 이제 실질임금 평균수준의 장기추세를 검토하기로 하자. 지난 세기에 무엇이 평균 실질임금을 증가시켰는가? 왜 미국의 실질임금 성장은 1979~1995년 사이 그렇게 크게 둔화되었는가? 왜 실질임금 성장은 1995~2008년 사이 반등했으며, 2008년 이래 둔화되었는가?

이러한 질문들에 답하면서, 장기에 걸친 실질임금수준의 확대는 노동생산성의 성장과 밀접히 관련되어 있음을 알게 될 것이다. 이 장의 많은 부분은 따라서 생산성 성장과 그 여러 영향에 대해 다룰 것이다.

생산성의 개념

본질적으로 생산성은 간단한 개념이다. 그것은 생산된 재화와 서비스의 양인 실질산출량과 그 산출량을 생산하기 위해 사용된 투입물의 양 사이의 관계이다. 다시 말해 생산성은 비율로 표현된 자원 또는 투입물의 효율성 척도이다.

$$생산성 = \frac{산출량}{투입물} \qquad (17.1)$$

생산성은 투입물 한 단위로부터 얼마나 많은 산출량 단위를 얻을 수 있는지를 알려준다. 만약 투입물 단위당 산출량이 증가한다면 생산성은 증가한다.

이 정의로부터 감지할 수 있는 바와 같이 생산성 공식의 분자와 분모에의 대입을 위해 선택된 특정 데이터에 따라 변하는 생산성 척도의 여러 형태가 존재한다. 분자의 산출량은 실질국내총생산(GDP), 민간부문의 실질산출량, 또는 특정 산업 또는 공장의 실질산출량일 수 있다. 분자에 어떤 산출량 척도가 사용되든 그것은 명목 항이 아니라 실질 항으로 기술되어야만 한다. 투입물 단위당 더 많은 재화와 서비스의 생산은 생산성의 증가로 여겨지지만, 고정된 또는 심지어 감소된 산출량의 수량에 대한 더 높은 가격은 분명히 그렇지 않다. 분모의 경우에서도 몇몇 생산성 분석가들은 **총요소생산성**(total factor productivity)의 척도를 도출하기 위해 노동과 자본 모두의 투입물을 결합한다. 노동이 논의의 초점이기 때문에 근로자-시간이 총생산량(total product) 또는 실질GDP와 관련되는 **노동생산성**(labor productivity)에 관심을 가질 것이다.[1]

측정

그림 17.1은 가상 경제의 특정 2개 연도 각각의 노동생산성을 계산할 수 있는 정보를 제공한다. 그림은 2개의 총생산함수를 나타내고 있는데, TP_1, TP_2는 각각 특정 연도를 대표하고 그 기간의 근로자-시간 양을 연간 총실질GDP와 관련시킨다. 처음에 TP_1으로 표시된 총생산함수에 초점을 맞출 것이다. 이 곡선은 두 가지 가정을 반영하고 있다. 첫째, 노동의 질, 자본의 양, 그리고 생산방법은 고정되어 있다. 둘째, 생산은 한계생산체감의 제약을 받는다. 단순화하기 위해, 산출량의 전체 범위에 걸쳐 수확체감을 가정하기로 한다. 따라서 TP_1은 근로자-시간과 총생산물 사이의 관계를 가리키며, 다른 조건이 일정할 때, 고정된 자본 보유량에 노동단위가 추가적으로 사용됨에 따라 총생산물은 체감하는 비율로 증가한다는 것을 보여준다.

곡선 TP_1이 제공하는 투입-산출 정보로 이 가상 경제의 이 특정 연도 노동생산성을 측정할 수 있다. 구체적으로

$$노동생산성 = \frac{총생산(실질GDP)}{근로자-시간 수} \qquad (17.2)$$

식 (17.2)는 노동생산성은 단순히 경제 전체의 노동투입물의 평균생산성이라는 것을 확인한다. 설명의 목적상 식 (17.2)의 분모인 근로자-시간 수가 150이라고 가정하자. 그림 17.1의 총생산함수에서 상응하는 총생산은 200이다. 200을 150으로 나누면 노동생산성은 1.33이라고 결론을 내리게 된다. 이 특정 연도를 기준연도로 사용하면, 식 (17.3)을 사용하여 이 노동생산성

---

[1] 이용가능한 생산성 척도의 설문조사는 Charles Steindel and Kevin Stiroh, "Productivity: What Is It, and Why Do We Care About It?" *Business Economics*, October 2001, pp. 13–31을 참조하라. 또한 Bureau of Labor Statistics, *BLS Handbook of Methods* (Washington, DC: Government Printing Office, 1997), chap. 10을 참조하라.

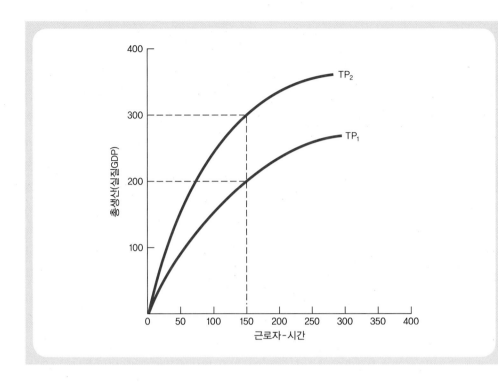

그림 17.1 총생산함수와 노동생산성

총생산함수 TP₁과 TP₂는 두 기간 및 다른 자본 보유량의 경우 근로자-시간 투입과 총생산 또는 실질GDP 사이의 관계를 나타낸다. 노동시간의 변화가 없다고 가정하면 생산함수의 상방 이동은 노동생산성의 50% 증가를 나타낸다.

숫자를 지수 숫자로 바꿀 수 있다.

$$생산성 \ 지수_{기준연도} = \frac{생산성_{연도 1}}{생산성_{기준연도}} \times 100 \tag{17.3}$$

식 (17.3)은 단순히 기준연도의 노동생산성을 100과 동일하도록 설정한다. 즉 100 = (1.33/1.33) × 100이다.

이제 그림 17.1의 TP₁에서 TP₂로의 총생산함수의 상방 이동을 살펴보자. 장기적으로, 다른 조건이 일정하지 않다면, 즉 노동의 질이 향상될 수 있고, 자본 보유량이 증가할 수 있으며, 자원을 결합하는 더 효율적인 방법이 발견될 수 있다. 예를 들면 이 경제가 자본재 보유량을 확대했고, 이어 근로자들이 생산 과정에서 더 많은 기계류와 도구를 사용할 수 있게 되었다고 가정하자. TP₁에서 TP₂로 총생산함수의 상방 이동으로 설명한 바와 같이, 이는 노동투입물 단위당 산출량을 증가시키게 된다. 근로자-시간 수가 150에서 불변으로 남아 있다고 가정하면, 총생산은 300으로 증가하게 되며, 노동생산성은 2(= 300/150)로 증가하게 된다. 이 새로운 생산성 수준 2를 기준연도의 생산성 1.33과 비교하게 되면 연도 2의 생산성 지수를 결정할 수 있다.

$$노동생산성 \ 지수_{연도 2} = \frac{생산성_{연도 2}}{생산성_{기준연도}} \times 100 \tag{17.4}$$

새로운 지수는 150[= (2/1.33) × 100]인데, 이는 기준연도 지수 100 대비 50%의 증가를 나타낸다.

BLS 지수

노동통계국(Bureau of Labor Statistics, BLS)은 미국 경제의 공식적인 노동생산성 지수를 발표한다. 그림 17.2는 1960년 이래 근로자-시간당 산출량의 BLS 지수의 경로를 보여준다. 2009년이 지수의 기준연도라는 것을 주목하라. 이 **BLS 생산성 지수**(BLS productivity index)가 널리 사용되고 인용되기 때문에 그 특성을 잘 아는 것이 중요하다.

첫째, 지수는 민간부문에서 산출된 불변달러(실질) GDP를 민간부문에 고용된 근로자-시간수로 나누어 계산한다. 공공부문이 BLS 지수에서 제외되는 것은 매우 현실적인 이유들 때문이다. 즉 국방, 홍수 통제, 그리고 경찰 및 소방 보호 같은 정부에 의해 제공되는 공공 재화 및 서비스는 개별 구매자들에게 시장에서 판매되지 않는다. 따라서 공공부문 산출물의 경제적 가치를 추정하는 것은 극도로 어렵다. 대부분의 생산성 전문가들은 민간부문보다 공공부문에서 생산성이 덜 빠르게 성장했다고 믿고 있다. 이런 이유 때문에 BLS 데이터는 전체 경제의 생산성 성장을 과장하는 경향이 있다.

둘째, 산출물의 질의 향상이 고려되지 않기 때문에 지수는 생산성 성장을 축소한다. 물론 이는 민간부문의 실질산출량 또는 GDP를 계산하는 것과 관련된 결점을 단순히 반영하는 것이다. 즉 GDP는 산출물의 질이 아니라 양의 변화를 측정한다.

셋째, 근로자-시간당 산출량의 사용은 노동 하나만이 생산성 증가에 책임이 있다는 것을 미묘하게 암시한다. 이는 사실이 아니다. 이미 그림 17.1에 대한 논의에서 지적한 바와 같이 노동생산성에 영향을 미치는 요소들은 수가 많으며 다양하다. 거기에는 노동 질의 향상, 더 많은 자본설비의 사용, 생산기술과 경영조직기법의 향상, 시장 확대 결과로서의 특화의 심화, 경제구

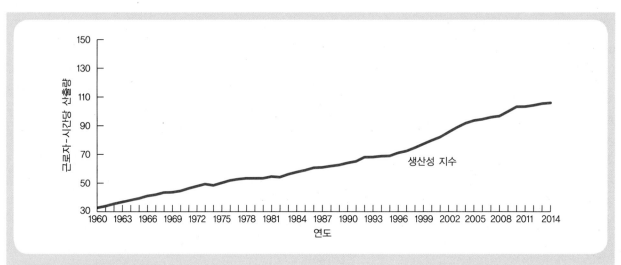

그림 17.2 미국 노동생산성 지수*

노동생산성은 지난 54년에 걸쳐 2배 이상이 되었다.

자료 : Bureau of Labor Statistics (http://www.bls.gov).

* 기업부문

조의 이동, 공공정책, 그리고 사회적 태도가 포함된다. BLS 노동생산성 지수는 노동생산성 변화에 대한 정보는 제공하지만, 변화의 원인을 설명하지는 않는다.

BLS 노동생산성 지수는 한계와 편향에도 불구하고 민간부문의 효율성이 시간의 흐름과 함께 어떻게 변해 왔는지 합리적인 근사치를 보여준다. 공식적인 BLS 척도는 아주 주목할 만한 장점을 갖고 있다. 첫째, 지수는 개념적으로 단순하고 이용가능한 데이터로부터 매우 쉽게 계산될 수 있다. 둘째, 근로자-시간당을 근거로 계산되기 때문에 지수는 자동적으로 주당 근로시간 길이의 변화를 고려한다. 그에 반해서, 매년 매 근로자당 산출량 지수는 만약 시간이 흐름에 따라 평균 주당 근로시간의 길이가 감소한다면 노동생산성의 성장을 축소하게 된다. 마지막으로, 시간당 산출량의 척도로서 BLS 노동생산성 지수는 시간당 임금과 직접적으로 비교될 수 있다.[2]

생산성 증가의 중요성

노동생산성 성장은 적어도 두 가지 이유 때문에 중요하다.

1. 생산성 성장은 실질임금과 생활수준 향상의 기본적인 원천이다.
2. 생산성 성장은 명목임금 증가를 상쇄 또는 흡수한다는 의미에서 반인플레이션 요인이다.

서술한 순서에 따라 두 가지 요점을 고찰하기로 하자.

생산성과 실질임금

미국에서 실질 시간당 임금은 지난 세기에 걸쳐 연평균 2~3% 상승했다. 그림 17.3은 그 장기적인 추세에 대한 정확하지만 다소 피상적인 설명을 제공한다. 그림은 예를 들어 $(w/p)_1$에서 $(w/p)_2$로, $(w/p)_3$로의 실질임금의 상승은 노동에 대한 수요가 노동공급보다 더 빠르게 증가할 때 발생한다는 것을 보여준다. 그림에서 보여지는 바와 이러한 실질임금의 상승은 근로자-시간 수의 증가(Q_1에서 Q_3로)와 전적으로 양립이 가능하다.

실질임금의 상승에 대한 이러한 단순한 공급과 수요 설명은 자연스럽게 더 날카로운 의문을 제기한다. 즉 왜 노동수요는 10년에 걸쳐 증가했는가? 그림 17.4는 이러한 노동수요 증가의 주요 원천을 확인하고 있다. 즉 노동생산성의 증가인 것이다. 근로자-시간당 산출량 증가와 평균 시간당 실질보수의 성장 사이의 극도로 밀접한 관계를 주목하라. 노동생산성의 증가가 노동공급 대비 노동에 대한 수요를 증가시켰고, 따라서 평균 시간당 실질임금을 끌어올렸다. 사회의 실질산출량이 그 실질소득이라는 것을 생각하면, 생산성과 실질보수 사이의 밀접한 관계는 놀랄 일이 아니다. 일반적으로, 경제 전체로는, 시간당 매 근로자의 실질소득은 시간당 매 근로자의 산출량과 오직 똑같은 비율로만 증가할 수 있다. 즉 더 많은 시간당 산출량은 매 근로시간에 배분될 더 많은 실질소득을 의미한다. 가장 단순한 경우가 고전적인 무인도 위의 로빈슨 크루소(Robinson Crusoe)이다. 시간당 그가 딸 수 있는 코코넛 또는 그가 잡을 수 있는 생선의 수는

---

[2] 생산성 측정과 관련된 문제에 관한 논의는 Edwin R. Dean, "The Accuracy of the BLS Productivity Measures," *Monthly Labor Review*, February 1999, pp. 22-34를 참조하라.

**그림 17.3 실질임금 증가 :
노동공급과 노동수요 설명**

노동에 대한 수요가 노동공급보
다 더 빨리 증가할 때 실질임금
의 증가가 발생한다.

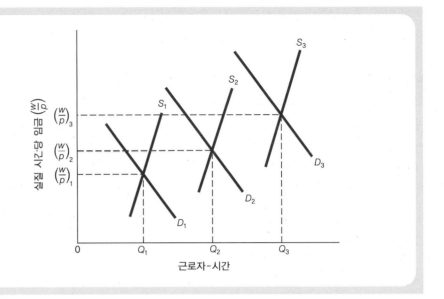

그림 17.4 노동생산성과 실질보상의 평균수준

실질산출량이 실질소득이기 때문에 근로자-시간당 실질산출량의 성장과 시간당 실질보수의 성장은 밀접하게 관련되어 있다.

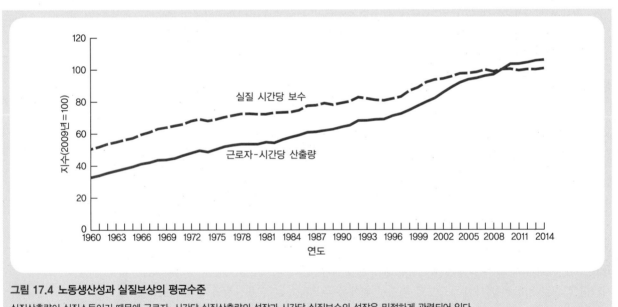

그의 실질임금 또는 시간당 임금이다. 투박하게 말하자면, 생산한 것을 갖는 것이다.

노동생산성의 성장이 경제의 전체 성장에 기여한 것이 얼마나 중요한지는 아무리 과장해도 지나치지 않다. 노동생산성 식 (17.2)를 다음과 같이 정리할 수 있다.

$$실질GDP = 근로자-시간 \times 노동생산성 \tag{17.5}$$

17.1 근로의 세계   생산성과 보수 사이의 갭 증가*

역사적으로 생산성과 실질 시간당 보수 사이에는 밀접한 관계가 존재했다. 생산성의 증가는 보수의 매우 비슷한 증가로 이어졌다. 그러나 최근 수십 년 동안 생산성이 시간당 보수보다 더 빠른 비율로 증가했다. 예를 들면 1980~2014년 사이 생산성은 98% 증가했지만 실질 시간당 보수는 단지 39%만 증가했다. 생산성과 실질 시간당 보수 사이의 갭은 2000년 이후 특히 커졌다.

생산성과 실질 시간당 보수 사이 갭의 증가 이면에는 두 가지 요소가 존재한다. 첫째, 실질 시간당 보수와 생산성은 두 가지 상이한 인플레이션 척도를 사용하여 계산된다. 시간당 보수는 전형적인 소비자에 의해 구매되는 재화의 묶음을 기초로 한 소비자물가지수(CPI)를 사용하여 실질단위로 전환된다. 생산성은 모든 산출물을 기초로 한 암묵적인 물가디플레이터를 사용하여 계산된다. 플렉, 글레이저, 스프레이그(Susan Fleck, John Glaser, and Shawn Sprague)는 1980년대와 1990년대에 CPI가 암묵적 물가디플레이터보다 더 빨리 증가했으며, 그것이 그 기간 동안 생산성과 실질 시간당 보수 사이 간격의 주요 원인이었다는 것을 지적한다.

둘째, 노동에 의해 수령되는 국민소득의 몫은 1980년 이래 아래로 움직였는데 2000년 이래 특히 신속하게 그랬다. 다시 말해 근로자들의 소득은 자신들이 생산하고 있는 산출량의 가치보다 더 천천히 증가했다. 엘스비, 호빈, 사힌(Michael Elsby, Bart Hobijn, and Aysegül Sahin)은 소득 중 노동 몫 감소의 배경이 되는 원인을 검토했으며, 네 가지 결론에 도달했다. (1) 1980년대 후반 이후의 노동 몫 감소의 약 1/3은 자영업자들의 노동소득을 귀속시키는 데 그럴듯한 잘못된 방법을 사용했기 때문이다. (2) 노동 몫 감소의 일부는 비숙련노동을 자본으로 대체한 데서 기인하였다. (3) 노동조합의 파워가 약화된 것은 노동 몫 감소의 중요한 이유가 아니다. (4) 노동집약적인 생산을 요하는 부분을 해외로 이전한 것이 노동 몫 감소에 중요한 역할을 한 것으로 보인다. 플렉, 글레이저, 스프레이그에 의한 분석에 따르면 2000년 이래 생산성과 보수 사이의 갭은 노동 몫의 감소에 기인한다.

* Susan Fleck, John Glaser, and Shawn Sprague, "The Compensation-Productivity Gap: A Visual Essay," *Monthly Labor Review*, January 2011, pp. 57-91; Michael W.L. Elsby, Bart Hobijn, and Aysegül Sahin, "The Decline of the U.S. Labor Share," *Brooking Papers on Economic Activity*, Fall 2013, pp. 1-61을 기초로 함.

식 (17.5)는 근로자-시간의 투입 증가 때문에 **또는** 근로시간들 각각이 더 많은 산출량을 발생시키기 때문에 실질산출량이 증가할 수 있다는 것을 암시한다. 다른 말로 하면, 그림 17.1에 보이는 총생산은, 기존 총생산함수를 따라서 오른쪽으로의 이동(노동시간의 더 많은 투입) 때문에 또는 함수의 상방으로의 이동(노동생산성의 증가)의 결과로 증가할 수 있다. 데이터는 두 가지 가운데 생산성 증가가 실질GDP의 성장에 더 중요했다는 것을 가리킨다. 예를 들면 1960~2014년 기간에 걸쳐 실질산출량은 494% 증가했다. 같은 기간 동안 노동생산성은 224% 증가했던 반면, 노동의 근로자-시간은 83% 증가했다.

근로의 세계

인플레이션과 생산성

인플레이션의 원인은 복잡하고 논란이 많지만 경제학자들은 생산성 성장률과 인플레이션율 사이의 관계를 인정한다. 다른 조건이 일정하다면, 급속한 생산성 성장은 인플레이션율을 제한하는 데 도움이 되고, 느린 생산성 성장은 인플레이션율을 그렇지 않았을 경우보다 더 높아지게 한다. 더 구체적으로 말하자면, 생산성 이득은 명목임금의 상승을 상쇄함으로써 단위노동비용의 증가와 궁극적으로 생산물 가격을 억제하는 데 도움이 된다.

명목임금의 변화, 생산성, 그리고 단위노동비용 사이의 관계를 파악하기 위해 몇 가지 단순한 수치 예를 사용하기로 하자. 예를 들어 만약 시간당 명목임금이 10달러이고 근로자가 시간당 10단위를 생산한다면, 단위노동비용, 즉 산출량 단위당 노동비용은 1달러가 될 것이다. 만약 명목임금이 시간당 11달러로 10% 증가하고, 생산성 또한 10% 증가하여 시간당 11단위가 된다면 단위 노동비용은 변하지 않을 것이다. 즉 10달러/10 ＝ 11달러/11 ＝ 1달러. 일반화하면, 명목임금과 생산성의 똑같은 비율 증가는 단위노동비용을 불변인 채로 남겨둔다.

마찬가지로, 만약 명목임금이 10% 증가하고 노동생산성이 전혀 증가하지 않는다면, 단위노동비용은 10% 증가할 것이다. 즉 만약 임금이 처음에 10달러이고 시간당 산출량이 10단위라면 단위노동비용은 1달러가 될 것이다. 그러나 임금이 이제는 11달러이고 산출량은 여전히 시간당 10단위이기 때문에 단위노동비용은 10% 증가한 1.1달러가 될 것이다. 일반화하면, 만약 명목임금 증가가 노동생산성의 증가를 초과한다면 단위노동비용은 증가할 것이다.

마지막으로, 명목 시간당 임금이 증가하지 않지만 생산성이 10% 증가한다고 가정하자. 구체적으로 말하자면, 만약 임금이 10달러 그대로이고 생산성이 시간당 10에서 11단위로 증가한다면, 단위노동비용은 1달러에서 약 0.91달러로 감소할 것이다. 일반화하면, 만약 생산성 증가가 명목임금의 증가를 초과한다면 단위 노동비용은 감소할 것이다.

표 17.1의 2열부터 4열까지는 1960~2014년의 기간 동안 근로자들의 시간당 보수, 생산성, 그리고 단위 노동비용 변화 사이의 표시된 관계를 보여준다.

노동비용이 평균적으로 총생산비의 70~75%를 구성하고, 더 높은 생산비는 궁극적으로 더 높은 생산물 가격을 발생시키기 때문에, 생산성 증가와 인플레이션율 사이의 관계는 분명하다. 다른 조건이 동일하다면, 위의 예에서 단위노동비용의 10% 증가는 총비용의 7.0~7.5% 증가로 해석된다. 표 17.1의 데이터가 시사하는 바와 같이, 중요한 예외가 있지만, 단위노동비용의 변화(4열)와 인플레이션율(5열)은 밀접하게 관련되어 이동한다. 개략적인 주먹구구식 계산으로도, 대부분의 연도에 단위노동비용의 변화는 인플레이션율의 개략적으로 비슷한 변화와 관련된다.

표 17.1로부터 명목임금의 성장과 노동생산성 증가 사이의 관계가 필연적으로 인플레이션의 주요 원인이라고 추론하지 않도록 조심해야 한다. 화폐공급, 부적절한 재정정책, 기대, 공급충격 같은 많은 다른 요소들이 모두 더 큰 중요성을 갖는 것으로 많은 경제학자들에 의해 받아들여지고 있다. 실제로, 일부 경제학자들은 실질산출량의 성장과 화폐공급 증가 사이의 관계가 물가수준 변화의 주요 결정요인이라고 주장한다. 그들은 화폐공급의 과도한 증가가 노동의 가격인 명목임금을 포함하는 모든 물가의 상승을 야기한다고 주장한다. 경제학자들의 거의 대다수는 수요와 공급(비용) 모두의 요소들이 적어도 단기적으로는 인플레이션을 야기할 수 있다고 믿고 있다. 그들은 명목임금과 생산성 사이의 관계가 물가수준의 중요한 결정요인이라고 믿는다. 사실, 미국 정부는 인플레이션을 통제하는 수단으로 평균노동생산성의 증가에 대해 명목임금의 증가를 제약하려는 목적으로 설계된 임금-물가 정책을 가끔 실행했다.

단위노동비용의 증가가 인플레이션을 야기하는지 아니면 단순히 인플레이션의 징후인지에 대한 의문은 논쟁의 대상이다. 명목 시간당 임금의 증가율이 주어졌을 때, 노동생산성의 증가율이 높으면 높을수록 인플레이션율은 더 작아진다고 해두면 족할 것이다.

표 17.1 임금, 생산성, 단위노동비용의 변화, 그리고 물가수준(연간 변화율) 사이의 관계

연도	시간당 보수의 변화	시간당 산출량의 변화	단위노동비용의 변화	물가수준의 변화*
1960	4.2	1.8	2.4	1.1
1962	4.4	4.6	−0.2	0.9
1964	3.8	3.3	0.4	1.1
1966	6.7	4.1	2.5	2.5
1968	7.8	3.5	4.2	3.9
1970	7.5	2.0	5.4	4.3
1972	6.3	3.3	2.9	3.5
1974	9.3	−1.7	11.2	9.8
1976	8.0	3.3	4.5	5.2
1978	8.4	1.2	7.2	7.0
1980	10.7	−0.1	10.8	8.9
1982	7.3	−0.8	8.2	5.8
1984	4.4	2.8	1.6	2.9
1986	5.6	2.8	2.7	1.4
1988	5.3	1.5	3.7	3.2
1990	6.5	2.2	4.2	3.3
1992	5.9	4.5	1.4	1.6
1994	0.9	0.8	0.1	1.8
1996	4.2	3.0	1.1	1.6
1998	5.9	3.1	2.7	0.5
2000	7.3	3.4	3.8	1.9
2002	2.2	4.3	−2.0	0.7
2004	4.6	3.2	1.4	2.3
2006	3.9	1.0	2.9	2.7
2008	2.6	0.8	1.8	1.5
2010	1.9	3.3	−1.4	1.1
2012	2.8	0.9	1.9	1.8
2014	2.4	0.5	1.9	1.3

자료 : Bureau of Labor Statistics. 데이터는 민간부문에 관한 것임.
* 암묵적 물가디플레이터

노동생산성의 장기 추세[3]

데이터는 장기적으로, 말하자면 지난 세기에 걸쳐, 근로자-시간당 산출량의 연평균 증가는 대략 2~3% 수준이었음을 시사한다. 이러한 숫자들은 특별히 인상적인 것처럼 보이지 않을 수 있지만, 복리 계산의 '경이로운 일'이 이런 연간 증가를 시간이 지남에 따라 시간당 산출량과 소득의 매우 큰 증가로 바꾸어 놓았다. 구체적으로 말하자면, 시간당 산출량의 연간 2.5%의 증가

---

[3] 생산성 성장에 대한 더 많은 것은 Charles R. Hulten, Edwin R. Dean, and Michael J. Harper (eds.), *New Developments in Productivity Analysis* (Chicago: University of Chicago Press, 2001); Kevin J. Stiroh, "What Drives Productivity Growth?" Federal Reserve Bank of New York *Economic Policy Review*, March 2001, pp. 37-59를 참조하라.

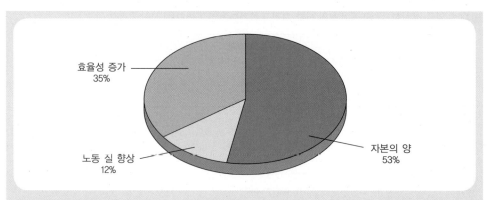

그림 17.5 미국 생산성 성장 원인들의 상대적 중요성

자본량의 증가는 생산성 성장의 약 1/2을 설명한다. 효율성 증가와 노동 질의 향상이 나머지 1/2을 설명한다.

자료 : Dale W. Jorgenson, Mun S. Ho, and Kevin J. Stiroh, "A Retrospective Look at the U.S. Productivity Growth Resurgence," *Journal of Economic Perspectives*, Winter 2008, pp. 3-24.

는 약 28년만에 근로자-시간당 산출량이 2배가 되도록 한 것이다. 곧 알게 되겠지만 1995년 이래 생산성 성장은 이전 20년 동안에 경험했던 것보다 상당히 더 높았다.

무엇이 생산성 성장을 발생시키는가? 일반적으로 말하자면, 생산성 성장의 가장 중요한 결정요인은 세 가지 제목 아래 분류될 수 있다―(1) 경제활동인구의 평균적인 질, (2) 노동의 각 근로자-시간과 함께 고용된 자본재의 양, 그리고 (3) 노동, 자본, 그리고 기타 투입물 결합의 효율성. 그림 17.5는 1959~2006년 기간 동안의 노동생산성 성장에 기여한 요소들에 대한 추정치를 제시하고 있다. 이러한 요소들에 대하여 살펴보자.

노동의 질 향상

노동의 질은 교육과 훈련, 건강과 활력, 그리고 연령-성 구성에 좌우된다. 다른 조건이 일정하다면, 더 좋은 교육을 받은, 더 좋은 훈련을 받은 노동력(workforce)이 교육을 적게 받고 불충분하게 훈련받은 노동력보다 시간당 더 많은 산출량을 생산할 수 있다. 노동생산성과 근로소득을 증가시키는 인적자본에의 투자로서의 교육과 훈련에 대한 제4장의 논의는 매우 관련이 있다. 그림 17.6은 1950년 이래 인구(25세 이상)의 공식교육 수준 증가의 일반적인 개요를 보여준다. 조겐슨, 호, 스티로(Jorgenson, Ho, and Stiroh)는 1959~2006년의 기간 동안 노동생산성 성장의 대략 12%는 근로자 교육과 훈련의 향상 때문이었다고 추정하고 있다(그림 17.5).

근로자들의 건강과 활력을 향상시키는 인적자본에의 투자는 또한 노동의 평균 질도 향상시킨다. 향상된 영양상태, 더 많고 더 좋은 의료, 그리고 더 좋은 일반적 생활조건은 노동력의 신체적 활기와 사기를 향상시킨다. 똑같은 요인들이 근로자 수명을 연장시키고 더 많은 경험을 축적하게 되어 더 생산적인 노동력이 되게 한다.

마지막으로, 경제활동인구의 연령-성 구성의 변화 또한 경제활동인구의 평균적인 질, 따라서 생산성에 영향을 미칠 수 있다. 예를 들면 역사적으로 점점 더 엄격해진 미성년 노동과 학교

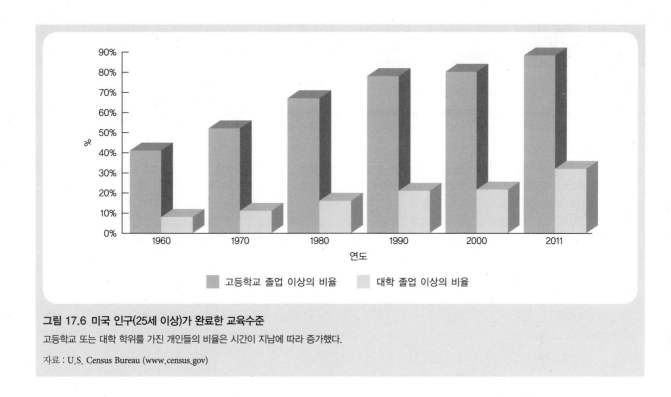

그림 17.6 미국 인구(25세 이상)가 완료한 교육수준

고등학교 또는 대학 학위를 가진 개인들의 비율은 시간이 지남에 따라 증가했다.

자료 : U.S. Census Bureau (www.census.gov)

출석에 관한 입법이 잠재적 젊은 근로자들─교육과 근로 경험의 결여 때문에 미숙련이고 상대적으로 비생산적인 근로자들─을 경제활동인구 밖에 계속 위치하도록 하였다. 이러한 제외는 경제활동인구의 **평균적인 질**을 증가시켰다. 두 번째 예를 들면, 노동의 연령-성 구성의 변화는 1970년대와 1980년대에 생산성 성장을 낮추었을 수 있다.

노동 질과 관련하여, 피드백과 자기강화의 호의적인 순환이 역사적으로 전개될 수 있다. 만약 노동생산성이 증가한다면 실질임금 또한 증가한다. 이러한 향상된 근로소득은 근로자들이 자신의 건강과 교육을 개선하도록 허용하며, 이는 나아가 노동의 질과 생산성을 향상시킨다. 그리고 순환은 그렇게 스스로 반복한다. 이러한 순환적인 상호작용은 교육과 의료서비스에 대한 수요가 모두 소득에 대해 탄력적이기 때문에 강화될 수 있다. 이는 국민소득의 증가가, 그 비례적 비율 증가보다 더 크게, 이러한 항목들에 대한 지출의 증가를 발생시킨다는 것을 의미한다.

실물자본의 양

어떤 주어진 근로자의 경우라도 그 생산성은 그가 갖춘 자본설비의 양에 의존할 것이다. 소형 삽을 갖고 일할 때보다 불도저를 이용할 때, 건설 근로자는 훨씬 더 짧은 기간에 지하실을 팔 수 있다! 노동생산성에 관하여 결정적으로 중요한 관계는 노동단위당 이용가능한 자본의 양, 또는 더 기술적으로는, 자본-노동 비율이다. 이 비율은 역사적으로 증가했다. 예를 들면 1959~2006년 사이 자본재의 보유량은 대략 4배가 된 것으로 추정되며, 똑같은 기간 동안 노동

17.2 근로의 세계 공공자본은 생산적인가?

고속도로와 공항 같은 공공부문 자본에 대한 지출이 생산성 성장에 미치는 영향은 논란이 많다. 실증조사로부터의 결과는 생산성에 효과를 미치지 못하는 공공자본으로부터 민간자본 생산성 효과의 3배의 효과를 갖는 공공자본에 이르기까지 다양하다.

넓은 범위의 생산성 추정치는 여러 요소들로부터 발생한다. 가장 큰 추정치들은 국가 데이터를 기초로 한 연구들로부터 도출된다. 연구들이 공공자본재에 대한 광범위한 정의를 사용하고, 결과가 추정 기법에 따라 다르기 때문에 이러한 발견들에 대해서는 회의적일 수밖에 없다. 주-지역의 데이터와 공공자본의 더 좁은 정의들을 사용한 조사들은 상당히 더 작은 생산성 추정치들을 산출했지만, 그것들은 사회기반시설이 다른 주들에 미치는 긍정적인 영향을 무시하고 있다. 요약하면, 공공자본은 생산성을 증가시키는 것 같지만, 정확한 크기는 불분명하다.

봄과 릭타르트(Bom and Ligthart)에 의한 최근의 연구는 1983~2008년에 걸친 68개 연구들의 578개 추정치들을 통계적으로 검토함으로써 다양한 공공자본 생산성 발견을 조화시키려 시도하고 있다. 그들은 공공자본이 지역/현지 정부들에 의해 설치되거나 또는 핵심 사회기반시설[즉 도로, 철도, 공항, 그리고 공급처리시설(utilities)]에 투자될 때 더 생산적이라고 결론을 내리고 있다. 장기적 시야로 본다면, 그것은 약 3배만큼 생산적이다. 연구는 투자가 지역/현지 정부들에 의해 집행되거나 또는 핵심 사회기반시설에 사용될 때 공공자본의 한계편익이 한계비용을 초과할 수 있다는 것을 알려주고 있다.

자료 : Pedro R.D. Bom and Jenny E. Ligthart, "What Have We Learned from Three Decades of Research on the Productivity of Public Capital?" *Journal of Economic Surveys*, December 2014, pp. 889-916.

시간은 대체로 2배가 된 것으로 추정되고 있다. 따라서 노동시간당 자본재의 양은 1959년보다 2006년에 약 100% 더 커졌다. 달리 말하자면, 자본-노동 비율이 이 47년에 걸쳐 1/2이 증가했다.[4] 조겐슨, 호, 스티로의 1959~2006년 기간 동안의 추정치들은 노동생산성 성장의 대략 53%가 실물자본 보유량 증가의 결과라는 것을 보여주고 있다(그림 17.5 참조).

효율성의 증가

생산성 증가의 세 번째 원천은 노동과 자본 사용에 있어서의 효율성 증가이다. 현재의 맥락에서 효율성 증가는 노동생산성을 향상시키는 다양한 명확한 요소와 미묘한 요소 모두를 포함하는 종합적인 용어이다. 최소한, 효율성 증가는 (1) 향상된 자본과 향상된 기업조직 및 경영기법 모두에 내재된 것을 포함하는 기술진보, (2) 규모의 경제 결과로서의 더 큰 특화, (3) 덜 생산적인 사용처로부터 더 생산적인 사용처로의 노동의 재배치, 그리고 (4) 사회의 제도적, 문화적, 환경적 토대와 공공정책의 변화를 아우른다. 그림 17.5에서 효율성 증가는 1959~2006년에 걸쳐 발생했던 생산성 이득의 약 1/3을 설명한다는 것을 주목하라.

이러한 요소들 각각을 간략히 논평하기로 하자. 첫째, 기술진보는 보다 효율적인 생산기법의 개발을 포함한다. 컴퓨터, 생명공학의 발전, 전자복사, 로봇공학, 그리고 컨테이너선 출하와 함께 대량생산 조립라인 기법의 진화가 즉시 생각난다. 석유정제에서 더 새로운 분해공정(cracking process)에 의한 증류공정(distillation process)의 대체, 제강산업의 오래된 평로법(open-hearth process)으로부터 산소법(oxygen method)으로의 전환은 그 산업에서 생산성을

[4] Dale W. Jorgenson, "Information Technology and the U.S. Economy," *American Economic Review*, March 2001, pp. 1-32. 업데이트된 표는 www.economics.harvard.edu/faculty/jorgenson/recent_work_jorgenson에서 이용가능하다.

향상시켰다. 시간동작(time-and-motion) 연구와 생산의 경영 통제를 위한 새로운 시스템의 창출 같은 향상된 경영기법은 마찬가지로 생산의 효율성을 향상시켰다. 다양한 근로자 참가, 직무확충, 그리고 이윤공유 계획들이 근로자 생산성을 향상시킬 것이라는 희망하에 실험에 부쳐지고 있다.

둘째, **규모의 경제**라 불리는 생산 효율성은 전형적으로 성장하는 시장과 기업규모로부터 도출된다. 시장의 성장은 기업들로 하여금 대량생산자가 될 수 있게 하며, 이는 이어 노동의 사용에 더 큰 특화, 따라서 근로자당 더 큰 산출량을 가능하게 한다. 시장 확대는 또한 기업들로 하여금 가장 효율적인 생산기법을 이용할 수 있게 한다. 예를 들면 대규모 자동차 제조업자들은 컴퓨터와 로봇공학을 활용한 정교한 조립라인을 이용할 수 있는 반면, 소규모 생산자들은 덜 발전된 기술에 머무를 수밖에 없다.

셋째, 생산성은 또한 덜 생산적인 고용으로부터 더 생산적인 고용으로 노동이 재배분됨으로써 성장하였다. 예를 들면 생산성 이득은 역사적으로 노동의 평균생산성이 상대적으로 낮은 농업으로부터 상대적으로 높은 제조업으로 노동이 재배분되어 실현되었다.

마지막으로, 사회의 문화적 가치, 그 제도의 성격, 그리고 그 공공정책의 특성이 많은 방식으로 노동생산성에 영향을 미친다. 미국적 가치가 물질적 진전을 용납하고 성공적인 발명자, 혁신가, 그리고 기업 임원들에게 높은 수준의 존경 및 명망이 부여된다는 사실이 생산성 성장에 역사적으로 중요했다. 마찬가지로 근로윤리는 일반적으로 높은 평가를 받고 있다. 똑같이 결정적으로 중요한 것은 저축자들의 자금을 끌어모아 투자자들에게 이용가능하도록 만드는 복잡한 금융제도의 존재이다. 한편, 제11장에서 본 것처럼, 노동조합이 생산성에 미치는 영향은 불확실하다.

공공정책과 사회적 태도는 생산성에 대하여 그 함축하는 바가 혼합적이다. 예를 들어 더 자유로운 국제무역과 국내경쟁을 촉진하는 일반적인 정책으로의 장기 추세는 생산성 성장을 위하여 좋은 정책이지만, 자유무역과 경쟁촉진정책에 대한 많은 예외들은 그렇지 않다. 관세와 수입쿼터는 생산자들을 경쟁으로부터 보호해주며 상대적으로 비효율적인 산업에 노동과 다른 투입물을 계속 붙잡아두는 효과를 가질 수 있다. 마찬가지로 제14장에서 본 것처럼 인종, 성, 또는 연령을 근거로 한 차별은 배분적 효율성에 대한 인위적인 장애물이며, 따라서 생산성 성장에 장벽이다.

두 가지 마지막 논평이 순서를 기다리고 있다. 첫째, 조겐슨, 호, 스티로는 노동생산성 증가의 약 1/2이 더 많은 자본재의 사용 때문이고, 나머지 1/2은 노동 질의 증가와 더 큰 효율성의 결과라고 결론을 내리고 있지만, 다른 전문가들은 다소 상이한 추정치를 제시하고 있다. 예를 들면 딘과 하퍼(Dean and Harper)는 생산성 증가의 대략 1/2을 효율성 향상의 탓으로 돌리고, 노동의 질과 자본재가 나머지 1/2을 설명하는 것으로 파악하고 있다.[5] 두 번째 요점은 생산성 성장의 요소들은 상호 관련되어 있다는 것이다. 예를 들면 자본설비에의 투자는 기술진보에 의

---

[5] Edwin R. Dean and Michael J. Harper, "The BLS Measurement Program," in Charles R. Hulten, Edwin R. Dean, and Michael J. Harper (eds.), *New Developments in Productivity Analysis* (Chicago: University of Chicago Press, 2001). 딘과 하퍼(Dean and Harper)의 추정치들은 1948~1997년의 기간을 다루고 있다.

해 자극을 받는다. 마찬가지로 높은 교육을 받고 잘 훈련된 근로자들은 세련된 자본재가 없으면 생산적으로 사용될 수 없다.

 17.1

잠깐만 확인합시다.

- 노동생산성은 노동투입단위(근로자-시간)당 산출량의 척도이다.
- 생산성 성장은 두 가지 이유 때문에 중요하다. 즉 그것은 실질임금과 생활수준 향상의 기본적인 원천이며, 그것은 명목임금이 증가할 때 단위노동비용을 낮춤으로써 인플레이션 요인을 상쇄하는 데 도움이 된다.
- 생산성 성장은 세기의 전환점 이래 연간 2~3% 사이의 평균을 보이고 있다.
- 생산성 성장의 중요한 결정요인에는 경제활동인구의 평균 질, 근로자-시간당 자본재의 양, 그리고 노동, 자본, 기타 투입물들이 결합되는 효율성이 포함된다.
- 그림 17.5는 미국 생산성 성장에 기여했던 여러 요소의 상대적인 중요성을 요약하고 있다.

여러분의 차례입니다

17.1
국제 시각

가상 경제에서 실질산출량이 10단위이며, 이 산출량을 생산하기 위해 노동 5단위가 필요한데, 노동의 가격은 단위당 2달러라고 가정하자. 경제의 노동생산성은 얼마인가? 그 단위 또는 평균 노동비용은 얼마인가? (정답은 책의 맨 뒷부분에 수록되어 있음)

17.1 국제 시각   **제조업의 생산성 성장***

2004~2014년 사이 선진공업국들 사이에서 일본이 가장 높은 제조업 생산성 성장률을 기록하였다.

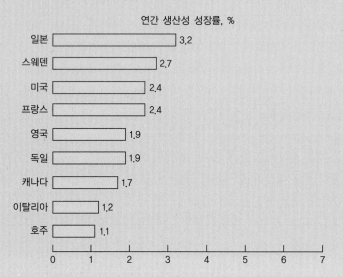

연간 생산성 성장률, %

국가	성장률
일본	3.2
스웨덴	2.7
미국	2.4
프랑스	2.4
영국	1.9
독일	1.9
캐나다	1.7
이탈리아	1.2
호주	1.1

자료 : The Conference Board, International Labor Comparisons Program (www.conference-board.org/ilcprogram/)

생산성의 경기순환적 변화

이제까지 노동생산성의 장기 추세를 강조했다. 생산성 성장과 실질임금 사이의 밀접한 관계 때문에 이러한 관심은 전적으로 적절한 것이다. 그러나 생산성은 또한 장기 추세 주위에서 상당히 체계적인 단기적 또는 순환적 패턴을 보인다.

노동생산성은 일반적으로 경기동행적 패턴을 보인다. 즉 생산성 성장은 순환적 하강 또는 침체의 기간 동안 장기 추세 아래로 하락하며, 경제의 상승 또는 회복의 기간 동안 추세의 위로 상승한다. 예를 들어 1948~2014년에 걸쳐 총실질산출량은 11개 연도에 감소했으며, 나머지 56개 연도에 증가했다. 산출량이 감소한 11개 연도에 생산성 성장률은 낮아 매년 1.5%의 평균을 보였으며, 총산출량이 확대된 56개 연도에 노동생산성은 매년 2.6% 증가했다.[6]

생산성의 이러한 순환적 변화의 이유들은 매우 상세하다. 논의를 단순화해서 세 가지 요소를 고찰하려고 한다 — (1) 노동 활용의 변화, (2) 공장과 자본설비 활용의 변화, 그리고 (3) 총산출물의 구성 변화.[7]

노동의 활용

경제가 하강 또는 침체로 움직임에 따라 기업의 판매와 산출량은 그 노동 투입보다 더 빠르게 감소한다.

구체적으로 말하자면, 순환적 수축의 기간 동안, 사용자들은 해고 대신 노동을 재화 생산이 아닌 유지보수나 기타 덜 필수적인 업무로 이동시키는 걸 선호하면서, 경기하강이 일시적이 아니라는 확신이 들 때까지 일반적으로 근로자들을 해고하기를 꺼린다. 결과적으로, 측정된 생산성(고용된 노동에 대한 산출량의 비율)은 감소한다. 유사하게, 일단 회복이 시작되면, 사용자들은 이러한 과소활용되는 노동자원을 생산라인에 다시 투입한다. 따라서 산출량은 신규 채용의 필요 없이 힘차게 확대될 수 있으며, 측정된 생산성은 큰 증가를 기록한다.[8]

왜 하강의 기간 동안 근로자들을 해고하기를 꺼리는가? 왜 노동은 완전한 가변투입물이 아니라 준고정(quasi-fixed) 투입물인가? 물론 일부 종업원들은 급여를 받는 근로자들 또는 '간접(overhead)' 노동이다. 하강의 기간 동안 최고 또는 중간 레벨 간부 없이 운영할 수 있는 기업은 거의 없다. 산출량이 줄고 있지만 내부감사, 마케팅 매니저, 인사부장은 필요할 것이다. 또한 전형적인 기업은 숙련 및 반숙련 근로자들의 특수훈련에 투자를 할 것이다. 제4장으로부터 그러한 근로자들은 인적자본 투자에 대한 수익을 실현하기 위해 계속 유지되어야 한다는 것을 기

---

[6] 저자들의 계산은 노동통계국 산출량 데이터와 생산성 데이터를 기본으로 한다.

[7] 연구자들은 또한 관찰되는 생산성의 경기동행적 변동에 대한 두 가지 다른 설명을 제시했다. 첫째, 기술혁신이 경기동행적일 수 있다. 둘째, 불완전경쟁과 규모에 대한 보수 증가가 투입물이 증가할 때 생산성 증가로 이어질 수 있다. 실증 증거는 투입물의 사용은 경기순환과 함께 증가하고 감소한다는 것을 알려준다. 그러나 한 연구는 이러한 요소들이 경기동행적 생산성을 설명하는 데 있어 주요 역할을 담당하지 못한다는 것을 시사한다. Susanto Basu and John Fernald, "Why Is Productivity Procyclical? Why Do We Care?" in Charles R. Hulten, Edwin R. Dean, and Michael J. Harper (eds.), *New Developments in Productivity Analysis* (Chicago: University of Chicago Press, 2001)를 참조하라.

[8] Alan S. Blinder, *Economic Policy and the Great Stagflation* (New York: Academic Press, 1981), pp. 65-66.

억하라. 만약 이러한 근로자들을 일시해고한다면 그들을 다른 사용자들에게 **빼앗길** 위험을 감수해야 한다. 마지막으로, 씨름해야 할 일시해고와 재채용 비용이 존재하며, 만약 일시해고와 재채용 비용을 회피할 수 있다면, 제한된 범위 내에서 근로자들을 계속 유지하고 과소 활용하는 것이 비용이 덜 들 수 있다. 따라서 기업은 경기침체의 기간 동안 노동을 저장하는 것이 장기적인 이윤극대화 이해관계에 부합된다는 것을 알게 되며, 사회적 시각에서는, 노동을 이전보다 덜 생산적으로 사용하는 것이 된다.

들롱과 왈드만(DeLong and Waldmann)은 미국에서 순환적 하강의 기간 동안 **노동저장(labor hoarding)**의 증거를 발견하고 있다.[9] 그러나 그러한 저장은 실업률이 증가함에 따라 감소한다. 일시해고된 근로자들은 다른 기업에서 고용을 발견할 가능성이 작으며, 원래 기업이 다시 채용하기를 원할 때 재취업할 가능성이 더 크다. 따라서 기업은 실업률이 높을 때 노동을 저장할 인센티브를 덜 갖는다. 이러한 추측과 일관되게, 실업률이 높을 때 생산성은 덜 경기동행적이다.

그러나 순환의 상승 또는 회복 단계의 기간 동안에는, 단순히 이러한 과소 활용을 시정함으로써 산출량이 상당히 증가할 수 있다. 기업은 제한된 범위 내에서, 현재 고용된 노동력의 느슨한 부분을 바싹 쥐어짜서 산출량을 증가시킬 수 있다. 현재 고용된 근로자-시간 수로부터 더 많은 산출량을 얻을 수 있으며, 그 결과 생산성은 급격히 증가할 것이다. 일반적으로 해야 할 일이 많을 때 근로자들은 더 생산적이 된다는 것이 또한 관찰되어 왔다. 예를 들면 슈퍼마켓 계산대 근무자들은 쇼핑객 줄이 길 때 더 빨리 일한다.[10]

공장과 설비의 활용

비슷한 요점이 자본설비에 대해 성립할 수 있다. 경쟁은 기업으로 하여금 공장을 정상적인 시기 동안에 최대 효율로 운용할 수 있게 설계하도록 강요한다. 이는 경기침체의 기간 동안 산출량의 감소가 공장과 설비를 최적 수준 미만으로 사용되도록 만들며, 결과적으로 생산성이 하락한다는 것을 의미한다. 반대로 경기회복의 기간 동안 공장 활용은 산출량의 가장 효율적 수준의 방향으로 다시 이동하며, 생산성은 증가하는 경향이 있다.

산출물의 구성

순환적 변동은 경제의 여러 부문에 상이한 강도로 영향을 미친다. 구체적으로 말하자면, 기계류 및 설비와 자동차, 냉장고, 그리고 전자레인지 같은 소비재인 제조업 내구재에 대한 수요는 순환적 변화에 매우 민감하다. 대조적으로, 대부분의 서비스에 대한 수요는 순환적 변화에 훨씬 덜 민감하게 반응한다. 따라서 국내 산출에서 제조업 재화의 상대적인 비중은 순환적 하강기에는 감소하고, 상승기에는 증가한다. 제조업의 생산성 수준이 경제의 모든 부문 가운데 가장

---

[9] J. Bradford DeLong and Robert J. Waldmann, "Interpreting Procyclical Productivity: Evidence from a Cross-Nation Cross-Industry Panel," Federal Reserve Bank of San Francisco *Economic Review*, no. 1, 1997, pp. 32-52. 노동저장의 증거를 발견한 다른 연구들에는 Argia M. Sbordone, "Interpreting the Procyclical Productivity of Manufacturing Sectors: External Effects or Labor Hoarding?" *Journal of Money, Credit, and Banking*, February 1997, pp. 26-45; Basu and Fernald, op. cit.가 포함된다.

[10] George A. Akerlof and Janet L. Yellen, "Introduction," in Akerlof and Yellen (eds.), *Efficiency Wage Models of the Labor Market* (Cambridge, England: Cambridge University Press, 1986), p. 5.

높기 때문에, 침체의 기간 동안 제조업의 상대적인 쇠퇴는 그에 뒤이어 전체 노동생산성을 감소시킨다.

반대로, 회복기 동안 총산출의 한 부분으로서 제조업의 상대적인 팽창은 평균 노동생산성의 증가를 가져온다. 이러한 효과는 생산성에 대한 다른 순환적 영향과는 무관하다는 것을 주목하라. 어떤 개별 기업 또는 산업도 노동과 자본의 사용에 있어서의 변화 때문에 생산성의 변화를 경험하지 않지만, 지적한 산출량 구성의 상대적 이동은 평균 노동생산성을 경기동행적으로 변하게 한다.

시사점

이러한 생산성의 경기순환적 변화는 어떤 결과를 가져오는가? 우선, 그것은 단순히 순환적 변동의 결과일 뿐만 아니라 오히려 경기순환의 불가피한 일부이다. 경제가 경기침체에 빠져들 때 생산성은 크게 감소하며, 이는 단위노동비용을 증가시키는 경향이 있다. 만약 명목 시간당 임금이 경기침체의 기간 동안 계속해서 증가한다면, 단위노동비용은 심지어 더 크게 증가할 것이다. 비용 증가는 전형적으로 기업 이윤을 짜낸다. 이러한 이윤 감소는 투자지출을 두 가지 방식으로 단념시킨다. 즉 이윤 감소는 기업이 투자를 위해 갖고 있는 금융자원(배분되지 않은 이윤)을 감소시키고, 또한 비관적인 경기 예상을 낳는다. 투자 감소는 물론 순환적 경기하강을 심화시킨다. 반대로, 회복기의 생산성 증가는 상황을 더욱 호전시킨다. 생산성의 급속한 증가는 단위노동비용을 줄이고 이윤 증가에 기여한다. 이윤 성장은 투자지출 확대에 도움이 되며, 이는 경제 확장을 가속화한다.

두 번째 관련된 요점은 생산성의 순환적 변화가 경제정책에 중요한 시사점을 갖는다는 것이다. 예를 들면 일부 경제학자들은 급속한 인플레이션을 잡기 위해 제약적인 금융 및 재정정책의 적용을 통해 경기침체를 창출하는 것이 필요하다는 견해를 거의 받아들인다. 그러나 생산성의 순환적 변화를 이해한다면, 의도된 효과가 발생하려면 그런 경기침체가 깊고 오래 지속되어야만 한다는 것을 알 수 있다. 구체적으로 말하자면, 경기침체에 수반되는 생산성 감소는 단위비용을 높이는 데 기여하고, 이는 이어 공급 또는 비용인상 인플레이션에 기여할 수 있다. 다른 한편으로, 만약 경제가 이미 침체에 빠져 있고 실업수준이 높다면, 경기 회복 초기 단계에 발생하는 급속한 생산성 증가는 정책입안자들로 하여금 추가적인 인플레에 대한 공포 없이 확대 재정 및 금융정책을 취할 수 있게 하므로 산출량과 고용이 증가할 수 있다. 이유는 높은 생산성 성장이 비용과 가격 인상을 제한하는 경향이 있기 때문이다.

생산성과 고용

이제 생산성 성장이 고용수준에 미치는 영향을 살펴보기로 하자. 근로자들은 보다 생산적으로 되어 가면서 '스스로를 일자리 밖으로 몰아내고 있는 것 아닌가?'

생산성과 고용 사이의 관계에 대한 사려 깊지 못한 생각은 흔히 생산성 성장이 실업을 야기한다고 잘못된 결론을 내리게 만든다. 추론은 보통 노동생산성의 증가는 어떤 주어진 수준의 실질산출량을 생산하기 위해 더 적은 근로자들이 필요하다는 것을 의미한다는 것이다. 예를 들어 만약 기업이 평균생산성이 시간당 10달러 가치의 실질산출량인 50명의 근로자들을 고용한다면 500달러 가치의 산출량이 생산될 수 있다. 만약 50명 근로자들의 생산성이 25% 증가해 시간당 12.5달러 가치의 산출량이 된다면, 똑같은 산출량은 이제 단 40명의 근로자들로 생산될 수 있을 것이다(500 = 40 × 12.5달러). 따라서 50명의 근로자 중 10명은 쓸모없는 것처럼 보이게 된다.

그러나 이러한 설명은 사회의 추가 산출량에 대한 욕구와 생산성 증가가 총수요를 증가시킨다는 사실을 무시하는 것이어서 너무 단순하다. 사회의 욕구는 그 이용가능한 자원을 초과하는 경향이 있다. 생산성 증가는 이 제한된 자원으로 사회가 더 높은 수준의 산출량을 달성할 수 있도록 한다. 즉 더 많은 욕구를 충족할 수 있게 한다. 앞의 예로 설명하자면, 25%의 생산성 증가로 사회는 125달러 가치의 산출량을 추가로 얻는다. 50명의 근로자들은 이제 500달러(= 50 × 10달러)와 비교할 때 625달러(= 50 × 12.5달러) 가치의 산출량을 생산한다. 그러나 이 추가 산출량을 시장에서 구입하기 위한 충분한 총지출이 존재하는가? 우리는 생산성과 실질임금이 밀접한 상관관계를 갖고 있다는 것을 알고 있다. 따라서 생산성의 25% 증가가 실질소득을 증가시키는 것을 기대할 수 있으며, 실질소득의 증가는 총지출을 증가시키고 추가 일자리들을 창출하게 된다. 경제는 산출량과 고용의 순환적 변동이라는 특징이 있지만, 오랜 기간에 걸친 역사적 추세였던 생산성 성장이 실직 근로자 비축량의 증가 사태를 방지했던 것이다. 오히려 노동생산성의 증가는 총체적으로 더 높은 실질임금과 더 높은 수준의 고용을 가져왔다.

이러한 생산성과 고용 사이의 정(+)의 관계가 또한 각 산업부문마다에도 적용되는가? 이 질문에 대답하는 데 있어 (1) 생산물 수요곡선의 위치와 탄력성이 주어졌을 때 산업의 생산성 성장과 고용 변화 사이 관계를 확실하게 하는 것, (2) 일단 이러한 수요 측의 가정이 완화될 때 발생하는 복잡성을 짚어내는 것, (3) 산업 생산성과 고용 성장 사이의 관계에 관한 실제 데이터를 제시하는 것이 유용할 것이다.

수요 측 요소들이 불변일 경우

생산물수요의 이동이 없고 생산물수요의 탄력성이 변하지 않을 경우, 산업의 생산성 성장과 고용 변화가 어떻게 관련되는지를 분석하기로 하자. 먼저 다양한 산업의 시간당 임금이 산업 생산성보다 국가 생산성에 더 부합하여 움직인다는 것을 확실히 해야만 한다. 그림 17.7의 오른쪽 열에 나타난 바와 같이, 근로자-시간당 산출량은 산업에 따라 크게 변하는데도 불구하고(왼쪽 열), 시간당 보수는 모든 산업에서 대략 균등하게 증가한다. 이것이 왜 그런가? 만약 임금이 괴리되기 시작하면, 즉 생산성 성장이 높은 산업에서는 급속하게 증가하고 생산성 성장이 낮은 산업에서는 천천히 증가한다면, 임금구조는 찢겨지게 된다. 그러나 근로자들이 높은 성장 산업에서 더 높은 임금을 찾기 위해 낮은 성장, 낮은 임금 산업을 떠남으로써 임금격차 증가에 반응하기 때문에 이러한 일은 발생하지 않는다. 마찬가지로, 신규 경제활동인구 진입자들도 높은 성장 산업에서 고용을 선택하게 되며, 낮은 성장 산업을 피하게 된다. 노동공급의 증가는 높은 생산성 산업의 임금을 하락시키는 경향이 있게 되며, 노동공급의 감소는 낮은 생산성 산업들의

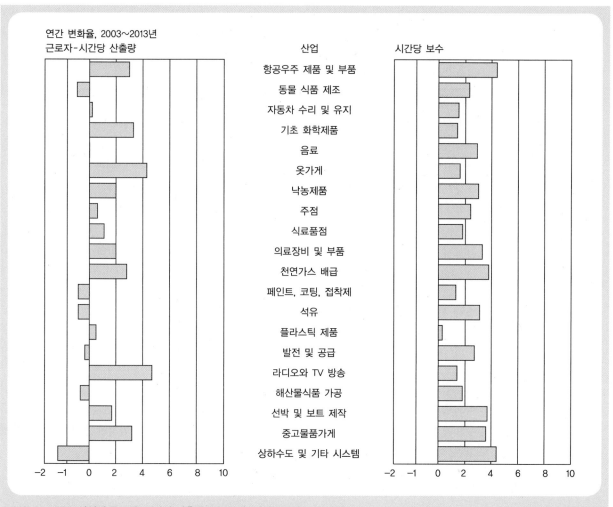

그림 17.7 주요 산업의 근로자-시간당 산출량과 근로자-시간당 보수

연간 기준의 노동생산성 변화는 산업별로 상당히 다르지만, 시간당 보수의 증가는 산업 사이에 아주 밀접하게 비슷한 경향이 있다. 연간 시간당 보수의 증가는 특정 산업의 생산성 변화보다 전체 경제 노동생산성의 평균증가와 더 밀접하게 관련되어 있다.

자료 : Bureau of Labor Statistics(www.bls.gov).

임금을 상승시키게 된다. 요컨대, 노동공급 반응이 여러 산업 사이에서 임금이 괴리되는 것을 방지한다. 반복하면, 주로 근로자들이 임금격차에 반응하기 때문에 특정 산업에 의해 지급되는 임금의 추세는 국가 전체의 생산성 추세에 의해 지배된다.

　이런 사실을 마음속에 두고, 이제 다른 조건이 일정할 때 한 산업에서의 생산성 성장과 고용 변화 사이의 관계를 설명하기 위해 디자인된 단순한 숫자 예를 갖고 생산성과 단위노동비용의 관계를 다시 고찰하기로 하자. (1) 경제 전체의 연간 생산성 성장률이 3%이고, (2) 산업 X는 6%의 연간 생산성 증가를 실현하는 반면, 산업 Y의 생산성 성장은 0%이며, (3) 두 산업 모두에서 명목 시간당 임금과 근로소득은 경제 전체 생산성 성장률과 부합하여 3% 증가한다고 가정하자.

단위노동비용은 산업 X에서는 감소하게 되고, 산업 Y에서는 증가하게 된다는 것을 발견할 것이다. 나아가 단위노동비용의 변화가 대체로 동등한 가격 변화를 가져온다고 가정하면, 산업 X에서는 가격이 약 3% 하락하고, 산업 Y에서는 대략 3% 상승할 것을 예상할 수 있다. 구체적으로 말하자면, 산업 X에서는 그 6%의 생산성 증가와 더불어 명목임금의 3% 증가는 그 단위노동비용과 생산물가격을 약 3% 하락시키게 된다. 마찬가지로, 산업 Y에서는 명목임금의 3% 증가는 그 0%의 생산성 성장률과 결합되어 단위노동비용과 생산물가격을 대략 3% 상승시키게 된다. 두 산업의 생산물 수요곡선의 위치와 탄력성이 주어졌을 때, 산출량과 판매는 산업 X에서는 증가하고 산업 Y에서는 감소하게 된다. 만약 판매의 증가가 산출량 각 단위가 이제 더 적은 양의 노동으로 생산될 수 있다는 사실을 보충하는 것 이상이라면, 산업 X에서는 고용의 확대라는 결과가 나타나게 된다. 반대로, 산업 Y 생산물가격의 상승은 산출량과 판매를 감소시키게 되는데, 이는 더 적은 근로자들을 필요로 한다는 것을 의미한다. 따라서, 다른 조건이 일정하다면, 급속한 생산성 성장이 이루어지는 산업은 더 많은 근로자들을 고용하게 되는 반면, 느린 생산성 성장을 가진 산업은 더 적은 고용을 하게 된다.

수요 측 요소들이 가변일 경우

경제의 여러 산업에서 생산물수요 조건이 비슷하고 변하지 않는다고 기대하는 것은 비현실적인 일이다. 위의 예에서, 산업 X와 Y의 생산물에 대한 수요는 상이한 탄력성 특성을 가질 수 있으며 또한 시간이 지나면서 생산성 성장과 고용 성장은 정(+)의 관계라는 일반화를 약화시키는 방식으로 변할(이동할) 수 있다. 생산물 수요곡선들의 가격탄력성과 소득탄력성, 그리고 생산물 수요곡선들의 이동은 생산성과 고용을 연결하는 원인-결과 사슬에 엄청난 효과를 미칠 수 있고 또 미치고 있다.

산업의 성장과 쇠퇴

다시 한 번, 생산성이 6% 증가하고 있고 생산물가격은 약 3% 하락하고 있는 산업 X를 고려하기로 하자. 결과적으로 나타나는 산출량과 고용의 증가는 만약 그 생산물에 대한 수요가 가격과 소득 모두에 대해 탄력적이면 특히 커지게 된다. 만약 수요가 가격에 대해 탄력적이면 가격 하락은 상대적으로 더 큰 판매 증가를 발생시킬 것이다. 예를 들어 가격의 3% 감소는 판매를 8 또는 9% 증가시킬 수 있다. 이는 상대적으로 큰 고용의 증가를 시사한다. 마찬가지로, 만약 수요가 소득에 대해 탄력적이면[11] 이 경제의 소득 성장은 상대적으로 더 큰 생산물 X에 대한 수요 증가를 가져올 것이다. 예를 들면 2개의 산업이 있는 위 가상 경제에서 실질소득이 증가하는 금액인 소득의 3% 증가는 수요곡선을 오른쪽으로 이동시킬 수 있으며, 그 결과 어떤 주어진 가격에서도 아마도 9 또는 10% 더 많은 생산물이 구매되게 된다. 물론, 산업 X의 수요곡선은 소득 증가 이외의 이유 때문에 오른쪽으로 이동할 수 있다. 예를 들면 생산물에 대한 소비자 선호가

---

[11] 소득탄력성은 주어진 소득의 변화율 대비 수요량의 변화율로 측정된다. 만약 수요량의 증가율이 수요량의 증가를 촉발했던 소득의 증가율보다 더 크면 수요가 소득탄력적이거나 또는 소득에 민감하다고 말한다. 만약 수요량의 증가율이 소득의 증가율보다 더 작으면 수요는 소득비탄력적이거나 또는 소득에 민감하지 않다. 열등재의 특별한 경우에 소득의 증가는 생산물에 대한 수요를 감소시킨다.

더 강해질 수 있거나, 또는 경쟁하는 해외 생산물에 대한 관세 또는 쿼터의 부과가 소비자의 구매를 수입품으로부터 국산제품으로 향하도록 방향을 바꿀 수 있다. 요점은 생산물 수요의 증가(오른쪽으로의 이동)가 산출량, 따라서 산업의 고용을 향상시키고, 이것이 산출량 단위당 더 적은 노동이 필요하다는 사실에 기인하는 고용의 감소를 상쇄시킨다는 것이다.

그에 반해서, 만약 산업 X의 생산물에 대한 수요가 가격과 소득 모두에 대해 비탄력적이면 산출량의 증가는 작아지는 경향이 있게 된다. 만약 충분이 작다면, 판매의 향상에 기인한 산출량 증가가 생산성 증가가 산출량 단위당 노동 요구조건을 감소시켰다는 사실을 상쇄하지 못할 수 있다. 이 경우, 높은 생산성 성장률에도 불구하고 산업 X의 고용은 감소할 것이다.

고용효과의 면에서 최악의 시나리오는 생산물 X가 소득이 증가함에 따라 더 적게 구입하는 생산물인 열등재인 경우 발생하게 된다. 생산물 가격이 하락함에도 불구하고 결과적으로 나타나는 생산물 수요곡선의 감소(왼쪽으로의 이동)가 고용을 감소시키기 때문이다. 해외로부터의 경쟁 증가 또는 대체재의 가격 하락은 또한 수요를 감소시키고 산출량과 고용을 줄일 수 있는 기타 사건들이다. 요점을 말하자면, 급속한 생산성 성장을 경험하고 있는 산업의 고용 성장에 가장 도움이 되는 조건들은 (1) 가격 그리고 소득탄력적인 생산물수요곡선과 (2) 생산물수요를 증가시키는 행운의 환경이다.

반대로, 생산성 성장을 달성하지 못한 산업 Y는 그 생산물의 가격이 약 3% 상승하는 것을 발견하게 된다는 것을 상기하라. 이 가격 상승이 산출량과 고용에 미치는 불리한 효과는 만약 생산물 수요가 가격에 대해 비탄력적이고 소득에 대해 탄력적이라면 최소화 또는 아마도 완전히 상쇄될 것이다. 그러나, 만약 수요가 가격 탄력적이고 소득 비탄력적이라면, 고용을 감소시키는 효과는 악화될 것이다. 다시 한 번, 실질소득의 증가가 아닌 다양한 원인들로부터 비롯되는 생산물수요의 변화는 산출량과 고용에 대한 영향을 심화 또는 완화시킬 수 있다.

실례

이제까지의 분석은 경제의 여러 산업의 영고성쇠(榮枯盛衰), 특히 고(枯)와 쇠(衰)에 대한 통찰력을 줄 수 있다. 예를 들면 고등교육의 생산성, 특히 가르침(teaching)의 생산성은 상대적으로 불변이었다. 결과는 교육비용의 증가와 수업료의 증가였다. 그러나 고등교육에 대한 수요는 가격에 대해 비탄력적이고 소득에 대해서는 탄력적이다. 결과적으로, 고등교육은 1인당 소득의 확대되는 부분을 흡수했다. 또 다른 예로서 도자기, 유리 제품, 그리고 가구 같은 어떤 정교한 수공예품의 생산도 또한 생산성 성장을 거의 또는 전혀 경험하지 못했다. 이는 그러한 생산물의 가격이 크게 인상되는 결과를 가져왔다. 그러나 이러한 생산물에 대한 수요는 가격탄력적이라 결과는 높은 품질의 그러한 생산물의 총생산 감소였다. 비슷한 분석이 공연예술에도 적용된다. (청중의 크기가 주어졌을 때 현악사중주의 생산성을 누가, 어떻게 증가시키는가?) 대부분의 시와 마을의 심포니와 지역 극장들은 공공 및 민간 보조금에 의존한다. 나아가, 많은 대도시의 재정문제들은, 대도시들이 생산성을 높이기가 어려운 경찰, 병원, 사회복지 서비스를 제공한다는 사실과 밀접하게 묶여 있을 수 있다. 국민경제의 (더 높아진) 생산성 성장에 부응하여 공공 부문 종업원들의 임금이 증가함에 따라, 정부서비스의 비용은 필연적으로 증가할 것이다. 정부

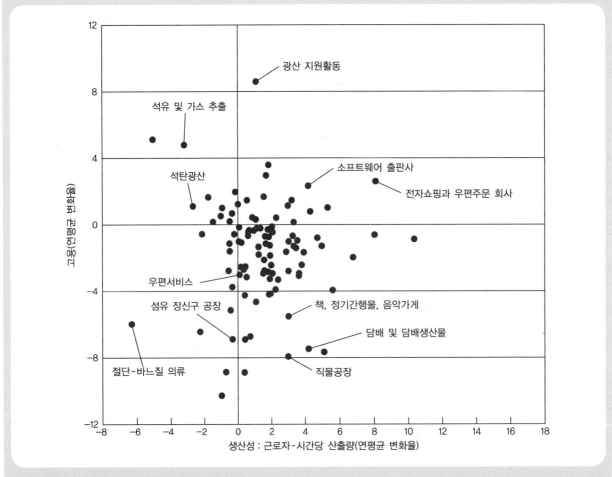

그림 17.8 주요 산업의 근로자-시간당 산출량과 고용

산업 내에서 고용의 연평균 변화율은 산업의 연평균 생산성 변화와 체계적으로 관련되어 있지 않다.

자료 : Bureau of Labor Statistics(www.bls.gov).

예산 증가의 원천은 관료의 경영 실수 또는 불법행위보다는, 훨씬 많은 부분이 공공서비스의 낮은 생산성 성장에 있을 수 있다.[12]

관찰된 생산성-고용의 관계

그림 17.8은 약 100개 산업의 10년간 고용의 연평균 변화율을 생산성의 연평균 변화율과 비교하고 있다. 산업 데이터 점의 흩어짐은 무작위라는 것을 알 수 있다. 즉 산업별 생산성 성장과 고용 성장 사이의 관계에 대해 단순히 일반화할 수는 없다.

---

[12] 이러한 예들은 William J. Baumol, "Macro-Economics of Unbalanced Growth: The Anatomy of Urban Crisis," *American Economic Review*, June 1967, pp. 415-26으로부터 가져왔다.

생산성은 2003~2013년 사이 100개 산업 중 78개에서 증가했지만, 고용은 26개 산업에서 증가했고 74개에서 감소했다. 일부 산업에서는 급속한 생산성 성장이 고용의 감소와 관련되었던 반면(직물공장과 책, 정기간행물 및 음악 가게), 다른 산업은 급속한 생산성 성장과 고용 성장 모두를 경험했다(소프트웨어 출판사). 마찬가지로, 생산성 성장이 상대적으로 침체되었던 일부 산업은 큰 고용의 증가를 경험했던 반면(광산 지원활동), 다른 산업에서는 감소했다(섬유 장신구 공장).

그림 17.8의 특정 산업의 경우에 보이는 생산성과 고용 변화에 대해 숙고해보는 것은 도전할 만한 일이다. 예를 들면 생산성 성장이 정(+)이었던 담배산업 고용의 큰 감소는 최근 수십 년 동안 발생했던 흡연의 건강에 대한 부정적인 효과를 더 알게 되었다는 것을 반영하는 것일 수 있다. 마찬가지로, 직물 제조업에서 생산성 성장이 꽤 급속했다는 것을 주목하라. 수반되는 고용 감소는 의심할 바 없이 1990년대와 2000년대 발생했던 직물산업의 수입 비중 증가를 반영하고 있다. 경제에 대한 일반적인 지식을 사용해서 그림 17.8에 보이는 여러 기타 산업들의 생산 및 고용 변화에 대하여 깊이 생각해보기를 권유한다.

17.2
잠깐만 확인합시다.

- 생산성 성장률은 경제가 침체함에 따라 하락하고 경제가 확대됨에 따라 상승하는 등 경기순환에 따라 변동한다.
- 생산성 성장은 사회가 기존의 산출량을 더 적은 근로자들로 생산할 수 있다는 것을 의미하지만, 그것은 또한 사회가 더 많은 총산출량을 획득하도록 허용한다. 전반적으로, 생산성 성장은 실업 증가가 아니라 고용 성장과 관련이 있었다.
- 근로자-시간당 산출량은 산업별로 크게 다르지만, 시간당 보수는 모든 산업에서 대략 균등하게 증가한다. 다른 조건이 일정하다면, 이러한 사실은 낮은 생산성 성장을 경험하는 산업에서는 단위당 비용의 증가와 산출량 및 고용의 감소를, 높은 생산성 성장을 경험하는 산업에서는 단위당 비용의 감소와 산출량 및 고용의 증가를 의미한다.
- 가변적인 수요 측 요소들이 산업 내에서 생산성과 고용 성장 사이의 실제 관계를 어리둥절하게 만든다. 그러나, 데이터는 산업의 생산성 성장과 고용 성장 사이에 체계적인 관계가 없다는 것을 드러내 보인다.

여러분의 차례입니다

2008년에 생산성 성장은 0.8%였는데, 2009년과 2010년에는 모두 3.3%였다. 이러한 급작스러운 변화에 대한 가능한 설명을 생각할 수 있는가? (힌트 : 경제는 2008년에 경기침체에 있었다.) (정답은 책의 맨 뒷부분에 수록되어 있음)

'신경제'인가 아닌가?

1990년대 중반과 대침체(Great Recession) 사이에 미국은 생산성 성장의 재기를 경험했다. 이렇게 다시 불붙은 생산성 성장률은 일부 사람들로 하여금 미국이 '신경제'의 시작에 있다고 믿게 만들었다. 신경제 시각의 옹호자들은 정보기술의 혁신이 경제 전체에 퍼지고 있으며 경제구조를 바꾸었다고 주장한다.[13] 다른 사람들은 더 회의적이고 그것은 단지 생산성 성장의 일시적 재기일 뿐이라고 믿고 있다.

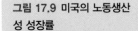

그림 17.9 미국의 노동생산성 성장률

생산성 성장은 20년 동안 상대적으로 낮았던 후 1996~2008년 사이에 급등했다. 2008년 이래 생산성은 낮은 비율로 증가했다.

자료 : Bureau of Labor Statistics (www.bls.gov)

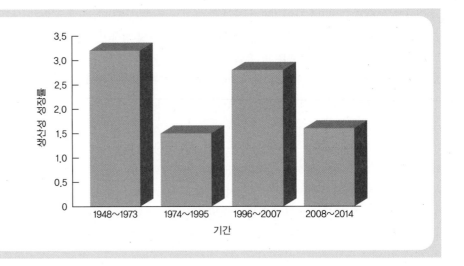

그림 17.9는 1948~2014년 기간 동안의 생산성 성장률을 보여준다. 1948~1973년 사이 미국은 활기찬 3.2%의 연간 생산성 성장률을 가졌다. 생산성은 1974~1995년 동안은 그 절반 미만의 비율로 성장했다. 그러나 1996~2008년 사이에 생산성 성장은 매년 급속한 2.8%로 반등했다. 2008~2014년 사이 생산성 성장률은 1974~1995년 기간 동안의 그것과 비슷한 비율로 다시 하락했다.

이러한 재기와 둔화의 효과는 앞에서 논의한 바와 같다. 미국의 생활수준은 1996~2007년 사이에 이전 20년에서보다 더 빨리 증가했으며, 다른 나라들보다도 더 빨리 증가했다. 예를 들어 시간당 실질보수는 2008~2014년 기간 사이의 연간 단지 0.3%의 부진한 비율과 비교할 때 1996~2007년 사이 연간 1.7%의 비율로 증가했다. 또한 많은 경제학자들에 따르면 생산성 성장의 회복은 1990년대 후반과 2000년대의 후반 절반 기간에 경험했던 낮은 인플레이션에 기여했다.

재기의 원인

미국 생산성 성장률의 증가가 장기 추세의 일부분인지 또는 단순히 일시적인 일탈인지에 대해 전문가들 사이에 의견일치는 존재하지 않는다. 그럼에도 불구하고, 생산성 재기의 몇몇 가능한 원인들을 조사하는 것은 바람직한 일이다. 다음은 생산성 가속화에 대한 주요 설명들이다.

정보자본 사용의 증가

한 가지 가능성은 정보기술과 관련된 자본량의 더 빠른 증가가 생산성 성장을 증가시켰을 수 있다는 것이다. 1990년대의 후반기에 기업들은 컴퓨터 하드웨어, 소프트웨어, 그리고 통신설비 같은 정보자본에 크게 투자했다. 1999년 자본에 대한 기업 지출의 14% 실질 증가 중 11%는 정

---

[13] 이러한 상이한 신경제 시각에 대해 더 많은 것은 Kevin J. Stiroh, "Is There a New Economy?" *Challenge*, July-August 1999, pp. 82-101을 참조하라.

보자본에 대한 지출이었다.[14]

실증연구들은 정보기술에 대한 더 높은 지출이 생산성 성장 증가에 중요한 역할을 담당했다는 것을 알려주고 있다. 1995~2000년 기간 동안 생산성 성장의 37%가 정보기술의 사용증가 때문이었다.[15] 2000~2006년 기간 동안의 상응하는 숫자는 다소 낮은 23%였다. 다른 유형의 자본에 대한 지출 증가는 1995~2000년과 2000~2006년 기간 동안에 각각 생산성 증가의 18%와 28%를 기여했다.

기술진보와 효율성의 향상

또 다른 잠재적인 설명은 큰 기술진보와 효율성, 특히 정보기술(더 많은 자본재와 뚜렷이 구별되는)이 생산성 성장률을 증가시켰다는 것이다. 가격을 보면 알 수 있는 바와 같이, 컴퓨터 기술에서 혁신의 속도는 최근 수년 동안 분명히 빨라졌다. 컴퓨터 설비의 가격은 1991~1995년 기간 동안의 18%와 비교할 때 1996~2001년의 기간 동안 매년 27%의 비율로 하락했는데,[16] 이는 혁신과 효율성 향상을 반영하는 것이다.

실증연구들은 고도기술 산업에서의 빠른 기술진보가 생산성 성장률이 속도를 내는 데 있어 중요한 역할을 담당했다는 것을 확인하고 있다. 1995년과 2000년 사이 생산성 성장의 22%는 정보기술 제품 생산에서의 효율성 향상에 의해 발생했다.[17] 2000~2006년 동안의 상응하는 숫자는 15%였다. 또 다른 16%와 22%가 1995~2000년과 2000~2006년 동안에 각각 여타 경제에서의 기술진보와 효율성 이득의 결과였다고 추정된다.

생산성 둔화의 원인

2008년 이래 생산성 성장률의 둔화에 대해 세 가지 가능한 설명이 존재한다. 첫째, 근로자 숙련의 성장률이 감소했을 수 있다. 둘째, 자본에 대한 투자가 더 늦은 비율로 증가했을 수 있다. 셋째, 기술진보가 느려졌을 수 있다.

실증 증거는 둔화가 근로자 숙련 또는 자본에 대한 투자 증가의 쇠퇴 결과가 아니라는 것을 발견하고 있다. 페날드와 왕(Fenald and Wang)은 근로자들의 교육수준은 계속 증가했다는 것을 지적하고 있다.[18] 그들은 또한 근로자-시간당 자본은 2008년 이래 완만하게나마 증가했다는 것을 주목하고 있다. 페날드(Fenald)는 곧 발표될 논문에서 생산성 성장 쇠퇴의 대부분은 기술진보와 효율성의 감소 때문이라는 것을 밝히고 있다.[19] 특히 그는 둔화가 정보기술을 생산하

---

[14] Council of Economic Advisers, *Economic Report of the President, 2001* (Washington, DC: Government Printing Office, 2001), chap 1.

[15] Dale W. Jorgenson, Mun S. Ho, and Kevin J. Stiroh, "A Retrospective Look at the U.S. Productivity Growth Resurgence," *Journal of Economic Perspectives*, Winter 2008, pp. 3-24.

[16] Stephen D. Oliner and Daniel E. Sichel, "Information Technology and Productivity: Where We Are Now and Where We Are Going," *Journal of Policy Modeling*, July 2003, pp. 477-503.

[17] Jorgenson, Ho, and Stiroh, op. cit.

[18] John Fenald and Bing Wang, "The Recent Rise and Fall of Rapid Productivity Growth," *Federal Reserve Bank of San Francisco Economic Letter*, February 9, 2015.

[19] John Fernald, "Productivity and Potential Output Before, During, and After the Great Recession," in Jonathan Parker and Michael Woodford (eds.), *NBER Macroeconomics Annual 2014* (Chicago: Univesity of Chicago Press, forthcoming).

거나 아니면 정보기술을 집약적으로 사용하는 산업에 집중되었다는 것을 보고하고 있다.

생산성 성장의 미래는 결정적으로 중요하게 기술진보율에 좌우된다. 페날드는 정보기술부문이 유발했던 급속 성장 기간에 약간의 비중을 부여한 모형을 사용하여, 장기적 연간 생산성 성장률이 2008~2014년 사이에 1.9% 또는 평균보다 약간 더 높은 수준이 될 것이라고 추정하고 있다.[20] 정보기술 산업에서 미래 혁신이 어느 정도일지는 앞으로 두고 볼 일이다.

---

[20] 더 낙관적인 견해는 Martin Baily, James Manyika, and Shalabh Gupta, "U.S. Productivity Growth: An Optimistic Perspective," *International Productivity Monitor*, Spring 2013, pp. 3-12; Chad Syverson, "Will History Repeat Itself Comments on 'Is the Information Technology Revolution Over?'" *International Productivity Monitor*, Spring 2013, pp. 37-40을 참조하라.

요약

1. 생산성은 실질산출량과 투입물 사이의 관계다. '공식적인' 노동통계국(BLS) 노동생산성 지수는 민간부문에 고용된 근로자-시간 수에 대한 민간부문으로부터 비롯되는 실질GDP의 비율이다.

2. BLS 지수는 공공부문을 제외하기 때문에 생산성 성장을 과장한다. 반면에 그것은 산출량의 질적 향상을 무시한다는 의미에서 생산성 성장을 축소한다. BLS 지수는 생산성 성장을 측정하지만, 생산성 성장의 원인을 드러내 보이지는 않는다.

3. BLS 지수의 장점은 (a) 개념적으로 간단하고, (b) 자동적으로 주간 근로시간의 길이 변화를 고려하며, (c) 직접적으로 실질 시간당 임금과 대체할 만하다는 것이다.

4. 경제학자들은 주로 생산성의 변화가 실질 시간당 임금의 변화와 상관관계가 있기 때문에 노동생산성에 관심을 갖는다.

5. 다른 조건이 일정하다면, 생산성 성장은 명목임금의 증가를 상쇄함으로써 단위노동비용과 생산물가격의 상승을 억제한다.

6. 생산성 성장을 결정하는 기본적인 요소들은 (a) 노동질의 향상, (b) 자본-노동 비율의 증가, 그리고 (c) 노동과 자본 투입물의 사용에 있어서의 효율성 향상이다. 효율성 향상은 양적으로 가장 중요한 요소다.

7. 노동생산성은 경기침체의 기간 동안 장기 성장률 아래로 하락하며, 경기회복의 기간 동안 성장률 위로 상승한다. 인과관계 요소들에는 노동과 자본 사용에 있어서의 순환적 변화와 제조업 부문의 상대적 중요성 변화가 포함된다.

8. 여러 산업에서 생산성 성장과 고용 변화 사이에 쉽게 식별할 수 있는 관계는 존재하지 않는다. 소비자 기호 또는 공공정책과 같은 요소들의 변화로부터의 수요이동과 더불어, 생산물수요의 가격 및 소득 탄력성이 생산성 증가가 어떤 산업에서 고용의 증가 또는 감소와 관련될지 예측하는 것을 거의 불가능하게 만들고 있다.

9. 생산성 성장률은 1990년대 후반부에 극적으로 가속화되기 시작했다. 증가를 가능하게 한 구조적 요소들에는 (a) 정보산업과 관련된 자본의 사용 증가와 (b) 기술진보와 효율성의 향상이 포함된다. 최근 들어 생산성 성장률은 아마도 정보기술산업에서의 기술진보 증가의 감소 때문에 둔화되었다.

용어 및 개념

노동생산성(labor productivity)

노동저장(labor hoarding)

BLS 생산성 지수(BLS productivity index)

질문 및 연구 제안

1. 노동생산성은 어떻게 정의되는가? 노동통계국(BLS) 노동생산성 지수의 단점과 장점에 대해 논평하라.

2. 경제에서 100 근로자-시간이 연도 1에 160단위의 산출량을 생산한다고 가정하자. 연도 2와 3에 근로자-시간은 120과 130이며, 산출량 단위는 각각 216과 260이라고 한다. 연도 2를 기준연도로 사용하여 (a) 3년 모두의 생산성지수와 (b) 생산성 성장률을 계산하라.

3. 경제 전체의 생산성 성장률 변화와 실질 시간당 임금 변화 사이의 밀접한 상관관계를 어떻게 설명할 수 있는가? 이러한 관계는 또한 각 산업별로도 성립하는가? 설명하라.

4. 이 서술을 설명하라. "높은 시간당 임금은 높은 노동생산성의 결과이자 원인이다."

5. 총생산성 성장과 가격인플레이션 사이의 관계를 논하라. 연평균 생산성 성장률을 수평축에, 그리고 연평균 가격 변화를 수직축에 각각 표시하여 (그림 17.8과 비슷한) 히스토그램을 그려라. 만약 60 또는 70개 주요 산업의 관련 데이터를 그래프에 그린다면 여러분은 어떤 일반적인 관계를 기대하게 되는가? 설명하라.

6. 어떤 주어진 해에 기업의 생산성이 2% 증가하고 그 명목임금은 5% 증가한다고 가정하자. 기업의 단위노동비용과 생산물가격에 무슨 일이 일어날 것을 기대하게 되는가?

7. 미국 노동생산성의 장기 추세에 관해 정량적인 용어로 간략히 논평하라. 그 성장에 기여했던 세 가지 주요 요소를 제시하고, 각각의 상대적인 정량적 중요성을 나타내라. 노동과 자본의 사용에 있어 효율성 향상에 기여했던 구체적인 요소들을 논하라.

8. 노동생산성에 발생하는 순환적 변화를 묘사하고 설명하라. 이러한 변화들은 어떤 중요성이 있는가?

9. (a) 명목 시간당 임금, (b) 생산성, (c) 단위노동비용, 그리고 (d) 생산물가격 변화 사이의 관계를 설명하라. 이러한 관계가 특정 산업에서 생산성 성장이 고용에 미치는 예상 영향력에 대해 무엇을 시사하는가? 여러분은 자신의 일반화를 그림 17.8과 조화시킬 수 있는가?

10. 노동생산성이 경제 전체로는 6% 증가하고 있지만 산업 X에서는 단지 1%만 증가한다고 가정하자. 또한 모든 산업의 명목임금은 경제 전체의 생산성 증가율에 부합하여 증가한다고 가정하자. 산업 X에서 노동비용은 총비용의 90%라고 한다. 산업 X의 생산물에 대한 수요는 가격에 대해 매우 탄력적이고 소득에 대해서는 비탄력적이다. 경제에서 소득 변화와 관련된 것들 이외에는 생산물에 대한 수요곡선의 이동이 없다는 가정하에, 여러분 추론의 모든 단계를 명기하면서 산업 X의 미래 성장 또는 쇠퇴를 예측하라.

11. 다음 서술 각각에 대해 논평하라.

a. "대부분의 매우 생산적인 회사들은 이윤 획득 가능성이 있지만, 모든 이윤 획득 가능성이 있는 회사들이 매우 생산적인 것은 아니다."

b. "깨끗한 공기와 안전한 작업장 같은 쾌적함에 대한 공공수요 증가는 시간이 지남에 따라 생산성 비교를 복잡하게 만들었다."

c. "생산성 증가는 더 적은 수의 근로자들이 주어진 산출량 수준을 생산한다는 것을 의미한다. 따라서 생산성 증가는 실업의 원천이다."

12. 미국의 생산성 성장은 1990년대 후반에 가속화되었다.

이 속도 증가를 여러분은 어떻게 설명하는가? 왜 이 속도 증가가 장기 추세의 시작인지 또는 단순히 일시적인 변화인지를 아는 것이 여전히 불가능한가?

인터넷 연습

생산성 성장의 재기가 지속되었는가?

노동통계국 웹사이트(www.bls.gov)를 방문하고 이어 '데이터베이스 및 표(Database and Tables)'와 '보고서 시리즈(Series Report)'를 선택하라. 그 뒤 ID 시리즈 숫자 PRS84006091을 입력하라. 마지막으로 '모든 연도(All Years)'를 클릭하라. 이는 1년 전 이래의 시간당 산출량 변화율(노동생산성 성장)을 검색할 것이다.

1991~1995년 사이의 노동생산성 평균증가율은 얼마인가? 1996~2006년 사이는? 2006년과 보이는 가장 최근 연도 사이는? 이러한 숫자들을 근거로 신경제 시각에 대한 옹호론자들 또는 비판론자들은 논쟁에서 우위를 점하고 있는가? 여러분의 답을 설명하라.

인터넷 링크

노동통계국 노동생산성 웹사이트는 생산성에 관한 많은 양의 정보를 갖고 있다(www.bls.gov/lpc/home.htm).

고용과 실업

18

이 장을 공부하고 나면:

1. 실업과 고용 통계의 측정을 논의할 수 있다.
2. 총공급-총수요 분석을 사용하여 실질산출량, 물가수준, 그리고 고용이 어떻게 결합적으로 결정되는지를 그래프로 보일 수 있다.
3. 마찰적 실업을 발생시키는 요소들을 분석할 수 있다.
4. 구조적 실업을 설명할 수 있다.
5. 수요부족 실업을 논의할 수 있다.
6. 인구통계학적 그룹 사이의 실업 분포를 서술할 수 있다.
7. 실업을 퇴치하기 위해 사용될 수 있는 공공정책을 분석할 수 있다.

사실 : 1990년대에 미국 경제는 1,700만 개의 새로운 일자리를 창출했으며, 추가 200만 개의 일자리들이 2000년대에 생겼다. 그리고 2010~2014년 사이에 일자리가 700만 개가 더 창출되었다. 2014년 경제활동인구의 6.2%가 실업 상태에 있었는데 이는 앞서 4년 전보다 3.4%포인트 하락한 것이다. 2013년의 실업률은 캐나다에서 6.1%, 일본에서 3.4%로 각각 하락했다. 반면 2013년에 프랑스 경제활동인구의 10.4%가 실업 상태에 있었는데, 이는 3년 전보다 1.0%포인트 상승한 것이다.

질문! 시간 경과에 따른 고용의 성장을 무엇이 설명하는가? 얼마만큼의 실업이 자연스러운 것인가? 무엇이 보통보다 더 높은 실업률을 야기하는가? 누가 실업자인가? 그들은 얼마나 오랫동안 실업 상태로 남아 있는가? 정부는 실업을 감소시키기 위하여 어떤 정책들을 사용하는가?

앞서의 장들에서는 개인이 어떻게 단기와 장기 노동공급 결정을 하며, 기업은 노동 및 생산물시장에서 여러 조건하에 자신의 이윤극대화를 달성하는 고용수준을 어떻게 결정하는지 분석했다. 또한 노동조합 임금, 최저임금, 또는 효율성임금이 시장청산임금을 초과하는 특정 노동시장에서 어떻게 실업이 발생할 수 있는지 검토했다. 이제는 관심을 총노동시장과 고용과 실업의 **총수준 결정요인**으로 돌리기로 하자.

고용과 실업 통계

고용과 실업 통계는 경제의 거시적 건강상태를 평가하기 위해 널리 사용된다. 총고용과 실업이 어떻게 측정되는지를 이해하고, 최근의 고용과 실업 기록을 알며, 공공정책의 가이드로서 데이터의 한계를 이해하는 것은 중요한 일이다.

측정

매월 통계청(Bureau of the Census)에서는 일반적으로 **가계조사**(Household Survey)라고 부르는 현행인구조사(current population survey, CPS)를 실시한다. 약 60,000가계가 16세 이상 미국 인구를 대표하여 선정되어, 고용된 인구 비중, 실업 인구 비중, 경제활동인구가 아닌 인구 비중을 결정하기 위하여 인터뷰에 응하게 된다. 그 뒤 노동부의 노동통계국이 조사가 실시된 주(週)에 각 범주에 속하는 사람 숫자를 추정하기 위하여 그 표본 데이터를 사용한다.

취업자

공식적으로 고용된 사람들에는 조사가 이루어진 주에 16세 이상이고 (1) 민간기업 또는 정부단위에 의해 고용되었거나, (2) 자영업을 하고 있거나, 아니면 (3) 일자리를 가졌지만 질병, 나쁜 날씨, 노동 분규, 또는 휴가 때문에 일하지 않고 있던 사람들이 포함된다.

일단 설문조사 주(週)의 총고용을 알게 되면, **고용-인구 비율**(employment-population ratio)이 쉽게 계산된다. 식 (18.1)과 같이 이 비율은 시설에 수용되지 않은 총인구의 백분율로서의 총고용이다.

$$\text{고용-인구 비율} = \frac{\text{고용}}{\text{시설 비수용 인구}} \times 100 \tag{18.1}$$

제3장의 경제활동 참가율에 관한 논의에서 시설에 수용되지 않은 인구는 감옥, 정신병원, 또는 양로원과 같은 시설에 있지 않은 16세 이상의 모든 인구를 망라한다는 것을 배운 바 있다.

실업자

설문조사 주의 기간 동안 16세 이상이고, 시설에 수용되지 않았으며, 일하지 않았지만 일에 이용가능하고, 또한 (1) 지난 4주 동안 일자리를 찾는 어떤 구체적인 활동에 종사했고, (2) 일시적으로 일시해고되었던 일자리로의 복귀를 기다리고 있었으며, (3) 일자리를 찾고 있었지만 일시적으로 아팠고, 또는 (4) 30일 이내에 새로운 일자리에 나가기 위해 기다리고 있다면 공식적으로 실업자로 고려된다.

16세 이상이고 시설에 수용되지 않았지만 공식적으로 취업자 또는 실업자가 아닌 사람들은 '비경제활동인구'로 분류된다. 따라서 경제활동인구는 그 자체로 취업자와 실업자로 구성된다.

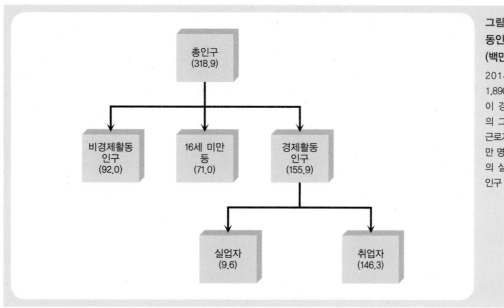

그림 18.1 총인구, 경제활동인구, 취업, 그리고 실업(백만 명)

2014년 미국의 총인구 3억 1,890만 명 중 1억 5,590만 명이 경제활동인구였다. 이 후자의 그룹 중 1억 4,630만 명의 근로자들이 취업 상태였고, 960만 명이 실업 상태였다. 2014년의 실업률은 6.2%였고, 고용-인구 비율은 59%였다.

$$\text{경제활동인구} = \text{고용} + \text{실업} \qquad (18.2)$$

그렇다면 **실업률(unemployment rate)**은 실업자인 경제활동인구의 백분율이다.

$$\text{실업률}(\%) = \frac{\text{실업}}{\text{경제활동인구}} \times 100 \qquad (18.3)$$

요점 정리

그림 18.1은 BLS가 총인구를 어떻게 여러 구성요인으로 나누는지를 명확하게 하는 데 도움이 된다. 그것은 또한 식 (18.1)에서 식 (18.3)까지의 숫자를 계산하는 기초를 제공한다. 2014년의 고용-인구 비율[식 (18.1)]은 59.0%였다. 이 숫자는 고용된 사람 수(=1억 4,630만 명)를 비수용 인구 2억 4,790만 명(=3억 1,890만 명 − 7,100만 명)으로 나누고 100을 곱함으로써 구해진다. 식 (18.2)와 일관되게 2014년 경제활동인구의 크기는 1억 5,590만 명이라는 것을 알 수 있다. 그것은 취업자 수(=1억 4,630만 명)에 실업자 수(=960만 명)를 더함으로써 알 수 있다. 2014년의 실업률[식 (18.3)]은 6.2%였는데, 이는 실업 상태의 사람들 수(=960만 명)를 경제활동인구의 크기(=1억 5,590만 명)로 나누고 100을 곱함으로써 계산된다.

역사적 기록

그림 18.2에는 1960년 이래 고용-인구 비율이 나타나 있다. 비율은 1960년으로부터 2000년까지 증가했지만 그 이후 감소했다는 것을 볼 수 있다. 이 비율은 2014년 59.0%였는데, 이는 2000년도 최고치 아래로 5.4%포인트 낮은 것이다. 그림 18.3에는 지난 50년 동안의 실업률이 나타나 있다. 실업률은 이 기간 매우 변동이 심했다. 최저는 1968년의 3.5%였고, 최고는 1982년의

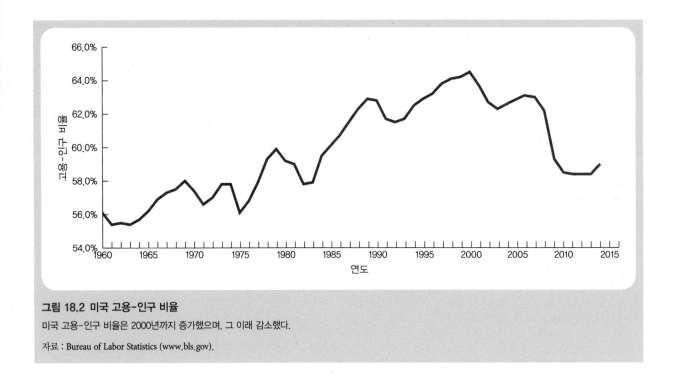

그림 18.2 미국 고용-인구 비율

미국 고용-인구 비율은 2000년까지 증가했으며, 그 이래 감소했다.

자료 : Bureau of Labor Statistics (www.bls.gov).

9.7%였다. 1992~2000년 사이 실업률이 끊임없이 하락했다는 것을 관찰하라. 2000년도의 4%는 1970년대 초 이래 가장 낮은 실업률이다. 2000년 이후 실업률은 상승했으며, 2003년에는 6.0%에 도달했다. 2003년 이후 실업률은 하락했고 2006년과 2007년에는 4.6%로 떨어졌다. 실업률은 2008~2010년 사이 상승해서 2010년에 9.6%에 달했다. 2010년 이래 하락해서 2014년에는 6.2%로 감소했다.

가계 데이터에 대한 비판

CPS 가계 인터뷰에 기초하여 BLS에 의해 보고되는 공식적인 고용 관련 통계는 경제학자들에게 유용한 여러 주목할 만한 장점을 갖고 있다. 첫째, 표본추출 기법이 전 국가에 걸쳐 획일적이며, 중요하지 않은 변화 외에는 수년에 걸쳐 일관되게 남아 있다는 것이다. 따라서 경제학자들은 기간 사이의 고용과 실업률을 비교할 수 있고, 순환적 추세 및 장기적 추세를 추적할 수 있다. 둘째, 데이터 설문조사와 발표 사이의 시간 간격이 짧으며, 정부의 발표를 통해 정보가 매우 접근이 가능하다. 셋째, 데이터가 전체적인 형태는 물론 분해된 형태로 보고된다. 예를 들면 실업률이 인종, 연령, 성, 결혼상태, 직종, 실업의 이유, 그리고 실업의 기간별로 제공된다. 이는 실업 부담의 분포를 분석하는 데 도움이 된다. 마지막으로, 데이터는 경기순환 기간 동안 전체 경제의 방향에 대해 유용한 실마리를 제공한다.

그러나 불행하게도 이러한 공식적인 통계는 또한 한계를 갖고 있다. 우선 공식적인 데이터는 현실에서 파트타임 근로자 중 일부가 풀타임으로 일하기를 바랄 때 모든 파트타임 근로자들을 완전히 고용된 것처럼 포함시킨다. 2014년에 약 1,940만 명의 사람들이 개인적 선택 때문에 파트타

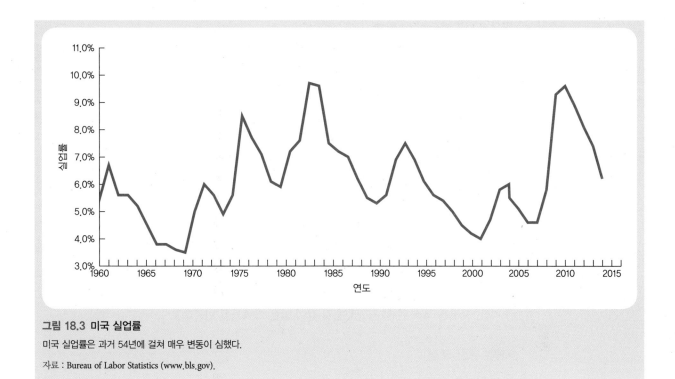

그림 18.3 미국 실업률

미국 실업률은 과거 54년에 걸쳐 매우 변동이 심했다.

자료 : Bureau of Labor Statistics (www.bls.gov).

임으로 일했다. 또 다른 550만 명의 파트타임 근로자들은 풀타임으로 일하기를 원했지만 적당한 풀타임 근로를 찾을 수 없었거나 또는 소비자 수요의 일시적인 부진 때문에 짧은 시간만 근무했다.[1]

두 번째 한계는, 실업자로 계산되려면 적극적으로 일을 찾고 있어야만 한다는 것이다. 그러나 많은 사람들이 일정 기간 일자리를 찾다가 성공하지 못한 후 실망해서 일자리탐색을 포기한다. 구체적으로 말하자면, 2014년에 739,000명으로 추정되는 사람들이 이 범주에 속했다. 이러한 **실망 근로자**(discouraged worker)들은 위장실업(hidden unemployment)을 구성한다.

세 번째 문제는, 데이터가 **불완전고용자**(subemployed)를 측정하지 못한다는 것이다. 즉 통계는 제대로 고용되었다면 받을 수 있는 임금보다 더 낮은 임금을 지급하는 직종의 고용을 경제여건에 의해 강제로 받아들인 사람들을 포함하지 못한다. 이러한 세 가지 한계 각각은 공식적인 실업통계가 노동자원 과소활용의 크기와 공식적인 전체 실업률과 관련된 경제적 어려움의 정도를 축소하게 만든다.

그러나 데이터의 다른 문제들은 공식적인 실업률에 의해 국가 경제적 어려움의 진정한 크기가 과장되게 만든다. 첫째, 매월 가계조사에 대해 일부 응답자들이 공식적인 실업률을 증가시키는 거짓 정보를 제공할 가능성이 있다. 즉 자신과 가족 구성원들의 좋은 이미지를 나타내기 위해 응답자들이 실제로 경제활동인구에 속하지 않으면서도 가계 구성원들이 적극적으로 일을

---

[1] 이러한 근로자들의 노동통계국 분류를 '비자발적인' 파트타임으로 하는 것이 옳다는 것을 지적하는 연구는 Leslie S. Stratton, "Are 'Involuntary' Part-Time Workers Indeed Involuntary?" *Industrial and Labor Relations Review*, April 1996, pp. 522-36을 참조하라.

찾고 있다고 응답할 수 있다.

두 번째 문제는, 실업 상태의 개인 각각이 말하자면 경제활동인구에 속하는 정상적인 풀타임 근로자인지, 파트타임으로 일하기를 원하는 반은퇴한 개인인지, 또는 방과 후 일자리를 찾고 있는 10대인지와 관계없이 균등하게 계산된다는 것이다. 실업 통계가 후자 두 그룹을 포함하고 있는 한 공식적인 실업률은 읽는 사람을 오도(誤導)할 수 있다.[2]

나아가, 가계 데이터는 일부가 최근에 경제의 쇠퇴하는 부문에서 높은 보수를 지급하는 일자리로부터 해고되었을 수 있는 실업 상태 사람들의 받아들일 수 있는 **최저 수락임금(유보임금)**에 대한 정보를 담고 있지 않다. 이러한 사람들은 더 이상 처음의 유보임금을 받을 수 없다는 현실을 받아들일 때까지 실업 상태로 남아 있을 수 있다. 실업보험급여, 기업에 의해 지급되는 보충 실업급여(supplemental unemployment benefits, SUBs), 그리고 퇴직수당은 이 조정기간의 길이를 늘릴 수 있다. 실업의 사회적 영향 지표로서 공식적인 데이터를 사용하는 것에 대해 밀접하게 관련된 비판은 과거 수십 년에 걸쳐 다수 소득자 가구의 증가가 실업 수준에 상응하는 빈곤의 양을 감소시켰다는 것이다. 가족 구성원 한 명의 일자리 손실이 가구의 생활수준을 크게 낮추지만, 그것은 과거 언젠가 그랬던 것 같이 많은 가족들을 빈곤으로 몰아넣지는 않는다.[3]

저량-유량 모형

전체 실업률에 대한 마지막 한 가지 한계가 논평을 필요로 한다. 실업률은 덜 심각한 짧은 실업 기간을 경험하고 있는 사람들과 오랜 기간 실업을 겪고 있는 사람들을 구별하지 않는다. 간단한 실례로, 경제가 단지 12명의 구성원을 갖고 있다고 가정하자. 상황 A에서는 각 개인이 1년의 기간 중 각각 상이한 한 달 동안 실업 상태에 있는 반면, 상황 B에서는 1년 전체의 기간 동안 한 사람이 계속하여 실업 상태이고 나머지는 고용 상태에 있다고 가정하자. 가계조사에서는 각 경우에 12명의 근로자 중 1명이 매월 실업 상태에 있으며, 따라서 연간 실업률은 8.3%(1/12)가 된다. 그러나 우리는 모두 상황 B가 사회적으로 더 우려스럽다고 판단한다. 한 개인을 전체 1년 동안 어떤 임금소득도 없는 상태로 내버려둔다는 것이기 때문이다.

이러한 예는 중요한 사실을 입증하고 있다. 즉 가계 데이터는 취업, 실업, 그리고 비경제활동인구라는 세 가지 중요한 경제활동인구 범주 각각에 속해 있는 사람들의 저량(貯量, stocks)을 측정하지만, 여러 범주 사이의 사람들의 지속적인 이동 또는 유량(流量, flows)을 드러내 보이지는 않는다는 것이다. 이러한 이동은 그림 18.4에 보이는 실업의 **저량-유량 모형**(stock-flow model)에서 포착된다. 이 그림에서 주목할 두 가지 사항은 (1) 실업 '풀'에 속해 있는 특정 사람들이 변하더라도 실업률[= $U/(E+U)$]은 불변인 채로 남아 있을 수 있으며, (2) 여러 별개의 유량 요소들이 독립적으로 활동해서 또는 서로 상호작용하여 실업률을 변화시킬 수 있다는 것이다. 후자의 한 예를 들면, 다른 모든 흐름들은 불변인 채로 있고 흐름 2인 일시해고를 통한 실업

---

[2] 실업 상태인 모든 10대의 절반을 훌쩍 넘는 수가 학교에 등록하고 있으면서 오로지 파트타임 일을 찾고 있다.

[3] S. L. Terry, "Unemployment and Its Effects on Family Income," *Monthly Labor Review*, April 1982, pp. 35-43. 또한 Adam D. Seitchik, "When Married Men Lose Jobs: Income Replacement within the Family," *Industrial and Labor Relations Review*, July 1991, pp. 692-707을 참조하라.

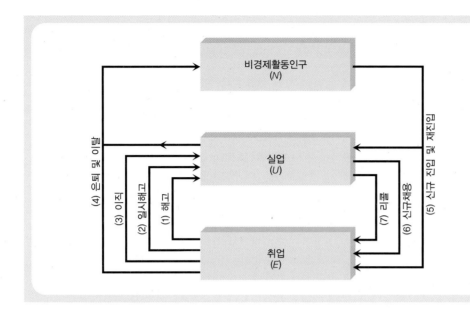

그림 18.4 실업의 저량-유량 모형

어떤 일정 시점에든, 경제활동인구 상태의 범주를 나타내는 3개의 박스 각각에는 상당 규모 사람들의 *저량*이 존재한다. 그러나 이러한 저량은 각 범주를 들고 나는 수많은 유량에 의해 동시적으로 대폭 감소되고 다시 채워진다. 이러한 흐름의 비율 변화가 실업률에 상당한 영향을 미친다.

범주 U로의 유입률이 증가했다고 가정하자. 이는 분명 경제활동인구의 크기 $(E+U)$는 불변인 상태에서 실업 상태인 사람들의 절대 수를 증가시켜 실업률의 증가를 야기한다.

　두 번째이자 더 복잡한 예로서, 다른 모든 흐름은 불변인 상황에서 흐름 4인 은퇴와 이탈을 통해 취업 범주 E로부터의 퇴장률이 증가했다고 가정하자. 다시 한 번 실업률은 증가하게 되지만, 이 경우 실업 상태인 사람들의 절대 수는 그 이전 수준에 머무르게 된다. 하지만, 경제활동인구의 크기 $(E+U)$는 줄어들고, 실업(U)은 불변인 채로 남아 있게 되기 때문에 실업률$[=U/(E+U)]$은 증가하게 된다.

　경제활동인구 상태 범주 사이의 흐름들에 대한 분석은 실업기간의 길이와 실업률이 증가하고 감소하는 이유들을 이해하는 데 도움이 된다. 다음은 실업률의 저량-유량 분석으로부터 얻어지는 통찰의 예들이다 — (1) 상당한 양의 실업은 상대적으로 소수의 사람들의 실업 기간이 길기 때문이다.[4] (2) 경기침체의 기간에는, 자발적 이직 감소를 보충하는 것보다 더 크게 일시해고와 해고 비율은 증가하고 신규 채용과 리콜 비율은 감소한다. (3) 최초로 경제활동인구에 진입하는 사람들과 '비경제활동인구' 범주로부터 경제활동인구에 재진입하는 사람들이 전형적으로 실업자의 1/3이 넘는다. (4) 경제회복 초기 단계에는 실업률이 예상보다 더 높은 상태에 머무른다. 이는 일자리 전망이 호전됨에 따라 경제활동인구 범주 밖의 사람들이 일자리를 찾게 되기 때문이다. 즉 이들이 공식적으로 실업자가 되기 때문에 그런 것이다.

18.1 근로의 세계

완전고용의 정의

정보가 불완전하고 근로자들과 기업들이 이질적인 동태적 경제에서 0%의 실업은 달성이 가능

---

[4]　Kim B. Clark and Lawrence H. Summers, "Labor-Market Dynamics and Unemployment: A Reconsideration," *Brooking Papers on Economic Activity*, no. 1, 1979, pp. 13-60.

18.1 근로의 세계 경제가 나쁠 때의 대학 졸업 효과*

경기침체기에 대학을 졸업하면 처음에 더 악화된 노동시장 결과로 이어진다는 것은 놀랄 일이 아니다. 높은 실업률 때문에 졸업생들의 취업가능성은 더 작아질 것이다. 취업한 졸업생들도 잘못된 일자리 연결과 과소고용으로 고통을 받을 가능성이 더 크다.

중요한 질문은 침체기 졸업이 직장 생활의 후반에 그들에게 어떤 영향을 미치는지다. 만약 호황기였다면 잡았을 직장생활 경로로 쉽게 전환할 수 있다면 잘못된 일자리연결의 불리한 효과는 상쇄될 수 있을 것이다. 그러나 만약 초기 노동시장 경험이 승진과 훈련에 불리한 영향을 지속적으로 끼친다면 부정적인 효과가 지속될 수 있다.

경기침체의 장기 효과가 미국과 캐나다의 데이터를 사용하여 조사되었다. 칸(Lisa Kahn)은 1979~1989년 사이에 대학을 졸업한 미국 백인 남성의 데이터를 사용하여 졸업 이후 17년 동안의 그들의 근로소득을 조사했다. 실업률이 1%포인트 증가하는 경우 근로소득이 6~7% 감소하기 때문에 침체기 졸업은 취업 초기 큰 근로소득 손실을 초래한다. 시간이 지남에 따라 근로소득 손실은 지속적으로

감소하지만, 졸업 후 15년에 2.5%였다.

오레오플러스, 본와처, 그리고 헤이즈(Oreopoulos, von Wachter, and Heisz)는 캐나다 남성에 대한 데이터를 사용하여 전형적인 침체기에 대학을 졸업하는 것은 처음에 근로소득을 9% 낮춘다는 것을 밝히고 있다. 이러한 근로소득에 대한 부정적인 효과는 졸업 후 5년 만에 1/2로 떨어지며, 10년 후 0%로 서서히 사라진다. 또한 더 낮은 보수를 지급받는 전공으로 졸업하거나 또는 더 낮은 질의 학교를 졸업한 사람들이 처음에 더 큰 근로소득 감소를 겪으며 회복에 더 오랜 시간이 걸린다.

* Lisa B. Kahn, "The Long-Term Labor Market Consequences of Graduating from College in a Bad Economy," *Labour Economics*, April 2010, pp. 303-16; Philip Oreopoulos, Till von Wachter, and Andrew Heisz, "The Short- and Long-Term Career Effects of Graduating in a Recession," *American Economic Journal: Applied Economics*, January 2012, pp. 1-29를 기초로 함.

하지 않을 뿐만 아니라 실제로는 바람직하지 않을 수 있다. 이 장의 후반부에서 약간의 **자발적** 실업은 개인들이 자신의 개인 근로소득을 증가시키는 방식이고, 사회가 그 실질산출량과 소득을 향상시키는 과정의 일부라는 것을 알게 될 것이다. 또한 일부 **비자발적인** 실업은 기호의 변화, 인구 이동, 그리고 기술진보에 따르는 불가피한 부산물이라는 것도 배울 것이다. 이러한 변화들은 노동수요와 노동공급 사이의 구조적 불일치를 창출하며, 어떤 직종과 지역으로부터 다른 직종과 지역으로 노동자원 배분의 조정을 요구한다.

얼마만큼의 자발적 및 피할 수 없는 비자발적 실업이 경제에 존재하는가? 얼마만큼의 실업률이 **완전고용**(full employment)이 되는가? 1960년대 경제학자들은 4%의 실업률이 달성할 수 있는 완전고용 정책목표라는 결론을 내렸다. 그러나 1970년대와 1980년대에 들어서는 여러 요소들이 경제학자들로 하여금 이 숫자를 5.5에서 심지어 6%까지 올리도록 유도했다. 한층 더 중요한 두 가지 요소는 (1) 예를 들어 10대들과 같은 높은 실업률을 가진 그룹들이 전체 경제활동인구의 더 큰 부분을 구성하게 만든 경제활동인구 구성의 변화와 (2) 4% 범위의 실업률은 인플레이션율 가속화와 관련이 된다는 증거이다.

1990년대에는 인구통계학적 변화가 완전고용과 관련된 실업률을 낮추는 경향이 있었다. 가장 중요한 것은, 베이비붐 세대가 중년에 진입함에 따라 경제활동인구에서 차지하는 젊은 근로자들의 비율이 하락했다는 것이다. 임시인력파견회사(temporary help agency)의 성장과 인터넷의 결과인 정보의 향상도 또한 실업률을 낮췄다. 많은 사람들을 실업자 등급으로부터 취업자 등급으로 이동시킨 새로운 복지수혜규칙의 근로요건조항도 역시 실업률을 낮추었다. 마지막으

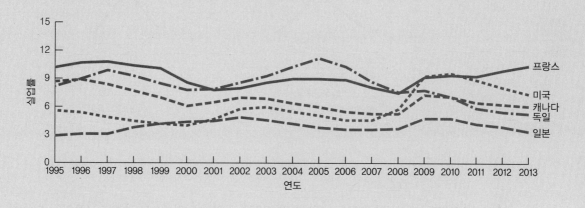

18.1 국제 시각 | **실업률 비교**

실업률은 특정 기간에 걸쳐 세계의 모든 나라 사이에 크게 다르다. 이러한 차이의 주요 원인은 나라마다 자연실업률이 상이하고 경기순환의 상이한 단계에 있을 수 있기 때문이다.

자료 : The Conference Board, *International Comparisons of Annual Labor Force Statistics, 2013*, September 2014. (www.conference-board.org/ilcprogram)

로, 일부 경제학자들은 1985년 이래 미국 교도소 재소자가 2배가 되어 상대적으로 높은 실업률을 가진 사람들이 경제활동인구 범주에서 제외되었고, 따라서 전체 실업률을 낮췄다는 것을 지적하고 있다.

오늘날에는 약 4.0~5.0%의 실업률이 '현실성 있는' 완전고용으로 여겨지며, 총수요 증가 정책을 통해 실업을 감소시키려는 시도는 기존의 인플레이션율을 상승시킬 것이라는 데 의견이 일치되는 것 같다. 이러한 '현실성 있는' 실업률은 때때로 **균형실업률**(equilibrium rate of unemployment) 또는 **자연실업률**(natural rate of unemployment)이라 불리며 (1) 전체 노동시장에 초과수요와 초과공급 모두 존재하지 않는 실업률, 또는 (2) 만약 예상과 실제 인플레이션율이 같다면 장기적으로 나타날 실업률로 정의된다.[5] 이러한 두 가지 정의의 경제적 논리에 대한 설명은 이 장의 후반부에서 다룬다.

18.1
국제 시각

거시경제 산출량과 고용의 결정

그림 18.5(a)와 (b)에 나타난 거시경제 모형은 이 장의 논의 상당 부분의 핵심이다. 따라서 그 구성요인들을 면밀히 살펴보는 것은 중요하다.

---

[5] 자연실업률의 변화에 대한 더 많은 것은 "Symposium: The Natural Rate of Unemployment," *Journal of Economic Perspectives*, Winter 1997, pp. 3-108; Lawrence F. Katz and Alan B. Krueger, "The High-Pressure U.S. Labor Market of the 1990s," *Brookings Papers on Economic Activity*, no. 1, 1999, pp. 1-65를 참조하라.

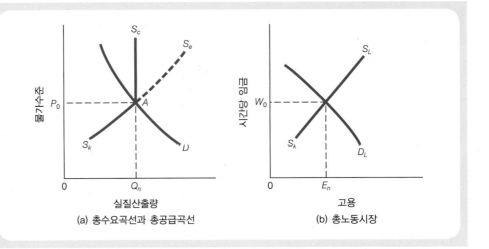

그림 18.5 실질산출량과 총고용의 결정

그래프 (a)에서 총수요곡선과 총공급곡선 D와 $S_k AS_c$의 교차점에서 균형물가와 균형실질산출량 수준 P_0와 Q_n이 결정된다. 총노동시장 (b)에서 균형 시간당 임금과 총고용수준은 총노동공급곡선과 총노동수요곡선의 교차점에서 결정된다. 고용수준 E_n은 자연고용수준이다. 즉 그것은 자연실질산출량 Q_n을 생산하기 위해 필요한 노동의 양이다.

총수요와 총공급

그래프 (a)는 물가수준과 실질산출량 결정을 논의하기 위해 거시경제학 교재에서 소개하는 총수요와 총공급곡선을 그리고 있다. 수직축은 가상 경제의 **물가수준**을 보여주며, 수평축은 실질산출량을 측정한다. 개념적으로 실질산출량은 항상 실질소득과 동일하다. 즉 1달러의 산출량은 임금, 지대, 이자, 이윤으로 1달러의 소득을 발생시킨다. 따라서 수평축은 또한 실질소득을 측정한다.

총수요

재화와 서비스에 대한 **총수요**(aggregate demand)는 그림 18.5(a)에 곡선 D로 보여지며, 국내 소비자, 기업, 정부, 그리고 해외 구매자들이 각 물가수준에서 집단적으로 구매하기를 원하는 실질산출물의 총량을 알려준다. 물가수준이 감소(증가)함에 따라 재화와 서비스의 수요량은 증가(감소)한다.

총수요곡선의 부(−)의 기울기는 세 가지 상호작용하는 효과의 결과이다. 첫째, 이자율 효과이다. 물가수준이 하락함에 따라, 어떤 주어진 재화와 서비스를 구입하기 위해 더 적은 화폐가 필요하기 때문에 화폐에 대한 수요는 감소한다. 만약 화폐공급이 고정되었다면 이러한 화폐수요의 감소는 이자율을 낮출 것인데, 이는 이어 새 자동차, 주택, 그리고 공장과 설비 같은 이자율에 민감한 상품에 대한 지출을 증가시킬 것이다. 따라서 다른 조건이 일정할 때, 물가수준이 낮으면 낮을수록 산출물에 대한 수요량은 더 커진다.

둘째, 부(wealth) 또는 **실질잔고효과**(real balance effect)이다. 더 낮은 물가수준은 가치가 화폐 단위로 고정된 자산, 즉 통화, 요구불예금, 저축성예금 같은 자산의 **실질가치**를 증가시킨다. 물가수준이 하락함에 따라 소비자들이 보유한 달러 표시 부의 구매력은 상승하며, 사람들은 정상적인 재화와 서비스에 대한 지출을 증가시킨다.

마지막은 **해외구매효과**이다. 국내 물가수준이 해외에서 생산된 생산물가격 대비 하락함에 따라 해외 소비자들은 자신의 지출을 미국 재화를 향해 이동할 것이다. 따라서 미국의 물가수준이 낮을수록 미국 실질산출량과 실질소득은 증가할 것이다.

총공급

재화와 서비스의 **총공급**(aggregate supply)은 물가수준과 기업들이 판매를 위해 기꺼이 생산해서 제공할 용의가 있는 실질산출물의 총량 사이의 관계. 그림 18.5(a)의 곡선은 총공급에 대한 상이한 해석들의 종합이다. S_kAS_c라고 표시된 실선 곡선은 전통적인 케인지안(S_kA)과 고전학파(AS_c)의 가정을 포함하고 있다. 곡선의 S_kA부분은 다음과 같이 설명된다. 즉 총수요가 감소(D가 왼쪽으로 이동)함에 따라 기업들은 판매 감소와 판매되지 않은 재고 증가를 경험한다. 임금이 하방으로 상대적으로 신축적이지 못하기 때문에, 기업들은 일시정리해고, 개별적 해고, 그리고 생산 감축으로 대응한다. 결과적으로 산출량은 감소한다.

반면, 총공급곡선의 AS_c부분은 완전고용 산출량 수준 Q_n에서 사실이라고 가정된 바와 같이, 노동과 자본 자원이 완전히 사용되고 있을 때 총수요의 증가는 오로지 물가수준만을 부추긴다는 것을 보여준다. 더 큰 수요와 더 높은 가격은 더 큰 산출량을 발생시키지 않는다. 더 높은 물가수준 때문에 Q_n 산출량의 **명목** 가치는 증가하지만, **실질**산출량은 Q_n에서 불변인 채로 남아 있다.

다른 경제학자들은 S_kAS_e와 같은 단기 총공급곡선을 마음속에 그리고 있다. 그들은 장기적으로 경제는 자연산출량 수준 Q_n을 발생시키지만, 단기적으로 산출량은 실제 및 예상 물가수준 사이의 관계에 따라 자연산출량보다 더 적거나 또는 더 클 수 있다고 가정한다. 이러한 해석에 대한 완전한 논의는 뒤로 미루어야 하지만, 다음은 그 핵심으로 여겨진다. 물가수준이 P_0이고 근로자들이 물가수준이 그곳에 머물 것으로 예상한다고 가정하자. 이제 예상하지 못한 인플레이션이 발생해 그 결과 물가수준이 P_0보다 높게 상승했다고 가정하자. 결과적으로, 기업들이 자신들의 생산물에 대해 받는 가격은 상승할 것인 반면, 적어도 일시적으로는 명목 시간당 임금은 그 이전 계약된 수준에 고정된 채로 남아 있을 것이다. 이것은 실질임금이 하락하고 이윤은 증가할 것이라는 의미인데, 이렇게 되면 기업들은 집단적으로 고용과 산출량을 증가시킬 것이다.

한편, 일자리를 탐색하고 있는 실업 상태의 근로자들은 인플레이션이 유발한 더 높은 명목임금 제안을 받기 시작할 것이며, 실수로 자신들이 더 높은 실질임금을 제안받은 것으로 생각할 것이다. 결과적으로, 그들은 더 빨리 일자리 제안들을 받아들이기 시작할 것이다. 그러면 고용수준은 증가할 것이고, 실업은 감소할 것이며, 실질산출량은 일시적으로 Q_n보다 높은 수준으로 증가할 것이다. 따라서 총공급곡선은 점선 AS_e에 의해 보여지는 바와 같이 위쪽으로 연장될 것이다.

균형물가수준과 실질산출량

물가와 실질산출량의 균형수준은 수요되고 공급되는 총산출물의 양이 동일한, 즉 그림 18.5(a)에서 D와 S_kS_c가 교차하는 곳에서 발생한다. 실질산출량과 실질소득수준 Q_n은 실질산출량의 완전고용수준, 또는 바꾸어 말하면 자연실질산출량과 자연실질소득수준이다.

총노동시장

그림 18.5(b)는 총노동시장을 보여준다. 이 그래프는 우리에게 '뚜렷하게' 친숙한 노동시장 그림이다. 그림에서 노동수요곡선 D_L은 경제의 총한계수입생산곡선으로 간주될 수 있다. 이 곡선은 노동의 총한계생산에 물가수준, 이 경우에는 P_0를 곱하면 구해진다. 이 곡선은 각 시간당 임금과 관련된 이윤극대화가 달성되는 고용수준을 알려준다. 총노동공급곡선 S_L은 물가수준이 주어졌을 때 각 명목 시간당 임금에서 사람들이 집단적으로 기꺼이 제공할 용의가 있는 노동서비스의 양을 알려준다. 단기적으로, 근로자들은 기존의 물가수준이 그대로 머물러 있을 것이라고 예상한다고 가정하자. 균형 시간당 임금은 W_0이고 균형고용수준은 E_n이라는 것을 알 수 있다. 이 고용수준은 자연고용수준 또는 '완전고용'수준이며, 그래프 (a)에 보이는 실질산출량수준 Q_n을 생산하는 데 정확히 충분하다. 앞에서 주목한 바와 같이 대부분의 경제학자들은 E_n 및 Q_n과 관련된 자연실업률이 4.0~5.0%라고 느끼고 있다.

자연실업률은 왜 그렇게 높은가? 왜 실제 실업률은 몇몇 해에는 자연실업률을 크게 초과하는가? 이러한 질문들에 대답하기 위해서는 세 가지 주요 유형의 실업과 그 원인을 고찰해야 한다. 논의 내내 실업 범주들 사이의 경계는 절대적인 것이 아니며, 한 가지 실업 유형의 크기는 한 가지, 또는 다른 두 가지 유형 모두의 크기의 함수일 수 있다는 것을 명심하라.

마찰적 실업

심지어 총수요가 모든 경제활동인구를 고용하기에 충분할 때, 그리고 실업 상태의 사람들이 빈 일자리가 있는 기업들이 요구하는 것과 일치하는 숙련을 갖고 있을 때조차도, 국가의 실업률은 정(+)인 상태로 남아 있을 것이다. 저량-유량 모형(그림 18.4)이 의미하는 바와 같이, 사람들은 연달아 (1) 현재의 일자리들을 사직하고 새로운 일자리들을 쇼핑하며, (2) 이전의 일자리들을 잃은 이후 새로운 일자리들을 찾고, (3) 생전 처음으로 일을 찾기 위해 경제활동인구에 진입하며, (4) 경제활동인구 범주에서 나갔다가 일정 기간 이후 재진입하고, (5) 한 일자리로부터 앞으로 30일 이내에 다른 일자리를 잡기 위해 이동한다. 마찬가지로, 사용자들은 연달아 (1) 사직 또는 퇴직하는 근로자들의 후임자들을 탐색하고, (2) 더 나은 근로자들을 찾을 수 있다는 희망에 몇몇 근로자들을 해고하며, (3) 기업 확장에 따라 생겨난 일자리들을 채우기 위해 새로운 근로자들을 찾는다. 따라서 주식 및 밀 교환과 같은 '경매'시장과 달리 전체 노동시장은 결코 완전히 '청산'되지 않는다. 어떤 시점에도 상당한 **마찰적 실업**(frictional unemployment)이 존재한다. 즉 모든 적극적인 일자리탐색자들이 여전히 고용을 발견하게 되거나 또는 받아들이게 되는 것은 아니며, 모든 사용자들이 여전히 자신들의 빈 일자리들을 채우게 되는 것은 아니라는 것이다.

탐색실업(search unemployment)은 마찰적 실업의 중요한 원천이다. 이러한 유형의 실업은 최선의 일자리 제안을 탐색하는 개인들과 빈 일자리들을 메울 근로자들을 탐색하는 기업들에 의해 창출된다. 일자리탐색 과정과 그 실업보상과 인플레이션과의 관계는 제15장에서 논의되었다.

모든 마찰적 실업이 갖가지 탐색과 관련이 있는 것은 아니다. 몇몇 경우에는 실업 상태의 근로자들이 일시적인 일시해고로부터 기꺼이 리콜되기를 기다리거나 또는 노동조합 일자리를 얻기 위해 일자리 대기행렬에서 기꺼이 기다린다. 이외에도, 효율성임금은 그러한 일자리들이 열리기를 기다리도록 강요당하는 근로자들을 경제활동인구로 끌어들일 수 있다. 이러한 유형의 마찰적 실업은 집단적으로 탐색실업이라기보다는 **대기실업**(wait unemployment)으로 가장 잘 묘사될 수 있다. 이러한 마찰적 실업의 잠재적 원천들 각각에 대해 간략히 검토하기로 하자.

일시적 일시해고

대규모 일시해고는 보통 경기침체와 관련되지만, 기업에 의한 일시적 일시해고는 심지어 전반적 총수요가 탄탄한 기간 동안에도 경제 전체에 걸쳐 발생한다. 그러한 일시해고는 자연실업률의 1~1.5%포인트만큼까지 차지한다.[6] 일시적 일시해고 중인 근로자들은 보통 새로운 고용을 탐색하지 않는다. 오히려 그들은 자신의 이전 일자리에 리콜되기를 기다린다. 가계조사에서 이러한 근로자들은 실업으로 계산된다.

계절적 실업도 또한 일시적 일시해고로 간주될 수 있으며, 따라서 대기실업의 한 유형이다. 예를 들어 건설 근로자들은 겨울 동안에 종종 실업 상태가 되고, 농장 근로자들은 심는 계절과 수확하는 계절 사이에 가끔 실업 상태가 되며, 프로운동선수들은 1년의 일정 기간 동안 실업 상태가 될 수 있다. 각 경우 이러한 근로자들은 자신들의 일자리로 복귀하기 위해 기다리게 된다.

노동조합 일자리 대기행렬

노동조합 또한 마찰적 실업에 기여한다. 제10장의 분석에서 본 것처럼, 노동조합 임금 폭이 기업에 의해 수요되는 근로자 수를 감소시키고 노동의 자발적인 공급자 수를 증가시킴으로써 대기실업에 기여할 수 있다. 간단히 말해서, 일부 근로자들은 낮은 보수의 취업가능한 비노동조합 일자리를 잡기보다 높은 보수의 노동조합 일자리에 취업하기 위하여 기꺼이 대기한다.

효율성임금

마지막으로, 효율성임금이 상대적으로 높은 비율의 마찰적 실업에 기여할 수 있다. 효율성임금은 기업이 강도 높은 근로를 끌어내고, 비용이 드는 노동 이직을 줄이며, 또는 근로자 생산성을 향상시키는 바람직한 목적을 달성하기 위한 방안으로 시장청산수준보다 높게 설정한 임금이라는 것을 상기하라. 앞서 그림 7.8에서 효율성임금 지급과 영구적인 마찰적 실업은 나란히 간다는 것을 관찰했다. 데피나(DeFina)가 간결하게 서술하는 바와 같이

사직했든, 해고되었든, 또는 생전 처음으로 경제활동인구에 진입했든지 관계없이, 실업 상태의 개인은 기존 근로자들보다 낮은 임금을 부름으로써 일자리를 얻으려 노력할 것이다. 그러나 단순한 경쟁시장 상황과는 대조적으로, 기업은 그러한 제안을 받아들이지 않을 것이다. 기업은 이미 더 낮은 임금의 편익과

---

[6] D. M. Lilien, "The Cyclical Pattern of Temporary Layoffs in United States Manufacturing," *Review of Economics and Statistics*, February 1980, pp. 24–31.

비용을 저울질했으며, 임금을 높게 유지하는 것이 자신에게 가장 큰 이윤을 산출한다고 결론을 내린 상태이다. 그리고 실업자는 경매에서와 같이 일자리에 응찰할 수 없기 때문에, 대신 사직, 해고, 또는 근로자들에 대한 수요 증가로 새로운 빈자리가 생길 때까지 기다려야만 한다. 그러고서 그는 다른 일자리 없는 사람들에 앞서 선택되기를 바라야만 한다. 전체적으로 보아, 실업 상태의 사람들은 꽤 상당한 시간 동안 일자리가 없는 채로 남아 있게 될 것이다.[7]

🎯 18.1
잠깐만 확인합시다.

- 고용-인구 비율은 총 수용되지 않은 인구의 백분율로 총고용을 측정한다. 실업률은 실업 상태인 경제활동인구의 백분율이다.
- 총고용수준은 대체로 총수요와 총공급에 의해 결정된다. 완전고용은 실업률이 4.0~5.0%일 때 존재한다.
- 마찰적 실업은 주로 자발적인 일자리 사직, 일자리 전환, 그리고 경제활동인구로의 신규 진입과 재진입으로부터 비롯되는 실업이다.

여러분의 차례입니다

어떤 요소들이 '공식적인' 실업률이 경제적 어려움의 진정한 크기를 과장하도록 만드는가? 어떤 요소들이 그것이 경제적 어려움을 축소하도록 만드는가? (정답은 책의 맨 뒷부분에 수록되어 있음)

구조적 실업

국가 자연실업률의 일부인 또 다른 유형의 실업은 **구조적 실업(structural unemployment)**이다. 이 실업은 마찰적 실업과 많은 특징을 공유하지만 오래 간다는 것에 의해 차별화된다. 따라서 그것은 실업 상태의 사람들에게 상당한 비용을, 사회에 대하여 포기한 산출량이라는 상당한 손실을 수반할 수 있다.

구조적 실업은 노동공급과 노동수요의 **구성** 변화에 의해 발생한다. 즉 그것은 '둥근 구멍에 네모난 말뚝(square pegs, round holes)' 현상이다. 이 실업은 일반적으로 다음 차원 중 하나 또는 둘 모두를 갖고 있다. 첫째, 그것은 나와 있는 일자리에 필요한 숙련과 일을 찾는 사람이 갖고 있는 숙련 사이의 불일치의 결과일 수 있다. 둘째, 구조적 실업은 빈 일자리의 위치와 일자리를 찾는 사람들 사이의 지리적 불일치 때문에 발생할 수 있다. 구조적 실업의 예는 아주 많다. 로봇공학기술과 수입의 시장 비중 증가는 과거 30년에 걸쳐 미국 섬유산업의 고용을 크게 감소시켰다. 해고된 많은 근로자들은 회계와 컴퓨터프로그래밍 같은 빈 일자리에 필요한 숙련을 갖고 있지 않았다. 마찬가지로, 과거 100년 동안에 걸친 농업기술의 향상은 고용이 확대되는 분야로 쉽게 이전할 수 있는 일자리 숙련을 소유하지 못하고 지리적으로 이동할 수 없었던 많은 농장 기사들이나 막노동 일꾼들의 일자리를 앗아갔다. 1990년대 흔했던 합병과 관련된 일자리 손

---

[7] Robert H. DeFina, "Explaining Long-Term Unemployment," *Business Review* (Federal Reserve Bank of Philadelphia), May-June 1987, p. 19. 효율성임금과 실업에 대한 더 많은 내용은 W. Bentley MacLeod, James M. Malcomson, and Paul Gomme, "Labor Turnover and the Natural Rate of Unemployment: Efficiency Wage versus Frictional Unemployment," *Journal of Labor Economics*, April 1994, pp. 276-315; Eskander Alvi, "Job Security and Unemployment in an Efficiency-Wage Model," *Journal of Labor Research*, Spring 1998, pp. 387-96을 참조하라.

실의 결과인 실업, 트럭운송과 항공산업의 규제완화 결과인 실업이 구조적 실업의 또 다른 예다.

해고된 근로자들

최근 수십 년 동안 구조적으로 실업 상태가 된 많은 사람들은 구체적으로 영구적 공장폐쇄 또는 일자리 감축 때문에 일자리를 잃은 **해고된 근로자(displaced worker)**들이었다. 적어도 3년 이상 자신의 일자리에 있던 20세 이상 총 430만 명의 근로자들이 2011년 1월과 2013년 12월 사이에 해고되었다. 이러한 근로자들의 61.3%가 2014년 1월까지 새로운 일자리에 재고용되었다. 17.9%는 경제활동인구에서 떠났다. 해고된 근로자들의 20.8%는 여전히 실업 상태에 있으며 일을 찾고 있다. 이 20.8%라는 숫자는 2014년 전체 실업률의 3배 이상이다. 일에 복귀한 풀타임 근로자들 중 47.6%는 해고되기 전보다 더 적게 벌고 있다. 약 1/3은 전보다 0~19% 더 많이 벌고 있으며, 약 1/5은 적어도 20% 더 많이 벌고 있다.[8]

모든 공장폐쇄와 일자리 감축이, 우리의 예측처럼, 쇠퇴하는 산업 또는 수입경쟁에 의해 피해를 본 산업에서만 발생하는 것이 아니다. 기업 내에서의 고용수준은 경기순환 또는 주요 산업 추세와 무관하게 해마다 놀랄 만큼 변동한다. 일자리 그 자체도 일반적으로 생각하는 것보다 불안정한데, 이는 많은 구조적 실업이 근로자들이 적절치 않은 시점에, 적절치 않은 장소에 있기 때문에 나타나는 결과라는 것을 의미한다. 기업 내에서의 노동수요의 변화 하나만으로도 자연실업률의 1/4만큼을 설명할 수 있다.[9]

구조적 실업의 크기는 노동수요와 노동공급 구성 변화의 정도와 불균형과 불일치 조정속도에 좌우된다. 훈련과 재훈련이 이 조정 과정에 핵심 역할을 담당하며, 구조적 실업의 기간을 단축하려는 노력은 보통 빈 일자리와 연결하기 위한 숙련의 재도구화를 포함한다.

추가 관찰사항

구조적 실업에 대한 여러 추가 관찰사항이 언급되어야 마땅하다. 우선, 더 높은 수준의 일반적인 교육이 더 낮은 구조적 실업과 관련된다. 예를 들면 수요 또는 기술 변화 때문에 자신의 고용으로부터 해고된 대학 졸업자는 더 넓은 범위의 일자리 옵션을 가지며, 공식교육을 거의 받지 않은 사람보다 재훈련이 더 쉽다.[10]

두 번째 관찰사항은 구조적 실업과 경기순환적 실업이 겹친다는 것이다. 경제가 완전고용 상태에서 급속히 확대될 때 숙련 근로자 부족을 경험하는 기업은 종종 필요한 일자리 숙련을 갖고 있지 않지만 일자리에 있으면서 훈련을 받을 수 있는 사람을 채용하는 것이 이윤극대화에 도움이 된다는 것을 안다. 이러한 훈련은 구조적 실업의 양을 감소시킨다. 그러나 경기침체가

[8] Worker Displacement: 2011-2013," United States Department of Labor, News Release 14-1605, August 26, 2014. 이러한 통계는 Henry S. Farber, "Job Loss in the Great Recession and Its Aftermath: U.S. Evidence from the Displaced Workers Survey," Princeton University Industrials Relations Working Paper 589, May 2015에 과거 30년 동안의 것이 요약되었다.

[9] Jonathan S. Leonard, "In the Wrong Place at the Wrong Time: The Extent of Frictional and Structural Unemployment," in Kevin Lang and Jonathan S. Leonard (eds.), *Unemployment and the Structure of Labor Markets* (New York: Basil Blackwell, 1987), pp. 141-63.

[10] W. R. Johnson, "The Demand for General and Specific Education with Occupational Mobility," *Review of Economic Studies*, October 1979, pp. 695-705; and Farber, 2005, op. cit.

발생하고 전체 실업률이 증가할 때, 새로운 또는 대체 근로자들을 채용하는 기업은 대규모 실업 풀로부터 숙련 근로자들을 뽑을 수 있다. 필요한 일자리 숙련을 갖고 있지 않은 근로자들은 실업 상태에 오래 머무를 것이며, 구조적 실업은 증가할 것이다.

마지막 관찰사항으로, 역사적으로 중요한 시기마다 미래학자들은 거대한 기술적 실업이 임박했다고 경고했다는 것이다. 그러나 오늘날까지의 역사적 기록은 기술 변화는 평균적으로 스스로 파괴하는 것보다 더 많은 일자리를 창출하며, 전체 구조적 실업률을 크게 바꾸지 않는다는 것을 알려준다. 더 일반적으로 말하자면, 산업 하나하나에는 생산성 변화와 고용 변화 사이에 체계적 관계가 존재하지 않는다. (그림 17.8과 관련 논의를 참고하라.)

그러나 첨단기술 혁신이 이러한 패턴을 변화시키지 않았을까? 대부분의 경제학자들은 그런 일이 발생할 것이라는 점에 의문을 갖는다. 그들은, 특정 근로자들은 자신의 일자리를 잃을 것이고, 많은 기업, 공동체, 그리고 아마도 심지어 지역도 부정적인 결과로 고통을 겪을 것이지만 새로운 기술은 자본 투자를 자극하고, 수많은 2차적인 산업을 낳으며, 전체 노동수요를 증가시킬 산출량효과를 발생시킬 것이라고 지적한다. 확대되는 부문에서 생겨나는 일자리들을 채우기 위해, 그 부문에 있는 기업들은 통합적인 현장실무훈련을 더욱 확대할 필요가 있게 될 것이다. 대부분의 경제학자들은 새로운 기술의 폭발적인 증가를 사회에 대한 주요한 도전을 제시하는 것으로 간주한다. 그리고 그 도전은 과거에 새로운 기술이 제기했던 도전과 근본적으로 다른 것이 아니다.

수요부족 실업

많은 연도에 실업률은 4.0~5.0%의 자연실업률을 크게 초과한다. 예를 들어 실업률은 1975년에 8.5%, 1982년 9.7%, 그리고 2010년에는 9.6%였다. 대공황의 바닥(1933년)에서는 경제활동인구의 24.9%가 실업 상태였다. 이러한 높은 실업률은 경기침체와 불황의 부산물이며, 기업들에게 대량일시해고 또는 개별적 해고를 강요하는 총수요부족의 결과이다. 증거는, 예를 들면, 예상과 실제 인플레이션율 사이의 차이가 아니라, 총수요의 감소가 경기순환적 실업의 주요 원인이라는 것을 강력하게 시사한다.[11]

그래프 분석

일찍이 개발했던 분석틀이 **수요부족**(demand-deficient) 또는 **경기순환적 실업**(cyclic unemployment)을 분명히 하는 데 도움이 된다. 그림 18.6(a)는 D에서 D_1으로의 이동하는 총수요의 급격하고 예상치 못한 감소를 그리고 있다. 케인지안들은 투자 또는 소비 지출의 감소를 그러한 이동의 통상적인 원인으로 간주하는 반면, 통화주의자들은 화폐공급의 감소를 이면의 주범이라고 생각한다. 원인과 관계없이 총수요의 감소는 완전고용수준 Q_n으로부터 Q_nQ_1 크기만큼 실질산출량을 감소시킨다.

---

[11] Ronald S. Warren, Jr., "Labor Market Contracts, Unanticipated Wages, and Employment Growth," *American Economic Review*, June 1983, pp. 389-97.

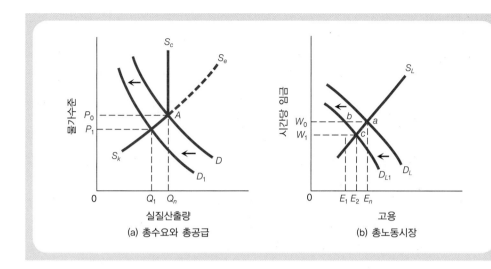

그림 18.6 수요부족 실업
산출량에 대한 총수요의 감소
[(a)에서 D로부터 D_1으로]는 노
동수요를 감소시킨다[(b)에서
D_L로부터 D_{L1}으로]. 경직적 명
목임금 W_0를 가정하면 노동수
요의 감소는 그래프 (b)에서 크
기 ab만큼의 비자발적 수요부
족 실업이라는 결과를 가져온다.

그림 18.6(b)에 보이는 바와 같이, 그래프 (a)에서의 총수요 감소는 노동에 대한 파생 총수요
를 D_L에서 D_{L1}으로 감소시킨다. 기술적 용어로 말하자면, 이러한 노동수요의 감소는 그래프 (a)
에서의 더 낮은 물가수준 P_1이 생산자들의 수입을 감소시키기 때문에 발생한다. 즉 전체적으로
한계수입생산이 감소한다. 더 일반적으로 말하자면, 기업들이 기존 산출량을 판매할 수 없기
때문에 재고가 급증한다. 따라서 그들은 생산을 감축하고 노동수요를 줄인다. 간단히 말하자
면, 그들은 더 이상 각 시간당 임금에서 이전만큼 근로자들을 채용하기를 원하지 않는다.

곧 살펴볼 이유 때문에, 그래프 (b)에서 시간당 임금이 W_0에 머무른다고 가정하자. 고용이
자연 수준 E_n에서 더 작은 양 E_1으로 감소하는 것을 주목하라. 임금 W_0에서 a 개인들이 일하기
를 원하고 또 이전에 일을 하고 있었지만, 기업들은 오로지 b 근로자들만을 고용한다. 따라서
ab 만큼의 근로자들이 경기순환적으로 실업 상태에 있다.

고용의 완전한 감소와 실업의 출현은 위의 모형에서 시간당 임금이 감소하지 않는다는 결
정적으로 중요한 가정을 기초로 한다. 만약 시간당 임금이 W_1으로 하락한다면 기업들은 고용
을 $E_2(c$점)로 조정하게 된다. 원래의 W_0 균형에서의 E_n과 비교할 때 고용은 W_1에서 오로지 E_2
라는 것을 주목하라. 그러나 E_2E_n만큼의 고용 감소는 이러한 근로자들 입장에서는 자발적이 된
다. 노동공급곡선의 ca부분에 의해 보여지는 바와 같이, 이러한 근로자들은 새로운 더 낮은 임
금 W_1을 초과하는 유보임금을 갖고 있다. E_2E_n만큼의 근로자들은 자발적으로 경제활동인구에
서 이탈하기 때문에 그들은 공식적으로는 실업 상태가 아니다.

도대체 미국 경제에서 명목임금은 얼마나 하방으로 신축성이 있는가? 명목임금은 부진한 총
수요 압력하에 궁극적으로 하락하지만, 단기에 있어서는 상대적으로 하방경직적이다. 따라서,
총수요의 감소는 수요부족 또는 경기순환적 실업을 발생시킨다.[12]

---

[12] 케인스에 따르면 비록 명목임금이 하락하더라도 생산물 비용과 가격도 또한 하락하게 된다. 따라서 명목임금을 물가수준으로 나눈
실질임금은 불변인 채로 남게 되며, 고용은 증가하지 않게 된다.

임금의 경직성

왜 명목임금은 상대적으로 하방으로 비신축적인가? 여러 다양한 설명이 제시되었다.

노동조합

노동조합이 명목임금 하방경직성의 한 가지 이유가 된다. 노동조합은 임금 삭감을 이전에 힘들게 번 단체교섭 이득의 '돌려주기(givebacks)'로 간주하며, 따라서 임금 감소에 격렬하게 저항한다. 노동조합화된 산업에서 명목임금의 감소가 발생은 하지만, 보통 오로지 심각한 고용의 감소가 발생한 後에야 그렇게 된다. 노동조합은 일시적 임금 감소보다 일시해고를 선호하는 것처럼 보인다. 전자는 모든 근로자에게 영향을 미치는 반면, 일시해고는 대개 기업 노동력의 오로지 작은 비율에만 영향을 미치고, 보통 연공서열이 낮은 사람들이 해당된다. 따라서 임금 삭감과 대조할 때, 근로자들의 다수는 일시해고 정책에 의해 이익을 얻으며, 선출된 노동조합 지도자들은 임금과 일시해고 조항을 협상할 때 이 다수에 대해 관심을 더 갖게 된다.

기업의 일시해고 편향

명목임금이 하방으로 비신축적인 또 다른 이유는 기업 스스로 전면적인 일시적 임금 삭감보다 일시적인 선별적 일시해고를 선호할 수 있기 때문이다. 전면적인 임금삭감은 기업이 많은 양의 훈련을 투자한 고숙련, 장기근속 근로자들로 하여금 사직하고 다른 곳에서 일자리를 잡게 만든다. 대신 일시해고 전략을 택하면 기업은 이 숙련노동의 '목록'을 만들어 두거나 '저장'할 수 있고, 리콜을 기다리느니 다른 일자리를 잡을지도 모르는 쉽게 대체할 수 있는 근로자들을 해고할 수 있다. 나아가, 실업보상의 존재와 그것이 재정 지원되는 방식은 기업의 결정을 일시해고 쪽으로 편향시킨다. 일시해고된 사람들은 임금의 완전한 감소보다 훨씬 더 적은 소득의 순손실을 경험한다. 따라서 그들은 이 기간 동안 다른 영구적인 일자리를 받아들일 가능성이 더 작을 것이다. 또한 기업이 실업보상 프로그램에 지급하는 세금은 일시해고 경험과 완전하게 관련되지 않기 때문에, 상당한 수의 근로자들을 해고하는 기업은 다른 기업들의 세금 납부에 의해 보조를 받는 셈이다. 기술적으로 말하자면, 일시적으로 실업 상태가 된 근로자들이 받는 실업급여는 그들을 일시해고 한 기업에 대한 세금비용 증가분을 초과한다.[13]

암묵적 계약

임금이 경기침체 기간 동안 하방으로 비신축적인 것처럼 보이는 밀접하게 관련된 이유는 암묵적 계약들이 많은 고용관계를 규율하기 때문이다. 암묵적 계약(implicit contract)들은 비공식적이고, 대개 말로 하지 않고 '보이지 않는 악수(invisible handshakes)'로 하는 합의다.[14] 많은 암

---

[13] Martin Feldstein, "The Importance of Temporary Layoffs: An Empirical Analysis," *Brookings Papers on Economic Activity*, no. 3, 1975, pp. 725-44; Robert H. Topel, "On Layoffs and Unemployment Insurance," *American Economic Review*, September 1983, pp. 541-59를 참조하라. 또한 Donald R. Deere, "Unemployment Insurance and Employment," *Journal of Labor Economics*, October 1991, pp. 307-24를 참조하라.

[14] 암묵적 계약에 대한 아주 길고 상세하지만 어려운 문헌이 개발되었다. 주요 공헌들은 Costas Azariadis and Joseph E. Stiglitz, "Implicit Contracts and Fixed-Price Equilibria," *Quarterly Journal of Economics*, vol. 98, suppl. 1983, pp. 1-22에 조사되어 있다.

18.2 근로의 세계   왜 나쁜 실업 뉴스는 일반적으로 주식에 좋은가?

주식가격은 분명히 예상하지 못한 뉴스에 영향을 받는다. 예를 들어 미국 재무부가 2009년 3월 23일에 예상치 못하게 문제가 있는 은행들을 도울 계획을 발표했을 때 주식가격은 평균 7.1% 상승했다. 또 스탠더드 앤드 푸어스(Standard and Poor's)가 예상외로 2011년 8월 8일에 미국 정부를 AAA로부터 AA+로 등급을 격하시켰을 때 주식가격은 평균 7.2% 하락했다.

예상치 못한 뉴스의 또 다른 원천은 미국 노동통계국(BLS)이 작성하는 월간 실업보고서이다. 실업 뉴스는 세 가지 방식으로 주식가격에 영향을 줄 수 있는 정보를 공급한다. 그것은 미래 이자율, 기업 이윤과 배당금, 그리고 주식투자 위험에 대한 정보를 제공한다.

실업률에 담겨 있는 세 가지 정보 구성요인들은 주식가격에 상충되는 효과를 미친다. 더 높은 실업률은 채권에 대한 더 낮은 예상 미래 이자율로 이어질 경향이 있다. 더 낮은 실업률은 채권을 덜 매력적인 투자로 만들고, 따라서 주식가격을 높인다. 반면에 더 높은 실업률은 미래 예상 기업 이윤과 배당금을 낮추며, 주식을 더 위험한 투자로 만든다. 이러한 변화들은 주식에의 투자를 덜 흥미롭게 만들며 더 낮은 주식가격을 유도한다.

보이드, 후, 자간나탄(John H. Boyd, Jian Hu, and Ravi Jagannathan)은 1957년 2월부터 2000년 12월까지의 데이터를 사용하여 실업 뉴스가 주식가격에 미치는 효과를 조사했다. 그들은 예상치 못한 실업률 변화가 월간 실업률 정보가 대중들에게 공개되기 전날과 공개되는 당일의 평균 주식가격에 미치는 효과를 조사했다.

실업률의 예상치 못한 증가는 경기수축의 기간 동안 주식가격을 하락시킨다는 것을 발견했다. 이는 기업 이윤과 위험성 효과가 이자율 효과보다 더 크다는 것을 의미한다. 반대로, 그들은 경기확장 기간 동안의 실업률의 예상치 못한 증가는 주식가격을 상승시킨다는 것을 보고하고 있다. 이는 이자율 효과가 기업 이윤과 위험성 효과를 압도한다는 것을 알려준다. 경제는 보통 확장되기 때문에 나쁜 실업 뉴스에 따라 주식가격은 대개 상승한다.

자료 : John H. Boyd, Jian Hu, and Ravi Jagannathan, "The Stock Market's Reaction to Unemployment News: Why Bad News Is Usually Good for Stocks," *Journal of Fminance*, March 2005, pp. 649-72.

묵적 계약의 한 가지 공통된 특징은, 기업은 기존의 명목임금을 유지하고 파산 임박 같은 심각한 경제 상황은 예외로 하고 생계비에 연동하여 임금을 인상 지급할 것이라는 합의다. 이러한 보장에 대한 대가로 사용자는 생산물수요의 경기순환적 감소에 대응하여 근로자들을 일시해고할 권리를 얻는다. 경기침체 기간 동안 임금 감소에 대한 '보험'을 제공함으로써, 사용자는 더 낮은 평균임금으로 근로자들을 끌어들일 수 있다. 이외에도, '고정 임금-가변 고용' 계약은 기업에게, 일부 매우 가치 있는 근로자들의 사직을 야기할 수 있는 임금 감소와 관련된 불확실성과 비교할 때, 총임금(임금 × 근로자-시간 수)의 감소에 확실성을 제공한다. 마지막으로, 암묵적 계약은 감독을 덜 필요로 하는 더 나은 질의 근로자들을 끌어들이는 정(+)의 '평판효과'를 발생시킬 수 있다.

내부자-외부자 이론

최근 들어 '내부자들'과 '외부자들'을 기초로 임금의 하방경직성을 설명한다고 주장하는 일련의 소위 **내부자-외부자 이론**(insider-outsider theory)이 등장했다.[15] 내부자들은 어느 정도의 시

---

[15] Assar Lindbeck and Dennis Snower, "Wage Setting, Unemployment, and Insider-Outsider Relations," *American Economic Review*, May 1986, pp. 235-39; Lindbeck and Snower, "Cooperation, Harassment, and Involuntary Unemployment: An Insider-Outsider Approach," *American Economic Review*, March 1988, pp. 167-88. 내부자-외부자 모형에 반대하는 실증 증거는 Denise J. Dorion, "A Test of the Insider-Outsider Hypothesis in Union Preferences," *Economica*, August 1995, pp. 281-90을 참조하라.

장지배력을 갖고 있는 고용된 사람들인 반면, **외부자들**은 고용을 얻기 위해 기존 시간당 임금보다 낮은 가격을 부를 수 없거나 또는 기꺼이 부를 용의가 없는 실업 상태의 사람들이다. 그림 18.6(b)로 설명하면, 외부자들은 임금 W_0에서 ab 거리에 의해 표현된다.

왜 외부자들은 시간당 임금을 말하자면 그림 18.6(b)의 W_1이라는 낮은 가격으로 부름으로써 스스로 일자리를 확보할 수 없거나 기꺼이 확보할 용의가 없는가? 기업이 그들을 채용하는 비용을 엄두도 못 낼 정도로 높다고 간주할 수 있기 때문에 할 수 **없을** 수 있다. 기업은 만약 기존의 시간당 임금보다 낮은 임금으로 외부자들을 채용하면, 남아 있는 재직 근로자들이 일자리를 '훔친' 사람들과의 협력을 거부하거나 유보할 것이라고 예상할 수 있다. 생산 과정에서 노동력 사이의 협력이 중요한 기업에서는 산출량과 이윤이 확실히 어려워질 것이다. 더군다나, 기업이 외부자들을 기꺼이 채용할 용의가 있더라도, 외부자 그룹은 남아 있는 재직 근로자들에게 괴롭힘을 당할까 두려운 나머지 현재의 시간당 임금보다 낮은 임금으로는 노동서비스를 제공할 용의가 없을 수 있다. 따라서 외부자들은 고용을 얻거나 또는 다시 얻기 위해 총수요의 증가를 기다리기로 선택할 수 있다. 그동안 그림 18.6(b)에서 묘사한 경기순환적 실업이 지속될 것이다.

18.2
근로의 세계

실업의 분포

실업의 분포는 경제활동인구에 걸쳐 고르지 않으며, 수요부족 실업률이 증가하고 감소함에 따라 변화한다. 표 18.1에 두 상이한 연도의 인종, 연령, 성, 그리고 실업기간별로 분해된 민간 실업률이 제시되어 있다. 각 연도는 비교를 위해 선별되었다. 2000년 경제는 완전고용에 도달해 4.0%의 실업률을 경험했던 반면, 2010년에는 주요 경기침체가 전년도에 종결되어, 전체 실업률이 9.6%로 증가했다.

각 연도 내의 분해된 실업률 간의 큰 분산과 두 해 사이의 실업률의 비교는 여러 연구의 일반적인 결론을 확인한다. 첫째, 인적자본을 덜 필요로 하는 직종에 있는 사람들의 실업률은 더 많은 숙련을 필요로 하는 자리에 있는 사람들의 그것보다 더 높은 경향이 있다. 예를 들어 2000년에 블루칼라 근로자들의 5.2%와 비교할 때 관리직 및 전문직의 실업률은 1.8%였다.

당연한 귀결로, 실업률은 보통 경기침체의 기간 동안 저숙련 근로자들의 경우 불균형적으로 더 높다. 표 18.1에서 2010년에 관리직 및 전문직 근로자들의 4.7%와 비교할 때 블루칼라 근로자들의 실업률은 14.3%였다는 것을 관찰하라. 이러한 14.3 : 4.7 비율은 완전고용의 해인 2000년에 발생한 5.2 : 1.8 비율보다 더 크다.

여러 숙련을 가진 근로자들 사이에 실업률이 상이하고, 경기침체의 기간 동안 저숙련 근로자들의 상대적 실업률이 보통 증가하는 이유들에는 다음과 같은 것들이 포함된다 ─ (1) 저숙련 근로자들은 대개 기술적인 이유로 발생한 실업과 오래 지속되는 구조적 실업에 취약하다. (2) 더 높은 숙련의 근로자들은 자영업자가 될 가능성이 더 크다. 그리고 (3) 생산물 수요가 감소하는 기간 동안 기업은 수년에 걸쳐 인적자본에 가장 적은 양을 투자했던 근로자들을 일시해고 또는 해고하며, 더 숙련이 높은 관리자와 전문가들은 계속 보유한다.

표 18.1에 보이는 분해된 실업 데이터에 관한 두 번째 일반화는 16~19세까지의 실업률은 성

표 18.1 경제활동인구 하위분류의 실업률, 2000년(완전고용)과 2010년(경기침체) 비교

분류	2000년 실업률(%)	2010년 실업률(%)
직종		
관리직 및 전문직	1.8	4.7
블루칼라	5.2	14.3
연령		
16~19세	13.1	25.9
아프리카계 미국인, 16~19세	24.5	43.0
백인, 16~19세	11.4	23.2
남성, 20세 이상	3.3	9.8
여성, 20세 이상	3.6	8.0
인종		
아프리카계 미국인	7.6	16.0
백인	3.5	8.7
성		
여성	4.1	8.6
남성	3.9	10.5
기간		
15주 이상	0.9	5.7
전체	4.0	9.6

자료 : *Employment and Earnings*, January 2001, 2011.

인의 그것보다 상당히 더 높다. 이외에도, 아프리카계 미국인 10대의 실업률은 백인 10대의 그 것을 크게 초과한다. 전체 10대의 실업률은 2010년 25.9%, 2000년 13.1%였지만 두 해의 아프리 카계 미국인 10대의 실업률은 각각 43.0%와 24.5%였다. 10대들은 낮은 숙련 수준, 높은 사직률 과 해고율, 낮은 지리적 이동성, 그리고 경제활동인구로의 또는 경제활동인구로부터의 빈번한 이행이라는 특성을 갖고 있다. 따라서 그들은 마찰적 및 구조적 실업의 다양한 기간을 갖는다. 또한 일부 10대 실업은 최저임금에 기인한다.[16]

표 18.1에 근거한 세 번째 광범위한 일반화는 수년에 걸쳐 10대와 성인 모두 아프리카계 미 국인의 실업률은 백인의 약 2배였다. 예를 들면 2010년 백인 실업률 8.7%와 비교할 때 아프리 카계 미국인의 실업률은 16.0%였다. 아프리카계 미국인의 더 높은 실업률의 이유들은 정리하기 가 어렵지만, 한 가지 요소는 아프리카계 미국인들이 저숙련 직종에 아주 많이 종사하고 있다 는 것이다. 그러한 직종은 높은 비율의 마찰적 및 구조적 실업을 갖고 있다는 앞의 논의를 상기 하라. 또한, 아프리카계 미국인 노동에 대한 수요가 일을 찾는 모든 사람들을 고용하기에 불충 분한 쇠퇴하는 도시 내부에 불균형적으로 많이 거주하고 있다. 마지막으로, 의심할 바 없이 차

---

[16] 아프리카계 미국인 젊은이들 사이 실업의 원인과 결과는 Richard B. Freeman and Harry J. Holzer, *The Black Youth Employment Crisis* (Chicago: University of Chicago Press, 1986)에 분석되어 있다. 또한 흥미로운 것은 Harry J. Holzer, "Can We Solve Black Youth Unemployment?" *Challenge*, November-December 1988, pp. 43-49; John Bound and Richard B. Freeman, "What Went Wrong? The Erosion of Relative Earnings and Employment among Young Black Men in the 1980s," *Quarterly Journal of Economics*, February 1992, pp. 201-32이다.

별이 백인 대비 아프리카계 미국인의 실업률 갭을 설명하는 데 중요한 역할을 담당하고 있다. 아프리카계 미국인과 백인 남성 사이 실업률 격차의 단지 20~40%만 교육과 일자리 경험 같은 관찰할 수 있는 특성에 의해 설명될 수 있다.[17]

분해된 실업률 데이터로부터의 네 번째 일반화는 여성의 실업률은 남성들의 그것과 매우 비슷하다는 것이다. 이는 여성들이 경력 지향적이고 더 낮은 실업률로 특징지어지는 자리들로 이동했음에 따라 과거 10년에 걸쳐 발생했다. 표 18.1에서 2000년에 전체 실업률은 남성들의 경우 3.9%, 여성들의 경우 4.1%였다는 것을 알 수 있다. 2010년에 여성들의 실업률은 실제로 남성들의 그것보다 더 낮았다. 이는 목제품, 자동차, 건설, 그리고 철강 같은 높은 남성-여성 고용 비율을 가진 산업에서 경기침체가 실업률에 미치는 영향에 의해 설명된다.

표 18.1에 설명된 분해된 데이터에 관한 마지막 일반화는 15주 이상 장기간 실업 상태에 있는 사람들의 수는, 경제활동인구의 백분율로 볼 때는 전체적인 실업률보다 훨씬 더 낮지만 경기침체의 기간 동안에는 증가한다는 것이다. 전체적인 실업률 4.0%와 비교할 때 15주 이상 일이 없는 사람들의 실업률은 2000년에 단지 0.9%였다. 그러나 이 비율은 2010년에는 5.7%였는데, 이는 자연실업률과 관련된 실업보다 경기침체가 노동자원의 더 오랜 유휴화의 원인이며 사회적 어려움을 가중시키는 요인으로 작용하는 경향이 있다는 것을 가리킨다.

👁 18.2
잠깐만 확인합시다.

- 구조적 실업은 취업할 수 있는 빈 일자리가 요구하는 숙련과 일을 찾는 사람들이 소유한 숙련 사이의 불일치의 결과이다. 그것은 또한 일자리들과 일자리를 찾는 사람들 사이의 지리적 불일치의 결과이다.
- 영구적인 공장 폐쇄 또는 일자리 삭감 때문에 자신의 일자리를 잃은 사람들인 많은 '해고된 근로자'들은 구조적으로 실업 상태가 된다.
- 수요부족 실업(또는 경기순환적 실업이라 불림)은 총수요 감소의 결과이며, 따라서 경기침체 및 불황과 관련이 있다.
- 실업률은 인종, 연령, 그리고 직종별로 다르다. 구체적으로 말하자면, 아프리카계 미국인, 젊은이, 그리고 저숙련 근로자들은 불균형적으로 높은 실업률을 갖고 있다.

여러분의 차례입니다

참인가 거짓인가? 여성들의 실업률은 전형적으로 최근 수년 동안 남성들의 2배였다. (정답은 책의 맨 뒷부분에 수록되어 있음)

실업의 감소 : 공공정책

미국 정부는 공식적으로 완전고용의 목표를 약속하고 있다. 1946년의 고용법(Employment Act)은 많은 다른 사항들과 함께 '최대 고용, 생산, 그리고 구매력을 촉진하기 위해 … 국가 정책 필요와 의무와 다른 핵심적인 고려사항들과 일관된 모든 현실적인 수단을 사용하는 것이 연방정부의 지속되는 정책'이라고 선언했다. 1978년의 완전고용 및 균형성장법(Full Employment and

---

[17] Leslie S. Stratton, "Racial Differences in Men's Unemployment," *Industrial and Labor Relations Review*, April 1993, pp. 451–63.

Balanced Growth Act)은 이 목표를 다시 확인했고, 정부가 (1) 고용 및 인플레이션 5개년 목표를 수립하고 (2) 그것을 달성하기 위한 프로그램을 수립할 것을 요구했다.

표 18.2는 전적으로 또는 부분적으로 마찰적, 구조적, 그리고 경기순환적 실업을 줄이기 위해 설계된 매우 광범위한 정부 프로그램들을 요약하고 있기 때문에 주의 깊게 검토할 만하다. 이 접근법 각각에 대한 분석은 한 장(章)으로는 불가능하다. 따라서 이 장에서는 관심을 안정화(재정 및 금융)정책에 국한할 것이다.

재정 및 금융정책

표 18.2에 정의된 바와 같이 **재정정책**(fiscal policy)은 완전고용, 물가안정, 그리고 경제성장을 촉진하려는 목적을 가진 정부에 의한 지출과 세금의 의도적인 조작이다. **금융정책**(monetary policy)은 이러한 똑같은 목표들을 촉진하기 위해 국가의 화폐공급과 이자율을 조정하려는 연방준비제도 당국에 의해 취해지는 의도적인 행동이다.

확대 재정 및 금융정책이 국내산출량과 실업에 미치는 영향은 그림 18.7에 나타나 있다. 처음에 총수요가 D_1에서 D로 감소하여 실질산출량을 Q_0로 감소시켰다고 가정하자(그래프 a). 총수요의 이러한 감소는 D_{L1}에서 D_L로 노동수요의 감소를 수반한다(그래프 b). 당분간 노동공급이 S_L로 보여진다고 가정하자. 명목임금이 W_0에서 하방으로 비신축적이라고 가정되기 때문에, 노동수요의 D_L로의 감소는 ab만큼의 수요부족 실업을 발생시킨다. 만약 그래프 (a)에서 완전고용 산출량 수준이 Q_n이고 그래프 (b)에서 고용의 자연율이 E_n이라면, E_0E_n은 경기순환적 실업을 나타낸다.

성공적인 재정 및 금융정책은 총수요를 D_1으로 증가시키게 되고, 이는 국내산출량을 그 자연량 수준인 Q_n으로 증가시키게 되며, 그래프 (b)의 D_{L1}과 S_L로의 교차점에 의해 보여지는 바와 같이 총고용을 그 자연량 수준인 E_n으로 회복시킨다.

D_1으로의 총수요 증가와 상응하는 D_{L1}으로의 노동수요 증가는 다음 정책의 어떤 조합을 통해 완수될 수 있다―(1) 개인소비지출을 증가시키기 위한 개인들에 대한 감세, (2) 이자율을 하락시키고 투자지출을 촉진하기 위한 화폐공급의 확대, (3) 투자지출을 증가시키기 위한 기업에 대한 세금 인하 또는 직접적인 보조금, 그리고 (4) 정부지출 증액.

복잡한 문제들

총수요곡선의 정확히 D_1까지 오른쪽으로의 이동과 같이 이론적으로 간단한 것처럼 보이는 것도 실제로는 어렵다. 시기 선택이 결정적으로 중요하며, 여러 시차가 정확한 총수요 관리를 어렵게 만든다. 일단 총수요가 감소했다는 것을 인식한다면 행정부는 재정정책을 수립하여 의회에 제출해야 한다. 다음에 의회는 제안된 정책에 관해 공청회를 개최하여 그것을 법으로 통과시켜야 한다. 이러한 시차의 기간 동안 재정정책과 무관한 요소들이 총수요곡선을 안쪽 또는 오른쪽으로 더욱 이동시킬 수 있다. 따라서 재정정책의 구체적인 투여량이 부적절하게 크거나 또는 작은 것으로 되어 버릴 수 있다.

안정화 정책의 잠재적 문제인 **구축효과**(crowding-out effect)를 피하기 위해 재정 및 금융정

표 18.2 실업을 감소시키기 위한 정부 정책과 프로그램*

마찰적 실업

일자리 정보와 연결 : 빈 일자리와 구직자의 숙련에 관한 정보의 이용가능성을 증가시키고 일자리 지원자들과 사용자들을 연결하는 데 도움이 되는 정부 프로그램. 예 : 미국 일자리 서비스[주(州) 고용서비스기관]

구조적 실업

1. **교육보조금** : 인적자본을 획득하는 투자비용을 감소시킴으로써 새로운 기술이 출현함에 따라 쓸모없게 될 가능성이 작은 일자리에 취업할 수 있는 능력을 향상시키는 정부 프로그램. 예 : 연방정부의 무상장학금(Pell Grants)과 대학생 학자금 대출, 직업교육법(Vocational Educational Act)의 보조금, 초등 및 중등학교, 커뮤니티칼리지, 그리고 주립대학에의 자금 제공.
2. **고용기회균등법** : 인종 또는 성을 근거로 채용과 승진에 있어 차별하는 것을 불법으로 만듦으로써 구조적 실업을 창출하는 제도적 장애물을 제거하는 법. 예 : 1964년의 민권법 제7장, 행정명령(Executive Order) 11246.
3. **일자리 훈련과 재훈련** : 구조적으로 실업 상태가 된 사람들에게 숙련과 근로경험을 제공하려 설계된 프로그램. 예 : 인력개발과 훈련법(Manpower Development and Training Act, MDTA), 숙련 센터에서의 직종과 관련된 훈련, MDTA 현장실무훈련 프로그램, 일자리부대(Job Corps), 젊은이, 북미원주민, 그리고 해고된 주부들을 겨냥한 종합고용훈련법(Comprehensive Employment and Training Act, CETA) 프로그램, 일자리훈련파트너십법(Job Training Partnership Act), 무역조정지원(Trade Adjustment Assistance).
4. **공공서비스 고용** : 장기 구조적 실업자들의 직접적인 정부 채용과 현장실무훈련. 예 : CETA, 1978년에 개정된 민권법 제7장.
5. **임금보조금 또는 고용 세액공제** : 높은 비율의 구조적 실업을 경험하고 있는 불리한 조건을 가진 특정 그룹 구성원들을 채용하는 기업들에게 직접적인 지급과 세액공제. 예 : 1979년의 특정 계층 고용 세액공제(Targeted Employment Tax Credit), 부양아동가족보조-근로인센티브(AFDC-WIN) 프로그램.
6. **일시해고 예고** : 공장폐쇄 또는 주요 일시해고가 예상되는 기업들이 사전 통고를 제공함으로써 근로자들로 하여금 즉시 새로운 일자리를 탐색하거나 또는 재훈련 프로그램에 등록할 수 있도록 하는 요구사항. 예 : 1988년의 근로자조정 및 재훈련통지법(Worker Adjustment and Retraining Notification Act).

수요부족 실업

1. **재정정책** : 총수요를 증가시킴으로써 국내산출량과 고용을 증가시킬 목적을 가진 정부에 의한 지출과 세금의 의도적인 조작. 예 : 1964년, 1970년, 1974년, 2001년의 감세, 2009년의 미국 회복 및 재투자법(American Recovery and Reinvestment Act).
2. **금융정책** : 이자율을 인하하고 생산물과 서비스에 대한 총수요를 증가시키기 위해 국가의 화폐공급을 증가시키려는 연방준비제도에 의해 취해진 의도적인 행동. 예 : 1982년, 1991~1993년, 2001년, 2008~2009년의 금융확대.
3. **공급자중시정책** : 노동공급, 저축, 그리고 투자를 증가시키고, 재화와 서비스의 비용을 감소시켜 그 결과 총공급곡선을 오른쪽으로 이동시키려는 정부에 의해 취해진 의도적인 행동. 예 : 레이건 행정부의 1981년 감세, 개인퇴직계좌, 탈규제, 부시 행정부의 2001년 감세.
4. **공공서비스 고용** : 일자리를 찾을 수 없는 사람들의 직접적인 정부 고용. 예 : 1930년대의 공공산업진흥청(Works Progress Administration), 종합고용훈련법(Comprehensive Employment and Training Act), 민권법 제7장, 1970년대의 공공서비스고용(Public Service Employment).
5. **임금보조금 또는 고용 세액공제** : 고용을 확대하는 기업들에게 직접적인 지급과 세액공제. 예 : 1977년의 신규일자리세액공제(New Jobs Tax Credit) 프로그램.

---

* 구체적 예로 인용된 모든 프로그램이 현재 운영 중인 것은 아니며 일부 예는 과거의 것임.

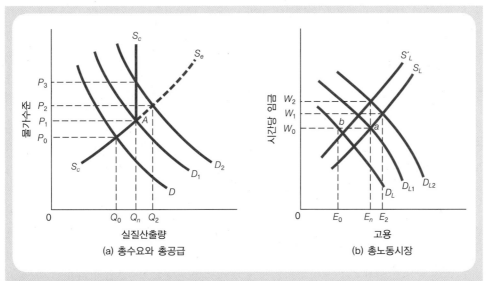

그림 18.7 실업을 감소시키기 위한 재정 및 금융 정책

그래프 (a)에서 총수요를 D에서 D_1으로 증가시키는 확대 재정과 금융정책은 실질산출량을 Q_0로부터 Q_n으로 증가시킨다. 노동시장에서는, 노동수요의 D_L로부터 D_{L1}으로의 상응하는 증가가 경기순환적 실업을 제거하고 고용을 E_n으로 증가시킨다. 그러나 만약 정책입안자들이 실수로 총수요를 D_2까지 증가시키면 노동수요는 D_{L2}로 증가할 것이다. 궁극적으로 노동공급자들은 자신들의 행태를 더 높은 예상물가수준에 조정할 것이며, 그들의 노동공급은 S_L로부터 S'_L로 감소할 것이고, 그 뒤 실업은 그 자연량 수준인 E_n으로 이동할 것이다.

책의 주의 깊은 조화가 필요하다. 이는 확대재정정책에 수반되는 적자를 재정 지원하기 위해 화폐시장으로부터 자금을 차입할 연방정부의 필요 때문에 발생하는 문제이다. 정부의 차입은 민간차입과 경쟁할 수 있으며, 이자율을 인상시킴으로써 민간투자를 감소시킨다. 따라서 재정정책의 자극을 약화시키거나 또는 취소시킬 수 있다. 이러한 구축효과가 발생하는 것을 방지하기 위해 금융당국은 적자가 야기한 균형이자율의 증가를 상쇄하기에 정확히 충분한 만큼 화폐공급을 증가시킬 필요가 있다.

안정화정책의 또 다른 문제는 정부가 그 목표 수준을 오버슈트할 수 있다는 것이다. 이 오버슈팅은 과거에 발생했기 때문에 총생산 및 노동시장에서의 시사점들을 검토하는 것은 가치가 있는 일이다. 확대 재정 및 금융정책이 총수요곡선을 예상했던 것보다 더 오른쪽으로, 말하자면 D_1이 아니라 D_2로 이동시킴으로써 예상했던 것보다 더 높은 물가수준(P_1이 아니라 P_2)을 야기한다고 가정하자. 단기적으로, 이러한 예상치 않게 높은 인플레이션은 일시적으로 실질산출량을 그 자연량 수준보다 높게 증가시킬 수 있다. 즉 경제는 AS_e의 점선 부분을 따라 위쪽으로 이동할 수 있다. 그러나 장기적으로는, 실질산출량은 그 자연량 수준인 Q_n으로 되돌아갈 것이다. 그 사이에 총수요가 D_2이기 때문에 물가수준은 그 균형수준인 P_3까지 계속 증가할 것이다.

왜 실질산출량이 일시적으로 Q_2까지 증가하지만 궁극적으로 다시 Q_n으로 감소할 수밖에 없는지를 이해하기 위해, 노동시장에서 무슨 일이 발생하는지를 면밀하게 검토할 필요가 있다. D_2로의 총수요 확대(그래프 a)는 노동수요를 D_{L2}로 증가시킨다(그래프 b). W_0에서 기존의 노동과 계약했던 기업들이 채용을 확대함에 따라, 고용은 일시적으로 그 자연량 수준 위로 증가한다. 또한 이제 W_1의 명목임금을 제안받는 일자리탐색자들은 탐색시간을 감소시킨다. 반복하여 설명하자면, 고용 증가의 이유는 실제 인플레이션율이 예상 인플레이션율을 초과하여 마찰적 실업이 감소했기 때문이다(이 주제에 관한 이전의 논의를 상기하라). 그러나 일단 노동공급자들이 새로운 물가수준이 이전에 예상했던 것보다 더 높다는 것을 인식하면, 그들은 자신들의 행태를 조정하고, 그 결과 노동공급곡선은 S_L로부터 S'_L로 이동한다. 왜 이렇게 되는가? 답은 물가수준이 예상수준 P_1이 아니라 P_2이므로, 근로자들이 각 명목임금에서 더 이상 그것과 동일한 노동을 공급하지 않을 것이라는 것이다. 각 명목임금과 관련된 실질임금(명목임금/물가수준)이 이제 더 낮으며, 이러한 사실은 노동공급곡선의 왼쪽으로의 이동으로 된다.

D_{L2}와 S'_L의 교차점으로부터 상방으로 신축적인 명목임금이 W_2로 증가한 것을 관찰하라. 이렇게 더 높은 명목임금에서 고용은 그 자연량 수준 E_n으로 되돌아간다. 이 고용 감소는 그래프 (a)에서 Q_2로부터 Q_n으로 실질산출량의 복귀와 들어맞는다. 또한 물가수준과 명목임금 모두 이제 더 높아진 것을 관찰하라. 부적절한 확대 재정 및 금융정책은 경기순환적 실업을 제거했지만, 또한 물가와 임금 인플레이션을 발생시켰다.

요약

1. 만약 한 개인이 16세 이상이고, 시설에 수용되어 있지 않으며, 적극적으로 일을 찾고 있고, 일시해고 후 일자리로 다시 부름을 받기를 기다리고 있거나, 또는 30일 이내에 새로운 일자리로 가려고 기다리고 있다면 그는 공식적으로 실업 상태이다.

2. 공식적인 실업 데이터는 경제적 어려움의 측정치로서 그리고 공공정책의 지침으로서 여러 한계를 갖고 있다. 저량-유량 모형은 실업률 변화의 원인들을 분류하고 개인들의 고용기간에 대한 정보를 제공한다.

3. 약 4.0~5.0%의 실업률은 '완전' 또는 자연실업률을 나타낸다. 이 실업률에서는 노동의 초과수요 또는 초과공급 어느 것도 발생하지 않으며, 실제와 예상 인플레이션율도 동일하다.

4. 마찰적 실업의 발생은 이질적 근로자 및 일자리, 불완전정보, 그리고 경제활동인구 상태의 여러 범주 사이의 사람들의 지속적 이동으로 특징지어지는 동태적 경제에서는 자연스럽고 흔히 건설적인 것이다. 그것은

두 가지 기본적인 형태를 취할 수 있다. 한 가지는 일자리를 발견하는 데 필요한 시간과 관련된 탐색실업이고, 다른 한 가지는 근로자들이 이전 일자리로의 리콜을 위해 기다리거나 또는 시장청산임금보다 높은 수준의 임금으로부터 비롯되는 일자리 대기행렬에 남아 있는 대기실업이다.

5. 구조적 실업은 취업가능한 일자리에 필요한 숙련과 고용을 찾는 사람들이 소유한 숙련 사이 불일치의 결과이다. 구조적으로 실업 상태에 있는 많은 사람들은 영구적인 공장폐쇄 또는 일자리 감축 때문에 자신들의 일자리를 잃은 '해고된 근로자'들이다.

6. 재화와 서비스에 대한 총수요의 감소는 노동에 대한 총수요의 부족을 야기한다. 시간당 임금은 노동조합의 존재, 기업의 일시해고 편향, 암묵적 계약, 그리고 내부자-외부자 관계를 포함하는 다양한 이유 때문에 하방으로 비신축적인 경향이 있다. 결과적으로 비자발적 수요부족 실업은 총수요가 감소할 때 발생한다.

7. 실업은 경제활동인구에 고르지 않게 분포한다. 예를 들어 아프리카계 미국인들의 실업률은 백인들 실업률의 약 2배이다.

8. 재정정책은 수요부족 실업을 퇴치하기 위해 사용되는 주요 도구지만, (a) 시차, (b) 구축효과를 회피하기 위해 재정정책과 금융정책을 조정할 필요성, 그리고 (c) 인플레이션을 발생하게 하는 경향을 포함하는 여러 복잡한 문제를 안고 있다.

용어 및 개념

고용-인구 비율(employment-population ratio)

구조적 실업(structural unemployment)

구축효과(crowding-out effect)

균형실업률(equilibrium rate of unemployment)

금융정책(monetary policy)

내부자-외부자 이론(insider-outsider theory)

대기실업(wait unemployment)

마찰적 실업(frictional unemployment)

불완전고용자(subemployed)

수요부족(경기순환적) 실업[demand-deficient (cyclic) unemployment]

실망근로자(discouraged workers)

실업률(unemployment rate)

암묵적 계약(implicit contracts)

완전고용(full employment)

자연실업률(natural rate of unemployment)

재정정책(fiscal policy)

저량-유량 모형(stock-flow model)

총공급(aggregate supply)

총수요(aggregate demand)

탐색실업(search unemployment)

해고된 근로자(displaced worker)

현행인구조사[Household Survey(CPS)]

질문 및 연구 제안

1. 다음의 데이터를 사용하여 가상 경제의 (a) 경제활동인구의 크기, (b) 공식적인 실업률, 그리고 (c) 경제활동참가율(제3장)을 계산하라—인구 = 500, 16세 이상이고 시설에 수용되지 않은 인구 = 400, 풀타임 또는 파트타임으로 고용된 사람 = 200, 실업 상태에서 적극적으로 일을 찾고 있는 사람 = 20, 성과가 없기 때문에 사직하고 일을 찾고 있는 사람 = 10, 풀타임 일자리를 찾고 있는 파트타임 근로자 = 30.

2. 어떤 요소들이 공식적인 실업률이 국가의 경제적 어려움의 정도를 정확히 측정하는 크기를 축소하는 경향이 있는가? 어떤 요소들이 몇몇 관찰자들로 하여금 공식적인 실업률은 경제적 어려움을 과장한다는 결론을 내리도록 유도하는가?

3. 그림 18.5에 보이는 기본 모형을 사용하여 다음 각각을 그래프로 예를 들어 설명하라—(a) 수요부족 실업, (b) 자연적인 또는 완전고용 수준을 초과하는 산출량과 고용의 일시적인 증가.

4. 구조적 실업이라는 용어를 정의하고 그것을 마찰적 실업 및 수요부족 실업과 구별하라. 수요부족 실업이 감소할 때 왜 구조적 실업이 감소할 수 있는가?

5. 여러분이 대통령 경제보좌관이라고 가정하자. 대통령이 여러분에게 '해고된 근로자'들과 관련된 실업의 양을 감소시킬 계획을 수립하도록 요청하였다. 어떤 요소들이 여러분의 계획에 포함되는가?

6. 왜 명목임금은 하방으로 비신축적인가? 이러한 특성이 상당한 기간 집요하게 지속되는 비자발적 수요부족 실

업에 대하여 갖는 시사점은 무엇인가?

7. 주요 경기침체 때문에 공식적인 국가의 실업률이 4%로 부터 8%로 증가한다고 가정하자. 이것이 (a) 백인 실업률에 대한 아프리카계 미국인 실업률 비율, (b) 경제활동 참가율, 그리고 (c) 10대-성인 실업률 비율에 어떤 영향을 미치게 된다고 여러분은 예상하는가? 설명하라.

8. 여러분은 자연실업률이 다음 10년에 걸쳐 (a) 증가, (b) 감소, 또는 (c) 현재 수준에 머무른다고 예상하는가? 여러분의 추론을 설명하라.

9. 다음의 서술을 비판적으로 검토하라. "미국의 실업은 신속하고 효율적으로 해결될 수 있다. 정부는 민간부문에서 적절한 고용을 발견하지 못하는 일하기를 원하는 모든 사람에게 일자리를 제공해야 한다."

인터넷 연습

실업률

노동통계국 웹사이트(www.bls.gov)를 방문하라. '실업률(Unemployment Rate)'을 클릭하라. 이는 미국 경제활동인구에 관한 노동통계국의 최근 보도 자료를 검색할 것이다.

이 보도 자료를 사용하여 다음의 질문들에 답하라—지난 2개월의 실업률은 얼마인가? 경제활동인구 크기의 변화 또는 실업 상태인 사람들 수의 변화 때문에 두 달 사이에 실업률은 변화했는가? 여러분의 답을 설명하라.

인터넷 링크

미국 노동부 실업보험 웹사이트는 실업급여 프로그램에 대한 많은 상세한 내용을 포함하고 있다(oui.doleta.gov/unemploy).

노동통계국 지역실업통계(Local Unemployment Statistics) 웹사이트는 센서스 지역 및 하위 지역, 주, 카운티, 대도시권, 그리고 많은 시의 고용, 실업, 경제활동인구 데이터를 보고하고 있다(www.bls.gov/lau/home.htm).

노동경제학의 정보 원천

이 부록의 목적은 노동경제학에 대한 중요한 정보 원천을 조사하는 것이다. 이 정보는 이 강좌 또는 강좌에 뒤이은 학기말 리포트(term paper)를 준비하는 사람들에게 유용할 것이다. 이것과 관련하여, 부록 표 1의 학기말 리포트 주제 후보 목록을 주목하라. 또한 이 부록은 독자의 개인적이고 전문적인 노동경제학 지식을 앞으로 수년 동안 생생하게 유지할 수 있게 소중한 정보를 제공한다. 만약 여러분이 경영학 또는 경제학 전공자라면, 이 책(또는 적어도 이 부록의 복사본)을 개인 서재에 보관할 것을 강력히 권유한다.

부록의 개요는 길을 알려줄 것이다. 첫째, 노동경제학 및 노동통계와 관련된 핵심 인터넷 사이트를 확인하고 간략히 설명할 것이다. 그 뒤 노동통계 인쇄물 원천에 대해 설명을 덧붙일 것이다. 셋째, 노동경제학과 정책에 대한 논문들을 담은 여러 출판물들에 여러분의 주의를 환기시킬 것이다. 거기서 참고문헌 색인, 전문 저널, 에세이의 개요, 그리고 비기술적 출판물에 대해 설명을 덧붙일 것이다. 다음에 노동경제학의 여러 고급 교재들을 간략히 설명할 것이다. 마지막으로 노동법, 단체교섭, 노사관계, 그리고 노동의 역사 같은 밀접하게 관련된 분야를 망라하는 교재들에 대한 언급이 있을 것이다.

노동통계의 원천

통계 원천은 1차인지 아니면 2차인지, 그리고 시계열 데이터를 제공하는지 아니면 횡단면 데이터를 제공하는지로 분류할 수 있다. **1차 통계 원천**(primary statistical source)은 미국통계국(Census Bureau)의 현행인구조사(Current Population Survey, CPS)로부터 발생한 것과 노동통계국(Bureau of Labor Statistics, BLS)에 의해 보고된 것 같은 데이터의 본래의 원천이다. 제18장에서 이 특정 설문조사는 경제활동 참가, 고용, 그리고 실업에 대한 정보를 얻기 위해 매월 전국

부록 표 1. 학기말 리포트 주제 주요 목록

근로자 결근
다수 일자리 갖기(야간의 부업)
퇴직 결정
여성 경제활동 참가율
실망 대 부가 근로자 효과
주간 평균 근로시간의 경기순환적 및 장기적 변화
경제활동 참가의 인종별 차이
교육수준과 근로소득, 근로시간, 그리고 실업
나이 든 남성들의 경제활동 참가 추세
학자금 대출의 경제학
인적자본 이론에 대한 비판
생명의 경제적 가치
기업의 인적자본에 대한 투자 : 현장실무훈련
교육에 대한 기업의 후원
연금의 경제학
CEO 보수
공공부문 훈련 프로그램의 유효성
노동시장의 수요독점
직종면허
효율성임금 이론
부가급여는 과세되어야 하는가?
노동조합의 쇠퇴
노동조합 조합원 수의 결정요인
규제완화와 노동시장
단체교섭의 이론
프로스포츠의 단체교섭
연공서열의 경제학
노동자 소유 기업
인센티브 보수제도
근로자주식옵션계획(ESOPs)
강제중재(compulsory arbitration)
노동권확립법(right-to-work law)의 효과
부가급여의 경제학
보수, 성과, 그리고 생산성
노동조합과 일자리 이직
파업의 경제적 영향
정부 고용의 추세
공공 대 민간 보수
세금이 노동공급에 미치는 효과
북미자유무역협정과 미국의 노동
일본의 평생고용
개발도상국의 실업과 과소고용

장애인법과 노동시장
국가병역제도
최저임금의 효과
OSHA가 노동시장에 미치는 영향
작업장에서의 성희롱
인종별 근로소득 차이
여성-남성 근로소득 비율의 추세
직종차별
차별방지법의 유효성
보상임금격차
기업 규모와 보수 수준
'슈퍼스타'의 근로소득
가족배경과 어린이에 대한 인적자본 투자
근로소득 분배의 추세
노동조합과 근로소득 분배
직종 이동
최근 해외로부터의 이주자들의 근로소득
해외로부터의 이주 개혁 : 노동시장 이슈
공장폐쇄와 '해고된 근로자'들
내부노동시장은 효율적인가?
실질 시간당 임금의 추세
실질임금의 국제비교
생산성 성장과 '신경제'
생산성 성장의 국제적 추세
자영업의 추세
'완전'고용이란 무엇인가?
일자리탐색의 이론
기술적 실업
암묵적 계약 : 이론과 시사점
10대 실업
아프리카계 미국인의 실업
임금보조금 : 근로장려세제(EITC)
합리적 기대와 노동시장
이윤공유
실업보험급여의 노동시장 효과
실업률의 국제적 차이
대안적 근로방식 : 압축근무(compressed work), 유연근무제
　　(flextime), 일자리 나누기(work sharing)
직종별 고용 추세
제조업과 서비스업 고용의 추세
자연실업률의 추세
경쟁은 차별을 감소시키는가?

적으로 약 60,000가계를 표본조사 한다는 것을 살펴보았다. CPS 데이터는 통계편람, 기업 정기 간행물, 그리고 교재 같은 여러 2차 통계 원천(secondary statistical source)에 인용 또는 요약되어 있다. 2차 원천은 믿을 만하지만, 보통 길이를 줄인 형식으로 제시한다는 것을 알아야만 한다. 따라서 종종 1차 원천을 보아야 더 많은 정보를 얻을 수 있다.

노동통계는 시계열 데이터, 횡단면 데이터, 또는 두 가지의 어떤 조합으로 발표된다. **시계열 데이터**(time-series data)는 발생 순서대로 순서가 정해진다. 즉 월 또는 년 같은 어떤 기간별로 발표된다. 예로는 1950년 이래 인구와 경제활동인구를 그래프로 그린 그림 3.2, 1960년 이래 미국의 조업중단 수를 보여주는 그림 11.4, 그리고 1960년 이래 BLS의 연간 노동생산성 지수를 연대순으로 기록한 그림 17.2를 들 수 있다.

반면에, **횡단면 데이터**(cross-sectional data)는 구체적 시간에 상이한 경제단위 또는 그룹 특정 변수의 측정치이다. 예를 들면 표 13.2는 산업별 2013년의 직종 관련 사망자와 부상자를 보고하고 있다. 마찬가지로, 표 8.3은 주요 주(州)별 2014년 제조업 민간 근로자들의 평균 시간당 임금에 관한 데이터를 제시하며, 표 18.1은 직종, 인종, 성, 연령, 기간별 특정 연도의 실업률을 요약하고 있다.

시계열과 횡단면 노동통계의 주요 (1차 및 2차) 원천은 무엇인가? 다음 각각에 대해 설명을 덧붙임으로써 이 주제에 접근할 것이다―인터넷 사이트, 통계 원천의 참고문헌, 일반적 미국 통계의 인쇄물 원천, 노동경제 이슈를 전문적으로 싣는 통계 인쇄물 원천, 그리고 이용가능한 데이터 세트. 가능한 곳에서는 원천 그 자체가 제공하는 설명을 쉽게 다른 말로 바꾸어 표현할 것이다.[1]

인터넷 사이트

인터넷에는 노동경제학과 관련된 정보와 통계를 제공하는 여러 탁월한 원천들이 들어 있다. 부록 표 2에 이러한 사이트들을 열거하고 설명을 덧붙이고 있다. 여러분들이 표에 열거된 여러 사이트들을 시험적으로 사용해보기를 강력히 권유한다. (이 인터넷 사이트들의 일부에는 여기서 설명된 인쇄물 원천의 완전한 복사본이 실려 있다.)

통계 원천의 참고문헌

*Reader's Guide to Periodical Literature*가 잡지의 논문을 제시하는 것과 같이, 통계 간행물의 참고문헌은 주제 제목별로 통계 시리즈의 원천에 대한 색인을 제시하고 있다. *Reader's Guide*가 논문 자체를 싣지 않는 것과 마찬가지로 통계 원천의 참고문헌도 통계 시리즈 자체는 싣지 않는다. 이러한 참고문헌 또는 색인은 통계 시리즈의 검색을 시작하는 좋은 장소로서 인터넷을 보완한다. 노동경제학의 경우 노동조합, 고용, 노동, 그리고 생산성 같은 주제에 대한 풍부한 목록을 찾을 수 있다. 여러 참고문헌 가이드 중 다음 것들이 특히 유용하다.

---

[1] 이 절의 구성은 대체로 Charles Helppie, James Gibbons, and Donald Pearson, *Research Guide in Economics* (Morristown, NJ: General Learning Press, 1974), pp. 69-91에 의해 사용된 것을 따르고 있다.

부록 표 2. 노동경제학과 관련된 인터넷 사이트

Bureau of Economic Analysis
[http://www.bea.gov]
  GDP와 최신경영조사(Survey of Current Business)의 주요 표들을 제공함.

Bureau of Labor Statistics
[http://www.bls.gov]
  고용, 실업, 물가, 생산성, 그리고 외국노동통계를 포함함.

Data on the Net
[http://3stages.org/idata]
  다운로드할 수 있는 사회과학 통계 데이터를 가진 360개가 넘는 인터넷 사이트의 핵심어에 의한 탐색을 가능함.

EconData
[http://www.econdata.net]
  수천 개의 미국 정부로부터의 다운로드할 수 있는 데이터 시리즈를 제공함.

Economic Journals on the Web
[http://www.oswego.edu/~economic/journals.htm]
  각종 경제 저널의 웹 위치에 대한 색인을 제공함.

Economic Report of the President
[http://www.gpo.gov/erp]
  1996년 이후의 모든 보고서가 온라인에 있음. 이 사이트는 또한 중요 경제 데이터 시리즈를 요약한 표가 포함되어 있음.

Fedstats
[http://fedstats.sites.usa.gov]
  통계 데이터를 가진 70개가 넘는 정부기관의 링크를 가진 사이트임.

Health and Retirement Survey(HRS)
[http://hrsonline.isr.umich.edu/]
  개개인의 경제적, 인구통계학적, 그리고 건강 특성에 관한 설문조사 데이터를 제공함.

Department of Homeland Security
[http://www.dhs.gov/immigration-statistics]
  최근 수년 동안의 종합적인 연간 해외로부터의 이주통계를 제공함.

W.E. Upjohn Institute
[http://www.upjohninst.org]
  연구 보고서와 출판물의 온라인 카탈로그를 제공함.

Minnesota Population Center
[http://www.ipums.umn.edu]
  1850년부터 2000년까지의 센서스 데이터를 싣고 있음.

National Labor Relations Board
[http://www.nlrb.gov/]
  NLRB 및 부당노동행위에 관한 NLRB의 결정에 대한 정보를 싣고 있음.

About Guide to Economics
[http://economics.about.com]
  현대 경제학 정보에 대한 인터넷 링크를 제공한다. 예를 들어 비즈니스위크(BusinessWeek) 같은 잡지의 온라인 판 경제학 논문들에 대한 링크를 포함함.

Open Directory Project
[http://www.dmoz.org/Science/Social_Sciences/Economics/Labor_Economics]
  많은 노동경제학 관련 링크들을 제공함.

Organization for Economic Cooperation and Developmemt
[http://www.oecd.org]
  OECD 국가들의 주요 경제 측정치에 관한 데이터를 포함함.

Panel Study of Income Dynamics
[http://psidonline.isr.umich.edu/]
  설문조사 응답자들의 특성과 노동시장 행태에 관한 종단(longitudinal) 데이터로 구성됨.

Resources for Economists on the Internet
[http://rfe.org]
  700개 이상의 경제학 관련 인터넷 사이트에 대한 링크를 제공함.

Social Security Administration
[http://www.ssa.gov]
  사회보장 프로그램(급여 공식, 수혜자 수, 신탁 기금, 평균급여 등)에 관한 통계 정보를 제공함.

U.S. Census Bureau
[http://www.census.gov]
  인구, 근로소득, 그리고 인구통계학적 특성 같은 주제에 관한 광범위한 데이터를 가진 종합적인 사이트임. 또한 1996년 1월 이래의 모든 인구조사국 간행물 데이터를 제공함. 마지막으로 센서스의 현행인구조사(CPS), 미국주거조사(American Housing Survey, AHS), 그리고 미시데이터 표본의 공공사용(Public Use of Microdata Sampls, PUMS) 같은 원천들로부터의 데이터를 추출하기 위한 링크를 포함함.

American Statistics Index(Washington, DC: Congressional Information Service).
월간 보충판과 함께 연간.

이 색인은 이용가능한 미국 정부 통계 간행물에 대한 가장 종합적인 인쇄물 접근을 제공한다. 연방기관에 의해 발간된 모든 통계 간행물의 색인을 달고 요약했다. 따라서 특정 통계 시리즈를 검색할 수 있는 출발점이 된다.

U.S. Bureau of the Census: *Directory of Federal Statistics for Local Areas: A Guide to Sources* (Washington, DC: U.S. Government Printing Office).

이 안내책자는 대도시 통계지역(metropolitan statistical areas, MSAs)에 대한 연방 통계의 원천을 열거한다. MSA는 (1) 50,000명 이상의 주민을 가진 하나의 시, 또는 (2) 50,000명 이상의 도시화된 지역과 적어도 100,000명의 총 MSA 인구들이 들어 있는 지리적 지역이다.

일반적인 요약 통계

여러 탁월한 책들이 광범위한 정치적·경제적·사회적·인구통계학적 변수에 관한 통계시리즈의 요약을 싣고 있다. 이러한 '데이터 북,' '통계요약,' 또는 '통계편람'은 노동경제학 학생들에게 흥미로운 여러 표를 싣고 있다. 중요한 것 중 일부는 다음과 같다.

U.S. Bureau of the Census: *Historical Statistics of the United States, Colonial Times to 1970* (Washington, DC: U.S. Government Printing Office). 1976년 발간됨.

이 책은 대체로 연간인 1610년부터 1970년까지의 기간 동안 미국의 사회적·경제적·정치적·지리적 발전에 관한 12,500개가 넘는 통계 시계열 시리즈를 싣고 있다.

U.S. Office of the President: *Economic Report of the President* (Washington, DC: U.S. Government Printing Office). 연간.

이 연간 보고서는 소득, 경제활동인구, 고용, 그리고 생산과 관련된 통계 데이터를 담은 광범위한 부록을 갖고 있다. 노동경제학자들에게 특별히 유용한 부록의 절은 '인구, 고용, 임금, 그리고 생산성'이다. 나아가 보고서의 본문은 보통 최근 노동시장에서 전개된 사건에 관계된 절 또는 장들을 싣고 있다. 예를 들어 2007년 보고서는 노동생산성의 최근 성장에 관한 독립된 장을 싣고 있다.

노동 전문 통계 원천

여러 통계 원천들에는 표들이 많이 중복되어 나타난다. 예를 들어 *Statistical Abstract of the United States*는 앞으로 설명을 덧붙일 예정인 더 전문화된 원천들에서 발견되는 많은 노동 관련 시리즈를 싣고 있다. 그러나 일반적으로 노동 전문 원천들은 노동경제에 직접적으로 관련되는 더 넓은 범위의 데이터와 통계 시리즈를 싣고 있다. 따라서 이러한 전문화된 원천들을 알고 있다는 것은 다른 곳에서 나타나지 않을 수 있는 데이터를 찾는 데 결정적으로 중요하다. 여러 탁월한 간행물들을 검토하기로 하자.

Eva E. Jacobs (ed.): *Handbook of U.S. Labor statistics* (Lanham, MD: Bernan Press). 주기적.

이 간행물은 노동통계국에 의해 매년 발생하는 주요 통계 시리즈를 제시한다. 가장 최근 판(2012)은 다음 범주의 그룹으로 나눌 수 있는 표들을 싣고 있다 — (1) 인구, 경제활동인구, 그리고 고용 상태, (2) 고용, 시간, 그리고 근로소득, (3) 직종별 고용과 임금, (4) 경제활동인구와 산업과 직종의 고용 전망, (5) 생산성과 비용, (6) 종업원에 대한 보상, (7) 노동시장의 최근 추세, (8) 노사관계, (9) 물가, (10) 해외 경제활동인구 통계, (11) 소비자 지출, (12) 미국인 시간 사용 조사(American Time Use Survey), (13) 미국의 소득, 그리고 (14) 직업 안전 및 보건.

Barry T. Hirsch and David A. Macpherson: *Union Membership and Earnings Data Book: Compilations from the Current Population Survey (2015 edition)* (Washington, DC: Bureau of National Affairs). 연간.

이 연간 보고서는 노동조합과 비노동조합 근로자들의 근로소득은 물론 노동조합 조합원 수에 관한 현재 및 역사적 데이터를 제시한다. 이러한 그리고 관련된 측정치들의 명세가 주, 산업, 직종, 그리고 인구통계학적 그룹별로 제공된다.

Directory of U.S. Labor Organizations (Washington, DC: Bureau of National Affairs, Inc.). 주기적.

미국 노동의 총 노동조합 조합원 수 데이터를 제공하는 것 이외에도 이 간행물은 개별 노동조합 조합원 수와 노동조합 조합원들의 인구통계학적, 직종, 산업, 그리고 지리적 특성에 관한 상세한 통계를 제시한다.

U.S. Department of Labor, Bureau of Labor Statistics: *Monthly Labor Review* (Washington, DC: U.S. Government Printing Office). 월간.

이 정기간행물은 경제활동인구, 생산성, 고용, 실업, 그리고 소비자물가에 관한 현행 통계의 원천이다. 부록은 모두 매월 수행되는 (1) 현행인구조사(Current Population Survey), (2) 사업체 임금실태 조사(Establishment Payroll Survey), 그리고 (3) 소비자물가 조사(Consumer Price Survey) 결과를 보고한다.

U.S. Department of Labor, Bureau of Labor Statistics: *Employment and Earnings* (Washington, DC: U.S. Government Printing Office). 월간.

*Employment and Earnings*는 고용상태, 취업자와 실업자의 특성, 근로시간과 근로소득, 생산성, 주와 지역의 경제활동인구에 대한 현재 정보를 제공하는 월간 간행물이다. 1985년에 이 간행물이 연령, 인종, 성, 직종, 그리고 산업별 노동조합 조합원 수를 보여주는 소중한 시리즈 — 매년 1월호에 게재 — 를 시작했다는 것을 주목할 가치가 있다.

U.S. Department of Labor, Bureau of Labor Statistics: *Compensation and Working Conditions* (Washington, DC: U.S. Government Printing Office). 월간.

이전에 *Current Wage Development*라는 제목이 붙었던 이 간행물은 주요 단체교섭 타결, 근로자 보상의 사용자 비용, 노동조합 조합원 수, 부가급여, 그리고 지역 임금 같은 총보수패키지와 근로환경의 기타 측면에 관한 데이터와 간략한 논문들을 포함한다.

U.S. Department of Commerce, Bureau of the Census: *Money Income of Households, Families, and Persons in the United States.* Current Population Report P-60. 연간.

연방정부 간행물 보관소로 지정된 도서관에서 찾을 수 있는 이 간행물은 미국의 기능별 및 개인별 소득분배에 관한 상세한 통계를 보고한다. 표들은 인구조사국의 연간 현행인구조사로부터의 데이터를 요약하고 있다.

International Labour Office: *Yearbook of Labour Statistics* (Geneva, Switzerland: ILO Publications). 연간.

이 국제적인 책은 180개 국가 또는 지역별로 분류된 노동 관련 데이터의 시계열을 싣고 있다.

연구소 설문조사 데이터

연구소에 의해 수행된 서베이의 1차 데이터의 여러 세트가 독창적 연구를 원하는 학자들에게 이용가능하다. 세 가지 그러한 원천은 다음과 같다.

Survey Research Center, Institute of Social Research, University of Michigan: *Health and Retirement Survey.*

반년마다 수행되는 이 조사는 1992년에 연령이 51세에서 62세였던 사람들의 근로조건과 근로소득과 같은 근로에 대한 정보를 제공하고 있다.

Survey Research Center, Institute of Social Research, University of Michigan: *Panel Study on Income Dynamics (PSID).*

이 조사는 고용, 근로소득, 실업, 부가급여 등에 대한 정보를 제공한다. 거의 5,000가구들이 1968년에 처음으로 조사되었으며, 그 이후 매년 연간으로 인터뷰되었다. 가족 구성원들이 가정을 떠나 새로운 가족을 구성하면, 그 새로운 가족도 연간 조사의 일부분이 된다.

U.S. Department of Labor, Employment and Training Administration: *National Longitudinal Survey (NLS).* Center for Human Resource Research. 오하이오주립대학교에 의해 수행됨.

*NLS*는 긴 시간에 걸쳐 주기적으로 똑같은 그룹의 사람들로부터 정보를 수집한다. 노동조합 상태, 임금, 부가급여, 이직, 그리고 일자리 만족도에 대한 정보를 제공한다. 광범위한 개인 정보를 이용할 수 있으므로 연구자들이 교육, 연령, 그리고 부모의 소득 같은 요소들을 통제할 수 있다.

표의 업데이트와 보강

이 교재에서 발견되는 통계표의 대부분은 방금 논의한 일반적인 개요 또는 노동 전문 원천들로 부터 인용되었다. 이러한 표들은 각각 인용된 원천을 주목하고 그 뒤 그 간행물의 가장 최근 판을 찾음으로써 업데이트될 수 있다. 보통 앞서의 판에서 발견되는 시리즈는 새로운 판 내 어딘 가에 포함된다. 그렇지 않으면 이러한 많은 표들을 인터넷을 통해 업데이트할 수 있다.

학기말 리포트를 작성하는 것과 같은 목적에는 교재의 표들이 필요를 충족하기에 충분히 상세하지 않을 수 있다. 그러나 표에서 인용된 원천은 표에 요약된 것들보다 더 많은 데이터를 싣고 있을 가능성이 있다는 것을 명심하라. 예를 들어 표 8.2는 2014년의 산업별 임금 통계를 제공한다. 원천인 *Union Membership and Earnings Data Book: Compilations from the Current Population Survey*를 봄으로써 (1) 노동조합과 비노동조합 평균 임금과 (2) 산업별 노동조합화 비율과 같은 노동조합과 근로소득에 대한 많은 정보를 발견하게 된다. 나아가 노동조합화와 근로소득 정보의 1차 원천은 현행인구조사(Current Population Survey)라는 것을 거기서 발견하게 된다.

응용, 새로운 이론, 증거의 출현

이제 노동경제학의 새로운 전개 상황이 보고되는 원천으로 관심을 돌리기로 한다. 뒤따르는 논의에서는 여러 전문저널, 에세이의 개요서, 그리고 비기술적 간행물의 설명을 덧붙일 것이다. 그러나 먼저 노동 관련 간행물들의 색인 또는 참고문헌을 제공하는 문헌을 보기로 하자.

색인과 참고문헌

여러 간행물들은 관심 있는 사람들이 노동경제학을 다루는 특정 책들과 저널 논문들을 향하도록 돕는다. 두 가지 유용한 원천은 다음과 같다.

American Economic Association: *Index of Economic Articles* (Homewood, IL: Richard D. Irwin). 새로운 발간물을 통해 업데이트됨.

이 시리즈는 각 권이 특정 기간을 담고 있고, 250개가 넘는 경제학 저널에 실린 논문들에 인용된 참고문헌을 싣고 있다. 예를 들어 I권은 1886~1924년의 기간 동안을 다루는 반면, XIX권은 1977년에 발간된 논문들의 색인을 싣고 있다. 그러나 이 색인은 현재의 것이 아니며, 따라서 최근 발간된 논문들에 관심이 있는 사람들은 뒤에 언급되는 원천을 찾아보아야 한다.

American Economic Association: *Journal of Economic Literature (JEL)*. 계간.

이 간행물은 (1) 특정 주제에 관한 연구논문들에 대한 검토, (2) 주요 서적에 대한 서평, (3) 설명을 덧붙인 신규 경제학 서적 목록, 그리고 (4) *Journal of Economic Literature* 분류체계 (classification system)를 싣고 있다. 부록 표 3에 있는 분류체계의 'J' 목록은 노동 및 인구 경제학의 하부주제들이다.

전문 저널

학술 저널들은 새로운 이론, 새로운 증거, 이론을 테스트하는 새로운 기법에 관한 논문을 싣고 있다. 이러한 논문들의 주요 독자들은 경제학의 다른 전문가들이다. 따라서 대부분의 학부 학생들은 사용된 수학적 모형과 계량경제학적 기법들을 감당하기 힘들다는 것을 알게 될 것이다. 그러나 정독을 하면 기본적인 결론을 어렵게 얻을 수 있다.

노동경제학에 대한 논문들은 일반 경제학 저널과 노동 전문 저널에서 찾을 수 있다. 전자의 예들로는 *The American Economic Review*, *Journal of Political Economy*, *Review of Economics and Statistics*, *Quarterly Journal of Economics*, *Brookings Papers on Economic Activity*, *Economic Inquiry*, *Journal of Economic Issues*, *Southern Economic Journal*, *Canadian Journal of Economics*, *Oxford Economic Papers*가 있다.[2]

다음은 중요한 노동 전문의 저널들이다.

New York State School of Industrial and Labor Relations, Cornell University: *Industrial and Labor Relations Review*. 계간.

예를 들어 2015년 5월호는 차별, 해외로부터의 이주, 산재보상, 노동조합 결성, 생산성, 임금격차, 그리고 최저임금에 관한 연구를 제시했다.

University of Chicago: *Journal of Labor Economics*. 계간.

이 저널은 노동서비스의 공급과 수요, 보상, 노동시장, 근로소득의 분배, 노동 인구통계학, 노동조합과 단체교섭, 노동경제의 정책이슈에 관한 이론 및 응용 연구를 발간한다.

Basil Blackwell: *Industrial Relations*. 연 3회 간행물.

이 여러 학문분야에 걸친 국제저널은 캘리포니아주립대학교 노사관계연구소(Institute of Industrial Relations, University of California at Berkeley)의 간행물이다. 고용관계에 관한 연구 메모와 '최신토픽' 논문은 물론 논설과 최초 논문을 싣고 있다.

University of Wisconsin: *Journal of Human Resources*. 계간.

이 탁월한 저널은 인적자원 개발, 보건, 그리고 노동시장과 관련된 복지정책은 물론 생산기술, 고용기회, 그리고 소득 향상에 있어서의 교육과 훈련의 역할에 대한 논문을 발간한다.

International Labour Office, Geneva, Switzerland: *International Labour Review*. 월간.

이 저널은 고용과 실업, 임금과 근로조건, 노사관계, 그리고 근로자 참여와 같은 주제들에 대한 논문, 비교연구, 연구 보고서를 싣고 있다. 저자들은 각국의 학자들이다.

---

[2] 130개 경제학 저널의 목록은 David N. Laband and Michael J. Piette, "The Relative Impacts of Economics Journals," *Journal of Economic Literature*, June 1994, pp. 640–66을 참조하라.

부록 표 3. *Journal of Economic Literature* 분류체계 : 'J' 목록

J 노동 및 인구 경제학

J00 일반

J1 인구 경제학

J10 일반

J11 인구통계학적 추세와 예측

J12 결혼, 결혼의 해체, 가족 구조

J13 임신, 가족계획, 육아, 자녀, 젊은이

J14 노인들의 경제학

J15 소수집단과 인종의 경제학

J16 성의 경제학

J17 생명의 가치, 포기된 소득

J18 공공정책

J19 기타

J2 시간배분, 근로행태, 그리고 고용 결정과 창출

J20 일반

J21 경제활동인구와 고용, 규모, 구조

J22 시간배분과 노동공급

J23 고용 결정, 일자리 창출, 노동수요, 자영업

J24 인적자본, 숙련, 직종 선택, 노동생산성

J26 퇴직, 퇴직정책

J28 안전, 사고, 산업보건, 일자리만족, 관련 공공정책

J29 기타

J3 임금, 보수, 그리고 노동비용

J30 일반

J31 임금 수준과 구조, 숙련, 훈련, 직종 등 임금격차

J32 비임금 노동비용과 편익, 사적연금

J33 보수패키지, 지급 방법

J38 공공정책

J39 기타

J4 특정 노동시장

J40 일반

J41 계약 : 특수인적자본, 연결 모형, 효율성임금 모형, 그리고 내부노동시장

J42 수요독점, 분단된 노동시장

J43 농업 노동시장

J44 전문가 노동시장과 직종

J45 공공부문 노동시장

J48 공공정책

J49 기타

J5 노사관계, 노동조합, 그리고 단체교섭

J50 일반

J51 노동조합 : 목적, 구조, 효과

J52 분규해결 : 파업, 중재, 조정

J53 노사관계, 노사관계법

J54 사용자 협동조합, 노동자관리기업

J58 공공정책

J59 기타

J6 이동, 실업, 그리고 빈 일자리

J60 일반

J61 지리적 노동이동, 이주근로자

J62 직종 이동과 세대 간 이동

J63 이직, 빈 일자리, 일시해고

J64 실업 : 모형, 기간, 발생, 일자리탐색

J65 실업보험, 해고보수, 공장폐쇄

J68 공공정책

J69 기타

J7 차별

J70 일반

J71 차별

J78 공공정책

J79 기타

J8 근로기준 : 국내 및 국제

J80 일반

J81 근로조건

J82 경제활동인구 구성

J83 근로자들의 권리

J88 공공정책

J89 기타

George Mason University: *Journal of Labor Research.* 계간.

노동조합, 노동경제학, 노동관계, 그리고 관련 주제들에 대한 논문들이 이 계간지에 나타난다. 학제 간 연구물이 많고, 많은 논문들은 공공정책 지향성을 갖는다. 가끔 저널이 후원한 심포지엄, 컨퍼런스, 세미나에서 발표된 논문들을 포함한다.

North-Holland: *Labour Economics: An International Journal.* 계간.

이 새로운 국제저널은 미시 및 거시 노동경제학 연구를 이론, 실증테스트, 그리고 정책응용의 측면에서 균형 있게 발간하고 있다. 국가 노동시장의 제도적 정비의 기원과 이러한 제도가 노동시장 결과에 미치는 영향을 설명하는 논문들이 특히 흥미롭다.

Basil Blackwell: *British Journal of Industrial Relations.* 연 3회 간행물.

노동경제학, 노사관계, 그리고 단체교섭에 관한 논문들이 이 영국 저널에 발간되고 있다. 예를 들면 사회적 동반자 아니면 '완전한 매각'? 갈등에 대한 러시아 노동조합의 반응(Social Partnership or a 'Complete Sellout'? Russian Trade Unions' Response to Conflict), 영국에서 노동조합 유효성에 미치는 영향(Influences on Trade Union Effectiveness in Britain), 독일의 직장협의회와 공장폐쇄(Works Councils and Plant Closings in Germany), 그리고 실제와 선호되는 근로시간(Actual and Preferred Working Hours)이라는 제목이 붙은 논문이 매 호마다 실리고 있다.

New York University: *Labor History.* 계간.

이 저널은 노동의 역사, 노동 문제가 민족 및 소수집단 그룹에 미치는 영향, 노동운동의 이론, 해외노동운동의 비교분석, 특정 노동조합에 대한 연구, 그리고 중요한 노동 지도자들의 전기 등의 연구에 관심을 갖고 있다.

Industrial Relations Research Association: *Proceedings of the Industrial Relation Research Association.* 연간.

이 회보는 유명한 노동 전문가들의 연설, 기고 논문, 그리고 산업 및 노사관계 전문가들과 실무자들에게 흥미로운 주제에 관한 초청 논문들로 구성되어 있다.

Commerce Clearing House: *Labor Law Journal.* 월간.

이 저널은 노동법의 입법, 행정, 사법적으로 새롭게 전개된 중요한 사건에 대한 설문조사를 싣고 있다. 노사관계의 법적 문제들에 관련된 주제에 대한 논문들을 특징으로 삼고 있다.

노동 전문 저널들에 대한 설명을 붙인 위의 목록들이 하나도 빠진 것이 없을 정도로 완전한 것은 아니다. 노동과 관련된 영어로 된 저널에는 *Labor Studies Journal, Human Resource Planning, Economic and Industrial Democracy, Women at Work, Journal of Collective Negotiations in the Public Sector, International Journal of Manpower, Journal of Productivity Analysis, Government Union Review, Labour and Society, Japan Labor Bulletin, Journal of Industrial Relations, Work and Occupations, Journal of Population Economics*가 포함된다.

에세이 요약서

여러 조직과 출판사들이 정기적으로 노동경제학의 최근 주제에 관한 논문들과 장들을 싣고 있는 편집된 책들을 발간하고 있다. 세 가지 예는 다음과 같다.

Research in Labor Economics (Bingley, United Kingdom: Emerald). 연간.
Solomon Polachek and Konstantinos Tatsiramos, series co-editors.

이 시리즈는 보통 저널 논문보다는 더 길지만 전통적인 전공 논문(monograph)보다는 짧은 원전 논문들로 구성되어 있다. 이 시리즈는 1977년에 시작되었다. 기고자에는 노동경제학의 유명한 연구자들이 많이 포함되어 있다.

Labor and Employment Relations Association Series. 연간.

노동과 고용관계협회(Labor and Employment Relations Association, LERA)가 매 특정 주제에 관한 논문들로 구성된 책을 발간하고 있다. 예에는 *The Gloves Off Economy: Workplace Standards at the Bottom of America's Labor Market*, edited by Annette Bernhardt, Heather Boushey, Laura Dresser, and Chris Tilly, *Employee Pensions: Policies, Problems, and Possibilities*, edited by Teresa Ghilarducci and Christian E. Weller, 그리고 *Contemporary Issues in Employment Relations*, edited by David Lewin이 포함된다.

Kluwer Law: *Proceedings of New York University Conference on Labor*. 연간.

1948년에 시작된 이 연간 간행물은 단체교섭과 노사관계 분야를 강조하고 있다. 따라서 최근의 책들은 노동법, 중재, 근로자 결근 및 무능, 연령 및 성 차별, 공공부문 교섭, 동등가치, 2단계 임금제도 등의 새롭게 전개된 내용에 대한 장을 싣고 있다.

비기술적 간행물

전문 저널의 논문들이 유용하지만 그 특화된 언어와 소수만 이해하는 통계기법은 흔히 학부 학생의 접근을 힘들게 하고 있다. 최근의 이론과 연구를 보고하고 요약하고 있는 비기술적인 책, 저널, 잡지, 그리고 심지어 신문이 훨씬 더 유용한 경우가 있다.

비기술적 서적

노동경제학의 많은 중요한 서적들이 단지 노동 전문가들이 아니라 광범위한 독자들을 향해 있다. 몇몇 출판사들은 비전문가들이 접근가능한 분석적인 책들을 출판하는 데 특화하고 있다. 특히 W.E. Upjohn Institute of Employment Research (Kalamazoo, MI)는 시의적절한 고용 주제에 대한 책들로 유명하다. 최근의 예는 Albert N. Link and John T. Scott, *Employment Growth from Public Support of Innovation in Small Firms*, Dana M. Muir and John A. Turner, *Imaging the Ideal Pension System: International Perspectives*, Andrew R. Feldman, *What Works in Work-First Welfare: Designing and Managing Employment Programs in New York City*이다. 또한 브루킹스연구소도 가끔 노동경제학을 공부하는 학생들에게 흥미를 끄는 책들을 출판하고

있다. 예는 Alicia H. Munnell, *State and Local Pensions*이다.

공청회 증언

의회 위원회에서의 증언은 노동경제의 중요한 연구에 소중한 정보의 원천이다. 미국정부인쇄국 (U.S. Government Printing Office)에 의해 출판되는 이러한 책들은 연방정부 간행물 보관소로 지정된 도서관에 있다. 여러 위원회들이 노동과 관련된 법에 관한 공청회를 개최하지만 더 관련된 두 위원회는 상원 인적자원위원회(Senate Human Resources Committee)와 하원 교육노동위원회(House Education and Labor Committee)(그리고 그 각각의 소위원회)이다.

비기술적 저널

소수의 비기술적 저널들이 또한 노동경제학 학생들에게 흥미롭다. 앞에서 언급한 *Monthly Labor Review*는 이것과 관련하여 특히 중요하다. 여기에는 노동시장, 임금과 근로소득, 부가급여, 이동성, 노동조합, 그리고 단체교섭 같은 주제들에 대한 유익하고 읽기 쉬운 논문들이 실려 있다. 또한, AFL-CIO *Federationist*가 정책 이슈에 관한 조직노동의 입장에 관한 정보의 좋은 원천이다. 셋째, *American Economic Review*(이전에 인용된)의 5월호는 미국경제학회(American Economic Association)의 연례회의에서 발표된 논문들을 싣는다. 보통 컨퍼런스의 하나 또는 두 세션이 노동경제학과 관련되며, 발표자들은 자신의 논문이 비계량경제학적일 것을 지시받기 때문에 보통 학부 학생들이 이해하기 쉽다. 마지막으로, 최신 경제정책 이슈에 대한 논문들을 싣고 있는 *Contemporary Economic Policy*와 *Journal of Economic Perspectives*라는 두 저널은 노동 문제에 관한 논의를 싣고 있는지 살펴볼 만한 가치가 있다.

잡지와 신문

비즈니스위크(BusinessWeek), 뉴스위크(Newsweek), 타임(Time), 뉴스앤월드리포트(News and World Report) 같은 대중잡지의 경제 또는 노동 섹션은 가끔 최신 노동경제 이슈에 대한 기사를 싣는다. 특정 주제에 관한 연구를 했던 경제학자들을 언급함으로써 이러한 기사들은 학술적 원천을 확인할 출발점으로서의 역할을 한다. 이는 특히 **월스트리트저널**(The Wall Street Journal) 같은 금융신문에서 발견되는 신문기사의 경우 더욱 그렇다. 다음에 열거하는 것은 전적으로 경제 문제를 다루는 비기술적 잡지 하나와 정기간행물 색인집과 신문기사를 찾을 수 있는 중요한 색인 두 가지이다.

Challenge: A Magazine of Economic Affairs. 연 6회 간행물.

무엇보다도, *Challenge*는 경제정책 이슈에 대한 초청 논문들, 선도 경제학자들과의 인터뷰, 그리고 '그라울러리(The Growlery)'라 불리는 논평 섹션을 싣고 있다. 각 호가 노동경제학과 관련된 1~2개의 기사를 싣고 있는 것이 드문 일은 아니다. 기사들은 경제 전문가들에 의해 작성되지만, 단지 그 분야의 전문가들이 아니라 관심이 있는 모든 사람들을 대상으로 한다.

Reader's Guide to Periodical Literature, 1900년~현재.

　　이 친숙한 참조 원천은 160개가 넘는 미국의 비기술적, 일반적, 그리고 대중잡지에 실린 기사들의 누적된 주제 색인을 제공한다.

The Wall Street Journal Index.

　　월스트리트저널 기사들이 주제와 기업별로 목록화되어 있다.

교재와 연구 설문조사

'새로운' 노동경제학의 고급 교재가 여럿 있고, 밀접하게 관련된 분야의 수없이 많은 학부 교재가 있다. 전자는 노동경제학에 대한 이해도의 깊이를 깊게 하는 반면, 후자는 이 교재에 포함된 주제들을 넘어서서 폭을 넓힌다.

고급 교재와 설문조사

고급 교재들은 이 교재보다는 수학, 계량경제학, 그리고 경제 이론에 관한 더 많은 지식을 전제하고 있다. 그럼에도 불구하고 그 분야에서의 준비가 착실한 부지런한 독자는 그것들로부터 많은 것을 얻을 수 있다. 다음 책들이 특히 유용하다.

Solomon W. Polachek and W. Stanley Seibert: *The Economics of Earnings* (Cambridge, UK: Cambridge University Press, 1993).

　　이 책은 본 교재(*Contemporary Labor Economics*)의 많은 주제들을 포함하고 있지만, 그것들을 상당히 엄밀하게 분석적으로 다룬다. 다루는 주제들은 차별, 훈련, 최저임금법, 노동조합, 인적자본, 그리고 보건 및 안전 규제를 포함한다.

Robert F. Elliott: *Labor Economics: A Comparative Text* (London: McGraw-Hill, 1991).

　　광범위한 그래프 분석과 약간의 미적분학을 사용하여, 이 영국 간행물은 전통적인 미국 학부 교재보다 약간 더 높은 수준으로 노동시장의 경제학을 다루고 있다. 또한 선진공업국들 사이의 노동시장을 비교하는 많은 표들을 싣고 있다.

Pierre Cahuc, Stéphane Carcillo, and André Zylberberg: *Labor Economics*, 2nd edition (Cambridge, MA: MIT Press, 2014).

　　이 고급교재는 독자들이 미시경제학에 상당한 훈련을 받았으며, 정량적 연구기법에 친숙할 것을 가정하고 있다. 교재는 노동공급과 수요, 임금 결정, 실업, 불균등, 그리고 노동시장 정책과 관련된 주제들을 논의한다.

Orley Ashenfelter and Richard Layard (eds.), Orley Ashenfelter and David Card (eds.): *Handbook of Labor Economics*, 4 volumes. (Amsterdam: North-Holland, 1986, 1999, 2011).

　　4권 73장으로 구성된 이 노동경제학 교과서는 고급 서베이를 수록하고 있으며 저명한 노동경제학자들이 썼다. 제1권에서 노동의 공급, 노동에 대한 수요, 그리고 임금구조가 검토된다. 제2권은 노동시장 균형과 마찰을 검토하며, 노동시장의 제도적 구조를 논의한다. 제3권은 노동공급, 노동수요, 최근 생겨난 노동시장들, 노동시장과 거시경제, 그리고 정부정책과 관련된 주제들을 검토한다. 제4권은 새로운 연구방법과 연령, 인종, 그리고 성에 의해 정의되는 것들을 포함하는 특정 노동시장들에 대해 검토한다.

Alison L. Booth: *The Economics of the Trade Union* (Cambridge, England: Cambridge University Press, 1995).

이 책은 미국과 영국에서 노동조합의 경제적 효과에 관한 이론적 및 계량경제학적 연구를 조사하고, 종합하며, 비판적으로 분석한다.

관련 분야의 교재

노동경제학과 관련된 교육 과정을 위한 수준 높은 교재들이 많이 나와 있다. 좋은 교재를 찾는 한 가지 좋은 방법은 단체교섭, 노동법, 노동의 역사, 노사관계, 인적자원 경제학, 그리고 사회보험 같은 분야의 교재들을 대학서점에서 둘러보는 것이다. 부록 표 4는 주제별로 여러 책들을 열거하고 있다. 여러 기타 교재들이 주제별로 나뉘어 있으며, 특정 분야를 전공한 교수를 찾아가서 문의할 수도 있다. 이러한 교재들은 일반적으로 3~5년을 주기로 개정판이 출간된다.

부록 표 4. 본 교재와 관련된 주제의 대표적인 교재들

단체교섭

H. C. Katz, T. A. Kochan, and A. J. S. Colvin: *Introduction to Collective Bargaining and Industrial Relations*, 4th ed. (Irwin/McGraw-Hill, 2008).

노사관계

J. W. Budd, *Labor Relations: Striking a Balance*, 4th ed. (New York: McGraw-Hill, 2012).

인적자원관리

R. L. Mathis and J. H. Jackson: *Human Resource Management: Essential Perspectives*, 6th ed. (South-Western, 2012).

E. P. Lazear and M. Gibbs, *Personnel Economics in Practice*, 3rd ed.(Hoboken, NJ: Wiley, 2014).

노동법

D. P. Twomey: *Labor Law and Employment Law*, 25th ed. (South-Western, 2013).

J. J. Moran: *Employment Law*, 5th ed. (Prentice-Hall, 2011).

사회보험

G. E. Rejda: *Social Insurance and Economic Security*, 6th ed. (Prentice-Hall, 1999).

노동의 역사

F. R. Dulles an M. Dubofsky: *Labor in America*, 6th ed. (Harlan Davidson, 1999).

용어설명

가계조사(Household Survey) 취업 상태, 실업 상태, 또는 비경제활동인구인 사람들의 수를 결정하기 위해 노동통계국에 의해 수행되는 월간 설문조사. 또한 현행인구조사(Current Population survey)라고도 불림.

감시(monitoring) 만약 있다면 어느 근로자가 직무를 태만히 하는지를 결정하기 위한 감독자의 고용 및 기타 방법의 사용.

강한 효율적 계약(strongly efficient contract) 노동조합이 없다면 발생하게 될 고용수준을 설정하는 것에 합의하는 노동조합과 기업의 계약.

개수제(piece rates) 개인 산출량 단위 수에 비례하여 지급되는 보상.

개인별 근로소득분배(personal distribution of earnings) 개인들 사이의 근로소득의 분할.

거미집 모형(cobweb model) 훈련에 긴 기간이 필요하기 때문에 수요의 변화에 뒤지는 노동공급의 조정으로 특징지어지는 노동시장. 이 모형에서는 임금과 고용의 경로를 공급과 수요의 도표에 그리면 거미집 모양이 그려진다.

거시경제학(macroeconomics) 경제 전체 또는 경제의 기본적인 총량의 상호관계를 연구하는 경제학의 하위 분야.

결근율(absence rate) 총 완전한 고용에 대한 전형적인 1주일에 근로에 결근한 풀타임 근로자들의 비율. 보통 백분율로 표현된다.

경영자 반대 가설(managerial opposition hypothesis) 노동조합에 대한 경영자들의 반대 증가는 노동조합 조합원 수와 성장의 감소로 이어졌다는 개념.

경제적 시각(economic perspective) 자원은 욕구 대비 희소하고, 개인은 편익과 비용을 비교하여 선택을 하며, 사람들은 인센티브와 디스인센티브에 반응한다고 가정하는 분석적 접근법.

경제지대(economic rent) 그 기회비용을 초과하는 생산요소에 대한 수익. 구체적으로 말하면 근로자의 임금과 그 근로자를 현재 고용에 머물게 하는 데 딱 충분한 임금 사이의 차이. 지대와 비교하라.

경제활동 참가율(labor force participation rate) 취업 상태이거나 아니면 실업 상태인 잠재적 경제활동인구의 백분율.

고용-인구 비율(employment-population ratio) 총 비수용인구의 백분율로서의 총고용.

고용차별(employment discrimination) 교육과 경험의 차이를 조정한 후 특정 그룹의 평균보다 더 높은 실업률.

공동 수요독점(joint monopsony) 수요독점을 참조하라.

과도기적 임금격차(transitional wage differential) 노동시장이 최종균형을 향해 이동함에 따라 불완전하고 비용이 드는 정보로부터 발생하는 단기간의 임금 차이.

과소고용(underemployment) 더 적은 여가와 더 많은 소득을 취함으로써 근로자가 효용을 증가시킬 수 있는 상태. 시간당 임금이 소득에 대한 여가의 한계대체율을 초과하는 근로 수준. 이 용어는 또한 고용된 자리에 비하여 근로자가 넘치는 자격을 갖춘 상태를 지칭할 수도 있다.

과잉고용(overemployment) 근로자가 더 많은 여가와 더 적은 소득을 취함으로써 효용을 증가시킬 수 있는 상황. 소득에 대한 여가의 한계대체율이 시간당 임금을 초과하는 곳에서의 근로 수준.

과잉고용 요구(featherbedding) 불필요한 일자리 또는 잉여 일자리에 근로자를 고용하는 것.

관리가격(administered price) 공급과 수요의 시장 요인들을 통해서가 아니라 제도적으로 설정된 가격 또는 시간당 임금.

관세(tariff) 수입재화에 관한 물품세.

교대제근무(shift work) 통상적인 주간 근로시간에 반대되는, 야간에 이루어지는 근로.

교섭구조(bargaining structure) 단체협약이 적용되는 근로자들과 사용자들의 범위. 구조는 누가 누구와 교섭하는지를 결정한다.

교섭력(bargaining power) 자신의 방식대로 노동계약에 그 상대의 동의를 확보하는 한 측의 능력 척도.

구조 변화 가설(structural change hypothesis) 경제활동인구의 구성과 산업구조의 변화가 노동조합 성장과 조합원 수의 감소를 유도했다는 개념.

구조적 실업(structural unemployment) 취업가능한 빈 일자리가 요구하는 숙련과 일을 찾고 있는 사람들이 보유한 숙련 사이의 불일치로 인한 실업, 일자리와 일자리탐색자 사이의 지리적 불일치, 해고된 근로자들.

구축효과(crowding-out effect) 정부가 그 차입을 증가시킬 때 이자율에 대한 상승 압력으로 인한 민간투자 지출의 감소.

국산부품사용법(domestic content rules) 수입되는 생산물들의 구성이 규정된 비율의 국내 생산 또는 국내 조립 부품을 포함해야 한다는 요구사항.

균형임금격차(equilibrium wage differential) 근로자들로 하여금 자신의 노동공급을 대안적 고용으로 이동하도록 만들지 않는 임금격차.

근로-여가 최적(work-leisure optimum) 최대로 도달할 수 있는 총효용을 제공하는 여가와 소득의 조합. 예산제약이 주어졌을 때 근로자가 가능한 가장 높은 무차별곡선 위에 있는 점.

근로-여가 최적 위치(optimal work-leisure position) 소득에 대한 여가의 한계대체율이 시간당 임금과 같아지는 근로자의 예산제약선 위의 점. 이 점에서 예산제약선은 개인의 도달할 수 있는 가장 높은 무차별곡선과 접한다.

근로소득 이동성(earnings mobility) 근로소득 분포의 한 부분으로부터 다른 부분으로의 개인들의 매년 이동.

근로자보상(employee compensation) 임금과 급여에 사회보험, 근로자 연금, 건강 및 복지 기금에의 지급액을 더한 것으로 구성되는 국민소득계정.

금융정책(monetary policy) 완전고용, 물가안정, 그리고 경제성장을 촉진하기 위한 의도를 가진 중앙은행에 의한 화폐 공급의 의도적인 조작.

금전적 외부효과(pecuniary externality) 제3자에게 화폐적 비용 또는 편익을 부과하는 사적 행동의 효과. 그러한 외부효과는 경제적 효율성에 영향을 미치지 않고, 오히려 고정적인 실질소득을 재분배한다.

금지명령(injunction) 파업, 불매운동, 그리고 피켓 시위 같은 특정 활동을 중단하라는 법원의 명령.

급여 삭감률(benefit reduction rate) 근로소득이 증가함에 따라 가계의 기본적인 소득보장 급여가 감소되는 비율.

급여세(payroll tax) 수령하는 임금과 급여의 양에 관한 세금.

기본급여(basic benefit) 만약 근로소득이 없다면 가계가 소득보장계획으로부터 받는 보조금의 액수.

기획부문(planning sector) 대량의 경제활동을 진행하는 가장 큰 주요 기업들로 구성된 민간부문의 부분. 이 부문은 1차 노동시장과 관련된다. 시장부문과 비교하라.

내부노동시장(internal labor market) 일자리 사다리로 특징지어지는 기업 또는 다른 관리상의 단위. 임금과 고용이 공급과 수요 요인들에 의해서가 아니라 관리상의 규칙과 절차들에 의해 결정된다는 점에서, 입직통로에 있는 일자리들 이외의 일자리들은 경쟁시장의 압력으로부터 보호되어 있다.

내부수익률(internal rate of return, r) 미래 비용과 편익의 현재가치를 일치시키는 할인율. 만약 어떤 투자의 내부수익률이 이자율(i)에 의해 측정되는 자금의 한계기회비용을 초과한다면 그 투자는 이윤획득 가능성이 있다.

내부자-외부자 이론(insider-outsider theories) 재직 중인 근로자들('내부자들')과 고용을 얻기 위해 시간당 임금을 낮춰 부르리라 기대될 수 있는 실업 상태의 근로자들('외부자들') 사이의 관계를 기초로 임금의 하방 경직성, 따라서 경기순환적 실업을 설명할 수 있다고 주장하는 이론.

노동경제학(labor economics) 노동시장의 조직, 기능, 결과, 장래와 현재 노동시장 참가자들의 결정, 그리고 고용과 관련된 공공정책과 노동자원에 대한 보수 지급을 연구하는 경제학 분야.

노동공급의 결정요인(determinants of labor supply) 곡선을 따라서의 이동과는 대조적으로 노동공급곡선의 이동을 발생시키는 요소들. 이러한 것들에는 다른 시간당 임금, 비임금소득, 근로대 여가의 선호, 일자리의 비임금 측면, 그리고 자격을 갖춘 노동공급자들의 수가 포함된다.

노동공급의 임금탄력성(wage elasticity of labor supply, E_s) 시간당 임금의 변화에 대한 노동공급량의 반응성 척도. E_s는 노동공급량 변화율을 시간당 임금 변화율로 나눈 것과 같다.

노동권확립법(right-to-work laws) 유니언숍과 에이전시숍 협약을 불법으로 만든 [전국노동관계법(National Labor Relations Act) 14b절에 의해 보호받는] 주(州) 법들.

노동 비이동성(labor immobilities) 노동 이동에 대한 지리적, 제도적, 또는 사회학적 장애물. 이러한 장애물들이 임금격차가 발생하고 지속되는 주요한 이유이다.

노동생산성(labor productivity) 총생산(실질GDP)을 근로자-시간 수로 나눈 숫자.

노동수요의 결정요인(determinants of labor demand) 곡선을 따라서의 이동과는 대조적으로 노동수요곡선의 이동을 발생시키는 요소들. 이러한 것들에는 생산물수요, 생산성, 사용자들의 수, 그리고 다른 자원들 가격이 포함된다.

노동수요의 탄력성(elasticity of labor demand) 시간당 임금의 변화에 대한 노동수요량의 민감성.

노동의 가격(price of labor, P_L) 주어진 노동 유형의 대안적인 근로의 한계가치, 비노동 시장 생산, 또는 여가. P_L은 노동의 기회비용을 측정한다.

노동의 효율적 배분(efficient allocation of labor) 주어진 이용 가능한 노동의 양으로 생산된 재화와 서비스의 가치가 가능한 가장 높을 때 달성되는 경제 상태. 이러한 상태는 주어진 유형의 노동의 한계생산물가치가 모든 그 잠재적 사용처에서 똑같고 그 기회비용(이러한 유형의 노동의 가격)과 동일할 때 발생한다.

노동 이동(labor mobility) 사용자, 직종, 또는 일자리 위치들 사이의 근로자들의 움직임.

노동 이직(labor turnover) 새로운 근로자들에 의한 대체를 필요하게 만드는 근로자들의 일자리 사직률.

노동저장(labor hoarding) 기업이 경기침체 기간 동안 기술적으로 필요하게 되는 것보다 더 많은 근로자들, 구체적으로 모집하고 훈련하기 위해 거액을 사용한 경영 간부, 관리자, 그리고 숙련 노동자 같은 '간접비와 관련된(overhead)' 근로자들을 보유하는 관행.

노동조합 임금이익(union wage advantage) 노동조합 임금이 비노동조합 임금을 초과하는 액수의 비율. 측정된 노동조합 임금이익(measured union wage advantage)은 $(W_u - W_n)/W_n \times 100$이다. 단, W_u는 관찰된 노동조합 임금이고 W_n은 관찰된 비노동조합 임금이다. 순수 노동조합 임금이익(pure union wage advantage)은 똑같은 방식으로 계산되지만, W_n은 노동조합 부재 시 관찰되는 비노동조합 임금이다.

노동조합지부(local union) 조직화된 노동의 기본 단위. 그 주요 기능은 노동계약을 관리하고 근로자 불만을 해소하는 것이다.

노동통계국 생산성 지수(Bureau of Labor Statistics productivity index) 노동통계국에 의해 보고되는 생산성 척도. 그것은 민간부문의 실질국내총생산을 민간부문 근로자-시간으로 나눔으로써 구해진다. 기준연도에 100의 수치를 갖도록 크기가 조정된다.

노령, 유족, 장애 및 건강보험(Old Age, Survivors, Disability, and Health Insurance, OASDHI)　정부 이전프로그램. 보통 사회보장이라 지칭되며, 사용자와 근로자들에 관한 급여세를 통해 재정 지원된다.

누진세(progressive tax)　(특히 만약 소득을 기반으로 한다면) 과세표준의 크기가 증가함에 따라 세율이 증가하는 세금.

능력 문제(ability problem)　만약 더 큰 능력을 가진 사람들이 더 많은 학교 교육을 얻는 경향이 있다면 교육에 대한 수익률이 과장되는 경향. 근로소득 차이는 교육이 아니라 능력의 차이를 반영할 수 있다.

다수사용자 교섭(multiemployer bargaining)　특정 산업의 사용자들이 노동조합과 교섭하기 위해 그룹으로 조직되어 있는 교섭 구조.

다원론적 접근법(multifactor approach)　학교 교육과 현장실무 훈련에 추가하여 타고난 능력, 가족 배경, 위험 감수, 기회, 그리고 많은 다른 요소들을 고려하여 근로소득 분배를 설명하는 방법.

단기(short run)　기업에 의해 고용된 자본의 양이 변할 수 없을 만큼 충분히 짧은 시간기간.

단기 노동수요곡선(short-run labor demand curve)　고정된 자본보유량을 가정할 때의 각 가능한 시간당 임금에서 기업들이 고용할 노동량을 나타내는 표 또는 곡선. 그것은 정(+)이고 평균수입생산곡선 아래에 놓인 한계수입생산곡선의 일부분이다.

단위노동비용(unit labor cost)　총노동비용을 산출의 양으로 나눈 것. 그것은 대안적으로 시간당 임금을 노동생산성으로 나눈 것으로 계산된다.

대기실업(wait employment)　비시장청산임금으로부터 나타나는 결과인 근로자들의 초과공급. 노동조합 임금 이득에 의해 해고된 근로자들은 낮은 비노동조합 임금에서의 고용보다 노동조합 고용을 되찾을 가능성이 있는 실업을 더 선호할 수 있다. 또한 효율성임금 지급에 의해 일자리가 열리기를 기다리도록 강요당한 실업 상태의 근로자들.

대리인(agents)　다른 사람들의 목적을 달성하는 데 도우라고 채용된 당사자들. 주인(principal)과 비교하라.

대체 가설(substitution hypothesis)　정부와 일부 사용자들이 제공하는 편익이 노동조합이 제공하는 편익을 대체했으며, 이는 노동조합 쇠퇴와 조합원 수의 감소로 이어졌다는 개념.

대체효과(substitution effect)　노동공급의 측면에서, 소득을 불변으로 유지할 때, 시간당 임금 변화의 결과로 나타나는 바람직한 근로시간의 변화. 생산의 측면에서 산출량을 불변으로 유지할 때, 오로지 노동의 상대가격 변화의 결과로 나타나는 고용의 변화.

대학 임금프리미엄(college wage premium)　고등학교 졸업자들과 비교했을 때 대학 졸업자들이 누리는 평균 근로소득격차.

데드라인(deadline)　노동조합 계약의 만료일. 만약 합의에 도달하지 않는다면 아마도 조업정지의 시작 시간.

데이비스-베이컨 법(Davis-Bacon Act)　연방정부가 재정 지원하는 프로젝트에 종사하는 계약자들로 하여금 주로 노동조합의 임금인 현행임금(prevailing wage)을 지급하도록 요구하는 1931년에 통과된 법.

도덕적 해이 문제(moral-hazard problem)　산재보상보험 측면에서, 작업장 사고에 대해 자신들이 보험에 들어 있다는 것을 알고서 근로자들이 덜 주의하는 경향.

독점노동조합 모형(monopoly union model)　노동조합이 시간당 임금을 설정하고, 기업이 이 시간당 임금을 기초로 고용수준을 결정한다고 가정하는 모형.

독점력(monopoly power)　시장이 결정한 가격을 받아들이도록 강요되는 것이 아니라, 그 가격을 설정하는 기업의 능력.

동등가치 원칙(comparable worth doctrine)　만약 두 직종의 숙련, 노력, 그리고 책임의 정도 및 근로조건이 동등하다면 한 직종의 여성들이 다른 직종의 남성들과 똑같은 급여를 받아야만 한다는 아이디어.

동질적인 근로자들과 일자리들(homogeneous workers and jobs)　모든 근로자와 모든 일자리가 동일한 특성들을 갖고 있다는 가정. 만약 정보가 완전하고 이동에 비용이 들지 않는다면 모든 근로자들은 똑같은 실질임금을 받게 된다.

동태적 효율성(dynamic efficiency) 오랜 기간에 걸쳐 가장 낮은 비용으로 재화와 서비스를 생산하는 자원들의 조합. 정태적 효율성과 비교하라.

등량곡선(isoquant) 총산출량의 특정 수량을 생산할 수 있는 자본과 노동의 여러 조합들을 보여주는 곡선.

등비용곡선(isocost curve) 자본과 노동의 가격이 주어졌을 때, 수어신 경비로 구매될 수 있는 자본과 노동의 여러 조합을 보여주는 곡선.

등이윤곡선(isoprofit curve) 특정 수준의 이윤을 산출하는 임금과 부가급부(또는 다른 어떤 비임금 편익)의 조합들을 나타내는 곡선.

로렌츠곡선(Lorenz curve) 근로소득 분배의 그래프 묘사. 그것은 수평축에 (가장 낮은 것으로부터 가장 높은 근로소득으로 순위를 매긴) 모든 임금 및 급여 소득자들의 누적 백분율을 나타내는 한편, 수직축은 그 그룹에게 귀속되는 근로소득의 상응하는 누적 백분율을 측정한다.

로열티(royalty) 주인의 생산물을 대리인이 시장에 판매하는 것에 대한 보상으로 지급되는 급부. 판매액에 비례하여 지급된다.

마찰적 실업(frictional unemployment) 자발적인 사직, 일자리 전환, 그리고 경제활동인구로의 신규 진입자 및 재진입자로 인한 실업. 탐색실업과 대기실업으로 구성된다.

모병제 또는 시장을 기반으로 한 군대(voluntary or market-based army) 일자리를 잡는 사람들의 기회비용을 충당하기에 충분하게 높은 시간당 임금의 지급을 통해 필요한 인력을 충원하는 군대.

목소리 메커니즘(voice mechanism) 현재의 근로조건에 대한 불만족을 표현하기 위해 사용자와 근로자들 사이의 소통 채널을 사용하는 과정. 전형적으로 이러한 채널들은 단체교섭과 노동조합 고충처리 절차를 통해 제도화된다. 퇴출 메커니즘(exit mechanism)과 비교하라.

무임승차자 문제(free-rider problem) 개인의 보상이 팀 성과를 기초로 할 때 각 근로자가 해야 할 일을 회피할 인센티브. 팀의 규모가 커짐에 따라, 팀에 대한 각 근로자의 기여는 팀 성과에 점점 더 무시할 만한 효과를 미친다.

무차별곡선(indifference curve) 어떤 주어진 수준의 효용 또는 만족을 개인에게 산출할 두 재화(실질소득과 여가 또는 현금 임금과 부가급여)의 여러 조합을 보여주는 곡선.

무차별지도(indifference map) 소득과 여가 또는 현금 임금과 부가급여 같은 두 재화에 대한 개인의 선호도를 집단적으로 명시하는 무차별곡선의 세트.

미국노동조합총연맹(AFL-CIO) 미국노동총연맹(American Federation of Labor)과 산업별 조합회의(Congress of Industrial Organizations). 미국 최대의 자율적인 전국 노동조합들의 연맹이다.

미등록 이주자(undocumented persons) 주로 일하기 위해, 해외로부터 미국으로 불법적으로 이주한 개인들. 증명서를 소지하지 않은 근로자들(undocumented workers)로도 불림.

미시경제학(microeconomics) 개별 경제단위의 결정과 특정 시장들의 기능을 연구하는 경제학의 하위 분야.

배타적 노동조합주의(exclusive unionism) 조합원들이 잠재적 근로자들을 거래 또는 전문직에의 참가로부터 제외시킴으로써 노동공급을 제약하려 하는 노동조합 구조.

베커의 시간배분 모형(Becker's model of the allocation of time) 이 모형은 가계를 효용을 산출하는 상품을 얻기 위해 자신의 시간을 근로, 가계생산, 그리고 가계소비 사이에 어떻게 최선으로 배분하는지를 결정하는 경제단위라고 가정한다.

보상임금격차(compensating wage differential) 대안적인 고용에 존재하지 않는 바람직하지 못한 일자리 특성에 대해 근로자에게 보상하기 위해 사용자가 지급해야 하는 추가 금액. 임금프리미엄(wage premium) 또는 균등화 격차(equalizing difference)라고도 불림.

보조금(subsidy) 소비자들 또는 생산자들에게 제공되는 특정 재화 또는 서비스의 이전지출.

부가근로자 효과(added-worker effect) 가계의 주된 근로자가 자신의 일자리를 잃을 때 다른 가족 구성원이 경제활동인구에 진입하는 결과로 나타나는 경제활동인구의 변화.

부가급여(fringe benefits) 임금 또는 급여 이외의 근로자 보상의 부분. 연금, 보험급여, 유급휴가, 병가 등이 포함된다.

분단지수(index of segregation) 자신들이 남성(백인)들과 똑같은 비율로 직종들 사이에 분포되기 위해 직종을 바꾸어야만 하는 여성(소수집단)들의 백분율.

불공정 화물 조항(hot-cargo clause) 트럭운송 기업은 노동분규와 관련된 사용자에 의해 만들어진 생산물들을 다루거나 운송하도록 노동조합화된 트럭운전기사에게 요구해서는 안 된다고 규정한 노동계약 조항. 1959년의 랜드럼-그리핀 법에 의해 불법이 되었다.

불완전취업자(subemployed) 경제상황에 의해 완전고용의 기간 동안 자신이 자격을 갖추게 되는 것에서 받게 되는 것보다 더 낮은 임금을 지급하는 직종에서 일하도록 강요당하는 사람.

불확정성의 문제(indeterminacy problem) 만약 시간당 임금의 변화가 노동생산성을 변화시킨다면 노동수요곡선의 위치는 정해지지 않게 된다는 아이디어.

블랙리스트(blacklist) 노동조합 조합원 또는 동조자라고 알려진 개인들에 관한 정보가 수록된 책자. 목록의 개인들은 흔히 고용이 거부된다.

비경쟁그룹(noncompeting groups) 교육, 훈련, 그리고 숙련의 차이 때문에 다른 그룹 구성원들의 불완전한 노동시장 대체요소인 노동시장 참가자들의 그룹.

비대칭정보(asymmetric information) 교섭 과정의 한 당사자가 다른 당사자보다 더 많은 정보를 갖고 있다.

비차별적 요소(nondiscriminatory factors) 근로소득 차이를 발생시키는 인종과 성 이외의 차별 요소들.

빈곤가구한시지원(Temporary Assistance for Needy Families, TANF) 수혜자들로 하여금 보조를 수령하는 2년 기간이 지난 후 근로로 복귀하도록 요구하는 복지 프로그램.

사고 모형(accident model) 파업이 협상 과정의 사고 또는 실수의 결과라고 가정하는 파업의 모형.

사적 시각(private perspective) 인적자본 투자를 고려하는 개인의 관점에서 엄밀하게 편익과 비용을 살펴봄.

사회적 시각(social perspective) 사회의 관점에서 인적자본 투자의 편익과 비용을 바라봄.

산출량효과(output effect) 시간당 임금 변화가 기업의 생산비용에 미치는 효과로부터 나타나는 노동투입의 변화와 그다음의 바람직한 산출량 수준의 변화.

상대도수분포(relative frequency distribution) 근로소득 분배의 그래프 묘사(히스토그램). 수평축은 여러 근로소득 계층을 보여주는 반면, 막대의 높이는 특정 계층의 근로소득을 가진 근로소득 수령자 총 숫자의 백분율을 나타낸다. 절대도수분포와 비교하라.

상대적인 몫(relative share) 특정 생산요소에게 귀속되는 국민소득의 부분.

상여금(bonus) 연간 보수 외에 개인, 팀, 또는 기업 성과와 같은 어떤 요소들에 기초한 지급액.

상품(commodity) 베커(Becker)에 의해 정의된 바와 같이 소비자에게 효용을 산출하는 재화와 시간의 조합.

생계비 조정(cost-of-living adjustment, COLA) 물가수준이 인상될 때 명목임금의 자동적인 인상을 제공하는 노동계약 조항.

생산물시장 효과(product market effect) 상대적으로 더 높은 가격의 노동조합이 생산한 재화를 떠나 비노동조합 근로자들에 의해 생산된 상대적으로 낮은 가격의 재화로의 소비자 수요 이동에 의해 발생하는 비노동조합 임금의 상승.

생산성(productivity) 투입물 단위당 산출량. 자원 사용 효율성의 척도이다.

생산영역(zone of production) 생산함수의 II단계. 최대 평균 생산점을 넘어 부(-)의 한계생산 이전의 노동 투입량. 이 단계에서, 노동 투입의 변화는 노동 아니면 자본에 의한 효율성 증가에 기여한다.

생산의 대체관계(substitutes in production) 주어진 양의 산출량이 자본과 노동의 많은 상이한 조합으로 생산될 수 있는 것과 같은 자본과 노동 같은 한 쌍의 투입물. 생산의 대체관계는, 만약 대체효과가 산출량효과보다 더 크면, 조대체요소가 될 것이다. 만약 산출량효과가 대체효과보다 더 크면, 투입물들은 조보완요소가 될 것이다.

생산의 순수 보완관계(pure complements in production) 자본과 노동 같은 산출물의 생산에 있어 서로 정비례하여 사용되어야만 하는 한 쌍의 자원. 생산의 순수 보완관계는 항상 조보완요소이다.

생산함수(production function) 자원들이 기술적으로 효율적인 방식으로 결합된다는 가정하에서 여러 투입물 양과 상응하는 산출량 사이의 관계.

선별가설(screening hypothesis) 교육은 생산성 그 자체를 증가시키는 것이 아니라 오로지 훈련될 수 있는 개인 또는 높은 능력을 가진 개인을 식별만 한다는 견해.

성과급 보수계획(incentive pay plan) 근로자의 보수를 직접 성과에 연계시킨 보수체계. 그러한 계획은 개수제(piece rates), 커미션과 로열티(commissions and royalties), 인상 및 승진(raises and promotions), 상여금(bonuses), 이윤 및 지분 배분(profit and equity sharing), 그리고 토너먼트 보수(tournament pay)를 포함한다.

소득보장 또는 기본급여(income guarantee or basic benefit) 만약 근로소득이 수령되지 않는다면 개인 또는 가족이 지급받게 되는 공공보조금 액수.

소득보장프로그램(income maintenance program) 그 목적이 모든 가족과 개인들에게 일정 최저수준의 소득을 제공하는 사회보장 프로그램.

소득세(income tax) 단지 임금과 급여만이 아니라 많은 원천으로부터 수령한 소득에 대한 광범위한 세금.

소득에 대한 여가의 한계대체율(marginal rate of substitution of leisure for income, MRS L, K) 여가를 한 단위(시간) 더 얻기 위해 포기해야만 하는 소득의 양.

소득탄력성(income elasticity) 수요량 변화율을 소득 변화율로 나눈 수치.

소득효과(income effect) 시간당 임금을 불변인 채로 유지할 때 소득 변화의 결과로 나타나는 원하는 근로시간의 변화.

소비자물가지수(Consumer Price Index, CPI) 대표적인 소비자 가족들에 의해 소비되는 재화와 서비스 가격의 가중평균을 측정하는 지수 숫자. 그 수준의 백분율 변화는 가장 흔히 사용되는 인플레이션율의 척도이다.

손익분기 소득(break-even income) 소득보장플랜으로부터의 가계의 보조금이 줄어들어 0이 되는 소득수준. 그것은 기본급여를 급여 삭감률로 나눔으로써 계산된다.

수락임금(acceptance wage) 개인으로 하여금 고용 제안을 받아들이도록 유발하는 데 요구되는 가장 낮은 임금.

수요독점(monopsony) 단일 기업이 특정 유형 노동의 유일한 사용자인 노동시장[순수 수요독점(pure monopsony)] 또는, 둘 이상의 기업이 담합을 통해 특정 유형 노동의 유일한 사용자로 행동하는 노동시장[공동 수요독점(joint monopsony)].

수요부족 실업(demand-deficient unemployment) 총수요의 감소에 의해 야기되는 실업. 경기순환적 실업(cyclic unemployment)이라고도 불림.

숙련 격차(skill differential) 숙련과 미숙련 근로자들 사이의 임금의 차이.

숙련 이전성(skill transferability) 한 일자리 또는 위치에서 적합한 숙련이 다른 일자리 또는 위치에서 적용되는 능력.

순수공공재(pure public goods) 집단적으로 소비되는 재화 또는 서비스. 이러한 생산물의 경우, 한 개인에 의한 사용이 다른 사람의 소비를 위해 이용가능한 양을 감소시키지 않는다. 예는 국방이다.

순수 노동조합 임금이익(pure union wage advantage) 노동조합 임금이익을 참조하라.

순수 수요독점(pure monopsony) 수요독점을 참조하라.

순현재가치(net present value) 어떤 적절한 이자율로 현재로 할인된 투자의 미래비용흐름과 미래편익흐름 사이 달러 차이. 할인공식(discount formula)을 참조하라.

승리혁신연합(Change to Win federation) 새로운 노동조합 조합원들의 조직화에 중점을 두는 7개의 독립적인 전국노동조합의 느슨한 연합체.

시간급(time rates) 시간(hour), 월, 또는 년 같은 일한 시간(time)에 비례하여 지급되는 보상.

시간당 보상지수(Index of Compensation per Hour, ICH) 사용자의 사회보장에의 기여와 사적 부가급여를 포함하는 시간당 근로자 평균보상을 측정하는 지수 숫자. 그 수준의 백분율 변화는 임금인플레이션의 척도이다.

시간당 임금-일자리 안전의 최적 조합(optimal wage rate-job safety combination) 근로자의 도달할 수 있는 가장 높은 무차별곡선과 사용자의 정상이윤 등이윤곡선 사이의 접점.

시간선호(time preference) 대부분의 사람들이 미래소비보다 현재소비를 선호한다는 개념.

시간집약적 상품(time-intensive commodities) 상대적으로 큰 시간의 양과 작은 재화의 양을 필요로 하는 상품. 재화집약적 상품(goods-intensive commodities)과 비교하라.

시계열 데이터(time-series data) 시간에 대해 연속하여 정돈된 변수들 그룹의 관찰치 수집.

시장노동수요(market demand for labor) 주어진 유형의 노동을 고용하는 모든 기업들에 의해 수요되는 노동량과 이 노동의 시간당 임금 사이의 관계. 여러 임금에서 고용되는 노동량은, 개별 기업의 노동수요 도출에 있어서 불변으로 간주되었던, 생산물가격에 영향을 미칠 수 있다고 가정된다.

시장부문(market sector) 수백만의 작은 기업으로 구성되는 민간부문의 일부. 이 부문의 기업들은 강력한 경쟁적 요인들의 제약을 받으며, 규모의 경제를 거의 갖고 있지 않다. 이 부문은 주로 2차 노동시장과 관련된다. 기획부문(planning sector)과 비교하라.

실망근로자(discouraged workers) 일자리를 성공적으로 탐색하지 못한 실망으로 자신들의 일자리탐색을 포기한 개인들. 그들은 경제활동인구가 아니기 때문에 공식적으로 실업자로 계산되지 않는다.

실망근로자 효과(discouraged-worker effect) 적당한 고용을 찾을 자신들의 가능성에 대해 비관적으로 된 후 경제활동인구로부터 이탈하는 구직자들로 인한 경제활동인구의 변화.

실업률(unemployment rate) 실업 상태에 있는 경제활동인구의 백분율. 그것은 총경제활동인구에 대한 총실업자의 비율인데, 총경제활동인구는 취업자와 실업자의 합이다.

실업자(unemployed) 16세 이상이고, 시설에 수용되어 있지 않으며, 이전 1주일의 기간 동안 일하지 않았지만 일할 수 있는 상태에 있었고, (a) 이전의 4주일 내에 일자리를 찾는 어떤 구체적인 활동에 관련되었으며, (b) 자신이 일시해고되었던 일자리로부터 다시 부름을 받기를 기다리고 있었고, (c) 일자리를

찾고 있었을 것이지만 일시적으로 아프거나, 또는 (d) 30일 내에 새로운 일자리에 가려고 기다리고 있는 개인.

실제경제활동인구(actual labor force) 취업 또는 실업 상태지만 적극적으로 일을 찾고 있는 사람들.

실제보조금지급액(actual subsidy payment) 소득보장프로그램에의 참여자에 의해 수령되는 보조금. 이것은 급여 삭감률에 개인의 근로소득을 곱하고 계획의 기본급여로부터 이를 뺌으로써 계산된다.

실질외부효과(real externality) 경제적 효율성에 추가되거나(외부편익) 아니면 경제적 효율성으로부터 삭감됨으로써(외부비용) 제3자에게 전이되는 사적 행동의 효과.

실질임금(real wage) 구매력으로 표현된 근로자 근로소득. 화폐 또는 명목임금을 평균물가수준으로 나눔으로써 알 수 있다.

실질잔고효과(real balance effect) 물가수준이 감소함에 따라 달러 표시 자산의 실질가치는 증가하는 효과. 이러한 부의 증가는 소비지출과 수요되는 총산출량을 증가시킨다.

안전의 한계비용(편익)[marginal cost (benefit) of safety] 일자리 안전 1단위 증가에 따르는 기업의 비용(편익).

암묵적 계약(implicit contracts) 비공식적, 때로는 말로 하지 않은 고용관계에 대한 양해.

연공서열(seniority) 서비스 기간(일자리 재직기간)에 기초하여 경제적 쾌적함(더 높은 시간당 임금, 더 좋은 일자리, 일시해고로부터의 보호)을 부여하는 제도.

연령-근로소득곡선(age-earnings profile) 생애기간에 걸쳐 여러 연령에서 특정 근로자 또는 특정 근로자 그룹의 근로소득수준을 보여주는 그래프.

열등재(inferior good) 소득이 증가할 때 수요량이 감소하는 생산물.

예산제약(budget constraint) 어떤 주어진 시간당 임금에서 소비자가 얻을 수 있는 시장재화(실질소득)와 여가의 모든 조합들을 보여주는 그래프 위에 그려진 선.

완전경쟁 노동시장(perfectly competitive labor market) 아무도 시간당 임금에 영향을 미치는 힘을 갖지 않은 많은 수의 기업들과 독립적으로 자신들의 노동서비스를 제공하는 비슷하게

자격을 갖춘 근로자들의 대규모 풀로 특징지어지는 노동시장. 근로자들과 기업들은 완전정보를 갖고 있으며, 이동에 비용이 들지 않는다.

완전고용(full employment) 자연실업률과 일관성을 갖는 고용의 양.

완전균등선(line of perfect equality) 경제의 모든 개인들이 똑같은 근로소득을 가진다면 나타나게 되는 로렌즈곡선. 원점을 지나는 대각선이다.

외부노동시장(external labor market) 임금과 고용이 공급과 수요의 요인들에 의해 결정되는 정통 경제 이론의 노동시장.

외부편익(external benefit) 구매자 또는 판매자가 아닌 당사자에게 귀속되는 편익. 사회적 편익(social benefit)이라고도 불림.

우수 근로자 효과(superior worker effect) 노동조합 사용자들이 주의 깊게 유망한 근로자들을 선별하고 오로지 가장 생산적인 근로자들만을 채용할 때 발생하는 평균 노동조합 임금의 증가. 이러한 관행은 더 높은 보수를 지급하는 노동조합 일자리들을 근로자들이 줄을 서서 기다리는 것에 의해 가능하게 되었다.

위협효과(threat effect) 노동조합화의 위협에 대한 반응으로 비노동조합 사용자가 제안하는 비노동조합 시간당 임금의 상승.

유니언숍 협정(union shop clause) 비노동조합 근로자들이 채용될 수 있지만 모든 종업원은 보통 60일인 수습기간에 뒤이어 노동조합에 가입하거나 또는 노동조합 조합비를 납부해야 한다는 단체협약.

유보임금(reservation wage) 개인이 일하지 않는 선택을 하는 가장 높은 시간당 임금. 개인이 노동시장에 진입하는 선택을 하는 가장 낮은 시간당 임금.

이윤배분(profit sharing) 기업 이윤의 명시된 부분을 근로자들에게 배분하는 보상체계.

이자율 효과(interest rate effect) 물가수준이 하락함에 따라 화폐수요는 감소하며, 이는 이어 이자율을 하락시킨다. 그에 따른 이자율에 민감한 재화와 서비스에 대한 지출 증가는 수요되는 산출량의 총량을 증가시킨다.

이전지출(transfer payment) 정부로부터 가계들로의 소득의 이전을 단순히 반영하는 정부 지출. 수혜자는 그에 대한 교환으로 아무 생산적인 활동도 수행하지 않는다.

이주로부터의 효율성 이득(efficiency gains from migration) 노동이 그 한계생산물가치가 상대적으로 낮은 지역 또는 국가로부터 그것이 더 높은 지역 또는 국가로 이동할 때 사회에 귀속되는 총산출량의 순증가.

이주의 결정요인(determinants of migration) 연령, 교육, 임금, 그리고 거리와 같이 이주 결정에 영향을 미치는 개인 및 지리적 특성.

이질적인 근로자들과 일자리들(heterogeneous workers and jobs) 모든 근로자와 모든 일자리가 동일하지 않다는 가정. 결과적으로 임금은 일자리와 근로자 차이를 보상하기 위해 다를 것이다.

이차적 불매운동(secondary boycott) 노동 분규 당사자인 기업에 의해 만들어진 생산물을 처리하는 것을 거부하거나 또는 사용자로 하여금 구입하는 것을 거부하도록 요구하는 노동조합의 행동. 불공정화물 조항(hot-cargo clause)을 참조하라.

익숙한 길(beaten paths) 이전에 일자리를 변경한 사람들의 이주 루트. 이러한 이동자들에 의해 제공된 정보는 전형적으로 이주의 비용을 감소시키며 왜 여러 인종 및 민족 그룹들이 주어진 지역에 함께 모여 있을 수 있는지를 설명한다.

인적자본(human capital) 생산성을 증가시키는 교육, 현장실무훈련, 건강, 그리고 기타 요소들에 대한 앞선 투자의 축적.

인적자본 수요곡선(demand for human capital curve) 인적자본 투자의 한계수익률과 집행된 그러한 투자의 최적 양 사이의 부(-)의 관계를 보여주는 곡선.

인적자본 투자(investment in human capital) 근로자의 (숙련과 능력을 향상시킴으로써) 생산성을 향상시키기 위해 취해지는 어떤 조치. 교육, 건강, 또는 근로자의 이동성을 향상시키기 위해 이루어진 지출.

인적자본차별(human capital discrimination) 공식 학교 교육 또는 현장실무훈련과 같은 생산성을 증가시키는 기회에의 불균등한 접근.

인적자본 투자 공급곡선(human capital investment supply curve) 인적자본 투자와 그 투자를 재정 지원하기 위해 필요한 자금의 한계기회비용 사이의 관계.

인적자본 투자 수요곡선(human capital investment demand curve)　인적자본 투자와 그 투자에 대한 한계수익률 사이의 관계. 주어진 어떤 자금의 기회비용으로 투자한 (개인의) 최적 투자량을 반영한다.

인플레이션(inflation)　경제에 있어서 전반적인 물가수준의 상승.

일반훈련(general training)　많은 기업 또는 산업들에서 똑같이 소중한 근로자 숙련의 창출.

일자리 사다리(job ladder)　입직통로(port of entry)에서 시작해서 더 높은 수준의 숙련, 책임, 임금을 통해 앞으로 나아가는 내부노동시장 내에서의 일자리 순서.

일자리탐색 모형(job search model)　근로자들과 기업들이 어떻게 고용전망에 관한 정보를 얻는지에 대한 이론.

임금-부가급여 최적(wage-fringe optimum)　근로자가 최대로 도달할 수 있는 효용을 제공하는 총보수의 구성.

임금구조(wage structure)　산업, 직종, 지리적 위치, 또는 기타 일자리 또는 근로자 차이에 의해 나누어진 관찰된 임금격차.

임금 보조금(wage subsidy)　저임금 또는 구조적으로 실업 상태인 근로자들의 고용을 확장하는 기업에게로의 직접적인 지급 또는 세금의 감액.

임금인상 인플레이션(wage-push inflation)　주로 총공급의 감소로 인한 일반적 물가수준의 상승. 구체적으로는 총근로자보상이 생산성보다 더 빨리 증가할 때이다.

임금 좁혀짐(wage narrowing)　이주의 결과 출발지역과 도착지역 모두에서 임금에 미치는 전체적인 영향. 임금은 (처음에 임금이 낮은) 출발지역에서 오르고, (처음에 임금이 높은) 도착지역에서 내리는 경향이 있다.

임금차별(wage discrimination)　생산성격차 외의 고려사항에 시간당 임금 격차의 기반을 둠.

임금탄력성계수(wage elasticity coefficient, E_d)　시간당 임금의 변화에 대한 노동수요량의 반응성 척도. E_d는 노동수요량 변화율을 시간당 임금 변화율로 나눈 것과 같다.

입직통로(port of entry)　외부노동시장과 내부노동시장 내의 일자리 사다리 사이의 연계. 일자리 사다리의 가장 낮은 수준에서는 공급과 수요의 시장요인들이 임금을 결정하며, 여기서 일자리를 얻은 사람들은 내부노동시장에서 더 높은 일자리 수준에의 미래 접근이 허용된다.

자기선택(self-selection)　개별적인 선택의 효과가 적절하지 않게 측정되거나 또는 설명되지 않을 때 맞닥뜨리는 통계적 편의의 유형. 예를 들면 만약 더 많은 능력을 가진 사람이 교육과 무관하게, 높은 근로소득을 획득할 가능성이 더 크고, 또한 교육을 받을 가능성이 더 크다면, 능력의 차이를 설명하지 않는 것은 교육이 근로소득에 미치는 효과를 과장하는 경향이 있을 것이다. 해외로부터의 이주와 관련해서는, 이동하기로 선택한 사람들이 이주하지 않기로 선택한 비슷한 숙련의 사람들보다 경제적 이득에 대한 더 큰 동기부여를 갖거나, 또는 미래 소비를 위해 현재를 희생할 더 큰 용의가 있는 경향이 있을 것이라는 아이디어.

자본과 노동의 최소비용 조합(least-cost combination of capital and labor)　주어진 등량곡선에의 등비용선의 접점. 이 점에서 한계기술대체율이 자본가격에 대한 노동가격의 비율과 같아진다.

자본시장 불완전성(capital market imperfections)　일반적으로 인간이 대출의 담보로 사용될 수 없기 때문에 발생하는 인적자본 투자를 위하여 화폐를 빌려주는 데 대한 좋지 않은 편견.

자본에 대한 노동의 한계기술대체율(marginal rate of technical substitution of labor for capital, MRTS L, K)　등량곡선(동일산출량곡선)을 따라 노동이 한 단위 증가할 때 자본이 감소해야만 하는 양. 등량곡선 기울기의 절댓값.

자본 이동성(capital mobility)　투자에 대한 더 높은 수익률에 반응하여 한 지역 또는 국가로부터 다른 곳으로의 자본(공장과 설비)의 이동.

자연실업률(natural rate of unemployment)　(a) 총노동시장에서 초과수요도 초과공급도 존재하지 않는 실업률, (b) 예상된 그리고 실제 인플레이션율이 동일하다면 장기적으로 발생할 실업률. 현재 이는 약 4.0~5.0%로 추정된다.

자영업자의 소득(proprietor's income)　비법인기업(단독소유권과 동업)의 소유자들에 의해 수령되는 소득으로 구성되는 국민소득계정.

잠재적 경제활동인구(potential labor force) 16세 이상 시설에 수용되어 있지 않은 모든 개인들. 적격연령 인구(age-eligible population)라고도 함.

장기(long run) 기업이 자신의 모든 생산요소 수준을 바꾸기에 충분한 기간.

장기 공급곡선(long-run supply curve) 거미집 모형에서 이 곡선은 시간당 임금의 변화에 대한 노동공급자들의 궁극적인 반응을 나타낸다.

장기 노동수요(long-run demand for labor) 모든 생산요소들이 가변적일 때 기업들이 각 가능한 시간당 임금에서 고용할 노동의 양을 나타내는 표 또는 곡선.

재정정책(fiscal policy) 완전고용, 물가안정, 그리고 경제성장을 촉진하기 위한 정부 지출과 세금의 의도적인 조작.

재화집약적 상품(goods-intensive commodities) 상대적으로 큰 재화의 양과 적은 시간의 양을 필요로 하는 상품. 시간집약적 상품(time-intensive commodities)과 비교하라.

저량-유량 모형(stock-flow model) 경제활동인구 상태 여러 범주로의 그리고 범주로부터의 노동 흐름의 모형. 실업률의 변화를 분석하기 위해 사용된다.

적응적 기대 이론(adaptive expectations theory) 개인들이 최근 과거를 기초로 미래에 대한 자신들의 기대를 형성한다고 가정하는 이론.

적정임금규칙(prevailing wage rule) 공공 근로자 시간당 임금을 동등하게 훈련을 받고 고용된 민간부문 근로자들에 의해 수령되는 그것과 같게 정부가 설정하는 관행. 동등임금규칙(comparable-wage rule)이라고도 불림.

전국노동조합(national union) 일반으로 똑같은 산업 또는 똑같은 숙련 직종에 있는 노동조합지부의 연합체.

전국노사관계위원회(National Labor Relations Board) 와그너법(Wagner Act) 조항들이 이행되는 것을 확실히 하기 위해 그 법에 의해 권한이 부여된 위원회.

전이효과(spillover effect) 해고된 노동조합 근로자들이 자신의 서비스를 비노동조합 노동시장에 공급하는 것으로부터 나타나는 결과인 비노동조합 임금의 하락.

절대도수분포(absolute frequency distribution) 근로소득 분배의 그래픽 묘사(히스토그램). 수평축은 여러 근로소득 계층을 보여주는 반면, 막대들의 높이는 특정 계층의 근로소득을 가진 근로소득 수령자의 실제 수를 나타낸다. 상대도수분포와 비교하라.

정부 구매(government purchases) 재화, 서비스, 그리고 자원에 대한 정부(연방, 주, 지방정부)에 의한 지출.

정상이윤 등이윤곡선(normal-profit isoprofit curve) 0의 경제적 이윤과 일관된 등이윤곡선.

정태적 효율성(static efficiency) 주어진 일정 시점에 가능한 가장 낮은 비용으로 산출량을 생산하는 고정된 양의 자원의 조합. 동태적 효율성과 비교하라.

조대체요소(gross substitutes) 대체효과가 산출량효과를 초과하기 때문에 한 가격이 변화할 때 다른 것에 대한 수요가 같은 방향으로 변화하는 그러한 투입물.

조보완요소(gross complements) 산출량효과가 대체효과를 초과하기 때문에 한 가격이 변화할 때 다른 것에 대한 수요가 반대 방향으로 변화하는 그러한 투입물.

조세의 귀착(tax incidence) 조세 부담의 경제적 위치 또는 누가 궁극적으로 세금을 납부할 것인지에 대한 결정. 조세의 재분배 효과.

주식매수선택권(stock options) 근로자에게 주어진 기간 동안 설정된 가격으로 고정된 수의 주식 지분을 구입할 권리를 주는 보상의 형태.

주식보상(equity compensation) 근로자 보상의 일부가 그 기업의 주식으로 주어지거나 또는 투자되는 보수체계.

주인(principals) 자신의 목적이 달성되도록 자신을 도울 다른 사람들을 채용하는 당사자. 대리인(agent)과 비교하라.

주인-대리인 문제(principal-agent problem) 대리인들이 주인의 목적 충족을 손상시키면서 자기 자신의 목적을 추구할 때 발생하는 이해관계의 충돌.

주 합의(master agreement) 경영진과 하나 또는 그 이상의 노동조합지부 사이에 받아들여진 계약으로 그 뒤 그 기업의 모든 공장의 근로자들에 적용된다.

준고정자원(quasi-fixed resource) 고정 및 가변요소 모두의 어떤 특성을 갖고 있는 생산자원. 일단 이루어지면 특수훈련 투자는 기업에게는 고정비용이다. 따라서 그러한 훈련을 받은 근로자들은 준고정자원을 구성한다.

중앙값(median) 분포의 중간점. 근로소득과 관련하여, 1/2은 더 적게 벌고 1/2은 더 많이 번다.

중앙값공식(midpoints formula) 탄력성계수를 계산하기 위해 사용되는 방법.

$$E_d = \frac{(Q_2 - Q_1)/(Q의\ 평균)}{(W_2 - W_1)/(W의\ 평균)}$$

즉각적 시장 기간의 노동공급곡선(immediate-market-period labor supply curve) 현재의 시간당 임금에서 주어진 시장으로 끌어들여진 근로자들 수에서의 수직선. 이 숫자는 장기 공급곡선으로부터 도출된다.

지니계수(Gini coefficient) 근로소득 불균등의 산술적 척도. 로렌츠곡선과 완전균등의 대각선 사이 면적을 대각선 아래 총면적으로 나눈 것이다.

지대(rent) 본래 성질상 고정된 양으로 제공되는, 재생할 수 없는 자원(토지)에 대한 수익. 경제지대와 비교하라.

지대조항(rent provision) 특정 그룹 또는 개인에게 경제지대를 산출하는 특히 정부에 의한 관행. 예로는 최저임금과 직업면허제도를 들 수 있다.

지대추구행위(rent-seeking activity) 자신의 경제지대를 증가시키는 효과를 갖는 개인들 또는 특정 그룹들에 의한 행동.

지리적 이동(geographic mobility) 한 시, 주, 또는 국가의 일자리로부터 다른 일자리로의 근로자들의 이동. 이는 또한 직종의 변화를 수반할 수도 또는 그렇지 않을 수도 있다.

지속노동시간 상당임금(straight-time equivalent wage) 초과근무 프리미엄을 지급받는 개인에 의해 실제로 선택된 소득과 시간 조합에서와 동일한 시간 수에서 동일한 소득을 산출하게 되는 임금.

직무태만(shirking) 허가받지 않은 휴식을 취하거나 또는 근로 시간 기간 동안 합의된 수준보다 낮은 수준의 노력을 제공함으로써 자신의 효용을 증가시키려는 근로자들의 시도. 근로를 등한시하거나 또는 회피하는 행동.

직무평가(job evaluation) 일련의 일자리 특징과 근로자 특성으로 직무의 순위가 정해지고 시간당 임금이 부여되는 절차.

직업면허제도(occupational licensure) 특정 거래를 하거나 또는 전문직에 종사하기 위해 근로자들이 일정한 요구사항을 충족할 것을 요구하는 정부기관에 의한 법이나 규제. 흔히 면허가 필요한 직종에의 노동공급을 제약하는 효과를 갖는 시험, 기준, 그리고 기타 요구사항들이 설정된다.

직장폐쇄(lockout) 노동조합 조직화 활동 또는 파업과 같은 어떤 노동조합 활동에 관여하는 근로자들에게 비용을 부과하는 수단으로 사용되는 공장폐쇄.

직종이동(occupational mobility) 상이한 직종으로의 근로자들의 이동.

직종차별(occupational discrimination) 그룹 구성원들이 필요한 숙련을 가졌음에도 불구하고 어떤 직종에 들어가는 것을 임의로 제약하거나 금지하는 것.

집단적 목소리(collective voice) 계약을 협상하고 분규를 해결하는 데 있어 자신들의 조합원들을 대변하는 대표자 또는 대리인으로서의 노동조합의 역할.

징병(military conscription) 국방을 위하여 사람들을 복무하도록 강요하는 정부의 능력에 의존하는 노동자원 획득 방법. 대안은 지원병 또는 시장을 기반으로 하는 군대다.

차별(discrimination) 다른 사람들과 똑같은 능력, 교육, 훈련, 그리고 경험을 가진 한 그룹 구성원들에 대한 채용, 직종에의 접근, 훈련, 승진, 또는 임금에 있어서의 불리한 대우 부여.

차별계수(discrimination coefficient) 아프리카계 미국인(또는 여성)의 시간당 임금이 똑같이 생산적인 백인(또는 남성)의 시간당 임금을 초과하는 것으로 여겨지는 금액. 만약 사용자가 아프리카계 미국인(여성)의 임금이 $W+d$와 같은 것처럼 행동한다면 d가 차별계수이다.

차별시정조치 프로그램(affirmative action programs) 여성들과 소수집단을 위한 고용목표와 그 목표를 달성할 일정표를 수립하는 정책. 적극적 고용 개선 조치.

차별에 대한 기호 모형(taste for discrimination model) 차별을 사용자가 기꺼이 지불할 용의가 있는 기호로 간주하는 베커(Becker)에 의해 개발된 차별의 이론.

차별적 해고(discriminatory discharge) 노동조합 활동 참여를 이유로 한 근로자 해고.

초과공급(excess supply) 주어진 시간당 임금 또는 가격에서 수요량을 넘는 초과공급량.

초과수요(excess demand) 주어진 시간당 임금 또는 가격에서 공급량을 넘는 초과수요량.

총공급곡선(aggregate supply curve) 생산자들이 각 물가수준에서 기꺼이 제공할 용의와 제공할 능력이 있는 총실질산출량을 나타내는 곡선.

총보수(total compensation) 임금 근로소득과 부가급여의 가치의 합.

총생산(total product, TP) 노동 투입물의 함수로 표현된 기업의 총산출량.

총수요곡선(aggregate demand curve) 소비자, 기업, 정부, 그리고 외국인이 각 물가수준에서 기꺼이 구매할 용의와 구매할 능력이 있는 재화와 서비스의 총수량을 나타내는 곡선.

총요소생산성(total factor productivity) 결합된 노동과 자본 투입의 표준화된 단위당 산출량.

총임금(total wage bill) 기업에 대한 총임금비용. 시간당 임금에 고용된 노동시간의 양을 곱한 것.

총임금(wage bill) 기업에 의해 지급되는 임금의 총액. 시간당 임금에 근로자-시간 수를 곱한 것.

총임금 규칙(total wage bill rules) 노동수요의 탄력성을 결정하는 규칙. 만약 시간당 임금의 변화가 총임금의 반대(같은) 방향으로의 이동을 발생시킨다면 노동수요는 탄력적(비탄력적)이다. 만약 노동수요가 단위탄력적이라면, 시간당 임금이 변할 때 총임금은 불변인 채로 남아 있다.

최빈수(mode) 가장 큰 빈도를 가진 분포의 계층.

최저기준 이하의 훈련 임금(subminimum training wage) 근로자들의 시간당 임금보다 아래로 합법적으로 명시된 10대의 최저 보수율.

최저임금(minimum wage) 대상이 되는 직종에 고용된 노동에 대해 법적으로 명시된 최저 보수율.

충격효과(shock effect) 시간당 임금의 증가에 대한 경영진의 반응으로부터 나타나는 결과인 한계생산곡선의 상방으로의 이동.

취업자(employed) 16세 이상이고, 시설에 수용되어 있지 않으며, 설문조사 주간 동안의 어떤 시간에도 (a) 기업 또는 정부에 의해 고용되어 있고, (b) 자영업 상태에 있거나, 또는 (c) 일자리를 갖고 있지만 질병, 좋지 못한 날씨, 휴가, 또는 노동 분규 때문에 일하지 않은 개인.

측정된 노동조합 임금이익(measured union wage advantage) 노동조합 임금이익을 참조하라.

카페테리아 방식(cafeteria plan) 근로자들로 하여금 광범위한 범위의 특정 급여 가운데 선택하도록 하는 부가급여 패키지.

커미션(commissions) 판매 가치에 비례하여 대리인에게 지급되는 보상.

쿼터(quota) 수입되는 특정 재화의 양 또는 총가치에 관한 제한.

탐색실업(search unemployment) 최고의 일자리제안을 탐색하는 개인들과 빈 일자리를 채울 근로자들을 탐색하는 기업들에 의해 야기되는 실업.

토너먼트 보수(tournament pay) 상대적 성과를 기반으로 보수 지급을 하는 보상체계. 전형적으로 1등상은 매우 높으며, 1등 아래 이어지는 순위의 상들은 급속히 줄어든다. 만약 모든 사람이 1등을 열망한다면 더 낮은 순위의 생산성은 향상된다.

통계적 차별(statistical discrimination) 개인의 특성이 아니라 개인이 속한 그룹의 평균 특성을 기초로 개인을 판단하는 것.

퇴출 메커니즘(exit mechanism) 현재의 근로조건에 대한 불만족에 대한 반응으로서 일자리를 떠나는 과정. 목소리 메커니즘(voice mechanism)과 비교하라.

투자자금의 공급(supply of investment funds) 투자자금의 한계기회비용(이자율)과 여러 수준의 인적자본을 지원하기 위하여 만들어진 자금액 사이의 관계를 보여주는 표 또는 곡선.

특수훈련(specific training) 오로지 훈련을 제공하는 특정 기업에만 가치가 있는 근로자 숙련의 창출.

파생수요(derived demand) 노동과 기타 생산적 투입물에 대한 수요곡선은 생산하기 위해 그것들이 사용되는 생산물의 수요로부터 파생된다는 아이디어. 예를 들면 자동차 근로자들에 대한 수요는 자동차에 대한 수요로부터 파생된다.

파업파괴자(strikebreaker) 파업 기간 동안 작업을 계속하기 위해 기업에 의해 채용된 비노동조합 근로자.

패턴교섭(pattern bargaining) 노동조합이 산업의 특정 기업과 계약을 협상한 뒤 그 산업의 모든 다른 사용자들에게 비슷한 조건을 부과하려 하는 교섭 구조.

평균(mean) 분포의 산술평균. 근로소득과 관련하여, 그것은 총근로소득을 근로소득 수령자 수로 나눔으로써 구해진다.

평균생산(average product, AP) 노동단위당 산출량. 이것은 총생산을 노동단위 수로 나누거나 원점으로부터 총생산곡선 위의 특정 점까지 그려진 직선의 기울기로 측정될 수 있다.

평균임금비용(average wage cost) 고용된 노동단위 수에 의해 나누어진 기업의 총임금비용. 만약 모든 근로자들이 똑같이 보수를 받는다면 이것은 단순히 임금률이다.

평생주기 이동(life-cycle mobility) 소득분배 내에서의 특정 개인의 평생에 걸친 이동. 휘젓기(churning)와 비교하라.

포괄적 노동조합주의(inclusive unionism) 조합원들이 특정 산업에 고용된 모든 근로자를 포함하려 하는 노동조합 구조.

품질관리서클(quality circles) 생산성에 관한 노사공동위원회.

한계내부수익률(marginal internal rate of return) 추가 인적자본에 대한 내부수익률. 한계내부수익률이 자금의 한계기회비용과 동일하게 되는 곳에서 최적 투자가 발생한다.

한계생산(marginal product, MP) 노동투입 1단위 변화의 결과로 나타나는 총생산의 변화.

한계생산물가치(value of marginal product, VMP) 노동투입 1단위 변화로부터 사회에 결과적으로 나타나는 산출량 총가치의 변화. VMP는 생산물의 가격에 한계생산을 곱한 것($P \times$ MP)과 같다.

한계수익체감의 법칙(law of diminishing marginal returns) 만약 기술이 변화하지 않는다면, 가변자원의 더 많은 단위가 하나 이상의 고정된 자원과 결합됨에 따라, 가변자원의 한계생산은 궁극적으로 감소해야만 한다는 원리.

한계수입생산(marginal revenue product, MRP) 노동 투입 1단위 변화의 결과로 나타나는 총수입의 변화.

한계수입생산 = 한계임금비용 규칙(MRP = MWC rule) 이윤극대화를 달성하는 노동의 고용수준을 명시하는 규칙. 자본이 고정되어 있을 때, 이윤은 노동이 MRP = MWC인 곳까지 고용될 때 극대화된다.

한계임금비용(marginal wage cost, MWC) 노동 투입 1단위 변화의 결과로 나타나는 기업의 총임금비용의 변화. 그것은 경쟁적 노동시장에서 시간당 임금과 같다.

한계자원비용(marginal resource cost, MRC) 기업의 특정 자원 1단위 고용 변화의 결과로 나타나는 그 총비용의 변화. 그것은 경쟁적 투입물 시장에서 자원의 단위당 비용과 같다.

할인공식(discount formula) 미래 가치(E_t)와 이자율(i)로 표시된 순현재가치(V_p)를 정의하는 수학적 관계.

$$V_p = E_0 + E_1/(1+i) + E_2/(1+i)^2 + \cdots + E_n/(1+i)^n$$

해고된 근로자(displaced workers) 특히 영구적인 공장폐쇄 또는 일자리 감축 때문에 자신의 일자리를 잃은 사람들.

해외구매효과(foreign purchases effect) 해외의 물가 대비 국내 물가수준이 하락함에 따라 국내 및 해외 모두의 소비자들은 국내 재화들을 향해 자신의 지출을 이동함으로써 총수요량을 증가시킬 것이다.

헤도닉 임금 이론(hedonic theory of wages) 근로자들이 비임금 일자리 속성의 변화를 임금의 변화와 교환함으로써 자신의 고용의 순효용을 극대화한다고 가설을 세우는 균형임금격차의 모형.

현물급여(in-kind benefits) 화폐가 아니라 예를 들어 보험급여 또는 회사 자동차 같은 특정 재화 또는 서비스의 형태를 취하는 급여.

현장실무훈련(on-the-job training) 일자리에서 일하는 동안 획득하는 숙련의 축적.

혼잡(crowding) 저임금 일자리로의 여성들과 소수집단의 분리.

혼잡 모형(crowding model) 만약 여성(소수집단)들이 '여성'('소수집단') 직종들에 가득 메워진다면 그러한 직종들에 대한 상대적으로 더 큰 노동공급에 의해 그들의 임금은 하락하게 될 것을 시사하는 공급과 수요 모형.

확률론적 이론(stochastic theories) 개인의 선택 또는 제도적 구조가 아니라 변화에 기초한 소득분배 이론.

황견계약(yellow-dog contract) 지속 고용의 조건으로 근로자들의 노동조합 가입을 금지하는 노동계약 조항. 황견계약은 1932년의 노리스-라과디아 법(Noris-LaGuardia Act of 1932)에 의해 불법으로 선언되었다.

황금 낙하산(golden parachute) 기업의 인수 결과 자신의 일자리를 잃는 경영 간부에게 거액의 일괄 보상을 제공하는 계약 조항.

횡단면 데이터(cross-sectional data) 상이한 경제 단위 또는 집단에 있어서 특정 시간에 일단의 변수를 측정하여 결과치를 모은 것.

효용(utility) 욕구를 만족시키는 재화 또는 여가의 능력. 욕구를 충족시키는 힘.

효율성임금(efficiency wage) 고용된 유효노동단위당 사용자의 비용을 최소화하는 시간당 임금.

효율적 계약(efficient contracts) 다른 당사자를 더 궁색하게 만듦이 없이 적어도 한 당사자를 더 좋게 만들 수 있는 임금과 고용 조합.

후방굴절 노동공급곡선(backward-bending labor supply curve) 상대적으로 낮은 임금에서 대체효과가 우세하고 높은 임금에서 소득효과가 우세한 곳에서 임금의 함수로서 공급되는 근로시간. 후자의 영역에서 공급곡선은 부(−)의 기울기를 가질 것이다.

휘젓기(churning) 평생주기 효과와 무관한 정태적 근로소득분배 내에서의 개인들의 이동. 평생주기 이동과 비교하라.

히스토그램(histogram) 절대도수분포를 참조하라.

D인자(D-factor) 개인의 근로소득 잠재력에 영향을 미친다고 생각되는 여러 개인 특성의 조합. 그것은 추진력(drive), 역동성(dynamism), 칠전팔기의 정신(doggedness) 또는 투지

(determination)를 나타낸다.

Journal of Economic Literature 분류체계(Journal of Economic Literature classification system) 경제학 내에서 하부 분야를 분류하기 위해 사용되는 체계. 'J' 분류는 노동경제학을 가리킨다.

1932년의 노리스-라과디아 법(Norris-LaGuardia Act of 1932) 노동조합 활동을 금지하는 금지명령 및 불법화된 황견계약의 사용을 강력하게 제한한 법.

1935년의 와그너 법(전국노사관계법)[Wagner Act of 1935 (National Labor Relations Act)] 자주적 노동조합 결성과 단체교섭의 권리를 보장하고, 사용자의 부당노동행위를 규정하며, 전국노사관계위원회(National Labor Relations Board)를 설립하고, 연방정부 근로자 파업을 불법으로 규정한 법.

1938년의 공정노동기준법(Fair Labor Standard Act of 1938) 법적 최저임금 및 최대근로시간을 설정하고 초과근로에 대해 1.5배의 보수를 의무화한 법.

1946년의 고용법(Employment Act of 1946) '최대 고용, 생산, 그리고 구매력'을 촉진하는 연방정부의 목표를 선언한 의회의 법.

1947년의 태프트-하틀리 법(Taft-Hartley Act of 1947) 와그너 법의 개정으로, 이 법은 노동조합의 부당노동행위를 규정하고, 노동조합의 내부 행정을 규율하였으며, 주 노동권확립법(right-to-work laws)을 지지하면서 클로즈드숍(closed shop)을 불법화하고, 비상파업조항을 규정했다.

1959년의 랜드럼-그리핀 법(Landrum-Griffin Act of 1959) 와그너 법의 개정으로, 불공정화물 조항(hot-cargo clauses)을 불법으로 하고 정기적인 노동조합 임원 선거를 규정했으며, 공산주의자들과 유죄가 확정된 중죄인들의 노조 임원 취임을 금지했고, 노동조합 간부들에게 노동조합 자금과 재산에 대한 책임을 지우고, 노동 지도자들에 의한 개별 근로자의 권리 침해를 금지시켰다.

1963년의 동일임금법(Equal Pay Act of 1963) 여성과 남성의 동일한 근로에 대한 불균등한 보수 지급을 불법으로 만든 법.

1964년의 민권법(Civil Rights Act of 1964) 무엇보다도 인종, 색깔, 종교, 성, 또는 국가적 기원에 기초한 채용, 해고, 차별을

불법으로 만든 의회의 입법.

1970년의 **직업안전보건법**(Occupational Safety and Health Act of 1970) 작업장 보건과 안전기준을 수립하고 집행하는 직업안전보건청(OSHA)을 창설한 입법.

1978년의 **완전고용 및 균형성장법**(Full Employment and Balanced Growth Act of 1978) 1946년 고용법의 재확인인 이 법은 연방정부로 하여금 고용과 물가수준 5개년 목표를 설정하고 그것들을 달성할 프로그램을 디자인하도록 요구했다.

1986년의 **이민개혁통제법**(Immigration Reform and Control Act of 1986) 일단의 미등록 이주자들을 사면하면서, 고의로 미등록 이주자들을 채용한 사용자들에 대한 제재를 규정하고, 상하기 쉬운 작물 수확을 위하여 농촌에 단기 농장 근로자의 입국을 허용한 법.

1993년의 **가족 및 의료 휴가법**(Family and Medical Leave Act of 1993) 75명 이상의 근로자들을 고용하고 있는 기업의 근로자들에게 배우자, 자녀, 또는 자신 스스로의 건강을 돌보기 위해 1년에 12주까지의 무급 휴가를 갖도록 허용하는 법안. 복귀 후 원직 또는 상응하는 자리가 보장된다.

1차 통계 원천(primary statistical source) 현행인구조사(Current Population Survey) 같은 데이터의 원래의 원천.

2차 통계 원천(secondary statistical ource) 미국통계자료요약집(Statistical Abstract of the United States) 같은 요약된 또는 끝을 자른 형태의 원래의 원천으로부터의 데이터를 담고 있는 원천.

'여러분의 차례입니다' 질문에 대한 해답

1.1 : 두 번째 서술이 경제적 시각을 반영한다. 65세에 은퇴하는 사람들은 비용과 편익을 비교하고 있다. 즉 인센티브와 디스인센티브에 반응하고 있는 것이다. 퇴직자들은 자신의 근로소득을 희생하지만, 그들은 이 포기한 근로소득을 보충하고도 남을 사적연금급여, 사회보장급여, 그리고 추가된 여가를 얻는다.

2.1 : 만약 예산선의 기울기가 그것과 교차하는 무차별곡선의 기울기보다 더 가파르다면 근로자는 교차점에 의해 식별되는 사람들보다 더 많은 시간을 일할 것이다. 더 많은 시간을 일한다는 것은 개인이 더 큰 총효용을 달성하도록(더 높은 무차별곡선에 이르도록) 허용할 것이다. 근로자는 예산선 및 가장 높이 도달할 수 있는 무차별곡선의 기울기가 같은 곳에서 총효용을 극대화할 것이다.

2.2 : 근로자의 시간당 임금이 감소하고 소득효과가 대체효과를 압도할 때 개인은 더 많은 시간을 일할 것이다. 노동공급곡선의 후방굴절 부분이 여기 관련되는 부분이다.

2.3 : 다른 조건이 일정하다면, 근로시간을 선택할 수 있는 일자리를 선호하게 된다. 그와 같은 방식으로 총효용을 극대화할 정확한 근로시간 수를 선택할 수 있다. 이러한 최적 근로시간 수는 사용자에 의해 지시된 것과 다를 수 있다. 사용자가 요구하는 시간은 과소고용 아니면 과다고용으로 이어질 수 있는 반면, 근로자가 결정하는 시간은 그럴 수 없다.

3.1 : 여성들의 실질임금과 경제활동 참가율이 동시에 증가했다는 사실은 베커의 대체효과가 베커의 소득효과를 초과했다는 것을 의미한다.

3.2 : 이 가상 국가의 경제활동인구 규모는 6,000만(= 취업자 5,300만 + 적극적으로 일을 찾고 있는 실업자 700만)이다. 잠재적 경제활동인구는 8,500만[= 경제활동인구 6,000만 + 경제활동인구에 속하지 않지만 자격을 가진(비경제활동인구) 2,500만]이다. LFPR은 70.6%[= (6,000만/8,500만) × 100]이다.

4.1 : 만약 투자의 순현재가치가 매우 높은 정(+)이라면 투자의 내부수익률은 전형적으로 투자를 재정 지원하기 위한 자금을 빌리는 이자비용을 초과한다.

4.2 : 한계수익률 r은 실제로 최적 교육수준에서 각 개인의 경우 똑같다. 두 r 모두 차입비용 i와 같다. 그러나 능력이 더 큰 개인은 어떤 특정 교육수준에서도 더 큰 r을 갖는데,

이는 이 개인이 능력이 작은 개인보다 더 많은 교육을 획득하도록 유도한다.

4.3 : MBA 교육은 주로 수많은 사용자들에게 사용될 수 있는 일반훈련이다. 기업의 근로자들은 아마도 이 부가급여가 없을 경우 지급되게 되는 것보다 더 낮은 명목급여를 통해 간접적으로 이 훈련비용을 부담한다.

5.1 : 경쟁적인 상황에서는, MRP는 32달러(= 8단위 × 가격 4달러)이다. 독점인 곳에서는 MRP가 32달러보다 더 작을 것이다. 판매된 추가 8단위 각각으로부터의 기업의 한계수입은 4달러보다 더 작을 것이다.

5.2 : 자동차 근로자들에게 지급된 낮은 임금은 근로자들의 산업로봇들로의 대체를 둔화시켰을 수 있다(대체효과). 또한 이러한 낮은 임금은 일본 자동차 생산자들이 경험한 비용 이익을 감소시킬 수 있다. 부분적으로는 이러한 비용 이익의 감소 때문에, 일본으로부터의 자동차 수입은 감소했고 미국 자동차산업의 고용은 증가했다(산출량효과).

5.3 : 이 시나리오에서 자본과 노동은 조보완요소이다. 자본가격의 하락은 구매되는 자본의 양을 증가시켰으며, 이는 노동수요를 증가시켰다. 자본가격 하락의 산출량효과가 대체효과를 초과했다.

6.1 : 노동공급의 증가는 시장 시간당 임금[완전경쟁기업의 한계임금비용(MWC)]을 감소시킬 것이다. 이러한 MWC의 감소는 기업들이 더 많은 단위의 노동을 고용하도록 유도할 것이다. 그들은 MRP가 충분히 감소하여 새로운 더 낮은 시간당 임금(= MWC)과 같아질 때 새로운 근로자들을 추가하는 것을 멈출 것이다. 균형은 MRP = MWC인 곳에서 회복될 것이다.

6.2 : 수요독점자는 추가 근로자를 끌어들이기 위해 더 높은 임금을 지급하고, 이 더 높은 임금을, 그렇지 않았더라면 더 낮은 임금을 지급받았을 수 있는 사람들을 포함하는 모든 근로자에게 지급해야 되기 때문에, 수요독점자의 MWC 곡선은 시장노동공급곡선 위에 놓여 있다. 수요독점은 사용자에게 불리하지 않다. 즉 그것은 수요독점자가 고용할 근로자 수를 제한하여 시간당 임금을 낮추는 것을 허용하기 때문에 오히려 이익이다.

7.1 : 전형적인 근로자 무차별곡선들의 기울기는 더 편평하게 된다. 근로자들은 부가급여를 위해 임금 근로소득을 기꺼이 거래할 용의가 더 적어지게 된다. 따라서 부가급여의 최적 수량은 감소하게 된다.

7.2 : 주인-대리인 문제를 극복하는 수단으로서 이윤 공유의 주요 어려움은 자신이 태만하더라도 어떤 이윤도 공유할 것이라는 것을 아는 무임승차자가 생겨날 수 있다는 것이다. 무임승차자들을 보면서, 다른 근로자들은 생산성을 증가시키기 위한 자신의 노력을 포기함으로써 이윤공유 계획의 목적을 약화시킬 수 있다.

8.1 : 주지사들은 명성, 명망, 그리고 권력 같은 민간부문 대부분의 고위 간부에게는 가능하지 않은 보상임금격차를 받고 있다. 주지사의 보수가, 그렇지 않았으면 비슷했을 민간부문 자리의 보수보다 훨씬 낮더라도, 언제라도 공급 가능한 자격을 갖춘 열렬한 후보자들이 있다.

8.2 : 대부분의 사람들은 극도로 추운 온도의 옥외에서 일하는 것을 좋아하지 않기 때문에 이러한 유형의 근로에는 보상임금격차가 발생할 것이다. 추운 온도에서 일하는 것을 즐기는 개인은 보상임금에 의해 이 직종으로 유도된 한계 근로자들이 경험한 효용 손실로 고통을 받음이 없이 더 높은 임금을 받을 것이다.

9.1 : 순현재가치 식의 V_p는 감소할 것이며, 이는 V_p가 정(+)이 되고 이주가 발생할 가능성을 감소시킬 것이다.

10.1 : 개인적 특성, 직종, 그리고 고용의 지역을 기초로 할 때, 이사야가 분명히 수잔보다 노동조합 조합원이 될 가능성이 더 크다.

10.2 : 정답은 (b)이다. 수입의 감소는 아마도 국내 노동조합화된 제조업자들에 의한 산출량과 판매를 신장시키게 된다. 결과적으로 국내 고용과 노동조합 조합원 수는 증가하게 된다.

10.3 : 기업 또는 노동조합이 다른 당사자의 양보곡선을 오인할 가능성이 감소할 것이기 때문에, 파업의 확률은 감소할 것임에 틀림없다.

11.1 : 측정된 노동조합 임금이익은 시간당 1달러 또는 11.1%이며[= (10달러 − 9달러)/9달러 × 100], 순수 노동조합 임금이익은 시간당 2달러 또는 25%이다[= (10달러 − 8달러)/8달러 × 100].

11.2 : 노동조합은 생산성 이득을 초과하여 시간당 임금의 증가를 얻어내면서, 동시에 기업의 생산성(근로자당 산출량)을 증가시킬 수 있다. 만약 그렇다면, 기업의 이윤 획득 가능성은 감소하게 된다.

12.1 : 국가가 많은 재화를 무상으로, 또는 많은 보조가 이루어진 낮은 가격으로 제공했기 때문에, 열심히 일하려는 사람들의 인센티브는 감소하였다.

12.2 : 만약 세금 증가(세후 임금 감소)의 소득효과가 대체효과를 초과한다면, 스톤은 더 많은 시간을 일할 수 있다. 즉 그는 자신의 실질소득이 이제 더 낮아진다는 사실에 반응하며 더 많은 시간을 일할 것이다. 그에 반해서, 스미드의 경우 세금 증가의 대체효과가 소득효과를 초과할 수 있다.

13.1 : 10대들의 평균임금은 증가하게 되고, 10대 고용은 감소하게 되며, 10대 실업은 증가하게 된다. 성인 고용이 변화하게 될 것 같지는 않다.

13.2 : 기업은 이 '일자리 안전'의 추가 단위를 제공하지 않을 것인데, 왜냐하면 이는 25만 달러의 한계편익이 30만 달러의 한계비용보다 작기 때문이다. 그러나 25만 달러의 한계비용은 30만 달러의 사회적 한계편익보다 작다. 따라서 정부 개입의 강력한 사례가 만들어질 수 있다. 정부는 단순히 기업으로 하여금 이 추가 '일자리 안전'을 제공하도록 요구하거나, 아니면, 그 대신에, 정부가 근로자들에게 그들의 작업장에서의 안전 위험에 대한 정보를 제공할 수 있다. 근로자들에 의한 일자리 위험에 대한 더 큰 인식은 '일자리 안전'을 제공하는 기업의 사적편익을 증가시키

는 보상임금차이를 창출한다.

14.1 : 더 높은 교육수준에서 아프리카계 미국인 남성이 백인 남성보다 더 적게 벌기 때문에, 아프리카계 미국인들은 더 많은 교육을 얻으려는 인센티브가 더 작을 수 있다.

14.2 : 모두 백인 근로자들을 채용하는 사용자의 차별계수의 달러 가치는 4달러보다 더 큼이 분명하다. 모두 아프리카계 미국인 근로자들을 채용하는 사용자의 차별계수는 4달러보다 더 작음이 확실하다.

14.3 : 그룹 평균의 통계적 차이는 사용자들로 하여금 자격을 갖춘 여성들과 소수집단을 어떤 일자리에 거부하도록 유도할 수 있다. 이는 차별받는 사람들을 낮은 보수의, 틀에 박힌 일자리에 가둔다. 예를 들면 여성들은 가정에 대한 책임 때문에 새로운 자리로 옮기지 못하거나 좋은 성과를 내지 못할 것이라는 생각 때문에 경영자가 될 수 있는 경력을 갖지 못할 수 있다. 그 대신에 여성들은 관리보조 자리로 분리될 수 있다.

14.4 : 여성들의 열등한 경제적 위치는 부분적으로 수학적 및 수량적 관심과 훈련의 상대적인 결여 때문일 수 있다. 아마도 여성들은 이러한 분야의 숙련을 요하는 더 높은 보수를 지급하는 전문직에 대한 준비를 회피하는 것을 자유롭게 선택했을 수 있다. 반면에, 여성들이 차별 때문에 남성들보다 수학적 훈련을 아마도 덜 받았을 수 있다. 즉 사회화, 교육에서의 조언, 그리고 틀에 박힌 채용이 그들을 이러한 유형의 훈련으로부터 밀어내서 '여성 일자리'를 위한 훈련으로 향하도록 했을 수 있다.

15.1 : 예상하지 못한 인플레이션은 일자리탐색의 기간을 감소시키고, 예상된 인플레이션은 일자리탐색 기간에 효과를 미치지 않으며, 실업보험은 일자리탐색 기간을 증가시킨다.

15.2 : 학계의 일자리 사다리는 조교수, 부교수, 그리고 정교수라는 오로지 세 단계와 관련된다. 사다리를 따라 상당한 상방으로의 이동이 존재한다.

16.1 : 로렌츠곡선의 대각선 쪽으로의 이동은 근로소득 불균등의 감소를 나타낸다. 필시 근로소득의 히스토그램은 압축될 것이고 근로소득의 지니계수는 감소할 것이다.

16.2 : 그림 16.4에 보이는 모든 요소가 중요하지만, 만약 요소들의 한 세트를 선택해야만 한다면 교육과 훈련의 차이를 고르게 된다.

17.1 : 생산성은 2이다(= 10단위의 산출량/5단위의 노동). 평균노동비용은 1달러이다(= 10달러의 노동비용/10단위의 산출량).

17.2 : 경제가 경기침체로부터 나옴에 따라, 기업들은 집단적으로 고용보다 더 빨리 산출량을 증가시켰다. 따라서 근로자당 산출량은 증가했다.

18.1 : 일부 설문조사 응답자들이 일자리를 탐색하고 있다고 거짓으로 주장하기 때문에, 노동시장에 약한 애착을 갖고 있는 사람들을 강한 애착을 가진 사람들과 똑같이 계산하기 때문에, 많은 가족들이 한 명 이상의 소득자를 갖고 있기 때문에, 실업률은 경제적 어려움을 과장한다. 대조적으로 비자발적 파트타임 근로자들을 완전 취업자로 계산하며, 실망 근로자 또는 불완전 취업자를 측정하지 않기 때문에 실업률은 경제적 어려움을 축소한다.

18.2 : 거짓. 최근 미국 남성과 여성의 실업률은 비슷했다.

찾아보기

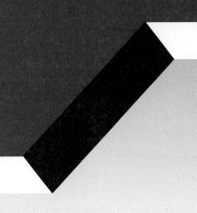

저자 소개

매코널(Campbell R. McConnell)은 코넬칼리지와 일리노이 대학교에서 학위를 받은 후 아이오와대학교에서 박사학위를 취득했다. 1953년부터 1990년 은퇴할 때까지 네브래스카대학교 링컨캠퍼스에서 가르쳤다. 핵심경제학[Essentials of Economics, 3/e(McGraw-Hill/Irwin)]과 축약판 거시경제학과 미시경제학[Macroeconomics and Microeconomics (McGraw-Hill/Irwin)]은 물론, 선도적인 경제학 입문 교재 경제학[Economics, 20/e (McGraw-Hill/Irwin)]의 공동저자다. 또한 경제학원론과 노동경제학 강좌의 읽기교재를 편집하였다. 네브래스카대학교 최고 강의상과 레이크 학문의 자유상 수상자이며, 미국중서부경제학회 회장을 역임했다. 그의 주 관심분야는 노동경제학과 경제교육이다.

브루(Stanley L. Brue)는 어거스타나칼리지 학부를 다녔으며, 1991년에 최고 공로상을 수상했다. 네브래스카대학교 링컨캠퍼스에서 박사학위를 취득했다. 퍼시픽루터대학교의 교수였으며, 그곳에서 노던 교수 공로상의 수상자라는 영예를 얻었다. 또한 경제교육에 기여한 공로로 전국적인 리비상을 수상했다. 브루 교수는 오미크론 델타 엡실론 국제경제동호회(Omicron Delta Epsilon International Economics Honorary) 이사회의 전국 회장과 의장을 역임했다. 경제현장[Economic Scenes, 5/e (Prentice-Hall)], 경제학[Economics, 20/e (McGraw-Hill/Irwin)], 경제사상의 진화[The Evolution of Economic Thought, 7/e (South-Western)], 핵심경제학[Essentials of Economics, 3/e (McGraw-Hill/Irwin)])과 축약판 거시경제학과 미시경제학[Macroeconomics and Microeconomics (McGraw-Hill/Irwin)]의 공동저자다.

맥퍼슨(David A. Macpherson)은 대학학위와 박사학위를 펜실베이니아주립대학교에서 받았으며, 트리니티대학교의 경제학과 특훈교수이다. 맥퍼슨 교수는 *Journal of Labor Economics, Industrial and Labor Relations Review, Journal of Human Resources* 등 노동경제학과 노사관계학 선두 저널에 실린 많은 논문의 저자였다. 노동조합 조합원과 근로소득 데이터 북 : 현행인구조사로부터 편찬(Union Membership and Earnings Data Book : Compilations from the Current Population Survey, Bureau of National Affairs)의 공동저자이며, 연금과 생산성(Pensions and Productivity)과 경제학 : 민간 및 공공선택(Economics : Private and Public Choice, 15/e)의 공동저자이기도 하다. 그의 전문분야는 응용노동경제학이다. 맥퍼슨교수는 남부경제학회의 부회장을 역임했다. 그의 현재 연구 관심분야는 연금, 차별, 규제완화, 노동조합, 최저임금 등이다.

역자 소개

김중렬 jrkim@hufs.ac.kr
미국 노스캐롤라이나대학교 대학원(경제학 박사)
현재 한국외국어대학교 경제학부 교수
      사이버한국외국어대학교 총장

김윤배 yvkim@hufs.ac.kr
미국 미네소타대학교 대학원(노사관계학 석사)
한국외국어대학교 대학원(경제학 박사)
미국 펜실베이니아 주정부 노동부 근무
행정고시(25회), 고용노동부 산업안전보건국장, 대전지방고용노동청장,
   중앙노동위원회 상임위원 역임
현재 한국외국어대학교 초빙교수

주요 연도의 노동통계(1952~2014년)

		1990	1991	1992	1993	1994	1995	1996	1997	1998
1.	미수용 인구, 16세 이상(백만 명)[a]	188.0	189.8	191.6	194.8	196.8	198.6	200.6	203.1	205.2
2.	경제활동인구(백만 명)[a]	124.8	125.3	127.0	129.2	131.1	132.3	133.9	136.3	137.7
3.	경제활동 참가율(%)[a]	66.4	66.0	66.3	66.3	66.6	66.6	66.8	67.1	67.1
3a.	남성(%)[a]	76.1	75.5	75.6	75.4	75.1	75.0	74.9	75.0	74.9
3b.	여성(%)[a]	57.5	57.3	57.8	57.9	58.8	58.9	59.3	59.8	59.8
3c.	백인(%)[a]	66.9	66.6	66.8	66.8	67.1	67.1	67.2	67.5	67.3
3d.	아프리카계 미국인(%)[a]	64.0	63.3	63.9	63.2	63.4	63.7	64.1	64.7	65.6
4.	취업(백만 명)[a]	117.9	116.9	117.6	120.3	123.1	124.9	126.8	129.6	131.5
5.	실업(백만 명)[a]	6.9	8.4	9.4	8.9	8.0	7.4	7.2	6.7	6.2
6.	실업률(%)[a]	5.5	6.7	7.4	6.9	6.1	5.6	5.4	4.9	4.5
6a.	남성(%)[a]	5.6	7.0	7.8	7.2	6.2	5.6	5.4	4.9	4.4
6b.	여성(%)[a]	5.4	6.3	6.9	6.6	6.0	5.6	5.4	5.0	4.6
6c.	백인(%)[a]	4.8	6.1	6.6	6.1	5.3	4.9	4.7	4.2	3.9
6d.	아프리카계 미국인(%)[a]	11.4	12.5	14.2	13.0	11.5	10.4	10.5	10.0	8.9
6e.	16~19세[a]	15.5	18.6	20.0	19	17.6	17.3	16.7	16	14.6
7.	평균 시간당 근로소득(현재 달러)[b]	10.20	10.51	10.77	11.05	11.34	11.65	12.04	12.51	13.01
8.	주당 평균 근로시간[b]	34.3	34.1	34.2	34.3	34.5	34.3	34.3	34.5	34.5
9.	주당 평균 근로소득(1982년 달러)[b]	271	267	266	267	269	267	268	274	281
10.	근로소득 변화[1982년 달러의 변화율(%)][b]	−1.8%	−1.5%	−0.2%	0.1%	0.8%	−0.6%	0.4%	2.2%	2.5%
11.	연방 최저 시간당 임금(현재 달러)	3.80	4.25	4.25	4.25	4.25	4.25	4.75	5.15	5.15
12.	전년 대비 생산성 변화[c]	2.2	1.8	4.5	0.1	0.8	0.3	3.0	1.9	3.1
13.	실질 시간당 보상의 변화[c]	1.5	1.2	3.3	−1.0	−1.1	−0.4	1.5	1.4	4.5
14.	전년 대비 단위노동비용 변화[c]	4.2	3.0	1.4	1.4	0.1	1.6	1.1	1.7	2.7
15.	노동조합 조합원 수(백만 명)[d]	16.7	16.6	16.4	16.6	16.7	16.4	16.3	16.1	16.2
16.	노동조합 조합원이 비농업 근로자에서 차지하는 비중(%)	15.3	15.3	15.1	15.0	14.7	14.0	13.7	13.1	12.9
17.	작업정지	44	40	35	35	45	31	37	29	34
18.	총근로시간에서 파업시간이 차지하는 비율(%)[e]	0.02	0.02	0.01	0.01	0.02	0.02	0.02	0.01	0.02
19.	국민소득에서 근로자보상이 차지하는 비율(%)	65.7	65.9	65.8	65.6	64.7	64.3	63.4	63.0	63.8

[a] 민간부문, [b] 총민간비농업부문, [c] 기업부문, [d] 전문직단체 포함(1970~2008년).
[e] 총추정근로시간으로 나눈 1,000명 이상 근로자가 관련된 파업으로 발생한 근로손실일수
na = 자료확인 불가